VERSUS

Managementorientierte Betriebswirtschaftslehre

Prof. Dr. Jean-Paul Thommen

8., überarbeitete und erweiterte Auflage

Versus · Zürich

Bibliografische Information der Deutschen Nationalbibliothek

Die Deutsche Nationalbibliothek verzeichnet diese Publikation in der
Deutschen Nationalbibliografie; detaillierte bibliografische Daten
sind im Internet über http://dnb.d-nb.de abrufbar.

Informationen zu Büchern aus dem Versus Verlag finden Sie unter
http://www.versus.ch

© 2008 Versus Verlag AG, Zürich

Umschlagbild und Zeichnungen: Zygmunt Januszewski · Warschau
Satz und Herstellung: Versus Verlag · Zürich
Druck: Fotorotar AG · Egg/ZH
Bindung: Buchbinderei Burkhardt · Mönchaltorf
Printed in Switzerland

ISBN 978-3-03909-118-8

Vorwort

Dieses Buch wurde in der 8. Auflage umfassend überarbeitet und erweitert. **Statistische Angaben** und **Beispiele** wurden aktualisiert. An verschiedenen Stellen wurden Anpassungen vorgenommen, die sich aus dem **revidierten Obligationenrecht** ergeben, das am 1.1.2008 in Kraft getreten ist. Zudem wurden wieder einige **neue Themen** aufgenommen und einzelne Abschnitte überarbeitet. Dies betrifft folgende Gebiete:

- Issue Management und Stakeholder;
- Marketing-Strategie, Customer Relationship Management, Sponsoring, Product Placement, Testimonial;
- Material Requirements Planning, XYZ-Analyse, Single/Global Sourcing, Total Quality, Zero Defects;
- Forschung und Entwicklung, Time-based Management, Gruppenfertigung (teilautonome Arbeitsgruppen), Produktionsplanungs- und -steuerungssysteme, flexible Fertigungs(verbund)systeme, Capacity Requirements Planning;
- Grundsätze ordnungsmässiger Rechnungslegung, «Mezzanine» Finanzierung;
- Telearbeit, Personalfreistellungsmassnahmen;
- Wissensmanagement.

Folgende Personen haben mich bei der Bearbeitung dieser Themen unterstützt, denen ich ganz herzlich danken möchte (in alphabetischer Reihenfolge): Prof. Dr. Walter Brenner (Informationsmanagement), Dr. Claudia

Lemke (Informationsmanagement), Dr. Dieter Lennertz (Projektmanagement), Prof. Dr. Sybille Sachs (Issue Management und Stakeholder), Dr. Aldo Schellenberg (Rechnungswesen).

Das Buch ist einerseits als Lehrbuch und andererseits als Nachschlagewerk konzipiert. Es richtet sich an alle, die sich mit betriebswirtschaftlichen Fragen im Rahmen ihrer Aus- und Weiterbildung auseinandersetzen. Angesprochen sind auch Studierende, welche die Betriebswirtschaftslehre als Nebenfach gewählt haben (z. B. Juristen, Ingenieure, Psychologen), und Praktiker, die vor betriebswirtschaftlichen Problemen stehen. Das Buch bietet die Möglichkeit, entweder einen vollständigen Überblick über die aktuelle Betriebswirtschaftslehre zu gewinnen oder aber nur einzelne Fragestellungen zu bearbeiten. Durch die umfassende Darstellung und das ausführliche Stichwortverzeichnis wird es zum Nachschlagewerk.

Zusätzliche begleitende Publikationen sollen den Lesenden helfen, den Stoff zu repetieren, zu vertiefen und anzuwenden:

> Thommen, Jean-Paul: **Repetitorium Managementorientierte Betriebswirtschaftslehre.** 2., überarbeitete und aktualisierte Auflage, Zürich 2007
>
> Thommen, Jean-Paul/Peterhoff, Daniela: **Multiple-Choice-Aufgaben zur Managementorientierten Betriebswirtschaftslehre.** 2. Auflage, Zürich 2008
>
> Thommen, Jean-Paul: **Übungsbuch Managementorientierte Betriebswirtschaftslehre. Aufgaben, Lösungen.** 4., vollständig überarbeitete und erweiterte Auflage, Zürich 2006
>
> Thommen, Jean-Paul/Rosenheck, Michèle/Atteslander, Yves: **Fallstudien zur Betriebswirtschaft.** 2., aktualisierte Auflage, Zürich 2008

Wer zudem den einen oder anderen Begriff nicht findet, dem sei das Lexikon mit über 3200 Stichwörtern empfohlen.

> Thommen, Jean-Paul: **Lexikon der Betriebswirtschaft: Managementkompetenz von A bis Z.** 4., überarbeitete und erweiterte Auflage, Zürich 2008

Mein grosser Dank für die Herausgabe dieses Buches geht an das bewährte Team des Versus Verlags, das mich in jeder Beziehung unterstützt hat.

Zürich, im Mai 2008   Jean-Paul Thommen

Um die Lesbarkeit des Textes nicht zu erschweren, werden alle Personenbenennungen in der männlichen Form gehalten und sind als Kurzform für beide Geschlechter gedacht.

Inhaltsübersicht

Inhaltsverzeichnis

Teil 2 | Marketing

Teil 3 | Materialwirtschaft

Teil 4 | **Produktion**

Teil 6	Finanzierung

Teil 9	Organisation

Teil 10 | **Management**

Teil 11 | **Spezielle Gebiete des Managements**

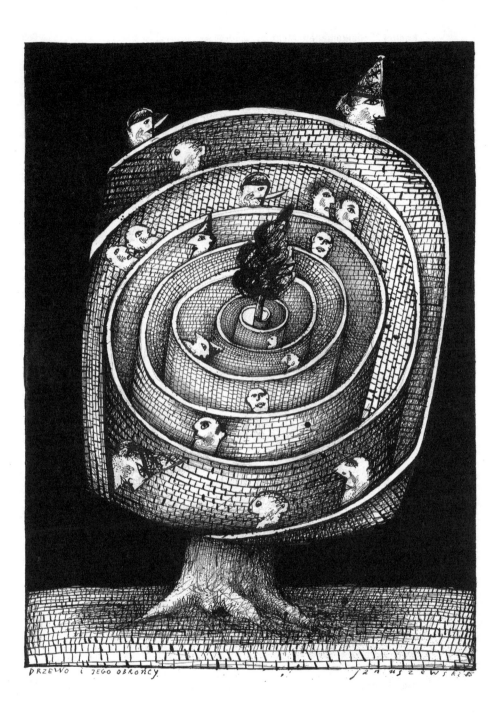

DRZEWO I JEGO OBROŃCY.   JANUSZEWSKI 85

Teil 1

Unternehmen und Umwelt

Inhalt

Kapitel 1

Wirtschaft und Unternehmen

1.1	Wirtschaft und ihre Elemente
1.1.1	Bedürfnisse, Bedarf, Wirtschaft

Mit dem Begriff Wirtschaft bezeichnet man einen wichtigen Teil unseres gesellschaftlichen Lebens, mit dem jeder von uns auf vielfältige Art und Weise verbunden ist. Man umschreibt damit eine grosse Anzahl von Institutionen und Prozessen, die sehr vielschichtig miteinander verknüpft sind und die letztlich der Bereitstellung von materiellen und immateriellen Gütern dienen. Motor dieser Wirtschaft sind die **Bedürfnisse** des Menschen. Als Bedürfnis eines Menschen bezeichnet man das Empfinden eines Mangels, gleichgültig, ob dieser objektiv vorhanden ist oder nur subjektiv empfunden wird. Man spricht auch von einem unerfüllten **Wunsch.**

Aus der Vielzahl menschlicher Bedürfnisse interessieren in der Betriebswirtschaftslehre vor allem jene, die durch die Wirtschaft als Anbieter von Gütern und Dienstleistungen befriedigt werden können. Grundsätzlich können drei Arten von Bedürfnissen unterschieden werden:

- **Existenzbedürfnisse,** auch primäre Bedürfnisse genannt, dienen der Selbsterhaltung und müssen deshalb zuerst und lebensnotwendig befriedigt werden. Es handelt sich zum Beispiel um Bedürfnisse nach Nahrung, Kleidung und Unterkunft.

- **Grundbedürfnisse,** die zwar nicht existenznotwendig sind, die sich aber aus dem kulturellen und sozialen Leben sowie dem allgemeinen Lebensstandard einer bestimmten Gesellschaft ergeben. Als Beispiele sind die Bedürfnisse nach Kultur (Theater, Kino usw.), Weiterbildung (Kurse, Bücher), Sport, Reisen oder Haushaltgegenständen (Radio, Kühlschrank usw.) zu nennen.
- **Luxusbedürfnisse,** die – wie der Name bereits sagt – den Wunsch nach luxuriösen Gütern und Dienstleistungen erfüllen. Sie können in der Regel nur von Personen mit hohen Einkommen befriedigt werden. Als Beispiele lassen sich Schmuck, Zweitwohnungen und Luxusautos aufführen.

Da die dem Menschen zur Verfügung stehenden Mittel in der Regel beschränkt sind, kann er niemals – oder zumindest nicht gleichzeitig – alle Grund- oder gar Luxusbedürfnisse befriedigen. Er hat deshalb eine Wahl zu treffen, welche Bedürfnisse er vor allem oder zuerst befriedigen will. Darum fasst man die Grund- und Luxusbedürfnisse unter dem Begriff **Wahlbedürfnisse** zusammen.

Der Übergang von den Existenz- über die Grund- zu den Luxusbedürfnissen ist fliessend. Was der eine als Grundbedürfnis empfindet, stuft der andere als Luxusbedürfnis ein. Die Einordnung eines Bedürfnisses hängt in starkem Masse von den Normen einer Gesellschaft sowie von den persönlichen Wertvorstellungen des Individuums ab. Diese können sich über die Zeit stark wandeln. Viele Bedürfnisse, die früher den Luxusbedürfnissen zugeordnet wurden, werden heute als selbstverständlich und somit als Grundbedürfnisse betrachtet. Ausserdem ist zu beobachten, dass die Befriedigung einzelner Bedürfnisse neue Bedürfnisse hervorruft. Man spricht in diesem Zusammenhang auch von komplementären Bedürfnissen. Beispielsweise hat das Bedürfnis nach mehr Wohnraum oft zur Folge, dass das Bedürfnis nach neuen Einrichtungsgegenständen (z.B. Teppiche, Möbel, Bilder) entsteht.

Bedürfnisse, die der Einzelne aufgrund seiner alleinigen Entscheidungen befriedigen kann (z.B. Kauf eines Fahrzeuges), werden **Individualbedürfnisse** genannt. Sie sind von den **Kollektivbedürfnissen** zu unterscheiden. Diese zeichnen sich dadurch aus, dass deren Befriedigung vom Interesse und von den Entscheidungen einer ganzen Gemeinschaft (z.B. Staat) oder einer Mehrheit davon abhängt (z.B. Ausbau des Strassennetzes, Schulen).

Äussern sich die Bedürfnisse in einem wirtschaftlich objektiv feststellbaren, d.h. von der Kaufkraft unterstützten Tatbestand, so spricht man von einem **Bedarf,** der auch als gesamtwirtschaftliche **Nachfrage** nach einem bestimmten Gut oder Dienst bezeichnet wird. Aufgabe der Wirtschaft ist es, bestimmte Bedürfnisse des Menschen zu befriedigen und dem Bedarf nach Gütern und Dienstleistungen (= Nachfrage) ein entsprechendes Angebot gegenüberzustellen. Dabei besteht das Problem, dass niemals alle Bedürfnisse befriedigt werden können. Die dazu notwendigen Güter sind im Vergleich zum Bedarf relativ knapp, d.h. sie stehen in der Regel nicht in der erforderlichen Qualität und Menge sowie am erforderlichen Ort oder zur erforderlichen Zeit zur Verfügung.

> Zusammenfassend kann man unter dem Begriff **Wirtschaft** alle Institutionen und Prozesse verstehen, die direkt oder indirekt der Befriedigung menschlicher Bedürfnisse nach knappen Gütern dienen.

1.1.2	**Wirtschaftsgüter**

Die Wirtschaftsgüter oder **knappen Güter,** die Gegenstand unseres wirtschaftlichen Handelns sind, können von den **freien Gütern** unterschieden werden. Freie Güter werden im Gegensatz zu den knappen von der Natur in ausreichender Menge zur Verfügung gestellt, so dass sie nicht bewirtschaftet werden müssen. Allerdings ist durch das Bevölkerungswachstum und die zunehmende Industrialisierung die Tendenz festzustellen, dass auch bisher freie Güter immer mehr zu knappen werden und es somit immer weniger freie Güter (wie z.B. Luft, Wasser) gibt.

Die Wirtschaftsgüter lassen sich nach verschiedenen Kriterien in folgende Kategorien unterteilen (nach Schierenbeck 2003, S. 2):

- **Stufe im Produktionsprozess: Inputgüter – Outputgüter:** Diese Unterscheidung knüpft an der unterschiedlichen Stellung von Wirtschaftsgütern in wirtschaftlichen Produktionsprozessen an. Input- oder Einsatzgüter (wie z.B. Rohstoffe, Maschinen, Gebäude) werden benötigt, um andere Güter (wie z.B. Nahrungsmittel oder Haushaltgeräte) zu produzieren, die als Output- bzw. Ausbringungsgüter das Ergebnis dieser Produktionsprozesse darstellen.

- **Verwendungszweck: Produktionsgüter – Konsumgüter:** Diese Unterscheidung beruht darauf, ob die Wirtschaftsgüter nur indirekt oder direkt ein menschliches Bedürfnis befriedigen. Güter der letztgenannten Kategorie (z.B. Schuhe, Genussmittel, Ferienreisen) sind stets Outputgüter und dienen als solche unmittelbar dem Konsum, während Produktionsgüter (z.B. Werkzeuge, Maschinen) nicht nur Outputgüter, sondern zugleich auch Inputgüter für nachgelagerte Produktionsprozesse darstellen, an deren Ende schliesslich wieder Konsumgüter (Produkte oder Dienstleistungen) stehen können.

- **Art der Nutzung:** Hier werden die Wirtschaftsgüter nach ihrer Beschaffenheit in solche gegliedert, die bei einem einzelnen (produktiven oder konsumtiven) Einsatz verbraucht werden, d.h. wirtschaftlich gesehen dabei untergehen (z.B. Energie) oder in das Produkt eingehen (z.B. Material), und in solche, die einen wiederholten Gebrauch, eine längerfristige Nutzung erlauben (z.B. Kleidungsstücke, Lastwagen).

  Für Konsum- und Produktionsgüter verwendet man dabei unterschiedliche Begriffe. Bei Konsumgütern spricht man von **Verbrauchs- und Gebrauchsgütern,** bei den Produktionsgütern verwendet man das Begriffspaar Repetier- und Potenzialfaktoren:

  □ **Repetierfaktoren,** womit auf den Verbrauchscharakter hingewiesen wird, weil diese Güter entweder ins Produkt eingehen oder endgültig verbraucht werden und somit deren Beschaffung «repetiert», also laufend wiederholt werden muss. Sie werden auch als **Werkstoffe** bezeichnet, die weiter in Rohstoffe, Hilfsstoffe und Betriebsstoffe unterteilt werden können.

    – Die **Rohstoffe** bilden die Grundmaterialien für das Produkt (z.B. Holz, Metall, Kleiderstoffe). Sie gehen ebenso in das Produkt ein wie

    – die **Hilfsstoffe,** doch bilden diese keinen wesentlichen Bestandteil des Produktes (z.B. Leim bei Möbeln, Faden bei Kleidern, Grundiermittel).

    – Die **Betriebsstoffe** dagegen gehen nicht in das Produkt ein, sondern werden lediglich bei der Fertigung verbraucht (z.B. Benzin, Schmiermittel, elektrische Energie).

  □ **Potenzialfaktoren,** womit auf die spezielle Eigenschaft hingedeutet wird, ein bestimmtes Leistungspotenzial zu verkörpern. Sie werden auch als **Investitionsgüter** oder **Betriebsmittel** bezeichnet.

- **Grad der Verarbeitung: Halbfabrikate (Teile, Baugruppen) – Fertigfabrikate:** Als Teile bezeichnet man die einzelnen Elemente eines Produktes (z.B. Uhrzeiger, Autoscheibe), als Baugruppe die zu einem Zwischenprodukt zusammengefügten Teile (z.B. Automotor, Schuhoberteil). Teile oder Baugruppen werden als Halb- oder Zwischenfabrikate, Endprodukte als Fertigfabrikate bezeichnet. Allerdings ist zu beachten, dass das gleiche Produkt (z.B. Autopneu) für ein Unternehmen (Pneuhersteller) ein Endprodukt, für ein anderes (Autohersteller) ein Zwischenprodukt darstellen kann.

- **Beschaffenheit: Materielle Güter – immaterielle Güter:** Immaterielle Güter haben im Gegensatz zu den erstgenannten keine materielle Substanz. Sie kommen vor allem in zwei Ausprägungen vor, nämlich als Dienstleistungen (z.B. Schulung) oder als Rechte (z.B. Lizenzen). Ebenfalls zu den immateriellen Gütern wird das Geld bzw. das Recht auf Geld gezählt.

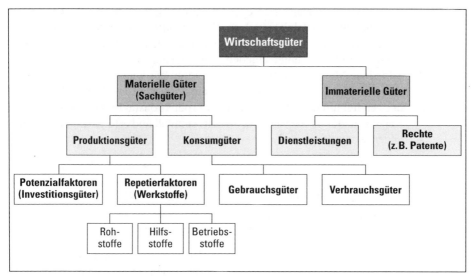

▲   Abb. 1   Einteilung der Wirtschaftsgüter

■   **Art der Beziehungen: Unverbundene Güter – Substitutionsgüter – Komplementärgüter:** Normalerweise wird jedes Bedürfnis mit einem speziell dafür entwickelten Gut befriedigt; zwischen den einzelnen Produkten und Dienstleistungen bestehen deshalb keine oder bloss schwache Beziehungen. Demgegenüber gibt es Bedürfnisse, die durch unterschiedliche, in ihrer Funktion aber ähnliche Güter befriedigt werden können. Typische Substitutionsgüter sind beispielsweise Butter oder Margarine, Zündhölzer oder Feuerzeug, weil das eine Gut durch das andere ersetzt oder substituiert werden kann. Eine weitere Bedürfniskategorie entsteht, wenn ein bestimmtes Gebrauchsgut bereits erworben ist. Erst der Besitz eines Autos führt zur Nachfrage nach Pneus. Deshalb stellen diese ein typisches Komplementärgut (ergänzendes Gut) dar. Gleiches lässt sich von Produkten wie z.B. Kugelschreiberminen oder Toner für Kopierer und Drucker sagen.

◄ Abb. 1 zeigt zusammenfassend die wichtigsten Zusammenhänge zwischen den verschiedenen Arten von Wirtschaftsgütern.

Wie in der Volkswirtschaftslehre spricht man auch in der Betriebswirtschaftslehre von Produktionsfaktoren.[1]

> Als **Produktionsfaktoren** bezeichnet man in der Betriebswirtschaftslehre alle Elemente, die im betrieblichen Leistungserstellungs- und Leistungsverwertungsprozess miteinander kombiniert werden.

---

1   In der Volkswirtschaftslehre werden heute die vier Produktionsfaktoren Kapital, Boden, Arbeit und Wissen unterschieden.

Neben den Potenzial- und Repetierfaktoren kommt als drittes Element die **menschliche Arbeitsleistung** dazu. Diese erfüllt die vielfältigsten Aufgaben im Unternehmen, wobei zwischen ausführenden und leitenden (= dispositiven) Tätigkeiten unterschieden werden kann. Letztere beinhalten verschiedene Managementfunktionen.[1] Ein immer wichtiger werdender Produktionsfaktor ist schliesslich die **Information** bzw. das **Wissen.** Beide sind notwendig, um die bisher erwähnten Produktionsfaktoren (Potenzial- und Repetierfaktoren, menschliche Arbeit) sinnvoll und erfolgbringend miteinander zu kombinieren.[2]

1.1.3	**Wirtschaftseinheiten**
1.1.3.1	Haushalte und Unternehmen

Haushalte sind primär dadurch charakterisiert, dass sie **konsumorientiert** sind, d.h. vor allem Konsumgüter verbrauchen. Der Konsum von Gütern und Dienstleistungen – selbst geschaffene oder fremdbezogene – dient stets der Deckung des eigenen Bedarfs. Man spricht deshalb auch von **Konsumtionswirtschaften,** die auf die **Eigenbedarfsdeckung** ausgerichtet sind.

Die Haushalte lassen sich in **private** und **öffentliche** unterteilen. Diese beiden Kategorien unterscheiden sich dadurch, dass die privaten Haushalte (Einzel- oder Mehrpersonenhaushalte) aufgrund von Individualbedürfnissen ihren Eigenbedarf decken, während die öffentlichen Haushalte (Bund, Kantone, Gemeinden) ihren Bedarf aus den Bedürfnissen der privaten Haushalte, also von Kollektivbedürfnissen, ableiten. Sowohl die privaten als auch die öffentlichen Haushalte sind als Konsumtionswirtschaften in der Regel nicht primärer Gegenstand der Betriebswirtschaftslehre. Sie werden aber selbstverständlich in die Betrachtung betriebswirtschaftlicher Probleme einbezogen, da sie letztlich die Nachfrage nach Gütern und Dienstleistungen auslösen. Sie bilden damit zum Beispiel eine wesentliche Entscheidungsgrundlage im Marketing (z.B. Entscheidungen über die Absatzmenge oder die Art der abzusetzenden Güter).

Unternehmen lassen sich im Gegensatz zu Haushalten als **produktionsorientierte** Wirtschaftseinheiten umschreiben, die primär der **Fremdbedarfsdeckung** dienen und deshalb auch **Produktionswirtschaften** genannt werden. Nach schweizerischem Recht liegt ein Unternehmen (ein Betrieb)[3]

---

1 Vgl. Abschnitt 1.2.3.2 «Steuerungsfunktionen».
2 Vgl. dazu Teil 11, Kapitel 2 «Informationsmanagement» und Kapitel 4 «Wissensmanagement».
3 Der Begriff «Betrieb» wird als Synonym zum Begriff «Unternehmen» gebraucht, wobei umgangssprachlich der Begriff «Unternehmen» häufiger bei privaten, der Begriff «Betrieb» häufiger bei öffentlichen Unternehmen verwendet wird.

dann vor, wenn ein Arbeitgeber dauernd oder vorübergehend einen oder mehrere Arbeitnehmer beschäftigt, unabhängig davon, ob bestimmte Einrichtungen oder Anlagen vorhanden sind (Art. 1 Abs. 2 Arbeitsgesetz).

1.1.3.2	Private und öffentliche Unternehmen, Verwaltung

Unternehmen können in private und öffentliche unterteilt werden, doch ist die Abgrenzung in der Praxis oft schwierig. Folgende Kriterien können dabei nützlich sein:

- **Rechtliche Grundlagen:** Private Unternehmen unterstehen dem **Privatrecht** (OR, ZGB), öffentliche Unternehmen dem **öffentlichen Recht.** Letzteres wird unterteilt in
  - ▢ Verwaltungsrecht für Bund, Kantone und Gemeinden und
  - ▢ Rechtserlasse (Gesetze), wie sie beispielsweise für die Schweizerische Nationalbank oder Kantonalbanken erlassen werden.

- **Kapitalbeteiligung:** Falls die öffentliche Hand mehr als 50% des Kapitals besitzt oder die Hauptaktionärin stellt, so kann tendenziell auf einen öffentlichen Betrieb geschlossen werden. So beträgt beispielsweise der Kapitalanteil der öffentlichen Hand an der Schweizerischen Nationalbank – die als Aktiengesellschaft konstituiert ist – rund 60%.

- **Grad der Selbstbestimmung:** Aus betriebswirtschaftlicher Sicht von grosser Bedeutung ist die Frage, ob das Unternehmen (bzw. diejenigen, welche das Unternehmen führen) alle wichtigen Entscheidungen (z.B. über die Unternehmensziele) selber treffen kann oder ob es in seiner Entscheidungsfreiheit durch die öffentliche Hand eingeschränkt wird. ▶ Abb. 2 zeigt, dass viele Ausprägungsformen möglich sind.

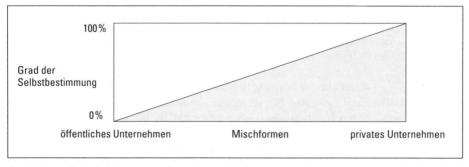

▲ Abb. 2   Selbstbestimmungsgrad von Unternehmen

- **Gewinnorientierung:** Häufig streben öffentliche Unternehmen nicht nach einem Gewinn, sondern nach einer Deckung der Kosten bzw. einem möglichst hohen Kostendeckungsgrad. Umgekehrt ist die Gewinnorientierung privater Unternehmen in der Regel ein wesentliches Merkmal, auch wenn dies nicht immer zutreffen muss.[1]

In der Praxis gibt es viele Mischformen zwischen rein öffentlichen und privaten Unternehmen, die sich vor allem unter dem rechtlichen Aspekt schwer einordnen lassen. Sie werden als **gemischtwirtschaftliche** Unternehmen bezeichnet.

Als wichtigste Bereiche, in denen öffentliche Unternehmen tätig sind, können angeführt werden:

- Ver- und Entsorgungswirtschaft (Elektrizität, Gas, Wasser, Kehricht),
- Verkehrswirtschaft (Bahn, Schifffahrt, Strasse),
- Kreditwirtschaft (Nationalbank, Kantonalbanken),
- Versicherungswirtschaft (Sozialversicherung AHV/IV),
- Informationswirtschaft (Radio, Fernsehen),
- Kommunikationswirtschaft (Post).

In den letzten Jahren ist eine zunehmende Tendenz zur Privatisierung in diesen Bereichen zu beobachten (z.B in der Schweiz Swisscom bzw. in Deutschland Deutsche Telekom). Daneben finden sich viele Betriebe der öffentlichen Hand aus den verschiedensten Bereichen wie Kultur (Theater, Museen), Bildung (Schulen, Universitäten), Erholung und Freizeit (Sportanlagen, Schwimmbäder), Gesundheit und Pflege (Krankenhäuser, Heime) sowie Schutz und Sicherheit (Gefängnisse). Diese zeichnen sich in der Regel dadurch aus, dass die Kosten nicht oder nur teilweise durch selbst erwirtschaftete Erträge gedeckt werden können und somit durch Steuergelder mit finanziert werden müssen.

Schliesslich ist neben den privaten und öffentlichen Unternehmen die öffentliche Verwaltung zu erwähnen.

> Die **öffentliche Verwaltung** besteht aus der Gesamtheit der ausführenden Einheiten eines Staates, die im Rahmen gegebener Gesetze, Verordnungen und Richtlinien tätig werden.

Die öffentliche Verwaltung umfasst im Sinne der Gewaltenteilung die nicht zur Legislative (Gesetzgebung) und Judikative (Rechtssprechung) gehörenden Institutionen. Dabei ist es üblich, die Regierung selbst nicht zur Verwaltung zu zählen. Die öffentliche Verwaltung stellt somit nur einen Teil der Exekutive dar. Ihre Aufgabe besteht im Vollzug der Anordnungen der Regierung, d.h. des anderen Teils der Exekutive.

---

1 Vgl. dazu Kapitel 2, Abschnitt 2.1 «Gewinnorientierung».

1.1.3.3	Zusammenfassung

▶ Abb. 3 gibt eine Übersicht über die verschiedenen Wirtschaftseinheiten mit Hilfe der Unterscheidung von Konsumtions- und Produktionswirtschaften aufgrund der Art der Bedarfsdeckung einerseits und der privaten und öffentlichen Hand als Träger von Unternehmen andererseits. Diese Unterscheidung hat insofern eine praktische Bedeutung, als damit der konkrete Gegenstand der Betriebswirtschaftslehre bestimmt wird.

Träger \ Art der Bedarfsdeckung	Eigenbedarfsdeckung (Konsumtionswirtschaften)	Fremdbedarfsdeckung (Produktionswirtschaften)
öffentliche Hand	öffentliche Haushalte	öffentliche Unternehmen und Verwaltungen
private Hand	private Haushalte	gemischtwirtschaftliche Unternehmen
		private Unternehmen

▲ Abb. 3   Einteilung der Wirtschaftseinheiten

Historisch gesehen wurden in den Anfängen der Betriebswirtschaftslehre als Wissenschaft fast ausschliesslich Handels- und Industrieunternehmen betrachtet, doch fanden mit der Zeit immer mehr Dienstleistungsunternehmen (Bank, Versicherung, Treuhand) und in neuester Zeit Institutionen der öffentlichen Hand (Verwaltung, Universitäten, Elektrizitätswerke) sowie gemeinnützige Organisationen (Rotes Kreuz, Pro Juventute, Verbände) Eingang in die wissenschaftlichen Untersuchungen. Grund für die Ausweitung des Untersuchungsgegenstandes der Betriebswirtschaftslehre war nicht zuletzt die Tatsache, dass sowohl in öffentlichen Betrieben und Verwaltungen als auch in privaten Unternehmen gleiche oder zumindest ähnliche Probleme zu lösen sind, die bei der Führung solcher Organisationen auftauchen. Gerade das Beispiel der öffentlichen Verwaltung zeigt, dass sich die Ansätze und Instrumente zur Gestaltung und Lenkung von Unternehmen auch auf andere Bereiche übertragen lassen. So spricht man im Falle der heute stattfindenden Neuorientierung der öffentlichen Verwaltung von «New Public Management»:

Unter **New Public Management** bzw. **wirkungsorientierter Verwaltungsführung** versteht man einen umfassenden Ansatz zur Gestaltung der Strukturen und Steuerung der Abläufe in der öffentlichen Verwaltung. Ziel ist der Übergang von einer Input- zu einer Output-Betrachtung, d.h. es findet eine Verlagerung der Betonung von der Mittelzuteilung und dem Ressourceneinsatz auf eine produkt- und nutzenorientierte Führung statt.

1.2	**Unternehmen als Gegenstand der Betriebswirtschaftslehre**
1.2.1	**Managementorientierte Merkmale des Unternehmens**

Aus der Sicht einer **managementorientierten Betriebswirtschaftslehre** interessieren vor allem jene Merkmale des Unternehmens, die als wesentliche Eigenschaften bei der Führung von Unternehmen von Bedeutung sind.

> In diesem Sinne kann das **Unternehmen** als ein offenes, dynamisches, komplexes, autonomes, marktgerichtetes produktives soziales System charakterisiert werden.

Mit dieser Umschreibung wird zum Ausdruck gebracht, dass das Unternehmen

- ein **soziales** System ist, in welchem Menschen als Individuen oder in Gruppen tätig sind und das Verhalten des Unternehmens wesentlich beeinflussen,
- durch Kombination der Produktionsfaktoren **produktive Leistungen** erstellt,
- als **offenes** System mit seiner Umwelt dauernd Austauschprozesse durchführt und durch vielfältige Beziehungen mit seiner Umwelt verbunden ist,
- sich laufend ändern muss, um sich neuen Entwicklungen anzupassen oder diese selber zu beeinflussen (**dynamisches** System),
- aus vielen einzelnen Elementen besteht, deren Kombination zu einem Ganzen ein sehr **komplexes** System von Strukturen und Abläufen ergibt,
- **autonom** seine Ziele bestimmen kann, auch wenn dabei – gerade in einer sozialen Marktwirtschaft – gewisse Einschränkungen durch den Staat (Gesetze) als Rahmenbedingungen zu beachten sind,
- sämtliche Anstrengungen letztlich auf die Bedürfnisse des Marktes ausrichten muss (**marktgerichtetes** System).

Von grosser Bedeutung für das Management ist insbesondere die Eigenschaft der **Komplexität.** Als komplex bezeichnet man ein System dann, wenn

- zwischen den Elementen eines Systems vielfältige und nicht ohne weiteres überschaubare Beziehungen bestehen und diese Elemente durch **nicht-lineare Wechselwirkungen** miteinander verknüpft sind (▶ Abb. 4),
- sich diese Beziehungen und Wechselwirkungen aufgrund eines gewissen **Eigenverhaltens** der verschiedenen Elemente und **Rückkopplungen** in ständiger und nur sehr begrenzt vorhersehbarer Entwicklung befinden,
- aus diesem Systemverhalten Ergebnisse resultieren, die man als **emergent** bezeichnet, d.h. die in keiner Art und Weise auf die Eigenschaften oder das Verhalten einzelner Elemente des Systems zurückgeführt werden können. Aus diesem Grund sind komplexe Systeme in der Regel auch dynamische Systeme. (Rüegg-Stürm 2003, S. 18f.)

Normalerweise betrachten wir unsere Alltagserfahrungen so, als seien sie von dem **Gesetz der proportionalen Wirkung** geprägt: ein leichter Hammerschlag (oder eben Ratschlag) treibt den Nagel (oder den Gedanken) ein kleines Stück weiter ins Holz (bzw. ins Bewusstsein), ein fester Schlag bewirkt entsprechend mehr desselben.

Eine solche Proportionalität lässt sich mathematisch als eine lineare Funktion darstellen, als eine Funktion, deren graphisches Bild eine gerade Linie ergibt. Alle Prozesse, die sich auf diese Weise darstellen lassen, werden als **lineare Prozesse** bezeichnet. Ihr grosser Vorteil ist, dass sie überschaubar und kalkulierbar sind und dadurch Handlungsfähigkeit garantieren.

Wie das Beispiel des Hammer-(Rat-)Schlags zeigt, ist die Anwendung dieses Denkens auf den Bereich der menschlichen Kommunikation auf den ersten Blick sehr überzeugend. Gemäss diesem Modell haben wir in Schule und Ausbildung gelernt, nach diesem Vorbild «verstehen» wir die Welt. In der Tat trifft diese Vorstellung auf einen grossen Bereich unserer Lernerfahrung zu, und zwar immer dann, wenn wir uns dabei in einer «stabilen Wetterlage» befinden: je mehr man übt, umso besser die Fertigkeit, je mehr man sich anstrengt, umso grösser die Wirkung, je fester der Schlag, umso tiefer der Nagel oder der Gedanke. Alles andere Geschehen drum herum kann vernachlässigt werden. So werden Weltbilder und Handlungsmodelle entwickelt, so geht man mit Kollegen um oder führt seine Mitarbeiter; nach diesem Muster trifft man Entscheidungen. Abweichende Erfahrungen werden als Ausnahmen oder Sonderfälle aussortiert – oder geben Anlass zu anpassenden Verbesserungen der Modelle.

Proportionalität ist das durchgängige und verbindliche Muster für die Erklärung von dynamischen Prozessen, lineares Denken ist immer noch weitgehend das Mass für Professionalität.

Zu Beginn des 20. Jahrhunderts begann eine Wende. Die Veränderung begann in der Physik, wo vermeintlich äusserst geringfügige Unstimmigkeiten in den klassischen Theorien ein Wetterleuchten von jenseits des Horizontes ankündigten und in der Folge völlig unerwartete Veränderungen auslösten. Nahezu die gesamte physikalische Ernte wurde zerstört, und mit der Quantentheorie

hielt ein **neues nicht-lineares Denken** seinen Einzug in die Vorzeigewissenschaft Physik. Bis heute sind die Naturwissenschaftler mit den Aufräumarbeiten beschäftigt, und in einem gewissen Sinne ist das systemisch-konstruktivistische Denken […] eine Spätfolge dieser Ereignisse.

Kleine Abweichungen haben unproportional grosse Auswirkungen, Folgen sind nicht-linear, unvorhersehbar und unkalkulierbar.

Ohne Zweifel hatten die alten Modelle überwältigende Erfolge in Erkenntnis und Technik, ihre Brauchbarkeit beschränkte sich aber – wie man heute sieht – auf einen schmalen stabilen Bereich. Das Beispiel der Physik könnte den Gedanken nahe legen, dass es sich dort um eine Ausnahmesituation handelt und man im Alltag, wo man es nicht mit Atomen, sondern mit Menschen zu tun hat, nach wie vor mit linearen Modellen gut zurecht käme. Doch leider sind die Umwälzungen in den Bereichen, die uns hier interessieren, vermutlich noch gravierender als in den Naturwissenschaften, wenn auch bisher noch nicht so offensichtlich.

Viele Sozial-, Wirtschafts- und Kulturwissenschaftler halten bis in die Gegenwart hinein an der Idee der Proportionalität von Ursache und Wirkung fest und hoffen, an einer den naturwissenschaftlichen Umwälzungen entsprechenden Umstrukturierung vorbeikommen zu können. Das lineare Modell wird verteidigt und das komplexere nicht-lineare Denken als theorielastig und praxisfremd entwertet. Der Neuanfang bisher ist zögerlich.

Der Grund für diese Beharrlichkeit ist offenkundig: Linearität verspricht in den schwierigen menschlichen Interaktionsfeldern Planbarkeit und Machbarkeit, also Sicherheit. Doch immer mehr wird deutlich, dass auch und gerade im sozialen und wirtschaftlichen Bereich das lineare Denken an seine zu engen Grenzen stösst. Entscheidend dafür ist das, was man als **zunehmende Komplexität** bezeichnet. Gemeint sind damit Prozesse, die in hohem Masse von der Vernetzung mit anderen, ebenfalls komplexen Prozessen abhängig sind und diese anderen Prozesse zudem vielfach selbst beeinflussen. So entstehen kaum durchschaubare Netze von **Rückkopplungen**. Erschwerend kommt hinzu, dass häufig zeitliche Verzögerungen stattfinden, die den direkten Zusammenhang oft verschleiern.

▲ Abb. 4 Ein neues Denkmodell (Backhausen/Thommen 2006, S. 50ff.)

Diese Eigenschaften eines komplexen Systems können sehr gut beobachtet werden, wenn ein Unternehmen tiefgreifenden Veränderungen ausgesetzt ist, beispielsweise wenn es sich in einer Krise befindet oder wenn es mit einem anderen Unternehmen fusioniert. So erstaunt es nicht, dass beinahe alle Studien, die den Erfolg von Unternehmenszusammenschlüssen untersucht haben, zum Schluss kommen, dass die mit dem Zusammengehen angestrebten Resultate, insbesondere das Ausnutzen von Synergieeffekten, in den meisten Fällen nicht erreicht wurden. Ein weiteres anschauliches Beispiel für ein komplexes System ist die Börse. Aufgrund von nichtlinearen Wechselwirkungen und unzähligen Rückkopplungen zwischen den Elementen (z. B. Aktienkäufer, Unternehmen, Banken, Pensionskassen, Staat, Hedge Funds, Medien, Wirtschaftsdaten, politische Ereignisse) kann die Entwicklung der Aktienkurse nur sehr bedingt vorausgesagt werden.

Um die Eigenschaften eines komplexen Systems besser zu verstehen, kann es gegenüber komplizierten Systemen abgegrenzt werden. **Komplizierte Systeme** sind Systeme, die sich aus vielen Systemelementen zusammensetzen, die stark miteinander verknüpft sind. Die Beziehungen zwischen den Systemelementen bleiben aber – im Gegensatz zu einem komplexen System – im Zeitablauf stabil. Dies ergibt eine spezifische Steuerungssituation. Das Verhalten eines komplizierten Systems ist somit deterministisch und letztlich berechenbar. Man spricht deshalb auch von einem trivialen System. Zur Lösung komplizierter Probleme ist Spezialistenwissen notwendig, aber es gibt eine technisch beste Lösung. Beispiele: Kaffeemaschine, Erstellen einer Offerte, Programmierung einer Software, Ausfüllen der Steuererklärung, Konstruktion einer Uhr. Durch die Zunahme an Kompliziertheit entsteht aber nie Komplexität.

Das Wissen um die Eigenschaften von komplexen Systemen ist vor allem deshalb von grosser Bedeutung, weil damit aufgezeigt wird, dass sich Unternehmen nur beschränkt steuern lassen, dass aber trotzdem immer möglichst viele Faktoren – beispielsweise bei einer Problemanalyse[1] – oder unterschiedliche Ergebnisse bestimmter Massnahmen und Aktionen in Betracht gezogen werden müssen. Deshalb wird nicht nur für die Betriebswirtschaftslehre als Wissenschaft, sondern auch für die Praxis des Managements ein **ganzheitliches** und **vernetztes** Denken und Handeln gefordert.

---

1   Vgl. dazu Abschnitt 1.2.3.1 «Phasen des Problemlösungsprozesses» in diesem Kapitel.

1.2.2	**Betrieblicher Umsatzprozess**

Der betriebliche Umsatzprozess eines Industrieunternehmens kann vorerst in einen **güterwirtschaftlichen** und in einen **finanzwirtschaftlichen** Umsatzprozess unterteilt werden. Da diese beiden Prozesse aber eng miteinander verknüpft sind, wird auf eine gedankliche Trennung verzichtet (▶ Abb. 5).

Werden die verschiedenen Phasen des gesamten betrieblichen Umsatzprozesses aufgrund des logischen Ablaufs geordnet, so ergibt sich folgende Reihenfolge:

Phase 1 **Beschaffung von finanziellen Mitteln** auf dem Geld- und Kapitalmarkt.

Phase 2 **Beschaffung der Produktionsfaktoren:**
- Arbeitsleistungen, d.h. die von Menschen im Unternehmen zu erbringenden Leistungen.
- Potenzialfaktoren, d.h. Betriebsmittel, die im Umsatzprozess genutzt werden, ohne mit ihrer Substanz Eingang in die hergestellten Erzeugnisse zu finden (z.B. Maschinen, EDV-Anlagen, Gebäude).
- Repetierfaktoren, d.h. Werkstoffe wie Roh-, Hilfs- und Betriebsstoffe, Halb- und Fertigfabrikate, die als Bestandteil in die hergestellten Erzeugnisse eingehen oder zum Betrieb und Unterhalt der Betriebsmittel erforderlich sind.
- Informationen, die für ein zielgerichtetes wirtschaftliches Handeln notwendig sind (z.B. Daten über die wirtschaftliche Entwicklung oder über die Bedürfnisse der Konsumenten).

Phase 3 Transformationsprozess durch **Kombination der Produktionsfaktoren** zu Halb- und Fertigfabrikaten.

Phase 4 **Absatz der erstellten Erzeugnisse** an die Kunden durch das Marketing.

Phase 5 **Rückzahlung finanzieller Mittel.** Gleichzeitig werden neue Produktionsfaktoren beschafft, womit wieder in Phase 2 eingetreten wird und der Kreislauf sich schliesst.

In der betrieblichen Wirklichkeit findet man diese Reihenfolge höchstens bei der Gründung, später laufen die einzelnen Phasen nebeneinander ab.

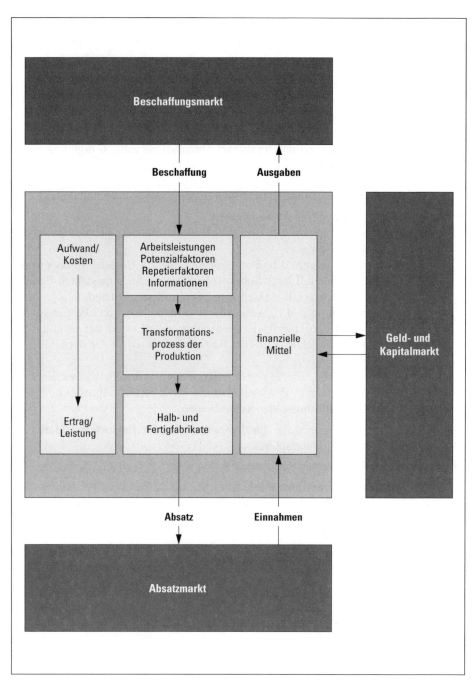

▲ Abb. 5   Schematische Darstellung des güter- und finanzwirtschaftlichen Umsatzprozesses

1.2.3	**Steuerung des Problemlösungsprozesses**
1.2.3.1	Phasen des Problemlösungsprozesses

Im Rahmen des betrieblichen Umsatzprozesses sind sehr viele und sehr verschiedenartige Aufgaben und Probleme zu lösen. Diese werden in den folgenden Teilen (Marketing, Materialwirtschaft, Produktion, Rechnungswesen, Finanzierung, Investition, Personal, Organisation, Management) ausführlich behandelt. Trotz der Vielfalt betrieblicher Probleme hat sich aber gezeigt, dass deren Lösung immer ähnlich abläuft. Ein allgemeiner Problemlösungsprozess kann deshalb formal dargestellt und in mehrere charakteristische Phasen unterteilt werden (▶ Abb. 6):

1. **Analyse der Ausgangslage:** In der Ausgangslage geht es darum, die Grundlageninformationen für den eigentlichen Problemlösungsprozess zur Verfügung zu stellen. Sie kann aufgeteilt werden in:
   - **Problemerkennung:** Zuerst muss das eigentliche Problem erkannt werden, da Probleme nicht a priori fest gegeben sind. Dies zeigt sich beispielsweise daran, dass ein gleicher Tatbestand (z.B. autoritärer Führungsstil) in einer bestimmten Situation ein Problem, in einer anderen kein Problem für die beteiligten Leute darstellt. Ein Problem ist immer dann gegeben, wenn eine Diskrepanz zwischen einem gegenwärtigen und einem gewünschten Zustand auftritt sowie das

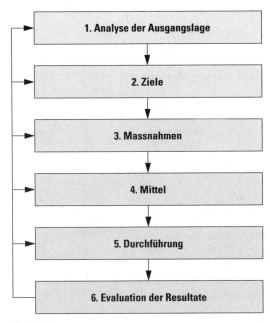

▲ Abb. 6   Problemlösungsprozess

Bestreben besteht, den gewünschten, als höherwertig eingestuften Zustand zu erreichen. Die Bewertung sowohl des gegenwärtigen als auch des gewünschten Zustandes kann von Mensch zu Mensch verschieden ausfallen.

- **Problembeschreibung** und **Problemanalyse:** In einem nächsten Schritt muss das Problem genau umschrieben werden. Insbesondere müssen die Art des Problems, dessen Ursachen sowie die verschiedenen Einflussfaktoren erfasst werden. Da Unternehmen komplexe Systeme sind, wird ein Problem meist von mehreren Faktoren beeinflusst, die ihrerseits wieder miteinander verknüpft sind. In diesen Fällen hat sich die **Methode des vernetzten Denkens** als wirksames Instrument der Problemanalyse erwiesen.[1] ▶ Abb. 7 zeigt zum Beispiel den differenzierten Zusammenhang zwischen Mitarbeiterqualifikation und Kundenzufriedenheit.

- **Problembeurteilung:** Zum Abschluss dieser Phase muss entschieden werden, ob eine Problemlösung angestrebt werden soll oder nicht. Es muss abgeklärt werden, ob die Diskrepanz zwischen aktuellem und gewünschtem Zustand als wesentlich erachtet wird, eine Lösung überhaupt möglich ist sowie der Aufwand zur Verbesserung der Situation den daraus entstehenden Nutzen rechtfertigt.

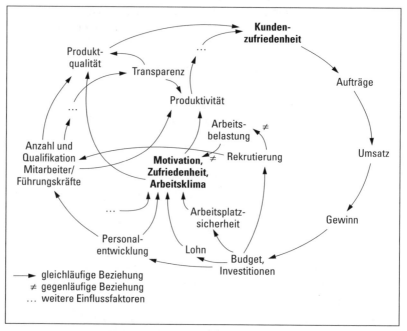

▲ Abb. 7   Beispiel vernetztes Denken (Honegger/Vettiger 2003, S. 46)

---

1   Eine sehr gute Darstellung der Methode des vernetzten Denkens findet sich in Honegger 2008.

2. **Festlegen der Ziele:** Es sind jene Ziele zu bestimmen, auf die sich das betriebliche Handeln auszurichten hat. In der Regel handelt es sich nicht um ein einziges Ziel, sondern um ein Bündel von Zielen. Auf die Problematik der Ziele und der Zielbildung wird in Kapitel 3 «Unternehmensziele» ausführlich eingegangen.

3. **Festlegen der Massnahmen:** Oft bestehen verschiedene Alternativen, um ein bestimmtes Ziel zu erreichen. Es sind dann jene Massnahmen zu wählen, die den höchsten Nutzen bzw. Zielerfüllungsgrad versprechen.

4. **Festlegen der Mittel:** Um die Massnahmen durchführen zu können, sind entsprechende Ressourcen einzusetzen. Es handelt sich in erster Linie um personelle und finanzielle Mittel.

5. **Durchführung (Realisierung):** In einer nächsten Phase müssen die Massnahmen, die noch auf dem Papier stehen, in die Tat umgesetzt werden.

6. **Evaluation der Resultate:** Am Schluss des Problemlösungsprozesses stehen die Resultate, die sich aus der Durchführung aller Massnahmen und dem Einsatz der zur Verfügung stehenden Mittel ergeben haben.

Diese Problemlösungsprozesse sind nicht einmaliger Natur, sondern wiederholen sich ständig. Deshalb werden die Resultate zur Verbesserung neuer Problemlösungsprozesse herangezogen, d.h. die Resultate haben meistens Auswirkungen auf die zukünftige Ziel- und Massnahmenformulierung, den Ressourceneinsatz sowie die Gestaltung der Realisierungsphase.

1.2.3.2	Steuerungsfunktionen

Zur Lösung der vielfältigen Probleme im Rahmen des Umsatzprozesses braucht es eine Steuerungsfunktion, damit die Probleme zielgerichtet bearbeitet und koordiniert werden können. Diese **Steuerungsfunktion** bezeichnet man als **Führung** oder synonym als **Management**.[1] Ihre Aufgabe ist es, den betrieblichen Umsatzprozess, oder genauer gesagt, alle Problemlösungsprozesse, die im Zusammenhang mit dem güter- und finanzwirtschaftlichen Umsatzprozess eines Unternehmens anfallen, zu steuern. Diese Steuerungsfunktion kann in vier Teilfunktionen oder Führungselemente unterteilt werden (Rühli 1996):

---

1 Auf die Führung (Management) wird in Teil 10 «Management» ausführlich eingegangen.

1. **Planung:** Die Planung versucht ein Problem zu erkennen und zu analysieren, Lösungsvorschläge zu erarbeiten und zu beurteilen sowie die daraus resultierenden Ergebnisse vorherzusagen.
2. **Entscheidung:** Die Entscheidungsaufgabe besteht vor allem darin, die Ziele zu bestimmen, eine mögliche Variante der Problemlösung auszuwählen und über die Allokation der Mittel zu entscheiden.
3. **Anordnung:** Anordnungen müssen während des gesamten Problemlösungsprozesses gegeben werden. Ist eine Entscheidung getroffen worden, so muss diese in die Tat umgesetzt werden. Da meistens mehrere Personen an der Durchführung einer Problemlösung beteiligt sind, müssen diese Personen instruiert werden. Im Vordergrund werden aber jene Anordnungen stehen, bei denen es um die Umsetzung der Ziele und Massnahmen in praktisches Handeln geht.
4. **Kontrolle:** Diese Funktion besteht sowohl in der Überwachung der einzelnen Phasen des Problemlösungsprozesses als auch in der Kontrolle der daraus resultierenden Ergebnisse.

Diese vier Funktionen können im so genannten **Führungsrad** zu einer Einheit zusammengefasst werden (▶ Abb. 8). Damit soll zum Ausdruck gebracht werden, dass alle vier Steuerungsfunktionen notwendig sind, um die vielen Prozesse im Unternehmen und damit das Unternehmen selbst zielgerichtet zu gestalten und zu lenken.

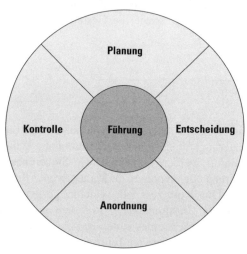

▲ Abb. 8   Führungsrad

1.2.3.3	Zusammenfassung

▶ Abb. 9 zeigt schematisch die Steuerung des Problemlösungsprozesses in allen Phasen mit den Führungsfunktionen Planung, Entscheidung, Anordnung und Kontrolle. Das Führungsrad bewegt sich dabei ständig entlang des gesamten Problemlösungsprozesses, wobei in jeder Phase meistens alle Führungsfunktionen eingesetzt werden (z.B. muss die konkrete Durchführung einer Werbekampagne geplant werden, es muss darüber entschieden werden, es müssen Aufgaben verteilt werden und schliesslich muss der Werbeerfolg kontrolliert werden). Dieses Konzept wird bei der Behandlung der nachfolgenden Bereiche (Marketing, Materialwirtschaft, Produktion, Finanzierung, Investition, Personal, Organisation) vorangestellt, wobei jeweils die einzelnen Phasen des Problemlösungsprozesses bereichsspezifisch dargestellt werden.

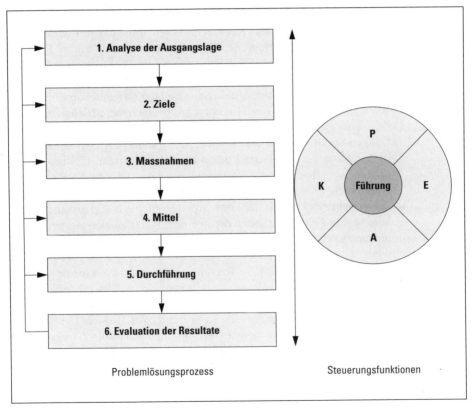

▲ Abb. 9   Steuerung des Problemlösungsprozesses

| 1.2.4 | Erfassung und Auswertung des betrieblichen Umsatzprozesses |

Ein Unternehmen hat sowohl aufgrund rechtlicher Vorschriften als auch aus betriebswirtschaftlichen Überlegungen das Resultat des Umsatzprozesses, den Unternehmenserfolg, auszuweisen. Dies bedeutet, dass ein Unternehmen die Vorgänge des Umsatzprozesses zu erfassen, darzustellen und auszuwerten hat. Derjenige Bereich, welcher sich mit diesen Aufgaben befasst, ist das Rechnungswesen.

> Das **Rechnungswesen** umfasst die Gesamtheit aller Zählungen, Messungen und Rechnungen, welche in einer Einzelwirtschaft durchgeführt werden können (inklusive aller Einrichtungen, die hierfür erforderlich sind, wie Maschinen, Apparate usw.). (Meyer 1996, S. 17)

Das Rechnungswesen erfüllt gleichzeitig verschiedene Aufgaben, wozu im Wesentlichen die folgenden zu zählen sind (Meyer 1996, S. 16):

- **Rechenschaftsablage:** Das Rechnungswesen soll Auskunft darüber geben, wie in einer abgelaufenen Periode gewirtschaftet wurde. Es dient der Rechenschaftsablage von Verwaltung und Direktion, z.B. gegenüber den Angestellten, den Aktionären, den Gläubigern, der Revisionsstelle, den Finanzanalysten, dem Staat und der Öffentlichkeit.
- **Gläubigerschutz:** Das Handelsrecht schreibt einen periodischen Ausweis des Vermögens und der Schulden vor. Damit soll der Gläubiger vor allfälligen Verlusten geschützt werden. Als Grundlage bei der Aufstellung dieses Ausweises dient das Prinzip der Bilanzvorsicht, welches in den allgemeinen Buchführungsbestimmungen (Art. 957–964 OR) und im Aktienrecht (Art. 662 ff. OR) verankert ist.
- **Zielvorgabe:** Es kann in der Form von quantitativen Zielvorgaben wegleitend sein für das Verhalten der in einem Unternehmen tätigen Personen und kann als Instrument zur Führung der Mitarbeiter herangezogen werden.
- **Entscheidungshilfe:** Mit dem Rechnungswesen steht ein ideales Instrument zur Verfügung, welches quantitative Informationen zur Entscheidungsvorbereitung und Entscheidungsdurchführung liefert.
- **Kontrolle:** Das Rechnungswesen ist in zweifacher Hinsicht ein Kontrollinstrument: Einerseits dient es der internen Kontrolle (Analyse von Soll-Ist-Werten, Zeitvergleichsanalysen) und andererseits bildet es die Grundlage für die externe Kontrolle (Wirtschaftsprüfung).[1]
- **Memorandum:** Als Tagebuch, in dem alle zahlenmässig quantifizierbaren Verbindungen zur Umwelt, aber auch diejenigen im Innern des Unter-

---

1 Zur internen und externen Kontrolle vgl. Teil 10, Kapitel 2, Abschnitt 2.4.2 «Prüfung, Revision und Kontrolle».

nehmens erfasst werden, erhält das Rechnungswesen die Funktion eines «Gedächtnisses» der Firma. So ist es beispielsweise in der Lage, Auskunft über die Bestände an Debitoren oder die Fälligkeit der Schulden zu geben.

- **Rechtshilfe:** Mit der Beweiskraft der Bücher spielt das Rechnungswesen eine wichtige Rolle im Rahmen der Beweisführung bei Streitfällen.

- **Steuerbasis:** Das Rechnungswesen bildet die Grundlage für die Erhebung verschiedener Steuern an den Staat. Dazu gehören die Kapital-, die Ertrags-, die Mehrwertsteuer usw.

- **Information der Öffentlichkeit:** Mit dem Rechnungswesen als Publizitätsinstrument gelingt es, eine breite Öffentlichkeit über die wirtschaftliche Tätigkeit eines Unternehmens zu informieren.

Aus der Liste dieser Aufgaben wird deutlich, dass an den Informationen, die das Rechnungswesen liefert, auch Personen interessiert sind, die nicht im Unternehmen tätig sind, so zum Beispiel Aktionäre, Gläubiger und Steuerbeamte.

Das Rechnungswesen wird in die drei Bereiche Finanzbuchhaltung, Betriebsbuchhaltung (Kostenrechnung) und ergänzende Bereiche eingeteilt.[1]

| 1.2.5 | **Umwelt des Unternehmens** |

Bei einer Betrachtung des Unternehmens und seiner betriebswirtschaftlichen Probleme muss gleichzeitig auch seine Umwelt mit einbezogen werden. Zwischen einem Unternehmen und seiner Umwelt bestehen nämlich sehr viele Beziehungen unterschiedlicher Art. Das Unternehmen wird durch seine Umwelt ständig beeinflusst und umgekehrt prägt es auch seine Umgebung. Diese Beziehungen sind nichts Statisches, sondern unterliegen einer ständigen Entwicklung. Es ist deshalb Aufgabe des Unternehmens, diese Beziehungen zu beobachten, Entwicklungen zu beurteilen und Veränderungen in seinen Entscheidungen zu berücksichtigen.

Um diese Aufgabe vornehmen zu können, ist eine differenzierte Betrachtung der Umwelt unter vier Aspekten sinnvoll:[2]

1. **Märkte,** insbesondere die Absatzmärkte und die Beschaffungsmärkte für die notwendigen Ressourcen (Rohstoffe, Halbfabrikate, Personal, Finanzen), stellen die unmittelbare Umwelt dar.

---

1 Diese drei Bereiche, insbesondere die Finanz- und Betriebsbuchhaltung, werden in Teil 5 «Rechnungswesen» vertieft behandelt.

2 Vgl. dazu Teil 10, Kapitel 4, Abschnitt 4.2.1 «Umweltanalyse».

2. **Umweltsphären** sind zentrale Kontexte der unternehmerischen Tätigkeit. Je nach Branche und Tätigkeitsschwerpunkten sind diese Umweltsphären auf wichtige Veränderungstrends hin zu analysieren.

3. **Stakeholder- bzw. Anspruchsgruppen** sind organisierte oder nicht organisierte Gruppen von Menschen, Organisationen und Institutionen, die von den unternehmerischen Wertschöpfungs- und manchmal auch Schadschöpfungsaktivitäten betroffen sind.

4. **Issue Management** versucht, Differenzen in den Erwartungen zwischen den Stakholdern und dem Unternehmen in Bezug auf bestimmte Problembereiche (Issues) zu bewältigen.[1]

1.2.5.1	Märkte

Von grosser Bedeutung ist für das Unternehmen die unmittelbare Umwelt, die sich aus den Austauschprozessen von Gütern zur Aufrechterhaltung des güter- und finanzwirtschaftlichen Umsatzprozesses ergibt. Es handelt sich um den **Beschaffungs-** und **Absatzmarkt**.[2] Im Vordergrund stehen dabei die Entwicklungstendenzen in Bezug auf (H. Ulrich 1987, S. 82):

- **Marktraum:** Wird sich der Markt in geographisch-politischer Hinsicht ausdehnen oder nicht?
- **Marktstruktur:** Wird sich die Marktstruktur verändern, beispielsweise durch neue Lieferanten, Konkurrenten oder Unternehmenszusammenschlüsse?
- **Qualität der Leistung:** Wie verändert sich die Qualität der Güter und Dienstleistungen, welche das Unternehmen bezieht oder anbietet?
- **Quantität der Leistung:** Welche mengenmässige Entwicklung (z.B. Nachfrage) ist zu erwarten?
- **Bewertung der Leistung:** Wie verändert sich die Preisstruktur der angebotenen (bzw. nachgefragten) Dienstleistungen?

1.2.5.2	Umweltsphären

Die Umwelt kann gemäss dem neuen St. Galler Management-Modell (Rüegg-Stürm 2003) auch in die vier **Umweltbereiche** bzw. **-sphären** Gesellschaft, Natur (Ökologie), Technologie und Wirtschaft unterteilt werden, in denen jeweils ein spezieller Aspekt bzw. ein spezielles Problem im Vordergrund steht.

---

1 Die nachfolgenden Abschnitte 1.2.5.3 «Stakeholder» und 1.2.5.4 «Issue Management» stammen aus Thommen/Sachs 2000, S. 36 ff.
2 Vgl. dazu auch Teil 10, Kapitel 4, Abschnitt 4.2.1 «Umweltanalyse».

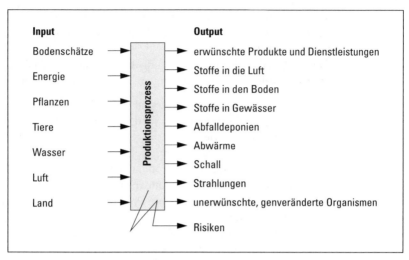

Input		Output
Bodenschätze		erwünschte Produkte und Dienstleistungen
Energie		Stoffe in die Luft
		Stoffe in den Boden
Pflanzen	Produktionsprozess	Stoffe in Gewässer
Tiere		Abfalldeponien
Wasser		Abwärme
		Schall
Luft		Strahlungen
Land		unerwünschte, genveränderte Organismen
		Risiken

▲ Abb. 10   Input-Output-Betrachtung aus ökologischer Perspektive (Fischer 1996, S. 33)

Der **gesellschaftliche Bereich** betrifft den Menschen als Individuum und in der Gemeinschaft. Dieser Bereich ist sehr komplex und kann beispielsweise in die Unterbereiche Familie, Kultur, Recht, Politik und Religion eingeteilt werden. Er hat in den letzten Jahrzehnten stark an Bedeutung gewonnen, da

- gesellschaftliche Normen und Werte immer mehr durch speziell zu diesem Zweck gegründete Organisationen verfochten und durchzusetzen versucht werden,
- das Unternehmen zunehmend als ein soziales Gebilde mit einer eigenen sozialen Verantwortung betrachtet wird.

Der **ökologische Bereich** schliesst die Natur im weitesten Sinne in die Betrachtung mit ein. Die Natur mit ihren knappen Ressourcen und die Eingriffe des Menschen in die Natur stehen hier im Vordergrund. Ein Unternehmen bezieht Ressourcen aus der ökologischen Umwelt als Input für die Herstellung von Gütern und Dienstleistungen (Output), wobei jedoch im gesamten güterwirtschaftlichen Umsatzprozess auch unerwünschter Output entsteht, der in die Natur zurückfliesst (◄ Abb. 10). Die unternehmerische Tätigkeit ist deshalb häufig mit Folgen verbunden, die nicht vom Unternehmen selbst, sondern von unbeteiligten Dritten getragen werden müssen. Man nennt diese Auswirkungen **negative externe Effekte**. In Geld bewertete negative externe Effekte werden als **Sozialkosten** bezeichnet. So führt beispielsweise die Luftverschmutzung zu Ernteeinbussen für Landwirte, zu Krankheitskosten für empfindliche Personen (z. B. bei Atemwegproblemen), zu Schäden an Gebäuden oder zur Beeinträchtigung empfindlicher Ökosysteme. Meist müssen heute die Betroffenen und die Allgemeinheit solche Folgekosten tragen. Negative externe Effekte führen damit zu einer Verfälschung der Wettbewerbsverhältnisse: Wer umweltbelastend produziert und somit Kosten externalisieren kann, profitiert von geringeren Produktionskosten.

Neben der zunehmenden Belastung durch Schadstoffe haben sich Unternehmen mit folgenden Entwicklungen auseinander zu setzen:

- **Preise:** Mit verschiedenen Massnahmen wie beispielsweise Umweltsteuern oder Lenkungsabgaben wird versucht, den Umweltaspekt in das Preissystem zu integrieren.
- **Produkte:** Kunden verlangen vermehrt Auskünfte über die Stoff- und Energieflüsse, die mit einem Produkt verbunden sind. Der Trend geht in Richtung der Lebenszyklusverantwortung. Dies bedeutet, dass die Hersteller die Verantwortung für ihre Produkte von der Entstehung bis zur Entsorgung zu tragen haben. Unternehmen müssen sich somit über die von den Kunden zurückgegebenen Produktabfälle und über die damit verbundenen steigenden Entsorgungskosten Gedanken machen.
- **Standorte:** Unternehmen mit Standorten, bei denen die Produktion starke Auswirkungen auf die Umwelt hat, geraten zunehmend unter Druck, Umwelt-Audits durchführen zu lassen.
- **Information:** Die Öffentlichkeit verlangt einen freieren Zugang zu umweltrelevanten Informationen.
- **Haftung** und **Strafen:** Die Haftung für Schäden aus Umweltdelikten und die strafrechtlichen Folgen (z. B. Haft, Busse) werden verschärft.

Der **technologische Bereich** umfasst die Technik und somit die Beobachtung des technischen Fortschritts. Natur- und Ingenieurwissenschaften an den Hochschulen, vor allem aber auch die Forschung und Entwicklung der Konkurrenz bilden einen wichtigen Teil der technologischen Umwelt des Unternehmens. Die grosse Bedeutung dieses Bereichs zeigt sich in folgenden Entwicklungen:

- Beschleunigung des technologischen Wandels,
- Entwicklung neuer Technologien in wirtschaftlich erfolgsversprechenden Gebieten (z. B. Bio- und Gentechnologie, Nanotechnologie),
- Verkürzung der Produktlebenszyklen,
- erhöhter Einsatz an finanziellen Mitteln,
- erhöhtes Risiko der Forschung und Entwicklung,
- Schutz der eigenen Technologie ist immer weniger gewährleistet.

Der **ökonomische** Bereich beruht darauf, dass das Unternehmen in einen gesamtwirtschaftlichen Prozess eingebettet und Teil einer Volkswirtschaft ist. Das Unternehmen ist deshalb in starkem Masse von der volkswirtschaftlichen Entwicklung eines Landes oder sogar der Weltwirtschaft abhängig. Je nach Branche, Beschaffungs- oder Absatzmarkt interessieren das Unternehmen zum Beispiel Daten bezüglich der Entwicklung der Bevölkerungszahlen, des Bruttosozialproduktes, des Konsums der privaten

Haushalte, der Investitionen, der Inflation, der Beschäftigung. Weiter sind für das Unternehmen folgende Tendenzen von Bedeutung:

- Zunahme weltwirtschaftlicher Interdependenzen,
- abnehmende Aussagekraft von Modellen und Prognosen,
- zunehmende Globalisierung der Beschaffungs- und Absatzmärkte,
- zunehmende Bedeutung der Finanzmärkte.

1.2.5.3	Stakeholder

Die vielfältigen Beziehungen zwischen einem Unternehmen und den Umsystemen bewirken, dass Unternehmen mit den unterschiedlichsten Ansprüchen und Erwartungen der Systemteilnehmer konfrontiert werden. Ein Ansatz zur Analyse und Handhabung dieser Beziehungen ist das **Stakeholderkonzept.**

Ein «stake» ist ein Anspruch, eine Forderung, eine Erwartung, ein Interesse oder auch ein Recht.

> Ein **Stakeholder** ist demnach jeder, der einen Anspruch an ein Unternehmen hat, weil er durch das Handeln dieses Unternehmens betroffen ist.

Stakeholder mit ähnlichen Ansprüchen können zu Stakeholdergruppen (Anspruchsgruppen) zusammengefasst werden. Durch die Art und Weise, wie die einzelnen Stakeholdergruppen ihre Ansprüche artikulieren, können sie Macht über ein Unternehmen ausüben, d.h. sie können den Handlungsspielraum eines Unternehmens und letztlich auch dessen Erfolg beeinflussen. Allerdings kann auch das Unternehmen Macht über die Stakeholder ausüben. Im Rahmen des Stakeholderkonzepts geht es deshalb darum, die für ein Unternehmen relevanten Stakeholdergruppen zu erkennen und deren Ansprüche und Forderungen in die Unternehmensstrategie und damit in das unternehmerische Handeln einzubeziehen.

Grundsätzlich kann zwischen internen und externen Anspruchsgruppen unterschieden werden (▶ Abb. 11). Daraus abgeleitet können vier Hauptkategorien von Stakeholdern unterschieden werden:

1. **Unternehmensinterne Anspruchsgruppen** wie Eigentümer, Management, Mitarbeiter.
2. **Wirtschaftliche Anspruchsgruppen** wie Kunden, Lieferanten, Kapitalgeber.
3. **Gesellschaftliche Anspruchsgruppen** wie Staat, Medien, Konsumentenschutzgruppen, Kirchen.
4. **Anwaltsgruppen des Ökosystems** wie Interessenverbände, Natur- und Umweltschutzgruppen.

Anspruchsgruppen		Interessen (Ziele)
Interne Anspruchsgruppen	**1. Eigentümer** ■ Kapitaleigentümer ■ Eigentümer-Unternehmer **2. Management** (Manager-Unternehmer)	■ Einkommen/Gewinn ■ Erhaltung, Verzinsung und Wertsteigerung des investierten Kapitals ■ Selbstständigkeit/Entscheidungsautonomie ■ Macht, Einfluss, Prestige ■ Entfaltung eigener Ideen und Fähigkeiten, Arbeit = Lebensinhalt
	3. Mitarbeiter	■ Einkommen (Arbeitsplatz) ■ soziale Sicherheit ■ sinnvolle Betätigung, Entfaltung der eigenen Fähigkeiten ■ zwischenmenschliche Kontakte (Gruppenzugehörigkeit) ■ Status, Anerkennung, Prestige (ego-needs)
Externe Anspruchsgruppen	**4. Fremdkapitalgeber**	■ sichere Kapitalanlage ■ befriedigende Verzinsung ■ Vermögenszuwachs
	5. Lieferanten	■ stabile Liefermöglichkeiten ■ günstige Konditionen ■ Zahlungsfähigkeit der Abnehmer
	6. Kunden	■ qualitativ und quantitativ befriedigende Marktleistung zu günstigen Preisen ■ Service, günstige Konditionen usw.
	7. Konkurrenz	■ Einhaltung fairer Grundsätze und Spielregeln der Marktkonkurrenz ■ Kooperation auf branchenpolitischer Ebene
	8. Staat und Gesellschaft ■ lokale und nationale Behörden ■ ausländische und internationale Organisationen ■ Verbände und Interessenlobbies aller Art ■ politische Parteien ■ Bürgerinitiativen ■ allgemeine Öffentlichkeit	■ Steuern ■ Sicherung der Arbeitsplätze ■ Sozialleistungen ■ positive Beiträge an die Infrastruktur ■ Einhalten von Rechtsvorschriften und Normen ■ Teilnahme an der politischen Willensbildung ■ Beiträge an kulturelle, wissenschaftliche und Bildungsinstitutionen ■ Erhaltung einer lebenswerten Umwelt

▲ Abb. 11   Anspruchsgruppen des Unternehmens und ihre Interessen (nach P. Ulrich/Fluri 1995, S. 79)

Die einzelnen Stakeholder pflegen nicht nur bilaterale Beziehungen, sondern sie sind auf vielfältige Weise interaktiv vernetzt.

Der aktive Umgang mit den verschiedenen Stakeholdern bedarf eines **Stakeholdermanagements**. Ein solches umfasst folgende Schwerpunkte:

■ Zuerst müssen die für ein Unternehmen relevanten Stakeholdergruppen bestimmt und hinsichtlich ihrer Haltung gegenüber dem Unternehmen, ihrem Informationsstand sowie ihrer Ziele, Massnahmen und Mittel analysiert werden.

- Danach werden die gewonnenen Erkenntnisse vom Unternehmen für die Formulierung der eigenen Strategie, für die Gestaltung der Struktur und für die Verankerung der Kultur verwendet.
- Schliesslich erfolgt die Umsetzung und Kontrolle des Stakeholderkonzepts als ein interaktiver Prozess: Die Stakeholder überwachen die Handlungen des Unternehmens durch ihre Gruppen (z.B. Wirtschaftspresse, Konsumentenforum), und das Unternehmen überwacht die Effizienz der Umsysteme (z.B. wirtschaftspolitisches Verhalten des Staates, Lobbying).

Eine wichtige Aufgabe des Managements besteht darin, ein für das Unternehmen angemessenes Stakeholdermanagement zu entwickeln. Der Erfolg eines Unternehmens kann nämlich nur durch ein sorgfältiges Ausbalancieren der verschiedenen Interessen und Ansprüche der Stakeholdergruppen nachhaltig gesichert werden. Dabei hat sowohl die Verantwortung gegenüber den Aktionären als auch die Verpflichtung gegenüber Kunden oder gesellschaftlichen Gruppen bei der Interessenabwägung einen hohen Stellenwert.

1.2.5.4	Issue Management

▶ Abb. 12 zeigt schematisch die beiden Dimensionen «Anspruchsgruppen» und «Umweltsphären». Darin kommt zum Ausdruck, dass die Beziehungen zwischen dem Unternehmen und seiner Umwelt durch eine grosse Komplexität und Dynamik gekennzeichnet sind. In Kapitel 3 «Unternehmensziele» wird erläutert, dass die verschiedenen Stakeholder (Anspruchsgruppen) einen entscheidenden Einfluss auf die Zielbildung haben können. Dabei können Differenzen bezüglich der Ziele oder der Erwartungen zwischen dem Unternehmen und den Stakeholdern auftreten. In diesem Zusammenhang kommt dem Issue Management eine grosse Bedeutung zu:

> Unter **Issue Management** wird die Entwicklung von Massnahmen von Unternehmen verstanden, die sich mit der Bewältigung gesellschaftlicher, ökologischer, technologischer und wirtschaftlicher Problembereiche (Issues) beschäftigen.

Bei Issues handelt es sich um einzelne Streitfragen bzw. um Differenzen hinsichtlich der Erwartungen von verschiedenen, für das Unternehmen relevanten Gruppen. Die Issues können marktliche, d.h. wirtschaftliche Problembereiche, oder aussermarktliche, d.h. gesellschaftliche und ökologische Problembereiche betreffen. Das Issue Management grenzt sich von der reaktiven Issuebewältigung, dem Krisenmanagement, insbeson-

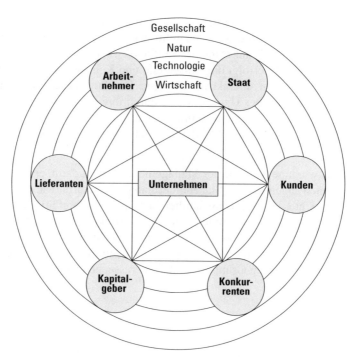

▲ Abb. 12   Umwelt des Unternehmens

dere dadurch ab, dass die Unternehmen durch die ständige Beobachtung
der Umwelt sowie das Einsetzen geeigneter Analyseinstrumente Issues
frühzeitig erkennen können. Auf diese Weise bleibt der Handlungsspielraum eines Unternehmens für die Issuebewältigung gewahrt. Der Aspekt
der aktiven oder gar proaktiven Mitgestaltung bei der Bewältigung von
wirtschaftlichen, gesellschaftlichen und ökologischen Problemen fällt
beim reaktiven Krisenmanagement weitgehend weg.

Üblicherweise verläuft das Issue Management nach den vier Phasen
Issue Identifikation, Issue Analyse, Entwicklung von issuebezogenen
Handlungsalternativen und Evaluation.

1. **Issue Identifikation:** Die Identifikation von Issues muss sich auf dem
   Hintergrund von Vorstellungen darüber vollziehen, welche Handlungs-
   bereiche für das Unternehmen strategisch relevant sind. Unter diesem
   Aspekt sind dann sowohl die marktlichen wie auch die aussermarkt-
   lichen Problembereiche zu identifizieren. Ein mögliches Vorgehen ist,
   mit Expertenhearings potenzielle Issues zu entdecken. In der Schweiz
   zum Beispiel gibt es Grossunternehmen aus verschiedenen Branchen,
   die sich zweimal jährlich treffen, um wesentliche Themenbereiche zu
   bestimmen (Swiss Issue Management-Meeting SWIMM).

Es lassen sich vier Arten unternehmerischer Issues unterscheiden:

- **Strategische** Issues beinhalten unternehmensinterne Probleme wie etwa die Ressourcenbeschaffung und -entwicklung oder die Positionierung des Unternehmens auf dem Markt.
- **Wirtschaftliche** Issues thematisieren Probleme der wirtschaftlichen Umwelt wie etwa die Konjunkturentwicklung.
- **Gesellschaftliche** Issues beschäftigen sich mit den sich verändernden Erwartungen der Gesellschaft gegenüber den Unternehmen wie zum Beispiel der Frage, ob Unternehmen für die Einhaltung der Menschenrechte in denjenigen Ländern, in denen sie tätig sind, verantwortlich sind.
- **Ökologische** Issues thematisieren die Problematik der Umweltverschmutzung und der Erhaltung des Ökosystems durch das Unternehmen.

2. **Issue Analyse:** In einem nächsten Schritt muss sich das Unternehmen entscheiden, welche Issues für es strategisch relevant sind und welche nicht. Dabei kann die Einteilung der Issues nach Stakeholdergruppen hilfreich sein. Diejenigen Stakeholdergruppen, die einen grösseren Einfluss auf das Unternehmen ausüben oder potenziell ausüben können als andere, sind strategisch relevanter. Ein weiteres Instrument der Issue Analyse ist die Lebenszyklusmethode: Je früher ein Issue vom Unternehmen erkannt wird, desto stärker ist sein Verlauf noch beeinflussbar und desto interessanter ist es für das Unternehmen, dieses Issue aktiv zu gestalten.

3. **Entwicklung issuebezogener Handlungsalternativen:** In dieser Phase werden geeignete Massnahmen für den Umgang mit den strategisch relevanten Issues entwickelt, d.h. das Unternehmen entscheidet beispielsweise, ob es das Issue aktiv bewältigen will oder ob es noch zuwarten will. Wesentlich ist, dass dabei die erforderlichen strukturellen und kulturellen Anpassungen einbezogen werden.

4. **Evaluation:** In dieser Phase erfolgt die Kontrolle der gewählten Massnahmen. Wie bereits die Phasen 1 bis 3 des Issue Managements ist auch die Evaluation interaktiv:
- Das Unternehmen beeinflusst den Markt zum Beispiel durch die Lieferantenauswahl.
- Der Markt kontrolliert das Unternehmen durch den Wettbewerb.
- Die Gesellschaft beobachtet die Handlungen der Unternehmen durch staatliche Regulierungen und private Gruppen (z.B. NGOs [Non Governmental Organizations]).
- Das Unternehmen prüft die Gesellschaft auf ihre Effizienz hin (z.B. Sensibilisierung der Öffentlichkeit für Ökologie durch das Anbieten ökologischer Produkte).

1.2.5.5	Zusammenfassung

In der Praxis kann festgestellt werden, dass immer mehr Unternehmen ein bewusstes Umweltmanagement betreiben, insbesondere durch das Stakeholdermanagement und das Issue Management. Die Unternehmen können damit den gestiegenen Ansprüchen der Gesellschaft an ein Unternehmen Rechnung tragen und Einflusspotenziale durch den professionellen Umgang mit Stakeholdern und die bewusste Bewältigung von Issues nutzen.

▶ Abb. 13 veranschaulicht das Zusammenspiel der verschiedenen Umweltaspekte, mit welchen die Credit Suisse Group eine nachhaltige Geschäftspolitik verfolgt, und zeigt auf, mit welchen Anspruchsgruppen ein Dialog gepflegt wird.

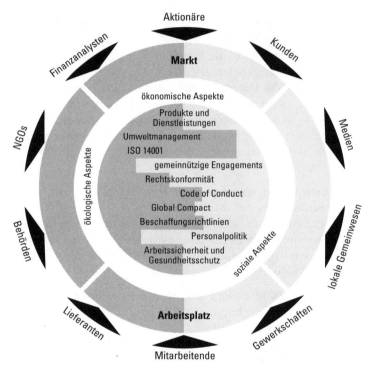

▲ Abb. 13   Umwelt der Credit Suisse (nach Credit Suisse Group 2003)

| **1.2.6** | **Integrierte Betrachtung des Unternehmens und seiner Umwelt** |

Der güter- und finanzwirtschaftliche Umsatzprozess, dessen Steuerung und Erfassung sowie die dazugehörige Umwelt kann mit ▶ Abb. 14 zusammengefasst werden. Hervorzuheben ist lediglich, dass die im Unternehmen sich abspielenden Prozesse simultan ablaufen und sich gegenseitig beeinflussen. Das Rechnungswesen erfasst beispielsweise die Ergebnisse der betrieblichen Tätigkeiten und liefert nach Auswertung dieser Daten wieder wertvolle Informationen für die Steuerung des Umsatzprozesses.

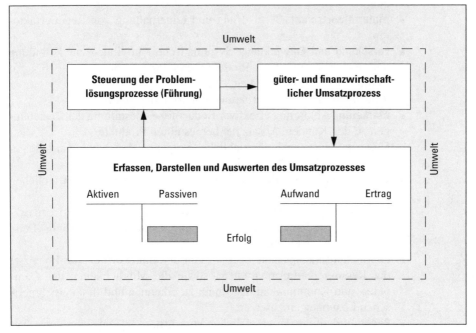

▲ Abb. 14   Unternehmen und Umwelt

| **1.3** | **Einteilung der Betriebswirtschaftslehre** |

Die Betriebswirtschaftslehre als Lehr- und Forschungsgebiet kann nach einem funktionellen, genetischen oder institutionellen Aspekt gegliedert werden.

| 1.3.1 | **Funktionelle Gliederung** |

Die funktionelle Gliederung beruht auf der Einteilung betrieblicher Probleme nach den Funktionen, wie sie sich aus dem betrieblichen Umsatzprozess ergeben. Aufgrund dieses Prozesses können folgende hauptsächlichen Unternehmensfunktionen unterschieden werden:

- **Finanzierung:** Beschaffung, Verwaltung und Rückzahlung von Kapital.
- **Personal:** Beschaffung, Betreuung und Freistellung von Mitarbeitern.
- **Investition:** Beschaffung von Potenzialfaktoren oder Finanzbeteiligungen.
- **Materialwirtschaft:** Beschaffung und Lagerhaltung von Repetierfaktoren.
- **Forschung und Entwicklung:** Systematische Aktivitäten zur Erfindung und Entwicklung neuer Produkte und Produktionsprozesse bis zur Markt- bzw. Einsatzfähigkeit.
- **Produktion:** Be- und Verarbeitung von Repetierfaktoren.
- **Marketing:** Abklärung effektiver Bedürfnisse, Gestaltung der Beziehungen zu den Kunden, Absatz der hergestellten Produkte.
- **Führung:** Steuerung der betrieblichen Vorgänge, Ausrichtung auf die gemeinsamen Unternehmensziele.
- **Organisation:** Sinnvolle Gliederung und Abstimmung der betrieblichen Tätigkeiten sowie Festlegung der Kommunikationswege.
- **Rechnungswesen:** Erfassen und Auswerten des betrieblichen Umsatzprozesses, bei dem mit Hilfe der Produktionsfaktoren marktfähige Leistungen erstellt werden.
- **Informationsmanagement:** Dieses ist dafür verantwortlich, das Potenzial der Ressource «Informationen» sowie die Möglichkeiten der Computer- und Kommunikationstechnik zu erkennen und in unternehmerischen Lösungen einzusetzen.[1]
- **Recht:** Einhaltung der gesetzlichen Vorschriften («legal compliance») in allen Funktionsbereichen, aber auch Wahrnehmung der Chancen, die sich durch Ausnutzung rechtlicher Gestaltungsmöglichkeiten bei der Realisierung von Geschäftsvorhaben ergeben (z.B. optimale Gestaltung von Lieferanten- und Kundenverträgen, rechtliche Regelungen von Unternehmenskooperationen).[2]

Dabei wird zwischen Funktionen unterschieden, die sich direkt aus dem güter- und finanzwirtschaftlichen Umsatzprozess ergeben, nämlich **Grundfunktionen** wie Beschaffung, Lagerhaltung, Forschung und Entwicklung, Produktion, Marketing, Finanzierung, Investition, und solchen, die sich

---

1 Vgl. dazu Teil 11, Kapitel 2 «Informationsmanagement».
2 Auf das Recht wird nicht in einem separaten Kapitel, sondern in der jeweiligen Unternehmensfunktion, wo es von Bedeutung ist, eingegangen. Für eine umfassende Darstellung des Managements von Recht als Führungsaufgabe vgl. Staub 2006.

durch den gesamten Umsatzprozess hindurchziehen. Bei Letzteren handelt es sich um **Querfunktionen** wie Führung, Personal, Rechnungswesen, Informationsmanagement und Recht.

| **1.3.2** | **Genetische Gliederung** |

Die genetische Gliederung geht vom «Lebenslauf» des Unternehmens aus. Sie will vor allem diejenigen betriebswirtschaftlichen Entscheidungen erfassen, die einmaliger oder doch sehr seltener Natur sind und durch die das Unternehmen auf längere Zeit geprägt wird. Der Lebenslauf des Unternehmens kann in die drei Phasen Gründung, Umsatz und Liquidation gegliedert werden.

1. Die **Gründungs-** oder **Errichtungsphase** umfasst die konstitutiven Entscheidungen, die einen als langfristig gültig gedachten Rahmen für die nachfolgenden laufenden Entscheidungen zur Leistungserstellung (Produktion) und Leistungsverwertung (Marketing) abstecken. Im Vordergrund stehen die Entscheidungen über das Leistungsprogramm, das Zielsystem, die Rechtsform, die Organisation sowie den Standort.

2. In der **Umsatzphase** stehen jene Entscheidungen im Mittelpunkt, die der Steuerung des güter- und finanzwirtschaftlichen Umsatzprozesses dienen. Es sind dies Entscheidungen, die sich aus den laufenden Änderungen der Umwelt des Unternehmens, also den gesellschaftlichen, ökologischen, technologischen und ökonomischen Umweltbedingungen ergeben. Daneben müssen aber auch die in der Gründungsphase getroffenen Entscheidungen oft revidiert oder ergänzt werden. Neben den bereits in der Gründungsphase genannten Entscheidungstatbeständen können zusätzlich als spezielle Ereignisse der Unternehmenszusammenschluss und die Sanierung hervorgehoben werden.

3. In der **Liquidations-** oder **Auflösungsphase** schliesslich findet die Veräusserung aller Vermögensteile eines Unternehmens statt. Ziel ist es, aus den erhaltenen flüssigen Mitteln alle Schulden zu tilgen und einen allenfalls erzielten Überschuss an die Eigentümer des Unternehmens auszuzahlen. Eine Liquidation kann dabei aus verschiedenen Gründen erfolgen, am häufigsten wegen
   - Erreichen des Betriebszweckes,
   - ungenügender Rentabilität auf dem eingesetzten Kapital oder bereits eingetretener Verluste und wenn zudem keine Verbesserung der wirtschaftlichen Situation auf längere Sicht abzusehen ist (z.B. wenn die Absatzprobleme nicht nur konjunkturell, sondern auch strukturell bedingt sind),
   - Konkurseröffnung.

1.3.3	**Institutionelle Gliederung**

Die institutionelle Gliederung der Betriebswirtschaftslehre hat die Zugehörigkeit des Unternehmens zu verschiedenen Wirtschaftszweigen als Abgrenzungskriterium. Untersucht werden jeweils die betriebswirtschaftlichen Probleme einer bestimmten Branche. Diese Unterteilung wird in der Regel als **Spezielle Betriebswirtschaftslehre** bezeichnet. Als wesentliche Institutionen, die als Teil der Speziellen Betriebswirtschaftslehre eine gewisse Bedeutung erlangt haben, sind zu nennen: Industrie, Handel, Banken, Versicherungen, Revision und Treuhand, Tourismus, öffentliche Betriebe, öffentliche Verwaltung.

1.3.4	**Zusammenfassung**

▶ Abb. 15 zeigt eine Übersicht mit Integration aller Gliederungskriterien. Eine Betrachtung betrieblicher Probleme anhand dieser Kriterien macht deutlich, dass sich die drei Aspekte nicht streng auseinanderhalten lassen.

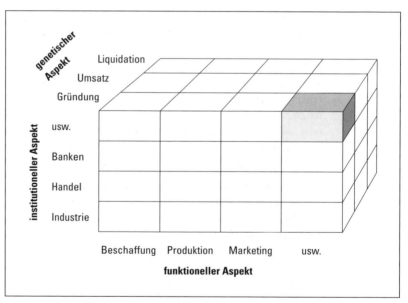

▲ Abb. 15   Gliederungskriterien der Betriebswirtschaftslehre

Kapitel 2

Typologie des Unternehmens

In diesem Kapitel wird eine Einteilung der Unternehmen nach verschiedenen Kriterien vorgenommen und damit eine Unternehmenstypologie gebildet. Diese ermöglicht, die Vielfalt der Probleme, die bei der Führung von Unternehmen auftreten, differenziert unter Berücksichtigung der spezifischen Eigenschaften und Gegebenheiten der jeweiligen Unternehmenskategorie zu betrachten. Als charakteristische Merkmale zur Typenbildung, auf die in den nachfolgenden Abschnitten eingegangen wird, können die Gewinnorientierung, die Branche, die Grösse, das Unternehmenswachstum, die technisch-ökonomische Struktur, die Rechtsform, die Unternehmenskooperationen sowie der Standort herangezogen werden.

2.1 Gewinnorientierung

Es gibt viele private Unternehmen, die sich ihrem Wesen nach kaum von öffentlichen Unternehmen unterscheiden, weil bei ihnen ebenfalls nicht die Gewinnorientierung im Vordergrund steht, sondern primär die Bedürfnisbefriedigung bzw. Bedarfsdeckung. Daraus ergibt sich die Unterscheidung in Profit- und Nonprofit-Unternehmen, wobei sich die Begriffe **Profit-** und **Nonprofit-Organisationen** etabliert haben. Zwar unterscheiden sich

Arten / Merkmale		Aufgaben	Formen
Staatliche NPO	Gemeinwirt-schaftliche NPO	Erfüllung demokratisch fest-gelegter *öffentlicher Aufgaben* (auf Bundes-, Kantons-, Gemeindeebene), Erbringung konkreter Leistungen für die Bürger (Mitglieder)	■ Öffentliche Verwaltungen ■ Öffentliche Betriebe: □ Verkehr, Post, Energie □ Spital, Heim, Anstalt □ Schule, Universität □ Museum, Theater, Biblio-thek
Private NPO	Wirtschaftliche NPO	Förderung der *wirtschaftlichen Interessen* der Mitglieder	■ Wirtschaftsverband ■ Arbeitnehmerorganisation ■ Berufsverband ■ Konsumentenorganisation ■ Genossenschaft
	Soziokulturelle NPO	Gemeinsame Aktivitäten im Rahmen *kultureller, gesell-schaftlicher Interessen,* Bedürf-nisse der Mitglieder	■ Sportvereine ■ Freizeitvereine ■ Kirche, Sekte ■ Spiritistische Zirkel
	Politische NPO	Gemeinsame Aktivitäten zur Bearbeitung und Durchsetzung *politischer (ideeller) Interessen* und Wertvorstellungen	■ Politische Partei ■ Natur-, Heimat-, Umwelt-schutzorganisationen ■ Politisch orientierte Vereine ■ Organisierte Bürgerinitiative
	Karitative NPO	Erbringung *karitativer Unter-stützungsleistungen* an bedürf-tige Bevölkerungskreise (Wohl-tätigkeit, Gemeinnützigkeit)	■ Hilfsorganisationen für Betagte, Behinderte, Geschädigte, Süchtige, Arme, Benachteiligte ■ Entwicklungshilfe-Organisationen ■ Selbsthilfegruppen mit sozialen Zwecken

▲ Abb. 16   Nonprofit-Organisationen (NPO) (nach Schwarz 2001, S. 15)

diese beiden Formen bezüglich der Gewinnerzielung, doch besitzen sie auch wesentliche gemeinsame Merkmale:

- Es handelt sich um soziale Systeme, in denen Menschen und Gruppen von Menschen tätig sind.
- Sie übernehmen eine produktive Funktion, indem sie durch Kombination der Produktionsfaktoren eine spezifische Leistung erstellen.
- Sie richten sich auf einen bestimmten Markt aus, d.h. befriedigen ein ganz bestimmtes Bedürfnis.

◄ Abb. 16 zeigt neben einer Gegenüberstellung der staatlichen und privaten Nonprofit-Organisationen eine Gliederung der privaten Nonprofit-Organisationen nach wirtschaftlichen, soziokulturellen, politischen und karitativen Aspekten.

2.2   Branche

Am gesamtwirtschaftlichen Leistungsprozess ist eine Vielzahl von Unternehmen in unterschiedlicher Weise beteiligt. Betrachtet man diesen Prozess als eine Folge von verschiedenen Produktionsstufen, so bilden die Naturgrundlagen wie Mineralien, Pflanzen, Tiere und Naturkräfte den Ausgangspunkt. Abbau und Nutzbarmachung dieser Naturgrundlagen, deren Aufbereitung zu Zwischenprodukten sowie schliesslich deren Verarbeitung zu Endprodukten bilden die verschiedenen Produktionsstufen der **Sachleistungsbetriebe.** Daneben finden sich **Dienstleistungsbetriebe,** die verschiedene Dienste auf unterschiedlichen Produktionsstufen übernehmen können (▶ Abb. 17).

▶ Abb. 18 zeigt die detaillierte Branchengliederung des Bundesamtes für Statistik, aus der auch die Grösse (und damit die Bedeutung) der einzelnen Wirtschaftsklassen in Bezug auf die Erwerbstätigen ersichtlich wird.

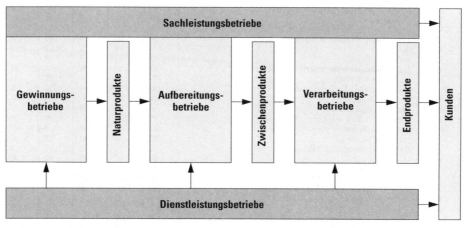

▲ Abb. 17   Schematische Branchengliederung

Wirtschaftszweige (Abschnitte und Abteilungen)		2003	2004	2005	2006	2007[1]
01–95	Total	4156	4169	4201	4304	4412
01–05	Sektor 1	169	159	160	162	171
10–45	Sektor 2	988	985	995	1023	1050
10–14	Bergbau u. Gewinnung v. Steinen/Erden	5	5	5	5	5
15–37	Industrie; Verarbeitendes Gewerbe	671	666	671	690	707
15	Herstellung v. Nahrungsmitteln u. Getränken	61	60	61	60	60
16	Tabakverarbeitung	3	3	3	3	3
17	Textilgewerbe	13	12	11	11	11
18	Herstellung von Bekleidung und Pelzwaren	6	6	5	5	5
19	Herstellung von Lederwaren und Schuhen	2	2	2	2	2
20	Be- und Verarbeitung von Holz	36	37	38	38	40
21	Papier- und Kartongewerbe	14	14	13	13	13
22	Verlags- u. Druckgewerbe, Vervielfältigung	51	50	49	48	48
23	Kokerei; Mineralölverar., nuklear. Behandl.	1	1	1	1	1
24	Chemische Industrie	65	65	66	68	68
25	Herst. von Gummi- und Kunststoffwaren	24	25	25	26	26
26	Herst. v. sonst. Prod. aus nichtmet. Mineralien	18	17	18	19	19
27	Erzeugung und Bearbeitung von Metall	15	14	14	16	16
28	Herstellung von Metallerzeugnissen	83	83	83	87	90
29	Maschinenbau	101	99	99	104	106
30	Herst. v. Büromaschinen, Computern u. ä.	3	2	2	2	2
31	Herst. v. Geräte der Elektrizitätserzeugung	36	35	35	33	34
32	Herst. v. Radio-/Fernseh-/Nachrichtengeräten	17	18	21	22	22
33	Herst. v. med. Geräte, Präzisionsinstr.; Uhren	76	77	79	85	90
34	Fahrzeugbau	5	5	4	5	5
35	Herstellung von sonstigen Fahrzeugen	13	13	13	14	16
36–37	Sonstiges verarbeitendes Gewerbe	29	29	29	30	31
40–41	Energie- und Wasserversorgung	25	25	25	25	26
45	Baugewerbe	288	289	294	303	311
50–95	Sektor 3	2998	3025	3046	3119	3192
50–52	Handel; Reparatur v. Autos/Gebrauchsgütern	648	652	648	652	666
50	Handel, Reparatur v. Autos; Tankstellen	92	95	97	99	99
51	Handelsvermittlung und Grosshandel	201	203	204	209	217
52	Detailhandel; Reparatur v. Gebrauchsgütern	355	354	347	344	350
55	Gastgewerbe	241	242	241	244	248
60–64	Verkehr und Nachrichtenübermittlung	270	272	270	274	278
60	Landverkehr; Transport in Rohrfernleitungen	101	102	105	109	111
61	Schiffahrt	3	3	3	3	3
62	Luftfahrt	12	11	9	9	10
63	Nebentätigkeiten f. den Verkehr; Reisebüros	62	65	65	65	67
64	Nachrichtenübermittlung	92	92	88	88	87
65–67	Kredit- und Versicherungsgewerbe	219	218	215	219	230
65	Kreditgewerbe	134	132	129	134	142
66	Versicherungsgewerbe	60	59	58	57	57
67	Mit Kredit- u. Vers. verbundene Tätigkeiten	25	27	27	29	31
70–74	Immobilien; Vermietung; Informatik, F&E	484	489	495	520	540
70	Immobilienwesen	33	33	33	37	40
71	Vermietung beweglicher Sachen	5	5	5	5	5
72	Informatikdienste	68	67	68	73	76
73	Forschung und Entwicklung	17	17	17	19	19
74	Erbringung von Dienstleist. für Unternehmen	361	367	371	387	400
75	Oeffentl. Verwalt.; Landesvert., Sozialvers.	169	173	178	185	194
80	Unterrichtswesen	274	272	274	280	284
85	Gesundheits- und Sozialwesen	462	471	486	497	506
90–93	Erbringung v. sonst. öff. u. pers. Dienstleist.	176	180	186	195	198
90	Abwasserreinigung, Abfallbeseitigung u. ä.	19	20	20	20	21
91	Interessenvertretungen u. sonst. Vereinig.	53	54	57	60	61
92	Unterhaltung, Kultur und Sport	57	59	62	66	66
93	Persönliche Dienstleistungen	47	47	48	49	50
95	Private Haushalte	55	56	53	53	50

[1] Provisorische Werte

▲ Abb. 18   Erwerbstätige nach Wirtschaftsabteilungen (Jahresdurchschnitt, in 1000)
(Bundesamt für Statistik, Erwerbstätigenstatistik (ETS) 2007)

2.3 Grösse

Ein weiteres Kriterium zur Charakterisierung des Unternehmens ist seine Grösse. Leider gibt es aber kein einheitliches Kriterium, welches einen sinnvollen Vergleich zwischen Unternehmensgrössen verschiedener Branchen erlauben würde. Als mögliche Massgrössen werden am häufigsten genannt:

- Anzahl Beschäftigte,
- Umsatz,
- Bilanzsumme.

▶ Abb. 19 zeigt die grössten Unternehmen der Schweiz, gemessen am Umsatz in Franken. Daraus wird deutlich, dass zwischen den verschiedenen Kriterien keine direkten Korrelationen bestehen. So bedeutet zum Beispiel eine kleine Beschäftigtenzahl nicht unbedingt auch einen kleinen Umsatz, wie dies bei Handelsbetrieben deutlich wird. Es hat sich deshalb als zweckmässig erwiesen, ein Unternehmen in Bezug auf seine Grösse nach mehreren Merkmalen gleichzeitig zu betrachten. So könnte zum Beispiel die verbreitete Klassifizierung in **Klein-**, **Mittel-** und **Grossbetriebe** mit ▶ Abb. 20 wiedergegeben werden. Ein Unternehmen wird dann einer dieser Kategorien zugeteilt, wenn zwei der drei Merkmale für eine bestimmte Klasse zutreffen.

Eine Klassifikation nach Unternehmensgrössen ist betriebswirtschaftlich von grosser Bedeutung, unterscheiden sich doch Gross- und Kleinunternehmen in wesentlichen Merkmalen voneinander. Dies wird beispielsweise aus einer Charakterisierung der Klein- und Mittelbetriebe nach Pleitner (1986, S. 7) deutlich:

1. Der Unternehmer prägt den Betrieb durch seine Persönlichkeit.
2. Der Unternehmer ist typischerweise zugleich Eigenkapitalgeber und Führungskraft.
3. Persönliche Beziehungen (network) des Unternehmers entscheiden massgeblich über den betrieblichen Erfolg.
4. Kleinere Unternehmen zeigen in der Regel eine besondere Fähigkeit zur Erstellung von Leistungen nach Mass (individuelle und differenzierte Leistungen).
5. Das kleine Unternehmen zeichnet sich durch intensive persönliche Kontakte zwischen den Mitarbeitern sowie zwischen ihnen und dem Unternehmer aus.
6. Vorherrschend ist ein organisatorisch zugeschnittenes Einliniensystem mit wenigen Führungskräften.
7. Der Formalisierungsgrad ist gering.
8. Die kurzfristige Orientierung steht im Vordergrund des Denkens und Handelns.

Rang 2006	Rang 2005	Firma	Konsolidierter Umsatz 2006 (Mio. Fr.)	Veränderung in %	Auslandanteil Umsatz	Anzahl Beschäftigte
1	1	Glencore International	46 000	28,6	–	1 711
2	2	Nestlé	98 458	8,1	98,0	265 000
3	3	Novartis	46 382	15,8	48,0	100 735
4	4	Roche-Gruppe	42 041	18,4	99,0	74 372
5	14	Xstrata AG	37 897	257,2	–	–
6	5	ABB Konzern	34 421	18,6	–	10 800
7	6	Adecco Gruppe	33 075	15,9	–	37 000
8	12	Mercuria Energie Trading	28 200	151,8	–	–
9	8	Holcim-Gruppe	23 969	29,8	3,0	88 763
10	9	Cargill International SA	22 333	22,2	100,0	500
11	7	Migros Konzern	20 644	1,3	–	79 194
12	11	Kühne & Nagel International	18 194	29,5	99,0	46 290
13	10	Coop Gruppe	14 785	4,6	–	37 271
14	17	Atel/Motor Columbus	11 334	32,1	87,0	8 668
15	16	Schindler	11 106	25,2	85,0	43 679
16	13	Syngenta International	10 138	0,9	99,0	19 550
17	15	Swisscom AG	9 653	– 0,8	2,0	17 068
18	26	Axpo Holding	9 392	40,5	68,0	3 237
19	20	Liebherr International	9 260	12,0	–	23 700
20	23	DKSH Management	8 122	9,0	99,0	20 500
21	21	Clariant International	8 100	4,8	98,0	21 748
22	22	Die Post	7 895	5,3	15,0	42 178
23	27	Richemont	7 818	16,4	–	15 307
24	19	Panalpina Welttransport	7 735	11,3	–	14 304
25	25	SBB Konzern	7 217	1,8	–	27 933
26	33	EG Laufenburg	6 377	59,0	–	416
27	24	Ciba Spezialitätenchemie	6 352	5,3	99,0	14 130
28	28	Globus-Cosmos Gruppe	5 500	–	–	5 000
29	29	Swatch Group	5 050	12,3	83,0	21 268
30	30	Fenaco-Gruppe	4 745	8,4	–	7 437
31	31	Careal Holding	4 723	12,9	24,0	7 278
32	–	MSC Mediterranean Shipping	4 600	–	–	28 000
33	32	Barry Callebaut	4 262	4,9	99,0	8 236
34	–	BASF Intertrade	4200	16,7	–	–
35	38	Swiss International Airline	4 153	16,0	–	6 100
36	37	Hilti-Gruppe	4 118	13,2	–	17 250
37	36	Kuoni Reisen Holding	4 082	10,7	76,0	8 015
38	35	Georg Fischer	4 048	9,6	–	12 385
39	44	Sika-Konzern	3 896	33,6	–	11 309
40	40	SGS Holding	3 821	15,5	–	45 928
41	18	Alstom (Schweiz)	3 800	–	–	4 400
42	34	Omya-Gruppe	3 700	–	–	6 500
43	39	Rehau-Konzern	3 700	–	–	14 000
44	42	Rieter-Konzern	3 580	14,7	–	14 826
45	41	Amag-Gruppe	3 451	12,8	–	3 290
46	50	Synthes Holding	3 372	23,1	–	8 451
47	–	Duferco	3 300	–	–	–
48	72	Also Holding	3 277	65,5	70,0	2 047
49	47	Tamoil	3 076	8,7	6,0	393
50	56	Saurer-Gruppe	3 068	26,2	–	10 000

▲ Abb. 19   Die grössten Unternehmen der Schweiz 2006
(HandelsZeitung: Swiss Top 500. 27. Juni – 3. Juli 2007, Nr. 26, S. 63)

Merkmale Klasse	Beschäftigte	Bilanzsumme (in Fr.)	Umsatz (in Fr.)
Kleinbetrieb	unter 50	unter 1 Mio.	unter 5 Mio.
Mittelbetrieb	50 – 1 000	1 – 25 Mio.	5 – 50 Mio.
Grossbetrieb	über 1 000	über 25 Mio.	über 50 Mio.

▲ Abb. 20   Einteilung der Unternehmen nach der Grösse

2.4   Unternehmenswachstum

Im Vergleich zu etablierten Unternehmen besitzen Wachstumsunternehmen in der Regel keine Unternehmensgeschichte. Meist basiert die typischerweise stark expansive Geschäftstätigkeit auf der Idee eines Gründerteams, so dass der Geschäftserfolg dieser Unternehmen in hoher Abhängigkeit von der Qualifikation des Managementteams steht.

Kennzeichnend für Wachstumsunternehmen ist ein hoher Kapitalbedarf bei niedrigem vorhandenem Kapital, wobei eine Innenfinanzierung aufgrund des häufig negativen Cash-flows nicht möglich ist. Da meistens auch nicht auf Vermögensgegenstände zur Beleihung zurückgegriffen werden kann, ist eine Fremdkapitalfinanzierung kaum möglich. Deshalb nutzen Wachstumsunternehmen besondere Formen der Eigenkapital-Bereitstellung, z.B. durch Business Angels oder Venture-Capital-Gesellschaften. Wegen des hohen Risikos für die Kapitalgeber ist diese Finanzierung aber vergleichsweise teuer.

2.5   Technisch-ökonomische Struktur

Der technisch-ökonomische Aspekt zur Gliederung von Unternehmen betrifft in erster Linie die Industrieunternehmen. Als wichtigste Unterscheidungsmerkmale lassen sich festhalten:

- Nach dem **vorherrschenden Produktionsfaktor:**
  - **Personalintensive** Unternehmen sind charakterisiert durch einen hohen Lohnkostenanteil an den gesamten Produktionskosten.
  - **Anlagenintensive** Unternehmen sind dadurch gekennzeichnet, dass sie einen hohen Bestand an Potenzialfaktoren haben, in denen hohe Kapitalbeträge gebunden sind.
  - **Materialintensive** Unternehmen weisen einen hohen Rohstoffverbrauch und entsprechend hohe Materialkosten auf.
  - **Energieintensive** Unternehmen zeichnen sich durch einen hohen Verbrauch an Energie bei der Produktion aus.

In der Praxis sind auch Kombinationen dieser vier Fälle möglich. Diese Betrachtung dient vor allem dazu, jenen oder jene Produktionsfaktoren mit dem grössten Anteil an den Gesamtkosten zu ermitteln. Dieser Faktor muss dann bei der Betrachtung betriebswirtschaftlicher Probleme besondere Berücksichtigung finden.

- Nach der **Anzahl der zu fertigenden Produkte (Fertigungstypen):**
  - **Einzelfertigung:** Die Einzelfertigung zeichnet sich dadurch aus, dass meist aufgrund eines konkreten Kundenauftrages genau eine Einheit eines Produktes hergestellt wird. Sie ist immer dort anzutreffen, wo etwas nach Mass produziert wird (z.B. Turbine, Gebäude).
  - **Mehrfachfertigung:** Bei der Mehrfachfertigung wird eine grosse Anzahl des gleichen Produktes hergestellt. Man findet sie vor allem dort, wo eine weitgehende Automatisierung möglich ist.

- Nach der **Anordnung der Maschinen (Fertigungsverfahren):**
  - **Werkstattprinzip:** Das Werkstattprinzip beinhaltet, dass sich der Bearbeitungsprozess eines Werkstückes nach der innerbetrieblichen Anordnung der Maschinen auszurichten hat. Unter Umständen muss das Werkstück auch in verschiedene Werkstätten transportiert werden.
  - **Fliessprinzip:** Beim Fliessprinzip richtet sich die Anordnung der Maschinen – im Gegensatz zum Werkstattprinzip – nach der Reihenfolge der am Produkt durchzuführenden Tätigkeiten. Die Folge davon sind Fertigungsstrassen und Fliessbänder.

Die Fertigungstypen und -verfahren hängen in der Praxis eng zusammen, indem die Einzelfertigung meistens nach dem Werkstattprinzip, die Mehrfachfertigung häufig nach dem Fliessprinzip vorgenommen wird.[1]

2.6	Rechtsform
2.6.1	Einzelunternehmen und Gesellschaft

Jedes Unternehmen hat eine bestimmte rechtliche Struktur. Mit dieser Rechtsform werden einerseits die **rechtlichen Beziehungen** mit der Umwelt und andererseits bestimmte Fragen der **Organisation des Unternehmens** selbst geregelt. Im schweizerischen Gesellschaftsrecht (= Obligationenrecht [OR]) werden die Rechtsformen abschliessend aufgezählt, die von den Unternehmen gewählt werden können. Die Bestimmungen des Obligationenrechts haben dabei entweder **zwingenden** oder **dispositiven** Charakter. Erstere sind Normen, an die sich die Gesellschafter halten müssen und die von ihnen nicht abgeändert werden können. Im Gegensatz dazu

---

1 Zu den verschiedenen Fertigungstypen und -verfahren vgl. Teil 4, Kapitel 2 «Gestaltung der Produktionsprozesse».

gelten die dispositiven, d.h. die ergänzenden Bestimmungen nur dann, wenn die Gesellschafter (z. B. in den Statuten einer AG) keine anderen Vereinbarungen getroffen haben.

Nach der Rechtsform können die Unternehmen in Einzelunternehmen und Gesellschaften unterteilt werden.

- Das **Einzelunternehmen** ist dadurch charakterisiert, dass eine einzelne Person Eigentümerin ist, in welcher Kapital und Leitung des Unternehmens vereinigt sind. Rechtlich gesehen handelt es sich um einen Kaufmann.

> Als **Kaufmann** bezeichnet das schweizerische Recht eine Person, die ein Handels-, Fabrikations- oder ein anderes nach kaufmännischer Art geführtes Gewerbe betreibt (Art. 934 Abs. 1 OR).

Als Gewerbe gilt dabei eine selbstständige (im eigenen Namen), regelmässige und auf dauernden Erwerb gerichtete wirtschaftliche Tätigkeit (Verordnung über das Handelsregister, Art. 52).

- Eine **Gesellschaft** nach schweizerischem Gesellschaftsrecht (Art. 530 Abs. 1 OR) ist dagegen eine vertraglich begründete, der Erreichung eines bestimmten gemeinsamen Zweckes dienende privatrechtliche Personenvereinigung.

2.6.2	Gesellschaftsformen nach schweizerischem Recht

Die schweizerische Rechtsordnung stellt die folgenden Gesellschaftsformen zur Verfügung:

1. **Einfache Gesellschaft:** Eine einfache Gesellschaft ist die vertragsmässige Verbindung von zwei oder mehreren Personen zur Erreichung eines gemeinsamen Zweckes mit gemeinsamen Kräften oder Mitteln (Art. 530 Abs. 1 OR). Sie ist die allgemeinste Form einer Personenvereinigung, die immer dann Anwendung findet, «sofern dabei nicht die Voraussetzungen einer anderen durch das Gesetz geordneten Gesellschaft zutreffen» (Art. 530 Abs. 2 OR). Die rechtlichen Anforderungen sollten deshalb so einfach wie möglich und hauptsächlich dispositiver Natur sein. Diese sehr freie gesetzliche Ordnung hat zur Folge, dass diese Gesellschaftsform nicht verwendet werden darf, wo grössere wirtschaftliche Risiken eingegangen werden können, nämlich bei der Führung eines kaufmännischen Unternehmens.[1] Die einfache Gesellschaft wird des-

---

1 Das kaufmännische Unternehmen lässt sich – in Analogie zum Kaufmann – umschreiben als ein selbstständiger, organisierter Geschäftsbetrieb, der sich regelmässig mit dem Handel oder der Fabrikation von Gütern beschäftigt oder eine andere, die Berücksichtigung kaufmännischer Grundsätze erfordernde Tätigkeit verfolgt und der in der Regel einen Jahresumsatz von mindestens Fr. 100 000,– erzielt (Meier-Hayoz/Forstmoser 1993, S. 90).

halb vielfach nur vorübergehend zur Abwicklung einzelner Geschäfte verwendet.

Eine spezielle Form der einfachen Gesellschaft ist die **stille Gesellschaft**. Diese ist dadurch charakterisiert, dass jemand (der stille Gesellschafter) an der geschäftlichen Tätigkeit eines anderen (des Hauptgesellschafters) mit einer Kapitaleinlage am Gewinn und Verlust beteiligt ist. Da es sich um eine Gesellschaft handelt, müssen dem Geldgeber zumindest auch minimale Mitwirkungsrechte zustehen. Die stille Gesellschaft tritt nach aussen nicht in Erscheinung, sondern lediglich der Hauptgesellschafter; sie stellt somit eine Innengesellschaft dar.

2. **Kollektivgesellschaft:** Die Kollektivgesellschaft ist eine Gesellschaft, in der zwei oder mehrere natürliche Personen, ohne Beschränkung ihrer Haftung gegenüber den Gesellschaftsgläubigern, sich zum Zwecke vereinigen, unter einer gemeinsamen Firma ein Handels-, ein Fabrikations- oder ein anderes nach kaufmännischer Art geführtes Gewerbe zu betreiben (Art. 552 OR).

3. **Kommanditgesellschaft:** Die Kommanditgesellschaft ist eine Gesellschaft, die zwei oder mehrere Personen zum Zwecke vereinigt, ein Handels-, ein Fabrikations- oder ein anderes nach kaufmännischer Art geführtes Gewerbe unter einer gemeinsamen Firma in der Weise zu betreiben, dass wenigstens ein Mitglied als Komplementär unbeschränkt, eines oder mehrere aber als Kommanditäre nur bis zum Betrage einer bestimmten Vermögenseinlage, der Kommanditsumme, haften (Art. 594 OR).

4. **Aktiengesellschaft (AG):** Die Aktiengesellschaft (▶ Abb. 21) ist eine Gesellschaft mit eigener Firma, deren zum Voraus bestimmtes Kapital (= Aktienkapital) in Teilsummen (Aktien) zerlegt ist und für deren Verbindlichkeiten nur das Gesellschaftsvermögen haftet. Die Aktionäre sind nur zu den statutarischen Leistungen verpflichtet. Die Aktiengesellschaft kann auch für nichtwirtschaftliche Zwecke gegründet werden (Art. 620 OR). Das Aktienkapital muss mindestens 100 000 Franken betragen. Eine Aktiengesellschaft kann durch eine oder mehrere natürliche oder juristische Personen oder andere Handelsgesellschaften gegründet werden (Art. 625 OR).

5. **Kommanditaktiengesellschaft:** Die Kommanditaktiengesellschaft ist eine Gesellschaft, deren Kapital in Aktien zerlegt ist und bei der ein oder mehrere Mitglieder den Gesellschaftsgläubigern unbeschränkt und solidarisch gleich einem Kollektivgesellschafter haftbar sind. Für die Kommanditaktiengesellschaft kommen, soweit nicht etwas anderes vorgesehen ist, die Bestimmungen über die Aktiengesellschaft zur Anwendung (Art. 764 OR).

Grundkapital	■ **Festes Aktienkapital,** aufgeteilt in auf runde Beträge lautende Anteile (Aktien). (Art. 620 Abs. 1 OR) ■ **Mindestkapital:** Fr. 100 000,–, **Mindesteinzahlung:** 20 %, mindestens Fr. 50 000,–. (Art. 621 und 632 OR) ■ **Nennwert pro Aktie** mindestens 1 Rappen. (Art. 622 Abs. 4 OR) ■ Änderungen des Aktienkapitals über Statutenänderung möglich. (Art. 626 Ziff. 3 OR)

Organe, Geschäftsführung und Vertretung	Organe, welche die Führung und Leitung übernehmen:
	1. **Generalversammlung** (GV), die von allen Aktionären gebildet wird. Sie setzt die Statuten fest und ändert sie, entscheidet unter anderem über die Gewinnverteilung und wählt Verwaltungsrat und Revisionsstelle. (Art. 698 ff. OR)
	2. **Verwaltungsrat,** der aus einem oder mehreren Mitgliedern besteht. (Art. 707 OR) Er hat folgende unübertragbare und unentziehbare Aufgaben (Art. 716a Abs. 1 OR):
	  ■ die Oberleitung der Gesellschaft und die Erteilung der nötigen Weisungen;
	  ■ die Festlegung der Organisation;
	  ■ die Ausgestaltung des Rechnungswesens, der Finanzkontrolle sowie der Finanzplanung, sofern diese für die Führung der Gesellschaft notwendig ist;
	  ■ die Ernennung und Abberufung der mit der Geschäftsführung und der Vertretung betrauten Personen;
	  ■ die Oberaufsicht über die mit der Geschäftsführung betrauten Personen, namentlich im Hinblick auf die Befolgung der Gesetze, Statuten, Reglemente und Weisungen;
	  ■ die Erstellung des Geschäftsberichtes sowie die Vorbereitung der Generalversammlung und die Ausführung ihrer Beschlüsse;
	  ■ die Benachrichtigung des Richters im Falle der Überschuldung.
	Der Verwaltungsrat vertritt die Gesellschaft nach aussen. Bestimmen die Statuten oder das Organisationsreglement nichts anderes, so steht die Vertretungsbefugnis jedem Mitglied einzeln zu. (Art. 718 Abs. 1 OR) Der Verwaltungsrat kann die Vertretung einem oder mehreren Mitgliedern (Delegierte) oder Dritten (Direktoren) übertragen. (Art. 718 Abs. 2 OR)
	3. **Revisionsstelle** (bei einer ordentlichen oder eingeschränkten Revision), welche die Buchführung und die Jahresrechnung sowie die Existenz eines internen Kontrollsystems zu prüfen hat. (Art. 728a Abs. 1 OR)

Erfolgsbeteiligung (Zinsen und Honorare)	1. Gewinnverteilung nach Statuten. (Art. 660 OR) 2. Der Reingewinn ist im Verhältnis des einbezahlten Nominalwertes der Aktien zu verteilen. (Art. 661 OR) Die Dividende darf erst festgelegt werden, wenn die im Gesetz und in den Statuten vorgesehenen Reserven vom Gewinn abgezogen worden sind. (Art. 674 OR)
Haftung	■ Es haftet das Gesellschaftsvermögen. (Art. 620 OR) ■ Die Aktionäre verlieren den für die Aktien bei der Zeichnung oder bei einem späteren Erwerb bezahlten Betrag. ■ Die AG verliert ihr Eigenkapital.

▲ Abb. 21   Aktiengesellschaft (Art. 620–763 OR)

Grundkapital	■ Das Stammkapital muss mindestens 20 000 Franken betragen. (Art. 773 OR) ■ Der Nennwert der Stammanteile muss mindestens 100 Franken betragen. Im Falle einer Sanierung kann er bis auf einen Franken herabgesetzt werden. Die Stammanteile müssen mindestens zum Nennwert ausgegeben werden. (Art. 774 OR) ■ Die Statuten können die Schaffung von Genussscheinen vorsehen; die Vorschriften des Aktienrechts sind entsprechend anwendbar. (Art. 774a OR)
Organe, Geschäftsführung und Vertretung	Drei Organe: 1. **Gesellschafterversammlung:** Sie ist oberstes Organ und legt die Statuten fest, bestimmt die Geschäftsführer sowie die Mitglieder der Revisionsstelle. Sie genehmigt die Jahresrechnung und entscheidet über die Verwendung des Gewinns sowie die Festsetzung der Dividenden und Tantiemen. 2. **Geschäftsführung:** Alle Gesellschafter üben die Geschäftsführung gemeinsam aus. Die Statuten können die Geschäftsführung abweichend regeln. (Art. 809 Abs. 1 OR) Die Geschäftsführer haben folgende unübertragbare und unentziehbare Aufgaben: ■ die Oberleitung der Gesellschaft und die Erteilung der nötigen Weisungen; ■ die Festlegung der Organisation im Rahmen von Gesetz und Statuten; ■ die Ausgestaltung des Rechnungswesens und der Finanzkontrolle sowie der Finanzplanung, sofern diese für die Führung der Gesellschaft notwendig ist; ■ die Aufsicht über die Personen, denen Teile der Geschäftsführung übertragen sind, namentlich im Hinblick auf die Befolgung der Gesetze, Statuten, Reglemente und Weisungen; ■ die Erstellung des Geschäftsberichtes (Jahresrechnung, Jahresbericht und gegebenenfalls Konzernrechnung); ■ die Vorbereitung der Gesellschafterversammlung sowie die Ausführung ihrer Beschlüsse; ■ die Benachrichtigung des Gerichts im Falle der Überschuldung. (Art. 810 Abs. 2 OR) 3. **Revisionsstelle:** Für die Revisionsstelle sind die Vorschriften des Aktienrechts entsprechend anwendbar. (Art. 818 OR)
Erfolgsbeteiligung (Zinsen und Honorare)	■ Dividenden dürfen nur aus dem Bilanzgewinn und aus hierfür gebildeten Reserven ausgerichtet werden. Die Dividende darf erst festgesetzt werden, nachdem die dem Gesetz und den Statuten entsprechenden Zuweisungen an die gesetzlichen und statutarischen Reserven abgezogen worden sind. Die Dividenden sind im Verhältnis des Nennwerts der Stammanteile festzusetzen. (Art. 798 OR) ■ Die Statuten können die Ausrichtung von Tantiemen an Geschäftsführer vorsehen. Die Vorschriften des Aktienrechts über Tantiemen sind entsprechend anwendbar. (Art. 798b OR)
Haftung	■ Für die Verbindlichkeiten der Gesellschaft haftet nur das Gesellschaftsvermögen. (Art. 794 OR) ■ Die Statuten können die Gesellschafter zur Leistung von Nachschüssen verpflichten. Sehen die Statuten eine Nachschusspflicht vor, so müssen sie den Betrag der mit einem Stammanteil verbundenen Nachschusspflicht festlegen. Dieser darf das Doppelte des Nennwertes des Stammanteils nicht übersteigen. Die Gesellschafter haften nur für die mit den eigenen Stammanteilen verbundenen Nachschüsse. (Art. 795 OR)

▲ Abb. 22   Gesellschaft mit beschränkter Haftung (Art. 772–827 OR)

6. **Gesellschaft mit beschränkter Haftung (GmbH):** Die GmbH (◄ Abb. 22) kann durch eine oder mehrere natürliche oder juristische Personen oder andere Handelsgesellschaften gegründet werden (Art. 775 OR). Die Gesellschaft mit beschränkter Haftung ist eine personenbezogene Kapitalgesellschaft, an der eine oder mehrere Personen oder Handelsgesellschaften beteiligt sind. Ihr Stammkapital ist in den Statuten festgelegt. Für ihre Verbindlichkeiten haftet nur das Gesellschaftsvermögen. Die Gesellschafter sind mindestens mit je einem Stammanteil am Stammkapital beteiligt. Die Statuten können für sie Nachschuss- und Nebenleistungspflichten vorsehen (Art. 772 OR). Das Stammkapital muss mindestens 20 000 Franken betragen (Art. 773 OR).

7. **Genossenschaft:** Die Genossenschaft ist eine als Körperschaft organisierte Verbindung einer nicht geschlossenen Zahl von Personen oder Handelsgesellschaften, die in der Hauptsache die Förderung oder Sicherung bestimmter wirtschaftlicher Interessen ihrer Mitglieder in gemeinsamer Selbsthilfe bezweckt. Genossenschaften haben kein festes Grundkapital, um keinen Interessenten die Mitgliedschaft verwehren zu können (Art. 828 OR). Die Statuten regeln die Beitrags- und Leistungspflicht (Art. 867 OR). Für die Verbindlichkeiten der Genossenschaft haftet ausschliesslich das Genossenschaftsvermögen, sofern die Statuten nichts anderes vorschreiben (Art. 868 OR).

8. **Verein:** Der Verein ist eine Gesellschaft, die nichtwirtschaftliche Zwecke verfolgt, die ein kaufmännisches Unternehmen führen kann und für deren Verbindlichkeiten ausschliesslich das Vereinsvermögen haftet (Art. 60 ff. ZGB). Der Verein stellt insofern eine spezielle Gesellschaftsform dar, als er als einzige Rechtsform im Zivilgesetzbuch geregelt ist. Obschon der Verein laut Gesetz nichtwirtschaftliche Ziele verfolgen muss (politische, religiöse, wissenschaftliche, künstlerische oder andere nichtwirtschaftliche Ziele), haben viele Vereinigungen, die zwar keinen eigenen kaufmännischen Betrieb führen, aber dennoch im Interesse ihrer Mitglieder wirtschaftlich tätig sind, die Rechtsform des Vereins gewählt. Zu nennen wären vor allem Kartelle und Berufsverbände. Dies ist aber nur deshalb möglich, weil das Bundesgericht diese Praxis erlaubte, u. a. mit der Begründung, dass andere geeignete Gesellschaftsformen für Kartelle fehlen.

Die acht Gesellschaftstypen können nach verschiedenen Kriterien gruppiert werden. So sind die Aktiengesellschaft, die GmbH, die Genossenschaft, der Verein sowie die Kommanditaktiengesellschaft so genannte **juristische Personen,** während die einfache Gesellschaft, die Kollektiv- und die Kommanditgesellschaft über keine eigene **Rechtspersönlichkeit** verfügen. Die Gesellschaften der ersten Gruppe bezeichnet man darum auch als Körperschaften, jene der zweiten Gruppe als Rechtsgemeinschaften (► Abb. 23):

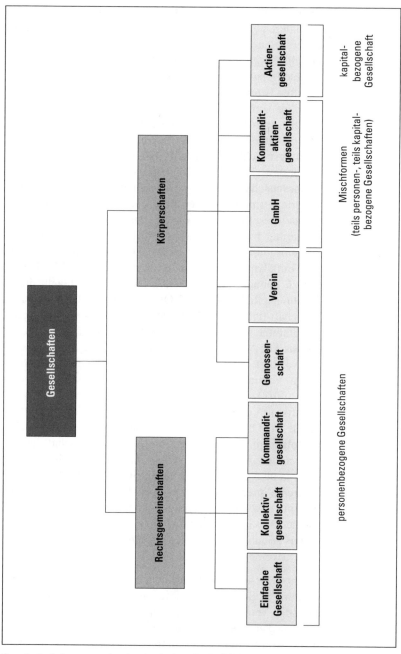

▲ Abb. 23   Gesellschaftsformen nach schweizerischem Recht (Meier-Hayoz/Forstmoser 1993, S. 23)

- **Körperschaften** werden durch ihre Organe tätig; die Aktivitäten der Organe werden als Handeln der juristischen Person betrachtet. Juristische Personen können daher in ihrem eigenen Namen (Firma[1]) Eigentum erwerben oder veräussern, Verträge abschliessen, vor Gericht klagen oder beklagt werden.
- Dagegen sind bei den **Rechtsgemeinschaften** die einzelnen Mitglieder die Rechtsträger. Die Vermögensrechte stehen denn auch nicht der Rechtsgemeinschaft, sondern den Mitgliedern zu.

Gesellschaften können aber auch danach unterschieden werden, ob sie personen- oder kapitalbezogen sind (◄ Abb. 23):

- Bei den **personenbezogenen** Gesellschaften ist die rechtliche Ordnung auf die Persönlichkeit des einzelnen Gesellschafters zugeschnitten, und die Gesellschafter stehen in einem engen persönlichen Verhältnis zueinander. Alle Rechtsgemeinschaften sind Personengesellschaften. Von den Körperschaften sind der Verein und die Genossenschaft personenbezogen.
- Bei den **kapitalbezogenen** Gesellschaften tritt das persönliche Element hinter die Betonung der Kapitalbeteiligung zurück. Die Aktiengesellschaft ist die einzige reine Kapitalgesellschaft. Die mit der Mitgliedschaft verbundenen Rechte bemessen sich in der Hauptsache nach der Kapitalbeteiligung; das Verhältnis zwischen den Aktionären ist nicht durch eine Treue- oder Loyalitätspflicht gekennzeichnet.[2]

Die GmbH und die Kommanditaktiengesellschaft sind weder typische Personen- noch typische Kapitalgesellschaften, sondern **Mischformen**.

2.6.3	Wirtschaftliche Bedeutung der Gesellschaftsformen

Die wirtschaftliche Bedeutung der Gesellschaftsformen ist sehr unterschiedlich, wie eine Statistik der im Handelsregister eingetragenen Firmen zeigt (► Abb. 24). Zu beachten ist allerdings, dass diese Statistik nicht alle Einzelfirmen enthält – diese sind nicht verpflichtet, sich ins Handelsregister eintragen zu lassen – und auch zahlreiche Briefkastenfirmen ausweist. Die schweizerische Betriebszählung, die vom Bundesamt für Statistik etwa alle drei Jahre durchgeführt wird, erfasst nur «aktive Firmen», d.h. Betriebe, in denen pro Woche eine Person mehr als 20 Stunden tätig ist. Die letzte Erhebung von 2005 weist 144 782 Einzelfirmen aus im Gegen-

---

1 Firma ist der Name für den Träger eines Unternehmens. Er wird für den Handelsverkehr gewählt und ins Handelsregister eingetragen (Art. 944 ff. OR).

2 Aus diesem Grund schliessen die Gesellschafter kleinerer Aktiengesellschaften häufig so genannte Aktionärbindungsverträge, welche entsprechende Pflichten enthalten.

Rechts-form Jahr	Einzel-firmen	Kollektiv-gesell-schaft	Komman-ditgesell-schaft	AG (inkl. Komman-dit-AG)	GmbH	Genos-senschaft	Andere[1]
1980	86 912	10 854	3 495	107 643	3 035	13 491	31 182
1985	94 208	12 113	3 374	130 143	2 859	13 756	33 946
1990	111 919	15 423	3 349	160 541	2 756	13 858	34 851
1995	128 114	16 775	3 533	170 703	10 705	14 167	35 895
1996	131 285	16 734	3 549	170 439	16 206	14 174	36 085
1997	134 815	16 703	3 523	170 503	23 164	14 162	36 211
1998	138 466	16 793	3 299	171 154	31 190	14 083	36 755
1999	140 900	16 460	3 192	171 057	38 579	13 839	37 188
2000	142 314	16 360	3 118	171 984	46 035	13 590	37 349
2001	142 579	15 862	2 917	173 127	53 863	13 221	37 271
2002	144 839	15 680	2 836	173 332	61 442	12 975	37 220
2003	147 311	15 455	2 727	174 370	68 633	12 529	37 694
2004	148 263	14 951	2 665	174 149	76 428	12 198	37 399
2005	148 982	14 524	2 632	173 944	84 291	11 860	37 533
2006	150 050	14 662	2 617	175 459	92 448	11 609	37 377
2007	152 388	13 934	2 504	179 761	101 462	11 306	37 690

1 Institute und Körperschaften des öffentlichen Rechts, Vereine, Stiftungen und Filialen.

▲ Abb. 24   Im Handelsregister eingetragene Firmen (Quelle: Amt für das Handelsregister, BFS: Statistisches Lexikon der Schweiz)

satz zu den 148 962 des Handelsregisters. Bei den Aktiengesellschaften ergab die Betriebszählung 83 006 Gesellschaften bei gleichzeitig 173 944 im Handelsregister eingetragenen Firmen.

Bei den Gesellschaften kommt der Aktiengesellschaft die grösste Bedeutung zu, doch hat die Zahl der GmbH aufgrund des neuen Aktienrechts (1993) in den letzten Jahren sehr stark zugenommen. Dies ist unter anderem darauf zurückzuführen, dass bei der GmbH – im Gegensatz zur AG – das notwendige Mindestkapital wesentlich kleiner ist.

Zu beachten ist auch, dass sich die Ausprägungen einzelner Gesellschaftsformen sehr stark voneinander unterscheiden können. So können in der Praxis beispielsweise folgende Arten von Aktiengesellschaften beobachtet werden (Meyer/Moosmann 1995, S. 226 f.):

■ **Publikumsaktiengesellschaften,**
  □ die einer breiten Bevölkerungsschicht mit relativ wenig Kapitaleinsatz die Beteiligung an volkswirtschaftlich bedeutenden Unternehmen ermöglichen sollen und
  □ deren Aktien in Wertpapierform verbrieft und durch die Kotierung an der Börse leichter zu erwerben und wieder zu veräussern sind.

- **Klein- oder Familienaktiengesellschaften,**
  - ☐ die wenige Gesellschafter und oft ein minimales Aktienkapital aufweisen und
  - ☐ deren Mitglieder durch persönliche (oft verwandtschaftliche) Beziehungen untereinander verbunden sind.

- **Einmannaktiengesellschaften,** bei denen eine einzelne Person – unter Verwendung von zwei so genannten Strohmännern bei der Gründung – sämtliche Aktien auf sich vereinigt. Ist der Alleinaktionär nicht eine natürliche Person, sondern selbst wiederum eine Aktiengesellschaft, so spricht man von einer Tochtergesellschaft.

2.7	Unternehmenskooperationen
2.7.1	**Ziele von Unternehmenskooperationen**

Die Ziele, die ein Unternehmen veranlassen, eine Kooperation einzugehen, sind sehr vielfältiger Natur. Aus betriebswirtschaftlicher Sicht stehen drei Motive im Vordergrund, die in den vergangenen Jahren häufig zu Kooperationen geführt haben:

1. **Wachstum:** Beim Wachstum eines Unternehmens muss zwischen einem internen und einem externen Wachstum unterschieden werden:
   - Das **interne Wachstum** beruht auf einem Ausbau der Kapazitäten aufgrund einer steigenden Nachfrage und/oder eines steigenden Marktanteils. Man spricht deshalb auch von einem **natürlichen Wachstum.**
   - Das **externe Wachstum** hingegen kommt dadurch zustande, dass sich Unternehmen zur Erfüllung einer gemeinsamen Aufgabe miteinander verbinden und ihre gesamten Geschäftstätigkeiten oder Teile davon zusammenlegen. Häufig erfolgt dieses externe Wachstum durch Übernahme eines fremden Unternehmens. Je nachdem, ob diese Übernahme aus Sicht des übernommenen Unternehmens erwünscht oder nicht erwünscht ist, spricht man von einer freundlichen (friendly) oder unfreundlichen (unfriendly) Übernahme (takeover). Der Vorgang der Bildung grösserer Unternehmenseinheiten durch Zusammenschluss und Übernahme von Unternehmen wird volkswirtschaftlich auch **Unternehmenskonzentration** genannt.

   Ein wesentlicher Grund für das starke externe Wachstum vieler Unternehmen in den letzten Jahren (▶ Abb. 25) beruht auf der Tatsache, dass heute viele Märkte gesättigt sind und somit ein internes Wachstum schwierig ist. Dieses ist meistens nur durch Erhöhung des Marktanteils auf Kosten der Konkurrenz möglich und mit hohen Kosten verbunden.

Wichtige Übernahmen ausländischer Firmen durch Schweizer Unternehmen			Wichtige Übernahmen Schweizer Unternehmen durch ausländische Firmen		
Jahr Käufer	Übernommenes Unternehmen	Land Verkäufer	Jahr Käufer	Übernommenes Unternehmen	Land Käufer
2007 Nestlé	Gerber	USA	2007 Medi-Clinic, Kapstadt	Hirslanden-Gruppe	ZA
2007 Swisscom	Fastweb	IT	2007 Scor	Converium	FR
2007 Swiss Life	AWD	DE	2007 Generali-Gruppe	Banca del Gottardo	IT
2006 Xstrata	Falconbridge Ltd.	CAN	2006 Merck KGaA	Serono-Gruppe	DE
2006 UBS	Banco Pactual	BR	2006 Dubai Aerospace Enterprise	SR Technics	AE
2006 Givaudan	Quest BV	NL	2006 AXA Versicherungen	Winterthur Versicherungen	FR
2005 Swiss Re	GE Insurance Solutions	USA	2005 Lufthansa AG	Swiss International Airlines	DE
2005 Novartis International	Chiron Corp.	USA	2005 Victory	Unaxis Holding	FL
2005 Kühne + Nagel AG	ACR Logistics	GB	2005 Ferrovial-Gruppe	Swissport International	ES
2004 Syngenta AG	Advanta BV/Golden Harvest	NL/USA	2004 Bayard Capital, Sydney	Landis + Gyr AG	AUS
2004 SR Technics AG	FLS Aerospace	DK	2004 Saint-Gobain Groupe	Sanitas-Troesch-Gruppe	FR
2004 Swiss Steel	Krupp Edelstahlprofile (KEP)	DE	2004 ED&F Man	Volcafe AG (Erb-Gruppe)	GB
2003 Xstrata	Bergbaukonzern MIM	AUS	2003 Rewe AG	Bon-appétit-Gruppe	DE
2003 Nestlé	Dreyers Grand Ice	USA	2003 Zimmer Corp.	Centerpulse AG	USA
2003 Roche Holding	Igen Inc.	USA	2003 Colgate Palmolive	Gaba Holding AG	USA
2002 Nestlé	Chef America	USA	2002 Texas Pacific Group	Gate Gourmet International	USA
2002 Novartis	Lek Gruppe	SI	2002 3i Finanzgesellschaft	SR Technics AG	GB
2002 Swissport Int.	Cargo Service Center	NL	2002 Candover Investment	Swissport	GB
2001 Nestlé	Ralston Purina	USA	2001 Promatech Group	Sulzer Textil	IT
2001 Swiss Re	Lincoln Re	USA	2001 Fabricom-Gruppe	Sulzer Infra	BE
2000 CS Group	Donaldson, Lufkin & Jenrette	USA	2000 Carlsberg	Feldschlösschen-Hürlimann	DK
2000 UBS	Paine Webber	USA	2000 CRH-Gruppe	Jura Holding	IE
2000 Nestlé	Summit Technology	USA	1999 Roca Radiatores	Keramik Laufen	ES
1999 Swisscom	Debitel	DE	1999 Texas Pacific Group	Bally	USA
1998 Assicurazioni Generali	Banca della Svizzera Italiana	IT	1998 Deutsche Post	Danzas	DE
1998 Swiss Re	Life Re	USA	1997 Doughty Hanson	Geberit Holding	GB
1997 Roche	Boehringer Mannheim	DE	1997 GE Capital	Bank Aufina/Bank Prokredit	USA

▲ Abb. 25   Wichtige Übernahmen 1997–2007 (HandelsZeitung: Special Mergers. 16. – 22.1.2008, Nr. 3)

2. **Synergieeffekte:** Allgemein besagt der Synergieeffekt, auch 1+1=3-Effekt genannt, dass das Ganze einen grösseren Wert aufweist als die Summe der Einzelteile. Mit anderen Worten können bei einem Unternehmenszusammenschluss Know-how ausgetauscht und Rationalisierungen vorgenommen werden, die Doppelspurigkeiten vermeiden und letztlich Ertragssteigerungen bzw. Kostensenkungen zur Folge haben.

3. **Risikostreuung:** Durch Diversifikation in neue Produkte und Märkte versucht man, das Risiko auf verschiedene Geschäftsbereiche zu verteilen und damit zu verkleinern.

Geht man von den einzelnen Funktionsbereichen des Unternehmens aus, so können unter Berücksichtigung der beiden Kriterien Synergieeffekt und Risikostreuung folgende Vorteile festgehalten werden:

- **Beschaffungsbereich:** Durch gemeinsames Auftreten und Einkaufen auf dem Beschaffungsmarkt können die Lieferkonditionen (z. B. Liefertermine, Finanzierungsmöglichkeiten, Preise) gegenüber den Lieferanten verbessert werden. Daneben ist aber auch die Risikominderung ein häufig anzutreffendes Ziel. Durch eine Zusammenarbeit mit Unternehmen, die der eigenen Produktionsstufe vorgelagert sind, erfolgt eine Sicherung der Rohstoffversorgung und es können somit Engpässe bei der Beschaffung von Rohstoffen oder Zwischenprodukten vermieden werden.

- **Produktionsbereich:** Zusammenschlüsse im Produktionsbereich verfolgen eine Koordinierung in Bezug auf Menge, Qualität, Ort, Zeit oder Verfahren der Produktion. Es handelt sich dabei zum Beispiel um eine
  - bessere Auslastung vorhandener Kapazitäten,
  - gemeinsame Entwicklung von Produktionsverfahren,
  - Arbeitsteilung, verbunden mit einer entsprechenden Spezialisierung auf bestimmte Produkte oder Produktteile,
  - Vereinheitlichung der hergestellten Produkte,
  - Rationalisierung von Produktionsabläufen,
  - Ausnützung der Kostendegression durch hohe Stückzahlen.

- **Absatzbereich:** Eine Zusammenarbeit im Absatzbereich kann erstens der Verbesserung der Absatzmöglichkeiten und somit der Erhöhung der Wirtschaftlichkeit dienen, wie zum Beispiel durch gemeinsame Verkaufsorganisationen, durch Aufteilung der Absatzmärkte oder durch gemeinsame Werbung. Daneben kann eine Unternehmenskooperation durch Ausschalten der Konkurrenz auch zur Schaffung von Marktmacht, d. h. einer marktbeherrschenden Position, eingegangen werden. In einer monopolähnlichen Stellung sind dann verschiedene Übereinkünfte (z. B. Preisabsprachen) möglich. Schliesslich kann auch eine Verkleinerung des Risikos beabsichtigt sein. Das eigene Produktionsprogramm wird durch andere Produkte erweitert, so dass der Erfolg eines Unternehmens von mehreren Produkten abhängig ist und somit das Risiko auf mehrere Produkte gestreut ist.

- **Forschungs-** und **Entwicklungsbereich:** Ein wichtiger Grund für eine Zusammenarbeit verschiedener Unternehmen ist der Bereich Forschung und Entwicklung. Dieser verursacht heute sehr hohe Kosten, die ein einzelnes Unternehmen nicht mehr allein zu tragen vermag. Zudem können Doppelspurigkeiten vermieden und durch Ausnützen von Synergieeffekten Zeit und Kosten gespart werden.

- **Finanzierungsbereich:** Grossprojekte können vielfach finanziell nicht von einem einzelnen Unternehmen getragen werden, insbesondere nicht von Klein- und Mittelbetrieben, so dass eine Zusammenarbeit zur Finanzierung und somit zur Durchführung grösserer Projekte unerlässlich ist. Eine Unternehmenskooperation erhöht vielfach die Kreditmöglichkeiten bei Banken oder öffnet den Weg an den Kapitalmarkt.

In der Praxis gibt es eine Vielzahl weiterer Gründe, die für das Eingehen einer Kooperation verantwortlich sein können. In Anlehnung an Boemle/ Stolz (2002, S. 532 ff.) können beispielsweise genannt werden:

- **Nachfolgeregelung:** Bei Familienunternehmen kann das ungelöste Nachfolgeproblem Anlass zur Eingliederung in ein anderes Unternehmen sein (Beispiele: Übernahme der Mövenpick Unternehmen durch August von Finck OHG oder der Mettler Toledo durch Ciba).
- **Wirtschaftliche Schwierigkeiten:** Zur Überwindung wirtschaftlicher Schwierigkeiten kann sich ein Unternehmen an einen starken Partner anlehnen (Beispiel: Nixdorf an Siemens).
- **Liquiditätsüberschuss:** In wirtschaftlich guten Zeiten verfügen die Unternehmen oft über einen hohen Bestand finanzieller Mittel, die es sinnvoll langfristig anzulegen gilt.
- **Stilllegung:** Zur Ausschaltung der Konkurrenz bei Überkapazitäten im Gesamtmarkt kann diese übernommen und stillgelegt werden.
- **Asset Stripping:** Hier geht es nicht um die eigentlichen Geschäftstätigkeiten der zu übernehmenden Firma, sondern um attraktive Vermögenswerte, die man zu einem hohen Preis veräussern will. Dies ist vor allem bei Firmen möglich, deren Aktien an der Börse unterbewertet sind.
- **Spekulation:** Oft wird ein Unternehmen mit der Absicht erworben, es relativ schnell wieder zu einem höheren Preis zu verkaufen.

Schliesslich ist auch zu beachten, dass selten ein einzelner Grund die alleinige Ursache darstellt, meistens aber doch ausschlaggebend ist. Oft sind es auch irrationale Motive, die eine Rolle spielen können. Zu denken ist an das Machtstreben und das Prestigedenken. So ist es auch nicht erstaunlich, dass viele Unternehmensübernahmen der letzten Jahre als nicht erfolgreich bezeichnet werden können.

| 2.7.2 | Merkmale von Unternehmenskooperationen |

Unternehmenskooperationen können nach den drei Kriterien Produktionsstufe, Dauer der Verbindung sowie Kooperationsgrad unterteilt werden.

| 2.7.2.1 | Produktionsstufe |

Nach dem Merkmal Produktionsstufe werden drei Arten von Unternehmenskooperationen unterschieden:

1. **Horizontale Unternehmenskooperation:** Eine Unternehmenskooperation auf horizontaler Ebene bedeutet eine Verbindung der gleichen Produktions- oder Handelsstufe (z.B. Zusammenschluss mehrerer Warenhäuser oder Schuhfabriken).
2. **Vertikale Unternehmenskooperation:** Bei vertikalen Unternehmenskooperationen sind Unternehmen aufeinander folgender Produktions- oder Handelsstufen vereinigt. Dabei sind zwei Arten möglich: Entweder wird eine vorgelagerte Produktions- oder Handelsstufe angegliedert (z.B. eine Lederfabrik an eine Schuhfabrik) oder umgekehrt eine nachgelagerte angehängt (z.B. ein Schuhverkaufsgeschäft an eine Schuhfabrik). Im ersten Fall spricht man von **Rückwärtsintegration** (backward integration), im zweiten von **Vorwärtsintegration** (forward integration).
3. **Diagonale Unternehmenskooperation:** Bei Unternehmenskooperationen diagonaler Art, auch lateral oder anorganisch genannt, sind Unternehmen verschiedener Branchen beteiligt (z.B. Schuhfabrik, Maschinenfabrik, Versicherung).

| 2.7.2.2 | Dauer der Kooperation |

Bei der Einteilung nach der Dauer der Unternehmenskooperation kann man zwischen vorübergehender und dauernder Unternehmenskooperation unterscheiden. Die **vorübergehenden** Unternehmenskooperationen zielen meist darauf ab, ein bestimmtes, zeitlich begrenztes Projekt gemeinsam durchzuführen, während die **dauernden** Unternehmenskooperationen auf unbestimmte Zeit gebildet werden. Während bei den vorübergehenden Unternehmenskooperationen die Zusammenarbeit meist keinen grossen Einfluss auf die wirtschaftliche und rechtliche Struktur eines Unternehmens hat, sind bei der dauernden Unternehmenskooperation sehr unterschiedliche Auswirkungen auf die wirtschaftliche und rechtliche Stellung festzustellen.

| 2.7.2.3 | Kooperationsgrad |

Eine weitere Einteilung kann nach dem Kooperationsgrad vorgenommen werden. Aus betriebswirtschaftlicher Sicht interessiert insbesondere, inwieweit die rechtliche und vor allem die wirtschaftliche Selbstständigkeit eingeschränkt wird, ergeben sich doch daraus erhebliche Auswirkungen auf die Lenkung und Gestaltung eines Unternehmens. Rechtlich selbstständig bedeutet, dass ein Unternehmen seine rechtliche Struktur (Einzelunternehmen oder Gesellschaftsform) beibehalten kann. Wirtschaftliche

Selbstständigkeit dagegen beinhaltet, dass Unternehmen ihre betriebswirtschaftlichen Entscheidungen – insbesondere die für sie wesentlichen – ohne Zwang von aussen treffen können.

Der Umfang der rechtlichen und wirtschaftlichen Selbstständigkeit hängt stark davon ab, auf welche Art und Weise die Unternehmenskooperation vorgenommen worden ist. Im Wesentlichen können vier Möglichkeiten unterschieden werden (Boemle/Stolz 2002, S. 539 ff.):

1. **Vertragliche Grundlage:** Die beteiligten Unternehmen bewahren bei einer vertraglichen Abmachung ihre volle wirtschaftliche und rechtliche Selbstständigkeit.

2. **Beteiligungserwerb:** Durch den Erwerb eines Anteils oder des gesamten Aktienkapitals versucht ein Unternehmen mit einem anderen zusammenzuarbeiten oder einen massgeblichen Einfluss auszuüben. Die Stärke des Einflusses hängt dabei primär vom Umfang der Kapitalbeteiligung sowie von der Aktionärsstruktur ab.

3. **Käufliche Übernahme von Aktiven und Passiven:** Ein Unternehmen kauft die Aktiven und übernimmt die Schulden einer anderen Firma, ohne dass diese juristisch gesehen aufgelöst wird. Es verbleibt somit meist eine so genannte Rumpfgesellschaft.

4. **Fusion:** Als Fusion bezeichnet man betriebswirtschaftlich die völlige Verschmelzung von zwei oder mehreren Unternehmen zu einer neuen wirtschaftlichen Einheit (Beispiel: Ciba und Sandoz zur Novartis im Jahre 1996). Nach der Art der Verschmelzung unterscheidet man handelsrechtlich (Art. 3 Abs. 1 FusG) zwischen einer Kombination und einer Absorption:

   - Bei einer **Absorptionsfusion** übernimmt die eine Gesellschaft die andere.
   - Bei einer **Kombinationsfusion** schliessen sich die beteiligten Gesellschaften zu einer neuen Gesellschaft zusammen.

2.7.3	Formen von Unternehmenskooperationen

Im Folgenden werden verschiedene Formen von Unternehmenskooperationen betrachtet, wie sie in der Realität vorkommen. Die Reihenfolge der Besprechung der einzelnen Formen richtet sich nach dem Grad der Intensität der Kooperation.

2.7.3.1	Partizipation

Bei einer Kooperation in Form einer Partizipation verpflichten sich die Beteiligten (Partizipienten), Geschäfte (z.B. Einkauf eines grösseren Warenpostens) im eigenen Namen, aber für gemeinsame Rechnung abzuschliessen. Die Partizipation ist dadurch charakterisiert, dass sie nach aussen nicht in Erscheinung tritt und somit eine Innengesellschaft ist. Sie umfasst meist nur wenige Partner. Als Rechtsform eignet sich die einfache Gesellschaft. Das Partizipationsgeschäft wurde früher vor allem im Warenhandel abgeschlossen, hat aber heute an Bedeutung verloren.

2.7.3.2	Konsortium

Konsortien sind Unternehmenskooperationen auf vertraglicher Basis zur Abwicklung von genau abgegrenzten Projekten. Der einzige Unterschied zur Partizipation liegt darin, dass das Konsortium nach aussen in Erscheinung tritt (Aussengesellschaft). Als Rechtsform eignet sich auch hier die einfache Gesellschaft am besten. Bekannt sind vor allem Bankenkonsortien, die entweder zum Zwecke der Emission von Obligationen oder Aktien (Emissionskonsortium) oder zur Vergabe von grösseren Krediten (Kreditkonsortium) gebildet werden. Aber auch in der Industrie werden häufig Konsortien gebildet, um Grossprojekte zu realisieren (z.B. Bauprojekte). Dies ermöglicht in vielen Fällen erst die Durchführung eines Projektes und verteilt das mit Grossaufträgen verbundene Risiko (z.B. Aufträge aus politisch instabilen Ländern) auf mehrere Partner.

2.7.3.3	Kartell

> Unter einem **Kartell** versteht man eine vertraglich oder auf andere Weise abgesprochene Kooperation von rechtlich selbstständig bleibenden Unternehmen zur Beschränkung des Wettbewerbs.

Kartelle auf **horizontaler** Stufe, d.h. auf der gleichen Produktions- oder Handelsstufe, können verschiedene Formen annehmen:

1. **Preiskartell:** Die Mitglieder haben sich an einen festen Preis oder an Mindestpreise zu halten (horizontale Preisbindung).
2. **Konditionenkartell:** Die Mitglieder haben die selben Zahlungsbedingungen, Rabatte, Garantien usw. anzubieten.

3. **Gebietskartell:** Der gesamte Markt wird in einzelne Gebiete aufgeteilt, an die sich die Mitglieder halten müssen.
4. **Mengenkartell:** Jedes Mitglied erhält eine Produktionsquote, die nicht über- oder unterschritten werden darf.
5. **Submissionskartell:** Die Mitglieder sprechen die Offerten bei öffentlichen Ausschreibungen untereinander ab.

Vertikale Wettbewerbsbeschränkungen beziehen sich auf verschiedene Produktions- oder Handelsstufen. Folgende Erscheinungsformen können unterschieden werden:

1. **Preisbindung der zweiten Hand:** Der Produzent schreibt dem Händler den Endpreis vor (vertikale Preisbindung).
2. **Exklusive Lieferverträge:** Der Lieferant verlangt vom Abnehmer das alleinige Lieferrecht (oder umgekehrt).
3. **Koppelverträge:** Beim Bezug eines Gutes oder einer Dienstleistung muss gleichzeitig ein anderes Gut oder eine andere Dienstleistung bezogen werden.

Als Beispiel für ein Kartell mit Preisbindung der zweiten Hand sei der Hersteller genannt, der den Händlern verbietet, die Produkte unter einem bestimmten Preis anzubieten oder grössere Rabatte zu gewähren. (NZZ 20.2.2002, S. 19)

In der Schweiz sind die Kartelle dem Kartellgesetz (KG)[1] unterstellt. Allerdings spricht dieses nicht von Kartellen, sondern von Wettbewerbsabreden.[2]

> Nach Art. 4 KG handelt es sich bei **Wettbewerbsabreden** um «rechtlich erzwingbare oder nicht erzwingbare Vereinbarungen sowie aufeinander abgestimmte Verhaltensweisen von Unternehmen gleicher oder verschiedener Marktstufen, die eine Wettbewerbsbeschränkung bezwecken oder bewirken.»

Diese Definition schliesst sowohl die horizontalen (gleiche Produktionsstufe) wie auch die vertikalen (verschiedene Produktionsstufen) Abreden ein. Es ist nicht nötig, dass ein Vertrag im herkömmlichen Sinn abgeschlossen wurde. Vielmehr genügt es, wenn verschiedene Unternehmen ihr Marktverhalten aufeinander abstimmen (so genanntes Gentlemen's Agreement oder Frühstückskartell).

---

1 Bundesgesetz über Kartelle und andere Wettbewerbsbeschränkungen (Kartellgesetz, KG) vom 6. Oktober 1995. Dieses gilt seit dem 1. Juli 1996. Neben den Kartellen regelt das Kartellgesetz auch unzulässige Verhaltensweisen von marktbeherrschenden Unternehmen sowie Unternehmenszusammenschlüsse.

2 Da der Begriff Kartell in der Botschaft (1994) zum Kartellgesetz an mehreren Stellen vorkommt, wird er in diesem Abschnitt weiterhin verwendet.

Wettbewerbsabreden sind unzulässig, wenn sie den Wettbewerb beseitigen oder in ungerechtfertigter Weise beschränken (Art. 5 Abs. 1 KG). In der Praxis wird zwischen so genannten harten und weichen Kartellen unterschieden:

1. **«Harte Kartelle»:** Als harte Kartelle gelten Preis-, Mengen- und Gebietsabsprachen zwischen Unternehmen der gleichen Produktionsstufe. Es handelt sich somit um Abreden über (Art. 5 Abs. 3 KG)
   - die direkte oder indirekte Festsetzung von Preisen,
   - die Einschränkung von Produktions-, Bezugs- oder Liefermengen,
   - die Aufteilung von Märkten nach Gebieten oder Geschäftspartnern.

   In Art. 5 Abs. 3 KG stellt das Gesetz die Vermutung auf, dass Preis-, Mengen- und Gebietsabsprachen zwischen Unternehmen der gleichen Produktionsstufe den Wettbewerb beseitigen. In der Praxis dürfte es sehr schwierig sein, diese Vermutung zu widerlegen.

2. **«Weiche Kartelle»:** Wettbewerbsabreden sind auch unzulässig, wenn sie den Wettbewerb «erheblich beeinträchtigen und sich nicht durch Gründe der wirtschaftlichen Effizienz rechtfertigen lassen» (Art. 5 Abs. 1 KG). Kooperationsabreden sind «gerechtfertigt, wenn sie
   a. notwendig sind, um die Herstellungs- und Vertriebskosten zu senken, Produkte oder Produktionsverfahren zu verbessern, die Forschung oder die Verbreitung von technischem oder beruflichem Wissen zu fördern oder um Ressourcen rationeller zu nutzen; und
   b. den beteiligten Unternehmen in keinem Fall Möglichkeiten eröffnen, wirksamen Wettbewerb zu beseitigen.» (Art. 5 Abs. 2 KG)

   Beispiele für gerechtfertigte Wettbewerbsabreden sind Rationalisierungsabreden zwischen kleinen und mittleren Unternehmen, Zusammenarbeitsformen im Bereich Forschung und Entwicklung sowie Vertikalabreden, welche dazu beitragen, die Vertriebs- und Transaktionskosten zu senken. (Botschaft 1994, S. 50)

Somit liegt bei den harten Kartellen in den meisten Fällen ein offensichtlicher Verstoss gegen das Wettbewerbsrecht vor, während die Beurteilung der Unzulässigkeit weicher Kartelle schwieriger ist.

Bei einer solchen Regelung, bei der Kartelle grundsätzlich erlaubt sind, sofern sie nicht das Gesamtinteresse (wirksamer Wettbewerb) verletzen oder zu einem Missbrauch führen, spricht man vom **Missbrauchsprinzip**. Die Beweislast bei einer gerichtlichen Anfechtung eines Kartells liegt damit beim Kläger, der sich unzulässigerweise im Wettbewerb geschädigt oder behindert fühlt. Im Gegensatz dazu steht das **Verbotsprinzip**, wie es zum Beispiel die USA und die Europäische Union kennen. Kartelle sind dort grundsätzlich verboten, können aber bei Nachweis ihrer Unschädlichkeit von den Behörden bewilligt werden. Die Beweislast ruht auf dem Kartell, das die Bewilligung beantragt bzw. das angefochten wird.

2.7.3.4	Interessengemeinschaft

> Unter einer **Interessengemeinschaft** versteht man einen Zusammenschluss von Unternehmen auf meist horizontaler Ebene und auf vertraglicher Basis. Die Unternehmen bleiben sowohl rechtlich als auch wirtschaftlich selbst- ständig, mit Ausnahme des Bereichs der konkreten Zusammenarbeit, in dem die Entscheidungsfreiheit eingeschränkt ist. Als rechtliche Form eig- net sich die einfache Gesellschaft.

Kartell und Interessengemeinschaft verfolgen grundsätzlich die gleichen Ziele, nämlich die Erhaltung oder die Erhöhung der Rentabilität der darin zusammengeschlossenen Unternehmen. Sie unterscheiden sich aber da- durch voneinander, dass sie dieses Ziel durch unterschiedliche Mass- nahmen erreichen wollen. Während beim Kartell eine Beeinflussung der Rentabilität der Mitglieder durch Wettbewerbsbeschränkungen erreicht werden soll, steht bei der Interessengemeinschaft die gemeinsame Durch- führung bisher getrennt wahrgenommener Aufgaben (z.B. Forschungs- und Entwicklungsaufgaben) im Vordergrund. Je nach Intensität der Zu- sammenarbeit der Unternehmen einer Interessengemeinschaft ist jedoch der Übergang vom Kartell zur Interessengemeinschaft fliessend, da ver- tragliche Absprachen zur Verfolgung gemeinsamer Interessen oft zur Be- einflussung des Wettbewerbs führen und damit einem Kartell sehr nahe kommen.

Häufig wird bei einer Interessengemeinschaft ein so genannter Gewinn- pool gebildet, aus dem der gemeinsam erwirtschaftete Gewinn (oder Ver- lust) nach bestimmten Kriterien (z.B. Kapital, Umsatz) verteilt wird. Manchmal wird auch eine Verwaltungsgemeinschaft bestellt, der Füh- rungskräfte der beteiligten Unternehmen angehören, welche für die Ent- scheidungen auf dem Gebiet der Zusammenarbeit zuständig sind.

In der Schweiz ist die Interessengemeinschaft – im Gegensatz zu Deutschland – selten anzutreffen.

2.7.3.5	Joint Venture

> **Joint Ventures** sind von zwei oder mehreren Unternehmen gemeinsam ge- tragene körperschaftliche Gebilde,[1] die in irgendeiner Form mit der Führung der Stammunternehmen verbunden sind. (Boemle/Stolz 2002, S. 548)

---

1   Zum Begriff Körperschaft vgl. Abschnitt 2.6.2 «Gesellschaftsformen nach schweize- rischem Recht».

Schwierigkeiten ergeben sich bei Joint Ventures vor allem bei deren Führung. Bei Gleichberechtigung der beteiligten Partner besteht nämlich die Gefahr von Patt-Situationen. Diese versucht man häufig dadurch zu umgehen, dass jeder Partner auf seinem spezialisierten Bereich die endgültigen Entscheidungen treffen kann (so z.B. der eine im Bereich Absatz, der andere im Bereich Forschung/Entwicklung und Produktion). Joint Ventures werden häufig von Unternehmen aus verschiedenen Ländern abgeschlossen, um die spezifischen Vorteile und Kenntnisse der jeweiligen Unternehmen zu verbinden und auszunützen.

2.7.3.6	Strategische Allianz

> Unter einer **strategischen Allianz** versteht man eine Partnerschaft, bei der die Handlungsfreiheit der beteiligten Unternehmen im Kooperationsbereich massgeblich eingeschränkt ist. Sie bezieht sich insbesondere auf die folgenden strategischen Kernfragen:
> - Wahl attraktiver Märkte,
> - Verteidigung und Ausbau von Wettbewerbspositionen,
> - Erhaltung und Stärkung von Know-how (Kernkompetenzen).

Mit dem Begriff «strategisch» will man zum Ausdruck bringen, dass eine solche Unternehmenskooperation sowohl für die langfristige Existenz als auch für den langfristigen Erfolg des ganzen Unternehmens von grosser Bedeutung ist. Insbesondere geht es darum, Wettbewerbsvorteile gegenüber der Konkurrenz zu erlangen.

Die Ursachen für die Bildung von strategischen Allianzen sind nach Rühli (1992, S. 61) in folgenden Entwicklungen zu sehen:

- Ein wesentlicher Grund ist in der heute sehr ausgeprägten **Globalisierungstendenz** zu sehen, die den Unternehmen die Möglichkeit eröffnet, weltweit tätig zu werden. Nur wenige Unternehmen sind aber in der Lage, die sich bietenden Chancen zu jeder Zeit und an jedem Ort zu nutzen. Auch ist nicht immer eine Akquisition eines geeigneten Unternehmens in den bisher nicht bearbeiteten Märkten möglich. In solchen Lagen kann eine Allianz der einzige gangbare Weg zur Nutzung globaler Chancen sein.
- Die Notwendigkeit zur Bildung von Allianzen kann auch in der **Verkürzung der Produktlebenszyklen,** in Kombination mit **steigenden Forschungs- und Entwicklungskosten,** gesehen werden. Die hohen Innovationsinvestitionen können nur dann amortisiert werden, wenn die Produkte durch kooperative Distribution rasch und grossflächig abgesetzt werden, bevor sie durch ein Substitutionsprodukt abgelöst werden und ihr Lebenszyklus zu Ende geht.

- Als weiterer Grund für die Bildung von Allianzen gilt die rasche Entwicklung und Ausdifferenzierung des **technischen Know-hows**. Soll dem Kunden eine umfassende Problemlösung angeboten werden, so sind zuweilen weitgefächerte technische Fähigkeiten erforderlich. Das einzelne Unternehmen ist aber nicht immer in der Lage, in allen technischen Bereichen eine Spitzenposition zu halten. Es muss sich auf ausgewählte **Kernkompetenzen** konzentrieren und das übrige Know-how durch Kooperationen sicherstellen.
- Strategische Allianzen können auch in den **Economies of scale** begründet sein. Die in allen Bereichen des Unternehmens anfallenden Fixkosten können dank Zusammenarbeit mit Partnern auf grössere Outputvolumina verteilt werden, was insbesondere bei einer Strategie der Kostenführerschaft[1] entscheidend ist.
- Schliesslich ist es oft nötig, partnerschaftliche Lösungen anzustreben, um **Antitrust-Klagen** zu vermeiden, protektionistische **Handelsbeschränkungen** zu umgehen oder um technische **Standards** auf dem Markt rasch durchzusetzen. Als Beispiel zum letztgenannten Punkt kann die Matsushita-Gruppe erwähnt werden, die im Videorecordermarkt durch frühzeitige Verträge mit anderen Herstellern ihr VHS-System als «De-facto-Standard» rasch verbreiten und somit andere Gruppen ausschalten konnte. Im Alleingang oder über zeitraubende Akquisitionen wäre dies nicht möglich gewesen.

In Bezug auf die **rechtliche Ausgestaltung** einer strategischen Allianz bieten sich nach Rühli (1992, S. 61) drei Grundtypen an:

1. Die bekannteste Form strategischer Allianzen ist das **Joint Venture**.[2]
2. Eine weitere Form ist die **Minderheitsbeteiligung.** Obwohl ein solches langfristiges finanzielles Engagement tatsächlich nicht selten Bestandteil strategischer Kooperationsverträge ist, stellt es allerdings nicht zwingend eine strategische Allianz dar. Es kann sich auch nur um ein reines Finanzinvestment handeln. Dies soll jedoch nicht über die wichtige Funktion, welche solche Minderheitsbeteiligungen im Rahmen echter Allianzen erfüllen (Finanzierungsfunktion, Verkörperung unternehmerischer Mitverantwortung, Mittel zur Einsitznahme im Verwaltungsrat), hinwegtäuschen.
3. Strategische Allianzen beruhen oft nur auf längerfristigen **vertraglichen Vereinbarungen** über Kooperationen in strategisch wichtigen Bereichen (Produkte, Märkte, betriebliche Funktionen, Ressourcen) ohne Kapitalbeteiligung und ohne gemeinsame Institutionen. Das Ziel liegt in der synergetischen Nutzung der bereits vorhandenen komplementären

---

1   Zur Strategie der Kostenführerschaft vgl. Teil 10, Kapitel 4, Abschnitt 4.4.1.2 «Wettbewerbsstrategien nach Porter».
2   Vgl. Abschnitt 2.7.3.5 «Joint Venture».

Potenziale. Jeder Partner leistet hierbei seinen besonderen Beitrag und partizipiert anteilig an der Nutzung der Resultate. Diese Form wird oft auch als **strategisches Netzwerk** bezeichnet.[1]

2.7.3.7	Konzern

> Unter einem **Konzern** versteht man die Zusammenfassung rechtlich selbstständiger Unternehmen unter einheitlicher Führung. Merkmale sind somit die **rechtliche** Selbstständigkeit bei völliger (oder teilweiser[2]) Aufgabe der **wirtschaftlichen** Selbstständigkeit der in einem Konzern eingeordneten Gesellschaften. Der Zusammenschluss zu einem Konzern erfolgt in der Regel über eine Kapitalbeteiligung.

Die beherrschende Gesellschaft, die Muttergesellschaft, stellt eine **Holdinggesellschaft** dar. In der Praxis lassen sich grundsätzlich zwei Formen von Holdinggesellschaften unterscheiden:

1. **Reine Holdinggesellschaften** beschränken sich auf das Halten und Verwalten von dauernden Beteiligungen an rechtlich selbstständigen Unternehmen, den Tochtergesellschaften. Meistens handelt es sich um Mehrheitsbeteiligungen.

   - In der Regel übt die Holding als Kontroll- oder Dachgesellschaft verschiedene Führungsfunktionen zur Lenkung und Entwicklung der Tochtergesellschaften aus. Diese Form der Holding nennt man deshalb eine **Management-Holding.** Insbesondere ist sie an der Formulierung der Geschäftspolitiken (Ziele und Strategien) der beherrschten Tochtergesellschaften wesentlich beteiligt. Allerdings ist der Umfang der Führungsaktivitäten in der Praxis sehr unterschiedlich. Beispiele: CS-Holding, Nestlé SA, Roche Holding AG.

   - Besteht dagegen das Ziel der Holding lediglich in der gewinnbringenden Kapitalanlage in Form von Beteiligungen, ohne dass eine Einflussnahme auf die Geschäftspolitik der betreffenden Unternehmen im Vordergrund steht, spricht man von einer **Finanz-Holding.** Bei der Finanz-Holding fehlt somit ein wesentliches Element der Konzerndefinition, nämlich die einheitliche Leitung. Boemle/Stolz (2002, S. 214) sprechen deshalb von einer Pseudo-Holdinggesellschaft, da es sich um eine reine Kapitalanlagegesellschaft handelt,

---

1   Vgl. Teil 9, Kapitel 2, Abschnitt 2.2.5 «Netzwerkorganisation und virtuelle Organisationen».

2   Für die vollständige Kontrolle ist im Allgemeinen die Mehrheit der Stimmen (50% zuzüglich eine Stimme) erforderlich.

die mehr den Charakter eines Anlagefonds hat.[1] Die reine Form der Finanz-Holding ist deshalb in der Schweiz sehr selten anzutreffen.

2. Die **gemischte Holdinggesellschaft** entsteht dadurch, dass ein Unternehmen (= Stammhaus) durch Aktienübernahme bereits bestehende Gesellschaften teilweise oder vollständig übernimmt oder neue Tochtergesellschaften gründet. Das Stammhaus behält aber seine ursprüngliche betriebliche Tätigkeit bei (Beispiele: Bell AG, Bobst SA).[2]

Als Gesellschaftsform kommt in erster Linie die Aktiengesellschaft in Frage, insbesondere für Holdinggesellschaften.[3] Der Übergang von der Interessengemeinschaft zum Konzern ist fliessend. Auch bei der Interessengemeinschaft ist eine – allerdings gegenseitige – Kapitalbeteiligung möglich. Oft bildet die Interessengemeinschaft als Übergangslösung die Vorstufe zu einem Konzern.

2.7.4	Zusammenfassung

Aufgrund der zu Beginn dieses Abschnittes aufgestellten Kriterien zur Charakterisierung von Unternehmenskooperationen wird in ▶ Abb. 26 ein zusammenfassender Überblick über die verschiedenen Formen von Kooperationen gegeben. Zu beachten ist, dass beim Kriterium «wirtschaftliche Selbstständigkeit» der Übergang von «selbstständig» zu «unselbstständig» fliessend ist. Dies gilt insbesondere für die strategische Allianz, bei der je nach Intensität und Anzahl Bereichen der Zusammenarbeit die Selbstständigkeit sehr stark eingeschränkt sein kann.

---

1   Der Anlagefonds ist im Bundesgesetz über die kollektiven Kapitalanlagen (Kollektivanlagengesetz, KAG) geregelt.

2   Das Gesellschaftsrecht (Art. 671 Abs. 4 OR) spricht nur dann von einer Holdinggesellschaft, wenn der Hauptzweck in der dauernden Verwaltung von Beteiligungen liegt.

3   Für die organisatorischen Aspekte der Holdinggesellschaft vgl. Teil 9, Kapitel 2, Abschnitt 2.2.3 «Management-Holding».

Kriterien / Formen	Dauer		Art			Selbstständigkeit			
						wirtschaftlich		rechtlich	
	dauernd	vorüber-gehend	horizon-tal	vertikal	diagonal	selbst-ständig	unselbst-ständig	selbst-ständig	unselbst-ständig
Partizipation		•	•			•		•	
Konsortium		•	•			•		•	
Kartell	•		•	•		•		•	
Interessen-gemeinschaft	•		•			•		•	
Joint Venture[1]	•		•	•		•		•	
Strategische Allianz	•		•	•			•	•	
Konzern[2]	•		•	•	•		•		•

▲ Abb. 26   Übersicht Unternehmenskooperationen

1 Bezogen auf die Unternehmen, die das Joint Venture gegründet haben.
2 Bezogen auf die Tochtergesellschaften des Konzerns.

2.8   Standort des Unternehmens

> Unter dem Standort eines Unternehmens versteht man den **geographischen Ort**, an dem ein Unternehmen seine Produktionsfaktoren einsetzt.

Ein Unternehmen kann aus verschiedenen Gründen einen oder mehrere Standorte aufweisen. Insbesondere bei Konzernen verteilen sich die Tochtergesellschaften auf verschiedene Standorte. Bei der Frage nach dem Standort des Unternehmens stellen sich zwei Probleme:

1. **Grad der geographischen Ausbreitung,** d.h. die Bestimmung des Grades der räumlichen Zentralisierung bzw. Dezentralisierung der Unternehmenstätigkeiten. Im Rahmen der zunehmenden Globalisierung der Wirtschaft stellt sich insbesondere die Frage nach der internationalen Ausrichtung (Internationalisierungsstrategie).
2. **Standortanalyse,** d.h. die Bestimmung des **konkreten Standortes** in einem bestimmten Land, einer Region oder Gemeinde.

Diese beiden Problembereiche werden in den beiden folgenden Abschnitten behandelt.

2.8.1	Grad der geographischen Ausbreitung

Nach dem Grad der geographischen Ausbreitung können verschiedene Standortkategorien unterschieden werden. Als Einteilungskriterium dient der Ort bzw. die Orte, an denen sich die Produktion und/oder der Absatz der hergestellten Erzeugnisse abwickeln. Aufgrund dieses Merkmals können die folgenden Standortkategorien gebildet werden:

1. **Lokaler Standort:** Das Unternehmen beschränkt seine betriebliche Tätigkeit in erster Linie auf eine Gemeinde/Stadt (z. B. örtliches Gewerbe).
2. **Regionaler Standort:** Das Unternehmen ist in einer bestimmten Region eines Landes tätig (z. B. kleinere Firmen der Baubranche, Kraftwerke).
3. **Nationaler Standort:** Das Unternehmen hat seine Produktions- und/oder Vertriebsstätten auf ein bestimmtes Land verteilt (z. B. Galenica AG [Verteilergrossist für Medikamente und pharmazeutische Produkte in der Schweiz]).
4. **Internationaler Standort:** Ein Unternehmen mit einem internationalen Standort produziert zur Hauptsache im Inland, exportiert aber seine Produkte auch in andere Länder (z. B. schweizerische Luxusuhrenhersteller).
5. **Multinationaler Standort:** Im Gegensatz zum internationalen Standort kennt das multinationale Unternehmen bezüglich Leistungserstellung und Leistungsverwertung keine Grenzen. Es ist dadurch gekennzeichnet, dass es in mehreren Ländern Standorte von Tochtergesellschaften hat (z. B. Novartis, Nestlé SA, Zurich Financial Services Group).

Beim internationalen und multinationalen Standort stellt sich die Frage, in welcher Form und wie stark sich ein Unternehmen international betätigen will. Diese Problematik hängt eng mit der Frage nach dem Eingehen von Unternehmenskooperationen zusammen.[1] Sie ist deshalb von Bedeutung, weil sich durch eine **Internationalisierungsstrategie** verschiedene Vorteile ergeben können:

- Vergrösserung des Absatzmarktes,
- verbesserter Zugang zu den Beschaffungsmärkten,
- Ausnutzen komparativer Kostenvorteile, insbesondere bei den Kosten für die Arbeitskräfte,
- Ausnutzen von spezifischem Know-how,
- Profitieren von regionalen Wirtschaftsförderungsmassnahmen,
- Zugang zum internationalen Kapitalmarkt,
- Minimierung der Steuerbelastung.

---

1   Vgl. Abschnitt 2.7 «Unternehmenskooperationen» in diesem Kapitel.

Das Ausnützen dieser Vorteile hängt sehr stark von der gewählten Form der Internationalisierung ab. In Abhängigkeit von der Kapital- und Managementleistung können verschiedene **Internationalisierungsstufen** unterschieden werden (▶ Abb. 27):

- **Export:** Absatz der im Inland hergestellten Güter im Ausland.
- **Lizenzvertrag:** Nutzung von Rechten (z.B. Patent, Warenzeichen) oder betrieblichem Know-how durch ein ausländisches Unternehmen gegen Entgelt.
- **Franchising:** Als Sonderform des Lizenzvertrags ist das Franchising ein Kooperationsvertrag zwischen zwei Unternehmen, bei dem das eine Unternehmen dem anderen gegen Entgelt ein ganzes Bündel von Know-how zur Verfügung stellt und ihm erlaubt, Güter oder Dienstleistungen unter einem bestimmten Warenzeichen zu vertreiben.[1]
- **Joint Venture:** Gründung eines rechtlich selbstständigen Unternehmens mit einem ausländischen Partner.[2]
- **Auslandniederlassungen:** rechtlich unselbstständige Unternehmen im Ausland (z.B. Verkaufsniederlassungen).
- **Tochtergesellschaften:** rechtlich selbstständige Unternehmen im Ausland.

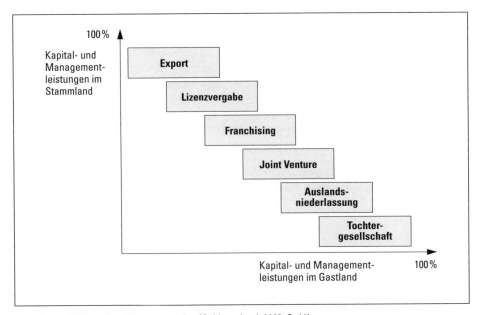

▲ Abb. 27   Internationalisierungsstufen (Schierenbeck 2003, S. 44)

---

1   Vgl. dazu Teil 2, Kapitel 4, Abschnitt 4.2.2 «Franchising».
2   Vgl. dazu den Abschnitt 2.7.3.5 «Joint Venture» in diesem Kapitel.

| 2.8.2 | **Standortanalyse** |

Bei der Wahl des oder der geeigneten Standorte für ein Unternehmen handelt es sich um einen **konstitutiven Entscheid,** der sowohl bei der Gründung als auch später bei Erweiterungen des Unternehmens gefällt werden muss. Infolge dieser grossen Bedeutung der Standortwahl eines Unternehmens ist vor der eigentlichen Standortentscheidung eine sorgfältige **Standortanalyse** durchzuführen. Aufgabe einer solchen Standortanalyse ist es, aus den zur Auswahl stehenden Standorten denjenigen zu finden, dessen gegenwärtige und zukünftige Eigenschaften am besten die Anforderungen an den gesuchten Standort erfüllen.

| 2.8.2.1 | Standortfaktoren |

> Bei den **Standortfaktoren** handelt es sich um jene Faktoren, welche die Wahl eines Standortes massgeblich beeinflussen.

Von Bedeutung sind vor allem die folgenden Standortfaktoren:

1. **Arbeitsbezogene Standortfaktoren:** Der Standortfaktor Arbeitskraft nimmt in fast allen Betrieben eine grosse Bedeutung ein. ▶ Abb. 28 zeigt die verschiedenen Dimensionen dieses Standortfaktors. Sie soll auch zum Ausdruck bringen, dass diese drei Dimensionen nicht unabhängig voneinander betrachtet werden dürfen, sondern in enger Beziehung zueinander stehen. Je höhere Löhne ein Unternehmen zum Beispiel bezahlt, desto weniger Probleme wird es tendenziell haben, genügend und geeignete Arbeitskräfte zu finden.

2. **Materialbezogene Standortfaktoren:** Von einem materialorientierten Standort spricht man dann, wenn sich der Standort nach dem Fundort

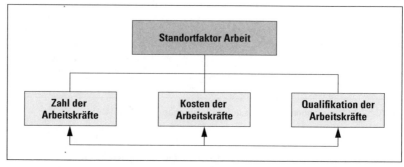

▲ Abb. 28   Standortfaktor Arbeit

(Rohstoffe) oder nach dem Entstehungsort (Hilfs- und Betriebsstoffe, Halb- und Fertigfabrikate) des zu verarbeitenden Materials richtet. Entscheidend für eine Materialorientierung sind die drei Kriterien Transportkosten, Zuliefersicherheit und die Art des Produktes.

- **Transportkosten:** Je höher die Materialtransportkosten sind, desto eher wird die Wahl des Standortes von den Materialkosten beeinflusst.

- **Zuliefersicherheit:** Oft ist ein Unternehmen auf eine gute und sichere Zulieferung der zu beschaffenden Güter angewiesen (z. B. kleiner Lagerraum, kurzfristige Bedarfsschwankungen, Konventionalstrafen bei Nichteinhalten von Terminen). Je grösser jedoch die Entfernung zum Lieferanten ist, desto kleiner wird die Zuliefersicherheit (z. B. infolge politischer Unruhen im Ausland, Streiks, Transportunfall) und desto stärker wird ein Unternehmen gezwungen, seine Lager zu erhöhen. Dies wiederum bringt hohe Lagerkosten mit sich.

- **Art des Produktes:** Schliesslich hat auch die Art des zu beschaffenden Produktes selbst einen Einfluss auf den Standort. So ist es zum Beispiel sinnvoll, bei leicht verderblichen Produkten einen Standort mit möglichst kurzem Transportweg zu wählen.

3. **Absatzbezogene Standortfaktoren:** Von einem absatzorientierten Standort spricht man dann, wenn sich der Standort nach dem Absatzgebiet richtet. Entscheidend für die Wahl eines solchen Standortes sind neben den bereits im vorangegangenen Abschnitt genannten Kriterien (Transportkosten, Zuliefersicherheit, Art des Produktes):

- Kundennähe (direkte Ansprechbarkeit der Kunden),
- vorhandene oder zukünftige Konkurrenz,
- Transportfähigkeit der Produkte,
- potenzielle Nachfrage,
- Frist zwischen Auftreten des Bedarfs und der angestrebten Versorgung des Kunden.

Bei der Unterscheidung zwischen transportfähigen und transportunfähigen Gütern (z. B. Gebäude) sind die Letzteren vollständig absatzorientiert. Die übrigen Kriterien spielen in erster Linie bei Dienstleistungsbetrieben (z. B. Handel, Banken, Reisebüros) eine grosse Rolle.

4. **Verkehrsbezogene Standortfaktoren:** Eine gute Verkehrsinfrastruktur erlaubt es einem Unternehmen, seine Transportkosten und Transportzeit tief zu halten. Neben der Vielzahl der Verkehrsverbindungen (Verkehrsknotenpunkt) ist meist auch die Vielfalt der Verkehrsmittel (Schiff, Flugzeug, Eisenbahn, Strasse) von grosser Bedeutung. So wählen vor allem Unternehmen, die mit Rohstoffen handeln (z. B. Kaffee, Baumwolle, Öl), einen verkehrsorientierten Standort (z. B. Hafenstädte).

5. **Immobilienbezogene Standortfaktoren:** Aufgrund der zum Teil sehr unterschiedlichen (regionalen) Preise für Immobilien (Gebäude, Land)

und somit auch der Mietpreise kommt diesem Standortfaktor eine grosse Bedeutung zu. Besonders Industrieunternehmen haben diesen Standortfaktor zu beachten, da die Produktion ihrer Produkte meist unabhängig vom Standort der Kunden ist. Dies trifft hingegen für viele Dienstleistungsunternehmen nicht zu.

6. **Umweltbezogene Standortfaktoren:** Eine immer grössere Bedeutung kommt der Umweltorientierung bei der Standortwahl zu. Erstens gibt es immer weniger freie Güter (z.B. Wasser, Luft). Zweitens müssen

Kantone	Totalindex der Einkommens- und Vermögens- belastung der natürlichen Personen	Totalindex der Reingewinn- und Kapitalbelastung der Aktiengesell- schaften	Total- index der Motor- fahrzeug- steuern	Gesamt- index der Steuer- belastung 2006	Rang
Zürich	82,9	95,1	95,7	85,8	6
Bern	123,1	92,3	136,4	121,0	20
Luzern	119,0	88,6	96,2	115,2	15
Uri	144,2	111,9	80,3	137,8	26
Schwyz	66,5	68,8	95,5	68,5	2
Obwalden	146,5	48,2	89,3	136,0	25
Nidwalden	79,1	68,5	81,0	78,0	4
Glarus	134,8	93,0	101,6	127,5	23
Zug	50,3	53,8	81,9	52,4	1
Freiburg	126,4	110,0	111,5	124,3	21
Solothurn	116,9	94,4	87,8	112,8	13
Basel-Stadt	113,1	124,0	106,6	115,4	16
Basel-Landschaft	92,5	114,2	111,6	96,2	8
Schaffhausen	114,6	107,7	64,7	112,2	12
Appenzell A.-Rh.	121,7	74,4	114,9	117,9	18
Appenzell I.-Rh.	105,6	58,9	96,2	100,3	10
St. Gallen	115,5	102,3	103,0	113,4	14
Graubünden	112,2	139,1	134,9	118,8	19
Aargau	87,4	112,2	74,2	90,2	7
Thurgau	86,6	68,7	69,9	84,0	5
Tessin	64,6	96,7	107,5	74,3	3
Waadt	106,2	109,6	119,6	107,2	11
Wallis	121,3	91,0	56,6	115,9	17
Neuenburg	137,1	121,3	99,1	133,7	24
Genf	89,8	127,8	78,7	97,5	9
Jura	126,6	109,2	133,4	125,1	22
Schweiz	100,0	100,0	100,0	100,0	

▲ Abb. 29   Kantonale Steuerbelastungen, Indizes 2006 (Quelle: www.news-service.admin.ch/
NSBSubscriber/message/attachments/8981.pdf, S. 11, 19.4.2008)

Unternehmen immer mehr aus Imagegründen auf die öffentliche Meinung Rücksicht nehmen. Auf Unternehmen, welche die Umwelt in hohem Masse belasten (z.B. Atomkraftwerke, chemische Industrie), trifft dies besonders zu. Drittens gibt es immer mehr gesetzliche Vorschriften zur Erhaltung und zum Schutze der Umwelt (z.B. Landschaftsschutz, Lärmschutz, Gewässerschutz).

7. **Abgabenbezogene Standortfaktoren:** Bei einem abgabenorientierten Standort richtet sich der Standortentscheid nach dem Ort mit den geringsten Beiträgen, Gebühren und Steuern an den Staat. Es geht dabei in erster Linie um das Ausnutzen von nationalen und internationalen Steuergefällen:

- Im **nationalen** Bereich (Schweiz) ist die Steuerbelastung von Kanton zu Kanton und sogar von Gemeinde zu Gemeinde innerhalb eines Kantons sehr verschieden. Dies trifft sowohl für natürliche wie auch für juristische Personen zu (◄ Abb. 29).

- Ebenso ist es möglich, aufgrund der unterschiedlichen Steuersysteme und Steuerbelastungen im **internationalen** Vergleich Steuervorteile auszunützen. Häufig versuchen dabei Staaten durch Gewährung von Steuerbefreiung oder Steuervorteilen Unternehmen aus hoch besteuerten Ländern ins eigene Land zu locken, um die eigene Wirtschaft zu fördern und die Staatseinnahmen zu erhöhen. Trotz der relativ hohen Steuersätze in Europa und in den USA wird dieser positive Standortfaktor «Steuern» anderer Länder aber nur beschränkt ausgenutzt, da dafür Standortnachteile in Kauf genommen werden müssen, die oft stärker ins Gewicht fallen (z.B. instabile politische und wirtschaftliche Verhältnisse in Entwicklungsländern).

| 2.8.2.2 | Standortwahl |

Die Betrachtung der verschiedenen Standortfaktoren hat gezeigt, dass bei der Wahl eines Standortes gleichzeitig verschiedene Standortfaktoren berücksichtigt werden müssen. In der Praxis zeigt sich allerdings oft, dass kein zur Verfügung stehender Standort geeignet ist, weil bestimmten Standortanforderungen, die unbedingt erfüllt sein müssen, nicht die notwendigen Standortbedingungen gegenüberstehen.[1] Deshalb kann es vorkommen, dass eine Standortspaltung vorgenommen wird, bei der die betrieblichen Funktionen auf verschiedene Standorte verteilt werden (z.B. Trennung Produktion und Absatz).

---

1 Man spricht deshalb von **Muss-Kriterien** im Gegensatz zu den **Wunsch-Kriterien,** bei denen lediglich der Erfüllungsgrad von Bedeutung ist.

Standortanforderung	Gewichtung	Standort A		Standort B		Standort C		Standort D	
		X	R	X	R	X	R	X	R
1 zentrale Verkehrslage (z.B. Autobahn- und Flughafennähe)	8	5	40	1	8	3	24	3	24
2 günstiger Arbeitsmarkt (z.B. qualifizierte Facharbeiter, Arbeitskraftreserven)	15	5	75	5	75	1	15	3	45
3 verfügbares Industriegelände (z.B. Mindestfläche, zukünftige Erweiterungsmöglichkeiten)	16	3	48	3	48	5	80	5	80
4 günstige Versorgung und Entsorgung (z.B. Versorgung mit Elektrizität, Gas, Wasser)	10	1	10	3	30	1	10	3	30
5 annehmbare rechtliche Auflagen (z.B. Bauvorschriften)	10	5	50	5	50	3	30	1	10
6 geringe Steuerbelastung (z.B. tiefe Steuersätze, Steuererleichterungen)	25	3	75	5	125	1	25	3	75
7 günstige Förderungsmassnahmen (z.B. staatliche Subventionen, kommunale Wirtschaftsförderung)	8	3	24	1	8	5	40	3	24
8 gute Lebensbedingungen (z.B. Sozial-, Bildungs- und Freizeiteinrichtungen)	8	3	24	1	8	3	24	5	40
Gesamtnutzen der Alternativen	100		346		352		248		328
Festlegung der Präferenzordnung der Alternativen			2. Rang		**1. Rang**		4. Rang		3. Rang

X = Bewertung (gut = 5, befriedigend = 3, schlecht = 1)   R = Nutzen pro Standortfaktor
Hinweis: *unabdingbare Forderungen*, d.h. Muss-Kriterien (z.B. Mindestfläche), wurden nicht berücksichtigt.

▲ Abb. 30   Nutzwertanalyse für einen Industriebetrieb (nach Müller-Hedrich 1998, S. 45)

Meist steht einem Unternehmen eine sehr grosse Auswahl von Standorten zur Verfügung. Nach einer Gegenüberstellung der Standortbedingungen und der Standortanforderungen ist derjenige Standort zu wählen, der einem Unternehmen den grössten Nutzen bringt. Das theoretisch richtige Verfahren der Standortbestimmung wäre, den zukünftigen Gewinn bzw. die auf dem eingesetzten Kapital erzielbare Rentabilität eines jeden Standortes zu berechnen und den Standort mit dem grössten Gewinn bzw. der höchsten Rentabilität zu wählen. Eine solche **Investitionsrechnung**[1] scheitert aber daran, dass viele und zum Teil sehr wesentliche Standortfaktoren quantitativ nicht erfassbar sind, so dass die Berechnungen keine schlüssigen Ergebnisse erlauben würden. Deshalb behilft man sich mit einer so genannten Nutzwertanalyse, in der auch qualitative Kriterien Eingang finden.

Bei einer **Nutzwertanalyse** werden alle relevanten Standortfaktoren aufgelistet und nach ihrer Bedeutung für das Unternehmen gewichtet. Anschliessend folgt eine Bewertung der Standortfaktoren für jeden einzelnen Standort, wobei der Bewertung eine bestimmte Punkteskala (z. B. 1 bis 5) zugrunde liegt. Die Multiplikation der Gewichtung mit der Bewertung ergibt den Nutzen des betreffenden Standortfaktors, die Summe aller Nutzen der verschiedenen Standortfaktoren schliesslich den Gesamtnutzen des jeweiligen Standortes. Vorteilhaft ist jener Standort, welcher die höchste Punktzahl erreicht. ◄ Abb. 30 zeigt ein Beispiel für eine Nutzwertanalyse mit vier verschiedenen Standorten.

2.9 Zusammenfassung

Die Betrachtung der verschiedenen Kriterien zur Typenbildung von Unternehmen macht deutlich, dass durch die Kombination dieser Kriterien sehr viele Erscheinungsformen des Unternehmens möglich sind. Jede Form weist dabei ihre besonderen Eigenheiten auf. Den Ausführungen in den folgenden Kapiteln liegt mehrheitlich ein grösseres Industrieunternehmen zugrunde, weil in einem solchen Gebilde alle klassischen Funktionen anzutreffen sind. Bezüglich der Rechtsform werden häufig Aussagen zur Aktiengesellschaft gemacht (vor allem im Teil 6 «Finanzierung»), da dies die am meisten verbreitete Gesellschaftsform darstellt. Viele Aussagen, die für grössere Industriebetriebe zutreffen, sind auch für andere Unternehmenstypen gültig oder können unter Berücksichtigung der spezifischen Gegebenheiten des betrachteten Unternehmens leicht modifiziert werden.

---

1   Zu den Verfahren der Investitionsrechnung vgl. Teil 7, Kapitel 2 «Investitionsrechenverfahren».

Kapitel 3

Unternehmensziele

3.1 Zielbildung

Die Ziele stellen ein wesentliches Element des privaten Unternehmens im marktwirtschaftlichen System dar. Im Gegensatz zu öffentlichen Unternehmen kann sich das private Unternehmen seine Ziele selber setzen. Dabei stellt sich die Frage, um wessen Ziele es sich handelt, wer die Ziele beeinflusst oder gar formuliert. Auch wenn jeweils von den Zielen des Unternehmens gesprochen wird, so sind es letztlich immer **Menschen,** welche die Ziele in einem Unternehmen bestimmen.

Wie bereits dargelegt, gibt es verschiedene Stakeholder (Anspruchsgruppen), die in irgendeiner Beziehung zum Unternehmen stehen.[1] Sie alle können die Unternehmensziele mehr oder weniger stark beeinflussen. So zum Beispiel die Gewerkschaften, welche mit ihren Erwartungen und Ansprüchen einen Einfluss ausüben können, oder die Banken, die bei der Kreditvergabe oft auf die Zielbildung einwirken wollen. Diese Gruppen sind den sekundären Gruppen – den so genannten **Satellitengruppen** – zuzuordnen, die meist einen **indirekten** Einfluss auf die Zielsetzung des Unternehmens ausüben. Daneben gibt es die so genannten **Kerngruppen.** Diese sind von grosser Bedeutung, weil sie **direkt** am Zielsetzungsprozess beteiligt sind (Heinen 1985, S. 95):

---

1   Vgl. Kapitel 1, Abschnitt 1.2.5.3 «Stakeholder».

- Als Kerngruppe kommen in erster Linie die **Eigentümer** in Frage. Sie können in einem marktwirtschaftlichen System ihre Beteiligung an der Zielbildung aus dem Privateigentum ableiten.

- Oft aber delegieren die Eigentümer einen Teil ihrer Rechte und Pflichten an eine **Führungsgruppe,** die im Interesse des Unternehmens Führungsaufgaben wahrnimmt und somit in der Regel auch am Zielbildungsprozess wesentlich beteiligt ist. Typisches Beispiel sind die Aktionäre einer Familienaktiengesellschaft, die bei Nachfolgeproblemen die Führung des eigenen Unternehmens oft auf familienfremde Führungskräfte übertragen.

- Schliesslich sind auch die **Mitarbeiter,** *ein Teil davon oder deren Vertreter zu nennen, die direkten Einfluss auf die Ziele des Unternehmens nehmen können. Neben der hierarchischen Stellung des Mitarbeiters wird dessen Persönlichkeit eine massgebliche Rolle spielen, wie gross der Einfluss ausfallen wird.*

Wie stark die verschiedenen Gruppen an der Zielbildung beteiligt sind, hängt von der jeweiligen Unternehmenssituation ab. So können zum Beispiel die einzelnen (Klein-)Aktionäre als Miteigentümer einer grossen Publikumsgesellschaft einen sehr kleinen Einfluss ausüben, während umgekehrt die Banken als Kreditgeber im Falle einer Unternehmenssanierung in der Regel eine dominierende Rolle spielen werden.

3.2 Zielinhalt

Im Zielinhalt kommt zum Ausdruck, worauf sich das Handeln des Unternehmens ausrichten soll, d.h. auf welchen Sachverhalt sich die Ziele beziehen.

Bei einer systematischen Betrachtung der Zielinhalte kann grundsätzlich zwischen Sach- und Formalzielen unterschieden werden:

1. **Sachziele** beziehen sich auf das konkrete Handeln bei der Ausübung der verschiedenen betrieblichen Funktionen und somit auf die Steuerung des güter- und finanzwirtschaftlichen Umsatzprozesses.

2. **Formalziele** hingegen stellen übergeordnete Ziele dar, an denen sich die Sachziele auszurichten haben und in denen der Erfolg unternehmerischen Handelns zum Ausdruck kommt. Deshalb werden die Formalziele auch als **Erfolgsziele** bezeichnet.

| **3.2.1** | **Sachziele** |

Geht man bei der Zielformulierung vom güter- und finanzwirtschaftlichen Umsatzprozess sowie dessen Steuerung aus, so können unter Berücksichtigung der Menschen innerhalb und ausserhalb des Unternehmens vier Bereiche von Sachzielen unterschieden werden, nämlich Leistungsziele, Finanzziele, Führungs- und Organisationsziele sowie soziale und ökologische Ziele.

| **3.2.1.1** | Leistungsziele |

Die Leistungsziele beziehen sich auf den leistungswirtschaftlichen Umsatzprozess. Es handelt sich deshalb um alle Ziele, die mit der Leistungserstellung und -verwertung direkt zusammenhängen. Im Vordergrund stehen die **Markt-** und **Produktziele,** die aus den Bedürfnissen abgeleitet werden können, welche das Unternehmen befriedigen will. Insbesondere geht es um

- die **Märkte** und **Marktsegmente,** die bearbeitet werden sollen,
- die Festlegung der **Marktstellung** in diesen Märkten oder Marktsegmenten (z. B. in Form des Marktanteils),
- die Bestimmung des mengen- und geldmässigen **Umsatzvolumens,**
- die Umschreibung der **Art der Produkte,** die erstellt werden sollen,
- die Bestimmung der **Ressourcen,** die eingesetzt werden,
- die Festlegung des **Qualitätsniveaus,** das erreicht werden soll.

Daneben sind aber alle anderen betrieblichen Funktionen einzubeziehen, welche in den leistungswirtschaftlichen Prozess eingeschlossen sind, also insbesondere die Materialwirtschaft, die Produktion, das Marketing sowie die Forschung und Entwicklung.

| **3.2.1.2** | Finanzziele |

Die Finanzziele lassen sich aus dem finanzwirtschaftlichen Umsatzprozess ableiten. Im Vordergrund steht deshalb:

- Versorgung des Unternehmens mit genügend **Kapital,** d. h. es sollte soviel Kapital zur Verfügung stehen, dass der angestrebte leistungswirtschaftliche Prozess ermöglicht wird.

- Aufrechterhaltung der **Zahlungsbereitschaft (Liquidität),** um jederzeit den finanziellen Verpflichtungen nachkommen zu können. Eine ausreichende Liquidität ist ein Basisziel jedes Unternehmens. Kann dieses Ziel nicht erfüllt werden, ist die Existenz in starkem Masse bedroht.
- Zu den Hauptzielen im finanzwirtschaftlichen Bereich gehört auch eine optimale **Kapital-** und **Vermögensstruktur.**
- Angemessene Berücksichtigung des **Risikos.** Eine optimale Kapital- und Vermögensstruktur berücksichtigt sowohl das finanzielle als auch das unternehmerische Risiko.

Eine besondere Stellung, vor allem aus kurzfristiger Perspektive, nimmt dabei die **Liquidität** ein. Eine ausreichende Liquidität ist ein Basisziel jedes Unternehmens. Kann dieses Ziel nicht erfüllt werden, ist die Existenz des Unternehmens in starkem Masse bedroht, denn bei Illiquidität besteht Konkursgefahr.

Als Liquidität kann vorerst die Rangordnung der Güter nach ihrer **Liquidierbarkeit** bezeichnet werden. Diese ergibt sich aus der Zeitdauer zwischen dem Zeitpunkt des Entschlusses der Liquidierung und dem Zeitpunkt, an dem der entsprechende Liquidationserlös zur Verfügung steht. Bei dieser Betrachtungsweise interessiert nur, wie schnell das Unternehmen seine Güter liquidieren kann, um allfälligen Zahlungsverpflichtungen nachkommen zu können. Sie sagt aber nichts darüber aus, ob es diese auch tatsächlich erfüllen kann.

> Deshalb wird unter **Liquidität** meist die Fähigkeit verstanden, fällige Zahlungsverpflichtungen uneingeschränkt erfüllen zu können.

Zur Erfassung und Analyse der Liquidität stehen verschiedene Kennzahlen zur Verfügung, wie sie im Teil 6 «Finanzierung» dargestellt werden.[1]

| 3.2.1.3 | Führungs- und Organisationsziele |

Mit den Führungs- und Organisationszielen soll eine optimale Gestaltung und Steuerung des güter- und finanzwirtschaftlichen Umsatzprozesses erreicht werden. Im Vordergrund stehen somit die Ziele in Bezug auf

- die Gestaltung des **Problemlösungsprozesses** mit seinen verschiedenen Phasen (z.B. Führung durch Zielvorgabe),
- die einzusetzenden **Führungsfunktionen** wie Planung, Entscheidung, Anordnung und Kontrolle (z.B. Zeithorizont der Planung, Förderung der Selbstkontrolle),

---

1   Vgl. Teil 6, Kapitel 1, Abschnitt 1.4.4 «Kennzahlen des Finanzmanagements».

- den anzuwendenden **Führungsstil** (z.B. kooperativer Führungsstil),
- die **Arbeitsteilung** und Zusammenarbeit zwischen den verschiedenen Abteilungen und Stellen innerhalb eines Unternehmens (z.B. dezentrale Organisationsstruktur).

Auf diese Ziele wird in Teil 9 «Organisation» und Teil 10 «Management» ausführlich eingegangen.

3.2.1.4	Soziale und ökologische Ziele

Jedes Unternehmen ist ein soziales Gebilde. Es ist ein Teil unserer Gesellschaft, und in ihm arbeiten Menschen mit ihren vielfältigen individuellen Zielen und Bedürfnissen. Dies bedeutet, dass implizit oder explizit diese Ziele im Zielsystem des Unternehmens Eingang finden müssen. Wie stark diese Berücksichtigung im Einzelnen ausfällt, kann nicht allgemein gesagt werden, da dies von verschiedenen Faktoren abhängt wie zum Beispiel von den gesellschaftlichen Rahmenbedingungen (z.B. rechtliche Grundlagen, Mitbestimmung), von der persönlichen Einstellung der Eigentümer oder der Führungsgruppe des Unternehmens oder von der gesamtwirtschaftlichen Situation.

Grundsätzlich kann man dabei zwischen mitarbeiter- und gesellschaftsbezogenen Zielen unterscheiden:

- **Mitarbeiterbezogene Ziele** versuchen die Bedürfnisse und Ansprüche der Mitarbeiter zu erfassen und zu berücksichtigen. Als Beispiele für solche Ziele können gerechte Entlohnung, Gewinnbeteiligung, gute Arbeitsbedingungen, Arbeitsplatzsicherheit, Mitbestimmungsmöglichkeiten, Freizeitgestaltung, Weiterbildungsmöglichkeiten und gute Sozialleistungen genannt werden. Mit diesen Zielen beschäftigt sich vor allem der Personalbereich.
- **Gesellschaftsbezogene Ziele** beruhen auf der Erkenntnis, dass Unternehmen als Teil der Gesellschaft einen Beitrag zur Lösung gesellschaftlicher Probleme zu leisten haben.[1]

Im Zusammenhang mit den gesellschaftsbezogenen Zielen ist vor allem die Forderung nach Wahrnehmung **ökologischer Verantwortung** durch das Unternehmen hervorzuheben. Unternehmen benötigen als Input verschiedene nur begrenzt verfügbare Ressourcen, während als Output neben den eigentlichen Marktleistungen (Produkten) auch vielfältige Emissionen und Abfälle (z.B. Abwasser, Abgase, Lärm) wieder an die Umwelt abgegeben

---

1 Damit beruhen diese Ziele letztlich auf ethischen Überlegungen. Zur Unternehmensethik vgl. Teil 11, Kapitel 5 «Unternehmensethik».

Unsere Umweltstandards

Wir sparen Energie, insbesondere Strom
- Wir schalten unsere Geräte (Bildschirme, Drucker, PC, Fotokopierer usw.) bei Nichtgebrauch ab.
- Wir löschen nicht benötigte Lichter.
- Wir vermeiden Wärmeverluste (offene Kippfenster im Winter schliessen) oder aufwendiges Kühlen (bei starker Sonneneinstrahlung Storen senken).

Wir gehen umweltbewusst mit Materialien und Ressourcen um
- Wir vermeiden Abfall – dies ist sowohl ökologisch als auch ökonomisch am vorteilhaftesten.
- Wir fördern die Verwendung elektronischer Mittel wie E-Mail, Intranet/Internet, DirectNet, (POV)-Viewer usw.
- Wir drucken und kopieren nur in Auflagen, welche nötig sind und bevorzugen dabei umweltschonende Papierqualitäten.
- Wir achten bei der Beschaffung von Büromaterial auf ökologische Alternativprodukte.
- Wir trennen konsequent unsere Abfälle (Papier, Batterien, Kehricht usw.).

Wir beschränken unsere Reisetätigkeit aufs Notwendige
- Wir benützen – wenn immer möglich und sinnvoll – öffentliche Verkehrsmittel.
- Wir richten Ort und Zeit von Sitzungen auf den öffentlichen Verkehr aus.
- Wir setzen – wo angebracht – Telefon- und Videoconferencing ein.

Wir berücksichtigen in unserer Arbeit ökologische Aspekte
- Wir beziehen in jedem Projekt und in unseren Arbeiten bedeutende Umwelt-Aspekte mit ein. Hingegen lancieren wir keine eigentlichen Öko-Projekte.
- Wir sind auch im Bereich Ökologie Vorbild.
- Wir kennen unsere kompetenten Ansprechpartner zum Thema Umwelt.
- Wir beurteilen umweltrelevante Tätigkeiten – wo angebracht – in der Qualifikation.

Wir alle verhelfen unserem Unternehmen zu einem positiven Umwelt-Image
- Wir kennen die Umweltpolitik der Credit Suisse Group.
- Wir vertreten auch in unserem privaten Umfeld die positive Haltung der Credit Suisse Group zur Umwelt.

▲ Abb. 31   Umweltstandards der Credit Suisse Group 2004

werden. Darüber hinaus beinhalten die verschiedenen Unternehmenstätigkeiten auch viele potenzielle Gefahrenquellen für Gesundheit und Umwelt, die sich immer wieder in Unfällen und Störfällen manifestieren. (Dyllick 1990, S. 24) Deshalb formulieren viele Unternehmen neben einem allgemeinen Unternehmensleitbild[1] auch ein Umweltleitbild (◄ Abb. 31).

Liegt das Ziel des Umweltschutzes im Schutz des Menschen und seiner Umwelt vor schädlichen oder lästigen Einwirkungen, so können drei Teilziele des Umweltschutzes als Unternehmensziel postuliert werden: Ressourcenschutz, Emissionsbegrenzung, Risikobegrenzung (► Abb. 32).

---

1 Vgl. dazu Teil 10, Kapitel 4, Abschnitt 4.3.1 «Unternehmensleitbild».

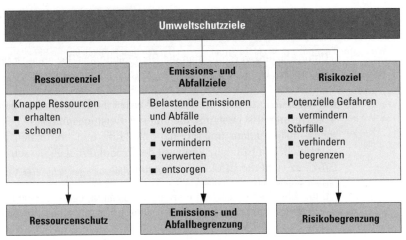

▲ Abb. 32   Umweltschutz als Unternehmensziel (nach Dyllick 1990, S. 25)

| 3.2.2 | **Formalziele (Erfolgsziele)** |
| 3.2.2.1 | Ökonomisches Prinzip |

Formalziele sind dadurch gekennzeichnet, dass sie sich am Erfolg der betrieblichen Tätigkeiten ausrichten, d. h. sie zeigen das Resultat des güter- und finanzwirtschaftlichen Umsatzprozesses. Sie sind deshalb den Leistungs-, Finanz-, Führungs- und Organisations- sowie den sozialen Zielen übergeordnet.

Ausgangspunkt der Formalziele ist die Frage nach dem optimalen Einsatz der Produktionsfaktoren, denn diese stellen immer eine knappe Ressource dar. Deshalb versucht jedes Unternehmen, sich nach dem **ökonomischen Prinzip** auszurichten, das in drei Ausprägungen vorkommt:

- **Maximumprinzip:** Mit einem gegebenen Input an Produktionsfaktoren soll ein möglichst hoher Output erzielt werden.
- **Minimumprinzip:** Ein vorgegebener Output soll mit einem möglichst kleinen Input an Produktionsfaktoren realisiert werden.
- **Optimumprinzip** bzw. **Extremumprinzip:** Input und Output sollen so aufeinander abgestimmt werden, dass das ökonomische Problem nach den festgelegten Kriterien optimal gelöst wird. Somit wird weder Input noch Output vorgegeben.

Der Grad der Verwirklichung des ökonomischen Prinzips wird mit der Effizienz gemessen:

> Unter **Effizienz** versteht man die Beurteilung der Beziehung zwischen der erbrachten Leistung und dem Ressourceneinsatz.

Bei der Effizienz steht die Frage «Werden die Dinge richtig gemacht?» im Vordergrund. Es geht um die interne Leistungs*fähigkeit* des Unternehmens, insbesondere um rationelle Abläufe und minimalen Ressourcenverbrauch. Die Effizienz kann mit der Produktivität gemessen werden. Der Effizienz steht die Effektivität gegenüber:

> Unter **Effektivität** versteht man die Beurteilung der Zielerreichung, d.h. in welchem Ausmass die geplanten Ziele auch tatsächlich erreicht worden sind.

Ausgehend von der Frage «Werden die richtigen Dinge gemacht?» interessiert in diesem Fall die Leistungs*wirksamkeit* des Unternehmens, die Aussenwirkung des Ressourceneinsatzes. Im unternehmerischen Kontext wird die Effektivität letztlich durch den Markt, z.B. über die erzielten Preise oder Umsätze, beurteilt. Zu ihrer Messung dienen beispielsweise die beiden Kennzahlen Wirtschaftlichkeit und die Rentabilität.

Wegen ihrer grossen Bedeutung für die Praxis werden in den nächsten Abschnitten die drei Erfolgsziele Produktivität, Wirtschaftlichkeit sowie Rentabilität bzw. Gewinn dargestellt.

3.2.2.2 | Produktivität

> Als **Produktivität** bezeichnet man das *mengenmässige* Verhältnis zwischen Output und Input des Produktionsprozesses.

Die Produktivität kann mit folgender Formel festgehalten werden:

$$(1) \quad \text{Produktivität} = \frac{\text{Ausbringungsmenge der Faktorkombination}}{\text{Einsatzmenge an Produktionsfaktoren}}$$

Da sich bei der Messung der Produktivität für ein Unternehmen als Ganzes Probleme ergeben, werden meistens Teilproduktivitäten ermittelt. Diese beziehen sich dann auf einzelne Produktionsfaktoren, so dass als Einsatzmengen Arbeitsstunden, Maschinenstunden, Materialeinsatz und Verkaufsflächen in Frage kommen. Beispiele:

- Arbeitsproduktivität $= \dfrac{\text{Anzahl ausgewertete Fragebogen}}{\text{Arbeitsstunde}}$

- Flächenproduktivität $= \dfrac{\text{Umsatz}}{\text{m}^2}$

- Maschinenproduktivität $= \dfrac{\text{Anzahl Stück}}{\text{Maschinenstunde}}$

3.2.2.3 | Wirtschaftlichkeit

> Mit der **Wirtschaftlichkeit** wird – im Gegensatz zur Produktivität – ein *Wertverhältnis* zum Ausdruck gebracht.

Als Wertgrössen dienen die aus dem Güter- und Finanzprozess abgeleiteten Grössen Aufwand und Ertrag:

(2) Wirtschaftlichkeit $= \dfrac{\text{Ertrag}}{\text{Aufwand}}$

Die Wirtschaftlichkeit ist somit eine dimensionslose Zahl. Beträgt sie genau 1, so wird weder ein Verlust noch ein Gewinn erzielt.

3.2.2.4 | Gewinn und Rentabilität

Das Gewinnziel kann entweder **absolut** als Differenz zwischen Ertrag und Aufwand (Gewinn) oder **relativ** als Verhältnis zwischen Gewinn und dem zur Erwirtschaftung dieses Gewinnes eingesetzten Kapital formuliert werden. Letzteres bezeichnet man als **Rentabilität:**

(3) Rentabilität $= \dfrac{\text{Gewinn}}{\text{ø eingesetztes Kapital}} \cdot 100$

Die Rentabilität bezieht sich dabei entweder auf das Gesamtunternehmen[1] (bzw. einzelne Geschäftsbereiche) oder auf einzelne Investitionsobjekte (z.B. Maschine).[2]

---

1 Vgl. dazu Teil 6, Kapitel 1, Abschnitt 1.4.4.5 «Rentabilität».
2 Vgl. dazu Teil 7, Kapitel 2, Abschnitt 2.2.3 «Rentabilitätsrechnung».

3.2.3	Zusammenfassung

▶ Abb. 33 gibt eine zusammenfassende Übersicht über die verschiedenen Kategorien von Zielinhalten. Die verschiedenen Ziele dürfen nicht isoliert voneinander betrachtet werden, da sie oft auf vielfältige Weise zusammenhängen.[1] Es ist deshalb wichtig, sie immer in ihrer Gesamtheit als **Zielsystem** zu betrachten. Dieser Tatsache muss auch bei der Behandlung der betrieblichen Aufgaben und Probleme stets Rechnung getragen werden.

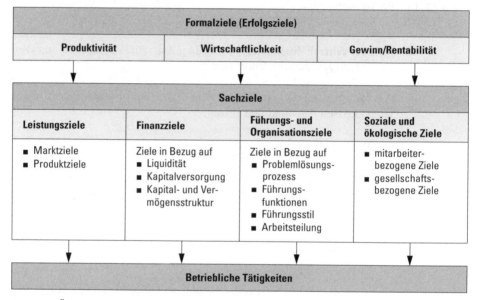

▲ Abb. 33   Übersicht Zielkategorien

Eine empirische Untersuchung, die in Deutschland gemacht worden ist, zeigt die unterschiedliche Bedeutung der verschiedenen Unternehmensziele bei unternehmenspolitischen Entscheidungen (▶ Abb. 34).

---

1   Vgl. Abschnitt 3.4 «Zielbeziehungen».

Antworten (Rangfolge)	$\bar{x}$
1. Kundenzufriedenheit	6,12
2. Sicherung des Unternehmensbestandes	6,08
3. Wettbewerbsfähigkeit	6,00
4. Qualität des Angebots	5,89
5. Langfristige Gewinnerzielung	5,80
6. Gewinnerzielung insgesamt	5,74
7. Kosteneinsparungen	5,73
8. Gesundes Liquiditätspolster	5,64
9. Kundenloyalität	5,64
10. Kapazitätsauslastung	5,57
11. Rentabilität des Gesamtkapitals	5,56
12. Produktivitätssteigerungen	5,54
13. Finanzielle Unabhängigkeit	5,54
14. Mitarbeiterzufriedenheit	5,42
15. Umsatz	5,24
16. Erhaltung und Schaffung von Arbeitsplätzen	5,20
17. Wachstum des Unternehmens	5,05
18. Marktanteil	4,92
19. Umweltschutz	4,87
20. Soziale Verantwortung	4,86
21. Ansehen in der Öffentlichkeit	4,61
22. Kurzfristige Gewinnerzielung	4,48
23. Macht und Einfluss auf dem Markt	4,46
24. Verbraucherversorgung	4,14

$\bar{x}$ = Arithmetisches Mittel
Skala: 1 = gar keine, ..., 7 = überragende Bedeutung

▲ Abb. 34   Unternehmensziele und ihre Bedeutung in der Praxis (Raffée/Fritz 1990, S. 15)

3.3   Dimensionen der Ziele

Für eine operationale Zielformulierung sind neben dem Inhalt der Ziele verschiedene Aspekte oder Dimensionen zu beachten. Von den folgenden Fragen ausgehend, sollen deshalb drei wesentliche Zieldimensionen unterschieden werden:

1. **Zielausmass** und **Zielmassstab:** Welches ist der Umfang des zu erreichenden Zieles und wie kann die Erreichung eines Zieles gemessen werden?
2. **Zeitlicher Bezug:** Auf welchen Zeitraum bezieht sich die Formulierung eines Zieles?
3. **Organisatorischer Bezug:** Auf welche Organisationseinheiten beziehen sich die Ziele?

Anhand dieser drei Dimensionen sollen die Ziele in den folgenden Abschnitten charakterisiert werden.

3.3.1	Zielausmass und Zielmassstab

Bei diesem Zielkriterium geht es einmal darum, das **angestrebte Ausmass** eines Zieles festzulegen. Grundsätzlich kann dabei zwischen einem begrenzt formulierten und einem unbegrenzt formulierten Ziel unterschieden werden.

- Beim begrenzt formulierten Ziel, zum Beispiel Erzielung eines Gewinnes von 10 % des Umsatzes, versucht man, ein bestimmtes Anspruchsniveau zu definieren. Man spricht deshalb von **Satisfizierungszielen**.
- Den Gegensatz dazu bilden die **Extremal-** oder **Maximierungsziele**. Bei diesen müssen – als unbegrenzt formulierte Ziele – Alternativen und Massnahmen gesucht werden, die die Zielerfüllung maximal gewährleisten. Beispiel für ein solches Ziel wäre, den höchstmöglichen Gewinn zu erreichen.

Während die ältere Betriebswirtschaftslehre meist von Extremalzielen ausgegangen ist, ist heute die Tendenz zu Satisfizierungszielen unbestreitbar. Damit wird auch eine grössere Übereinstimmung mit der betrieblichen Wirklichkeit erreicht.

Die **Messung der Zielerreichung** kann – je nach Zielinhalt – auf verschiedenen Messskalen beruhen:

1. **Kardinalskala:** Eine kardinale Messung liegt dann vor, wenn jeder Zielerreichungsgrad durch einen numerischen Wert ausgedrückt werden kann. In diesem Fall spricht man von einem quantifizierbaren Ziel, wie das zum Beispiel bei Gewinnzielformulierungen der Fall ist.
2. **Ordinalskala:** Eine ordinale Messung der Zielerreichung beruht auf der Vorstellung einer Rangordnung. Verschiedene Zielerreichungsgrade lassen sich in eine Reihenfolge bringen (z. B. sehr gut, gut, befriedigend, ungenügend), so dass zwei Zielerreichungsgrade miteinander verglichen und mit Worten wie «grösser» («besser»), «kleiner» («schlechter») oder «gleich» umschrieben werden können.
3. **Nominalskala:** Bei der nominalen Messung kann lediglich gesagt werden, ob ein Ziel erreicht worden ist oder nicht. Dies ist zum Beispiel dann der Fall, wenn als Ziel der Abschluss eines Kaufvertrages ins Auge gefasst worden ist.

3.3.2	**Zeitlicher Bezug der Ziele**

Schliesslich muss bei einer eindeutigen Zielformulierung angegeben werden, welche Geltungsdauer dieses Ziel hat. Ziele können sich grundsätzlich auf kurz-, mittel- und langfristige Zeiträume beziehen, wobei im Einzelnen diese Zeitbegriffe genauer definiert werden müssen. Als grobe Regel können die folgenden Richtlinien aufgestellt werden:

- kurzfristig: bis 1 Jahr,
- mittelfristig: 1 bis 3 Jahre,
- langfristig: über 3 Jahre.

Was kurz-, mittel- oder langfristig ist, hängt letztlich von der Art der Entscheidungen ab, die getroffen werden müssen, und nicht von der Anzahl der Tage oder Jahre.

Der zeitliche Bezug kann zudem **statisch,** d. h. ohne Berücksichtigung anderer Perioden, gemacht werden, oder **dynamisch,** indem man Bezug auf den Zielerfüllungsgrad einer anderen Periode nimmt. So kann man zum Beispiel ein Gewinnziel formulieren, das lautet: «10 % mehr Gewinn als im Vorjahr».

3.3.3	**Organisatorischer Bezug der Ziele**

Ziele können sich auf unterschiedliche organisatorische Einheiten des Unternehmens beziehen. Grundsätzlich können drei verschiedene Bereiche unterschieden werden.

1. **Unternehmensziele** beziehen sich auf das Unternehmen als Ganzes. Es handelt sich um die obersten Ziele, auf die sich sämtliche unternehmerischen Tätigkeiten auszurichten haben. Typische Beispiele für Unternehmensziele sind

   - der **Gewinn** als Erfolgsziel, wobei der Gewinn oft auch in Beziehung zum Kapital gesetzt wird (Rentabilität),
   - das **Wachstum** des Unternehmens, wobei sich dieses meistens auf den Umsatz bezieht,
   - die **Marktstellung,** die häufig mit dem Marktanteil gemessen wird,
   - die Erhaltung und Verbesserung des unternehmensspezifischen **Know-hows,** das mit den angebotenen Produkten verbunden ist,
   - Befriedigung der Ansprüche verschiedener **Interessengruppen** innerhalb und ausserhalb des Unternehmens.

2. **Bereichsziele** beziehen sich nur auf bestimmte Teilbereiche des Unternehmens. Je nach Grösse des Unternehmens handelt es sich um grös-

sere oder kleinere organisatorische Einheiten wie beispielsweise den Marketingbereich, die Marktforschungsabteilung oder die Stelle Informationsauswertung (Sekundärmarktforschung). Als Beispiele für solche Ziele aus dem Bereich Produktion können genannt werden: Kapazitätsauslastung, Arbeitssicherheit, technischer Fortschritt, Qualität der Produkte, Termineinhaltung, Kostensenkung.

3. Bei den **Mitarbeiterzielen** handelt es sich um Ziele, die dem einzelnen Mitarbeiter vorgegeben oder gemeinsam mit ihm erarbeitet werden. Die Art der Zielformulierung hängt dabei stark vom jeweiligen Aufgabenbereich und von der Führungsstufe ab.

3.4　Zielbeziehungen

In Bezug auf den Einfluss der Umwelt auf die Ziele kann vorerst zwischen einer entscheidungsfeldbedingten und einer entscheidungsträgerbedingten Zielbeziehung unterschieden werden:

- Eine **entscheidungsfeldbedingte** Zielbeziehung liegt dann vor, wenn diese von der jeweiligen Entscheidungssituation, d.h. den zur Verfügung stehenden Handlungsmöglichkeiten und den das Entscheidungsfeld begrenzenden Daten abhängt. Die Entscheidungssituation ist fest vorgegeben und kann vom Entscheidungsträger nicht beeinflusst werden.

- Eine **entscheidungsträgerbedingte** Zielbeziehung ist dagegen dadurch gekennzeichnet, dass darin die subjektiven Wertvorstellungen, die Präferenzen und das Anspruchsniveau des Entscheidungsträgers zum Ausdruck kommen. Der Entscheidungsträger beeinflusst somit mit seiner Wertung die betrachtete Zielbeziehung.

3.4.1　Komplementäre, konkurrierende und indifferente Zielbeziehungen

Zwischen zwei Zielen können drei verschiedene Zielbeziehungen bestehen, nämlich Komplementarität, Konkurrenz und Indifferenz.

1. Eine Zielbeziehung ist **komplementär,** wenn durch die Erreichung des einen Zieles die Erfüllung des anderen Zieles gesteigert wird.
2. Führt hingegen die Erfüllung des einen Zieles zu einer Minderung des Zielerreichungsgrades des zweiten Zieles, so spricht man von einer **konkurrierenden** oder **konfliktären** Zielbeziehung.
3. Beeinflussen sich die beiden Ziele gegenseitig nicht, so liegt eine **indifferente** oder **neutrale** Zielbeziehung vor.

Komplementarität und Konkurrenz zwischen Zielen können durch ▶ Abb. 35 dargestellt und verdeutlicht werden. ▶ Abb. 36 zeigt ferner, dass zwischen zwei Zielen auch komplementäre *und* konkurrierende Beziehungen bestehen können. Je nach Situation ergibt sich das eine oder das andere Verhältnis. Man spricht deshalb von einer partiellen oder einer totalen Konkurrenz bzw. Komplementarität.

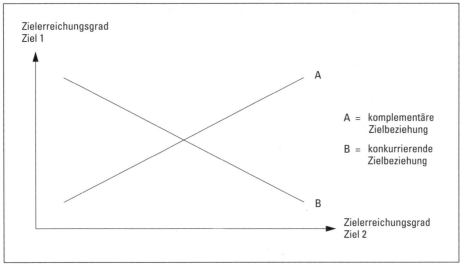

▲ Abb. 35   Komplementäre und konkurrierende Zielbeziehung

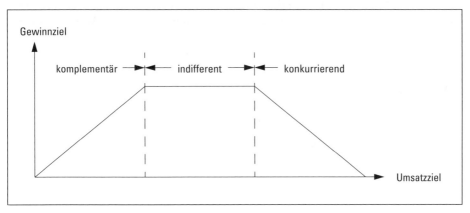

▲ Abb. 36   Zielbeziehungen zwischen Gewinn und Umsatz

3.4.2	Haupt- und Nebenziele

Besteht zwischen zwei Zielen eine Konkurrenz, so ist eine Gewichtung der beiden Ziele notwendig. In diese Gewichtung fliessen die Wertvorstellungen und Ansprüche des Entscheidungsträgers ein. Demzufolge handelt es sich um eine entscheidungsträgerbedingte Beziehung. Der Entscheidungsträger schafft durch seine Präferenzen **Haupt-** und **Nebenziele.**

3.4.3	Ober-, Zwischen- und Unterziele

Die Unterscheidung in Ober-, Zwischen- und Unterziele beruht auf einer Zielhierarchie, bei der Mittel-Zweck-Beziehungen zwischen den verschiedenen Zielen bestehen. Oft ist es nämlich so, dass ein (Unter-)Ziel (z.B. Lärmschutz für den Mitarbeiter) ein Mittel zum Zweck, d.h. zur Erfüllung eines Oberzieles (in diesem Fall die Gesundheit der Mitarbeiter), darstellt. Voraussetzung für solche Mittel-Zweck-Beziehungen ist eine Komplementarität zwischen den Zielen.

Die Aufteilung der Ziele in Mittel-Zweck-Beziehungen hat deshalb eine grosse praktische Bedeutung, weil Oberziele in der Regel nicht operational sind und für den einzelnen Mitarbeiter, je tiefer er in der organisatorischen Hierarchie eingestuft ist, keine konkrete Zielvorgabe beinhalten können. Daher ist es nötig, die Oberziele in – unter Umständen mehrere – Zwischen- und Unterziele zu gliedern, bis eine Zielvorgabe aufgestellt ist, an welcher sich der Mitarbeiter orientieren und seine Arbeit ausrichten kann.

Weiterführende Literatur

Honegger, Jürg: Vernetzes Denken und Handeln. Zürich 2008

Rüegg-Stürm, Johannes: Das neue St. Galler Management-Modell. Grundkategorien einer integrierten Managementlehre: Der HSG-Ansatz. 2., durchgesehene und korrigierte Auflage, Bern 2003

Sachs, S./Hauser, A.: Das ABC der betriebswirtschaftlichen Forschung. Anleitung zum wissenschaftlichen Arbeiten. Zürich 2002

Schwarz, Peter: Management-Brevier für Nonprofit-Organisationen. 2., vollständig überarbeitete und erweiterte Auflage, Bern 2001

Staub, Leo: Legal Management. Management von Recht als Führungsaufgabe. 2., erweiterte und aktualisierte Auflage, Zürich 2006

Thommen, Jean-Paul: Lexikon der Betriebswirtschaft: Managementkompetenz von A bis Z. 4., überarbeitete und erweiterte Auflage, Zürich 2008

Teil 2

Marketing

Inhalt

Kapitel 1

Grundlagen

Grundsätzlich können dem Begriff Marketing zwei Bedeutungen zugeordnet werden. Erstens versteht man darunter eine bestimmte **Denkhaltung,** die im betrieblichen Handeln zum Ausdruck kommt. Zweitens will man damit ein betriebswirtschaftliches **Aufgaben-** oder **Problemgebiet** abgrenzen. Es handelt sich dabei um eine unternehmerische Funktion wie beispielsweise die Produktion oder die Finanzierung.

1.1 Marketing als Denkhaltung

Der Inhalt des Marketings als eine Denkhaltung kann am besten anhand einer historischen Betrachtung wiedergegeben werden. Unter Einbezug der gesamtwirtschaftlichen Entwicklung und der Beziehungen zwischen Unternehmen und Umwelt können fünf Phasen unterschieden werden:

1. **Phase der Produktionsorientierung:** Eine erste Phase, die in den USA bereits zu Beginn des 20. Jahrhunderts angesetzt werden kann und in Europa vor allem nach dem Zweiten Weltkrieg beobachtet werden konnte, ist dadurch gekennzeichnet, dass die Nachfrage das Angebot überstieg. Obschon mit den Methoden des Scientific Management (Taylor) zu Beginn des Jahrhunderts der Grundstein für eine rationelle Massenproduktion gelegt worden war, vermochte die industrielle Pro-

duktion den Bedarf an Gütern nicht zu befriedigen.[1] Zunehmende Bevölkerungszahlen, steigende Einkommen, Ausbau von Verteilorganisationen (Gross- und Einzelhandel), allgemeiner Nachholbedarf und sinkende Preise sind mögliche Erklärungen für diesen Nachfrageüberhang. Diese Situation entspricht einem typischen **Verkäufermarkt**: Alles, was produziert wurde, konnte auch ohne Probleme verkauft werden. Die Ausrichtung betriebswirtschaftlicher Entscheidungen erfolgte deshalb beinahe ausschliesslich auf die Produktion und die Materialwirtschaft. Die Beschaffung der – teilweise nur schwer erhältlichen – Rohstoffe und die kostengünstigste Herstellung der Produkte standen im Vordergrund. Diese vorrangige Bedeutung der Produktionswirtschaft kann mit dem Grundsatz **Primat der Produktion** umschrieben werden.

2. **Phase der Verkaufsorientierung:** In einer zweiten Phase zeigte sich bei zunehmender Spezialisierung (Arbeitsteilung) und technischem Fortschritt sowie der damit verbundenen Rationalisierungen eine Sättigung des Marktes. Diese Sättigungserscheinungen hatten eine grössere Konkurrenz unter den Marktanbietern zur Folge, die sich vor allem in sinkenden Preisen auswirkte. Verbunden mit hoher Arbeitslosigkeit und niedrigen Löhnen (USA), welche das Konsumentenverhalten stark beeinflussten, konnten viele Unternehmen ihre Produkte nicht mehr absetzen. Überkapazitäten oder sogar Konkurse waren die Folge. Viele Unternehmen sahen sich daher gezwungen, ihre Verkaufsbemühungen zu verstärken. Die Orientierung verschob sich von der Produktion zum Absatz. In den Mittelpunkt rückte die letzte Phase des betrieblichen Umsatzprozesses und zum Grundsatz wurde das **Primat des Absatzes**. Neben der Herabsetzung der Preise versuchte man mittels Werbung, Ausstattung der Produkte mit Markennamen sowie Ausbau und Verbesserung des Aussendienstes, den Umsatz zu erhöhen. Die Entscheidungen im Produktionsbereich bildeten aber immer noch den Ausgangspunkt der Entscheidungen für andere Bereiche. Die Absatzabteilung hatte primär die Aufgabe, mit den verfügbaren Massnahmen und Mitteln die produzierten Güter abzusetzen. Im Vordergrund steht somit das eigentliche «Vermarkten» von Gütern und Dienstleistungen.

3. **Phase der Marktorientierung:** Die dritte Phase war von der Tatsache gekennzeichnet, dass es nicht mehr genügte, qualitativ gute Produkte kostengünstig zu produzieren und sie mit Hilfe erhöhter Verkaufsanstrengungen abzusetzen. Es sollte nur noch das produziert werden, was sich absetzen liess bzw. auch tatsächlich nachgefragt wurde. Je besser man diese Nachfrage in qualitativer (was?) und quantitativer (wie viel?) Hinsicht erfassen konnte, umso erfolgreicher glaubte man zu sein. Es er-

---

1   Zum Scientific Mangement vgl. Teil 9, Kapitel 2, Abschnitt 2.1.2.2 «Mehrliniensystem».

folgte deshalb eine verstärkte Ausrichtung auf die Bedürfnisse der potenziellen Kunden und somit eine Marktorientierung. Oberstes Prinzip wurde das **Primat des Marktes.** Ausgangspunkt sind die Bedürfnisse des Marktes, auf die sich sowohl die Produktion (Leistungserstellung) als auch der Absatz (Leistungsverwertung) auszurichten haben. Damit ist das Marketing nicht mehr nur eine einzelne unternehmerische Funktion, sondern eine Denkhaltung, die alle anderen Funktionen einbezieht.

4. **Phase der Umweltorientierung:** Seit den 70er Jahren erhielt der Marketingbegriff eine zusätzliche Ausweitung. Das Marketing hat sich nicht nur auf die Bedürfnisse der effektiven und potenziellen Abnehmer auszurichten, sondern hat sämtliche Anspruchsgruppen (Stakeholders)[1] einzubeziehen. Die Bedürfnisse der Arbeitnehmer, Kapitalgeber, Lieferanten und des Staates sowie ökologische oder gesellschaftliche Aspekte sind ebenso zu berücksichtigen wie diejenigen der Kunden.

5. **Phase des Customer Relationship Managements (CRM):** Veränderte gesellschaftliche und ökonomische Rahmenbedingungen in den 80er und 90er Jahren des 20. Jahrhunderts – Globalisierung der Märkte, sinkende Produktlebenszyklen, zunehmende Bedeutung von Serviceleistungen, differenzierte Wünsche der Konsumenten und neue Informations- und Kommunikationstechnologien – führten zu einer Neuorientierung des Marketings in Form des Customer Relationship Management (CRM), d. h. den systematischen Aufbau und die Pflege von Kundenbeziehungen. Es umfasst als Prozess die Phasen Ansprechen, Gewinnen, Informieren, Bedienen und Pflegen eines Kundenstamms. Im Mittelpunkt stehen **Kundenbindung** und **-loyalität.** Dazu ist es notwendig, sämtliche Geschäftsprozesse auf den Kunden auszurichten.[2]

1.2	**Marketing als unternehmerische Aufgabe**
1.2.1	**Problemlösungsprozess des Marketings**

Betrachtet man das Marketing als eine unternehmerische Funktion neben anderen (z. B. Produktion, Finanzierung, Personal), so muss es sich mit verschiedenen konkreten Problemen und Aufgaben auseinander setzen. Diese können aus dem Problemlösungsprozess des Marketings abgeleitet werden. Analog zum allgemeinen Problemlösungsprozess können folgende Phasen unterschieden werden (▶ Abb. 37):

---

1 Vgl. dazu Teil 1, Kapitel 1, Abschnitt 1.2.5.3 «Stakeholder».
2 Vgl. dazu Abschnitt 1.3 «Vom Relationship Marketing zum Customer Relationship Management (CRM)».

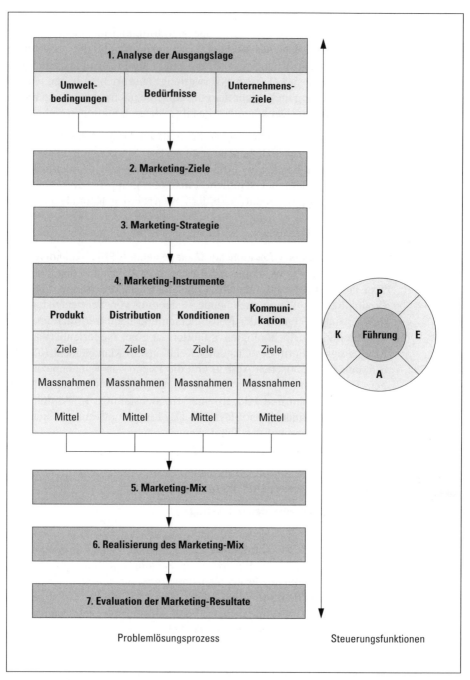

▲ Abb. 37　　Steuerung des Marketing-Problemlösungsprozesses

1. **Analyse der Ausgangslage:** In einer ersten Phase müssen die notwendigen Informationen über die gegenwärtige und zukünftige Entwicklung gewonnen werden. Wichtig sind in diesem Zusammenhang
   - die allgemeinen Umweltbedingungen und die Beziehungen zwischen dem Unternehmen und seiner Umwelt,
   - die Bedürfnisse tatsächlicher oder potenzieller Kunden (d.h. die für das Unternehmen relevanten Märkte), die mit Hilfe der **Marktforschung** abgeklärt werden müssen, sowie
   - die Unternehmensziele.

2. **Bestimmung von Marketing-Zielen:** Die Marketing-Ziele werden aus den unternehmensinternen (Wertvorstellungen, Unternehmensziele, vorhandenes Leistungspotenzial) und unternehmensexternen (Umwelt) Gegebenheiten abgeleitet. Typische Marketing-Ziele beziehen sich auf den Umsatz, den Marktanteil, die (geographischen) Märkte, die Produkte oder die Kunden. Die Marketing-Ziele sind ihrerseits wieder von den Unternehmenszielen abgeleitet, wobei vielfach – gerade wegen der grossen Bedeutung des Marketings für das ganze Unternehmen – keine klare Grenze zwischen Unternehmenszielen und allgemeinen Marketing-Zielen gezogen werden kann.

3. **Marketing-Strategie:** Zur Erreichung der Marketing-Ziele stehen verschiedene strategische Wahlmöglichkeiten zur Verfügung. Somit definiert eine Marketing-Strategie den Weg, mit dem diese Ziele realisiert werden können. Im Vordergrung stehen dabei folgende Positionierungen:
   - Auf welchen Märkten wollen wir tätig sein?
   - Welchen Nutzen wollen wir unseren Kunden anbieten? (Leistung)
   - Wie verhalten wir uns gegenüber unseren Wettbewerbern? (Konkurrenz)
   - Welche Zielgruppen wollen wir bearbeiten? (Kunden/Märkte)
   Gleichzeitig gibt eine Marketing-Strategie den notwendigen Handlungsrahmen vor, um sicherzustellen, dass alle Marketing-Instrumente zielgerichtet eingesetzt werden. Zur Festlegung der Marketing-Strategie stehen verschiedene Instrumente zur Verfügung wie zum Beispiel
   - Produktlebenszyklus-Konzept,[1]
   - Produkt/Markt-Matrix,[2]
   - Produkt-Portfolio-Konzept.[3]

4. **Bestimmung der Marketing-Instrumente:** Sind die Marketing-Ziele festgelegt, können aus diesen die Ziele für verschiedene Aufgabenbereiche

---

1 Vgl. dazu Kapitel 3, Abschnitt 3.3 «Produktlebenszyklus».
2 Vgl. dazu Teil 10, Kapitel 4, Abschnitt 4.4.1.1 «Produkt/Markt-Strategien».
3 Vgl. dazu Teil 10, Kapitel 4, Abschnitt 4.2.4.4 «Portfolio-Analyse».

des Marketings abgeleitet sowie die Massnahmen und Mittel bestimmt werden, mit denen diese Bereichsziele erreicht werden sollen. Die einzelnen Aufgabenbereiche werden als **Marketing-Instrumente** bezeichnet, womit der instrumentelle Charakter zur Unterstützung und Erreichung der übergeordneten Marketing-Ziele zum Ausdruck kommt. In der Literatur finden sich verschiedene Systematisierungen der Marketing-Instrumente. Bekannt ist vor allem das Konzept von McCarthy (1981), das als 4-P-Modell bezeichnet wird. Die vier P stehen für die Begriffe **Product, Place, Price** und **Promotion.** Entsprechend liegt den Ausführungen in diesem Teil folgende Gliederung zugrunde:

- Produktpolitik,
- Distributionspolitik,
- Konditionenpolitik,
- Kommunikationspolitik.

Die **Marktforschung** liefert dazu jene Informationen, die für die Gestaltung der einzelnen Marketing-Instrumente bekannt sein müssen.

5. **Erstellen eines Marketing-Mix:** Schliesslich sind die verschiedenen Marketing-Instrumente miteinander zu kombinieren und in einem so genannten Marketing-Mix zu einer optimalen Einheit zusammenzufassen. Jedes Teilziel sowie alle Massnahmen eines bestimmten Instrumentes müssen sowohl mit den übergeordneten Marketing-Zielen in Einklang stehen als auch auf die anderen Teilziele und Massnahmen abgestimmt werden.

6. **Realisierung des Marketing-Mix:** Die noch auf dem Papier stehenden Marketing-Ziele und -Massnahmen müssen mit konkreten Aktionen realisiert werden. Zu denken ist beispielsweise an die Durchführung einer Werbekampagne oder den Aufbau eines neuen Vertriebsnetzes.

7. **Evaluation der Marketing-Resultate:** Im Rahmen einer Marketing-Beurteilung soll nach Kotler/Bliemel (2001, S. 153) das **Marketing-Controlling** gewährleisten, dass Indikatoren zur Aufdeckung von Problemen und Chancen im Marketing systematisch überprüft werden. Vorher festgelegte Schlüsseldaten werden dabei periodisch in Soll-Ist-Vergleichen überprüft und bewertet. Bei Planabweichungen über vorher definierte Toleranzgrenzen hinaus werden Korrektivmassnahmen zur Schliessung der Lücken eingeleitet. Dem Marketing-Controlling lassen sich die Kontrolle der Marketing-Ziele, die Jahresplankontrolle, die Aufwands- und Ertragskontrolle sowie die Effizienzkontrolle zuordnen.

Im Mittelpunkt dieses Problemlösungsprozesses stehen die Formulierung der Marketing-Ziele und die Ausgestaltung des Marketing-Mix.

Die angestrebten Marketing-Ziele und die Ausgestaltung der Marketing-Instrumente bezeichnet man als **Marketing-Konzept.**

1.2.2	Marketing-Management

> Die Steuerung des allgemeinen Marketing-Problemlösungsprozesses, insbesondere die Gestaltung und Umsetzung des Marketing-Konzepts, bezeichnet man als **Marketing-Management.**

Diese Steuerung erfolgt mit den Elementen **Planung, Entscheidung, Anordnung** und **Kontrolle** (◄ Abb. 37). Obschon diese Steuerungsfunktionen in allen Problemlösungsphasen auftreten, stehen folgende Aspekte im Vordergrund:

- Ausgehend von einer umfassenden Analyse müssen zuerst die Ziele (was?), die Massnahmen (wie?) und die Mittel (womit?) für jedes Instrument geplant werden.
- Es muss über den Einsatz der verschiedenen Marketing-Instrumente entschieden werden.
- Ist ein Entscheid gefallen, muss der geplante Einsatz der Marketing-Instrumente in die Tat umgesetzt werden. Dazu muss eine Vielzahl von Anordnungen gegeben werden (z.B. Auftrag an eine Werbeagentur).
- Abschliessend müssen die Resultate der verschiedenen Marketing-Aktivitäten erfasst und mit den Marketing-Zielen verglichen werden. Daraus lassen sich wertvolle Informationen für zukünftige Marketing-Massnahmen ableiten.

1.3	Vom Relationship Marketing zum Customer Relationship Management
	(CRM)

In den 1950er und 1960er Jahren dominierte das traditionelle **Marketing-Konzept,** das vor allem den Absatz der Produkte auf dem Markt zum Ziel hatte. Einige Zeit später (1970er Jahre) kamen die Gedanken des **strategischen Marketings** auf, welche die Bestimmung des Marktes als strategische Wahl verstanden, denn das bisherige Marketing basierte auf einer kurzfristigen Sichtweise. Das strategische Marketing impliziert jedoch langfristige Entscheidungen, die sich aufgrund wechselnder Marktbedingungen ergeben. Es fliessen nicht nur Entscheidungen auf der Absatzseite ein, sondern die generellen Umweltbedingungen und Veränderungen werden stärker miteinbezogen. Ziel des Marketings war nicht mehr nur der Absatz der Produkte auf dem Markt, sondern die Erhöhung der gesamten Wertschöpfung der strategischen Geschäftseinheiten. Das Unternehmen sollte aufgrund seiner Kompetenzen eine starke Wettbewerbsposition gegenüber der Konkurrenz erhalten.

bisheriges Marketing-Verständnis (klassisches Marketing)	zukünftiges Marketing-Verständnis (Customer Relationship)
■ Ziel: to make a sale ■ Verkauf ist Abschluss einer Kundenbeziehung ■ Käufer und Verkäufer sind unabhängig ■ Ausrichtung: Produkt (mass production) ■ Produkte und Ressourcen bestimmen die Marketing-Aktivitäten ■ Kunde kauft Werte ■ Kosten + Gewinn = Preis ■ einseitige Kommunikation ■ anonymer Kunde	■ Ziel: to create a customer ■ Verkauf ist der Beginn einer Kundenbeziehung ■ Käufer und Verkäufer sind voneinander abhängig ■ Ausrichtung: Service (mass customization) ■ Beziehungen (relationships) bestimmen die Marketing-Aktivitäten ■ Kunde schafft Werte ■ Preis – Gewinn = Kosten ■ zweiseitige Kommunikation ■ bekannter Kunde: Name, Adresse, Lebensstil, Produktlebenszyklen

▲ Abb. 38   Customer Relationship Marketing (nach Wehrli 1998, S. 191)

Veränderte gesellschaftliche und ökonomische Rahmenbedingungen in den 1980er und 1990er Jahren – Globalisierung der Märkte, sinkende Produktlebenszyklen, zunehmende Bedeutung von Serviceleistungen, differenzierte Wünsche der Konsumenten und neue Informations- und Kommunikationstechnologien – führten zu einer Neuorientierung des Marketings in Form des Beziehungs-Marketings. Hinzu kommt, dass die angebotenen Produkte bzw. Dienstleistungen von den Kunden immer mehr als austauschbar wahrgenommen werden. Um Kunden ans Unternehmen zu binden, reicht traditionelles Marketing – als auf reiner Transaktion basierender Vorgang – nicht mehr aus. Kundenbindung entsteht nicht durch einmalige Transaktion (= Kauf und Bezahlung), sondern durch den Aufbau langfristiger, nachhaltiger Beziehungen zum Kunden. Der einzelne Kunde mit seinen individuellen Bedürfnissen und Wünschen tritt stärker in den Vordergrund, **Kundenbindung** und **Kundenloyalität** werden zum Marketing-Ziel und zu einem wichtigen Erfolgsfaktor für das Unternehmen. Ziel ist es, den Kunden zum Wiederkauf zu animieren und damit eine Vertiefung der Beziehung zu erreichen, die abhängig ist von der Zufriedenheit mit dem Anbieter und von den Kosten eines Wechsels zur Konkurrenz. ◀ Abb. 38 zeigt die wesentlichen Merkmale des Customer Relationship Marketing.

Damit wird der Gestaltung, d.h. dem Auf- und Ausbau sowie der Pflege der Kundenbindung oberste Priorität eingeräumt:

Customer Relationship Management (CRM) ist der systematische Aufbau und die Pflege von Kundenbeziehungen. Es umfasst als Prozess die Phasen Ansprechen, Gewinnen, Informieren, Bedienen und Pflegen eines Kundenstamms.

CRM bedeutet deshalb eine integrative Sicht aller mit dem Kunden in Betracht zu ziehenden Prozesse. Dabei geht es unter anderem darum,

- bestehende Kundendaten zu analysieren (Kauf- und Bestellverhalten),
- neue Informationen über die Kunden zu beschaffen,
- Kundenzufriedenheitserhebungen durchzuführen,
- profitable, für das Unternehmen interessante Kunden zu identifizieren und zu analysieren,[1]
- Kundendienst als Differenzierungsinstrument einzusetzen,
- kundenspezifische Angebote zu planen und zu gestalten,
- die Nachfrage mit sämtlichen Marketing-Instrumenten und mit Hilfe moderner Informations- und Kommunikationstechnologien zu stimulieren.

Neben den klassischen Marketing-Instrumenten ist das Data Warehouse ein wichtiges Instrument, um diese Aufgaben zu bewältigen:

> Als **Data Warehouse** bezeichnet man eine von den operativen Datenverarbeitungssystemen isolierte Datenbank, die unternehmensbezogene Informationen zur Unterstützung des Managements enthält (z.B. in Entscheidungsprozessen).

1.4	**Markt**
1.4.1	**Merkmale des Marktes**

Die Leistungsverwertung, der Absatz der hergestellten Produkte, findet auf dem Markt statt. Dieser stellt aber nicht irgendein abstraktes Gebilde dar, sondern besteht in erster Linie aus Menschen, welche durch ihr Verhalten den Markt konstituieren. Im Laufe der Zeit und je nach Blickwinkel hat der Begriff «Markt» verschiedene Begriffsinhalte angenommen:

1. Die ursprüngliche Bedeutung des Wortes «Markt» ist identisch mit dem **Ort,** an dem Käufer und Verkäufer zum Austausch von Gütern und Dienstleistungen zusammentreffen. Während in der Antike und im Mittelalter solche Märkte, auf denen vielfach die Produzenten den Abnehmern direkt gegenübertraten, eine grosse Bedeutung hatten, spielen sie heute nur noch eine untergeordnete Rolle.
2. Aus volkswirtschaftlicher Sicht umfasst der Markt die **Gesamtheit der Nachfrager** und **Anbieter,** die an den Austauschprozessen eines bestimmten Gutes beteiligt sind. Entscheidend ist nicht mehr der geographische Ort des Zusammentreffens, sondern die ökonomischen Aspekte

---

1 Für ein umfassendes Management des Kundenwissens vgl. Heller 2007.

des Tausches in Bezug auf den Preis, die Menge, die Kosten, den Zeitraum oder das Gebiet.

3. Die Betriebswirtschaftslehre schliesslich betrachtet als Markt alle Personen und Organisationen, die bereits Käufer sind oder als zukünftige Käufer in Frage kommen. Aus betriebswirtschaftlicher Sicht steht somit die **Nachfrageseite** im Vordergrund. Die Anbieterseite, d.h. das eigene Angebot und dasjenige der Konkurrenz, wird als Branche bezeichnet.

Das Unternehmen steht mit verschiedenen Märkten in Kontakt.[1] Grundsätzlich lassen sich dabei Beschaffungsmärkte und Absatzmärkte unterscheiden. Erstere (Kapital-, Arbeits-, Materialmarkt) fallen aber aufgrund der obigen Erläuterungen (Punkt 3) im Rahmen des Marketings ausser Betracht. Zudem ist zu beachten, dass ein bestimmter Markt für ein Unternehmen den Beschaffungsmarkt, für ein anderes hingegen den Absatzmarkt darstellen kann.

> Unter dem **Absatzmarkt** versteht man die Gesamtheit der Bedarfsträger, an die sich das Unternehmen als tatsächliche und potenzielle Abnehmer seiner Produkte und Dienstleistungen wendet, um sie zum Kauf seiner Leistungen zu veranlassen.

Diese Umschreibung macht deutlich, dass der Markt in der Regel sehr dynamisch ist. Er ist keine vorgegebene Grösse, sondern muss vom Unternehmen aufgrund ständiger Veränderungen immer wieder neu gesucht und definiert werden. Während die **Marktforschung** dazu dient, diesen Markt zu finden, muss mit den **Marketing-Instrumenten** dieser potenzielle Markt in einen realen Markt umgewandelt werden.

Da die Märkte in der Regel sehr komplex sind, ist es wichtig, die besonderen Elemente und Aspekte eines jeden Marktes zu erfassen. Dies kann durch folgende Kriterien erfolgen:

1. **Kunden:** Wer bildet den Markt?
2. **Kaufobjekte:** Was wird gekauft?
3. **Kaufziele:** Warum wird gekauft?
4. **Kaufbeeinflusser:** Wer spielt mit im Kaufprozess?
5. **Kaufprozesse:** Wie wird gekauft?
6. **Kaufanlässe:** Wann wird gekauft?
7. **Kaufstätten:** Wo wird gekauft?

---

1 Vgl. dazu Teil 1, Kapitel 1, Abschnitt 1.2.2 «Betrieblicher Umsatzprozess», insbesondere ◄ Abb. 5 auf Seite 42.

| 1.4.2 | **Marktpartner und Konsumentenverhalten** |

Primäre **Marktpartner** sind die tatsächlichen und potenziellen Abnehmer. Dabei ist zu beachten, dass die Käufer (Abnehmer) nicht unbedingt identisch mit den Benutzern oder Eigentümern sein müssen. Geschenkartikel werden – wie der Name bereits zum Ausdruck bringt – gekauft, um sie weiterzugeben. Handelt es sich beim Geschenk beispielsweise um ein Gesellschaftsspiel, so sind sogar Käufer, Benutzer und Eigentümer – zumindest zum Teil – nicht identisch.

Ein wesentliches Element, das die Beziehungen zwischen Abnehmern und Unternehmen prägt, ist das Verhalten des Käufers, auch **Konsumentenverhalten** genannt. Dabei können vier Grundverhaltenstypen unterschieden werden:

1. **Rationalverhalten:** Der Käufer handelt als «Homo oeconomicus». Er hat klare Ziele, die er durch Gewinnung und Verwertung der verfügbaren Informationen erreichen will. In einem rationalen Problemlösungsprozess stellt er mehrere Alternativen auf und versucht, diese zu bewerten. Diejenige, die seinen Nutzen maximiert, wird er auswählen.
2. **Gewohnheitsverhalten:** Der Käufer verzichtet darauf, bei jedem Kauf eine neue Entscheidung zu treffen. Er verhält sich nach einem – meis-

Kriterium	Ausprägungen
Käufermerkmale	■ psychologische Faktoren (Motivation, Wahrnehmung, Lernverhalten, Einstellungen, Charakter) ■ persönliche Faktoren (Alter und Lebensabschnitt, Geschlecht, Beruf, Bildung, Haushaltsgrösse, wirtschaftliche Verhältnisse, Lebensstil, Persönlichkeit und Selbstbild) ■ soziale Faktoren (Bezugsgruppen, Familie, Rollen und Status) ■ kulturelle Faktoren (Kulturkreis, Subkulturen, soziale Schicht)
Produktmerkmale	■ Art des Gutes (Güter des täglichen Bedarfs, Luxusgüter) ■ Neuartigkeit ■ Preis (absoluter Betrag) ■ funktionale Eigenschaften ■ ästhetische Eigenschaften (Form, Design)
Anbietermerkmale	■ Image des Unternehmens ■ Ausgestaltung der Marketing-Instrumente
Marktmerkmale	■ Markttransparenz ■ Substitutions- oder Komplementärprodukte ■ Intensität des Wettbewerbs (Konkurrenz)
Situative Merkmale	■ Zeitdruck, Wetter, Tageszeit, Saison usw.

▲ Abb. 39　Einflussfaktoren Kaufentscheidung (nach Kotler u. a. 2007, S. 276 ff.)

tens aufgrund seiner Erfahrung – bewährten Muster. Es handelt sich um routinemässige Entscheidungen.[1]

3. **Impulsverhalten:** Der Käufer lässt sich von seinen augenblicklichen Gefühlen und Eingebungen leiten. Er verzichtet auf Informationen und handelt spontan.

4. **Sozial abhängiges Verhalten:** Der Käufer entscheidet nicht aufgrund eigener Informationen und Erfahrungen, sondern lässt sich von den Wertvorstellungen seiner Umwelt (Freunde, Mitarbeiter, berühmte Leute) leiten.

Diese verschiedenen Entscheidungstypen lassen erahnen, dass eine Vielzahl von Einflussfaktoren auf eine Kaufentscheidung einwirkt (◄ Abb. 39).

| 1.4.3 | **Marktsegmentierung** |

Der Markt für ein bestimmtes Produkt besteht in der Regel aus einer Vielzahl von Kunden, die sich mehr oder weniger voneinander unterscheiden. Ein Unternehmen muss sich deshalb überlegen,

1. welche Kunden es mit welchen Produkten bedienen will (Abgrenzung von der Konkurrenz) und
2. auf welche Untergruppen es ein Marketing-Programm ausrichten will (zielgerichtete Marktbearbeitung).

Um eine sinnvolle Aufteilung des Marktes vornehmen zu können, muss dieser in einzelne Sektoren aufgeteilt werden, was mit dem Begriff Marktsegmentierung umschrieben wird.

> Unter **Marktsegmentierung** versteht man die Aufteilung des Gesamtmarktes in homogene Käufergruppen nach verschiedenen Kriterien. Hauptziel einer Marktsegmentierung ist immer, eine solche Aufteilung zu wählen, die eine effiziente und erfolgreiche Marktbearbeitung ermöglicht.

Je homogener eine Gruppe ist, desto leichter wird es einem Unternehmen fallen, die Ziele, Massnahmen und Mittel der Marketing-Instrumente festzulegen. Eine homogene Käufergruppe bedeutet nämlich nichts anderes, als dass deren Mitglieder gleiche oder ähnliche Bedürfnisse haben. Somit besteht das Ziel einer Marktsegmentierung letztlich darin, eine möglichst grosse Übereinstimmung zwischen den Bedürfnissen, die ein Produzent zu decken vermag, und den Bedürfnissen, die eine bestimmte Käufergruppe auszeichnen, zu erreichen.

---

1 Dieses Verhalten könnte man ebenfalls dem Rationalverhalten zuordnen, da der Käufer sich damit die «Kosten» der Informationsbeschaffung und -bearbeitung spart.

Kriterium	Ausprägung
Geographische Segmentierung	■ Gebiet: Nation, Region, Kanton, Bezirk, Gemeinde ■ Ortsgrösse ■ Bevölkerungsdichte: städtisch, ländlich ■ Klima: nördlich, südlich ■ Sprache: italienische, französische und deutsche Schweiz
Demographische Segmentierung	■ Alter ■ Geschlecht: männlich, weiblich ■ Haushaltsgrösse ■ Einkommen/Kaufkraft ■ Berufsgruppen ■ Nationale Herkunft ■ Konfession ■ Ausbildung ■ soziale Schicht: Unter-, Mittel-, Oberschicht
Psychologische Segmentierung	■ Lebensstil: konventionell, aufgeschlossen ■ Selbstständigkeit: selbstständig, unselbstständig ■ Kontaktfähigkeit: Einzelgänger, gesellig ■ Zielerreichung: ehrgeizig, gleichgültig ■ Temperament: impulsiv, ruhig ■ Werthaltung: konservativ, modern

Verhaltensbezogene Segmentierung	■ allgemein:
	  □ Art der Freizeitgestaltung
	  □ Ess- und Trinkgewohnheiten
	  □ Urlaubsgestaltung
	  □ Fernsehgewohnheiten
	  □ Mitgliedschaft in Vereinen
	■ auf Produkt oder Dienstleistung bezogen:
	  □ Kaufanlass: regelmässiger, besonderer, zufälliger Anlass
	  □ Kaufmotive: Qualität, Preis, Bequemlichkeit, Prestige
	  □ Produktbindung: keine, mittel, stark
	  □ Markentreue
	  □ Verwenderstatus: Nichtverwender, Erstverwender, ehemalige, potenzielle, regelmässige Verwender
	  □ Informationsquelle: TV, Radio, Inserate, persönliche Kontakte

▲ Abb. 40   Übersicht Marktsegmentierungskriterien (Kotler u. a. 2007, S. 366 ff.)

In der Praxis kommt der Wahl der Segmentierungskriterien eine sehr grosse Bedeutung zu. In ◄ Abb. 40 findet man eine Systematisierung verschiedener Segmentierungskriterien und deren Ausprägungen.

In der Regel ergibt die Anwendung eines einzigen Segmentierungskriteriums noch keine sinnvolle Marktsegmentierung, weshalb meist mehrere Kriterien herangezogen werden. ▶ Abb. 41 zeigt eine Marktsegmentierung nach den drei Kriterien Alter, Einkommen und Familiengrösse.

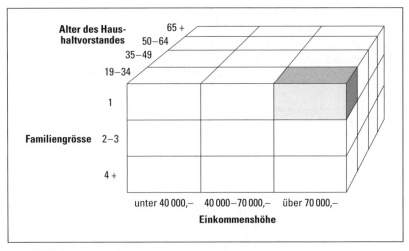

Familiengrösse / Alter des Haushaltvorstandes / Einkommenshöhe diagram labels: 65+, 50–64, 35–49, 19–34, 1, 2–3, 4+, unter 40 000,–, 40 000–70 000,–, über 70 000,–

▲ Abb. 41   Beispiel Marktsegmentierung

| 1.4.4 | **Marktgrössen** |

Um die zukünftigen Absatzchancen seiner Produkte abschätzen zu können und eine Entscheidungsgrundlage für die übrigen betrieblichen Funktionen zu haben, ist die Kenntnis folgender Marktgrössen für das Unternehmen von grosser Bedeutung:

1. **Marktpotenzial:** Unter dem Marktpotenzial versteht man die maximale Aufnahmefähigkeit des Marktes für ein bestimmtes Gut oder eine bestimmte Dienstleistung. Dabei gelten folgende Bedingungen:
   - Alle in Frage kommenden Käufer müssen über das erforderliche Einkommen verfügen, um das Produkt erwerben zu können.
   - Das Bedürfnis nach diesem Gut muss vorhanden sein und sich – in Kombination mit dem vorher genannten Punkt – in einem Bedarf äussern.
   - Die Marketing-Anstrengungen müssen auf das gesamte Marktpotenzial ausgerichtet sein und die maximal mögliche Wirkung zeigen. So müssen beispielsweise alle potenziellen Abnehmer das Produkt kennen und darüber informiert sein oder das Produkt muss für den potenziellen Kunden erhältlich sein.

2. **Marktvolumen:** Unter dem Marktvolumen versteht man den effektiv realisierten Umsatz (Ist) oder einen prognostizierten Umsatz (Soll) eines bestimmten Produktes unter Berücksichtigung der Kundengruppe, des geographischen Gebietes, der Zeitperiode, der Umweltbedingungen und des Einsatzes der Marketing-Instrumente.

3. **Marktanteil:** Unter dem Marktanteil eines Unternehmens versteht man den prozentualen Anteil des Unternehmensumsatzes am Marktvolumen eines bestimmten Marktes:

- Marktanteil $= \dfrac{\text{Unternehmensumsatz}}{\text{Marktvolumen}} \cdot 100$

Der Marktanteil zeigt somit die relative Stärke eines Unternehmens im Vergleich zu seinen Konkurrenten auf dem Markt. Er hängt primär von zwei Faktoren ab: einerseits vom Marktvolumen und andererseits von den eigenen Marketing-Anstrengungen. Die Berechnung des Marktanteils und dessen Beobachtung über die Zeit gibt daher bessere Hinweise auf die Konkurrenzfähigkeit und die Erfolgschancen eines Unternehmens auf dem Markt als eine reine Umsatzbetrachtung. Konnte der Umsatz nämlich gesteigert werden, so kann dies bedeuten, dass entweder

- das Marktvolumen unverändert geblieben ist, der Marktanteil aber auf Kosten der Konkurrenz erhöht werden konnte,
- das Marktvolumen gestiegen ist, aber der Marktanteil sich im gleichen Verhältnis erhöht hat,
- das Marktvolumen sehr stark gestiegen ist, der Marktanteil aber zurückgegangen ist, oder
- das Marktvolumen sich zurückgebildet hat, aber der Marktanteil sehr stark gesteigert werden konnte und den Rückgang des Marktvolumens sogar überkompensiert hat.

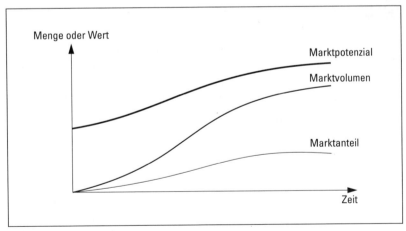

▲ Abb. 42   Marktpotenzial, Marktvolumen, Marktanteil

Der Anteil des Marktvolumens am Marktpotenzial gibt den Grad der Sättigung eines Marktes wieder:

- Sättigungsgrad $S_M = \dfrac{M_v}{M_p}$

◄ Abb. 42 zeigt, wie sich die drei Marktgrössen über die Zeit zueinander verhalten können. Implizit enthalten sind dabei bestimmte Annahmen über den Einsatz der Marketing-Instrumente sowie die allgemeinen Umweltentwicklungen.

Kennt das Unternehmen diese drei Grössen, so kann es verschiedene Schlüsse daraus ziehen. Liegt das Marktvolumen deutlich unter dem Marktpotenzial, so besteht die Möglichkeit, durch Ausnutzen des noch nicht ausgeschöpften Marktpotenzials den Umsatz zu steigern. Sind Marktpotenzial und Marktvolumen hingegen beinahe gleich gross, so ist der Markt nahezu gesättigt und eine Umsatzsteigerung kann nur über eine Vergrösserung des Marktanteils (auf Kosten des Marktanteils der Mitanbieter) erreicht werden. Die Kenntnis dieser Grössen und Zusammenhänge ist auch für die Art und den Umfang des Einsatzes der Marketing-Instrumente von grosser Bedeutung. Bei einem gesättigten Markt stehen beispielsweise oft preispolitische Aktionen im Vordergrund, während bei einem noch nicht ausgeschöpften Marktpotenzial neue Käuferschichten durch informative Werbung gewonnen werden können.

1.5 Anwendungsbereiche des Marketings

Wie aus der Entwicklung des Marketings ersichtlich wird, beziehen sich dessen Ursprünge auf den Konsumgüterbereich.[1] Nach und nach fand aber die Idee des Marketings in Investitionsgütermärkten und heute auch im Dienstleistungsbereich Anwendung. Die einzelnen Besonderheiten des jeweiligen Marketings werden in ► Abb. 43 skizziert.

---

1   Vgl. dazu Abschnitt 1.1 «Marketing als Denkhaltung» in diesem Kapitel.

Konsumgütermarketing	Investitionsgütermarketing	Dienstleistungsmarketing
■ Zielmärkte: anonyme Märkte, Personen, Haushalte ■ anonyme Massenkommunikation ■ intensive Werbeaufwendungen im Rahmen einer konsequenten Markenpolitik ■ mehrstufiger Vertrieb unter Berücksichtigung unterschiedlicher Vertriebskanäle ■ Handel spielt wesentliche Rolle als Vermittler, verfolgt Eigeninteressen; hat Machtansprüche ■ handelsgerichtete Marketing-Konzeption, um der zunehmenden Nachfragemacht der Handelsunternehmen gerecht zu werden ■ direkter Vertrieb relativ gering ■ Preiskämpfe, ausgelöst durch zunehmenden Wettbewerb ■ kurze Innovationszyklen infolge wachsenden Wettbewerbsdrucks ■ «Me-too-Produkte» (zum Beispiel Gattungsmarken), mit deren Hilfe Imitatoren bei technologisch ausgereiften Produkten durch niedrige Preise Marktanteile zu gewinnen versuchen ■ differenzierter Einsatz von Marketing-Methoden (z. B. psychologische Produktdifferenzierungen) ■ Marketing-Massnahmen richten sich auf Massenmärkte (Massen-Marketing) ■ Kaufentscheidung erfolgt nutzenmaximierend (rational), aber auch emotional ■ Kaufentscheidung: individuell oder durch Gruppen (Familien-/Haushaltmitglieder) ■ Produkt-Manager kümmern sich um bestimmte Marken ■ Kundengruppen-Manager konzentrieren sich auf die Zusammenarbeit mit Grosskunden (Key Accounts)	■ oft Individuallösungen für den Kunden (Individual-Marketing) ■ geringere Anzahl von Kunden ■ Systemlösungen, die nicht nur aus einem einzelnen Produkt, sondern aus einem Paket von Produkt und Serviceleistungen bestehen (Beratung, Schulung, Wartung) ■ Produktentwicklungen in Zusammenarbeit mit Kunden ■ Organisation der Nachfrager in Einkaufsgremien (Buying Centers), welche die Kaufentscheidung der industriellen Abnehmer treffen (Kollektiventscheidung) ■ Direktvertrieb als Absatzweg im Vordergrund (ohne Handel) ■ hoher Stellenwert der individuellen und persönlichen Kommunikation mit der Kundschaft ■ Massenwerbung von geringer Bedeutung ■ bedeutende Rolle der persönlichen Beziehungen ■ Preiskämpfe eher selten ■ Spannungsfelder zwischen Technik, Vertrieb und Marketing erfordern spezielle organisatorische Lösungen ■ Kaufentscheidungsprozesse erfolgen rational (Kosten-Nutzen-Überlegungen)	■ Dienstleistungen sind immateriell, weder lagerbar (Informationen sind z. B. lagerfähig) noch transportfähig (Coiffeur) und häufig nicht «sichtbar» bzw. konkret fassbar ■ Dienstleistungen sind nicht standardisiert ■ Bereitstellung des Dienstleistungspotenzials (hauptsächlich menschliche Fähigkeiten) erfordert permanente Massnahmen zur Qualifikation, Schulung und Motivation des Personals ■ aktive Beteiligung der Kunden an der Leistungserstellung ■ Kommunikation ist expliziter Bestandteil der Dienstleistung ■ konstante «Dienstleistungsqualität» ist zentrales Marketing-Problem ■ Leistungen müssen zum Teil materialisiert werden (verpacktes Essbesteck im Flugzeug als Symbol für Hygiene) ■ Leistungsmerkmale oft nicht objektiv nachprüfbar; Imagemerkmale des Unternehmens und des Leistungserbringers (Seriosität, Vertrauens- und Glaubwürdigkeit) spielen bei der Kauf-entscheidung eine besondere Rolle ■ Dienstleistungsqualität objektiv schwer nachprüfbar; «credence qualities» und «experience qualities» sind von höherer Bedeutung als «search qualities»; Mund-zu-Mund-Kommunikation wichtige Determinante bei der Wahl eines Dienstleisters ■ Aufbau bestimmter Leistungstypen als «Markenartikel» (Dienstleistungsmarken); Markierungsprobleme aufgrund der Intangibilität von Dienstleistungen

▲ Abb. 43   Besonderheiten des Konsumgüter-, Investitionsgüter- und Dienstleistungsmarketings (in Anlehnung an Bruhn 1998, S. 33)

Kapitel 2

Marktforschung

2.1 Einleitung

In einem Unternehmen sind laufend Entscheide über die Marketing-Ziele, -Massnahmen und -Mittel zu treffen. Allen diesen Entscheidungen liegen Annahmen über die Reaktionen der Käufer, Konkurrenten oder anderer Personengruppen zugrunde. Für die Verantwortlichen im Marketing-bereich ist es äusserst wichtig, das Verhalten dieser verschiedenen Gruppen zu kennen, um darauf aufbauend geeignete Marketing-Massnahmen ableiten zu können. Allerdings ist die Erarbeitung dieser Informationen aus verschiedenen Gründen schwierig:

- Der Markt unterliegt einer grossen Dynamik. Das Konsumentenverhalten in Bezug auf Produkt, Kaufort, Kaufzeit usw. kann sich schnell ändern.
- Die Konsumenten sind selten eine homogene Gruppe, die sich durch ein gleichartiges Kaufverhalten auszeichnet.
- Das Unternehmen sieht sich Konkurrenten gegenüber, die mit ihren Marketing-Massnahmen ebenfalls versuchen, das Verhalten der Konsumenten zu beeinflussen. Daneben gibt es andere externe Einflüsse (z.B. Einkommensentwicklung, Modeströmungen), auf die das Unternehmen wenig Einfluss nehmen kann.

Trotz oder gerade wegen dieser Probleme ist eine systematische Informationsgewinnung wichtig. Auf Intuition, Erfahrung und einzelnen Informationen beruhende Entscheide sind zwar in einfachen Einzelfällen möglich, doch vermögen sie in komplexen Situationen, wie sie die Märkte in der Regel darstellen, nicht mehr zu genügen.

Jenen Bereich des Marketings, der sich mit der systematischen Gewinnung und Verarbeitung von Informationen über den Markt beschäftigt, bezeichnet man als Marktforschung.

> Die **Marktforschung** kann definiert werden als systematische, auf wissenschaftlichen Methoden beruhende Gewinnung und Auswertung von Informationen über die Elemente und Entwicklungen des Marktes unter Berücksichtigung der Umweltbedingungen. Ziel ist das Bereitstellen von objektiven Informationen und Analysen, die als Grundlage für die Planung, Entscheidung, Anordnung und Kontrolle von Marketing-Massnahmen dienen.

Die Marktforschung ist ein wichtiger Teilbereich des Marketings. Je besser die Marktforschung und deren Resultate ausfallen, umso bessere Entscheidungen können getroffen werden.

2.2 Methoden der Marktforschung

2.2.1 Datenquellen

Je nach Zweck der Marktforschung steht eine Vielzahl von Marktforschungsmethoden zur Verfügung (▶ Abb. 44). Ausgangspunkt ist die Unterscheidung in eine Primär- und eine Sekundärmarktforschung.

> Die **Sekundärmarktforschung** oder **Desk Research** stützt sich auf bereits vorhandene Informationen, die in der Regel für einen anderen Zweck (z.B. Untersuchungen für ein anderes Produkt auf dem gleichen Markt) oder wegen eines allgemeinen Interesses (z.B. Veröffentlichungen statistischer Ämter) zusammengetragen worden sind.

Die Sekundärmarktforschung bildet vielfach den ersten Schritt für ein Marktforschungskonzept, bevor die eigentliche Marktforschung in Form von Primärerhebungen durchgeführt wird. Die Sekundärmarktforschung ist meist kostengünstiger als die Primärmarktforschung. Voraussetzung ist allerdings, dass die möglichen Datenquellen bekannt und verfügbar sind, damit rasch auf diese zurückgegriffen werden kann. Die Informationen der Sekundärmarktforschung stammen entweder aus dem Unternehmen selbst (interne Daten) oder von Institutionen ausserhalb des Unternehmens (externe Daten). Die wichtigsten Datenquellen sind in ▶ Abb. 45 festgehalten.

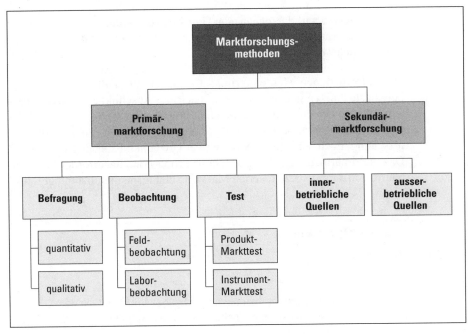

▲ Abb. 44   Überblick über die Marktforschungsmethoden

Quellen	Beispiele
Inner-betriebliche Quellen	▪ Absatzstatistiken ▪ Produktionsstatistiken ▪ Planungsunterlagen aus verschiedenen Abteilungen ▪ Informationen des Rechnungswesens ▪ Rapporte über Kundenbesuche, Messebesuche usw. ▪ bereits erstellte Marktforschungsunterlagen
Ausser-betriebliche Quellen	▪ Veröffentlichungen und Auskünfte staatlicher und halbstaatlicher Institutionen (statistische Ämter, Seco, Nationalbank, Planungsämter auf verschiedenen Ebenen, Volkswirtschafts-Departement, Alkoholverwaltung, Steuerverwaltung usw.) ▪ Veröffentlichungen und Auskünfte von Verbänden (Wirtschaftsverbände, Konsumentenverbände, Gewerkschaften) ▪ Veröffentlichungen und Auskünfte von Marktforschungsinstituten ▪ Veröffentlichungen und Auskünfte von Banken ▪ Veröffentlichungen und Auskünfte der Osec Business Network Switzerland ▪ Fachzeitschriften ▪ Forschungsberichte, Dissertationen ▪ Tagespresse ▪ Preislisten und Werbematerial der Konkurrenz ▪ Messen und Ausstellungen, Messekataloge, Auskünfte der Organisatoren und von Ausstellern zur Verfügung gestelltes Informationsmaterial usw.

▲ Abb. 45   Wichtigste Datenquellen (nach Kühn/Fankhauser 1996, S. 49)

> Bei der **Primärmarktforschung** oder **Field Research** werden die Informationen für eine bestimmte Problemstellung mit einer eigens dafür konzipierten Erhebung gewonnen.

Die Informationen werden primär (originär) mit Hilfe spezieller Erhebungstechniken gewonnen, die im nächsten Abschnitt besprochen werden. Infolge der grösseren Genauigkeit und Problembezogenheit sind die Kosten der Primärmarktforschung höher als die der Sekundärmarktforschung, doch hängen sie stark von der gewählten Erhebungstechnik ab. Da die Primärmarktforschung eine hohe Professionalität erfordert, wird sie häufig von darauf spezialisierten Marktforschungsinstituten durchgeführt.

2.2.2	**Erhebungstechniken**
2.2.2.1	Befragung

> Unter **Befragung** versteht man ein planmässiges Vorgehen mit der Zielsetzung, eine Person mit systematischen Fragen zur Angabe der gewünschten Informationen zu bewegen.

Die Befragungsmethoden sind sehr vielfältig und lassen sich nach der Variationsfreiheit der Befragung in zwei grundsätzliche Gruppen unterteilen (Kühn/Fankhauser 1996, S. 52 ff.):

- **Quantitative** Umfragen, die bei einer relativ grossen Zahl von Befragten (= Stichprobe) unter Benutzung vorformulierter Fragen in erster Linie sozio-demographische Merkmale und Verhaltensmerkmale zu ermitteln suchen, welche eine quantitative Auswertung erlauben.
- **Qualitative** Umfragen, die bei einer statistisch nicht repräsentativen Zahl von Befragten durch verhaltenswissenschaftlich geschulte Interviewer in erster Linie psychologische, sozialpsychologische und soziologische Merkmale zu ermitteln suchen. Qualitative Umfragen dienen in erster Linie der Motiv- und Meinungserhebung, um die grundlegenden Einstellungen der Befragten und deren Veränderungen über die Zeit zu erforschen.

In der Praxis gibt es eine Vielzahl spezifischer Methoden. Neben der persönlichen, schriftlichen und telefonischen Befragung sind hervorzuheben:

- **Omnibusumfrage:** Bei einer Omnibusumfrage beteiligen sich verschiedene Auftraggeber mit verschiedenen Fragen. Sie wird deshalb auch als Beteiligungs- oder Mehrthemenumfrage bezeichnet. Diese Umfrageart ist dann angezeigt, wenn

- ein Unternehmen einen relativ geringen, aber spezifischen Informationsbedarf hat,
- dieser Informationsbedarf nicht durch eine vorhandene Standarderhebung abgedeckt werden kann,
- die Kosten für eine separate Exklusiv-Erhebung zu gross ausfallen würden.

Voraussetzungen für den Einsatz dieser Befragungsart bzw. der Beteiligung eines Unternehmens an einer Omnibusumfrage sind, dass

- die befragte Personengruppe (Stichprobe) für den Auftraggeber geeignet ist,
- die Fragen des Auftraggebers in den allgemeinen Themenbereich der Umfrage passen.

Der Vorteil der Omnibusumfrage ergibt sich aus den relativ tiefen Kosten im Vergleich zu einer speziell konzipierten Umfrage. Nachteile können sich daraus ergeben, dass die Themen der verschiedenen Auftraggeber nicht zusammenpassen und unter Umständen Störeffekte auftreten, wenn die befragte Personengruppe nicht genau mit der Zielgruppe eines Unternehmens übereinstimmt.

- **Panel:** Unter einem Panel versteht man die wiederholte Befragung derselben Auskunftspersonen oder -stellen. Ziel ist die Ermittlung bestimmter Einstellungen, Erwartungen oder Verhaltensweisen, insbesondere deren Veränderungen über einen längeren Zeitraum. Deshalb erfolgt eine Befragung meist in regelmässigen Abständen. Unterschieden wird zwischen folgenden Panel-Arten:
  - **Haushaltspanel,** bei dem die Endverbraucher über ihre Einkäufe in Bezug auf gekaufte Warenart, Produktmarke, Packungsgrösse, Preis, Einkaufsort, Name des Geschäftes usw. Auskunft geben. In der Schweiz wird das bekannteste Haushaltspanel von der Firma IHA.GFM (Hergiswil) organisiert. Es erfasst total 2250 Haushalte, die über ihre Einkäufe (Produkte, Verpackungsgrösse, Preise, Einkaufsort) ein Tagebuch führen, welches in regelmässigen Abständen für über 150 Warengruppen ausgewertet wird.
  - **Detailhandelspanel,** bei dem Detailhändler über ihre Umsatzbewegungen berichten. In der Schweiz bietet die Firma Nielsen (Luzern) den «Lebensmittelhandelsindex» als Detailhandelspanel an. Dieses erfasst regelmässig Einkäufe, Lagerbewegungen und Verkäufe in total 250 Lebensmittelgeschäften durch Kontrolle der Abrechnungsformulare und des Inventars.

2.2.2.2	Beobachtung

> Von einer **Beobachtung** als Erhebungstechnik spricht man, wenn das Verhalten von Personen ohne Beeinflussung der Situation untersucht wird.

Während bei der Befragung in erster Linie subjektive Äusserungen gesammelt und ausgewertet werden, versucht die Beobachtung objektive Sachverhalte, nämlich das Verhalten der Versuchspersonen, zu erfassen. Untersucht werden psychische und physische Veränderungen sowie Verhaltensreaktionen einer beschränkten Anzahl von Versuchspersonen. Bekannt sind beispielsweise Blindtests bei Esswaren, in denen der Versuchsperson verschiedene Produkte vorgesetzt werden, ohne dass deren Herkunft erkannt werden kann. Um störende Einflüsse von Drittpersonen zu vermeiden, werden vielfach einseitig durchsichtige Spiegel (Einwegspiegel) oder Filmkameras eingesetzt. Nach dem Ort der Beobachtung werden unterschieden:

- **Feldbeobachtungen** finden unter natürlichen Bedingungen am Verkaufsort statt. Beobachtet werden das Verhalten des Käufers vor einem Einkaufsgestell in einem Selbstbedienungsladen, aber auch die Reaktionen auf bestimmte Verkaufsargumente beim direkten Kundenkontakt in einem Verkaufsgespräch.
- **Laborbeobachtungen** finden unter künstlich geschaffenen Bedingungen in speziell dafür eingerichteten Räumen von Marktforschungsinstitutionen statt.

2.2.2.3	Test

> Beim **Test** wird mit einer speziellen Anordnung eine Situation geschaffen, in der vermutete kausale Zusammenhänge zweier oder mehrerer Faktoren durch Veränderung der Testgrösse überprüft und allenfalls bestätigt werden können.

Obschon Tests auch im Labor durchgeführt werden können, stehen Markttests unter realen Marktbedingungen im Vordergrund. Bei einem **Markttest** wird in einem geographisch begrenzten und gut abgrenzbaren Teilmarkt, dem so genannten **Testmarkt,** entweder ein neues Produkt mit einem vollständigen Marketing-Mix (= Produkt-Markttest) oder ein einzelnes Element (z.B. Werbekampagne) eines Marketing-Mix (= Marketing-Instrument-Markttest) vor dem endgültigen Einsatz erprobt. Der Testmarkt sollte dabei möglichst die gleiche Struktur aufweisen wie der Gesamtmarkt, damit die richtigen Schlüsse aus den Testresultaten gezogen werden können.

2.2.3	Auswahlverfahren der Informationsträger

In den meisten Fällen ist der zu untersuchende Markt so gross, d. h. er setzt sich aus so vielen Marktteilnehmern zusammen, dass niemals alle Informationsträger befragt, beobachtet oder gar getestet werden können. Die Kosten und die Zeitdauer für eine solche **Vollerhebung** wären zu gross, ganz abgesehen davon, dass in der Regel gar nicht alle Marktteilnehmer erfasst oder erreicht werden können. Wie aus der Stichprobentheorie bekannt, ist dieses Vorgehen aber gar nicht nötig. Es genügt, wenn unter Beachtung bestimmter Auswahlregeln eine beschränkte Zahl von Versuchspersonen ausgewählt wird. Stimmt die Struktur dieser Gruppe oder Stichprobe mit derjenigen sämtlicher Informationsträger (= Grundgesamtheit) überein, so können die gewünschten Informationen aus einer **Teilerhebung** gewonnen werden. Bei diesem Vorgehen stehen zwei Verfahren zur Verfügung:

1. **Random-Verfahren** oder **Zufallsauswahl:** Das Random-Verfahren ist ein Verfahren, bei dem die Auswahl der Informationsträger rein zufällig erfolgt wie beispielsweise durch Auslosen oder durch eine systematische Auswahl (z. B. jeder Zehnte einer Einwohnerkartei).
2. **Quotenverfahren:** Das Prinzip des Quotenverfahrens besteht darin, dass – entsprechend den Strukturen der Grundgesamtheit bezüglich einzelner Merkmale – Quoten an die Interviewer gegeben werden, nach denen sich diese bei der Auswahl der zu Befragenden zu richten haben (z. B. 40 % der Befragten müssen weiblich sein oder 75 % der Befragten müssen in der Stadt arbeiten). Im Rahmen dieser Quoten, die sich meist auf leicht feststellbare demographische oder soziographische Gegebenheiten beziehen (beispielsweise Geschlecht, Alter, Wohnort, Beruf), können die Interviewer die zu Befragenden völlig frei auswählen.

2.3 Absatzprognosen

Die Marktforschung sollte nicht nur in beschreibender und erklärender Weise das Verhalten der Konsumenten erfassen, sondern auch Prognosen über die zukünftige Entwicklung, insbesondere von Absatzmengen und Umsatzwerten, abgeben. Solche Absatzprognosen dienen drei Zwecken:

1. Mit Hilfe langfristiger Prognosen können mögliche Differenzen zwischen dem angestrebten und dem erwarteten Umsatz festgestellt werden. Dadurch können Ziellücken frühzeitig erfasst und durch Entwicklung neuer Strategien und Aktionsprogramme geschlossen werden.
2. Absatzprognosen müssen aufgestellt werden, um die Umsatzwirkung alternativer Marketing-Massnahmen (z. B. Preisänderungen, Einführung neuer Produkte) abzuschätzen.

3. Kurzfristig ist man auf Absatzprognosen angewiesen, weil deren Kenntnis für mengenmässige Dispositionen in vorgelagerten Bereichen (Fertiglager, Produktion und Einkauf) benötigt werden.

Um möglichst genaue Prognosen als Entscheidungsgrundlagen abgeben zu können, sind folgende Informationen zu beschaffen:

- Verkäufe in der Vergangenheit, wenn möglich differenziert nach Produkten, Kunden und Regionen.
- Konjunkturelle Entwicklung.
- Entwicklung des Marktpotenzials und -volumens der gesamten Branche.
- Verhalten der Konkurrenz.
- Absatzpolitische Massnahmen des eigenen Unternehmens.
- Mittel, die zur Verfügung stehen, um absatzpolitische Massnahmen durchzuführen.
- Meinungen der direkt am Absatzprozess des Unternehmens Beteiligten (z.B. Vertreter, Produktmanager) über die Auswirkungen der geplanten Vorhaben.

In der Praxis stehen mehrere Verfahren zur Verfügung, um eine Absatzprognose herzuleiten. Grundsätzlich kann dabei unterschieden werden zwischen:

- **Qualitative** oder **heuristische** Methoden, bei denen der zukünftige Umsatz geschätzt wird durch
  - die Geschäftsleitung oder
  - die Vertreter im Aussendienst sowie durch
  - die Befragung von Händlern oder
  - der Endverbraucher.

- **Quantitative** Methoden, die auf statistisch-mathematischen Verfahren beruhen.

Kapitel 3

Produktpolitik

3.1 Produktpolitisches Entscheidungsfeld

> Unter der **Produktpolitik** versteht man die art- und mengenmässige Gestaltung des Absatzprogrammes eines Unternehmens sowie der zusammen mit dem Produkt angebotenen Zusatzleistungen (z.B. Installation, Reparaturdienst).

Die Zusatzleistungen werden manchmal auch anderen Marketing-Instrumenten zugeordnet. So könnten beispielsweise Garantieleistungen sowohl der Produkt- als auch der Konditionenpolitik zugeordnet werden.

Die Gestaltung der Produktpolitik – wie auch die Festlegung der übrigen Marketing-Instrumente – hängt in sehr starkem Masse von der Art der Produkte ab. ▶ Abb. 46 zeigt die wichtigsten Kriterien, nach denen Produkte charakterisiert werden können.

Aufgrund der zunehmenden Bedeutung des Dienstleistungssektors wird auch das Dienstleistungsmarketing immer wichtiger. Dieses bedient sich zwar der gleichen Marketing-Instrumente wie das Konsumgütermarketing, muss allerdings auf die spezifischen Eigenschaften von Dienstleistungen Rücksicht nehmen. ▶ Abb. 47 verdeutlicht die Unterschiede zwischen Konsumgütern und Dienstleistungen.

Kriterium	Ausprägungen
Verwendungszweck	■ Konsumgüter ■ Produktionsgüter (Investitionsgüter)
Verwendungsdauer	■ Verbrauchsgüter ■ Gebrauchsgüter
Erklärungsbedürftigkeit	■ nicht erklärungsbedürftige Güter ■ erklärungsbedürftige Güter
Lagerfähigkeit	■ lagerfähig ■ beschränkt lagerfähig ■ nicht lagerfähig
Zahl der Bedarfsträger	■ Massengüter ■ Individualgüter
Art der Bedürfnisbefriedigung	zum Beispiel ■ Haushaltgüter ■ Freizeitgüter ■ Lebensmittel
Einkaufsgewohnheiten	zum Beispiel in Bezug auf ■ Art des Einkaufsgeschäfts ■ Anzahl Einkäufe pro Zeitperiode ■ Zeitpunkt des Einkaufs
Neuheitsgrad	■ neue Produkte ■ modifizierte alte Produkte ■ alte Produkte
Bekanntheitsgrad	■ anonyme Produkte ■ markierte Produkte ■ Markenprodukte

▲ Abb. 46   Produktmerkmale

Konsumgüter	Dienstleistungen
Produkt ist gegenständlich (greifbar)	Dienstleistung ist immateriell
Produkt kann gelagert werden	Dienstleistung ist nicht lagerfähig
Besitzwechsel nach dem Kauf	Kein Wechsel im Besitz
Produkt kann vor dem Kauf vorgeführt werden (Probe)	Dienstleistung kann nicht vorgeführt werden (existiert vor dem Kauf noch nicht)
Produktion und Konsumtion fallen auseinander	Produktion und Marketing erfolgen gleichzeitig
Produktionsprozess erfolgt ohne Mitarbeit des Kunden	Interaktion zwischen Servicepersonal und den Kunden verkörpert den «Produktionsprozess»
Produktfehler entstehen im Produktionsprozess	«Produktfehler» sind Verhaltensfehler
Produkt hat seine Form nach dem Produktionsprozess erhalten	«Produkt» erhält seine Form erst in der Service-Situation

▲ Abb. 47   Unterschiede zwischen Konsumgütern und Dienstleistungen

| 3.1.1 | Gestaltung des Absatzprogrammes |

Hauptproblem bei der Bestimmung des Absatzprogrammes ist die Beantwortung der Frage nach der optimalen Anzahl von Produkten, die ein Unternehmen anbieten soll. Dieses Problem kann aber nur zusammen mit der Frage, wie die artmässige Zusammensetzung des Absatzprogrammes optimal gestaltet werden kann, gelöst werden. Grundsätzlich ist dabei zwischen der Tiefe und der Breite eines Absatzprogrammes zu unterscheiden.

- Die **Programmtiefe** gibt an, wie viele verschiedenartige Ausführungen einer Produktart in das Programm aufgenommen werden sollen. Es handelt sich um die Anzahl Sorten eines Bieres oder die verschiedenen Ausführungen eines Automodells. Je tiefer ein Programm, umso mehr Varianten eines Produktes werden angeboten, umso besser können verschiedene Käufergruppen angesprochen werden. Die Programmtiefe ist somit wichtig, um der Heterogenität des Käufermarktes zu begegnen.
- Mit der **Programmbreite** wird dagegen umschrieben, wie viele verschiedene Produktarten das Absatzprogramm enthält. Unter einer Produktart wird eine Klasse von Produkten verstanden, die primär bezüglich des zu befriedigenden Bedürfnisses, aber auch bezüglich anderer Merkmale wie der angewendeten Fertigungstechnik, der Absatzwege oder der Kundengruppe eine gewisse Homogenität aufweist. Die Abgrenzung einer bestimmten Produktart hat sich jeweils nach dem praktischen Zweck auszurichten, den das Unternehmen mit einer solchen Einteilung verfolgt. Meist werden gewisse Synergieeffekte zwischen den Produkten einer Produktklasse erwartet.

Eng mit der Unterscheidung in eine Programmtiefe und Programmbreite hängt die Aufteilung des Absatzprogrammes in seine verschieden weit gefassten Bestandteile zusammen:

1. **Einzelne Produkte.**
2. **Produktgruppen,** in der ähnliche Produkte zusammengefasst werden. Oft handelt es sich um gleichartige Produkte einer bestimmten Produktart. Eine Produktgruppe erfasst beispielsweise die verschiedenen Ausführungen eines bestimmten Automodells (z. B. VW Golf – Basismodell, Comfortline, Trendline, Highline, GTI, V6 4MOTION).
3. **Produktlinien,** die verschiedene Produktgruppen umfassen. Ein Autofabrikant kann als Produktlinien beispielsweise Personenwagen, Lastwagen und militärische Fahrzeuge führen.

Diese Umschreibung zeigt, dass eine Produktgruppe tendenziell Produkte enthält, die bezüglich der Programmtiefe variieren, während die Programmbreite in verschiedenen Produktlinien zum Ausdruck kommt. In der

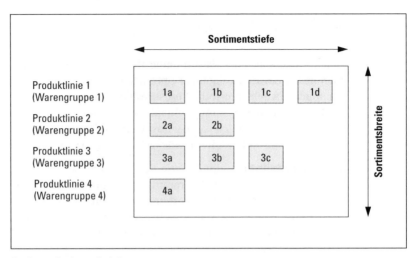

▲ Abb. 48   Sortimentsbreite und -tiefe

Praxis muss diese Übereinstimmung aber nicht unbedingt zutreffen. Sie hängt insbesondere von der Anzahl und Verschiedenartigkeit der Produkte ab. Setzt ein Unternehmen beispielsweise neben Automobilen auch noch verschiedene Schiffs- und Flugzeugtypen ab, so kann ebenfalls von Produktlinien gesprochen werden. Oft wird in diesem Fall aber der Begriff **Sparte** verwendet.[1]

Bei einem Handelsbetrieb verwendet man in der Regel anstelle des Begriffes Absatzprogramm den Begriff **Sortiment.** Analog zur Programmtiefe und -breite werden die beiden Begriffe **Sortimentstiefe** und **Sortimentsbreite** verwendet (◄ Abb. 48). Man spricht dann von einem schmalen oder breiten sowie flachen oder tiefen Sortiment. Beispiele zur Sortimentstiefe und -breite sind

- Boutiquen mit schmalem und flachem Sortiment,
- Warenhäuser mit breitem und tiefem Sortiment,
- Spezialgeschäfte mit schmalem und tiefem Sortiment und
- Verbrauchermärkte mit breitem und tiefem Sortiment.

Ziel eines Unternehmens bezüglich des Absatzprogrammes wird es sein, die Anzahl der Produkte zu optimieren. Das Optimierungsproblem ist allerdings nicht leicht zu lösen. Bei einer grossen Zahl von Produktvarianten besteht zwar eine gute Übereinstimmung zwischen den vorhandenen Bedürfnissen und den sie deckenden Produkten, doch kann eine zu grosse Vielfalt an Produkten sowohl Verkäufer als auch Käufer verwirren. Zudem können von einer einzelnen Variante nur kleine Stückzahlen produ-

---

1 Vgl. dazu auch Teil 9, Kapitel 2, Abschnitt 2.2.2 «Spartenorganisation».

ziert werden, was dazu führt, dass eine allfällige Kostendegression, wie sie bei einer Massenproduktion oft zu beobachten ist (z.B. Automobilindustrie), nicht ausgenutzt wird. Andererseits kann eine zu kleine Produktvielfalt dazu führen, dass Bedürfnisse einzelner Konsumentengruppen nicht oder nur ungenügend abgedeckt werden (Beispiel: kein Sportwagenmodell für «sportliche» Fahrer, keine preisgünstige Ausführung eines bestimmten Modells für tiefe Kaufkraftklassen).

3.1.2	**Produktgestaltung**
3.1.2.1	Produktnutzen

Bevor man mit der Gestaltung eines Produktes beginnt, ist zu überlegen, welches die Elemente bzw. Dimensionen eines Produktes sind, die gestaltet werden können. Unterschieden werden kann vorerst zwischen dem Produktkern und dem Marketing-Überbau.

Der **Produktkern** stellt das eigentliche Produkt, die (physikalische) Substanz dar und zeichnet sich durch seine funktionalen Eigenschaften aus. Er beinhaltet die technisch-ökonomische Dimension und bietet dem Käufer den **Grundnutzen,** den er aus dem Gebrauch des Objektes ziehen kann. Der Produktkern umfasst je nach dessen Zweckbestimmung:

- Gebrauchs- und Funktionstüchtigkeit (Leistungsgrad),
- Funktionssicherheit,
- Betriebssicherheit,
- Störanfälligkeit,
- Haltbarkeit (Lebensdauer),
- Wertbeständigkeit.

Der **Marketing-Überbau** um den Produktkern betrifft die sozial-psychologische Dimension. Er vermittelt einen **Zusatznutzen.** Dieser Marketing-Überbau setzt sich aus folgenden Elementen zusammen:

1. **Form (Design):** Voraussetzung für die Gestaltung der Form ist, dass das Produkt überhaupt formbar ist, was bei vielen Gütern (z.B. Nahrungsmitteln und Rohstoffen) nicht gegeben ist. Neben sozial-psychologischen Aspekten wie Mode und Prestige berücksichtigt die Formgebung aber auch vielfach technisch-funktional orientierte Elemente (z.B. Handlichkeit, Betriebssicherheit).

2. Der **Verpackung** kommen in der Regel verschiedene Funktionen zu. Als wichtigste wären zu nennen:
   - Informationsfunktion,
   - Werbefunktion,

- Identifikationsfunktion,
- Schutzfunktion,
- Lagerfunktion,
- Transportfunktion (Erleichterung des Transportes),
- Verwendungsfunktion (Unterstützung des Gebrauchs),
- Fertigungsfunktion (Unterstützung des Herstellungsprozesses).

3. Unter **Markierung** versteht man die Kennzeichnung eines Produktes mit einem speziellen Produktnamen, dem Firmennamen oder einem sonstigen Erkennungszeichen (Symbol). Je nach Grad der Markierung wird unterschieden zwischen **anonymer Ware, markierter Ware** und **Markenartikeln.**

4. Die Gestaltung der **Umweltbeeinflussung** bezieht sich im engeren Sinne auf die unmittelbare Umwelt des oder der Benutzer (Lärm, Geruch) oder in einem weiteren Sinne auf die allgemeine Umweltbelastung (Verschmutzung von Luft, Wasser) durch ein Produkt.

Produkte werden als **Markenartikel** bezeichnet, wenn sie folgende Merkmale aufweisen:

- eindeutige Markierung,
- gleich bleibende oder stetig steigende Qualität,
- gleich bleibende Abpackmengen,

Rang	Gesellschaft	Hauptsitz	Umsatz 2002 in Mio. USD	Marktanteil
1	Teva	Israel	2 403	8,5 %
2	Novartis (Generika)	Schweiz	1 932	6,8 %
3	Mylan	USA	1 211	4,3 %
4	Alpharma	USA	1 181	4,2 %
5	Watson	USA	1 167	4,1 %
6	Ivax	USA	1 142	4,0 %
7	Merck KGaA (Generika)	Deutschland	1 138	4,0 %
8	Barr	USA	1 134	4,0 %
9	Hexal	Deutschland	940	3,3 %
10	Ratiopharm	Deutschland	931	3,3 %
Total aller 10 Gesellschaften			**13 179**	**46,4 %**

1 Für Novartis und Merck stellen Generika nicht das Hauptgeschäftsfeld dar.

▲ Abb. 49   Weltweit führende Generikahersteller (Correia 2004, S. 54)

- gleich bleibende Aufmachung (Design),
- markenbezogene Verbraucherwerbung,
- weite Verbreitung im Absatzmarkt,
- hoher Bekanntheitsgrad.

Seit einigen Jahren werden auch Produkte angeboten, bei denen der Hersteller nicht oder nur andeutungsweise (z. B. werden alle Unternehmen aufgezählt, die daran beteiligt sind) bekannt ist. Sie werden als **Generika** oder **No-name-Produkte** bezeichnet. Diese Produkte zeichnen sich neben einer einfachen und sachlichen Beschriftung durch einen Preis aus, der bis zu 50 % unter demjenigen des entsprechenden Markenartikels liegen kann. Dies nicht zuletzt deshalb, weil für diese Produkte keine oder nur sehr geringe Werbung gemacht wird. Sehr verbreitet sind Generika vor allem im Pharmabereich. Es handelt sich dabei um Nachahmerprodukte, welche die gleichen Wirkstoffe wie das Original enthalten. Nach Ablauf der Patentfrist von 15 Jahren darf ein Medikament auch von anderen Herstellern produziert werden. Deshalb sind viele Unternehmen gegründet worden, die sich auf die Herstellung und den Verkauf von Generika spezialisiert haben (◄ Abb. 49). In der Schweiz müssen Generika mindestens 25 % unter dem Preis für das Originalprodukt verkauft werden.

Unterschieden wird ferner zwischen **Herstellermarken** einerseits und **Handelsmarken** oder **Eigenmarken** andererseits. Letztere werden von grossen Handelsunternehmen oder -gruppen angeboten, um

- ein billigeres Produkt als den entsprechenden Markenartikel anzubieten,
- die Kunden an das Handelsunternehmen zu binden (ein Markenartikel kann auch bei der Konkurrenz gekauft werden),
- wenig bekannte Herstellermarken zu ersetzen,
- Lücken im eigenen Sortiment zu schliessen, die nicht durch Markenartikel ausgefüllt werden können (z. B. bei Boykott des Markenartikelherstellers).

3.1.2.2	Kundendienst

Neben dem Grundnutzen und den verschiedenen Zusatznutzen spielen auch die **Zusatzleistungen,** die mit dem Produkt verkauft oder zumindest in Aussicht gestellt werden, eine grosse Rolle. Diese Zusatzleistungen werden im Kundendienst zusammengefasst. Dieser umfasst sämtliche Dienstleistungen, die ein Hersteller oder ein Händler vor und/oder nach dem Absatz eines Produktes erbringt, um das Produkt für einen potenziellen Käufer attraktiv zu gestalten oder die Zufriedenheit nach dem Kauf zu sichern. Diese Zusatzleistungen können in fünf Hauptgruppen eingeteilt werden:

1. Beratung beim Kauf,
2. Lieferung und Installation,
3. Schulung und Beratung nach dem Kauf,
4. Ersatzteilversorgung, Wartung, Reparaturdienst und
5. Garantiedienst.

Diese Zusatzleistungen sind je nach Produkt von grosser Bedeutung, spielen aber vor allem bei hochwertigen und technisch komplizierten Gebrauchsgütern eine grosse Rolle. Für das gleiche Produkt mit oder ohne zusätzliche Leistungen müssen verschiedene Preise bezahlt werden. Man kann sogar sagen, dass es sich um zwei unterschiedliche Produkte handelt. Eine Stereoanlage, die beim Produzenten vom Kunden selbst abgeholt werden muss und für welche keine Serviceleistungen angeboten werden, ist nicht das gleiche Produkt wie dieselbe Stereoanlage, die der Händler auf die persönlichen Bedürfnisse des Käufers abstimmt, transportiert und installiert. Diese beiden Produkte werden von unterschiedlichen Kundengruppen nachgefragt. Deshalb handelt es sich um zwei verschiedene Marktsegmente, bei denen nicht nur die Produktpolitik, sondern auch die übrigen Marketing-Massnahmen voneinander abweichen.

Um dem Kunden die Beanspruchung dieser Zusatzleistungen sowie die Kommunikation mit dem Unternehmen zu erleichtern, werden häufig Customer Care Centers eingerichtet.

> Ein **Customer Care Center** ist eine zentrale Organisation, die alle eingehenden Kundenanliegen koordiniert und bearbeitet.

Es ist ein wichtiges Instrument zur **Kundenbindung.** Im Gegensatz zu Call Centers, die nur telefonisch kontaktiert werden können, sind Customer Care Centers auch über jedes andere mögliche Kontaktmedium erreichbar. Man spricht deshalb auch von einem **Multichannelling.** Die Mitarbeitenden werden zum Beispiel mit Telefonanlagen, Datenbanken, Ticketing-Systemen im gesamten Kundendienstprozess durchgängig unterstützt, damit sie jederzeit rasch und kompetent Auskunft geben und die Kundenanliegen befriedigen können. (Buser/Welte/Wiederkehr 2003, S. 188) Wichtig ist in diesem Zusammenhang auch ein aktives **Beschwerdemanagement,** um unzufriedene Kunden wieder zufrieden stellen zu können.

3.2   Produktpolitische Möglichkeiten

Geht man von einem bestehenden Unternehmen aus, das ein bestimmtes Absatzprogramm anbietet, so ergeben sich die folgenden produktpolitischen Möglichkeiten (▶ Abb. 50):

1. **Produktpersistenz:** Das bestehende Programm wird beibehalten, weil Marktveränderungen nicht erkannt werden, Marktchancen nicht gesucht werden oder eine eingehende Prüfung der Marktsituation ergibt, dass eine Änderung des Programmes nicht angezeigt ist.

2. **Produktmodifikation** (Produktvariation): Bei der Produktmodifikation im engeren Sinne werden bei grundsätzlich gleichem Produktkonzept (Funktion, Technologie) die ursprünglichen Produkte verändert. Unterschieden werden kann zwischen:

   - **Produktalteration:** Das bisherige Produkt wird durch eine neue Ausführung ersetzt. Es handelt sich in erster Linie um eine Produktverbesserung (z. B. ein Buch erscheint in einer überarbeiteten Auflage).

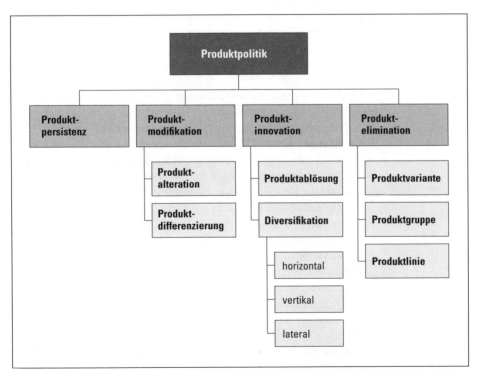

▲ Abb. 50   Produktpolitische Möglichkeiten

- **Produktdifferenzierung:** Wird bei einem bestehenden Absatzprogramm ein Produkt oder eine Produktart durch zusätzliche Ausführungen ergänzt, so spricht man von einer Produktdifferenzierung. Angesprochen wird somit die Programmvertiefung. Ziel einer Produktdifferenzierung ist es, das Produkt besser auf die verschiedenen Bedürfnisse potenzieller Kunden (Marktsegmente) abzustimmen. Man spricht in diesem Zusammenhang auch von einer **Produkt-** bzw. **Service-Individualisierung.**

  Die Produktmodifikation im weiteren Sinne dagegen kann sich auf ästhetische Eigenschaften (z.B. Farbe, Form, Verpackung), auf symbolische Eigenschaften (z.B. Markenname) oder auf Zusatzleistungen (z.B. Kundendienst, Beratung) beziehen.

3. **Produktinnovation:** Unter Produktinnovation versteht man die Veränderung des Absatzprogrammes durch Aufnahme neuer Produkte. Je nach dem Verwandtschaftsgrad des neuen Produktes zum alten kann man folgende Innovationen unterscheiden:

   - **Produktablösung:** Ein neues Produkt, das zwar das gleiche Grundbedürfnis befriedigt, aber aufgrund einer neuen Technologie dieses Bedürfnis viel besser abdeckt, verdrängt das alte Produkt (Beispiel: Übergang vom Nadeldrucker zum Laserdrucker). Meistens ist die Herstellung dieses neuen Produktes erst durch den Erwerb von neuem naturwissenschaftlich-technischen Wissen möglich geworden. Dieses Wissen kann sich ein Unternehmen durch eigene Forschungs- und Entwicklungsarbeiten selbst aneignen oder ausserhalb des Unternehmens über Lizenzen, Beteiligungen, Kooperation (z.B. Joint Venture) oder Übernahme eines anderen Unternehmens (Kauf) beschaffen.

   - **Diversifikation:** Unter Diversifikation versteht man die Aufnahme neuer Produkte, die auf neuen Märkten angeboten werden. Man unterscheidet folgende Formen der Diversifikation:

     □ **Horizontale** Diversifikation: Erweiterung des Absatzprogrammes um Produkte, die in einem sachlichen Zusammenhang mit den bisherigen Produkten stehen (z.B. gleiche Werkstoffe, verwandte Technik, ähnlicher Markt, gleiche Abnehmer, vorhandenes Vertriebssystem).

     □ **Vertikale** Diversifikation: Aufnahme von Produkten ins Absatzprogramm, die bisher von einem Lieferanten bezogen wurden (vorgelagerte vertikale Diversifikation) oder die von den bisherigen Kunden hergestellt wurden (nachgelagerte vertikale Diversifikation).

     □ **Laterale** Diversifikation: Die neuen Produkte weisen keine Verwandtschaft mit den bisherigen Produkten auf. Diese Art der Diversifikation bedeutet einen Vorstoss in völlig neue Märkte.

4. **Produktelimination:** Bei einer Straffung des Absatzprogrammes sind folgende Fragen zu beantworten:
   - Welche **Produktvarianten** sollen eliminiert werden? Es handelt sich um eine Verkleinerung der Produkttiefe, beispielsweise um die Streichung einer bestimmten Ausführung eines Personenwagenmodells.
   - Welche **Produktgruppen** sollen aus dem Programm gestrichen werden? Ein Beispiel wäre die vollständige Aufgabe eines Personenwagenmodells.
   - Welche **Produktlinien** sollen aufgelöst werden? Beispielsweise wird beschlossen, keine Lastwagen mehr im Absatzprogramm zu führen.

3.3	**Produktlebenszyklus**
3.3.1	**Modell des Produktlebenszyklus**

Wird die Entwicklung von Produkten über die Zeit verfolgt, so kann man beobachten, dass sich die Umsätze nicht kontinuierlich entwickeln. Aufgrund verschiedener Einflüsse (Neuheit, Sättigung, Veraltung) unterliegen die abgesetzten Mengen grossen Schwankungen.

> Das **Konzept des Produktlebenszyklus** versucht, gewisse Gesetzmässigkeiten bezüglich des Umsatzverlaufs eines Produktes während einer als begrenzt angenommenen Lebensdauer einzufangen.

Das Modell unterstellt, dass jedes Produkt unabhängig von seiner gesamten absoluten Lebensdauer ganz bestimmte Phasen durchläuft (▶ Abb. 51):

1. **Einführungsphase:** Nachdem ein Produkt entwickelt und getestet worden ist, wird es in einer ersten Phase auf dem Markt eingeführt. Während in der Entwicklungsphase lediglich Kosten angefallen sind, stellen sich nun die Erlöse ein. Diese sind allerdings noch bescheiden, da das neue Produkt zuerst bekannt gemacht werden muss. Der Umsatz setzt sich vor allem aus Probe- und Neugierkäufen zusammen. Infolge der hohen Marketing-Investitionen (Auf- und Ausbau der Produktions- und Absatzorganisation, Werbung, allenfalls tiefe Einführungspreise[1]) stellt sich noch kein Gewinn ein.
2. **Wachstumsphase:** Stellt das Produkt eine tatsächliche Problemlösung dar und vermag es ein echtes Bedürfnis zu befriedigen, so wird der Umsatz in einer zweiten Phase stark ansteigen. Neben Wiederholungskäufen vermögen Mund-zu-Mund-Werbung zufriedener Kunden und

---

1 Allerdings wird das Unternehmen versuchen, mit *höheren* Preisen auf den Markt zu treten, solange noch keine Konkurrenten vorhanden sind.

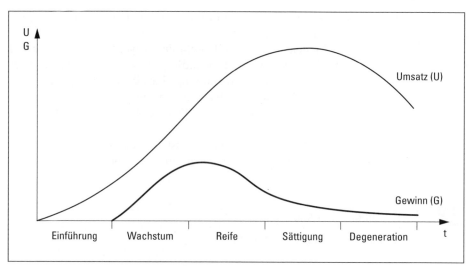

U
G

Umsatz (U)

Gewinn (G)

Einführung Wachstum Reife Sättigung Degeneration t

▲ Abb. 51   Produktlebenszyklus

Berichte in Fachzeitschriften den Umsatz stark zu beeinflussen. In dieser Phase treten häufig auch Konkurrenzprodukte auf, die sich durch ihre Form, technische Ausführung, Qualität oder im Preis unterscheiden. Dadurch werden neue Käuferschichten gewonnen, was ebenfalls eine starke Marktausweitung zur Folge hat. Diese Phase ist somit durch ein überproportionales Umsatzwachstum gekennzeichnet, das sich aber gegen Ende hin zu stabilisieren beginnt. Mit dem Eintreten in die Wachstumsphase wird auch gleichzeitig die Gewinnschwelle überschritten.

3. **Reifephase:** Mit dem Wendepunkt der Umsatzkurve wird die nächste Phase eingeleitet. Zwar nimmt das absolute Marktvolumen noch zu, doch nehmen die Umsatzzuwachsraten ab. Oft wird in dieser Phase der höchste Gewinn erzielt.

4. **Sättigungsphase:** In dieser Phase kommt das Umsatzwachstum zum Stillstand. Die Sättigung des Marktes führt dazu, dass der Konkurrenzkampf grösser wird. Das einzelne Unternehmen kann eine Umsatzausweitung nur durch Erhöhung seines Marktanteils erreichen. Um den Übergang in die letzte Phase des Produktlebenszyklus zu verhindern oder zumindest hinauszuzögern, werden verschiedene Marketing-Massnahmen ergriffen (z. B. Produktdifferenzierung, neues Design und neue Verpackung, Preisnachlässe). Man spricht in diesem Fall von einem **Relaunching.**

5. **Degenerationsphase:** Wenn der Umsatzrückgang auch durch entsprechende Marketing-Massnahmen nicht mehr aufgehalten werden kann, tritt das Produkt in seine letzte Lebensphase. Ursache für das Absinken

des Umsatzes ist in erster Linie die Ablösung durch neue Produkte, die aufgrund des technischen Fortschritts eine bessere Problemlösung (z. B. in Bezug auf den Preis oder die Qualität) ermöglichen. Daneben können aber viele andere Faktoren verantwortlich sein (z. B. Modeerscheinungen, rechtliche Bestimmungen).

3.3.2	**Beurteilung des Produktlebenszyklus-Modells**

Das Modell des Produktlebenszyklus beruht auf einer idealtypischen Betrachtungsweise. Es beinhaltet allgemeine Aussagen über den Verlauf des Umsatzes (bzw. Gewinns) über die Zeit. Will man konkrete Aussagen für ein einzelnes Produkt daraus ableiten, so müssen folgende Überlegungen berücksichtigt werden:

1. Zuerst ist zu klären, worauf sich der Lebenszyklus bezieht. Grundsätzlich kommen in Frage:
   - eine Produktgruppe (z. B. Bier),
   - ein einzelnes Produkt (z. B. alkoholfreies Bier) oder
   - eine Produktmarke eines Herstellers.
   Tendenziell scheint das Konzept umso besser zuzutreffen, je allgemeiner die Bezugsgrösse ist. Aus obigem Beispiel wird jedoch deutlich, dass sich eine Produktgruppe (Bier) in der Sättigungsphase befinden kann, ein einzelnes Produkt (alkoholfreies Bier) aber in der Reifephase.

2. Weiter sollte die Art des Gutes mitberücksichtigt werden. Es wird wohl wesentliche Unterschiede zwischen Investitions- und Konsumgütern, zwischen Gütern des täglichen Bedarfs und Gebrauchsgütern sowie zwischen Modegütern und traditionellen Gütern bezüglich des Produktlebenszyklus geben.

3. Nicht berücksichtigt werden beim Modell des Produktlebenszyklus die Art und der Umfang der eingesetzten Marketing-Massnahmen. Diese können einen entscheidenden Einfluss auf die Höhe des Umsatzes oder der Gewinne haben. Der Produktlebenszyklus ist somit nicht nur die Grundlage *für*, sondern auch das Resultat *von* Marketing-Entscheidungen.

4. Sowohl die Zeitdauer des gesamten Produktlebenszyklus als auch die einzelnen Lebenszyklusphasen unterscheiden sich stark voneinander und lassen sich selten im Voraus festlegen.

Aus diesen Punkten folgt, dass sich Produktlebenszyklen selten voraussagen lassen. Genaue Aussagen sind in der Regel nur im nachhinein möglich. Trotzdem kann das Konzept als Denkmodell wertvolle Anregungen

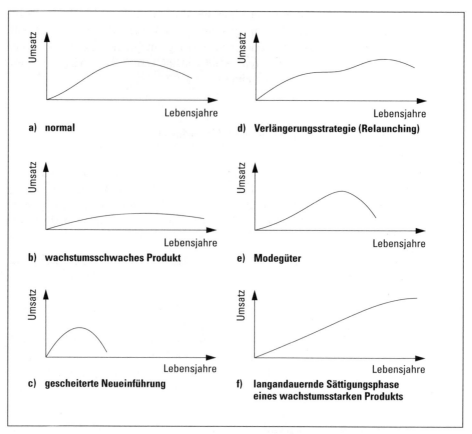

▲ Abb. 52   Beispiele typischer Produktlebenszyklen (Bantleon/Wendler/Wolff 1976, S. 99)

und Hinweise auf zukünftige Entwicklungen geben. In ◄ Abb. 52 sind verschiedene typische Produktlebenszyklen aufgeführt, wie sie in der Praxis vorkommen.

3.4   Produktentwicklung[1]

Die **Produktentwicklung** umfasst die Gesamtheit der technischen, markt- und produktionsorientierten Tätigkeiten eines Unternehmens, um neue oder verbesserte Produkte zu schaffen.

---

1   Vgl. dazu Teil 4, Kapitel 1, Abschnitt 1.4.2 «Forschung und Entwicklung (F&E)».

Der Entwicklung neuer Produkte kommt für ein Unternehmen eine sehr grosse Bedeutung zu. Wie empirische Untersuchungen zeigen, stammen ungefähr 75% des Umsatzzuwachses und sogar 90% des Gewinnzuwachses von neuen Produkten. Es wäre aber falsch, die stark steigende Zahl an Neuentwicklungen der letzten Jahrzehnte nur auf das Umsatz- und Gewinnstreben der Unternehmen zurückzuführen. Ebenso können die folgenden Gründe aufgezählt werden, die für das rasche Wachstum der Zahl der Produkte verantwortlich sind:

- Rasanter **technischer Fortschritt** und dessen sofortige Umsetzung in neue Produkte.
- Die Erschliessung **neuer Märkte** zur Befriedigung neuer oder nur latent vorhandener Bedürfnisse. Dies ist vor allem auch deshalb der Fall, weil nach Befriedigung der primären Bedürfnisse immer mehr sekundäre Bedürfnisse auftauchen, die auch von einer entsprechend gestiegenen Kaufkraft unterstützt werden.
- Durch den Übergang von einem Verkäufer- zu einem Käufermarkt besteht die Tendenz, sich durch neue Produkte von der Konkurrenz abzuheben und sich damit Wettbewerbsvorteile zu verschaffen. Dies führt zu einer grossen **Produktheterogenität.**

Grundsätzlich kann der Produktentwicklungsprozess in drei Phasen unterteilt werden (▶ Abb. 53):

- In der **Anregungsphase** werden Ideen gesucht und ausgewählt. Dabei ist zu beachten, dass die Erfolgsquote von Produktideen sehr klein ist. Dies hat zur Folge, dass die technischen und wirtschaftlichen Erfolgschancen dauernd im Auge behalten werden müssen. Dies gilt nicht nur für diese erste Phase, sondern auch für die daran anschliessende Konkretisierungsphase.
- In der **Konkretisierungsphase** geht es um die Umsetzung von zumeist noch vagen Vorstellungen in die Realität, d.h. um die eigentliche **Entwicklung** eines marktfähigen Produktes. Man wird dabei versuchen, die kostenintensiven Arbeiten des Entwicklungsprozesses so spät wie möglich anzusetzen, damit im Falle eines Abbruchs der Entwicklungsarbeiten möglichst wenig Kosten angefallen sind.
- In einer letzten Phase werden schliesslich die Marketing-Vorbereitungen zur marktgerechten **Einführung** des Produktes getroffen. In dieser Phase werden auch noch kleinere Korrekturen am Produkt vorgenommen.

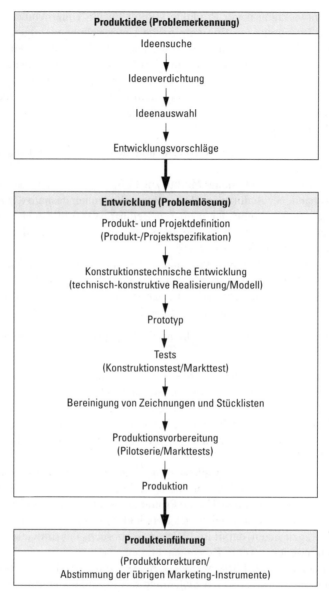

▲ Abb. 53   Produktentwicklungsprozess

Kapitel 4

Distributionspolitik

4.1 **Distributionspolitisches Entscheidungsfeld**

> Unter **Distribution** versteht man die Gestaltung und Steuerung der Über-
> führung eines Produktes vom Produzenten zum Verbraucher.

Diese Massnahmen umfassen alle Entscheidungen über den Aufbau der in-
ternen und externen Absatzorganisation, welche mit Hilfe der Marketing-
Instrumente den Kontakt zwischen Anbieter und Nachfrager nach einem
Produkt herstellt. Im Vordergrund stehen dabei zwei Probleme:

1. Wahl des **Absatzweges:** Ein Unternehmen kann entweder **direkt** an seine
   Kunden gelangen oder einen **indirekten** Weg wählen, indem es so genannte Absatzmittler einschaltet, welche die Distributionsfunktion
   übernehmen.
2. Bestimmung des **Absatzorganes:** Sowohl beim direkten als auch beim
   indirekten Absatzweg stehen verschiedene Formen von Distributions-
   organen und -organisationen (z.B. Reisender, Detailhändler) zur Verfügung, die für die Ausübung der Distributionsfunktionen eingesetzt
   werden können. Grundsätzlich kann zwischen **unternehmenseigenen**
   und **unternehmensfremden** Organen unterschieden werden.

Den Absatzweg und das Absatzorgan bezeichnet man zusammen als
Absatzmethode oder **Absatzkanal.** Anstelle von Absatzmethode spricht man

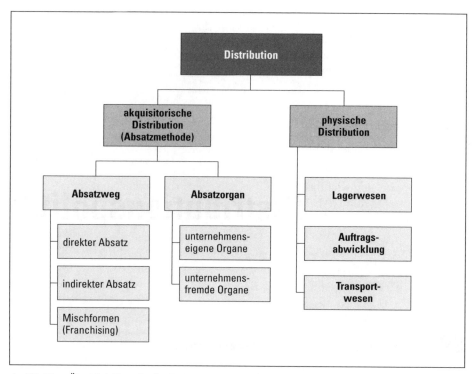

▲ Abb. 54   Überblick über die distributionspolitischen Entscheidungen

auch von **akquisitorischer Distribution.** Man will mit dieser Umschreibung deutlich machen, dass die Ausgestaltung der Absatzkanäle letztlich dazu dient, Kunden und Kundenaufträge zu «akquirieren», d.h. Kunden zu gewinnen und Aufträge zu vermitteln. Die Wahl des Absatzkanals ist eine Entscheidung mit relativ langfristigen Auswirkungen. Sie beeinflusst beispielsweise die Erhältlichkeit der Produkte, die Preise, das Produktimage und somit auch die Absatzmenge.

Im Gegensatz zur akquisitorischen steht die **physische Distribution,** welcher die Aufgabe der physisch-technischen Überführung der Ware zum Kunden zukommt. Sie ist gedanklich von der Wahl der Absatzmethode zu trennen, obwohl Entscheidungen über die Absatzmethode mit solchen der physischen Warenverteilung oft eng verbunden sind. Die physische Distribution hat die Aufgabe, die richtigen Produkte in der richtigen Menge beim richtigen Kunden zur rechten Zeit und zu optimalen Kosten zu liefern. Über die Lieferzuverlässigkeit können sich dabei bedeutende akquisitorische Wirkungen ergeben. Im Vordergrund stehen die **Auftragsabwicklung,** das **Lagerwesen** und das **Transportwesen.**

Gemäss der Übersicht über die distributionspolitischen Entscheidungen in ◄ Abb. 54 sollen im nächsten Abschnitt die Absatzwege besprochen

werden. Im darauf folgenden Abschnitt werden die verschiedenen Absatz-
organe dargestellt, wobei auf den Handel wegen seiner grossen Bedeutung
ausführlich eingegangen wird. Der letzte Abschnitt schliesslich befasst
sich mit der physischen Distribution.

4.2 Absatzweg

4.2.1 Direkter und indirekter Absatz

Eine der wichtigsten Entscheidungen im Rahmen der akquisitorischen
Distribution (Absatzmethode) betrifft die Frage über die Einschaltung der
Zahl und die Art der Absatzmittler zwischen Unternehmen und Endverbraucher. Sie bestimmt in erster Linie den so genannten **Distributionsgrad,**
der die Erhältlichkeit eines Produktes zu einem bestimmten Zeitpunkt oder
innerhalb eines bestimmten Zeitraums wiedergibt. Dabei unterscheidet
man zwischen einem direkten und einem indirekten Absatz:

- Von einem **direkten** Absatz spricht man dann, wenn der Produzent als
  unmittelbarer Verkäufer gegenüber dem Endverbraucher auftritt, während

- beim **indirekten** Absatz ein oder mehrere Absatzmittler, die Händler,
  eingeschaltet werden.

▶ Abb. 55 zeigt die verschiedenen Formen des Absatzweges schematisch
auf.

Die Entscheidung, ob direkt oder indirekt abgesetzt werden soll, hängt
von verschiedenen Faktoren ab. In Bezug auf die produkt- und kunden-
bezogenen Faktoren können folgende Tendenzen abgeleitet werden:

- **Produkt:**
  - **Verderbliche** Güter verlangen in der Regel eine rasche Überführung
    vom Produzenten zum Konsumenten, da Zeitverluste und häufiges
    Umladen die Qualität der Produkte sehr stark beeinflussen können.
  - Bei **nichtstandardisierten** Produkten erfolgt meistens ein direkter
    Absatz, speziell wenn eine auftragsorientierte Fertigung vorliegt.
  - Güter, die einen hohen **Wert** haben, werden meistens direkt vertrie-
    ben, da sie hohe Lagerkosten verursachen. Dazu kommt, dass mit
    diesen Gütern häufig ein **Kundendienst** verbunden ist (z.B. Inbetrieb-
    setzung, regelmässige Wartung), der direkt vom Hersteller ausge-
    führt werden muss.
  - Schliesslich spielt auch die **Erklärungsbedürftigkeit** und **Neuartigkeit**
    des Produktes eine Rolle. Sie sprechen ebenfalls für einen direkten
    Absatz, da der Hersteller über das notwendige Know-how verfügt.

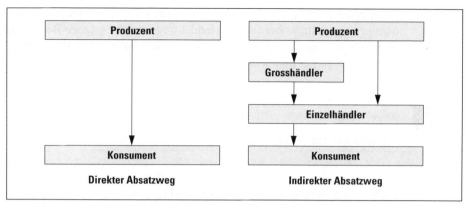

▲ Abb. 55   Formen des Absatzweges

- **Kunden:**
  - ☐ Je grösser die **Zahl** der Kunden, umso eher wird der indirekte Absatz gewählt.
  - ☐ **Häufigkeit** des Bedarfsanfalls. Bei seltenem oder gelegentlichem Bedarf wird ein direkter, bei regelmässigem ein indirekter Absatzweg im Vordergrund stehen.
  - ☐ Je grösser die **geographische Streuung** der Kunden ist, umso teurer kommt die Distribution zu stehen (insbesondere bei einer kleinen Anzahl Kunden), umso eher wird ein indirekter Absatzweg gewählt.
  - ☐ Die **Einkaufsgewohnheiten** der Kunden können eine entscheidende Rolle spielen. Je kleiner die gekaufte Menge pro Einkauf – vor allem zusammen mit einer grossen Einkaufshäufigkeit – desto mehr ist ein indirekter Absatzweg angezeigt.

Der **direkte Absatz** hat sich vor allem im Investitionsgütermarkt bewährt. Bei Investitionsgütern, besonders bei kapitalintensiven und technisch komplizierten Produkten und Gütern, die einen regelmässigen Kundendienst benötigen, bietet der Direktabsatz am ehesten Gewähr für eine entsprechende Marktdurchdringung. Im Konsumgüterbereich findet man den Direktabsatz vor allem in Form von Fabrikläden. Beim Verkauf ab Fabrik erwirbt der Kunde das Produkt zu günstigen Preisen direkt beim Hersteller. Oft sind die Waren mit kleinen Fehlern behaftet und die Serviceleistungen eingeschränkt (Beispiele: Kleider, Geschirr und Kochtöpfe, landwirtschaftliche Produkte).

Der **indirekte Absatz** über den Handel bietet dem Unternehmen verschiedene Vorteile:

- Das Unternehmen muss nur einen beschränkten Distributionsservice anbieten.
- Das Unternehmen hat es nur mit einer beschränkten Anzahl von Kunden zu tun (z.B. Grossisten).

- Das Unternehmen braucht kein Kapital zum Aufbau einer Distributionsorganisation.
- Das Unternehmen müsste bei einem Direktverkauf auch die Komplementärprodukte führen, um das Sortiment auf die Kundenbedürfnisse auszurichten. Damit würde das Unternehmen selber zu einem Zwischenhändler.
- Die Aufteilung der Produktions- und Distributionsfunktion aufgrund des unterschiedlich benötigten Know-how führt zu einer Spezialisierung. Dadurch können die Kosten gesenkt werden.
- Der Handel verfügt über bessere Marktkenntnisse, von denen das Unternehmen profitieren kann.
- In der Regel können die finanziellen Mittel (Kapital) rentabler im angestammten Tätigkeitsbereich investiert werden.

Diesen Vorteilen des indirekten Absatzes stehen aber einige Nachteile gegenüber:

- Zwar fallen die Distributionskosten weg, dafür erzielt das Unternehmen tiefere Verkaufspreise.
- Falls das Unternehmen nur mit dem Absatzmittler Kontakt hat, besteht die Gefahr, dass es Marktveränderungen wegen des fehlenden Endverbraucherkontaktes nicht rechtzeitig zu erkennen vermag.
- Arbeitet das Unternehmen nur mit wenigen Absatzmittlern zusammen, so besteht zudem die Gefahr, dass es von diesen in starkem Masse abhängig und zu einem nur noch ausführenden Lieferanten wird.

4.2.2	Franchising

In der Praxis finden sich verschiedene Mischformen, die nicht eindeutig einem direkten oder indirekten Absatzweg zugeordnet werden können. Dies ist insbesondere dann der Fall, wenn der Vertrieb zwar indirekt über rechtlich selbstständige Absatzmittler erfolgt, diese aber wirtschaftlich über Verträge an den Produzenten gebunden sind. Eine typische Erscheinung dieser Mischformen ist das Franchising.

> Unter **Franchising** versteht man eine vertraglich geregelte Kooperation zwischen zwei rechtlich selbstständigen Unternehmen, bei der der Franchise-Geber (engl. «franchisor») dem Franchise-Nehmer (engl. «franchisee») gegen ein Entgelt das Recht gewährt, Güter und Dienstleistungen unter einem bestimmten Warenzeichen zu vertreiben.

Als Beispiele für dieses System können angeführt werden: Coca Cola, Hertz, Holiday Inn, McDonald's. Der Franchise-Geber stellt dem Franchise-Nehmer je nach Ausgestaltung des Franchise-Vertrages Folgendes zur Verfügung:

■ Handelsname und Marke seines Unternehmens,
■ Methoden und Techniken der Geschäftsführung (Organisation, Führungskonzept, Rechnungswesen),
■ Produktionsverfahren, Rezeptur,
■ Belieferung mit Waren,
■ Marketing-Konzepte,
■ Personalschulung.

Auf der anderen Seite verpflichtet sich der Franchise-Nehmer gegenüber dem Franchise-Geber zu einer einmaligen Zahlung beim Eintritt und/oder periodischen Zahlungen, so genannten Royalties (▶ Abb. 56), sowie zur Anwendung der vom Franchise-Geber vorgeschriebenen Geschäftsführungsmethoden.

Das Franchising ist sowohl für den Franchise-Geber wie auch für den Franchise-Nehmer mit verschiedenen **Vorteilen** verbunden.

■ Als allgemeine Vorteile für den **Franchise-Geber** können genannt werden:
  □ geringe finanzielle Mittel notwendig,
  □ grosse Expansionsmöglichkeiten,

Unternehmen	Bedingungen	Anfangs-investition in EUR	Einstiegs-gebühr in EUR	Royalties (Umsatz)	Werbe-gebühr
McDonald's	Führende Fast-Food-Kette	240 000	46 000	5 %	5 %
Tchibo GmbH	Coffee-Bar und Non-Food-Produkte mit wechselndem Angebot	25 000	15 000	k. A.	k. A.
Kieser Training AG	Fitness-Dienstleister mit präventiv-therapeutischem Ansatz	100 000	30 000	5 %	2 %
Back-Factory GmbH	Discounter für Brote, Brötchen und Feingebäck; Selbstbedienungsläden	30 000	2 900	4 %	0,50 %
BoConcept – urban design	Moderne Designmöbel für eine breite Zielgruppe	k. A.	25 000	3 %	2 %
TeeGschwender GmbH	Vertrieb von über 300 Teesorten	30 000	10 000	k. A.	k. A.
Vapiano AG	Pizza, Pasta und Salate	300 000	30 000	6 %	2 %
Studienkreis Nachhilfe.de	Nachhilfeschulen für Schüler aller Klassen	4 000	k. A.	11,50 %	k. A.

▲ Abb. 56   Franchise-Geber (Handelsblatt: Junge Karriere. Nr. 4/2008, S. 46–47)

- ☐ Motivation beim selbstständig arbeitenden Unternehmer grösser,
- ☐ vorteilhafte Kostenstruktur (z.B. durch zentralisierte Erledigung bestimmter Aufgaben),
- ☐ Ausnützen von lokalem/kulturellem Know-how des Franchise-Nehmers.

- ▪ Vorteile für den **Franchise-Nehmer** sind:
  - ☐ Aneignung von nicht vorhandenem Know-how (Führung und Marketing),
  - ☐ Verminderung des Unternehmerrisikos,
  - ☐ Bewahrung der Unabhängigkeit,
  - ☐ sofortiger Wettbewerb mit allen Mitanbietern des gleichen Produktes oder der gleichen Dienstleistung.

4.3	**Absatzorgane des Handels**
4.3.1	**Funktionen des Handels**

Der Handel bildet heute ein wichtiges Glied in der Absatzkette zwischen Produzent und Verbraucher. Ihm kommt in erster Linie eine Dienstleistungsfunktion zu. Wie schon aus der Darstellung der verschiedenen Kriterien bei der Wahl eines direkten oder indirekten Absatzweges ersichtlich wurde, kann der Handel dabei verschiedene Teilfunktionen übernehmen (▶ Abb. 57):

1. **Überbrückungsfunktionen:**
   a. Funktion der **räumlichen** Überbrückung (Transportfunktion): Der Handel übernimmt die Aufgabe, die Ware vom Produzenten an den Ort des Einkaufs oder Einsatzes zu transportieren oder transportieren zu lassen.
   b. Funktion der **zeitlichen** Überbrückung (Lagerfunktion): Da die Produktion und der Verbrauch zeitlich selten miteinander übereinstimmen, erfolgt entweder beim Produzenten oder beim Handel die Bildung von Lagern. Diese Funktion ist besonders typisch bei saisonalen Produkten.
   c. Funktion der **finanziellen** Überbrückung (Kreditfunktion): Die Kreditfunktion ergibt sich z.B. aus der Delkrederehaftung der Einkaufsverbände und dem Teilzahlungsgeschäft im Einzelhandel (häufig unter Einschaltung einer Bank).
   d. Funktion der **Risikoübernahme:** Bei der Erfüllung der Absatzwegfunktionen werden Risiken eingegangen, die vom Handel getragen werden.

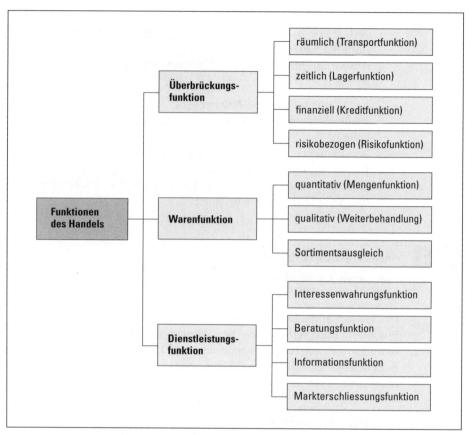

▲ Abb. 57   Funktionen des Handels (nach Seyffert 1972, S. 11)

2. **Warenfunktionen:**
   a. **Quantitative** Warenfunktion (Mengenfunktion): Durch die quantita-
      tive Mengenfunktion werden Ungleichgewichte zwischen der produ-
      zierten (angebotenen) und der verbrauchten (nachgefragten) Menge
      beseitigt. Entweder erfolgt die Produktion in vielen kleinen Unter-
      nehmen und der Handel sammelt die Teilmengen (Sammelfunktion),
      oder im umgekehrten Fall erfolgt die Aufteilung einer grossen
      Menge eines Grossproduzenten in kleinere Mengen (Verteilfunk-
      tion). Letzterer ist typisch für die Massenproduktion von Konsum-
      gütern, die der Endverbraucher nur in kleinen Mengen kauft.
   b. **Qualitative** Warenfunktion: Durch weitere Behandlung kann der
      Händler die Waren formen und das Angebot den Bedürfnissen der
      Käufer anpassen (so genanntes Matching). Dazu zählen Aktivitäten
      wie Produzieren, Festlegen von Qualitätsnormen, Zusammenbauen
      und Verpacken.

c. Funktion des **Sortimentsausgleichs:** Dank der Sortimentsfunktion des Handels kann der Käufer nicht nur unterschiedliche Waren gleichzeitig einkaufen, er kann auch verwandte Produkte vergleichen und unter ihnen auswählen. Für den Produzenten ergibt sich daraus erst die Möglichkeit der Grossserienfertigung von hoch spezialisierten Produkten.

3. **Dienstleistungsfunktionen:** Die in ◀ Abb. 57 aufgeführten Funktionen sprechen für sich selbst.

Der Handel wird in einen **Grosshandel** und einen **Einzelhandel** unterteilt, die in den nächsten beiden Abschnitten besprochen werden.

4.3.1.1	Einzelhandel

> Der **Einzelhandel** besteht aus der Summe der Aktivitäten beim Verkauf von Gütern und Dienstleistungen, die direkt an den Endverbraucher zu dessen persönlichem Konsum oder sonstigen Verwendung (z.B. Geschenk) gehen.

Dem Einzelhandel fällt also die Aufgabe zu, Waren in bedarfsgerechten Mengen an Letztverbraucher abzusetzen. Eine Systematisierung der Erscheinungsformen des Einzelhandels wird nach den drei Kriterien Sortiment, Preis und Verkaufsort vorgenommen:

1. Nach dem **Sortiment:**
   - **Spezialgeschäfte:** Für sie ist ein sehr schmales Sortiment charakteristisch. Beispiele: Fogal, Comestibles, Blumengeschäft.
   - **Fachgeschäfte:** Die Produkte im Sortiment eines Fachgeschäfts erfordern fachmännische Beratung, die typisch für diese Handelsform ist. Beispiele: Musik Hug, Drogeriegeschäfte.
   - **Warenhäuser:** Warenhäuser repräsentieren eine ältere Form der grossen Einzelhandelsbetriebe. Sie sind meist zentral in der Stadtmitte gelegen und bieten ein breites und tiefes Warensortiment an. Beispiele: Globus, Jelmoli, Loeb, Manor.
   - **Supermärkte:** Supermärkte bieten grosse Volumen von problemlosen Artikeln im Lebensmittel- und Non-Food-Bereich zu tiefen Preisen und mit geringen Handelsmargen an. Typisch ist das Selbstbedienungsprinzip. Beispiele: Migros, Coop, Carrefour.
   - **Einkaufszentren:** In Einkaufszentren vereinigen sich mehrere unabhängige Einzelhandelsunternehmen mit dem Gedanken der Standort-Kooperation. Meist errichtet eine Verwaltungsgesellschaft das Zentrum und vermietet dann die Räumlichkeiten an unabhängige

Unternehmen. Je nach Vertriebskonzept und Grösse kann man Gemeindezentren (mit bis zu etwa 30 Geschäften und ein bis zwei Grossgeschäften als Anziehungspunkte) und Grosseinkaufszentren (mit bis zu über 100 Geschäften, an guter Verkehrslage und mit dem Kundenpotenzial ganzer Agglomerationen) unterscheiden. Ein wichtiges Merkmal von Einkaufszentren ist das grosse Parkplatzangebot. Beispiele: Glatt-Zentrum Wallisellen, Tivoli Spreitenbach, Seedamm-Center Pfäffikon, Shopping Center Schönbühl.

- **Filialbetriebe:** Filialunternehmen sind grosse Fachgeschäfte mit mehreren, örtlich getrennten Verkaufsstellen, die von der Zentrale aus geführt werden. Beispiele: Spar, Import Parfumerie.

- **Gemischtwarengeschäfte:** Gemischtwarengeschäfte sind typische Quartierläden, die Waren verschiedener Branchen, ohne grosse Auswahlmöglichkeiten, anbieten. Sie sind vorwiegend in ländlichen Gebieten zu finden.

- **Electronic Shopping:** Von Electronic Shopping (Online-Shopping, Bildschirmeinkauf) als Einzelhandelsform spricht man, wenn Produkte über einen Bildschirm angeboten werden. Beispiele: coop.ch, leShop.ch, migros-shop.ch. Auch der Versandhandel bedient sich immer häufiger des Electronic Shoppings. Eine wichtige Form des Electronic Shoppings ist das Teleshopping. Beispiel: Home Order Television (HOT).

- **Off-Price-Stores:** Bei dieser aus den USA stammenden Form des Einzelhandels werden Markenartikel zu tieferen Verkaufspreisen als in anderen Einzelhandels-Unternehmen verkauft. Der Off-Price-Store ist eine preisaggressive Handelsform, die in der Regel nur qualitativ hochwertige Markenprodukte anbietet. Das Sortiment kann jedoch auch veraltete oder leicht fehlerhafte Waren umfassen.

2. Nach der **Preisbetonung:**

- **Discountgeschäfte:** Discountgeschäfte verkaufen an billigen Standorten in einfacher, funktionaler Atmosphäre Markenartikel, die sie unter dem Gesichtspunkt des schnellen Lagerumschlags in ihr Sortiment aufgenommen haben. Sie bieten wenig Serviceleistungen, dafür tiefe Preise. Beispiel: Denner, Aldi.

- **Lagerhausverkauf:** Der Verkauf ab Lagerhaus, bei dem der Kunde einen grossen Teil der Distributionsleistungen selbst erbringt, dafür aus einem grossen Sortiment auswählen kann, hat sich vor allem beim Verkauf von Möbeln und Gartenartikeln sowie von Getränken durchgesetzt.

- **Katalog-Schauräume (Showrooms):** In besonderen Abteilungen oder in eigens dafür konzipierten Geschäften kann der Kunde nach Katalog-Abbildung oder Einzelmuster seine Bestellung aufgeben und erhält die Ware (oft Reiseartikel wie Koffer und Taschen, Kamera-Aus-rüstungen oder Elektrowaren) entweder zugestellt oder ab Lager aus-gehändigt. Die Verkaufspreise sind relativ tief, bedingt durch die vergleichsweise geringen Personal-, Service- und Verlustkosten (z. B. durch unsachgemässes Ausprobieren oder Diebstahl).

- **Boutiques:** Boutiques sind kleinere Fachgeschäfte mit stark zielgrup-penorientierter Laden- und Sortimentsgestaltung im obersten Preis-segment. Sie sind vor allem im Modebereich anzutreffen (Kleider, Schuhe, Schmuck).

3. Nach dem **Ort des Verkaufs:**
   - **Telefon-Marketing:** Der Telefonverkauf gewinnt als Instrument im Rahmen des Direct Marketings an Bedeutung.
   - **Versandhandel:** Das Angebot erfolgt in der Regel auf schriftlichem, die Bestellung auf schriftlichem (Post, Internet) oder mündlichem (Telefon) Weg. Traditionellerweise wird mit Katalogen und Prospek-ten gearbeitet, doch wird heute ein nicht unerheblicher Teil des Um-satzes über das Internet (E-Commerce) erzielt. Beispiele: Acker-mann, Spengler, Veillon, Amazon.
   - **Automatenverkauf:** Diese vollmechanisierte Form des Absatzes bietet vor allem den Vorteil des 24-Stunden-Betriebs. Ihre Grenze liegt in der Grösse und Verderblichkeit bestimmter Produkte sowie in der Störanfälligkeit der Automaten selbst. Beispiel: Selecta.
   - **Hausieren:** Eine sehr alte Form des persönlichen Verkaufs im Kon-sumgüterbereich.
   - **«Tupperware-Partys»:** Tupperware- und andere Produkte (z. B. Pfan-nen, Kosmetika, Dessous, Kleider) werden verkauft, indem Haus-frauen ihre Nachbarinnen und andere Interessierte einladen, denen diese Produkte präsentiert werden.
   - **Shop-in-the-Shop:** Ein Geschäft (z. B. ein Warenhaus) vermietet einen Teil seiner Verkaufsfläche an einen Konzessionär, auf der dieser eine eigene Verkaufsparzelle einrichten und sein Warensortiment anbie-ten kann. Beispiele: Mister Minit, Parfümerieabteilungen in Waren-häusern.

In der Praxis lassen sich die einzelnen Formen des Einzelhandels nach den drei Kriterien Sortiment, Preis und Verkaufsort nicht immer eindeutig ein-ordnen. Oft treffen zwei oder drei Kriterien gleichzeitig zu (z. B. ist das Möbelhaus IKEA ein Fachgeschäft, doch zeichnet es sich auch durch tiefe Preise und teilweise auch durch Verkauf ab Lager aus). Dies trifft ins-besondere für neue Formen des Einzelhandels zu. Zu nennen sind bei-spielsweise:

- **Fachmärkte:** Der Fachmarkt ist eine Form des Fach- bzw. Spezialgeschäfts mit erweitertem Angebot. Er führt eine ganz bestimmte Warengruppe, wobei das Sortiment sehr breit und tief ist (bedarfsorientiertes Sortiment). Die Vorteile liegen in der grossen Auswahl, der Aktualität des Sortiments, der kompetenten Beratung bei Bedarf (z. T. auch Selbstbedienung), der aggressiven Preispolitik, der intensiven Werbung und der grossen Verkaufsfläche. Beispiele: Media Markt Schweiz, Office World (Globus bzw. Migros), Ikea (Haushaltseinrichtung), Lumimart (Beleuchtung), Toys'R'Us (Spielwaren), Athleticum (Sport), Qualipet (Tiernahrung).

- **Convenience Store:** Der Convenience Store ist eine Form des Einzelhandels. Er führt ein begrenztes Sortiment an Lebensmitteln und Waren des täglichen Bedarfs. Man findet ihn heute vor allem bei Tankstellen, die den Vorteil haben, nicht an Ladenöffnungszeiten gebunden zu sein. Es besteht aber die Tendenz, diese Vertriebsform auch auf traditionelle Einzelhandelsformen auszudehnen. Beispielsweise bieten Bäckereien neben ihrem eigentlichen Sortiment weitere Lebensmittel an oder führen eine Imbissecke.
  Ölkonzerne wie Shell, Exxon oder Aral wandeln ihre reinen Tankstellen zu Convenience Stores um und kollidieren dabei mit den Interessen der Einzelhändler. Produkte des täglichen Verbrauchs mit hoher Umschlagsgeschwindigkeit stehen im Vordergrund. Benzin als früher hauptsächlich verkauftes Produkt wird sekundär. Die Bedeutung solcher Entwicklungen zeigt sich zum Beispiel darin, dass Aral-Top-Tankstellen bereits über 60% ihres Umsatzes mit Lebensmitteln, CDs usw. machen.

- **Factory Outlet:** Factory Outlets sind Läden der Hersteller, die – im Gegensatz zu den eigentlichen Fabrikläden[1] – fernab von den Produktionsstätten liegen. Die Hersteller von zumeist Markenartikeln (v. a. Textilien, Sportartikel, Hi-Fi-Geräte, Möbel) setzen auf diese Weise ihre überschüssige Ware (Auslaufmodelle, Restposten) zu tieferen Preisen (bis zu 30%) als im Handel ab. Auf Service wie Beratung und Bedienung wird verzichtet. Die Verkaufsräume sind schlicht ausgestattet, jedem Hersteller wird ein Platz zugeordnet. Diese Vertriebsform ist vor allem in den USA bekannt, kommt aber auch in Europa auf. Meistens werden Factory Outlets zu einem «Factory Outlets Park» (Center) zusammengefasst.
  Vorteile für die Hersteller sind tiefe Kosten für Präsentation und Ausstattung der Verkaufsräume. Der Hersteller kann vom Know-how des Betreibers eines Factory Outlets profitieren, da er meistens wenig Erfahrung als Einzelhändler hat. Beispiel: Foxtown in Mendrisio/TI.

---

1 Zum Direktabsatz vgl. Abschnitt 4.2.1 «Direkter und indirekter Absatz».

4.3.1.2	Grosshandel

> Der **Grosshandel** kauft als Absatzmittler Waren ein und verkauft sie an Wiederverkäufer, Weiterverarbeiter und an Grossverbraucher weiter.

Im Gegensatz zum Einzelhandel werden grössere Mengen vermittelt und die Absatzgebiete sind grösser. Dafür sind die Promotion, die Verkaufsatmosphäre und zum Teil auch der Standort von geringer Bedeutung. Als spezielle Grosshandelsformen sind zu erwähnen:

1. **Cash-and-carry-Grosshandel:** Bei dieser Form errichten Grosshändler an billigen und verkehrsgünstigen Standorten Lagerhallen, in denen Einzelhändler und Gewerbetreibende ihre Waren in Selbstbedienung und gegen Barzahlung einkaufen können. Der Grosshändler benötigt weder Verkaufsreisende noch einen eigenen Lieferdienst, und er gewährt keine Debitorenkredite. Darum können seine Preise bis zu 5 % unter den sonst handelsüblichen Ankaufspreisen liegen. Beispiele: CC Angehrn, Prodega, Top CC.

2. **Rack Jobbing:** In Lebensmittelgeschäften und Supermärkten mietet eine Handelsorganisation Regale oder lässt eigene Verkaufsstände aufstellen. Diese werden von örtlichen Verkaufsbetreuern überwacht. Die Handelsorganisation übernimmt Artikelauswahl, Einkauf, Lagerhaltung, Warenauszeichnung, Verpackung, Transport und Verkaufsaktionen. Der örtliche Verkaufsberater prüft regelmässig den Warenbestand beim Einzelhändler und ergänzt diesen mit fertig abgepackter und ausgezeichneter Ware, die er vom Zentrallager erhält. Der Vermieter übernimmt meistens Inkasso und Abrechnung, wofür er ein festes Entgelt (Regalmiete) erhält und am Umsatz beteiligt ist. Das Warenangebot umfasst in der Regel Waren des Non-food-Bereichs, Waren also, die dem Lebensmittelhändler wenig bekannt sind. Für dieses Verkaufssystem eignen sich vorwiegend Artikel, die der Kunde täglich braucht, aber meist erst kauft, wenn er sie im Angebot sieht. Es handelt sich um problemlose Artikel, die auch in Discounthäusern vermehrt angeboten werden.

4.3.2	**Konzentrations- und Kooperationsformen des Gross- und Einzelhandels**

Der rechtlich und wirtschaftlich unabhängige Detaillist stellt die ursprüngliche Form des Detailhandels dar, die aber immer mehr im Verschwinden begriffen ist. An ihre Stelle treten verschiedene Formen, die der Konzentration und Kooperation im Handel zuzuschreiben sind.

Als typische **Konzentrationsform** des Gross- und Einzelhandels ist die **Filialkette** zu bezeichnen, d. h. ein Unternehmen, das über eine grössere Zahl gleichartiger Filialgeschäfte verfügt, die es von seiner Einkaufszentrale aus mit einem einheitlichen Warensortiment beliefert. Typische Beispiele für solche Kettenläden finden sich im Lebensmittel-, Rauchwaren-, Textil-, Schuh-, Möbel- und Spielwarenhandel. Zu den Konzentrationsformen sind auch die Warenhauskonzerne zu rechnen, die zentral für mehrere Filialen einkaufen.

Bei den Formen der **Kooperation** können sowohl der Einzel- und Grosshandel als auch die Produzenten selbst beteiligt sein. Als verbreitete Kooperationsformen können genannt werden:

- **Einkaufsgesellschaften** selbstständiger Detaillisten: Das Ziel solcher Vereinigungen besteht darin, die Bestellungen der angeschlossenen Detailhändler zu zentralisieren und Lieferanten auszuwählen, denen nach Aushandlung der Liefer- und Preisbedingungen die Bestellungen übergeben werden. Die angeschlossenen Einzelhändler werden direkt oder von einem regionalen Zwischenlager aus bedient, und die Rechnungen werden individuell erledigt. Sie verpflichten sich durch ihre Zugehörigkeit zu einer solchen Vereinigung aber nicht, nur noch durch ihre Einkaufsgesellschaft einzukaufen. Sie können ihre Lieferanten nach wie vor frei wählen. Zusätzlich gewähren solche Einkaufsgesellschaften ihren Mitgliedern ausser dem zentralen Einkauf auch Kredite, technische Ratschläge und Beratung bei der Betriebsführung. Ferner tragen sie zur Werbung und Absatzförderung der verschiedenen Produkte bei (Beispiel: Schweizer Buchzentrum).
- **Vertragshändlersystem:** Bei diesem System verpflichtet sich der Händler zur exklusiven Führung des Herstellersortiments, zur Einhaltung von Preisen, Rabatt- und Lieferkonditionen, zur Durchführung von Garantiearbeiten und eventuell auch von Reparaturarbeiten zu Festpreisen. Weitere vertragliche Abmachungen können Verpflichtungen zur Lagerhaltung, zur Beteiligung an den Werbeaufwendungen und die Erzielung eines bestimmten Mindestumsatzes beinhalten. Der Hersteller kann seinerseits dem Händler Gebietsexklusivität einräumen, unterstützt den Händler durch Werbung und vermittelt dem Personal erforderliche Spezialkenntnisse. Dieses System trifft man oft bei Autoherstellern an. Eine spezielle Form des Vertragshändlersystems ist das **Franchising**.[1]

---

1   Vgl. Abschnitt 4.2.2 «Franchising».

4.3.3	Zusammenfassung

▶ Abb. 58 zeigt das Verkaufsnetz eines Herstellers von Kosmetika mit möglichen Absatzkanälen.

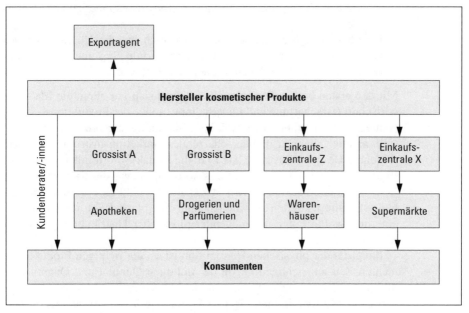

▲ Abb. 58   Distribution eines Kosmetikherstellers (November 1978, S. 8)

4.4	Physische Distribution

> Unter **physischer Distribution** oder Distributionslogistik versteht man alle Tätigkeiten im Zusammenhang mit der technischen Überführung von unternehmerischen Leistungen an den Ort des Kunden.

Die physische Distribution ist ein Bestandteil der Logistik des Unternehmens und wird deshalb auch als (Distributions-)Logistik bezeichnet. Aufgabe der **Logistik** ist die zielgerichtete Gestaltung und Steuerung des physischen Warenflusses eines Unternehmens.[1] Sie setzt sich unter Betrach-

---

1 Der Begriff entstammt ursprünglich der militärischen Terminologie, wo er generell das Nachschubwesen bezeichnet. Darunter werden folgende Dienste für die kämpfende Truppe verstanden: Verpflegungs-, Betriebsstoff-, Munitions-, Material-, Feldpost-, Sanitäts- und Veterinärdienst.

tung des güterwirtschaftlichen Umsatzprozesses aus drei Elementen zusammen:

1. **Physisches Versorgungssystem:** Dieses System sorgt für den physischen Nachschub von Input-Faktoren für das Unternehmen.
2. **Innerbetriebliches Logistiksystem:** Dieses System befasst sich mit der physischen Versorgung des Produktionsprozesses innerhalb des Unternehmens.
3. **Distributionslogistik:** Dieser Logistikbereich hat die Übertragung des Outputs des Unternehmens an andere soziale Systeme der Umwelt (Konsumenten, Staat, Unternehmen) zur Aufgabe.

Mit den ersten beiden Bereichen beschäftigt sich vor allem die Materialwirtschaft (Beschaffung und Lagerhaltung) sowie der Produktionsbereich, während die Distributionslogistik dem Marketing zugeordnet wird. Diese stellt nämlich ein nicht zu unterschätzendes Marketing-Instrument dar, wie folgendes Beispiel illustriert: Als 1976 die Kodak-Sofortbildkamera eingeführt wurde, begann die Einführungswerbung, bevor die Kamera in allen Verkaufsläden in ausreichenden Stückzahlen erhältlich war. Von der Werbung stimuliert, kauften die Kunden dann die Polaroid-Sofortbildkamera – eine ungewollte Folge ungenügender physischer Distribution (jedenfalls für Kodak)!

Hauptziel der physischen Distribution ist es, die richtigen Produkte zur rechten Zeit am richtigen Ort in der richtigen Qualität und Quantität zu minimalen Kosten zu verteilen. Daraus können im Wesentlichen die beiden Ziele Kostenminimierung und Lieferzuverlässigkeit abgeleitet werden. Wird das Ziel der **Kostenminimierung** verfolgt, so versucht man die Kosten der physischen Distribution möglichst tief zu halten. Dabei ist allerdings zu berücksichtigen, dass nicht nur die Kosten der eigentlichen logistischen Teilfunktionen (z.B. Lagerhaltung), sondern auch die Kosten entgangener Verkäufe (z.B. aufgrund von Lieferschwierigkeiten) als so genannte Opportunitätskosten berücksichtigt werden. Daraus ergeben sich folgende Distributionskosten:

- $D = A + T + L_{fix} + L_{var} + O$

  wobei: D = gesamte Distributionskosten

  A = Auftragsabwicklungskosten

  T = Transportkosten

  L_{fix} = Fixkosten der Lagerung

  L_{var} = variable Kosten der Lagerung

  O = Opportunitätskosten aufgrund entgangener Verkäufe

Die **Lieferzuverlässigkeit,** auch **Lieferservice** genannt, kann durch folgende Aspekte qualifiziert werden:

- räumliche und zeitliche Verfügbarkeit von Gütern für potenzielle Abnehmer,
- kurze Lieferzeiten,
- Flexibilität (bezüglich Zeitpunkt, Ort der Lieferung, Liefermenge),
- Erhältlichkeit von Ersatzteilen,
- Installations- und Reparaturdienste,
- Einhaltung der vertraglich garantierten Qualität der Ware,
- sorgfältige Lieferung, damit der Kunde die Ware in einwandfreiem Zustand in Empfang nehmen kann,
- Bereitschaft, defekte Ware schnell zu ersetzen,
- Vollständigkeit des Sortiments.

Mit dem **Lieferbereitschaftsgrad** wird ausgedrückt, in welchem Ausmass ein Unternehmen fähig ist, die gewünschten bzw. bestellten Gütermengen zu liefern. Er kann durch folgende Formel ausgedrückt werden:

$$\blacksquare \quad \frac{\text{Sofort lieferbare Menge eines Artikels pro Zeiteinheit}}{\text{Bestellte Menge pro Zeiteinheit}} \cdot 100$$

Ist der Lieferbereitschaftsgrad unter 100 %, so kann das Unternehmen eine Bestellung nicht oder nur teilweise ausführen. Je höher der Lieferbereitschaftsgrad über 100 % liegt, desto grösser ist die Wahrscheinlichkeit, auch bei zusätzlichen, nicht vorhergesehenen Aufträgen liefern zu können.

Die **Lieferzeit** umfasst die Zeitdauer zwischen der Auftragserteilung bzw. dem Auftragsempfang und dem Eintreffen der Ware beim Kunden. Je kürzer die Lieferzeit, umso kurzfristiger kann der Kunde disponieren. Dies bedeutet auch, dass die Lagerhaltung und somit die Lagerhaltungskosten dem Produzenten übertragen werden.

Kapitel 5

Konditionenpolitik

5.1 Konditionenpolitisches Entscheidungsfeld

> Die **Konditionenpolitik** umfasst die Entscheidungen über das Entgelt für Produkte und/oder Dienstleistungen, die ein Unternehmen anbietet, sowie die Entscheidungen über die damit verbundenen Bezugsbedingungen.

Die Konditionenpolitik gliedert sich in

- die **Preispolitik,**
- die **Rabattpolitik** und
- die **Transportbedingungen.**

Typisch für diese Instrumente ist ihre Flexibilität. Da sie mit den Kaufakten unmittelbar zusammenhängen, sind sie im Gegensatz zu den Instrumenten der Produkt- und Distributionspolitik relativ kurzfristig variierbar. Dies trifft vor allem auf die Preis- und Rabattpolitik zu. Dabei darf allerdings nicht übersehen werden, dass diese kurzfristigen Änderungen oft erhebliche langfristige Auswirkungen haben können.

Oft werden auch der Kundendienst, die Zahlungsbedingungen und die Absatzfinanzierung zur Konditionenpolitik gezählt. Den Kundendienst kann man aber auch als Bestandteil des Produktes verstehen. Er wird deshalb im Rahmen der Produktpolitik besprochen.[1]

---

1   Vgl. Kapitel 3, Abschnitt 3.1.2.2 «Kundendienst».

Auf die Absatzfinanzierung, d. h. die Kreditgewährung an den Kunden, wird im Rahmen der Finanzierung eingegangen.[1] In diesem Kapitel steht die **Preispolitik** im Vordergrund. Sie ist der wichtigste Bestandteil der Konditionenpolitik. Rabatt- und Transportpolitik haben ihr gegenüber in der Regel eine untergeordnete Bedeutung.

5.2	Preispolitik
5.2.1	Preispolitisches Entscheidungsfeld

Historisch betrachtet war der Preis zu Beginn des industriellen Zeitalters (18./19. Jahrhundert) Haupteinflussfaktor beim Kaufentscheid. Dies gilt heute nur noch in wenigen Situationen. Das gestiegene Pro-Kopf-Einkommen hat dazu geführt, dass der Preis nur noch ein Element des Marketing-Mix darstellt. Je nach Produkt und Marketing-Ziel ist deshalb die Preispolitik mehr oder weniger wichtig.

In der betrieblichen Praxis gibt es vier **Anlässe,** bei denen der Preis bestimmt werden muss:

1. Das Unternehmen muss zum ersten Mal einen Preis festlegen. Dies ist zum Beispiel dann der Fall, wenn es ein neues Produkt entwickelt hat oder wenn ein existierendes Produkt über einen neuen Absatzweg oder in einem neuen geographischen Gebiet auf den Markt gebracht wird.
2. Preisanpassungen an die aktuellen Unternehmens- und Marktverhältnisse. Im Vordergrund stehen Veränderungen der Nachfrage- und/oder Kostenstrukturen.
3. Falls eine Preisveränderung von der Konkurrenz initiiert wird, muss sich das Unternehmen entscheiden, ob und um wie viel es auch seinen Preis verändern will.
4. Wenn ein Unternehmen mehrere Produkte herstellt, deren Preise und/ oder Kosten voneinander abhängig sind, muss es das optimale Preisverhältnis der einzelnen Produkte einer Produktlinie ermitteln.

Der Preis eines Produktes hängt primär von den Preisvorstellungen des Anbieters und der potenziellen Nachfrager ab. Stimmen diese überein, so steht der Preis fest. Diese Idealvorstellung der Preisbildung ist aber nur noch selten zu beobachten wie beispielsweise bei börsenmässig gehandelter Ware (Rohstoffe, Wertschriften). Es handelt sich um einen vollkommenen Markt, bei dem für das gleiche Gut in einem bestimmten Zeitpunkt

---

1 Vgl. dazu Teil 6, Kapitel 4, Abschnitt 4.2.2 «Kundenkredit».

keine unterschiedlichen Preise bezahlt werden müssen.[1] Allfällige Unterschiede würden über den Preisbildungsmechanismus sofort wieder ausgeglichen. In der wirtschaftlichen Realität liegen jedoch meistens unvollkommene Märkte vor. Auf diesen setzen die Anbieter ihre Preisforderungen fest, die ein potenzieller Käufer ablehnen, annehmen oder durch Verhandlungen zu reduzieren versuchen kann. Wegen der Unvollkommenheit des Marktes kann es vorkommen, dass die Preise zu einem bestimmten Zeitpunkt für die gleiche Menge eines qualitativ homogenen Produktes erheblich voneinander abweichen. Doch dürfen auch die übrigen Marketing-Instrumente nicht ausser Acht gelassen werden.

5.2.2	**Preistheorie**
5.2.2.1	Grundlagen

Die klassische Preistheorie geht davon aus, dass primär der Preis die nachgefragte Menge beeinflusse. Der optimale Preis ergibt sich dabei aufgrund der angebotenen und nachgefragten Menge. Voraussetzung ist allerdings, dass das Unternehmen einerseits die Preis-Absatz-Funktion kennt, welche die funktionale Beziehung zwischen dem Absatzpreis p und der erzielbaren Absatzmenge x in der Planungsperiode wiedergibt, und andererseits die Kostenfunktion, welche die funktionale Beziehung zwischen den anfallenden Kosten und der produzierten Menge zum Ausdruck bringt.

In der Regel legt man den theoretischen Überlegungen eine fallende **Preis-Absatz-Funktion** zugrunde, womit unterstellt wird, dass die erzielbare Absatzmenge umso kleiner (grösser) ist, je grösser (kleiner) der Preis ist. ▶ Abb. 59 zeigt zwei verbreitete Auffassungen über den Verlauf der Preis-Absatz-Funktion. Formal lautet die Preis-Absatz-Funktion

(1) $x = f(p)$

---

1   Ein Markt wird als vollkommen bezeichnet, wenn folgende Merkmale gegeben sind, bzw. als unvollkommen, wenn mindestens eines davon nicht vorliegt:
   1. **Maximumprinzip:** Alle Marktteilnehmer handeln nach dem Maximumprinzip, d.h. die Käufer streben nach Nutzenmaximierung, die Unternehmer nach Gewinnmaximierung. Dabei werden bei der Preisbildung übergeordnete bzw. staatliche Eingriffe ausgeschlossen.
   2. Unendlich grosse **Reaktionsgeschwindigkeit:** Es treten keine zeitlichen Verzögerungen bei Preisanpassungen auf.
   3. **Homogenitätsbedingung:** Sowohl auf der Angebots- als auch auf der Nachfrageseite fehlen örtliche, persönliche oder sachliche Präferenzen.
   4. **Markttransparenz:** Es herrscht vollkommene Markttransparenz, d.h. beide Marktpartner sind vollkommen informiert.

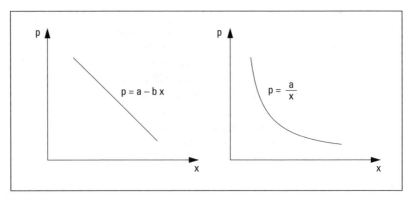

▲ Abb. 59   Preis-Absatz-Funktionen

wobei das Unternehmen häufig nicht den Angebotspreis p als unabhängige Variable betrachtet, sondern die Absatzmenge x. Die Preis-Absatz-Funktion lautet dann

(2) $p = g(x)$

Die verschiedenen Preis-Absatz-Funktionen lassen sich durch die **Preiselastizität der Nachfrage** (e) charakterisieren. Sie stellt einen zentralen Begriff der Preistheorie dar. Sie gibt an, wie sich die Nachfrage nach einem Gut verändert, wenn der Preis für dieses Gut um einen bestimmten Betrag erhöht oder gesenkt wird. Sie misst somit die Reaktion der Nachfrage auf Preisänderungen. Sie ist definiert als das Verhältnis der relativen (prozentualen) Änderung der Nachfrage x nach einem Produkt i zu der sie auslösenden relativen (prozentualen) Änderung des Preises p dieses Produktes i.

(3) $e = \dfrac{\text{relative Mengenänderung}}{\text{relative Preisänderung}} = \dfrac{\Delta x_i}{x_i} : \dfrac{\Delta p_i}{p_i} = \dfrac{\Delta x_i}{\Delta p_i} \cdot \dfrac{p_i}{x_i}$

Bei einer linear sinkenden Preis-Absatz-Funktion ist die Preiselastizität stets negativ:

(4) $e_{p_i, x_i} = \dfrac{p_i}{-b \, x_i}$

Die Kenntnis der Preiselastizität ist wichtig für die Beurteilung der Auswirkungen von Preisänderungen auf den (wertmässigen) Umsatz. Ausgehend von der Erlösgleichung

(5) $E(x) = p \, x$

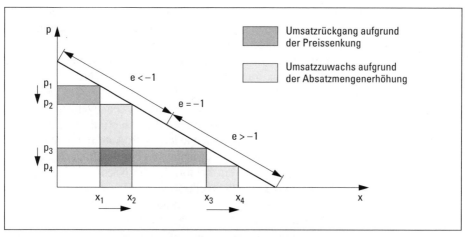

▲ Abb. 60   Preiselastizität der Nachfrage und Umsatz (Meffert u.a. 2008, S. 488)

Preis-änderung / Elastizität	e > −1	e = −1	e < −1
Preiserhöhung	Umsatzsteigerung	Umsatz konstant	Umsatzsenkung
Preissenkung	Umsatzsenkung	Umsatz konstant	Umsatzsteigerung

▲ Abb. 61   Zusammenhang zwischen Preisänderung und Preiselastizität

hängt die Veränderung des Umsatzes sowohl von der Veränderung des Preises als auch der Absatzmenge ab. ◄ Abb. 60 und 61 zeigen den Zusammenhang zwischen Umsatzveränderungen, Preiselastizität und Preisänderungen.

Im Rahmen der betrieblichen Preispolitik interessieren vor allem die **Bestimmungsfaktoren der Preiselastizität** der Nachfrage. Nach Meffert u.a. (2008, S. 490f.) verdienen die folgenden Determinanten besondere Beachtung:

1. Die **Verfügbarkeit von Substitutionsgütern** nimmt auf die Preiselastizität Einfluss. Kann ein Produkt nicht durch ein anderes ersetzt werden, so lässt dies auf eine relativ unelastische Nachfrage schliessen. Als Beispiel sei auf die Nachfrage nach Heizöl hingewiesen.
2. Neben der Verfügbarkeit wirkt die **Vergleichbarkeit** der Substitutionsgüter auf die Preiselastizität der Nachfrage. Können Nachfrager die Qualität der Produkte oder Dienstleistungen nur schwer vergleichen (z.B. Zahnarztbesuch) oder verfügen sie nur über beschränkte Kenntnisse bezüglich vorhandener Substitutionsprodukte, so nimmt die Preiselastizität ab, d.h. sie strebt gegen null.

3. Ein dritter Faktor, der die Preiselastizität bestimmt, ist die **«Leichtigkeit» der Nachfragebefriedigung**. Kann ein Bedürfnis leicht befriedigt werden, so ist die Nachfrage nach den entsprechenden Gütern unelastisch. Salz ist ein oft zitiertes Beispiel. Es ist unwahrscheinlich, dass selbst eine grosse Preisreduktion den Absatz stark erhöhen würde.

4. Ein vierter Faktor ist die **Dauerhaftigkeit des Gutes**. Der Kauf der meisten dauerhaften Güter kann aufgeschoben werden, wenn die Preise ungünstig sind. Die Dauerhaftigkeit wird deshalb oft als ein Faktor betrachtet, der die Nachfrage elastisch macht (z.B. Automobilkauf).

5. Als fünfte Determinante ist die **Dringlichkeit der Bedürfnisse** anzuführen. Hohe Dringlichkeit ist ein Faktor, der die Nachfrage weitgehend unelastisch macht (z.B. Medikamente).

6. Sechstens hat die **Vermarktung** des Produktes einen Einfluss auf die Preiselastizität. Insbesondere Werbung und Verkaufsförderungsmassnahmen, bei denen der Preis als Verkaufsargument in den Vordergrund gestellt wird, verstärken die Preiselastizität, da der Nachfrager auf den Preis sensibilisiert wurde und auf Preisänderungen stärker reagiert.

7. Schliesslich kann der **Preis eines Produktes** selbst die Preiselastizität bestimmen. So wird ein teures Konsumgut nur einen geringen Kundenkreis ansprechen. Eine merkliche Preisänderung eröffnet neue Märkte (z.B. bei Kühlschränken und Fernsehgeräten). Andererseits versprechen Güter mit relativ niedrigen absoluten Preisen (z.B. Schokolade) durch Preissenkungen nicht immer eine Eröffnung neuer Absatzchancen.

5.2.2.2	Marktformen

Um überhaupt preistheoretische Überlegungen anstellen zu können, muss ein Unternehmen seinen Markt genau kennen und abgrenzen. In der Preistheorie erfolgt deshalb üblicherweise eine Klassifikation von Märkten nach **Anzahl** und **Grösse** (gemessen am Marktanteil) der **Marktteilnehmer** auf der Angebots- und Nachfrageseite. Aufgrund der für beide Marktseiten möglichen drei Ausprägungen «viele kleine Marktteilnehmer», «wenige mittelgrosse Marktteilnehmer» und «ein grosser Marktteilnehmer» ergibt sich das bekannte morphologische **Marktformenschema** für vollkommene Märkte (▶ Abb. 62). Die atomistische Konkurrenz wird auch als **vollkommene Konkurrenz** bezeichnet.

Die Einteilung in ▶ Abb. 62 lässt sich entsprechend für unvollkommene Märkte umwandeln.[1] Die wichtigste Änderung betrifft die Verwendung des Begriffs **polypolistische** oder **monopolistische Konkurrenz** für den Fall

---

1   Für die Unterscheidung zwischen vollkommenen und unvollkommenen Märkten vgl. Abschnitt 5.2.1 «Preispolitisches Entscheidungsfeld» (Fussnote 1 auf Seite 185).

Anbieter / Nachfrager	viele kleine	wenige mittelgrosse	ein grosser
viele kleine	atomistische Konkurrenz	Angebots-Oligopol	Angebots-Monopol
wenige mittelgrosse	Nachfrage-Oligopol	bilaterales Oligopol	beschränktes Angebots-Monopol
ein grosser	Nachfrage-Monopol	beschränktes Nachfrage-Monopol	bilaterales Monopol

▲ Abb. 62   Morphologische Einteilung vollkommener Märkte

«viele kleine Anbieter und viele kleine Nachfrager auf einem unvollkommenen Markt».

Aufgrund dieser Einteilung der Märkte werden in der klassischen Preistheorie Modelle aufgestellt. Dabei wird meist von einem Unternehmen ausgegangen, das nur ein einzelnes Produkt produziert, und man versucht, das Preisoptimum auf mathematischem Wege zu bestimmen. Allerdings sind diese Modelle einerseits sehr komplex, andererseits vermögen sie die Preisbildung in der Praxis nur teilweise zu erklären, weil sie von vielen Annahmen ausgehen, die in der Wirklichkeit nicht oder nur selten anzutreffen sind.

5.2.3 | Praxisorientierte Preisbestimmung

Die Modelle der Preistheorie vermögen keine Entscheidungsgrundlagen zu liefern. Aus ihnen können höchstens allgemeine Aussagen abgeleitet werden, die gewisse Tendenzen erkennen lassen. In der Praxis hängt die Preisbestimmung stark von der Risikobereitschaft der Entscheidungsträger, dem Verhalten der Konkurrenz sowie der Preisstrategie und der Ausgestaltung der übrigen Marketing-Instrumente ab. Im Einzelfall können die folgenden Ausrichtungen bei der Preisbestimmung beobachtet werden:

- Kostenorientierung,
- Gewinnorientierung,
- Nachfrageorientierung,
- Konkurrenz- oder Branchenorientierung.

5.2.3.1	Kostenorientierte Preisbestimmung

Die kostenorientierte Preisbestimmung beruht auf der Kostenrechnung des Rechnungswesens. Grundsätzlich ergibt sich der Preis aus den Kosten und einem darauf berechneten Gewinnzuschlag. Der Anbieter fragt sich also, welchen Preis er verlangen muss, um erstens seine Selbstkosten decken und zweitens darüber hinaus einen Gewinn erwirtschaften zu können.

Die kostenorientierte Preisbildung ist für das Unternehmen bei der Bestimmung des für seine Existenz notwendigen Mindestpreises von grosser Bedeutung. Werden die Kosten durch den Preis nicht mehr gedeckt, gerät das Unternehmen früher oder später in Schwierigkeiten. Deshalb ist es wichtig zu wissen, wo seine (kostenorientierten) Preisuntergrenzen liegen:

- Die **langfristige Preisuntergrenze** liegt dort, wo der Preis sämtliche Kosten deckt. Dies ist dann der Fall, wenn der Preis gleich den totalen Stückkosten ist.
- Für die **kurzfristige Preisuntergrenze** gilt die Bedingung, dass der Preis den variablen Stückkosten entspricht. Die fixen Kosten werden also nicht gedeckt. Dieses Vorgehen ergibt sich aus der Überlegung, dass kurzfristig die Fixkosten nicht verändert werden können und diese somit ohnehin anfallen. Jeder Preis, der über den variablen Stückkosten angesetzt werden kann, bringt dann einen Beitrag zur Deckung der Fixkosten.

5.2.3.2	Gewinnorientierte Preisbestimmung

Bei der gewinnorientierten Preisbestimmung versucht das Unternehmen ein Gewinnziel anzugeben, von dem der Preis abgeleitet werden kann. Voraussetzung für dieses Verfahren ist allerdings, dass das Unternehmen neben dem angestrebten Gewinn

- den Verlauf der Gesamtkostenkurve[1] kennt und
- über genügend Produktionskapazitäten verfügt, um die dazu notwendige Absatzmenge herzustellen.

Oft ist das Unternehmen daran interessiert, die Auswirkungen unterschiedlicher Gewinnziele auf den Preis und auf die Kapazitätsauslastung (hergestellte Menge) zu kennen. Dazu wird häufig die so genannte **Gewinnschwellen-** oder **Break-even-Analyse** herangezogen, welche die Zusammenhänge zwischen den genannten Grössen aufzuzeigen vermag (▶ Abb. 63, die auf dem Beispiel in ▶ Abb. 64 beruht).

---

1 Vgl. Teil 4, Kapitel 4 «Produktions- und Kostentheorie».

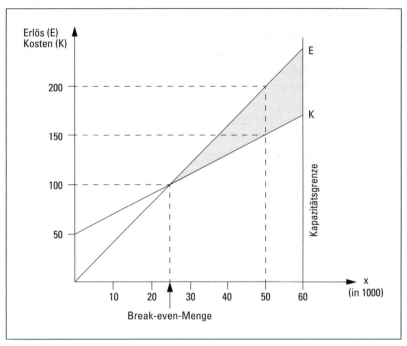

▲ Abb. 63   Break-even-Analyse

Die Break-even-Analyse geht in der Regel von linearen Gesamtkosten- und Erlöskurven aus. Ausgangspunkt bildet die Grundgleichung:

(1) Periodengewinn (G) = Periodenerlös (E) – Periodenkosten (K)

Im Break-even-Punkt ist G gleich null, d.h. es wird weder ein Gewinn noch ein Verlust erzielt, die Kosten werden durch den Erlös genau gedeckt.

Im Falle eines Unternehmens mit einem Produkt und einem linearen Kostenverlauf kann Gleichung (1) wie folgt geschrieben werden:

(2) $G = p \, x - k_{var} \, x - K_{fix}$

wobei p den Preis (Stückerlös) und x die produzierte Menge darstellt, von der angenommen wird, dass sie auch abgesetzt werden kann. Sie dient daneben zur Messung der Kapazitätsauslastung, wenn sie zur maximalen Unternehmenskapazität, die aufgrund der maximal produzierbaren Menge während der betrachteten Periode gemessen wird, in Beziehung gesetzt wird. Die variablen Stückkosten k_{var} stellen wegen des linearen Kostenverlaufs gleichzeitig auch die Grenzkosten dar, während K_{fix} die gesamten Fixkosten umfasst.[1] Gleichung (2) kann nun übergeführt werden in:

---

1   Zu den verschiedenen Kostenbegriffen vgl. Teil 5, Kapitel 3, Abschnitt 3.5 «Kosten als Entscheidungsgrundlagen».

(3) $\quad G = x \, (p - k_{var}) - K_{fix}$

Da $(p - k_{var})$ dem absoluten Bruttogewinnzuschlag (auch Deckungsbeitrag pro Stück genannt) entspricht, ist der Bruttogewinn G abhängig von der abgesetzten Menge x bzw. der Kapazitätsauslastung, dem Bruttogewinnzuschlag und den Fixkosten. Der Preis kann wie folgt berechnet werden:

$$(4) \quad p = \frac{G + K_{fix}}{x} + k_{var}$$

Dieses Verfahren ist jedoch mit einem schwerwiegenden Mangel behaftet. Der Preis wird nämlich aufgrund des geschätzten Absatzes bestimmt, obschon der Absatz wiederum vom Preis abhängt. Es handelt sich damit um einen Zirkelschluss. Die Nachfrageseite, insbesondere die Elastizität der Nachfragefunktion, wird bei diesem Preissetzungsverfahren nicht berücksichtigt. Der festgesetzte Preis kann zu hoch oder zu tief angesetzt sein, um die produzierte Menge aufgrund des geschätzten Absatzes verkaufen zu können.

Ausgangslage

- Maximale Produktionskapazität pro Periode: 60 000 Stück
- Fixkosten pro Periode (K_{fix}):   50 000 Fr.
- variable Kosten pro Stück (k_{var}):   2 Fr.
- Gewinnziel: 50 000 Fr.

Fragen und Lösungen

a) Das Unternehmen schätzt den Absatz der nächsten Periode auf 50 000 Stück. Wie hoch muss es den Preis festsetzen?

$$p = \frac{G + K_{fix}}{x} + k_{var} = \frac{50\,000 \text{ Fr.} + 50\,000 \text{ Fr.}}{50\,000 \text{ Stück}} + 2 \text{ Fr.} = 4 \text{ Fr./Stück}$$

b) Wie stark darf die abgesetzte Menge zurückgehen, bis ein Verlust eintritt?

$$x = \frac{G + K_{fix}}{p - k_{var}} = \frac{0 + 50\,000 \text{ Fr.}}{4 \text{ Fr.} - 2 \text{ Fr.}} = 25\,000 \text{ [Stück]}$$

Das Unternehmen muss somit mehr als 25 000 Stück produzieren, um einen Gewinn zu erzielen (◄ Abb. 63).

c) Wie stark darf der Bruttogewinnzuschlag verkleinert werden, damit – ohne einen Verlust einstecken zu müssen – ein drohender Absatzrückgang über eine Preissenkung aufgefangen werden kann?

$$p - k_{var} = \frac{G + K_{fix}}{x} = \frac{0 + 50\,000 \text{ Fr.}}{50\,000 \text{ Stück}} = 1 \text{ Fr./Stück}$$

Der kritische Preis liegt bei 3 Fr.; mit diesem Preis kann das Unternehmen die geplante Kapazitätsauslastung von 50 000 Stück aufrechterhalten, wobei es weder einen Gewinn noch einen Verlust erzielt.

▲ Abb. 64   Beispiel einer Break-even-Analyse

| 5.2.3.3 | Nachfrageorientierte Preisbestimmung (Wertprinzip) |

Grundlage der nachfrageorientierten Preisfestsetzung sind nicht die Kosten des Verkäufers, sondern der vom Käufer subjektiv empfundene Wert eines Produktes. Das Unternehmen orientiert sich an den Marktdaten bzw. Nachfrageverhältnissen. Es muss sich dabei nach Meffert (2000, S. 527) folgende Fragen stellen:

- Wie schätzt der Verbraucher das Produkt ein?
- Welchen Ruf besitzt der Anbieter, Hersteller oder Händler? Wie hoch ist sein akquisitorisches Potenzial?
- Welchen Preis ist der Käufer bereit zu zahlen?
- Welche Spannen fordern Gross- und Einzelhandel, damit sie das Erzeugnis in ihr Sortiment aufnehmen und sich für den Absatz einsetzen?
- Besteht ein autonomer oder reaktionsfreier preispolitischer Bereich?
- Empfiehlt es sich, einen «gebrochenen» (z.B. 1,95 Fr.) oder einen «runden» (z.B. 2,– Fr.) Preis zu wählen?
- Empfiehlt es sich, eine neue Preislage zu schaffen, die über, unter oder zwischen der bisherigen liegt, wobei Qualität und Image des Produktes eine wichtige Rolle spielen?

Je grösser die Nutzenerwartung des Konsumenten für ein Produkt ist, umso höher wird dieses Produkt im Vergleich zur Konkurrenz bewertet. Dies äussert sich wiederum in einer hohen Nachfrage und erlaubt es dem Unternehmen, einen hohen Preis zu verlangen. Ein Problem ist bei dieser Art der Preisbestimmung, den effektiven Nutzen bzw. die Nutzenerwartung der Konsumenten zu messen. Hier können Preis-Markttests wertvolle Hinweise geben.

| 5.2.3.4 | Konkurrenz- und branchenorientierte Preisbestimmung |

Bei der konkurrenzorientierten Preisbestimmung richtet sich das Unternehmen nach den Preisen der Konkurrenz. Damit besteht weder ein festes Verhältnis zwischen Preis und Nachfrage noch zwischen Preis und Kosten. Der eigene Preis wird entweder in gleicher Höhe wie der Konkurrenzpreis (= Leitpreis) oder mit einer bestimmten Abweichung (höher oder tiefer) angesetzt. Der einmal festgelegte Preis wird so lange beibehalten, bis der Leitpreis geändert wird, unabhängig von der jeweiligen Nachfrage- und Kostensituation.

Vielfach orientiert sich ein Unternehmen am **Branchenpreis**. Diese Verhaltensweise kann damit begründet werden, dass es schwierig und aufwendig ist, die tatsächlich anfallenden Kosten für ein Produkt zu ermitteln. Zudem wird das Risiko insofern minimiert, als keine unvorhergesehenen Reaktionen der Konkurrenz oder der Konsumenten, wie dies bei einer aktiven Preispolitik möglich wäre, auftreten. Auch wird ein Preiskampf praktisch ausgeschlossen, bei dem über einen immer tieferen Preis Marktanteile gewonnen werden wollen (ruinöser Wettbewerb).

Die konkurrenzorientierte Preisbildung findet man oft auf Märkten mit homogenen Gütern (z.B. Rohstoffe, Nahrungsmittel) und/oder oligopolistischer oder atomistischer Konkurrenz. Im Falle des Oligopols sieht sich das Unternehmen bei einer Senkung des Leitpreises durch den Marktführer gezwungen, seinen Preis ebenfalls zu senken, um keine Marktanteile zu verlieren. Eine alleinige Preiserhöhung wird dagegen kaum vorgenommen, da sich das betreffende Unternehmen sonst einer kleineren Nachfrage gegenübergestellt sieht. Bei der atomistischen Konkurrenz hat das einzelne Unternehmen praktisch überhaupt keine Möglichkeit, mit einer aktiven Preispolitik vom Gleichgewichtspreis – der sich aus der Nachfrage und dem Angebot ergibt – abzuweichen.

Eine besondere Form der konkurrenzorientierten Preisbildung ist die **Preisführerschaft.** Bei dieser besteht ein von der Branche anerkannter Preisführer, dem sich die übrigen Unternehmen bei Preisveränderungen sofort anschliessen (z.B. Preis für Benzin). Während diese Form nur informell besteht, handelt es sich beim **Preiskartell** um eine vertragliche Abmachung, an welche die Vertragsparteien gebunden sind.[1]

5.2.4	Preisdifferenzierung

> Eine **Preisdifferenzierung** liegt immer dann vor, wenn ein Unternehmen aufgrund bestimmter Kriterien das gleiche Produkt an verschiedene Konsumenten zu unterschiedlichen Preisen verkauft.

Mit dieser Strategie wird versucht, durch Bildung von Teilmärkten den Gesamtgewinn zu vergrössern. Allerdings ist jede Preisdifferenzierung an folgende Voraussetzungen gebunden:

- Es muss möglich sein, die Nachfrager in Gruppen einzuteilen, die sich nach bestimmten Merkmalen voneinander unterscheiden (Marktsegmentierung). Zudem müssen sich diese Käufergruppen isolieren lassen und eine unterschiedliche Preiselastizität aufweisen.
- Die Märkte müssen unvollkommen sein, sonst würden alle Käufer wegen der Markttransparenz zum niedrigsten Preis kaufen.
- Das Unternehmen muss eine – zumindest in gewissen Grenzen – von links oben nach rechts unten fallende Nachfragekurve aufweisen.

---

1   Zum Preiskartell vgl. Teil 1, Kapitel 2, Abschnitt 2.7.3.3 «Kartell».

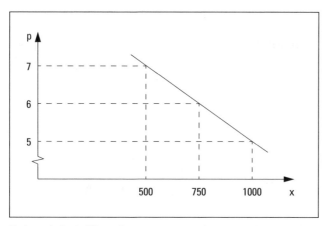

▲ Abb. 65   Horizontale Preisdifferenzierung

Unterschieden werden kann zwischen horizontaler und vertikaler Preisdifferenzierung. Eine **horizontale Preisdifferenzierung** wird dadurch erreicht, dass der Gesamtmarkt in mehrere, in sich gleiche Käuferschichten unterteilt wird. Da die Käufer jeder Schicht bereit sind, für ein bestimmtes Produkt entweder einen höheren oder tieferen Preis als die Käufer einer anderen Gruppe zu bezahlen, kann das Unternehmen den Preis gemäss den Wert- und Nutzenvorstellungen jeder Käuferschicht festlegen. ◄ Abb. 65 zeigt eine Preisdifferenzierung mit drei Käufergruppen.

Unter Verwendung der Zahlen in ◄ Abb. 65 werden folgende Zusammenhänge ersichtlich, wenn die Stückkosten bei der Herstellung von 1000 Einheiten 4,50 Fr. pro Stück betragen:

1. **Ohne** Preisdifferenzierung können 1000 Stück à 5 Fr. abgesetzt werden. Der Gesamterlös würde 5000 Fr. betragen, der Gesamtgewinn 500 Fr.

2. **Mit** Preisdifferenzierung sieht die Rechnung wie folgt aus:
   - Käuferschicht 1: 500 Stück à 7 Fr., Erlös 3500 Fr., Gewinn 1250 Fr.
   - Käuferschicht 2: 250 Stück à 6 Fr., Erlös 1500 Fr., Gewinn 375 Fr.
   - Käuferschicht 3: 250 Stück à 5 Fr., Erlös 1250 Fr., Gewinn 125 Fr.

   Damit ergibt sich bei einer gleich grossen Absatzmenge wie im ersten Fall ein Gesamtgewinn von 1750 Fr.

Bei der **vertikalen Preisdifferenzierung** wird der Gesamtmarkt in einzelne Teilmärkte zerlegt, wobei sich auf jedem Teilmarkt Käufer aller oder zumindest mehrerer Preisschichten befinden. Auf diesen Teilmärkten können dann unterschiedliche Preise festgelegt werden. Eine solche Preisdifferenzierung ist beispielsweise dann möglich, wenn die Elastizität der Nachfrage auf dem Inlandmarkt und dem Auslandmarkt bei gleichem Preis unterschiedlich ist. Dies bedeutet, dass der Verlauf der Preis-Absatz-Funktion auf den beiden Teilmärkten unterschiedlich steil verläuft (▶ Abb. 66).

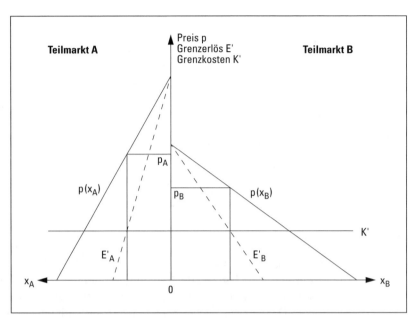

▲ Abb. 66   Vertikale Preisdifferenzierung

Nach dem Merkmal, das einer Preisdifferenzierung zugrunde liegt,
können folgende **Arten der Preisdifferenzierung** unterschieden werden:

1. **Räumliche Preisdifferenzierung:** Bei der Differenzierung nach Absatz-
   gebieten erfolgt eine regionale Marktaufspaltung. Bekannt ist vor allem
   die Unterteilung in einen Inland- und Auslandmarkt im internationalen
   Handel. Die Exportpreise können entweder über oder unter den einhei-
   mischen Preisen angesetzt werden. Sind die Exportpreise im Vergleich
   zu den Preisen der Produzenten des Importlandes sehr tief und werden
   diese Preise als unlauter empfunden, so spricht man von **Dumping-
   preisen.**

2. **Zeitliche Differenzierung:** Für das gleiche Produkt werden zu verschiedenen Zeiten unterschiedliche Preise verlangt. Eine solche Preisdifferenzierung nach dem Bestellzeitpunkt ist dann möglich, wenn die
   Dringlichkeit der Nachfrage zu verschiedenen Tages- oder Jahreszeiten
   unterschiedlich gross ist. Der Sinn der Preisdifferenzierung besteht darin, die schwankende Auslastung der Kapazitäten oder eine Produktion
   auf Vorrat, sofern dies überhaupt möglich ist, zu vermeiden, indem die
   Absatzschwankungen ausgeglichen werden. Bekannte Beispiele sind
   die Telefongebühren für Tages- und Nachtgespräche, verbilligte Strom-
   gebühren während der Nachtzeit, günstige Hotelangebote in der Zwi-
   schensaison, Kleiderausverkäufe am Ende einer Saison.

3. **Preisdifferenzierungen nach Abnahmemenge:** Wird eine bestimmte Abnahmemenge – vielfach während einer im Voraus festgelegten Zeitperiode – übertroffen, so wird nachträglich ein Rabatt (Bonus) gewährt. Dadurch soll der Kunde zu einem hohen Abnahmevolumen motiviert werden. Diese Form der Preisdifferenzierung lässt sich sowohl bei verschiedenen Arten von Produkten (Esswaren, Repetierfaktoren) als auch auf verschiedenen Absatzstufen (Produzent, Grosshändler, Einzelhändler, Endverbraucher) beobachten.

4. **Preisdifferenzierung nach Auftragsgrösse:** Je nachdem wie gross ein einzelner Auftrag ist, fällt auch der Preis unterschiedlich hoch aus: Je höher die bezogene Menge, umso kleiner der Preis. Beispiele sind die Gewährung von gestaffelten Mengenrabatten (z.B. bei Papier, Getränken) oder von Spezialtarifen für Grossabnehmer (z.B. Strom, Gas, Wasser). Diese Preisdifferenzierung hat ihren Grund darin, dass die Lieferung grösserer Mengen kostengünstiger ist.

5. **Preisdifferenzierung nach Absatzweg und Absatzorgan:** Es wurde bereits bei der Distributionspolitik angedeutet, dass die Absatzmethode einen Einfluss auf den jeweiligen Preis hat. Werden verschiedene Absatzkanäle eingesetzt, so ergibt sich in der Regel automatisch eine Preisdifferenzierung. Gemäss der Unterteilung der Absatzmethode in Absatzweg und Absatzorgan kann eine Preisdifferenzierung zwischen direktem Verkauf (z.B. ab Fabrik), Grosshandel und Einzelhandel sowie eine Preisdifferenzierung nach der Art des Geschäftes (Discountgeschäft, Warenhaus, Fachgeschäft) vorgenommen werden. Vielfach ist mit dieser Art von Preisdifferenzierung die Produktpolitik eng verbunden (z.B. unterschiedlicher Kundendienst, Verwendung unterschiedlicher Verpackungen und Markierungen).

6. **Preisdifferenzierung nach Kundengruppen:** Oft erfolgt eine Preisdifferenzierung nach verschiedenen Gruppen, deren Käufer jeweils ein ganz bestimmtes Merkmal aufweisen. Beispielsweise werden Studenten, AHV-Berechtigten, Mitgliedern eines Vereins oder Aktionären tiefere Preise gewährt. Oft werden die angebotenen Leistungen durch bestimmte Bedingungen eingeschränkt (z.B. Gültigkeit nur zu bestimmten Zeiten).

5.2.5	**Preisgestaltung im Produkt-Mix**

Vielfach ist ein Produkt in eine Produktlinie integriert und ist ein Bestandteil eines gesamten Produkt-Mix. In diesem Falle muss das Unternehmen einige der bisher gemachten Überlegungen modifizieren. Es kann bei der Gestaltung eines sinnvollen Preisbündels verschiedene Wege einschlagen:

1. **Mischkalkulation:** Das Sortiment umfasst Produkte, die keine volle Kostendeckung oder nur einen geringen Gewinnaufschlag zulassen, während andere Produkte mit einem höheren Gewinnaufschlag verkauft werden. Dadurch soll in einem ausgeglichenen Sortiment, das sich gesamthaft möglichst optimal an den Marktchancen orientiert, ein preispolitischer Ausgleich geschaffen werden. Dieses Verhalten wird als «kalkulatorischer Ausgleich» bezeichnet. Einzelne Produkte werden auch verbilligt in der Absicht, Kunden anzuziehen und sie zum Kauf von anderen Produkten mit normalen Gewinnzuschlägen zu bewegen (Beispiel: Ein Einkaufszentrum verkauft sehr billiges Benzin).

2. **Produktlinienpreisgestaltung:** Innerhalb einer Produktlinie müssen die einzelnen Produktpreise aufeinander abgestimmt werden. Es stellt sich dabei einerseits die Frage, wie gross die Preisdifferenzen zwischen den verschiedenen Modellklassen sein sollen und andererseits, mit welchen Preisen die Ausführungen einer bestimmten Modellklasse zu versehen sind. Oft kann beispielsweise durch eine minimale Produktmodifikation (z.B. Änderung der Farbe) bei entsprechender Nachfrage ein Aufpreis von 5% erhoben werden, obwohl diese Änderung in den Produktionskosten vielleicht nur 1% ausmacht.

3. **Preisgestaltung Komplementärprodukte:** Es gibt zahlreiche Produkte, welche nur im Zusammenhang mit der Verwendung zusätzlicher, komplementärer Produkte genutzt werden können (Beispiel: Tintenstrahldrucker und Tintenpatronen derselben Marke). Dieser Umstand kann ausgenützt werden, indem das Hauptprodukt billig verkauft wird, um dann die Gewinne vor allem über den Verkauf der Komplementärprodukte zu realisieren.

4. **Preisgestaltung Kuppelprodukte:** Besonders bei der Herstellung von Fertignahrung, in der Erdölverarbeitung und in der Chemie sowie in anderen Industriezweigen fallen bei der Produktion Nebenprodukte an. Wenn diese keinen Wert haben oder gar Kosten verursachen, beeinflussen sie die Kosten der Hauptprodukte. Das Unternehmen wird deshalb versuchen, einen Markt für diese Nebenprodukte zu finden, um durch deren Verkauf die Hauptprodukte vom Konkurrenzdruck zu entlasten.

5.3 Rabattpolitik

> **Rabatte** sind Preisnachlässe, die der Hersteller (oder der Handel) für bestimmte Leistungen des Abnehmers gewährt.

Da durch die Rabatte der Preis verändert wird, den der Kunde tatsächlich zu bezahlen hat, stellt die Rabattpolitik ein Mittel der Preisvariation dar. Mit der Rabattpolitik können die folgenden **Ziele** verfolgt werden:

- Umsatz- bzw. Absatzausweitung,
- Erhöhung der Kundentreue (Kundenbindung),
- Rationalisierung der Auftragsabwicklung,
- Steuerung der zeitlichen Verteilung des Auftragseinganges,
- Sicherung des Images exklusiver und teurer Güter bei gleichzeitiger Möglichkeit, diese preiswert anzubieten.

In der Praxis werden verschiedene **Rabattsysteme** angewandt, um diese Ziele zu erreichen. Diese Systeme können unter drei Aspekten betrachtet werden:

1. Funktion des Rabattes,
2. Absatzstufe, an die der Rabatt gewährt wird,
3. Art der Verrechnung des Rabattes.

► Abb. 67 zeigt eine Einteilung aufgrund der beiden ersten Kriterien. Die **Art der Verrechnung** kann nicht nur wert-, sondern auch mengenmässig erfolgen. Bei einem wertmässigen Mengenrabatt reduziert der Anbieter seinen Preis um einen bestimmten Prozentsatz, sei es auf der bestellten Gesamtmenge oder nur auf dem eine bestimmte Menge übersteigenden Teil einer Bestellung. Mengenmässige Rabatte, auch Naturalrabatte genannt, sind entweder «Dreingaben» oder «Draufgaben» von Produkten der gleichen Art und Qualität.

- Bei **Draufgaben** werden zusätzliche Mengen geliefert, die der Lieferant nicht verrechnet.
- Bei der **Dreingabe** hingegen wird ein Teil der bestellten Menge nicht verrechnet.

Bestellt ein Kunde beispielsweise 100 Einheiten, muss er bei einer Dreingabe nur 90 Einheiten bezahlen, während er bei einer Draufgabe 110 Einheiten zum Preis von 100 Einheiten erhält.

Auf Verbraucherebene ist die Kundenkarte – z.B. Cumulus (Migros), Supercard (Coop) – zu einem beliebten Instrument der Rabattpolitik geworden. Der Kunde erhält je nach Gestaltung der Karte umso mehr Rabatt (Prämienpunkte), je öfter er die Karte nutzt. Der Händler gewinnt nicht nur eine höhere Kundenloyalität, sondern erhält vor allem detaillierte Daten über das Einkaufsverhalten seiner Kunden.

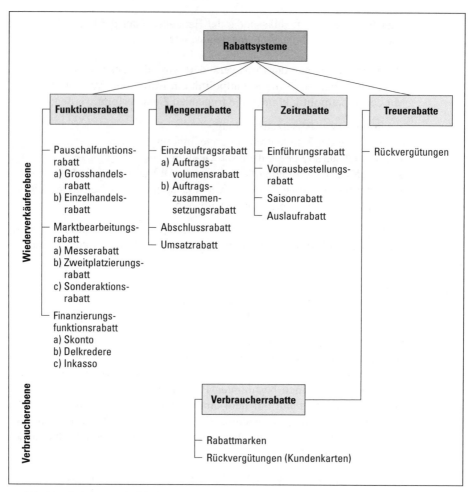

▲ Abb. 67   Rabatte auf der Wiederverkäufer- und Verbraucherebene (nach Meffert 2000, S. 586)

Kapitel 6

Kommunikationspolitik

6.1 Kommunikationspolitisches Entscheidungsfeld

Die Kommunikationspolitik erfüllt im Rahmen des Marketings eine wichtige Aufgabe. Es genügt nämlich nicht, ein gutes Produkt zu entwickeln, die dazu passenden Konditionen festzulegen und die entsprechende Absatzmethode auszuwählen. Das Unternehmen muss seinen potenziellen Kunden auch mitteilen, zu welchen Bedingungen oder an welchen Orten sie ein bestimmtes Gut oder eine bestimmte Dienstleistung beschaffen können. Gerade in einem Käufermarkt spielt es eine entscheidende Rolle, dass der potenzielle Abnehmer über das Angebot eines Unternehmens genau informiert wird.

Eine solche Kommunikation, die als Informationsaustausch allen Kauf- und Verkaufsentscheidungen vorausgeht, darf sich aber nicht nur auf ein bestimmtes Produkt oder den potenziellen Abnehmer beschränken. Wie bereits ausführlich dargelegt, ist das Unternehmen von einer komplexen Umwelt umgeben, mit der es in ständiger Kommunikation steht.[1] Diese umfasst alle Institutionen, mit denen das Unternehmen – in der Gegenwart oder in der Zukunft – geschäftliche Beziehungen pflegt oder die einen Einfluss auf das Unternehmen ausüben können.

---

1 Vgl. Teil 1, Kapitel 1, Abschnitt 1.2.5 «Umwelt des Unternehmens».

> Ziel der **Kommunikationspolitik** ist es somit, Informationen über Produkte und das Unternehmen den gegenwärtigen und potenziellen Kunden sowie der am Unternehmen interessierten Öffentlichkeit zu übermitteln, um optimale Voraussetzungen (z.B. Markttransparenz, Schaffung von Entscheidungsgrundlagen) zur Befriedigung von Bedürfnissen zu schaffen.

Im Rahmen der Kommunikationspolitik stehen insbesondere folgende Fragen im Vordergrund:

- **Kommunikationssubjekt:** Mit wem wollen wir kommunizieren?
- **Kommunikationsobjekt:** Was wollen wir mitteilen? Handelt es sich zum Beispiel um einzelne Produkte oder um das Unternehmen als Ganzes?
- **Kommunikationsprozess:** Welches Vorgehen wählen wir, um mit unseren Kommunikationspartnern zu kommunizieren? Wie sollen die Kommunikationsbeziehungen gestaltet werden?

Den nachstehenden Ausführungen zur Kommunikationspolitik liegt folgende Einteilung zugrunde:

- Public Relations,
- Werbung,
- Verkaufsförderung,
- persönlicher Verkauf,
- Sponsoring, Product Placement und Testimonial.

6.2   Public Relations

Mit Public Relations oder Öffentlichkeitsarbeit wird versucht, ein Bild zu vermitteln, das eine Beurteilung des Unternehmens als Ganzes erlaubt.

> Die **Public Relations** vermitteln allgemeine Informationen über die unternehmerischen Tätigkeiten und deren Resultate. Sie wollen damit ein Vertrauensverhältnis schaffen, das die zukünftigen Beziehungen zwischen dem Unternehmen und möglichen Partnern oder sonstigen Interessengruppen erleichtert.

Als **Kommunikationssubjekte** kommt die ganze Umwelt in Frage, d.h. alle möglichen Personen, Gruppen und Organisationen, die in einer vorhandenen oder zukünftigen Beziehung mit dem Unternehmen stehen oder stehen werden. Die Umwelt wird neben Kunden auch Lieferanten, Absatzmittler der eigenen Produkte, Eigen- und Fremdkapitalgeber, Mitarbeiter, Behörden und Verbände umfassen.

In erster Linie wird es darum gehen, das Unternehmen und seine Tätigkeiten zu beschreiben. Daneben wird vielfach auf die Bedeutung des Unternehmens für eine bestimmte Region oder Institution aufmerksam gemacht. Der **Kommunikationsinhalt** kann dann beispielsweise folgende Bereiche betreffen:

- Wirtschaft (als Steuerzahler),
- Gesellschaft (als Arbeitgeber),
- Kultur (als Sponsor),
- wissenschaftliche Entwicklung (Forschungsprojekte),
- Umwelt (Umweltschutzbemühungen).

Zur Gestaltung der **Kommunikationsbeziehungen** kommen verschiedene Massnahmen in Betracht, je nachdem, welche Aspekte und welche Kommunikationssubjekte im Vordergrund stehen.[1] Beispielhaft können genannt werden:

- Publikation von Informationen über das Unternehmen in Zeitungen und Zeitschriften,
- Pressekonferenzen anlässlich wichtiger Ereignisse (Jahresabschluss, Neuentwicklungen),
- Betriebsbesichtigungen,
- Geschäftsberichte, Firmenbroschüren,
- Auftreten als Sponsor von sportlichen und kulturellen Veranstaltungen,
- Ausschreiben von Wettbewerben,
- Unterstützung öffentlicher Forschungsprojekte,
- Beiträge an gemeinnützige Institutionen.

6.3	Werbung
6.3.1	Funktionen der Werbung

Mit dem Begriff Werbung sind sehr viele Vorstellungen, Meinungen und Vorurteile verbunden. Dies nicht zuletzt deshalb, weil jedermann täglich und an verschiedenen Orten in unterschiedlicher Weise mit Werbung in Berührung kommt. Sie ist sozusagen das «am besten sichtbare Instrument» des gesamten Marketing-Instrumentariums, woraus aber nicht unbedingt geschlossen werden kann, dass es auch das wichtigste sei.

Im Vordergrund steht zunächst die Frage, welche **Funktion** der Werbung bei der Kommunikation zwischen Produzent, Händler und Konsument zukommt. Je nach Standpunkt und Wertvorstellungen reichen dabei die Antworten von Manipulation über Beeinflussung und Überzeugung bis zur reinen Information des Konsumenten. Aus betriebswirtschaftlicher Sicht

---

1   Vgl. dazu auch die Prinzipien der Öffentlichkeitsarbeit in Teil 11, Kapitel 5, Abschnitt 5.5.2 «Kommunikatives Handeln».

ist Werbung in erster Linie ein Element der Kommunikationspolitik, die ihrerseits wieder einen Teil des Marketing-Konzepts bildet.

> Der **Werbung** kommt die Aufgabe zu, Informationen über Existenz, Eigenschaften, Erhältlichkeit und Bezugsbedingungen (Preis) von Produkten und Dienstleistungen zu vermitteln.

Solche Informationen dienen dem potenziellen Kunden, um

- die Übereinstimmung zwischen seinem Bedarf und einem konkreten Angebot zu überprüfen,
- sich über das Produkt zu informieren, ohne das Produkt konkret vor sich haben zu müssen, und damit einen Vorentscheid treffen zu können (Vorselektion),
- auf ein Produkt aufmerksam zu werden, für das er zwar einen Bedarf hat, auf das er aber ohne Werbung nicht gestossen wäre,
- unterschiedliche Angebote vergleichen zu können (Markttransparenz).

Dass der Werbung nicht nur betriebswirtschaftlich, sondern auch volkswirtschaftlich eine grosse Bedeutung zukommt, wird aus ▶ Abb. 68 ersichtlich.

Werbemedium	2001	2002	2003	2004	2005	2006
Presse						
■ Tages-, regionale Wochen-, Sonntagspresse	1	1 861	1 646	1 638	1 615	1 688
■ Publikums-, Finanz- und Wirtschaftspresse	1	307	281	283	294	290
■ Spezialpresse	1	245	248	245	257	263
■ Fachpresse	1	133	127	127	133	128
Total Presse	2 886	2 547	2 302	2 294	2 299	2 369
Kino	40[3]	38	38	41	37	37
Radio (inkl. Sponsoring)	129	129	127	133	142	138
Fernsehen (inkl. Sponsoring)	494	527[2]	533	570	588	615
Teletext	14	14	13	13	10	8
Aussenwerbung	603	571	566	570	559	598
Adressbücher	155	181	194	201	209	211
Messen und Ausstellungen	235	243	239	253	257	345[4]
Total erhobene Werte	4 556	4 250	4 012	4 075	4 101	4 319
Direktwerbung	1 109	1 140	1 111	1 248	1 275	1 313
Gesamt-Total	**5 665**	**5 390**	**5 123**	**5 323**	**5 376**	**5 632**[4]

1 Nicht mit Vorjahr vergleichbar, da neue Pressetypologie ab 2002
2 Nicht mit Vorjahr vergleichbar, da bis 2001 im Umsatz der öffentlich-rechtlichen Sender die Beraterkommission nicht enthalten ist
3 Nicht mit Vorjahr vergleichbar, da nicht von allen Anbietern Umsatzmeldungen vorhanden sind
4 Nicht vergleichbar mit dem Vorjahr, da bei den Messen und Ausstellungen mehr Veranstalter ihre Umsätze meldeten
Beträge in Mio. Fr. (gerundet)

▲ Abb. 68   Netto-Werbeumsätze Schweiz, ohne Produktionskosten
(Stiftung Werbestatistik Schweiz, www.wemf.ch/de/pdf/NWU_2006.pdf 17.4.2007)

6.3.2	Werbekonzept

Bei der Ausgestaltung der Kommunikation zwischen Werbendem und Werbeempfänger geht es um die Festlegung des Werbekonzepts, das sich aus folgenden Elementen zusammensetzt:[1]

1. **Werbeobjekt:** Ausgangspunkt eines Werbekonzepts bildet das Produkt, für das die Werbung gemacht werden soll.
2. **Werbesubjekt:** Anschliessend geht es darum, die Werbesubjekte, d.h. die **Zielgruppe** festzulegen, auf die sich die Werbung auszurichten hat.
3. **Werbeziele:** Danach werden die Werbeziele bestimmt, die es zu erreichen gilt und auf die sich die folgenden Entscheidungen auszurichten haben. Sie müssen in Einklang mit der Zielgruppe und den Marketing-Zielen sowie den übrigen Marketing-Instrumenten stehen.
4. **Werbebotschaft:** Mit der Werbebotschaft wird der konkrete Inhalt, die Aussage der Werbung festgelegt.
5. **Werbemedien:** Die Werbemedien dienen dazu, durch den Einsatz von geeigneten Mitteln die Werbeziele zu erreichen. Dabei kann zwischen **Werbeträgern** und **Werbemitteln** unterschieden werden.
6. **Werbeperiode:** Bei der Planung der Werbeperiode wird es einerseits um die Festlegung der gesamten Zeitdauer des Werbeeinsatzes gehen, andererseits auch um die zeitliche Verteilung der Werbung innerhalb einer bestimmten Periode.
7. **Werbeort:** Bei der Festlegung des Werbeortes geht es um die räumliche Abgrenzung der Werbung, d.h. um die Frage, in welchem Gebiet die Werbung durchgeführt werden soll.
8. **Werbebudget:** Schliesslich können die finanziellen Auswirkungen eines konkreten Werbekonzepts in einem Werbebudget zusammengefasst werden.

Das Werbekonzept ist so zu gestalten, dass damit die maximal mögliche Wirkung erreicht wird. Dabei ist zu berücksichtigen, dass der potenzielle Käufer verschiedene Wirkungsphasen durchläuft. Das bekannteste Wirkungsmodell ist der **AIDA-Ansatz,** bei dem der Umworbene der Reihe nach folgende Phasen durchläuft:

1. **A**ttention (Aufmerksamkeit),
2. **I**nterest (Interesse),
3. **D**esire (Wunsch),
4. **A**ction (Handeln).

---

1 Dieses formale Schema kann auch für die Public Relations übernommen werden.

6.3.2.1	Zielgruppe

Die Aufgabe der Zielgruppenbestimmung besteht darin, jene Personen zu bestimmen, bei denen ein Bedürfnis für das Werbeobjekt vorhanden ist und die auch bereit und fähig sind, dieses Bedürfnis mit ihrer Kaufkraft zu decken. Nach der Intensität der Werbewirkung können die im Zusammenhang mit der Werbung relevanten Personen in folgende Gruppen eingeteilt werden:

1. **Werbeadressaten:** eigentliche Zielgruppe, auf die die Werbung ausgerichtet ist.
2. **Werbeberührte:** Gruppe, die mit der Werbung in Kontakt gekommen und somit von der Werbung erreicht worden ist.
3. **Werbebeeindruckte:** Gruppe, welche die Werbung bewusst oder unbewusst wahrgenommen hat.
4. **Werbeerinnerer:** Anteil der Werbeberührten, welcher sich an das Werbeobjekt und seine Eigenschaften auch zu einem späteren Zeitpunkt erinnern kann (aktiv oder passiv).
5. **Werbeagierer:** Anteil der Werbebeeindruckten, der das Werbeobjekt auch tatsächlich kauft.
6. **Werbeweitervermittler:** Anteil der Werbebeeindruckten, der das Werbeobjekt selber nicht kauft (weil vielleicht kein Bedarf vorhanden ist), aber die Werbung weitervermittelt.

Wie ▶ Abb. 69 zum Ausdruck bringt, gibt es einige Überlappungen dieser verschiedenen Gruppen. Zu beachten ist auch, dass in der Regel nur ein Teil der Zielgruppe mit der Werbung erfasst wird und dadurch entsprechend grosse **Streuverluste** auftreten. Allerdings wäre es nicht wirtschaft-

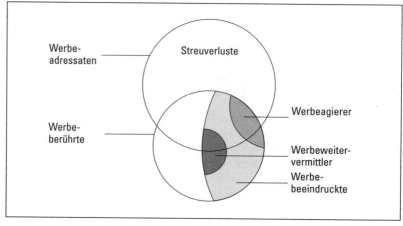

▲ Abb. 69   Zielgruppendifferenzierung

lich zu versuchen, die ganze Zielgruppe zu erreichen, da die Kosten überproportional ansteigen würden.

Bei der Bestimmung der Zielgruppe wird es darum gehen, dem Werbeobjekt möglichst adäquate Merkmale auszuwählen. In Übereinstimmung
mit den Merkmalen der Marktsegmentierung können folgende Merkmals-
gruppen unterschieden werden (wobei sie miteinander kombiniert werden
können):

- demographische Merkmale,
- geographische Merkmale,
- psychische Merkmale,
- gruppenspezifische Merkmale.

6.3.2.2	Werbeziele

Da die Werbung vor allem auf die Informationsvermittlung ausgerichtet
ist, sind die Werbeziele primär darauf bezogen. Diese können beispielsweise beinhalten:

- den Bekanntheitsgrad eines Produktes,
- Nutzen, den man aus dem Erwerb eines Produktes ziehen kann,
- Einsatzmöglichkeiten eines Produktes,
- Positionierung des Produktes (gegenüber der Konkurrenz).

Die Werbeziele dürfen somit nicht mit den allgemeinen Marketing-Zielen
wie Umsatzsteigerung oder Erhöhung des Marktanteils gleichgesetzt oder
verwechselt werden.

Eine klare Festlegung des Werbeziels ist vor allem deshalb notwendig,
um eine Werbeerfolgskontrolle vornehmen zu können. Gerade in der Werbung ist eine klare Zielformulierung nötig, da der Erfolg der Werbung nur
schlecht messbar ist. Dies kommt etwa auch in Aussagen der folgenden
Art zum Ausdruck: «Die Hälfte unserer Werbeausgaben könnten wir ebensogut zum Fenster hinauswerfen, aber wir wissen nicht, welche.»

6.3.2.3	Werbebotschaft

Die Werbebotschaft enthält die eigentliche Werbeaussage, die man dem
Konsumenten vermitteln will. Dieser Inhalt der Werbung kann sich je nach
Werbeziel auf verschiedene Aspekte beziehen wie

- Marke des Produktes,
- Eigenschaften des Produktes,
- Nutzen des Produktes,

- Bedürfnisse, die mit dem Produkt abgedeckt werden können,
- Status des Produktes,
- Vorteile (gegenüber Konkurrenzprodukten),
- Aufzeigen möglicher Benützer des Produktes,
- Erhältlichkeit,
- Bedingungen, zu denen ein Produkt erworben werden kann (vor allem Preis) sowie
- besondere Leistungen, die mit dem Produkt verbunden sind (z.B. Kundendienst, Garantieleistungen).

Der Inhalt der Werbebotschaft kann unterschieden werden in einen **rationalen** Teil, dessen sachliche Informationen zu bewusst wahrgenommenen (d.h. kognitiven) Vorgängen führen, und in einen **emotionalen** Teil, dessen Informationen zu affektiven Vorgängen führen.

Die Formulierung der Werbebotschaft hängt primär vom Werbeziel sowie der Art der Güter ab. Bei Investitionsgütern wird ohne Zweifel die reine **Sachinformation** im Vordergrund stehen. Der Nutzen des Produktes ergibt sich hier fast ausschliesslich aus dem betrieblichen Einsatz. Bei Konsumgütern dagegen wird vielfach die **emotionale Information** benutzt, um für ein Produkt zu werben. Dabei muss auch in diesen Fällen zwischen Gebrauchsgütern (z.B. Haushaltgeräten) und meist kurzlebigen Verbrauchsgütern (z.B. Modeartikeln) unterschieden werden. Bei Letzteren wird es tendenziell mehr darum gehen, die Marke, das Aussehen (Design) oder die Erhältlichkeit hervorzuheben.

| 6.3.2.4 | Werbemedien |

Ist die Werbebotschaft bestimmt, muss sie in geeigneter Form an den Werbeadressaten herangebracht werden. Dazu dienen die Werbemedien, wobei sich diese aus einem Werbemittel und einem Werbeträger zusammensetzen.

> Beim **Werbemittel** handelt es sich um die reale, sinnlich wahrnehmbare Erscheinungsform der Werbebotschaft, beim **Werbeträger** um die Instrumente oder Informationskanäle, mit deren Hilfe die Werbemittel zum Werbeadressaten gebracht werden können.

▶ Abb. 70 gibt einen Überblick über verschiedene Werbemittel und Werbeträger. Die Unterscheidung ist vor allem deshalb notwendig, weil ein Werbemittel meist über verschiedene Werbeträger zum Werbeadressaten geführt werden kann.

Bei der Bestimmung und Gestaltung der Werbemedien muss darauf geachtet werden, dass

- die Werbeadressaten erreicht werden können,
- die kostengünstigsten Werbemittel und Werbeträger eingesetzt werden,
- die Werbemittel möglichst wirkungsvoll eingesetzt werden.

Werbemittel	Werbeträger
Inserate	Tages- und Wochenzeitungen, Anzeigeblätter, Illustrierte, Fachzeitschriften, Veranstaltungsprogramme, Branchenverzeichnisse, Telefonbücher
Werbebrief (Direct Mail)	Direktversand an bestehende und potenzielle Kunden per Post, Fax oder als E-Mail
Banner (www), gesponserte Links in Suchmaschinen	Homepage/Websites (Internet)
Aussen- und Innenplakate	Anschlagflächen an Verkehrswegen, Bauzäunen, öffentlichen Verkehrseinrichtungen (Bahnhöfen, U-Bahnhöfen, Zügen, Strassenbahnen usw.), Veranstaltungszentren (Sportstadien), Ladengeschäften, Messen und Ausstellungen, in und an öffentlichen Verkehrsmitteln
Permanente Aussen- und Innenwerbung mittels Leuchtschriften, Signeten und Dauerplakaten	Private und öffentliche Gebäude, Veranstaltungszentren, Verkehrsmittel, Ladengeschäfte, Messen und Ausstellungen
Kataloge, Prospekte, Postkarten, Kundenzeitschriften/-rundschreiben, Newsletter	Postversand, Hausverteilungsorganisationen, Verteilung auf Strasse, an Veranstaltungen, Messen, Ausstellungen, durch Aussendienstpersonal, als Beilage zum Schriftverkehr der Firma, in Produktpackungen, in Detailgeschäften, in elektronischer Form per E-Mail
Individuell zu tragende Abzeichen und Signete, Abziehbilder und Kleber, Kleidungsstücke, Startnummern usw.	Firmenangehöriges Personal, Käufer und Verwender, irgendwelche Dritte, Fahrzeuge, Teilnehmer an Sportveranstaltungen
Einpackpapier, Tragtaschen	Käufer und Besucher von Detailgeschäften, Veranstaltungen usw.
Werbegeschenke wie Warenmuster, Taschen- und Wandkalender, Arbeitstabellen, Werkzeuge, Taschenrechner, Fachbücher, Etuis usw.	Käufer und Verwender der Produkte, Händler und Absatzhelfer
Diapositive und Werbefilme	Kinos, Theater, Veranstaltungen, Displays/Monitore in Bahnhöfen und Flughäfen
Fernsehspots	Verschiedene Fernsehanstalten, eventuell auch verbilligte Abgabe von Videokassetten, DVDs, CD-ROMs für Unterrichtszwecke
Gesprochene und vertonte Werbetexte	Radiosender, Sport- und Unterhaltungsveranstaltungen, Detailgeschäfte, Autos mit Lautsprechereinrichtungen

▲ Abb. 70   Übersicht über die wichtigsten Werbemittel und Werbeträger

6.3.2.5	Werbeperiode

Nach Bestimmung der Werbemittel und Werbeträger muss als nächster Punkt die Werbeperiode festgelegt werden, d. h. der **Zeitraum,** über den sich eine bestimmte Werbeaktion erstrecken soll (Makro-Terminplanung). Dieser Entscheid hängt im Wesentlichen von folgenden Kriterien ab:

- **Produkt:** Handelt es sich um ein Investitions- oder Konsumgut, ein Gebrauchs- oder Verbrauchsgut?
- **Phase des Produktlebenszyklus:** Unterstützt die Werbung die Einführung eines Produktes, die Expansionsphase usw.?
- **Marketing-Ziele:** Wozu dient die Werbung (z.B. Rückgewinnung von Marktanteilen)?
- **Marketing-Mix:** Welche Aufgabe kommt der Werbung im Rahmen des gesamten Marketing-Mix zu?
- **Werbeziele:** Welches sind die konkreten Werbeziele, auf die sich der Inhalt der Werbung auszurichten hat?
- **Saisonale Branchenschwankungen:** Welche Werbeperioden werden in der Regel von einer Branche bevorzugt?
- **Konjunkturelle Schwankungen:** Wie wirkt sich die Wirtschaftslage (Rezession, Hochkonjunktur) auf die Werbeperiode aus?

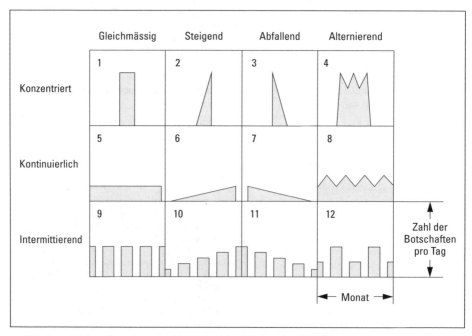

▲ Abb. 71   Zeitliche Verteilung des Werbeeinsatzes (Kotler 1982, S. 541)

Ist die gesamte Werbeperiode bestimmt, folgt daran anschliessend die Planung der Einsätze der Werbemittel und -träger innerhalb dieses Zeitraums. ◄ Abb. 71 zeigt die verschiedenen Möglichkeiten, die bezüglich dieser Entscheidung offen stehen (Mikro-Terminplanung). Neben den bereits oben erwähnten Einflussfaktoren – und damit wird auch deutlich, dass beide Entscheidungen eng miteinander verknüpft sind – kommen als weitere dazu:

- das Kaufverhalten der Konsumenten,
- das Konkurrenzverhalten,
- die Aufnahmebereitschaft des Werbeadressaten.

6.3.2.6	Werbebudget

Ist das Werbekonzept grundsätzlich festgelegt, müssen die finanziellen Auswirkungen dieser Entscheidungen untersucht werden. Die Werbeausgaben umfassen alle Ausgaben, die mit der Gestaltung, Herstellung und Streuung der Werbemittel zusammenhängen. Die Bestimmung dieses Werbebudgets (= gesamte Werbeausgaben einer Periode) kann nach folgenden Kriterien ausgerichtet werden:

- **Umsatz:** Eine Ausrichtung des Werbebudgets am Umsatz ist in der Praxis sehr verbreitet. Ein bestimmter Prozentsatz des vergangenen oder geplanten Umsatzes wird für das Werbekonzept bestimmt. Dieses Verfahren hat den Vorteil, dass sich das Werbebudget leicht und schnell bestimmen lässt. Allerdings muss diesem Verfahren entgegengehalten werden, dass ein nicht vorhandener Kausalzusammenhang unterstellt wird. Die Werbung ist nicht eine Folge des Umsatzes, sondern – im Gegenteil – die Werbung sollte zu einer Umsatzerhöhung beitragen. Deshalb sollte gerade bei tiefen Umsätzen die Werbung – im Sinne eines antizyklischen Vorgehens – erhöht werden.
- **Gewinn:** Bei der Ausrichtung des Werbebudgets als Prozentsatz des Gewinns fehlt ebenso der sachlogische Zusammenhang wie beim Umsatz. Der Gewinn wird von vielen Grössen beeinflusst und nicht nur von der Werbung. Auch in diesem Fall ist eine Vergangenheitsorientierung statt einer Zukunftsausrichtung der Werbeausgaben festzustellen. Zudem stellt sich bei einem Mehrproduktbetrieb die Frage, wie die nach dem Gesamtgewinn bestimmten Werbeausgaben auf die einzelnen Produkte – die in der Regel in unterschiedlichem Ausmass zum Erfolg beigetragen haben – verteilt werden.
- **Konkurrenz:** Eine Bestimmung des Werbebudgets aufgrund der Werbeausgaben der Konkurrenz vernachlässigt die spezifische Situation des eigenen Unternehmens, insbesondere die Ausgestaltung der übrigen

Marketing-Instrumente. Zudem ist es oft schwer, die zukünftigen Werbeausgaben der Konkurrenz zu bestimmen. Allerdings lässt sich in der Praxis beobachten, dass in bestimmten Branchen die Werbeausgaben sehr hoch sind und das einzelne Unternehmen somit gezwungen wird, mit der Konkurrenz einigermassen mitzuziehen (z. B. Biermarkt USA).

■ **Werbeziel:** Als theoretisch richtiges Verfahren verbleibt die Ausrichtung an den Zielen, die man sich gesetzt hat. Damit ergibt sich ein sachlogischer Zusammenhang zwischen Zielen, Massnahmen und Mitteln, während die oben besprochenen Verfahren im Wesentlichen von den maximal verfügbaren Mitteln ausgehen und erst danach die Ziele festlegen. Oder mit anderen Worten: Bei der **Zielorientierung** wendet man das Minimumprinzip an, d. h. man will ein vorgegebenes Werbeziel mit möglichst geringem Mittelaufwand erreichen, bei der **Mittelorientierung** steht das Maximumprinzip im Vordergrund, indem man die – nach verschiedenen Kriterien bestimmten – Mittel optimal ausnutzen will.

6.3.3 | Werbeerfolgskontrolle

Nach der Planung, Entscheidung und Durchführung eines Werbekonzepts erfolgt als letztes Element des Führungsprozesses die Erfolgskontrolle der Werbung. Mit dieser soll festgestellt werden, in welchem Umfang die angestrebten Werbeziele erreicht worden sind. Sie dient der Beurteilung eines abgeschlossenen Werbekonzepts bzw. der daran beteiligten Mitarbeiter und liefert gleichzeitig wertvolle Informationen für die Gestaltung zukünftiger Werbekonzepte. Allerdings ist die Erfassung des Werbeerfolgs oft mit grossen Schwierigkeiten verbunden. Zu erwähnen sind folgende Punkte:

■ Die Werbung ist lediglich ein Instrument im Rahmen der Kommunikationspolitik bzw. des gesamten Marketing-Mix. Eine vollständige Isolierung des Werbeerfolgs ist äusserst schwierig, so dass sich der Werbeerfolg kaum ermitteln lässt.

■ Da oft mehrere Werbemittel und Werbeträger gleichzeitig eingesetzt werden, ist es nicht möglich, den Erfolg eines bestimmten Werbemittels oder -trägers zu bestimmen. Zudem kann es vorkommen, dass die Werbeziele, die Werbeperiode oder das Werbebudget – also andere Elemente des Werbekonzepts – falsch gewählt worden sind und diese für einen Misserfolg verantwortlich sind.

■ Schliesslich muss darauf verwiesen werden, dass der Werbeerfolg häufig nicht den ihn verursachenden Werbeausgaben zugeordnet werden kann, da Werbewirkungen und somit der Werbeerfolg erst zu einem späteren Zeitpunkt eintreten.

Zur Ermittlung des Werbeerfolgs stehen verschiedene Messverfahren und Kennziffern zur Verfügung, von denen die wichtigsten kurz dargestellt werden sollen:

1. **Berührungs-** oder **Streuerfolg:** Der Berührungs- oder Streuerfolg gibt die Anzahl der erreichten Werbeadressaten wieder, die mit dem Werbeträger in Berührung gekommen sind. Er kann durch folgende Relation erfasst werden:

$$(1) \quad \text{Berührungserfolg} = \frac{\text{Zahl der Werbeberührten}}{\text{Zahl der Werbeadressaten}} \cdot 100$$

2. **Erinnerungserfolg:** Die Messung des Erinnerungserfolgs dient dazu, die Zahl der Werbeberührten zu erfassen, die sich auch zu einem späteren Zeitpunkt an die Werbebotschaft erinnern können. Als Kennzahl steht zur Verfügung:

$$(2) \quad \text{Erinnerungserfolg} = \frac{\text{Zahl der Werbeerinnerer}}{\text{Zahl der Werbeberührten}} \cdot 100$$

3. **Kauferfolg:** Der Kauferfolg schliesslich stellt fest, inwieweit eine Werbeaktion auch einen Kaufimpuls ausgelöst hat. Bezogen auf die Gesamtzahl der Werbeadressaten kann folgende Kennziffer festgehalten werden:

$$(3) \quad \text{Kauferfolg} = \frac{\text{Zahl der Bestellungen}}{\text{Zahl der Werbeadressaten}} \cdot 100$$

4. Ferner können mit der **Werbeelastizität der Nachfrage** die Auswirkungen von verstärkten Werbeausgaben auf den Umsatz ermittelt werden. Ist dieser Wert grösser als 1, so handelt es sich um eine elastische Nachfrage, d.h. die Nachfrage reagiert stark auf die erhöhten Werbeausgaben. Ist der Wert kleiner als 1, so reagiert die Nachfrage kaum auf die erhöhten Werbeausgaben.

(4) Werbeelastizität der Nachfrage =

$$\frac{\text{Umsatzänderung in \%}}{\text{Werbeaufwandsänderung in \%}}$$

Für die Ermittlung der Daten kann auf die gleichen Methoden verwiesen werden, die im Rahmen der Marktforschung besprochen werden.[1]

---

1 Vgl. Kapitel 2, Abschnitt 2.2.2 «Erhebungstechniken».

6.4   Verkaufsförderung

> Unter **Verkaufsförderung**, auch **Sales Promotion** genannt, versteht man alle
> Massnahmen, welche die Absatzbemühungen der Verkaufsorgane des
> Herstellers und/oder des Handels unterstützen, indem sie zusätzliche Kauf-
> anreize auslösen.

Da es sich vorwiegend um kommunikative Massnahmen handelt, ordnet
man die Verkaufsförderung der Kommunikationspolitik zu. Zudem können
Werbe- und Verkaufsförderungsmassnahmen nicht immer eindeutig aus-
einandergehalten werden, nicht zuletzt deshalb, weil sie vielfach gleichzeitig und kombiniert eingesetzt werden. Während aber die Werbung und
erst recht die Public Relations mehr auf langfristige Ziele (Produkt-
information, Produktimage) ausgerichtet sind, ist die Verkaufsförderung in
erster Linie kurzfristiger Natur.

In der Praxis existiert eine Vielzahl von **Massnahmen** der Verkaufsförderung. Bei einer Einteilung nach der Zielgruppe (Adressaten) können
– ohne Anspruch auf Vollständigkeit – folgende Massnahmen erwähnt
werden:

1. **Verbraucherorientierte Massnahmen,** welche auf den Letztverwender
   zielen:
   - Durchführung von Wettbewerben.
   - Einräumung von Sonderpreisen:
     □ Preisreduktion (z.B. Einführungspreise),
     □ zusätzliche Mengen (z.B. drei Einheiten zum Preis von zwei).
   - Angebot einer bedingungslosen Warenrücknahme, falls die in das
     Produkt gesetzten Erwartungen nicht erfüllt wurden.
   - Abgabe von Gutscheinen, die einen Kaufvorteil gewähren.
   - Verteilen kostenloser Produktproben.
   - Self Liquidation Offers: Abgabe von Zusatzprodukten, für die nur ein
     kostendeckender Preis verlangt wird (solche Zusatzprodukte sind
     häufig Bücher, Uhren, Taschenrechner, Taschen).

2. **Aussendienstorientierte Massnahmen** zur Motivation des eigenen Ver-
   kaufspersonals:
   - Aussendienst-Wettbewerbe: Neben den ohnehin üblichen Leistungs-
     entlöhnungen (z.B. Provisionen) können Sachpreise (z.B. Reisen)
     beim Erreichen eines bestimmten Umsatzes oder den Verkäufern mit
     den höchsten Umsätzen versprochen werden.
   - Durchführung von Schulungs- und Informationsveranstaltungen:
     Weiterbildung, Vorstellen neuer Produkte, Erfahrungsaustausch unter
     Mitarbeitern.

- Ausstattung mit Verkaufshilfen: Verkaufshandbücher, Broschüren über Unternehmen und Produkt, Werbegeschenke (Kugelschreiber, Feuerzeug).

3. **Händlerorientierte Massnahmen,** welche an den Zwischenhandel gerichtet sind:

- Preisnachlässe (Drauf- und Dreingaben).
- Bereitstellung von Display-Material, d.h. von technischen Hilfsmitteln zur Präsentierung der Ware (Gestelle, Plakate).
- Einsatz von Hostessen zur Präsentation und Degustation der Produkte.
- Schulung der Mitarbeiter des Zwischenhandels, die mit den bestehenden oder potenziellen Kunden Kontakt haben oder suchen.
- Beteiligung an einer Werbekampagne.

Obwohl solche Verkaufsförderungsmassnahmen kurzfristiger Natur sind, müssen sie sorgfältig geplant und durchgeführt werden, da ein Misserfolg langfristige Auswirkungen haben kann. Insbesondere sind die Interdependenzen zwischen Hersteller, Händler und Konsumenten zu beachten, wie das folgende Beispiel veranschaulicht: Im Jahre 1984 führten die amerikanische Fluggesellschaft TWA und der Kamerahersteller Polaroid eine Verkaufsförderungsaktion durch. Mit *jedem* Kauf einer Polaroid-Kamera wurde ein Fluggutschein abgegeben, der zu einem sehr günstigen Flug berechtigte. Das Resultat: Da die Flugbillette über den Kauf von Polaroid-Kameras für Reisebüros billiger zu stehen kamen als über den direkten Einkauf bei der Fluggesellschaft, setzte eine grosse Nachfrage nach Polaroid-Kameras ein, die dann von den Reisebüros als Zusatzprodukte abgegeben wurden!

6.5   Persönlicher Verkauf

Dem persönlichen Verkauf kommt innerhalb des Kommunikations-Mix insofern eine besondere Bedeutung zu, als es sich um einen direkten Kontakt zwischen Käufer und Verkäufer mit einer zweiseitigen Kommunikation handelt. Das primäre **Ziel** des persönlichen Verkaufs besteht darin, einen Verkaufsabschluss zu erzielen. Daneben übernimmt er vielfach eine Reihe weiterer Aufgaben, die stark von der Art der Kunden, der angebotenen Marktleistung, dem eingesetzten Marketing-Konzept sowie der jeweiligen Verkaufssituation bestimmt werden. Zu nennen sind beispielsweise folgende Aufgaben:

- Gewinnung von Informationen über die Kunden,
- Erlangen von Kundenaufträgen,
- Verkaufsunterstützung,
- Public Relations,
- logistische Funktionen,
- Gewinnung von Informationen über die Konkurrenz.

6.6	Sponsoring, Product Placement und Testimonial
6.6.1	Sponsoring

Neben den bisherigen Marketing-Kommunikationsinstrumenten gewann in den letzten 15 bis 20 Jahren das Sponsoring an Bedeutung. Immer häufiger nutzen Unternehmen unterschiedlichster Branchen und Institutionen die Möglichkeiten des Sponsorings, sei es im **Sport** (Fussball, Tennis, Eishockey, Golf, Formel 1 usw.), in der **Kultur** (Film, Konzerte, Museen, Open Airs, Literatur) wie auch im **sozialen** (Gesundheit), **ökologischen** (Umwelt) und **medialen** (Fernsehen, Radio) Bereich.

> **Sponsoring** umfasst die Planung, Organisation, Durchführung und Kontrolle sämtlicher Aktivitäten, die mit der Bereitstellung von Geld, Sachmitteln oder Dienstleistungen durch Unternehmen zur Förderung von Personen und/oder Organisationen im sportlichen, kulturellen und/oder sozialen Bereich verbunden sind, um gleichzeitig Ziele der Unternehmenskommunikation zu erreichen (Imagetransfer, Erhöhung des Bekanntheitsgrades, Unterstützung klassischer Werbung). (Bruhn 2007a, S. 236)

Diese Umschreibung bedeutet, dass es sich um **Gegenseitigkeit** handelt (Leistung des Sponsors und Gegenleistung des Gesponserten). Als Sponsoren können neben kommerziellen auch nicht-kommerzielle Institutionen sowie Einzelpersonen auftreten. Gesponsert werden Einzelpersonen (Martina Hingis, Michael Schumacher), Gruppen (Schweizer Fussball-Nationalmannschaft), Organisationen (Umweltschutzorganisationen) oder Veranstaltungen (Pop-Konzerte). Beide Parteien profitieren voneinander (Win-win-Situation). (Bruhn 1999, S. 21)

Die Nutzungsmöglichkeiten des Sponsorings sind vielfältig und richten sich an Personen, Gruppen, Institutionen und Veranstaltungen. Beispiele: Trikotwerbung, Autogrammstunden, Veranstaltungen mit gesponserten Persönlichkeiten, Ausrüstungsverträge, Kongresse, Tagungen, Anzeigen auf Plakaten, Bandenwerbung bei Events.

▶ Abb. 72 zeigt verschiedene Arten von Sponsoring (Sponsorfelder), die sich unter verschiedenen Aspekten in weitere Dimensionen gliedern lassen. Zunächst lässt sich Sponsorship in einem bestimmten Sponsoring-

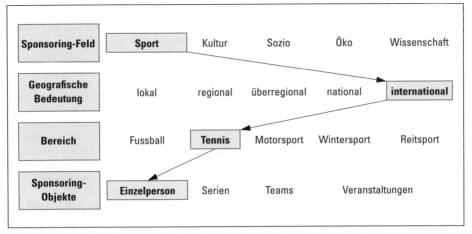

▲ Abb. 72   Differenzierung von Sponsorship (in Anlehnung an Hermanns 1997, S. 62)

feld nach geografischer Bedeutung in unterschiedliche Engagements unterteilen (lokal, regional usw.). Weiter wird nach verschiedenen Bereichen eines Sponsoringfeldes (bei Sport-Sponsoring können es die verschiedenen Sportarten sein; im Kulturbereich Literatur, Kunst, Theater, Musik) unterteilt. Die unterste Ebene wird charakterisiert durch das eigentliche Sponsoringobjekt (z.B. Sport oder im Bereich Sozio-Sponsoring könnten es Organisationen, Verbände oder auch Einzelpersonen sein).

Sponsoring unterscheidet sich vom **Mäzenatentum** dadurch, dass bei letzterem in der Regel keine Gegenleistung zu erwarten ist, also keine ökonomische Nutzenerwartung. Der Begriff Mäzenatentum geht zurück auf Gaius Clinius Maecenas, einen Römer, der 70 bis 8 v. Chr. lebte. Er war es, der die Dichter Vergil, Horaz und Properz unterstützte und dabei altruistische, selbstlose Ziele verfolgte.

6.6.2	**Product Placement**

In enger Verbindung zum Sponsoring stehen die Begriffe Product Placement und Testimonial. Wie der Name bereits andeutet, geht es beim Product Placement um die Platzierung von Produkten:

> **Product Placement** ist die gezielte Platzierung und kreative Einbindung eines Markenartikels wie ein notwendiges Requisit in einer Spielfilmhandlung: das Produkt wird im Gebrauchs- oder Verbrauchsumfeld von bekannten (Haupt-)Darstellern gezeigt, wobei die Marke für den Filmbetrachter deutlich erkennbar ist. (Wilde 1986, S. 182)

Dabei müssen sich die jeweils gezeigten Produkte harmonisch in die Spielszenen einfügen und zum Handlungsablauf passen. Das Werbeziel des werbenden Unternehmens besteht darin, bei den Zuschauern den Wunsch reifen zu lassen, das gleiche Produkt wie die Serien- und Filmstars verwenden zu wollen und sie dadurch zu dessen Kauf zu animieren.

Beispiele Product Placement

- Im Spielfilm **«Back to the Future 1»** wurde der Hauptdarsteller Michael J. Fox im Film irrtümlicherweise mit dem Namen Calvin Klein angesprochen, weil dieser Name auf seiner Unterwäsche steht. Diese – wie auch das Label – werden im Film gezeigt.
- Im Nachfolgefilm **«Back to the Future II»** ergab sich folgende Situation: Aufgrund zu vieler Product Placements häuften sich Zuschauerreklamationen, weil sich diese durch die oft gar nicht kreativ eingegliederten Platzierungen beeinflusst fühlten und diese als Schleichwerbung betitelten. Marken wie Toyota, Nike, AT&T, USA Today, Texaco, JVC, Pepsi, Pizza Hut und Black & Decker waren vertreten.
- Im **James-Bond-Film** «Tomorrow never dies» wurden als multifunktionale Instrumente eine Omega-Uhr, ein Ericsson-Mobiltelefon und ein BMW-Motorrad in die Handlung integriert. Ferner wurden die Kreditkartenmarke Visa, Smirnoff-Wodka und ein BMW 750i in Szene gesetzt. Im Film «Golden Eye» wurde der BMW Roadster Z3 in Szene gesetzt.
- In der Fernsehserie **«Lindenstrasse»** greift jeweils ein Familienmitglied am Frühstückstisch nach der Nesquik-Dose.
- In der Unterhaltungssendung **«Wetten, dass …»** steht auf dem Prominententisch immer eine Schüssel mit Haribo-Gummibärchen. Ebenso werden verschiedene Automarken (Ferrari, Porsche u.a.) durch verschiedene Wetten in die Sendung integriert.

6.6.3	Testimonial

Unter **Testimonial** (englisch: to testify = Zeugnis ablegen) versteht man eine Person, die Werbung für ein Produkt betreibt, indem sie vorgibt, das beworbene Produkt selbst einzusetzen, zu nutzen oder zu konsumieren.

Diese Definition ist ähnlich derjenigen des Sponsorings, da der Sponsor mit dem Sponsoringobjekt, dem Testimonial, einen Vertrag über eine gewisse Leistung und Gegenleistung, meist in Form von Geldmitteln, abschliesst.

Anhand einiger Beispiele soll gezeigt werden, wie das Instrument «Testimonialwerbung» Anwendung findet. So werben zum Beispiel Dustin Hoffman für den Audi A6, die deutschen Fussball-Nationalspieler Benjamin Lauth, Kevin Kuranyi, Andreas Hinkel und Arne Friedrichs für die WM 2006 mit der Werbekampagne «Heimspiel – mit Nutella», Thomas Gottschalk in TV-Spots für Haribo und für den Frühjahrs- und Sommer-

katalog von Neckermann, Harald Schmidt für Nescafe, Veronika Ferres
für die Marke Diadermine von Henkel, Verona Pooth (Feldbusch) für
Spinat oder Boris Becker für AOL.

Nicht zu unterschätzen ist das **Risiko,** das mit Testimonialwerbung verbunden sein kann. Fällt beispielsweise ein Prominenter beim Publikum in
Ungnade, leidet darunter auch die beworbene Marke. Typisches Beispiel
dafür war Barbara Becker, die für Coca Cola ein intaktes Familienleben in
der Werbung verkörpern sollte, jedoch aus bekannten Gründen dann doch
nicht engagiert wurde. Oder der bekannte Fussballtrainer Christoph Daum
(Einnahme von Kokain), der mit dem Energiekonzern RWE einen Werbe-
vertrag abgeschlossen hatte.

Kapitel 7

Marketing-Mix

7.1 Bedeutung und Probleme des Marketing-Mix

Der Entscheid über den Einsatz eines Marketing-Instrumentes stellt keine isolierbare Teilentscheidung dar. Denn erstens müssen alle Marketing-Instrumente auf ein gemeinsames Marketing-Ziel ausgerichtet werden, und zweitens bestehen grosse Interdependenzen zwischen den einzelnen Massnahmen. Auf diese Zusammenhänge wurde mehrfach bei der Besprechung der einzelnen Instrumente hingewiesen. Das Unternehmen muss deshalb immer über den Einsatz einer bestimmten Kombination von Marketing-Instrumenten entscheiden. Diese Kombination wird allgemein als **Marketing-Mix** bezeichnet.

> Unter dem **optimalen Marketing-Mix** ist demzufolge die zu einem bestimmten Zeitpunkt eingesetzte Kombination von Marketing-Massnahmen zu verstehen, welche dem Unternehmen in Bezug auf das angestrebte Marketing-Ziel den grössten Nutzen stiftet.

Neben dem eigentlichen Marketing-Mix findet man auch den Begriff Sub-Marketing-Mix, das nur eine Gruppe von Marketing-Massnahmen umfasst. Ausgehend von unserer Einteilung der Marketing-Instrumente kann zwischen einem Produkt-, Distributions-, Konditionen- und Kommunikations-Mix unterschieden werden.

Die Forderung nach einem optimalen Marketing-Mix ist zwar einleuchtend, doch stehen deren Realisierung einige grosse Probleme im Wege. Es sind dies beispielsweise:

1. **Die Vielzahl denkbarer oder möglicher Kombinationen:** Will man die Zahl möglicher Kombinationen (K) der verschiedenen Marketing-Instrumente (M) berechnen, gilt folgende Formel:

   ■ $K = I^M$

   I stellt die Zahl der Ausprägungen bzw. die Anzahl unterschiedlicher Intensitäten der einzusetzenden Marketing-Instrumente dar (z.B. verschiedene Preise oder Werbebudgets). Bereits bei 4 Marketing-Instrumenten mit je 3 Ausprägungen ergeben sich 81 Kombinationsmöglichkeiten.

2. **Zeitliche Interdependenzen:** Die Wirkung von Marketing-Massnahmen der Planperiode kann sich auf spätere Perioden verschieben. Ist ein solcher Time-lag zu beobachten, so spricht man von einem so genannten Carry-over-Effekt.

3. **Sachliche Interdependenzen:** Wenn der Marketing-Einsatz für ein bestimmtes Produkt Auswirkungen auf andere Produkte hat, so handelt es sich um sachliche Abhängigkeiten.

4. **Synergieeffekte:** Es wurde bereits darauf hingewiesen, dass zwischen den verschiedenen Marketing-Instrumenten Synergieeffekte auftreten können, d.h. dass der Gesamtnutzen aus dem kombinierten Einsatz grösser ist als die Summe der Einzelnutzen eines jeden Instruments.

5. **Qualität des Marketing-Instruments:** Der Nutzen eines Marketing-Instruments hängt nicht nur von der Höhe der Kosten ab, sondern auch von dessen Qualität. Oft sind einfache und kostengünstige, aber gute Ideen wirksamer als ein mit hohen Kosten verbundenes Marketing-Konzept, dem aber die Originalität fehlt.

6. **Kosten-Nutzen-Verhältnis der Marketing-Instrumente:** Der Nutzen aus dem Einsatz eines Marketing-Instruments verläuft nicht proportional zu den Kosten. Vielfach muss ein Marketing-Instrument in einem gewissen Umfang eingesetzt werden, bis eine Wirkung sichtbar wird. Andererseits kann die Wirkung nicht beliebig gesteigert werden, d.h. der Grenznutzen nähert sich null oder kann im Extremfall sogar negativ werden (z.B. bei zu viel Werbung, die der Konsument als aufdringlich empfindet).

7. **Verhalten der Konkurrenz:** Unter den vielen umweltbezogenen, schwer beurteilbaren Einflussfaktoren sei die Konkurrenz speziell erwähnt. Gleichzeitig durchgeführte, ähnliche oder sich abhebende Marketing-Massnahmen der Konkurrenz beeinflussen die Wirkung der eigenen Massnahmen.

8. **Phase des Produktlebenszyklus:** Die optimale Kombination der Marketing-Instrumente hängt von der jeweiligen Phase des Produktlebenszyklus ab, in der sich das Produkt befindet.

9. **Quantifizierung des Nutzens:** Viele Auswirkungen, die auf dem Einsatz von Marketing-Instrumenten beruhen, lassen sich nicht oder nur schwer in Geldeinheiten erfassen (z. B. gutes Firmenimage), so dass man meist auf grobe Schätzungen angewiesen ist.

7.2 Bestimmung des optimalen Marketing-Mix

Die Bestimmung des optimalen Marketing-Mix kann entweder mit Hilfe heuristischer Prinzipien oder mit analytischen Methoden vorgenommen werden. Während bei den analytischen Modellen ein Verfahren (Algorithmus) angegeben werden kann, das eine exakte Lösung des Problems in einer endlichen und überschaubaren Anzahl von Schritten garantiert, bietet eine **Problemlösungsheuristik** keine exakte Lösung des Problems. Die Problemlösung basiert in diesem Fall meist auf Erfahrung und Intuition. Man versucht, die Komplexität systematisch zu reduzieren. Es wird in Kauf genommen, dass nicht unbedingt die beste, aber eine brauchbare und vor allem befriedigende Lösung gefunden wird. Meist wird das Gesamtproblem in Teilprobleme zerlegt und durch schrittweise Lösung dieser Teilprobleme die Gesamtlösung angestrebt. Oft muss der Gesamtlösungsprozess mehrmals wiederholt werden, bis ein endgültiger Entscheid feststeht. Als **heuristische Prinzipien** können herbeigezogen werden:

- **Problemreduktion:** Eliminierung nicht relevanter Marketing-Instrumente.
- **Prioritätensetzung:** Gliederung der relevanten Instrumente in Haupt- und Nebeninstrumente.
- **Induktionsschluss:** Aufgrund vergangener Erfolge (Misserfolge) wird auf zukünftige Entwicklungen geschlossen.
- **Analogieschluss:** Durch Beobachtung der Massnahmen der Konkurrenz wird auf das eigene Unternehmen geschlossen.
- **Mittel-Zweck-Analyse:** Die Marketing-Massnahmen werden in Bezug auf die Marketing-Ziele und Marktsegmente beurteilt.

Weiterführende Literatur

Becker, Jochen: Marketing-Konzeption. Grundlagen des strategischen Marketing-Managements. 8., überarbeitete und ergänzte Auflage, München 2006

Berekoven, L./Eckert, W./Ellenrieder, P.: Marktforschung. Methodische Grundlagen und praktische Anwendung. 11., überarbeitete Auflage, Wiesbaden 2006

Bruhn, Manfred: Marketing. Grundlagen für Studium und Praxis. 8., überarbeitete Auflage, Wiesbaden 2007a

Bruhn, Manfred: Relationship Marketing. Das Management von Kundenbeziehungen. 2., überarbeitete Auflage, München 2007

Bruhn, M./Michalski, S.: Marketing als Managementprozess. 3., aktualisierte Auflage, Zürich 2008

Buser, T./Welte, B.: CRM – Customer Relationship Management in der Praxis. Zürich 2006

Buser, T./Welte, B./Wiederkehr, Th.: Vom Unternehmen zum Kundenunternehmen. Kunden gewinnen und halten mit dem Customer Care Concept. Zürich 2003

Ergenzinger, R./Thommen, J.-P.: Marketing. Vom klassischen Marketing zu Customer Relationship Management und E-Business. 2., erweiterte und aktualisierte Auflage, Zürich 2005

Heller, Kurt: Chefsache Kunde. Consumer Insights und Customer Knowledge als Bausteine für den Geschäftserfolg. Zürich 2007

Herrmann, A./Homburg, Chr. (Hrsg.): Marktforschung. Methoden, Anwendungen, Praxisbeispiele. 3., vollständig überarbeitete und erweiterte Auflage, Wiesbaden 2007

Homburg, C./Krohmer, H.: Marketingmanagement. Strategie – Instrumente – Umsetzung – Unternehmensführung. 2., überarbeitete und erweiterte Auflage, Wiesbaden 2006

Kotler, Ph./Keller, K.L./Bliemel, F.: Marketing-Management. Strategien für wertschaffendes Handeln. 12., aktualisierte Auflage, München u.a. 2007

Kroeber-Riel, W./Weinberg, P.: Konsumentenverhalten. 8., aktualisierte und ergänzte Auflage, München 2003

Mattmüller, Roland: Integrativ-Prozessuales Marketing. Eine Einführung. 3., aktualisierte Auflage, Wiesbaden 2006

Mattmüller, R./Tunder, R.: Strategisches Handelsmarketing. München 2004

Meffert, H./Burmann, Ch./Kirchgeorg, M.: Marketing. Grundlagen marktorientierter Unternehmensführung. Konzepte – Instrumente – Praxisbeispiele. 10., vollständig überarbeitete und erweiterte Auflage, Wiesbaden 2008

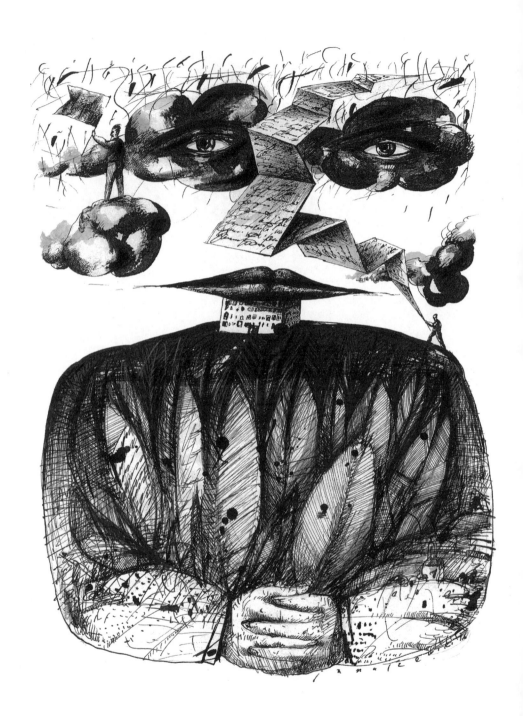

Teil 3

Materialwirtschaft

Inhalt

Kapitel 1

Grundlagen

Sind die Produkte festgelegt, die ein Unternehmen absetzen will, so geht es in einer nächsten Phase darum, die zur Erstellung dieser Produkte notwendigen Güter und Dienstleistungen zu beschaffen. Es handelt sich um die Beschaffung von Arbeitskräften, Kapital, Informationen, Rechten, Dienstleistungen, Handelswaren, Potenzialfaktoren oder Repetierfaktoren. Im Rahmen der Materialwirtschaft steht die Beschaffung des für die Leistungserstellung notwendigen **Materials** im Vordergrund, das direkt in den Produktionsprozess eingeht oder für den Absatz bereitgestellt wird. In Anlehnung an die allgemeine Einteilung der Wirtschaftsgüter[1] können unterschieden werden:

- **Rohstoffe,** die als Grundmaterial unmittelbar in das Produkt eingehen (z.B. Mehl bei der Brotherstellung, Gold und Edelsteine bei Schmuck).
- **Hilfsstoffe,** die ebenfalls in das Produkt eingehen, aber nur ergänzenden Charakter haben (z.B. Schrauben und Lack bei der Möbelherstellung).
- **Betriebsstoffe,** die keinen Bestandteil des Fertigproduktes bilden, sondern im Produktionsprozess verbraucht werden (z.B. Energie, Kühlwasser).

---

1   Vgl. Teil 1, Kapitel 1, Abschnitt 1.1.2 «Wirtschaftsgüter».

- **Halbfabrikate,** die als Teile oder Baugruppen in das Endprodukt eingehen und die sich von den Hilfsstoffen durch einen höheren Reifegrad unterscheiden.

- **Handelswaren,** die als Ergänzung des Produktionsprogrammes nicht in den Produktionsprozess eingehen, sondern unverarbeitet weiterverkauft werden.

Betrachtet man den Materialfluss im Industriebetrieb, so ergeben sich drei verschiedene Lagerstufen:

1. **Eingangslager,** welche den Güterzufluss aus der Umwelt auffangen, wenn der momentane Bedarf der Fertigung kleiner ist als der Güterzufluss oder der zukünftige Bedarf grösser ist als der zukünftige Güterzufluss.

2. **Zwischenlager,** die während des Produktionsprozesses entstehen und Puffer zwischen den verschiedenen Fertigungsstufen darstellen. Die Höhe der Zwischenlager hängt sehr stark von der Lösung des Dilemmas der Ablaufplanung ab, d.h. der Minimierung der Durchlaufzeiten des zu bearbeitenden Materials bei gleichzeitiger Minimierung der Leerzeiten der Potenzialfaktoren.[1] Je stärker das Prinzip der maximalen Kapazitätsauslastung verfolgt wird, umso eher entstehen Zwischenlager.

3. **Fertigwarenlager** fallen zeitlich nach Beendigung des Produktionsprozesses an. Diese Lager dienen dazu, die Abweichungen zwischen Produktions- und Absatzmenge auszugleichen, wie sie zum Beispiel aufgrund konjunktureller oder saisonaler Schwankungen auftreten.

Ein Zusammenfassen dieser verschiedenen Arten von Lagern zu einem selbstständigen Funktionsbereich scheint nicht zweckmässig, weil die verschiedenen Lager unterschiedliche Funktionen und somit unterschiedliche Probleme aufweisen. Vielmehr ist es sinnvoll, die verschiedenen Lager jeweils jenen Bereichen zuzuordnen, in denen sie auftreten. Somit sind Fertigwarenlager primär dem Marketing (physische Distribution) und Zwischenlager dem Produktionsbereich zuzuordnen, während Eingangslager als Teilproblem der Materialwirtschaft bei der Bereitstellung der Güter für den Produktionsprozess gesehen werden müssen.

Neben den zentralen Funktionen Beschaffung und Lagerhaltung ist als dritte Funktion der Materialwirtschaft die Bewegung des Materials zum Bedarfsort zu erwähnen. Die mit der Materialbereitstellung verbundenen Transportvorgänge können in ausserbetriebliche und innerbetriebliche unterteilt werden:

- **Ausserbetriebliche** Transportvorgänge dienen der Überbrückung des Raumes zwischen Lieferant und beschaffendem Unternehmen.

---

1 Vgl. dazu Teil 9, Kapitel 1, Abschnitt 1.3.2.2 «Ziele der Ablauforganisation und das Dilemma der Ablaufplanung».

■ **Innerbetriebliche** Transportvorgänge treten zwischen dem Ort der Materialannahme bzw. -einlagerung und dem Bedarfsort der Weiterverarbeitung auf.

Aufgrund dieser verschiedenen Funktionen und Aspekte der Materialwirtschaft kann diese zusammenfassend wie folgt definiert werden:

> Unter **Materialwirtschaft** wird jener Funktionsbereich des Unternehmens verstanden, der die **Beschaffung** (Bezug), die **Lagerhaltung** und die **Verteilung** (Transport) des zur Produktion (Leistungserstellung) notwendigen Materials umfasst.

1.2 Problemlösungsprozess der Materialwirtschaft

Unter Berücksichtigung der drei Aufgabenbereiche der Materialwirtschaft (Beschaffung, Lagerhaltung, Transport) und des allgemeinen Problemlösungsprozesses ergibt sich für die Materialwirtschaft der in ▶ Abb. 73 schematisch aufgeführte Problemlösungsprozess. Die einzelnen Phasen können wie folgt charakterisiert werden:

1. **Analyse der Ausgangslage:** Bei der Analyse der Ausgangslage ist festzuhalten, welche Einflussgrössen die Ziele und Aufgaben der Materialwirtschaft wesentlich bestimmen. Grundsätzlich kann dabei zwischen Faktoren, die im Unternehmen selbst begründet sind, und solchen, die sich aus der Umwelt ergeben, unterschieden werden.

2. **Bestimmung der Ziele der Materialwirtschaft:** Ausgehend von der Aufgabe der Materialwirtschaft, die bedarfsgerechte Materialversorgung sicherzustellen, beinhaltet das **Sachziel** der Materialwirtschaft, die für die Leistungserstellung notwendigen Materialien bereitzustellen
   ■ in der benötigten Art,
   ■ in der benötigten Menge,
   ■ in der benötigten Qualität,
   ■ zum richtigen Zeitpunkt und
   ■ am richtigen Ort.
   Die dabei zu berücksichtigenden **Formalziele** werden in Abschnitt 1.3 «Ziele der Materialwirtschaft» besprochen.

3. **Bestimmung der Ziele, Massnahmen und Mittel der Beschaffung, der Lagerhaltung und des Transports:** Aus den allgemeinen Zielen der Materialwirtschaft sind die spezifischen Ziele, Massnahmen und Mittel der einzelnen Teilbereiche zu formulieren und aufeinander abzustimmen.

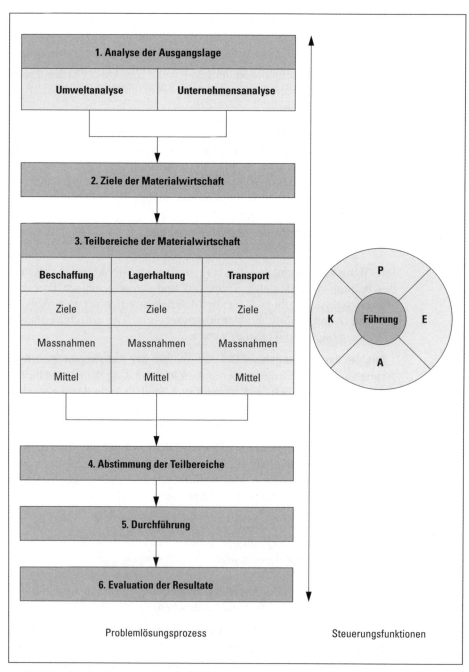

▲ Abb. 73   Problemlösungsprozess der Materialwirtschaft

a. Gerade bei den **Zielen** wird deutlich, dass diese oft eine konkurrierende Zielbeziehung aufweisen. So wird die Beschaffung möglichst grosse Bestellmengen fordern, um damit grosse Rabatte und tiefe Beschaffungskosten zu bewirken, während die Lagerhaltung wegen des gebundenen Kapitals und den Lagerverwaltungskosten möglichst kleine Lager anstreben wird. Die Lösung dieses Zielkonflikts ist nur unter Zuhilfenahme übergeordneter Zielkriterien möglich.

b. Im Bereich der **Massnahmen** ist auf das **Beschaffungsmarketing** zu verweisen, mit dessen Hilfe man die Ziele der Materialwirtschaft optimal erfüllen will. In Analogie zum Marketing können diese Instrumente des Beschaffungsmarketings, auch beschaffungspolitische Instrumente genannt, in vier Gruppen eingeteilt werden:

- Beschaffungsproduktpolitik,
- Beschaffungsmethodenpolitik,
- Beschaffungskonditionenpolitik,
- Beschaffungskommunikationspolitik.

Dieser Bereich wird wegen seiner grossen Bedeutung eingehend in Kapitel 2 «Beschaffungsmarketing» behandelt.

c. Als **Mittel** werden vor allem eingesetzt: Personen, finanzielle Mittel, Informationssysteme (z. B. Lagerbuchhaltung), bauliche Mittel (z. B. Lagerhallen), Transportmittel, Lagersysteme.

Auf die möglichen **materialwirtschaftlichen Entscheidungstatbestände,** auf welche sich die Ziele, Massnahmen und Mittel beziehen, wird in Abschnitt 1.4 «Materialwirtschaftliche Entscheidungstatbestände» eingegangen.

4. **Durchführung:** Sind die angestrebten Ziele festgehalten sowie die dazu notwendigen Massnahmen und Mittel bestimmt, so müssen diese durchgeführt bzw. eingesetzt werden.

5. **Evaluation der Resultate:** Am Ende des Problemlösungsprozesses stehen die konkreten Resultate, welche über die Ausführung und Zielerreichung der materialwirtschaftlichen Aufgaben Auskunft geben.

Eine wesentliche Aufgabe im Rahmen der Materialwirtschaft kommt der **Steuerung** des Problemlösungsprozesses zu. Sie kann in die Steuerungselemente Planung, Entscheidung, Anordnung und Kontrolle zerlegt werden, die grundsätzlich in allen Problemlösungsphasen auftreten.

Im Folgenden wird insbesondere auf die Beschaffungs- und Lagerplanung, d. h. die **Planung** der Beschaffungs- und Bestellmenge sowie der Bestellzeitpunkte und des Lagersystems eingegangen. Dabei wird gezeigt, welche Instrumente zur **Entscheidungsfindung** eingesetzt werden können.[1] **Anordnungen** werden vor allem in der Durchführungsphase gegeben, wenn

---

1   Vgl. dazu Kapitel 3 «Beschaffungs- und Lagerplanung».

die beschaffungspolitischen Instrumente eingesetzt werden oder die Materialien bestellt, entgegengenommen und eingelagert werden müssen.

Die **Kontrolle** in der Materialwirtschaft bezieht sich entweder auf den Ablauf des Problemlösungsprozesses oder auf die daraus resultierenden Ergebnisse. Als Kontrollinstrument stehen verschiedene Kennzahlen zur Verfügung. Die bekanntesten sind:

(1) **Lieferbereitschaftsgrad** der Lagerhaltung:

    (1a) Anforderungsbereitschaftsgrad:

$$\frac{\text{Anzahl der sofort ausgeführten Anforderungen}}{\text{Anzahl Anforderungen pro Jahr}} \cdot 100$$

    (1b) Mengenbereitschaftsgrad:

$$\frac{\text{Sofort ausgelieferte Menge}}{\text{Gesamte angeforderte Menge}} \cdot 100$$

(2) **ø Lagerbestand** (bei gleichmässigen Zu- und Abgängen):

    (2a) $\dfrac{\text{Anfangsbestand} + \text{Endbestand}}{2}$

oder

    (2b) $\dfrac{\text{Anfangsbestand} + 12 \text{ Monatsendbestände}}{13}$

Der durchschnittliche Lagerbestand zeigt, in welcher Höhe Kapital im Durchschnitt einer Periode durch die Lagervorräte gebunden ist.

(3) **Lagerumschlagshäufigkeit:** $\dfrac{\text{Lagerabgang pro Jahr}}{\text{ø Lagerbestand}}$

Die Lagerumschlagshäufigkeit wird in der Regel für einzelne Materialgruppen berechnet. Sie gibt an, wie häufig der Lagerbestand pro Jahr durch Ein- und Auslagerung gewechselt wurde.

(4) **ø Lagerdauer** (in Tagen):

    (4a) $\dfrac{\text{Zahl der Tage pro Periode}}{\text{Lagerumschlagshäufigkeit}}$

Auf ein Jahr berechnet lautet somit die Formel:

    (4b) $\dfrac{\text{ø Lagerbestand pro Jahr} \cdot 360}{\text{Lagerabgang pro Jahr}}$

Die durchschnittliche Lagerdauer gibt an, wie lange eine Materialgruppe durchschnittlich im Lager ist, und sagt aus, wie viele Verbrauchsperioden (Tage) ein durchschnittlicher Lagerbestand abdeckt.

Diese Kennzahlen können, sofern sie Soll-Werte beinhalten, auch im Rahmen der Planung (als Zielgrössen) oder Anordnung (als Vorgabegrössen) eingesetzt werden.

1.3   Ziele der Materialwirtschaft

Bei der Erfüllung der materialwirtschaftlichen Aufgaben stehen die eigentlichen **Sachziele** (Bereitstellung der für die Produktion notwendigen Güter) im Vordergrund. Daneben sind aber die allgemeinen Unternehmensziele zu beachten, aus denen sich die **Formalziele**[1] der Materialwirtschaft ableiten lassen. Diese können den materialwirtschaftlichen Handlungsspielraum stark einschränken oder ihn sogar bestimmen. Ein solches Formalziel ist das Streben nach einer hohen **Wirtschaftlichkeit** im materialwirtschaftlichen Bereich. Eine hohe Wirschaftlichkeit wird erreicht, wenn die Gesamtkosten, die sich im Wesentlichen aus den Beschaffungskosten, den Lagerhaltungskosten, den (innerbetrieblichen) Transportkosten sowie den Fehlmengenkosten zusammensetzen, minimiert werden. Dieser Hauptzielsetzung stehen jedoch eine Reihe von Nebenzielen entgegen, die bei einer langfristigen Betrachtung der Wirtschaftlichkeit eine ebenso grosse Bedeutung haben können. Es sind dies vor allem

- das **Sicherheitsstreben,** das sich in einem hohen Lieferbereitschaftsgrad der Materialwirtschaft äussert,
- das **Liquiditäts-** und **Rentabilitätsstreben,** das sich in einem kleinen gebundenen Kapital zeigt,
- das Streben nach einer hohen **Flexibilität,** das sich in einer hohen Anpassungsfähigkeit an neue Verhältnisse ausdrückt,
- das Streben nach dauernden guten **Lieferantenbeziehungen,** das sich in einem geringen Wechsel der Lieferanten zeigt,
- die Berücksichtigung **ökologischer Aspekte.**

Die gemeinsame Betrachtung dieser Ziele macht deutlich, dass verschiedenartige Zielbeziehungen vorliegen, die im Einzelfall zu beachten sind. So ist das Unternehmen häufig gezwungen, hohe Lager zu halten, wenn die eigenen Bedarfsmengen nur schlecht oder überhaupt nicht prognostiziert werden können, die Lieferzeiten stark schwanken oder die Beschaffungsmärkte selber unsicher sind. Solche Sicherheitskäufe widersprechen dem Streben nach minimalen Kosten. Allerdings müssen mögliche **Fehlmengen,** die sich aus einem nicht zu deckenden Materialbedarf ergeben, und die daraus entstehenden Fehlmengenkosten in die Überlegungen einbezogen

---

1   Zur Unterscheidung zwischen Sach- und Formalzielen vgl. Teil 1, Kapitel 3, Abschnitt 3.2 «Zielinhalt».

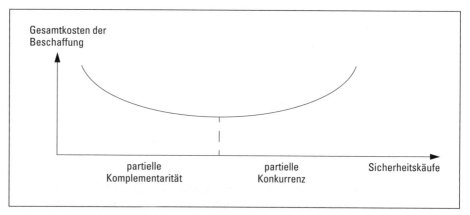

▲ Abb. 74   Zielbeziehung zwischen Sicherheitsstreben und Kostenminimierung

werden. Durch hohe Lagerbestände können unter Umständen Fehlmengenkosten vermieden werden, die höher ausfallen würden als die zusätzlichen Lagerkosten für die Sicherheitskäufe. In diesem Falle läge eine
komplementäre Zielbeziehung zwischen den beiden Zielen Kostenminimierung und Sicherheitsstreben vor. Werden die Sicherheitsbestände aber
so gross gehalten, dass mit sehr grosser Wahrscheinlichkeit Fehlmengenkosten ausgeschlossen werden können, so werden die Kosten für diese
Sicherheitsbestände die allfälligen Fehlmengenkosten bei weitem übersteigen, so dass in diesem Falle eine konkurrierende Zielbeziehung vorliegen
wird. Für den Unternehmer geht es somit darum, jenen Punkt oder Bereich
zu finden, in welchem die Kosten unter Berücksichtigung der Sicherheits-
kosten und der Fehlmengenkosten ein Minimum bilden. ◀ Abb. 74 zeigt
die graphische Lösung dieses Problems. Dabei ist zu berücksichtigen, dass
in der Praxis dieser Punkt nur schwer bestimmt werden kann, da diese
Werte (Fehlmengenkosten) nur mit einer bestimmten Wahrscheinlichkeit
eintreffen werden. Zudem wird es von der Risikoneigung des Unternehmers abhängen, wie gross oder wie klein sein Sicherheitsbestand sein wird.

Um eine optimale Lösung anzustreben, werden häufig Erfahrungswerte
herangezogen. Zudem können unvorhergesehene Ereignisse, die hohe
Fehlmengenkosten verursachen, durch eine entsprechende Versicherung
abgedeckt werden.

Die Pflege guter **Lieferantenbeziehungen** ist ebenfalls eine wichtige Zielsetzung, die sowohl zum Sicherheitsstreben als auch zum Ziel der Kostenminimierung komplementär sein kann. Gute Lieferantenbeziehungen
bedeuten einerseits Termintreue, Flexibilität, hohe Qualität, Interesse an
Weiterentwicklung (Konkurrenzfähigkeit), andererseits aber auch höhere
Preise. Diese können jedoch durch die vermiedenen Fehlmengenkosten,
geringeren Ausschuss und gute Konkurrenzfähigkeit mehr als kompensiert
werden.

Schliesslich sind aus finanzwirtschaftlicher Sicht auch die **Liquidität** und die **Rentabilität** zu berücksichtigen, da Lagerbestände sowohl liquiditäts- als auch erfolgswirksam sind. Hohe Lagerbestände führen einerseits zu einer hohen Kapitalbindung und damit zu einer Einschränkung der Liquidität, andererseits zu hohen Kosten und damit zu einer Verminderung der Rentabilität. Gerade in Zeiten hoher Zinssätze und/oder bei teuren Gütern führt das gebundene Kapital zu einer wesentlichen Erhöhung der Kosten. Solange das (ohnehin vorhandene) gebundene Kapital allerdings nicht anderweitig besser eingesetzt werden kann, ist dieses Problem von untergeordneter Bedeutung (Opportunitätsprinzip).

Die **Flexibilität** äussert sich darin, dass auf Änderungen wie beispielsweise in Bezug auf Preise, bei unvorhergesehener Nachfrage oder bei neuen Produktentwicklungen sofort reagiert werden kann und für das Unternehmen dadurch keine Wettbewerbsnachteile entstehen.

Infolge der zunehmenden Bedeutung und Beachtung, welche die ökologischen Probleme in der Gesellschaft erhalten haben, müssen die Unternehmen diese Anliegen aufnehmen und **Umweltbelastungen** reduzieren oder vermeiden. Für die Materialwirtschaft geht es dabei um kritische Materialien, welche in den Endprodukten und in den Herstellungsprozessen verwendet werden. In einem ersten Schritt sind diese zu bestimmen. Danach ist zu ermitteln, in welchen Mengen sie verwendet werden, und es sind Ziele zu formulieren, die sich beziehen auf

- die Erhöhung des Anteils der wieder verwendbaren Güter und
- die Senkung der umweltbelastenden Materialien.

1.4   Materialwirtschaftliche Entscheidungstatbestände

Aufgrund der Aufgabenbereiche der Materialwirtschaft kann die Vielzahl materialwirtschaftlicher Entscheidungstatbestände in die drei Gruppen Güterbezug (Beschaffung), Güterlagerung und Gütertransport eingeteilt werden (▶ Abb. 75). Im Vordergrund stehen dabei die Tatbestände des Beschaffungsprogramms sowie die Instrumente zur Gestaltung des Beschaffungsmarktes (Beschaffungsmarketing). Die Lagerhaltung und der Transport der Güter umfasst in erster Linie Fragen der Materialdisposition und der eher technischen Gestaltung der **Lager-** und **Transportsysteme.**

Entscheidungstatbestände der Materialwirtschaft		
Güterbeschaffung	**Güterlagerung**	**Gütertransport**
Beschaffungsprogramm ■ Beschaffungsgüterart ■ Beschaffungsqualität ■ Bestellmenge ■ Bestellzeitpunkt **Beschaffungsmarketing** ■ Beschaffungs- marktforschung ■ Beschaffungsproduktpolitik ■ Beschaffungs- methodenpolitik ■ Beschaffungs- konditionenpolitik ■ Beschaffungs- kommunikationspolitik	**Lagerausstattung** ■ Lagerart ■ Lagereinrichtungen ■ Lagerkapazität ■ Lagerstandort **Lagerprogramm** ■ Gelagerte Güterarten ■ Lagermengen ■ Sicherheitsbestände ■ Lagerorte **Lagerprozess** ■ Güterannahme ■ Qualitätsprüfung ■ Einlagerung ■ Auslagerung ■ Lagerverwaltung	■ Transportmittel ■ Transportmengen ■ Verteilung der Transport- mengen ■ Transportwege

▲ Abb. 75   Überblick materialwirtschaftliche Entscheidungstatbestände (nach Küpper 1989, S. 198)

Kapitel 2

Beschaffungsmarketing

2.1 Überblick

Genauso wie sich ein Unternehmen an seinem Absatzmarkt ausrichten muss
oder versucht, auf diesen einzuwirken, ist es auch mit dem Beschaffungsmarkt verbunden. Aufgabe des Beschaffungsmarketings ist es deshalb,

- diesen Markt zu beobachten und zu analysieren, um Entscheidungsunterlagen zur Verfügung zu stellen, sowie
- die Marktbeziehungen so zu gestalten, dass die Unternehmensziele
  optimal erfüllt werden.

Die erste Aufgabe übernimmt die **Beschaffungsmarktforschung,** die zweite
übernehmen die **beschaffungspolitischen Instrumente.**

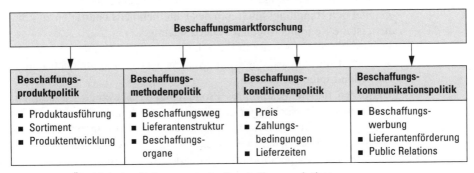

▲ Abb. 76   Überblick über die Instrumente des Beschaffungsmarketings

◄ Abb. 76 gibt einen Überblick über die Elemente des Beschaffungsmarketings, die in den folgenden Abschnitten behandelt werden.

2.2 Beschaffungsmarktforschung

Die Beschaffungsmarktforschung dient – wie die Marktforschung im Bereich Marketing – der Erhebung, Systematisierung und Auswertung der für
die Materialwirtschaft relevanten Informationen des Beschaffungsmarktes. Sie bildet die Grundlage für die Planung, Entscheidung, Anordnung
und Kontrolle des Einsatzes der beschaffungspolitischen Instrumente, die
ähnlich gegliedert werden können wie die Marketing-Instrumente. Allerdings ist die Aufgabe der Beschaffungsmarktforschung insofern einfacher,
als

- eine kleinere Anzahl von Lieferanten im Vergleich zu der Anzahl Kunden und Verbraucher betrachtet werden muss,
- die Lieferanten selbst ein grosses Interesse haben, Kunden zu gewinnen
  und diese möglichst umfassend über ihr Angebot und ihre Angebots-
  bedingungen zu informieren.

2.2.1 Inhalt der Beschaffungsmarktforschung

Die Beschaffungsmarktforschung umfasst sowohl die Analyse der Ist-
Situation (Marktanalyse) als auch die Erforschung der zukünftigen Entwicklungen des Beschaffungsmarktes. Im Vordergrund stehen die potenziellen **Lieferanten,** die anhand der Kriterien in ▶ Abb. 77 untersucht werden können.

Bei der Betrachtung des Beschaffungsmarktes als Ganzes interessieren
Informationen zu folgenden Bereichen:

1. **Angebots- und Nachfragestruktur:** Um die Marktstellung und daraus abgeleitet den Handlungsspielraum des Unternehmens beurteilen zu können, ist die Kenntnis folgender Daten wichtig:
   - Anzahl und Grösse der in Frage kommenden Lieferanten,
   - Anzahl und Grösse der Konkurrenten, welche die gleichen poten-
     ziellen Lieferanten haben.

   Existieren für ein bestimmtes Produkt nur sehr wenige Lieferanten,
   denen aber viele Nachfrager gegenüberstehen (Angebotsmonopol oder
   -oligopol), so ist der Gestaltungsspielraum der einzelnen Nachfrager
   relativ klein, es sei denn, sie versuchen mit gezielten Massnahmen (z.B.
   in Form einer Kooperation) diese Situation zu ändern.

1. Zuverlässigkeit	in Bezug auf ■ gleich bleibende Qualität ■ fristgerechte Lieferung der Güter (Termintreue) ■ Einhaltung der Serviceversprechungen
2. Fertigungs-möglichkeiten	■ Produktionskapazität des Lieferanten ■ Qualitätsniveau ■ Flexibilität bei Sonderanfertigungen oder schwankenden Bestell- bzw. Beschaffungsmengen
3. Konditionen	■ Güterpreis ■ Liefer- und Zahlungsbedingungen ■ Lieferfristen ■ Garantieleistungen
4. Produkt	■ Qualität ■ Sortiment ■ Kundendienst ■ Produktentwicklung (Forschung und Entwicklung)
5. Geographische Lage	■ Transportbedingungen ■ politische Sicherheit im Beschaffungsland ■ Wechselkursstabilität
6. Allgemeine Situation und Merkmale des Lieferanten	■ Marktstellung (Marktanteil) ■ Belieferung der Konkurrenz ■ Zugehörigkeit zu einem Unternehmenszusammenschluss (z. B. Konzern) ■ finanzielle Verhältnisse ■ Qualität des Managements (insbesondere bezüglich Innovationen)

▲ Abb. 77   Lieferantenmerkmale

2. **Preisentwicklung:** Während die Abklärung des gegenwärtigen Preisniveaus relativ einfach ist, ist die Prognose der zukünftigen Preisentwicklung meist sehr schwierig. Um eine gute Prognose abgeben zu können, ist die Kenntnis der Angebots- und Nachfragestrukturen (z. B. der Preiselastizität, von Preisabsprachen, von Preisbindungen oder von Preisführerschaften) bedeutsam.

3. **Produktentwicklung:** Neue technische Verfahren, die eine Verbesserung des Produktes bewirken, oder neue Produkte (Materialien), die zu Substitutionsmöglichkeiten bisheriger Produkte führen (z. B. Kunststoffe/ Glas), müssen frühzeitig erkannt werden. Die neuen Produkte sind rechtzeitig zu bestellen und die Fertigungseinrichtungen müssen an die neuen Materialien angepasst werden, damit keine Wettbewerbsnachteile gegenüber der Konkurrenz entstehen. Zudem ist darauf zu achten, dass keine zu grossen Lagerbestände an alten Materialien vorhanden sind.

Neben der Betrachtung des eigentlichen Beschaffungsmarktes sind auch die Angebote und Entwicklungen im Bereich der **Lager-** und **Transporttechniken** zu verfolgen. Gerade durch zweckmässige Lager- und Transportsysteme mit entsprechenden Rationalisierungseffekten können grosse Kosteneinsparungen bewirkt werden.

2.2.2	**Methoden der Beschaffungsmarktforschung**

Wie bei der Marktforschung des Marketings[1] können die Methoden der Beschaffungsmarktforschung in eine primäre (Field Research) und eine sekundäre (Desk Research) Forschung unterschieden werden. Die **primäre** Beschaffungsmarktforschung stützt sich nach Hartmann (2002, S. 195 f.) auf folgende Quellen:

1. Kontakte mit Lieferanten: Sie schlagen sich in der Korrespondenz der Beschaffungsabteilung und in den Berichten der betrieblichen Kontaktpersonen (Leiter, Sachbearbeiter, Vertreter) nieder. Vor allem die Offertanfrage bietet durch ihre Streuung die Möglichkeit einer grossen Informationsbreite. Anfrageaktionen sind unabhängig vom konkreten Bedarfsfall zu starten.
2. Kontakte mit Verkäufern: Sie werden in Aktennotizen festgehalten und beziehen personelle Informationen mit ein.
3. Besuche von Messen und Ausstellungen: Sie bieten eine Fülle von Informationen über technische Entwicklungen, Preise und Qualität der Waren. Entscheidend für den Erfolg eines Messebesuchs ist eine gründliche Vorbereitung anhand eines Messekataloges.
4. Einkaufsreisen, Betriebsbesichtigungen und Lieferantenbefragungen: Aus ihnen lassen sich Rückschlüsse auf die Lieferfähigkeit, das technische Leistungsvermögen und auf die Persönlichkeitsmerkmale der (potenziellen) Lieferanten ziehen.

Die **sekundäre** Beschaffungsmarktforschung bedient sich dagegen bereits vorhandener Unterlagen. Als Ausgangsmaterial für diese Methoden kommen nach Hartmann (2002, S. 196) in Frage:

1. Markt- und Börsenberichte: Sie zeigen vor allem die Preisentwicklung wichtiger Rohstoffe.
2. Zeitschriften, Tageszeitungen, Funk und Fernsehen: Sie geben Aufschluss über die politische Entwicklung. Entscheidungsrelevant für den Beschaffungsbereich sind beispielsweise Streiks, politische Unruhen oder kriegerische Auseinandersetzungen, welche die Rohstoffversorgung beeinflussen können.

---

1 Vgl. Teil 2, Kapitel 2, Abschnitt 2.2.1 «Datenquellen».

3. Hauszeitschriften der Lieferanten, der Konkurrenz, der Wirtschafts-
   verbände und der Industrie- und Handelskammer: Sie bieten vor allem
   Informationen über neue Entwicklungen und Verfahren.
4. Angebote in Fachzeitschriften, Katalogen, Broschüren und Prospekten:
   Sie enthalten Informationen über Qualität und Leistungsfähigkeit der
   Beschaffungsobjekte.
5. Branchenadressbücher, Messekataloge, technische Handbücher: Sie informieren über die in Betracht kommenden Bezugsquellen.
6. Öffentliche Datenbanken im Internet mit Schwerpunkt Einkauf, Wirtschaft und Firmeninformationen.[1]

2.3	**Beschaffungspolitische Instrumente**
2.3.1	**Beschaffungsproduktpolitik**

Die Beschaffungsproduktpolitik umfasst in Übereinstimmung mit dem
Marketing die art- und mengenmässige Gestaltung des Absatzprogrammes
eines Lieferanten sowie der zusammen mit diesen Produkten angebotenen
Zusatzleistungen.[2] Letztere werden häufig der Beschaffungskonditionenpolitik zugeordnet.[3] Da das Unternehmen nur indirekt über den Lieferanten einen Einfluss auf die Gestaltung der zu beschaffenden Produkte ausüben kann, spricht man auch von einer **mittelbaren Produktpolitik.** Diese
aktive Produktpolitik ist zu unterscheiden von einer **passiven,** bei welcher
sich das Unternehmen als Anpasser verhält. Es versucht lediglich, mit
Hilfe der Beschaffungsmarktforschung jene Lieferanten zu finden, welche
die Produktanforderungen am besten erfüllen.

Betrachtet man die Gestaltungsmöglichkeiten bezüglich der Beschaffungsproduktpolitik, so können sich diese auf folgende Entscheidungstatbestände beziehen:

1. **Produktausführung:** Ziel der Produktpolitik ist es, beim Lieferanten ein
   bestimmtes Qualitätsniveau der Produkte (z.B. bezüglich Lebensdauer,
   Härtegrad, Genauigkeit, Reissfestigkeit usw.) sowie die Aufrechterhaltung dieser Qualität über die Zeit zu erreichen. Dabei können sich die
   Massnahmen ausrichten auf:
   a. **Höherwertige Produkte,** falls das angebotene Produkt nicht den Qua-
      litätsanforderungen des Unternehmens entspricht.
   b. **Produktvereinfachungen,** wenn das zu beschaffende Produkt ein zu
      hohes Qualitätsniveau im Vergleich zum herzustellenden Endpro-

---

1 Vgl. dazu das Beispiel in ▶ Abb. 288 auf Seite 848.
2 Vgl. Teil 2, Kapitel 3, Abschnitt 3.1.2.2 «Kundendienst».
3 Vgl. Abschnitt 2.3.3 «Beschaffungskonditionenpolitik».

dukt aufweist. Durch eine Produktvereinfachung erhofft man sich, das Produkt billiger einkaufen zu können.

c. **Sonderanfertigungen,** die vor allem Unternehmen mit Einzelfertigung oder kleinen Serien benötigen.

2. **Sortiment:** Das Unternehmen kann den Lieferanten dazu veranlassen, möglichst viele der für es relevanten Produkte in seinem Sortiment zu führen, um das Beschaffungswesen durch die Verminderung der Anzahl Lieferanten zu vereinfachen.

3. **Produktentwicklung:** Für ein Unternehmen von besonderem Interesse ist es zu wissen, dass der Lieferant an Verbesserungen der bisherigen und an Entwicklungen neuer Produkte interessiert ist und dies auch durch entsprechende Forschungs- und Entwicklungsaktivitäten unterstützt. In Anlehnung an die Produktpolitik des Marketings[1] kann folgende Unterscheidung gemacht werden:

   a. **Produktmodifikation,** bei der eine bessere Ausführung des bisherigen Produktes bei grundsätzlich gleicher Technologie und Produktfunktion angestrebt wird.

   b. **Produktinnovation,** bei der aufgrund neuer wissenschaftlicher Erkenntnisse mit neuer Technologie und/oder neuen Materialien nicht nur bisherige Anforderungen besser erfüllt, sondern auch neue Anwendungsmöglichkeiten eröffnet werden.

| 2.3.2 | **Beschaffungsmethodenpolitik** |

Ähnlich wie bei der Distributionspolitik im Marketing geht es bei der Beschaffungsmethode um die Gestaltung und Steuerung der Überführung der zu beschaffenden Materialien. Es können die drei Problembereiche Beschaffungsweg, Beschaffungsorgan und Lieferantenstruktur unterschieden werden.

| 2.3.2.1 | Beschaffungsweg |

Wird auf eine Eigenfertigung verzichtet, so stellt sich die Frage, ob **direkt** beim Produzenten oder **indirekt** über den Handel eingekauft werden soll. Häufig wird der indirekte Beschaffungsweg aus folgenden Gründen vorgezogen:

---

1   Vgl. Teil 2, Kapitel 3, Abschnitt 3.2 «Produktpolitische Möglichkeiten».

- Das **Sortiment** des Handels ist in der Regel grösser als jenes des Produzenten. Dies vereinfacht sowohl die Beschaffungsmarktforschung und die Lieferantenbeziehungen als auch die Beschaffungsabwicklung.
- Bei einem direkten Bezug beim Produzenten müssen meistens Mindestabnahmemengen beachtet werden, während beim Handel auch **kleinere Mengen** bestellt werden können.
- Der Handel übernimmt die **Lagerhaltungsfunktion,** so dass die Lagerhaltungskosten tief gehalten werden können.
- Bei der Standortwahl orientiert sich der Handel oft an den Verwendungsorten des Materials. Dies führt zu einem Standortvorteil gegenüber dem Produzenten und äussert sich in **kurzen Lieferzeiten** oder wegen der tieferen Transportkosten in günstigeren Preisen.
- Die **Verkaufspreise** des Handels sind aber vielfach auch deshalb tiefer als jene der Produzenten, weil der Handel wegen seiner Spezialisierung eine effizientere Verkaufsorganisation und somit tiefere Verkaufskosten hat.

Zusammenfassend kann festgehalten werden, dass sich ein Einkauf über den Handel dann lohnt, wenn die in der Regel bestehende Preisdifferenz zugunsten des Produzenten durch Inanspruchnahme der spezifischen Handelsfunktionen (Überbrückungsfunktion, Warenfunktion, Funktion des Makleramtes)[1] mehr als kompensiert wird. Ein **direkter** Beschaffungsweg drängt sich jedoch dann auf, wenn

- sehr grosse Mengen gebraucht werden, die der Handel selbst nicht lagern könnte, für die es sich aber wegen der geringen Verkaufskosten (nur ein Besteller für eine grosse Menge) für den Produzenten lohnt, direkt zu liefern,
- Sonderanfertigungen gewünscht werden, die der Handel nicht auf Lager hat und selbst beim Produzenten bestellen müsste.

| 2.3.2.2 | Beschaffungsorgane |

Als Beschaffungsorgane kommen neben der unternehmenseigenen Beschaffungsabteilung Kommissionäre und Makler in Frage:

- **Kommissionäre** kaufen und verkaufen Ware in eigenem Namen auf fremde Rechnung (Rechnung des Auftraggebers). Sie sind vor allem im internationalen Handel im Bereich der Rohstoffe tätig.
- **Makler** arbeiten dagegen auf eigene Rechnung und versuchen, Käufer und Verkäufer gegen eine Maklerprovision zusammenzubringen.

---

1 Die Handelsfunktionen werden ausführlich in Teil 2, Kapitel 4, Abschnitt 4.3.1 «Funktionen des Handels», besprochen.

Sowohl beim direkten als auch beim indirekten Beschaffungsweg kann das Unternehmen in **Kooperation** mit anderen Unternehmen die Beschaffung von Materialien organisieren. Die Intensität der Zusammenarbeit kann von gemeinsamer Angebotseinholung aufgrund formloser Absprachen bis hin zu speziellen Einkaufsorganisationen auf gesellschaftsrechtlicher Basis reichen. Eine solche überbetriebliche Beschaffung hat verschiedene Vorteile:

- Rationalisierungseffekte, da nur eine einzige, auf den Einkauf spezialisierte Organisation besteht.
- Der durchschnittliche Gesamtlagerbestand der Einkaufsgesellschaft kann kleiner gehalten werden als bei individueller Lagerhaltung aller beteiligten Unternehmen.
- Es können infolge grösserer Bestellmengen günstigere Einkaufspreise und eventuell tiefere Transportkosten erzielt werden. Allerdings ist zu berücksichtigen, dass die Transportkosten des «Umweges» über die Einkaufsgesellschaft sowie die Kosten für zusätzliches Einlagern und Auslagern die Einstandspreise erhöhen können.

2.3.2.3	Lieferantenstruktur

Der Auswahl der Lieferanten kommt eine grosse Bedeutung zu, hängt doch eine gute Versorgung in starkem Masse von der Zuverlässigkeit des Lieferanten ab. Bezüglich der Lieferantenstruktur stehen folgende Fragen im Vordergrund:

- **Anzahl** der Lieferanten: Die Zahl der potenziellen Lieferanten wird vorerst durch die Angebotsstruktur auf dem Beschaffungsmarkt bestimmt. Bei einem Angebotsmonopol oder -oligopol[1] wird sich die Beschaffung auf einen oder wenige Lieferanten beschränken. Steht eine Vielzahl von Lieferanten zur Auswahl, so ist die Zahl der effektiven Lieferanten so festzusetzen, dass die Beschaffungsmenge auf mehrere Anbieter verteilt werden kann. Damit sind einerseits die Lieferanten kleineren Bedarfsschwankungen des Bestellers ausgesetzt, andererseits werden die Nachfrager von unerwarteten Lieferausfällen weniger stark getroffen. Würde das Unternehmen nur von einem einzigen Lieferanten beziehen, bestünde die Gefahr einer grossen Abhängigkeit, die sich nicht nur auf die Lieferung, sondern auch auf die Verkaufspreise und die allgemeinen Verkaufsbedingungen beziehen könnte. Allerdings ist es auch umge-

---

1 Zu den Marktformen vgl. Teil 2, Kapitel 5, Abschnitt 5.2.2 «Preistheorie».

kehrt möglich, dass der Lieferant bei Lieferung an einen einzigen Abnehmer in ein solches Abhängigkeitsverhältnis geraten könnte.

- **Räumliche Verteilung:** Durch die Wahl der Lieferstandorte nach vorgegebenen Kriterien (z.B. Kosten, Lieferzeit, Qualität) ist die räumliche Verteilung der Lieferanten simultan bestimmt. Abweichungen von diesen Standorten ergeben sich höchstens, wenn aus Risikogründen (politisch, währungsbedingt) andere Lieferstandorte vorgezogen werden.

2.3.3	Beschaffungskonditionenpolitik

Die Konditionenpolitik im Beschaffungsbereich bezieht sich auf die Bedingungen, zu denen das Unternehmen die Materialien beziehen kann. Im Vordergrund steht dabei wie im Marketing die **Preispolitik.** Bei einer **aktiven** Preispolitik versucht der Besteller auf die Preisgestaltung der Lieferanten Einfluss zu nehmen, während bei einer **passiven** Preispolitik die Marktpreise als gegebene Daten hingenommen werden und lediglich versucht wird, das beste der zur Auswahl stehenden Angebote zu finden. Der **preispolitische Spielraum** des Bestellers ist tendenziell umso grösser,

- je grösser die Beschaffungsmenge ist (Aushandlung von Mengenrabatten),
- je höher der Wert des bestellten Produktes ist,
- je stärker es sich um standardisierte Produkte handelt, da in diesem Fall eine grosse Markttransparenz besteht und somit gute Vergleichsmöglichkeiten gegeben sind,
- je neuartiger das Produkt ist, da der Anbieter grosses Interesse an Erstverkäufen hat,
- je grösser die Marktmacht des Bestellers ist.

Als weitere **beschaffungspolitische Instrumente** kommen im Rahmen der Konditionenpolitik neben der Preispolitik in Frage:

- die Lieferzeiten (Zeitraum zwischen Abschluss des Abnahmevertrages [Bestellung] und dem Zeitpunkt, an dem das Produkt im Unternehmen eintrifft),
- die Zahlungsbedingungen (Skonto, Zahlungsziel, Kreditgewährung),
- die Transportbedingungen (wer übernimmt die Transportkosten?),
- die Garantieleistungen, Beratung usw.

| 2.3.4 | **Beschaffungskommunikationspolitik** |

Die Instrumente der Beschaffungskommunikationspolitik sind primär darauf ausgerichtet, das Image des Unternehmens auf dem Beschaffungsmarkt positiv zu beeinflussen, bestehende Lieferantenbeziehungen zu festigen sowie neue Lieferanten zu gewinnen. Sie sind vor allem dann von grosser Bedeutung, wenn die Nachfrage das Angebot übersteigt und der Beschaffungsmarkt somit durch eine Verkäufermarktsituation gekennzeichnet ist. Die Instrumente können in drei Gruppen aufgeteilt werden:

1. **Beschaffungswerbung:** Die Beschaffungswerbung soll bestehenden und potenziellen Lieferanten die Vorteilhaftigkeit einer langfristigen Geschäftsbeziehung aufzeigen sowie die Zuverlässigkeit des Unternehmens (regelmässige Bestellung, Mitarbeit an neuen Entwicklungen, Zahlungsfähigkeit) deutlich machen.

2. **Public Relations:** Die Öffentlichkeitsarbeit im Beschaffungsmarketing unterscheidet sich kaum von jener des Marketings. Mit ihrer Hilfe soll die Umwelt des Unternehmens (z. B. Arbeitnehmer des Lieferanten, Staat) informiert werden mit dem Zweck, die Geschäftstätigkeiten auf dem Beschaffungsmarkt zu erleichtern.

3. **Lieferantenförderung:** Die Schaffung eines gegenseitigen Vertrauensverhältnisses kann durch verschiedene Massnahmen geschehen wie beispielsweise:

   - Schulung von Mitarbeitern des Lieferanten im Unternehmen des Abnehmers.
   - Einladung zu Betriebsbesichtigungen, Betriebsvorstellungen und persönlichen Gesprächen.
   - Unterstützung der Produktentwicklungsbemühungen des Lieferanten.

Kapitel 3

Beschaffungs- und Lagerplanung

3.1 Beschaffungsarten

Im Rahmen der Beschaffungs- und Lagerplanung stellt sich die Frage, wie die Materialien optimal beschafft werden können. Grundsätzlich werden drei Beschaffungsarten unterschieden:

1. Prinzip der fallweisen Beschaffung,
2. Prinzip der fertigungssynchronen Beschaffung,
3. Prinzip der Vorratsbeschaffung.

3.1.1 Prinzip der fallweisen Beschaffung

Bei der fallweisen Beschaffung wird der Beschaffungsvorgang ausgelöst, wenn ein entsprechender Materialbedarf festgestellt wird. Die Anwendung dieses Prinzips kommt nur dann in Frage, wenn das Material jederzeit beschaffbar ist oder der Materialbedarf nicht für längere Zeit geplant werden kann. Somit ist die fallweise Beschaffung vor allem auf die auftragsorientierte Einzelfertigung beschränkt. Umgekehrt darf daraus aber nicht abgeleitet werden, dass die Einzelfertigung nur fallweise die notwendigen Güter beschafft. Im Gegenteil, sie wird sich in erster Linie auf Spezialteile und selten verwendete Materialien beziehen, während standardisierte und häufig eingesetzte Teile auf Vorrat gehalten werden. So werden in einer auftragsorientierten Schreinerei wohl verschiedene Hölzer, Gläser, Schrauben, Nägel und Leim an Lager sein, sobald aber spezielle Hölzer, Beschläge oder Schlösser verlangt werden, müssen diese fallweise bestellt werden.

| 3.1.2 | Prinzip der fertigungssynchronen Beschaffung |

Bei der fertigungs- oder einsatzsynchronen Beschaffung erfolgt ein idealerweise lagerloser Zufluss des Materials aus der Umwelt. Dieses Prinzip wird deshalb auch Just-in-Time-Beschaffung genannt.[1] Die zeitliche und mengenmässige Anpassung der Beschaffung an den Bedarf kann dabei so präzise vorgenommen werden, dass Eingangslager überflüssig werden. Dieses Beschaffungsprinzip erfordert zunächst einmal eine ausserordentliche Planungsgenauigkeit. Treten nämlich die kleinsten Abweichungen auf (sowohl bei der Fertigung als auch bei den verschiedenen Beschaffungsvorgängen), so können erhebliche Schwierigkeiten entstehen. Voraussetzung für dieses Prinzip ist somit eine grosse Sicherheit bei den Beschaffungsdaten sowie eine genaue Bestimmbarkeit des Produktionsprogrammes in Bezug auf Art, Menge und Zeitpunkt. Eine solche Situation ist am ehesten bei der Massen- und Grossserienfertigung gegeben. Bei einer Anwendung der Taktfertigung ergibt sich ein konstanter Fertigungsablauf, und der Bedarf ist im Voraus bekannt. Schwieriger wird es, eine solche Situation auf der Beschaffungsseite zu erreichen. Hier muss es dem Abnehmer gelingen, beim Lieferanten eine hohe Termintreue, Flexibilität, Lieferbereitschaft usw. zu erreichen. Dies kann er zum Beispiel durch seine Marktstellung (Macht/Abhängigkeit des Lieferanten, hohe Konventionalstrafen bei Nichtlieferung), durch vertikale Integration oder durch langfristige Lieferverträge erwirken. Gerade die langfristigen Lieferverträge haben in der Regel aber einen höheren Preis zur Folge. Dieser kommt durch den grösseren Lieferbereitschaftsgrad zustande, insbesondere durch die dem Lieferanten überwälzten Lagerhaltungs- und Verwaltungskosten. Dadurch können die Vorteile einer fertigungssynchronen Beschaffung (über-)kompensiert werden. Allerdings können auch bei noch so hoher Plangenauigkeit und hohem Lieferbereitschaftsgrad des Lieferanten Verzögerungen auftreten, wenn beispielsweise aufgrund höherer Gewalt der

---

1   Zu diesem Konzept vgl. auch Teil 4, Kapitel 2, Abschnitt 2.3 «Just-in-Time-Produktion».

Transport zwischen Lieferanten und Abnehmer gestört wird. Für diese Fälle muss eine Lagerhaltung vorgesehen werden.

Bei der Just-in-Time-Beschaffung versucht man nicht mehr, für jede Bestellung unter mehreren Angeboten dasjenige mit den besten Bedingungen zu bestimmen, sondern man möchte für jedes zu beschaffende Material einen einzigen, äusserst leistungsfähigen Zulieferer mit einem langfristigen Vertrag über regelmässige Lieferungen binden. Dieses Vorgehen wird als **Single Sourcing** bezeichnet. Es ermöglicht eine Reduktion der Anzahl Lieferanten. Diese können im Durchschnitt grössere Mengen liefern und dadurch tiefere Stückkosten erzielen, wodurch in der Regel auch tiefere Beschaffungspreise erzielt werden.

Mit Single Sourcing müssen Beziehungen zu wesentlich weniger Lieferanten aufrechterhalten werden. Sie lassen sich deshalb viel leichter intensivieren und für beide Seiten fruchtbar gestalten. Bei Just-in-Time-Zulieferung ist eine solche Verbesserung der Kommunikation aber auch notwendig, weil die Produktion und die Transporte von zwei Unternehmen zu koordinieren sind.

Ebenso wichtig ist, dass Just-in-Time-Zulieferungen fehlerfreie Bauteile und Materialien bedingen. Bei einer direkten Einspeisung in den Produktionsprozess kann keine Qualitätskontrolle bei Materialeingang stattfinden. Dies bedeutet, dass der Lieferant die Verantwortung für höchste Qualität übernehmen und deshalb über hervorragende Fähigkeiten in der Produktion verfügen muss. **Total Quality** und **Zero Defects** sind die Schlagworte, mit denen diese Anforderungen umschrieben werden.[1]

Die Erfahrungen der Praxis zeigen, dass durch die hohen Anforderungen einer Just-in-Time-Zulieferung eine intensive **Lieferantenschulung** notwendig ist, die sowohl von seiten des Zulieferers wie auch vom Abnehmer ein grosses Engagement auf allen Hierarchie-Ebenen erfordert. Dies ist darauf zurückzuführen, dass die Zulieferer in der Regel nicht nur ein einziges Teil herstellen und nicht nur einen einzigen Kunden beliefern. Sie müssen deshalb flexibel sein und zudem hohen Qualitätsanforderungen genügen. Diese Eigenschaften müssen durch Schulung, Weiterbildung und kontinuierliche Verbesserungen erarbeitet werden. Viele Lieferanten werden dadurch selber Just-in-Time-Produzenten und sind damit in der Lage, die Vorteile der «schlanken Produktion» auszuschöpfen. Unter anderem bedeutet dies, dass die Lagerhaltung dank der Flexibilität nicht einfach vom Produzenten auf die Zulieferer abgeschoben wird.

Infolge der ausserordentlichen Kompetenz der Zulieferer und der speziellen Fähigkeiten bezüglich ihres Fertigungssegmentes werden sie gelegentlich in die Konstruktionsprozesse der Herstellerfirma miteinbezogen. Die Zulieferer können damit nicht nur neue Werkstoffe vorschlagen und

---

1   Vgl. dazu Teil 10, Kapitel 1, Abschnitt 1.5 «Total Quality Management (TQM)».

auf technische Möglichkeiten und Feinheiten hinweisen, sondern auch die Konstruktion in fertigungstechnischer Hinsicht beeinflussen. Dadurch ergeben sich Möglichkeiten, Kosten- und Preissenkungen und damit höhere Gewinne auf beiden Seiten zu realisieren.

Während Just-in-Time-Beschaffung sehr oft mit Zulieferern erfolgt, die einen nahen Standort haben, ist infolge der effizienten Transportmöglichkeiten auch eine weltweite Just-in-Time-Beschaffung ins Auge zu fassen. Man spricht in diesem Fall von **Global Sourcing.**

3.1.3	**Prinzip der Vorratsbeschaffung**

Bei der Vorratsbeschaffung werden für die verschiedenen Materialien Eingangslager aufgebaut. Die Beschaffungsplanung baut somit nicht mehr unmittelbar auf dem Fertigungsablauf auf. Die Anwendung dieses Prinzips drängt sich insbesondere dann auf, wenn stochastische (= zufallsabhängige) Bedarfsverläufe vorliegen, während der fertigungssynchronen und auch der fallweisen Beschaffung notwendigerweise eine deterministische (= genau festgelegte) Bedarfsstruktur zugrunde liegt. Bei Letzteren können aufgrund der bekannten Beschaffungszeiten die jeweiligen Bestellmengen und -zeitpunkte unmittelbar aus der Materialbedarfsplanung für die Fertigung abgeleitet werden. Demgegenüber liegen der Vorratshaltung verschiedene Einflussfaktoren zugrunde, welche die Höhe des Lagers beeinflussen. Als grundsätzliche Lagerhaltungsmotive können unterschieden werden:

- **Sicherheits-** oder **Reservelager,** auch eiserner Bestand genannt, werden eingerichtet, wenn entweder die Unsicherheit des Beschaffungsmarktes ausgeschaltet werden soll oder der Materialbedarf der Fertigung nicht genau prognostizierbar ist. Sie übernehmen damit eine Ausgleichsfunktion zwischen Beschaffung und Fertigung.
- Einen Spezialfall stellt die **spekulative Lagerhaltung** dar, bei der ein Unternehmer aufgrund grosser Preisschwankungen auf dem Beschaffungsmarkt ein Lager anlegt. Diese Preisschwankungen treten vor allem auf dem Rohstoffmarkt auf wie zum Beispiel bei Kaffee, Erdöl und Metallen. Diese Lager werden aber nicht dazu angelegt – wie dies aus dem Wort «spekulativ» abgeleitet werden könnte –, um sie zu einem höheren Preis wieder zu verkaufen (und damit eine reine Spekulation zu betreiben), sondern um beispielsweise die Kosten möglichst konstant bzw. den Verkaufspreis der eigenen Endprodukte stabil zu halten.
- Allerdings gibt es auch den Fall, dass die Beschaffungs- und Einsatzdaten bekannt sind, die notwendigen Materialien aber nicht jederzeit zur Verfügung stehen. In diesem Fall spricht man von einer **antizipativen**

Lagerhaltung. Diese findet sich immer dann, wenn das Gut nur zu einem bestimmten Zeitpunkt erstanden werden kann, zum Beispiel wenn der Lieferant nur an bestimmten Daten liefert oder die Produkte nur einmal anfallen. Im letzteren Fall spricht man auch von einer **saisonalen Lagerhaltung,** die beispielsweise bei landwirtschaftlichen Produkten anzutreffen ist. Die Konservenindustrie wird gezwungen, grosse Lager an Früchten anzulegen, die sie später verarbeiten kann. Aber auch in der Kleiderbranche ist es üblich, dass – gerade bei sehr modischen oder saisonbezogenen Artikeln – die Kleider zu einem bestimmten Zeitpunkt an Lager genommen werden müssen, da sie später nicht mehr oder nur noch beschränkt erhältlich sind (z. B. Einkauf der Sommermode bereits im Dezember/Januar).

- Lager können auch eine **Produktivfunktion** übernehmen, indem die eingelagerten Produkte sozusagen als Teil des Produktionsprozesses einen bestimmten Reifungs- oder Gärungsprozess durchmachen (z. B. Holz, Wein).

- **Rechtliche Vorschriften** können ein Unternehmen zum Halten von Lagerbeständen, so genannten Pflichtlagern, zwingen.

Zusammenfassend können die wichtigsten Einflussfaktoren der Entscheidung über die Beschaffungsart wie folgt festgehalten werden:

- Menge des zu beschaffenden Materials,
- Wert der bestellten Güter (Preisniveau, Preisschwankungen),
- zeitlicher Anfall des Materialbedarfs,
- Eigenschaften des Materials (Lagerfähigkeit, Erhältlichkeit),
- Beurteilung der Lieferanten (Lieferbereitschaft, Zuverlässigkeit).

3.2	ABC- und XYZ-Analyse
3.2.1	ABC-Analyse

Zur Erfüllung der materialwirtschaftlichen Ziele bedarf es einer möglichst umfassenden und genauen Planung. Die damit verbundenen Tätigkeiten verursachen jedoch hohe Kosten, so dass die Planung auf jene Bereiche beschränkt werden muss, in denen der daraus resultierende Nutzen die Kosten rechtfertigt. In einem Industriebetrieb muss in der Regel eine Vielzahl von sehr verschiedenartigen Gütern beschafft werden. Deshalb lohnt sich eine intensive Materialbewirtschaftung nur bei jenen Gütern, denen eine grosse Bedeutung für das Unternehmen zukommt. Dazu müssen Selektionskriterien und -verfahren aufgestellt werden, um jene Güter auszusondern, die einer genauen und umfassenden Planung bedürfen. Ein solches Instrument ist die ABC-Analyse.

Das Vorgehen der ABC-Analyse beruht auf der Erfahrung, dass meistens ein relativ kleiner Teil der Gesamtanzahl der Materialarten und/oder der verbrauchten Gütermenge einen grossen Anteil am Gesamtwert der verbrauchten Güter hat. Deshalb ordnet man die verschiedenen Materialarten nach ihrem relativen Anteil am Gesamtverbrauch in A-, B- und C-Güter. Verbreitet ist bei dieser dreiteiligen Klassenbildung, dass

- **A-Güter** etwa 70–80 % des Gesamtverbrauchswertes, aber nur etwa 10–20 % der gesamten Verbrauchsmenge aller Materialarten darstellen,
- **B-Güter** etwa 10–20 % des Gesamtverbrauchswertes und etwa 20–30 % der gesamten Verbrauchsmenge aller Materialarten beinhalten, und
- **C-Güter** nur etwa 5–10 % des Gesamtverbrauchswertes, dafür aber etwa 60–70 % der gesamten Verbrauchsmenge aller Materialarten ausmachen.

▶ Abb. 78 zeigt diese Zusammenhänge mit Hilfe der Lorenzkurve[1]. Auch wenn bei der Durchführung einer ABC-Analyse im Einzelfall abweichende Ergebnisse von den oben aufgeführten Werten festgestellt werden

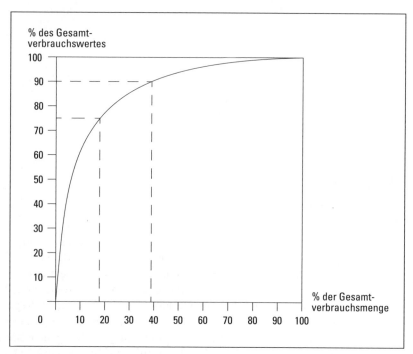

▲ Abb. 78   ABC-Analyse mit Lorenzkurve

---

1   Nach M.C. Lorenz benannt, der 1905 mit Hilfe solcher Darstellungen die Unterschiede in der Einkommensverteilung veranschaulicht hat.

können, so trifft die grundsätzliche Aussage der ABC-Analyse in den meisten Fällen zu. Empirische Untersuchungen haben zudem gezeigt, dass der Verlauf der Lorenzkurve stark von der jeweiligen Branche abhängt, in welcher der Nachfrager tätig ist. Allgemein kann dabei festgehalten werden, dass die Lorenzkurve umso flacher verläuft, je näher das Unternehmen in der Absatzkette (zwischen Produzent und Konsument) dem Kunden ist. Daraus folgt, dass Einzelhandelsunternehmen eine sehr flache und somit atypische Lorenzkurve bei einer ABC-Analyse aufweisen (Hartmann 2002, S. 174).

Die einzelnen Schritte bei der Durchführung einer ABC-Analyse können wie folgt umschrieben werden:

1. Berechnung des Gesamtverbrauchswertes jeder Materialart pro Periode (Menge multipliziert mit dem Einstandspreis).
2. Ordnen der Materialarten in absteigender Reihenfolge in Bezug auf den Gesamtverbrauchswert.
3. Berechnung des prozentualen Anteils an der Gesamtzahl aller verbrauchten Güter.
4. Kumulieren der prozentualen Anteile am Gesamtverbrauch aller Güter.
5. Berechnung des prozentualen Anteils am Gesamtverbrauchswert aller Materialarten.
6. Kumulieren der prozentualen Anteile am Gesamtverbrauchswert aller Materialarten.
7. Einteilung der Materialarten in A-, B- und C-Güter.

▶ Abb. 79 und 80 zeigen ein ausführliches Beispiel einer ABC-Analyse mit 10 verschiedenen Materialarten. In der Praxis muss allerdings meistens ein Vielfaches dieser Zahl analysiert werden.

Bei der Beschaffungs- und Lagerplanung (wie auch -kontrolle) stehen die **A-Güter** im Vordergrund, weil bei diesen die grössten Kosteneinsparungen zu erwarten sind. Für diese Güter ist es sinnvoll, beispielsweise

- eingehende Beschaffungsmarktanalysen (mit Hilfe der Beschaffungsmarktforschung) zu erstellen,
- die Instrumente des Beschaffungsmarketings gezielt einzusetzen,
- genaue Analysen der Kostenstrukturen vorzunehmen,
- die optimale Bestellmenge zu berechnen,
- eine umfassende Produktbewertung (Wertanalyse) zu machen,
- den eisernen Lagerbestand (Sicherheitsbestand) und Meldebestand genau zu bestimmen.

Während man für die A-Güter eine genaue Analyse, Planung und Kontrolle vornimmt, wird man für die **C-Güter**

- die optimale Bestellmenge grob abschätzen oder lediglich die gesamte Beschaffungsmenge zu Beginn der Planperiode bestellen,

Material-art Nr.	Jahresverbrauch		Preis je ME	Wert des Gesamtverbrauchs		Rang
	in ME	in %		in GE	in %	
1	2	3	4	5	6	7
1	1 000	9,2	3,–	3 000,–	6,3	6
2	200	1,8	4,–	800,–	1,7	10
3	2 000	18,3	0,50	1 000,–	2,1	9
4	5 000	45,9	0,30	1 500,–	3,2	8
5	200	1,8	20,–	4 000,–	8,4	4
6	400	3,7	6,–	2 400,–	5,1	7
7	900	8,3	4,–	3 600,–	7,6	5
8	500	4,6	40,–	20 000,–	42,3	1
9	600	5,5	10,–	6 000,–	12,7	2
10	100	0,9	50,–	5 000,–	10,6	3
	10 900	100,0		47 300,–	100,0	

▲ Abb. 79   Rangordnung der Materialarten nach Gesamtverbrauchswert

Rang	Mat.-art Nr.	Mengen-verbrauch in %	kumulierter Mengenver-brauch in %	Mengenver-brauch pro Klasse in %	Wert-verbrauch in %	kumulierter Wertver-brauch in %	Wertver-brauch pro Klasse in %	Klasse
1	2	3	4	5	6	7	8	9
1	8	4,6	4,6		42,3	42,3		
2	9	5,5	10,1		12,7	55,0		
3	10	0,9	11,0	12,8	10,6	65,6	74,0	A
4	5	1,8	12,8		8,4	74,0		
5	7	8,3	21,1		7,6	81,6		
6	1	9,2	30,3	21,2	6,3	87,9	19,0	B
7	6	3,7	34,0		5,1	93,0		
8	4	45,9	79,9		3,2	96,2		
9	3	18,3	98,2	66,0	2,1	98,3	7,0	C
10	2	1,8	100,0		1,7	100,0		

▲ Abb. 80   ABC-Einteilung der Materialarten nach Mengen- und Wertverbrauch

- einen höheren Sicherheitsbestand festlegen und deshalb den Lagerbestand seltener kontrollieren,
- das Beschaffungsmarketing kaum einsetzen (höchstens eine passive Preis- oder Produktpolitik).

Bei den **B-Gütern** ist von Fall zu Fall über die Planungs- und Kontrollaktivitäten zu entscheiden, je nachdem, wie gross die Bedeutung der betreffenden Materialien eingeschätzt wird.

Der ABC-Analyse kann nicht nur die Beziehung zwischen Verbrauchsmengen und Verbrauchswerten zugrunde gelegt werden, sondern sie kann je nach Aufgabenstellung auch andere Bezugsgrössen berücksichtigen[1] wie

- die Lagerflächen- oder Lagerraumbeanspruchung, wenn man diejenigen Materialarten ermitteln will, die das Lager besonders stark beanspruchen,
- die Lagerentnahmehäufigkeit, wenn der optimale innerbetriebliche Lagerstandort für häufig gebrauchte Materialarten gesucht werden soll,
- das Lagerverlustrisiko, wenn beispielsweise leicht verderbliche Materialien bestimmt werden sollen,
- die Bestellhäufigkeit, wenn die mit hohen Bestellkosten verbundenen Materialarten ausgesondert werden sollen,
- Beschaffungsschwierigkeiten, um diejenigen Güter auszusondern, welche für den Produktionsprozess sehr wichtig sind, bei deren Beschaffung aber erfahrungsgemäss mit Schwierigkeiten zu rechnen ist.

| 3.2.2 | **XYZ-Analyse** |

Die Planung der Materialbeschaffung ist auf den zukünftigen Bedarf auszurichten, der mit Prognosemethoden geschätzt wird. Um auch hier einen effizienten Einsatz der verfügbaren Mittel zu erreichen, werden die Güter analog zur ABC-Analyse in drei Gruppen eingeteilt:

- **X-Güter** zeichnen sich durch einen regelmässigen, schwankungslosen Bedarfsverlauf aus. Die Genauigkeit der Prognose des Bedarfs ist bei diesen Gütern sehr gross.
- **Y-Güter** sind durch einen trendmässig steigenden oder fallenden Bedarfsverlauf charakterisiert oder der Bedarf unterliegt saisonalen Schwankungen. Sie weisen eine mittlere Prognosegenauigkeit auf.
- **Z-Güter** sind gekennzeichnet durch einen äusserst unregelmässigen Bedarfsverlauf, der aufgrund zufäliger oder nicht voraussehbarer Einflüsse zustandekommt. Die Prognosegenauigkeit des Bedarfs ist dementsprechend gering.

Es wird davon ausgegangen, dass die Bedarfszahlen zufälligen Schwankungen unterworfen sind, die in ▶ Abb. 81 anhand von zwei Beispielen grafisch veranschaulicht werden.

---

1 Die ABC-Analyse wird zudem nicht nur in der Materialwirtschaft, sondern auch in anderen Funktionsbereichen eingesetzt. Sie kann beispielsweise benützt werden, um Beziehungen zwischen Anzahl angebotener Produkte und damit erreichtem Umsatz, zwischen Umsatz und Gewinn oder zwischen Umsatz und Produktionskapazität aufzuzeigen.

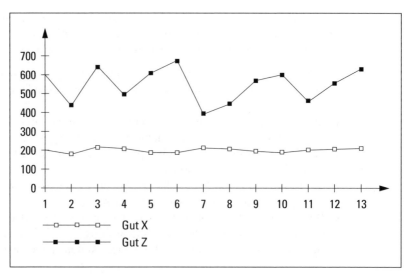

▲ Abb. 81   Schwankungen des Bedarfs

Die zufälligen Schwankungen sind bei einem X-Gut klein. Aus diesem Grund ist für dieses Gut ein kleiner Sicherheitsbestand zu halten, der die Versorgung bei erhöhter Nachfrage decken soll.

Wenn Prognosewerte dieser Perioden mit den tatsächlichen Werten verglichen werden, können Prognosefehler ermittelt werden, deren Durchschnittswerte zu Klassenbildungen herangezogen werden können. Eine mögliche Spezifizierung der XYZ-Klassen ist:

- **X-Güter:** Zeitreihen mit kleinen Prognosefehlern, z. B. bis zu 10 % des durchschnittlichen Wertes.
- **Y-Güter:** Zeitreihen mit mittleren Prognosefehlern, z. B. 10–50 % des durchschnittlichen Wertes.
- **Z-Güter:** Zeitreihen mit grossen Prognosefehlern und insbesondere Zeitreihen mit sporadischem und unregelmässigem Bedarf.

Die angegebenen Werte sind nur Richtgrössen, die jederzeit anders definiert werden können. Wichtig ist vielmehr zu erkennen, dass für Güter mit kleinen Bedarfsschwankungen ein relativ kontinuierlicher Materialzufluss mit kleinen Lagerbeständen organisiert werden kann. Zu dieser Kategorie gehören beispielsweise Grundnahrungsmittel, die in jedem Haushalt praktisch täglich benötigt werden. Bei anderen Gütern treten grössere Schwankungen auf. Eine mögliche Ursache ist zum Beispiel die Wetterabhängigkeit des Absatzes gewisser Produkte. An heissen Tagen werden mehr Getränke konsumiert und verkauft. Dies führt zu kurzfristigen Absatzschwankungen, die Probleme in der Befriedigung der Kundenbedürfnisse haben können.

Grössere Bedarfsschwankungen lassen sich beispielsweise durch Lagerbestände auffangen, die unter Umständen ansehnliche Kosten verursachen. Es ist aber auch denkbar, dass leistungsfähige Lieferanten gefunden werden können, die gegen einen Preisaufschlag bereit sind, kurzfristig zu liefern. Die XYZ-Analyse liefert deshalb wichtige Informationen für die Durchführung von Wirtschaftlichkeitsberechnungen und die Planung der Materialbeschaffung.

| 3.2.3 | **Kombination der ABC-Analyse und XYZ-Analyse** |

Durch eine Kombination der ABC- mit der XYZ-Analyse kann schliesslich ein Instrument geschaffen werden, das Informationen für ein differenziertes Vorgehen bei der Beschaffungs- und Lagerplanung ermöglicht. Aufgrund der Tabelle in ▶ Abb. 82 kann beispielsweise entschieden werden, bei welchen Materialarten

- gemäss Plandaten disponiert werden kann (XA, XB, XC),
- besonders auf kurze Lieferfristen und hohe Lieferantenzuverlässigkeit geachtet werden muss (ZA, ZB),
- eine aktive Preispolitik besonders lohnend erscheint (XA, XB, YA).

Verbrauchswert Prognose- genauigkeit	A	B	C
X	hoher Verbrauchswert hoher Vorhersagewert	mittlerer Verbrauchswert hoher Vorhersagewert	tiefer Verbrauchswert hoher Vorhersagewert
Y	hoher Verbrauchswert mittlerer Vorhersagewert	mittlerer Verbrauchswert mittlerer Vorhersagewert	tiefer Verbrauchswert mittlerer Vorhersagewert
Z	hoher Verbrauchswert niedriger Vorhersagewert	mittlerer Verbrauchswert niedriger Vorhersagewert	tiefer Verbrauchswert niedriger Vorhersagewert

▲ Abb. 82 Kombination der ABC-Analyse mit der XYZ-Analyse

3.3   Ermittlung des Materialbedarfs

Ausgangspunkt der quantitativen Beschaffungsplanung bildet zunächst das Fertigungsprogramm, das seinerseits aus dem Absatzprogramm abgeleitet ist. Aufgrund der zu erstellenden Güterart, der Herstellungsmenge und der Fertigungstermine können die Materialmengen berechnet werden, die für die Produktion bereitgestellt werden müssen. Zur Ermittlung der effektiven Beschaffungsmenge ist wie folgt vorzugehen:

	Materialbedarf einer Materialart pro Planperiode (= Bruttobedarf) (inkl. Ausschuss, Schwund, direkter Weiterverkauf)
+/–	Lagerveränderungen
–	bestellte, aber noch nicht gelieferte Mengen
=	Beschaffungsmenge (= Nettobedarf)

Zur Ermittlung des Bruttobedarfs stehen verschiedene Methoden zur Verfügung. Diese können in folgende drei Gruppen unterteilt werden:

1. **Subjektive Schätzungen:** Subjektive Schätzungen werden vor allem dann vorgenommen, wenn
   - der Umfang (Menge und/oder Wert) der zu beschaffenden Güter eine genaue Berechnung mit Hilfe aufwendiger Verfahren nicht rechtfertigt oder
   - die notwendigen Informationen für mathematische Prognosemethoden nicht zur Verfügung stehen.

2. **Deterministische Bedarfsermittlung aufgrund des Fertigungsprogrammes:** Grundlage der Materialbedarfsbestimmung bilden die Kundenaufträge oder die Produktionspläne sowie die Fertigungsvorschriften. Bei diesem Vorgehen wird in einem ersten Schritt die Materialbedarfsplanung und danach die Kapazitätsplanung mit EDV-Unterstützung durchgeführt. Es wird als **Material Requirements Planning** (MRP) bezeichnet und benötigt folgende Eingabedaten:
   - geplante Bedarfsmengen,
   - Stücklisten,
   - Lagerbestände,
   - Losgrössen,
   - Vorlauf- bzw. Wiederbeschaffungszeiten.
   In Teil 4 wird gezeigt, wie sich mit Hilfe von Stücklisten der Materialbedarf errechnen lässt.[1] Für Unternehmen ohne Vorratshaltung ist die komplexe MRP-Methodik nicht notwendig, sie bestellen fallweise bei Bedarf.

---

1   Vgl. Teil 4, Kapitel 3, Abschnitt 3.2 «Stücklisten und Stücklistenauflösung».

3. **Stochastische Bedarfsermittlung aufgrund des Verbrauchs in der Vergangenheit:** Aufgrund der Verbrauchsentwicklung der Vergangenheit versucht man mit Hilfe mathematisch-statistischer Methoden, den Bedarf für die Zukunft zu prognostizieren. Zu nennen ist zum Beispiel die **Methode der Mittelwertbildung.** Diese zeichnet sich durch ihre Einfachheit aus, hat aber den Nachteil, dass sie nur bei konstantem Verbrauchsverlauf zu brauchbaren Resultaten führt. Sobald saisonale Schwankungen auftreten oder ein steigender bzw. ein fallender Trend zu beobachten ist, versagt diese Methode.

3.4	Bestellplanung
3.4.1	Entscheidungstatbestände

Im Rahmen der Beschaffungs- und Lagerplanung geht es um die optimale Bestimmung des Beschaffungs- und Lagerprogrammes. Dies beinhaltet im Wesentlichen die Entscheidungen über

- die optimale Bestellmenge,
- den optimalen Lagerbestand und
- den optimalen Bestellzeitpunkt.

Legt man der Lösung dieser drei Problembereiche das Zielkriterium Kostenminimierung zugrunde, so ist das Beschaffungsprogramm dann optimal, wenn es möglichst tiefe Gesamtkosten verursacht. Dabei sind verschiedene Kostenvariablen zu berücksichtigen, die allerdings zum Teil gegenläufige Tendenzen aufweisen:

1. **Beschaffungskosten:** Die Beschaffungskosten setzen sich aus den unmittelbaren Beschaffungskosten, die direkt von der Bestellmenge abhängig sind, und den mittelbaren Beschaffungskosten, die nur von der Anzahl der Bestellungen beeinflusst werden, zusammen.
   a. Die **unmittelbaren** Beschaffungskosten ergeben sich in erster Linie aus der mit dem Einstandspreis multiplizierten Beschaffungsmenge. Der Einstandspreis berechnet sich aus dem Marktpreis abzüglich der Rabatte und zuzüglich der Transport- und Verladekosten, Versicherungen, Zölle und Steuern.
   b. Die **mittelbaren** Beschaffungskosten sind unabhängig von der Höhe der Bestellung. Sie sind in erster Linie auf innerbetriebliche Tätigkeiten im Zusammenhang mit der Beschaffung zurückzuführen. Zu erwähnen wären Bedarfsmeldungen, Angebotseinholung und -prüfung, Bestellausführung, Liefertermínüberwachung, Warenannahme (Kontrolle) und Einlagerung.

2. **Lagerkosten:** Die Höhe der Lagerkosten wird in erster Linie durch die eingelagerte Menge, deren Wert sowie die Dauer der Lagerung bestimmt. Die Kosten können wie folgt aufgeteilt werden:

- Raumkosten (Miete, Abschreibungen gemäss Beanspruchung [z.B. auf Lagergestellen, Gebäuden], Beleuchtung, Heizung, Klimaanlage usw.),
- Unterhaltskosten (Manipulationen, Kontrollen),
- Zinskosten für das im Lager gebundene Kapital,
- Versicherungen,
- Lagerrisiko (Wertminderung durch Schwund, Verderb).

3. **Fehlmengenkosten:** Unter Fehlmengenkosten versteht man jene Kosten, die durch mangelnde Versorgung des Fertigungsprozesses mit den notwendigen Gütern entstehen. Dazu sind zu zählen:

- Preisdifferenzen, die bei der Beschaffung der Fehlmengen entstanden sind (z.B. erhöhte Transportkosten, teurere Güter),
- Konventionalstrafen bei Nichtlieferung infolge Produktionsausfalls,
- Auftragsverluste und somit entgangene Gewinne,
- Goodwill-Verluste,
- Kosten eines Produktionsunterbruchs (Leerkosten nicht eingesetzter Maschinen und nicht beschäftigter Mitarbeiter).

Neben den Kostenvariablen ist – insbesondere bei der Bestimmung der Bestellzeitpunkte – die **Beschaffungszeit** zu berücksichtigen. Die Beschaffungszeit umfasst die Zeitdauer zwischen Bedarfsfeststellung und dem Zeitpunkt, zu dem die Ware für die Fertigung zur Verfügung steht. Sie wird wie folgt berechnet:

	Bedarfsermittlungszeit	(Zeit zwischen Bedarfsfeststellung und Entscheid über Bestellmenge)
+	Bestellzeit	(Zeit zwischen Entscheid über Bestellmenge und Bestellerteilung)
+	Lieferzeit	(Zeit zwischen Bestellerteilung und Versand des Lieferanten)
+	Transportzeit	(Zeit zwischen Versand des Lieferanten und Eintreffen beim Besteller)
+	Warenannahmezeit	(Zeit zwischen Eintreffen beim Besteller und Verfügbarkeit für die Produktion)
=	Beschaffungszeit	

Die Dauer dieser Zeiten hängt von verschiedenen Tätigkeiten und Einflussfaktoren ab:

- Während der **Bedarfsermittlungszeit** wird der Lagerbestand kontrolliert und der zukünftige Bedarf abgeklärt.

- Die Dauer der **Bestellzeit** hängt stark davon ab, ob es sich um laufende Routinebestellungen handelt. Ist dies nicht der Fall, so müssen Offerten eingeholt und eine Lieferantenwahl getroffen werden.
- Die **Lieferzeit** hängt vom Lieferbereitschaftsgrad des Lieferanten sowie von dessen organisatorischer Gestaltung der Auftragsabwicklung ab.
- Die **Transportzeit** wird von der Entfernung zwischen Lieferant und Besteller, den Verkehrsverbindungen und der Art des Gutes (Empfindlichkeit) beeinflusst.
- Die **Warenannahmezeit** schliesslich wird für die Mengen- und Qualitätsprüfung sowie die Einlagerung der Materialien ins Eingangslager benötigt.

Bei der Festlegung der **Bestellmenge** können zwei Vorgehensweisen unterschieden werden:

1. Entweder gibt das Unternehmen über die gesamte Planperiode eine im Voraus bestimmte **feste** Bestellmenge in Auftrag oder
2. es entscheidet sich für eine **variable** Bestellmenge, die es bei jedem Bestellzeitpunkt neu festlegt.

Eine feste Bestellmenge kann sich sowohl für den Besteller (Vereinfachung der Bestellabwicklung) als auch für den Lieferanten (Vereinfachung der Absatz-, Produktions- und Lagerplanung) als vorteilhaft erweisen. Oft ergibt sie sich aber auch aufgrund technischer Restriktionen (z.B. Container-Transport). Eine feste Bestellmenge ist vor allem bei konstantem Bedarf angezeigt, während die variable Bestellmenge bei starken Bedarfsschwankungen zweckmässig erscheint. Auf das Problem der Ermittlung der optimalen festen Bestellmenge wird in Abschnitt 3.4.2 eingegangen.

Die Entscheidungen über die Höhe der Bestellmenge und über die Bestellzeitpunkte sind eng miteinander verknüpft. Unter der Voraussetzung einer bekannten Beschaffungsmenge und konstanten Lagerabgangsrate ist mit der Entscheidung über die kostenoptimale Bestellmenge auch gleichzeitig der Bestellzeitpunkt festgelegt. Sind hingegen diese Voraussetzungen nicht gegeben, sind also insbesondere die Lagerabgangsraten nicht konstant, so sind auch die Entscheidungen über Bestellmenge und Bestellzeitpunkt nicht mehr simultan fixiert; die Bestellzeitpunkte werden unabhängig von der Bestellmenge festgelegt.

Durch die zeitliche Verteilung der Bestelltermine über die Planperiode wird der Bestellrhythmus festgelegt. Grundsätzlich kann dies auf drei Arten geschehen:

1. Das Unternehmen bestellt an im Voraus bestimmten Terminen.
2. Die Bestelltermine sind für das Unternehmen frei wählbar.
3. Das Unternehmen entscheidet an im Voraus bestimmten Terminen, ob es bestellen will oder nicht.

Die Art und Weise der Betrachtung des Mengen- und Zeitaspektes im Rahmen des Beschaffungsprogrammes führt zu unterschiedlichen Lagerhaltungssystemen, welche konkrete Verfahrensregeln zur Bestimmung der Bestellzeitpunkte und der Bestellmenge enthalten. Grundsätzlich lassen sich zwei Typen von Lagerhaltungsmodellen unterscheiden, nämlich das **Bestellpunkt-** und das **Bestellrhythmussystem.**[1]

3.4.2	**Ermittlung der optimalen Bestellmenge**

Ausgehend vom Ziel der Kostenminimierung im Beschaffungs- und Lagerbereich gilt es, diejenige Bestellmenge zu ermitteln, bei der die Summe aus Beschaffungs- und Lagerhaltungskosten pro Stück ein Minimum bildet.

Beim Zerlegen der gesamten Beschaffungsmenge einer Planperiode in die Bestellmengen sind unter Berücksichtigung der Kostenminimierung folgende Überlegungen anzustellen: Kleine Bestellmengen, die häufige Bestellungen zur Folge haben, verursachen kleine Lagerkosten, dafür häufig anfallende Bestellkosten. Geht man davon aus, dass ein Teil der Bestellkosten unabhängig von der Höhe der Bestellmenge anfällt, so würde sich eine einmalige Bestellung aufdrängen und somit wäre die Bestellmenge gleich der Beschaffungsmenge. Allerdings wären in diesem Fall die Zins-

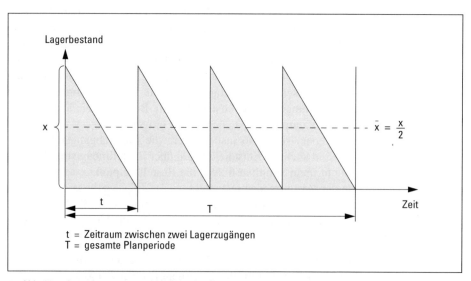

▲ Abb. 83   Lagerbewegungen bei optimaler Bestellmenge

---

1   Vgl. Abschnitt 3.4.3 «Ermittlung des Bestellzeitpunktes».

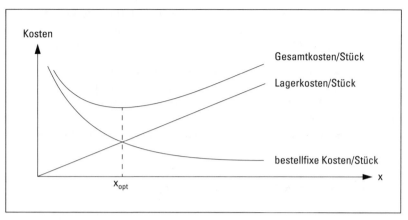

▲ Abb. 84   Optimale Bestellmenge

und Lagerkosten ungemein grösser. Ausser Acht gelassen werden dabei jegliche Einschränkungen unternehmensinterner (z.B. Lagerkapazität, Liquidität) und -externer Art (z.B. Lieferant).

Ausgangspunkt des Grundmodells der optimalen Bestellmenge bilden die Annahmen, dass

- die Beschaffungsmenge in gleich bleibende Bestellmengen während der Planperiode aufgeteilt wird und
- die Lagerabgangsraten ebenfalls gleich bleiben (◄ Abb. 83),
- die Einstandspreise weder von der Bestellmenge noch vom Bestellzeitpunkt abhängig sind,
- die fixen Kosten pro Bestellung sowie der Zins- und Lagerkostensatz genau bestimmbar sind und sich während der Planperiode nicht verändern.

Graphisch lässt sich die Ermittlung der optimalen Bestellmenge mit ◄ Abb. 84 darstellen.

Zur Ermittlung der optimalen Bestellmenge auf mathematischem Wege kann folgende Formel verwendet werden:

$$\blacksquare \quad x_{opt} = \sqrt{\frac{200 \cdot M \cdot a}{p \cdot q}}$$

wobei: x = Bestellmenge
M = Gesamte Beschaffungsmenge pro Jahr
a = auftragsfixe Kosten
p = Einstandspreis
q = Zins- und Lagerkostensatz/Jahr (in Prozenten)

Dem Grundmodell der optimalen Bestellmenge liegen einige Annahmen zugrunde, die in der betrieblichen Realität nicht oder nur teilweise zutreffen. Folgende Annahmen sind dabei besonders problematisch:

- von der Bestellmenge unabhängige Einstandspreise: in der Regel verändern sich die Einstandspreise bei einer Erhöhung der Bestellmenge, da Mengenrabatte erwirkt werden können,
- von der Bestellmenge unabhängige fixe Kosten,
- von der Bestellmenge unabhängige Lagerhaltungskosten.

3.4.3	**Ermittlung des Bestellzeitpunktes**

Bei der Ermittlung des optimalen Bestellzeitpunktes muss darauf geachtet werden, dass der Lagerbestand aus Kostengründen nicht zu hoch, aus Risikogründen nicht zu tief ist. Zur Bestimmung des Bestellzeitpunktes stehen grundsätzlich zwei Bestellsysteme zur Verfügung:

1. Beim **Bestellpunktsystem** werden immer dann Bestellungen aufgegeben, wenn die Vorräte auf einen im Voraus bestimmten Lagerbestand absinken. Dieser wird auch als kritischer Lagerbestand bezeichnet, weil beim Ausbleiben einer Bestellung der zukünftige Bedarf nur noch für eine bestimmte Zeit aus dem Lager gedeckt werden kann. Es handelt sich somit bei diesem kritischen Bestand um die **Meldemenge**. Im Vordergrund stehen die beiden Entscheide über die fixe Bestellmenge und den kritischen Lagerbestand. Sind diese beiden Grössen festgelegt, so ist der Zeitraum zwischen zwei Lagerzugängen bzw. Bestellungen variabel, da die Lagerabgangsrate nicht konstant ist (▶ Abb. 85).
2. Das **Bestellrhythmussystem** ist dadurch gekennzeichnet, dass der Zeitraum zwischen zwei Bestellungen gleichbleibt. Die Bestellmengen werden in der Regel aufgrund des Lagerabganges der letzten Bestellperiode festgelegt. Damit ergeben sich für das Bestellrhythmussystem fixe Bestellzeitpunkte und variable Bestellmengen, während beim Bestellpunktsystem gerade umgekehrt fixe Bestellmengen und variable Bestellzeitpunkte resultieren. Aus ▶ Abb. 86 werden die Lagerbewegungen im Bestellrhythmussystem ersichtlich.

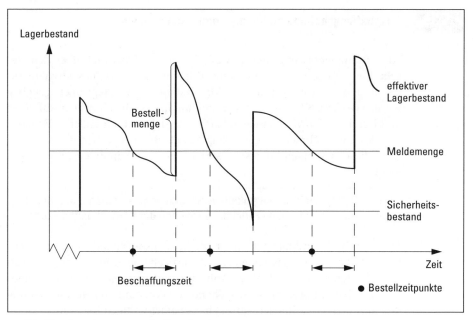

▲ Abb. 85   Lagerbewegungen im Bestellpunktsystem

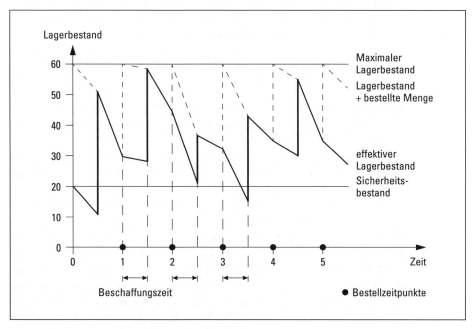

▲ Abb. 86   Lagerbewegungen im Bestellrhythmussystem

3.5   Beschaffungsablauf und Supply Chain Management

Als Zusammenfassung dieses Kapitels soll ein Überblick über den Beschaffungsablauf im weiteren Sinne, d. h. unter Einbezug des Absatzmarktes bis hin zur Einlagerung der Materialien im Eingangslager, gegeben werden (▶ Abb. 87). Daraus wird ersichtlich, dass die einzelnen Aufgaben und Bereiche der Materialwirtschaft unter sich und mit anderen Funktionen des Unternehmens eng verknüpft sind. Betrachtet man das Management dieses gesamten Prozesses, spricht man von Supply Chain Management:

> Unter **Supply Chain Management** versteht man das Management der Beziehungen zwischen allen Funktionsbereichen der Wertschöpfungskette.

Das Supply Chain Management erstreckt sich sowohl auf Prozesse innerhalb des Unternehmens als auch auf Verflechtungen mit seiner Umwelt (z. B. Lieferanten, Kunden). ▶ Abb. 88 zeigt verschiedene Stufen eines Supply Chain Management, ausgehend von einer minimalen Abstimmung der einzelnen Funktionen (Stufe 1) bis zu einer völligen Integration (Stufe 3 und 4).

Eine solche integrierte Betrachtung führt dazu, dass die Lagerbestände, insbesondere die Sicherheitsbestände, verkleinert werden können. Dies wird durch ein so genanntes **Postponement** erreicht:

> Unter **Postponement** wird die Verlagerung der Variantenvielfalt möglichst nahe an den Endkunden verstanden.

Der Zeitpunkt, ab dem möglichst individuell zugeschnittene Varianten eines Produkts entstehen, soll möglichst spät in der Wertschöpfungskette angesiedelt sein.

Postponement betrifft aber nicht nur die Materialwirtschaft, sondern integriert auch Produktentwicklungs-, Produktions- sowie Marketingüberlegungen. Durch Postponement können zu hohe Lagerbestände verhindert werden, indem Änderungen der Kundennachfrage (z. B. geänderte Präferenzen bei der Innenausstattung von Pkws) bereits nahe am Endkunden abgefangen werden und ein Aufschaukeln der Bestände über die gesamte Kette hinweg dadurch vermieden wird. Dies lässt sich vor allem durch die Modularisierung von Bauteilen erreichen, die innerhalb kurzer Zeit kundenindividuell ausgetauscht werden können. In der PC-Industrie sind beispielsweise alle Fertigprodukte modular aufgebaut und darüber hinaus die Schnittstellen zwischen diesen Modulen derart standardisiert, dass Komponenten unterschiedlicher Hersteller flexibel eingesetzt werden können. Dies hat auch zur Folge, dass Hersteller einzelner Komponenten aus-

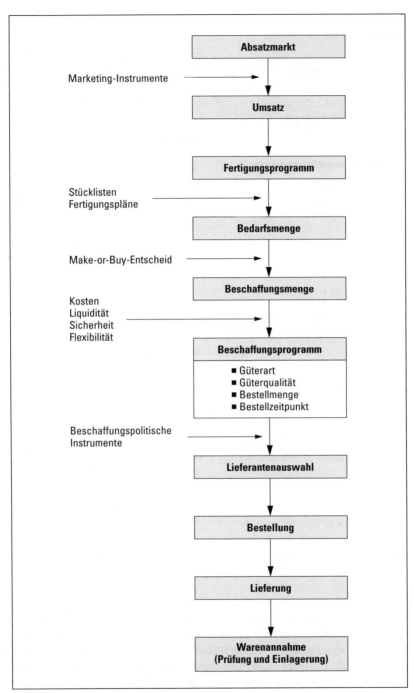

▲ Abb. 87   Überblick über den Beschaffungsablauf

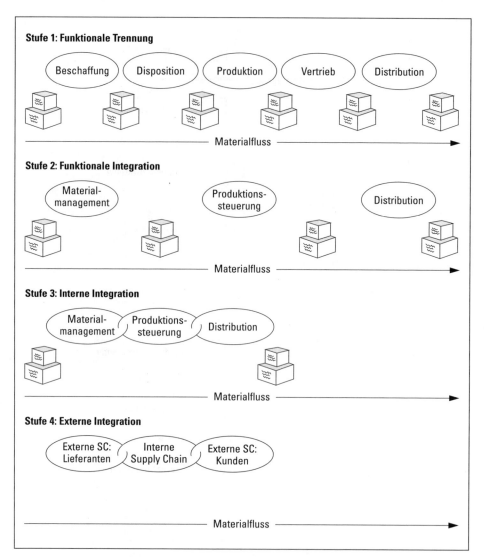

▲ Abb. 88   Stufen zur integrierten Supply Chain (Stölzle/Heusler/Karrer 2004, S. 127, in Anlehnung an Christopher 1998, S. 17)

tauschbar sind und untereinander sehr stark in horizontalem Wettbewerb stehen. Ein Beispiel für die Modularisierung lässt sich bei Hewlett Packard beobachten, wo seit einigen Jahren Drucker zentral produziert werden, allerdings ohne Netzteil. Dieses wird – aufgrund der grossen Unterschiede in Stromspannung und Netzsteckerdesign – erst im regionalen Auslieferungslager hinzugefügt. So konnten die Lagerkosten für Halb- und Fertigfabrikate um 5 % gesenkt werden. (Stölzle/Heusler/Karrer 2004, S. 131 f.)

Weiterführende Literatur

Buser, T./Welte, B./Wiederkehr, Th.: Vom Unternehmen zum Kunden-unternehmen. Kunden gewinnen und halten mit dem Customer Care Concept. Zürich 2003

Ehrmann, Harald: Logistik. 4., überarbeitete und aktualisierte Auflage, Ludwigshafen (Rhein) 2003

Gleißner, H./Femerling, J. Ch.: Logistik. Grundlagen – Übungen – Fallbeispiele. Wiesbaden 2008

Hartmann, Horst: Materialwirtschaft. Organisation, Planung, Durchführung, Kontrolle. 8., überarbeitete Auflage, Gernsbach 2002

Hässig, Kurt: Prozessmanagement. Erfolgreich durch effiziente Strukturen. Zürich 2000

Klaus, P./Krieger, W. (Hrsg.): Gabler Lexikon Logistik. 3. Auflage, Wiesbaden 2004

Kummer, S. (Hrsg.)/Grün, O./Jammernegg, W.: Grundzüge der Beschaffung, Produktion und Logistik. München u. a. 2006

Large, Rudolf: Strategisches Beschaffungsmanagement. Eine praxisorientierte Einführung. 4., aktualisierte Auflage, Wiesbaden 2008

Oeldorf, G./Olfert, K.: Materialwirtschaft. 11., verbesserte und aktualisierte Auflage, Ludwigshafen (Rhein) 2004

Schulte, Gerd: Material- und Logistikmanagement. 4., überarbeitete und erweiterte Auflage, München 2005

Stölzle, W./Heusler, K. F./Karrer, M.: Erfolgsfaktor Bestandsmanagement. Zürich 2004

Teil 4

Produktion

Inhalt

Kapitel 1

Grundlagen

1.1 Einleitung

Unter dem Begriff Produktion können grundsätzlich zwei verschiedene Begriffsinhalte verstanden werden:

- **Produktion als Fertigung:** Unter der Produktion als Fertigung (Produktion i. e. S.) versteht man die eigentliche Be- und Verarbeitung von Rohstoffen zu Halb- und Fertigfabrikaten. Bei dieser Betrachtung der Produktion als Umwandlung und Herstellung von Gütern ist neben dem **wirtschaftlichen** auch der **technische** Aspekt wesentlich.

- **Produktion als Leistungserstellungsprozess:** Eine Erweiterung des Produktionsbegriffs ergibt sich durch die Betrachtung des Produktionsbereichs als betrieblichen Leistungsprozess (Produktion i. w. S.). Im Vordergrund stehen die **betriebswirtschaftlichen Entscheidungstatbestände,** die im Rahmen des Leistungserstellungsprozesses gefällt werden müssen. Produktion in diesem Sinne stellt eine unternehmerische Funktion neben anderen (wie Marketing, Materialwirtschaft, Finanzierung usw.) dar. Im Vordergrund stehen dabei die Festlegung
  - des **Produktionsprogramms:** Welche Produkte sollen hergestellt werden?
  - der **Produktionsmenge:** Wie viel soll produziert werden?

- des **Fertigungstyps:** Wie gross sind die einzelnen Fertigungseinheiten bzw. wie häufig soll ein bestimmter Fertigungsvorgang wiederholt werden?
- des **Fertigungsverfahrens:** Wie sollen die Produktionsanlagen angeordnet werden?
- des gesamten **produktionswirtschaftlichen Ablaufs:** Welche Fertigungsphasen können unterschieden werden und welche Entscheidungen sind in jeder Phase zu treffen?

Je nach Branche beinhaltet die betriebliche Leistungserstellung eine andere Tätigkeit, so zum Beispiel die Gewinnung von Rohstoffen in Gewinnungsbetrieben, die Herstellung von Halb- und Fertigfabrikaten in Fabrikationsbetrieben oder die Ausführung von Dienstleistungen durch Dienstleistungsbetriebe.

Die Beschränkung auf den Sachleistungsbetrieb hat zur Folge, dass im Folgenden zur Hauptsache der Produktionsbereich eines Industriebetriebes dargestellt wird. Dabei ist zu beachten, dass viele produktionswirtschaftliche Entscheidungen sowohl technische als auch ökonomische Fragen betreffen. In den folgenden Ausführungen werden die betriebswirtschaftlichen Aspekte im Vordergrund stehen, während auf die technischen nur am Rande eingegangen wird. Diese sind primär Gegenstand der Ingenieurwissenschaften.

1.2   Problemlösungsprozess der Produktion

Bei der Betrachtung der Produktion als unternehmerische Funktion können verschiedene Aufgaben bzw. Phasen des produktionswirtschaftlichen Problemlösungsprozesses unterschieden werden (▶ Abb. 89):

1. **Analyse der Ausgangslage:** Die Ergebnisse der Analyse der Ausgangslage sollen zeigen, welche Probleme im Rahmen der Produktion zu lösen sind und welche Einflussfaktoren die Problemlösung wesentlich beeinflussen. Es sind dies
   - die **allgemeinen Unternehmensziele** als Oberziele der Produktion und die **Teilbereichsziele** der verschiedenen Funktionsbereiche (Marketing, Materialwirtschaft, Finanzierung usw.),
   - die zur Verfügung stehenden **Kapazitäten** (z.B. Maschinen, Mitarbeiter), die für den Produktionsbereich Restriktionen darstellen, sowie
   - die allgemeinen **Umweltbedingungen** (z.B. Konjunktur, technischer Fortschritt), welche die für das Unternehmen wenig beeinflussbaren Rahmenbedingungen setzen.

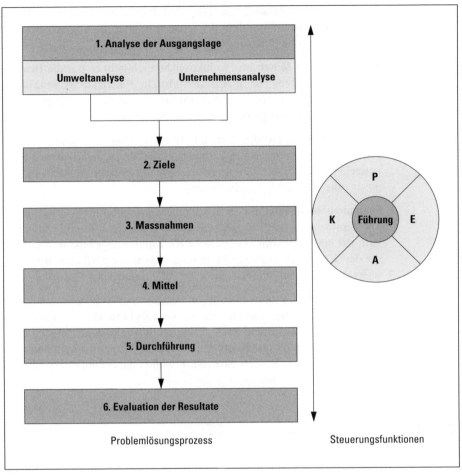

▲ Abb. 89 Problemlösungsprozess der Produktion

2. **Bestimmung der Ziele der Produktion:** In Übereinstimmung mit den allgemeinen Unternehmenszielen sind die produktionswirtschaftlichen Ziele festzulegen. Diese beziehen sich als **Sachziele** primär auf die Güterart, die Produktionsmenge, die Produktqualität und den Zeitpunkt, zu dem die fertiggestellten Produkte bereitstehen müssen. Die **Formalziele** beziehen sich dagegen beispielsweise auf die Produktivität und Wirtschaftlichkeit, die Sicherheit der Mitarbeiter oder die Flexibilität, d.h. die Anpassungsfähigkeit bei zusätzlichen Aufträgen oder bei unvorhergesehenen Fertigungsunterbrüchen. In Abschnitt 1.3 «Ziele der Produktion» werden diese Ziele ausführlich besprochen.

3. **Bestimmung der Massnahmen:** Die produktionswirtschaftlichen Massnahmen beinhalten vor allem den Entscheid über die Organisation der Fertigung und den Fertigungstyp.

4. **Bestimmung der Mittel:** Im Produktionsbereich geht es um die Bestimmung des Einsatzes von finanziellen Mitteln, Potenzialfaktoren, Repetierfaktoren (Material), Personen, Produktionsstätten und Lagerhallen (Zwischen- und Fertiglager) sowie Informationssystemen (EDV).

5. **Durchführung:** Sobald die Sachziele festgelegt, die Detailpläne für die Produktionsabteilungen ausgearbeitet sowie die zu verarbeitenden Repetierfaktoren eingetroffen sind, müssen mit entsprechendem Mitteleinsatz die Planziele erreicht werden.

6. **Evaluation der Resultate:** Das Ergebnis des produktionswirtschaftlichen Problemlösungsprozesses sind die hergestellten Halb- und Fertigfabrikate, die entweder vom Marketing an die Kunden abgesetzt werden oder für den Eigenverbrauch zur Verfügung stehen. Es wird ersichtlich, inwieweit die Formal- und Sachziele der Produktion erreicht worden sind.

Die Steuerung des Problemlösungsprozesses der Produktion zur Erreichung der Unternehmensziele bezeichnet man als **Produktionsmanagement**. Sie geschieht wiederum mit den vier Steuerungsfunktionen Planung, Entscheidung, Anordnung und Kontrolle. Gerade im Rahmen einer computerintegrierten Fertigung kommt dabei der **Produktionsplanung und -steuerung (PPS)** eine grosse Bedeutung zu.[1]

1.3 Ziele der Produktion

Wie bei der Materialwirtschaft stehen auch bei der Erfüllung der produktionswirtschaftlichen Aufgaben die eigentlichen **Sachziele** im Vordergrund. Diese beziehen sich auf alle Aufgaben, die mit der Bereitstellung der für den Vertrieb benötigten Güter zusammenhängen. Gleichzeitig sind aber die **Formalziele** zu berücksichtigen, insbesondere das Erreichen einer hohen Wirtschaftlichkeit. Im Vordergrund steht dabei das Ziel möglichst tiefer Kosten.

In den letzten Jahren haben insbesondere folgende Ziele immer mehr an Bedeutung gewonnen, auf die in den nächsten Abschnitten näher eingegangen wird:

- Ziele für die Bereitstellung der Güter für den Vertrieb,
- Ziele bezüglich der Zeit (Time-based Management),
- ökologische Ziele.

---

1 Vgl. dazu Kapitel 3 «Produktionsplanung und -steuerung (PPS)».

| 1.3.1 | Ziele für die Bereitstellung |

Die Bereitstellung der Güter wird mit dem Erfüllungs- bzw. Servicegrad gemessen. Dieser ist auf die Aufträge bezogen und nach Menge, Wert und Qualität definiert:

- Bezogen auf die **Aufträge:**

$$\text{Servicegrad 1} = \frac{\text{Anzahl der befriedigten Bedarfsanforderungen}}{\text{Anzahl der Bedarfsanforderungen}}$$

- Bezogen auf den **Wert der Bedarfsanforderungen:**

$$\text{Servicegrad 2} = \frac{\text{Wert der befriedigten Bedarfsanforderungen}}{\text{Wert der Bedarfsanforderungen}}$$

- Bezogen auf die **Qualität:**

$$\text{Servicegrad 3} = \frac{\text{Wert der defekten Einheiten}}{\text{Wert der bestellten Einheiten}}$$

Da die **Qualität** zu einem zentralen Ziel geworden ist, ist der diesbezügliche Servicegrad ausserordentlich wichtig. Es ist jedoch zu beachten, dass mit der Anzahl defekter Endprodukte zwar eine wichtige Eigenschaft, aber nicht der Gesamtumfang des Begriffs «Qualität» erfasst wird. Die Qualität eines Produktes oder einer Dienstleistung kann durch folgende acht Punkte definiert werden:

1. Gebrauchsnutzen,
2. Ausstattung,
3. Zuverlässigkeit,
4. Normgerechtigkeit,
5. Haltbarkeit,
6. Kundendienst,
7. Ästhetik,
8. Image.

Parallel zum Produkt soll aber auch der Produktionsprozess so gestaltet werden, dass Fehler gar nicht erst entstehen können **(Zero Defects)**.[1]

> Die Gesamtheit aller Massnahmen, die einerseits die Qualität der Produkte verbessern und andererseits die Herstellkosten senken, wird als **Total Quality Management** (TQM) oder **Total Quality Control** (TQC) bezeichnet.

---

1   Vgl. dazu Teil 10, Kapitel 1, Abschnitt 1.5 «Total Quality Management (TQM)»

| 1.3.2 | **Ziele bezüglich der Zeit (Time-based Management)** |

Infolge der Verschärfung der Wettbewerbsbedingungen sind in den letzten Jahren noch weitere Ziele in den Vordergrund gerückt, die vor allem den Faktor **Zeit** betreffen:

- **Durchlaufzeiten** sind von besonderer Bedeutung. Bei Auftragsfertigung entsprechen diese der Zeitdifferenz zwischen Auftragseingang und Auslieferung. Bei Produktion auf Lager ist sie der Zeitdauer gleichzusetzen, die für einen Auftrag benötigt wird. Kurze Durchlaufzeiten bedeuten Effizienz in der Fertigung und damit tiefe Kosten. Sie ermöglichen aber auch eine schnelle Befriedigung von Kundenbedürfnissen. Aus diesem Grund sind kurze Durchlaufzeiten von strategischer Bedeutung. Unmittelbar damit verbunden ist praktisch ausnahmslos eine erhöhte Qualität der Produkte. Kurze Durchlaufzeiten können nur erreicht werden, wenn die Produktion ein hohes Qualitätsniveau aufweist. Durch kontinuierliche Verbesserungen werden auf Störungen anfällige Prozesse sukzessive verbessert. Als Folge davon sinken die Ausschussraten und die Nacharbeit entfällt weitgehend. Personal- und Maschinenstunden werden eingespart, so dass die Gesamtkosten bei steigender Qualität abnehmen. Dies entspricht den Erfahrungen aller Hersteller, die ein Weltklasseniveau erreicht haben.

- **Termintreue** beinhaltet die Fähigkeit, vertraglich zugesagte Termine einhalten zu können. Für gewisse Produkte sind verzögerte Auslieferungen sehr kostspielig. Wenn beispielsweise Turbinen nicht rechtzeitig geliefert werden, resultieren beträchtliche Umsatz- und Gewinneinbussen. Aus diesem Grund werden in den Verträgen für solche Fälle in der Regel Konventionalstrafen vereinbart.

- **Flexibilität** bedeutet die Fähigkeit, die Aktivitäten geänderten Umweltbedingungen anpassen zu können. Für die Produktion betrifft dies einerseits die Anpassung an mengenmässige Nachfrageschwankungen für ein bestehendes Produktprogramm. Auf der anderen Seite ist eine flexible Produktion auch in der Lage, vermehrt auf Kundenwünsche einzugehen. In der Automobilindustrie stehen den Kunden eine grosse Zahl von Optionen zur freien Wahl zur Verfügung: Anzahl PS, automatisches Getriebe, Schiebedach, Farbe, metallisierte Lackierung, getönte Scheiben, Klimaanlage usw.

Von grundlegender Bedeutung ist aber auch die Fähigkeit, in kurzer Zeit neue Produkte oder Modelle auf den Markt zu bringen. Die Wettbewerbsfähigkeit eines Unternehmens hängt in vielen Branchen wesentlich davon ab, ob es in der Lage ist, mit innovativen Lösungen veränderte oder neue Bedürfnisse zu befriedigen.

> Analog zur Qualität wird die Gesamtheit aller Massnahmen, die zeitliche
> Aspekte betreffen, mit **«Time-based Management»** (TBM) bezeichnet.

| 1.3.3 | Ökologische Ziele |

Leitlinie für eine ökologische Produktion ist die Forderung nach einer
nachhaltigen Entwicklung, welche besagt, dass heute so produziert werden
soll, dass die Lebensgrundlagen nachfolgender Generationen nicht zerstört
werden. Vor diesem Hintergrund ist insbesondere problematisch

- der Verbrauch nicht erneuerbarer Ressourcen (z.B. fossile Energien),
- die Übernutzung erneuerbarer Ressourcen (gefährdete Pflanzen- und
  Tierarten) und
- der Einsatz von Stoffen, der mit Ablagerungen von schädlichen Substanzen in der Umwelt verbunden ist (z.B. Freisetzung von Schwer-
  metallen beim Produkteinsatz oder bei der Abfallverbrennung).

Ökologische Ziele können auf der Grundlage einer Input-Output-Betrach-
tungen formuliert werden.[1] Im Vordergrund stehen dabei Ressourcen-,
Emissions-,[2] Abfall- und Risikoziele (◄ Abb. 32 auf Seite 109).

Der Grundsatz «vorbeugen ist besser als heilen», den man als **Vorsorgeprinzip** bezeichnet, ist für das Umweltmanagement von zentraler Bedeutung. Neben dem Verursacherprinzip bildet er eine wichtige Leitlinie für
die Festlegung von Zielen und Massnahmen. Zudem ist ein Umweltschutz
anzustreben, bei dem alle Massnahmen so kombiniert werden, dass die
Umweltbelastung am Entstehungsort bekämpft werden kann. So muss
beispielsweise bereits bei der Produktentwicklung darauf geachtet werden, dass bei der Produktion keine schädlichen Substanzen anfallen, keine
umweltgefährdenden Verfahren angewendet werden und ein Recycling
möglich ist. End-of-the-Pipe-Lösungen (auch additiver Umweltschutz
genannt) wie beispielsweise Filter oder Abwasserreinigungsanlagen, die
am Ende des Produktionsprozesses ansetzen, sind suboptimal.

Ausgehend vom Vorsorgeprinzip können vier Stufen einer sinnvollen
Emissions- und Abfallbegrenzung formuliert werden (► Abb. 90). Die
strikte Einhaltung dieser Stufen ist in Bezug auf das Ressourcen- und
Risikoziel von grosser Bedeutung.

---

1 Vgl. Teil 1, Kapitel 1, Abschnitt 1.2.5 «Umwelt des Unternehmens».
2 Als «Emissionen» bezeichnet man den Ausstoss von Schadstoffen in die Umwelt (z.B.
   Abgase, Abluft, Abwärme, Abwasser, Lärm und Strahlen). Von den Emissionen zu unter-
   scheiden sind die Immissionen als Einwirkung der Gesamtheit der zusammenwirkenden
   Schadstoffe auf Menschen, Tiere und Pflanzen (z.B. gesamte Lärmbelastung in einem
   Raum und die Wirkung auf die dort arbeitenden Menschen).

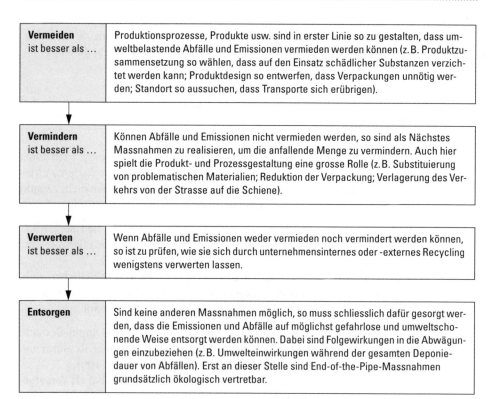

Vermeiden ist besser als …	Produktionsprozesse, Produkte usw. sind in erster Linie so zu gestalten, dass umweltbelastende Abfälle und Emissionen vermieden werden können (z. B. Produktzusammensetzung so wählen, dass auf den Einsatz schädlicher Substanzen verzichtet werden kann; Produktdesign so entwerfen, dass Verpackungen unnötig werden; Standort so aussuchen, dass Transporte sich erübrigen).
Vermindern ist besser als …	Können Abfälle und Emissionen nicht vermieden werden, so sind als Nächstes Massnahmen zu realisieren, um die anfallende Menge zu vermindern. Auch hier spielt die Produkt- und Prozessgestaltung eine grosse Rolle (z. B. Substituierung von problematischen Materialien; Reduktion der Verpackung; Verlagerung des Verkehrs von der Strasse auf die Schiene).
Verwerten ist besser als …	Wenn Abfälle und Emissionen weder vermieden noch vermindert werden können, so ist zu prüfen, wie sie sich durch unternehmensinternes oder -externes Recycling wenigstens verwerten lassen.
Entsorgen	Sind keine anderen Massnahmen möglich, so muss schliesslich dafür gesorgt werden, dass die Emissionen und Abfälle auf möglichst gefahrlose und umweltschonende Weise entsorgt werden können. Dabei sind Folgewirkungen in die Abwägungen einzubeziehen (z. B. Umwelteinwirkungen während der gesamten Deponiedauer von Abfällen). Erst an dieser Stelle sind End-of-the-Pipe-Massnahmen grundsätzlich ökologisch vertretbar.

▲ Abb. 90   Stufen der Emissions- und Abfallbegrenzung (Fischer 1996, S. 27)

Interessant ist, dass im Alltag genau umgekehrt vorgegangen wird: Entsorgungslösungen sind Standard, während die Umsetzung ökologisch sinnvoller Vermeidungsansätze zusätzlicher Sensibilisierung bedarf. Dieses Manko zu beheben, stellt eine grundsätzliche Aufgabe des Umweltmanagements dar. Eine weitere Herausforderung im Umweltmanagement besteht darin, die Umweltziele und -massnahmen nicht einzeln zu betrachten, sondern im Rahmen eines umfassenden und unternehmensspezifisch gestalteten Umweltmanagementsystems aufeinander abzustimmen.

1.4 Festlegung des Produktionsprogramms

1.4.1 Produktions- und Absatzprogramm

> Unter dem **Produktionsprogramm** versteht man die Gesamtheit aller von einem Unternehmen zu erstellenden Leistungen. Die Festlegung des Produktionsprogramms umfasst somit den Entscheid über die herzustellenden Produkte. Demgegenüber steht das **Absatzprogramm,** das die Gesamtheit aller von einem Unternehmen angebotenen Leistungen umfasst.

Bei einer Gegenüberstellung des Produktionsprogramms und des Absatzprogramms eines Unternehmens kann man grundsätzlich drei Fälle unterscheiden:

1. **Produktionsprogramm = Absatzprogramm:** Produktionsprogramm und Absatzprogramm sind identisch, wobei diese Übereinstimmung in der Praxis selten anzutreffen ist.
2. **Produktionsprogramm > Absatzprogramm:** Das Produktionsprogramm ist grösser als das Absatzprogramm, wenn das Unternehmen einen Teil seines Produktionsprogramms für seinen Eigenverbrauch herstellt.
3. **Produktionsprogramm < Absatzprogramm:** Das Absatzprogramm ist grösser als das Produktionsprogramm, wenn das Unternehmen einen Teil seines Absatzprogrammes nicht selber herstellt (Eigenfertigung), sondern an Dritte in Auftrag gibt (Fremdfertigung) oder als Handelsware einkauft.

Die Festlegung des Produktionsprogramms ist ein Entscheid mit langfristigen Auswirkungen. Als Haupteinflussfaktor dieses Entscheides ist das Absatzprogramm eines Unternehmens zu nennen. In einem marktorientierten Unternehmen sind dies die von den Kunden nachgefragten Erzeugnisse. Deshalb muss das Unternehmen erforschen, welches die Bedürfnisse der Kunden sind und welche Produkte abgesetzt werden können.[1] Sind diese Informationen vorhanden, dann gilt es, neue Technologien zu erforschen und neue Produkte zu entwickeln.

1.4.2 Forschung und Entwicklung (F&E)

Der Bereich, der sich mit der Entwicklung und der Verbesserung von neuen und bestehenden Produkten befasst, wird in der Praxis häufig mit Forschung und Entwicklung (F&E) bezeichnet.

---

1 Vgl. Teil 2, Kapitel 2 «Marktforschung».

■ Die **Forschung** befasst sich mit technischen Einzelphänomenen, die im Rahmen der Produktentwicklung wichtig sind. In diesem Zusammenhang sind auch die Möglichkeiten neuer technologischer Entwicklungen auf verschiedenen Gebieten wie zum Beispiel Mikroelektronik, Lasertechnik, Sensoren, Optoelektronik, neuartige Werkstoffe zu verfolgen und weiterzuentwickeln. Damit können die Wettbewerbsfähigkeit des aktuellen Sortiments gesichert und neue Chancen wahrgenommen werden.

■ In der **Entwicklung** werden die für das Produkt benötigten Funktionen erarbeitet, wobei vor allem eine Abstimmung mit dem Marketing erforderlich ist.[1] Danach findet ein Konstruktionsprozess im eigentlichen Sinn statt, in dessen Verlauf das Produkt in allen Einzelheiten entworfen, gestaltet und beschrieben wird, d.h. es werden insbesondere auch Zeichnungen, Stücklisten und Dokumentationen erstellt und verwaltet. Diese Tätigkeiten können durch CAD (Computer Aided Design) unterstützt werden. Danach wird ein Prototyp hergestellt, getestet und verbessert.

Forschungs- und Entwicklungsprojekte sind in der Regel nicht kundenauftragsbezogen, da es sich um strategische Entscheide handelt. Demgegenüber wird unter **Konstruktion** die kundenauftragsbezogene Gestaltung von Enderzeugnissen verstanden, die sich routinemässig erledigen lässt. Diese Aufgaben werden in gewissen Fällen sogar im Marketingbereich bearbeitet.

Die Forschung und Entwicklung ist von zentraler Bedeutung, hängt doch die Wettbewerbsfähigkeit von Unternehmen in vielen Branchen von Innovationen bzw. von der Entwicklung marktfähiger neuer Produkte ab. Dazu muss man einerseits die dafür benötigten Technologien beherrschen und andererseits fähig sein, dieses Know-how in erfolgreiche Produkte umzusetzen. Diese Aufgabe wird durch eine häufig zu beobachtende Verkürzung der Produkt-Lebenszyklen und eine tendenzielle Verlängerung der Produkt-Entwicklungszyklen erschwert. Es ist nicht nur wichtig, immer wieder mit neuen Produkten auf dem Markt zu erscheinen, diese müssen auch in der kürzest möglichen Zeit entwickelt werden. Die **«Time to Market»** ist für viele Unternehmen zu einem kritischen Erfolgsfaktor geworden, denn der Zeitpunkt des Markteintritts kann über den Erfolg entscheiden. Für die kleinen und mittleren Betriebe liegt hier ein Wettbewerbsvorteil, indem sie die trägen «Grossen» durch Beweglichkeit und Marktnähe schlagen.

Die F&E-Tätigkeiten können die Herstellungskosten von Produkten massgeblich beeinflussen. Die Art der Konstruktion und ein modularer

---

[1] Vgl. Teil 2, Kapitel 3, Abschnitt 3.4 «Produktentwicklung».

Aufbau der Endprodukte, die Verwendung von standardisierten Teilen und Komponenten sowie die Reduktion der Teilevielfalt können die Materialbeschaffung, -verwaltung und -bereitstellung entlasten, die Produktionsprozesse vereinfachen, die Lagerbestände senken, die Anzahl Operationen reduzieren, die Qualität der Produkte erhöhen, den Kundenservice erleichtern usw. und somit Verbesserungen entlang der gesamten logistischen Kette ermöglichen.

1.4.3	**Make-or-Buy-Entscheid**

Geht man von einem gegebenen Absatzprogramm aus, so stellt sich zudem das Problem des **Outsourcing,** d.h. die Frage, welche Produkte das Unternehmen selbst herstellen und welche es zukaufen will. Man spricht in diesem Fall von einem **Make-or-Buy-Entscheid,** den ein Unternehmen zu treffen hat, wobei folgende Kriterien als Entscheidungshilfe herangezogen werden können:

- **Kosten:** Die Kosten eines Fremdbezugs und diejenigen der Eigenfertigung sind einander gegenüberzustellen. So ist es unter Umständen nicht wirtschaftlich, einen Massenartikel, den ein Unternehmen in kleinen Mengen benötigt, in Eigenfertigung herzustellen.

- **Produkt:** Als Voraussetzung für den Fremdbezug muss ein entsprechendes Produkt in artmässiger, quantitativer und qualitativer Hinsicht auf dem Beschaffungsmarkt angeboten werden.

- **Produktionskapazität:** Stehen ungenutzte oder nicht voll ausgelastete Maschinen zur Verfügung, so erscheint eine Eigenfertigung zur Minimierung der Leerkosten sinnvoll.

- **Finanzielle Mittel:** Sind neue Produktionsanlagen zu kaufen, so ist abzuklären, ob das dafür notwendige Kapital überhaupt vorhanden ist oder beschafft werden kann.

- **Lieferant:** An die Lieferanten werden bestimmte Anforderungen gestellt. Insbesondere sollten sie sich durch folgende Eigenschaften auszeichnen:
  - Zuverlässigkeit (insbesondere Termintreue),
  - bestimmtes Qualitätsniveau,
  - Flexibilität (z.B. bei Absatzschwankungen),
  - Interesse an Forschung und Weiterentwicklung.

- **Unabhängigkeit:** Je grösser die Aufträge sind und je weniger Lieferanten in Frage kommen, desto grösser wird die Abhängigkeit des Unternehmens. Eine solche Abhängigkeit kann von den Lieferanten ausgenützt werden (z. B. überhöhte Preise).

- **Mitarbeiter:** Aus sozialpolitischen Überlegungen kann das Unternehmen eine Vollbeschäftigung zur Auslastung seiner bestehenden Kapazitäten einem (temporären) Personalabbau vorziehen, obschon eine Fremdfertigung aus wirtschaftlichen Gründen gerechtfertigt wäre.

- **Marktentwicklung:** Oft stehen nicht kurzfristige, sondern langfristige wirtschaftliche Überlegungen im Vordergrund. So könnte sich zum Beispiel eine nicht kostendeckende Eigenfertigung langfristig lohnen, wenn die Marktpreise für die zu beschaffenden oder abzusetzenden Produkte steigen werden.

- **Know-how:** Dem Unternehmen geht Know-how verloren, das dafür der Lieferant erwirbt. Unter Umständen ergeben sich in diesem Zusammenhang Probleme mit der Geheimhaltung, wenn der Lieferant ein gleiches oder ähnliches Produkt auch anderen – vielleicht sogar konkurrierenden – Unternehmen verkauft.

Obschon der Entscheid über das Produktionsprogramm grundsätzlich ein langfristiger ist, gibt es auch einige kurzfristige Einflussfaktoren. So können sich beispielsweise kurzfristige Programmänderungen aufgrund rasch wechselnder Nachfrage oder plötzlichen Ausfalls eines Lieferanten ergeben.

1.5 Festlegung der Produktionsmenge

Bei der Festlegung der Produktionsmenge geht es um die Bestimmung der herzustellenden **Menge für eine Planperiode** (z. B. ein Jahr) und die **zeitliche Verteilung** dieser Menge auf die Planperiode. Im Folgenden werden die Einflussfaktoren betrachtet, die diese beiden Entscheidungen beeinflussen können. Anschliessend soll gezeigt werden, welche Möglichkeiten ein Unternehmen hat, seine Produktion an Schwankungen des Absatzes anzupassen.

1.5.1 Festlegung der Periodenmenge

Primär bildet der langfristige Absatzplan die Grundlage für die Bestimmung der zu produzierenden Menge einer Planperiode. Allerdings beruht der Absatzplan in der Regel auf relativ langfristigen Prognosen, so dass sich bei kurzfristigen Schwankungen der Nachfrage auch Auswirkungen auf die Produktionsmenge einer Planperiode ergeben können. In diesem Fall bilden vor allem die vorhandenen Kapazitäten oder die Beschaffungsmöglichkeiten von Werkstoffen und finanziellen Mitteln die wesentlichen Einflussfaktoren. Gutenberg (1976, S. 163 ff.) spricht in diesem Zusammenhang von der **Dominanz des Minimumsektors,** d. h. dass der schwächste betriebliche Bereich Ausgangspunkt für die kurzfristige Produktionsplanung ist. Deshalb formuliert er gleichzeitig das Ausgleichsgesetz der Planung.

> Das **Ausgleichsgesetz der Planung** besagt, dass sich die Gesamtplanung zwar kurzfristig auf den Engpassbereich ausrichten muss, dass aber langfristig der schwächste Bereich auf das Niveau der anderen Bereiche angehoben werden muss.

Kann ein Unternehmen seine Kapazitäten nicht anpassen, so geht es darum, jene Aufträge auszuführen, die dem Unternehmen den grösstmöglichen Nutzen abwerfen. Dieses Problem stellt sich auch dann, wenn das Unternehmen angebotsorientiert produzieren kann und sich zwischen verschiedenen Produkten entscheiden muss. Neben anderen Kriterien kann der Gewinn zur Bestimmung des optimalen Produktionsprogramms herangezogen werden.

Mit Hilfe der **linearen Programmierung** kann das optimale Produktionsprogramm gefunden werden. Ausgangspunkt ist die Deckungsbeitragsrechnung.[1]

> Als **Deckungsbeitrag** bezeichnet man die Differenz zwischen den erzielbaren Verkaufspreisen und den variablen (= direkt mengenabhängigen) Kosten einer Verkaufseinheit.

Wird die Erzielung eines maximalen Gewinns als Kriterium bei der Zusammenstellung des Produktionsprogramms gewählt, so sind jene Produkte in das Programm aufzunehmen, bei denen die Summe aller erzielbaren Deckungsbeiträge (= Bruttogewinn) das Maximum erreicht. Es handelt sich allerdings um eine Gewinnmaximierung auf kurze Sicht, da die Produktionskapazitäten fest gegeben und die fixen Kosten somit nicht beeinflussbar sind. Zudem wird die Entscheidung über die optimale Produktionsmengenkombination dadurch erschwert, dass betriebliche Engpässe den Umfang der Produktion einschränken. Diese finden sich in der Materialwirtschaft (z. B. Materialversorgung, Lagerkapazität), der Produktion (z. B. vorhandene Maschinen und Mitarbeiter) und im Finanzbereich (z. B. Liquiditätsbeanspruchung).

---

1   Vgl. Teil 5, Kapitel 3, Abschnitt 3.3 «Kostenrechnungssysteme».

Maschine	Maschinenbeanspruchung in Stunden zur Erzeugung einer Einheit		zur Verfügung stehende Maschinenstunden pro Periode
	Produkt A	Produkt B	
M_1	45	25	1125
M_2	100	–	1800
M_3	15	50	1500

▲ Abb. 91   Maschinenbeanspruchung und Maschinenkapazität

◄ Abb. 91 zeigt ein Beispiel, bei dem ein Unternehmen die zwei Produkte A und B herstellt, wobei von Produkt A die Menge x_1 und von Produkt B die Menge x_2 produziert werden soll. Dazu werden die drei Maschinen M_1, M_2 und M_3 benötigt, auf denen die Produkte hergestellt werden können. Als Restriktion sind die verfügbaren Maschinenstunden pro Produktionsperiode gegeben sowie die zeitliche Beanspruchung der Maschinen zur Herstellung einer Fertigungseinheit eines jeden Produktes.

Voraussetzung zur Bestimmung der gewinnmaximalen Mengenkombination ist die Kenntnis der Verkaufspreise und der variablen Kosten pro Stück. Daraus kann der Deckungsbeitrag pro Stück berechnet werden:

		Produkt A	Produkt B
	Verkaufspreis pro Stück	170,–	140,–
–	Variable Kosten pro Stück	90,–	80,–
=	Deckungsbeitrag pro Stück	80,–	60,–

Aufgrund der vorliegenden Informationen können nun diejenigen Mengen x_1 und x_2 der beiden Produkte A und B ermittelt werden, die dem Unternehmen in der Planperiode den maximalen Bruttogewinn einbringen. Dies geschieht in folgenden Schritten:

A.   Formulierung der **Zielfunktion:**

(1) $G = 80\,x_1 + 60\,x_2 \to \max!$

B.   Formulierung der **Kapazitätsrestriktionen:**

(2) $45\,x_1 + 25\,x_2 \leq 1125$

(3) $100\,x_1 + \;\;0\,x_2 \leq 1800$

(4) $15\,x_1 + 50\,x_2 \leq 1500$

C.   Beachtung der **Nichtnegativitätsbedingungen,** d.h. x_1 und x_2 sind positiv:

(5) $x_1, x_2 \geq 0$

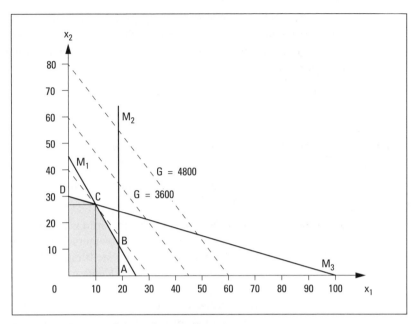

▲ Abb. 92   Graphische Lösung der linearen Programmierung

Solange nur zwei Produkte betrachtet werden, kann die gewinnmaximale Mengenkombination, welche die Zielfunktion unter Einhaltung der Nebenbedingungen maximiert, graphisch ermittelt werden (◄ Abb. 92). In einem zweidimensionalen Koordinatensystem wird auf der Abszisse x_1 und auf der Ordinate x_2 aufgetragen. Zuerst werden die Nebenbedingungen (Kapazitätseinschränkungen) als Geraden eingetragen, die den zulässigen vom unzulässigen Lösungsbereich trennen. Unter gleichzeitiger Berücksichtigung aller Nebenbedingungen werden die möglichen Mengenkombinationen abgegrenzt, welche die Nebenbedingungen nicht verletzen. Aus diesem zulässigen Bereich, in ◄ Abb. 92 schattiert gekennzeichnet, stammt die gewinnmaximale Mengenkombination.

In einem nächsten Schritt zeichnet man die Zielfunktion ein. Setzt man für G verschiedene Werte ein, so ergeben sich die so genannten Iso-Gewinnlinien (so genannt, weil der Gewinn auf jedem Punkt einer solchen Linie gleich gross ist), die sich mit steigendem Gewinnniveau parallel vom Koordinatenursprung entfernen. Um die gewinnmaximale Mengenkombination zu erhalten, ist die Gewinnlinie möglichst weit vom Koordinatenursprung zu verschieben, ohne dabei den zulässigen Lösungsbereich zu verlassen. Es handelt sich somit um die äusserste, den Lösungsbereich gerade noch tangierende Gewinnlinie. In der Regel liegt diese gewinnmaximale Menge in einem Eckpunkt des zulässigen Lösungsraumes (in unserem Beispiel in Punkt C).

Für das Beispiel in ◄ Abb. 91 gilt schliesslich, dass von Produkt A 10 Mengeneinheiten und von Produkt B 27 Mengeneinheiten produziert werden müssen (◄ Abb. 92). Damit ergibt sich der maximal mögliche Bruttogewinn (G) als

$$(6) \quad G = 10 \cdot 80,- + 27 \cdot 60,- = 2420,-$$

1.5.2	**Zeitliche Verteilung der Produktionsmenge**

Wichtigste Einflussfaktoren der zeitlichen Verteilung der Produktionsmenge einer Planperiode sind:

- **Auftrags- und vorratsbezogene Fertigung:** Grundsätzlich kann zwischen auftrags- und vorratsbezogener Fertigung unterschieden werden:
  - ▢ Bei der **auftragsbezogenen** Fertigung stellt ein Unternehmen genau jene Menge her, für die es von ihren Kunden feste Bestellungen erhalten hat.
  - ▢ Bei der **vorratsbezogenen** Fertigung dagegen produziert ein Unternehmen aufgrund prognostizierter Absatzmengen auf Vorrat und versucht, die hergestellten Produkte abzusetzen.

  In der Praxis kommen diese beiden Fälle jedoch selten in reiner Ausprägung vor. Meistens handelt es sich um eine Kombination dieser beiden Arten. Man spricht daher von einer so genannten **Gemischtfertigung.** Ob ein Unternehmen mehr auftragsbezogen oder mehr vorratsbezogen produziert, kann verschiedene Gründe haben. Erstens können nur lagerfähige Produkte vorratsbezogen hergestellt werden. Somit fallen alle Dienstleistungen ausser Betracht. Eine grosse Rolle spielt zweitens auch der Fertigungstyp der Produktion. Tendenziell werden Produkte, die in Einzelfertigung hergestellt werden, auftragsbezogen, Produkte der Mehrfachfertigung, insbesondere der Massenfertigung, vorwiegend vorratsbezogen produziert.

- **Saisonale Schwankungen:** Häufig weisen Produkte, insbesondere Konsumgüter, regelmässige saisonale Absatzschwankungen auf. Diese sind beispielsweise auf Klimaeinflüsse oder gesellschaftliche Gegebenheiten (z.B. Weihnachtsgeschenke, Schulferien) zurückzuführen. Als Beispiele für Produkte mit starken saisonalen Absatzschwankungen lassen sich aufführen: Genussmittel (Schokolade, Eis, alkoholische Getränke wie Bier und Champagner), landwirtschaftliche Einsatzgüter (Düngemittel, Pflanzen, Samen) und Heizöl. Saisonale Schwankungen ergeben sich allerdings nicht nur auf der Absatz-, sondern auch auf der Beschaffungsseite. So ist zum Beispiel die Konservenindustrie saisonalen Beschaffungsschwankungen ausgesetzt, die nur teilweise (durch Einfrieren der Frischprodukte) ausgeglichen werden können.

- **Auslastung der Produktionskapazitäten:** Ein Unternehmen wird bestrebt sein, seine Produktionskapazitäten möglichst gut auszulasten, damit keine Kosten der Unterbeschäftigung, so genannte Leerkosten, entstehen.

- **Minimierung der Lagerkosten:** Aus der Sicht des Lagerwesens sollten die Endlager möglichst klein gehalten werden, damit die Lagerkosten, insbesondere die Zinsen auf dem gebundenen Kapital, möglichst klein ausfallen.

- **Fehlmengen:** Kann eine bestehende Nachfrage durch die laufende Produktion oder aus den Lagerbeständen nicht gedeckt werden, so entstehen Fehlmengen. Diese haben für ein Unternehmen verschiedene Folgen, die sich in der Regel alle negativ auf den Gewinn auswirken. Zu nennen sind beispielsweise
  □ Verlust von Marktanteilen,
  □ Verlust bestehender oder potenzieller Kunden,
  □ Goodwill-Verlust, der durch den Einsatz der Marketing-Instrumente wieder wettgemacht werden müsste,
  □ Konventionalstrafen, wenn das Unternehmen infolge eines unvorhergesehenen Produktionsausfalls nicht liefern kann.

Die Anpassung der Produktion an saisonale Absatzschwankungen kann auf folgende Arten vorgenommen werden (▶ Abb. 93):

1. **Synchronisation:** Die Produktionsmengen werden vollständig den Absatzmengen angepasst. Es wird somit genau jene Menge produziert, die

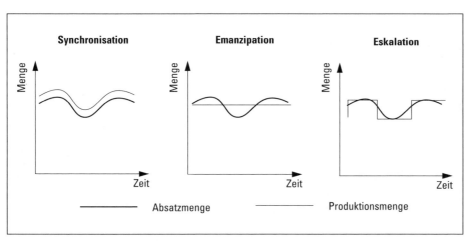

▲ Abb. 93   Synchronisation, Emanzipation und Eskalation

auch abgesetzt werden kann. Dies führt zu einer sehr unterschiedlichen Auslastung vorhandener Kapazitäten, dafür aber zu sehr kleinen Lagerbeständen.

2. **Emanzipation:** Bei der Emanzipation ist die produzierte Menge konstant. Dies bedeutet, dass die Kapazität niedriger ist als bei der Synchronisation. Die Kapazität ist zwar vollständig ausgelastet, es entstehen aber hohe Lagerbestände und demzufolge hohe Lagerkosten.

3. **Eskalation:** Die Eskalation ist eine Kombination der Synchronisation und der Emanzipation. Durch eine treppenförmige Anpassung der Produktion an den Absatz versucht man die optimale Kombination zu finden, bei der die Kosten der Lagerhaltung und die Kosten für die Betriebsbereitschaft ein Minimum darstellen.

Kapitel 2

Gestaltung der Produktionsprozesse

| 2.1 | **Festlegung des Fertigungstyps** |
| 2.1.1 | **Fertigungstypen** |

Bei der Festlegung des Fertigungstyps geht es um die Bestimmung der Fertigungseinheiten, d.h. die Aufteilung der gesamten Produktionsmenge in einzelne Mengeneinheiten, die in einem nicht unterbrochenen Produktionsprozess gefertigt werden. Abgrenzungskriterium ist die Häufigkeit der Wiederholung eines bestimmten Fertigungsvorganges. ▶ Abb. 94 gibt einen Überblick über die verschiedenen Fertigungstypen.

> Bei der **Einzelfertigung** wird von einem Produkt nur eine einzige Einheit angefertigt.

Ein Unternehmen mit Einzelfertigung arbeitet in der Regel auftragsbezogen und kann auf diese Weise auf die Kundenwünsche eingehen. Die Einzelfertigung beruht nicht auf einem festen Produktionsprogramm, sondern es werden jene Güter produziert, die sich mit den vorhandenen Produktionsanlagen und Arbeitskräften sowie dem vorhandenen Know-how herstellen lassen. Als Beispiele für diesen Fertigungstyp können die Baubranche (Wohnungs-, Brückenbau), der Grossmaschinenbau (Turbinen),

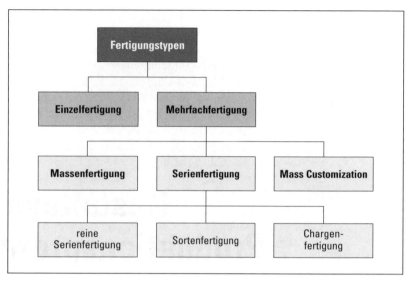

Fertigungstypen

der Schiffsbau oder verschiedene Handwerksbetriebe (Massschneiderei) genannt werden.

> Die **Mehrfachfertigung** zeichnet sich dadurch aus, dass von einem Produkt mehrere Einheiten hergestellt werden.

Nach dem Umfang der Mehrfachfertigung und unter Berücksichtigung produktionstechnischer Einflussfaktoren können verschiedene Arten unterschieden werden.

Bei der **Massenfertigung** werden von einem einzigen (= einfache Massenfertigung) oder von mehreren Produkten (= mehrfache Massenfertigung) über eine längere Zeit sehr grosse Stückzahlen hergestellt. Ein und derselbe Fertigungsprozess wird ununterbrochen wiederholt, ein Ende ist nicht absehbar. Beispiele für Produkte der Massenfertigung sind Zigaretten, Papiertaschentücher oder Zement. Da eine Veränderung der Fertigungsanlagen wegen Produktionsumstellungen wegfällt, können Spezialmaschinen angeschafft oder hergestellt werden, die nur für einen einzigen Produktionsprozess eingesetzt werden können. Diese müssen nur einmal zu Beginn des Produktionsprozesses eingerichtet werden. Umstellungen sind lediglich aus produktionstechnischen Gründen (z.B. Rationalisierung durch technischen Fortschritt, höhere Arbeitssicherheit) oder bei Veränderungen in der Nachfragestruktur notwendig. Die Massenfertigung eignet sich besonders gut für eine weitgehende Automatisierung.

Die **reine Serienfertigung** zeichnet sich dadurch aus, dass meistens mehrere Produkte hintereinander in einer begrenzten Stückzahl auf den gleichen oder verschiedenen Produktionsanlagen hergestellt werden. Die Serienfertigung liegt zwischen den beiden Extremen Einzel- und Massenfertigung. Zusätzlich können deshalb **Kleinserien** (nur einige wenige Stücke wie zum Beispiel Einfamilienhäuser, Möbel) und **Grossserien** (Serie, die über eine längere Zeit läuft und sehr hohe Stückzahlen aufweist, wie zum Beispiel Elektrogeräte und Autos) unterschieden werden.

Eine besondere Form der Serienfertigung ist die **Sortenfertigung**. Bei dieser wird ebenfalls eine begrenzte Stückzahl eines Produktes hergestellt. Der Unterschied liegt aber darin, dass bei der Sortenfertigung ein einheitliches Ausgangsmaterial zugrunde liegt und die Endprodukte einen hohen Verwandtschaftsgrad aufweisen. Die verschiedenen Sorten können auf den gleichen Produktionsanlagen mit minimalen produktionstechnischen Umstellungen hergestellt werden. Im Gegensatz zur Sortenfertigung erfordert die Serienfertigung bei der Verwendung der gleichen Produktionsanlagen grössere Umstellungen. Der Übergang zwischen der reinen Serienfertigung und der Sortenfertigung ist allerdings fliessend, weil nicht eindeutig angegeben werden kann, bis zu welchem Verwandtschaftsgrad eine Sortenfertigung vorliegt. Beispiel für die Sortenfertigung ist die Bekleidungsindustrie, in der Herrenanzüge in unterschiedlicher Grösse oder Stoffqualität hergestellt werden.

Die **Chargen-** oder **Partiefertigung** ist dadurch charakterisiert, dass die Ausgangsbedingungen und der Produktionsprozess selbst nicht konstant gehalten werden können und somit das Ergebnis verschiedener Chargen unterschiedlich ausfällt. Ursache sind Unterschiede in den verwendeten Rohmaterialien oder nur teilweise beeinflussbare Produktionsprozesse (z.B. chemische Prozesse).

> Als **Charge** oder **Partie** bezeichnet man jene Menge, die in einem einzelnen Produktionsvorgang hergestellt wird.

Innerhalb einer Charge sind keine oder nur geringe Produktunterschiede feststellbar, hingegen können zwischen den einzelnen Chargen grössere Abweichungen auftreten. Eine einzelne Charge wird in ihrer Menge begrenzt durch die vorhandenen Rohstoffe (z.B. Wein) oder durch die Kapazitäten der Produktionsmittel (z.B. Weinfass). Typische Beispiele für die Chargenfertigung sind das Färben von Textilien, die Bier- oder Weinherstellung.

Mass Customization ist die flexible Angebotsgestaltung von Massengütern, indem die jeweiligen Produkte und Dienstleistungen in mehreren unterschiedlichen Leistungsausprägungen angeboten werden. Durch die Berücksichtigung der spezifischen Anforderungen der Kunden wird eine grösstmögliche Individualisierung der Leistung erzielt. Damit sollen die Vorteile der Massenfertigung mit den Vorteilen der Einzelfertigung kom-

biniert werden. Klassische Beispiele sind nach individuellen Massen an-
gefertigte Levi's-Jeans oder massgeschneiderte Hemden.

Aufgrund dieser Ausführungen wird deutlich, dass die Bestimmung der
Grösse der Fertigungseinheiten von verschiedenen Faktoren beeinflusst
wird wie beispielsweise

- der Gesamtmenge,
- dem Verwandtschaftsgrad der hergestellten Produkte,
- den technischen Bedingungen oder
- wirtschaftlichen Überlegungen (Kosten).

2.1.2	Ermittlung der optimalen Losgrösse

Bei der Serien- und Sortenfertigung besteht das Problem der Festlegung
der optimalen Losgrösse.

> Als **Fertigungslos** bezeichnet man jene Menge einer Sorte oder einer Serie,
> die hintereinander und ohne Umstellung oder Unterbrechung des Produk-
> tionsprozesses hergestellt wird.

Will man nach einer produzierten Serie eine neue auflegen, so muss der
eigentliche Produktionsprozess unterbrochen und die Produktionsanlagen
neu eingerichtet werden. Durch diese Arbeiten fallen Kosten an, die unabhängig von der Grösse des Fertigungsloses sind. Es sind dies die **auflagefixen** Kosten. Sie umfassen die Kosten für das Einrichten der Produktionsanlagen für einen neuen Produktionsprozess sowie die fixen Kosten für das
Lagern eines Fertigungsloses. Je grösser das Fertigungslos ist, desto grösser
ist die Gesamtstückzahl, auf die sich die auflagefixen Kosten verteilen,
desto kleiner sind die auflagefixen Kosten pro Einheit. Man spricht in diesem Zusammenhang von einer **Auflagendegression.** Grosse Fertigungslose
haben allerdings hohe Lagerbestände zur Folge, die hohe Lagerkosten
sowie hohe Zinskosten auf dem gebundenen Kapital verursachen. In diesem
Fall spricht man von **auflageproportionalen** Kosten, weil diese Kosten direkt
abhängig von der Anzahl produzierter Einheiten und für jedes Stück gleich
gross sind.

> Bei der Ermittlung der **optimalen Losgrösse** geht es darum, jene Menge zu
> bestimmen, die unter Berücksichtigung der auflagefixen und auflagepro-
> portionalen Kosten mit einem Minimum an Kosten pro Fertigungseinheit
> produziert werden kann.

Zur Ermittlung der optimalen Losgrösse kann folgende Formel verwendet
werden:

$$\blacksquare \quad x_{opt} = \sqrt{\frac{200\,M(H_{fix} + L_{fix})}{h_{var}\,q}}$$

wobei: x = Anzahl Einheiten pro Fertigungslos
  M = Gesamtzahl der während eines Jahres herzustellenden Einheiten eines bestimmten Produktes
  H_{fix} = Gesamte fixe Herstellkosten eines Fertigungsloses
  L_{fix} = Gesamte fixe Lagerkosten eines Fertigungsloses
  h_{var} = Variable Herstellkosten für eine Einheit
  q = Zins- und Lagerkostensatz/Jahr (in Prozenten)

▶ Abb. 95 zeigt graphisch die Zusammenhänge zwischen den auflagefixen und auflageproportionalen Kosten. Es ist ersichtlich, dass die optimale Losgrösse genau im Schnittpunkt der beiden Kostenkurven liegt. Allerdings gilt es zu beachten, dass in der betrieblichen Wirklichkeit die Annahmen, die hinter diesem Modell stehen, nur bedingt zutreffen. Es handelt sich dabei im Wesentlichen um die folgenden Annahmen:

■ Es wird unterstellt, dass nur ein Produkt auf einer Anlage aufgelegt wird.

■ Die Kapazität der Produktionsanlage ist so gross, dass die optimale Losgrösse überhaupt hergestellt werden kann.

■ Der Absatz der hergestellten Produkte verläuft kontinuierlich (konstante Absatzgeschwindigkeit).

■ Die Kosten verändern sich nicht (konstante Kosten in der Planperiode).

■ Bei der Produktion fällt kein Ausschuss an und es tritt kein Lagerschwund (Verderb, Diebstahl) ein.

■ Es sind ausreichende Lagerkapazitäten vorhanden.

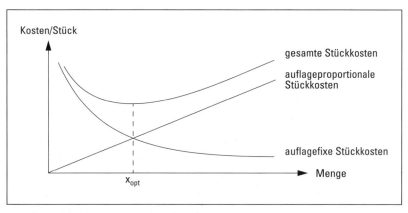

▲ Abb. 95   Graphische Darstellung der optimalen Losgrösse

2.2 Festlegung des Fertigungsverfahrens

Bei der Festlegung des Fertigungsverfahrens geht es um die **innerbetriebliche Standortwahl**. Es handelt sich um die organisatorische Gestaltung der Bearbeitungsreihenfolge der Erzeugnisse und die Zuordnung der Aufgaben zu den Arbeitsplätzen. Werden die Maschinen und Arbeitsplätze zu fertigungstechnischen Einheiten zusammengefasst, so lassen sich die in ▶ Abb. 96 aufgeführten Fertigungsverfahren unterscheiden.

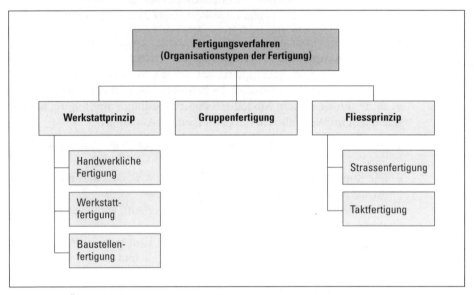

▲ Abb. 96   Übersicht über die Fertigungsverfahren

2.2.1 Werkstattprinzip

> Die **handwerkliche Fertigung** zeichnet sich dadurch aus, dass ein Produkt vollständig an einem einzigen Arbeitsplatz von einer Person hergestellt wird.

Der Arbeitsplatz ist mit allen dazu notwendigen Maschinen und Werkzeugen ausgerüstet, wobei allerdings oft einzelne grössere Anlagen von mehreren Arbeitsplätzen (Personen) genutzt werden können.

Die handwerkliche Fertigung ist weitgehend von anderen Fertigungsverfahren verdrängt worden. Sie ist vor allem noch in Kleinbetrieben (Einmannbetrieben) vorzufinden, die sich der Einzelfertigung widmen. Ihr

Vorteil liegt in der hohen Flexibilität, die durch die hohe Qualifikation der Arbeitskräfte und durch die vielseitig verwendbaren Maschinen und Werkzeuge erreicht wird. Dies hat allerdings auch zur Folge, dass die Kosten der handwerklichen Fertigung höher liegen als bei den anderen Fertigungsverfahren.

> Die **Werkstattfertigung** ist dadurch charakterisiert, dass Maschinen und Arbeitsplätze mit *gleichartigen* Arbeitsverrichtungen zu einer fertigungstechnischen Einheit, einer Werkstatt, zusammengefasst werden (z.B. Dreh-, Fräs-, Bohr-, Schleif-, Spritz-, Montagewerkstatt).

Das zu bearbeitende Produkt muss deshalb von Werkstatt zu Werkstatt transportiert werden, in denen sich die entsprechenden Maschinen befinden. Sein Weg wird durch die notwendigen Arbeitsverrichtungen und den innerbetrieblichen Standort der entsprechenden Werkstätten bestimmt. Es kann dabei eine einzelne Werkstatt mehrmals oder niemals durchlaufen, wie aus ▶ Abb. 97, die beispielhaft den Durchlauf von drei Produkten zeigt, ersichtlich ist.

Die Werkstattfertigung hat lange Transportwege zur Folge. In den einzelnen Werkstätten können sich zudem lange Wartezeiten ergeben. Dies ist wiederum mit einer Zwischenlagerung sowie mit den entsprechenden Zins- und Lagerkosten verbunden. Hauptprobleme bei der Werkstattfertigung sind deshalb

- die Planung der Maschinenbelegung,
- die Festlegung der Reihenfolge von Aufträgen und
- die Terminplanung,

um einerseits eine optimale, d.h. möglichst hohe und gleichmässige Auslastung der Maschinen und Arbeitskräfte (Minimierung der Leerzeiten) zu

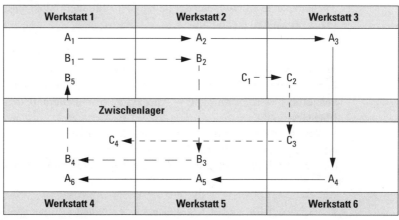

▲ Abb. 97   Beispiel einer Werkstattfertigung

erzielen und um andererseits eine Minimierung der Wartezeiten des Materials und der Zwischenprodukte zu erreichen.[1]

Die Werkstattfertigung eignet sich in erster Linie für die Einzelfertigung und die Kleinserienfertigung, da vor allem Mehrzweckmaschinen eingesetzt werden, die einen Wechsel im Produktionsprogramm in bestimmten Grenzen zulassen.

Als **Vorteile** der Werkstattfertigung können – ähnlich wie bei der handwerklichen Fertigung – genannt werden:

- die hohe Flexibilität sowohl in qualitativer (Kundenwünsche) als auch in quantitativer (Absatzschwankungen) Hinsicht sowie
- das hohe Qualitätsniveau.

Als **Nachteile** stehen gegenüber

- die langen Transportwege (Transportkosten),
- die grossen Zwischenlager (Lager- und Zinskosten) sowie
- keine Vollauslastung der Kapazitäten (Leerkosten).

Die **Baustellenfertigung** stellt insofern ein besonderes Fertigungsverfahren dar, als im Gegensatz zu den anderen Verfahren alle Produktionsmittel an einen festen Produktionsstandort gebracht werden müssen. Dieses Fertigungsverfahren ist fast ausschliesslich bei der Einzelfertigung, bei auftragsorientierten Unternehmen anzutreffen, wie beispielsweise in der Baubranche und im Grossmaschinenbau.

2.2.2	Fliessprinzip

Die **Fliessfertigung** ist dadurch gekennzeichnet, dass die Anordnung der Arbeitsplätze und Anlagen der Reihenfolge der am Produkt durchzuführenden Tätigkeiten entspricht.

Ausschlaggebend für die Anordnung der Arbeitsplätze und Maschinen ist die Bearbeitungsreihenfolge des Produktes vom Rohstoff zum Halb- oder Fertigfabrikat. Dabei ist es möglich, dass gleiche Verrichtungen mehrmals ausgeführt werden müssen. ▶ Abb. 98 zeigt beispielhaft den Ablauf der Fliessfertigung.

Voraussetzung für die Anwendung des Fliessprinzips ist die Massen- oder Grossserienfertigung. Es muss eine grosse Gewissheit bestehen, dass die hergestellten Produkte für längere Zeit ohne grössere Modifikationen

---

1   Vgl. dazu Teil 9, Kapitel 1, Abschnitt 1.3.2.2 «Ziele der Ablauforganisation und das Dilemma der Ablaufplanung».

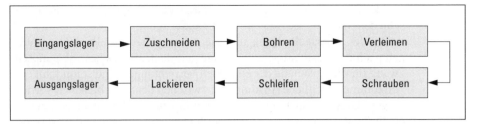

▲ Abb. 98   Beispiel einer Fliessfertigung

produziert werden können, da in der Regel Spezial- und/oder Einzweck-maschinen eingesetzt werden müssen.

Die Fliessfertigung ist mit verschiedenen **Vorteilen** gegenüber der Werkstattfertigung verbunden:

- Primär ist die Verkürzung der Durchlaufzeiten zu nennen, die auf einer Verringerung der innerbetrieblichen Transportwege beruht.
- Die Zwischenlager werden vermindert oder sogar völlig ausgeschaltet.
- Der Produktionsprozess ist einfacher und übersichtlicher und lässt sich somit auch leichter gestalten. Die Probleme der Terminplanung, Maschinenbelegung und Reihenfolgeplanung fallen weitgehend weg. Durch das Festlegen der Produktionsgeschwindigkeit ist zum Beispiel die Durchlaufzeit eines Produktes fest gegeben.

Demgegenüber lassen sich bei der Fliessfertigung folgende hauptsächliche **Nachteile** ausmachen:

- Die bei der Fliessfertigung meist notwendigen Spezialmaschinen bedingen einen hohen Kapitalbedarf und hohe Fixkosten. Dies bedeutet im Falle eines Nachfragerückgangs, dass die fixen Kosten (insbesondere Abschreibungen und Zinskosten) nicht angepasst, d.h. vermindert werden können. Damit nimmt der Anteil der Fixkosten zu, der auf eine Produktionseinheit verrechnet werden sollte, und dadurch wird sowohl der Gewinn pro Einheit als auch der Gesamtgewinn geschmälert.
- Die Fliessfertigung ist sehr anfällig für Störungen im Produktionsprozess. Fällt eine Maschine oder ein Mitarbeiter aus, so wird der ganze Fertigungsprozess gestört und es entstehen ungeplante Zwischenlager.
- Es können soziale und psychische Probleme infolge Monotonie bei der Arbeit entstehen. Fliessfertigung beinhaltet nämlich für den einzelnen Mitarbeiter meist eine Spezialisierung auf eine bestimmte Tätigkeit mit wenig Kompetenzen und Verantwortung sowie wenig Kontakten mit anderen Mitarbeitern. Diese Probleme sowie mögliche Lösungen werden im Rahmen der Personalwirtschaft besprochen.[1]

---

1   Vgl. insbesondere Teil 8, Kapitel 4, Abschnitt 4.4.1 «Arbeitsteilung».

Bei der Fliessfertigung werden zwei Arten des Fertigungsrhythmus unterschieden, nämlich die Strassen- und Taktfertigung.

Bei der **Strassenfertigung** sind die Arbeitsplätze und Produktionsanlagen nach der Bearbeitungsreihenfolge geordnet, aber es besteht kein Zeitzwang für die Ausübung der einzelnen Verrichtungen, und somit fehlt eine vollkommene zeitliche Abstimmung zwischen den verschiedenen Verrichtungen. Dies hat zur Folge, dass es bei Leistungsschwankungen oder bei einem Ausfall von Personal und Maschinen zu Stauungen und Wartezeiten

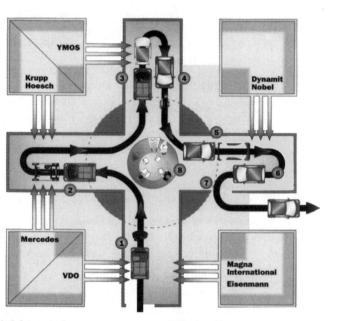

1 **Verlobungsstation**	5 **Design-Shop**
Zusammenbau Karosserie mit Cockpitmodul	Kunststoffaussenteile, Exterieur-Design-System
2 **Hochzeitsstation**	6 **Fitnesstudio**
Zusammenbau des Fahrwerks- und Antriebsmoduls mit der Karosserie	Probelauf, Kurztest, Qualitätsprüfung
3 **Einrichtungshaus**	7 **Qualitätszirkel**
Verkleidungen, Auskleidungen, Verglasung, Sitzsysteme	Qualitätsaudit, Qualitätssicherung, Quality-Award
4 **Schmuckatelier**	8 **Marktplatz Bistro**
Interieur-Dekor-Elemente, Design-Features	Treffpunkt für Mitarbeiter und Partner

▲ Abb. 99   Fertigung Smart (Bilanz Nr. 9, 1997, S. 64)

im Fertigungsprozess kommen kann. Es müssen Zwischenlager errichtet werden, die entsprechende Zins- und Lagerkosten verursachen.

Mit der **Taktfertigung** werden die Vorteile des Fliessprinzips weitgehend ausgenutzt. Im Gegensatz zur Strassenfertigung erfolgt eine vollständige zeitliche Abstimmung zwischen den einzelnen Verrichtungen des Produktionsprozesses. Der gesamte Produktionsprozess wird in zeitlich gleiche Arbeitstakte (= Taktzeit) aufgeteilt. Die Dauer eines Arbeitsgangs an einer Maschine oder an einem Arbeitsplatz entspricht dann genau der Taktzeit oder einem Vielfachen davon. Spezifischer Vorteil der Taktfertigung ist der Wegfall der Zwischenlager. Da zudem die Ausbringungsmenge und somit auch der Materialverbrauch aufgrund der fest vorgegebenen Produktionsgeschwindigkeit genau berechenbar ist, können die erforderlichen Lager an Roh-, Hilfs- und Betriebsstoffen sehr klein gehalten werden. Nach dem Grad der Automation kann ferner zwischen Fliessbandfertigung und vollautomatischer Fertigung unterschieden werden:

- Bei der **Fliessbandfertigung** bewegt sich das Werkstück kontinuierlich oder intervallartig auf einem Fördersystem (Fliessband) vorwärts. Die Mitarbeiter müssen sich der Taktzeit anpassen, um einen gleichmässigen Produktionsablauf zu gewährleisten.

- Bei der **vollautomatischen Fertigung** werden die Werkstücke dagegen mit Hilfe computergesteuerter Maschinen[1] automatisch weitertransportiert, in die Lage gebracht, die zu ihrer Bearbeitung notwendig ist (Transferstrasse), und verarbeitet. Selbst die Arbeitskontrolle (z.B. Ausscheiden von Ausschussmaterial) kann von entsprechenden Spezialmaschinen vorgenommen werden. Die menschliche Arbeitskraft programmiert in erster Linie die computergesteuerten Maschinen und übt nur noch eine überwachende Funktion über den gesamten Produktionsprozess aus.

◄ Abb. 99 zeigt am Beispiel des Smart eine optimale Fliessfertigung. Die fertigen Fahrzeugmodule werden von den sieben integrierten Zulieferern im richtigen Zeitpunkt direkt ans Fliessband geliefert. Dort werden sie in der Endmontage von verschiedenen Teams in rund viereinhalb Stunden zusammengesetzt.

---

1 Man spricht in diesem Zusammenhang entweder von NC-Maschinen («numerical control»), wenn Steuerungsdaten über Lochstreifen oder Magnetband einfliessen, oder von CNC-Maschinen («computerized numerical control»), wenn programmierbare Rechner in die Maschinen eingebaut sind.

| 2.2.3 | **Gruppenfertigung (Teilautonome Arbeitsgruppen)** |

Die Gruppenfertigung ist eine Kombination der Werkstatt- und Fliessfertigung. Die gesamte Produktion wird in fertigungstechnische Einheiten aufgeteilt, die eine so genannte Funktionsgruppe bilden. Innerhalb einer solchen Funktionsgruppe wird dann das Fliessprinzip angewandt, d. h. die Arbeitsplätze und Maschinen richten sich nach der Bearbeitungsreihenfolge. In ▶ Abb. 100 ist ein Beispiel für eine Gruppenfertigung schematisch festgehalten.

Solche Funktionsgruppen mit Fliessfertigung können für die Produktion von Einzelteilen eingesetzt werden, die einen grossen Anteil des gesamten Produktionsprogrammes bilden, während die übrigen Einzelteile in Werkstattfertigung produziert werden. Die Fertigungsstruktur kann sogar so zusammengesetzt sein, dass sämtliche Halb- oder Fertigfabrikate fast ausschliesslich aus solchen Teilen zusammengesetzt sind, die in den einzelnen Funktionsgruppen gefertigt werden. Man spricht in diesem Fall von einem **Baukastenprinzip.**

Je nach Automatisierungsgrad können diese Zentren verschiedene Erscheinungsformen annehmen:

- Wird mit **konventionellen Maschinen** gearbeitet, so wird von **Fertigungsinseln** gesprochen. Sie bestehen aus mehreren Maschinen, die räumlich und organisatorisch zu einer Einheit zusammengefasst werden. Betreut und bedient werden sie von einer Gruppe von Arbeitern bzw. von einem Team, das aus 6 bis 15 Personen besteht. Die Gruppe hat global formulierte Ziele zu erfüllen und übernimmt die Verantwortung für die gesamte Zelle. Sie erhält Aufträge, Teile in vorgegebenen Mengen auf bestimmte Zeitpunkte abzuliefern und übernimmt die Planung, Durch-

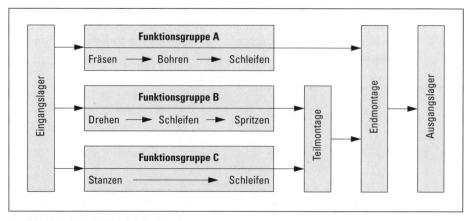

▲ Abb. 100   Beispiel Gruppenfertigung

führung und Steuerung der Tätigkeiten und Operationen. Das heisst, sie organisiert den Einsatz der Mitarbeiter und die Reihenfolgen der Bearbeitungsschritte selber. Weiter ist sie verantwortlich für die Qualität der von ihr hergestellten Teile und die Wartung der Maschinen. Dies bedeutet, dass sie weitgehend unabhängig von anderen Arbeitsstationen oder Fertigungsinseln agieren. Sie arbeiten als Gruppe oder Team zusammen und werden deshalb auch als **teilautonome Arbeitsgruppen** bezeichnet.

Teilautonome Arbeitsgruppen sind einem Meister unterstellt, der in der Regel drei bis vier Gruppen betreut. Er gibt ihnen täglich Rückmeldungen über ihre Leistung und ist in erster Linie für die Weiterbildung und Weiterentwicklung der Mitarbeiter und der technischen Strukturen zuständig. Die Kontakte zu den einzelnen Gruppen laufen jeweils über ein Gruppenmitglied, das diese indirekt produktive Aufgabe im Rotationsprinzip für eine Woche übernimmt. Die Rekrutierung neuer Mitarbeiter wird durch die Gruppe und den Meister gemeinsam vorgenommen. Dabei haben beide Seiten ein Vetorecht. Dies ist sehr wichtig, weil persönliche Beziehungen und soziale Kontakte zwischen den Mitgliedern der Gruppe eine ausserordentlich wichtige Rolle spielen.

Innerhalb der Gruppen wird eine **Job-Rotation** angestrebt. Diese schafft einen Ausgleich zwischen anspruchsvollen und weniger anspruchsvollen Tätigkeiten. Ausserdem findet keine Privilegierung einzelner Mitarbeiter statt. Dadurch gelingt es eher, Teamgeist und Motivation am Leben zu erhalten. Wichtig ist auch, dass beim Ausfall einer Arbeitskraft die Kontinuität der Leistung durch ein anderes Gruppenmitglied sichergestellt werden kann.

- Für eine **flexible** und **automatisierte Fertigung** von Teilen hingegen werden flexible **Fertigungszellen,** flexible **Fertigungssysteme** und flexible **Fertigungsverbundsysteme** eingesetzt. Sie sind sehr leistungsfähig, aber auch extrem kapitalintensiv. Innerhalb der gesamten Fabrik bilden sie Zentren, die bei guter Auslastung sehr wirtschaftlich arbeiten.

  Wegen ihrer Flexibilität sind diese modernen Systeme in der Lage, **Teilefamilien,** die bezüglich ihrer Geometrie und Dimensionierung ähnlich sind und deshalb den gleichen Produktionsablauf zu durchlaufen haben, mit minimalen Umstellungskosten auch in kleinen Mengen kostengünstig herzustellen. Die damit verbundenen Produktivitätssteigerungen können jedoch nur realisiert werden, wenn die Möglichkeiten der Gruppenbildung systematisch analysiert und ausgeschöpft werden.

Verglichen mit der Werkstattfertigung lassen sich die Vorteile der Gruppenfertigung wie folgt zusammenfassen:

- kurze Umrüstzeiten,
- bessere Ausnutzung der Kapazitäten,

- bessere Kenntnisse der Prozesse,
- kürzere Transporte,
- geringere Pufferbestände,
- Übersichtlichkeit,
- vereinfachte Planung der Zentren,
- kürzere Durchlaufzeiten,
- bessere Motivation der Mitarbeiter.

2.2.4 | Zusammenfassung

Die Darlegung der verschiedenen Fertigungsverfahren hat erstens gezeigt, dass ein starker Zusammenhang zwischen dem Fertigungstyp und dem Fertigungsverfahren besteht. Zweitens kann man abschliessend festhalten, dass in der betrieblichen Wirklichkeit die verschiedenen Fertigungsverfahren selten in reiner Form anzutreffen sind. Explizit wurde bereits die Gruppenfertigung als eine besondere Mischform zwischen Werkstatt- und Fliessfertigung genannt. Weitere Mischformen sind jedoch denkbar, wenn zum Beispiel die Produktion einzelner Teile in Werkstattfertigung geschieht, die Zusammensetzung (Montage) der Einzelteile zum Endprodukt aber nach dem Fliessprinzip. Zudem wird eine reine Fliessfertigung selten anzutreffen sein, da gewisse Verrichtungen, die sehr unregelmässig anfallen, nicht nach dem Fliessprinzip eingeordnet werden können (z.B. Reparatur- und Revisionswerkstätten).

2.3 | Just-in-Time-Produktion

Zur besseren Ausrichtung der Produktion an die Marktbedürfnisse und zur Rationalisierung des Produktionsprozesses sind in den letzten Jahren so genannte **Just-in-Time-Lösungskonzepte** entwickelt worden. Just-in-Time-Produktion (JiT) bedeutet das Produzieren auf Abruf.[1] Es ist somit eine Art «Von-der-Hand-in-den-Mund-leben»-Philosophie auf allen Stufen der Fertigung. Der oberste Grundsatz lautet deshalb, dass zu jeder Zeit auf allen Stufen der Beschaffung, der Fertigung und der Distribution nur gerade so viel zu beschaffen, zu produzieren und zu verteilen ist, wie unbedingt notwendig.

Die Lagerbestände sind bei dieser Methode möglichst gering zu halten. Einerseits können auf diese Weise die Lagerhaltungskosten gesenkt wer-

---

1   Die Ausführungen zur Just-in-Time-Produktion sind Soom (1986) entnommen.

den, und andererseits verkleinert man die Risiken im Beschaffungssektor. Drei Ursachen führten zu dieser neuen Form der industriellen Logistik:

- Der Lebenszyklus der Produkte wurde immer kürzer.
- Die von Kunden verlangte Lieferzeit nahm ständig ab.
- Die Variantenvielfalt auf Produktebene nahm ständig zu.

Diese neuen Umweltbedingungen führten zu neuen Zielsetzungen in der betrieblichen Planung. Erstens soll die Flexibilität gegenüber den Wünschen und Bedürfnissen des Marktes erhöht werden. Zweitens ist die Durchlaufzeit innerhalb der logistischen Kette zu beschleunigen, damit die Kapitalbindung reduziert werden kann. Damit diese Ziele realisiert werden können, müssen folgende Voraussetzungen erfüllt sein:

- Ablauforientierte Fertigung (Fliessprinzip),
- Harmonisierung der vorhandenen Kapazitäten,
- Bildung autonomer Arbeitsgruppen,
- absolute Qualitätssicherung,
- kurze Rüst- und Einrichtezeiten,
- kurze Durchlaufzeiten,
- kleine Fertigungs- und Montagelose.

Die Fertigungslose sind üblicherweise so klein, dass man oft von Tageslosen und Tagesprogramm spricht. Über die Methode, wie diese Tagesportionen gebildet werden sollen, besteht in Theorie und Praxis noch keine Einigkeit. Es stehen zwei Möglichkeiten zur Auswahl:

1. «Produziere heute das, was morgen gebraucht wird»: Die Ausgangslage ist zum Beispiel ein Jahres- oder Halbjahresprogramm, das durch die Anzahl der Arbeitstage dividiert wird, oder eine Bedarfsplanung der Kunden. Auf diese Weise ist eine fast vollständige Harmonisierung der täglichen Programme möglich (Synchronfertigung). Dieses System kann durch folgende Stichworte umschrieben werden:
   - bedarfsorientiert,
   - Anteil der Ausführungsvarianten fix,
   - die Steuerung erfolgt zentral.

2. «Produziere heute das, was gestern verbraucht wurde»: Diese Auffassung ist vor allem in Japan vertreten. Von dort kommt auch der Begriff **Kanban,** der zur Bezeichnung dieses Systems verwendet wird. Es kann wie folgt charakterisiert werden:
   - verbrauchsorientiert,
   - Anteil der Ausführungsvarianten innerhalb gewisser Grenzen variabel,
   - die Steuerung erfolgt dezentral.

Welches Fertigungsverfahren betriebswirtschaftlich das sinnvollste ist, kann nicht allgemein gesagt werden. Für eine Beurteilung der verschiedenen Verfahren müssen je nach Situation die als wesentlich erachteten Kriterien herangezogen werden wie beispielsweise

- der wirtschaftliche Aspekt (Kosten der Produktion),
- der technische Aspekt (Rationalisierung, technischer Fortschritt),
- der soziale Aspekt (Arbeitsgestaltung, Humanisierung der Arbeit),
- die Risikobereitschaft (hohe Fixkosten, Flexibilität).

Kapitel 3

Produktionsplanung und -steuerung (PPS)

3.1 Aufgaben der Produktionsplanung und -steuerung (PPS)

PPS-Systeme sind ein bedeutender Baustein der computerintegrierten Fertigung. Ihre Aufgabe besteht darin, die wirtschaftlichen Probleme und Möglichkeiten der Produktion aufzuzeigen. Im einzelnen geht es vor allem um die

- Durchlaufzeiten der Produkte,
- Termintreue bei der Auslieferung von Aufträgen,
- Auslastung der Anlagen,
- Auslastung der übrigen Ressourcen und
- Optimierung der Lagerbestände.

Produktionswirtschaftliche Anliegen, die einen grossen Einfluss auf die Ziele und die Wettbewerbsfähigkeit des Unternehmens haben, stehen im Vordergrund.

Wie der Begriff zum Ausdruck bringt, befassen sich PPS-Systeme einerseits mit der Planung zukünftiger Perioden und andererseits mit der Steuerung der Produktion in der Gegenwart und der allernächsten Zukunft. Dabei wird von den geplanten Mengen von Enderzeugnissen ausgegangen, die als Input für PPS-Systeme benötigt werden.

> **Produktionsplanung** befasst sich mit der zeitgerechten Bereitstellung von Materialien und dem Einsatz der in der Fabrik verfügbaren Ressourcen, um geplante Mengen von Endprodukten rechtzeitig für den Vertrieb herstellen zu können.

Wenn diese Pläne realisierbar erscheinen und den Zielvorstellungen des Managements entsprechen, werden sie für die eigentliche Produktion freigegeben. Damit beginnt die Phase der Produktionssteuerung.

> Im Rahmen der **Produktionssteuerung** werden die für die Realisierung der Pläne notwendigen Aufträge schrittweise für die Produktion freigegeben. Die Produktionsfortschritte werden laufend überprüft, und bei Planabweichungen werden Korrekturmassnahmen eingeleitet.

Bei der Produktionsplanung geht es um die Planung zukünftiger Aktivitäten in einem grösseren Rahmen und bei der Produktionssteuerung um die kurzfristige Regelung der Abläufe auf Fabrikebene. Dabei sollen die verfügbaren Ressourcen effizient genutzt werden, d.h. es sollen beispielsweise optimiert werden die

- Auslastung der Kapazitäten,
- Durchlaufzeiten,
- Termintreue und
- Lagerbestände.

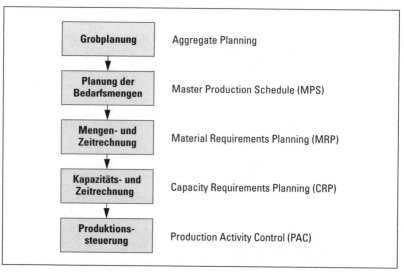

▲ Abb. 101   Hierarchischer Aufbau von PPS-Systemen

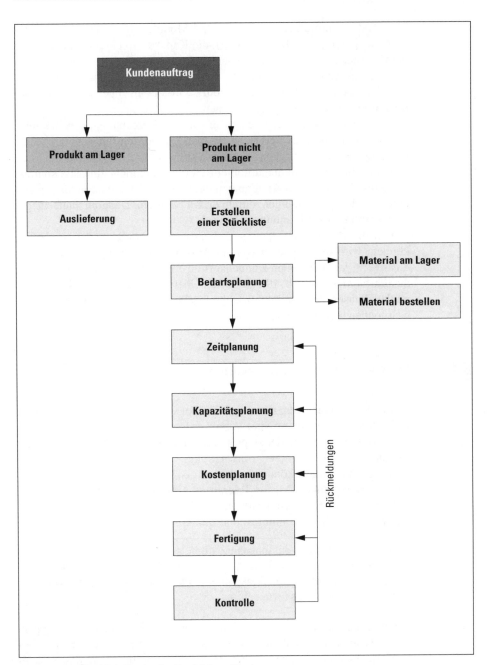

▲ Abb. 102   Überblick Phasen des Produktionsablaufs

PPS-Systeme umfassen mindestens drei Module, die die Planung der Bedarfsmengen (Materialbeschaffung), die Kapazitätsrechnung und die Produktionssteuerung zum Gegenstand haben. Sie werden in ◀ Abb. 101 durch zwei weitere Aufgaben, die aggregierte Planung und die Mengen- und Zeitrechnung, ergänzt. Gleichzeitig wird die im angelsächsischen Bereich übliche Terminologie angegeben.

Die Pfeile in ◀ Abb. 101 deuten an, dass die Berechnungen nicht simultan, sondern sukzessive erfolgen. Es handelt sich um eine hierarchische Planung, bei der die Ergebnisse einer Stufe als Input für die nächste Stufe dienen. Sind die Resultate auf einer tieferen Stufe nicht zulässig, so müssen auf höheren Stufen Änderungen der Eingabedaten vorgenommen und erneute Modellrechnungen durchgeführt werden. Dadurch läuft in der Regel ein iterativer Planungsprozess ab.

Um die Produktionsplanung und -steuerung umfassend darstellen zu können, wird im folgenden von der Annahme ausgegangen, dass ein Industrieunternehmen einen Kundenauftrag erhält, den es in Einzelfertigung ausführen muss. ◀ Abb. 102 gibt einen Überblick über die dabei zu beachtenden Phasen des Produktionsablaufs, die in den nächsten Abschnitten besprochen werden sollen.

3.2 Stücklisten und Stücklistenauflösung

Liegt ein Kundenauftrag vor, der nicht über vorhandene Lagerbestände abgedeckt werden kann, so sind vorerst Informationen über Eigenschaften und Zusammensetzung der zu produzierenden Güter notwendig. Diese Informationen, die von der Entwicklungs- und Konstruktionsabteilung bereitgestellt werden, können bei bisherigen Produkten einerseits den technischen Zeichnungen (Masse, Toleranzen, Oberflächenbeschaffenheit) und andererseits den Stücklisten entnommen werden. Bei neuen Produkten hingegen müssen die Zeichnungen und Stücklisten zuerst erstellt werden.

> Einer **Stückliste** kann entnommen werden, aus welchen Materialien (Rohstoffen), Teilen oder Baugruppen sich das Endprodukt zusammensetzt. Sie gibt in tabellarischer Form Auskunft über die art- und mengenmässige Zusammensetzung eines Erzeugnisses.

Erzeugnisse bestehen aus einer Vielzahl von Einzelteilen und Baugruppen. Diese Teile können auf unterschiedliche Weise miteinander kombiniert werden, jedoch nur eine ganz spezifische Ordnung bestimmt das betrachtete Endprodukt.

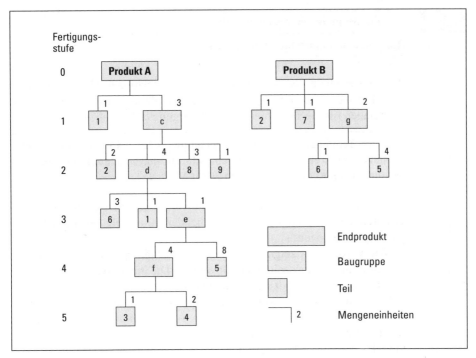

▲ Abb. 103   Erzeugnisstruktur

> Die für ein bestimmtes Erzeugnis typischen hierarchischen Beziehungen zwischen den Einzelteilen und Baugruppen bezeichnet man als **Erzeugnisstruktur.**

Die Erzeugnisstruktur kann entweder graphisch (Strukturbild), zum Beispiel als Stammbaum wie in ◄ Abb. 103, oder tabellarisch (Stückliste) dargestellt werden. Sie bildet die Grundlage für eine Stücklistenauflösung, bei welcher der Materialbedarf durch eine Auflösung nach den verschiedenen Fertigungsstufen ermittelt wird.

3.3	Terminierung des Fertigungsablaufs
3.3.1	Aufgaben und Informationsgrundlagen

Auftragsbestände und Stücklisten sowie Informationen über vorhandene Maschinen und Personen (Quantität und Qualität) bilden die Informationsgrundlagen für die Terminierung des Fertigungsablaufes.

> Ziel der **Terminierung des Fertigungsablaufs** ist es, die Anfangs- und Endtermine der Arbeitsgänge so aufeinander abzustimmen, dass die Terminvorgaben der Kunden eingehalten werden können.

Die vorhandenen Kapazitäten (Maschinen, Personen) werden dabei vorerst nicht berücksichtigt, sondern erst bei der darauf folgenden Kapazitätsplanung einbezogen.

Wie ▶ Abb. 104 zeigt, kann die **gesamte Auftragszeit** in eine Rüstzeit und eine Ausführungszeit unterteilt werden. Die **Rüstzeiten** sind Zeiten, die für die Vorbereitung der eigentlichen **Ausführung** aufgewendet werden müssen. Sie fallen an, wenn nach längerem Unterbruch die Maschinen wieder hergerichtet oder bei einem Serien- oder Sortenwechsel umgestellt werden müssen. Ebenso zählt aber zur Rüstzeit jene Zeit, die zur Herstellung des ursprünglichen Zustandes der Maschinen nach Beendigung eines Auftrages (Abrüsten) benötigt wird. Rüst- und Ausführungszeiten können weiter unterteilt werden in:

- **Grundzeiten,** welche die Sollzeiten zur Durchführung der entsprechenden Arbeiten angeben. Die Grundzeit der Ausführung umfasst sowohl Bearbeitungs- als auch Warte- und Transportzeiten.
- **Erholungszeiten,** in welchen der Mensch und die Maschine ruht.
- **Verteilzeiten,** welche unregelmässig und unvorhergesehen anfallen. Sie können entweder sachlich (z.B. technische Störung einer Maschine) als auch persönlich (z.B. Unwohlsein eines Mitarbeiters) bedingt sein.

Während die Rüstzeit nur einmal für das Vorbereiten eines ganzen Auftrages anfällt, ist die Ausführungszeit – mit Ausnahme der Verteilzeit – direkt mengenabhängig. Aus praktischen Gründen wird jedoch diese Zeit vielfach in Prozenten der Grundzeit angegeben. Sind Ausführungszeit und Rüstzeit sowie die Anzahl herzustellender Stücke bekannt, kann der gesamte Zeitaufwand für ein Teil berechnet werden (▶ Abb. 105).[1] Diese Informationen bilden zusammen mit den Stücklisten die Grundlage für die

---

1 ▶ Abb. 105 basiert auf der Erzeugnisstruktur von ◀ Abb. 103. Sie enthält ihrerseits die notwendigen Informationen für ▶ Abb. 107 (Vorgangsliste), ▶ Abb. 108 und 110 (Netzpläne) sowie ▶ Abb. 111 (Balkendiagramm), wobei dann die Sachnummern die Vorgänge zur Erstellung der jeweiligen Endprodukte, Baugruppen und Teile darstellen.

Berechnung der Start- und Endtermine eines ganzen Auftrags oder der einzelnen Arbeitsgänge. Die Berechnung dieser Termine erfolgt mit Hilfe der Netzplantechnik, die im Folgenden vorgestellt wird.

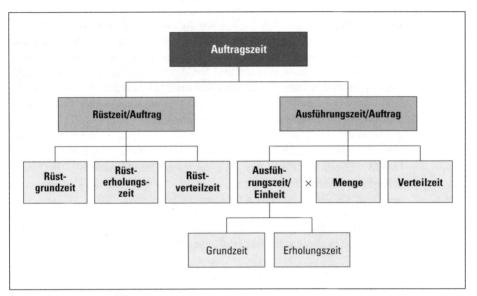

▲ Abb. 104   Gliederung der Auftragszeit

Sach-nummer	Rüstzeit in Std.	Ausführungszeit in Std.	Stückzahl	Auftrags-zeit in Stunden	Tage (zu 8 Arbeits-stunden)	Tage (zu 16 Arbeits-stunden)
A	7	25	1	32	4	2
B	6	1	10	16	2	1
c	5	25	3	80	10	5
d	4	5	12	64	8	4
e	12	3	12	48	6	3
f	24	0,5	48	48	6	3
g	2	1,5	20	32	4	2
1	3	1	13	16	2	1
2	4	1	16	20	2	1
3	4	0,25	48	16	2,5	1,25
4	8	0,25	96	32	4	2
5	12,8	0,2	176	48	6	3
6	20	0,5	56	48	6	3
7	6	1	10	16	2	1
8	7,5	4,5	9	48	6	3
9	4	4	3	16	2	1

▲ Abb. 105   Informationsgrundlagen der Zeitplanung

3.3.2	**Netzplantechnik**
3.3.2.1	Einleitung

Grosse komplexe Projekte (z. B. Planung und Bau von Kernkraftwerken, Flugzeugen und Schiffen, Raumfahrtprojekte) erfordern ein Organisationsinstrument, das einerseits eine Fülle von Einzelheiten berücksichtigt und andererseits die zeitlichen und funktionalen Abhängigkeiten modellmässig darstellen kann. Ein solches Instrument ist die Netzplantechnik, die Ende der 50er Jahre von verschiedenen Firmen unabhängig voneinander und in unterschiedlichen Variationen entwickelt worden ist: In den USA die «Critical Path Method» (CPM) und die «Project Evaluation and Review Technique» (PERT) sowie in Europa die «Metra-Potential-Method» (MPM). Diese Verfahren weisen zwar zum Teil charakteristische Unterschiede auf, und es bestehen eine Vielzahl von Weiterentwicklungen, doch beruhen alle auf den gleichen Grundprinzipien.

> Ein **Netzplan** zeigt die zur Realisierung eines Projektes wesentlichen Vorgänge und Ereignisse sowie deren logische und zeitliche Abhängigkeiten.

Je nach Informationsstand und -bedürfnis können bei der Planung und Durchführung von Projekten mit Hilfe der Netzplantechnik vier Phasen unterschieden werden:

1. **Strukturplanung:** Übersichtliche Darstellung der logischen Ablaufstruktur eines Projektes.
2. **Zeitplanung:** Minimierung der Projektdauer und Einhaltung vorgegebener Termine.
3. **Kapazitätsplanung:** Optimale Kapazitätsauslastung unter Berücksichtigung vorhandener Kapazitäten und Kapazitätsbelegungen.
4. **Kostenplanung:** Minimierung der Projektkosten.

Heute befindet sich die Entwicklung der Netzplantechnik in einer Konsolidierungsphase und das Schwergewicht liegt in der Ausarbeitung flexibler und benutzerfreundlicher Software, um mit Hilfe des Computers umfangreiche Rechenprogramme durchzuführen. Moderne Softwarepakete erlauben zudem, auf der Zeitplanung aufbauend die Kapazitäts- und Kostenplanung einzubeziehen.

Die Netzplantechnik eignet sich besonders gut für komplexe, hohe Kosten verursachende und unter grossem Zeitdruck stehende Projekte aller Art, an die hohe Anforderungen bezüglich Flexibilität und Genauigkeit (Termineinhaltung) der Durchführung gestellt werden. Allerdings sind die Voraussetzungen für einen wirkungsvollen Einsatz der Netzplantechnik nicht immer gegeben. Gerade bei erstmalig durchgeführten Projekten ist es oft schwierig, die Dauer der einzelnen Vorgänge einigermassen genau abzuschätzen. Deshalb bleibt die Netzplantechnik meist auf Projekte beschränkt, deren Elemente relativ gut abgrenzbar sind. Im Folgenden soll auf die Struktur- und Zeitplanung näher eingegangen werden.

3.3.2.2	Strukturplanung: Aufbau und Darstellung von Netzplänen

Der Netzplan als graphische Darstellung des Projektes ist formal ein so genannter Graph. Ein **Graph** ist ein Gebilde aus **Knoten** und **Kanten,** wobei Knoten als Kreise, Kanten als Verbindungslinien zwischen den Knoten dargestellt werden (▶ Abb. 106). Knoten, von denen nur Kanten ausgehen, bezeichnet man als Startknoten, Knoten, in denen nur Kanten enden, als Zielknoten.

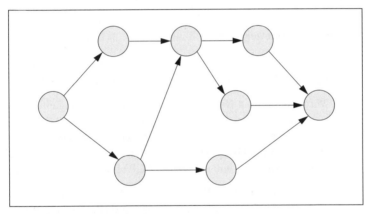

▲ Abb. 106   Beispiel eines gerichteten Graphen

In einer ersten Phase wird das Projekt in seine Vorgänge zerlegt. Sämtliche Vorgänge sowie die aufgrund der technologischen und wirtschaftlichen Bedingungen unmittelbar folgenden Vorgänge werden in einer Vorgangsliste festgehalten. Ein **Vorgang** ist ein zeitbeanspruchendes Geschehen (wie z.B. Erstellen von Grundmauern, Transport von Röhren und Bestellen von Rohstoffen, wobei aber auch Wartezeiten [z.B. Lieferzeiten] dazu gehören), das durch ein Anfangs- und Endereignis bestimmt wird. Als **Ereignis** bezeichnet man das Eintreten eines definierten Zustandes im Projektablauf (z.B. Fertigstellung des Rohbaus, Fenster eingebaut, Tapeten aufgezogen). Damit werden die Abfolgebeziehungen zum Ausdruck gebracht. Die erste und dritte Spalte der Tabelle in ▶ Abb. 107 zeigen eine solche Analyse von Vorgängen.

Vorgang	Dauer (Stunden)	unmittelbare Vorgänger
A	32	c, 1
B	16	g, 2, 7
c	80	d, 2, 8, 9
d	64	e, 1, 6
e	48	f, 5
f	48	3, 4
g	32	5, 6
1	16	–
2	20	–
3	16	–
4	32	–
5	48	–
6	48	–
7	16	–
8	48	–
9	16	–

▲ Abb. 107   Vorgangsliste mit Vorgangsdauer

In einer zweiten Phase wird die Prozessstruktur durch einen Netzplan abgebildet. Dabei bestehen zwei grundsätzliche Möglichkeiten:

1. **Vorgangs-Knoten-Netzplan,** bei dem jedem Vorgang ein Knoten zugeordnet wird, wie dies bei der MPM gemacht wird (vgl. Netzplan in ▶ Abb. 108, beruhend auf der Erzeugnisstruktur in ◀ Abb. 103).

2. **Vorgangs-Pfeil-Netzplan,** bei dem jedem Vorgang ein beschrifteter Pfeil zugeordnet wird, wie dies bei der CPM der Fall ist.[1]

Sowohl beim Vorgangs-Knoten- als auch beim Vorgangs-Pfeil-Netzplan wird der Projektbeginn bzw. das Projektende durch einen einzigen Knoten, den Start- bzw. Zielknoten, gekennzeichnet. Diese werden auch **Meilensteine** (Milestones) genannt und können ebenso bei wichtigen Zwischenterminen im Projektablauf eingezeichnet werden. Beim Vorgangs-Pfeil-Netzplan stellen sich aber zusätzlich folgende Probleme:

■ Wenn zwei Vorgänge gemeinsame Anfangs- und Endknoten haben, so verlaufen die dazugehörenden Pfeile parallel. Um eine Mehrdeutigkeit zu vermeiden (insbesondere dann, wenn die beiden eine unterschied-

---

1 Bei neuartigen Projekten ist es manchmal schwierig, die verschiedenen Teilvorgänge zu beschreiben und mit einer bestimmten Zeitdauer zu versehen. Man nimmt in diesen Fällen statt der Vorgänge die Ereignisse bzw. die Ergebnisse, die es zu erreichen gilt, und schreibt sie in die Knoten. Dieses Vorgehen wird beim PERT-Verfahren angewandt. Oft findet man aber weder einen rein vorgangs- noch einen rein ereignisorientierten Netzplan. Man spricht dann von einem **gemischtorientierten** Netzplan, bei dem die Projektbeschreibung sowohl mit Vorgängen als auch mit Ereignissen erfolgt.

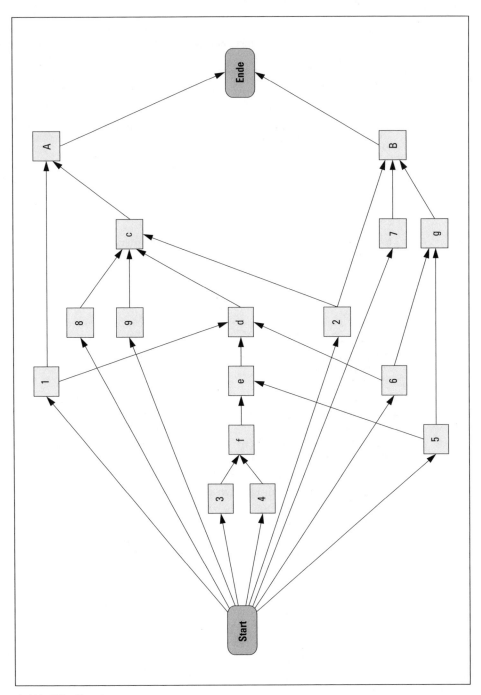

▲ Abb. 108   Netzplan

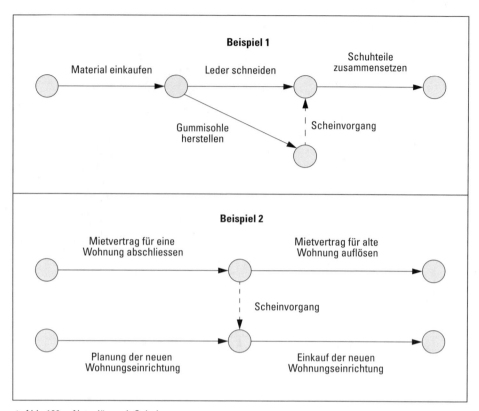

Beispiel 1

Material einkaufen   Leder schneiden   Schuhteile zusammensetzen

Gummisohle herstellen   Scheinvorgang

Beispiel 2

Mietvertrag für eine Wohnung abschliessen   Mietvertrag für alte Wohnung auflösen

Scheinvorgang

Planung der neuen Wohnungseinrichtung   Einkauf der neuen Wohnungseinrichtung

▲ Abb. 109   Netzpläne mit Scheinvorgang

liche Vorgangsdauer haben), wird ein so genannter **Scheinvorgang** (Scheintätigkeit) eingefügt (◄ Abb. 109, Beispiel 1). Dieser wird durch einen gestrichelten Pfeil dargestellt und weist die Zeitdauer null auf.

■ Um gewisse Nebenbedingungen aufgrund technologischer Abhängigkeiten bei der Reihenfolge von Vorgängen zu berücksichtigen, müssen ebenfalls Scheinvorgänge eingefügt werden. Dies ist dann der Fall, wenn in einem Knoten mehrere Vorgänge enden oder beginnen, die nicht alle voneinander abhängig sind (◄ Abb. 109, Beispiel 2).

| **3.3.2.3** | Zeitplanung mit Netzplan |

Auf der Grundlage des Netzplanes erfolgt die Zeitplanung, die sich in drei Schritten abwickelt:

1. Ermittlung der **Vorgangsdauer:** Zuerst ist die zeitliche Beanspruchung eines jeden Vorgangs zu ermitteln, wie aus ◄ Abb. 107 ersichtlich ist.

2. Ermittlung der **Anfangs-** und **Endtermine:** Für jeden Vorgang i sind für die Zeitplanung vier Termine relevant:
   - FAZ_i: frühestmöglicher Anfangszeitpunkt,
   - FEZ_i: frühestmöglicher Endzeitpunkt,
   - SAZ_i: spätesterlaubter Anfangszeitpunkt,
   - SEZ_i: spätestzulässiger Endzeitpunkt.

   Diese Termine können durch die Vorwärts- oder Rückwärtsterminierung ermittelt werden.
   - Bei der **Vorwärtsterminierung** oder **progressiven** Terminierung werden die frühestmöglichen Anfangs- (FAZ_i) und Endzeitpunkte (FEZ_i) der Vorgänge bei gegebenem Zeitpunkt des Projektanfangs ermittelt.
   - Bei der **Rückwärtsterminierung** oder **regressiven** Terminierung werden die spätesterlaubten Anfangs- (SAZ_i) und spätestzulässigen Endzeitpunkte (SEZ_i) der Vorgänge bei gegebenem Zeitpunkt des Projektendes berechnet.

   Sowohl aus der Vorwärts- als auch aus der Rückwärtsterminierung ergibt sich die Gesamtdauer des Projektes.

3. Ermittlung der **Pufferzeiten** und des **kritischen Weges:** Aufgrund der Informationen des zweiten Schrittes können die Pufferzeiten bestimmt werden.

> Bei den **Pufferzeiten** handelt es sich um die Zeitreserven, um die ein Vorgang ausgedehnt werden kann, ohne den Endtermin des Projektes zu beeinflussen.

Die Pufferzeiten ergeben sich aus der Differenz zwischen dem frühestmöglichen (FAZ_i) und dem spätesterlaubten Anfangszeitpunkt (SAZ_i) bzw. dem frühestmöglichen (FEZ_i) und dem spätestzulässigen (SEZ_i) Endzeitpunkt eines Vorganges. Vorgänge, deren Pufferzeit null ist, befinden sich auf dem kritischen Weg.

Die Ermittlung des kritischen Weges stellt das zentrale Problem der Zeitplanung dar.

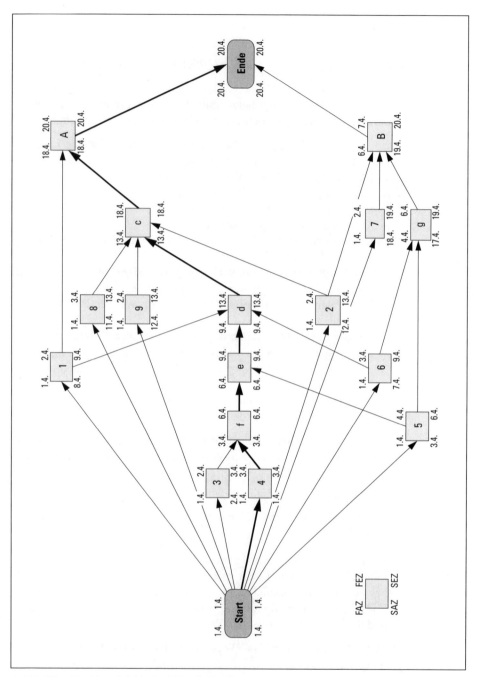

▲ Abb. 110   Netzplan mit kritischem Weg (16 Std./Arbeitstag, inkl. Samstag/Sonntag)

> Der **kritische Weg** ist derjenige Weg, auf dem sämtliche Vorgänge eine Pufferzeit von null aufweisen. Die Summe der auf ihm liegenden kritischen Vorgangsdauern ergibt die minimale mögliche Projektdauer.

Jede Verzögerung eines Vorganges auf dem kritischen Weg führt zu einer Verlängerung des Gesamtprojektes, weil die Verzögerung nicht durch eine Pufferzeit aufgefangen werden kann (◄ Abb. 110).[1]

3.4 Kapazitäts- und Kostenplanung

3.4.1 Kapazitätsplanung

Nach Berechnung der Durchlaufzeiten (die sich aus den Bearbeitungszeiten, den Förderzeiten und den Warte- oder Lagerzeiten zusammensetzen) bzw. der gesamten Projektdauer mit den möglichen Anfangs- und Endterminen der Fertigung müssen die dazu erforderlichen Kapazitäten ermittelt werden. In der **Kapazitätsplanung** (Capacity Requirements Planning, CRP) muss überprüft werden,

- ob die notwendigen Kapazitäten vorhanden sind und
- wie die vorhandenen Kapazitäten unter Einhaltung der Termine bestmöglich ausgenutzt werden können, damit so wenig Leerzeiten wie möglich entstehen.

Daraus wird deutlich, dass Kapazitäts- und Zeitplanung (bzw. Berechnung der Durchlaufzeiten) in einem engen Zusammenhang zueinander stehen. Oft ist es nötig, dass die Zeitplanung aufgrund der vorhandenen Kapazitäten nochmals angepasst wird. Resultat dieser Abklärungen ist ein endgültiger Maschinenbelegungsplan für die nächsten Tage, Wochen oder Monate, bei dem die verfügbaren Maschinen und Personen berücksichtigt worden sind. Als Instrument zur Darstellung dieser Zusammenhänge dient das Balkendiagramm.

> **Balkendiagramme** stellen Zeitbänder in einem Koordinatensystem dar. Auf der Abszisse wird die Zeiteinteilung in Tagen, Wochen oder Monaten eingetragen, auf der Ordinate werden die einzelnen Arbeitsvorgänge untereinander gereiht. Durch einen Balken vom Anfangs- zum Schlusszeitpunkt wird die Dauer der einzelnen Arbeitsvorgänge angegeben.

Balkendiagramme können zum Beispiel zur Darstellung von Arbeitsabläufen, zur Terminplanung bei Projekten und zur Planung des zeitlichen Ein-

---

1 Diesem Netzplan liegen die Daten in ◄ Abb. 105 (S. 315) zugrunde.

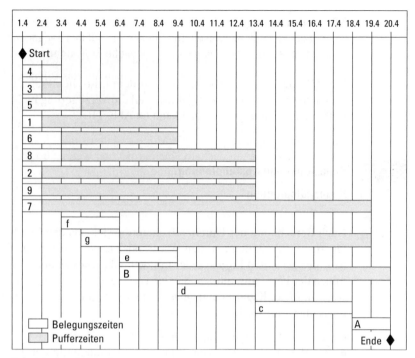

▲ Abb. 111   Beispiel eines Balkendiagramms

satzes von Mitarbeitern und Maschinen verwendet werden (◄ Abb. 111).
Sie zeigen hingegen nicht, wie die einzelnen Tätigkeiten logisch voneinander abhängen. Zudem sind Planänderungen nur mit relativ hohem Aufwand durchführbar, denn bei Verzögerung einer einzigen Teilaktivität verschieben sich – sofern keine Pufferzeit vorliegt – alle nachfolgenden
Teilaktivitäten.

Probleme entstehen dann, wenn die vorhandenen Kapazitäten kleiner
sind als die zur fristgerechten Auftragserfüllung notwendigen Kapazitäten.
In diesem Falle müssen verschiedene Massnahmen geprüft werden wie
zum Beispiel

■ eine Fremdvergabe,
■ eine Erhöhung der Intensität (z.B. zusätzliche Schichten),
■ der Versuch einer Terminverschiebung beim Kunden oder
■ eine Kapazitätserweiterung durch zusätzliche Investitionen.

3.4.2	Kostenplanung

Bei der Kostenplanung geht es darum, die Gesamtkosten des Projektes zu erfassen und zu minimieren. Dabei wird man auf das **Dilemma der Ablaufplanung** stossen.[1] Denn oft wird es zwar möglich sein, den kritischen Weg und somit die Projektdauer zu verkürzen, doch wird dies nur durch den Einsatz zusätzlicher oder durch stärkere Belastung der vorhandenen Produktionsfaktoren erreicht. Beide Möglichkeiten sind mit steigenden Kosten verbunden. Es gilt deshalb jenen kritischen Weg zu ermitteln, bei dem die Gesamtprojektkosten ein Minimum erreichen.

3.5	Fertigung

Sobald die Kapazitäts- und Kostenplanung abgeschlossen und darüber entschieden ist, kann die eigentliche Ausführung eines Projektes bzw. die Herstellung der Produkte in Angriff genommen werden. Dazu ist es notwendig, den ausführenden Mitarbeitern im Fertigungsbereich mit möglichst detaillierten und genauen Anordnungen ihre Aufgaben und die Arbeitsabläufe mitzuteilen. Diese Aufgabe wird von der Arbeitsvorbereitung (AVOR) wahrgenommen. Als Hilfsmittel dienen das Werkstattpapier und die Ablaufkarte.

3.5.1	Werkstattpapier

> Die **Werkstattpapiere (Arbeitspläne)** enthalten sämtliche Informationen, die der Mitarbeiter zur Herstellung der Produkte braucht (▶ Abb. 112).

Neben technischen Spezifikationen enthalten die Werkstattpapiere vor allem Informationen über

- die erforderlichen Maschinen und Arbeitsplätze,
- die benötigten Werkzeuge und Materialien,
- die Reihenfolge der verschiedenen Arbeitsgänge und
- die dafür vorgesehenen Zeiten und Kosten.

Die Werkstattpapiere muss jedes Unternehmen entsprechend seiner spezifischen Situation entwerfen. Ein Werkstattpapier muss einerseits für jedes

---

1 Vgl. Teil 9, Kapitel 1, Abschnitt 1.3.2.2 «Ziele der Ablauforganisation und das Dilemma der Ablaufplanung».

Arbeitsplan	Benennung: Antriebswelle		Zeichnung: 63.213.71		Stückzahl: 30		
Werkstoff: St 70		Rohlingsabmessung: ø 120 x 248 lang			Rohlingsgewicht: 22 kg/Stück		
Auftrags Nr.: 47/197		Termin: 14.5.91		Ausstellungstag: 25.3.91			
Nr.	Arbeitsgang	Ma-schine	Rüstzeit t_r in Minuten	Zeit je Einheit t_e in Minuten	Werk-zeug-kurzbe-zeich-nung	Lohn-gruppe	Kosten-stelle Arbeits-platz	Vergleichswert tatsächlich ver-brauchte Zeit	
								Rüsten	Fertigen
1	absägen 246 lang	Sgk 400	10	1,5		3		12	1,6
2	plandrehen, zentrieren	DZ 500	12	1,15	D1/B1	5		12	1,2
3	2. Seite plandrehen 244 lang	DZ 500	8	1,15	D1	5		8	1,1
4	3 Ansätze zwischen den Spitzen langdrehen	DZ 500	12	4,7	D3/4	5		10	4,5
5	Vierkant fräsen	UF 600 x 300	22	2,2	Fräs-vorrich-tung	4		22	2,3
6	entgraten	von Hand	–	0,35		3		–	0,4
7	bohren 2 x ø 8 und senken	BS 30	13	2,30	B2/8	3		12	2,2

▲ Abb. 112   Beispiel eines Werkstattpapiers (Tschätsch 1983, S. 71)

selbst produzierte Teil erstellt werden, das in das Endprodukt eingeht, und andererseits für jedes Endprodukt, das sich aus verschiedenen Teilen zusammensetzt. Werkstattpapiere werden in erster Linie in der Serien-fertigung eingesetzt. In der Einzelfertigung, zumindest bei kleineren Pro-dukten, wäre der Aufwand zur Erstellung solcher Arbeitspapiere zu gross.

3.5.2 | Ablaufkarte

Die **Ablaufkarte** – auch Arbeitsablauf- oder Laufkarte genannt – ist ein organisatorisches Hilfsmittel zur Arbeitsplanung im Fertigungs- und Mon-tagebereich, um den Arbeitsablauf transparent zu machen (▶ Abb. 113).

Die Ablaufkarte ist eine spezielle Form des Ablaufplanes.[1] Sie enthält Informationen über

---

1   Vgl. dazu Teil 9, Kapitel 1, Abschnitt 1.4.1.4 «Ablaufplan».

- die verschiedenen Arbeitsgänge (Ablaufstufen),
- die Art der Verrichtung (Objektbearbeitung, Inspektion, Transport, Stillstand) sowie
- die an der betrachteten Arbeit beteiligten Stellen.

Der Vorteil von Ablaufkarten liegt in der leichten Verständlichkeit, die vom betroffenen Mitarbeiter keine besonderen Kenntnisse erfordert. Sie sind vor allem bei Serien- und Sortenfertigung nützlich, wo sie als so genannte Auftragslaufkarten die Aufträge bis zur Fertigstellung begleiten. Bei komplexen und stark verzweigten Prozessen sind Ablaufkarten weniger geeignet.

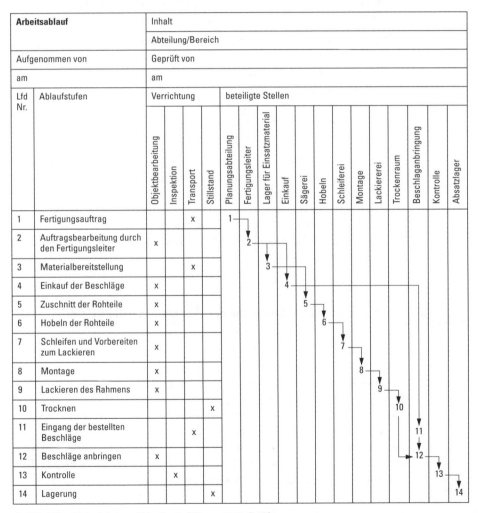

▲ Abb. 113   Beispiel einer Ablaufkarte (Küpper 1981, S. 63)

3.6 Kontrolle

Rückmeldungen der Fertigung betreffen verschiedene Bereiche und ihre Informationen werden deshalb zu unterschiedlichen Zwecken verwendet:

- Rückmeldungen über den Auftragsfortschritt dienen in erster Linie der **Terminüberwachung.** Durch Meldung der abgeschlossenen Arbeitsgänge wird ersichtlich, ob der Auftrag termingerecht ausgeführt werden kann oder ob ungeplante Verzögerungen aufgrund irgendwelcher Störungen eingetreten sind. Im letzteren Fall muss die Terminierung und Kapazitätsauslastung neu vorgenommen werden.

- Rückmeldungen zur Qualität dienen der **Qualitätssicherung.** Diese betrifft insbesondere:
  - Materialeingangskontrolle,
  - Kontrolle der End- und Zwischenprodukte,
  - Kontrolle der Prozesse.
  Diese Aktivitäten werden gewöhnlich unter dem Begriff «Total Quality Control» oder «Total Quality Management» behandelt.[1]

- Rückmeldungen über Arbeitszeiten, Materialverbrauch, Anzahl hergestellter Stücke sowie über Ausschuss dienen dem **Rechnungswesen** zur Erfassung der Kosten bzw. zur Berechnung der Abweichungen zwischen den vorgegebenen Soll-Kosten (Standard-Kosten) und den effektiven Kosten. Die gleichen Daten dienen auch bei bestimmten Lohnformen (Akkordlohn, Prämienlohn[2]) zur Berechnung des **Leistungsanteils des Lohnes** eines Mitarbeiters.

3.7 Computerunterstützte Steuerung des Produktionsablaufs (CIM)

Ausgehend von der These Taylors, dass mit einer Funktions- oder Aufgabenspezialisierung die Produktivität erhöht werden könne,[3] schenkte man der Integration zusammenhängender Teilbereiche in der Produktion lange Zeit wenig Beachtung. Zusammengehörende Vorgänge wie Konstruktion, Arbeitsplanung, Maschinensteuerung und Kalkulation wurden in Teilvorgänge zergliedert, die von unterschiedlichen Abteilungen ausgeführt wurden. Empirische Untersuchungen haben in diesem Zusammenhang jedoch gezeigt, dass die Durchlaufzeiten bei starker Arbeitsteilung aufgrund der mehrfachen Informationsübertragung und Einarbeitungs-

---

1 Vgl. dazu Teil 10, Kapitel 1, Abschnitt 1.5 «Total Quality Management (TQM)».
2 Vgl. Teil 8, Kapitel 1, Abschnitt 5.2.4 «Traditionelle Lohnformen».
3 Vgl. Teil 9, Kapitel 2, Abschnitt 2.1.2.2 «Mehrliniensystem».

zeiten ausserordentlich hoch sind. Diese Erkenntnisse führten zusammen mit der Entwicklung in der EDV dazu, dass mit Hilfe einer gemeinsamen Datenbasis eine bereichsübergreifende Nutzung der wesentlichen Informationen sichergestellt wurde. (Scheer 1987, S. 4)

Eine solche gemeinsame Datenbasis ermöglicht es, dass Informationen, die in einer Abteilung anfallen und in die Datenbasis eingegeben werden, sofort auch anderen beteiligten Stellen zur Verfügung stehen. Dadurch entfallen die Informationsübertragungszeiten, und die Abläufe können erheblich beschleunigt werden. Dieses Prinzip versucht das **Computer Integrated Manufacturing (CIM)** zu verwirklichen, indem es die integrierte Informationsverarbeitung für betriebswirtschaftliche und technische Aufgaben eines Industriebetriebes anstrebt. Dies bedeutet, dass neben der gemeinsamen Datenbasis auch Datenverbindungen zwischen den mehr technischen Funktionen wie Konstruktion, Arbeitsplanung, Fertigung und den mehr begleitenden administrativen Prozessen wie Produktionsplanung und -steuerung aufgebaut werden müssen. (Scheer 1987, S. 5)

CIM soll beispielsweise folgenden Daten- und Vorgangsablauf ermöglichen: Die Wünsche des Kunden bezüglich einer besonderen Variante eines Erzeugnisses werden von der Auftragsannahme entgegengenommen und sofort über die gemeinsame Datenbasis an den Konstruktionsbereich weitergeleitet. Dieser kann aufgrund von Ähnlichkeitskatalogen auf bereits früher konstruierte und gefertigte verwandte Erzeugnisse zugreifen und damit eine erste Abschätzung der Auswirkungen des Kundenwunsches auf Fertigung und Kosten vornehmen. Falls nur geringe konstruktive Änderungen zu erwarten sind, können bereits in der Datenbasis gespeicherte Zeichnungsinformationen für das früher gefertigte verwandte Erzeugnis an den Kunden übermittelt werden. Die Einbeziehung der Zeichnung in das Angebot kann im Übrigen auch die Kundenakquisition unterstützen. Nach Annahme des Auftrages kann eine Detailkonstruktion mit Hilfe des Datensystems durchgeführt und damit die Geometrie exakt festgelegt werden. (Scheer 1987, S. 7)

> Zusammenfassend kann das **Computer Integrated Manufacturing (CIM)** als der integrierte EDV-Einsatz in allen mit der Produktion zusammenhängenden Betriebsbereichen umschrieben werden.[1]

CIM umfasst das informationstechnologische Zusammenwirken zwischen den folgenden Funktionen (▶ Abb. 114):

- **Computer Aided Design (CAD):** CAD ist ein Sammelbegriff für alle Aktivitäten, bei denen die EDV direkt oder indirekt im Rahmen von Entwicklungs- und Konstruktionstätigkeiten eingesetzt wird. Dies bezieht

---

1   Diese und die folgenden Definitionen und Beschreibungen wurden einer Broschüre der Arbeitsgemeinschaft für wirtschaftliche Fertigung entnommen (AWF 1986).

sich im engeren Sinn auf die graphisch-interaktive Erzeugung und Manipulation einer digitalen Objektdarstellung, z. B. durch die zweidimensionale Zeichnungserstellung oder durch die dreidimensionale Modellbildung.

Funktionszuordnung: ▫ Entwicklungstätigkeiten
                        ▫ Technische Berechnungen
                        ▫ Konstruktionstätigkeiten
                        ▫ Zeichnungserstellung.

- **Computer Aided Planning (CAP):** CAP bezeichnet die EDV-Unterstützung bei der Arbeitsplanung. Hierbei handelt es sich um Planungsaufgaben, die auf den konventionell oder mit CAD erstellten Arbeitsergebnissen der Konstruktion aufbauen, um Daten für Teilefertigungs- und Montageanweisungen zu erzeugen. Darunter wird die rechnerunterstützte Planung der Arbeitsvorgänge und der Arbeitsgangfolgen, die Auswahl von Verfahren und Betriebsmitteln zur Erzeugung der Objekte sowie die rechnerunterstützte Erstellung von Daten für die Steuerung der Betriebsmittel des Computer Aided Manufacturing verstanden.

Funktionszuordnung: ▫ Arbeitsplanerstellung
                        ▫ Betriebsmittelauswahl
                        ▫ Erstellung von Teilefertigungsanweisungen
                        ▫ Erstellung von Montageanweisungen
                        ▫ NC-Programmierung.

- **Computer Aided Manufacturing (CAM):** CAM bezeichnet die EDV-Unterstützung zur technischen Steuerung und Überwachung der Betriebsmittel bei der Herstellung der Objekte im Fertigungsprozess. Dies bezieht sich auf die direkte Steuerung von Arbeitsmaschinen, verfahrenstechnischen Anlagen, Handhabungsgeräten sowie auf das Transport- und Lagersystem.

Funktionszuordnung: Technische Steuerung und Überwachung folgender Funktionen:
                        ▫ Fertigen
                        ▫ Handhaben
                        ▫ Transportieren
                        ▫ Lagern.

- **Computer Aided Quality Assurance (CAQ):** CAQ bezeichnet die EDV-unterstützte Planung und Durchführung der Qualitätssicherung. Hierunter wird einerseits die Erstellung von Prüfplänen, Prüfprogrammen und Kontrollwerten verstanden, andererseits die Durchführung rechnerunterstützter Mess- und Prüfverfahren.

Funktionszuordnung: □ Festlegen von Prüfmerkmalen
□ Erstellung von Prüfvorschriften und -plänen
□ Erstellung von Prüfprogrammen für rechner-
unterstützte Prüfeinrichtungen
□ Überwachung der Prüfmerkmale am Objekt.

■ **Produktionsplanung und -steuerung (PPS):** PPS bezeichnet den Einsatz rechnerunterstützter Systeme zur organisatorischen Planung, Steuerung und Überwachung der Produktionsabläufe von der Angebotsbearbeitung bis zum Versand unter Mengen-, Termin- und Kapazitätsaspekten.

Funktionszuordnung: □ Produktionsprogrammplanung
□ Mengenplanung
□ Termin- und Kapazitätsplanung
□ Auftragsveranlassung
□ Auftragsüberwachung.

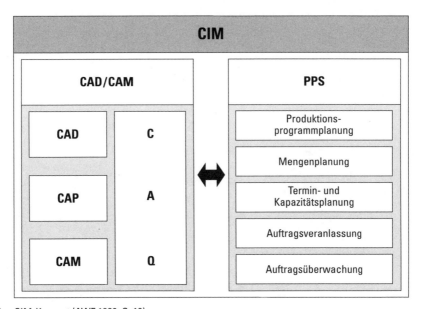

▲ Abb. 114   CIM-Konzept (AWF 1986, S. 10)

Kapitel 4

Produktions- und Kostentheorie

4.1	Produktions- und Kostenfunktionen
4.1.1	Allgemeine Produktions- und Kostenfunktion

Die betriebliche Leistung ist das Resultat der Kombination von Produktionsfaktoren. Aufgabe einer Produktions- und Kostentheorie ist es deshalb, die funktionalen Beziehungen zwischen dem mengen- und wertmässigen Input an Produktionsfaktoren und dem jeweiligen Output zu untersuchen und modellmässig darzustellen.[1]

Je nach dem Verhältnis, in dem die Produktionsfaktoren eingesetzt werden, kann zwischen **substitutionalen** und **limitationalen** Produktionsfaktoren unterschieden werden.

1. **Substitutionale** Produktionsfaktoren sind solche, die bei der Erbringung eines bestimmten Outputs untereinander ausgetauscht werden können und somit in keinem festen Verhältnis zueinander eingesetzt werden (z.B. menschliche Arbeitskraft kann durch eine Maschine ersetzt werden). Je nachdem, ob ein Faktor entweder ganz oder nur teilweise er-

---

[1] Die allgemeinen kostentheoretischen Grundlagen werden in Teil 5, Kapitel 3, Abschnitt 3.5 «Kosten als Entscheidungsgrundlagen» behandelt.

setzt werden kann, unterscheidet man zwischen einer partiellen, totalen oder partiell-totalen Substitution. Bei der partiell-totalen Substitution kann beispielsweise bei zwei Produktionsfaktoren der eine vollständig, der andere aber nur teilweise substituiert werden.

2. **Limitationale** Produktionsfaktoren dagegen stehen zur Erbringung eines Outputs immer in einem gleich bleibenden festen Verhältnis zueinander, zum Beispiel $r_1 : r_2 : r_3 = 1 : 3 : 6$.

Durch den **Produktionskoeffizienten** ρ kann ferner die Menge angegeben werden, mit der ein Produktionsfaktor r_i an der Ausbringung x beteiligt ist:

- $\rho_i = \dfrac{r_i}{x}$ wobei i = 1, 2, ..., n

Als Ausgangspunkt für die modellmässige Darstellung der funktionalen Beziehungen zwischen dem Input an Produktionsfaktoren und dem jeweiligen Output dient die so genannte **Produktionsfunktion,** die in ihrer allgemeinen Form folgendes Aussehen hat:

(1) $x = f(r_1, r_2, ..., r_n)$

    wobei: x   = Output
               $r_1, r_2, ..., r_n$ = Faktoreinsatzmengen

Bewertet man die verschiedenen Faktoreinsatzmengen $r_1, r_2, ..., r_n$ mit ihren als konstant angenommenen Faktorpreisen $p_1, p_2, ..., p_n$, so erhält man als allgemeine **Kostenfunktion:**

(2) $k = r_1 p_1 + r_2 p_2 + ... + r_n p_n$

In der Theorie wurden verschiedene Produktionsfunktionen mit den dazugehörenden Kostenfunktionen entwickelt. Im Folgenden wird die Produktionsfunktion vom Typ A dargestellt.

4.1.2	**Produktions- und Kostenfunktion vom Typ A**
4.1.2.1	Grundstruktur der Produktionsfunktion vom Typ A

Die Produktionsfunktion vom Typ A beruht auf dem Gesetz vom abnehmenden Ertragszuwachs, meistens nur Ertragsgesetz genannt.

> Die Verallgemeinerung des aus dem landwirtschaftlichen Bereich stammenden **Ertragsgesetzes** besagt, dass wachsende Faktoreinsätze zunächst steigende, über ein bestimmtes Optimum hinausgehend aber sinkende Ertragszunahmen zur Folge haben.

Die aus dem Ertragsgesetz abgeleitete Produktionsfunktion beruht auf folgenden Annahmen (Wöhe 1990, S. 565 f.):

1. Ein konstanter und ein variabler Produktionsfaktor (oder eine Gruppe variabler Faktoren) werden in der Weise kombiniert, dass die Ausbringungsmenge allein durch steigende Mengeneinheiten des variablen Faktors erhöht werden kann.
2. Der variable Produktionsfaktor ist völlig homogen, d.h. alle Einheiten sind von völlig gleicher Qualität und gegenseitig austauschbar.
3. Der variable Produktionsfaktor ist beliebig teilbar.
4. Die Produktionstechnik ist unveränderlich.
5. Es wird nur eine Produktart erzeugt.

Geht man vereinfachend von zwei Einsatzfaktoren r_1 und r_2 aus, so lautet die Produktionsfunktion

(3) $x = f(r_1; r_2)$

Werden zwei Produktionsfaktoren nun so miteinander kombiniert, dass der eine konstant gehalten wird und der andere frei variierbar ist, d.h.

(4) $x = f(r_1, \bar{r}_2)$ wobei $\bar{r}_2 = $ konstant,

dann resultiert eine Ertragsänderung nur durch Variation der Einsatzmengen des variablen Faktors und es ergibt sich die in ▶ Abb. 115 dargestellte Gesamtertragskurve. Diese bildet den Ausgangspunkt für die folgenden kostentheoretischen Überlegungen.

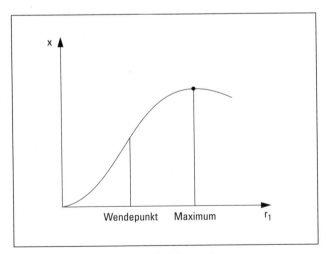

▲ Abb. 115   Gesamtertragskurve Produktionsfunktion Typ A

| 4.1.2.2 | Kostenfunktion der Produktionsfunktion vom Typ A |

Bei der Herleitung der Gesamtkostenfunktion K sind die fixen Kosten (für vorhandene Maschinen und Mitarbeiter) zu berücksichtigen, die auch dann anfallen, wenn der Gesamtertrag gleich null ist. Ausgehend von den Gleichungen (2) und (4) kann die Gesamtkostenfunktion als Polynom 3. Grades geschrieben werden:

$$(5) \quad K(x) = K_{fix} + p_1 \, f^{-1}(x)$$

Geometrisch lässt sich die Gesamtkostenkurve durch Vertauschung von Ordinate und Abszisse im Ertragskurvendiagramm ableiten. Dies hat eine Drehung der Ertragskurve an der 45° Achse um 180° zur Folge und daraus resultiert eine «Spiegelung» der Ertragskurve an der 45° Linie, wie dies aus ▶ Abb. 116 ersichtlich ist. Damit ist die Einsatzmenge r_1 in Abhängigkeit vom mengenmässigen Ertrag x dargestellt. Anschliessend multipliziert man jeden Wert dieser Faktoreinsatzfunktion mit dem zugehörigen (konstanten) Preis p_1 und erhält die Kurve der variablen Kosten K_{var} in Abhängigkeit von x. Addiert man noch die fixen Kosten K_{fix} zu den variablen Kosten, verschiebt sich die Kurve der variablen Kosten um den Fixkostenbetrag.

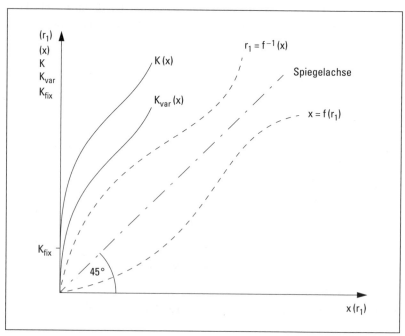

▲ Abb. 116   Gesamtkostenkurve Produktionsfunktion Typ A

Aus der auf dem Ertragsgesetz beruhenden s-förmigen Gesamtkosten-kurve lassen sich verschiedene Kostenkurven ableiten, die als Entschei-dungsgrundlage für das Unternehmen von Bedeutung sind:

- Grenzkostenkurve,
- Durchschnittskosten- oder Stückkostenkurve,
- variable Durchschnittskostenkurve,
- fixe Durchschnittskostenkurve.

Unterstellt man zusätzlich einen konstanten Stückpreis, womit dieser gleich dem Grenzerlös ist, so lassen sich die so genannten kritischen Kos-tenpunkte ermitteln (▶ Abb. 117):

- **Betriebsminimum (P_1)** und **Betriebsmaximum (P_2)**: P_1 und P_2 geben die Grenze an, die nicht unter- bzw. überschritten werden sollte, weil sonst die fixen Kosten nicht und die variablen nur teilweise gedeckt würden. Wenn ein Unternehmen langfristig insbesondere P_1 nicht erreichen würde, müsste eine Betriebsschliessung in Erwägung gezogen werden.
- **Gewinnschwelle (P_3)** und **Gewinngrenze (P_4)**: Diese beiden Punkte, auch Nutzschwelle und Nutzgrenze genannt, signalisieren den Eintritt in bzw. den Austritt aus der Gewinnzone. P_3 bezeichnet man auch als **Break-even-Punkt.**
- **Gewinnmaximum (P_5)**: In diesem Punkt erwirtschaftet das Unternehmen den maximalen Gesamtgewinn, weil bis zu diesem Punkt jede zusätz-lich produzierte Einheit zwar einen abnehmenden, aber positiven Ge-winnbeitrag beisteuert.
- **Optimaler Kostenpunkt (P_6)**: P_6 ist der optimale Kostenpunkt, weil das Unternehmen in diesem Punkt mit den geringsten Stückkosten und somit am wirtschaftlichsten arbeitet. In diesem Punkt sind die Stück-kosten gleich den Grenzkosten, und somit ist der **Gewinn pro Stück** am grössten.
- **Preisuntergrenze (P_7)**: Von Bedeutung ist auch P_7. Variiert man nämlich nicht die Menge, sondern den Preis, stellt P_7 jene Grenze dar, auf die der Stückpreis maximal gesenkt werden darf. In P_7 sind zwar die variablen, nicht aber die fixen Kosten gedeckt. Fällt der Preis unter P_7, so ist auch ein Teil der variablen Kosten nicht mehr gedeckt; bewegt er sich zwi-schen P_6 und P_7, so ist wenigstens ein Teil der betrieblichen fixen Kosten gedeckt. Würde ein Unternehmen auf längere Sicht keine höhe-ren Preise erzielen, so müsste ebenfalls eine Betriebsschliessung in Betracht gezogen werden.

Die Übertragbarkeit des Ertragsgesetzes vom landwirtschaftlichen auf den industriellen Bereich wurde stark angezweifelt, weil sie empirisch nie be-wiesen werden konnte, sondern auf einem reinen Analogieschluss beruht. Auch wenn in bestimmten industriellen Bereichen (z. B. Chemie) gewisse

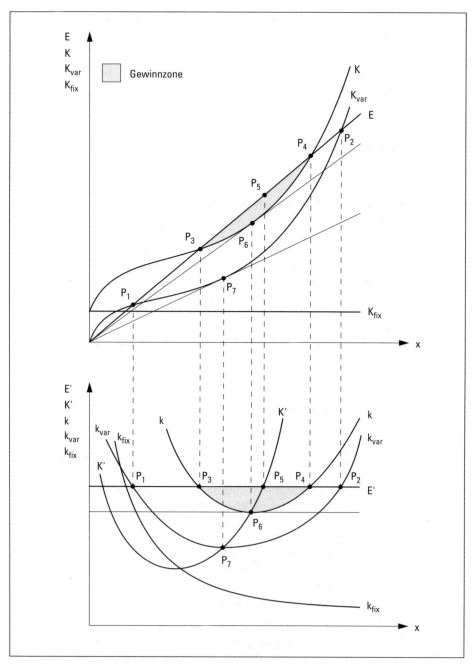

▲ Abb. 117   Kostenkurven aus Produktionsfunktion Typ A

Voraussetzungen des Ertragsgesetzes erfüllt sind, werden vor allem zwei Bedingungen dieses Gesetzes angezweifelt, nämlich

1. die weitgehende Substituierbarkeit der Produktionsfaktoren und
2. das Vorhandensein eines konstanten Produktionsfaktors.

4.2	**Kostenverläufe bei Beschäftigungsschwankungen**
4.2.1	**Kostenverläufe bei unverändertem Potenzialfaktorbestand**

Bei Veränderungen des Beschäftigungsgrades stellt sich für ein Unternehmen die Frage, auf welche Art und Weise es seine Kapazität an die veränderte Situation anpassen könnte. Grundsätzlich können drei Formen unterschieden werden:

1. Bei der **zeitlichen Anpassung** wird bei gleich bleibendem Bestand der eingesetzten Potenzialfaktoren und konstanter Intensität die Betriebszeit entweder erhöht (z.B. Überstunden) oder verkürzt (z.B. Kurzarbeit). Unterstellt man konstante Faktorkosten, so sind die Grenzkosten konstant und die variablen Kosten steigen proportional zur Produktionsmenge. In der betrieblichen Wirklichkeit wird es aber so sein, dass insbesondere die über die vertraglich festgelegte Arbeitszeit hinausgehende Zeit höhere Faktorkosten infolge von Überstunden-, Nachtarbeits- oder Sonn- und Feiertagszuschlägen verursacht. Dies bewirkt sowohl eine prozentuale Steigerung der Lohnkosten- als auch der Gesamtkostenkurve vom Punkt der Überzeit an (▶ Abb. 118).

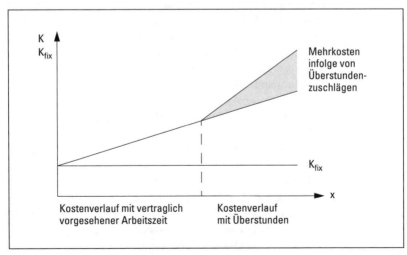

▲ Abb. 118   Kostenkurve bei zeitlicher Anpassung

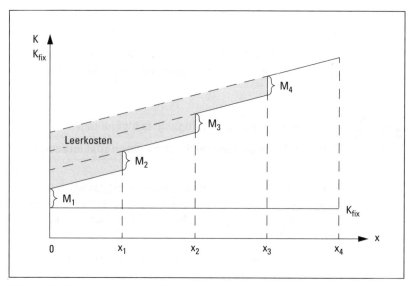

Rein quantitative Anpassung

2. Bei der **intensitätsmässigen Anpassung** wird bei gleich bleibendem Bestand der eingesetzten Potenzialfaktoren und konstanter Betriebszeit die Nutzungsintensität der Potenzialfaktoren variiert. Man lässt zum Beispiel eine Maschine mit verschiedenen Tourenzahlen laufen oder die Mitarbeiter erreichen unterschiedliche Produktivitäten. In diesem Fall sind keine allgemeinen Aussagen über den Verlauf der Gesamtkosten möglich.

3. Bei der **quantitativen Anpassung** wird die Anzahl der eingesetzten Potenzialfaktoren bei gleicher Intensität und Betriebszeit variiert, ohne dass der Gesamtbestand an Potenzialfaktoren verändert wird. Dabei gilt es zwei Fälle zu unterscheiden, nämlich die rein quantitative und die quantitativ-selektive Anpassung:

   a. **Rein quantitative Anpassung:** Bei der rein quantitativen Anpassung liegen Potenzialfaktoren gleicher Beschaffenheit bezüglich technischer Eigenschaften (Intensität, Genauigkeit, Ausschussquoten) vor. Sie weisen deshalb auch die gleiche Kostenstruktur auf, d. h. pro hergestellte Einheit eines Erzeugnisses fallen gleich hohe variable Kosten an und jedes Aggregat verursacht intervallfixe Kosten in gleicher Höhe. Es spielt für ein Unternehmen somit keine Rolle, welche Faktoren es bei einer Veränderung des Beschäftigungsgrades zuerst ausscheidet bzw. in Betrieb nimmt. ◄ Abb. 119 zeigt den Kostenverlauf und die dabei anfallenden Kosten bei vier gleichartigen Maschinen.

   b. **Quantitativ-selektive Anpassung:** Während die rein quantitative Anpassung in der Regel kein Auswahlproblem mit sich bringt, besteht

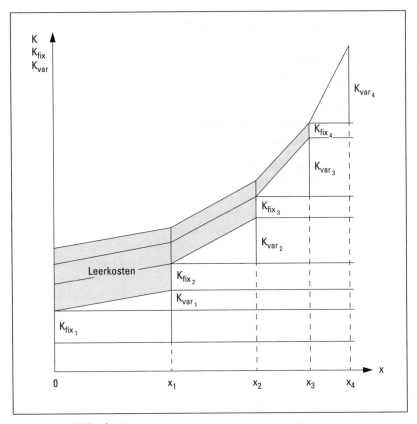

▲ Abb. 120   Quantitativ-selektive Anpassung

ein solches, wenn die vorhandenen Maschinen unterschiedliche technische Eigenschaften und eine unterschiedliche Kostenstruktur aufweisen. In diesem Fall müssen zuerst die unproduktivsten Potenzialfaktoren ausgeschieden bzw. die produktivsten in Betrieb genommen werden. Es handelt sich somit nicht nur um eine quantitative Veränderung der Zahl der eingesetzten Potenzialfaktoren, sondern zugleich auch um eine qualitative Veränderung der Faktorkombination. In ◄ Abb. 120 werden wiederum die Kosten von vier Maschinen aufgezeigt, die in diesem Falle aber qualitativ verschieden voneinander sind. Bei einem Beschäftigungsrückgang würde nun jene Maschine zuerst ausgeschieden, deren variable Kosten K_v am höchsten sind, da die intervallfixen Kosten einer jeden Maschine ohnehin anfallen. In ◄ Abb. 120 ist dies die Maschine M_4.

| 4.2.2 | **Kostenverläufe bei verändertem Potenzialfaktorbestand** |

Während bei den bisher betrachteten Anpassungsformen an Beschäftigungsschwankungen die kurz- bis mittelfristig durchführbaren Massnahmen Ausgangspunkt waren, geht es in diesem Abschnitt um die **langfristigen** Massnahmen, d.h. um die Anpassung der Betriebsgrösse durch
eine **Veränderung des Potenzialfaktorbestandes**. Dabei werden zwei Fälle
unterschieden:

1. Die **multiple Betriebsgrössenvariation** beinhaltet eine Veränderung des
   Potenzialfaktorbestandes in dem Sinne, dass eine Erweiterung durch
   Maschinen oder Betriebsteile (Abteilungen) mit völlig gleichartiger
   technischer und personeller Ausstattung geschieht. Da die neu dazu-
   kommenden Betriebseinheiten lediglich ein **Vielfaches** der bisherigen
   darstellen, spricht man von einer multiplen Betriebsgrössenvariation.
   ▶ Abb. 121 zeigt den Kostenverlauf für vier gleichartige Maschinen bei
   dieser Form der Anpassung.
2. In der betrieblichen Wirklichkeit wird jedoch infolge des technischen
   Fortschritts eine Betriebsgrössenvariation meist mit einer Veränderung
   des angewandten fertigungstechnischen Verfahrens einhergehen. Es
   handelt sich somit nicht in erster Linie um eine quantitative, sondern
   um eine **qualitative** Veränderung. Man spricht deshalb von einer **muta-
   tiven Betriebsgrössenvariation**. Diese ist dadurch gekennzeichnet, dass
   ein Betrieb mit steigender Ausbringungsmenge zu kapitalintensiveren
   Verfahren übergeht, die mit steigenden Fixkosten und sinkenden proportionalen Kosten verbunden sind. Die daraus resultierenden Kosten-

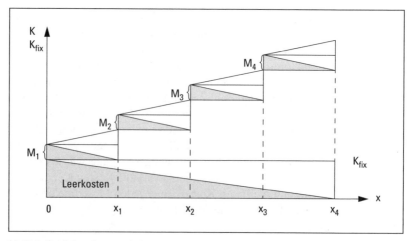

▲ Abb. 121   Multiple Betriebsgrössenvariation

kurven (Gesamtkosten K, Durchschnittskosten k, Grenzkosten K' und variable Durchschnittskosten k_v, wobei $K' = k_v$ bei linearem Gesamtkostenverlauf) zeigt ▶ Abb. 122 bei vier Aggregaten mit unterschiedlichen Produktionsverfahren. Aus dieser Abbildung wird zudem deutlich, dass das günstigste Verfahren von der Ausbringungsmenge x abhängig ist. Die Punkte x_1, x_2 und x_3 zeigen, von welcher Menge an sich ein neues kapitalintensiveres Verfahren lohnt. Unterstellt man beliebig viele Aggregate mit unterschiedlichen Produktionsverfahren, so liegen die Schnittpunkte der Gesamtkostenkurven auf der in ▶ Abb. 122 fett eingezeichneten Kurve. Auf dieser befinden sich die minimal erreichbaren Gesamtkosten jeder Ausbringung.

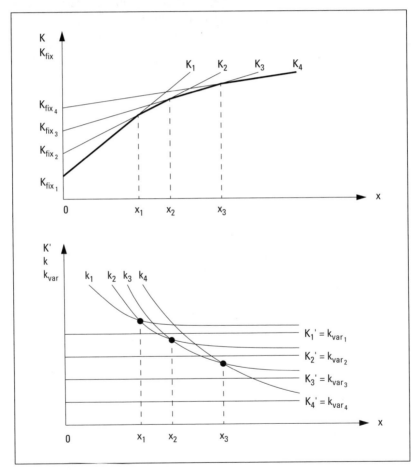

▲ Abb. 122   Mutative Betriebsgrössenvariation

Weiterführende Literatur

Haasig, Hans-Dietrich: Produktions- und Logistikmanagement. Gestaltung und Planung der Wertschöpfungsprozesse. Wiesbaden 2007

Hässig, Kurt: Prozessmanagement. Erfolgreich durch effiziente Strukturen. Zürich 2000

Kummer, S. (Hrsg.)/Grün, O./Jammernegg, W.: Grundzüge der Beschaffung, Produktion und Logistik. München u. a. 2006

Syska, Andreas: Produktionsmanagement. Das A–Z wichtiger Methoden und Konzepte für die Produktion von heute. Wiesbaden 2006

Thonemann, Ulrich: Operation Management. Konzepte, Methoden und Anwendungen. München u. a. 2005

Teil 5

Rechnungswesen

Inhalt

Dieser Teil «Rechnungswesen» basiert auf dem Buch «Rechnungswesen: Grundlagen, Zusammenhänge, Interpretationen» von Aldo C. Schellenberg.

Kapitel 1

Grundlagen

1.1 Funktionen des Rechnungswesens

In jedem Unternehmen nimmt das Rechnungswesen eine zentrale Stellung ein. Es dient der quantitativen (zahlenmässigen) Erfassung, Darstellung, Auswertung und Planung des betrieblichen Umsatzprozesses und widerspiegelt damit die finanziellen Auswirkungen vergangener oder geplanter unternehmerischer Tätigkeiten im Sinne einer Vergangenheits-, Gegenwarts- und Zukunftsrechnung. Es liefert insbesondere Informationen über die Erreichung der wichtigsten Erfolgs- und Finanzziele des Unternehmens: Produktivität, Wirtschaftlichkeit, Gewinn und Rentabilität, Zahlungsbereitschaft (Liquidität) sowie Kapital- und Vermögensstruktur.

In Anlehnung an Boemle (1996, S. 33 f.) und Meyer (1996, S. 16 f.) erfüllt das Rechnungswesen die folgenden Funktionen:

- **Dokumentation:** Durch die lückenlose und planmässige Erfassung und systematische Ordnung aller vermögensrelevanten Geschäftstätigkeiten werden die Veränderungen von Zahlungsmitteln, Gütern und Dienstleistungen dokumentiert und nachgewiesen. Die Dokumentation der Geschäftsfälle liefert die Grundlage für die weiteren Aufgaben des Rechnungswesens.

- **Darstellung der Vermögens- und Ertragslage:** Die periodisch oder auf bestimmte Anlässe hin erstellten Rechnungen und die eventuell dazugehörigen Ergänzungen (Bilanz, Erfolgsrechnung, Anhang, Jahresbericht, Konzernrechnung, Revisionsbericht usw.) dienen unternehmensinternen und -externen Interessen, d.h.

  □ der **Rechenschaftsablage des Managements** gegenüber den relevanten Anspruchsgruppen des Unternehmens im Allgemeinen (Aktionäre, Mitarbeiter, Steuerbehörden, Öffentlichkeit usw.);

  □ dem **Gläubigerschutz** im Speziellen, indem insbesondere die Kreditgeber (z.B. Lieferanten, Kunden, Darlehensgeber) vor dem Verlust ihrer Forderungen geschützt werden sollen;

  □ als **Führungsinstrument,** denn als Planungs-, Entscheidungs- und Kontrollinstrument ist das Rechnungswesen das wichtigste Element des Management-Informationssystems eines Unternehmens.

- **Rechtshilfe:** Ordnungsmässig geführte Bücher sind dank der vollständigen und nachvollziehbaren Dokumentation, die alle Zusammenhänge zwischen Inventar, Bilanz und Erfolgsrechnung aufzeigt, ein wichtiges Beweismittel im Rahmen von rechtlichen Auseinandersetzungen.

- **Bestimmung des steuerbaren Vermögens und Einkommens:** Bei Steuerpflichtigen, die eine ordnungsmässige Buchführung vorweisen, berechnet sich das steuerbare Einkommen und Vermögen (bzw. der steuerbare Gewinn und das steuerbare Kapital) unter Vorbehalt der steuerrechtlichen Bestimmungen aufgrund der Buchhaltung.

Das Rechnungswesen steht damit sowohl im Dienste des Unternehmens selbst als auch im Dienste externer Anspruchsgruppen, welche ein Interesse am wirtschaftlichen Wohlergehen des Unternehmens haben. Während ein Teil der nach aussen gerichteten betrieblichen Rechnungslegung gesetzlich geregelt ist,[1] bestehen für die Ausgestaltung der nach innen gerichteten Führungsinformationen keine Vorschriften.

---

1 Die schweizerische Gesetzgebung unterscheidet zwischen den allgemeinen Buchführungsvorschriften und den Buchführungsvorschriften des Aktienrechtes:
- Die **allgemeinen Buchführungsvorschriften** (Art. 957ff. OR) gelten für die personenbezogenen Gesellschaftsformen und das Einzelunternehmen und beinhalten nur sehr allgemeine Vorschriften über die kaufmännische Buchführung.
- Die **Buchführungsvorschriften des Aktienrechtes** (Art. 662ff. OR) gelten auch für die Kommanditaktiengesellschaft, die GmbH und für Versicherungs- und Kreditgenossenschaften. Sie verschärfen für diese Gesellschaftsformen die allgemeinen Buchführungsvorschriften vor allem hinsichtlich Gläubigerschutz, Informationsgehalt der Rechnungslegung und Offenlegung der Jahresrechnung.

1.2   Teilbereiche des Rechnungswesens

Das Rechnungswesen lässt sich in zwei Hauptbereiche gliedern: die
Finanzbuchhaltung (Unternehmensrechnung) und die Betriebsbuchhaltung (Kosten- und Leistungsrechnung). Daneben werden in der Praxis
weitere, so genannte «ergänzende Bereiche» unterschieden.

1.2.1   Überblick Finanzbuchhaltung

In der Finanzbuchhaltung geht es primär darum, die wertmässigen Beziehungen des Unternehmens nach aussen darzustellen. Es wird der gesamte
vermögensrelevante Geschäftsverkehr mit Mitarbeitern, Kunden, Lieferanten, Banken, Staat und anderen Institutionen festgehalten. Ziel ist es,
einerseits die Bestände (und deren Veränderungen) an Geldmitteln, Forderungen, Vorräten, Mobilien, Immobilien, Finanzvermögen und immateriellem Vermögen sowie andererseits die Verpflichtungen des Unternehmens
und damit das Eigenkapital und den Unternehmenserfolg zu ermitteln.

Aufgrund dieser allgemeinen Charakterisierung können der Finanzbuchhaltung im Wesentlichen zwei Aufgaben zugewiesen werden:

- **Finanzbuchführung:** chronologische und systematische Erfassung und
  Aufzeichnung aller vermögensrelevanten Geschäftsvorgänge anhand
  von Belegen.

- **Rechnungslegung:** Darstellung der aus der Finanzbuchführung entstan-
  denen Ergebnisse anhand der
  - **Bilanz:** Ermittlung der Vermögens- und Schuldverhältnisse zu einem
    bestimmten Zeitpunkt.
  - **Erfolgsrechnung:** Ausweis des Erfolges einer einzelnen Geschäfts-
    periode im Sinne einer Zeitraumrechnung.
  - **Mittelflussrechnung:** Nachweis der Ursachen der Veränderung einzel-
    ner, ausgewählter Bilanzpositionen während einer Geschäftsperiode.

Beide Aufgaben können im Sinne einer Vergangenheitsrechnung (Erfassung tatsächlicher Geschäftsfälle) oder einer Planungs- bzw. Vorgabe-
rechnung (Ermittlung zukünftiger Geschäftsfälle, Budgetierung[1]) erfüllt
werden.

---

1   Vgl. dazu Kapitel 2, Abschnitt 2.8 «Budgetierung»

1.2.2	Überblick Betriebsbuchhaltung

Die Betriebsbuchhaltung (Kostenrechnung oder Kosten- und Leistungsrechnung) bezieht sich auf betriebsinterne Vorgänge und erfasst den durch die betriebliche Leistungserstellung bedingten Verbrauch bzw. Zuwachs von Werten. Im Vordergrund stehen damit die einzelnen Bereiche des Unternehmens (Abteilungen, Produktgruppen usw.). Die Betriebsbuchhaltung will die Zusammenhänge zwischen den betriebsinternen Bereichen aufzeigen und dient der Lenkung des Betriebs sowie der Gestaltung des Berichtswesens.

Der Zweck der Betriebsbuchhaltung besteht darin, Planungs-, Entscheidungs- und Kontrollinformationen für die Beurteilung von Produkten und Leistungserstellungsprozessen zu liefern. Dazu erfüllt sie folgende Aufgaben:

- **Detaillierte Erfassung und Darstellung der Kosten** der betrieblichen Leistungserstellung:
  - **Kostenartenrechnung:** Ermittlung und Gliederung aller angefallenen Kosten einer Betrachtungsperiode.
  - **Kostenstellenrechnung:** Verteilung der angefallenen Kosten auf die betrieblichen Teilbereiche (Abteilungen, Betriebe, einzelne Maschinen usw.) und Ermittlung der Gesamtkosten dieser Kostenstellen.
  - **Kostenträgerrechnung:** Verursachergerechte Belastung der Kostenträger (Produkte, Dienstleistungen, Kunden usw.) mit den angefallenen Kosten der Betrachtungsperiode im Sinne einer Periodenrechnung (Kostenträgerzeitrechnung) oder einer Stückrechnung (Kostenträgerstückrechnung oder Kalkulation).

- **Ermittlung des Betriebsergebnisses:** Vergleich der Kosten mit den entsprechenden Erlösen je Kostenträger oder Kostenträgerbereich.

- **Bereitstellung von Unterlagen für die Kontrolle** der Kosten und der Wirtschaftlichkeit.

- **Führungsinstrument** im Sinne einer Vergangenheits-, Planungs-, Vorgabe- und Kontrollrechnung.

Im Unterschied zur Finanzbuchhaltung liegt die Ausgestaltung der Betriebsbuchhaltung weitgehend im Ermessen der Unternehmensleitung und ist nicht an inhaltliche oder formale rechtliche Vorschriften gebunden.

| 1.2.3 | **Ergänzende Bereiche des Rechnungswesens** |

Die **ergänzenden Bereiche** des Rechnungswesens leiten sich aus den beiden Hauptbereichen ab. Die «Rohdaten» der Finanzbuchhaltung und der Betriebsbuchhaltung werden zielgruppengerecht zu entscheidungsrelevanten Informationen weiterverarbeitet. Typische Beispiele für solche sekundäre Rechnungen und Darstellungen sind:

- **Betriebsstatistiken:** Analyse von Bilanz, Erfolgsrechnung, Mittelflussrechnung und Kostengrössen, indem mit Hilfe von Kennzahlen und Kennzahlensystemen folgende Vergleiche durchgeführt werden:
  - **Zeitvergleich:** Analyse der Entwicklung wichtiger Kennzahlen (z. B. Umsatz, Liquidität) über die Zeit.
  - **Soll-Ist-Vergleich:** Vergleich der budgetierten (geplanten) Zahlen mit den tatsächlichen Ergebnissen und Ausweis der Abweichungen.
  - **Zwischenbetrieblicher Vergleich:** Vergleich der Zahlen des eigenen Unternehmens mit denen gleichartiger Unternehmen oder mit den Durchschnittszahlen der Branche.

- **Abweichungsanalysen:** Ermittlung der Ursachen für festgestellte Abweichungen (z. B. Analyse von Budgetabweichungen).

- **Sonderrechnungen:** Diese werden von Fall zu Fall vorgenommen. Ein Beispiel sind die Investitionsrechnungen, deren Aufgabe darin besteht, die Wirtschaftlichkeit bzw. Vorteilhaftigkeit verschiedener Anlageinvestitionen zu prüfen.[1]

| 1.2.4 | **Zusammenfassung** |

Eine Zusammenfassung der verschiedenen Aufgaben der Teilbereiche des Rechnungswesens findet sich in ▶ Abb. 123.

---

1 Die verschiedenen Verfahren der Investitionsrechnung werden ausführlich in Teil 7, Kapitel 2 «Investitionsrechenverfahren», besprochen.

Hauptbereiche	Teilbereiche	Vergangenheitsrechnung	Planrechnung
Finanz-buchhaltung	Finanz-buchführung	Erfassung aller vermögens-relevanten Vorgänge anhand von Belegen	Schätzung bzw. Vorgabe aller vermögensrelevanten Vor-gänge aufgrund von Annahmen über die erwartete Entwicklung und aufgrund von Zielen
	Rechnungs-legung	Ermittlung von Bilanz, Erfolgs-rechnung und Mittelflussrech-nung anhand tatsächlicher Daten	Ermittlung von Planbilanz, Planerfolgsrechnung und Plan-mittelflussrechnung aufgrund von Schätzungen und Vorgaben (Budgetierung)
Betriebs-buchhaltung	Kostenarten-, Kostenstellen-, Kostenträger-rechnung	Ermittlung der tatsächlichen Kosten von Kostenstellen und/oder Kostenträgern pro Periode	Schätzung oder Vorgabe zukünftiger Kosten, gegliedert nach Kostenarten (Kosten-budgets), Kostenstellen (Kostenstellenbudgets) oder Kostenträgern (Kostenträger-budgets) aufgrund von Trends oder Vorgaben
	Kalkulation	Ermittlung der tatsächlichen Kosten pro Leistungseinheit (Nachkalkulation)	Schätzung der Kosten einer Leistungseinheit aufgrund von Vergangenheitszahlen oder Planzielen (Vorkalkulation)
Ergänzende Bereiche			

- Betriebsstatistiken
- Abweichungsanalysen
- Sonderrechnungen

▲ Abb. 123   Teilbereiche des Rechnungswesens

Kapitel 2
Finanzbuchhaltung

2.1 Einleitung

Wie bereits erwähnt, geht es in der Finanzbuchhaltung primär darum, die wertmässigen Beziehungen des Unternehmens nach aussen darzustellen.[1] Sie richtet sich an eine Vielzahl von Anspruchsgruppen (Management, Anteilseigner, Gläubiger, Fiskus, Mitarbeiter, Kunden, interessierte Öffentlichkeit) und soll insbesondere den Aussenstehenden einen möglichst sicheren Einblick in die wirtschaftliche Lage des Unternehmens ermöglichen (Art. 959 OR).

Die Vorschriften des Schweizerischen Obligationenrechtes verlangen von jedem Unternehmen, das sich ins Handelsregister eintragen lassen muss, diejenigen Aufzeichnungen vorzunehmen, die nötig sind, um

- die Vermögenslage, d.h. die Vermögens- und Schuldverhältnisse am Ende eines Geschäftsjahres aufzuzeigen, sowie
- das Jahresergebnis (Gewinn oder Verlust) der einzelnen Geschäftsjahre zu ermitteln.

Zu diesem Zweck wird auf das Ende jedes Geschäftsjahres die Erstellung eines Inventars, einer Erfolgsrechnung (Betriebsrechnung) sowie einer Bilanz verlangt (Art. 958 OR).

---

1 Vgl. Kapitel 1, Abschnitt 1.2.1 «Überblick Finanzbuchhaltung».

2.2 Grundsätze ordnungsmässiger Rechnungslegung

Die Jahresrechnung – bestehend aus Bilanz, Erfolgsrechnung und Anhang – muss gemäss Gesetz nach allgemein anerkannten kaufmännischen Grundsätzen erstellt werden und den Beteiligten einen möglichst sicheren Einblick in die wirtschaftliche Lage des Unternehmens vermitteln (Art. 959 OR).

In Art. 662a Abs. 2 OR verdeutlicht der Gesetzgeber, welches die wichtigsten Grundsätze ordnungsmässiger Rechnungslegung sind. Sie bilden die Richtlinie für den Entscheid in Einzelfragen und helfen dem Bilanzierenden, das Ziel jeder Rechnungslegung, die Vermittlung eines möglichst zuverlässigen Bildes der wirtschaftlichen Lage des Unternehmens, zu erreichen.

- Der Grundsatz der **Vollständigkeit** der Jahresrechnung verlangt, dass alle Vermögenswerte und Verbindlichkeiten bzw. alle Erträge und Aufwendungen, die für eine möglichst zuverlässige Beurteilung der Vermögens- und Ertragslage des Unternehmens wesentlich sind, in der Bilanz bzw. in der Erfolgsrechnung dargestellt werden. Die Jahresrechnung darf also nicht Wesentliches verschweigen oder unterdrücken. In welcher Form die Offenlegung erfolgt, ergibt sich aus den gesetzlichen Bewertungsvorschriften (Art. 664–670 OR) sowie aus den Mindestgliederungsvorschriften für Bilanz, Erfolgsrechnung und Anhang (Art. 663–663b OR).

- Die Jahresrechnung entspricht dem Grundsatz der **Klarheit,** wenn die einzelnen Abschlussposten in Bilanz und Erfolgsrechnung eindeutig, zutreffend und verständlich bezeichnet sind und wenn die Darstellung und Aufgliederung der Jahresrechnung und ihrer Bestandteile übersichtlich ist. Zudem dürfen nur gleichartige Aktiven und Passiven sowie Aufwendungen und Erträge in einem Abschlussposten zusammengefasst werden (vertikale Verrechnung). Die Darstellung von Bilanz und Erfolgsrechnung muss für den systemkundigen Leser in allen Teilen mühelos verständlich sein. Die Vorschriften zur Mindestgliederung für Bilanz, Erfolgsrechnung und Anhang (Art. 663–663b OR) stellen in diesem Sinne die gesetzliche Minimalforderung für die Klarheit der Jahresrechnung dar.

- Für die Jahresrechnung gilt der Grundsatz der **Wesentlichkeit.** Während der Grundsatz der Vollständigkeit verlangt, dass keine wesentlichen Informationen verschwiegen werden dürfen, regelt der Grundsatz der Wesentlichkeit, dass niemand zur Angabe von Unwesentlichem verpflichtet ist und niemand Anspruch auf die Bekanntgabe von Unwichtigem hat. Die Jahresrechnung dient nicht der Befriedigung der Neugierde, sondern der Information der Empfänger über die wirtschaftliche Gesamtlage des Unternehmens.

- Der Grundsatz der **Vorsicht** verlangt, dass die Jahresrechnung kein zu optimistisches Bild der wirtschaftlichen Lage zeigen darf. Die Nutzungsdauer und die Werthaltigkeit von Vermögenswerten (Aktiven) darf nicht übermässig, Wertberichtigungen nicht zu knapp und die Risiken nicht zu gering bemessen werden. Konkretisiert wird der Grundsatz der Vorsicht durch nachfolgende Prinzipien:

  □ **Niederstwertprinzip:** Stehen für die Bewertung eines Vermögenswertes zwei mögliche Werte zur Verfügung, ist stets der tiefere der beiden Werte anzusetzen. So sind die Bewertungsvorschriften für Kapitalgesellschaften als Höchstbewertungsvorschriften ausgestaltet. Vorräte und angefangene Arbeiten dürfen höchstens zu den Anschaffungs- bzw. Herstellungskosten oder zum tieferen Marktpreis am Bilanzstichtag bilanziert werden (Art. 666 OR). Die Positionen des Anlagevermögens dürfen höchstens zu Anschaffungs- bzw. Herstellungskosten abzüglich notwendige Abschreibungen bewertet werden.

  □ **Mindestwertprinzip:** Verbindlichkeiten gegenüber Dritten müssen mindestens zum Nominalwert bewertet werden. Ungewisse Verbindlichkeiten gegenüber Dritten, deren Ursachen aufgrund vergangener Ereignisse am Bilanzstichtag bereits gesetzt sind, deren Höhe jedoch noch unsicher ist, sind in Form von Rückstellungen zu erfassen, wenn mit einer gewissen Wahrscheinlichkeit von einem zukünftigen Mittelabfluss ausgegangen werden muss (z.B. Garantierückstellungen, Prozessrückstellungen, versicherungstechnische Rückstellungen, Rückstellungen für Verluste aus schwebenden Geschäften). Die Höhe der Rückstellung muss am Bilanzstichtag unter Einbezug des aktuellen Kenntnisstandes geschätzt werden.

  □ **Imparitätsprinzip:** Erträge und Aufwendungen sind ungleich zu behandeln:

    – **Erträge** dürfen erst als solche erfasst werden, wenn sie realisiert sind (Realisationsprinzip), d.h. wenn der zugrunde liegende Sachverhalt eingetreten ist (Produkte geliefert, Leistungen erbracht, Forderung kann rechtlich durchgesetzt werden usw.).

    – Drohende **Verluste** und **Risiken** müssen als tatsächliche Aufwendungen des laufenden Geschäftsjahres erfasst werden (Verlustantizipation), sofern die Ursachen im laufenden oder in vergangenen Geschäftsjahren liegen und die Risiken im Zeitpunkt der Rechnungslegung erkannt werden (z.B. drohende Debitorenausfälle oder Rückstellungen für zu erwartende Garantieleistungen).

Die Möglichkeit zur Bildung stiller Reserven ist Ausfluss des Vorsichtsprinzips. So verpflichtet der Gesetzgeber (Art. 669 Abs. 1 OR) die Kapitalgesellschaften zur Vornahme der notwendigen Abschreibungen, Wertberichtigungen und Rückstellungen, welche sich in pflichtbewusster Anwendung der kaufmännischen Vorsicht ergeben. Art. 669 Abs. 1 und 2 OR erlauben jedoch ausdrücklich darüber hinausgehende Abschreibungen, Wertberichtigungen und Rückstellungen zwecks Bildung stiller Reserven. Zwar werden Bedingungen dafür formuliert, diese sind aber sehr weit gefasst: Stille Reserven sind zulässig, soweit die Rücksicht auf das dauernde Gedeihen des Unternehmens oder die Ausrichtung einer möglichst gleichmässigen Dividende es unter Berücksichtigung der Interessen der Aktionäre rechtfertigt. In der Praxis stellen diese Bedingungen keine ernst zu nehmenden Hindernisse für die nahezu unbeschränkte Möglichkeit zur Bildung stiller Reserven dar.

■ Der Grundsatz der **Fortführung der Unternehmenstätigkeit** besagt, dass bei der Erstellung des Jahresabschlusses die zeitlich unbeschränkte Fortführung des Unternehmens unterstellt wird. Konkret bedeutet dies, dass die gesetzlichen Bewertungsgrundsätze und -vorschriften nur angewendet werden dürfen, solange die Fortführungsprämisse erfüllt ist. Ist die Fortführung infolge Illiquidität, Konkurs, Liefersperren, Weggang des Personals oder aus anderen Gründen unmöglich geworden, so muss die Bewertung von Vermögenswerten und Verbindlichkeiten von Fortführungswerten auf Veräusserungswerte umgestellt werden. Die Aktiven müssen dann im Rahmen der aktienrechtlichen Höchstbewertungsvorschriften (Art. 664–670 OR) zu dem Wert in die Bilanz eingesetzt werden, für den sie voraussichtlich veräussert werden können. Abweichungen vom Grundsatz der Fortführung der Unternehmenstätigkeit müssen im Anhang dargelegt werden

■ Der Grundsatz der **Stetigkeit in Darstellung und Bewertung** fordert, dass die Jahresrechnung von Jahr zu Jahr formell und materiell nach denselben Grundsätzen zu erstellen ist. Die Stetigkeit in der Darstellung verlangt, dass dieselben Bezeichnungen und derselbe Aufbau (Konto oder Staffelform) verwendet werden. Die Bewertungsstetigkeit verlangt die Beachtung derselben Bewertungsgrundsätze und Abschreibungsmethoden, nicht aber der gleichen Abschreibungssätze. Abweichungen vom Grundsatz der Stetigkeit sind in begründeten Fällen zulässig und müssen im Anhang dargelegt werden.

■ Das **horizontale Verrechnungsverbot** verbietet die Verrechnung (Saldierung) von Aktiven und Passiven (z.B. von Forderungen und Verbindlichkeiten, sofern die rechtlichen Voraussetzungen der Verrechnung nicht gegeben sind) sowie von Aufwand und Ertrag (z.B. Finanzaufwand und Finanzertrag). Hingegen bleibt die Verrechnung von unmittelbar sachlich im Zusammenhang stehenden Positionen zulässig (z.B. die Verrechnung von Erlösen mit Erlösminderungen oder die Verrechnung von Forderungen und Verbindlichkeiten, sofern die Voraussetzungen nach Art. 120 OR erfüllt sind, sowie die Verrechnung von

Kundenanzahlungen mit bereits erbrachten Leistungen, die in der Position «Aufträge in Arbeit» bilanziert sind). Abweichungen vom Grundsatz des horizontalen Verrechnungsverbots sind in begründeten Fällen zulässig und müssen im Anhang dargelegt werden.

Der Wortlaut des Gesetzes in Art. 662a Abs. 1 OR, wonach die Jahresrechnung nach den Grundsätzen der ordnungsmässigen Rechnungslegung so aufzustellen ist, dass die Vermögens- und Ertragslage möglichst zuverlässig beurteilt werden kann, könnte zur Annahme verleiten, dass der Gesetzgeber im Rahmen der Rechnungslegung eine den tatsächlichen Verhältnissen entsprechende Darstellung der Vermögens-, Finanz- und Ertragslage des Unternehmens anstrebe («true and fair view» oder «fair presentation»). Dies wäre jedoch ein Trugschluss. Das Gesetz verlangt ausdrücklich die Anwendung des Vorsichtsprinzips und lässt die Bildung stiller Reserven praktisch unbeschränkt zu. Zudem stellte das Bundesgericht wiederholt fest, dass die Vorschriften über die Zulässigkeit der Bildung stiller Reserven den übrigen Vorschriften zur Buchführung und Rechnungslegung vorgehen.

Das Vorsichtsprinzip ist in der Schweiz traditionell stark ausgeprägt und ist Ausfluss der Ausrichtung der Rechnungslegung am so genannten Gläubigerschutz. Im Rahmen des Gläubigerschutzes geht es darum, die fortwährende Deckung der Gläubigerforderungen (Verbindlichkeiten) durch Kapitalerhaltungsvorschriften, Ansatz- und Bewertungsvorschriften sowie durch eine vorsichtige und vermögensschonende Gewinnermittlung und -ausschüttung zu gewährleisten. Oberste Zielsetzung des Gesetzgebers ist es somit, zum Schutz der Gläubiger vor dem Verlust ihrer Forderungen sicherzustellen, dass das Unternehmen kein zu günstiges Bild vortäuscht. Bestehen zwei mögliche Beurteilungen eines Sachverhalts, so bevorzugt der Gesetzgeber die pessimistischere und nimmt damit in Kauf, dass dem Leser das tatsächliche Potenzial des Unternehmens vorenthalten wird.

Diese Sichtweise steht im Widerspruch zu denjenigen Rechnungslegungsstandards, welche für börsenkotierte Unternehmen gelten. Seit 2005 haben Unternehmen, welche an der Schweizer Börse SWX oder an einer Börse der Europäischen Union (EU) kotiert sind, ihre Rechnungslegung grundsätzlich nach den Vorschriften der International Financial Reporting Standards (IFRS) zu gestalten. Unternehmen, welche in den USA kotiert sind, haben nach den United States Generally Accepted Accounting Principles (US GAAP) Rechnung zu legen. Diese beiden internationalen Rechnungslegungsstandards stellen den Anlegerschutz (Investorenschutz) ins Zentrum. Dabei geht es darum, im Rahmen der Rechnungslegung umfassende und aussagekräftige Informationen bereitzustellen, die aktuellen oder potenziellen Investoren möglichst optimale Anlageentscheide ermöglichen. Leitprinzip ist dabei das Gebot der möglichst zuverlässigen Beurteilung der Vermögens-, Finanz- und Ertragslage der Gesellschaft im Sinne der angelsächsischen Tradition der «true and fair view» (auch «fair presentation»), also einer den tatsächlichen Verhältnissen entsprechenden Darstellung der Vermögens-, Finanz- und Ertragslage. Das Vorsichtsprinzip darf nach diesen Standards nicht dazu missbraucht werden, stille Reserven zu bilden. Im Gegensatz zu den aktienrechtlichen Rechnungslegungsvorschriften sind die beiden Standards äusserst umfangreich und regeln alle wesentlichen Rechnungslegungsprobleme sehr detailliert. Dabei bestehen kaum Wahlfreiheiten für das bilanzierende Unternehmen.

Für Gesellschaften, welche an der SWX Swiss Exchange in den regulatorischen Segmenten SWX Local Caps, Immobiliengesellschaften und Investmentgesellschaften kotiert sind oder welche ausschliesslich Forderungsrechte (z.B. Anleihen) kotiert haben, gelten die so genannten Swiss GAAP FER als Mindeststandard für die Rechnungslegung. Die Swiss GAAP FER fokussieren sich auf die Rechnungslegung kleiner und mittelgrosser Organisationen und Unternehmensgruppen mit nationaler Ausstrahlung und haben zum Ziel, einen tauglichen und relativ einfach handhabbaren Rahmen für eine aussagekräftige Rechnungslegung bereitzustellen, die ein den tatsächlichen Verhältnissen entsprechendes Bild der Vermögens-, Finanz- und Ertragslage vermittelt. Im Vergleich zu den beiden internationalen Standrads IFRS und US GAAP sind die Swiss GAAP FER mehr prinzipienorientiert und gewährleisten grössere Wahlfreiheiten in der Darstellung der Jahresrechnung.

Unabhängig von den Anforderungen, welche die Börsenreglemente an die Rechnungslegung kotierter Gesellschaften stellen, muss jedes buchführungspflichtige Unternehmen mit Sitz in der Schweiz eine Jahresrechnung nach den Vorschriften des Obligationenrechts erstellen. Dieser Abschluss dient der Bestimmung des ausschüttbaren Bilanzgewinns und als Grundlage für alle Kapitalerhaltungsvorschriften des Gesetzes. Der handelsrechtliche Abschluss ist zudem massgeblich für die Steuerbehörden.

2.3 │ Bilanz

> Die **Bilanz** ist die auf einen bestimmten **Stichtag** hin erstellte übersichtliche Zusammenstellung aller Aktiven und Passiven eines Unternehmens: Sie zeigt die Vermögenslage des Unternehmens durch eine umfassende Darstellung von Art, Grösse und Zusammensetzung des Vermögens (Aktiven) sowie des Fremd- und Eigenkapitals (Passiven).

Werden zudem Aktiven und Passiven zueinander in Beziehung gesetzt, können auch wichtige Aussagen zur Finanzlage des Unternehmens, insbesondere zur Liquidität und zum Verschuldungsgrad, gemacht werden.

2.3.1 │ Aktiven und Passiven

Nach Käfer (1976, S. 26) können die Aktiven als erwartete zukünftige Güter- und Dienstleistungszugänge, die Passiven als zukünftige Güter- und Dienstleistungsabgänge interpretiert werden.

Die **Aktiven** dienen also dazu, künftigen Nutzen für den Wirtschaftszweck zu stiften. (Meyer 1993, S. 74) Diese erwarteten Nutzenzugänge können in Form von **Geld** (z. B. Zahlungen von Debitoren, Rückzahlung gewährter Darlehen, Verkauf von Handelswarenbeständen oder Wertpapieren), **Sachleistungen** (z. B. Güterlieferungen im Umfang der Anzahlung an einen Lieferanten) oder **Dienstleistungen** (Wohnrecht aufgrund vorausbezahlter Miete, Garantieleistung von Maschinen) erfolgen. Da das Unternehmen bereits Leistungen erbracht hat, stehen den erwarteten Nutzenzugängen keine entsprechenden Gegenleistungen des Unternehmens gegenüber (Produkte wurden bereits an Kunden versandt, Darlehen sind ausbezahlt, Wertpapiere sind im Besitz des Unternehmens, Handelswaren sind an Lager, Geld für Lieferantenanzahlung ist überwiesen, Miete ist bezahlt, Maschinen und Anlagen sind erstanden usw.).

Die **Passiven** stellen das Gegenstück zu den Aktiven dar: Sie beschreiben die Natur künftiger Nutzenabgänge. Auch diese Nutzenabgänge können die Form von **Geld** (z. B. zukünftige Zahlung an Kreditoren, erwartete Steuerschuld [Steuerrückstellungen], Rückzahlung erhaltener Darlehen oder ausgegebener Anleihen), **Sachleistungen** (Güterlieferung aufgrund von Kundenanzahlungen, zukünftig erwarteter Ersatz von Produkten aus Garantiefällen [Garantierückstellungen] usw.) oder **Dienstleistungen** (z. B. zu leistende Garantiearbeiten) annehmen. Da das Unternehmen bereits eine Leistung erhalten hat, stehen diesen Nutzenabgängen keine weiteren Gegenleistungen der künftigen Nutzenempfänger gegenüber (bestellte Güter sind eingetroffen, der steuerbare Gewinn ist erwirtschaftet, Darlehens- oder Anleihensbetrag ist gutgeschrieben worden, Kundenanzahlungen sind eingetroffen, der Verkaufspreis für die Produkte ist bezahlt).

Die betriebswirtschaftlich korrekte Definition von Aktiven und Passiven nach Käfer hat sich in der täglichen Praxis – oder zumindest im Sprachgebrauch – kaum durchgesetzt. Aktiven und Passiven werden pragmatisch vereinfachend oft mit einer Mischung aus Finanzierungsbetrachtungen und rechtlichen Überlegungen erklärt. Danach zeigen die

- **Passiven,** wer dem Unternehmen **Kapital** zur Verfügung gestellt hat bzw. wer rechtliche **Ansprüche** auf Teile des Vermögens hat (deshalb wird die Passivseite der Bilanz auch Kapital- oder Finanzierungsseite genannt), und die
- **Aktiven,** wie die Summe der verfügbaren Mittel (das Kapital) **angelegt** wurde (Aktivseite als Investitionsseite oder Vermögen).

Die Problematik dieser zwar sehr anschaulichen Interpretation besteht darin, dass sie aus theoretischer Sicht nicht alle Bilanzpositionen befriedigend zu erklären vermag. So bedeuten zum Beispiel die Rückstellungen auf der Passivseite der Bilanz keine Finanzierungsvorgänge (niemand hat effektiv Kapital zur Verfügung gestellt) oder Verrechnungsposten zwischen Filiale und Hauptgeschäft stellen keine wirklichen Ansprüche an das Unternehmen dar.

Die Summe der Aktiven stimmt zu jedem Zeitpunkt mit der Summe der Passiven überein (Bilanzgleichheit). Gerade die praxisorientierte Definition von Aktiven und Passiven zeigt deutlich, dass es sich hier um die Betrachtung der zwei Seiten derselben Münze handelt: Das zur Verfügung stehende Kapital wird in seinem ganzen Umfang in Vermögenswerte investiert.[1]

| 2.3.2 | **Bewertung von Aktiven und Passiven** |

Die Ermittlung der effektiven Vermögens- und Schuldverhältnisse sowie des Periodenerfolges im Rahmen von Bilanz und Erfolgsrechnung machen eine **Bewertung** aller Bilanzpositionen notwendig. Diese Bewertung kann grundsätzlich bei jeder Bilanzposition Probleme aufwerfen.

Im Hinblick auf die Bewertungsproblematik empfiehlt sich die Unterscheidung in Handelsbilanz, Steuerbilanz und interne Bilanz.

---

1   Vgl. dazu die Ausführungen in Teil 6 «Finanzierung», insbesondere ▶ Abb. 149 (S. 434).

| **2.3.2.1** | Handelsbilanz |

Die **handelsrechtlichen Buchführungsvorschriften** (Art. 960 Abs. 2 OR und Art. 665 ff. OR) regeln die Rechnungslegung zuhanden der Öffentlichkeit. Sie stellen den Gläubigerschutz ins Zentrum und verfügen deshalb im Rahmen der verschärften Vorschriften des Aktienrechtes Bewertungsobergrenzen für die verschiedenen Vermögenspositionen der Bilanz. Der handelsrechtliche Grundsatz der «Bilanzwahrheit» (Art. 959 OR) ist in dem Sinne auszulegen, dass das Unternehmen bei der Darlegung seiner wirtschaftlichen Lage nach aussen kein zu günstiges Bild vortäuschen darf. Es soll sich unter dem Aspekt des Gläubigerschutzes in der Jahresrechnung vorsichtig darstellen. Dabei genügt der Nachweis, dass die Forderungen der Kreditgeber durch entsprechende Vermögensgegenwerte des Unternehmens gedeckt sind.

Die Differenz zwischen dem in der Bilanz aufgeführten Wert eines Vermögensteils (Buchwert) und dem tatsächlichen Wert dieses Vermögensteils wird als **stille Reserve** bezeichnet.[1] Durch die Bildung oder Auflösung stiller Reserven kann der handelsrechtliche Gewinnausweis massgeblich beeinflusst werden. Von dieser Möglichkeit wird in der schweizerischen Praxis einerseits aus steuertechnischen Überlegungen, vor allem aber aus dividendenpolitischen Gründen häufig Gebrauch gemacht.[2]

Der **Ermessensspielraum** im Rahmen der Bewertung von Aktiven und Passiven und damit für den Erfolgsausweis des Unternehmens ist für die Buchführenden aufgrund Art. 669 Abs. 2 und 3 OR ausserordentlich gross. Die Aussagefähigkeit der nach aussen gerichteten Bilanzen und Erfolgsrechnungen bezüglich der tatsächlichen wirtschaftlichen Lage eines Unternehmens («Bilanzwahrheit» oder «true and fair view») muss deshalb stark relativiert werden.

| **2.3.2.2** | Steuerbilanz |

Die **steuerrechtliche Gesetzgebung** steht im Dienste der Erhebung der direkten Steuern (auf Einkommen und Vermögen bzw. auf Gewinn und Kapital). Diese werden nach Massgabe der wirtschaftlichen Leistungsfähigkeit erhoben. In der steuerrechtlichen Praxis gilt das «Prinzip der Massgeblichkeit», wonach die «handelsrechtskonform erstellte Jahres-

---

1 Aus rechtlicher Sicht (z.B. Art. 663b Ziff. 8 OR) berechnen sich die stillen Reserven jedoch aus der Differenz zwischen den Buchwerten und den aktienrechtlich zulässigen Höchstwerten. (HWP 1998a, S. 230)
2 Zu den stillen Reserven vgl. auch Abschnitt 2.6.4 «Stille Reserven».

rechnung Grundlage für die steuerliche Gewinnermittlung ist» (Walker 1993, S. 146). Konkret heisst dies, dass die handelsrechtlichen Vorschriften auch von den Steuerbehörden akzeptiert werden müssen. Das Hauptinteresse der Steuerbehörden liegt in der periodengerechten Gewinnermittlung und in der Festlegung der Werte der einzelnen Vermögensbestandteile. Die (eidgenössischen und kantonalen) Steuergesetze und die entsprechenden Vollzugsverordnungen legen deshalb **Bewertungsuntergrenzen** für die Aktivseite der Bilanz fest, wobei die handelsrechtlichen Höchstbewertungsvorschriften auch im Steuerrecht Gültigkeit haben. Bewertungen unterhalb der handelsrechtlichen Höchstbewertungsvorschriften werden nur in begrenztem Ausmass zugelassen. Bei der Ermittlung des steuerpflichtigen Vermögens und Ertrags wird daher in der Regel von der Jahresrechnung nach handelsrechtlichen Gesichtspunkten ausgegangen, um anschliessend steuerrechtliche Bewertungskorrekturen vorzunehmen.

| 2.3.2.3 | Interne Bilanz |

Weder die handelsrechtlichen Buchführungsvorschriften noch die Steuergesetzgebung eignen sich als Grundlage für die Ermittlung unternehmensinterner Führungsinformationen bezüglich Vermögensstatus und Periodenerfolg. Zudem lässt sich aus ihnen nicht genau ableiten, an welchem Ort im Unternehmen Aufwendungen und Erträge entstanden sind und durch welche Leistungserstellungsprozesse sie bedingt wurden. In einer internen Betrachtung wird deshalb einerseits von bereinigten Wertansätzen ausgegangen, andererseits müssen detailliertere, ablauforientierte Zusatzinformationen erhoben werden (z.B. für die Budgetierung und Nachkalkulation von Aufträgen oder für die kostenorientierte Führung von Abteilungen). Mit der **Betriebsbuchhaltung** wird versucht, diese Anforderungen zu erfüllen.

Der Gewinn ist bei **betriebswirtschaftlich** korrekter Ermittlung derjenige Betrag, welcher dem Unternehmen maximal entzogen werden darf, ohne die Substanzerhaltung zu gefährden, d.h. dass es weiterhin in der Lage ist, verbrauchte Produktionsmittel zu ersetzen und für Eigentümer, Arbeitnehmer und Staat seine uneingeschränkte Leistungs- und Ertragsfähigkeit zu erhalten.

2.3.3	**Darstellung der Bilanz**
2.3.3.1	Umlauf- und Anlagevermögen

Die Aktivseite der Bilanz wird nach der **Zweckbestimmung** (Aufgabe) der einzelnen Bilanzposten in Umlauf- und Anlagevermögen gegliedert:

> Zum **Umlaufvermögen** zählen alle Güter, welche zum Zweck der Veräusserung beschafft werden und damit immer wieder Geldform annehmen oder bereits in Geldform vorhanden sind.

Das Umlaufvermögen wird also laufend umgesetzt (Geld – Ware – Forderung – Geld). Weiter gehören zum Umlaufvermögen all jene Vermögensgegenstände, deren Nutzen innerhalb eines Jahres verbraucht wird (Roh-, Hilfs- und Betriebsstoffe, Halbfabrikate usw.).

> Das **Anlagevermögen** besteht aus Gütern, die dem Unternehmen zur dauernden oder mehrmaligen Nutzung dienen.

Die Güter des Anlagevermögens werden entweder gar nicht (Boden) oder nur langsam zur Erstellung der Betriebsleistung verbraucht (Gebäude, Maschinen, Patente) und gehen nur indirekt durch Abnützung als Abschreibungen in das Leistungsergebnis (Produkt, Dienstleistung) ein.

In der Schweiz ist bei der Darstellung des Umlauf- und Anlagevermögens das «Liquiditätsprinzip» stark verbreitet: In den Aktiven erscheinen bei der Darstellung der Bilanz zuerst das Geld und dann die übrigen Posten in der Reihenfolge ihrer «Geldnähe», d.h. wie rasch sie sich bei üblichem Geschäftsgang in Geld verwandeln. In der Europäischen Union (EU) gelten die Vorschriften der 4. EU-Richtlinie über den Jahresabschluss. Diese schreiben zwingend eine genau umgekehrte Reihenfolge der Aktivpositionen vor.

Die Zugehörigkeit eines Gutes zum Umlauf- oder Anlagevermögen hängt alleine vom **Verwendungszweck** innerhalb des betreffenden Unternehmens ab. Die Grenzen zwischen Anlage- und Umlaufvermögen sind deshalb oft fliessend. So gehören Grundstücke und Liegenschaften zum Anlagevermögen, da sie dauernder Nutzung dienen. Für einen Immobilienhändler sind Grundstücke und Liegenschaften jedoch zur Weiterveräusserung bestimmt. Sie sind deshalb – mit Ausnahme der eigenen Verwaltungsgebäude – als Umlaufvermögen zu bilanzieren. Abgrenzungsprobleme zwischen Umlauf- und Anlagevermögen ergeben sich auch bei den Wertschriften. Je nach Zweckbestimmung (welche in der Praxis nicht immer ganz klar ist) sind sie im Umlauf- oder im Anlagevermögen einzuordnen.

Das Obligationenrecht (Art. 663a Abs. 2 OR) unterteilt das Anlagevermögen in Finanzanlagen, Sachanlagen und immaterielle Anlagen. Diese Gliederung wird auch in der betriebswirtschaftlichen Literatur verwendet und basiert auf der (grundsätzlichen) Trennung von materiellem und immateriellem Anlagevermögen. Die Vermögensgegenstände des **materiellen Anlagevermögens** sind physisch greifbar oder zumindest in Form von Wertpapieren, Darlehensverträgen usw. verkörpert. Das **immaterielle Anlagevermögen** umfasst demgegenüber vor allem Rechte, die nicht in Wertpapieren oder in anderer Form konkretisiert werden können, sondern die primär auf Eintragungen beruhen (z.B. Schutzrechte, Konzessionen, Lizenzen). (Behr 2005) Das materielle Anlagevermögen wird in Sachanlagen und Finanzanlagen unterteilt. Letztere umfassen vor allem Geldinvestitionen in Darlehen oder in den Erwerb von Anteilen an fremden Unternehmen.

2.3.3.2	Fremd- und Eigenkapital

Die Passivseite der Bilanz wird aufgrund **rechtlicher Kriterien** in Fremd- und Eigenkapital gegliedert.

> Beim Fremdkapital handelt es sich um **Ansprüche von Gläubigern.**

Das Fremdkapital zeichnet sich dadurch aus, dass erstens die Anspruchsberechtigten Aussenstehende (Dritte) sind und dass es zweitens in der Regel innerhalb einer bestimmten Frist zur Rückzahlung fällig wird.[1] Es wird nach der Fälligkeit der einzelnen Positionen untergliedert («Liquiditätsprinzip»: erwartete wirtschaftliche Überlassungsdauer von Krediten oder Fälligkeit von Forderungen).

> Das Eigenkapital zeigt das im Unternehmen vorhandene **risikotragende Kapital,** auf das die Eigentümer spätestens bei der Liquidation des Unternehmens Anspruch haben.

Im Gegensatz zum grössten Teil des Fremdkapitals ist das Eigenkapital keine reale Grösse. Es ist die **rein rechnerische Differenz** zwischen dem Vermögen und den Schulden (Aktiven abzüglich Fremdkapital) und ist demzufolge abhängig von der Bewertung der Aktiven und Passiven. Die Eigentümer haben in der Regel keinen Anspruch auf Verzinsung des

---

1   Eine eingehende Diskussion der verschiedenen Formen des Fremdkapitals erfolgt in Teil 6, Kapitel 4 «Kreditfinanzierung».

Eigenkapitals.[1] Sie partizipieren jedoch je nach Rechtsform beschränkt oder unbeschränkt, primär oder subsidiär am Gewinn und Verlust der Gesellschaft.

2.3.3.3	Gliederung der Bilanz

Das OR enthält verschiedene Vorschriften zur Mindestgliederung der Bilanz. Diese sind in Art. 663a OR geregelt.[2] Sie stellen aus betriebswirtschaftlicher Sicht jedoch bloss Minimalanforderungen an eine aussagekräftige Bilanz dar. ▶ Abb. 124 zeigt eine nach betriebswirtschaftlichen Kriterien verfeinerte Bilanzgliederung. Die Aussagekraft einer Bilanz erhöht sich wesentlich, wenn

- neben den aktuellen Werten auch die **Vorjahreszahlen** aufgeführt werden (vgl. auch Art. 662a Abs. 1 OR);
- nach dem **Bruttoprinzip** die einzelnen Vermögenspositionen (z. B. Debitoren, Vorräte, Sachanlagen) zu ihren vollen historischen Anschaffungs- bzw. Herstellungswerten bilanziert werden und die notwendigen Wertberichtigungen (z. B. Delkredere und kumulierte Abschreibungen) als Berichtigungsposten direkt bei den entsprechenden Positionen offen in Abzug gebracht werden (oder wenn ein Anlagenspiegel im Anhang an die Jahresrechnung die zu Anschaffungskosten bewerteten Zu- und Abgänge an Sachanlagen sowie die kumulierten Abschreibungen offen legt);
- **betriebliche** und **nichtbetriebliche Vermögensteile** getrennt ausgewiesen werden. Betriebliche Vermögensteile stehen im Zusammenhang mit der unternehmerischen Zweckerfüllung. Sie werden auch als betriebsnotwendig bezeichnet. Nichtbetriebliche Vermögensteile können in der Regel jederzeit veräussert werden, ohne die Erfüllung des eigentlichen Geschäftszweckes zu gefährden und ohne die Ertragskraft des Unternehmens massgeblich zu beeinflussen.

---

1 Ausnahmen: Bei der Kollektivgesellschaft und der Kommanditgesellschaft können für alle Gesellschafter vertraglich Zinsen auf dem Kapitalanteil vereinbart werden (Art. 558 bis 560 OR und Art. 598 Abs. 2 OR).

2 Zu den gesetzlichen Mindestgliederungsvorschriften vgl. auch ▶ Abb. 124, insbesondere Fussnote 3.

Aktiven	Passiven
Umlaufvermögen[1, 2, 3]	**Fremdkapital**[3]
■ **Liquide Mittel**[3]	■ **kurzfristiges Fremdkapital**[3, 5]
□ Kassa, Postcheckguthaben, Bankguthaben	□ Kreditoren aus Lieferungen und Leistungen[3]
□ Checks, börsengängige Wertschriften	□ Anzahlungen von Kunden
□ eigene Aktien[4]	□ Wechselverbindlichkeiten
■ **Forderungen** (kurzfristige)[3, 5]	□ kurzfristige Darlehensschulden
□ Forderungen aus Lieferungen und Leistungen[3]	□ kurzfristige Bankkredite
□ Vorauszahlungen an Lieferanten	□ nicht eingelöste Obligationen- und
□ kurzfristige Darlehen und Vorschüsse	Dividendencoupons
□ sonstige Forderungen	□ gekündete, nicht eingelöste Anleihens-
□ transitorische Aktiven[3]	obligationen
□ nicht einbezahltes, eingefordertes Aktien-	□ kurzfristige Rückstellungen[3]
kapital	□ sonstige kurzfristige Schulden
■ **Vorräte**[3]	□ transitorische Passiven[3]
□ geleistete Anzahlungen auf Vorräten	□ kurzfristiger Teil vom langfristigen Fremd-
□ Handelswaren	kapital
□ Roh-, Hilfs- und Betriebsstoffe	■ **langfristiges Fremdkapital**[3, 5]
□ Pflichtlager	□ Darlehen
□ Erzeugnisse in Arbeit (Halbfabrikate, angefan-	□ Obligationenanleihen
gene Arbeiten)	□ Hypotheken
□ fertige Erzeugnisse	□ Verpflichtungen gegenüber
	Vorsorgeeinrichtungen[4]
Anlagevermögen[1, 2, 3]	□ langfristige Rückstellungen[3]
■ **Finanzanlagen**[3, 5]	□ nachrangige Darlehen
□ Wertschriften des Anlagevermögens	□ übrige langfristige Schulden
□ Beteiligungen[3]	
□ langfristige Darlehensforderungen	**Eigenkapital**[3]
□ Aktivhypotheken	■ **Aktienkapital**[3]
■ **Sachanlagen**[3, 5]	■ **Partizipationskapital**
geleistete Anzahlungen auf Sachanlagen	■ **Reserven**[3]
Mobilien	□ gesetzliche Reserven[3]
□ Maschinen/maschinelle Anlagen	– allgemeine Reserve
□ Werkzeuge, Fahrzeuge usw.	– Reserve für eigene Aktien[3]
Immobilien	– Aufwertungsreserve[3]
□ unbebaute Grundstücke	□ statutarische/freie Reserven[3]
□ Fabrik- und Lagergebäude inkl. Einrichtungen	– Arbeitsbeschaffungsreserve
□ Verwaltungsgebäude inkl. Einrichtungen	– Dividendenausgleichsreserve
□ Wohnhäuser inkl. Einrichtungen	– Wiederbeschaffungsreserve
■ **Immaterielle Anlagen**[3]	– freie Reserve
□ Anzahlungen auf immaterielle Anlagen	
□ Rechtswerte wie Patente, Lizenzen, Urheber-,	
Verlagsrechte, Konzessionen, Kontingente	
□ Goodwill	
Berichtigungsposten zur Passivseite	■ **Bilanzgewinn**[3]
Obligationendisagio, aktivierte Aufwendungen,	
nicht einbezahltes Aktienkapital[3], Bilanzverlust[3]	

▲ Abb. 124   Bilanzgliederung

1   Kumulierte Wertberichtigungen (Delkredere, Abschreibungen usw.) sind direkt bei den jeweiligen Posi-
    tionen nach dem Bruttoprinzip als Berichtigungsposten in Abzug zu bringen.
2   Betriebliche und nichtbetriebliche Vermögensteile sind getrennt auszuweisen.
3   Gemäss Mindestgliederungsvorschriften des OR (Art. 663a, 659a und 670) aufzuführen (vgl. auch Fuss-
    note 5).
4   Gemäss Art. 663b Ziff. 5 und 9 OR im Anhang gesondert auszuweisen.
5   Forderungen und Verbindlichkeiten gegenüber anderen Gesellschaften des Konzerns oder Aktionären,
    die eine Beteiligung an der Gesellschaft halten, sind gesondert auszuweisen (Art. 663a Abs. 4 OR).

2.3.4	**Buchungsregeln für Bilanzkonten**

Durch den täglichen Geschäftsverkehr mit den Partnern des Unternehmens werden die Aktiv- und Passivpositionen dauernd verändert. Zur Erfassung dieser Veränderungen wird für jede Position ein eigenes **Konto** geführt, welches zwei Seiten aufweist: **Soll** und **Haben**. Die Bezeichnung «Soll» und «Haben» ist historischen Ursprungs und hat heute keine erklärende Bedeutung mehr. Ebensogut könnten die Kontoseiten mit «links» und «rechts» bezeichnet werden.

Jeder Geschäftsvorfall berührt mindestens zwei Konten. Im Rahmen der doppelten Buchhaltung wird ein Geschäftsvorfall deshalb auf mindestens zwei Konten als Zu- oder Abnahme verbucht. Der Eintrag erfolgt dabei im einen Konto auf der «Soll»-Seite, im anderen Konto auf der «Haben»-Seite. Dies bedingt, dass für Aktiv- und Passivkonten entgegengesetzte Buchungsregeln gelten. Dabei hilft folgende Eselsbrücke:

- Ein Konto, das *links* in der Bilanz steht (also ein Aktivkonto), hat seinen Anfangsbestand auf der *linken* Kontoseite (also auf der Soll-Seite) und sämtliche Zunahmen werden ebenfalls links verbucht (Soll-Eintrag).

- Ein Konto, das *rechts* in der Bilanz steht (also ein Passivkonto), hat seinen Anfangsbestand *rechts* im Konto (also auf der Haben-Seite) und sämtliche Zunahmen werden ebenfalls rechts verbucht (Haben-Eintrag).

- Daraus folgt, dass Bestandesabnahmen bei Aktivkonten im Haben (rechts) und bei Passivkonten im Soll (links) zu verbuchen sind.

Die Begleichung der Rechnung eines Lieferanten über das Postcheckkonto berührt sowohl den Bestand des Postcheckkontos (Aktivkonto) als auch den Bestand des Kreditorenkontos (Passivkonto). In beiden Konten kommt es zu einer Bestandesabnahme. Die **Mechanik der Verbuchung** dieses Geschäftes wird mit ▶ Abb. 125 verdeutlicht.

Für die schriftliche und/oder elektronische Erfassung eines Buchungsvorgangs wird ein **Buchungssatz** verwendet. Die Funktion des Buchungssatzes besteht lediglich in der technischen Beschreibung der Zuordnung des Buchungsbetrags auf die beiden Seiten der vom Geschäftsvorfall betroffenen Konten. Er nennt zunächst das Konto, welches links (also im Soll), anschliessend jenes, welches rechts (also im Haben) betroffen ist. Anschliessend wird der Betrag genannt, der in die beiden Konten eingetragen wird. Im vorliegenden Beispiel lautet der Buchungssatz also:

Kreditoren/Post 20

Die zugehörige Redewendung lautet «Kreditoren an Post 20».

Sind von einem Geschäftsvorgang ausschliesslich Bilanzkonten betroffen, wird von einem Tauschvorgang gesprochen. Wohl kann sich die

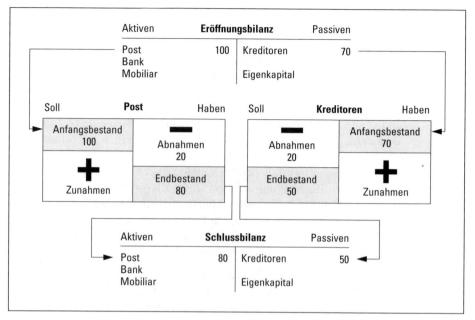

▲ Abb. 125   Buchungsregeln für Bilanzkonten

Summe der einen Bilanzseite bei der Verbuchung von Tauschvorgängen innerhalb der Bilanz verändern (z.B. führt die Aufnahme eines Barkredites zu einer Vergrösserung der Schulden und damit zu einer Zunahme der Passiven), gleichzeitig erhöht sich jedoch die Bilanzsumme der jeweils anderen Seite um denselben Betrag (Zunahme des Kassenbestandes und damit der Aktiven). In vielen Fällen bleibt die Bilanzsumme gleich (so bei reinen Tauschvorgängen innerhalb der Aktiven bzw. innerhalb der Passiven).

2.4   Erfolgsrechnung

Die **Erfolgsrechnung** ist eine übersichtliche Zusammenstellung aller Aufwendungen und Erträge einer Abrechnungsperiode und hat zum Ziel, über die Unternehmenstätigkeit Rechenschaft abzulegen und den Periodenerfolg (Gewinn oder Verlust als Differenz zwischen Ertrag und Aufwand) zu ermitteln.

Gegenstand der Erfolgsrechnung sind somit die Aufwendungen und Erträge.

2.4.1 Aufwand und Ertrag

Durch die Produktion und den Verkauf von Gütern und Dienstleistungen entstehen für das Unternehmen Auszahlungen[1] und Einzahlungen sowie Aufwendungen und Erträge. Die Bedeutung der Unterscheidung dieser beiden Begriffspaare darf nicht unterschätzt werden. Es zeigt sich im Umgang mit Praktikern nämlich immer wieder, dass diese Begriffe synonym verwendet werden, was mitunter zu grundlegenden Fehlinterpretationen bezüglich des Unterschieds zwischen Gewinn und Kassabestand führen kann. Die Trennung dieser Begriffe schafft hier Klarheit (▶ Abb. 126).

- **Auszahlungen** sind alle effektiven Geldabflüsse (Bar- und Buchgeld) nach aussen.
- **Einzahlungen** sind analog zu den Auszahlungen alle Geldzuflüsse (Bar- und Buchgeld) von aussen.
- **Aufwand** bezeichnet den wertmässigen Verbrauch an Gütern und Dienstleistungen während einer Wirtschaftsperiode.
- **Ertrag** stellt den Wertzuwachs innerhalb eines Unternehmens während einer Wirtschaftsperiode dar.

Bei den **Auszahlungen** werden **erfolgswirksame** und **erfolgsunwirksame** Auszahlungen unterschieden, je nachdem, ob sie sich auf die Erfolgsrechnung auswirken (z.B. Lohnzahlungen) oder ob sie lediglich Veränderungen innerhalb der Bilanz bewirken (z.B. Rückzahlung eines Kredites).

Dagegen kann der **Aufwand** zur Abgrenzung gegenüber den Auszahlungen in **zahlungswirksame** und **zahlungsunwirksame** Aufwendungen unterteilt werden. Wie aus ▶ Abb. 126 hervorgeht, ist der zahlungswirksame Aufwand identisch mit den erfolgswirksamen Auszahlungen, während dem zahlungsunwirksamen Aufwand keine Auszahlungen gegenüberstehen (z.B. Abschreibung auf einer Maschine).

Für die Finanzbuchhaltung ist die Unterscheidung zwischen Auszahlungen und Aufwendungen wichtig. Der Barkauf einer Maschine stellt beispielsweise zunächst bloss eine Auszahlung dar. Buchungsmässig findet ein Aktivtausch statt, indem der Kassabestand abnimmt und der Bestand an Produktionsanlagen um denselben Betrag zunimmt. Erst durch die Nutzung der Maschine, ihre technische Veralterung (z.B. minderwertige Qualität der Erzeugnisse) und die natürliche Alterung (z.B. Verrostung) oder wegen Nichtgebrauchs (z.B. Stilllegung) verliert sie an Wert für das Un-

---

1 Oft wird anstelle des Begriffs Auszahlung (Einzahlung) der Begriff Ausgabe (Einnahme) verwendet. Unter Ausgabe wird dabei die Abnahme (Zunahme) des nettomonetären Umlaufvermögens verstanden. Dieses ist definiert als liquide Mittel zuzüglich kurzfristig erwarteter Geldzugänge (Debitoren), abzüglich kurzfristig erwarteter Geldabgänge (Kreditoren).

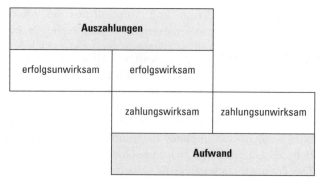

▲ Abb. 126   Gegenüberstellung Auszahlungen – Aufwand

ternehmen. Der entsprechende Wertverzehr muss durch das Management
quantifiziert werden und als Aufwand (genauer: als Abschreibungen) in
der Erfolgsrechnung berücksichtigt werden. Damit wird die ursprüngliche
Auszahlung über die wirtschaftliche Lebensdauer der Maschine, entsprechend ihrem Wertverzehr, durch die Verbuchung von Abschreibungen verteilt.

| 2.4.2 | **Interpretation der Erfolgsrechnung** |

Neben den reinen Tauschvorgängen innerhalb der Bilanz (z. B. Kauf einer
Maschine) ereignen sich zahllose Geschäftsvorfälle, die zwar ein Bilanzkonto betreffen, denen jedoch keine bilanzinterne Gegenwirkung gegenübersteht (z. B. Abschreibungen). Handelt es sich dabei um einseitige
Geld-, Güter- oder Dienstleistungs*ab*gänge, spricht man von Aufwand.
Handelt es sich um einseitige Geld-, Güter- oder Dienstleistungs*zu*gänge,
spricht man von Ertrag.

Die Erfolgsrechnung ist somit eine **Hilfsrechnung zur Bilanz:** Sie zeigt
jene Geschäftsvorfälle, welche einseitige Zu- oder Abgänge in der Bilanz
bewirken. Damit erklärt sie die Veränderung des Eigenkapitals während
einer Wirtschaftsperiode, die in der Herstellung und dem Vertrieb von
Gütern und Dienstleistungen begründet liegt, also nicht durch Kapitalerhöhungen oder Kapitalbezüge der Eigentümer (Eigenkapitalgeber) entstanden ist.

Ist diese Veränderung positiv, d. h. übertreffen die Erträge in einem bestimmten Zeitraum die im selben Zeitraum angefallenen Aufwendungen,
spricht man von **Gewinn.** Ist die Veränderung negativ, übersteigen also die
Aufwendungen die Erträge, ist ein **Verlust** entstanden.

Wenn sich nun aber Ertrag und Aufwand aus der einseitigen Veränderung von Aktiven und Passiven ohne entsprechende bilanzinterne Gegenwirkung ergeben, so folgt zwingend daraus, dass sich der Erfolg der Geschäftstätigkeit gleichzeitig in Bilanz *und* Erfolgsrechnung niederschlägt.

Dieser Zusammenhang kann anhand einer stark vereinfachten Bilanz und Erfolgsrechnung dargestellt werden.

Vorgang	a	Bilanz	p	A	Erfolgsrechnung	E
1.	+100	+100				
2.	+10					+10
3.	−4				+4	
4.		+5			+5	
5.	−80	−80				
6.		−3				+3
Gewinn		4			4	
Summe	26	26			13	13

Den Buchungen 1 bis 6 können folgende Vorgänge zugrunde liegen:

1. Kundenanzahlung, Aufnahme eines Darlehens, Eigenkapitalerhöhung usw.
2. Rechnungsstellung für eine erbrachte Dienstleistung (Debitoren), Barverkauf usw.
3. Abschreibung einer Maschine, Kursverlust auf Wertschriften, Ladendiebstahl usw.
4. Kapitalisierung von Zinsen auf dem Darlehen, Bildung von Rückstellungen usw.
5. Rückzahlung eines Darlehens, Tauschgeschäft mit einem Gläubiger usw.
6. Auflösung nicht mehr benötigter Rückstellungen usw.

Wesentliche Erkenntnis aus diesem Beispiel ist, dass sich der Gewinn (Verlust) in Bilanz und Erfolgsrechnung *gleichzeitig* und im selben Umfang ergibt, und zwar aus der Differenz (Saldo) all jener Buchungen, die ein Konto der Bilanz einseitig (d.h. ohne erkennbare Gegenwirkung in der Bilanz) verändern (im Beispiel fett dargestellt).

2.4.3	Gliederung der Erfolgsrechnung

Die Gliederungsvorschriften für die Erfolgsrechnung (Art. 663 OR) verlangen unter anderem die Trennung der betrieblichen von den betriebsfremden und ausserordentlichen Aufwendungen und Erträgen. Betriebswirtschaftlich lassen sich die Positionen der Erfolgsrechnung nach zwei Kriterien systematisieren.

- Der Ursache (dem Entstehungsgrund) nach kann zwischen betrieblichen und nichtbetrieblichen (betriebsfremden) Aufwendungen und Erträgen unterschieden werden.
- Unter dem Gesichtspunkt der Häufigkeit lassen sich ordentliche und ausserordentliche Aufwendungen und Erträge unterscheiden.

Daraus ergibt sich die in ▶ Abb. 127 dargestellte Matrix mit den darin aufgeführten Beispielen. Die vier Aufwands- und Ertragsarten lassen sich wie folgt charakterisieren:

- **Betriebliche** Aufwendungen und Erträge sind betriebstypisch. Sie stammen aus der angestammten Geschäftstätigkeit des Unternehmens.
- **Nichtbetriebliche (betriebsfremde)** Aufwendungen und Erträge sind nicht betriebstypisch. Ihre Abgrenzung gegenüber den betrieblichen Aufwendungen und Erträgen ist in der Praxis oft recht schwierig. Als grundsätzlicher Hinweis gilt, dass sich nichtbetriebliche Aufwendungen und Erträge häufig aus der Nutzung nichtbetrieblicher Vermögens-

		Gliederung nach der Ursache	
		betrieblicher Aufwand und Ertrag	**nichtbetrieblicher Aufwand und Ertrag**
Gliederung nach der Häufigkeit	**ordentlicher Aufwand und Ertrag**	■ Personalaufwand ■ Materialaufwand ■ Abschreibungen ■ Erlös aus Lieferungen und Leistungen	■ direkte Steuern ■ Veräusserung von Anlagevermögen ■ Ertrag auf betriebsfremden Finanzanlagen/Liegenschaften
	ausserordentlicher Aufwand und Ertrag	■ durch Versicherung nicht gedeckter Verlust aus einem Lagerbrand ■ Zahlungseingang einer bereits abgeschriebenen Forderung aus Lieferungen und Leistungen	■ Spekulationsverluste mit nichtbetrieblichen Wertschriften an der Börse ■ Auflösung nicht mehr benötigter Rückstellungen

▲ Abb. 127   Gliederung der Erfolgsrechnung nach Ursache und Häufigkeit

werte (betriebsfremde Darlehen, Wertschriften oder Liegenschaften) ergeben oder durch die Veräusserung von Anlagevermögen entstehen.
Eine Sonderposition stellt der Steueraufwand dar. «Betriebswirtschaftlich und buchhalterisch sind Steuern und Abgaben des Unternehmens
mit dem Vorgang zu verknüpfen, der diese ausgelöst hat.» (Boemle
1996, S. 193) Das bedeutet, dass z. B. die Liegenschaftengewinnsteuer
mit dem Verkaufserlös der Immobilien und die Mehrwertsteuer als Er-
lösminderung zu buchen sind. Auf jeden Fall ist darauf zu achten, dass
eine Trennung zwischen den gewinnabhängigen Ertragssteuern und den
übrigen Steuern und öffentlich-rechtlichen Abgaben vorgenommen
wird. (Boemle 1996, S. 193)

- **Ordentliche** Aufwendungen und Erträge sind bezüglich Höhe (Ausmass) und Art regelmässig und wiederkehrend. Mit ihrem Auftreten ist
  im «üblichen» Geschäftsverkehr zu rechnen.

- **Ausserordentliche** Aufwendungen und Erträge sind bezüglich ihrer Art
  oder des Ausmasses einmalig oder zumindest nicht regelmässig wiederkehrend. Typische Beispiele sind: Erträge aus der Auflösung nicht mehr
  benötigter Rückstellungen, das übliche Mass übersteigende Debitorenverluste oder ausserordentlich hohe Verluste aus dem Verkauf von
  Gegenständen des Anlagevermögens.

Sämtliche Felder der Matrix sind plausibel und kommen in der Unterneh-
menspraxis vor (vgl. Beispiele in ◄ Abb. 127). Art. 663 OR verlangt allerdings nur eine Drei-Gliederung der Aufwendungen und Erträge:

- betrieblich (ordentlich),

- betriebsfremd (ordentlich),

- ausserordentlich (betrieblich und nichtbetrieblich).

▶ Abb. 128 zeigt eine Erfolgsrechnung, wie sie nach Art. 663 OR beispielhaft aussehen könnte.

Das Obligationenrecht enthält keine Vorschriften darüber, in welcher
Form die Erfolgsrechnung dargestellt werden muss. Neben der **Kontenform**
(▶ Abb. 128) existiert auch die **Staffelform** (auch Berichtsform genannt).
Letztere hat den Vorteil, dass sie durch die systematische Auflistung von
Ertrags- und Aufwandskonten den Ausweis von Zwischenergebnissen er-
möglicht und damit wesentlich aussagekräftiger und einfacher zu lesen ist.
Wie ▶ Abb. 129 zeigt, erfolgt der Ausweis von Zwischenresultaten bei
der Staffelform sinnvollerweise über mehrere Stufen **(Betriebsertrag, Brut-
toergebnisse, Betriebsergebnisse** und **Unternehmensergebnisse).**

Aufwand	Ertrag
■ **Betriebliche Aufwendungen**[1] *Material- und Warenaufwand*[1] □ Handelswaren □ Rohmaterial □ Hilfs- und Betriebsstoffe □ Bestandesabnahme an Halb- und Fertig- fabrikaten □ Einkaufsspesen □ Fremdarbeiten *Personalaufwand*[1] □ Löhne, Gehälter □ Sozialleistungen □ Personalnebenkosten *Finanzaufwand*[1] □ Zinsen (inkl. Kommissionen u. Spesen) auf Bankschulden, Darlehen, Anleihen, Hypotheken *Abschreibungen*[1] □ auf Sachanlagen □ auf immateriellen Anlagen *übriger Betriebsaufwand* □ Wertberichtigungen auf Umlaufvermögen □ Erhöhung bzw. Bildung von Rückstellungen (falls Aufwandart noch nicht feststeht) □ Raumaufwand (Miete usw.) □ Leasingraten □ Reparatur und Unterhalt □ Vertriebsaufwand (Werbung usw.) □ Verwaltungsaufwand □ Beiträge/Spenden □ Fahrzeugaufwand □ Reise- und Repräsentationsaufwand □ Beratungsaufwand/Rechtskosten □ Lizenzkosten □ sonstige Betriebsaufwendungen	■ **Betriebliche Erträge**[1] *Fabrikate- und Warenertrag* □ Erlös aus Lieferungen und Leistungen[1] *Finanzertrag*[1] □ Kapitalzinsen □ Erträge aus Wertschriften des Umlauf- vermögens □ Erträge aus Beteiligungen *sonstiger Betriebsertrag* □ Bestandeszunahme an Halb- und Fertig- fabrikaten □ aktivierte Eigenleistungen □ Provisionen, Lizenzerträge □ Verkauf von Abfällen □ Verschiedenes ■ **Betriebsfremde Erträge**[1] □ Gewinne aus Veräusserung von Anlagen[1] □ Erträge auf nichtbetrieblichen Wertschriften und Beteiligungen □ Liegenschaftserträge □ übrige betriebsfremde Erträge ■ **Ausserordentliche Erträge**[1] □ Auflösung nicht mehr benötigter Rück- stellungen □ Auflösung stiller (Willkür-)Reserven und ähnliches ■ **Jahresverlust**[1]
■ **Betriebsfremde Aufwendungen**[1] □ Verluste aus Abgang von Anlagevermögen □ nichtbetrieblicher Kapitalaufwand □ Liegenschaftsaufwand □ direkte Steuern □ übrige betriebsfremde Aufwendungen ■ **Ausserordentliche Aufwendungen**[1] □ ausserordentliche Debitorenverluste □ ungedeckte Feuer- und Elementarschäden und ähnliches ■ **Jahresgewinn**[1]	

▲ Abb. 128   Gliederung der Erfolgsrechnung

   1 Gemäss Mindestgliederungsvorschriften des OR (Art. 663) aufzuführen.

Produktionsertrag
+ Handelsertrag
+ Dienstleistungsertrag
+ Übriger Betriebsertrag
+ Eigenleistungen und Eigenverbrauch
± Bestandesänderungen angefangene und fertige Arbeiten
– Ertragsminderungen

= Betriebsertrag aus Lieferungen und Leistungen

– Aufwand für Material, Waren und Drittleistungen
– Personalaufwand (inkl. Arbeitsleistungen Dritter)

= Bruttoergebnis

– Sonstiger Betriebsaufwand (z. B. Raumaufwand, Unterhalt und Reparaturen, Energie- und Entsorgungsaufwand, Verwaltungsaufwand)
± Betrieblicher Finanzerfolg
– Abschreibungen (ordentliche, betriebliche)
± Betriebliche Nebenerfolge (z. B. Erfolg aus Nebenbetrieben, Finanzanlagen und betrieblichen Liegenschaften, Veräusserungen)

= Betriebsergebnis

± Ausserordentlicher und betriebsfremder Erfolg (z. B. Erfolg aus betriebsfremden Finanzanlagen oder betriebsfremden Liegenschaften)

= Unternehmensergebnis vor Steuern

– Direkte Steuern des Unternehmens

= Unternehmensergebnis (Gewinn/Verlust)

▲ Abb. 129   Erfolgsrechnung in Staffelform

| 2.4.4 | **Buchungsregeln für Erfolgskonten** |

Gleich wie für Aktiven und Passiven werden für Aufwand und Ertrag eigene Konten geführt. Weil bei jeder erfolgswirksamen Buchung ein Bilanzkonto verändert wird, erfolgt die eine Buchung immer in einem Bilanzkonto. Daraus lässt sich ableiten, dass Aufwendungen als einseitige Aktivabgänge oder Passivzugänge in den Aufwandskonten immer im Soll gebucht werden und dass Erträge als einseitige Aktivzugänge oder Passivabgänge in den Ertragskonten immer im Haben gebucht werden. ▶ Abb. 130 zeigt die Buchungsregeln für die Erfolgskonten und die Erfolgsrechnung.

Die Erfolgsrechnung ist eine Periodenrechnung, d. h. sie erfasst Erträge und Aufwendungen für einen Abrechnungszeitraum (z. B. ein Jahr). Nach Abschluss der Rechnung für einen bestimmten Zeitraum muss daher mit

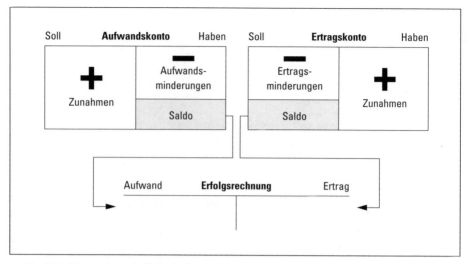

▲ Abb. 130   Buchungsregeln für Erfolgskonten

einer neuen Rechnung begonnen werden. Im Gegensatz zur Bilanz, die eine Bestandesrechnung darstellt und damit fortgeführt wird, haben die Konten der Erfolgsrechnung keine Anfangsbestände.

2.5   Buchführung und Jahresabschluss

2.5.1   Zusammenhänge zwischen Bilanz und Erfolgsrechnung

Bilanz und Erfolgsrechnung sind untrennbar miteinander verbunden. Als Hilfsrechnung zur Bilanz zeigt die Erfolgsrechnung die Ursachen für die Veränderung des Eigenkapitals zwischen zwei Bilanzstichtagen, die sich aus der Geschäftstätigkeit (Herstellung und Vertrieb von Gütern und Dienstleistungen und den damit verbundenen finanziellen Transaktionen) des Unternehmens ergeben haben. Der Saldo dieser Ursachen (Erträge und Aufwendungen) wird als Gewinn (Verlust) bezeichnet. Die Veränderungen des Eigenkapitals, welche durch Einlagen von aussen geleistet wurden (Beteiligungsfinanzierung; Kapitalerhöhungen durch Eigentümer) und entsprechende Rückzüge (Privatbezüge des Inhabers oder Kapitalrückzüge von Gesellschaftern usw.) werden von der Erfolgsrechnung nicht erfasst. Gewinn oder Verlust ergeben sich aufgrund der engen Verknüpfung von Bilanz und Erfolgsrechnung und den Buchungsregeln der doppelten Buchhaltung.

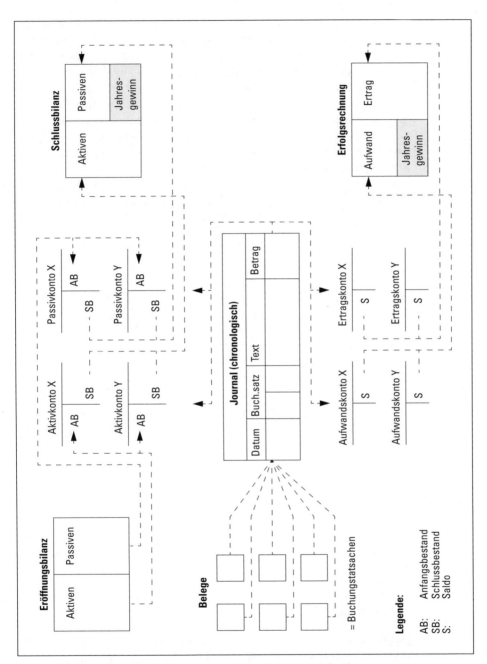

▲ Abb. 131   Zusammenhänge im Rechnungswesen (nach Meyer 1996, S. 71)

Die «Mechanik» der Verbuchung von Geschäftsvorfällen zeigt ◀ Abb. 131. Ausgehend von einer **Eröffnungsbilanz** (Bestand an Aktiven und Passiven am Anfang einer Wirtschaftsperiode) werden die einzelnen Bestandeskonten eröffnet, d. h. der gültige Anfangsbestand wird eingetragen.

Die täglich anfallenden Geschäftsvorfälle oder Buchungssachverhalte **(Buchungstatsachen)** zeigen sich zunächst in Form von **Belegen** (Rechnungen, Kassabelege, Bankauszüge usw.). Diese werden in einem **Journal** chronologisch aufgezeichnet, mit einem **Kommentar** (Erläuterungstext) und der Buchungsvorschrift **(Buchungssatz)** versehen. Dabei gelangen die vorher erwähnten Buchungsregeln zur Anwendung.

Journal			
Datum	**Buchungssatz (Soll/Haben)**	**Text**	**Betrag**

In einem nächsten Schritt wird die Buchungsvorschrift ausgeführt, d. h. die einzelnen Konten werden mit den entsprechenden Beträgen im Soll oder Haben belastet. Beim Rechnungsabschluss werden die Bilanz- und Erfolgskonten saldiert. Ihr Zusammenzug auf einen bestimmten Stichtag hin ergibt die **Schlussbilanz** und die **Erfolgsrechnung.**

Aus der Mechanik dieses Vorgehens ergibt sich zwangsweise eine **doppelte Erfolgsermittlung** in Bilanz und Erfolgsrechnung. Die Bestände der Schlussbilanz werden nach der Erfolgsverteilung auf die neue Rechnung vorgetragen, womit die Schlussbilanz zur Eröffnungsbilanz der Folgeperiode wird.

2.5.2	**Kontenplan und Kontenrahmen**

Damit die anfallenden Geschäftsvorfälle möglichst effizient, zuverlässig und übersichtlich dargestellt werden können, werden Klassen und Gruppen von Konten gebildet.

> Ein **Kontenplan** ist ein sinnvoll, übersichtlich und betriebsindividuell aufgebautes System von Konten.

Der Kontenplan erleichtert das effiziente Erfassen und Verarbeiten der Geschäftsvorfälle wesentlich. Da sich die Kontenpläne gleichartiger Unternehmen sehr ähnlich sind, wurden für verschiedene Branchen Standard-Kontenpläne erstellt. Solche Standard-Kontenpläne werden Kontenrahmen genannt.

Kontenklasse 1 Aktiven	Kontenklasse 2 Passiven	Kontenklasse 3 Betriebsertrag aus Lieferungen und Leistungen	Kontenklasse 4 Aufwand für Material, Waren und Drittleistungen	Kontenklasse 5 Personalaufwand	Kontenklasse 6 Sonstiger Betriebsaufwand	Kontenklasse 7 Betriebliche Nebenerfolge	Kontenklasse 8 Ausserordentlicher und betriebsfremder Erfolg, Steuern	Kontenklasse 9 Abschluss
10 Umlaufvermögen flüssige Mittel, Wertschriften, Forderungen, Vorräte und angefangene Arbeiten, aktive Rechnungsabgrenzung	20 Fremdkapital kurzfristig kurzfristige Verbindlichkeiten aus Lieferungen und Leistungen, kurzfristige Finanzverbindlichkeiten, andere kurzfristige Verbindlichkeiten, passive Rechnungsabgrenzung, kurzfristige Rückstellungen	30 Produktionsertrag Produktionsertrag Bereich A, B, Produktionsertrag aus Lieferungen und Leistungen an Konzerngesellschaften, Bestandesänderungen angefangene/fertige Arbeiten, Ertragsminderungen	40 Materialaufwand Materialaufwand Bereich A, B, Fremdarbeiten, direkte Einkaufsspesen, Bestandesveränderungen, Materialverluste, Einkaufspreisminderungen	50 Personalaufwand Produktion Lohnaufwand Produktion Bereich A, B, Sozialversicherungen Produktion, übriger Personalaufwand Produktion, Arbeitsleistung Dritter Produktion	60 Raumaufwand Mieten, Nebenkosten, Reinigung, Unterhalt, Leasing, Privatanteile	70 Erfolg aus Nebenbetrieben	80 Ausserordentlicher Erfolg ausserordentlicher Ertrag, ausserordentlicher Aufwand	90 Erfolgsrechnung
14 Anlagevermögen Finanzanlagen, mobile Sachanlagen, immobile Sachanlagen, immaterielle Anlagen	24 Fremdkapital langfristig langfristige Finanzverbindlichkeiten, andere langfristige Verbindlichkeiten, langfristige Rückstellungen	32 Handelsertrag Handelswarenertrag Bereich A, B, Handelsertrag aus Leistungen an Konzerngesellschaften, Ertragsminderungen	42 Handelswarenaufwand Warenaufwand Bereich A, B, direkte Einkaufsspesen, Bestandesveränderungen, Warenverluste, Einkaufspreisminderungen	52 Personalaufwand Handel wie 50	61 Unterhalt, Reparaturen, Ersatz (URE), Leasing mobile Sachanlagen	74 Erfolg aus Finanzanlagen	82 Betriebsfremder Erfolg Erfolg betriebsfremder Unternehmensteile, Erfolg betriebsfremder Liegenschaften, sonstiger betriebsfremder Erfolg, Minderheitsanteile am Ergebnis	91 Bilanz
18 Aktivierter Aufwand und aktive Berichtigungsposten	27 Fremdkapital betriebsfremd	34 Dienstleistungsertrag Dienstleistungsertrag Bereich A, B, Dienstleistungsertrag aus Leistungen an Konzerngesellschaften, Bestandesänderungen angefangene/fertige Dienstleistungen, Ertragsminderungen	44 Aufwand für Drittleistungen Aufwand für Drittleistungen Bereich A, B, direkte Spesen, Aufwandminderungen	54 Personalaufwand Dienstleistungen wie 50	62 Fahrzeug- und Transportaufwand	75 Erfolg betriebliche Liegenschaften		92 Gewinnverwendung
19 Betriebsfremdes Vermögen	28 Eigenkapital Kapital/Privat, Reserven, Bilanzgewinn	36 Übriger Ertrag	45 Energieaufwand zur Leistungserstellung Elektrizität, Gas, Brennstoffe, Betriebsstoffe, Wasser	56 Personalaufwand Verwaltung wie 50	63 Sachversicherungen, Abgaben, Gebühren, Bewilligungen	79 Gewinne aus Veräusserungen von betrieblichem Anlagevermögen Gewinne aus: Finanzanlagen, aus mobilen Sachanlagen und immobilen Sachanlagen, aus immateriellen Anlagen		99 Sammel- und Fehlbuchungen
		37 Eigenleistungen und Eigenverbrauch	46 Übriger Aufwand übriger Materialaufwand, Verpackung	57 Sozialversicherungsaufwand AHV, IV, EO, ALV, FAK, berufliche Vorsorge, Unfallversicherung, Krankentaggeldversicherung, Quellensteuer	64 Energie- und Entsorgungsaufwand			
		38 Bestandesänderungen angefangene und fertige Arbeiten aus Produktion und Dienstleistung	47 Direkte Einkaufsspesen	58 Übriger Personalaufwand Personalbeschaffung, Aus- und Weiterbildung, Spesenentschädigung effektiv bzw. pauschal, Personalkantine, sonstiger Personalaufwand, Privatanteile Personalaufwand	65 Verwaltungs- und Informatikaufwand		89 Steuern direkte Steuern des Unternehmens	
		39 Ertragsminderungen aus Produktions-, Handels- und Dienstleistungserträgen	48 Bestandesveränderungen, Material- und Warenverluste	59 Arbeitsleistungen Dritter	66 Werbeaufwand Inserate, Reklameartikel, Muster, Dekoration, Fachmessen, Kundenbetreuung, PR, Beratung, Marktanalysen			
			49 Aufwandminderungen		67 Übriger Betriebsaufwand Wirtschaftsauskünfte, Betreibungen, Bewachung, F&E			
					68 Finanzaufwand Finanzaufwand, Finanzertrag			
					69 Abschreibungen			

▲ Abb. 132 Übersicht zum Schweizer Kontenrahmen KMU (Index 1996, S. 21ff.)

Ein **Kontenrahmen** ist «eine generelle Ordnung der Konten, die in den Buchhaltungen kaufmännischer Unternehmen vorkommen können» (Weilenmann 1988, S. 74) und dient vielen Unternehmen oder sogar ganzen Branchen als Vorbild oder Grobraster für die Individualisierung ihres Kontenplanes.

In der Schweiz hat sich der «Kontenrahmen für Gewerbe-, Industrie- und Handelsbetriebe» von Karl Käfer (1987) durchgesetzt. Aufgrund der Entwicklungen in der Praxis wurde er von Sterchi (1996) vollständig überarbeitet. ◄ Abb. 132 zeigt den neuen «Schweizer Kontenrahmen KMU».

| 2.5.3 | **Abgrenzungsproblematik im Jahresabschluss** |

Der Zeitpunkt des Jahresabschlusses kann willkürlich festgelegt werden (z.B. jährlich per 31. Dezember). Die betriebliche Realität richtet sich jedoch nicht nach diesen Abschlussterminen: So gibt es immer wieder Fälle, bei denen kontinuierliche, meist gleich bleibende Leistungen, periodischen oder auch einmaligen Gegenleistungen gegenüberstehen. Als Beispiel kann ein Mietverhältnis herangezogen werden: Der Vermieter überlässt einem Unternehmen Büroräumlichkeiten aufgrund eines längerfristigen Mietvertrages (5 Jahre fest). Die Mietzinszahlungen erfolgen dann jeweils im Voraus für ein halbes Jahr. Dies führt zu zeitlichen Abgrenzungsproblemen beim Rechnungsabschluss. Solche aus Vorausleistungen resultierenden Forderungen (bzw. aus Vorausbezügen resultierenden Schulden) werden in speziellen Konten verbucht (transitorische Aktiven oder transitorische Passiven).

| 2.5.3.1 | Transitorische Aktiven |

Es kommt vor, dass zum Zeitpunkt des Rechnungsabschlusses

- eine Leistung zwar bereits erbracht, die daraus entstandene Geldforderung jedoch noch nicht als Ertrag verbucht worden ist (so genannte **antizipative Aktiven**; z.B. Kundenauftrag erledigt, jedoch noch keine Rechnung gestellt) oder dass
- Auszahlungen für zukünftige Leistungen des Zahlungsempfängers bereits getätigt wurden, diese Leistungen jedoch noch nicht (vollumfänglich) erbracht worden sind (**transitorische Aktiven im engeren Sinne**, z.B. Vorauszahlung von Versicherungsprämien, Lohnvorauszahlungen).

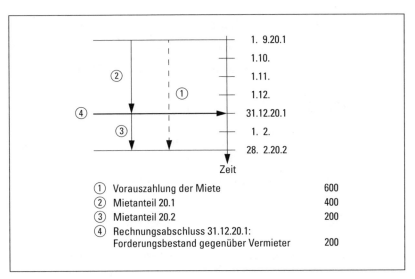

			1. 9.20.1
			1.10.
②			1.11.
	①		1.12.
④			31.12.20.1
③			1. 2.
			28. 2.20.2

Zeit

①	Vorauszahlung der Miete	600
②	Mietanteil 20.1	400
③	Mietanteil 20.2	200
④	Rechnungsabschluss 31.12.20.1:	
	Forderungsbestand gegenüber Vermieter	200

▲ Abb. 133   Transitorische Aktiven

Wird zum Beispiel die Miete für die Geschäftsräumlichkeiten per 1. September 20.1 auf sechs Monate zum Voraus bezahlt, ergibt sich folgende Buchung:

Datum	Buchungssatz		Text	Betrag
1.9.20.1	Mietaufwand	Bank	Miete für 6 Monate	600

Liesse man diese Buchung so stehen, würden in der Erfolgsrechnung dem abgelaufenen Geschäftsjahr Mietzinsen im Betrag von 600 belastet. Auf das Geschäftsjahr 20.1 fallen jedoch bloss 400 Mietaufwand (Monate September bis Dezember). Damit weist diese Erfolgsrechnung einen zu hohen Mietaufwand im Umfang von 200 auf. Andererseits besteht am 31.12.20.1 aufgrund der Zahlung vom 1.9.20.1 ein Rechtsanspruch auf die Benutzung der Liegenschaft für die Monate Januar und Februar 20.2 im Sinne einer zukünftigen Nutzenerwartung im Wert von 200 ohne weitere Gegenleistung des Unternehmens. Es handelt sich also um eine Aktivposition. Diese Nutzenerwartung ist jedoch im Zeitpunkt des Jahresabschlusses noch nicht bilanziert. Um nun einerseits die überhöhten Mietaufwendungen des Jahres 20.1 nach unten zu korrigieren und um andererseits den künftigen Nutzenzugang in der Bilanz zu erfassen, wird ein Konto «transitorische Aktiven» geschaffen (◄ Abb. 133). Es ergeben sich für den obigen Fall somit insgesamt folgende Buchungen:

Datum	Buchungssatz		Text	Betrag
1.9.20.1	Mietaufwand	Bank	Miete für 6 Monate	600
31.12.20.1	transitorische Aktiven	Mietaufwand	Abgrenzung	200
31.12.20.1	Bilanz	transitorische Aktiven	Bilanzabschluss	200
1.1.20.2	transitorische Aktiven	Bilanz	Bilanzeröffnung	200
1.1.20.2	Mietaufwand	transitorische Aktiven	Rückbuchung	200

Das Konto transitorische Aktiven ist ein temporäres Sammelkonto (Interimskonto), das der Erfassung solcher Abgrenzungsprobleme dient. Die Rückbuchung per 1.1.20.2 dient dazu, den Mietaufwand von 200 verursachergerecht der Erfolgsrechnung des Geschäftsjahres 20.2 zu belasten.

2.5.3.2	Transitorische Passiven

Transitorische Passiven entstehen dadurch, dass zum Zeitpunkt des Rechnungsabschlusses

- Leistungen bereits bezogen worden sind, jedoch noch keine Forderung seitens des Leistungserbringers eingegangen ist (so genannte **antizipative Passiven;** z.B. Bezug von Neujahrskarten im Dezember, Rechnung des Lieferanten noch ausstehend), oder dass
- Einzahlungen bereits vereinnahmt sind, die dazugehörigen Leistungen jedoch noch nicht (vollumfänglich) erbracht worden sind (**transitorische Passiven im engeren Sinne,** z.B. erhaltene Vorauszahlungen für Mieten oder Versicherungsprämien).

Das in Abschnitt 2.5.3.1 «Transitorische Aktiven» verbuchte Beispiel kann nun aus Sicht der Vermieterin betrachtet werden. Die Einzahlungen aus dem Mietverhältnis werden wie folgt gebucht:

Datum	Buchungssatz		Text	Betrag
1.9.20.1	Bank	Mietertrag	Miete für 6 Monate	600

Da die Erfolgsrechnung am Ende des Geschäftsjahres 20.1 aufgrund der Vorauszahlung zu hohe Mieterträge aufweist, sind auch hier Korrekturbuchungen nötig. Es besteht zum Zeitpunkt des Rechnungsabschlusses eine Leistungspflicht der Vermieterin, ohne weitere Gegenleistung des

Mieters – also ein Passivum –, im Umfang der bereits erhaltenen Monatsmieten für das Jahr 20.2.

Datum	Buchungssatz		Text	Betrag
1.9.20.1	Bank	Mietertrag	Miete für 6 Monate	600
31.12.20.1	Mietertrag	transitorische Passiven	Abgrenzung	200
31.12.20.1	transitorische Passiven	Bilanz	Bilanzabschluss	200
1.1.20.2	Bilanz	transitorische Passiven	Bilanzeröffnung	200
1.1.20.2	transitorische Passiven	Mietertrag	Rückbuchung	200

2.6 Bewertungsproblematik im Rechnungsabschluss

2.6.1 Ausgangslage

Neben der zeitlichen Abgrenzung von Erträgen und Aufwendungen müssen für den Jahresabschluss auch sachliche Abgrenzungen vorgenommen werden. So verlangt das Schweizerische Obligationenrecht (Art. 958 OR) bei der Gründung eines Unternehmens ein Inventar und eine Bilanz sowie auf Ende eines jeden Geschäftsjahres ein Inventar, eine Erfolgsrechnung und eine Bilanz. Inventar, Erfolgsrechnung und Bilanz sind in Schweizer Franken aufzustellen (Art. 960 OR). Ziel ist es, den Beteiligten einen möglichst sicheren Einblick in die wirtschaftliche Lage des Unternehmens zu geben (Art. 959 OR).

> Das **Inventar** ist ein genaues, in Einzelheiten gehendes Verzeichnis (Nachweis) aller Vermögenswerte und Schulden nach Mengen und Werten. Es sind alle Barbestände, Forderungen, Schulden aller Art, Vorräte und alle Teile des Anlagevermögens im Detail zu erfassen, zu belegen und zu bewerten.

Besondere Aufmerksamkeit ist der **Bewertungsproblematik** zu schenken, die sich beinahe bei jeder Inventarposition ergibt. Während bei der Bewertung von Bar- und Buchgeldern in Schweizer Franken in der Regel keine Probleme auftreten, stellt sich bei Fremdwährungen bereits die Frage, welcher Wechselkurs angewendet werden muss. Auch bei der Schätzung der Eingangswahrscheinlichkeit der Debitoren, des Lagerwertes von Handelswaren sowie von Halb- und Fertigfabrikaten oder bei der Bewertung von

Maschinen, Anlagen und immateriellen Gütern muss jeweils der **zukünftig erwartete Nutzenzugang** beurteilt werden. Dies stellt umso grössere Probleme, je mehr die zu bewertenden Vermögensgüter nur einen mittelbaren Nutzen für den Unternehmenszweck haben (z.B. Einrichtungen, Maschinen, Lizenzen, Patente). Aber auch die Bewertung der Höhe der Passiven ist nicht unproblematisch, obwohl – zumindest teilweise – das Fremdkapital in Form von Nominalforderungen einigermassen eindeutig bestimmbar ist (Umfang der transitorischen Passiven, Höhe der Rückstellungen usw.).

Aus diesen Überlegungen lässt sich ableiten, dass die Bestimmung des im Unternehmen investierten Eigenkapitals – als Differenz von Aktiven und Fremdkapital – letztlich von der Bewertung dieser Bilanzpositionen abhängt. Wie die Darstellung der Zusammenhänge zwischen Bilanz und Erfolgsrechnung gezeigt hat, ist die Bewertung der Aktiven und Passiven im Rahmen des Inventars eng verknüpft mit der Ermittlung der korrekten Aufwendungen und Erträge im Rahmen der Erfolgsrechnung.

Besondere Probleme stellen sich bei all jenen Aufwandspositionen, welche die kontinuierliche (Ab-)Nutzung von Infrastruktur oder den Verbrauch von Inputgütern erfassen. Das Hauptproblem liegt in der korrekten Ermittlung des leistungsbedingten Wertverzehrs (Abschreibungen, Wertberichtigungen). Das Prinzip der **Bilanzvorsicht** verlangt zudem, drohende Verluste bereits beim Erkennen des Verlustrisikos als Aufwand zu erfassen. Die Schätzung des Ausmasses dieser in der Zukunft liegenden Aufwendungen (z.B. Rückstellungen) bzw. Mindererträge (z.B. Delkredere) lässt einen beträchtlichen Ermessensspielraum offen.

Das schweizerische Handelsrecht stellt im Rahmen der **allgemeinen Bewertungsvorschrift** den Grundsatz auf, dass alle Aktiven höchstens nach dem Werte anzusetzen seien, «der ihnen im Zeitpunkt, auf welchen die Bilanz errichtet wird, für das Geschäft zukommt» (Art. 960 OR). Dieser Grundsatz gilt für das Einzelunternehmen und die Personengesellschaften. Für Aktiengesellschaften, GmbH und Kommanditaktiengesellschaften gelten dagegen die verschärften Vorschriften des Aktienrechtes. Die **Bewertungsvorschriften des Aktienrechts** (Art. 665ff. OR) setzen die Obergrenzen für die Bewertung der Aktiven bei den historischen Anschaffungsbzw. Herstellungskosten fest. Es bestehen nur zwei Ausnahmen:

- **Wertschriften mit Kurswert** dürfen höchstens zum Durchschnittskurs des letzten Monats vor dem Bilanzstichtag bewertet werden (Art. 667 Abs. 1 OR).
- **Grundstücke** und **Beteiligungen** dürfen im Fall eines «Kapitalverlustes» bis zu ihrem «wirklichen Wert» (Verkehrswert) aufgewertet werden, auch wenn dieser über den historischen Anschaffungs- oder Herstellungskosten liegen sollte (Art. 670 OR in Verbindung mit Art. 725 OR).

Bei der Bewertung der Aktiven und Passiven anlässlich des Jahresabschlusses müssen aufgrund des Prinzips der Bilanzvorsicht eingetretene Wertverminderungen der Aktiven sowie ungewisse zukünftige Verpflichtungen oder drohende Verluste aus schwebenden Geschäften (Passiven) berücksichtigt werden. Nach schweizerischem Recht ist es dabei zulässig, dass Aktiven bewusst unter ihrem tatsächlichen Wert in die Bilanz eingesetzt werden dürfen und davon abgesehen werden kann, überflüssig gewordene Rückstellungen aufzulösen (Art. 669 Abs. 2 und 3 OR).

Diese Höchstbewertungsvorschriften dienen dem **Gläubigerschutz,** indem sie eine vorsichtige Ermittlung des Periodengewinnes und der Vermögens-, Finanz- und Ertragslage erzwingen. Alle gesetzlichen Bewertungsvorschriften stellen Höchstwerte dar, die nicht über-, wohl aber unterschritten werden dürfen. Aufgrund des grossen Ermessensspielraums für die Bildung und Auflösung stiller Reserven (vgl. Art. 669 OR) sind die handelsrechtlichen Bewertungsvorschriften nicht geeignet, eine «true and fair view», also ein den tatsächlichen Verhältnissen entsprechendes Bild der Vermögens-, Finanz- und Ertragslage, zu vermitteln. Das schweizerische Buchführungsrecht steht damit im Gegensatz zu den Grundsätzen der Rechtsauslegung der Vierten und Siebten EU-Richtlinien (EURL Nr. 4 und EURL Nr. 7) oder den International Accounting Standards (IAS). Sowohl die EU-Richtlinien (Art. 2 Abs. 3 EURL Nr. 4 und Art. 16 Abs. 3 EURL Nr. 7) als auch die IAS (IAS 1998, S. 60 ff.) verlangen eine Rechnungslegung, die ein den tatsächlichen Verhältnissen entsprechendes Bild der Vermögens-, Finanz- und Ertragslage des Unternehmens vermittelt.

In der Schweiz übernehmen in diesem Zusammenhang das Kotierungsreglement der Schweizer Börse sowie die FER eine wichtige Funktion. Das Kotierungsreglement regelt die Voraussetzungen für die Zulassung von Effekten zum Handel (Kotierung) an der Schweizer Börse sowie die Publizitätspflichten für die Aufrechterhaltung der Kotierung. Die darin verankerten Rechnungslegungsvorschriften sind für all jene Unternehmen verbindlich, welche an der Schweizer Börse kotiert sind.[1] Das Kotierungsreglement verlangt eine Rechnungslegung nach dem Grundsatz der «true and fair view»: «Die Rechnungslegung des Emittenten muss ein den tatsächlichen Verhältnissen entsprechendes Bild der Vermögens-, Finanz- und Ertragslage vermitteln.» (Art. 66 KR) Die Revisionsstelle hat in ihrem Bericht zuhanden der Generalversammlung zu bestätigen, dass die Rechnungslegung der kotierten Gesellschaft ein den tatsächlichen Verhältnissen entsprechendes Bild der Vermögens-, Finanz- und Ertragslage vermittelt, indem die Rechnungslegungsvorschriften des Kotierungsreglementes eingehalten werden (Art. 71 KR).

---

1   Seit 2005 gelten für Gesellschaften, die im Hauptsegment der Schweizer Börse (SWX) kotiert sind, die IFRS (International Financial Reporting Standards) bzw. die US-GAAP (US-Generally Accepted Accounting Principles) als Rechnungslegungsstandards.

Im Folgenden werden zunächst Funktion und Verbuchung von so genannten Wertberichtigungen und Rückstellungen dargestellt. Anschliessend wird auf das mit der Bewertungsproblematik eng verbundene Problem der Bildung und Auflösung stiller Reserven eingegangen.

2.6.2	**Wertberichtigungen**

> Mit dem Begriff **Wertberichtigung** bezeichnet man grundsätzlich die Verminderung des Wertes einer Aktivposition.

Wertberichtigungen auf Anlagen werden **«Abschreibungen»** genannt, Wertberichtigungen auf Debitoren **«Delkredere»**.

2.6.2.1	Abschreibungen

> **Abschreibungen** spiegeln den Nutzenverzehr (Wertminderung) von Werten des Anlagevermögens wider.

Es kann sich dabei sowohl um eine regelmässige (planmässige, ordentliche) als auch um eine fallweise (ausserplanmässige, ausserordentliche) Entwertung handeln. **Haupteinflussfaktoren** auf Abschreibungen sind:

- «technische» Abnützung (Verschleiss, Verderb),
- Entwertung durch technische Entwicklung,
- Bedarfsverschiebungen auf dem Absatzmarkt,
- Fristablauf von Patenten, Lizenzen, Baurechten usw.,
- Gewinnausweisabsichten (Verteilungspolitik) des Unternehmens.

Je nach Bilanztyp und Zielsetzung spricht man von handelsrechtlichen, steuerrechtlichen oder kalkulatorischen Abschreibungen. Betriebswirtschaftliche **Aufgaben** von Abschreibungen sind:

- Feststellung des Wertes von Vermögensteilen zu einem bestimmten Zeitpunkt **(statischer Aspekt)**.
- Ermittlung der Herstellungs- und Selbstkosten der erzeugten Produkte und damit des effektiven Erfolgs einer bestimmten Periode **(dynamischer Aspekt)**.
  Der Kauf einer Produktionsanlage ist zunächst eine erfolgsneutrale Ausgabe. Durch die Produktion entsteht ein Verschleiss oder Wertverzehr an der Maschine. Die Verbuchung der in einer Geschäftsperiode eingetretenen Wertverminderung als Aufwand (Abschreibungen) führt

zu einer verursachergerechten Belastung der in dieser Periode mit dieser Maschine produzierten Einheiten.

Maschine/Bank	Kauf einer Maschine (Ausgabe ohne Aufwand)
Abschreibungen/Maschine	Abschreibung (Aufwand ohne Ausgabe)

- Sicherstellung der Wiederbeschaffungsmöglichkeiten einer Anlage im Umfang der kumulierten Abschreibungsgegenwerte **(Finanzierungs- oder Substanzerhaltungsaspekt).**[1]

Der Bemessung der Abschreibungsbeträge kommt somit eine grosse Bedeutung zu. Ihre Verbuchung als Aufwand verkleinert den Periodengewinn, und ihr Rückfluss über die Umsatzerlöse ermöglicht gleichzeitig die Substanzerhaltung des Unternehmens.

Die Verbuchung von Abschreibungen kann direkt oder indirekt erfolgen:

- **Direkte Abschreibungen** führen dazu, dass das abzuschreibende Aktivum direkt um den Abschreibungsbetrag verkleinert wird.

Maschinen/Bank	(Kauf einer Maschine)
Abschreibungen/Maschinen	(direkte Abschreibung)

- **Indirekte Abschreibungen** erfolgen über das Hilfskonto «Wertberichtigungen». Von seiner Bestimmung her ist dieses Konto ein «Minus-Aktivkonto» und unmittelbar mit dem zugehörigen Hauptkonto verknüpft. Die Absicht ist, dass das Hauptkonto jederzeit den ursprünglich investierten Gesamtbetrag des Aktivums zeigt und das entsprechende Wertberichtigungskonto die Summe der kumulierten Abschreibungen darstellt. Um den Informationsgehalt zu verbessern, wird das Wertberichtigungskonto in der Bilanz unmittelbar nach dem Hauptkonto aufgeführt und von diesem in Abzug gebracht. Damit sind Anschaffungskosten, kumulierte Abschreibungen und Buchwert der aufgeführten Anlagen in der Bilanz ersichtlich.

Das Aufführen solcher Wertberichtigungspositionen auf der Passivseite – wie es in der Praxis immer wieder beobachtet werden kann – ist abzulehnen, da die Wertberichtigungen nicht künftig erwartete Nutzenabgänge an Dritte ohne Gegenleistungen sind, sondern künftig erwartete Minderzugänge der betreffenden Aktiven. Zudem wird dadurch die Darstellung unübersichtlich und die Bilanz unnötig aufgebläht (Erhöhung der Bilanzsumme). Die Buchungen lauten:

Anlagen/Bank	(Kauf einer Anlage)
Abschreibungen/Wertberichtigung Anlagen	(indirekte Abschreibung)

---

1 Der Finanzierungsaspekt von Abschreibungen wird im Teil 6, Kapitel 3, Abschnitt 3.1 «Finanzierung aus Abschreibungsgegenwerten» ausführlicher dargestellt.

Beim Ausscheiden einer Anlage aus dem Bestand des Unternehmens (Verkauf, Liquidation oder Schaden) müssen in der Bilanz sowohl Anschaffungswert als auch die dazugehörigen Wertberichtigungen korrigiert werden.

Zur Berechnung der jährlichen Abschreibungen gibt es grundsätzlich zwei Prinzipien:

1. Abschreibung nach der **Zeit:** Die Abschreibungen werden aufgrund der voraussichtlichen Nutzungsdauer der Betriebsmittel berechnet. Der Abschreibungsbetrag ist im Prinzip unabhängig von der erstellten Leistung der Betriebsmittel. Allerdings kann durch die Wahl eines entsprechenden Abschreibungsverfahrens der Verlauf des Wertverzehrs über die Abschreibungsperiode berücksichtigt werden. In der Praxis werden folgende Verfahren gewählt:

   ■ Bei der **linearen Abschreibung** werden die Anschaffungs- oder Herstellkosten gleichmässig auf die angenommene Nutzungsdauer verteilt.

   ■ Bei der **degressiven Abschreibung** werden die Anschaffungs- oder Herstellkosten mittels sinkender jährlicher Abschreibungsbeträge auf die geschätzte Nutzungsdauer verteilt. Somit ist die Abschreibung im ersten Jahr der Nutzungsdauer am grössten, im letzten am kleinsten. Man unterscheidet zwei Formen der degressiven Abschreibung:

      □ Bei der **arithmetisch-degressiven Abschreibung** sinken die jährlichen Abschreibungsbeträge immer um den gleichen Betrag.

      □ Das **geometrisch-degressive Abschreibungsverfahren** berechnet die jährlichen Abschreibungsbeträge als festen Prozentsatz vom jeweiligen Restbuchwert.

2. Abschreibung nach der **Leistungsabgabe:** Die Abschreibungen ergeben sich aus der effektiven Inanspruchnahme der Betriebsmittel, d.h. der Menge der in einer Abrechnungsperiode mit dem abzuschreibenden Wirtschaftsgut produzierten Leistungen (z.B. Stückzahl, Maschinenstunden, Kilometerleistung). Sie verhalten sich proportional zur Ausbringungsmenge pro Abrechnungsperiode. Die Abschreibungen sind somit direkt abhängig vom Beschäftigungsgrad.

Die verschiedenen Abschreibungsverfahren werden an einem einfachen Beispiel in ▶ Abb. 134 veranschaulicht.

I. Ausgangslage

- Anschaffungskosten der Maschine: 105 000 Fr.
- voraussichtliche Nutzungsdauer: 5 Jahre
- Liquidationserlös am Ende des 5. Jahres: 5 000 Fr.
- Menge, die insgesamt hergestellt werden kann: 1,8 Mio. Stück

- Aufteilung der gesamten Leistungsmenge auf 5 Jahre:
  - 1. Jahr: 300 000 Stück
  - 2. Jahr: 500 000 Stück
  - 3. Jahr: 400 000 Stück
  - 4. Jahr: 450 000 Stück
  - 5. Jahr: 150 000 Stück

a_t = Abschreibungssatz, A_t = Abschreibungsbetrag, $\overline{a}_t$ = konstanter Abschreibungssatz vom Restwert

II. Berechnungen

1. Lineare Abschreibung

Jahr	a_t	A_t	Zeitwert I_t
0			105 000,00
1	20,00 %	20 000,00	85 000,00
2	20,00 %	20 000,00	65 000,00
3	20,00 %	20 000,00	45 000,00
4	20,00 %	20 000,00	25 000,00
5	20,00 %	20 000,00	5 000,00
Σ	100,00 %	100 000,00	

2. Arithmetisch-degressive Abschreibung (mögliche Werte)

Jahr	a_t	A_t	Zeitwert I_t
0			105 000,00
1	30,00 %	30 000,00	75 000,00
2	25,00 %	25 000,00	50 000,00
3	20,00 %	20 000,00	30 000,00
4	15,00 %	15 000,00	15 000,00
5	10,00 %	10 000,00	5 000,00
Σ	100,00 %	100 000,00	

3. Geometrisch-degressive Abschreibung

Jahr	a_t	$\overline{a}_t$	A_t	Zeitwert I_t
0				105 000,00
1	47,89 %	45,6 %	47 885,63	57 114,37
2	26,05 %	45,6 %	26 047,21	31 067,16
3	14,17 %	45,6 %	14 168,29	16 898,87
4	7,70 %	45,6 %	7 706,79	9 192,08
5	4,19 %	45,6 %	4 192,08	5 000,00
Σ	100,00 %		100 000,00	

4. Abschreibung nach der Leistungsabgabe

Jahr	a_t	A_t	Zeitwert I_t
0			105 000,00
1	16,67 %	16 666,67	88 333,33
2	27,78 %	27 777,78	60 555,55
3	22,22 %	22 222,22	38 333,33
4	25,00 %	25 000,00	13 333,33
5	8,33 %	8 333,33	5 000,00
Σ	100,00 %	100 000,00	

▲ Abb. 134 Beispiel Abschreibungsverfahren

| 2.6.2.2 | Delkredere |

Die Erfahrungen im Geschäftsleben zeigen immer wieder, dass nicht alle Kunden in der Lage oder willens sind, ihre Verpflichtungen zu erfüllen. Dies führt beim Gläubiger zu «Verlusten», weil bereits gebuchte Umsatzerträge nicht realisiert werden können. Man spricht in diesem Fall von **Debitorenverlusten.**

In jedem Unternehmen bestehen in der Regel Erfahrungswerte über Debitorenverluste vergangener Jahre. Es wäre nun falsch, am Bilanzstichtag so zu tun, als ob die Erwartung bestünde, dass sämtliche Kundenforderungen auch tatsächlich beglichen werden. Vielmehr müssen zunächst sämtliche «dubiosen» Debitoren aus dem Forderungsbestand eliminiert werden (sofern die Forderung als uneinbringlich beurteilt wird) oder zumindest individuell neu bewertet werden. Als dubios gelten alle bestrittenen Kundenforderungen, Forderungen, bei welchen der Rechtsweg eingeschlagen wurde (Zahlungsbefehl, Betreibung), und Forderungen, bei denen der Schuldner nicht mehr erreichbar ist. Die Elimination dieser Forderungen aus dem Bestand erfolgt über das Aufwandskonto «Debitorenverluste».

Auf diesem «bereinigten» Debitorenbestand wird nun eine weitere Bewertungskorrektur vorgenommen: das **Delkredere.** Das Delkredere ist Ausdruck des Gedankens der Bilanzvorsicht, der verlangt, dass die Chancen zukünftiger Nutzenzugänge vorsichtig zu schätzen sind. In diesem Sinn soll das Delkredere das allgemeine Kreditrisiko und zu erwartende Mindererlöse aufgrund von Skonti und anderen Preisnachlässen berücksichtigen. Es stellt damit eine Form «vorsorglicher Abschreibungen» von Geldforderungen dar, welche aus dem Kreditverkauf von betrieblichen Leistungen (Produkte, Dienstleistungen) stammen: «Das, was man glaubt, dass es nicht eingehen wird». Im Gegensatz zu den tatsächlichen Debitorenverlusten, welche sofort aus dem Forderungsbestand eliminiert werden müssen, stellt das Delkredere eine blosse **Pauschalwertberichtigung** dar und soll der latenten Gefahr Rechnung tragen, dass auch auf zum Bilanzierungszeitpunkt scheinbar einwandfreien Forderungen Verluste auftreten können (Vorsichtskonto).

> Das **Delkredere** stellt eine Wertberichtigungsposition zum Konto «Debitoren» dar und ist deshalb ein «Minus-Aktivkonto».

Als geschätzter zukünftiger Minderzugang an Geldnutzen ist das Delkredere direkt im Anschluss an das Hauptkonto Debitoren von diesem in Abzug zu bringen.

Die Verbuchung und Anpassung des Delkredere erfolgt über das Aufwandskonto «Debitorenverluste». Die Buchungen lauten:

Debitoren/Warenertrag	(Forderungen aus Kreditverkäufen)
Debitorenverluste/Debitoren	(Elimination eines «dubiosen» Schuldners)
Debitorenverluste/Delkredere	(Verlustrisiko auf dem Bestand an Forderungen)
Debitorenverluste/Delkredere	(Erhöhung des Verlustrisikos auf Forderungen)
Delkredere/Debitorenverluste	(Senkung des Verlustrisikos auf Forderungen)

2.6.3	**Rückstellungen**

> **Rückstellungen** sind Verbindlichkeiten gegenüber Dritten, mit welchen unter Umständen zu rechnen ist, bei welchen man aber noch nicht genau weiss, wann und in welcher Höhe sie wirksam werden und ob der Leistungsgrund überhaupt eintritt.

Rückstellungen sind demnach **Fremdkapital** (mutmassliche Zahlungs- oder Leistungsverpflichtungen gegenüber Dritten). Typische Rückstellungsarten sind:

- **Garantierückstellungen:** Risiken zukünftig erwarteter Leistungen an Kunden, die ohne Gegenleistung erbracht werden müssen (z.B. aufgrund gesetzlicher Vorschriften, allgemeiner Geschäftsbedingungen oder Vertragsbedingungen), wie Reparatur oder Ersatz des Produktes.
- **Prozessrückstellungen:** Risiken zukünftig erwarteter Leistungen an Rechtsvertreter und Gegenparteien aus einem anstehenden Prozess.
- **Rückstellungen für Gewährleistungen:** konkretisierte Risiken zukünftig erwarteter Leistungen an Gläubiger von Dritten aus geleisteten Bürgschaften oder Patronatserklärungen.
- **Rückstellungen für Sachschäden:** Risiken zukünftig erwarteter Leistungen an Dritte als Entschädigung für erlittene Sachschäden aus unternehmerischer Tätigkeit.
- **Rückstellungen für Grossreparaturen und Instandhaltungen:** zukünftig erwartete Instandhaltungsarbeiten Dritter an (Produktions-)Anlagen, die ihre Ursachen im Verschleiss durch die Nutzung in der Vergangenheit haben; z.B. Schmelzofen einer Glashütte.
- **Versicherungstechnische Rückstellungen:** zukünftig erwartete Leistungen an Versicherungsnehmer, die ihre Ursachen in den versicherten Risiken haben.
- **Steuerrückstellungen:** Risiken zukünftig erwarteter Ertragssteuern aufgrund des Jahresergebnisses oder zwecks Berücksichtigung der latenten Steuerlast auf unversteuerten stillen Reserven: Steuern sind grundsätzlich zu Lasten des Gewinns desjenigen Geschäftsjahres zu buchen, in dem die Steuerschuld entstanden ist.

- **Rückstellungen für drohende Verluste aus schwebenden Geschäften:** z. B. Kursrisiken aus Börsentermingeschäften oder Rohstoffkontrakten, die zum Bilanzierungszeitpunkt noch nicht fällig sind.

Grundsätzlich ist die Äufnung von Rückstellungen zu Lasten derjenigen Erfolgsposition zu verbuchen, unter die der Aufwand bzw. Minderertrag bei Kenntnis des Umfangs des Risikos einzusetzen wäre. (HWP 1998a, S. 215 f.) Unter Verwendung des Aufwandskontos «Garantiearbeiten» (bzw. Garantieleistungen oder Garantieaufwand) ergibt sich folgendes Beispiel:

Garantiearbeiten/Rückstellungen	(Bildung einer Garantierückstellung)

Fallen in den Folgeperioden tatsächlich Garantiearbeiten an, so werden diese zulasten der Rückstellungen erfolgsneutral gebucht. Die Garantiearbeit an einem Produkt einer Vorperiode soll nämlich *nicht* den verkauften Einheiten der laufenden Periode angelastet werden.

Rückstellungen/Bank	(«Verwendung» der Rückstellungen)

2.6.4 | Stille Reserven

> **Stille Reserven** sind dem aussenstehenden Leser der Bilanz **nicht ersichtliches Eigenkapital** und entstehen bei (bewusster oder unbewusster) Unterbewertung von Aktiven oder Überbewertung von Verbindlichkeiten.

Dies führt dazu, dass das Eigenkapital geringer erscheint, als es tatsächlich ist, und sich damit der ausgewiesene Gewinn verkleinert. Die Differenz zwischen dem ausgewiesenen Buchwert der Bilanzposition und den aktienrechtlich zulässigen Höchstbewertungsvorschriften oder den Werten, die sich bei betriebswirtschaftlicher Bilanzierung ergeben (Reproduktionskostenzeitwerte), entspricht verdecktem – oder stillem – Eigenkapital. Stille Reserven sind also keine «versteckten, geldgefüllten Tresore, die vor geldgierigen Aktionären zu verbergen sind», sondern reine Bewertungsdifferenzen in Bilanzpositionen.

2.6.4.1 | Bildung stiller Reserven

Die stillen Reserven können auf verschiedene Art und Weise gebildet werden:

- **Unterbewerten von Aktiven** durch, betriebswirtschaftlich betrachtet, überhöhte Abschreibungen und andere Wertberichtigungen wie zum Beispiel Delkredere.

- **Weglassen von Aktiven** durch
  - ◻ Abschreiben auf null (pro memoria),
  - ◻ Unterlassen der Aktivierung von Vermögensteilen,
  - ◻ Nichtbilanzieren von transitorischen Aktiven,
  - ◻ Nichtbilanzieren von aktivierungsfähigen Aufwendungen (z.B. angefangene Arbeiten).

- **Überbewerten von Verbindlichkeiten** durch
  - ◻ Bilden – betriebswirtschaftlich betrachtet – übermässiger Rückstellungen,
  - ◻ Nichtauflösen nicht mehr benötigter Rückstellungen,
  - ◻ Anwenden überhöhter Wechselkurse für Fremdwährungsschulden.

- **Aufführen von fiktiven Schulden** (z.B. fiktive Kreditoren).

Neben diesen bewusst gebildeten stillen Reserven gibt es viele Fälle, in denen diese unbewusst zustande kommen (z.B. durch Fehlschätzung der Abschreibungsdauer einer Investition).

Der Spielraum des Buchführenden für die Bildung stiller Reserven ist nach schweizerischem Recht im internationalen Vergleich ausserordentlich gross (vgl. Art. 669 OR).[1]

| 2.6.4.2 | Auflösung stiller Reserven |

Unter «Auflösung stiller Reserven» versteht man jede Abnahme an stillen Reserven während einer Rechnungsperiode. Entsprechend der Bildung von stillen Reserven kann auch deren Auflösung bewusst oder unbewusst erfolgen. Die Auflösung kann dabei grundsätzlich auf zwei Arten geschehen:

- Durch rein **buchungsmässige Reduktion** der stillen Reserven:
  - ◻ Aufwertung unterbewerteter Aktiven bzw. Neuaktivierung bisher nicht aktivierter Aktiven, inkl. transitorischer Aktiven,
  - ◻ Reduktion von Wertberichtigungen,
  - ◻ Kürzung oder Unterlassung von betriebswirtschaftlich notwendigen Wertberichtigungen,
  - ◻ buchungsmässige Tieferbewertung überbewerteter Verbindlichkeiten, zum Beispiel durch Reduktion betriebswirtschaftlich nicht gerechtfertigter Rückstellungen.

---

1   Vgl. dazu die Ausführungen in Abschnitt 2.6.1 «Ausgangslage».

- Durch **Realisierung** der stillen Reserven über den Verkauf unterbewerteter Aktiven (Waren, Wertschriften, Maschinen, Patente usw.). Die in diesen Aktiven versteckten stillen Reserven (Differenz zwischen Verkaufserlös und Buchwert) vergrössern den Gewinn dieser Periode.

Im Gegensatz zur rein buchungsmässigen Auflösung verwandeln sich die stillen Reserven bei der Realisierung in Einzahlungen.

Die Auflösung stiller Reserven ist an keine gesetzlichen Vorschriften gebunden. Sie kann jederzeit und für jeden Zweck erfolgen, ist aber gemäss Art. 669 Abs. 4 OR der Revisionsstelle im Einzelnen mitzuteilen. Da diese Regelung auch für die Bildung der stillen Reserven gilt, verlangt das Gesetz von der Verwaltung implizit ein **«internes» Inventar** der stillen Reserven. Der Nettobetrag der aufgelösten stillen Reserven (also auch der Wiederbeschaffungsreserven) ist im Anhang zur Bilanz aufzuführen (Art. 663b Ziff. 8 OR),

- falls der Gesamtbetrag der aufgelösten stillen Reserven den Gesamtbetrag der neugebildeten stillen Reserven übersteigt und
- sofern dadurch das erwirtschaftete Ergebnis wesentlich günstiger dargestellt wird.

Die Offenlegung des Nettobetrages an aufgelösten stillen Reserven dient nicht nur den Aktionären, sondern insbesondere auch den Gläubigern und der interessierten Öffentlichkeit. Der Sachverhalt, dass das ausgewiesene Jahresergebnis nachhaltig durch die Auflösung stiller Reserven beeinflusst wurde, ist von erheblicher Bedeutung für die Beurteilung der Ertragskraft des Unternehmens.

2.7	Mittelflussrechnung
2.7.1	**Ziele und Bedeutung**

Die Mittelflussrechnung (Kapitalflussrechnung) ist eine *freiwillige* Rechnung und hat sich in den vergangenen Jahren zu einer gleichrangigen dritten Abschlussrechnung neben Bilanz und Erfolgsrechnung entwickelt. Sie gilt heute in vielen Unternehmen als wichtigstes Instrument der finanziellen Führung (im Sinne der Planung, Entscheidung und Kontrolle finanzwirtschaftlicher Tatbestände). Mittelflussrechnungen werden auch durch aussenstehende Analytiker für die Beurteilung von Unternehmen erstellt. Sie sind aufgrund ihrer Informationsfülle in der Praxis bei mittleren und grösseren Unternehmen sehr verbreitet. Für Gesellschaften, die an der Schweizer Börse kotiert sind, ist die Erstellung und Publikation einer Mittelflussrechnung obligatorisch. Die wichtigsten Informationsziele der Mittelflussrechnung bestehen im Aufzeigen

- der Investitionsvorgänge,
- der Finanzierungsmassnahmen sowie
- der Liquiditätsentwicklung

innerhalb einer vergangenen oder zukünftigen Geschäftsperiode (Volkart 1998a, S. 204).

Die aufgezeigten Investitions- und Finanzierungsvorgänge sowie Liquiditätsentwicklungen werden dabei immer auf eine frei gewählte, jedoch besonders aussagekräftige Kontengruppe der Bilanz bezogen. Diese Kontengruppe wird **Fonds** genannt.

Wie die Erfolgsrechnung, welche die Ursachen für einen Gewinn oder Verlust einer Betrachtungsperiode ausweist, ist auch die Mittelflussrechnung eine Bewegungsrechnung. Im Gegensatz zur Erfolgsrechnung erklärt die Mittelflussrechnung jedoch die Ursachen für die Veränderungen des ihr zugrunde liegenden Fonds.

Die konkrete Ausgestaltung der Mittelflussrechnung ist in der Praxis äusserst vielfältig. Folgende Gemeinsamkeiten sind erkennbar:

- Die grundsätzliche Frage, die man mit jeder Mittelflussrechnung zu beantworten versucht, heisst: Welches sind Umfang und Ursachen der Veränderung von ausgewählten Bilanzpositionen (des Fonds)?
- Die Darstellung der Mittelflussrechnung (Ursachenanalyse für Fondsveränderungen) erfolgt immer nach dem gleichen Schema:

Fondszuflüsse	**Mittelherkunft** aus Finanzierungen, Desinvestitionen und aus dem unternehmerischen Umsatzprozess
– Fondsabflüsse	**Mittelverwendung** für Investitionen und Definanzierungen ausserhalb des Fonds
= Fondsveränderung	Veränderung der durch den Fonds definierten **finanziellen Mittel**

2.7.2   Fondsrechnung

Ausgangspunkt jeder Mittelflussrechnung sind zwei aufeinander folgende Bilanzen. Je nach konkreter Fragestellung bzw. Zielsetzung der Mittelflussrechnung wird die Veränderung eines möglichst aussagekräftigen Fonds genauer analysiert: In möglichst übersichtlicher, systematischer und informativer Darstellung werden alle Vorgänge aufgezeigt, welche diesen Fonds verändert haben.

Grösse und Zusammensetzung des betrachteten Fonds können beliebig gewählt werden. Welcher Fonds im konkreten Einzelfall für die Erstellung der Mittelflussrechnung ausgewählt werden soll, hängt von den Informationsbedürfnissen der Unternehmensleitung ab. In der Praxis haben sich aber folgende Fonds bewährt:

- In **publizierten Geschäftsberichten** findet sich häufig eine Fondsrechnung mit dem Fonds Nettoumlaufvermögen (NUV), d.h. Umlaufvermögen abzüglich kurzfristiges Fremdkapital.[1] Die Bedeutung dieses Fonds wird in Abschnitt 2.7.3 «Mittelflussrechnung zum Fonds Nettoumlaufvermögen (NUV)» erläutert.
- Für **interne Zwecke** empfiehlt sich eine Fondsrechnung mit dem Fonds «Geld zuzüglich die sofort verfügbaren Geldmittel» (z.B. Kontokorrentguthaben bei Post und Bank). Eine so definierte Mittelflussrechnung wird zu einer eigentlichen **Geldflussrechnung** (reine Einzahlungs-/ Auszahlungsbetrachtung) und dient der Planung, Steuerung und Kontrolle der Zahlungsbereitschaft des Unternehmens.

2.7.3	**Mittelflussrechnung zum Fonds Nettoumlaufvermögen (NUV)**
2.7.3.1	Liquiditätsnachweis

Ausgehend von zwei aufeinander folgenden Bilanzen besteht ein erster Schritt in der Analyse der Veränderung des Nettoumlaufvermögens darin, dass die Veränderungen der einzelnen Komponenten des NUV aufgezeigt werden. Da das NUV die Liquidität dritten Grades[2] zeigt, nennt man diese Analyse Liquiditätsnachweis. Dieser zeigt:

- wie gross das NUV ist (z.B. Bestand 31.12.20.1 und Bestand 31.12.20.2),
- wie sich das NUV zwischen zwei Zeitpunkten verändert hat,
- welche Verschiebungen sich bei den einzelnen Positionen des NUV ergeben haben:
  □ Veränderung der liquiden Mittel,
  □ Veränderung der Debitoren,
  □ Veränderung der Lagerbestände an Roh-, Halb- und Fertigfabrikaten sowie Handelswaren,
  □ Veränderung der kurzfristigen Schulden.

Der Liquiditätsnachweis zeigt nur den Betrag der Veränderungen der einzelnen Fondspositionen, nicht jedoch die Ursachen für diese Veränderun-

---

1 Allerdings ist in den letzten Jahren bei grossen Unternehmen die Tendenz zum Fonds «flüssige Mittel» festzustellen. Dies nicht zuletzt deshalb, weil das Kotierungsreglement der Schweizer Börse geldnahe Fonds für die Erstellung der Mittelflussrechnung empfiehlt (FER Nr. 6).

2 Zu den verschiedenen Liquiditätsgraden vgl. Teil 6, Kapitel 1, Abschnitt 1.4.4.1 «Liquidität».

gen. Trotzdem lassen sich daraus interessante Erkenntnisse ableiten. So können Verschiebungen in der relativen Zusammensetzung des betrachteten Fonds Ansatzpunkte für eine vertiefte Analyse der einzelnen NUV-Positionen geben:

- Eine Erhöhung des Anteils der Waren- oder Fertigfabrikatebestände kann in einer Absatzstockung begründet sein.
- Zunehmende Kassenbestände sind grundsätzlich renditehemmend, da sie in der Regel zinslos sind und damit «brachliegen».
- Gestiegene Debitorenbestände können auf eine schlechte Debitorenbewirtschaftung schliessen lassen, was sich wiederum renditehemmend auswirken kann.

Ein grosses Umlaufvermögen ist damit nicht a priori gut oder schlecht. In jedem Fall ist eine genauere Analyse über die Angemessenheit der einzelnen Positionen notwendig. Besonderes Gewicht muss dabei auf die Bewertung der betroffenen Bilanzpositionen gelegt werden. Allfällige stille Reserven sind aufzulösen und nichtbetriebliche Aktiven sind von den betrieblichen Werten abzuspalten.

| 2.7.3.2 | Ursachen für Veränderungen des Fonds NUV |

Der Liquiditätsnachweis zeigt nur, wie sich die Beträge der einzelnen NUV-Positionen innerhalb einer Rechnungsperiode verändert haben. Er vermag jedoch nicht die Ursachen dieser Veränderungen aufzuzeigen. Diese **Ursachen** liegen in jenen Geschäftsvorgängen, bei denen Mittel in den Fonds hineinfliessen oder aus dem Fonds abfliessen. Dies ist immer dann der Fall, wenn die Verbuchung eines Geschäftsvorfalles jeweils ein Konto des NUV und ein Konto ausserhalb des NUV berührt (▶ Abb. 135). Solche Vorgänge (Buchungstatsachen) nennt man **fondswirksam**. Die Mittelflussrechnung stellt all diese Vorgänge nach einem sinnvollen Schema gegliedert dar. Damit unterscheidet sich die Mittelflussrechnung von der Erfolgsrechnung – rein technisch – nur sehr wenig. Auch die Erfolgsrechnung zeigt die Veränderung von Bilanzpositionen auf und erklärt damit Gewinn- und Verlustentstehung während einer Geschäftsperiode. Und auch bei der Erfolgsrechnung liegen die Ursachen in jenen Geschäftsvorfällen, bei denen ein Bilanzkonto und ein Ausserbilanzkonto (Aufwand/Ertrag) berührt werden. Der technische Unterschied zwischen Mittelflussrechnung und Erfolgsrechnung liegt im betrachteten Fonds: Während die Erfolgsrechnung die Veränderung des Gewinnkontos erklärt, ermittelt die Mittelflussrechnung die Veränderung des Fonds NUV. Diese Veränderungen liegen in den acht Transaktionstypen begründet, wie in ▶ Abb. 135 gezeigt wird (Pfeile).

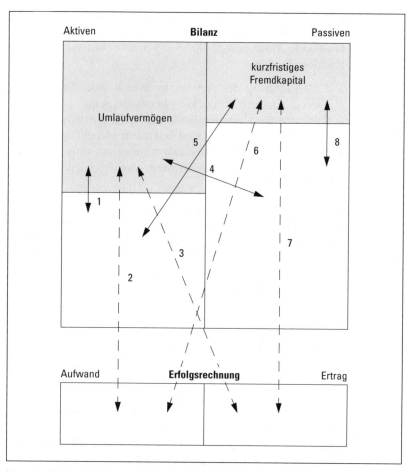

▲ Abb. 135   Ursachen für die Veränderungen des Fonds NUV

Je nach Pfeilrichtung bewirken diese Transaktionen eine Zunahme oder eine Abnahme des Fonds NUV. Zu jedem Pfeil sind deshalb in ▶ Abb. 136 exemplarisch zwei Beispiele aufgeführt.

In ◀ Abb. 135 wird durch die unterschiedlichen Pfeile zum Ausdruck gebracht, dass zwei verschiedene Gruppen von Geschäftsvorfällen bestehen: Geschäftsvorfälle, welche rein bilanzintern wirksam sind (Pfeile 1, 4, 5, 8), und solche, deren Gegenkonto aus der Erfolgsrechnung stammt (Pfeile 2, 3, 6, 7). In der Analyse der Mittelflussrechnung spielen die Fondsbeiträge aus der betrieblichen Umsatztätigkeit – also die NUV-Auswirkungen jener Geschäftsvorfälle, die ein Konto der Erfolgsrechnung berühren – unter der Bezeichnung Cash-flow eine besondere Rolle.[1]

---

1   Vgl. dazu Abschnitt 2.7.4.3 «Cash-flow».

Pfeil Nr.	Geschäftsvorfall	Buchungen Soll	Haben	Auswirkung auf NUV
1	Veräusserung von Beteiligungen	Kasse, Bank	Beteiligungen	Zunahme
	Kauf von Mobiliar, bar	Mobilien	Kasse	Abnahme
2	Reduktion des Delkredere	Delkredere	Debitorenverluste	Zunahme
	Auszahlung von Löhnen	Personalaufwand	Bank, Post	Abnahme
3	Warenverkauf an Kunden auf Rechnung	Debitoren	Umsatzerlöse	Zunahme
	Erlösminderungen auf Debitoren (z. B. Skontoabzug)	Erlösminderungen, Umsatzerlöse	Debitoren	Abnahme
4	Kapitalerhöhung	Bank, Post	Aktienkapital	Zunahme
	Kreditrückzahlung	Darlehen	Bank, Post	Abnahme
5	Preisreduktion durch den Lieferanten einer Anlage	Kreditoren	Maschinen, Anlagen	Zunahme
	Kauf von Maschinen auf Rechnung	Maschinen, Anlagen	Kreditoren	Abnahme
6	Inanspruchnahme von Lieferantenskonti	Kreditoren	Warenaufwand	Zunahme
	Zinsen auf Kontokorrentschuld	Zinsaufwand	Kontokorrent, Bankschuld	Abnahme
7	Auflösung kurzfristiger Rückstellungen	Rückstellungen	ausserordentlicher Ertrag	Zunahme
	Periodenabgrenzung vorauskassierter Mieten	Mieterträge	transitorische Passiven	Abnahme
8	Umwandlung eines Kreditverkaufes in ein Darlehen	Kreditoren	Darlehen	Zunahme
	Verbuchung der Dividende	Gewinnvortrag	Dividendenguthaben Aktionäre	Abnahme

▲ Abb. 136   Beispiele für Ursachen für die Veränderung des Fonds NUV

2.7.4	**Darstellung der Mittelflussrechnung**
2.7.4.1	Gliederung nach Mittelherkunft und Mittelverwendung

Für die Darstellung der Ursachen der Fondsveränderung wird in der Praxis häufig die Gliederung nach Mittelherkunft und Mittelverwendung gewählt. Die Ausdrücke Mittelherkunft und Mittelverwendung beziehen sich jedoch nur auf den betrachteten Fonds (hier: Nettoumlaufvermögen) und zeigen die Vorgänge, welche in der Betrachtungsperiode zu einer Fondsvergrösserung (Mittelherkunft) bzw. zu einer Fondsverkleinerung (Mittelverwendung) geführt haben. ▶ Abb. 137 zeigt die Grobgliederung einer solchen Mittelflussrechnung.

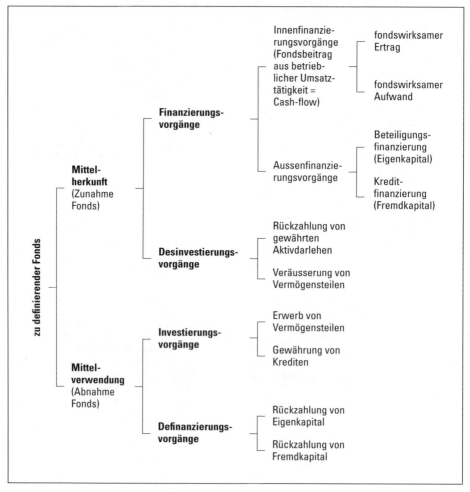

▲ Abb. 137   Gliederung der Mittelflussrechnung nach Mittelherkunft und Mittelverwendung

Der Vorteil dieser Darstellung liegt in der systematischen und denk-logischen Auflistung aller Ursachen der Fondsveränderungen sowie in der übersichtlichen Trennung fondsvermehrender und fondsreduzierender Vorgänge.

| 2.7.4.2 | Gliederung nach Umsatz-, Investitions- und Finanzierungsbereich |

Auch wenn die Gliederung nach Mittelherkunft und Mittelverwendung weit verbreitet ist, so sind auch andere Gliederungsmöglichkeiten denkbar. Immer häufiger ist die Aufteilung der fondsverändernden Ursachen in Umsatzbereich (Geschäftstätigkeit), Investitionsbereich und Finanzie-rungsbereich (▶ Abb. 138).

▲ Abb. 138   Gliederung der Mittelflussrechnung nach dem Bereichsaspekt (FER Nr. 6 bzw. Regel Nr. 6 KR)

Der Vorteil dieser Darstellungsart liegt in der starken Anlehnung an die traditionellen Abschlussrechnungen Bilanz und Erfolgsrechnung. Während die umsatzbedingten Fondsbeiträge die Erfolgsrechnung beinhalten, beschreibt der Investitionsbereich die Veränderungen der Aktivseite, der Finanzierungsbereich diejenigen der Passivseite der Bilanz. Damit erfährt der Cash-flow, als Fondsbeitrag aus der Umsatztätigkeit des Unternehmens, eine stärkere formelle Gewichtung. Nachteilig wirkt sich bei dieser Darstellung aus, dass fondsvergrössernde und fondsvermindernde Vorgänge (Herkunft und Verwendung der Fondsmittel) nicht mehr ohne weiteres ersichtlich sind, sondern in den Investitions- und Finanzierungsbereich aufgehen.

Selbstverständlich sind beide Darstellungsvarianten insofern gleichwertig, als sie die gesamte Fondsveränderung detailliert nachweisen können.

| 2.7.4.3 | Cash-flow |

Für das Unternehmen selbst ist der Mittelzufluss aus der betrieblichen Umsatztätigkeit (Cash-flow) eine wichtige Grösse zur Planung und Kontrolle der Liquidität. Dieser Mittelzufluss ist das Resultat oder das finanzielle Abbild des Erfolges der Unternehmensstrategie. Er zeigt, ob und in welchem Umfang es dem Unternehmen in der vergangenen Geschäftsperiode gelungen ist, über Herstellung und Vertrieb seiner Güter und Dienstleistungen einen positiven Beitrag zur Vergrösserung des Nettoumlaufvermögens – und damit zur Erhöhung der operativen und strategischen finanziellen Flexibilität – zu leisten. Nur wenn es dem Unternehmen gelingt, seine Verpflichtungen und seinen Investitionsbedarf nachhaltig aus seiner eigenen Geschäftstätigkeit heraus zu finanzieren, ist das Überleben langfristig gesichert. Der Mittelbeschaffung aus Desinvestitionen sind nämlich Grenzen gesetzt, und Aussenfinanzierungen mit Fremd- oder Eigenkapital sind langfristig nur möglich, wenn die selbst erarbeiteten Mittel eine hinreichende Verzinsung und Amortisation erlauben. Der **Cash-flow** wird aus dieser Perspektive zu einer **strategischen Steuerungsgrösse**. Seine Berechnung ist auf zwei Wegen möglich:

■ **Direkte Berechnung:**
Cash-flow = fondswirksamer Ertrag – fondswirksamer Aufwand

■ **Indirekte Berechnung:**
Cash-flow = Jahresgewinn
              + nicht fondswirksamer Aufwand
              – nicht fondswirksamer Ertrag

Wie ▶ Abb. 139 schematisch zeigt, führen beide Berechnungsarten zu demselben Resultat.

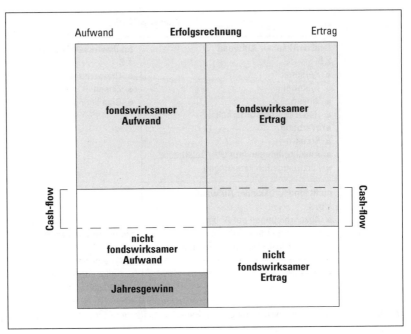

▲ Abb. 139   Direkte und indirekte Cash-flow-Berechnung (nach Weilenmann 1985, S. 27)

Welche Positionen der Erfolgsrechnung konkret als fondswirksam beziehungsweise nicht fondswirksam gelten, hängt von der jeweiligen Fondsdefinition ab. ▶ Abb. 140 zeigt typische Positionen für eine Cash-flow-Berechnung für den Fonds Nettoumlaufvermögen.

Für externe Analytiker werden die für die direkte Berechnung notwendigen Informationen meist nicht im Detail veröffentlicht. Oft muss sich der Interessierte deshalb mit einer Kurzform der indirekten Berechnungsvariante begnügen:

- **Cash-flow** = Jahresgewinn + Abschreibungen

Man muss sich jedoch bewusst sein, dass diese Berechnungsvariante immer dann *unvollständig* ist, wenn ausser den Abschreibungen noch weitere nicht fondswirksame Aufwendungen und/oder Erträge vorhanden sind (▶ Abb. 140). Diese nicht fondswirksamen Aufwendungen und Erträge sind meistens bedeutsam und umfassen für den Fonds NUV zum Beispiel

- Bildung/Auflösung von langfristigen Rückstellungen,
- Bewertungskorrekturen auf dem Anlagevermögen (materielles, finanzielles, immaterielles Anlagevermögen),
- Bildung/Auflösung von stillen Reserven.

Aufwand	Erfolgsrechnung	Ertrag
fondswirksamer Aufwand z.B. ■ Personal ■ Material ■ Zinsen ■ Reparatur und Unterhalt ■ Werbung ■ Steuern ■ Abschreibungen (auf UV), Delkredere ■ kurzfristige Rückstellungen	**fondswirksamer Ertrag** z.B. ■ Umsatzerlöse ■ Zinsen ■ Beteiligungserfolge	
nicht fondswirksamer Aufwand z.B. ■ Abschreibungen auf Anlagen ■ langfristige Rückstellungen ■ Buchverluste auf Anlagevermögen		
	nicht fondswirksamer Ertrag z.B. ■ Aufwertung von Anlagevermögen ■ Auflösung von langfristigen Rückstellungen	
Jahresgewinn		

▲ Abb. 140   Direkte und indirekte Cash-flow-Berechnung für den Fonds Nettoumlaufvermögen

Trotzdem leistet die verkürzte Berechnung des Cash-flow im Rahmen der vertieften Analyse veröffentlichter Bilanzen gute Dienste. Diese Bilanzen weisen selten den tatsächlichen Gewinn aus, sondern die Unternehmen versuchen oft, über eine «optimale Gewinnbewirtschaftung» den Ausweis von allzugrossen Gewinnschwankungen zu vermeiden. Dies hat zum einen dividendenpolitische Gründe, indem nur der zur Ausschüttung bestimmte Gewinn ausgewiesen werden soll (Angst vor «dividendenhungrigen Aktionären»). Zum andern sollen konjunkturelle Schwankungen nicht voll auf das Ergebnis durchschlagen. Die Bildung von stillen Reserven in guten und deren Auflösung in schwierigen Zeiten ist in der Schweiz weit verbreitet und wird durch die gesetzlichen Buchführungsvorschriften begünstigt (obwohl in letzter Zeit vor allem kotierte Unternehmen vermehrt zu gewinnabhängigen Dividendenzahlungen und offenen Gewinnausweispraktiken übergehen). Bei der Gewinnbewirtschaftung über stille Reserven spielt das Abschreibungs- und Rückstellungsverhalten eine zentrale Rolle. Stark vereinfacht ausgedrückt, dienen diese beiden Aufwandspositionen der Steuerung des Gewinnausweises zuhanden der Öffentlichkeit (► Abb. 141). Durch die Addition der veröffentlichten Zahlen (Gewinn plus Abschreibungen – und sofern ersichtlich – plus Rückstellungen) erhält der aussenstehende Betrachter zwar nicht den tatsächlichen, bereinigten Gewinn, aber zumindest einen brauchbaren Annäherungswert für die effektive unternehmerische Ertragskraft.

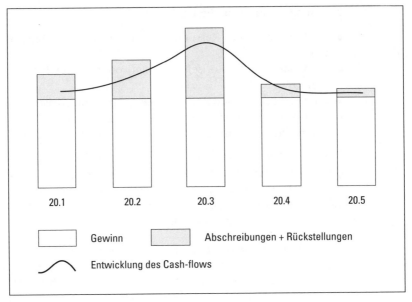

▲ Abb. 141   Cash-flow als Kennzahl der Ertragskraft

2.8   Budgetierung

> Unter einem **Budget** wird in der Regel eine systematische Zusammenstellung der während einer Periode erwarteten Mengen- und Wertgrössen verstanden. (Meyer 1996, S. 246)

Die Budgetierung hat die Aufgabe, den unternehmerischen Erfolg auf der Basis von Annahmen über die zukünftige Entwicklung der Umwelt und des Unternehmens zu schätzen. Sie dient damit in zweifacher Hinsicht als Entscheidungsgrundlage für Eigentümer, Management und Gläubiger:

1. Mit Hilfe von Budgets können die finanziellen Auswirkungen (z.B. Gewinn, Liquidität, Investitionen) verschiedener Annahmen über die erwartete Umweltentwicklung, insbesondere über die geschätzten Absatzzahlen, untersucht werden. Dies erlaubt eine quantitativ abgestützte Entscheidung über die zu verfolgenden Unternehmensziele und die zu wählenden Massnahmen.
2. Das Budget wird in der modernen Managementlehre als eines der wichtigsten Führungsinstrumente begriffen, das verbindliche quantitative (mengen- und wertmässige) Zielvorgaben und Restriktionen aufstellt.

Das Budget umfasst in diesem Sinne

- die Gesamtheit der Ressourcen (z.B. Finanzen, Personal, Betriebsmittel),
- die einem organisatorischen Verantwortungsbereich (z.B. Abteilung, Stelle)
- für einen bestimmten Zeitraum (langfristig, mittelfristig, kurzfristig)
- zur Erfüllung der ihm übertragenen Aufgaben
- durch eine verbindliche Vereinbarung zur Verfügung gestellt wird.

Unterschieden wird zwischen starren und flexiblen Budgets. **Starre Budgets** enthalten Grössen, die während einer Budgetperiode unbedingt eingehalten werden müssen, während **flexible Budgets** mit Vorgaben arbeiten, die bei sich verändernden Rahmenbedingungen (z.B. Beschäftigungsschwankungen) angepasst werden können.

Das **Budgetierungssystem** eines Unternehmens besteht aus einer Anzahl interdependenter Teilpläne, die sowohl objektbezogen (z.B. Produktlinien, Filialen) als auch funktionsbezogen (z.B. Beschaffung, Produktion, Absatz, Investitionen, Personal) formuliert werden können.

Die Zusammenfassung aller Teilpläne führt zum Unternehmensbudget (Plan-Bilanz, Plan-Erfolgsrechnung und Plan-Mittelflussrechnung, Plan-Liquiditätsrechnungen).

Durch den Prozess der Budgetierung werden die verantwortlichen Führungskräfte veranlasst, ihre Annahmen über die Umweltentwicklung sowie die angestrebten Ziele und Massnahmen soweit offen zu legen und zu operationalisieren (d.h. zu konkretisieren und zu präzisieren), dass sie in wertmässigen Grössen (Kosten, Erlöse, Gewinn) ausgedrückt werden können. Das Budget hat damit einen massgeblichen Einfluss auf das zielkonforme Verhalten der Führungskräfte. Im Einzelnen können ihm folgende Funktionen zugewiesen werden:

- **Orientierungs- und Entscheidungsfunktion:** Das Budget vermittelt den Handlungsrahmen und stellt ein verbindliches Entscheidungskriterium für die Messung der Zielwirksamkeit von Entscheidungen dar.
- **Integrations- und Koordinationsfunktion:** Das Budget ist ein sehr wichtiges Instrument zur Verteilung und Abstimmung der Ressourcen im Unternehmen. Ausgehend von den langfristigen Unternehmenszielen und -strategien sowie von den zur Verfügung stehenden Ressourcen, können konkrete Teilbereichsbudgets sowohl über verschiedene Zeithorizonte als auch für bestimmte organisatorische Verantwortungsbereiche (z.B. für Abteilungen bis zu einzelnen Stellen) abgeleitet werden.

- **Motivationsfunktion:** Das Budget beschneidet ohne Zweifel die Handlungsfreiheit der Führungskräfte. Die Identifikation mit den Zielvorgaben (die z.B. im Rahmen eines Management by Objectives[1] entwickelt werden und als Basis für die Leistungsbeurteilung dienen können) sowie vorhandene Freiräume im Rahmen der konkreten Umsetzung des Budgets wirken jedoch tendenziell motivierend.
- **Kontrollfunktion:** Budgets sind genau definierte operationale Zielgrössen (z.B. Umsätze, Kosten, Erträge) und erfüllen damit in idealer Weise die Bedingungen der Überprüfbarkeit und Messbarkeit. Im Rahmen von Abweichungsanalysen können zudem weitere Erkenntnisse über Produkte, Märkte und das eigene Unternehmen gewonnen werden.

Die Anwendung von Budgets zur Verhaltenssteuerung der Führungskräfte beinhaltet jedoch auch Risiken:

- Gefahr der **Ressourcenverschwendung:** Werden Budgetbeträge aufgrund vergangener Budgetausschöpfungen festgelegt, so entsteht die Tendenz, dass überschüssige, noch nicht in Anspruch genommene Beträge am Ende der Budgetperiode noch ausgegeben werden, obwohl sie eigentlich für die Aufgabenerfüllung nicht erforderlich wären («budget wasting»). Zudem können im Rahmen der Budgetplanung bewusst oder unbewusst durch zu pessimistische Schätzungen Reserven aufgebaut werden («budgetary slack»). Beide Phänomene führen zu einem nicht optimalen Einsatz der zur Verfügung stehenden Ressourcen.
- Gefahr der **mangelnden Flexibilität:** Eine starre Beurteilung der Führungskräfte anhand von Budgetvorgaben fördert tendenziell die mechanistische und unreflektierte Orientierung an diesen Vorgaben, auch wenn deren Prämissen sich in der Zwischenzeit geändert haben. Dies kann dazu führen, dass versucht wird, das Budget ohne Rücksicht auf die späteren Folgen einzuhalten. Initiative und Innovationsbereitschaft leiden dann unter diesem starren Budgetdenken.
- Gefahr des **Ressortegoismus:** Durch die starke Bereichs- und Verantwortungsorientierung von Budgets besteht die Gefahr, das Budget unter allen Umständen erreichen zu wollen, auch wenn dies auf Kosten der übrigen Teilbereiche des Unternehmens geschieht. Ein solches Verhalten kann zu Konflikten führen und vermindert die Kooperationsbereitschaft.

Einen Ansatz, diesen Gefahren teilweise zu begegnen, stellt das **Zero Base Budgeting** dar. Die Kernidee dieser Methode ergibt sich daraus, dass das Budget nicht als Fortschreibung vergangener Perioden betrachtet wird, sondern aus den tatsächlich geplanten Aktivitäten eines organisatorischen Teilbereiches abgeleitet wird. Damit können die knappen Ressourcen auf-

---

1   Zum Management by Objectives vgl. Teil 10, Kapitel 1, Abschnitt 1.1.2 «Managementtechniken».

gabengerecht ermittelt und verteilt werden. Diese Art der Budgetierung ist jedoch viel aufwendiger und erfordert genauere Informationen und eine präzisere Planung. Sie ist deshalb eher im Abstand von mehreren Jahren einzusetzen mit dem Ziel, eine schleichende Aufblähung von Aufgaben und Personal zu vermeiden.

Kapitel 3

Betriebsbuchhaltung

3.1   **Aufgabe der Betriebsbuchhaltung**

> Die Betriebsbuchhaltung – auch Betriebsabrechnung, Kostenrechnung oder Kosten- und Leistungsrechnung genannt – will eine wertmässige Abbildung der **innerbetrieblichen Vorgänge** darstellen.

Während die Finanzbuchhaltung die Beziehungen eines Unternehmens nach aussen (zu Kunden und Lieferanten, zu Banken, zu Arbeitnehmern, zur öffentlichen Hand und weiteren aussenstehenden Institutionen) abbildet, beschäftigt sich die Betriebsbuchhaltung mit der Leistungserstellung innerhalb des Unternehmens. Mit der Betriebsbuchhaltung versucht man, die wertmässigen Auswirkungen der im Unternehmen zu erstellenden oder erstellten Leistungen festzuhalten. Einerseits handelt es sich um den mit dieser Leistungserstellung verbundenen Verzehr von Geld, Gütern und Dienstleistungen und andererseits um den aus diesen Leistungen resultierenden Nutzenzugang.

Aus der allgemeinen Umschreibung der Betriebsbuchhaltung wird deutlich, dass diese Rechnung nicht auf den periodenbezogenen, nach handelsrechtlichen oder steuerlichen Gesichtspunkten bewerteten Grössen Aufwand und Ertrag basieren kann, sondern mit einem auf die erstellte Leistung bezogenen und somit **objektbezogenen** Begriff arbeiten muss. Man verwendet deshalb die Begriffe Kosten und Leistung:

- Unter **Kosten** versteht man die bewerteten Güter- und Dienstleistungs-
  abgänge einer Periode, die ihren Grund in der betrieblichen Leistungs-
  erstellung haben.
- Unter **Leistung** versteht man das bewertete Ergebnis der betrieblichen
  Tätigkeit, d. h. der erzeugten Güter- und Dienstleistungen während einer
  Periode.

Zur Abgrenzung der beiden Begriffe Kosten und Aufwand ist eine Auf-
schlüsselung des Aufwandes unter Berücksichtigung der betrieblichen
Leistungserstellung notwendig (▶ Abb. 142):

1. Der **Zweckaufwand,** d. h. der ordentliche betriebliche Aufwand, umfasst
   alle Aufwendungen, die mit der betrieblichen Leistungserstellung und
   -verwertung anfallen, wie dies zum Beispiel bei den Werbeaufwendungen der Fall ist.
2. Der **neutrale Aufwand** umfasst drei Kategorien, nämlich den
   - **betriebsfremden** Aufwand, der nicht dem primären Unternehmens-
     ziel dient (z.B. Immobiliengeschäfte eines Industrieunternehmens),
   - **periodenfremden** Aufwand, d. h. ausserhalb der Abrechnungsperiode
     verursachten, aber innerhalb dieser Periode verrechneten Aufwand
     (z.B. Nachzahlung von Steuern),
   - **ausserordentlichen** Aufwand, der aufgrund eines aussergewöhn-
     lichen Ereignisses auftritt wie zum Beispiel bei einem nicht voraus-
     sehbaren Schadenfall.

Nur die Zweckaufwendungen stellen zugleich auch Kosten dar. Stimmt der
Zweckaufwand mit dem effektiven Wertverzehr überein, so spricht man
von **Grundkosten.**

Denjenigen Teil des Zweckaufwandes, der nicht dem effektiven Wertverzehr entspricht, bezeichnet man als **Anderskosten.** Es handelt sich um
Kosten, die in der Kostenrechnung «anders», d. h. aufgrund des effektiven
Wertverzehrs, bewertet werden (z.B. kalkulatorische Abschreibungen,
kalkulatorische Mieten). Anderskosten stellen somit zwar Zweckaufwand
dar, stimmen aber betragsmässig nicht mit diesem überein.

Dem neutralen Aufwand stehen keine Kosten gegenüber. Andererseits
gibt es auch Kosten, denen kein Aufwand gegenübersteht. Es handelt sich
um **Zusatzkosten.** Diese werden in der Kosten-, nicht aber in der Erfolgsrechnung verrechnet (z.B. kalkulatorische Zinsen auf dem Eigenkapital
oder der kalkulatorische Unternehmerlohn).

Die Anderskosten und Zusatzkosten werden auch als **kalkulatorische
Kosten** bezeichnet.

Kalkulatorische Kosten sind solche Kosten, die in der Erfolgsrechnung
überhaupt nicht oder nicht in gleicher Höhe auftreten.

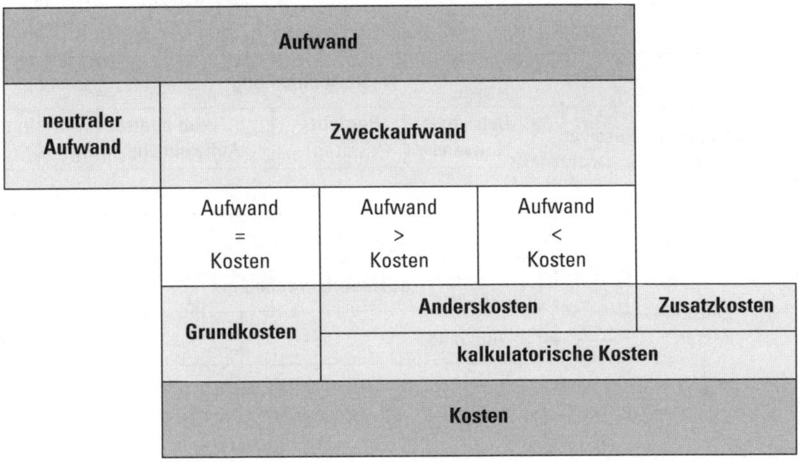

▲ Abb. 142   Gegenüberstellung Aufwand – Kosten

◀ Abb. 142 bringt zusammenfassend die Beziehungen zwischen Aufwand und Kosten zum Ausdruck.

3.2 Gliederung der Betriebsbuchhaltung

Der Betriebsbuchhaltung bzw. Betriebsabrechnung kann in Anlehnung an Weilenmann (1995, S. 591 ff.) folgende Aufgaben zugewiesen werden: Erfassung der Kosten für die betriebliche Leistung, Ermittlung des Betriebserfolges und Bereitstellen von Unterlagen.

1. **Erfassung der Kosten für die betriebliche Leistung:** Die Erfassung der Kosten erfolgt für bestimmte Rechnungsperioden (Zeitraumrechnung) und wird in drei Stufen aufgebaut (▶ Abb. 143):

   ■ **Kostenartenrechnung:** Die Kostenartenrechnung beantwortet die Frage, welche Kosten während einer bestimmten Periode entstanden sind. Dabei werden alle Kosten nach Kostenarten (z.B. Materialkosten, Personalkosten, Raumkosten usw.) gesammelt und gegenüber dem Aufwand in der Finanzbuchhaltung abgegrenzt. Für die weitere Verrechnung dieser Kosten muss zudem die Aufteilung in Einzelkosten und Gemeinkosten vorgenommen werden:

   □ **Einzelkosten:** Einzelkosten oder direkte Kosten können direkt dem einzelnen Produkt (= Kostenträger) zugerechnet werden. Es besteht somit eine kausale Beziehung zwischen der Entstehung eines Produktes und dem Verbrauch von Gütern und Dienstleistungen, die direkt gemessen werden kann (z.B. Materialkosten).

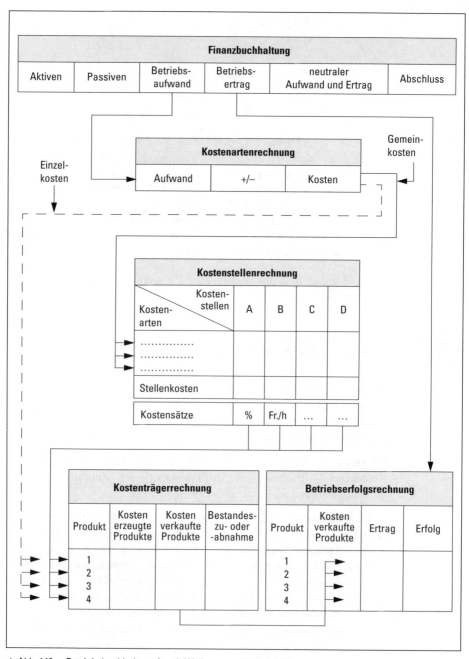

▲ Abb. 143   Betriebsbuchhaltung (nach Weilenmann 1995, S. 590)

- □ **Gemeinkosten:** Gemeinkosten können dagegen dem einzelnen Produkt nicht direkt zugerechnet werden, weil sie gemeinsam für mehrere Leistungen anfallen oder die Einzelverrechnung zu umständlich und kostspielig ist (z.B. Raum- oder Verwaltungskosten).

- ■ **Kostenstellenrechnung:** Die Kostenstellenrechnung gibt eine Antwort auf die Frage, an welcher Stelle des Unternehmens die Kosten entstanden sind. Deshalb werden Kostenstellen gebildet, d.h. das Unternehmen wird in Teilbereiche gegliedert, welche eine einheitliche und kalkulierbare Leistung erbringen (z.B. Betriebsabteilungen wie Einkauf oder Arbeitsvorbereitung). In der Kostenstellenrechnung werden die Gemeinkosten grundsätzlich nach dem Verursachungsprinzip auf die Kostenstellen zugerechnet. Aus der Summe der Gemeinkosten und der in irgendeiner Weise definierten Leistung jeder Kostenstelle kann der Abrechnungssatz (= Kostensatz) für die von dieser Stelle erbrachten Leistungen (z.B. Prozentsatz von den Einzellöhnen, Franken je Arbeits- oder Maschinenstunde) ermittelt werden.

- ■ **Kostenträgerrechnung:** Die Kostenträgerrechnung kann in eine Kostenträgerzeit- und in eine Kostenträgerstückrechnung unterteilt werden:

  - □ In der **Kostenträgerzeitrechnung** werden die Einzelkosten und Gemeinkosten einer bestimmten Periode auf die einzelnen Kostenträger verrechnet (▶ Abb. 144). Kostenträger sind Kalkulationsobjekte wie Produkte oder Dienstleistungen, Produktgruppen oder andere abgrenzbare Objekte (z.B. Projekte wie die Entwicklung eines neuen Produktes).

  - □ Grundsätzlich können die Kosten jeder Einzelleistung (z.B. einem Produkt für einen bestimmten Kunden) zugerechnet werden. Das kann zweckmässig sein, wenn nur eine ganz kleine Zahl von unterschiedlichen Leistungen in einer Periode produziert wird. Sobald aber die Zahl und Vielfalt der Leistungen grösser wird, verbietet sich dieses Verfahren nicht nur wegen des Rechenaufwandes, sondern auch wegen der Unübersichtlichkeit der Informationen. Hilfe verschafft hier die **Kostenträgerstückrechnung** oder **Kalkulation.** Sie kann als Sonderrechnung aufgrund der Daten aus der Kostenarten- und Kostenstellenrechnung durchgeführt werden und bietet eine wichtige Grundlage für die Preispolitik.[1]

---

1   Vgl. dazu Abschnitt 3.4 «Kalkulation» in diesem Teil sowie Teil 2, Kapitel 5, Abschnitt 5.2 «Preispolitik».

	Aufwand	Abgrenzungen	Kosten	Hilfs-stellen		Hauptkostenstellen				Kosten-träger	
				Gebäude	Fuhrpark	Materialstelle	Fertigung I	Fertigung II	Verwaltung und Vertrieb	Produkt A	Produkt B
Einzelmaterial	324	−4	320							200	120
Personalaufwand	204		204	4	12	8	10	10	60	60	40
Zinsen	12	+11	23	12	2	3	2	2	2		
Abschreibungen	24	−4	20	6	4	2	3	3	2		
Übriger Betriebsaufwand	56	+2	58	3	5	4	12	8	26		
	620	+5	625	25	23	17	27	23	90	260	160
Umlage Gebäude (nach m² genutzter Fläche)				− 25	2	5	8	5	5		
Umlage Fuhrpark (nach gefahrenen km)					−25	10			15		
				−	−	32	35	28	110		
Umlage Materialstelle (10 % von Einzelmat.kosten)						−32				20	12
Umlage Fertigung I (35 % von Einzellohnsumme)							−35			21	14
Umlage Fertigung II (Fr. 7,– /Maschinen-Stunde)								−28		21	7
Herstellkosten der Gesamtproduktion										322	193
Bestandesänderungen an Halb- und Fertigfabrikaten										−22	+7
Herstellkosten der verkauften Produkte										300	200
Umlage Verw.- u. Vertr.kosten (22 % von Herstellkosten)									−110	66	44
						−	−	−	−		
Selbstkosten der verkauften Produkte										366	244
Erlös										380	250
Betriebsgewinn										14	6
Leistungsmenge						320	100	4000	500		
						Einzelmaterial-verbrauch	Einzellohn-summe	Maschinen-stunden	HK verkaufte Produkte		

▲ Abb. 144   Betriebsabrechnungsbogen eines Industriebetriebes (Zahlen in 1000 Fr.)

2. **Ermittlung des Betriebserfolges:** In der Betriebserfolgsrechnung kann durch eine Gegenüberstellung der Kosten und des Ertrags sowohl der Erfolg aus der eigentlichen betrieblichen Tätigkeit wie auch der Erfolg der einzelnen Kostenträgergruppen festgestellt werden.

3. **Bereitstellen von Unterlagen:** Zusammenstellen von Informationen für die Kosten- und Erfolgskontrolle sowie für die Kalkulation und Planung der zukünftigen betrieblichen Leistungen.

3.3   Kostenrechnungssysteme

Nach dem Kriterium «Umfang der Kostenverrechnung» können zwei verschiedene Kostenrechnungssysteme unterschieden werden, nämlich die Vollkosten- und die Teilkostenrechnung.

> In der **Vollkostenrechnung** werden die gesamten Kosten einer Periode auf die einzelnen Kostenträger verteilt.

Die industrielle Praxis spricht aber oft auch von einer Vollkostenrechnung, wenn nur die gesamten Herstellkosten als Kosten der Kostenträger erscheinen.

> Bei der **Teilkostenrechnung** werden den Kostenträgern nur Teile der insgesamt entstandenen Kosten einer Abrechnungsperiode zugerechnet (z.B. nur die variablen Kosten oder nur die Einzelkosten).

Die verbreitetste Form der Teilkostenrechnung gliedert die Gesamtkosten in variable und fixe Kosten und verrechnet den Produkten zunächst nur die variablen Kosten. Solche Systeme werden oft als Grenzkostenrechnungssysteme bezeichnet, besser ist jedoch der Ausdruck **Deckungsbeitragsrechnung** (Direct Costing). Gliedert man die gesamten Fixkosten in verschiedene Fixkostenblöcke, so können mehrere Deckungsbeitragsstufen unterschieden werden, wie ▶ Abb. 145 zeigt. Mit Hilfe der EDV lassen sich in manchen Fällen nebeneinander Vollkosten- und Teilkostenrechnung durchführen.

Die Wahl eines Kostenrechnungssystems ist eine schwierig zu treffende Entscheidung, denn das System sollte ja gezielte Informationen generieren. Zu fragen ist somit nach den Informationsbedürfnissen, die sich aus den zu erwartenden Entscheidungssituationen und letztlich aus dem Zielsystem des Unternehmens ergeben.

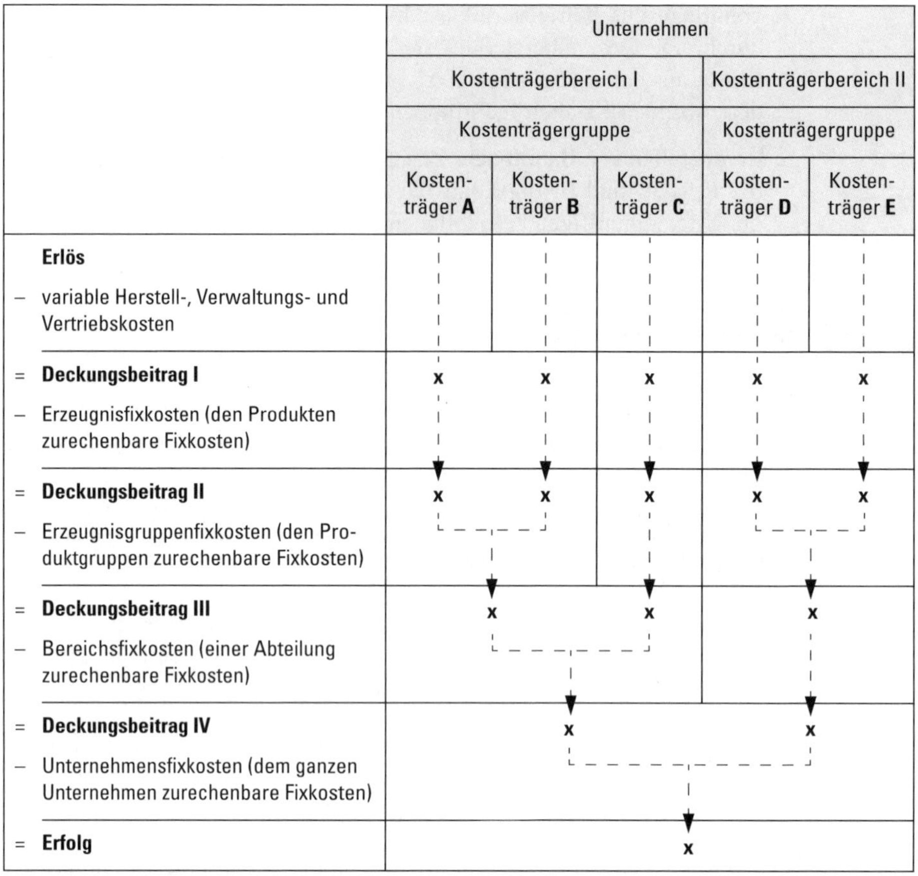

	Unternehmen				
	Kostenträgerbereich I			Kostenträgerbereich II	
	Kostenträgergruppe			Kostenträgergruppe	
	Kosten-träger **A**	Kosten-träger **B**	Kosten-träger **C**	Kosten-träger **D**	Kosten-träger **E**
Erlös – variable Herstell-, Verwaltungs- und Vertriebskosten					
= **Deckungsbeitrag I** – Erzeugnisfixkosten (den Produkten zurechenbare Fixkosten)	x	x	x	x	x
= **Deckungsbeitrag II** – Erzeugnisgruppenfixkosten (den Produktgruppen zurechenbare Fixkosten)	x	x	x	x	x
= **Deckungsbeitrag III** – Bereichsfixkosten (einer Abteilung zurechenbare Fixkosten)	x		x	x	
= **Deckungsbeitrag IV** – Unternehmensfixkosten (dem ganzen Unternehmen zurechenbare Fixkosten)	x			x	
= **Erfolg**	x				

▲ Abb. 145   Deckungsbeitragsstufen

3.4   Kalkulation

Bei der **Kalkulation** werden die Kosten einzelner Unternehmensleistungen ermittelt, zum Beispiel die Kosten eines bestimmten Sachgutes oder einer Dienstleistung, einer Gruppe oder einer Serie von Produkten.

Die Kalkulation ist eine objektbezogene Kostenrechnung und dient folgenden Zwecken (H. Ulrich/Hill/Kunz 1985, S. 16):

■ Ermittlung der Kosten zur Kontrolle des Unternehmensverhaltens,
■ Kostenermittlung zum Zwecke der Preisstellung,

- Ermittlung der Inventarwerte von Halbfabrikaten und selbst erstellten Anlagen,
- Beschaffung von Unterlagen für andere Zwecke des Rechnungswesens (Planungsrechnung, Betriebsvergleich).

Nach dem Zeitpunkt der aufzustellenden Rechnung unterscheidet man zwischen einer Vor- und Nachkalkulation (H. Ulrich/Hill/Kunz 1985, S. 58 ff.):

- **Vorkalkulation:** Die Vorkalkulation versucht, die Kosten der herzustellenden Erzeugnisse vorausschauend zu erfassen. Sie dient der Festlegung des Verkaufsprogrammes, der Offertstellung und der Preisgestaltung. Dabei wird versucht, für ein einzelnes Produkt oder eine Serie das benötigte Material für die Herstellung, die Arbeitskosten und den Gemeinkostenbetrag zu berechnen. Dies bedingt, dass die Vorkalkulation mit geschätzten Zahlen arbeiten muss. Sie ist deshalb stets eine Näherungsrechnung.
- **Nachkalkulation:** Mit der Nachkalkulation versucht man nachträglich festzustellen, wie hoch die Kosten für die Herstellung eines Produktes tatsächlich waren. Dabei kann man überprüfen, ob die entstandenen Kosten mit den vorkalkulierten Beträgen übereinstimmen. Gleichzeitig werden mit der Nachkalkulation aber auch neue Unterlagen für die nächsten Vorkalkulationen gewonnen.

3.5	Kosten als Entscheidungsgrundlagen
3.5.1	Bedeutung der Kosten

Es gibt kaum unternehmerische Entscheidungen, bei denen dem Faktor Kosten nicht eine wesentliche Bedeutung zukommt. Ein Unternehmen kann nämlich auf längere Sicht seine Existenz nur sichern, wenn es die durch seine Tätigkeit entstandenen Kosten auch decken kann. Deshalb ist es für einen Unternehmer wichtig zu wissen, welche Kosten entstanden sind und wie sie sich zusammensetzen, welche Einflussfaktoren für die Höhe der Kosten verantwortlich sind und wie die Kosten beeinflusst werden können. Solche Kosteninformationen können ihm zum Beispiel als Grundlage für folgende betriebliche Entscheidungen dienen:

- **Fremd-** oder **Eigenfertigung:** Soll das Unternehmen bestimmte Halb- oder Fertigprodukte selber herstellen oder von Dritten zukaufen?
- **Optimales Produktionsprogramm:** Wie sieht eine optimale Produktion für eine bestimmte Zeitdauer unter Berücksichtigung der vorhandenen Produktionskapazitäten aus?

- **Preisfestsetzung** und **Angebotsstellung:** Wie können die Preise festgesetzt werden, damit durch die Erlöse alle Kosten gedeckt werden und
  das Risiko des Unternehmers abgedeckt wird?
- **Investitionsrechnungen:** Bei der Beschaffung von Investitionsgütern
  muss entschieden werden, ob sich der Einsatz einer neuen Maschine
  lohnt oder nicht bzw. welche der zur Verfügung stehenden Maschinen
  die kostengünstigste ist.

3.5.2	Kosteneinflussfaktoren

Eine vollständige Aufzählung aller Kosteneinflussfaktoren ist weder möglich noch sinnvoll. Unmöglich deshalb, weil erstens die Verhältnisse von
Branche zu Branche und von Unternehmen zu Unternehmen sehr stark
variieren, und zweitens, weil im Laufe der Zeit neue Kosteneinflussfaktoren auftreten können. Grundsätzlich kann zwischen entscheidungsfeldbedingten und entscheidungsträgerbedingten Einflussfaktoren unterschieden werden:

- Die **entscheidungsfeldbedingten** Einflussfaktoren sind die vom Unternehmen in der Regel nicht beeinflussbaren Daten, da diese aus der jeweiligen Umweltsituation fest vorgegeben sind. Hierzu sind beispielsweise die Marktpreise sowie die Qualität der Produktionsfaktoren (technische Daten) zu zählen.
- Die **entscheidungsträgerbedingten** Einflussfaktoren hingegen sind Variablen, welche das Unternehmen durch seine Entscheidungen wesentlich
  zu beeinflussen vermag. Es handelt sich dabei häufig um Entscheidungen über den Beschäftigungsgrad, die Auftragsgrössen, die zeitliche
  Ablaufplanung, die zeitliche Produktionsverteilung und die Kapazität
  (▶ Abb. 146).

Da das Verhalten der Kosten bei Beschäftigungsschwankungen[1] im Allgemeinen einen wesentlichen Kosteneinflussfaktor darstellt, werden zuerst
die Begriffe Kapazität und Beschäftigung im betriebswirtschaftlichen
Sinne geklärt.

> Als **Kapazität** einer Anlage bezeichnet man ihr Leistungsvermögen in quan-
> titativer und qualitativer Hinsicht.

---

1   Vgl. Teil 4, Kapitel 4, Abschnitt 4.2 «Kostenverläufe bei Beschäftigungsschwankungen».

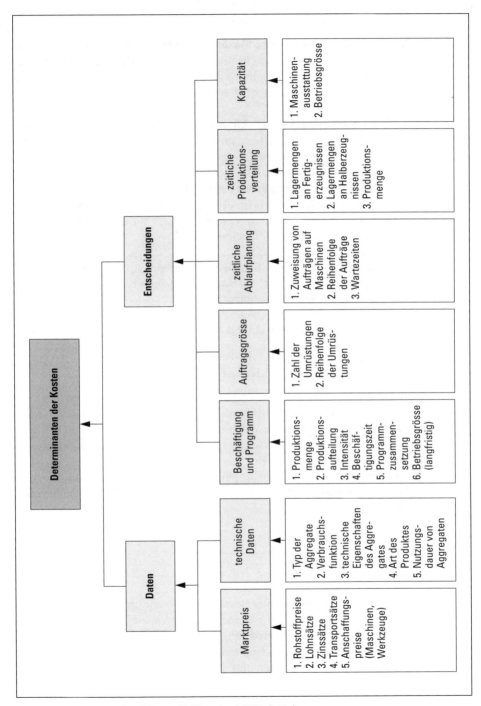

▲ Abb. 146   Kosteneinflussfaktoren (Schierenbeck 2003, S. 234)

Bezüglich der **quantitativen** Kapazität sind zu unterscheiden:

- **Technisch-wirtschaftliche Maximalkapazität,** die aus technischen Gründen entweder nicht überschritten werden kann oder nicht überschritten werden sollte, zum Beispiel wegen der Gefahr stark erhöhter Störanfälligkeit, hoher Ausschussquoten oder sehr grossen Materialverschleisses.
- **Technisch-wirtschaftliche Minimalkapazität,** die nicht unterschritten werden kann, weil die Maschine an eine Minimalkapazität gebunden ist, oder die zum Beispiel aufgrund eines überdurchschnittlich hohen Betriebsstoffverbrauchs nicht unterschritten werden sollte.
- **Wirtschaftliche** oder **optimale Kapazität,** die in der Regel zwischen technisch-wirtschaftlicher Maximal- und Minimalkapazität liegt. Bei dieser Kapazität ist der bewertete Faktorverbrauch für eine bestimmte Leistungsmenge/Zeiteinheit am kleinsten.

> Als **Beschäftigung** oder **Beschäftigungsgrad,** auch **Kapazitätsausnutzungsgrad** genannt, bezeichnet man das Verhältnis zwischen vorhandener Kapazität und effektiver Ausnutzung.

Die Beschäftigung kann wie folgt ausgedrückt werden:

- $\text{Beschäftigungsgrad} = \dfrac{\text{Ist-Produktion}}{\text{Kann-Produktion}} \cdot 100$

Unter der Kann-Produktion ist jene Nutzung des Betriebes oder von Betriebsteilen zu verstehen, die unter Berücksichtigung technischer, wirtschaftlicher und sozialer Aspekte über längere Zeit aufrechterhalten werden kann. Deshalb ist es möglich, dass der Beschäftigungsgrad kurzfristig über 100 % liegen kann. In diesem Falle spricht man von einer **Überbeschäftigung.** Ist der Beschäftigungsgrad hingegen kleiner als 100 %, so liegt eine **Unterbeschäftigung** vor, ist er genau 100 %, eine **Vollbeschäftigung.**

3.5.3	**Kostenkategorien**

Aufgrund des Einflussfaktors Beschäftigung kann eine wesentliche Unterteilung der Kosten gemacht werden, die für viele unternehmerische Entscheidungen von grosser Bedeutung ist. Je nachdem, ob nämlich die Beschäftigung einen direkten Einfluss auf die Kosten ausübt oder nicht, können fixe und variable Kosten unterschieden werden (▶ Abb. 147):

1. **Variable Kosten** lassen sich dadurch charakterisieren, dass sie unmittelbar auf Änderungen des Beschäftigungsgrades reagieren (z.B. Rohstoffkosten). Es können vier verschiedene Fälle unterschieden werden:
   - **Proportionale** Kosten, die im gleichen Verhältnis wie die Beschäftigungsänderung variieren.
   - **Progressive** Kosten, die überproportional, d.h. stärker als die Beschäftigungsänderung steigen.
   - **Degressive** Kosten, die unterproportional, d.h. weniger stark als die Beschäftigungsänderung steigen.
   - **Regressive** Kosten, die im Gegensatz zu den degressiven Kosten nicht nur relativ, sondern auch absolut sinken. Da die in der Literatur aufgeführten Beispiele (z.B. fallende Heizkosten in einem zunehmend besetzten Kino) sehr selten anzutreffende Spezialfälle darstellen, kann diese Kostenkategorie aus praktischen Gründen vernachlässigt werden.

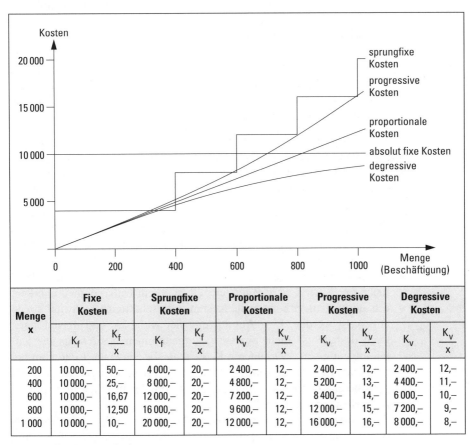

Menge x	Fixe Kosten		Sprungfixe Kosten		Proportionale Kosten		Progressive Kosten		Degressive Kosten	
	K_f	$\dfrac{K_f}{x}$	K_f	$\dfrac{K_f}{x}$	K_v	$\dfrac{K_v}{x}$	K_v	$\dfrac{K_v}{x}$	K_v	$\dfrac{K_v}{x}$
200	10 000,–	50,–	4 000,–	20,–	2 400,–	12,–	2 400,–	12,–	2 400,–	12,–
400	10 000,–	25,–	8 000,–	20,–	4 800,–	12,–	5 200,–	13,–	4 400,–	11,–
600	10 000,–	16,67	12 000,–	20,–	7 200,–	12,–	8 400,–	14,–	6 000,–	10,–
800	10 000,–	12,50	16 000,–	20,–	9 600,–	12,–	12 000,–	15,–	7 200,–	9,–
1 000	10 000,–	10,–	20 000,–	20,–	12 000,–	12,–	16 000,–	16,–	8 000,–	8,–

▲ Abb. 147   Kostenverläufe

2. **Fixe Kosten** sind dadurch gekennzeichnet, dass sie auf Beschäftigungsschwankungen während einer bestimmten Zeitdauer nicht reagieren. Sie fallen unabhängig vom Beschäftigungsgrad an und sind deshalb konstant (z. B. Miete, Versicherungsgebühren). Sie können weiter unterteilt werden in absolut-fixe und sprungfixe Kosten:

- **Absolut-fixe** Kosten bleiben unabhängig von Beschäftigungsschwankungen konstant.
- **Sprungfixe** Kosten sind nur für bestimmte Beschäftigungsintervalle fix – deshalb werden sie auch intervallfixe Kosten genannt – und steigen treppenförmig an. Je kleiner jedoch die Beschäftigungsintervalle sind, desto mehr nähern sie sich den variablen Kosten an.

Aufgrund des effektiven Beschäftigungsgrades können zudem so genannte Leer- und Nutzkosten unterschieden werden:

- **Leerkosten** entstehen bei Unterbeschäftigung und entsprechen denjenigen Kosten, die infolge ungenutzter Kapazitäten nicht auf die erstellten Produkte verrechnet werden können (sofern mit einem festen Kostenzurechnungssatz gerechnet wird).
- **Nutzkosten** sind demzufolge jener Teil der fixen Kosten, der auf die effektiv produzierten Einheiten zugerechnet wird. Die Nutzkosten betragen 100 %, wenn eine Maschine voll ausgelastet ist, und null, wenn die Maschine überhaupt nicht läuft. Sie verhalten sich umgekehrt proportional zu den Leerkosten, d. h. je grösser die Nutzkosten, umso kleiner sind die Leerkosten und umgekehrt.

Die fixen Kosten fallen also unabhängig vom Beschäftigungsgrad an und können, zumindest kurzfristig, nicht verändert oder angepasst werden. Umso wichtiger ist es deshalb für ein Unternehmen zu wissen, weshalb überhaupt fixe Kosten entstehen. Es sind dafür mehrere Gründe zu nennen:

- **Unternehmerischer Entscheid:** Fixe Kosten bzw. deren Höhe werden vielfach durch einen unternehmerischen Entscheid festgelegt. Zu diesen Kosten gehören beispielsweise die Werbekosten oder die Ausbildungskosten für Mitarbeiter.
- **Entscheidungszeitraum:** Je kürzer der Entscheidungszeitraum, desto mehr fixe Kosten werden tendenziell in einem Unternehmen anfallen, d. h. desto weniger können die Kosten an Beschäftigungsschwankungen angepasst werden. Eine Abgrenzung der variablen und fixen Kosten kann deshalb oft nicht eindeutig vorgenommen werden, da die Zuteilung zur einen oder anderen Kostenkategorie in erster Linie vom betrachteten Entscheidungszeitraum abhängt. Diese Tatsache wurde übrigens bereits durch die Unterscheidung von absolut-fixen und sprungfixen Kosten angedeutet.
- **Kostenremanenz:** Bei solchen Kosten, die von ihrem Charakter her kurzfristig veränderbar wären, aufgrund situativer Einflüsse aber bei einem rückläufigen Beschäftigungsgrad nicht entsprechend angepasst und

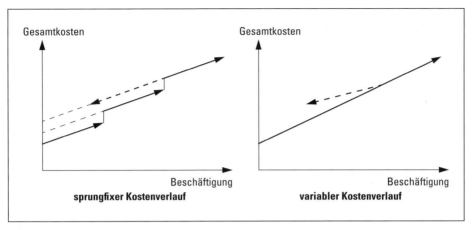

▲ Abb. 148   Kostenremanenz bei sprungfixen und variablen Kosten

gesenkt werden können, spricht man von remanenten Kosten (◄ Abb. 148). Das Phänomen der Kostenremanenz kann man vor allem bei intervallfixen, aber auch bei variablen Kosten beobachten, wenn beispielsweise die Mitarbeiter aus Angst vor einer Entlassung bei Beschäftigungsrückgang ihre Arbeit strecken oder qualifiziertes Personal Hilfsarbeiten übernehmen muss.

Daneben gibt es eine Vielzahl weiterer Gründe, die für das Entstehen von fixen Kosten verantwortlich sind. Als typische Beispiele sind zu nennen:

- Rechtliche Bindungen (z.B. Leasing-Verträge, die nicht gekündigt werden können).
- Soziale Ziele (z.B. keine kurzfristigen Entlassungen von Mitarbeitern).
- Halten von qualifiziertem Personal, um dieses nicht an die Konkurrenz zu verlieren oder um dieses nicht zu einem späteren ungünstigeren Zeitpunkt – beispielsweise bei angespanntem Arbeitsmarkt – wieder suchen zu müssen.
- Kosten der Anpassung (falls diese grösser sind als die fixen [Leer-]Kosten).

Die Unterteilung in fixe und variable Kosten darf nicht nur in Bezug auf die Beschäftigung gesehen werden. Zieht man **externe Einflussfaktoren** in Betracht, so können durchaus auch beschäftigungsfixe Kosten variabel sein. So sind die Fremdkapitalkosten zwar bezüglich der Beschäftigung fix, bei einer Änderung des Zinssatzes können die Fremdkapitalkosten aber «variabel» werden.[1] Hier ist ausserdem zu beachten, dass diese Kosten in der Regel vom Unternehmen nicht beeinflussbar sind, obschon sie variabel sind.

---

1   Nach erfolgter Änderung des Zinssatzes können sie allerdings wieder als «fix» betrachtet werden.

3.5.4	**Kostendimensionen**

Bei einer Klassifizierung der Kosten nach der Messgrösse können folgende Unterscheidungen gemacht werden:

- Unter den **Gesamtkosten** versteht man die Summe des bewerteten Faktorverbrauchs zur Erstellung einer Leistungsmenge x während einer bestimmten Periode. Unter Berücksichtigung der Unterscheidung variabler und fixer Kosten können folgende Kosten definiert werden:
  - Gesamte variable Kosten: K_v
  - Gesamte fixe Kosten: K_f
  - Gesamte Kosten: $K = K_v + K_f$

  Die Bezugsgrösse der Gesamtkosten ist nicht immer eindeutig definiert. Nur aus dem Zusammenhang geht hervor, ob es sich um die Kosten eines ganzen Unternehmens, einer Kostenstelle (z.B. Einkauf, Fertigung), einer einzelnen Produktart oder nur einer bestimmten Kostenart handelt.

- Bezieht man die Gesamtkosten K auf eine Einheit der erstellten Leistung, so ergibt sich eine **Stückbetrachtung** mit folgender Unterteilung:

  - Durchschnittliche variable Kosten: $k_v = \dfrac{K_v}{x}$

  - Durchschnittliche fixe Kosten: $k_f = \dfrac{K_f}{x}$

  - Durchschnittliche Kosten (= Stückkosten): $k = \dfrac{K}{x}$

- Unter den **Grenzkosten** versteht man jene Kosten, die durch Produktion einer *zusätzlichen* Ausbringungseinheit anfallen. Um die Höhe der Grenzkosten zu erhalten, sind jeweils die Mengendifferenzen und die entsprechenden Kostendifferenzen zu ermitteln. Praktisch werden sie als Veränderung der variablen Kosten ermittelt, wenn die Produktionsmenge um eine Mengeneinheit erhöht oder gesenkt wird. Dies ergibt folgende Formel:

  - Grenzkosten $= \dfrac{\Delta K}{\Delta x}$

Eine Erhöhung der Produktionsmenge um Δx verursacht somit eine Kostenerhöhung um ΔK.

Die Kenntnis der Grenzkosten ist für ein Unternehmen zum Beispiel dann von Interesse, wenn es darüber entscheiden muss, ob ein zusätzlicher Auftrag angenommen werden soll oder nicht. Es wird dies in der

Regel nämlich nur dann tun, wenn mindestens die Grenzkosten durch die zusätzlich anfallenden Erträge gedeckt sind.

Ein weiterer wichtiger Kostenbegriff ist derjenige der Opportunitätskosten, auch Alternativkosten genannt.

> Unter **Opportunitätskosten** versteht man den Nutzenentgang, der sich daraus ergibt, dass die höchstbewertete Alternative aus den zur Verfügung stehenden Handlungsmöglichkeiten nicht gewählt wurde.

Opportunitätskosten bedeuten somit immer, dass mehrere Handlungsmöglichkeiten vorhanden sind, die einen unterschiedlichen Nutzen abwerfen. Sie berechnen sich als Differenz zwischen der gewählten Variante und der höchstbewerteten. Kann man beispielsweise einen bestimmten Geldbetrag zu 4% oder 10% anlegen und entscheidet man sich – z.B. aus Risikogründen – für die niedriger verzinsliche Variante, so betragen die Opportunitätskosten 6%.

Weiterführende Literatur

Achleitner, A.-K./Behr, G.: International Accounting Standards. Ein Lehrbuch zur internationalen Rechungslegung. 3., überarbeitete Auflage, München 2003

Behr, Giorgio: Rechnungslegung. Zürich 2005

Boemle, Max: Der Jahresabschluss. Bilanz, Erfolgsrechnung, Anhang. 3., neu bearbeitete Auflage, Zürich 1996

Fickert, R./Geuppert, F./Künzle, A.: Finanzcontrolling für Nicht-Finanz-Spezialisten. Bern 2003

Helbling, Carl: Bilanz- und Erfolgsanalyse. Lehrbuch und Nachschlagewerk für die Praxis mit besonderer Berücksichtigung der Darstellung im Jahresabschluss- und Revisionsbericht. 10., nachgeführte Auflage, Bern/Stuttgart/Wien 1997

Leimgruber, J./Prochinig, U.: Bilanz- und Erfolgsanalyse. 4. Auflage, Zürich 1999

Meyer, Conrad: Betriebswirtschaftliches Rechnungswesen. Einführung in Wesen, Technik und Bedeutung des modernen Management Accounting. 2., ergänzte Auflage, Zürich 1996

Schellenberg, Aldo: Rechnungswesen. Grundlagen, Zusammenhänge, Interpretationen. 3., überarbeitete und erweiterte Auflage, Zürich 2000

Seiler, Armin: Accounting. BWL in der Praxis I. Zürich 1998

Teil 6

Finanzierung

Inhalt

Kapitel 1

Grundlagen

1.1	Finanzwirtschaftliche Grundbegriffe
1.1.1	Finanzwirtschaftlicher Umsatzprozess als Ausgangspunkt

Der Umsatzprozess eines Unternehmens kann in einen güter- und in einen finanzwirtschaftlichen Prozess unterteilt werden.[1] Beide sind stark miteinander verknüpft; der finanzwirtschaftliche Prozess ist dabei Voraussetzung für den güterwirtschaftlichen. In einer ersten Phase müssen die finanziellen Mittel zur Verfügung gestellt werden, um die für den Produktionsprozess notwendigen Güter und Dienstleistungen beschaffen zu können.

> Unter **finanziellen Mitteln** versteht man in der Regel alle Zahlungsmittel (Münzen, Banknoten) und sämtliches Buch- bzw. Giralgeld (Sichtguthaben bei Post und Bank), sowie in einer weiteren Begriffsfassung zusätzlich die übrigen Bankguthaben und leicht realisierbaren Wertschriften.

Das Unternehmen beschafft sich die finanziellen Mittel auf dem Geld- und Kapitalmarkt:

---

1 Zum güter- und finanzwirtschaftlichen Umsatzprozess vgl. Teil 1, Kapitel 1, Abschnitt 1.2.2 «Betrieblicher Umsatzprozess».

- Auf dem **Geldmarkt** treffen sich Angebot und Nachfrage nach kurzfristigen Mitteln. Die Fälligkeit dieser Gelder beträgt weniger als ein Jahr. Die Unternehmen können auf diesem Markte kurzfristig ihre Liquiditätsüberschüsse anlegen oder umgekehrt kurzfristige Liquiditätsengpässe überbrücken. In der Schweiz hat der Geldmarkt eine relativ kleine Bedeutung, wobei vor allem das so genannte Call-Geld (das täglich abgerufen werden kann) und das Fest- oder Termingeld (auf einen bestimmten Verfalltag) besonders zu erwähnen wären. Call-Geld-Transaktionen werden praktisch ausschliesslich unter Banken getätigt, während den Termingeldmarkt auch Unternehmen anderer Branchen (Industrie, Versicherung, Handel) benützen.
- Der **Kapitalmarkt** dagegen dient dem Handel von mittel- bis langfristigen Mitteln, die eine Fälligkeit von über einem Jahr aufweisen. Allerdings bedeutet ein Kapitalmarktgeschäft nicht unbedingt eine langfristige Verpflichtung für die Partner. Während das Unternehmen bei der Ausgabe von Beteiligungspapieren eine langfristige Verfügbarkeit anstrebt, kann der Kapitalgeber durch den Verkauf dieser Papiere an der Börse die Pflichten und Rechte auf einen neuen Kapitalgeber übertragen und somit eine Bindung von nur kurzer Dauer eingehen. Wichtige Teilmärkte des Kapitalmarktes sind der Wertpapiermarkt (Obligationen, Beteiligungspapiere), der Hypothekarmarkt und der Markt für sonstige langfristige Darlehen. Wichtige Träger des Kapitalmarktes sind die Effektenbörsen sowie das Bankensystem, die für einen reibungslosen Handel besorgt sind.

Geld- und Kapitalmarkt sind zum Teil eng miteinander verbunden und weisen fliessende Grenzen auf. Oft werden diese beiden Märkte zusammengefasst und als **Kreditmarkt** bezeichnet.

Im Folgenden werden die Begriffe Kapital, Vermögen, Finanzierung und Investierung umschrieben, welche die Grundlage für die Betrachtung der wesentlichen finanzwirtschaftlichen Entscheidungstatbestände bilden.[1]

1.1.2	**Kapital und Vermögen**

Im Rahmen der Betriebswirtschaftslehre bzw. der Finanzierung bezeichnet man als **Kapital** eine abstrakte Geldwertsumme, die durch Zuführung von in der Regel finanziellen Mitteln oder seltener von in Geld bewerteten Gütern entsteht.

---

1 Vgl. dazu auch Teil 5, Kapitel 2, Abschnitt 2.3.3 «Darstellung der Bilanz».

Das Kapital zeigt bei der Unternehmensgründung die Herkunft dieser finanziellen Mittel bzw. der eingebrachten Güter.[1] Zu einem späteren Zeitpunkt, während der Umsatzphase des Unternehmens, kann die Herkunft der Mittel nicht mehr bestimmt werden. Das Kapital verkörpert in diesem Fall den in Geldeinheiten ausgedrückten Wert der im Unternehmen insgesamt vorhandenen Vermögensteile. Es zeigt dann lediglich noch die Ansprüche der Kapitalgeber.

Entsprechend der Art der rechtlichen Ansprüche der Kapitalgeber wird das Kapital in Eigen- und Fremdkapital unterteilt:

- Das **Eigenkapital** (= Beteiligungskapital[2]) ist entweder von den Eigentümern zur Verfügung gestelltes oder vom Unternehmen selbst erarbeitetes (= einbehaltene Gewinne) Kapital. Es steht dem Unternehmen in der Regel auf unbegrenzte Zeit zur Verfügung.

- Im Gegensatz dazu steht das **Fremdkapital,** das von Dritten für eine bestimmte Zeitdauer zur Nutzung überlassen wird (= Gläubigerkapital).

Eine genaue Grenze zwischen Eigen- und Fremdkapital kann zwar rechtlich meistens gezogen werden, da der Fremdkapitalgeber ein Gläubiger des Unternehmens ist. Betriebswirtschaftlich ist diese Grenzziehung aber nicht immer möglich. Gewährt beispielsweise ein Aktionär einer Familienaktiengesellschaft des Unternehmens ein Darlehen, so stellt dies rechtlich zwar Fremdkapital dar, betriebswirtschaftlich kommt ihm jedoch die Funktion von Eigenkapital zu.

> Das **Vermögen** eines Unternehmens besteht aus der Gesamtheit der materiellen und immateriellen Güter, in die das Kapital eines Unternehmens umgewandelt wurde.

Kapital und Vermögen sind deshalb in Geldeinheiten ausgedrückt immer gleich gross. Das Vermögen eines Unternehmens wird meistens nach der Dauer der Bindung der in den verschiedenen Vermögensteilen gebundenen finanziellen Mitteln gegliedert. Grundsätzlich wird dabei zwischen Umlauf- und Anlagevermögen unterschieden:

- Das **Umlaufvermögen** umfasst neben den liquiden Mitteln in erster Linie die zur Leistungserstellung notwendigen Werkstoffe (Repetierfaktoren) und die sich aus dem betrieblichen Transformationsprozess ergebenden Güter sowie die aus der Leistungsverwertung entstehenden Forderungen gegenüber Kunden.

---

1   Bei der Gründung eines Unternehmens kann auch die so genannte Sachgründung gewählt werden, bei der nicht eine Bar-, sondern eine Sacheinlage (z. B. Lieferwagen, Grundstück) geleistet wird.

2   Ist der Eigentümer mit dem Unternehmer identisch, spricht man auch von Unternehmerkapital.

- Das **Anlagevermögen** umfasst dagegen primär die Betriebsmittel (Potenzialfaktoren), die dem Unternehmen während einer bestimmten Zeitspanne zur Nutzung zur Verfügung stehen, sowie die Beteiligungen an anderen Unternehmen. Diesem **materiellen** Anlagevermögen steht das **immaterielle** gegenüber, das gewisse Rechte – zum Beispiel in Form von Patenten oder Lizenzen – beinhaltet.

| 1.1.3 | **Finanzierung und Investierung** |

Je nach den Aufgaben, die man der Finanzierung zuordnet, kann diese unterschiedlich interpretiert werden.

1. Betrachtet man lediglich das Bereitstellen von finanziellen Mitteln zur Anschaffung bestimmter Gegenstände, insbesondere von Potenzialfaktoren (z. B. Flugzeuge), so handelt es sich um eine **Objektfinanzierung**.
2. Oft führt die Beschaffung eines Potenzialfaktors zu einem zusätzlichen Kapitalbedarf, da durch dessen Inbetriebnahme Auswirkungen auf andere betriebliche Bereiche (z. B. Repetierfaktoren, Debitorenbestände) zu erwarten sind. Man spricht deshalb von einer **Unternehmensfinanzierung** (= Finanzierung im engeren Sinne) und meint damit die Versorgung des gesamten Unternehmens mit finanziellen Mitteln zur Aufrechterhaltung des betrieblichen Umsatzprozesses.
3. Betrachtet man die Finanzierung als umfassende unternehmerische Funktion, so spricht man von der **Finanzwirtschaft** des Unternehmens (= Finanzierung im weiteren Sinne). Diese beinhaltet nach Boemle/Stolz (2002, S. 29) «alle mit der Kapitalbeschaffung, dem Kapitaleinsatz, der Kapitalbewirtschaftung und der Kapitalrückzahlung zusam-

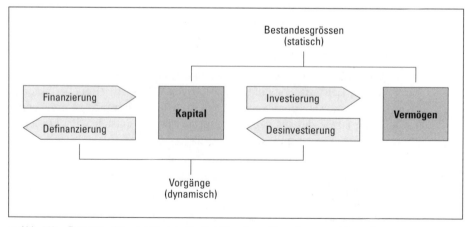

▲ Abb. 149   Zusammenhänge zwischen Kapital, Vermögen, Finanzierung und Investierung

menhängenden Massnahmen.» Eine solche Interpretation der Finanzierung wird auch diesem Buch zugrunde gelegt.

Schliesslich bleibt noch der Begriff der **Investierung**. Darunter versteht man die Ausstattung eines Unternehmens mit den erforderlichen materiellen und immateriellen Vermögensteilen, oder mit anderen Worten, die Umwandlung des Kapitals in Vermögen.[1]

Aus ◄ Abb. 149 wird ersichtlich, dass die Finanzierung im engeren Sinne der Beschaffung von Kapital dient, das im Rahmen der Investierung in konkrete Vermögensteile überführt wird. Während die beiden Begriffe Finanzierung und Investierung **dynamische** Vorgänge beinhalten, sind die beiden Begriffe Kapital und Vermögen als Resultat dieser beiden Vorgänge **statische** Bestandesgrössen. Die Finanzierung im weiteren Sinne schliesslich umfasst alle Aufgaben, die in den Prozessen der Finanzierung und Investierung bzw. der Definanzierung und Desinvestierung enthalten sind.[2]

| **1.2** | **Hauptformen der Finanzierung** |

Betrachtet man alle Möglichkeiten zur Geld- bzw. Kapitalbeschaffung, so können die in ► Abb. 150 aufgeführten Vorgänge unterschieden werden. Dabei ist zu beachten, dass diese Finanzierungsmöglichkeiten von unterschiedlichen Finanzierungsbegriffen ausgehen. Bei der Kapitalzuführung steht eine **bilanzorientierte** Betrachtung im Vordergrund, d.h. eine Finanzierung führt zu einer Vergrösserung der Bilanzsumme, da Kapital zuge-

Finanzierungs- vorgang Mittel- herkunft	Kapitalzuführung		Vermögens- verflüssigung
	Fremdkapital	**Eigenkapital**	
Aussenfinanzierung	Kreditfinanzierung	Beteiligungs- finanzierung	Vermögens- liquidation (Desinvestition)
	«Mezzanine» Finanzierung		
Innenfinanzierung	Finanzierung aus Rückstellungsbildung	Selbstfinanzierung	Finanzierung aus Abschreibungs- rückflüssen

▲ Abb. 150   Betriebliche Möglichkeiten der Geld- bzw. Kapitalzufuhr (nach Volkart 2007, S. 567)

---

1   Vgl. dazu Teil 7, Kapitel 1, Abschnitt 1.1.1 «Begriff».
2   Vgl. dazu Teil 5, Kapitel 2, Abschnitt 2.7 «Mittelflussrechnung», insbesondere ◄ Abb. 137 (S. 402).

führt wird (analog bedeutet Definanzierung eine Verkleinerung der Bilanz-summe). Bei der Vermögensverflüssigung dagegen wird von einem **zah-lungs-** bzw. **liquiditätsorientierten** Finanzierungsbegriff ausgegangen. Finanzierung stellt in diesem Fall Zuführung liquider Mittel dar, ohne dass die Bilanzsumme verändert wird. Es finden lediglich Vermögensumschich-tungen statt.

Bei der **Aussenfinanzierung** stammt das Kapital von ausserhalb des Unternehmens stehenden Personen oder Institutionen.

- Wird das Kapital nur für eine bestimmte Dauer überlassen (Lieferan-ten-, Bankkredite, Darlehen, Hypothekardarlehen, Obligationenanlei-hen), so liegt eine **Kreditfinanzierung** vor.
- Wird das Kapital durch die Eigentümer als Beteiligungskapital zur Ver-fügung gestellt, so handelt es sich um eine **Beteiligungsfinanzierung.**
- Werden hingegen Vermögenswerte veräussert, so handelt es sich um eine reine **Vermögensverflüssigung** ohne Auswirkung auf das Kapital eines Unternehmens.
- Als **«Mezzanine» Finanzierung** («Mezzanine Finance») bezeichnet man Mischformen von Fremd- und Eigenkapital, dabei vor allem Fremd-kapitalinstrumente mit Eigen- bzw. Risikokapitalelementen. Neben den klassischen Wandel- und Optionsanleihen[1] und Wandel- bzw. Options-rechten auf Eigenkapitaltitel sind dies nachrangige Kreditfinanzierun-gen, die zumindest teilweise risikokapitalartige Verzinsungsmodalitäten und/oder Renditeelemente für den Kapitalgeber aufweisen können.

Bei der **Innenfinanzierung** kann zwischen der Finanzierung aus Rück-stellungen, der Selbstfinanzierung und der Finanzierung aus freigesetztem Kapital unterschieden werden.

- Der **Finanzierung aus Rückstellungen** liegt die Bildung von Rückstellun-gen zugrunde. Rückstellungen stellen Verbindlichkeiten gegenüber Dritten dar, mit denen man nur unter Umständen zu rechnen hat und von denen man auch noch nicht weiss, in welcher Höhe und wann sie an-fallen. Beispiele sind Pensionsrückstellungen, Steuerrückstellungen oder Rückstellungen für Verpflichtungen aus Garantieleistungen.[2]
- Bei der **Selbstfinanzierung** findet eine Finanzierung über die Zurück-behaltung von erzielten Gewinnen statt,
- während die **Finanzierung aus Abschreibungsrückflüssen** die Bereit-stellung von finanziellen Mitteln durch Verflüssigung der in den abzu-setzenden Gütern gebundenen Abschreibungsgegenwerte beinhaltet. Man spricht daher auch von der Finanzierung aus Abschreibungsgegen-

---

1 Vgl. dazu Kapitel 4, Abschnitt 4.4.2.2 «Wandelanleihen», und Abschnitt 4.4.2.3 «Op-tionsanleihen».
2 Vgl. dazu Teil 5, Kapitel 2, Abschnitt 2.6.3 «Rückstellungen».

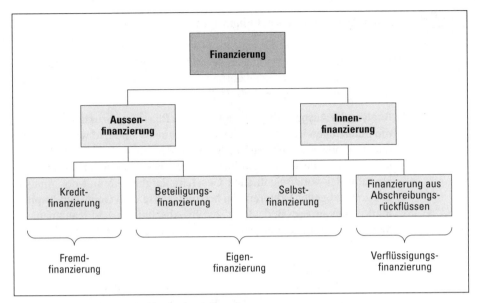

▲ Abb. 151　Hauptformen der Unternehmensfinanzierung

werten.[1] Aufgrund der Tatsache, dass Abschreibungen als Aufwand den Gewinn schmälern, wird deutlich, wie eng der Zusammenhang zwischen Selbstfinanzierung und Finanzierung aus Abschreibungsrückflüssen ist.[2]

Da die nicht ausgeschütteten Gewinne in Form von stillen oder offenen Reserven zusammen mit den Einlagen der Eigentümer das Eigenkapital des Unternehmens bilden, handelt es sich bei der Beteiligungsfinanzierung und Selbstfinanzierung um eine **Eigenfinanzierung,** im Gegensatz zur Kreditfinanzierung, die in ihrer Gesamtheit das Fremdkapital darstellt und somit als **Fremdfinanzierung** bezeichnet werden kann.

◄ Abb. 151 zeigt die verschiedenen Hauptformen der Finanzierung, auf die in den folgenden Kapiteln näher eingegangen wird.

1　Oft liest man den Ausdruck «Finanzierung aus Abschreibung». Diese Umschreibung ist aber nicht nur verwirrend, sondern auch falsch, denn Abschreibung bedeutet primär einen Wertverzehr (z. B. einer Maschine). Diesem Wertverzehr im Sinne eines Nutzenabgangs steht aber ein Wertzuwachs auf den mit dieser Maschine hergestellten Produkte gegenüber. Werden diese Produkte verkauft und erhält man dafür die finanziellen Mittel, so wird dieser Wertzuwachs, der dem Abschreibungsgegenwert entspricht, verflüssigt (vgl. dazu Kapitel 3 «Innenfinanzierung»).

2　Deshalb wird unter anderem in der Praxis die Grösse Cash-flow (= selbsterarbeitete Mittel), der sich in verkürzter Form als Gewinn + Abschreibungen berechnen lässt, für aussagekräftiger als der Gewinn erachtet. Vgl. dazu die Ausführungen in Teil 5, Kapitel 2, Abschnitt 2.7.4.3 «Cash-flow».

1.3   Problemlösungsprozess der Finanzierung

Die unternehmerischen Aufgaben der Finanzierung können aus dem Problemlösungsprozess der Finanzierung abgeleitet werden. Dieser gliedert sich in folgende Phasen (▶ Abb. 152):

1. **Analyse der Ausgangslage:** In einer ersten Phase ist abzuklären, welches die finanziellen Bedürfnisse des Unternehmens sind und wie der daraus resultierende Kapitalbedarf gedeckt werden kann. Neben der Analyse unternehmensbezogener Einflussfaktoren wie Unternehmensziele und Umfang der voraussichtlichen Geschäftstätigkeit kommt der Analyse umweltbezogener Faktoren wie beispielsweise dem Geld- und Kapitalmarkt eine grosse Bedeutung zu. In Abschnitt 1.4 «Finanzmanagement» wird im Rahmen der Finanzplanung ausführlich darauf eingegangen.

2. **Formulierung der Ziele der Finanzierung:** Aus den allgemeinen Unternehmenszielen lassen sich vorerst folgende Ziele ableiten:
   - **Gewinnerzielung** auf dem zur Verfügung stehenden Kapital.
   - Aufrechterhaltung des **finanziellen Gleichgewichts,** d.h. dass das Unternehmen jederzeit seinen finanziellen Verpflichtungen nachkommen kann und somit über eine ausreichende **Liquidität** verfügt.
   - **Versorgung** des Unternehmens mit **Kapital,** damit der angestrebte leistungswirtschaftliche Umsatzprozess ermöglicht wird.
   - **Risikokapital** zur Verfügung stellen, um allfällig auftretende Verluste auffangen zu können. Mit anderen Worten, das Unternehmen muss über genügend Eigenkapital verfügen.
   - Schutz des Unternehmens vor unerwünschten Einflüssen und somit Bewahrung der **Unabhängigkeit.**

   Daraus ergeben sich die Ziele für die **Kapitalausstattung** und **Kapitalverwendung,** die durch eine Reihe von Finanzierungsgrundsätzen und -regeln konkretisiert werden. Auf sie wird in Kapitel 5 «Optimale Finanzierung» näher eingegangen. Das eigentliche **Sachziel** der Finanzierung wird sich aber unter Berücksichtigung des güterwirtschaftlichen Umsatzprozesses darauf richten, die für die Unternehmenstätigkeit notwendigen finanziellen Mittel bereitzuhalten, und zwar
   - im notwendigen Umfang,
   - in der erforderlichen Art,
   - zum richtigen Zeitpunkt und
   - am richtigen Ort.

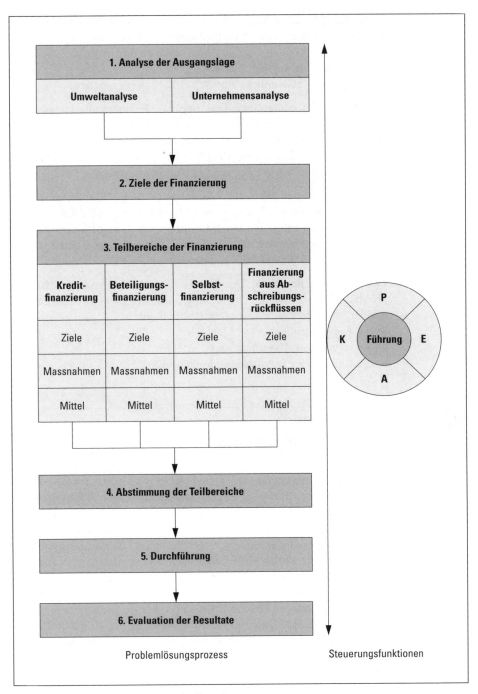

▲ Abb. 152 Problemlösungsprozess der Finanzierung

3. **Bestimmung der Ziele, Massnahmen und Mittel der Teilbereiche der Finanzierung:** Ausgehend von den allgemeinen Unternehmens- sowie Finanzierungszielen können die Ziele, Massnahmen und Mittel der einzelnen Teilbereiche, wie sie sich aus ◄ Abb. 152 ergeben, festgelegt werden. Sie werden in den Kapiteln 2 bis 4 ausführlich besprochen.

4. **Abstimmung der Teilbereiche:** Eine optimale Finanzierung erreicht man erst, wenn die Ziele und Massnahmen aller Teilbereiche aufeinander abgestimmt sind. Aufgrund der unterschiedlichen Zielsetzungen wird es darum gehen, Prioritäten bezüglich der Ziele zu setzen. Darauf wird in Kapitel 5 «Optimale Finanzierung» eingegangen.

5. **Durchführung:** Sind die Ziele, Massnahmen und Mittel festgelegt, so müssen sie realisiert werden. Je nach Entscheidungstatbestand handelt es sich um eine einmalige Durchführung (z. B. Going Public) oder um häufig und regelmässig zu erledigende Geschäfte (z. B. Inanspruchnahme von Lieferanten- oder Bankkrediten).

6. **Evaluation der Resultate:** Die Ergebnisse des finanzwirtschaftlichen Problemlösungsprozesses zeigen, inwieweit die gesetzten Ziele erreicht worden sind. Dies wird besonders deutlich durch
   - die Kapitalstruktur,
   - die vorhandene Liquidität und
   - die Eigen- oder Gesamtkapitalrentabilität.

1.4	Finanzmanagement
1.4.1	Aufgaben des Finanzmanagements

Die zunehmende Bedeutung des finanzwirtschaftlichen Umsatzprozesses führte dazu, dass der **Steuerung des finanzwirtschaftlichen Problemlösungsprozesses** ein immer grösseres Gewicht beigemessen wurde. Wie aus ◄ Abb. 152 ersichtlich, setzt sich auch im Finanzbereich die Steuerung aus den vier Elementen Planung, Entscheidung, Anordnung und Kontrolle zusammen. Diese können mit dem Begriff **Finanzmanagement** zusammengefasst werden, welches die finanzielle Führung des Unternehmens beinhaltet. Bei einer gesamtheitlichen Betrachtung des finanzwirtschaftlichen Prozesses kommt insbesondere der Finanzplanung und -kontrolle als Grundlage der finanziellen Entscheidungen und Anordnungen eine grosse Bedeutung zu.

Darüber hinaus gehört bei einer Publikumsgesellschaft zu einem modernen Finanzmanagement auch die Gestaltung der Beziehungen zu den aussenstehenden Kapitalgebern **(Investor Relations)**.

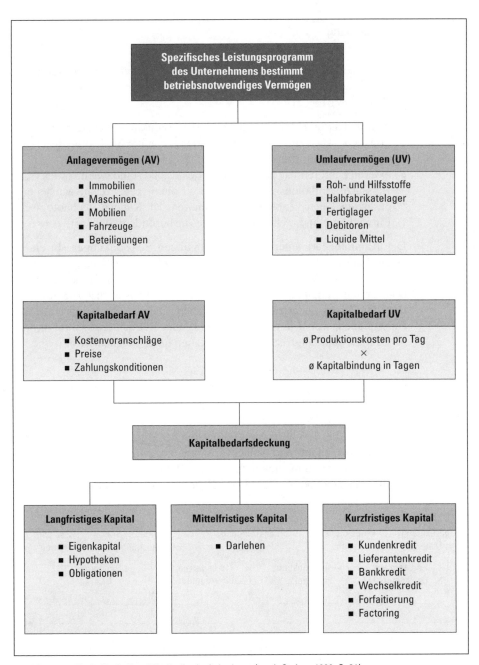

▲ Abb. 153   Kapitalbedarf und Kapitalbedarfsdeckung (nach Steiner 1988, S. 21)

1.4.2	Finanzplanung

Ausgangspunkt der Finanzplanung bildet der **Kapitalbedarf,** dessen Höhe sich aus der Geschäftstätigkeit des Unternehmens ergibt. Dieser wird beeinflusst durch

- **interne** Faktoren wie Betriebsgrösse, Produktionsverfahren, Produktions- und Absatzprogramm, vorhandenes Kapital (inkl. stille Reserven) und Liquidität sowie
- **externe** Faktoren wie Bedingungen des Kapital- und Geldmarktes (z.B. Zinssätze), Inflationsrate, allgemeines Lohnniveau, Preisniveau der eingesetzten Güter, Zahlungsgewohnheiten der Kunden, technologische Entwicklung und rechtliche Aspekte (insbesondere Steuern).

Der Kapitalbedarf unterliegt daher ständigen Schwankungen. In einem ersten Schritt gilt es deshalb, in einer **Kapitalbedarfsrechnung** den erwarteten Kapitalbedarf abzuschätzen. Ist dieser in seiner Höhe für einen bestimmten Zeitpunkt bestimmt, so kann in einem nächsten Schritt die **Deckung** dieses Bedarfs betrachtet werden. Dies geschieht mit Hilfe von **Finanzplänen,** wobei je nach Zielsetzung und Betrachtungszeitraum zwischen kurz- und langfristigen Finanzplänen unterschieden wird.

1.4.2.1	Kapitalbedarfsrechnung

Wie aus ◄ Abb. 153 hervorgeht, setzt sich der Kapitalbedarf aus dem Bedarf für das Umlauf- und Anlagevermögen zusammen. Der Kapitalbedarf für das Letztere ergibt sich aufgrund der Preise oder Kostenvoranschläge für die Potenzialfaktoren. Da diese Güter über eine längere Zeitperiode ge-

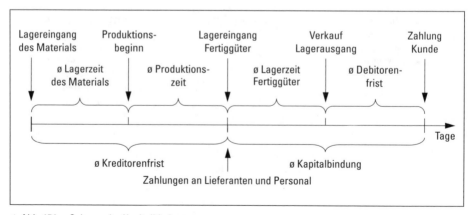

▲ Abb. 154   Schema der Kapitalbindung

1. Ausgangslage

a) Fristen des güter- und finanzwirtschaftlichen Umsatzprozesses:

▪ ø Lagerzeit des Materials	15 Tage
▪ ø Produktionszeit	60 Tage
▪ ø Lagerzeit Fertiggüter	15 Tage
▪ ø Debitorenfrist	30 Tage
▪ ø Kreditorenfrist	30 Tage

b) Umsatz und Kosten (in Fr.):

▪ geplanter Umsatz pro Jahr	1 440 000
▪ Materialkosten pro Jahr	576 000
▪ Lohnkosten pro Jahr	360 000
▪ Herstellgemeinkosten (HGK) pro Jahr	216 000
▪ Verwaltungs- und Vertriebsgemeinkosten (VVGK) pro Jahr	144 000

c) Fälligkeiten der Kosten:

▪ ø Fälligkeit der Lohnkosten:	15 Tage nach Produktionsbeginn
▪ ø Fälligkeit der Verwaltungs- und Vertriebsgemeinkosten (VVGK):	20 Tage vor Verkauf
▪ ø Fälligkeit der Herstellgemeinkosten (HGK):	bei Produktionsbeginn

2. Berechnungen

Kostenart	Auszahlungen		Bindungs-dauer (Tage)	kumulierte Auszahlungen
	pro Jahr	pro Tag		
▪ Material	576 000	1 600	90	144 000
▪ Löhne	360 000	1 000	90	90 000
▪ HGK	216 000	600	105	63 000
▪ VVGK	144 000	400	50	20 000
Maximaler Kapitalbedarf				317 000

3. Graphische Darstellung

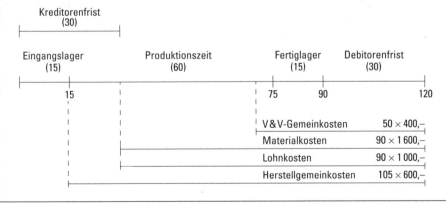

▲ Abb. 155   Beispiel zur Berechnung des Kapitalbedarfs

nutzt werden, folgt daraus ein langfristiger Kapitalbedarf, d.h. das Kapital wird für eine längere Zeit benötigt. Demgegenüber handelt es sich beim Umlaufvermögen um einen kurzfristigen Kapitalbedarf.

Bei der Ermittlung des Kapitalbedarfs für das Umlaufvermögen ist zu beachten, dass die Produktion und der Absatz von Gütern und damit die Ein- und Auszahlungen zeitlich auseinander fallen. Zusätzlich müssen noch die Zahlungsfristen der Kunden sowie die Zahlungsfristen des Unternehmens gegenüber den Lieferanten einbezogen werden. ◄ Abb. 154 zeigt schematisch die durchschnittliche Kapitalbindung des Umlaufvermögens, aus welcher der Kapitalbedarf abgeleitet werden kann. Die eigentliche Berechnung des Kapitalbedarfs für das Umlaufvermögen soll am Beispiel in ◄ Abb. 155 illustriert werden.

| 1.4.2.2 | Finanzpläne |

> Mit den **Finanzplänen** wird versucht, die finanziellen Auswirkungen aller Unternehmensbereiche zusammenzufassen. Sie dienen dazu, die Art und den Umfang sowie die Verwendung der finanziellen Mittel aufzuzeigen.

Mit Hilfe der Finanzpläne soll die jederzeitige Zahlungsfähigkeit sowie die Finanzierung der für die betrieblichen Tätigkeiten erforderlichen Mittel sichergestellt werden. Je nach Fristigkeit dieser Pläne kann zwischen kurz- und langfristigen Finanzplänen unterschieden werden:

1. **Kurzfristige Finanzpläne** unterstützen die Bemühungen, die Zahlungsbereitschaft in jedem Zeitpunkt zu gewährleisten. Im Mittelpunkt steht die Liquidität; betrachtet werden die Zahlungseingänge und -ausgänge für einen Zeitraum von drei bis zwölf Monaten (► Abb. 156). Je nach Unternehmen und Situation umfassen diese Pläne auch kürzere Perioden. Gerade bei Banken oder Warenhäusern wird wegen der kurzfristigen starken Schwankungen mit Tagen oder Wochen gerechnet. Dabei müssen diese Teilperioden nicht für die gesamte Planungsperiode gelten. Je weiter sich die Planung in die Zukunft erstreckt, umso grösser werden die Planperioden gewählt.

2. Der **langfristige Finanzplan** ergibt sich in der Regel aus den Teilplänen der übrigen Unternehmensbereiche (z.B. Absatz-, Produktions- und Personalplan). Er dient nicht in erster Linie zur Sicherung der jederzeitigen Zahlungsbereitschaft, sondern soll zeigen, wie die zukünftigen Geschäftstätigkeiten finanziert werden können (► Abb. 157). Gerade bei Unternehmen, die sich in einer starken Wachstumsphase befinden, ist es wichtig, dass die Ausweitung der Unternehmenstätigkeiten auch kapitalmässig abgesichert ist.

Liquiditätsplan (in 1000 Franken)	1. Quartal			2. Quartal	3. Quartal	4. Quartal
	Januar	Februar	März			
Zahlungsverpflichtungen am Monatsende:						
a) Löhne, Saläre usw.	170	180	180	520	550	520
b) Fällige Lieferantenrechnungen (Waren, Anlagen)	320	430	330	980	1 050	1 000
c) Raum- und Maschinenmiete	110	100	90	300	260	250
d) Bank- und Darlehenszinsen	50	50	50	160	180	200
e) Steuern, Abgaben usw.	30	60	20	110	70	100
f) Übrige Ausgaben (Rückzahlung von Schulden, Kontokorrentkrediten usw.)	–	–	–	–	60	50
Total Geldabgänge (1)	**680**	**820**	**670**	**2 070**	**2 170**	**2 120**
Erwartete Einzahlungen im Laufe des Monats:						
a) Barverkäufe	110	100	120	–	–	–
b) Erwartete Debitoreneingänge	480	450	500	1 950	2 100	1 950
c) Erwartete Akontozahlungen	90	80	20	–	–	–
d) Erlös aus Anlagenverkäufen	–	–	–	–	–	–
e) Übrige Einnahmen (Zinsen, Nebenerlös, Darlehensrückzahlung usw.)	30	40	40	120	140	100
Total Geldzugänge (2)	**710**	**670**	**680**	**2 070**	**2 240**	**2 050**
Saldo Geldströme (2) – (1)	+30	–150	+10	–	+70	–70
+ Anfangsbestand an flüssigen Mitteln (Kasse, Bank, Post)	20	50	10	20	20	90
+ zu beschaffende Mittel (Kredite, liquiditätspolitische Massnahmen)	–	110	–	–	–	–
= Endbestand an flüssigen Mitteln	50	10	20	20	90	20

▲ Abb. 156   Beispiel eines kurzfristigen Finanzplans (Steiner 1988, S. 46)

Aus der kurzfristigen Finanzplanung sind die Überschüsse oder Fehlbeträge ersichtlich. Es ist die Aufgabe des **Cash Management,** die Zahlungsströme nicht nur zu überwachen, sondern auch rechtzeitig Massnahmen zu ergreifen, die sich aufgrund dieser kurzfristigen Prognoserechnung aufdrängen. Nach Helbling (1997, S. 252) kommen deshalb dem Cash Management als Teil der finanziellen Führung des Unternehmens folgende Aufgaben zu:

- Liquiditätsplanung und Liquiditätsdisposition,
- rechtzeitige und günstige Beschaffung der erforderlichen Liquidität,
- vorteilhafte Anlage von vorübergehend oder längerfristig überschüssiger Liquidität,
- optimale Ausnutzung der Zahlungsfristen,
- Beschleunigung der Zahlungsabwicklung,
- Überwachung des Währungsrisikos mit allfälliger Kurssicherung,
- Koordination der Liquiditätspolitik mit derjenigen von verbundenen Gesellschaften.

Finanzplan (in 1000 Franken)	Ist 20.1	Plan 20.2	Plan 20.3	Plan 20.4
Reingewinn	200	300	400	450
+ Abschreibungen	100	200	250	300
= Cash-flow (brutto)	300	500	650	750
− Gewinnausschüttungen	50	75	100	100
= Cash-flow (netto)	250	425	550	650
+ Kreditoren	50	−	−	−
+ Darlehen	100	−	−	−
+ Kapitalerhöhung	−	500	−	−
+ Verkauf von Beteiligungen	−	−	350	−
totaler Mittelzufluss (1)	**400**	**925**	**900**	**650**
Ersatz- und Erweiterungsinvestitionen	50	600	400	150
+ Debitoren	50	200	150	100
+ Warenlager	100	300	300	100
+ Kreditorenrückzahlung	−	50	100	100
+ Rückzahlung Darlehen	−	−	−	100
totale Mittelverwendung (2)	**200**	**1 150**	**950**	**550**
Mittelbedarf/Mittelüberschuss				
▪ pro Jahr	+200	−225	−50	+100
▪ kumuliert	+200	−25	−75	+25

▲ Abb. 157   Beispiel eines langfristigen Finanzplans

Ziel wird es zwar primär sein, die Einzahlungs- und Auszahlungsströme so aufeinander abzustimmen, dass keine grösseren Zahlungsüberschüsse oder Fehlbeträge entstehen. Da sich die kurzfristigen Zahlungsströme allerdings meist aus bereits früher getroffenen Entscheidungen ergeben, ist der diesbezügliche Handlungsspielraum relativ klein. Deshalb wird man sich vor allem darauf beschränken, allfällige grössere Überschüsse, die kurzfristig zur Verfügung stehen, optimal anzulegen, beispielsweise als Festgeldanlage bei Banken auf 30 Tage oder länger. Im umgekehrten Fall wird man bestrebt sein, eine Unterdeckung mit den dafür notwendigen kurzfristigen Krediten zu überbrücken.

1.4.3   Finanzkontrolle

Die Finanzkontrolle umfasst sowohl die laufende Überwachung der Einzahlungs- und Auszahlungsströme als auch den Vergleich der geplanten Soll-Zahlen mit den effektiven Werten der Finanzbuchhaltung. Wie beim Cash Management gezeigt worden ist, sind bei allfälligen Abweichungen sofort Massnahmen zu ergreifen, um grössere Fehlbeträge oder Überschüsse zu vermeiden. Eine weitere Aufgabe der Finanzkontrolle ist die

Auswertung der Abweichungen. Werden die effektiven Werte analysiert, können die Ursachen für die Abweichungen bestimmt werden. Darüber hinaus ergeben sich neue Erkenntnisse für die Planung der zukünftigen Finanzzahlen.

Die Finanzkontrolle kann sich entweder auf finanzielle Tatbestände zu einem bestimmten Zeitpunkt (statisch) oder auf die finanzielle Entwicklung während einer bestimmten Periode (dynamisch) beziehen.[1] Die **statischen** Analysen erfolgen vor allem mit Hilfe von Finanzkennzahlen, wie sie im folgenden Abschnitt zusammengestellt sind. Die **dynamische** Finanzkontrolle dagegen versucht, die Veränderung finanzieller Grössen (z. B. Liquidität) über die Zeit festzuhalten und zu analysieren. Als Instrument kann der bereits besprochene **Finanzplan** eingesetzt werden, indem dieser durch die effektiven Werte ergänzt wird, sowie die **Mittelflussrechnung**.[2] Gerade diese Beispiele zeigen besonders deutlich, wie eng Finanzplanung und -kontrolle zusammenhängen und dass sie zum Teil die gleichen Instrumente verwenden.

1.4.4	**Kennzahlen des Finanzmanagements**

Finanzkennzahlen sind vorerst ein wichtiges Instrument der **Finanzkontrolle**. Sie dienen dazu, eine Analyse und Beurteilung der Bilanz und Erfolgsrechnung vorzunehmen. Im Mittelpunkt stehen dabei folgende Kennzahlengruppen:

- Kennzahlen zur Liquidität,
- Kennzahlen zur Analyse der Vermögensstruktur,
- Kennzahlen zur Analyse der Kapitalstruktur,
- Kennzahlen zur Analyse der Deckungsverhältnisse,
- Kennzahlen zur Analyse der Ertragslage.

Diese Kennzahlen spielen aber auch im Rahmen der **Finanzplanung** als Vorgabewerte eine bedeutende Rolle.

---

1 Eine ausführliche Darstellung der zeitpunkt- und zeitraumbezogenen Instrumente (mit praktischen Beispielen) findet sich bei Helbling 1997, S. 221 ff.

2 Vgl. dazu Teil 5, Kapitel 2, Abschnitt 2.7 «Mittelflussrechnung».

1.4.4.1	Liquidität

Mit den Kennzahlen zur Liquidität soll die Zahlungsbereitschaft eines Unternehmens beurteilt und gesteuert werden.[1]

Bei der **absoluten** Liquidität berechnet man einen bestimmten Liquiditätsfonds, wobei dieser die Zusammenfassung jener Bilanzpositionen umfasst, die für ein Unternehmen bezüglich seiner Liquidität von Bedeutung sind.[2] In der Regel werden drei Liquiditätsstufen berechnet:

(1) Liquiditätsstufe 1 = liquide Mittel − kurzfristiges Fremdkapital

(2) Liquiditätsstufe 2
  = liquide Mittel + Geldforderungen − kurzfristiges Fremdkapital

(3) Liquiditätsstufe 3 = Umlaufvermögen − kurzfristiges Fremdkapital

Für Liquiditätsstufe 1 wird der Begriff **Bar-** oder **Kassaliquidität** verwendet, Liquiditätsstufe 3 stellt nichts anderes als das **Nettoumlaufvermögen** (Net Working Capital) dar.

Unter der **relativen** Liquidität versteht man das Verhältnis zwischen Vermögensteilen und Verbindlichkeiten. Sie kann durch folgende Kennziffern ausgedrückt werden:

$$(4) \quad \text{Liquiditätsgrad 1} = \frac{\text{liquide Mittel}}{\text{kurzfristiges Fremdkapital}} \cdot 100$$

$$(5) \quad \text{Liquiditätsgrad 2} = \frac{\text{liquide Mittel} + \text{Geldforderungen}}{\text{kurzfristiges Fremdkapital}} \cdot 100$$

$$(6) \quad \text{Liquiditätsgrad 3} = \frac{\text{Umlaufvermögen}}{\text{kurzfristiges Fremdkapital}} \cdot 100$$

Liquitditätsgrad 1 wird auch als **Cash Ratio,** Liquiditätsgrad 2 als **Quick Ratio** und Liquiditätsgrad 3 als **Current Ratio** bezeichnet. Für Liquiditätsgrad 1 ist es schwierig, einen Richtwert anzugeben, während für die beiden anderen Kennzahlen folgende grobe Erfahrungswerte genannt werden: Liquiditätsgrad 2 sollte leicht über 100% liegen, und Liquiditätsgrad 3 sollte ungefähr 150 bis 200% betragen.

---

1   Zur Liquidität vgl. auch Teil 1, Kapitel 3, Abschnitt 3.2.1.2 «Finanzziele».
2   Zur Bildung von solchen Fonds vgl. Teil 5, Kapitel 2, Abschnitt 2.7 «Mittelflussrechnung».

| 1.4.4.2 | Vermögensstruktur |

Kennzahlen zur Analyse und Gestaltung der Vermögensstruktur zeigen das Verhältnis zwischen einzelnen Vermögensteilen. Im Vordergrund stehen:

(7) Investitionsverhältnis: $\dfrac{\text{Umlaufvermögen}}{\text{Anlagevermögen}} \cdot 100$

(8) Umlaufintensität: $\dfrac{\text{Umlaufvermögen}}{\text{Gesamtvermögen}} \cdot 100$

(9) Anlageintensität: $\dfrac{\text{Anlagevermögen}}{\text{Gesamtvermögen}} \cdot 100$

Obwohl sich diese Kennzahlen genau berechnen lassen, können kaum allgemein gültige Angaben über die Vermögensstruktur gemacht werden – zu sehr sind die Zahlenverhältnisse und die konkrete Gliederung des Vermögens von der Branche, der Finanzierungsart des Vermögens (und damit den Eigentumsverhältnissen) sowie dem individuellen Anteil betrieblicher und nichtbetrieblicher Vermögenswerte abhängig.

| 1.4.4.3 | Kapitalstruktur |

Zur Analyse und Gestaltung der Kapitalstruktur stehen folgende Kennzahlen zur Verfügung:

(10) Verschuldungsgrad: $\dfrac{\text{Fremdkapital}}{\text{Gesamtkapital}} \cdot 100$

(11) Eigenfinanzierungsgrad: $\dfrac{\text{Eigenkapital}}{\text{Gesamtkapital}} \cdot 100$

(12) Anspannungskoeffizient: $\dfrac{\text{Fremdkapital}}{\text{Eigenkapital}} \cdot 100$

Es ist schwierig, allgemeine Richtlinien zur Gestaltung der Kapitalstruktur anzugeben, weil diese sehr stark durch die jeweiligen Unternehmensziele geprägt werden.[1]

---

1   Vgl. Kapitel 5 «Optimale Finanzierung» in diesem Teil.

1.4.4.4	Deckung der Anlagen

Mit den Kennzahlen zur Deckung des Anlagevermögens kann die Finanzierung des Anlagevermögens analysiert und gesteuert werden:

(13) Anlagendeckungsgrad 1: $\dfrac{\text{Eigenkapital}}{\text{Anlagevermögen}} \cdot 100$

(14) Anlagendeckungsgrad 2:

$$\frac{\text{Eigenkapital} + \text{langfristiges Fremdkapital}}{\text{Anlagevermögen}} \cdot 100$$

(15) Anlagendeckungsgrad 3:

$$\frac{\text{Eigenkapital} + \text{langfristiges Fremdkapital}}{\text{AV} + \text{eiserne Bestände (des UV)}} \cdot 100$$

Bei einem Produktionsunternehmen werden in der Praxis ein Anlagendeckungsgrad 1 von etwa 90–120% und ein Anlagendeckungsgrad 2 von etwa 120–160% als Richtwert angegeben. (Helbling 1997, S. 241)

1.4.4.5	Rentabilität

Die Rentabilität kann entweder für das Eigen- oder das Gesamtkapital berechnet werden. Entsprechend lauten die Formeln:[1]

(16) Eigenkapitalrentabilität $= \dfrac{\text{Gewinn}}{\text{ø Eigenkapital}} \cdot 100$

(17) Gesamtkapitalrentabilität $= \dfrac{\text{Gewinn} + \text{Fremdkapitalzinsen}}{\text{ø Gesamtkapital}} \cdot 100$

Die Gesamtkapitalrentabilität wird auch als **Return on Investment (ROI)** bezeichnet.

Durch Erweiterung von Formel (17) mit dem Umsatz kann die Gesamtkapitalrentabilität auch in die **Umsatzrendite** und den **Kapitalumschlag** zerlegt werden:

(18) Gesamtkapitalrentabilität $=$ Umsatzrendite · Kapitalumschlag

$$= \frac{\text{Gewinn} + \text{Fremdkapitalzinsen}}{\text{Umsatz}} \cdot \frac{\text{Umsatz}}{\text{ø Gesamtkapital}} \cdot 100$$

---

1   Vgl. Teil 1, Kapitel 3, Abschnitt 3.2.2.4 «Gewinn und Rentabilität».

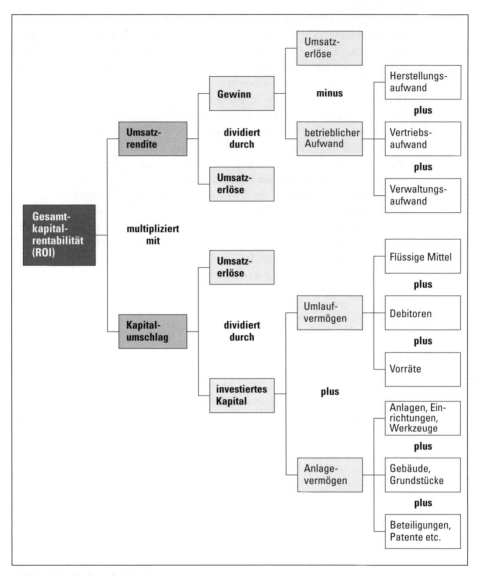

▲ Abb. 158   Du Pont-Schema[1]

1 In diesem Rendite-Schema ist zu beachten, dass beim Gewinn keine Fremdkapitalzinsen wie in Formel
(17) berücksichtigt werden. Der Grund liegt darin, dass dieses ursprüngliche Schema in den Geschäftsbereichen der Firma Du Pont angewendet wurde, die nicht mit verzinslichem Fremdkapital arbeiten
durften. Dies ist übrigens auch der Grund dafür, dass in der Literatur die Formel (18) häufig nur den Gewinn, nicht aber die Fremdkapitalzinsen beinhaltet.

Rein rechnerisch ändert sich am Endergebnis nichts, die einzelnen Faktoren erlauben jedoch detailliertere und aussagestärkere Informationen über das Zustandekommen der Gesamtkapitalrentabilität. Diese Zerlegung lässt sich noch weiterführen, indem zusätzliche Grössen aus Bilanz und Erfolgsrechnung einbezogen werden. Bekannt ist vor allem das **Du Pont-Schema** – auch Return-on-Investment- oder ROI-Schema genannt –, das vom amerikanischen Chemiekonzern Du Pont de Nemours & Co entwickelt worden ist (◄ Abb. 158). Dieses erlaubt, die genauen Ursachen für das Zustandekommen der Gesamtkapitalrentabilität zu erforschen sowie auf Schwachpunkte hinzuweisen und somit Ansatzpunkte zur Verbesserung der Gesamtkapitalrentabilität aufzuzeigen. Dieser Analyse kommt deshalb nicht nur eine Planungs-, sondern auch eine Kontrollfunktion zu. Die Vorzüge des Du Pont-Schemas liegen in der übersichtlichen Darstellung wichtiger Grössen und derer Zusammenhänge, es vermag aber nicht weitergehende Detailanalysen zu ersetzen. Die einzelnen Grössen bzw. deren Ausprägung besitzen lediglich eine grobe Signalfunktion, um gewisse Entwicklungstendenzen anzudeuten.

| 1.4.4.6 | Externe Finanzkennzahlen |

Schliesslich ist zu erwähnen, dass für die Beurteilung eines Unternehmens auch externe Finanzkennzahlen herangezogen werden können. Zu nennen sind zwei Kennzahlen, die vor allem bei der externen Finanzanalyse von Aktiengesellschaften eine grosse Bedeutung erhalten haben und deshalb auch vom Unternehmen beachtet werden müssen. Es sind dies:

(19) Gewinn/Aktie (earnings per share): $\dfrac{\text{Gewinn}}{\text{Anzahl Aktien}}$

(20) Kurs-Gewinn-Verhältnis (price earnings ratio, P/E): $\dfrac{\text{Börsenkurs Aktie}}{\text{Gewinn/Aktie}}$

| 1.4.4.7 | Beurteilung der Finanzkennzahlen |

Zu betonen ist, dass die Beurteilung dieser Kennziffern unter besonderer Berücksichtigung der unternehmensspezifischen Situation sowie der allgemeinen Umweltbedingungen (z.B. wirtschaftliche Lage, Inflation) erfolgen sollte. In diesem Sinne sind auch die angegebenen Richtwerte zu verstehen. Deshalb ist es oft sinnvoll, die berechneten Kennzahlen entweder

- in einem **Zeitvergleich** über mehrere Perioden zu berechnen und auszuwerten oder
- in einem **Unternehmensvergleich** Kennzahlen von Unternehmen zu vergleichen, die in derselben oder in einer ähnlichen Branche tätig sind.

Ferner hängt die Aussagekraft der Kennziffern von der Qualität der zugrunde liegenden Bezugsgrössen ab. Ein hohes Umlaufvermögen bietet beispielsweise noch keine Gewähr für eine gute Liquidität, wenn die Warenvorräte wegen unzureichender Lagerbewirtschaftung oder die Debitoren als Folge eines schlecht organisierten Inkassowesens und einer fragwürdigen Zahlungsmoral der Kunden überhöht sind. (Lutz 1983, S. 21) Deshalb sind einzelne Bilanzpositionen durch zusätzliche Rechnungen zu analysieren. Neben den bereits erwähnten Kennziffern der Materialwirtschaft (z.B. Lagerumschlagshäufigkeit)[1] können in diesem Zusammenhang genannt werden:

(21) Debitorenumschlag: $\dfrac{\text{Kreditverkäufe}}{\text{ø Debitorenbestand}}$

(22) ø Debitorenfrist: $\dfrac{360}{\text{Debitorenumschlag}}$

Mit diesen Kennzahlen kann geprüft werden, ob die *effektive* durchschnittliche Kreditfrist mit den Zahlungsbedingungen des Unternehmens in Einklang steht.

(23) Kreditorenumschlag: $\dfrac{\text{Wareneinkäufe auf Kredit}}{\text{ø Kreditorenbestand}}$

(24) ø Kreditorenfrist: $\dfrac{360}{\text{Kreditorenumschlag}}$

Eine allzu hohe Kreditorenfrist bedeutet beispielsweise, dass wahrscheinlich vom Lieferanten gewährte Skonti und Rabatte bei Einhaltung bestimmter Zahlungsfristen nicht geltend gemacht werden können.

---

1   Vgl. Teil 3, Kapitel 1, Abschnitt 1.2 «Problemlösungsprozess der Materialwirtschaft».

Kapitel 2

Beteiligungsfinanzierung

2.1 Einleitung

Beim **Eigenkapital** handelt es sich um Kapital, das der oder die Eigentümer dem Unternehmen entweder dauernd (bis zur Auflösung des Unternehmens) oder langfristig (bis zur Kündbarkeit) zur Verfügung stellen.[1]

Zu unterscheiden ist dabei zwischen dem effektiv einbezahlten und dem nicht einbezahlten Eigenkapital. Letzteres ergibt sich als Differenz zwischen dem vertraglich oder statutarisch festgelegten Eigenkapital und dem einbezahlten, so genannten liberierten Eigenkapital. Das nicht einbezahlte Eigenkapital wird auch als **Garantiekapital** bezeichnet, da es in erster Linie eine zusätzliche Sicherheit (Garantie) für die Gläubiger darstellt.

Neben dem Eigenkapital, das aus der Beteiligung am Unternehmen durch eine Bar- oder Sacheinlage entsteht, gibt es das selbst erarbeitete Eigenkapital des Unternehmens. Dieses wird dadurch gebildet, dass ein allfälliger Gewinn nicht oder nur teilweise ausgeschüttet wird. Diesem Begriff des selbst erarbeiteten Eigenkapitals entspricht der im Aktienrecht sowie in Bilanztheorie und -praxis verwendete Begriff der **Reserven** oder **Rücklagen**.

---

1   Vgl. auch Teil 5, Kapitel 2, Abschnitt 2.3.3.2 «Fremd- und Eigenkapital».

> Die Reserven können entweder als **sichtbares** Eigenkapital offen ausgewiesen oder als **verdecktes** Eigenkapital nicht bilanziert werden, wobei man im letzteren Fall von **stillen Reserven** spricht.[1]

Der Begriff des verdeckten Eigenkapitals wird aber auch für jene Tatbestände verwendet, bei denen es sich rechtlich um Fremdkapital, betriebswirtschaftlich aber um Eigenkapital handelt (z.B. Darlehen eines Aktionärs in einer Familienaktiengesellschaft).

Nach Boemle/Stolz (2002, S. 39f.) kommen dem Eigenkapital eines Unternehmens folgende Funktionen zu:

- Das Eigenkapital bildet die Basis zur Finanzierung des Unternehmensvermögens.

- Das Eigenkapital hat die aus der allgemeinen Unternehmenstätigkeit anfallenden Risiken zu tragen. Deshalb soll es Verluste auffangen können und damit dem Gläubiger als Sicherheit dienen. Das Eigenkapital übernimmt in diesem Sinne eine Existenzsicherungsfunktion. Damit ist das Eigenkapital zwar ein wesentlicher Risikoträger, falls aber das Unternehmen über eine längere Zeitperiode hohe Verluste erleidet, ist auch das Fremdkapital gefährdet.

- Bei Unternehmen in Form einer Gesellschaft zeigt das Eigenkapital die Beteiligungs- und Haftungsverhältnisse und bildet damit auch die Grundlage für die Gewinnverteilung.

- Die Höhe des Eigenkapitals bestimmt die Kreditfähigkeit. Sie beeinflusst in starkem Masse auch das Finanzimage eines Unternehmens.

- Aus der Sicht der Kapitalgeber dient das Eigenkapital dazu, ihr Vermögen ertragbringend anzulegen.

Wie die Darstellung der verschiedenen Rechtsformen nach schweizerischem Recht in Teil 1 «Unternehmen und Umwelt» zeigt, hängt die Struktur des Eigenkapitals sehr stark von der gewählten Rechtsform ab.[2]

Im Folgenden sei die Beteiligungsfinanzierung der Aktiengesellschaft wegen der grossen Bedeutung und starken Verbreitung dieser Gesellschaftsform in der Praxis näher dargestellt.

---

1   Zu den stillen Reserven vgl. Teil 5, Kapitel 2, Abschnitt 2.6.4 «Stille Reserven».
2   Vgl. dazu Teil 1, Kapitel 2, Abschnitt 2.6 «Rechtsform».

2.2	**Aktienkapital und Partizipationskapital**
2.2.1	**Aktienkapital**

Es entspricht der Idee der Aktiengesellschaft, dass das Aktienkapital durch den Aktionär nicht gekündigt werden kann und somit dem Unternehmen dauernd zur Verfügung steht. Im Gesetz finden sich dazu verschiedene Vorschriften, die im Zusammenhang mit dem Aktienkapital beachtet werden müssen. Die wichtigsten sind:

- Die Mindesthöhe des Aktienkapitals einer Aktiengesellschaft beträgt 100 000,– Fr. (Art. 621 OR).
- Mindestens 20 % des Aktienkapitals müssen bis zur konstituierenden Generalversammlung einbezahlt sein. Mindestbetrag ist allerdings 50 000,– Fr. (Art. 632 OR).
- Bei der Gründung der Aktiengesellschaft muss das Aktienkapital vollständig gezeichnet sein (Art. 629 OR).
- Die Einzahlungs- oder Liberierungspflicht kann durch Bareinlage oder durch Sacheinlagen, so genannte Apports, erfolgen. Die Bareinzahlungen sind bei einer von den Kantonen bezeichneten Depositenstelle auf den Namen der zu gründenden Gesellschaft zu hinterlegen. Sie dürfen der Verwaltung erst nach Eintragung der Gesellschaft in das Handelsregister ausgehändigt werden. Sacheinlagen gelten nur dann als Deckung, wenn die Gesellschaft mit ihrer Eintragung in das Handelsregister als Eigentümerin unmittelbar darüber verfügen kann oder einen bedingungslosen Anspruch auf Eintrag in das Grundbuch erhält (Art. 633 f. OR). Sacheinlagen können nur bewertbare und verwertbare materielle und immaterielle Vermögensteile sein, die zukünftige Nutzleistungen ohne Gegenleistungen verkörpern. Die Bewertung der Sacheinlagen hat dabei nach bewährten und anerkannten betriebswirtschaftlichen Bewertungsprinzipien zu erfolgen.
- Das Aktienkapital ist in einzelne Anteile aufgeteilt. Eine solche Quote des Aktienkapitals wird als Aktie bezeichnet, deren Betrag den Nennwert (Nominalwert) dieses Wertpapiers darstellt. Der Mindestnennwert für eine Aktie beträgt 1 Rappen.

Die Aktien können entweder auf den Inhaber oder auf den Namen lauten, d. h. entweder eine Inhaberaktie oder eine Namenaktie darstellen (Art. 622 OR).

1. Die **Inhaberaktien** zeichnen sich dadurch aus, dass die Übertragung durch blosse Übergabe vollzogen wird. Der Gesellschaft sind somit die Eigentümer nicht bekannt. Dem Vorteil der leichten Übertragbarkeit und Geltendmachung steht jedoch der Nachteil gegenüber, dass auch

ein nicht berechtigter Inhaber aufgrund des blossen Aktienbesitzes die darin beurkundeten Rechte geltend machen kann.

2. Anders verhält es sich bei den **Namenaktien**. Namenaktien bedürfen der Eintragung des Erwerbers in ein von der Gesellschaft geführtes Aktienbuch, in welchem die Aktionäre mit Namen und Wohnort eingetragen werden müssen (Art. 686 OR).

- Kann sich jeder Erwerber einer Namenaktie ins Aktienbuch aufnehmen lassen, so spricht man von **gewöhnlichen** Namenaktien.

- Sollen unerwünschte Aktionäre von der Ausübung der Mitgliedschaftsrechte ausgeschlossen werden, kann dies durch die Ausgabe von **vinkulierten** Namenaktien geschehen. Eine Ablehnung eines Namenaktionärs ohne Angabe von Gründen ist jedoch unzulässig (Art. 685a OR). Bei der Regelung der Ablehnungsgründe wird zwischen zwei Konzepten unterschieden:

  □ Im Fall **nicht börsenkotierter** Namenaktien ist eine Ablehnung dann möglich, wenn dem Aktienerwerber ein in den Statuten genannter Grund entgegengehalten werden kann. Als wichtige Gründe gelten Bestimmungen über die Zusammensetzung des Aktionärskreises, die im Hinblick auf den Gesellschaftszweck oder die wirtschaftliche Selbstständigkeit des Unternehmens eine Verweigerung rechtfertigen (Art. 685b Abs. 1 und 2 OR). Beispielsweise kann ein Konkurrent von einer Beteiligungsnahme abgehalten werden.

  □ Bei Gesellschaften mit **börsenkotierten** Namenaktien (Publikumsgesellschaften) kann das Unternehmen einen Erwerber als Aktionär ablehnen, wenn die Statuten eine prozentmässige Begrenzung der Namenaktien vorsehen und diese Begrenzung überschritten wird (Art. 685d Abs. 1 OR).

| **2.2.2** | **Partizipationskapital** |

Die Statuten können ein Partizipationskapital vorsehen, das in Teilsummen (Partizipationsscheine) zerlegt ist. Diese Partizipationsscheine werden gegen Einlage ausgegeben und haben einen Nennwert, gewähren aber im Gegensatz zu den Aktien kein Stimmrecht.[1] Im Übrigen gelten die Bestimmungen über das Aktienkapital, die Aktie und den Aktionär – soweit das Gesetz nichts anderes vorsieht – auch für das Partizipationskapital, den Partizipationsschein und den Partizipanten (Art. 656a OR). Insgesamt hat

---

[1] Als mit dem Stimmrecht zusammenhängende Rechte gelten das Recht auf Einberufung einer Generalversammlung, das Teilnahmerecht, das Recht auf Auskunft, das Recht auf Einsicht und das Antragsrecht (Art. 656c Abs. 2 OR).

allerdings die Akzeptanz der Finanzmärkte für diese Form von Risikokapital gegenüber früheren Zeiten spürbar abgenommen, da die Benach-
teiligung der Partizipanten gegenüber Aktionären in verschiedenen Situationen (z.B. bei Übernahmeangeboten) schwer ins Gewicht fallen kann.
Interessant ist deshalb ein Kursvergleich zwischen Inhaberaktien und Par-
tizipationsscheinen. In der Praxis zeigt sich, dass bei gleichem Nennwert
der beiden Beteiligungspapiere eine Kursdifferenz, genannt Ecart[1], zuungunsten des Partizipationsscheines auftritt.

Aufgrund dieser Entwicklungen ist es nicht erstaunlich, dass viele Publikumsgesellschaften sich entschlossen haben, ihre Partizipationsscheine
in Aktien umzutauschen. Dies hat dazu geführt, dass der Partizipationsschein praktisch von den Kurslisten der Aktienbörsen verschwunden ist.

2.3	Kapitalerhöhung
2.3.1	Gründe für eine Kapitalerhöhung

Es gibt eine Vielzahl von Gründen, die dazu führen, dass eine Aktiengesellschaft ihr Aktienkapital erhöhen will. Primär steht dabei die Finanzierung des betrieblichen Umsatzprozesses im Vordergrund, der bei einem
Wachstum des Unternehmens finanziell abgesichert werden muss. Eine
Kapitalerhöhung wird in diesem Fall immer dann in Erwägung gezogen,
wenn eine Kreditfinanzierung nicht möglich ist oder die selbst erarbeiteten
und nicht ausgeschütteten Gewinne nicht ausreichen, um das Unternehmenswachstum zu finanzieren. Daneben gibt es weitere Gründe, die für
eine Kapitalerhöhung verantwortlich sein können, bei denen der Kapitalbedarf nicht oder nur zum Teil im Vordergrund steht:

- Bei Banken und Versicherungen können **rechtliche Vorschriften** beste-
  hen, die eine Kapitalerhöhung bedingen, um das Eigenkapital an den
  Geschäftsumfang oder an das eingesetzte Fremdkapital anzupassen.
- Das Unternehmen kann zu **vorteilhaften Bedingungen** Eigenkapital
  beschaffen. Bei einem günstigen Kapitalmarkt kann die Gesellschaft
  Aktien mit einem hohen Agio ausgeben.

> Unter einem **Agio** versteht man bei Aktien die Differenz zwischen dem
> Ausgabekurs und dem Nennwert der Aktie. Deshalb wird es auch als
> Emissionsagio bezeichnet.

---

[1] Als **Ecart** bezeichnet man die Spanne zwischen zwei Grössen, zum Beispiel zwischen
Geld- und Briefkurs, zwischen dem Kurs alter und neuer Aktien oder Namen- und Inhaberaktien. (Albisetti et al. 1995, S. 223)

- Aus **dividendenpolitischen Gründen** dient eine Kapitalerhöhung dazu, bei gleich hohem Dividendensatz eine erhöhte Dividendensumme auf eine grössere Anzahl Aktien auszuschütten. Aus psychologischen Gründen wird es nämlich oft vorgezogen, einen höheren Gewinn des Unternehmens nicht über eine Erhöhung des Dividendensatzes, sondern über eine Erhöhung des Kapitals auszuschütten. Ebenfalls aus dividendenpolitischen Gründen ist eine Kapitalerhöhung denkbar, um damit dem bisherigen Aktionär ein Bezugsrecht zukommen zu lassen. Allerdings handelt es sich, wie später noch dargelegt wird,[1] beim Bezugsrecht nicht um eine Auszahlung an den Aktionär und schon gar nicht um eine Dividende, de facto kann es sich aber um einen zusätzlichen Bonus der Gesellschaft handeln.
- Da die Ertragssteuern einer Gesellschaft aufgrund des Verhältnisses des Reingewinns zum Eigenkapital berechnet werden, ist eine Erweiterung der Eigenkapitalbasis auch aus **steuerlichen** Gründen möglich. Dadurch sinken in der Regel die Eigenkapitalrentabilität und somit die Ertragssteuern.
- Eine Kapitalerhöhung kann ferner zur **Erweiterung des Aktionärkreises** durchgeführt werden. Dies hat allerdings zur Folge, dass eine Kapitalerhöhung unter Ausschluss des Bezugsrechtes der bisherigen Aktionäre vorgenommen werden muss.[2]
- Schliesslich ist noch der Spezialfall zu erwähnen, wenn bei einer **Fusion** das Kapital erhöht wird, um ein geeignetes Austauschverhältnis festlegen zu können.

Zusammenfassend ist zu sagen, dass in der Praxis meist mehrere Gründe für eine Kapitalerhöhung aufgeführt werden können. Diese Gründe werden zum Teil bereits aus den Bedingungen der Kapitalerhöhung ersichtlich, beispielsweise daraus, ob eine Kapitalerhöhung mit oder ohne Bezugsrecht erfolgt.

| 2.3.2 | **Rechtsvorschriften** |

Eine Erhöhung des Kapitals kann entweder durch eine Heraufsetzung des Nennwertes bestehender Aktien oder durch Ausgabe von neuen Aktien vorgenommen werden. Von der ersten Möglichkeit wird selten Gebrauch gemacht, nicht zuletzt deshalb, weil für diese Form der Kapitalerhöhung alle betroffenen Aktionäre zustimmen müssen. Nach Art. 680 Abs. 1 OR

---

1 Vgl. Abschnitt 2.3.4 «Bezugsrechte».
2 Vgl. auch Abschnitt 2.5 «Going Public».

kann der Aktionär nämlich nicht zu einer Mehrleistung auf einer bereits erworbenen Aktie gezwungen werden.

Nach schweizerischem Aktienrecht stehen zur Erhöhung des Aktienkapitals drei Formen zur Verfügung:

1. **Ordentliche Kapitalerhöhung** (Art. 650 OR): Die Erhöhung des Aktienkapitals wird von der Generalversammlung beschlossen. Sie ist vom Verwaltungsrat innerhalb von drei Monaten durchzuführen.

2. **Genehmigte Kapitalerhöhung** (Art. 651 ff. OR): Die Generalversammlung kann durch Statutenänderung den Verwaltungsrat ermächtigen, das Aktienkapital innert einer Frist von längstens zwei Jahren zu erhöhen. Das genehmigte Kapital ist auf die Hälfte des bisherigen Aktienkapitals limitiert. Im Rahmen dieser Ermächtigung kann der Verwaltungsrat aufgrund der Marktverhältnisse Kapitalerhöhungen vornehmen.

3. **Bedingte Kapitalerhöhung** (Art. 653 ff. OR): Die Generalversammlung kann eine bedingte Kapitalerhöhung beschliessen, indem sie in den Statuten den Gläubigern von neuen Anleihens- oder ähnlichen Obligationen sowie den Arbeitnehmern Rechte zum Bezug neuer Aktien einräumt (Wandel- und Optionsrechte). Den bisherigen Aktionären wird ein Vorwegzeichnungsrecht eingeräumt, das nur bei Vorliegen eines wichtigen Grundes beschränkt werden darf.

Gemäss Art. 671 OR kann das **Emissionsagio** nach Deckung der Emissionskosten wie folgt verwendet werden:

- Zuweisung zur gesetzlichen Reserve,
- freiwillige zusätzliche Abschreibungen,
- betriebliche Wohlfahrtszwecke.

In der Praxis wird das Agio in erster Linie ohne Abzug der Emissionskosten den Reserven zugeführt und dient damit zur Stärkung der Eigenkapitalbasis. Diese Tatsache ist insofern von Bedeutung, als damit eine Kapitalverwässerung vermieden oder zumindest gemindert werden kann.

> Unter einer **Kapitalverwässerung** versteht man die Verminderung des Reserveanteils pro Aktie.

2.3.3 | Emissionsbedingungen

Mit der Herausgabe von neuen Aktien sind eine Reihe von Fragen verbunden, die im Wesentlichen das Ausmass der Kapitalerhöhung und die Festlegung des Ausgabekurses betreffen.

1. Das **Bezugsverhältnis** gibt das Verhältnis zwischen dem bestehenden und dem neuen Aktienkapital (d.h. dem Betrag der Kapitalerhöhung) wieder und zeigt, wie viele alte Aktien zum Bezug einer neuen Aktie notwendig sind. Ein Bezugsverhältnis von 15:1 bedeutet, dass ein bisheriger Aktionär mit 15 alten Aktien eine neue beziehen kann.

2. Eine besonders heikle Frage ist die Festlegung des **Ausgabekurses** oder Emissionskurses. Dies trifft insbesondere auf die grossen Publikumsaktiengesellschaften zu, deren Aktien an der Börse gehandelt werden. Neben der Einhaltung der rechtlichen Vorschriften sind folgende Einflussfaktoren zu beachten (Boemle/Stolz 2002, S. 307 ff.):

- **Aufnahmebereitschaft des Marktes:** Als wesentlichstes unternehmensexternes Faktum ist die Verfassung des Kapitalmarktes zu erwähnen. Es zeigt sich immer wieder, dass in einer Börsenhausse der Emissionskurs relativ hoch angesetzt werden kann, ohne dass dadurch ein Kursdruck auf die Aktien zustande kommt.

- **Bilanzwert (Bilanzkurs) der Aktie:** Der Bilanzwert einer Aktie ergibt sich aus dem gesamten Eigenkapital dividiert durch die ausgegebenen Aktien. Je näher der Ausgabekurs beim Bilanzkurs liegt, umso kleiner ist die Kapitalverwässerung. Die neuen Aktionäre entrichten einen dem Bezugsverhältnis entsprechenden Anteil an den offen bilanzierten Reserven, so dass das Verhältnis zwischen Grundkapital und offenen Reserven nach der Kapitalerhöhung unverändert bleibt.

- **Stille Reserven:** Nicht berücksichtigt im Bilanzkurs sind die stillen Reserven. Bei Vorliegen grosser stiller Reserven ist daher ein Emissionskurs über dem Bilanzkurs gerechtfertigt.

- **Börsenkurs:** Primär hat sich der Ausgabekurs nach dem Börsenkurs auszurichten. Je höher dieser über dem Nennwert liegt, desto grösser kann das Agio gewählt werden. Abgesehen davon, dass der Börsenkurs nicht überschritten werden kann, hat sich eine obere Grenze bewährt, die ungefähr 2/3 des Börsenkurses beträgt.

- **Ertragswert:** Je höher der Ertragswert des Unternehmens (der sich aufgrund der zukünftigen Gewinne berechnen lässt),[1] desto höher kann der Ausgabekurs gewählt werden.

- **Rendite:** Der Aktionär erwartet auf dem neuen Kapital eine angemessene Rendite. Was allerdings als angemessen zu betrachten ist, lässt sich schwer abwägen. Da der Ausgabekurs aber unter dem Börsenkurs festgelegt wird, ergibt sich bereits aus diesem Sachverhalt, dass die neuen Aktien eine höhere Rendite als die alten haben. Ein Vergleich mit alternativen Anlagemöglichkeiten (z.B. Obligationen) ist

---

1 Vgl. Teil 7, Kapitel 3 «Unternehmensbewertung».

deshalb schwierig, weil neben der Rendite noch weitere spezifische Merkmale der zu vergleichenden Anlageobjekte berücksichtigt werden müssen (z. B. Kurssteigerungspotenzial).

- **Dividendenpolitik:** Aus psychologischen Überlegungen wird – vor allem in der Schweiz – der Ausgabekurs so festgesetzt, dass dadurch der Dividendensatz nicht angepasst werden muss.

- **Steuern:** Schliesslich ist noch zu erwähnen, dass auch steuerliche Überlegungen eine Rolle spielen können, da in einigen, allerdings wenigen Kantonen (z. B. Solothurn, Glarus) der Agio-Erlös als Ertrag versteuert werden muss.

3. **Bezugsfrist, Liberierungstermin, Dividendenberechtigung:** Neben der Festlegung des Ausgabekurses gilt es noch die Zeitspanne zu bestimmen, in der die neuen Aktien bezogen werden können. Während dieser Zeit findet für kotierte (d. h. an der Börse gehandelte) Aktien ein Bezugsrechtshandel – auch Anrechtshandel genannt – statt. Schliesslich erfolgt die Liberierung der erworbenen Aktien. Je nach Liberierungstermin und Dividendenberechtigung kann dem Aktionär ein zusätzlicher Anreiz zur Zeichnung neuer Aktien gegeben werden. Dies ist zum Beispiel dann der Fall, wenn die neuen Aktien erst im Verlaufe des Geschäftsjahres liberiert werden müssen, für das ganze Geschäftsjahr aber dividendenberechtigt sind.

2.3.4	Bezugsrechte

Beim **Bezugsrecht** handelt es sich um das Recht zum Bezug zusätzlicher Aktien im Verhältnis zur bisherigen Beteiligung.

Das Bezugsrecht verkörpert einen bestimmten Wert. Dieser entspricht dem Preis, den ein Käufer junger Aktien dem Eigentümer bezahlen muss, wenn dieser die neuen Aktien nicht selbst bezieht, sondern das Bezugsrecht verkaufen will.

Sind alle Informationen mit Ausnahme des Wertes des Bezugsrechts sowie des Kurses nach Kapitalerhöhung gegeben, so kann der Wert des Bezugsrechts berechnet werden:

BR = Wert des Bezugsrechts einer alten Aktie

K_a = Kurs der alten Aktie vor Kapitalerhöhung

K_n = Kurs der alten und neuen Aktien nach Kapitalerhöhung

K_e = Emissionskurs der neuen Aktien

a = Anzahl alte Aktien

n = Anzahl neue Aktien

$$(1) \quad K_n = \frac{a\,K_a + n\,K_e}{a + n}$$

$$(2) \quad BR = K_a - K_n$$

$$(3) \quad BR = K_a - \frac{a\,K_a + n\,K_e}{a + n}$$

und somit ergibt sich die allgemeine Formel für den rechnerischen Wert des Bezugsrechts als

$$(4) \quad BR = \frac{K_a - K_e}{\dfrac{a}{n} + 1} \quad \text{oder} \quad \frac{n\,(K_a - K_e)}{a + n}$$

Ein Beispiel zeigt ▶ Abb. 159. Betriebswirtschaftlich bedeutet das Bezugsrecht das Recht des alten Aktionärs auf eine Entschädigung für die mit einer Kapitalerhöhung verbundene Kapitalverwässerung. Verkauft er seine Bezugsrechte, so verkauft er einen Anteil seines Anspruches auf das Vermögen der Gesellschaft.

In der Praxis wird dieses Bezugsrecht als eine Art Bonus betrachtet. Ob es überhaupt ein Bonus ist und in welchem Ausmass, hängt sehr stark davon ab, zu welchem Zweck das Unternehmen eine Kapitalerhöhung

---

Kapitalerhöhung der Landyr AG 2008

Die ordentliche Generalversammlung der Landyr AG vom 29. Januar 2008 hat auf Antrag des Verwaltungsrates beschlossen, das Aktienkapital von 178 500 000 Fr. durch die Ausgabe von 49 500 neuen Namenaktien von je 200,– Fr. Nennwert um 9 900 000 Fr. auf 188 400 000 Fr. zu erhöhen.

Die neuen Namenaktien wurden gemäss Emissionsprospekt den bisherigen Aktionären während der Zeit vom 3. bis 12. Februar 2008 zu den nachfolgenden Bedingungen angeboten:

- **Bezugspreis:** 400,– Fr. netto je neue Namenaktie.
- **Bezugsverhältnis:** 1 neue Namenaktie von 200,– Fr. Nennwert auf 18 bisherige Namenaktien.
- **Eintrag ins Aktienregister:** Da keine Vinkulierungsbestimmungen bestehen, ist die Eintragung von neu bezogenen Namenaktien im vornherein zugesichert.
- **Dividendenberechtigung:** Die neuen Aktien sind ab 1.10.2007 dividendenberechtigt und den alten Titeln gleichgestellt.
- **Liberierung:** Die Liberierung hat auf den 19. Februar 2008 zu erfolgen.

Am 31. Januar 2008, am Tag vor Beginn des Anrechtshandels, betrug der Kurs der Namenaktie 1130,– Fr. Somit ergab sich folgender theoretischer Wert des Bezugsrechts:

$$\frac{1130 - 400}{\dfrac{18}{1} + 1} = 38{,}42$$

▲ Abb. 159   Beispiel Kapitalerhöhung

durchführt. Verbunden mit dieser Kernfrage ist die Festlegung des Ausgabekurses, der die neue Rendite auf den Aktien nach der Kapitalerhöhung massgeblich bestimmt. Je kleiner das Aufgeld (Agio) der neuen Aktien ist, umso grösser ist die Renditeverbesserung auf den Aktien nach Kapitalerhöhung. Diese ergibt sich nämlich unter der Annahme eines gleichen Dividendensatzes durch die Senkung des durchschnittlichen Einstandspreises sämtlicher Aktien.

Neben diesen mehr unternehmensinternen Faktoren darf nicht vergessen werden, dass die Verfassung des gesamten Börsenmarktes eine entscheidende Rolle spielt. In einer Haussephase genügen meist relativ knappe Konditionen, damit die Aktie schon vor der Kapitalerhöhung – in Erwartung eines Bezugsrechts – ansteigt oder dass das abgetrennte Bezugsrecht während des Anrechtshandels durch eine Kurssteigerung teilweise oder vollständig ausgeglichen wird. Demgegenüber kann bei einer schlechten Börsenverfassung der Kursabschlag durch den Wegfall des Bezugsrechts stärker ausfallen als es dem rechnerischen Wert des Bezugsrechts entsprechen würde.

2.3.5	**Kapitalerhöhung aus Gesellschaftsmitteln**

Neben einer Kapitalerhöhung durch Bareinzahlung oder Sacheinlage besteht auch die Möglichkeit, neu auszugebende Aktien aus Gesellschaftsmitteln zu liberieren. Die Aktionäre erhalten dabei in einem bestimmten Verhältnis zu ihren bisherigen Aktien neue Anteile, für die sie keine Leistung erbringen müssen. Man spricht deshalb von **Gratisaktien,** wobei dieser Begriff insofern irreführend ist, als der Anspruch des Aktionärs auf das Vermögen der Gesellschaft nicht erhöht wird.[1]

Nach Boemle/Stolz (2002, S. 322 f.) gibt es folgende Gründe, die eine Aktiengesellschaft dazu bewegen können, eine Kapitalerhöhung aus Gesellschaftsmitteln vorzunehmen:

1. Werden Gratisaktien ausgegeben, so kann ein allfälliges Missverhältnis zwischen dem nominellen Aktienkapital und dem gesamten Eigenkapital behoben werden.[2] Eine Anpassung der Eigenkapitalstruktur ist besonders nach Perioden starker Geldentwertung zweckmässig. Das Aktienkapital wird dadurch wieder in Einklang gebracht mit der durch die Geldentwertung entstandenen Wertzunahme der Aktiven.

---

1 Deshalb wäre der Begriff «Berichtigungsaktie» sinnvoller, wie er beispielsweise auch in Deutschland immer häufiger verwendet wird.

2 Unter dem nominellen Grundkapital versteht man denjenigen Betrag, auf den das ausgegebene und gezeichnete Aktienkapital lautet. Es entspricht der Summe der Nennwerte aller ausstehenden Aktien.

2. Mit einer Erhöhung der Zahl der Aktien wird ein Kursrückgang bewirkt. Dieser ist aus markttechnischen Gründen vielfach erwünscht, da Aktien mit einem kleinen Kurswert einen breiteren Markt aufweisen, d. h. für mehr Kapitalgeber in Frage kommen, als so genannte schwere Titel mit einem hohen Kurswert.

3. Eine Veränderung des Kurswertes kann auch im Hinblick auf eine Fusion mit einer anderen Gesellschaft angestrebt werden.

4. Wenn der bisherige Dividendensatz beibehalten wird, so wird durch die Erhöhung der Aktienzahl indirekt auch die Dividende erhöht. Der Aktionär erhält aufgrund der grösseren Aktienzahl einen höheren Dividendenbetrag, wie folgendes Beispiel zeigt: «Ein Aktionär besitzt 1 Aktie der Gesellschaft A zu 500,– Fr. Die Aktiengesellschaft verteilt auf ihrem Aktienkapital von 1 000 000 Franken eine Dividende von 10 %, der Aktionär erhält somit brutto 50,– Fr. Wird nun das Aktienkapital aus Eigenkapital auf 2 000 000 Franken erhöht, auf dem neuen Aktienkapital der bisherige Dividendensatz von 10 % jedoch beibehalten, so erhält der Aktionär auf seinen 2 Aktien einen Bruttoertrag von 100,– Fr. Sein ausbezahlter Gewinnanteil wurde also spürbar verbessert, wobei die gegenüber der Öffentlichkeit psychologisch ungünstig wirkende Erhöhung des Dividendensatzes von 10 auf 20 % umgangen werden konnte.» (Boemle/Stolz 2002, S. 323)

5. Schliesslich kann das Unternehmen dem Aktionär durch Ausgabe von Gratisaktien einen Reingewinnanteil zukommen lassen, ohne dass dabei flüssige Mittel ausgeschüttet werden müssen. Der Aktionär hat aber trotzdem die Möglichkeit, durch den Verkauf dieser Gratisaktien zu flüssigen Mitteln zu kommen. Allerdings ändert sich dadurch die effektive Vermögenslage des Aktionärs nicht, es sei denn, der tatsächliche Kursrückgang der Aktien entspreche nicht dem erwarteten Rückgang aufgrund des rechnerischen Wertes des Bezugsrechts. (Der Wert des Bezugsrechts berechnet sich nach der allgemeinen Bezugsrechtsformel, wobei für den Ausgabekurs der neuen Aktie der Wert Null eingesetzt wird.)

Bei einer Kapitalerhöhung aus Gesellschaftsmitteln wird der dazu notwendige Betrag aus den Reserven der Gesellschaft entnommen. Dies können sein:

- offene, gesetzlich nicht gebundene Reserven,
- der Gewinnvortrag oder
- der verfügbare Reingewinn des laufenden Jahres.

Das vereinfachte Beispiel in ▶ Abb. 160, bei dem Gratisaktien im Verhältnis 4:1 ausgegeben wurden, macht deutlich, dass es sich bei der Ausgabe von Gratisaktien in erster Linie um einen buchungstechnischen Tatbestand

Bilanz *vor* Kapitalerhöhung (in Mio. Fr.)			
Umlaufvermögen	40	Fremdkapital	45
Anlagevermögen	60	Aktienkapital	40
		Reserven	14
		Gewinnvortrag	1
	100		100

Bilanz *nach* Kapitalerhöhung (in Mio. Fr.)			
Umlaufvermögen	40	Fremdkapital	45
Anlagevermögen	60	Aktienkapital	50
		Reserven	4
		Gewinnvortrag	1
	100		100

▲ Abb. 160   Auswirkungen einer Kapitalerhöhung aus Gesellschaftsmitteln auf die Bilanz

handelt. Der Gesamtbetrag des Eigenkapitals ändert sich überhaupt nicht, sondern lediglich dessen Zusammensetzung.

Eine Kapitalerhöhung aus Gesellschaftsmitteln kann auf verschiedene Arten durchgeführt werden:

1. Das Aktienkapital wird im Verhältnis 1:1 erhöht, der bisherige Aktionär erhält für jede alte Aktie eine neue (Gratis-)Aktie.
2. Das Bezugsverhältnis ist höher als 1:1 (z.B. 4:1 wie im Beispiel in ◀ Abb. 160). In diesem Falle werden die Anrechte börsenkotierter Unternehmen an der Börse gehandelt wie bei einer Kapitalerhöhung aus Bareinzahlungen.
3. Eine Kapitalerhöhung aus Gesellschaftsmitteln kann auch durch Liberierung nicht voll einbezahlter Aktien vorgenommen werden.
4. Eine weitere Variante einer Kapitalerhöhung aus Gesellschaftsmitteln ist durch Erhöhung des Nennwertes der alten Aktien möglich.
5. Schliesslich ist auch eine Kapitalerhöhung durch Kombination von Bareinzahlung durch die Aktionäre und Liberierung aus Gesellschaftsmitteln denkbar.

Neben den betriebswirtschaftlichen Aspekten einer Kapitalerhöhung aus Gesellschaftsmitteln sind vor allem auch **steuerliche** Überlegungen einzubeziehen. Aufgrund der geltenden Steuergesetzgebung (Bundessteuer sowie die Mehrheit der kantonalen Steuern) unterliegen Gratisaktien der Einkommensbesteuerung. Dies ist auch der Grund, warum in der Schweiz relativ selten solche Kapitalerhöhungen durchgeführt werden.

2.4 Emission von Genussscheinen

Beim Genussschein handelt es sich um ein Beteiligungspapier, das nach Art. 657 OR keine Mitgliedschaftsrechte, sondern nur Ansprüche auf einen Anteil am Reingewinn, am Liquidationsergebnis oder auf den Bezug von neuen Aktien verleiht. Der Genussschein darf keinen Nennwert haben.

Das Gesetz sieht diese Form von Beteiligungspapieren für jene Personen vor, die mit dem Unternehmen durch frühere Kapitalbeteiligung oder als Aktionär, Gläubiger, Arbeitnehmer oder in ähnlicher Weise verbunden sind (Art. 657 Abs. 1 OR). Diese relativ offene Formulierung führte in der Praxis zu verschiedenen Ausprägungsformen dieser Papiere:

- Abgeltung von **Gründerleistungen**. Dieses Vorgehen hat für die Gesellschaft den Vorteil, dass sie keine flüssigen Mittel einsetzen muss. Solche Genussscheine, welche bei der Gründung der Gesellschaft ausgegeben werden, werden auch als **Gründungsanteilscheine** bezeichnet.
- Bei einer **Sanierung** werden oft Genussscheine abgegeben, um damit jene Gläubiger zu entschädigen, die mit einem Pfändungsverzicht zur Erhaltung und Weiterführung des Unternehmens beitragen. Diese Sanierungsgenussscheine dienen dazu, den Inhaber an einer verbesserten zukünftigen Ertragslage teilhaben zu lassen.
- Der Genussschein kann aus **dividendenpolitischen** Gründen ausgegeben werden, um eine indirekte Dividendenerhöhung zu bewirken. Die Genussscheine können dabei als von den Aktien getrennte Papiere ausgegeben werden oder untrennbar mit der Aktie verbunden sein.

2.5 Going Public

2.5.1 Begriff

Unter einem **Going Public** oder **Initial Public Offering** versteht man die Umwandlung einer privaten Aktiengesellschaft in eine Publikumsgesellschaft.

Ein bisher geschlossener Kreis von (Eigen-)Kapitalgebern (z.B. Familien-AG) sucht neue Kapitalgeber, indem Beteiligungspapiere der Gesellschaft einem breiten Anlagepublikum offeriert werden. Im Vordergrund steht somit beim eigentlichen Going Public die Beanspruchung des Kapitalmarktes im Rahmen einer Beteiligungsfinanzierung.

Wie ▶ Abb. 161 zeigt, haben Gesellschaften aus verschiedenen Branchen diesen Schritt gewählt, wobei sich neben vielen erfolgreichen Unternehmen auch solche befinden, die in der Zwischenzeit wieder liquidiert

Jahr	Unternehmen	Typ
1986	Golay-Buchel	I
	Intersport Holding	PS
	Prodega	I
	Kudelski	I/PS
	Moor Finanz	I
	Helvetia Leben	PS
	Inspectorate	I
	Hilti	PS
	LEM Holding	PS
	CTA	I
	Suter & Suter	I
	Vontobel Holding	I
	Merck	I
	Bucherer	PS
	Bondpartners	PS
	Basler Kantonalbank	PS
	Bucher Holding	I
	Hügli Holding	I
	ALSO Holding	PS
	Pick Pay	I
	Zehnder Holding	I
	Valtronic Holding	PS
	Dätwyler Holding	I
	Bank in Liechtenstein	PS
	Keramik Holding	PS
	Liechtensteiner Landesbank	PS
1987	COS	I
	BNP	I
	Kardex	I/PS
	Unigestion	I
	Sarasin & Co.	N
	Fust	I
	Calida	I
	Elco Looser Holding	I
	Bossard	I
	Maillefer	I
	Ares-Serono	I
	Loeb Holding	PS
	Escor	I
	Banque Rothschild	I
	Ersparniskasse Langenthal	PS
	Tecan Holding	I
	Spiro	I
	Sofigen	I
	Maillefer	I
	Harwanne	I
	ACU Holding	I
	ASP Holding	I
1988	Rentenanstalt	PS
	Arborio Forster Holding	I
	Fotolab Club	I
	Logitech Holding	I
	Omni Holding	I
	Pheonix Mecano	I
	Richemont	I
	Von Moos	I
	Porst Holding	I
1989	Immuno	I
1990	Sihl Papier	I
	Waadt Versicherung	I
1994	Kühne & Nagel	I
	ESEC Holding SA	I
	Phonak Holding AG	N
1995	Clariant AG	N
	Belimo AG	N
	Kaba Holding AG	N

Jahr	Unternehmen	Typ
1996	Micronas	I
	Stratec	N
	Disetronic	I
	Christ	I
	SEZ Holding	N
	Tag Heuer	N
	Elma Electronic	N
	Jungfraubahn	N
	CreInvest	I
1997	Ciba Speciality	N
	Grasshoppers	I
	Unilabs	I
	Selecta	N
	Komax	N
	Interroll	N
	Gretag-Macbeth	N
	Sulzer Medica	N
	Hiestand	N
	MC Bohemia Investment AG	I
	Sustain. Performance Group	I
1998	Castle Alternative	N
	Cicorel	N
	Schulthess	N
	Saia-Burgess	N
	Straumann	N
	Adval Tech	N
	Barry Callebaut	N
	Gretag Imaging	N
	Schaffner	N
	Bachem	N
	Alcopor	N
	Feintool	N
	Swisscom	N
1999	Card Guard Scient. Surv. Ltd.	N
	Miracle Holding AG	N
	Absolute Investment AG	I
	Swissfirst AG	I
	Lonza Group AG	N
	sia Abrasives Holding AG	N
	Complet-e Holding AG	N
	4M Technologies Holding	N
	NETinvest Holding AG	N
	AIG Private Equity AG	N
	Terra Trust Investment AG	I
	BioMarin Pharma Inc.	N
	Agefi Groupe SA	I
	SC Turnaround Invest AG	N
	Geberit AG	N
	Charles Vögele Holding AG	I
	Scintilla AG	I
	EIC Electr. Investment Comp.	I
	Private Equity Holding AG	N
2000	Absolute Europe AG	I
	Absolute Technology AG	I
	Métraux Services SA	N
	Givaudan SA	N
	Swiss Small Cap Invest AG	N
	Swissquote Group Hold. AG	N
	TOP-T Investment AG	I
	JOMED N.V.	I
	Oridion Systems Ltd.	N
	Actelion Ltd.	N
	Swiss Prime Site AG	N
	Day Interactive Holding AG	N
	Think Tools AG	I
	PSP Swiss Property AG	N

Jahr	Unternehmen	Typ
	Allreal Holding AG	N
	Acorn Altern. Strategies AG	N
	Modex Therapeutics	N
2001	Converium Holding AG	N
	A&A Active Investor AG	I
	ShaPE Capital AG	N
	BT&T LIFE Ltd.	I
	Mobilezone Holding AG	I
	MCH Messe Schweiz AG	N
	Berna Biotech AG	N
	Temenos Group AG	N
	CPH Chemie + Papier Hold. AG	N
	Prime New Energy AG	I
	Absolute Private Equity AG	I
	SAM Smart Energy AG	I
	St. Galler Kantonalbank AG	N
	Tornos Holding AG	N
	Absolute U.S. AG	I
2002	Comet Holding AG	N
	Cytos Biotechnology AG	N
	Nobel Biocare Holding AG	I
	International Minerals Corp.	I
	Precious Woods Holding AG	N
	ProgressNow! invest AG	N
2003	Zimmer Holdings, Inc.	N
	BKW FMB Energie AG	N
2004	austriamicrosystems AG	I
	Basilea Pharmaceutica AG	N
	Ypsomed Holding AG	N
	Emmi AG	N
2005	Dottikon ES Holding AG	N
	Advanced Digital Broadcast Holdings SA	N
	Arpida Ltd.	N
	Mobimo Holding AG	N
	Winterthur Technologie AG	N
	Speedel Holding Ltd.	N
	Panalpina Welttransport Holding AG	N
	Esmertec AG	N
	EFG International	N
	Nebag	N
	Dufry AG	N
2006	Partners Group Holding	N
	New Value AG	N
	BioXell S.p.A.	N
	Medisize Holding AG	N
	Burckhardt Compression Holding AG	N
	Santhera Pharmaceuticals Holding AG	N
	Meyer Burger Technology AG	N
	Petroplus Holdings AG	N
	Newron Pharmaceuticals S.p.A.	N
2007	Cosmo Pharmaceuticals S.p.A.	N
	VZ Holding AG	N
	Addex Pharmaceuticals Ltd	N
	bfw liegenschaften ag	N
	Goldbach Media AG	N
	bfw liegenschaften ag	N
	Addex Pharmaceuticals Ltd	N
	VZ Holding AG	N
2008	HBM BioVentures AG	N

| I | = | Inhaberaktien | PS | = | Partizipationsscheine |
| N | = | Namenaktien | | | |

▲ Abb. 161   Going Public in der Schweiz 1986 bis 2008 (Stand April 2008)

werden mussten (z.B. Gretag Imaging, Miracle, Jomed), übernommen
wurden (z.B. Übernahme der Disetronic durch Roche, Übernahme der
Centerpulse [ehemalige Sulzer Medica] durch Zimmer, USA) oder in einigen Fällen (z.B. Grasshopper Fussball AG, Hero, Hilti, Zellweger Luwa)
auch den umgekehrten Weg antreten mussten oder wollten, was als Going
Private bezeichnet wird.

> Unter einem **Going Private** versteht man den umgekehrten Vorgang des
> Going Public, nämlich die Umwandlung einer Publikumsgesellschaft in eine
> private Aktiengesellschaft.

Diese vor allem in den USA zu beobachtende Erscheinung erfolgt durch
Rückkauf der Aktien durch eine private Aktiengesellschaft (im Rahmen
einer Konzernbildung), durch eine Familie oder durch die Geschäftsleitung. Wenn der Rückkauf der Aktien in erster Linie mit fremden Mitteln
(Bankkrediten) finanziert wird, spricht man von einem **Leveraged Buyout.**
Diese Vorgehensweise ermöglicht die Übernahme einer Gesellschaft mit
wenig Eigenkapital, wobei aber auf der anderen Seite auf die liquiditäts-
und unter Umständen rentabilitätsbelastenden Zinszahlungen hingewiesen
werden muss.

Die Gründe für ein Going Private sind unterschiedlicher Natur und hängen teilweise mit den für Amerika typischen Verhältnissen zusammen. Im
Wesentlichen können drei Gründe genannt werden:

1. Das Unternehmen bzw. dessen Geschäftsleitung will verhindern, dass
   es von einer anderen Gesellschaft übernommen, in einen neuen Konzern integriert sowie einer neuen Unternehmenspolitik unterstellt wird.
   Neben diesen Anpassungen hat eine solche Transaktion oft auch personelle Konsequenzen, insbesondere für die Geschäftsleitung.
2. Es kann vorkommen, dass ein Unternehmen durch die Börse (aufgrund
   der aktuellen Börsenkurse) unterbewertet wird. Besitzt es beispielsweise unterbewertete Liegenschaften (stille Reserven), so können nicht
   betriebsnotwendige Teile liquidiert und ausgeschüttet werden.
3. Die Geschäftsleitung will sich des Drucks der Aktionäre und der Öffentlichkeit entledigen, die sich oft an einem kurzfristigen Gewinndenken
   orientieren. Anders als in der Schweiz veröffentlichen die amerikanischen Unternehmen einen vierteljährlichen Gewinnausweis. Da die
   Quartalsdividende stark gewinnabhängig festgelegt wird, findet der
   Quartalsgewinn bei der Beurteilung eines Unternehmens grosse Beachtung.

Vom Going Private ist das Management-Buyout (MBO) zu unterscheiden:

> Als **Management-Buyout** wird ein Vorgang bezeichnet, mit dem Angehörige der bisherigen Geschäftsleitung ein Unternehmen ganz oder Teile davon unter umfangreicher Beanspruchung von Fremdkapital erwerben. Dies geschieht mit der Zielsetzung, die unternehmerische Freiheit zu erlangen, verbunden mit der Absicht, die Existenz langfristig zu sichern. (Boemle/ Stolz 2002, S. 514)

In der Regel ist damit auch die Erwartung verbunden, dass eine Wertsteigerung des Unternehmens und somit auch des eingesetzten Kapitals erreicht werden kann. Da eine solche Übernahme durch das Management – genau wie beim Going Private – sehr häufig mit einem geringen Eigenkapitaleinsatz und hohen Krediten erfolgt, spricht man von einem **Leveraged Management-Buyout**.

2.5.2	**Gründe für ein Going Public**

Auch wenn die Gründe für ein Going Public sehr vielfältig sein mögen und letztlich verschiedene Motive zusammen den Ausschlag zu einem solchen Schritt geben, steht doch meistens ein **ungedeckter (zukünftiger) Kapitalbedarf** im Vordergrund. Dieser Kapitalbedarf kann weder durch Zuschüsse der bisherigen Aktionäre noch durch Selbstfinanzierung oder Kredite gedeckt werden. Gerade bei kleineren Unternehmen, die sich noch in einer starken Wachstumsphase befinden und demzufolge einen grossen Kapitalbedarf haben, sind die Aktionäre oft nicht mehr fähig, zusätzliches Kapital zur Verfügung zu stellen. Daneben gibt es eine Reihe weiterer Gründe, die den Ausschlag zugunsten eines Going Public geben können:

- Die bisherigen Eigentümer können sich ganz oder teilweise **aus dem Unternehmen zurückziehen.** Da es sich bei kleineren Gesellschaften vielfach um Eigentümer-Unternehmen handelt, könnte die blosse Trennung von aktiver Mitarbeit in der Geschäftsleitung und finanziellem Engagement zu erhöhten Spannungen im Unternehmen führen.
- Eine Öffnung der Gesellschaft mit Verbreiterung des Aktionärkreises bedeutet gleichzeitig auch eine **Teilung des Unternehmensrisikos** zwischen mehreren Investoren. Dies ist insbesondere im Interesse der Alteigentümer, die bislang die alleinigen Träger des Unternehmensrisikos waren und durch einen teilweisen Verkauf ihrer Anteile (Teilrealisierung) eine Risikodiversifizierung erreichen.
- Ein Going Public gibt den bisherigen Aktionären die Möglichkeit, einen Teil ihres Aktienbesitzes zu veräussern, da die **Handelbarkeit** der Aktien

erst nach der Öffnung gegeben ist. Damit besteht – insbesondere vor dem Hintergrund des Generationenwechsels **(Nachfolge)** – eine Alternative zum Unternehmensverkauf.

- Die Wachstumsfinanzierung steht vor allem in engem Zusammenhang mit der zunehmenden Zahl an Unternehmensübernahmen und -fusionen. Diese können zum einen durch die Emissionserlöse finanziert werden, zum anderen wird durch den Börsengang eine **Akquisitionswährung** geschaffen, die einen Unternehmenskauf durch Anteile (stock offer) ermöglicht.

- Eine **Beteiligung der Mitarbeiter** wird erleichtert. In vielen Fällen wird bei einem Going Public ein bestimmter Teil des Aktienkapitals für die bisherigen Mitarbeiter reserviert und zur freien Zeichnung aufgelegt.

Die Vorteile eines Going Public sowohl für die bisherigen Aktionäre als auch für das Unternehmen liegen somit auf der Hand. Dazu kommt, dass nicht nur ein grösserer Kapitalbedarf gedeckt, sondern auch – nach einem erfolgreichen Going Public – das Fremdkapital oft zu günstigeren Konditionen (längere Laufzeiten, tiefere Zinssätze) beschafft werden kann. Ferner trägt die Erhöhung des Bekanntheitsgrades infolge eines Going Public zu einem positiven Public-Relations-Effekt bei.

2.5.3	Voraussetzungen für ein Going Public

Nicht jede private Aktiengesellschaft, die den Weg eines Going Public beschreiten möchte, ist dazu auch fähig. Zwar muss jede Unternehmenssituation für sich allein beurteilt werden, doch können in Anlehnung an Boemle/Stolz (2002, S. 363 f.) die folgenden allgemeinen Grundvoraussetzungen genannt werden, die bei einem Going Public erfüllt sein sollten:

1. **Qualität und Kontinuität des Managements:** Die Fähigkeit und der Wille des Managements, das Unternehmen erfolgreich zu führen, d.h. Probleme und schwierige Situationen zu meistern, sich gegen die Konkurrenz durchzusetzen, Gewinne zu erarbeiten usw., sind entscheidende Faktoren bei der Beurteilung eines Unternehmens durch die zukünftigen Kapitalgeber. Je länger diese Zeitperiode erfolgreichen Handelns dauert, umso grösseres Vertrauen werden die Kapitalgeber dem Management entgegenbringen.

2. **Unternehmensführung und Unternehmenspolitik:** Das Unternehmen sollte sowohl klar formulierte Ziele und Strategien (z.B. in Bezug auf Produkte und Märkte) als auch ein klares Führungskonzept (z.B. in Bezug auf das Planungs- und Kontrollsystem) haben. Insbesondere der Finanz-

planung und -kontrolle wird im Rahmen eines Going Public ein spezielles Gewicht beigemessen.

3. **Gewinnaussichten:** Es versteht sich von selbst, dass sich die zukünftigen Aktionäre nur an einem Unternehmen beteiligen wollen, wenn dieses ein gutes Gewinnpotenzial ausweisen kann.

4. **Finanzlage:** Eine grosse Bedeutung kommt auch der Finanzlage zu, erlaubt sie doch dem Aktionär aufgrund des Bilanzbildes sowie weiterer Statistiken eine quantitative Bewertung des Unternehmens vornehmen zu können. Eine genügende Liquidität, ein gutes Verhältnis von Eigenkapital zu Fremdkapital sowie eine gute Vermögenssubstanz (stille Reserven) sind Stichworte in diesem Zusammenhang.

5. **Unternehmensgrösse:** Die minimale Grösse eines Unternehmens ergibt sich aus den Zulassungsbestimmungen bei einer Börsenkotierung. In Zürich muss beispielsweise das ausgewiesene Eigenkapital mindestens 25 Mio. Fr. betragen.

6. **Bekanntheitsgrad:** Ein Unternehmen, das an potenzielle Kapitalgeber herantreten will, sollte sowohl diesen als auch den Finanzjournalisten sowie den Anlageberatern und Finanzanalytikern der Banken und ähnlicher Institutionen bekannt sein. Durch eine sorgfältig geplante Öffentlichkeitsarbeit hat es seinen Bekanntheitsgrad im Vorfeld eines Going Public zu erhöhen.

7. **Bereitschaft zu einer Publikumsgesellschaft:** Die Umwandlung einer privaten Aktiengesellschaft in eine Publikumsgesellschaft erfordert nicht nur juristische Akte und schöne Worte der Beteuerung, sondern ein entsprechendes Handeln und vor allem ein Umdenken. Eine offene Informationspolitik mit abgegebenen Geschäftsberichten und regelmässigen Pressekonferenzen gehören dazu, um den Aktionär auf dem laufenden zu halten und das Interesse an «seinem» Unternehmen aufrechtzuerhalten.

Kapitel 3

Innenfinanzierung

Bei der Innenfinanzierung handelt es sich um eine Finanzierung, bei der die finanziellen Mittel bzw. das Kapital durch innerbetriebliche Vorgänge bereitgestellt werden. Es werden in der Regel zwei Formen der Innenfinanzierung unterschieden, nämlich die Finanzierung

1. durch Freisetzung von Abschreibungsgegenwerten,
2. durch nicht ausgeschüttete Gewinne.

3.1 Finanzierung aus Abschreibungsgegenwerten

Betrachtet man den Wert eines Potenzialfaktors (z.B. Maschine) als Summe der zukünftig zu erwartenden Nutzleistungen aus dem Gebrauch dieser Maschine, so stellen die Abschreibungen den Verzehr solcher Nutzleistungen dar.[1] Die Abschreibungen werden in der Finanzbuchhaltung als Aufwand, in der Betriebsbuchhaltung (Kostenrechnung) als Kosten erfasst. Bei der Finanzierung aus Abschreibungsgegenwerten kommt nur letztere Betrachtung in Frage, weil dieser Finanzierungsform als Ausgangspunkt ein tatsächlicher Leistungsabgang zugrunde liegen muss.

Die Berechnung (und Verbuchung) einer Abschreibung hat allerdings noch nichts mit einem Finanzierungsvorgang gemeinsam. Der Wert dieses

---

1   Vgl. Teil 5, Kapitel 2, Abschnitt 2.6.2.1 «Abschreibungen».

Nutzleistungsabgangs eines Potenzialfaktors geht vorerst in die mit diesem Potenzialfaktor hergestellten Produkte über und wird diesen Produkten verrechnet. Damit entspricht ein Teil des Verkaufspreises genau dem Wert des Nutzleistungsabgangs bzw. der erfolgten Abschreibung. Werden diese Produkte in einem nächsten Schritt des betrieblichen Umsatzprozesses verkauft und erhält das Unternehmen dafür liquide Mittel, so stehen diese für neue Investitionen zur Verfügung. Diese Mittel werden in der Regel zur Anschaffung von neuen Maschinen als Ersatz für die auszuscheidenden eingesetzt. Da diese Ersatzinvestitionen erst zu einem späteren Zeitpunkt als dem tatsächlichen Rückfluss erfolgen, stehen die aus den Abschreibungsgegenwerten erhaltenen finanziellen Mittel vorübergehend zur Verfügung.

> Bei der **Finanzierung aus Abschreibungsgegenwerten** findet somit eine Vermögensumschichtung statt, indem der Nutzleistungsabgang der Potenzialfaktoren in liquide Mittel umgewandelt wird.

Es ist deshalb verständlich, dass in diesem Fall von einer **Verflüssigungsfinanzierung** gesprochen wird. Die freigesetzten Mittel können bis zum Zeitpunkt der Ersatzinvestition entweder in Repetier- oder Potenzialfaktoren investiert werden. Im letzteren Fall wird dadurch die Produktionskapazität erhöht, die unter bestimmten Voraussetzungen sogar auf die Dauer gehalten werden kann. Dieser Sachverhalt wird in der Literatur als **Kapazitätserweiterungseffekt** oder **Lohmann-Ruchti-Effekt** bezeichnet.

In ▶ Abb. 162 wird an einem Beispiel ersichtlich, wie dieser Effekt rein rechnerisch zustande kommt. Der theoretisch maximal mögliche Kapazitätserweiterungseffekt kann unter der Annahme einer linearen Abschreibung mit folgender Formel berechnet werden:

$$\blacksquare \quad 2\,\frac{n}{(n+1)}$$

Setzt man in die Formel die Zahlen aus dem Beispiel in ▶ Abb. 162 ein, so ergibt sich ein Kapazitätsausweitungsfaktor von 1,6, d.h. die Kapazität kann maximal um 60 % erhöht werden.

Damit dieser Kapazitätserweiterungseffekt in der Praxis auch eintritt, sind eine Reihe von **Voraussetzungen** zu beachten, die erfüllt sein müssen:

- Wichtigste Voraussetzung ist, dass die Abschreibungsgegenwerte tatsächlich über die verkauften Produkte in Form von flüssigen Mitteln in das Unternehmen zurückgeflossen sind und somit für eine Neuinvestition zur Verfügung stehen.
- Die zurückgeflossenen Mittel müssen sofort oder so schnell wie möglich wieder in neue Potenzialfaktoren investiert werden.

Betriebsjahr	Anzahl Maschinen					Wert der Maschinen	Abschreibungen	zur Verfügung stehende Mittel	Reinvestition	Restbetrag
	im 1. Jahr	im 2. Jahr	im 3. Jahr	im 4. Jahr	insgesamt					
1	5				5	20 000,–	5 000,–	5 000,–	4 000,–	1 000,–
2	1	5			6	19 000,–	6 000,–	7 000,–	4 000,–	3 000,–
3	1	1	5		7	17 000,–	7 000,–	10 000,–	8 000,–	2 000,–
4	2	1	1	5	9	18 000,–	9 000,–	11 000,–	8 000,–	3 000,–
5	2	2	1	1	6	17 000,–	6 000,–	9 000,–	8 000,–	1 000,–
6	2	2	2	1	7	19 000,–	7 000,–	8 000,–	8 000,–	0
7	2	2	2	2	8	20 000,–	8 000,–	8 000,–	8 000,–	0
8	2	2	2	2	8	20 000,–	8 000,–	8 000,–	8 000,–	0

Ausgangslage:
- Bestand zu Beginn: 5 Maschinen
- Eine Maschine kostet 4000,– Fr.
- Die Nutzungsdauer einer Maschine beträgt vier Jahre, der Abschreibungssatz ist somit 25%.

▲ Abb. 162   Beispiel Finanzierung aus Abschreibungsgegenwerten

- Die Potenzialfaktoren müssen soweit teilbar sein, dass die Investitionen auch tatsächlich vorgenommen werden können. Bei Grossanlagen zum Beispiel ist dies oft nicht möglich, da die zur Verfügung stehenden Mittel nicht ausreichen, um eine neue zusätzliche Einheit zu kaufen.

- Neben den Potenzialfaktoren müssen auch Repetierfaktoren gekauft und unter Umständen weiteres Personal eingestellt werden. Dazu sind zusätzliche finanzielle Mittel notwendig, die ebenfalls vorhanden sein oder beschafft werden müssen.

- Schliesslich müssen die auf den neuen Maschinen zusätzlich hergestellten Produkte abgesetzt werden können. Werden diese beispielsweise nur auf Lager produziert, so ergeben sich daraus keine liquiden Mittel. Damit wäre man wieder bei der zuerst erwähnten Voraussetzung angelangt.

Neben diesen Voraussetzungen gibt es verschiedene Einflussfaktoren, die darüber entscheiden, in welchem Ausmass der Kapazitätserweiterungseffekt ausgenutzt werden kann:

- Der Kapazitätserweiterungseffekt fällt grösser oder kleiner aus, je nachdem ob die Preise zur Beschaffung der gleichen Potenzialfaktoren gestiegen oder gesunken sind. In Zeiten hoher Inflation wird das Ausmass des Kapazitätserweiterungseffekts abgeschwächt, es sei denn, man berücksichtige diesen Sachverhalt mit einem inflationsgerechten Rechnungswesen.

- Von grosser Bedeutung ist der effektive Verlauf des Nutzleistungs-abgangs über die Nutzungszeit und somit das gewählte Abschreibungs-verfahren. Beim Beispiel in ◄ Abb. 162 sowie in der Literatur wird im Allgemeinen eine lineare Abschreibung unterstellt.

- Ein weiterer Einflussfaktor, der eng mit dem vorher genannten ver-knüpft ist, ist die gesamte Nutzungsdauer des Potenzialfaktors. Je län-ger die Nutzungsdauer, umso grösser ist der Kapazitätserweiterungs-effekt. Bei einer Nutzungsdauer von nur einem Jahr ist keine Erweite-rung feststellbar, bei einer sehr langen Nutzungsdauer kann sich die Ausgangskapazität beinahe verdoppeln, wie die folgende Tabelle zeigt:

Abschreibungssatz in %	100	50	33	25	20	12,5	10	5	2,5	0
Ausweitungskoeffizient	1	1,33	1,50	1,60	1,66	1,77	1,81	1,90	1,95	2

Zusammenfassend kann festgehalten werden, dass in der Praxis bei Re-investition der über die Abschreibungsgegenwerte zurückgeflossenen finanziellen Mittel in gleiche oder ähnliche Potenzialfaktoren eine Erwei-terung der betrieblichen Kapazität zu beobachten ist. Wie gross dieser Kapazitätserweiterungseffekt allerdings ausfällt, hängt – wie erwähnt – von verschiedenen Faktoren ab.

3.2 Selbstfinanzierung

> Unter **Selbstfinanzierung** versteht man die Beschaffung von Kapital durch zurückbehaltene selbst erarbeitete Gewinne.

Die Selbstfinanzierung hat zur Folge, dass das Unternehmen den Aktio-nären keine oder eine kleinere Dividende ausschüttet, als dies aufgrund der Gewinne möglich wäre. Die Selbstfinanzierung ist somit eng mit der Divi-dendenpolitik des Unternehmens verbunden, die in einem separaten Ab-schnitt behandelt wird.[1]

Voraussetzung für eine Selbstfinanzierung ist, dass auch tatsächlich ein Gewinn erarbeitet werden konnte, d.h. die Verkaufspreise der hergestell-ten Produkte und Dienstleistungen nicht nur alle Kosten decken, sondern darüber hinaus auch einen Gewinnanteil umfassen, der das unternehme-rische Risiko abdeckt. Damit bei der Selbstfinanzierung allerdings auch finanzielle Mittel zur Verfügung stehen, darf es sich nicht um Buch-gewinne handeln, die beispielsweise aus einer Aufwertung von Aktiv-posten (z.B. Grundstücke) entstehen, sondern es muss sich um echte unternehmerische, d.h. selbst erarbeitete Gewinne handeln.

---

1 Vgl. Abschnitt 3.2.3 «Dividendenpolitik».

3.2.1	Motive der Selbstfinanzierung

In der Literatur wird betont, dass die Selbstfinanzierung eine ideale Finanzierungsform darstelle und ihr deshalb eine grosse Bedeutung zukomme. Folgende Gründe mögen zu dieser Auffassung beigetragen haben:

- Zur Wahrung des Marktanteils wird ein Unternehmen gezwungen, in einem wachsenden Markt ihre Produktionskapazitäten ständig zu erhöhen. Daraus resultiert aber auf der anderen Seite ein ständig steigender Kapitalbedarf. Dasselbe gilt für das qualitative Wachstum, bei dem eine Verbesserung der Produkte einen höheren Verkaufspreis zur Folge hat und zu einer Umsatzerhöhung führt. Die Deckung dieses je nach Branche und Unternehmenssituation zum Teil sehr beachtlichen Kapitalbedarfs kann nur teilweise durch Beteiligungs- und Fremdfinanzierung erfolgen. Eine Beteiligungsfinanzierung bei Publikumsgesellschaften ist beispielsweise bei einer schlechten Börsenverfassung nicht oder nur zu schlechten Konditionen möglich. Bei einem angespannten Kreditmarkt ist es ebenfalls schwierig, Fremdkapital aufzunehmen oder dann nur zu hohen Zinssätzen. Es kommt noch dazu, dass die Konditionen der Fremdkapitalbeschaffung in starkem Masse von der Selbstfinanzierung abhängen. Das Ausmass der Selbstfinanzierung eines Unternehmens gilt als ein Indikator für das Risiko, das der Kapitalgeber eingeht. Je grösser dieses ist, umso eher will er es mit einem hohen Zinssatz entschädigt haben.

- Mit der Selbstfinanzierung werden die Beteiligungsverhältnisse nicht tangiert, obschon das Eigenkapital des Unternehmens erhöht wird.

- Die Selbstfinanzierung ist äusserst liquiditätsschonend, da mit dieser Finanzierungsform keine fixen periodischen Zinszahlungen oder auch Dividendenzahlungen verbunden sind.

- Vorteile ergeben sich auch aus steuerlichen Überlegungen, weil durch die Bildung von stillen Reserven Steuern eingespart oder auf einen späteren Zeitpunkt (bei deren Auflösung) verlegt werden können. Durch Nichtausschüttung von Gewinnen kann bei Kapitalgesellschaften die Doppelbesteuerung auf dem nicht ausgeschütteten Teil des Gewinnes vermieden werden.

- Besonders wichtig ist die Selbstfinanzierung in Zeiten hoher Inflation. Sie ermöglicht die Bewahrung der Unternehmenssubstanz und erlaubt, dass die Ersatzinvestitionen auch bei gestiegenen Anschaffungspreisen vorgenommen werden können.

Diesen Vorteilen der Selbstfinanzierung für das Unternehmen muss eine Beurteilung aus der Sicht des direkt betroffenen Kapitalgebers, des Aktionärs, gegenübergestellt werden. Als Nachteil ergibt sich für ihn, dass seine

Dividende geschmälert wird und er somit sowohl aus Liquiditäts- als auch aus Renditeüberlegungen eine Einbusse erfährt. Dieser allerdings eher kurzfristigen Betrachtungsweise steht gegenüber, dass der Aktionär an dem mit zurückbehaltenen Gewinnen finanzierten Unternehmenswachstum über seinen Kapitaleinsatz beteiligt ist. Denn dadurch erhöht sich der innere Wert eines Unternehmens bzw. der Anteil der Reserven pro Aktie, was sich in der Regel in steigenden Aktienkursen an der Börse niederschlägt. Damit kann der Aktionär langfristig über eine Kurssteigerung für eine kleinere Dividende entschädigt werden.

3.2.2 | Formen der Selbstfinanzierung

Die Selbstfinanzierung wird in eine offene und eine verdeckte bzw. stille unterteilt, je nachdem, ob sie aus der Bilanz ersichtlich ist oder nicht.

- Bei der **offenen** Selbstfinanzierung werden die nicht ausgeschütteten Gewinne den verschiedenen Reservekonten zugewiesen (gesetzliche, freiwillige).
- Die **verdeckte** Selbstfinanzierung dagegen wird durch Bildung stiller Reserven vorgenommen. Dies erfolgt entweder durch eine Unterbewertung von Aktiven und/oder eine Überbewertung von Passiven. Von diesen stillen Reserven, deren Zustandekommen von internen Entscheidungsträgern (Geschäftsleitung) abhängt, sind diejenigen zu unterscheiden, die aufgrund unternehmensexterner Einflüsse entstehen (z.B. eine Wertsteigerung auf Grundstücken des Unternehmens).

Während die offene Selbstfinanzierung kaum zu Diskussionen Anlass gibt, steht die verdeckte Form oft im Kreuzfeuer der Kritik. Dabei geht es in erster Linie um das Problem der stillen Reserven. Es stellt sich nämlich die Frage, ob nicht betriebswirtschaftliche Tatbestände wie Verluste oder hohe Gewinne unter dem Vorwand der stillen Selbstfinanzierung verheimlicht werden. Damit handelt es sich aber nicht primär um ein Problem der Selbstfinanzierung, sondern um das Problem der Bildung und Auflösung von stillen Reserven.[1]

---

1 Zur Definition und buchhalterischen Behandlung der stillen Reserven vgl. Teil 5, Kapitel 2, Abschnitt 2.6.4 «Stille Reserven». Für eine Beurteilung der Problematik der Bildung und Auflösung von stillen Reserven vgl. Boemle/Stolz 2002, S. 478 ff.

3.2.3	Dividendenpolitik

> Als **Dividendenpolitik** bezeichnet man das Verhalten des Unternehmens bei der Festlegung der Dividende an die Aktionäre.

Die Dividende wird entweder dem Jahresgewinn der Abrechnungsperiode, den Reserven oder dem Gewinnvortrag aus früheren Rechnungsjahren entnommen. Die Ausschüttung selber kann verschiedene Formen annehmen, je nach Situation des Unternehmens sowie den Absichten, die mit der Dividendenpolitik verfolgt werden sollen:

1. **Bardividende:** Am häufigsten erfolgt in der Praxis die Ausschüttung in Form einer Bardividende, bei der – wie der Name bereits sagt – eine Geldzahlung an die Aktionäre erfolgt.
2. **Wertpapier-** oder **Stockdividende:** Anstelle einer Bardividende können – nach Umwandlung von Reserven und Gewinn in Aktienkapital – Wertpapiere abgegeben werden. Die neuen Aktien werden den bisherigen Aktionären in einem bestimmten Verhältnis zu den bisherigen Aktien zugeteilt.[1] In der Schweiz sind – im Gegensatz zu den USA – Stockdividenden eher selten. In den USA bevorzugen vor allem schnell wachsende Unternehmen mit einem grossen Kapitalbedarf diese Dividendenform, da damit die Liquidität – zumindest vorübergehend – nicht beansprucht wird.
3. **Naturaldividende:** Bei einer Naturaldividende werden Produkte des Unternehmens an die Aktionäre abgegeben. In der Schweiz ist dies vor allem bei Transportunternehmen der Fall, indem Fahrkarten gratis abgegeben oder Vergünstigungen gewährt werden. So gewährt beispielsweise die nicht gewinnstrebige Zoo Zürich AG jedem Aktionär jährlich eine Freikarte anstelle eines Gewinnanteils. (Boemle/Stolz 2002, S. 489)

In der Praxis kommen auch Kombinationen der verschiedenen Dividendenformen vor. Zudem erfolgt in der Praxis oft zum Zeitpunkt der Dividendenausschüttung eine **Nennwertrückzahlung,** der somit Dividendencharakter zukommt.

Neben dem Entscheid über die Form der Ausschüttung steht bei der Dividendenpolitik die Bestimmung des zur Ausschüttung gelangenden Gewinnanteils im Vordergrund. Obschon rechtlich gesehen die Generalversammlung über die Verwendung des Jahresgewinns entscheidet, ist es in der betrieblichen Praxis der Verwaltungsrat. Dieser arbeitet materiell einen Dividendenvorschlag aus, den die Generalversammlung in der Regel

---

1 Die Auswirkungen einer Stockdividende sind ähnlich wie bei einer Kapitalerhöhung aus Gesellschaftsmitteln (vgl. Kapitel 2, Abschnitt 2.3.5 «Kapitalerhöhung aus Gesellschaftsmitteln»).

formal noch bestätigt. Der Verwaltungsrat hat sich dabei sowohl die Interessen des Unternehmens als auch der Aktionäre zu vergegenwärtigen. Einerseits werden durch die Dividendenzahlungen dem Unternehmen liquide Mittel entzogen und somit die Selbstfinanzierung eingeschränkt. Andererseits bewirkt die Zahlung einer Dividende ein positives Erscheinungsbild des Unternehmens in der Öffentlichkeit. Vielfach werden nämlich die Ertragskraft und somit die Zukunftsaussichten eines Unternehmens an den Dividendenzahlungen gemessen. Werden diese als unangemessen betrachtet, kann sich dies sowohl in einem unerwünschten Kursrückgang auswirken als auch in Schwierigkeiten bei zukünftigen Kapitalerhöhungen äussern.

In der Praxis können zwei grundsätzlich verschiedene dividendenpolitische Systeme beobachtet werden:

1. **Grundsatz stabiler Dividenden:** Nach diesem Grundsatz wird die Dividende pro Aktie im Sinne einer Dividendenkontinuität über eine lange Zeitspanne möglichst konstant gehalten. Bei der Wahl dieses Grundsatzes richtet man sich in erster Linie an dem langfristig orientierten Anleger aus, dem eine stabile Dividende wichtiger ist als extreme Kursschwankungen seiner Papiere.

2. **Grundsatz der gewinnabhängigen Dividende:** Dieser Grundsatz richtet sich nach dem erzielten Gewinn. Die Dividende soll gemäss den Bewegungen des Jahresgewinns angepasst werden. Damit will man zum Ausdruck bringen, dass der Aktionär direkt am Erfolg oder Misserfolg des Unternehmens teilhaben soll. Der Aktionär stellt Eigenkapital zur Verfügung, welches primär das Unternehmensrisiko trägt. Entsprechend soll der Charakter dieses Papieres auch in der Dividende zum Ausdruck kommen, im Gegensatz etwa zur festverzinslichen Obligation.

In den letzten Jahren lässt sich in der Schweiz eine starke Tendenz in Richtung flexible Dividenden feststellen.

Neben den besprochenen Grundsätzen gibt es noch weitere Kriterien, nach denen sich eine Dividendenpolitik zumindest teilweise ausrichten kann:

- Prinzip der Substanzerhaltung des Unternehmens (Berücksichtigung inflationsbedingter Preissteigerungen),
- Ausrichtung auf die Konkurrenz,
- Berücksichtigung der allgemeinen Kapitalmarktlage und des Zinsniveaus.

Kapitel 4

Kreditfinanzierung

Im Gegensatz zum Eigenkapital wird das Fremdkapital von Dritten für eine bestimmte Zeitdauer zur Nutzung abgegeben. Diese Fremdkapitalgeber haben in der Regel Anspruch auf **Verzinsung** und **Rückzahlung** des Kapitals zu einem vereinbarten Termin. Das Fremdkapital umfasst alle Schuldverpflichtungen des Unternehmens, die nach folgenden Merkmalen charakterisiert werden können:

- dem Entstehungsgrund des Schuldverhältnisses (z.B. Warenlieferungen),
- der Höhe des Schuldbetrages,
- der Höhe der Verzinsung,
- dem Rückzahlungszeitpunkt.

Je nach Fremdkapitalart sind diese Merkmale mehr oder weniger genau bestimmt. Einen Sonderfall stellt das **bedingte** Fremdkapital dar, worunter solche Schuldverhältnisse verstanden werden, deren Eintreten von gewissen Bedingungen abhängt. Es handelt sich beispielsweise um Verpflichtungen aus Bürgschaften oder Garantieleistungen. Deshalb spricht man im Rechnungswesen auch von **Eventualverpflichtungen,** die in der Bilanz unter dem Bilanzstrich aufgeführt werden müssen. Nach Boemle/Stolz (2002, S. 41) erfüllt das Fremdkapital im Wesentlichen zwei Funktionen:

1. **Kapitalbedarfsdeckung:** Mit dem Fremdkapital kann jener Teil des Kapitalbedarfs gedeckt werden, für den die Eigenkapitalgeber nicht aus eigener Kraft aufkommen können oder wollen.
2. **Elastizität** des Gesamtkapitals: Das Fremdkapital erhöht die Flexibilität des Unternehmens, indem dieses sich durch Aufnahme oder Rückzahlung von Fremdkapital sofort dem jeweiligen Kapitalbedarf oder den wechselnden Kapitalmarktbedingungen anpassen kann.

Als betriebswirtschaftlich bedeutsames Unterscheidungsmerkmal zum Eigenkapital betrachten Boemle/Stolz (2002, S. 388) das Nicht-Interesse der Fremdkapitalgeber an der Zielsetzung des Unternehmens, an seinen Erfolgen und Misserfolgen. Den Fremdkapitalgeber interessiere das Unternehmen nur insoweit, als es in der Lage sei, sein Kapital zu verzinsen und bei Verfall zurückzuzahlen.

Im Folgenden werden die verschiedenen Formen der Fremdfinanzierung nach der Fristigkeit des Kapitals gegliedert.[1] Dabei wird die bereits an anderen Stellen dargelegte Einteilung in kurz-, mittel- und langfristiges Fremdkapital übernommen, obschon die Grenzen zwischen diesen Kategorien fliessend sind. Oft lässt sich zudem erst im nachhinein, nach Rückzahlung, mit Sicherheit bestimmen, um welche Art Fremdkapital es sich gehandelt hat.

4.2 Kurzfristiges Fremdkapital

4.2.1 Lieferantenkredit

Ein Lieferantenkredit entsteht dadurch, dass ein Lieferant seinem Abnehmer eine bestimmte Zahlungsfrist einräumt. Das Zahlungsziel liegt meistens im Bereich von 30 bis 90 Tagen. Der Lieferantenkredit ist insofern vorteilhaft, als er im Vergleich zu Krediten durch Banken nahezu formlos und ohne besondere Sicherheiten gewährt wird. Demgegenüber muss aber beachtet werden, dass der Lieferantenkredit teuer zu stehen kommen kann. Meistens wird der Abnehmer aufgefordert, den Rechnungsbetrag innerhalb einer festgelegten Frist (z.B. 10 Tage) zu bezahlen, wobei ein bestimmter Skontosatz (z.B. 2%) abgezogen werden kann. Macht er vom Skonto keinen Gebrauch, so hat er den gesamten Rechnungsbetrag rein netto innerhalb einer bestimmten Frist (z.B. 30 Tage) zu bezahlen. Es spielt dann überhaupt keine Rolle mehr, ob er am 11. oder 30. Tag der Kreditfrist die Rechnung begleicht.

Der Skontosatz entspricht dem Zinssatz, den der Abnehmer für die Gewährung eines Lieferantenkredites bezahlen muss, wenn er die Skontofrist

---

1 Die Gliederung des Fremdkapitals in der Bilanz erfolgt in der Regel auch nach diesem Kriterium.

nicht ausnützt. Der Skonto ist ein Bestandteil des Verkaufspreises, so dass er oft den Eindruck eines zusätzlichen Rabattes erweckt. Eine kurze Überschlagsrechnung macht aber deutlich, dass die Nichtausnützung des Skontos für den Kreditnehmer sehr teuer zu stehen kommt. Sie kostet im obigen Beispiel 2 % des Rechnungsbetrages für 20 Tage.

Der effektive Zinssatz auf dem zur Verfügung gestellten Fremdkapital kann nach folgender Formel berechnet werden:

$$ i = \left(\frac{1}{1 - \text{Skontosatz}} \right) \cdot \left(\frac{\text{Skontosatz} \cdot 360}{\text{Zahlungsziel} - \text{Skontofrist}} \right) \cdot 100 $$

In obigem Beispiel beträgt demnach der Zinssatz für den Lieferantenkredit 36,735 % pro Jahr.

Mit dem Lieferantenkredit sollte in erster Linie das Umlaufvermögen finanziert werden, weil es nur kurzfristig, im Idealfall bis zum Weiterverkauf der Ware, zur Verfügung steht. Empirische Untersuchungen zeigen denn auch, dass gerade solche Unternehmen, welche Probleme mit ihrer Liquidität bekunden, Lieferantenkredite zur Finanzierung von langfristig gebundenem Kapital verwenden, was in vielen Fällen früher oder später zur Illiquidität führt.

4.2.2	**Kundenkredit**

Kundenanzahlungen sind vor allem in der Investitionsgüterindustrie (Maschinenindustrie) und im Baugewerbe üblich. Der Kunde zahlt entweder bei Bestellung oder bei teilweiser Fertigung einen Teil des Verkaufspreises. Damit kann das Unternehmen einen Teil der Finanzierung und die daraus entstehenden Zinskosten auf den Kunden überwälzen, denn diese Anzahlungen werden zinslos zur Verfügung gestellt. Die Rückzahlung erfolgt nicht in Geld, sondern in Waren.

Die Kundenanzahlungen können sogar den kurzfristig benötigten Kapitalbedarf für die Produktion des Auftrages übersteigen, so dass die Mittel kurzfristig angelegt werden können und einen Zinsertrag abwerfen. Auch in diesem Fall ist aber zu betonen, dass diese kurzfristig zur Verfügung stehenden Mittel auf keinen Fall als langfristig gebundenes Kapital in Potenzialfaktoren investiert werden dürfen.

Neben der **Finanzierungsfunktion** übernehmen Kundenanzahlungen zusätzlich die Funktion der **Verminderung des Unternehmerrisikos.** Sie geben dem Produzenten eine gewisse Sicherheit, dass der Auftraggeber die bestellten Produkte auch abnimmt. Sollte der Kunde trotzdem nachträglich auf eine Lieferung verzichten, so stellt die Anzahlung eine Entschädigung für allfällige Verluste bei einer anderweitigen Verwertung dieser Produkte dar.

| 4.2.3 | **Bankkredit** |

Je nach Zweck, Sicherheiten und Häufigkeit der Inanspruchnahme können verschiedene Formen des Bankkredites unterschieden werden. Aufgrund ihrer praktischen Bedeutung soll auf Kontokorrent-, Diskont- und Akzeptkredite näher eingegangen werden.

| 4.2.3.1 | Kontokorrentkredit |

Der Kontokorrentkredit ist dadurch gekennzeichnet, dass der Kreditnehmer bis zu einer von der Bank festgesetzten Limite frei verfügen kann. Der Vorteil dieser Kreditform liegt darin, dass nur auf dem tatsächlich in Anspruch genommenen Kreditbetrag ein Zins bezahlt werden muss. Der Kontokorrentkredit eignet sich deshalb besonders bei sich wiederholendem, aber in seiner Höhe wechselndem Kapitalbedarf.

Wird der Kredit ohne besondere Sicherheiten gewährt (z.B. Grundstück), die bei Illiquidität zur Deckung herangezogen werden können, handelt es sich um einen **Blankokredit.** In diesem Fall richtet sich die Kreditlimite nach dem ausgewiesenen Eigenkapital und beträgt in der Regel zwischen 20 und 40%. Der Zinssatz auf einem Blankokredit ist ungefähr 0,5% höher als bei einem **gedeckten Kredit.** Als Deckung kommen bestimmte Vermögenswerte oder die Verpflichtung von Dritten in Frage. Je nach Art des Vermögensgegenstandes (z.B. Waren, Gebäude) existieren in der Praxis verschiedene spezifische Kreditformen. Als Beispiel sei der **Lombardkredit** erwähnt. Bei diesem handelt es sich um die Gewährung eines kurzfristigen Kredites gegen Verpfändung von beweglichen und marktgängigen Vermögenswerten. Da die verpfändeten Gegenstände im Bedarfsfalle leicht realisierbar sein müssen, kommen als Deckung vor allem Kontoguthaben in frei austauschbaren Währungen, börsenkotierte Wertschriften (Aktien, Obligationen), Edelmetalle und Lebensversicherungspolicen in Frage. Die maximale Kreditlimite wird aufgrund der aktuellen Werte (Kurse) berechnet, wobei zur Abdeckung des Kurs- und Währungsrisikos eine Sicherheitsmarge abgezogen wird. Diese richtet sich bei Wertpapieren nach der Art und Qualität der Papiere.[1]

---

1 Bei Aktien beträgt die Beleihung etwa 50%, bei Obligationen etwa 80%.

| **4.2.3.2** | Diskontkredit und Akzeptkredit |

Grundlage des Diskont- und Akzeptkredites bildet der Wechsel.

> Der **Wechsel** ist eine schriftliche, unbedingte, aber befristete, vom Schuldgrund losgelöste (sog. abstrakte) Verpflichtung zur Zahlung einer bestimmten Geldsumme zugunsten des legitimierten Inhabers der Urkunde.

Wechselverpflichtungen von im Handelsregister eingetragenen Schuldnern unterliegen im Betreibungsfall der so genannten «formellen Wechselstrenge», welche ein beschleunigtes Betreibungsverfahren bewirkt.

Es können zwei Formen des Wechsels unterschieden werden, nämlich der gezogene Wechsel (Art. 991 OR) und der Eigenwechsel (Art. 1096 OR).

- Der **gezogene Wechsel** (Tratte) wird vom Gläubiger (Wechselaussteller, Trassant) ausgestellt, der den Schuldner (Bezogener, Trassat) auffordert, an eine namentlich genannte Person (Wechselnehmer, Remittent) eine bestimmte Geldsumme zu zahlen. Wechselnehmer kann eine Drittperson oder der Wechselaussteller selbst sein. Die Beziehungen und Vorgänge zwischen den Beteiligten beim Ausstellen und bei der Weitergabe eines Wechsels können wie folgt umschrieben werden (▶ Abb. 163):

1. Der Aussteller gibt den Wechsel dem Bezogenen zum Akzept, d.h. zur Unterschrift, mit der dieser die Wechselschuld eingeht.
2. Der Bezogene sendet den Wechsel akzeptiert an den Aussteller zurück.
3. Der Aussteller gibt den Wechsel dem Wechselnehmer weiter.[1]
4. Vorweisung des Wechsels beim Bezogenen bei Fälligkeit des Wechsels.
5. Zahlung des Bezogenen, womit die Wechselschuld erlischt.

---

1 Der Wechselnehmer selbst kann den Wechsel mittels Indossament weitergeben. Das **Indossament** besteht in der Regel aus einem vom Aussteller (Indossanten) unterzeichneten Übertragungsvermerk auf der Rückseite (in dosso) der Urkunde und ist eine Anweisung an den Schuldner, die Summe an den neuen Berechtigten (Indossatar), an welchen das Wertpapier indossiert ist, zu zahlen. (Albisetti et al. 1995, S. 366) Dies hat rechtlich zur Folge, dass neben dem Aussteller jeder Indossant die wechselmässige Verpflichtung eingeht, den Wechsel bei Verfall zu bezahlen, wenn der ursprüngliche Schuldner (Bezogener beim gezogenen Wechsel, Aussteller beim Eigenwechsel) seinen Verpflichtungen nicht nachkommt. Diese bedingte Verpflichtung des Ausstellers des gezogenen Wechsels sowie der Indossanten wird **Rückgriffs-** oder **Regressverpflichtung** genannt (bzw. Rückgriffs- oder Regressrecht aus Sicht des Wechselinhabers).

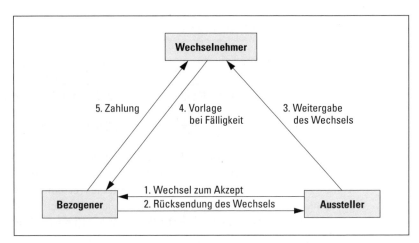

▲ Abb. 163   Ausstellen und Weitergabe eines Wechsels

Eine Urkunde gilt nur dann als gezogener Wechsel, wenn sie die folgenden acht **gesetzlichen Bestandteile** enthält (Art. 991 OR):

1. Die Bezeichnung als Wechsel im Text der Urkunde, und zwar in der
   Sprache, in der sie ausgestellt ist.
2. Die bedingungslose Anweisung, eine bestimmte Geldsumme zu zahlen.
3. Der Name desjenigen, der zahlen soll (Bezogener bzw. Trassat).
4. Die Angabe der Verfallzeit.
5. Die Angabe des Zahlungsortes.
6. Der Name desjenigen, an den oder an dessen Order gezahlt werden
   soll (Wechselnehmer bzw. Remittent).
7. Die Angabe des Ortes und des Datums der Ausstellung des Wechsels.
8. Die Unterschrift des Ausstellers (Trassant).

■ Der **Eigenwechsel** hingegen wird vom Schuldner selbst ausgestellt, der
  sich darin verpflichtet, an den Gläubiger zu zahlen. Aussteller und
  Schuldner sind somit identisch. Der Gläubiger wird damit automatisch
  zum Remittenten.

Beim **Diskontkredit** werden noch nicht fällige, in Wechselform gekleidete
Forderungen eines Lieferanten unter Abzug der Zinsen (die auch einen
Risikoanteil enthalten) von einer Bank aufgekauft. Die auf dem Wechselbetrag berechneten und auf diesem in Abzug gebrachten Kreditzinsen
bezeichnet man als Diskont, den Vorgang als Diskontierung. Der Kredit-
vertrag enthält eine Vereinbarung, bis zu welchem Höchstbetrag, genannt
Diskontlimite, die Bank bereit ist, die vom Lieferanten auf den Kunden gezogenen Wechsel zu diskontieren. Diese Limite hängt von der Bonität des
Lieferanten ab.

Der **Akzeptkredit** ist dadurch gekennzeichnet, dass der Kunde (Kredit-nehmer) einen Wechsel auf den Namen seiner Bank ziehen kann. Die Bank verpflichtet sich mit ihrem Akzept, dem legitimierten Wechselinha-ber bei Fälligkeit den im Wechsel genannten Betrag zu zahlen. Bezogener ist somit die Bank des Kunden, Aussteller der Kunde selbst. Die Bank legt eine Akzeptlimite fest, die darüber bestimmt, bis zu welchem Betrag sie auf sie selbst gezogene Wechsel akzeptiert. Der Kreditnehmer verpflichtet sich, den Wechselbetrag spätestens auf den Verfalltag bereitzustellen. Dies bedeutet, dass die Bank keine flüssigen Mittel zur Verfügung stellen muss, solange der Kunde seine Pflichten erfüllt. Man spricht deshalb auch von einem Verpflichtungskredit im Gegensatz zu einem Geldkredit. Die Bank stellt in erster Linie ihren guten Namen zur Verfügung. Dies hat zur Folge, dass sie den Akzeptkredit nur erstklassigen Kunden gewährt.

Die von der Bank akzeptierten Wechsel kann der Akzeptkreditnehmer mit seinem Indossament versehen und an einen seiner Gläubiger (z. B. Lie-feranten) weitergeben oder bei einer anderen Bank diskontieren lassen. Meistens wird der Wechsel aber von der akzeptgebenden Bank selbst dis-kontiert.

Der Akzeptkredit spielt in der Praxis als Finanzierungsinstrument nur noch im internationalen Handel (Import-/Exportgeschäft) eine Rolle. Er wird Rembourskredit genannt und eingesetzt, wenn ein Exporteur die Kre-ditwürdigkeit eines ihm nicht oder nur ungenügend bekannten Importeurs nicht beurteilen kann. In diesem Fall übernimmt eine international ange-sehene Bank mit ihrem Akzept die Wechselverpflichtung für ihren Kunden (Importeur).

4.2.4	**Forfaitierung**

Unter **Forfaitierung** wird der Ankauf von später fällig werdenden Forde-rungen aus Warenlieferungen oder Dienstleistungen – meist Export-geschäften – «à forfait», d. h. unter Ausschluss des Rückgriffs auf vorherige Forderungseigentümer verstanden.

Die Forfaitierung beinhaltet einen Vertrag zwischen einem Lieferanten, meist Exporteur, und einem Forfaiteur. Dieser verpflichtet sich, die in der Regel in Wechselform gekleideten Forderungen aus Warenlieferungen des Exporteurs zu diskontieren. Im Unterschied zum Diskontkredit lässt sich der Exporteur vom Importeur einen Wechsel ausstellen, den dieser auf sei-nen eigenen Namen ausstellt. Damit handelt es sich um einen Eigenwech-sel. Der Kunde (Importeur) ist somit sowohl Bezogener als auch Aussteller, der Forfaiteur der Wechselnehmer. Ein Rückgriff auf den Einreicher

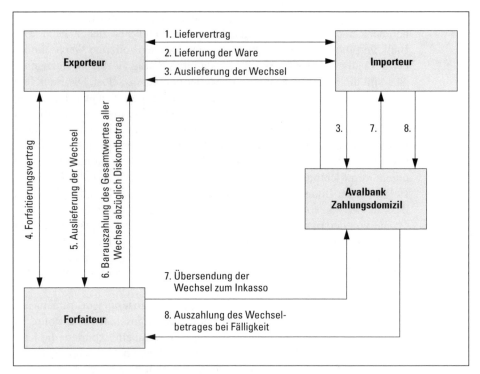

▲ Abb. 164   Abwicklung einer Forfaitierung (Finanz AG 1985, S. 22)

(Exporteur) wird dabei ausgeschlossen, so dass der Kreditwürdigkeit des Schuldners eine grosse Bedeutung zukommt. Oft wird deshalb eine Garantieerklärung[1] einer bekannten internationalen Bank oder einer anderen angesehenen Institution (z.B. der öffentlichen Hand) verlangt (◄ Abb. 164).

Als wesentlicher Vorteil der Forfaitierung für den Lieferanten ist die Liquiditätsverbesserung und die Entlastung der Bilanz von mittelfristigen Debitorenbeständen und/oder Eventualverpflichtungen zu nennen. Weitere Vorteile liegen darin, dass der Exporteur die folgenden Risiken dem Forfaiteur übertragen kann:

- **Politisches Risiko:** Ausserordentliche staatliche Massnahmen oder politische Ereignisse im Ausland wie Kriege oder Revolutionen können zu Schäden für den Exporteur führen.
- **Transferrisiko:** Dieses Risiko beinhaltet die Unfähigkeit oder Unwilligkeit von Staaten, Zahlungen in der vereinbarten Währung abzuwickeln.

---

1   Häufig durch ein sog. Bankaval. Ein **Aval** ist eine Wechselbürgschaft, das auf dem Wechsel selbst dadurch erklärt wird, dass der Wechselbürge (Avalist) seine Unterschrift neben diejenige des Wechselschuldners, des Wechselausstellers oder eines Indossanten setzt mit dem Zusatz «per Aval» oder «als Wechselbürge». (Albisetti et al. 1995, S. 63)

- **Währungsrisiko:** Falls die Fakturierung oder Kreditgewährung in Fremdwährung erfolgt, können Wechselkursschwankungen den vertraglich vereinbarten Preis in einem beachtlichen Ausmass verändern und somit beim Exporteur zu einer entsprechenden Einbusse führen.
- **Delkredererisiko:** Das Delkredere- oder Debitorenrisiko stellt das Risiko dar, dass ein Schuldner oder dessen Garant zahlungsunwillig oder zahlungsunfähig ist.

Für die Übertragung dieser Risiken entstehen einem Exporteur allerdings höhere Kosten, da neben den Zinsen für die Inanspruchnahme eines Kredites auch ein Entgelt für die übertragenen Risiken bezahlt werden muss. Dieser Risikosatz ist je nach politischer und wirtschaftlicher Lage des Schuldnerlandes des Importeurs unterschiedlich hoch und bewegt sich zwischen 0,5 und 3,5 % jährlich. Aus dem Zins- und Risikosatz ergibt sich der Forfaitierungssatz.

| 4.2.5 | Factoring |

> Als **Factor** wird bezeichnet, wer Forderungen aus Warenlieferungen oder Dienstleistungen, die im Betriebe eines Dritten entstanden sind, auf sich übertragen lässt, sie verwaltet und bereit ist, diese für die Zeit zwischen der Übernahme und dem effektiven Geldeingang zu bevorschussen und/oder in derselben Zeitperiode das Delkredererisiko zu übernehmen. (Schär 1992, S. 275)

▶ Abb. 165 zeigt die Beziehungen zwischen den beteiligten Parteien beim Factoring. Ein bekanntes Beispiel aus dem Alltag ist das Kreditkartengeschäft, bei dem ein Händler seine Forderungen aus einem Verkauf an das Kreditkartenunternehmen abtritt.

Das Factoring ist eine Form der **Absatzfinanzierung,** bei der die Bevorschussung der abgetretenen Forderungen durch den Factor erfolgt. Der Bevorschussungssatz bewegt sich dabei in der Regel zwischen 60 und 80 % der ausstehenden Zahlungen. Die Bevorschussung kann sich auf sämtliche ausstehenden Forderungen oder nur auf die vom Factor akzeptierten erstrecken. Damit diese Funktion gegenüber den Debitoren jederzeit uneingeschränkt wahrgenommen werden kann, wird vertraglich eine **Globalzession,**[1] d.h. die Abtretung sämtlicher gegenwärtiger und zukünftiger Forderungen des Factoringnehmers, festgelegt.

---

1 Die **Zession** (Abtretung) ist die Übertragung einer Forderung durch Vertrag zwischen dem bisherigen Gläubiger (Zedent) und dem neuen Gläubiger (Zessionar). (Albisetti et al. 1995, S. 15)

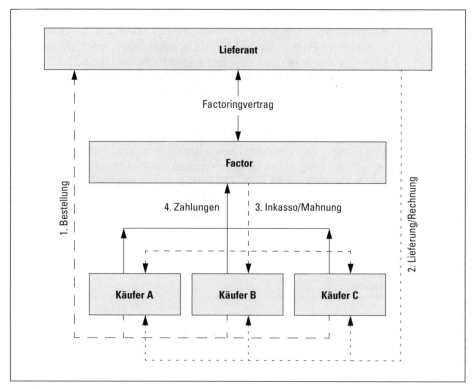

▲ Abb. 165   Beziehungen zwischen Lieferant, Kunde und Factor

Je nach Ausgestaltung des Factoring-Vertrages kann der Factor zusätzliche Aufgaben übernehmen wie:

- **Währungs-** und **Transferrisiko:** Da der Factor gewöhnlich auch das Delkredererisiko übernimmt, verbleiben beim Lieferanten somit nur noch die Haftung für die Mängel und den Bestand der Forderung.
- **Inkasso** und **Mahnwesen:** Erstellung der Rechnungen und Übernahme der Überwachung der Zahlungseingänge.
- **Debitorenbuchhaltung** und **Statistiken:** Bereitstellen von zusätzlichen Informationen zur Beurteilung der Geschäftsentwicklung.

Aus dieser Palette von Aufgaben wird ersichtlich, dass neben der reinen Finanzierungsfunktion eine Kombination weiterer Versicherungs- und Dienstleistungsfunktionen angeboten wird.

Die Kosten des Factoring bestehen, je nach Art und Umfang der in Anspruch genommenen Dienstleistungen, aus einer Factoringkommission in der Höhe von 0,5 bis 2% des Bruttoumsatzes. Ob für ein Unternehmen das Eingehen eines Factoring-Vertrags vorteilhaft ist, kann nicht allgemein gesagt werden. Wichtige Einflussgrössen sind:

- die Anzahl Kunden,
- die alternativen Finanzierungsmöglichkeiten des Factoringnehmers und
- das eigene Know-how in Bezug auf die vom Factor angebotenen Dienstleistungen.

Schliesslich können in der Praxis verschiedene Formen des Factoring beobachtet werden. Nach den erbrachten Leistungen des Factors unterscheidet man:

- **echtes Factoring** mit Einschluss des Delkredererisikos und
- **unechtes Factoring,** bei dem das Delkredererisiko ausgeschlossen wird.

Je nachdem, ob der Factor oder der Factoringnehmer gegenüber den Kunden auftritt, ergeben sich:

- **Offenes Factoring:** Es ist für den Kunden ersichtlich, dass der Lieferant die Forderungen an einen Factor abgetreten hat.
- **Stilles oder verdecktes Factoring:** Die Abtretung der Forderungen bleibt dem Kunden verborgen.

Da das Factoring und die Forfaitierung ähnliche Merkmale aufweisen, soll abschliessend eine Abgrenzung dieser beiden Geschäfte vorgenommen werden. ▶ Abb. 166 zeigt eine Gegenüberstellung anhand verschiedener Kriterien.

Finanzierungsform Merkmal	Forfaitierung	Factoring
Risikodeckung	Delkredererisiko politisches Risiko Transferrisiko Währungsrisiko	Delkredererisiko
Form der Forderungen	Wechselform	Rechnungen
Übertragung der Forderungen	Indossament	Zession
Umfang der Forderungen	feststehend	nicht feststehend (gegenwärtige, zukünftige)
Zahlungsziele	6 Monate bis 6 Jahre	30 bis 150 Tage
Warenarten	Investitionsgüter	Konsumgüter Dienstleistungen

▲ Abb. 166   Gegenüberstellung Factoring – Forfaitierung

4.3	**Mittelfristiges Fremdkapital**
4.3.1	**Darlehen**

Kleinere und mittelgrosse Unternehmen bedienen sich bei der mittelfristigen Finanzierung hauptsächlich des Darlehens. Als Darlehensgeber kommen je nach Situation und Möglichkeiten des Unternehmens Verwandte, Bekannte, Geschäftsfreunde, Lieferanten oder Mitarbeiter in Frage. Auf dem Inseratenweg besteht sogar die Möglichkeit, bis anhin unbekannte private Kapitalgeber anzusprechen.

Einen Sonderfall stellt das Darlehen von Aktionären bei Familien- oder Konzerngesellschaften dar. In diesem Fall kann das Fremdkapital die Funktion von Eigenkapital übernehmen.[1] Häufig wird dabei den Aktionären ein höherer Zins vergütet als das Unternehmen bei einem alternativen Darlehen (z. B. Bank) bezahlen müsste. Man spricht in diesen Fällen von verdecktem Eigenkapital sowie verdeckter Gewinnausschüttung. Letztere wird von den Steuerbehörden als steuerbarer Gewinnanteil behandelt.

Art. 312 ff. OR bilden die rechtlichen Grundlagen für ein Darlehensgeschäft. Die Darlehensbedingungen werden in einem Darlehensvertrag festgehalten. Da die meisten gesetzlichen Regelungen dispositiver Natur sind, kann der Darlehensvertrag weitgehend nach den Vorstellungen und Bedürfnissen der beteiligten Partner ausgestaltet werden. Falls aber über die Kündigungsfrist nichts festgehalten wird, ist nach Art. 318 OR das Darlehen sechs Wochen nach der Kündigung zurückzuzahlen, womit der mittelfristige Charakter dieser Finanzierungsform zum Ausdruck kommt.

Von diesem **gewöhnlichen** Darlehen ist das **partiarische** abzugrenzen, bei welchem dem Darlehensgläubiger neben einer festen Verzinsung auch ein Anteil am Geschäftsgewinn zusteht. Oft ist der Darlehensvertrag sogar so ausgestaltet, dass kein fester Zins oder nur ein Zins in bescheidener Höhe vorgesehen ist. Vom partiarischen Darlehen ist die **stille Gesellschaft** zu unterscheiden, bei der der Kapitalgeber nicht nur am Gewinn, sondern auch am Verlust beteiligt ist. Zudem wird ihm ein Recht an der Geschäftsführung eingeräumt. Diese Trennung zwischen partiarischem Darlehen und stiller Gesellschaft ist im Falle eines Konkurses des Unternehmens von grosser Bedeutung. Ein Darlehensgeber (gewöhnlich oder partiarisch) kann seine Forderungen genauso geltend machen wie die übrigen Gläubiger, während der stille Gesellschafter als mitbeteiligter Gesellschafter zumindest mit seiner Einlage (Darlehen) haftet.

---

1   Vgl. Kapitel 1, Abschnitt 1.1.2 «Kapital und Vermögen».

| **4.3.2** | **Kassascheine (Kassaobligationen)** |

Bei Kassa- oder Kassenscheinen – auch Kassa- oder Kassenobligationen genannt – handelt es sich um auf runde Beträge lautende Obligationen, die laufend abgegeben werden. Sie stellen ein typisches Finanzierungsmittel der Banken dar, werden gelegentlich aber auch von Handels- und Industrieunternehmen ausgegeben. Sie haben eine feste Laufzeit von 3 bis 8 Jahren und sind meistens in 1000,– oder 5000,– Fr. gestückelt. Die Konditionen richten sich nach dem allgemeinen Zinsniveau und der Laufzeit.

Für den Ausgeber von Kassascheinen bieten sich hauptsächlich folgende Vorteile:

- Die Ausgabe von Kassaobligationen kann dem jeweiligen Kapitalbedarf angepasst werden, indem die Abgabe gefördert oder gebremst wird.
- Die Zinskonditionen können rasch den Schwankungen des Kapitalmarktes angepasst werden.
- Die Ausgabe erfolgt ohne grossen Aufwand durch Information (Prospekte, Rundschreiben) der Kunden.

| **4.4** | **Langfristiges Fremdkapital** |
| **4.4.1** | **Hypothekardarlehen** |

Mit dem Begriff **Hypothek** bezeichnet man das Pfandrecht an einem Grundstück zur Sicherung einer Forderung.[1] Die Liegenschaften eines Unternehmens dienen somit zur Sicherung eines langfristigen Hypothekardarlehens. Zu unterscheiden ist zwischen einer Grundpfandverschreibung und einem Schuldbrief.

Bei einer **Grundpfandverschreibung** wird nach Art. 824 ZGB eine beliebige, gegenwärtige oder zukünftige Forderung grundpfandrechtlich sichergestellt. Banktechnisch spricht man von einer **direkten** Hypothek, weil das belastete Grundstück unmittelbar zur Sicherung der Forderung (Darlehen) dient. Sie wird auch als **Sicherungshypothek** bezeichnet. Die

---

1   Durch das Pfandrecht wird eine Forderung (die so genannte Pfandforderung) in der Weise gesichert, dass der Gläubiger (Pfandgläubiger) sich aus dem Erlös der belasteten (verpfändeten) Sache (des Pfandgegenstandes) bezahlt machen kann, wenn der Schuldner die Forderung bei Fälligkeit nicht erfüllt, und zwar im Vorrang vor Gläubigern, die kein Pfandrecht (oder nur ein nachgehendes) am Gegenstand haben. Der Pfandgläubiger hat jedoch keinen Anspruch auf die Sache selbst. Wenn der Gläubiger die Pfandsache besitzen muss, spricht man vom Besitz- oder Faustpfand, beim besitzlosen Pfand dagegen von Hypothek oder Verschreibung. (Meyer/Moosmann 1995, S. 86)

Grundpfandverschreibung wird deshalb vor allem zur Sicherung eines Kontokorrentkredites in der Bauphase eines Gebäudes gewählt, wenn der notwendige Darlehensbetrag noch nicht feststeht. Sobald die genaue Darlehenssumme bekannt ist, kann ein Schuldbrief errichtet werden.

Beim **Schuldbrief**[1] hat der Gläubiger ein Faustpfandrecht an einem Hypothekartitel, bei dem die wertpapiermässig verbrieften Forderungen mit einem Grundpfand sichergestellt sind. Er ist entweder auf den Namen des Gläubigers oder auf den Inhaber ausgestellt. Aufgrund der nur mittelbaren grundpfändlichen Sicherung liegt eine **indirekte** Hypothek vor, die man wegen der leichten Handelbarkeit der Schuldbriefe **Verkehrshypothek** nennt.

4.4.2	**Obligationenanleihen**
4.4.2.1	Gewöhnliche Anleihen

Im schweizerischen Recht findet sich keine Umschreibung der Obligationenanleihe, auch Anleihensobligation genannt.

> Nach schweizerischem Sprachgebrauch wird unter einer **Obligationenanleihe** oder **Anleihensobligation** eine in Wertpapierform gekleidete Schuldverpflichtung, die eine Geldleistung zum Inhalt hat, verstanden. Es handelt sich dabei um Teilschuldverschreibungen einer grösseren, in der Regel langfristigen Anleihe.

Diese Teilschuldverschreibungen, Obligationen genannt, werden zu gleichen Bedingungen zu einem bestimmten Zeitpunkt ausgegeben. In der Anleihensobligation verpflichtet sich der Anleihensschuldner, dem Inhaber einer Obligation den auf dem Titel eingetragenen Geldbetrag schuldig zu sein, darauf meist jährlich einen Zins zu bezahlen und den Geldbetrag nach Ablauf einer im Voraus festgesetzten Frist oder nach vorausgegangener Kündigung in Übereinstimmung mit den Anleihensbedingungen zurückzuzahlen. Ein bedeutender Vorteil einer Obligationenanleihe besteht darin, dass aufgrund der Aufteilung eines grossen Kapitalbetrages in viele kleine Teilschuldverschreibungen auch kleinere Kapitalbeträge verschiedenartiger Kapitalanleger zur langfristigen Finanzierung herangezogen werden können.

Die Obligation und die mit ihr verbundenen Entscheidungstatbestände können wie folgt charakterisiert werden:

---

1   Wertpapierrechtlich handelt es sich um einen **Grundpfandtitel.** Grundpfandtitel sind Wertpapiere des Sachenrechts, durch welche eine bestimmte Quote des Grundstückwertes mobilisiert und in Verkehr gesetzt wird. (Albisetti et al. 1995, S. 349)

- Der **Nennwert** einer Obligation lautet meistens auf 5000,– Fr. oder 100 000,– Fr.

- Die Höhe des **Zinssatzes** ist abhängig von der Bonität des Schuldners, der Laufzeit der Obligation und den Kapitalmarktverhältnissen im Zeitpunkt der Ausgabe einer Obligationenanleihe. Der Zinssatz ist entweder für die ganze Laufzeit fest oder wird auf den jeweiligen Zinstermin neu festgesetzt. Während in der Schweiz die feste Verzinsung vorherrscht, sind im Ausland variable Zinssätze (Floating-Rate-Anleihen) üblich.

- Bei der Festlegung des **Emissionskurses** hat man drei Möglichkeiten:
  - al pari, d.h. zu 100% des Nennwertes,
  - unter pari, d.h. tiefer als der Nennwert (Unterpari-Emission),
  - über pari, d.h. höher als der Nennwert (Überpari-Emission).

  Im zweiten Fall wird die Differenz zwischen Emissionskurs und Nennwert als **Disagio** (Abgeld), im dritten als **Agio** (Aufgeld) bezeichnet. Die Bestimmung des Emissionskurses ist deshalb von grosser Bedeutung, weil damit der Zinssatz genau festgelegt werden kann oder – meist aus psychologischen Gründen – von dem am Markt vorherrschenden Zinssatz nicht abgewichen werden muss. Werden beispielsweise Obligationen mit einem Zinssatz von 6%, einem Emissionskurs von 101% und einer durchschnittlichen Laufzeit von 10 Jahren ausgegeben, so entspricht dies bei einer statischen[1] Betrachtung einer jährlichen Verzinsung von 5,9%.

- In der Regel erfolgt in der Schweiz die **Rückzahlung** am Ende der Laufzeit al pari, also zum Nennwert. Allerdings behält sich der Schuldner vielfach das Recht vor, die ganze Anleihe oder einen Teil davon zu einem früheren Zeitpunkt zurückzuzahlen. Der Anleihensschuldner legt dabei entweder im Voraus die Rückzahlungsbeträge sowie deren Rückzahlungszeitpunkte fest oder er bestimmt beides während der Laufzeit aufgrund veränderter Marktbedingungen oder der jeweiligen Unternehmenssituation. Bei einer vorzeitigen Rückzahlung wird der Inhaber einer Obligation für die vom Schuldner vorgenommene Kündigung meist in Form eines während der Laufzeit abnehmenden Rückzahlungsagios entschädigt. Sind regelmässige Rückzahlungen vorgesehen, so werden die zu tilgenden Obligationen entweder durch das Los bestimmt oder auf dem Markt über die Börse zurückgekauft. Das letztere Vorgehen kommt dann in Frage, wenn der Börsenkurs tiefer als der Nennwert liegt.

---

1   Es handelt sich deshalb um eine statische Berechnung, weil das Agio gleichmässig auf die Laufzeit verteilt wird (1% auf 10 Jahre verteilt ergibt 0,1% Minderbelastung pro Jahr). Bei einer dynamischen Betrachtung würde berücksichtigt, dass das Agio bereits zu Beginn der Laufzeit dem Unternehmen zur Verfügung steht und damit die Verzinsung effektiv noch tiefer wäre. (Zur Problematik effektiver Zinssätze vgl. Teil 7, Kapitel 2, Abschnitt 2.3 «Dynamische Methoden der Investitionsrechnung».)

Erfolgt die Umwandlung einer bestehenden, aber auslaufenden Anleihe in eine neue, so spricht man von einer **Konversion**. Eine solche wird vorgenommen, wenn

- die Laufzeit zu Ende ist und der Schuldner das Geld weiterhin benötigt, um seinen Kapitalbedarf zu decken, oder
- sich die Marktverhältnisse geändert haben, so dass der Schuldner die neue Anleihe zu günstigeren Bedingungen aufnehmen und er die alte kündigen kann.

Der Obligationär kann natürlich selber darüber entscheiden, ob er eine Barauszahlung vorzieht oder die neuen Obligationen zeichnen will.

4.4.2.2	Wandelanleihen

Zusätzlich zu den üblichen Bedingungen der gewöhnlichen Obligation (feste Verzinsung, Rückzahlung des Kapitals) kommt dem Obligationär einer Wandelanleihe das Recht zu, während einer bestimmten Zeitperiode oder zu einem bestimmten Zeitpunkt in der Zukunft sowie zu einem im Voraus festgelegten Verhältnis eine Obligation in Beteiligungspapiere des Schuldners umzuwandeln. Daraus wird ersichtlich, dass die Wandelobligation kein reines Fremdkapital darstellt. Dies ist bei der Ausgabe zwar noch der Fall, doch sobald der Obligationär von seinem Wandelrecht Gebrauch macht, wird er zum Aktionär und für das Unternehmen ergibt sich eine Umwandlung des Fremdkapitals in Eigenkapital.

Für das Unternehmen resultiert ein zweifacher Vorteil durch die Ausgabe einer Wandelanleihe, wobei je nach Ausgestaltung der Obligationen- und Wandelbedingungen der eine oder andere Punkt im Vordergrund steht:

- Das Unternehmen kann sein Aktienkapital durch Ausgabe von Aktien erhöhen, deren Ausgabepreis sich in der Regel über dem Börsenkurs bewegt.
- Wandelanleihen können mit einem tieferen Zinssatz als vergleichbare gewöhnliche Obligationenanleihen versehen werden. Dadurch, dass der Obligationär zusätzlich an Kurssteigerungen der Aktien über eine indirekte Beteiligung teilhaben kann, nimmt er einen tieferen Zinssatz in Kauf.

Auch für den Wandelobligationär ergeben sich verschiedene Vorteile, die die Beliebtheit dieser Anlageform unterstreichen:

- Der Obligationär erzielt einen regelmässigen Zins.
- Das Wandelrecht ermöglicht eine indirekte Beteiligung am Unternehmen.

- Das Risiko des Obligationärs ist kleiner als bei einer direkten Aktien-beteiligung.

Die Bedingungen einer Wandelanleihe (insbesondere Wandelpreis, Zins-satz) hängen sehr stark von den allgemeinen Kapitalmarktbedingungen sowie von der Bonität des Schuldners ab. In einer guten Börsenverfassung kann die Verzinsung bis 2% unter derjenigen von gewöhnlichen Obliga-tionen liegen und der Wandelpreis kann mit dem aktuellen Börsenkurs nahezu übereinstimmen.

Im Zusammenhang mit der Ausgabe einer Wandelanleihe gehört – neben der Festlegung des Emissionszeitpunktes – die Bestimmung der Wandelbedingungen zu den wichtigsten Entscheidungen. Sie umfassen insbesondere:

- **Wandlungsverhältnis:** Dieses gibt an, wie viele Beteiligungspapiere mit einer Obligation eines bestimmten Nennwertes bezogen werden kön-nen. Es hat eine Zu- oder Teilrückzahlung zu erfolgen, wenn der Nenn-wert nicht dem Preis für die bezogenen Aktien entspricht.

- **Wandelpreis:** Der Wandelpreis ist der Preis für eine Aktie, die bezogen wird. Dieser kann sich während der Wandelfrist erhöhen.

- **Wandlungs-** oder **Umtauschfrist:** Diese gibt an, während welcher Zeit-dauer bzw. zu welchem Zeitpunkt der Obligationär von seinem Wandel-recht Gebrauch machen kann.

- **Verwässerungsschutzklausel:** Führt das Unternehmen während der Wandelfrist eine Kapitalerhöhung durch, so ergibt sich für den Wandel-obligationär, der noch nicht gewandelt hat, eine indirekte Kapital-verwässerung. Diese wiegt umso schwerer, als der Aktionär über das Bezugsrecht für eine Kapitalverwässerung entschädigt wird. Dem Anleger kann ein Schutz gegeben werden, wenn eine so genannte Ver-wässerungsschutzklausel in die Anleihebedingungen eingebaut wird, die den Wandelpreis der Kapitalerhöhung entsprechend anpasst. Die Berechnung der Verminderung des Wandelpreises kann in Analogie zur Bezugsrechtsformel nach folgender Formel vorgenommen werden:

$$\square \quad R = \frac{(W - E)}{(a + n)} \, n$$

wobei: R = Reduktion des Wandelpreises
W = Wandelpreis
E = Emissionspreis der neu auszugebenden Aktien
a = Anzahl der Aktien vor Kapitalerhöhung
n = Anzahl der neu auszugebenden Aktien

| 4.4.2.3 | Optionsanleihen |

Obschon die Optionsanleihe der Wandelanleihe sehr verwandt ist, besteht ein bedeutender Unterschied darin, dass das Wahl- oder Optionsrecht bei der Optionsanleihe in einem separaten Wertpapier, dem **Optionsschein** oder **Warrant**, verkörpert ist. Dies führt dazu, dass dieser Optionsschein allein (ohne Anleihe) gehandelt werden kann und sich somit drei verschiedene Börsennotierungen ergeben:

1. Kurs der ursprünglichen Anleihe, also inklusive («cum») Optionsschein.
2. Kurs der Anleihe ohne («ex») Optionsschein. Diese Situation entspricht einer gewöhnlichen Obligation, was sich unter anderem darin zeigt, dass sich die beiden Kurse entsprechen.
3. Kurs für den Optionsschein.

Bei der Festlegung der Bedingungen der Optionsanleihe stellen sich die gleichen Probleme wie bei der Wandelanleihe. Zusätzlich ist aus der Sicht der Obligationäre hervorzuheben, dass ein Engagement in Optionsanleihen vielfach ein höheres Risiko in sich birgt, da die Optionsscheine oft grossen Schwankungen ausgesetzt sind, was sich entsprechend im Kurs der Anleihe inkl. Optionsschein niederschlägt. Besonders gross ist das Risiko natürlich dann, wenn die Optionsscheine allein, d.h. ohne die zugehörige Anleihe, erworben werden. Diesem Risiko, das im Verlust des gesamten eingesetzten Betrags für die Optionen bestehen kann, steht aber ein überproportionaler Gewinn bei einer Kurssteigerung der Aktie gegenüber. Man spricht deshalb von einem Leverage-Effekt (Hebeleffekt)[1] des Optionsscheins (▶ Abb. 167).

Optionsbedingungen	1 Optionsschein berechtigt zum Bezug einer Aktie Optio AG bis zum 1. 4. 2008 zum Preis von 500,– Fr.		
Kursentwicklung		1.4.2007	1.7.2007
	■ Kurs Aktie Optio AG	500,–	600,–
	■ Kurs Optionsschein	100,–	160,–
	■ Optionsprämie	20 %	10 %
Leverage-Effekt	■ Kurssteigerung auf Aktie Optio AG:	20 %	
	■ Kurssteigerung auf Optionsschein:	60 %	

▲ Abb. 167   Beispiel Optionsprämie und Leverage-Effekt

---

1 Der Leverage-Effekt wird im Zusammenhang mit der optimalen Kapitalstruktur dargestellt (vgl. Kapitel 5 «Optimale Finanzierung»).

Optionsanleihe 4¹/₂% Balo-Holding 2006–2014	
Konditionen	■ *Anzahl Optionsscheine:* Je 6000,– Fr. sind mit 10 Optionsscheinen ausgestattet ■ *Optionsfrist:* bis 14. 11. 2010 ■ *Optionspreis:* 1760,– Fr. pro Partizipationsschein ■ *Bezugsverhältnis:* 5 Optionsscheine berechtigen zum Bezug eines Partizipationsscheins
Kursnotierungen am 13. Februar 2007	■ Partizipationsschein Balo-Holding: 1900,– Fr. ■ Optionsanleihe inklusive Optionsschein: 102,50 % ■ Optionsanleihe exklusive Optionsschein: 87,75 % ■ Optionsschein: 91,50 Fr.
Optionsprämie	$$\frac{\dfrac{5 \cdot 91{,}50 \text{ Fr.}}{1} + 1760 \text{ Fr.} - 1900 \text{ Fr.}}{1900 \text{ Fr.}} = 16{,}7\%$$

▲ Abb. 168   Beispiel Optionsanleihe

Als (absolute) **Optionsprämie** O_p (Aufgeld) bezeichnet man die Differenz zwischen dem aktuellen Börsenkurs und dem Preis, den man für eine Aktie beim Bezug über den Optionsschein (= Preis des Optionsscheins + Bezugspreis der Aktie) bezahlen müsste (◄ Abb. 168). Die prozentuale Optionsprämie O_p in Abhängigkeit vom aktuellen Aktienkurs lässt sich somit anhand folgender Formeln berechnen:

$$(1) \quad \frac{\dfrac{\text{Kurs Optionsschein}}{\text{Anzahl Aktien/Optionsschein}} + \text{Bezugspreis} - \text{Aktienkurs}}{\text{Aktienkurs}} \cdot 100$$

$$(2) \quad \frac{\dfrac{\text{Kurs Optionsschein}}{\text{Anzahl Aktien/Optionsschein}} + \text{Bezugspreis}}{\text{Aktienkurs}} \cdot 100 - 100$$

Die Optionsprämie ist von verschiedenen Faktoren abhängig wie beispielsweise der Börsenverfassung, dem Erfolg des Unternehmens, den Zukunftsaussichten der Branche oder den Kapitalmarktbedingungen. In der Praxis stellen sich meistens Prämien zwischen 0 und 30 % ein, wobei im Ausnahmefall auch negative Prämien zu beobachten sind.

4.5　Leasing

> Unter **Leasing** versteht man die Überlassung des Gebrauchs oder die Nutzung einer beweglichen oder unbeweglichen Sache unter Übertragung des Besitzes auf bestimmte oder unbestimmte Zeit gegen ein periodisch zu entrichtendes fixes Entgelt. Je nach Situation sind noch zusätzliche Vereinbarungen damit verbunden.

Aus dieser Umschreibung wird deutlich, dass Leasing keine Finanzierung im eigentlichen Sinne, d. h. Beschaffung finanzieller Mittel, bedeutet. Betriebswirtschaftlich kommt das Leasing einer Kreditfinanzierung jedoch sehr nahe. Sowohl der Fremdkapitalgeber als auch der Leasinggeber ermöglichen die Beschaffung und Nutzung von Gütern. Während im einen Fall zuerst die finanziellen Mittel zufliessen, die zur Beschaffung von Potenzialfaktoren dienen, werden im anderen Fall die Potenzialfaktoren direkt zur Verfügung gestellt. Beiden Formen ist aber gemeinsam, dass während der Nutzungsdauer meistens regelmässig finanzielle Mittel abfliessen, sei es als Zinszahlungen oder als Leasinggebühren.

In Bezug auf die **Kündbarkeit** des Leasingvertrages kann zwischen dem Operating-Leasing und dem Financial-Leasing unterschieden werden:

- **Operating-Leasing:** Kurzfristiges (z. B. 6 Monate), in der Regel jederzeit kündbares Mietverhältnis. Oft mit gewissen Serviceleistungen verbunden. Der Vermieter trägt ein sehr hohes Risiko, da das Leasingobjekt während der ersten Grundmietzeit nicht amortisiert werden kann. Eine rechtliche Abgrenzung des Operating Leasing von gewöhnlichen Mietverträgen ist oft schwierig.
- **Financial-Leasing:** Der Mieter übernimmt in einem langfristigen und unkündbaren Leasingvertrag das Investitionsobjekt (z. B. Flugzeug). Dieses wird während der Dauer des Leasingvertrages vollständig amortisiert, das Investitionsrisiko trägt in erster Linie der Leasingnehmer.

Wegen seiner grossen Bedeutung für das Unternehmen wird im Folgenden das Financial-Leasing für Anlagegüter betrachtet. Diese Form des Leasinggeschäfts wickelt sich zwischen folgenden Parteien ab:

1. Der **Leasingnehmer** wählt die für ihn geeigneten Ausrüstungsgegenstände aus und übergibt diese Liste dem Leasinggeber.

2. Der **Leasinggeber** bestellt und/oder kauft die vom Leasingnehmer gewünschten Leasinggegenstände und schliesst mit dem Leasingnehmer einen Vertrag ab. Darin werden primär geregelt:

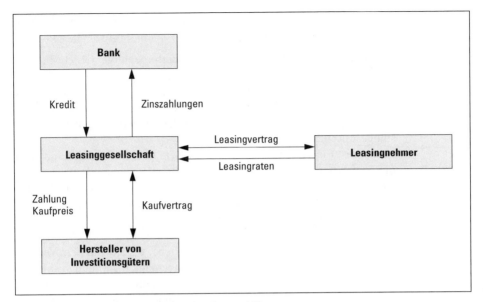

▲ Abb. 169   Abwicklung des indirekten Leasinggeschäftes

- die Nutzungsdauer,
- die monatlichen Leasingraten, die sich aus folgenden Komponenten zusammensetzen:
  - Zins für die Finanzierung des Leasingobjektes,
  - Abschreibung des Leasingobjektes,
  - Verwaltungskosten,
  - Risikokosten im Falle einer Insolvenz des Leasingnehmers,
  - Wartungs- und Reparaturkosten, falls diese im Leasingvertrag eingeschlossen wurden,
  - Gewinnanteil zugunsten der Leasinggesellschaft,
- die einmalige Leasinggebühr bei Vertragsabschluss (0,5 bis 5% des Kaufpreises),
- die Möglichkeiten am Ende der Vertragsdauer (Kauf oder Rückgabe des Leasingobjektes).

Indirekt beteiligt sind somit der **Produzent** der Leasingobjekte, wobei beim Hersteller-Leasing Identität zwischen Produzent und Leasinggesellschaft besteht, sowie die **Finanzierungsinstitutionen** (Banken, Versicherungen), bei denen sich die Leasinggesellschaften refinanzieren. ◀ Abb. 169 bringt die Vorgänge beim Leasing schematisch zum Ausdruck.

Nicht selten wird der Einsatz des Leasing pauschal als gut oder schlecht bzw. vorteilhaft oder nicht vorteilhaft bewertet. Im Vordergrund stehen dabei oft reine Kostenüberlegungen. Bei einer Beurteilung des Leasing müssen aber verschiedene Aspekte mit einbezogen werden, welche die

spezifische Situation des Unternehmens berücksichtigen.[1] Boemle/Stolz
(2002, S. 462 f.) führen folgende Gründe auf, die für das Leasing sprechen:

1. Das Leasing ermöglicht eine fast hundertprozentige Objekt-Fremd-
   finanzierung auf Vertragsbeginn.
2. Die Kostenplanung wird erleichtert. Dem Leasingnehmer sind dank der
   Fixierung der Leasingrate die Kosten genau bekannt, sofern keine Zins-
   anpassungsklausel besteht, d.h. das Zinserhöhungsrisiko bei der Leasinggesellschaft liegt.
3. Leasing ist für rasch expandierende kleinere und mittlere Unternehmen
   mit begrenzten Verschuldungsmöglichkeiten (Borrowing Power) oft die
   einzig echte Finanzierungsalternative. Fester Zins und feste Kredit-
   dauer lassen die Leasing-Finanzierung mit einer Finanzierung durch
   Obligationenanleihen vergleichen, so dass Leasing auch als «Obligationenanleihe der kleinen Firmen» bezeichnet wurde.
4. Der Leasingnehmer erspart sich die Umtriebe, welche mit dem Verkauf
   nicht mehr benötigter Anlagegüter im Allgemeinen verbunden sind.
5. Ist die Unternehmensleitung wohl für einmalige grössere Anschaf-
   fungen, aber nicht für periodische Aufwendungen an die Zustimmung
   von übergeordneten Instanzen (z.B. Verwaltungsrat, bei Tochtergesellschaften Holding) gebunden, so kann sie auf das Leasing ausweichen,
   ohne das vorgegebene Investitionsbudget zu belasten oder zu überschreiten.
6. Der Abschluss eines Leasingvertrages ist im Allgemeinen leichter zu
   bewerkstelligen als die Aufnahme eines entsprechenden Kredites. Dank
   Leasing kann ein Investitionsentscheid unter Umständen rascher gefällt
   werden.

---

1   Vgl. dazu die ausführliche Beurteilung bei Volkart 1998a, S. 167 ff.

Kapitel 5

Optimale Finanzierung

Einleitung

Sobald das Unternehmen den für den güterwirtschaftlichen Prozess notwendigen Kapitalbedarf berechnet hat, geht es in einer nächsten Phase um die Bestimmung der Kapitalart, die zur Deckung dieses Kapitalbedarfs herangezogen werden soll. Wie in den bisherigen Kapiteln dargestellt, steht grundsätzlich eine Finanzierung über Eigenkapital oder Fremdkapital offen. Es ist das Ziel der folgenden Ausführungen zu zeigen, nach welchen Kriterien eine **optimale Vermögens-** und **Kapitalstruktur** gebildet werden kann. Dabei geht es um

- die Frage des Verhältnisses zwischen Fremd- und Eigenkapital,
- die Bestimmung der konkreten Kapitalform innerhalb dieser beiden Kapitalarten (z. B. Aktienkapital oder Partizipationsscheinkapital, Bankkredite oder Anleihen), sowie
- den Einsatz (Verwendung) dieses Kapitals.

Eine optimale Kapitalstruktur hängt primär von den Unternehmenszielen ab, nach denen sich die Kapitalentscheidungen auszurichten haben. Es wurde bereits dargelegt, dass die Erzielung eines Gewinnes sowie die Sicherung der Liquidität von grosser Bedeutung sind.

- Die Erzielung eines **Gewinnes** bedeutet, dass das Unternehmen nicht nur seine Kosten deckt, sondern darüber hinaus einen Gewinn erwirtschaftet, der ein Entgelt für das eingegangene unternehmerische Risiko darstellt, ein Zeugnis für ein erfolgreiches Management ausstellt sowie über die Selbstfinanzierung einen Beitrag zur weiteren Unternehmensentwicklung leistet.

- Die Sicherung der **Liquidität** ist demgegenüber darauf ausgerichtet, dass das Unternehmen jederzeit über genügend liquide Mittel verfügt, um einerseits bestehende Verpflichtungen rechtzeitig erfüllen und andererseits neue eingehen zu können.

- Sowohl die Gewinnerzielung als auch die Liquiditätsbewahrung dienen letztlich der langfristigen **Sicherheit** des Unternehmens. Diese schliesst sowohl die Existenzsicherung des Unternehmens selbst als auch die Sicherheit der Gläubiger mit ein.

Ein Unternehmen hat deshalb seinen Kapitalbedarf so zu decken, dass

- durch die finanzwirtschaftlichen Entscheide die Gewinnerzielung unterstützt wird (Rentabilität),

- es jederzeit seinen finanziellen Verpflichtungen nachkommen kann (Liquidität),

- das Unternehmensvermögen ausreicht, die Verpflichtungen gegenüber den Fremdkapitalgebern erfüllen zu können (Garantie).[1]

Neben diesen Haupt- oder Unternehmenszielen gibt es eine Reihe weiterer Finanzierungsgrundsätze und -regeln, die beim Fällen finanzwirtschaftlicher Entscheidungen eine Rolle spielen können. Diese beziehen sich entweder auf die Kapitalausstattung oder die Kapitalverwendung. Letztere berücksichtigen im Prinzip alle Vermögensteile, wobei Sachanlagen[2] und Finanzinvestitionen (Beteiligungen an anderen Firmen) aufgrund ihrer Bedeutung im Vordergrund stehen. Aber auch bezüglich des Umlaufvermögens (z.B. flüssige Mittel, Debitoren, Materialvorräte) können Grundsätze aufgestellt werden, die je nach Branche (z.B. Handel) sogar noch eine grössere Bedeutung haben können.

Im Folgenden stehen die Zielsetzungen bezogen auf die Kapitalausstattung im Vordergrund. Es werden die Auswirkungen auf die Kapitalstruktur untersucht, die sich unter Berücksichtigung des Gewinns (Rentabilität) und der Liquidität sowie der Unabhängigkeit, der Flexibilität, des Risikos und der Public Relations ergeben. Gleichzeitig sollen die wichtigsten Finanzierungsregeln aus Theorie und Praxis dargestellt werden.

---

1 Wenn das Vermögen die Passiven nicht mehr voll deckt, so liegt eine **Unterbilanz** vor. Bei Eintreten von Verlusten, die grösser sind als das gesamte Eigenkapital, spricht man von einer **Überschuldung**. Das ganze Umlauf- und Anlagevermögen reicht somit nicht mehr aus, um die eingegangenen Schuldverpflichtungen abzudecken (vgl. dazu Art. 725 OR).

2 Die Investitionen in Sachanlagegüter werden in Teil 7 «Investition und Unternehmensbewertung» behandelt.

5.2   Ausrichtung auf die Rentabilität

Bei der Gestaltung der Kapitalstruktur nach dem Rentabilitätskriterium geht man davon aus, dass die Rentabilität auf dem gesamten eingesetzten Kapital (Eigen- und Fremdkapital) in der Regel ungleich der Verzinsung des Fremdkapitals ist. Daraus ergibt sich, falls die Gesamtkapitalrentabilität grösser ist als die Fremdkapitalverzinsung, dass durch die Beschaffung von zusätzlichem Fremdkapital ein höherer Gewinn auf dem Eigenkapital erzielt werden kann. Man spricht in diesem Zusammenhang von der Hebelwirkung des Fremdkapitals zugunsten der Eigenkapitalrentabilität, dem so genannten **Leverage-Effekt** (▶ Abb. 170).

Der Leverage-Effekt kann mathematisch unter Verwendung der nachstehenden Abkürzungen wie folgt hergeleitet werden:

$$
\begin{aligned}
\text{GK} &= \text{Gesamtkapital} \\
\text{EK} &= \text{Eigenkapital} \\
\text{FK} &= \text{Fremdkapital} \\
r_g &= \text{Gesamtkapitalrendite} \\
r_e &= \text{Eigenkapitalrendite} \\
r_f &= \text{Fremdkapitalzinssatz bzw. -kostensatz}
\end{aligned}
$$

$$(1)\quad r_g\, \text{GK} = r_e\, \text{EK} + r_f\, \text{FK}$$

$$(2)\quad r_e\, \text{EK} = r_g\, \text{GK} - r_f\, \text{FK}$$

$$(3)\quad r_e = \frac{r_g\, \text{GK} - r_f\, \text{FK}}{\text{EK}} = \frac{r_g(\text{EK} + \text{FK}) - r_f\, \text{FK}}{\text{EK}}$$

$$\qquad\quad = r_g\, \frac{\text{EK}}{\text{EK}} + \frac{r_g\, \text{FK} - r_f\, \text{FK}}{\text{EK}}$$

Daraus ergibt sich folgende Formel:

$$(4)\quad r_e = r_g + \frac{\text{FK}}{\text{EK}}(r_g - r_f)$$

Aus Formel (4) wird ersichtlich, dass die Eigenkapitalrendite durch die Beschaffung von zusätzlichem Fremdkapital angehoben werden kann, solange die Gesamtkapitalrentabilität r_g grösser ist als der Fremdkapitalzinssatz r_f. Umgekehrt verschlechtert sich die Eigenkapitalrentabilität schlagartig, sobald die Gesamtkapitalrentabilität r_g kleiner wird als die Fremdkapitalverzinsung.

In ▶ Abb. 171 wird die Eigenkapitalrentabilität r_e in Abhängigkeit von verschiedenen Finanzierungsverhältnissen bei einem gegebenen (durchschnittlichen) FK-Zinssatz dargestellt. Dabei wird deutlich, dass der Le-

Ausgangslage	Gesamtkapital:	1 000 000 Fr.	
	Fremdkapitalzinssatz:	5 %	
	Gesamtkapitalrendite:	10 %	
	Eigenkapital Variante 1:	80 %	
	Eigenkapital Variante 2:	40 %	
Frage	Wie gross ist die Eigenkapitalrentabilität in Variante 1 und 2?		
Berechnungen		**Variante 1**	**Variante 2**
	Eigenkapital	800 000	400 000
	Fremdkapital	200 000	600 000
	Gesamtkapital	1 000 000	1 000 000
	Gewinn vor Abzug FK-Zinsen	100 000	100 000
	FK-Zinsen	10 000	30 000
	Gewinn nach Abzug FK-Zinsen (Reingewinn)	90 000	70 000

■ Eigenkapitalrentabilität $\dfrac{90\,000}{800\,000} \cdot 100 = 11{,}25\,\%$ $\dfrac{70\,000}{400\,000} \cdot 100 = 17{,}5\,\%$

Die gleichen Resultate ergeben sich bei Verwendung der Formel (4)

■ $r_{e1} = 0{,}1 + \dfrac{200\,000}{800\,000}\,(0{,}1 - 0{,}05) = 0{,}1125$

■ $r_{e2} = 0{,}1 + \dfrac{600\,000}{400\,000}\,(0{,}1 - 0{,}05) = 0{,}175$

▲ Abb. 170   Beispiel Leverage-Effekt

verage-Effekt umso grösser ist, je tiefer der FK-Zinssatz r_f und je höher der Verschuldungsgrad ist. Zudem zeigt sich, dass die Risiken, die mit dem Leverage-Effekt verbunden sind, umso kleiner sind, je tiefer der FK-Zinssatz und je kleiner der Verschuldungsgrad ist.

Die maximale Ausnutzung des Leverage-Effektes stösst allerdings an verschiedene Grenzen. Vorerst ist einmal die Annahme konstanter Fremdkapitalzinsen zu erwähnen. Die Fremdkapitalzinsen sind oft sehr starken Schwankungen ausgesetzt. Es ist daher leicht einzusehen, dass bei einem Anstieg des allgemeinen Zinsniveaus auch die Fremdkapitalzinsen und somit die Fremdkapitalkosten ansteigen werden. Wird aus diesem Grund die Differenz zwischen Gesamtkapitalrendite und Fremdkapitalzins klein, so besteht für das Unternehmen ein erhöhtes Risiko, indem der positive Leverage-Effekt sehr rasch in einen negativen umschlagen kann. Dies würde bedeuten, dass die Hebelwirkung zuungunsten der Eigenkapitalrentabilität wirken würde, welche ohne den Einsatz des Fremdkapitals viel grösser wäre. Zweitens geht man davon aus, dass das Fremdkapital in beliebigem Ausmass beschafft werden kann. In der Praxis zeigt sich aber

FK : EK / r_g	A) Fremdkapitalzins durchschnittlich 5 %			B) Fremdkapitalzins durchschnittlich 3 %		
	1 : 9	1 : 1	9 : 1	1 : 9	1 : 1	9 : 1
20	r_e = 21,7	r_e = 35	r_e = 155	r_e = 21,9	r_e = 37	r_e = 173
10	10,6	15	55	10,8	17	73
7	7,2	9	5	7,4	11	43
5	5,0	5	5	5,2	7	23
3	2,8	1	−15	3,0	3	3
0	−0,6	−5	−45	−0,3	−3	−27
−2	−2,8	−9	−65	−2,6	−7	−47
−5	−6,1	−15	−95	−5,9	−13	−77
Formel r_e =	$\dfrac{10\,r_g - 5}{9}$	$2\,r_g - 5$	$10\,r_g - 45$	$\dfrac{10\,r_g - 3}{9}$	$2\,r_g - 3$	$10\,r_g - 27$

▲ Abb. 171   Eigenkapitalrentabilität und Verschuldungsgrad

immer wieder, dass das Ausmass der Kreditfähigkeit[1] sehr stark von der Höhe des Eigenkapitals beeinflusst wird. Je stärker der Kreditnehmer verschuldet ist, umso grösser ist die Gefahr einer Überschuldung. Der Fremdkapitalgeber wird deshalb nicht oder nur zu steigenden Zinssätzen bereit sein, zusätzliche Kredite zu gewähren.

Bei einer Finanzierung mit Fremdkapital muss vor Augen gehalten werden, dass eine Fremdkapitalaufnahme mit laufenden Zinszahlungen und einer Rückzahlung oder sogar mehreren Teilrückzahlungen verbunden ist. Diese Zahlungen können die Liquidität erheblich belasten. Es handelt sich dabei um den klassischen Zielkonflikt zwischen Gewinn- und Sicherheitsstreben, der mit dem Satz «der Siedepunkt der Rentabilität ist der Gefrierpunkt der Liquidität» wiedergegeben werden kann.

Betriebswirtschaftlich betrachtet müssten bei einer Bestimmung kostenoptimaler Kapitalstrukturen nicht nur die Kosten für das Fremdkapital, sondern auch die Kosten für das Eigenkapital berücksichtigt werden. Es ist dabei nicht entscheidend, ob den Eigenkapitalkosten eine entsprechende Auszahlung gegenübersteht (z.B. Dividende) oder nicht, sondern lediglich die Entstehung (Verursachung) dieser Kosten ist ausschlaggebend.[2]

---

1 **Kreditfähig** sind Unternehmen, die aufgrund ihres Eigenkapitals und ihrer erwirtschafteten Rentabilität als Kreditnehmer in Frage kommen. **Kreditwürdig** dagegen sind solche Unternehmen, deren Geschäftsleiter durch ihre privaten und beruflichen Charaktereigenschaften als Kreditnehmer das Vertrauen verdienen. Die Gewährung eines Kredites hängt in der Regel sowohl von der Kreditwürdigkeit als auch der Kreditfähigkeit ab, die zusammengefasst als **Bonität** eines Schuldners bezeichnet werden.

2 In der Betriebsbuchhaltung spricht man von **kalkulatorischen Zinskosten** (vgl. dazu Teil 5, Kapitel 3, Abschnitt 3.1 «Aufgabe der Betriebsbuchhaltung»). Während die Entstehung dieser Kosten bei einer wertmässigen Betrachtungsweise des Kostenbegriffs zu wenig Diskussionen Anlass gibt, gehen die Meinungen bei der Bestimmung der Höhe dieser Kosten auseinander.

Oft ist nicht eine Gesamtbetrachtung, sondern nur eine Grenzbetrachtung sinnvoll. Betrachtet man lediglich die Kosten für das zusätzlich zu beschaffende Kapital, so ist es möglich, dass die Kosten für die Beschaffung von Eigenkapital kleiner sind als für die Beschaffung von Fremdkapital. Dies ist zum Beispiel dann der Fall, wenn bei einer guten Börsenverfassung neue Aktien mit einem hohen Agio nahe dem Börsenkurs ausgegeben werden können.

Abschliessend kann festgehalten werden, dass es in der Praxis sehr schwierig ist, aufgrund reiner Kostenüberlegungen ein optimales Verhältnis zwischen Fremd- und Eigenkapital zu finden. Dies nicht zuletzt deshalb, weil – abgesehen von anderen Kriterien, die noch behandelt werden sollen – die Substituierbarkeit nur innerhalb gewisser Grenzen möglich ist. Zudem geht eine Analyse meist von einer statischen, d.h. zeitpunktbezogenen Betrachtung (z.B. konstante Zinsen) aus.

| 5.3 | **Ausrichtung auf die Liquidität** |
| 5.3.1 | **Liquidität und Illiquidität** |

Die Liquidität ist für die Sicherheit und Existenz des Unternehmens eine unbedingte Notwendigkeit. Auf den Zusammenhang zwischen Rentabilität und Liquidität wurde bereits an anderen Stellen eingegangen. Kurzfristig ist die Liquidität der Rentabilität übergeordnet, da ein Unternehmen während einer kurzen Dauer mit Verlust arbeiten kann, falls es über genügend flüssige Mittel verfügt, um seinen Verbindlichkeiten nachkommen zu können. Andererseits kann es aber nicht überleben, wenn es über längere Zeit keinen Gewinn erwirtschaftet.

In der Literatur wird die Liquidität sehr unterschiedlich definiert.[1] Zweckmässig erscheint eine Differenzierung in eine mehr umweltorientierte, nach aussen sichtbare Liquidität, und in eine auf die Unternehmenstätigkeiten gerichtete Liquidität. Erstere bedeutet, dass ein Unternehmen jederzeit liquide sein muss, um seinen Zahlungsverpflichtungen fristgerecht nachkommen zu können. Finanzielle Mittel müssen bereitstehen, um ausstehende Rechnungen für Repetier- und Potenzialfaktoren, die Löhne der Mitarbeiter, Zinszahlungen oder fällige Kredite bezahlen zu können. Wenn diese Zahlungsverpflichtungen nicht mehr oder nur teilweise erfüllt werden können, wird das Unternehmen als illiquid betrachtet. Dies führt zu einer Schädigung des Rufes des Unternehmens, was seine Finanzierungsmöglichkeiten zur Überbrückung der Illiquidität noch stärker ein-

---

[1] Vgl. auch Teil 1, Kapitel 3, Abschnitt 3.2.1.2 «Finanzziele», sowie in diesem Teil Kapitel 1, Abschnitt 1.4.2.2 «Finanzpläne».

schränkt. Es wird damit für die bestehenden und potenziellen Gläubiger kreditunfähig. Das Ziel der mehr auf die Geschäftsaktivitäten bezogenen Liquidität ist dagegen nicht in erster Linie die fristgerechte Erfüllung der Verbindlichkeiten, sondern die ausreichende Versorgung mit liquiden Mitteln, die für die Aufrechterhaltung oder insbesondere Ausweitung des güter- und finanzwirtschaftlichen Umsatzprozesses notwendig sind.

Die Ursachen einer Illiquidität sind nicht immer genau zu eruieren. Liquiditätsprobleme treten in der Praxis auf, wenn

- die notwendigen finanziellen Mittel nicht beschafft werden können (z.B. Ausfall vorgesehener Finanzierungsquellen),
- der Unternehmenserfolg ausbleibt (z.B. können die hergestellten Produkte aufgrund ausgebliebener Nachfrage nicht verkauft werden und müssen auf Lager gelegt werden),
- die Finanzplanung die Einzahlungs- und Auszahlungsströme falsch berechnet hat oder
- die Finanzkontrolle versagt hat, rechtzeitig Fehlbeträge festzustellen und Massnahmen zu ergreifen, um diese Lücken zu schliessen.

Aus diesen Punkten wird ersichtlich, dass eine sorgfältige Finanzplanung und -kontrolle sehr bedeutsam ist. Die Berechnung des Kapitalbedarfs und seiner Deckung unter Berücksichtigung des unternehmerischen Risikos (Unsicherheit) stehen dabei im Vordergrund. Eine laufende Überwachung erlaubt das frühzeitige Erkennen von Abweichungen vom Finanzplan. Zu beachten ist in diesem Zusammenhang die Tatsache, dass nicht nur die effektiv vorhandene Liquidität, sondern die potenziell mögliche Liquidität über zugesicherte, aber noch nicht in Anspruch genommene Kredite ausschlaggebend ist. Diese äussert sich darin, dass ein Unternehmen jederzeit in der Lage ist, aufgrund seiner Kreditwürdigkeit und Kreditfähigkeit zusätzliches Kapital aufzunehmen.

| 5.3.2 | **Finanzierungsregeln** |

Wegen der grossen Bedeutung der Liquidität sowohl für die Existenz des Unternehmens als auch für die Sicherheit der Gläubiger sind in der Praxis verschiedene Finanzierungsregeln entwickelt worden. Diese beziehen sich entweder auf

- das Verhältnis zwischen Fremd- und Eigenkapital bzw. zwischen den verschiedenen Fremdkapital- und Eigenkapitalarten (vertikale Finanzierungsregeln) oder
- die Beziehungen zwischen Vermögen und Kapital (horizontale Finanzierungsregeln).

| **5.3.2.1** | Verhältnis Fremdkapital zu Eigenkapital |

Bezüglich der Ausgestaltung des Verhältnisses zwischen Fremd- und Eigenkapital werden unterschiedliche Relationen genannt, wobei oft ein Verhältnis von 1:1 oder 2:1 gefordert wird. Diese Verhältnisse geben allerdings noch keinen direkten Hinweis auf die tatsächliche Liquidität, da sie weder in einem Zusammenhang mit den vorhandenen Vermögensstrukturen stehen noch die zukünftigen Ein- und Auszahlungsströme berücksichtigen. Indirekt können aber immerhin auf die Liquidität gewisse Rückschlüsse gezogen oder zumindest Vermutungen angestellt werden. Je grösser beispielsweise der Verschuldungsgrad ist, umso grösser werden in der Regel liquiditätsbelastende Auszahlungen erfolgen, umso weniger wird aber auch die Möglichkeit einer zusätzlichen Verschuldung bestehen.

| **5.3.2.2** | Verhältnis Vermögen zu Kapital |

> Die **goldene** oder **klassische Finanzierungsregel** besagt, dass zwischen der Dauer der Bindung der Vermögensteile und somit der Dauer der einzelnen Kapitalbedürfnisse und der Dauer, während welcher das zur Deckung der Kapitalbedürfnisse herangezogene Kapital zur Verfügung steht, Übereinstimmung bestehen muss.

Diese Regel beruht auf dem Prinzip der **Fristenparallelität** oder **Fristenkongruenz** zwischen Vermögen und Kapital. Die Befolgung dieser Finanzierungsregel gibt allerdings noch keine Sicherheit für eine ausreichende Liquidität. Sie berücksichtigt lediglich die zu einem bestimmten Zeitpunkt vorhandenen Fristen ohne Beachtung des finanz- und güterwirtschaftlichen Prozesses. Werden beispielsweise durch den Verkauf aus Gütern und Dienstleistungen finanzielle Mittel freigesetzt, so stehen diese in der Regel nicht oder nur teilweise zur Rückzahlung von Kapital zur Verfügung, sondern müssen erneut in den Produktionsprozess investiert werden.

In der Praxis wird dieses Prinzip vor allem bei der Kreditgewährung durch Banken beachtet. Dieses kommt in der so genannten **goldenen Bilanzregel** zum Ausdruck. Diese besagt, dass langfristig gebundenes Vermögen mit langfristigem Kapital, idealerweise mit Eigenkapital, finanziert werden soll. Damit ergäbe sich folgende Beziehung zwischen Kapital- und Vermögensstruktur:

Anlagevermögen und eiserner Bestand	◄─►	EK und langfristiges FK
Umlaufvermögen	◄─►	kurz- und mittelfristiges FK

Bei der goldenen Bilanzregel können die gleichen Einwendungen wie bei der allgemein gehaltenen goldenen Finanzierungsregel gemacht werden. Zusätzlich ist zu ergänzen, dass die aus der Bilanz ersichtlichen Fristen vielfach nicht mit den effektiven übereinstimmen. Die dieser Finanzierungsregel zugrunde liegende bilanztechnische oder rechtliche Betrachtungsweise vernachlässigt, dass kurz- oder mittelfristig ausgeliehenes Fremdkapital oft langfristig zur Verfügung steht (z. B. Kontokorrentkredit).

5.4 Weitere Finanzierungskriterien

5.4.1 Risikogerechte Finanzierung

> Der **Grundsatz der risikoangepassten Finanzierung** besagt, dass der Eigenfinanzierungsgrad umso höher sein muss, je risikoreicher die Geschäftstätigkeit des Unternehmens ist.

Damit kann im Falle eines Verlustes eine Überschuldung verhindert werden, da dieser Verlust durch Eigenkapital aufgefangen werden kann. Angesprochen ist damit in erster Linie das Unternehmer-Risiko, das sich aufgrund der Unsicherheit der gesamtwirtschaftlichen Entwicklung und der Branche ergibt.

Dieser Grundsatz findet in den gesetzlichen Vorschriften über die Eigenkapitalausstattung der Banken ihren Niederschlag. Die Höhe des Eigenkapitals muss auf die Art und den Umfang der einzelnen Aktiven sowie der Eventualverpflichtungen ausgerichtet werden. Die risikogerechte Anpassung berücksichtigt somit in erster Linie die Sicherheit der Gläubiger. Dies kommt auch darin zum Ausdruck, dass der Fremdkapitalgeber über den Zinssatz für das Eingehen eines solchen Risikos entschädigt wird. Je höher das Risiko eingestuft wird, desto höher wird der Zinssatz sein.

5.4.2 Flexibilitätsorientierte Finanzierung

> Der **Grundsatz der flexiblen Finanzierung** besagt, dass ein Unternehmen fähig sein sollte, sich jederzeit an seine schwankenden Kapitalbedürfnisse sowie an die sich dauernd ändernden Bedingungen des Geld- und Kapitalmarktes anpassen zu können.

Dieser Grundsatz beruht auf einer dynamischen zukunftsorientierten Betrachtungsweise und fordert konkret, dass das Unternehmen

- jederzeit die Möglichkeit hat, zusätzliches Eigen- und Fremdkapital aufzunehmen,
- über eine genügende Liquiditätsreserve verfügt, um unvorhergesehene Liquiditätslücken schliessen zu können,
- günstige Kapitalmarktbedingungen (hohe Aktienkurse, tiefe Zinsen) jederzeit ausnutzen kann, um seine Gesamtkapitalkosten möglichst tief zu halten.

Die Flexibilität stösst meistens bei der Rentabilität an ihre Grenzen. Eine hohe Flexibilität erfordert eine hohe Liquidität, welche wiederum die Rentabilität beeinträchtigt. Es zeigt sich jedoch auch, dass die Flexibilität umso grösser ist, je höher die Kreditwürdigkeit und -fähigkeit sind. Diese erlauben dem Unternehmen, ohne Probleme in kurzer Zeit zusätzliche Mittel zu beschaffen. Sie bedeuten eine grosse Liquiditätsreserve, ohne damit die Rentabilität zu belasten. Im Gegenteil, sie steigern indirekt die Rentabilität, weil die Mittel in Bezug auf den Zeitpunkt – unter Berücksichtigung des effektiven Kapitalbedarfs – und auf die Finanzierungsform kostenoptimal gewählt werden können.

| 5.4.3 | **Bewahrung der Verfügungsmacht** |

Mit der Ausgestaltung der Kapitalstruktur wird meistens auch ein Entscheid über die Unabhängigkeit des Unternehmens gefällt. Mit der Art und dem Umfang der Kapitalbeteiligung wird entschieden, wie gross der Einfluss auf das Unternehmen ist. Dieser bezieht sich in erster Linie auf die Unternehmensführung in wichtigen Fragen.

Kleinere und mittlere Personenunternehmen und Familienaktiengesellschaften versuchen, sich fremden Einflüssen durch eine hohe Eigenfinanzierung zu entziehen. In einer expansiven Phase (beispielsweise bei wesentlicher Zunahme des Geschäftsumfangs) sehen sich aber diese Unternehmen ebenso wie grössere Publikumsgesellschaften gezwungen, neue Kapitalgeber zu suchen, die dieses Wachstum mit finanzieren.

Auch bei den verschiedenen Formen der Kreditfinanzierung ist eine Einflussnahme der Kapitalgeber auf die Geschäftsführung, sei es in Form aktiver Mitentscheidung oder bestimmter Kontrollfunktionen, nicht ausgeschlossen. Der Grad des Einflusses hängt dabei vielfach von der Kreditfähigkeit des Schuldners ab. Je stärker das Vertrauen in die Führungsfähigkeiten des Managements, je grösser der gegenwärtige und erwartete Unternehmenserfolg und je weniger die Gesellschaft bereits verschuldet ist, desto kleiner wird das Interesse einer Einflussnahme sein. Dies zeigt sich besonders bei Sanierungen, wo die kreditgebenden Banken meistens einen oder mehrere Sitze im Verwaltungsrat der notleidenden Gesellschaft einnehmen. Je anonymer hingegen ein Schuldverhältnis ist (z.B. Obligationenanleihe), desto geringer ist der Fremdeinfluss.

5.4.4	**Finanzimage**

Ein gutes Finanzbild stellt für grössere Publikumsaktiengesellschaften, die regelmässig über ihre finanzielle Lage berichten, ein wirksames Public-Relations-Instrument dar. Dies gilt aber ebenso für Familienaktiengesellschaften, die einen Teil ihrer Aktien einem breiteren Anleger-Publikum anbieten wollen. Neben Geschäftsbericht, Presseinformationen und fallweisen Informationen in Emissions- und anderen Prospekten stehen die regelmässig durchzuführenden Bilanzpressekonferenzen, Finanzanalysten-Präsentationen und Analysten-Treffen, manchmal auch eigentliche Road Shows, d.h. professionell gestaltete öffentliche Firmenpräsentationen, im Vordergrund. Deshalb kommt den Investor Relations eine grosse Bedeutung zu:

> Unter **Investor Relations** versteht man die Gestaltung der Beziehungen zu den aussenstehenden Kapitalgebern (Finanzinvestoren).

Publikumsgesellschaften setzen für ein professionelles Investor Relations Management oft einen Investor Relations Officer ein.

Aus den veröffentlichten Zahlen, auch wenn sie nicht genau den unternehmensinternen Daten entsprechen, werden Schlüsse auf Rentabilität, Liquidität und Sicherheit sowie auf die zukünftige Entwicklung gezogen. Sie sind zum Teil entscheidend für die Entwicklung des Aktienkurses und somit für die Bewertung des Unternehmens. Für das Unternehmen selbst wiederum ist weniger sein Marktwert von Interesse als vielmehr das Vertrauen der bestehenden und zukünftigen Kapitalgeber, welches es durch die veröffentlichten Informationen gewinnt. Dies äussert sich nicht zuletzt in einer Beteiligungs- und Kreditfinanzierung zu günstigen Konditionen.

5.5	**Zusammenfassung**

Die Betrachtung der verschiedenen Finanzierungsregeln und Finanzierungsgrundsätze hat gezeigt, dass jeweils ein bestimmter Aspekt in den Vordergrund gerückt wird und die anderen vernachlässigt werden. Eine optimale Kapitalstruktur hat aber verschiedenen Grundsätzen gerecht zu werden und aus den verschiedenen zur Verfügung stehenden Finanzierungsformen sozusagen einen optimalen Finanzierungsmix zu bilden. Das

Resultat äussert sich im Bilanzbild des Unternehmens, welches für dessen Image von grosser Bedeutung ist.

Neben den besprochenen Finanzierungsgrundsätzen gibt es noch weitere Gründe, die für das Zustandekommen einer bestimmten Kapitalstruktur verantwortlich sein können. Neben betriebswirtschaftlichen Aspekten spielen auch emotionale, kulturelle und historische Gründe eine Rolle. In diesem Zusammenhang wäre beispielsweise zu erwähnen, dass in den USA tendenziell eine grössere Fremdfinanzierung als in der Schweiz beobachtet werden kann.

Könnte man zur Deckung des Kapitalbedarfs eine Kapitalart bestimmen, die die verschiedenen Anforderungen aufgrund der Finanzierungsgrundsätze am besten erfüllt, so würde die Wahl wohl eindeutig auf das nicht an der Gewinnverteilung partizipierende und nicht mitentscheidungsberechtigte Eigenkapital in Form von offenen und stillen Reserven, d.h. auf das selbst erarbeitete Eigenkapital fallen. Nach Boemle/Stolz (2002, S. 111) kommen diesem nämlich folgende Vorteile zu:

- Keine periodischen Zinszahlungen.
- Keine Rückzahlungsverpflichtungen.
- Hervorragende Eignung als Risikoträger.
- Der Eigenfinanzierungsgrad wird erhöht und somit gleichzeitig auch die Kreditfähigkeit des Unternehmens.
- Nimmt der Kapitalbedarf ab, so kann das erarbeitete Eigenkapital ohne besondere Formalitäten durch Ausschüttung an die Eigenkapitalgeber verteilt werden.
- Das erarbeitete Eigenkapital wird von einem rückläufigen Zinsniveau oder sinkenden Unternehmensgewinnen nicht berührt, da die (kalkulatorischen) Kosten unverändert bleiben.
- Das Unternehmen kann über das erarbeitete Eigenkapital frei verfügen.
- Wird das erarbeitete Eigenkapital in Form von offenen Reserven ausgewiesen, so verbessert es wegen des guten Bilanzbildes das Finanzimage des Unternehmens; in Form von stillen Reserven kann es jederzeit in offene umgewandelt werden, sofern dies zur Verbesserung des Finanzimages notwendig erscheint.

Weiterführende Literatur

Achleitner, Ann-Kristin (Hrsg.): Handbuch Investment Banking. 3., erweiterte und überarbeitete Auflage, Wiesbaden 2002

Boemle, M./Stolz, C.: Unternehmungsfinanzierung. 13., neu bearbeitete Auflage, Zürich 2002

Drukarczyk, Jochen: Finanzierung. Eine Einführung. 10., vollständig neu bearbeitete Auflage, Stuttgart 2008

Perridon, L./Steiner, M.: Finanzwirtschaft der Unternehmung. 14., überarbeitete und erweiterte Auflage, München 2006

Seiler, Armin: Financial Management. BWL in der Praxis II. Zürich 1999

Volkart, Rudolf: Unternehmensfinanzierung und Kreditpolitik. Zürich 2000

Volkart, Rudolf: Strategische Finanzpolitik. 3., überarbeitete und erweiterte Auflage, Zürich 2001c

Volkart, Rudolf: Corporate Finance. Grundlagen von Finanzierung und Investition. 3., überarbeitete und erweiterte Auflage, Zürich 2007

Zimmermann, Hugo: Geld, Bank, Börse. Lexikon der Kapitalanlage. Zürich 2003

Zimmermann, Hugo: Total Börse! Machen Sie mehr aus Ihrem Geld. 5., überarbeitete und erweiterte Auflage, Zürich 2007

Teil 7

Investition und Unternehmensbewertung

	Inhalt

Kapitel 1

Grundlagen

1.1	**Einleitung**
1.1.1	**Begriff**

Ausgehend vom güter- und finanzwirtschaftlichen Umsatzprozess bedeutet «investieren» – wie das vom lateinischen «investire» (einkleiden) abgeleitete Wort selbst zum Ausdruck bringt – das Einkleiden des Unternehmens mit Vermögenswerten. Die Investitionsvorgänge stellen damit die der Finanzierung unmittelbar folgende Phase dar.

> **«Investition** ist die Umwandlung der durch Finanzierung oder aus Umsätzen stammenden flüssigen Mittel der Unternehmung in Sachgüter, Dienstleistungen und Forderungen.» (Käfer 1974, S. 5)

Je nach Umfang der betrachteten Investitionsobjekte können dabei zwei verschieden weit gefasste Begriffe unterschieden werden:

- **Investition im weiteren Sinne:** In einem sehr weiten Sinne umfassen die Vermögenswerte, in welche investiert wird, sämtliche Unternehmensbereiche, und zwar unabhängig von ihrer bilanziellen Erfassung oder Erfassbarkeit. Zu denken ist beispielsweise an
  - □ das Umlaufvermögen (z.B. Vorräte, Forderungen),
  - □ das materielle (z.B. Maschinen, Grundstücke), immaterielle (z.B. Patente, Lizenzen) und finanzielle (z.B. Beteiligungen) Anlagevermögen,

□ Informationen (z.B. Informationssysteme des Rechnungswesens),

□ das Humanvermögen oder Human Capital (z.B. Ausbildung von Mitarbeitern) und

□ das Know-how (z.B. Forschung und Entwicklung).

Es handelt sich somit um alle Investitionen, die ein Leistungspotenzial, d.h. einen erwarteten zukünftigen Nutzenzugang, darstellen.[1]

■ **Investition im engeren Sinne:** Beschränkt man sich dagegen auf einen ganz bestimmten Unternehmensbereich oder eine bestimmte Art von Gütern, in die investiert wird, so handelt es sich um eine enge Fassung des Investitionsbegriffes. Insbesondere versteht man darunter den Einsatz finanzieller Mittel in das materielle Anlagevermögen.

Den folgenden Ausführungen liegt ein enger Investitionsbegriff zugrunde, wobei die Produktionsanlagen (Maschinen und Maschinenkomplexe) von Industriebetrieben im Vordergrund stehen werden.

1.1.2 | Arten von Investitionen

In Anlehnung an die vorhergehende Abgrenzung des Investitionsbegriffes kann bezüglich des **Investitionsobjekts** zwischen Sachinvestitionen (materiell oder immateriell) und Finanzinvestitionen unterschieden werden.

Nach dem **zeitlichen Ablauf** lassen sich Gründungsinvestitionen (auch Anfangs- oder Errichtungsinvestitionen genannt) und laufende Investitionen unterscheiden. Letztere lassen sich je nach **Investitionszweck** bzw. Investitionsmotiv einteilen in:

1. **Ersatzinvestitionen:** Ersatz der alten defekten oder verbrauchten Anlage durch eine neue gleiche oder zumindest gleichartige Anlage.

2. **Rationalisierungsinvestitionen:** Auswechslung noch funktionierender und einsetzbarer Anlagen mit dem Zweck,
   ■ Kosten zu sparen,
   ■ qualitativ bessere Produkte herzustellen und damit höhere Verkaufspreise zu erzielen,
   ■ die Kostenstruktur zu verändern (z.B. energiesparende Anlagen).

3. **Erweiterungsinvestitionen:** Beschaffung zusätzlicher Anlagen, um das bereits vorhandene Leistungspotenzial in quantitativer Hinsicht zu vergrössern.

4. **Umstellungsinvestitionen:** Ersatz der alten Maschinen durch neue, um anstelle der bisherigen Erzeugnisse neue Produkte herzustellen.

---

1 Vgl. dazu Teil 5, Kapitel 2, Abschnitt 2.3.1 «Aktiven und Passiven».

5. **Diversifikationsinvestitionen:** Zusätzlich zu den bisherigen Leistungen werden neue erbracht, die in das bestehende Produktionsprogramm passen (horizontale oder vertikale Diversifikation) oder die keinen sachlichen Zusammenhang zu den bisherigen Gütern haben (laterale Diversifikation).

In der betrieblichen Praxis lassen sich die einzelnen Investitionszwecke nicht immer genau abgrenzen oder es spielen mehrere Motive gleichzeitig eine Rolle. Vielfach ist beim Ersatz einer älteren Anlage auch zu beobachten, dass aufgrund des technischen Fortschrittes selten eine quantitativ und/oder qualitativ gleichwertige Anlage wiederbeschafft werden kann. Schliesslich sind noch weitere Motive zu erwähnen, die in der Praxis neben den bereits genannten eine wesentliche Rolle spielen können:

- Einhaltung gesetzlicher Vorschriften (z. B. im Zusammenhang mit Umweltschutzmassnahmen),
- soziale Anliegen zur Verbesserung der Arbeitsqualität der Mitarbeiter (z. B. Betriebssicherheit).

1.1.3	**Hauptprobleme bei Investitionen**

Den Investitionen kommen in der betrieblichen Praxis eine grosse Bedeutung zu, was vor allem die folgenden Sachverhalte belegen:

1. **Langfristiger Zeithorizont:** Investitionsentscheide haben in der Regel langfristige Auswirkungen. Dies hat unter anderem folgende Konsequenzen:
   - Langfristige Kapitalbindung, verbunden mit fixen Belastungen wie Abschreibungen und Zinsen.
   - Starre Kostenstruktur.
   - Grosses Risiko: Je langfristiger die Auswirkungen, umso weniger genau können die für eine Investition relevanten Daten (z. B. Absatzmenge, Entwicklung neuer Maschinen, Liquidationswert) vorausgesagt werden, umso grösser wird damit die Gefahr einer falschen Prognose.
   Zusammenfassend ergibt sich daraus eine erhebliche Einschränkung der unternehmerischen Flexibilität.

2. **Knappheit finanzieller Mittel:** Grundsätzlich ist davon auszugehen, dass finanzielle Mittel nicht beliebig zur Verfügung stehen. Oder mit anderen Worten: Es stehen mehr Investitionsprojekte zur Auswahl, als finanziert werden können. Dies führt dazu, dass eine Auswahl bzw. eine Ablehnung von Investitionsprojekten vorgenommen werden muss. Ein Hauptproblem besteht dabei in der Festlegung der Beurteilungskriterien.

3. **Komplexität:** Investitionen stehen nicht nur im Bereich der Finanzwirtschaft im Zentrum, sondern zeigen in allen Unternehmensbereichen erhebliche Auswirkungen. Speziell davon betroffen sind das Personalwesen, das Marketing, die Materialwirtschaft und der Produktionsbereich.

4. **Datenmenge:** Es fällt eine Vielzahl von Daten an, die für einen Investitionsentscheid relevant sind. Neben innerbetrieblichen Informationen ist vor allem die Umwelt des Unternehmens einzubeziehen, beispielsweise Informationen über den Markt, die Konkurrenz, die Technologie, die Gesamtwirtschaft und die politische Situation.

5. **Erfolg des Unternehmens:** Zusammenfassend kann festgestellt werden, dass Investitionen einen massgeblichen Einfluss auf den Gesamterfolg (Gewinn) und sogar auf das Bestehen eines Unternehmens haben.

Aufgrund dieser Tatbestände wird verständlich, warum dem Problemlösungsprozess der Investition und dessen Steuerung besondere Aufmerksamkeit geschenkt wird. Im Folgenden soll dieser Problemlösungsprozess dargestellt werden.

1.2   Problemlösungsprozess der Investition

Auch im Investitionsbereich kann ein Problemlösungsprozess festgehalten werden, wie er bei den anderen Teilbereichen des Unternehmens gezeigt wird. Die einzelnen Phasen lassen sich wie folgt beschreiben:

1. **Analyse der Ausgangslage:** In der Ausgangslage geht es darum, die sich aufgrund der veränderten Umwelt (z.B. Technologie, rechtliche Vorschriften, Kundenbedürfnisse) oder neuer Unternehmensbedingungen (z.B. neue Zielformulierung, neue Unternehmensstrategie) ergebenden Probleme für den Investitionsbereich zu erkennen, zu erfassen und einer ersten groben Analyse zu unterziehen.

2. **Festlegen der Investitionsziele:** Aus den allgemeinen Unternehmenszielen und unter Berücksichtigung der Analyse der Ausgangslage lassen sich die spezifischen Investitionsziele herleiten. Wie im Rahmen der Finanzierung bereits dargelegt, geht es grundsätzlich um die optimale Kapitalverwendung. Im Vordergrund stehen die drei Zielkategorien **technische, wirtschaftliche** und **soziale Ziele.** Aus diesen lassen sich die Kriterien ableiten, nach denen die Beurteilung eines Investitionsvorhabens vorgenommen werden kann.

3. **Festlegen der Investitionsmassnahmen:** Sind die Investitionsziele umschrieben, so lassen sich die Massnahmen zur Zielerreichung bestimmen. Ausgehend von den verschiedenen Investitionsarten können Massnahmen unterschieden werden, die

- auf die Ersetzung (bei ausgedienten Maschinen) oder die Erweiterung (bei Erhöhung des Umsatzes) der bisherigen Anlagen abzielen,
- auf eine effizientere Herstellung der Produkte (z. B. neue Fertigungstechnik, neue Ablauforganisation) ausgerichtet sind,
- bestehende Anlagen veränderten Marktverhältnissen anpassen wollen,
- die Arbeitssicherheit der Mitarbeiter erhöhen sollen (z. B. Vollauto-
matisierung gefährlicher Arbeitsgänge, Lärmdämpfungsmassnah-
men),
- einen besseren Schutz der Umwelt beabsichtigen (z. B. neues Ab-
wassersystem, Alarmanlage).

4. **Festlegen der Investitionsmittel:** Die Bestimmung der zur Realisierung
der vorgeschlagenen Massnahmen notwendigen Ressourcen beinhaltet
in erster Linie den Entscheid über die finanziellen Mittel, die eingesetzt
werden sollen.

> Fasst man die finanziellen Mittel zusammen, die für sämtliche Investi-
> tionsvorhaben während einer Planperiode (z. B. ein Jahr) zur Verfügung
> stehen, so erhält man das **Investitionsbudget.**

Da das Investitionsbudget meistens vorgegeben wird, stellt sich in der
Praxis das Problem, wie diese Mittel auf die verschiedenen Investitionsprojekte aufgeteilt werden sollen.

5. **Durchführung:** Diese Phase umfasst die Umsetzung der Ziele und Massnahmen in konkrete Investitionen unter Berücksichtigung des Investitionsbudgets. Die Gestaltung des Investitionsablaufs bei der Beschaffung und Inbetriebnahme von Investitionen wird in Abschnitt 1.3 «Ablauf des Investitionsentscheidungsprozesses» dargestellt.

6. **Evaluation der Resultate:** Investitionen zeigen vielfach direkt messbare
Resultate, die über den Zielerreichungsgrad sowie die Zweckmässig-
keit der Massnahmen und des Mitteleinsatzes Auskunft geben.

Sind die Investitionsziele (z. B. betriebssichere und umweltschonende Investitionen, welche ein durchschnittliches jährliches Wachstum von 5 %
gewährleisten), die vorgeschlagenen Massnahmen (z. B. Ausbau der bestehenden Produktionsanlagen unter Berücksichtigung neuer Fertigungstech-
niken) genehmigt und die zu investierenden Mittel (in Form eines Investitionsbudgets) festgelegt, so bilden diese Ziele, Massnahmen und Mittel zu-

sammen die **Investitionspolitik.** Sie bringt das Investitionsverhalten eines Unternehmens zum Ausdruck.

Wie aus ▶ Abb. 172 ersichtlich, treten die vier Steuerungsfunktionen Planung, Entscheidung, Anordnung und Kontrolle, wenn auch in unterschiedlichem Umfang und in unterschiedlicher Bedeutung, in allen Phasen des Problemlösungsprozesses auf. So müssen beispielsweise die Investitionsziele geplant werden, es muss über sie entschieden werden, sie müssen durchgesetzt und schliesslich kontrolliert werden.

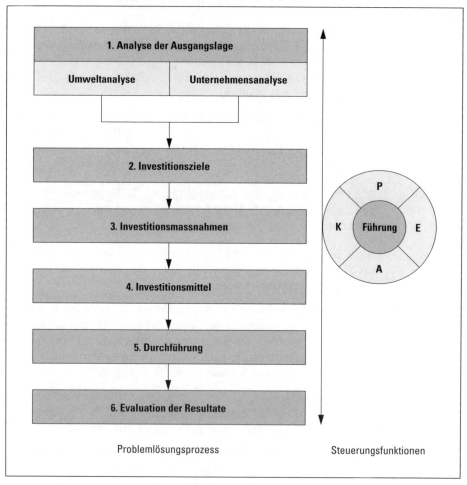

▲ Abb. 172   Problemlösungsprozess der Investition

1.3 Ablauf des Investitionsentscheidungsprozesses

Betrachtet man den Ablauf bei der Beschaffung und Inbetriebnahme eines Investitionsobjektes, so zeigt sich in der Praxis, dass in Anlehnung an die allgemeinen Führungsfunktionen folgende Phasen unterschieden werden können: Investitionsplanung, -entscheidung, -realisierung und -kontrolle.

1.3.1 Investitionsplanung

Der Planungsphase kommt insofern eine grosse Bedeutung zu, als sie – als Ausgangspunkt des Investitionsentscheidungsprozesses – die Grundlagen für die nachfolgenden Phasen, d.h. für die Investitionsentscheidung, -realisierung und -kontrolle schafft. Die Investitionsplanung kann ihrerseits in mehrere Teilphasen gegliedert werden:

1. **Anregungsphase:** In einer ersten Phase wird es darum gehen, konkrete Investitionsmöglichkeiten zu ermitteln. Dazu sind Anregungen zu sammeln, die sich wie folgt ergeben (Siegwart/Kunz 1982, S. 21 ff.):
   - Erkennen von neuen Investitionsmöglichkeiten aufgrund systematischer Suche.
   - Vorschläge aufgrund der Erfahrung bei der täglichen Arbeit, wie sie beispielsweise das betriebliche Vorschlagswesen ermöglicht.[1]
   - Investitionshinweise aufgrund von Abweichungsanalysen. Diese können folgende Diskrepanzen zum Vorschein bringen:
     - ☐ Die Kapazität genügt nicht.
     - ☐ Die Ist-Qualität entspricht nicht der Soll-Qualität.
     - ☐ Die Durchlaufzeit ist zu lang.
     - ☐ Konstruktiv geänderte Teile können mit bestehenden Maschinen nicht mehr hergestellt werden.
     - ☐ Ein neues Produkt lässt sich mit den bestehenden Anlagen nicht oder nicht wirtschaftlich herstellen.
     - ☐ Die Herstellungskosten werden durch den erzielbaren Marktpreis nicht mehr voll gedeckt.
     - ☐ Die Kosten der Instandhaltung einer Anlage sind überdurchschnittlich hoch.
     - ☐ Die Kostensteigerung bei der bisher verwendeten Energie ist so stark, dass Substitutionsmassnahmen angezeigt erscheinen.
     - ☐ Ersatzteile sind nicht mehr erhältlich.

---

1 Vgl. Teil 8, Kapitel 5, Abschnitt 5.2.7 «Betriebliches Vorschlagswesen».

2. **Abklärung der Realisierbarkeit:** Liegen Anregungen vor, so müssen die Auswirkungen einer Investition sowie deren Vorteilhaftigkeit überprüft werden. Aufgrund der bestehenden Investitionsziele lassen sich spezifische Bewertungskriterien ableiten, wie sie die Übersicht in ▶ Abb. 173 zeigt. Darauf aufbauend können folgende Analysen vorgenommen werden:

- **Technische Prüfung:** Ausarbeitung eines technischen Anforderungskataloges für das Investitionsobjekt und Vergleich mit den technischen Möglichkeiten der in Frage kommenden Investitionsobjekte.

- **Wirtschaftliche Prüfung:** Abklärung der wirtschaftlichen Aspekte und Auswirkungen von Investitionsvorhaben, insbesondere
  - ◻ die Ermittlung des Kapitalbedarfs,
  - ◻ die Schätzung der Kosten und Erlöse sowie
  - ◻ die Bestimmung der wirtschaftlichen Nutzungsdauer.

  Aus betriebswirtschaftlicher Sicht steht die wirtschaftliche Analyse im Vordergrund. Mit Hilfe von Investitionsrechnungen (vgl. dazu Kapitel 2 «Investitionsrechenverfahren») lässt sich eine quantitative Analyse durchführen.

- **Soziale Prüfung:** Betrachtung der Auswirkungen einer Investition auf die unmittelbar betroffenen Mitarbeiter (z.B. Lärm) oder die Umwelt des Unternehmens (z.B. Abfälle).

Neben den rein quantitativen Merkmalen von Investitionsvorhaben spielen in der Praxis auch die wertmässig nicht oder nur schlecht quantifizierbaren Einflussfaktoren eine nicht unbedeutende Rolle. Sie werden als **Imponderabilien** bezeichnet, d.h. seitens des Entscheidungsträgers «unwägbare» Faktoren. Diese können sowohl technische und wirtschaftliche als auch soziale oder ökologische Tatbestände umfassen:

- Einfachheit und Unfallsicherheit bei der Bedienung von Maschinen,
- Hitze-, Lärm- und Staubbelästigung,
- Arbeitsgenauigkeit,
- Absatzsteigerung infolge geringfügiger Qualitätsverbesserung,
- Einhaltung von Lieferterminen, Zuverlässigkeit des Lieferanten,
- Beeinträchtigung des Landschaftsbildes.

Bei der Beurteilung spielen vielfach auch **psychologische Einflussfaktoren** eine grosse Rolle. Als solche sind beispielsweise die Risikofreudigkeit, der Expansionszwang, das Prestige sowie die soziale Einstellung zu nennen.

Wegen der Unsicherheit der Daten und nur schlecht einschätzbarer Einflussfaktoren werden häufig mehrere Investitionsvarianten aufgestellt und miteinander verglichen. Als Hilfsmittel dient dazu die **Nutzwertanalyse.**[1] Sie ermöglicht, sowohl technische und wirtschaftliche als auch soziale Faktoren zu bewerten.

---

1 Zur Nutzwertanalyse vgl. Teil 1, Kapitel 2, Abschnitt 2.8.2 «Standortanalyse».

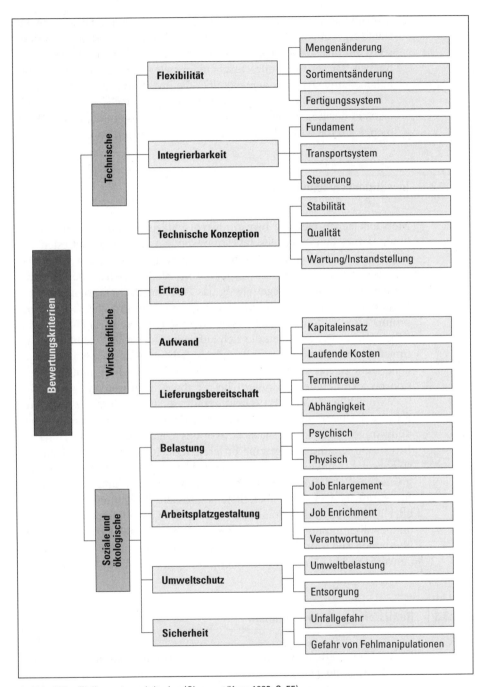

▲ Abb. 173   Zielbewertungskriterien (Siegwart/Kunz 1982, S. 55)

3. **Investitionsantrag:** Hat sich aufgrund der Investitionsanalyse eine Variante ergeben, die den Zielvorstellungen des Antragsstellers entspricht, so ist ein Investitionsantrag an den oder die Entscheidungsträger einzureichen. Dieser muss alle entscheidungsrelevanten Informationen enthalten, damit sich derjenige, der über die Investition zu entscheiden hat, ein genaues Bild vom eingereichten Vorschlag machen kann. Deshalb ist es in der Regel unumgänglich, dass die meist umfangreiche Datenmenge auf die wesentlichen Informationen reduziert wird.

1.3.2 Investitionsentscheidung

Meistens stehen mehrere Investitionsvorschläge zur Auswahl, aus denen unter Berücksichtigung des Investitionsbudgets die vorteilhaftesten Anträge ausgewählt werden müssen. Vorteilhaft heisst in diesem Falle, dass die aus der Investitionspolitik vorgegebenen Zielkriterien am besten erfüllt werden. Dabei entsteht regelmässig das Problem, dass aufgrund mehrerer Ziele und den daraus resultierenden Zielkonflikten Entscheide mit Kompromissen getroffen werden müssen. Nicht selten werden für einzelne Vorhaben Varianten berechnet, die sich aufgrund einer wahrscheinlichen, optimistischen oder pessimistischen Zukunftsbeurteilung ergeben. Dadurch kann nicht zuletzt das Risiko, das mit der Wahl eines bestimmten Investitionsprojektes eingegangen wird, besser abgeschätzt werden.

Wird schliesslich ein Entscheid gefällt, so stellt sich in der Praxis die Frage der Übertragung der Entscheidungskompetenzen auf die Entscheidungsträger (Stellen). Je nach Grösse des Unternehmens und Höhe der Investitionssumme erfolgt eine differenzierte Regelung. So können beispielsweise dem Verwaltungsrat oder dem Verwaltungsratsausschuss einer grösseren Publikumsgesellschaft die Kompetenzen über das gesamte Investitionsbudget sowie über einzelne grössere Investitionsprojekte (z. B. über 1 Mio. Fr.) vorbehalten sein, während der Generaldirektion Entscheidungen über mittelgrosse Investitionsbeträge (z. B. 100 000 bis 1 Mio. Fr.) übertragen und Entscheidungen über kleinere Investitionen direkt von den betroffenen Abteilungs- und Bereichsleitern getroffen werden können.

1.3.3 Realisierung von Investitionen

Ist der Entscheid zugunsten eines Projektes gefallen, so müssen entsprechende **Anordnungen** getroffen werden, um das Investitionsvorhaben zu realisieren. Je nachdem, ob es sich um eine Eigenherstellung oder um einen Fremdbezug handelt, stellen sich unterschiedliche Probleme.

Bei grösseren Investitionsprojekten wird die Realisierung geplanter Investitionsvorhaben eine längere Zeitperiode in Anspruch nehmen und schrittweise vollzogen. Dabei muss darauf geachtet werden, dass die Termine aufeinander abgestimmt sind und den direkt Betroffenen eindeutig mitgeteilt werden. Als Instrument eignet sich dazu der Netzplan.[1] Bei kleineren oder regelmässigen Investitionen handelt es sich hingegen meist um routinemässige Abwicklungen.

Neben den Anordnungen, die in unmittelbarem Zusammenhang mit der Beschaffung eines Investitionsobjekts stehen, müssen weitere Vorbereitungen getroffen werden, die verschiedene Unternehmensbereiche betreffen. Zu erwähnen sind beispielsweise:

- Bereitstellen des Kapitals in Form liquider Mittel (Wahl der Finanzierungsform),
- Bereitstellen der notwendigen Räumlichkeiten (evtl. Bau neuer Gebäude),
- Schulung der Mitarbeiter,
- Bedienungsmanual schreiben,
- Marketing-Massnahmen bei neueren Produkten, Orientierung der Verkaufsorganisation,
- Beschaffung von Repetierfaktoren,
- Einstellen neuer Mitarbeiter.

1.3.4	**Investitionskontrolle**

Die **Kontrolle** als letztes Element der Steuerung des Investitionsentscheidungsprozesses erfüllt verschiedene Funktionen (▶ Abb. 174). Grundsätzlich kann zwischen einer

- **Ausführungskontrolle,** d.h. der Kontrolle der mit der Investition verbundenen Tätigkeiten, und einer
- **Ergebniskontrolle,** d.h. der Kontrolle der aus der Investition resultierenden Ergebnisse, unterschieden werden.

Grundlage einer **Wirtschaftlichkeitskontrolle** bildet die Investitionsplanung, welche Daten generiert (insbesondere bei der Investitionsrechnung), die Vorgabewerte darstellen. Diese Werte können dann mit effektiven Zahlen verglichen werden. Mögliche Abweichungen können dann interpretiert werden und die Grundlage für zukünftige Handlungen darstellen. Die Investitionskontrolle dient somit in erster Linie einer Soll-Ist-Analyse.

---

1   Vgl. Teil 4, Kapitel 3, Abschnitt 3.3.2 «Netzplantechnik».

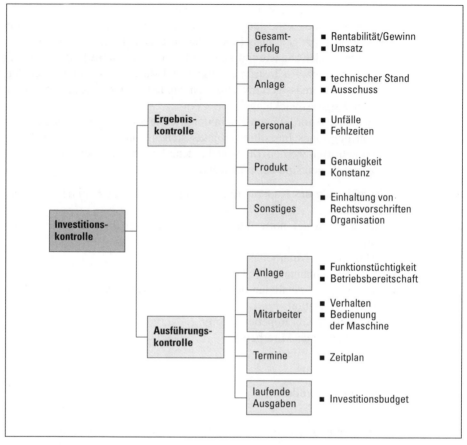

▲ Abb. 174   Kontrollfunktionen

Daneben dient sie aber auch als Grundlage für zukünftige Investitions-
planungen und -entscheidungen.

Die Ausgestaltung der Investitionskontrolle wird je nach Grösse und
Bedeutung des Investitionsprojektes verschieden ausfallen. Insbesondere
muss entschieden werden über

■ die Stelle, welche die Kontrolle durchführt (z.B. Geschäftsleitung,
Rechnungswesen, Finanz- oder Produktionsabteilung),

■ den Zeitpunkt und die Intensität der Kontrolle. Je nach Zweck der Kontrolle wird diese in sehr kurzen Zeitabschnitten (z.B. tägliche Kontrolle
der Betriebsbereitschaft einer Anlage) oder in grösseren Zeitabständen
(z.B. Erfolgskontrolle in Form der Rentabilität) stattfinden.

Kapitel 2

Investitionsrechenverfahren

2.1 Überblick über die Verfahren der Investitionsrechnung

Mit Hilfe von Investitionsrechnungen ist es möglich, die quantitativen Aspekte einer Investition oder eines Investitionsprojektes zu erfassen und zu bewerten. Sie bilden damit ein wesentliches Instrument zur Planung und Kontrolle eines rationalen Investitionsentscheides, der sich auf die wirtschaftliche Vorteilhaftigkeit einer Investition abstützen will. In der betriebswirtschaftlichen Theorie und unternehmerischen Praxis wurden verschiedene Verfahren entwickelt, die sich gemäss ▶ Abb. 175 in drei Gruppen einteilen lassen:

1. Die **statischen** Verfahren sind dadurch gekennzeichnet, dass sie die Unterschiede des zeitlichen Anfalls der jeweiligen Rechnungsgrössen nicht berücksichtigen und damit auf ein Ab- oder Aufzinsen verzichten. Den Rechnungen liegt in der Regel lediglich eine Periode zugrunde, da für alle Perioden die gleichen Werte angenommen werden. Dies bedeutet, dass man sich mit Durchschnittswerten zufrieden geben muss. Es handelt sich somit um relativ einfache Rechnungen, welche sich aus den Informationen des betrieblichen Rechnungswesens ableiten lassen. Sie finden aber – gerade wegen ihrer Einfachheit und Übersichtlichkeit – in der Praxis häufig Anwendung.

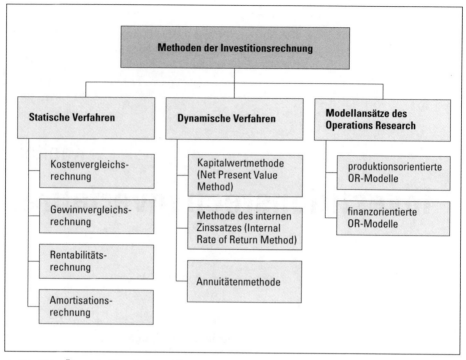

▲ Abb. 175   Übersicht über die Investitionsrechenverfahren

2. Die **dynamischen** Verfahren zeichnen sich demgegenüber dadurch aus, dass sie die zeitlich unterschiedlich anfallenden Zahlungsströme während der gesamten Nutzungsdauer zu erfassen versuchen. Dies hat zur Folge, dass an die Stelle von Kosten- und Nutzengrössen Auszahlungen und Einzahlungen treten und damit bestimmte Notwendigkeiten der buchhalterischen Abgrenzung (z. B. bei Abschreibungen) entfallen. Die Vergleichbarkeit dieser zeitlich unterschiedlich anfallenden Einzahlungs- und Auszahlungsströme wird dadurch erreicht, dass diese auf einen bestimmten Zeitpunkt abgezinst werden.

3. Die **Modellansätze des Operations Research** schliesslich versuchen, mit umfassenden Entscheidungsmodellen die Interdependenzen zwischen verschiedenen Funktionsbereichen wie Absatz, Produktion, Finanzierung und Investition zu berücksichtigen. Sie weisen in der Regel ein hohes Abstraktionsniveau auf und eignen sich aufgrund ihrer allgemein theoretischen Ausrichtung noch wenig für konkrete Anwendungen. Im Folgenden sollen deshalb nur die Verfahren der statischen und dynamischen Investitionsrechnung dargestellt und beurteilt werden.

| **2.2** | **Statische Verfahren der Investitionsrechnung** |
| **2.2.1** | **Kostenvergleichsrechnung** |

> Die **Kostenvergleichsrechnung** ermittelt die Kosten von zwei oder mehreren Investitionsprojekten und stellt sie einander gegenüber.

Kriterium für die Vorteilhaftigkeit einer Investition ist somit die Kostengrösse. Man entscheidet sich für jene Investitionsvariante, bei der die Kosten am kleinsten sind. Grundsätzlich kann dabei mit

- den Kosten pro **Rechnungsperiode** (z. B. ein Jahr) oder
- den Kosten pro **Leistungseinheit**

gerechnet werden. Letztere bieten sich als Massgrösse vor allem dann an, wenn die zu vergleichenden Alternativen unterschiedliche Kapazitäten aufweisen und sich in der jährlichen Produktionsmenge unterscheiden. Der Erlös bleibt unberücksichtigt, da man davon ausgeht, dass der Erlös

- für alle betrachteten Investitionsvorhaben gleich gross ist,
- nicht auf eine einzelne Investition zugerechnet werden kann,
- überhaupt nicht gemessen werden kann.

In die Kostenvergleichsrechnung gehen grundsätzlich nur jene Kosten ein, die durch das jeweilige Investitionsprojekt verursacht werden. Vernachlässigt werden allerdings jene Kosten, die für alle Investitionsvarianten in gleicher Höhe anfallen. Entscheidungsrelevant sind damit die folgenden Kosten:

1. Die **Betriebskosten** (K_b), die als Kosten der laufenden Fertigung ausbringungsabhängig anfallen (variable Kosten), d. h. im Wesentlichen Lohn-, Material-, Instandhaltungs-, Energie- sowie Werkzeugkosten.[1]

2. Die **Kapitalkosten,** die ausbringungsunabhängig anfallen (fixe Kosten). Diese setzen sich zusammen aus
   - den Abschreibungen (K_a) pro Zeitperiode und
   - den Zinskosten (K_z) auf dem durchschnittlich gebundenen Kapital.

Bei Annahme eines kontinuierlichen Nutzungsverlaufs und somit linearer Abschreibungen können die Kosten unter Verwendung der nachstehenden Abkürzungen wie folgt berechnet werden:

---

1   Bei einer weiteren Differenzierung können noch ausbringungsunabhängige Kosten (fixe Kosten) der Betriebsbereitschaft unterschieden werden wie zum Beispiel Versicherungs- oder Raumkosten. Vielfach handelt es sich dabei um sprungfixe Kosten.

I = Investitionsbetrag (Kapitaleinsatz)

L = Liquidationserlös des Investitionsobjekts am Ende der Nutzungs-
    dauer

n = Laufzeit des Investitionsprojektes

p = Zinssatz (in Prozenten/Jahr) $\left(i = \dfrac{p}{100} \right)$

(1) $K = K_b + K_a + K_z$

(2) $K_a = \dfrac{(I - L)}{n}$

(3) $K_z = \left(L + \dfrac{(I - L)}{2} \right) \cdot \dfrac{p}{100} = \dfrac{(I + L)}{2} \cdot \dfrac{p}{100}$

Somit ergeben sich die gesamten Periodenkosten K als

(4) $K = K_b + \dfrac{(I - L)}{n} + \dfrac{(I + L)}{2} \cdot \dfrac{p}{100}$

und die Kosten pro Leistungseinheit (k) bei einer hergestellten Menge x als

(5) $k = \dfrac{K}{x}$

Wie das Beispiel der Kostenvergleichsrechnung in ▶ Abb. 176 zeigt, sind
bei einer Investitionsentscheidung nicht nur die Ermittlung der Kosten für
eine bestimmte Kapazitätsauslastung von Bedeutung, sondern auch die
Kosten bei alternativen Kapazitätsauslastungen.

Für den Entscheidungsträger ist von Interesse, bei welcher Ausbringungsmenge zwei Alternativen die gleiche Kostenhöhe aufweisen. Dieser
als kritische Menge bezeichnete Output x_{krit} kann mit Hilfe einer **Break-
even-Analyse** ermittelt werden:

(6) $K_1 = K_2$

(7) $K_{z1} + K_{a1} + k_{b1}\, x_{krit} = K_{z2} + K_{a2} + k_{b2}\, x_{krit}$

(8) $x_{krit} = \dfrac{K_{z2} + K_{a2} - K_{z1} - K_{a1}}{k_{b1} - k_{b2}}$

Die graphische Darstellung der Break-even-Analyse (allgemeiner Fall,
d.h. beide Maschinen haben die gleiche Kapazität) in ▶ Abb. 177 zeigt,
dass Maschine 1 vorteilhafter arbeitet, solange die effektiv hergestellte
Menge kleiner ist als die kritische Menge x_{krit}. Sobald die kritische Menge
aber überschritten wird, erweist sich eine Bevorzugung von Maschine 2 als
vorteilhaft. Bei der vergleichenden Beurteilung von zwei Maschinen muss
somit nicht nur von den vorhandenen Kapazitäten, sondern auch von der
effektiven, wahrscheinlich eintreffenden Auslastung ausgegangen werden.

A. Kosten pro Jahr	Anlage 1		Anlage 2	
■ Ausgangsdaten				
□ Anschaffungskosten	260 000		190 000	
□ Nutzungsdauer	5		6	
□ Liquidationserlös	10 000		10 000	
□ Kapazität/Periode	12 000		10 000	
□ Auslastung/Periode	10 000		10 000	
■ Kapitalkosten/Jahr				
□ Abschreibungen	50 000		30 000	
□ Zinsen (10 %)	<u>13 500</u>	63 500	<u>10 000</u>	40 000
■ Betriebskosten/Jahr				
□ Lohnkosten	30 000		40 000	
□ Materialkosten	25 000		26 000	
□ Unterhaltskosten	10 000		12 000	
□ Energiekosten	4 000		6 000	
□ sonstige Betriebskosten	<u>15 000</u>	84 000	<u>18 000</u>	102 000
■ Gesamtkosten/Jahr		147 500		142 000
B. Kosten pro Leistungseinheit	**Anlage 1**		**Anlage 2**	
■ Ausgangsdaten wie A, aber Auslastung/Periode	10 000	12 000		10 000
■ Kapitalkosten/Leistungseinheit	6,35	5,29		4,00
■ Betriebskosten/Leistungseinheit	<u>8,40</u>	<u>8,40</u>		<u>10,20</u>
■ Kosten/Leistungseinheit	14,75	13,69		14,20

▲ Abb. 176   Beispiel Kostenvergleichsrechnung

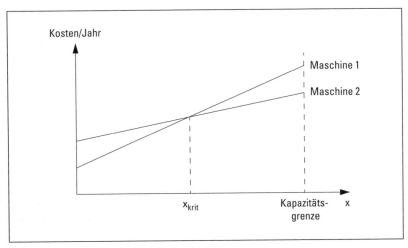

▲ Abb. 177   Break-even-Analyse

Je höher oder je tiefer die geschätzte Produktionsmenge über bzw. unter dem kritischen Punkt liegt, desto kleiner ist das Risiko eines Fehlentscheids.

Eine **Beurteilung** der Kostenvergleichsrechnung ergibt, dass dem Vorteil eines in der Praxis einfach zu handhabenden Verfahrens einige schwerwiegende Mängel gegenüberstehen:

- Die Erlösseite wird nicht in die Berechnungen mit einbezogen.
- Es wird keine Beziehung zur Höhe des eingesetzten Kapitals hergestellt.
- Die Kostenstruktur bleibt unbeachtet.
- Veränderungen der Kosteneinflussgrössen (z.B. Änderung der Lohnkosten, der Rohstoffpreise) werden nicht berücksichtigt.

2.2.2	**Gewinnvergleichsrechnung**

Im Gegensatz zur Kostenvergleichsrechnung zieht die Gewinnvergleichsrechnung die Erlösseite mit in die Überlegungen ein. Dieses Verfahren empfiehlt sich somit immer dann, wenn die zur Auswahl stehenden Investitionsprojekte unterschiedliche Erlöse aufweisen, die sich aufgrund unterschiedlicher quantitativer und/oder qualitativer Absatzmengen ergeben können.

> Bei der **Gewinnvergleichsrechnung** wird aus mehreren Investitionsmöglichkeiten jene Variante ausgewählt, die den grössten Gewinnbeitrag verspricht.

Die Gewinnvergleichsrechnung eignet sich neben einfachen Ersatzinvestitionen hauptsächlich für **Erweiterungsinvestitionen,** bei denen mehrere Investitionsmöglichkeiten mit unterschiedlichen Gewinnerwartungen zur Verfügung stehen.

Auch wenn die Gewinnvergleichsrechnung mit der Berücksichtigung der Erlöse einen wichtigen Mangel der Kostenvergleichsrechnung zu beheben vermag, können bei diesen beiden statischen Investitionsrechenverfahren grundsätzlich die gleichen Nachteile aufgeführt werden. Zusätzlich ist zu erwähnen, dass der Gewinn zwar eine aussagefähigere ökonomische Grösse als die Kosten darstellt, andererseits aber die Ermittlung dieses Gewinnes in der Regel auf Schwierigkeiten stösst. Unproblematisch ist die Zurechnung eines Gewinnes nur dann, wenn mit einer einzigen Anlage, nämlich der zu beurteilenden, das vollständige Produkt hergestellt wird. Der aus dem Verkauf dieses Produkts erzielte Gewinn steht dann in direktem ursächlichem Zusammenhang mit der Anlage. In der betrieblichen Realität durchlaufen die Endprodukte jedoch mehrere Produktionsstufen, so dass eine Zurechnung des Gewinns auf einen bestimmten Teil des gesamten Anlagenkomplexes schwierig wird. Eine solche Verteilung des Gewinns wird zusätzlich dadurch erschwert, dass umgekehrt auf einer einzelnen Maschine vielfach mehrere Produkte (Halbfabrikate) hergestellt werden. Schliesslich ist zu beachten, dass die Schätzung des Gewinns auch deshalb schwieriger ist als diejenige der Kosten, da fixe Kosten (wie beispielsweise die Kapitalkosten), die einen wesentlichen Bestandteil der Gesamtkosten ausmachen, fest vorgegeben sind. Der Absatz und somit der Gewinn hängen dagegen von vielen ausserbetrieblichen Faktoren ab, so dass das Risiko der Fehleinschätzung eines Investitionsvorhabens auf der Grundlage einer Gewinnvergleichsrechnung erhöht wird.

Weisen die zur Diskussion stehenden Varianten eine unterschiedliche Nutzungsdauer oder unterschiedlich hohe durchschnittliche Kapitalein-

1. Ausgangsdaten	Anlage 1	Anlage 2
■ Anschaffungskosten	100 000	50 000
■ Nutzungsdauer in Jahren	10	8
■ Liquidationserlös	10 000	10 000
■ Kapazität/Jahr	10 000	8 000
■ Erlös/Leistungseinheit	2,50	2,00
■ variable Betriebskosten/Leistungseinheit	0,40	0,50
■ fixe Betriebskosten	2 000	1 000
■ Zinssatz	10 %	10 %
2. Kostenvergleich	**Anlage 1**	**Anlage 2**
a) Fixe Kosten		
■ Abschreibungen	9 000	5 000
■ Zinsen	5 500	3 000
■ Sonstige	2 000	1 000
Total fixe Kosten/Jahr	16 500	9 000
b) Variable Kosten/Jahr	4 000	4 000
c) Gesamtkosten/Jahr	20 500	13 000
d) Stückkosten	2,05	1,625
3. Gewinnvergleich	**Anlage 1**	**Anlage 2**
a) Erlös pro Periode	25 000	16 000
b) Gewinn pro Periode	4 500	3 000
c) Gewinn pro Stück	0,45	0,375
d) Projektgewinn (ganze Nutzungsdauer)	45 000	24 000
4. Zusatzanalysen	**Anlage 1**	**Anlage 2**
a) Deckungsbeitrag/Leistungseinheit	2,10	1,50
b) Deckungsbeitrag/Periode	21 000	12 000
c) Gewinnschwelle		
■ absolut	7 857	6 000
■ in % der Kapazität	78,57 %	75 %

▲ Abb. 178   Beispiel Gewinnvergleichsrechnung

sätze auf, so sind weitere Überlegungen in die Gewinnvergleichsrechnung einzubeziehen. Vorerst ist zu untersuchen, wie die nicht verwendeten finanziellen Mittel anderweitig eingesetzt werden können und welchen Gewinn sie dabei abwerfen. Man spricht in diesem Zusammenhang von Differenzinvestitionen.

> **Differenzinvestitionen** sind definiert als Investitionen, die aus dem Einsatz derjenigen finanziellen Mittel getätigt werden, die sich aufgrund unterschiedlicher Laufzeiten und Kapitaleinsätze beim Vergleich mehrerer Investitionsvorhaben ergeben.

Um das Problem unterschiedlicher Laufzeiten zu mildern, kann anstelle einer Perioden- eine Gesamtgewinnvergleichsrechnung erstellt werden, wie dies im Beispiel in ◄ Abb. 178 gemacht wird. Bezüglich des unterschiedlichen Kapitaleinsatzes muss abgeklärt werden, ob überhaupt genügend liquide Mittel zur Verfügung stehen oder ob diese nicht ausreichend vorhanden sind und somit eine Restriktion darstellen. Ist dies nicht der Fall, so wird das Investitionsvorhaben mit dem absolut grössten Gewinnbeitrag gewählt. Sind die finanziellen Mittel hingegen beschränkt, müssen weitere Kriterien zur Abklärung der Vorteilhaftigkeit eines Investitionsvorhabens herbeigezogen werden. Als zweckmässig erweist sich dabei eine Ergänzung durch eine Rentabilitätsrechnung.[1]

Wie bereits bei der Kostenvergleichsrechnung dargelegt, können sich zusätzliche Untersuchungen aufdrängen, um weitere Informationen und Entscheidungsunterlagen zu erhalten. Vorerst kann mit Hilfe einer **Break-even-Analyse** abgeklärt werden, bei welcher kritischen Ausbringungsmenge die Gewinne von zwei Investitionsalternativen gleich gross, d.h. $G_1 = G_2$, sind. Diese berechnet sich analog zur Kostenvergleichsrechnung:

$$(1) \quad p_1 \, x - (K_{z1} + K_{a1} + k_{b1} \, x) = p_2 \, x - (K_{z2} + K_{a2} + k_{b2} \, x)$$

$$(2) \quad x_{krit} = \frac{(K_{z1} + K_{a1} - K_{z2} - K_{a2})}{(p_1 - k_{b1} - p_2 + k_{b2})}$$

wobei: x = Ausbringungsmenge
$\quad\quad\quad p$ = Erlös pro verkaufte Leistungseinheit
$\quad\quad\quad K_z$ = Zinskosten pro Periode
$\quad\quad\quad K_a$ = Abschreibungen pro Periode
$\quad\quad\quad k_b$ = Betriebskosten pro Leistungseinheit

Um sich ferner über die Gewinnstruktur der verschiedenen Investitionsprojekte ein genaueres Bild machen zu können, lässt sich die Gewinnschwelle berechnen.

---

1   Vgl. dazu Abschnitt 2.2.3 «Rentabilitätsrechnung».

Die **Gewinnschwelle** gibt an, ab welcher Ausbringungsmenge x die betrachtete Investitionsvariante in die Gewinnzone tritt.

- Gewinnschwelle = $\dfrac{\text{Fixe Kosten}}{\text{Deckungsbeitrag/Leistungseinheit}}$

2.2.3 | **Rentabilitätsrechnung**

Benötigen die betrachteten Investitionsvorhaben unterschiedliche Kapitaleinsätze, so ist es sinnvoll, die Rentabilitäten bei der Beurteilung zu berücksichtigen. Ausgehend von der Kosten- und Gewinnvergleichsrechnung setzt die Rentabilitätsrechnung den durchschnittlich erzielten Jahresgewinn in Beziehung zum durchschnittlich eingesetzten Kapital.[1] Somit ergibt sich:

(1) Rentabilität $= \dfrac{\text{Gewinn/Periode}}{\text{ø eingesetztes Kapital}} \cdot 100 = \dfrac{G}{\dfrac{(I+L)}{2}} \cdot 100$

Mit Hilfe der Rentabilitätsrechnung können sowohl mehrere Investitionsmöglichkeiten als auch ein einzelnes Projekt beurteilt werden. Stehen mehrere Varianten zur Auswahl, so wird man sich für jene mit der höchsten Rentabilität entscheiden. Geht es hingegen um die Beurteilung eines einzigen Vorhabens, so erweist sich jenes als vorteilhaft, das eine bestimmte, als Zielgrösse vorgegebene Mindestrendite übersteigt. Die Rentabilitätsrechnung eignet sich nicht nur für Erweiterungs-, sondern auch für Rationalisierungsinvestitionen. Im letzteren Fall muss obige Formel wie folgt modifiziert werden:

(2) Rentabilität $= \dfrac{\text{Kostenersparnis/Periode}}{\text{zusätzlicher ø Kapitaleinsatz}} \cdot 100$

Bei der Beurteilung der Rentabilitätsrechnung können ähnliche Argumente vorgebracht werden wie bei den beiden bereits besprochenen Verfahren. Hervorzuheben ist allerdings, dass sich die Rentabilitätsrechnung durch Einbezug des eingesetzten Kapitals an einem Wirtschaftlichkeitskriterium orientiert. Obschon der Kapitalbezug gemacht wird, bleibt unberücksichtigt,

- wie lange das Kapital gebunden bleibt,
- ob die Kapitaldifferenzen anderweitig eingesetzt bzw.
- zu welchen Konditionen sie angelegt werden können.

---

1 Zur Rentabilität vgl. Teil 1, Kapitel 3, Abschnitt 3.2.2.4 «Gewinn und Rentabilität» sowie Teil 6, Kapitel 1, Abschnitt 1.4.4.5 «Rentabilität».

2.2.4	Amortisationsrechnung

> Bei der Amortisationsrechnung – auch als **Pay-back-** oder **Pay-off-Methode** bezeichnet – wird die Zeitdauer (z) ermittelt, die bis zur Rückzahlung des Investitionsbetrages (I) durch die Einzahlungsüberschüsse verstreicht.

Die Einzahlungsüberschüsse[1] ergeben sich grundsätzlich aus Einzahlungen abzüglich Auszahlungen pro Periode, wobei sie der Einfachheit halber aus den Grössen der Gewinn- und Kostenvergleichsrechnung wie folgt berechnet werden:

- Erweiterungsinvestitionen: Gewinn/Periode + Abschreibungen
- Rationalisierungsinvestitionen:
  Kostenersparnis/Periode + Abschreibungen

Die **Wiedergewinnungszeit** z, auch Rückflussfrist oder Amortisationszeit genannt, kann mit zwei Methoden berechnet werden (▶ Abb. 179):

1. **Kumulationsrechnung:** Die Einzahlungsüberschüsse jeder Periode werden so lange addiert, bis die Summe der kumulierten Werte dem ursprünglichen Investitionsbetrag entspricht. Dieses Vorgehen ist immer dann anwendbar und sogar notwendig, wenn der Gewinn pro Periode nicht konstant ist oder sich die Abschreibungen nicht linear berechnen lassen. Sind diese Prämissen jedoch erfüllt, so empfiehlt sich wegen der Vereinfachung der Berechnung die Durchschnittsmethode.

2. **Durchschnittsmethode:** Bei dieser Methode wird der Investitionsbetrag durch die regelmässig anfallenden und gleich bleibenden Rückflüsse dividiert. Dies ergibt folgende Formeln:

- $$z = \frac{\text{Kapitaleinsatz}}{\text{Gewinn + Abschreibungen}}$$

- $$z = \frac{\text{Kapitaleinsatz}}{\text{Kostenersparnis + Abschreibungen}}$$

Die Vorteilhaftigkeit eines Investitionsvorhabens ist somit dann gegeben, wenn entweder

---

1 Diese Einzahlungsüberschüsse werden auch als «Cash-flow» bezeichnet, wobei dieser objektbezogene Cash-flow nicht mit dem periodenbezogenen Cash-flow verwechselt werden darf, wie er im Rahmen der Kapitalflussrechnung besprochen wird. Vgl. dazu insbesondere Teil 5, Kapitel 2, Abschnitt 2.7.4.3 «Cash-flow».

1. Durchschnittsrechnung	Anlage 1	Anlage 2	Anlage 3
■ Anschaffungskosten	100	80	80
■ Nutzungsdauer in Jahren	8	8	5
■ Abschreibungen/Jahr	12,5	10	16
■ Gewinn/Jahr	7,5	7,5	9
■ Rückfluss/Jahr	20	17,5	25
■ Amortisationszeit (in Jahren)	5	4,57	3,2

2. Kumulationsrechnung	Anlage 1	Anlage 2	Anlage 3
■ Anschaffungskosten	50	50	50
■ Nutzungsdauer	5	5	5
■ Abschreibungen			
1. Jahr	10	5	10
2. Jahr	10	10	20
3. Jahr	10	20	10
4. Jahr	10	10	5
5. Jahr	10	5	5
■ Gewinn			
1. Jahr	4	2	4
2. Jahr	4	4	8
3. Jahr	4	8	4
4. Jahr	4	4	2
5. Jahr	4	2	2
■ Rückflüsse kumuliert			
1. Jahr	14	7	14
2. Jahr	28	21	42
3. Jahr	42	49	56
4. Jahr	56	63	63
5. Jahr	70	70	70
■ Amortisationszeit (in Jahren)	3,57	3,07	2,57

▲ Abb. 179   Beispiel Amortisationsrechnung (in 1000 Fr.)

- die als Ziel vorgegebene Amortisationszeit (Soll-Zeit) grösser ist als die effektiv berechnete Amortisationszeit (Ist-Zeit) oder
- ein bestimmtes Investitionsprojekt im Vergleich zu anderen Projekten die kleinste Amortisationszeit aufweist.

Die Amortisationsrechnung weist gegenüber den bisher betrachteten Verfahren einige **Vorzüge** auf:

- Erstens beruht das Verfahren auf liquiditätsorientierten Überlegungen.
- Zweitens wird dem Risiko Rechnung getragen: Je länger die Wiedergewinnungszeit, umso grösser ist das Risiko, dass sich die Investition nicht bezahlt macht. Denn je langfristiger die Planung, umso grösser ist auch die Wahrscheinlichkeit unvorhergesehener bzw. unvorhersehbarer Ereignisse, welche die vorausgesagten Werte wesentlich verändern können.

Diesem einfach anwendbaren Verfahren stehen aber auch einige spezifische **Nachteile** gegenüber:

- So sagt die Rückflussfrist (z) nichts über die zu erwartende Rentabilität aus.
- Probleme ergeben sich auch dann, wenn die Investitionsprojekte eine unterschiedliche Nutzungsdauer aufweisen, da die Höhe der jährlichen Abschreibungen die Amortisationsdauer wesentlich beeinflusst. Deshalb sind in der Regel weitere Rechnungen und Analysen nötig, die neben dem Sicherheits- und Liquiditätsdenken weitere Aspekte (z.B. Rentabilität) einbeziehen.

2.2.5	**Beurteilung der statischen Verfahren**

Zusammenfassend kann festgehalten werden, dass sich die statischen Investitionsrechenverfahren durch ihre grosse Praktikabilität auszeichnen. Es handelt sich um einfache Verfahren mit leicht zu verstehenden Berechnungen und betriebswirtschaftlich verständlichen Basisdaten. Allerdings weisen sie auch einige grundlegende Nachteile auf, die nochmals kurz dargestellt werden sollen:

- Zeitliche Unterschiede in Bezug auf effektive Ein- und Auszahlungen bleiben weitgehend unberücksichtigt. Für ein Unternehmen spielt dieser Aspekt nicht nur bezüglich der Liquidität, sondern auch wegen der Rentabilität eine Rolle. Je weiter der Einzahlungsüberschuss in der Zukunft liegt, umso kleiner wird die Rentabilität, weil das Geld zur Reinvestition erst in einem späteren Zeitpunkt zur Verfügung steht.
- Die Betrachtung einer einzigen Periode und somit die Rechnung mit Durchschnittswerten ist eine grobe Vereinfachung, die nicht der betrieblichen Wirklichkeit entspricht.
- Die unterschiedliche Zusammensetzung der Kosten wird nicht untersucht und in die Rechnungen einbezogen. Substitutionsmöglichkeiten (z.B. beim Ersetzen von Mitarbeitern durch eine hochwertige, kapitalintensive Anlage werden Löhne durch Abschreibungen und Zinsen auf dem eingesetzten Kapital substituiert), welche im Hinblick auf Beschaffungsrestriktionen bedeutsam sein können, werden vernachlässigt.
- Die Zurechnung von Kosten und Gewinnen auf einzelne Investitionsvorhaben ist in der betrieblichen Praxis äusserst schwierig.
- Die effektive Nutzungsdauer bleibt unberücksichtigt. Damit besteht die Gefahr, dass längerfristige Investitionsprojekte unterbewertet werden. Dies wird besonders deutlich bei Anwendung der Pay-back-Methode.

- Innerbetriebliche Interdependenzen werden nicht in die Betrachtung einbezogen. Schon bestehende – seien es bereits realisierte oder erst genehmigte – Investitionsprojekte bleiben beispielsweise unberücksichtigt.
- Restriktionen anderer Unternehmensbereiche (z. B. Finanzen, Personal, Materialwirtschaft), die vom Investitionsprojekt betroffen sind, werden nicht beachtet.

Die statischen Investitionsrechnungen können somit vor allem dann eingesetzt werden, wenn die zu beurteilenden Investitionsobjekte nicht durch schwankende, voneinander unterschiedliche Zahlungsströme gekennzeichnet sind. Sie eignen sich zudem als Entscheidungsgrundlage für kleinere Investitionen, die wenig innerbetriebliche Abhängigkeiten aufweisen.

2.3	**Dynamische Methoden der Investitionsrechnung**
2.3.1	**Einleitung**

Die dynamischen Investitionsrechenverfahren versuchen, einige Schwächen der statischen Methoden zu beseitigen. Dies geschieht im Wesentlichen in zweifacher Hinsicht:

1. Es wird nicht mit Durchschnittswerten (Ein-Perioden-Betrachtung) gerechnet, sondern mit **Zahlungsströmen,** die während der ganzen Nutzungsdauer der Investition auftreten.
2. Der **zeitlich unterschiedliche Anfall** der Einzahlungen und Auszahlungen wird berücksichtigt.

Aus letzterem Punkt ergibt sich, dass sämtliche zukünftigen Ein- und Auszahlungen auf den Zeitpunkt diskontiert (abgezinst) werden müssen, auf den die erste Zahlung erfolgt. Der für diese Diskontierung bzw. Abzinsung benötigte **Diskontierungs-** bzw. **Abzinsungsfaktor (v)** lautet:

$$(1) \quad v = \frac{1}{(1 + i)^{t}}$$

wobei: $i = \dfrac{p}{100}$ (= Diskontierungszinssatz)

t = Jahr, in dem die Zahlung anfällt ($t = 1, 2, ..., n$)

Die Höhe des Diskontierungszinssatzes i für ein Investitionsprojekt ist in der Realität schwierig zu bestimmen, da das mit der Investition verbundene Risiko berücksichtigt werden muss. Eine Möglichkeit besteht darin, die am Kapitalmarkt zu erzielende Rendite für eine risikofreie Geldanlage um einen für das jeweilige Investitionsprojekt angemessenen Risikozuschlag zu erhöhen. Die risikofreie Geldanlage kann durch die Rendite eines vom Bund emittierten Wertpapiers (z. B. einer Anleihe mit einer Laufzeit von zehn Jahren) approximativ bestimmt werden, da der Staat aufgrund des kontinuierlichen Steueraufkommens und der stabilen politischen Verhältnisse als Emittent mit sehr guter Bonität gilt. Dagegen unterliegt die Bestimmung des angemessenen Risikozuschlags einer subjektiven Einschätzung des Projektrisikos.

Soll der **Barwert Z_0** einer zukünftigen Zahlung Z_t in t Jahren auf den heutigen Zeitpunkt t_0 berechnet werden, so ergibt sich

$$(2) \quad Z_0 = Z_t \cdot v = Z_t \, \frac{1}{(1+i)^t}$$

Beispiel Diskontierungsfaktor

$p = 10\%$ $Z_5 = $ Fr. 5000,–

$Z_0 = 5000 \, \dfrac{1}{(1+0,1)^5} = 5000 \, \dfrac{1}{1,611} = 5000 \cdot 0,621 = 3105$ [Fr.]

Die Diskontierungsfaktoren muss man in der Regel nicht jedesmal neu berechnen, sondern man kann sie üblicherweise den Abzinsungstabellen entnehmen, in welchen sie für eine bestimmte Anzahl Jahre und für verschiedene Zinssätze zusammengestellt sind (▶ Abb. 180, Tabelle A).

Einen Spezialfall stellt die Berechnung des Barwertes Z_0 dar, wenn während n Jahren eine Zahlung Ende Jahr fällig wird, die in ihrer Höhe konstant bleibt. In diesem Fall erhält man Z_0 durch Addition der diskontierten Jahreszahlungen:

$$(3) \quad Z_0 = \frac{Z}{(1+i)^1} + \frac{Z}{(1+i)^2} + \dots + \frac{Z}{(1+i)^n}$$

$$= Z\,v_1 + Z\,v_2 + \dots + Z\,v_n = (v_1 + v_2 + \dots + v_n)Z = a_{\overline{n}}\,Z$$

Der Abzinsungssummenfaktor $a_{\overline{n}}$ wird auch als Kapitalisierungs- oder Barwertfaktor bezeichnet. Er kann üblicherweise – wie der Abzinsungsfaktor – für verschiedene Jahre und Zinssätze den entsprechenden Tabellen entnommen werden (▶ Abb. 180, Tabelle B). Da es sich bei der Zahlung Z um eine während n Jahren jährlich anfallende, nachschüssige (d.h. Ende Jahr fällige) Rente handelt, nennt man den Barwert Z_0 auch den **Rentenbarwert** oder **Kapitalwert.**

Beispiel Rentenbarwert

$p = 10\%$ $Z = $ Fr. 1000,– $n = 5$

$Z_0 = 1000 \cdot 3,791 = 3791$ [Fr.]

Tabelle A: Abzinsungsfaktor $v = \dfrac{1}{(1+i)^t} = (1+i)^{-t}$

Zinssatz p (%)

Jahre	1	2	3	4	5	6	7	8	9	10	12	14	16	18	20	22	24	26	28	30
1	0,990	0,980	0,971	0,962	0,952	0,943	0,935	0,926	0,917	0,909	0,893	0,877	0,862	0,847	0,833	0,820	0,806	0,794	0,781	0,769
2	0,980	0,961	0,943	0,925	0,907	0,890	0,873	0,857	0,842	0,826	0,797	0,769	0,743	0,718	0,694	0,672	0,650	0,630	0,610	0,592
3	0,971	0,942	0,915	0,889	0,864	0,840	0,816	0,794	0,772	0,751	0,712	0,675	0,641	0,609	0,579	0,551	0,524	0,500	0,477	0,455
4	0,961	0,924	0,888	0,855	0,823	0,792	0,763	0,735	0,708	0,683	0,636	0,592	0,552	0,516	0,482	0,451	0,423	0,397	0,373	0,350
5	0,951	0,906	0,863	0,822	0,784	0,747	0,713	0,681	0,650	0,621	0,567	0,519	0,476	0,437	0,402	0,370	0,341	0,315	0,291	0,269
6	0,942	0,888	0,837	0,790	0,746	0,705	0,666	0,630	0,596	0,564	0,507	0,456	0,410	0,370	0,335	0,303	0,275	0,250	0,227	0,207
7	0,933	0,871	0,813	0,760	0,711	0,665	0,623	0,583	0,547	0,513	0,452	0,400	0,354	0,314	0,279	0,249	0,222	0,198	0,178	0,159
8	0,923	0,853	0,789	0,731	0,677	0,627	0,582	0,540	0,502	0,467	0,404	0,351	0,305	0,266	0,233	0,204	0,179	0,157	0,139	0,123
9	0,914	0,837	0,766	0,703	0,645	0,592	0,544	0,500	0,460	0,424	0,361	0,308	0,263	0,225	0,194	0,167	0,144	0,125	0,108	0,094
10	0,905	0,820	0,744	0,676	0,614	0,558	0,508	0,463	0,422	0,386	0,322	0,270	0,227	0,191	0,162	0,137	0,116	0,099	0,085	0,073
11	0,896	0,804	0,722	0,650	0,585	0,527	0,475	0,429	0,388	0,350	0,287	0,237	0,195	0,162	0,135	0,112	0,094	0,079	0,066	0,056
12	0,887	0,788	0,701	0,625	0,557	0,497	0,444	0,397	0,356	0,319	0,257	0,208	0,168	0,137	0,112	0,092	0,076	0,062	0,052	0,043
13	0,879	0,773	0,681	0,601	0,530	0,469	0,415	0,368	0,326	0,290	0,229	0,182	0,145	0,116	0,093	0,075	0,061	0,050	0,040	0,033
14	0,870	0,758	0,661	0,577	0,505	0,442	0,388	0,340	0,299	0,263	0,205	0,160	0,125	0,099	0,078	0,062	0,049	0,039	0,032	0,025
15	0,861	0,743	0,642	0,555	0,481	0,417	0,362	0,315	0,275	0,239	0,183	0,140	0,108	0,084	0,065	0,051	0,040	0,031	0,025	0,020

Tabelle B: Abzinsungssummenfaktor $a_{\overline{n}} = \sum_{t=1}^{n} \dfrac{1}{(1+i)^t} = \dfrac{(1+i)^n - 1}{i(1+i)^n}$

Jahre	1	2	3	4	5	6	7	8	9	10	12	14	16	18	20	22	24	26	28	30
1	0,990	0,980	0,971	0,962	0,952	0,943	0,935	0,926	0,917	0,909	0,893	0,877	0,862	0,847	0,833	0,820	0,806	0,794	0,781	0,769
2	1,970	1,942	1,913	1,886	1,859	1,833	1,808	1,783	1,759	1,736	1,690	1,647	1,605	1,566	1,528	1,492	1,457	1,424	1,392	1,361
3	2,941	2,884	2,829	2,775	2,723	2,673	2,624	2,577	2,531	2,487	2,402	2,322	2,246	2,174	2,106	2,042	1,981	1,923	1,868	1,816
4	3,902	3,808	3,717	3,630	3,546	3,465	3,387	3,312	3,240	3,170	3,037	2,914	2,798	2,690	2,589	2,494	2,404	2,320	2,241	2,166
5	4,853	4,713	4,580	4,452	4,329	4,212	4,100	3,993	3,890	3,791	3,605	3,433	3,274	3,127	2,991	2,864	2,745	2,635	2,532	2,436
6	5,795	5,601	5,417	5,242	5,076	4,917	4,767	4,623	4,486	4,355	4,111	3,889	3,685	3,498	3,326	3,167	3,020	2,885	2,759	2,643
7	6,728	6,472	6,230	6,002	5,786	5,582	5,389	5,206	5,033	4,868	4,564	4,288	4,039	3,812	3,605	3,416	3,242	3,083	2,937	2,802
8	7,652	7,325	7,020	6,733	6,463	6,210	5,971	5,747	5,535	5,335	4,968	4,639	4,344	4,078	3,837	3,619	3,421	3,241	3,076	2,925
9	8,566	8,162	7,786	7,435	7,108	6,802	6,515	6,247	5,995	5,759	5,328	4,946	4,607	4,303	4,031	3,786	3,566	3,366	3,184	3,019
10	9,471	8,983	8,530	8,111	7,722	7,360	7,024	6,710	6,418	6,145	5,650	5,216	4,833	4,494	4,192	3,923	3,682	3,465	3,269	3,092
11	10,368	9,787	9,253	8,760	8,306	7,887	7,499	7,139	6,805	6,495	5,938	5,453	5,029	4,656	4,327	4,035	3,776	3,543	3,335	3,147
12	11,255	10,575	9,954	9,385	8,863	8,384	7,943	7,536	7,161	6,814	6,194	5,660	5,197	4,793	4,439	4,127	3,851	3,606	3,387	3,190
13	12,134	11,348	10,635	9,986	9,394	8,853	8,358	7,904	7,487	7,103	6,424	5,842	5,342	4,910	4,533	4,203	3,912	3,656	3,427	3,223
14	13,004	12,106	11,296	10,563	9,899	9,295	8,745	8,244	7,786	7,367	6,628	6,002	5,468	5,008	4,611	4,265	3,962	3,695	3,459	3,249
15	13,865	12,849	11,938	11,118	10,380	9,712	9,108	8,559	8,061	7,606	6,811	6,142	5,575	5,092	4,675	4,315	4,001	3,726	3,483	3,268

▲ Abb. 180   Abzinsungsfaktoren und Rentenbarwertfaktoren

| 2.3.2 | **Kapitalwertmethode (Net Present Value Method)** |

Bei der Kapitalwertmethode werden alle durch eine Investition verursachten Einzahlungen und Auszahlungen auf einen bestimmten Zeitpunkt abgezinst.

> Die Differenz aus den abgezinsten Einzahlungen und Auszahlungen bezeichnet man als **Kapitalwert** oder **Net Present Value** (NPV) einer Investition.

Zur Berechnung des Kapitalwertes ist die Kenntnis folgender Grössen erforderlich:

t = Zeitindex, wobei $t = 1, 2, …, n$.

n = Nutzungsdauer der Investition in Jahren.

i = Diskontierungszinssatz (Kalkulationszinssatz).

I_0 = Auszahlungen im Zusammenhang mit der Beschaffung des Investitionsobjektes, z.B. Kaufpreis einer Maschine, Auszahlungen für Transport und Installation oder Kosten für das Anlernen der Mitarbeiter.

a_t = Auszahlungen während der Nutzungsdauer, fällig am Ende der jeweiligen Zeitperiode t wie z.B. Zahlungen für Repetierfaktoren, Löhne, Reparaturen.

e_t = Einzahlungen während der Nutzungsdauer, fällig am Ende der jeweiligen Zeitperiode t. Diese beinhalten in erster Linie die Erlöse aus dem Verkauf der erstellten Leistungen.

g_t = Einzahlungsüberschuss, also $e_t - a_t$.

L_n = Liquidationserlös am Ende der Nutzungsdauer.

Der Kapitalwert K_0 ergibt sich aus der Differenz sämtlicher diskontierter Einzahlungen E_0 und Auszahlungen A_0:

(1) $K_0 = E_0 - A_0$

(2) $E_0 = \sum\limits_{t=1}^{n} \dfrac{e_t}{(1+i)^t} + \dfrac{L_n}{(1+i)^n}$

(3) $A_0 = \sum\limits_{t=1}^{n} \dfrac{a_t}{(1+i)^t} + I_0$

(4) $K_0 = \sum\limits_{t=1}^{n} \dfrac{e_t - a_t}{(1+i)^t} + \dfrac{L_n}{(1+i)^n} - I_0$

Fallen die Einzahlungsüberschüsse g_t gleichmässig über die gesamte Nutzungsdauer an, so kann mit Hilfe der Rentenbarwertrechnung die Formel wie folgt vereinfacht werden:

$$(5) \quad K_0 = a_{\overline{n}}\,g + \frac{L_n}{(1 + i)^n} - I_0$$

Beispiel Kapitalwertmethode

I_0 = Fr. 60 000,– L_n = Fr. 10 000,–   p = 10 %   t = 3

a) g_1 = Fr. 20 000,–

    g_2 = Fr. 30 000,–

    g_3 = Fr. 25 000,–

    K_0 = 0,909 · 20 000 + 0,826 · 30 000 + 0,751 (25 000 + 10 000) − 60 000 = 9245 [Fr.]

b) g_1 = g_2 = g_3 = 25 000,–

    K_0 = 2,487 · 25 000 + 0,751 · 10 000 − 60 000 = 9685 [Fr.]

Aus der Kapitalwertformel und den Zahlenbeispielen wird deutlich, dass die Höhe des Kapitalwertes durch die folgenden Faktoren bestimmt wird:

- Höhe und zeitliche Verteilung der jährlichen Auszahlungen und Einzahlungen,
- Kalkulationszinssatz.

Daraus wird ersichtlich, dass der Wahl des Kalkulationszinssatzes ein besonderes Gewicht zukommt. Grundsätzlich stehen drei Möglichkeiten offen, diesen Zinssatz zu bestimmen:

1. Man legt die **Finanzierungskosten** zugrunde und geht davon aus, dass die Investition mindestens eine Rendite erzielen müsste, welche für das eingesetzte Kapital bezahlt werden muss oder müsste.
2. Man nimmt die Rendite, die auf **alternativen Anlagemöglichkeiten** erzielt werden könnte, sei dies bei sachähnlichen oder sachfremden Investitionsprojekten.
3. Man gibt eine **Zielrendite** vor, die man unter Berücksichtigung verschiedener Faktoren (z. B. Marktchancen, Risiko) erreichen möchte.

Wie aus ▶ Abb. 181 ersichtlich ist, bestehen zwischen Kalkulationszinssatz und Kapitalwert enge Beziehungen. Je höher der Kalkulationszinssatz, desto kleiner der Kapitalwert und umgekehrt. (Die Darstellung beruht auf den Zahlen des Beispiels zur Kapitalwertberechnung.)

Die Vorteilhaftigkeit einer einzelnen Investition ergibt sich immer dann, wenn der Kapitalwert positiv ist. Dieser zeigt an, dass über die geforderte Mindestverzinsung in Form des Kalkulationszinssatzes i sowie die Rückzahlung des eingesetzten Kapitals ein Überschuss erwirtschaftet worden

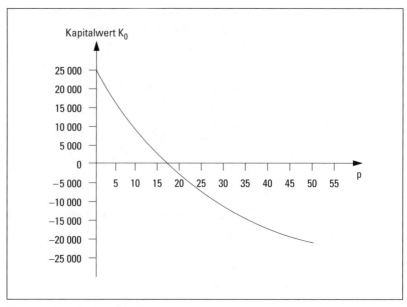

▲ Abb. 181   Zusammenhang Kapitalwert – Kalkulationszinssatz

ist. Wird die geforderte Mindestverzinsung dagegen nicht erreicht, d. h. ist der Kapitalwert negativ, so genügt die Investition den Anforderungen nicht. Bei einem Vergleich zwischen mehreren Investitionsprojekten wird man sich demzufolge für jenes entscheiden, das den grössten Kapitalwert aufweist.

| 2.3.3 | **Methode des internen Zinssatzes (Internal Rate of Return Method)** |

Die Methode des internen Zinssatzes lässt sich auf einfache Weise aus der Kapitalwertmethode ableiten.

> Der **interne Zinssatz** oder Internal Rate of Return (IRR) ist derjenige Zinssatz, bei dem sich gerade ein Kapitalwert von K = 0 ergibt.

Dieser Zinssatz stellt somit die interne oder effektive Verzinsung einer Investition dar. Die Formel dafür lautet, abgeleitet aus (4):

$$(6)\ \ I_0 = \sum_{t=1}^{n} \frac{e_t - a_t}{(1+i)^t} + \frac{L_n}{(1+i)^n}$$

Zur Ermittlung des internen Zinssatzes i muss die obige Gleichung nach i aufgelöst werden. Bei Investitionsprojekten mit mehr als zwei Nutzungs-perioden ergeben sich dabei erhebliche mathematische Lösungsschwierig-keiten, so dass mit Näherungslösungen gearbeitet werden muss. Man geht dabei wie folgt vor:

1. Man bestimmt einen Kalkulationszinssatz, bei dem der damit berech-nete Kapitalwert möglichst nahe bei null liegt, aber noch positiv ist.
2. Man wählt einen zweiten Kalkulationszinssatz, bei dem sich ebenfalls ein Wert nahe bei null, allerdings ein negativer ergibt.
3. Man nimmt die beiden ermittelten Werte und berechnet mit Hilfe der Interpolation den Zinssatz, bei dem der Kapitalwert gerade null wird.

Eine Vereinfachung ergibt sich allerdings dann, wenn – wie beim Kapital-wert bereits als Spezialfall erwähnt – mit konstanten Rückflüssen gerech-net werden kann. Dann vereinfacht sich Formel (6) zu:

$$(7) \quad a_{\overline{n}} = \frac{I_0}{e - a} \quad \text{wobei } L_n = 0$$

Der interne Zinssatz stellt die Rentabilität (vor Abzug der Zinsen) dar, mit der sich der jeweils noch nicht zurückgeflossene Kapitaleinsatz jährlich verzinst. Man geht also davon aus, dass die jährlichen Rückflüsse, die über die interne Verzinsung hinausgehen, zur Rückzahlung des Investitions-betrages I_0 benützt werden.

Die Vorteilhaftigkeit eines Investitionsprojektes ergibt sich immer dann, wenn der interne Zinssatz über dem geforderten Mindestzinssatz liegt. Werden mehrere Investitionsprojekte miteinander verglichen, so wird jenes mit dem höchsten internen Zinssatz gewählt.

2.3.4	**Annuitätenmethode**

Die Annuitätenmethode stellt – wie die Methode des internen Zinssatzes – eine Modifikation der Kapitalwertmethode dar. Während bei der Kapital-wertmethode der Kapitalwert die Einzahlungen und Auszahlungen über sämtliche Perioden der Investitionsdauer wiedergibt, wandelt die Annuitä-tenmethode diesen Kapitalwert in gleich grosse jährliche Einzahlungsü-berschüsse um. Diese bezeichnet man als Annuität. Damit wird eine Perio-disierung des Kapitalwerts auf die gesamte Investitionsdauer unter Ver-rechnung von Zinseszinsen erreicht:

$$(8) \quad K_0 = \sum_{t=1}^{n} A \, \frac{1}{(1+i)^t} = A \sum_{t=1}^{n} \frac{1}{(1+i)^t} = A \, a_{\overline{n}} \quad (A = \text{Annuität})$$

Die Berechnung der Annuität erfolgt in zwei Schritten. Zuerst wird der Kapitalwert K_0 berechnet:

$$(9) \quad K_0 = \sum_{t=1}^{n} \frac{g_t}{(1+i)^t} + \frac{L_n}{(1+i)^n} - I_0$$

Anschliessend wird der Kapitalwert mit dem **Wiedergewinnungsfaktor** multipliziert:

$$(10) \quad A = \frac{1}{a_{\overline{n}}} K_0$$

Der Wiedergewinnungsfaktor stellt nichts anderes als den Kehrwert des Rentenbarwertfaktors $a_{\overline{n}}$ dar, der aus der entsprechenden Zinstabelle entnommen werden kann.

Ein Investitionsprojekt erweist sich dann als vorteilhaft, wenn seine Annuität grösser null ist. Aus mehreren Projekten wird jenes mit der grössten Annuität gewählt. Da sich die Methode prinzipiell nicht von der Kapitalwertmethode unterscheidet, gelten die gleichen Bemerkungen wie sie zur Kapitalwertmethode gemacht worden sind.

2.3.5	**Beurteilung der dynamischen Investitionsrechenverfahren**

Die Vorteile der dynamischen Verfahren ergeben sich in erster Linie daraus, dass sie den zeitlichen Ablauf eines Investitionsprojektes berücksichtigen und damit einen höheren Realitätsbezug aufweisen. Das bedeutet insbesondere, dass

- sämtliche Daten über alle Perioden der Nutzungsdauer einzeln erfasst werden und
- der zeitlich unterschiedliche Anfall aller relevanten Zahlungsgrössen auf der Grundlage der Zinseszinsrechnung berücksichtigt wird.

Trotzdem vermögen die dynamischen Verfahren nicht alle Nachteile der statischen zu beheben. Als Mängel lassen sich anführen:

- **Annahme vollkommener Informationen:** Die zukünftigen Daten können nur geschätzt werden, da diese unsicher sind. Das Risiko, aufgrund falsch geschätzter Daten zu einer Fehlentscheidung zu kommen, kann durch folgende Massnahmen verkleinert werden (ohne die Methode zu wechseln):
  - ☐ Wahl eines grösseren Kalkulationszinssatzes.
  - ☐ Verkleinern der Einzahlungsströme oder Vergrössern der Auszahlungsströme.
  - ☐ Verkürzung der Nutzungsdauer.

Man spricht in diesem Zusammenhang auch von einer **Sensitivitäts-analyse**. Diese ermittelt auf systematische Weise die «Empfindlichkeit» der Investitionsresultate auf Änderungen der Eingabedaten wie Absatz-menge, Investitionssumme, Kalkulationszinssatz oder Lebensdauer.

- **Zurechnung** von Einzahlungs- und Auszahlungsströmen auf einzelne Investitionsobjekte. Dies ist nur möglich, wenn keine
  - **zeitlich-horizontalen** Interdependenzen, d.h. Verflechtung mit den bestehenden Unternehmens- und Marktstrukturen, sowie keine
  - **zeitlich-vertikalen** Interdependenzen, d.h. Abhängigkeit von zukünftigen Investitionsprojekten, vorhanden sind.

- **Wiederanlage** der Einzahlungsüberschüsse: Es wird unterstellt, dass sämtliche Einzahlungsüberschüsse zum vorgegebenen Kalkulations-zinssatz (Kapitalwertmethode) oder internen Zinssatz reinvestiert werden können.

- Annahme der **Differenzinvestition:** Stehen verschiedene Investitionsprojekte zur Auswahl, die sich insbesondere durch eine unterschiedliche Nutzungsdauer und Investitionssumme auszeichnen, so entsteht das Problem der Verwendungsmöglichkeiten der Differenz zwischen den verschiedenen Kapitaleinsätzen und/oder der zeitlichen Verfügbarkeit des Kapitals. Deshalb geht man davon aus, dass
  - bei unterschiedlicher Lebensdauer Nachfolge- oder Anschlussinvestitionen und
  - bei unterschiedlichen Kapitaleinsätzen und/oder Rückflussdifferenzen Ergänzungsinvestitionen
  vorgenommen werden können, die in Bezug auf die betrachteten Merkmale die gleichen Strukturen aufweisen.

Kapitel 3

Unternehmensbewertung

3.1 Einleitung

Bei der Bewertung eines Unternehmens als Ganzes oder von Teilen eines Unternehmens (z. B. Tochtergesellschaften) handelt es sich um das gleiche Problem wie bei der Beurteilung eines einzelnen Investitionsobjektes (z. B. Maschine). Beide Problemstellungen gehen im Prinzip von der Frage aus: Wie gross ist der zukünftige Nutzen, den man durch den Einsatz von Kapital für eine bestimmte Investition erhält? Trotzdem ergeben sich aufgrund spezifischer Merkmale einige Unterschiede, die sich auch auf die Rechenverfahren auswirken. Die Verfahren der Investitionsrechnung (für einzelne Vorhaben) und diejenigen der Unternehmensbewertung unterscheiden sich insbesondere in folgenden Punkten:

- **Investitionsobjekt:** Unternehmen oder Unternehmensteile auf der einen, einzelne Produktionsfaktoren oder abgrenzbare Investitionsprojekte auf der anderen Seite.

- Zur Verfügung stehende **Daten:** Bei den Investitionsrechnungen sind die Anschaffungskosten I_0 des Investitionsobjekts in der Regel bekannt, während bei der Unternehmensbewertung diese Kosten zuerst berechnet werden müssen.

- Unterschiedliche **Fragestellung:**
  - ☐ Unternehmensbewertung: Wie gross ist der Wert eines Unternehmens aufgrund des zukünftigen Nutzenzuganges?
  - ☐ Investitionsrechnungen: Lohnt sich eine Investition aufgrund des zukünftigen Nutzenzuganges?

- **Anzahl** der betrachteten Objekte: Bei der Unternehmensbewertung handelt es sich um ein einziges Objekt, während bei den allgemeinen Investitionsrechenverfahren vielfach mehrere Objekte miteinander verglichen werden.

Die Bewertung eines ganzen Unternehmens verursacht vor allem deshalb grosse Probleme, weil der gesamte Unternehmenswert in der Regel grösser ist als die Summe der einzelnen **Vermögensteile.** Sie unterscheidet sich dadurch wesentlich von der Beurteilung einzelner Investitionsvorhaben, die genau abgegrenzt werden können.[1] Diese Tatsache wird schon daraus ersichtlich, dass Unternehmen der gleichen Branche mit gleichen oder zumindest ähnlichen Produktionsfaktoren eine unterschiedliche Rentabilität erzielen können. Deshalb sind die zukünftigen **Erfolge,** die auf verschiedenen nicht oder nur schlecht erfass- oder messbaren Faktoren beruhen (z. B. gute Organisation, qualifiziertes Personal), zu berücksichtigen. Gerade die Ermittlung des Wertes solcher immateriellen Faktoren, deren Gesamtheit als **Goodwill** bezeichnet wird, stellt in der Praxis ein schwer lösbares Problem dar.

Die **Anlässe** für eine Unternehmensbewertung können sehr unterschiedlicher Natur sein. Nach Helbling (1998, S. 31 f.) werden Unternehmensbewertungen in folgenden Zusammenhängen vorgenommen:

- Kauf bzw. Verkauf ganzer Unternehmen oder Unternehmensanteile.
- Fusion, Entflechtung, Umwandlung – verbunden mit einer Handänderung von Anteilen.
- Aufnahme oder Ausscheiden von Gesellschaftern.
- Teilungen nach Erbrecht oder ehelichem Güterrecht (Ehescheidungen).
- Analyse eines Unternehmens im Hinblick auf Strukturänderungen (Reorganisation, Sanierung, Umfinanzierung, Liquidation usw.) und andere Managemententscheidungen.
- Aufnahme, Erhöhung oder Verlängerung von Krediten (z. B. Nachweis der Bonität zuhanden von Banken) usw.
- Gerichtliche oder schiedsgerichtliche Auseinandersetzungen, bei denen der Wert des Unternehmens eine Rolle spielt.

---

1 Es ist bereits bei der Beurteilung der statischen wie auch der dynamischen Methoden der Investitionsrechnung darauf hingewiesen worden, dass zeitlich-horizontale Interdependenzen nicht berücksichtigt werden. Je nach Situation ergäbe sich dadurch ein Zusatznutzen oder ein Minderwert.

- Festsetzung des Vermögenssteuerwertes (durch den Fiskus), andere steuerliche Anlässe (Umwandlungen usw.).
- Enteignung (Expropriation), Nationalisierung usw.

In der Literatur taucht immer wieder die Frage nach dem «richtigen» Unternehmenswert auf. Aus der sich daraus ergebenden Diskussion kann zusammenfassend festgehalten werden, dass es den absolut richtigen Wert nicht gibt bzw. nicht geben kann. Bewertungen beruhen immer auf subjektiven Werten von Menschen. So existieren auch in der Betriebswirtschaftslehre keine allgemein anerkannten objektiven Bewertungskriterien. Zu weit gehen die Wertvorstellungen auseinander, zu verschieden sind die Interessen der beteiligten Personen im Zusammenhang mit einer Unternehmensbewertung. Allerdings lässt sich insofern eine Objektivierung des Wertes erreichen, indem der Zweck bzw. die Funktion einer Unternehmensbewertung berücksichtigt wird und der Wert in Bezug auf das Ziel einer Unternehmensbewertung betrachtet wird. Helbling (1998, S. 43 ff.) unterscheidet drei funktionsspezifische Bereiche der Unternehmensbewertung:

1. **Vermittlung** oder **Konfliktlösung:** Der Unternehmenswert ist ein **Schiedswert,** der möglichst unparteiisch, losgelöst von den beteiligten Parteien, ermittelt werden soll. Er beruht auf angemessenen betriebswirtschaftlichen Daten. Beispiele:
   - Auftrag an einen Sachverständigen, eine unabhängige Gerichtsexpertise zu erstellen.
   - Bestimmung des Aktienaustauschverhältnisses durch einen Fachmann im Zusammenhang mit einer Fusion.
   - Ermittlung eines verbindlichen Wertes bei Abgeltung eines Minderheitsgesellschafters gemäss Statuten oder Vertrag.

2. **Beratungsfunktion:** Bei der Beratungsfunktion spricht man vom **Entscheidungswert.** Er beruht auf der Erkenntnis, dass zukünftige Situationen, wenn überhaupt, nur mit subjektiven Wahrscheinlichkeiten vorausgesagt werden können. Der Entscheidungswert berücksichtigt diese subjektiv gewichteten Daten und vertritt somit – im Gegensatz zum Schiedswert – die Meinung und das Interesse einer bestimmten Partei. Der Zweck seiner Ermittlung ist das Bereitstellen einer Entscheidungsgrundlage. Beispiele:
   - Bei Verhandlungen über den Kauf eines Unternehmens gibt der Entscheidungswert den Höchstpreis an, den man gewillt ist zu bezahlen.
   - Ein Mehrheitsaktionär überlegt sich, wie viel das Unternehmen wert ist und bei welchem Preis er sein Aktienpaket verkaufen würde.
   - Ein Konzern lässt ein Gutachten erstellen, um zu prüfen, ob ein geforderter Unternehmenspreis im Rahmen der Konzernbeteiligungspolitik akzeptiert werden solle.

3. **Argumentationsfunktion:** Der **Argumentationswert** ist in dem Sinne ein parteiischer Wert, als er nur bestimmte, bewusst ausgewählte Kriterien berücksichtigt oder in den Vordergrund schiebt. Er wird bei Verhandlungen als Kommunikationsmittel und Beeinflussungsinstrument eingesetzt. Beispiele:

- Eine Gesellschaft will sich einer nicht erwünschten Übernahme (so genanntes Unfriendly Takeover) entziehen und versucht unter anderem zu beweisen, dass der Kaufpreis viel zu niedrig angesetzt ist.

- Bei einer Expropriation überlegt sich der Verkäufer, wie er einen höheren Verkaufspreis geltend machen könnte.

- Der Verkäufer eines Mehrheitsaktienpaketes sucht einen Berater, der ihm die Begründungen für einen möglichst hohen Wert seines Anteils liefert.

Die oben angeführten Beispiele deuten an, dass der Wert eines Unternehmens nicht nur von seiner Funktion und somit vom Ziel der Unternehmensbewertung abhängt, sondern ebenso von der Institution oder Person, die diese Berechnung durchführt. Grundsätzlich kann dabei zwischen interessenunabhängigen Personen, die als externe Experten oder Berater ein Gutachten verfassen, und internen Personen des Unternehmens selbst, welche einen Unternehmenswert bestimmen, unterschieden werden. Während Letztere nur für die Ermittlung des Entscheidungs- und Argumentationswertes in Frage kommen, können externe Stellen im Rahmen aller Funktionen eingesetzt werden. Allerdings ist darauf zu achten, dass ein von einem aussenstehenden, «unabhängigen» Berater aufgestellter Argumentationswert in Verhandlungen nicht durch Vortäuschung eines objektiven Schiedswertes missbraucht wird.

Schliesslich ist auch die Unternehmensbewertungsmethode zu nennen, die den Unternehmenswert massgeblich beeinflusst. Theoretisch sollte zwar jedes Verfahren zum gleichen Wert führen, da ein Unternehmen nicht verschiedene Werte haben kann! Praktisch unterscheiden sich die Verfahren jedoch zum Teil ziemlich stark, so dass dabei unterschiedliche Ergebnisse resultieren. Im Folgenden sollen zuerst die einzelnen Elemente und Informationsgrundlagen dieser Unternehmensbewertungsverfahren besprochen werden. In einem anschliessenden Abschnitt werden die einzelnen Verfahren, wie sie in der Praxis angewendet werden, dargestellt und bewertet.

3.2	**Grundlagen der Bewertungsmethoden**
3.2.1	**Substanzwert**

> Als **Substanzwert** bezeichnet man die Summe der Vermögensteile, welche sich in der Regel aufgrund der in der Bilanz aufgeführten Posten des Umlauf- und Anlagevermögens (unter Berücksichtigung von stillen Reserven) berechnen lässt.

Dabei stellt sich die Frage, welche Wertgrösse man bei der Bestimmung dieses Wertes zugrunde legen soll. Grundsätzlich stehen folgende Möglichkeiten zur Auswahl:

1. **Anschaffungs-** oder **Herstellungskosten:** Wählt man die Anschaffungskosten (die sich im Wesentlichen aus dem Kaufpreis ergeben) oder die Herstellungskosten (die auf den effektiv angefallenen Kostenwerten bei einer Eigenproduktion beruhen) als Ausgangspunkt, so müssen diese Werte um die Wertverminderung, die dem bereits erfolgten Nutzenabgang entspricht, korrigiert werden.

2. **Reproduktions-** oder **Wiederbeschaffungskosten:** Dieser Wert beruht auf den Kosten, die entstehen würden, wenn ein Unternehmen mit der gleichen technischen Leistungsfähigkeit wie das zu bewertende Unternehmen aufgebaut werden müsste. Ebenso wie beim Anschaffungs- und Herstellungswert müssten die den technischen und wirtschaftlichen Wertverminderungen entsprechenden Abschreibungen abgezogen werden, um den gegenwärtigen Unternehmenswert zu erhalten.

   Obschon dieser Wert gegenüber dem Anschaffungs- oder Herstellungswert Vorteile aufweist (Problem der stillen Reserven fällt weg), ist es oft schwierig, einen Wiederbeschaffungswert zu ermitteln. Unmöglich ist dies zum Beispiel bei Spezialmaschinen, die in Einzelfertigung hergestellt worden sind. Schwierigkeiten entstehen aber auch bei serienmässig hergestellten Gütern, da die Leistungsfähigkeit einer neuen Serie nicht mit derjenigen der alten zu vergleichen ist. Dies deshalb, weil aufgrund des technischen Fortschritts der Wiederbeschaffungswert einer Maschine mit gleicher Leistungsfähigkeit kleiner oder bei gleichem Wiederbeschaffungswert die Leistungsfähigkeit grösser ist. Umgekehrt ist aber zu erwähnen, dass in Ausnahmefällen infolge der Geldentwertung der Wiederbeschaffungswert grösser sein kann als der Anschaffungswert. Unmöglich ist schliesslich die Bewertung eines allfälligen Goodwills auf der Grundlage von Wiederbeschaffungswerten.

3. **Liquidationswert:** Der Liquidationserlös ergibt sich aus dem voraussichtlichen Verkaufspreis, den man bei Veräusserung der einzelnen Ver-

mögensteile eines Unternehmens lösen könnte. Damit eignet sich dieser Wert als Bewertungsgrundlage nur für jene Unternehmen, die nicht mehr weitergeführt werden.

4. **Börsenkurswert:** Bei Publikumsgesellschaften, deren Aktien an der Börse kotiert sind, lässt sich der Gesamtwert des Unternehmens durch Multiplikation der Anzahl ausgegebener Aktien mit dem Börsenkurs berechnen. Dieser Gesamtwert eignet sich jedoch nur für spezifische Zwecke (z. B. bei Fusionen, um das Austauschverhältnis zwischen zwei Unternehmen festzulegen), da der Börsenkurs und somit auch der Unternehmenswert starken Schwankungen unterliegt, obschon sich die zugrunde liegenden betriebswirtschaftlichen Tatbestände nicht geändert haben. Dies deshalb, weil der Börsenkurs auch Einflussfaktoren ausgesetzt ist, die sich nicht oder nur teilweise rational erklären lassen und nicht mit den betriebswirtschaftlichen Gegebenheiten übereinstimmen müssen.

3.2.2	Ertragswert

Während der Substanzwert von vergangenheits- oder gegenwartsorientierten Werten ausgeht, versucht der Ertragswert, zukünftige Daten den Berechnungen zugrundezulegen. In Anlehnung an die Investitionstheorie, insbesondere die dynamische Methode der Kapitalwertberechnung, betrachtet man sämtliche zukünftige Ein- und Auszahlungen.

> Der **Ertragswert** berechnet sich aus dem gesamten Einzahlungsüberschuss, der einem Investor aus dem Investitionsobjekt (d.h. aus einem Unternehmen als Ganzes) in Zukunft zufliesst.

Daraus ergibt sich die folgende Grundformel:

$$(1) \quad E_0 = \sum_{t=0}^{\infty} NE_t \, \frac{1}{(1+i)^t}$$

wobei: E_0 = Unternehmenswert im Zeitpunkt t_0
 NE = zukünftige Einzahlungsüberschüsse (Netto-Einzahlungen)
 t = Zeitindex
 i = Diskontierungszinssatz

In der Praxis ist es allerdings unmöglich, diese Formel anzuwenden, so dass auf vereinfachte Verfahren zurückgegriffen werden muss, wie sie im Abschnitt 3.3.2 «Ertragswertmethode» dargestellt werden. Ähnlich wie bei der Kapitalwertmethode ergeben sich die folgenden Probleme:

- Bei einer unendlichen oder zumindest sehr langen Nutzungsperiode ist es unmöglich, sämtliche zukünftigen Ein- und Auszahlungen vorherzusagen. Die Prognosen beruhen auf **unvollkommenen Informationen,** die zukünftigen Resultate können nur unter Berücksichtigung von Wahrscheinlichkeiten berechnet werden.

- Der Unternehmenswert hängt in starkem Masse von der Höhe des **Diskontierungszinssatzes** ab. Unter der Annahme von sicheren Daten wird der Unternehmenswert umso grösser, je kleiner der Zinssatz gewählt wird. Grundsätzlich stehen bei der Wahl des Zinssatzes folgende Möglichkeiten zur Verfügung:
  - Zinssatz, zu dem der Investitionsbetrag anderweitig angelegt werden könnte (Opportunitätsprinzip),
  - Zinssatz, welcher der Rendite entspricht, die man erreichen will (Zielkriterium),
  - Zinssatz, welcher der Rendite entspricht, die von Unternehmen der gleichen Branche erzielt werden (Vergleichsprinzip).

- Die Formel berücksichtigt ausschliesslich **monetäre Aspekte.** Ein Investor kann aber auch nichtmonetäre Ziele verfolgen, deren Erreichung ihm einen Nutzen verschafft. Die Erfassung und Bewertung dieses Zusatznutzens ist aber derart subjektiven Einflüssen ausgesetzt, dass ein Einbezug dieser Determinanten nicht sinnvoll wäre.

3.2.3	Goodwill

Die Berechnung des Unternehmenswertes aufgrund des Substanzwertes scheitert daran, dass die Summe der einzelnen Vermögenswerte eines Unternehmens nicht dem Gesamtwert entsprechen kann, da der Substanzwert nur eine beschränkte Zahl der für den Unternehmenswert relevanten Einflussfaktoren berücksichtigt. Nicht berücksichtigt werden beispielsweise qualifizierte Mitarbeiter, eine gute Absatzorganisation oder ein in der Forschung aufgebautes Know-how. Diese Faktoren kommen jedoch indirekt im Ertragswert zum Ausdruck, da sie die zukünftigen Erfolge des Unternehmens massgeblich beeinflussen können.

> Ist der Ertragswert grösser als der Substanzwert, so wird die Differenz als **Goodwill** bezeichnet. Dieser beinhaltet sämtliche immateriellen Vermögenswerte, die nicht bilanziert oder nicht bilanzierungsfähig sind.

Geht man davon aus, dass der Goodwill ebenfalls als Teil des Substanzwertes berücksichtigt werden sollte und dass der Ertragswert und Substanzwert gleich gross sein müssen, da verschiedene Verfahren nicht zu einem unterschiedlichen Unternehmenswert führen können,[1] ergeben sich folgende Zusammenhänge:

Teilsubstanzwert
(= materielle und immaterielle Güter, die bilanzierungsfähig sind)
+ Goodwill

= Vollsubstanzwert = Ertragswert = Unternehmenswert

Der Goodwill wird durch eine Vielzahl von Faktoren beeinflusst, die sich vorerst in zwei Gruppen einteilen lassen:

1. Der **personenbezogene Goodwill** beruht auf persönlichen, subjektiv bedingten Faktoren wie beispielsweise eine gute Qualität des Managements, ein gutes Image des Unternehmens in der Öffentlichkeit oder gute Beziehungen zu Lieferanten und Kapitalgebern.
2. Der **sachbezogene Goodwill** wird durch sachliche, objektgebundene Faktoren beeinflusst wie zum Beispiel durch einen guten Standort (bezüglich Kunden, Arbeitskräften), eine gute Unternehmensorganisation oder eine führende Marktstellung.

Eine weitere Unterscheidung, die vor allem für die Bilanzierung des Goodwill von Bedeutung ist, beruht auf dessen Entstehungsart:

1. **Derivativer Goodwill:** Bei dieser Grösse handelt es sich um den käuflich erworbenen Goodwill. Dieser kann in der Bilanz aufgeführt werden, sollte aber möglichst rasch abgeschrieben werden, weil der Käufer nicht mit Sicherheit sagen kann, wie lange der durch die Übernahme des Unternehmens geschaffene Goodwill erhalten bleibt. Insbesondere für den personenbezogenen Goodwill wird eine Abschreibungsdauer von 3 Jahren genannt, während der sachbezogene Goodwill innert 5 bis 8 Jahren abgeschrieben werden sollte. Bei der direkten Bundessteuer trägt man diesem Umstand mit dem Gestatten einer jährlichen Abschreibung von 25 % Rechnung.
2. **Originärer Goodwill:** Dieser Wert stellt den selbst geschaffenen Goodwill dar, der nicht bilanziert werden darf, da sonst ein nicht realisierter Gewinn ausgewiesen würde.

Falls der Ertragswert kleiner ist als der Substanzwert, so entsteht ein negativer Goodwill, den die Amerikaner auch als «Badwill» bezeichnen. Es handelt sich dabei um einen Unternehmensminderwert, der analog zum Geschäftsmehrwert auf einer schlechten Organisation, unqualifiziertem Personal oder schlechter Marktstellung beruhen kann.

---

1   Nach Käfer (1969, S. 346) sind Substanzwert und Ertragswert ohnehin gleich gross, denn es bestehen enge Zusammenhänge zwischen diesen beiden Grössen: Substanz ist Vorrat an Ertrag, Ertrag ist fliessende Substanz.

3.3	**Unternehmensbewertungsverfahren der Praxis**
3.3.1	**Substanzwertmethode**

> Bei der **Substanzwertmethode** berechnet man den Wert des materiellen und immateriellen Unternehmensvermögens, das zur Leistungserstellung benötigt wird.

Immaterielle Vermögenswerte (z.B. Patente, Lizenzen) werden nur dann dem Substanzwert zugerechnet, wenn sie losgelöst vom Unternehmen einen realisierbaren Wert darstellen. Ist dies nicht der Fall, werden diese zum Goodwill gerechnet. Für die Bewertung der Vorräte ist der aktuelle Tageswert, für das materielle Anlagevermögen, das für die Leistungserstellung eingesetzt wird, der Reproduktionswert massgebend. Nicht betriebsnotwendige Vermögensteile werden zum Marktpreis (Verkehrswert) eingesetzt.

Je nachdem, ob man den Substanzwert vor oder nach Abzug des Fremdkapitals berechnet, handelt es sich um einen **Brutto-** oder **Nettosubstanzwert**. In Theorie und Praxis ist man sich nicht einig, welchen Wert man bevorzugen soll. Nach Helbling (1998, S. 78f.) ist die Netto-Methode bei Unternehmen, deren Finanzierung fest gegeben ist und nicht leicht geändert werden kann (Grossunternehmen, Konzerne), einfacher anzuwenden. Bei Klein- und Mittelbetrieben (Einzelfirmen, Familiengesellschaften) hingegen scheint die Brutto-Methode übersichtlicher zu sein. Je nach Wahl des Substanzwertes ist auch der Ertragswert entsprechend vor oder nach Abzug der Fremdkapitalzinsen zu bestimmen.

3.3.2	**Ertragswertmethode**

Wie im Abschnitt 3.2.2 «Ertragswert» angedeutet, eignet sich die Berechnung des Ertragswertes aufgrund der Nettoauszahlungen nicht für die Praxis. Anstelle der Ausschüttungen wird deshalb auf den betriebswirtschaftlichen Begriff des Gewinnes zurückgegriffen. ▶ Abb. 182 zeigt die Gegenüberstellung der beiden Bewertungsverfahren, beruhend auf Zahlungsströmen einerseits und Gewinngrösse andererseits.

Unter der Annahme, dass der zukünftige Gewinn mit genügender Sicherheit vorausgesagt werden kann, es sich bei diesem um den nachhaltig erzielbaren Gewinn handelt und zudem seine Höhe konstant bleibt, kann der Ertragswert mit folgender Formel berechnet werden:

$$(2) \quad E = \frac{Gewinn}{i}$$

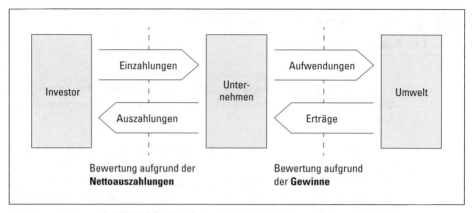

▲ Abb. 182   Bewertungen aufgrund von Netto-Ausschüttungen oder Gewinnen (Helbling 1982, S. 1)

Unter der Annahme einer begrenzten Lebensdauer n muss die Formel um den Liquidationswert L ergänzt werden:

a) mit **gleich bleibenden** jährlichen Gewinnen:

$$(3) \quad E = a_{\overline{n}|} \, G + \frac{L_n}{(1+i)^n}$$

b) bei jährlich **schwankenden** Gewinnen:

$$(4) \quad E = \sum_{t=1}^{n} \frac{G_t}{(1+i)^t} + \frac{L_n}{(1+i)^n}$$

Als Diskontierungszinssatz i wird oft der landesübliche Zinssatz für langfristiges Kapital genommen, der durch einen Zuschlag für das eingegangene Unternehmerrisiko erhöht werden kann. Andere Möglichkeiten wären eine Branchenrendite, die der durchschnittlichen Gesamtkapitalrentabilität aller Unternehmen einer Branche entspricht, oder die Aktienrendite branchengleicher Unternehmen.

3.3.3 | Mittelwertverfahren

Das Mittelwertverfahren, auch Praktikermethode genannt, stellt eine Kombination zwischen dem reinen Ertragswertverfahren und der Berechnung des Substanzwertes dar. Die von Schmalenbach begründete Methode beruht auf folgenden Überlegungen: Der Vollsubstanzwert ist zwar der korrekte Wert, doch lässt er sich in der Praxis nur schwer ermitteln, im

Gegensatz etwa zum Teilsubstanzwert oder zum Ertragswert. Obschon der Ertragswert korrekt wäre, da nur die zukünftigen Ereignisse für die Bewertung ausschlaggebend sind, ist eine alleinige Berücksichtigung des Ertragswertes nicht zulässig. Je höher dieser nämlich über dem (Teil-)Substanzwert liegt, umso grösser ist die Gefahr, dass dadurch Konkurrenzunternehmen angelockt werden, die den zukünftigen Gewinn schmälern würden. Somit muss der Ertragswert um das so genannte Konkurrenzrisiko verkleinert werden, wobei folgende Formel zur Berechnung des Unternehmenswertes U_M vorgeschlagen wird:

$$(5)\quad U_M = \frac{\text{Ertragswert + Substanzwert}}{2}$$

Je nachdem, welche Bedeutung dem Ertragswert zugesprochen oder wie gross das Konkurrenzrisiko eingeschätzt wird, kann man eine andere Gewichtung vornehmen. Häufig wird der Ertragswert doppelt gewertet. Allgemein lautet die Formel unter Berücksichtigung der beiden Gewichtungsfaktoren a und b:

$$(6)\quad U_M = \frac{a\,E + b\,S}{a + b}$$

Ist der Ertragswert kleiner als der Substanzwert, so wird in der Praxis nicht die Mittelwertmethode angewendet, sondern man stützt sich allein auf den Ertragswert als massgebende Grösse.

3.3.4	Übergewinnverfahren

Die Übergewinnverfahren bestimmen den Unternehmenswert aus dem Substanzwert plus einer Anzahl so genannter Übergewinne.

Unter **Übergewinn** wird jener Teil des Gewinns verstanden, der über eine normale Kapitalverzinsung hinausgeht.

Der Übergewinn stellt nichts anderes als den Goodwill dar. Es wird dabei unterstellt, dass diese Übergewinne nur für eine bestimmte Dauer anfallen und demzufolge nur für eine bestimmte Zeitdauer in den Berechnungen berücksichtigt werden müssen. Dieses Verfahren wird deshalb auch **Methode der verkürzten Goodwillrentendauer** genannt. Formal lässt sich der Unternehmenswert U_G wie folgt herleiten:

(7) $U_G = S + n(G - i \cdot S)$

wobei: S   = Substanzwert
                n   = Übergewinndauer
                G   = effektiver (geschätzter) Gewinn
                i   = Normalrendite
dabei bedeuet: $i \cdot S$ = Normalverzinsung oder Normalgewinn
                $n(G - i \cdot S)$ = Übergewinn

Unter Berücksichtigung der Zinseszinsrechnung (Abzinsung) ergibt sich schliesslich:

(8) $U_G = S + a_{\overline{n}}(G - i \cdot S)$

Beispiel Übergewinnverfahren
S   = Fr. 1 000 000,–
n   = 5 Jahre
i   = 0,08
G   = Fr. 150 000,–
U_G = 1 000 000 + 3,993 · (150 000 – 0,08 · 1 000 000) = 1 279 510 [Fr.]

Auch bei dieser Methode wird vorgeschlagen, den Ertragswert allein zu berücksichtigen, falls der Substanzwert grösser ist. Als besonders schwer lösbares Problem (neben den bereits bei den anderen Verfahren genannten Problemen) erweist sich bei dieser Methode die Bestimmung der Übergewinndauer. Da der Übergewinn einen Goodwill darstellt, ist die Art des Goodwills zu untersuchen. Je nachdem ob es sich dabei um einen sach- oder personenbezogenen Goodwill handelt, ist die Dauer kürzer oder länger.

3.3.5	**Discounted Cash-flow-Methode**

Im Zusammenhang mit der Forderung nach einer wertorientierten Unternehmensführung erlangte die Discounted Cash-flow-Methode auch in der Schweiz – in Anlehnung an die internationale Entwicklung – zunehmende Bedeutung und verdrängte zusehends die Ertragswertmethode.

> Der **Discounted Cash-flow** stellt die zukünftigen und abgezinsten, frei verfügbaren Einzahlungsüberschüsse aus Geschäftstätigkeit dar.

Da die operativen Cash-flows[1] jedoch aufgrund notwendiger Investitionen nicht in vollem Umfang ausgeschüttet werden können, wird auf den **Free Cash-flow (FCF)** zurückgegriffen. Mit anderen Worten wird der operative Cash-flow um die Investitionen ins Anlage- und Umlaufvermögen korrigiert. Die Abzinsung erfolgt durch den durchschnittlichen Kapitalkostensatz auf dem Eigen- und Fremdkapital (WACC = Weighted Average Cost of Capital):

$$(9) \quad U_{DCF} = \sum_{t=1}^{\infty} \frac{FCF_t}{(1 + WACC)^t} - FK$$

▶ Abb. 183 zeigt die Bestimmung des Unternehmenswertes auf Basis des Free Cash-flows anhand eines fiktiven Beispiels.

	Jahr 1	Jahr 2	Jahr 3	Jahr 4	Jahr 5	Folge-jahre
■ Gewinn vor Zinsen	48,0	50,0	52,0	58,0	65,0	70,0
■ Abschreibungen	36,0	38,0	38,0	40,0	40,0	40,0
■ Veränderung des operativen Nettoumlaufvermögens	−4,0	−5,0	−6,0	−6,0	−5,0	0,0
■ Investitionen im Anlagevermögen	−40,0	−33,0	−54,0	−32,0	−30,0	−40,0
Free Cash-flows [FCF]	**40,0**	**50,0**	**30,0**	**60,0**	**70,0**	**70,0**
FCF-Barwerte Jahre 1–5 [20%]	**33,33**	**34,72**	**17,36**	**28,94**	**28,13**	**350,00[1]**
FCF-Barwerte Jahre 6ff. [20%]						**140,66[2]**
Barwertsumme (FCF Jahr 1–5)	142,4					
Residualwert Jahr 5	140,7					
Unternehmenswert brutto	**283,1**					
− Wert Fremdkapital	**−120,0**					
Unternehmenswert (netto)	**163,1**					

Annahmen: ■ Kapitalkosten 20%
                 ■ Fremdkapital im Jahr 0 beträgt 120

1 Dies ist der Barwert der Folgejahre zu Beginn des Jahres 6
2 Dies ist der Barwert der Folgejahre auf das Jahr 0 abgezinst

▲ Abb. 183   Beispiel Discounted Cash-flow-Methode (Zahlen in Mio. US-$) (Volkart 2001c, S. 35)

---

1   Zur Berechnung des Cash-flows vgl. Teil 5, Kapitel 2, Abschnitt 2.7.4.3 «Cash-flow».

| **3.3.6** | **Economic Value Added** |

Der Economic Value Added (EVA) ist ein Residualgewinnkonzept, der sich vom DCF-Verfahren durch eine unterschiedliche Erfolgsgrösse auszeichnet.

> Beim **Economic Value Added (EVA)** wird anstatt des Free Cash-flows ein korrigierter Jahresüberschuss **(Net Operating Profit After Tax = NOPAT)** als Berechnungsgrundlage verwendet und um die Kapitalkosten des Unternehmens (Weighted Average Cost of Capital = WACC) vermindert (▶ Abb. 184).

Net Operating Profit after Tax (NOPAT)	**WACC**	**Investiertes Kapital (IK)**
Operatives Ergebnis vor Zinsen und Steuern (EBIT) + Aufwandsaktivierung − Abschreibung auf Aufwandsaktivierung + Zinsanteil für Pensionsrückstellungen + Ergebnis aus nicht operativem Vermögen − Steuern = **Operatives Ergebnis vor Zinsen und nach Steuern**	**Gewichteter durchschnittlicher Gesamtkapitalkostensatz für Fremd- und Eigenkapital**	Bilanzsumme − Operative Verbindlichkeiten (z. B. Lieferungen und Leistungen, Rückstellungen) + Kumulierte Aufwandsaktivierung abzüglich Abschreibungen (z. B. derivativer Goodwill, Miet-, Leasing- und F&E-Aufwendungen) + Pensionsrückstellungen − nicht operatives Vermögen = **Investiertes Kapital**

▲ Abb. 184   NOPAT, Kapitalkosten (WACC) und Investiertes Kapital (IK)

Eine Wertsteigerung wird demzufolge dann realisiert, wenn eine positive Differenz aus der Rendite auf das eingesetzte Kapital (NOPAT/IK) und den Kapitalkosten (WACC) erzielt wird. Ein positiver EVA bedeutet, dass in der Periode Wert geschaffen wurde, d. h. die erzielte Rendite überstieg die Kapitalkosten.

$$(10)\ \mathrm{EVA}_t = \left(\frac{\mathrm{NOPAT}_t}{\mathrm{IK}_t} - \mathrm{WACC} \right) \mathrm{IK}_t = \mathrm{NOPAT}_t - (\mathrm{WACC} \cdot \mathrm{IK}_t)$$

Da es sich beim EVA um eine jährliche Erfolgsgrösse handelt, die sich insbesondere für die Messung von Shareholder Value im Rahmen einer wertorientierten Unternehmensführung eignet, ist eine dem DCF-Verfahren vergleichbare Barwertermittlung der zugrunde gelegten zukünftigen Erfolgsgrössen nötig.

> Der **Market Value Added (MVA)** stellt den Barwert aller zukünftigen EVA zuzüglich des heute investierten Kapitals (IK) dar.

Der Market Value Added kann als Unternehmenswert (brutto) wie folgt berechnet werden:

$$(11) \quad MVA = IK_0 + \sum_{t=1}^{n} \frac{EVA_t}{(1 + WACC)^t}$$

Der MVA bezeichnet den Marktwert für Fremdkapital und Eigenkapital, der über die gesamte Laufzeit des Unternehmens (n) geschaffen wurde. Um nach dem EVA-Konzept den Gesamtwert aus Anteilseignersicht zu ermitteln, ist der Marktwert des Fremdkapitals, vergleichbar mit dem DCF-Modell, abzuziehen.

Der EVA eignet sich insbesondere für die periodenbezogene Performance-Beurteilung von Managern und kann für vergangenheits- und zukunftsorientierte Betrachtungen herangezogen werden. Zudem ist es möglich, einen EVA-Wert/Periode oder eine Zeitreihe von EVA-Werten als Totalerfolgsgrösse vorzugeben und mit dem jeweiligen realisierten Wert zu vergleichen.

Weiterführende Literatur

Grob, Heinz Lothar: Einführung in die Investitionsrechnung. 5., vollständig überarbeitete und erweiterte Auflage, München 2006

Helbling, Carl: Unternehmensbewertung und Steuern. Unternehmensbewertung in Theorie und Praxis, insbesondere die Berücksichtigung der Steuern aufgrund der Verhältnisse in der Schweiz und in Deutschland. 9., nachgeführte Auflage, Düsseldorf und Zürich 1998

Leimgruber, J./Prochinig, U.: Investitionsrechnung. 6. Auflage, Zürich 2005

Olfert, K./Reichel, Ch.: Investition. 10., aktualisierte und verbesserte Auflage, Ludwigshafen 2006

Staehelin, E./Suter, R./Siegwart, N.: Investitionsrechnung. 10., aktualisierte Auflage, Chur/Zürich 2007

Volkart, Rudolf: Shareholder Value & Corporate Valuation. Finanzielle Wertorientierung im Wandel. Zürich 1998

Volkart, Rudolf: Kapitalkosten und Risiko. Cost of Capital als zentrales Element der betrieblichen Finanzpolitik. Zürich 2001

Volkart, Rudolf: Unternehmensbewertung und Akquisitionen. 2., verbesserte Auflage, Zürich 2002

Volkart, Rudolf: Corporate Finance. Grundlagen von Finanzierung und Investition. 3., überarbeitete und erweiterte Auflage, Zürich 2007

Teil 8

Personal

Inhalt

Kapitel 1

Grundlagen

1.1 Der Mensch als Mitglied des Unternehmens

Menschen als Mitarbeiter eines Unternehmens bilden zusammen mit den Potenzialfaktoren (Betriebsmittel) diejenigen Produktionsfaktoren, welche die dauerhaft nutzbaren, produktiv tätigen Elemente eines Unternehmens darstellen. Nach H. Ulrich (1970, S. 246 f.) unterscheidet sich der Mensch aber trotz dieser Gemeinsamkeit in vielerlei Hinsicht von den sachlich-maschinellen Betriebsmitteln:

- Der Mensch trägt als Lebewesen einen Sinn in sich selbst und ist nicht nur Mittel zum Zweck. Er weist einen Selbstwert auf und stellt Anforderungen an seine Umwelt.
- Der Mensch ist nur teilweise in das Unternehmen einbezogen. Sein Dasein beschränkt sich nicht nur auf seine Funktion im Unternehmenszusammenhang, vielmehr ist er in mannigfaltige soziale Kontakte eingebunden.
- Der Mensch ist selbsttätig, mit Denkvermögen, Initiative und Willen ausgestattet. Deshalb ist er nicht nur passives Objekt, sondern Träger von selbstständigen und sinnhaften Handlungen.
- Der Mensch weist eine sehr grosse Varietät seines möglichen Verhaltens auf und ist daher in vielen Bereichen des Unternehmens einsetzbar.

- Die Leistungsabgabe des Menschen ist nicht nur von seiner körperlichen Konstitution und physischen Umgebung, sondern ebenso von seinem Willen und seinen psychischen Fähigkeiten (Veranlagungen) abhängig. Die Leistungsabgabe ist deshalb veränderlich. Zwar kann sie von den Organen des Unternehmens beeinflusst, aber nie vollständig beherrscht werden.
- Der Mensch kann durch das Unternehmen nicht gekauft werden. Er stellt lediglich seine Arbeitskraft gegen periodisches Entgelt zur Verfügung. Er ist damit wesentlich an personalpolitischen Entscheiden wie Eintritt, Einsatz und Austritt mitbeteiligt.
- Der Mensch tritt dem Unternehmen nicht nur als Individuum, sondern gleichzeitig als soziales Wesen entgegen. Diese soziale Dimension des Menschen führt dazu, dass er sich im Unternehmen Gruppen anschliesst, innerhalb derer die Menschen ihr Verhalten gegenseitig beeinflussen.

Dieser Überblick zeigt, dass bei der Behandlung des «Produktionsfaktors Mensch» andere Entscheidungskriterien und Entscheidungslogiken anzuwenden sind, als dies zum Beispiel für die Beschaffung, die Verwaltung und den Einsatz von technischen Anlagen oder Werkstoffen der Fall ist. Als Einsatzfaktoren benötigt das Unternehmen zwar Arbeitskräfte in bestimmter Qualität und Menge, was es aber bekommt, sind Menschen mit individuellen Motivationen, mit eigenem Willen und mit verschiedenartigen Ansprüchen. Das Unternehmen stellt ein soziales Beziehungsgefüge dar, aufgebaut aus Individuen und Menschengruppen. In statischer Betrachtung entsteht ein Netz zwischenmenschlicher Beziehungen, in dynamischer ein Komplex von sich verändernden Beziehungen und Interaktionen zwischen den Menschen.

Da die Aktivitäten des Unternehmens von Menschen gestaltet und gelenkt werden, kann das Unternehmensgeschehen ohne das Erfassen menschlichen Verhaltens gar nicht verstanden werden. Dies führt dazu, dass in der Betriebswirtschaftslehre viele Erkenntnisse aus anderen Wissenschaften, in denen ausschliesslich der Mensch im Vordergrund steht, Eingang gefunden haben. Diese können summarisch als Verhaltenswissenschaften bezeichnet werden, denen vor allem Disziplinen wie die Psychologie, die Soziologie und die Pädagogik sowie die verschiedenen Spezialgebiete dieser Richtungen zugeordnet werden.

Gerade in der Personalwirtschaft, aber auch in anderen Bereichen des Unternehmens, spielen bei der Betrachtung betriebswirtschaftlicher Entscheidungen die Grundannahmen über die menschliche Natur eine grosse Rolle. Diese Grundannahmen über den Menschen und insbesondere seine Motivierbarkeit drücken sich in einem bestimmten Menschenbild aus.

Der amerikanische Unternehmensberater **Douglas McGregor** hat in den fünfziger Jahren grundlegende Annahmen, die von Führungskräften über die Natur des Menschen gemacht wurden, gesammelt und die Auswirkungen dieser Annahmen auf das Führungsverhalten sowie das Verhalten und die Leistung der Mitarbeiter untersucht. Ausgehend von der Überzeugung, dass wirtschaftliche Ineffizienz dadurch hervorgerufen wird, dass die Mitarbeiter nur unzulänglich ihre Bedürfnisse befriedigen und ihre Ziele verwirklichen können, hat McGregor (1970) zwei idealtypische Theorien in Bezug auf das Menschenbild formuliert.

McGregor hält die traditionellen Ansichten der herkömmlichen Managementlehren über Führung und Leistung für Vorurteile. Er bezeichnet diese Vorstellungen als **Theorie X,** welche nach Greif (1983, S. 61 f.) die folgenden Aussagen über die Natur des Menschen beinhaltet:

- Der Durchschnittsmensch hat eine angeborene Abneigung gegen Arbeit und versucht ihr aus dem Weg zu gehen, wo er nur kann.
- Weil der Mensch durch Arbeitsunlust gekennzeichnet ist, muss er zumeist gezwungen, gelenkt, geführt und mit Strafe bedroht werden, um ihn mit Nachdruck dazu zu bewegen, das vom Unternehmen gesetzte Soll zu erreichen.
- Der Durchschnittsmensch zieht es vor, an die Hand genommen zu werden, möchte sich vor Verantwortung drücken, besitzt verhältnismässig wenig Ehrgeiz und ist vor allem auf Sicherheit ausgerichtet.

Begreift ein Vorgesetzter den Menschen und damit seine Mitarbeiter (wobei er in der Regel sich selbst davon ausnimmt) in dieser Weise, so leitet er für sich daraus ein bestimmtes Vorgesetztenverhalten ab: Er wird der direkten Anordnung und Kontrolle vermehrt Aufmerksamkeit widmen und um eine Arbeits- und Organisationsgestaltung bemüht sein, die an den Mitarbeiter möglichst geringe Anforderungen stellt. Die in der Theorie X angelegten Vorurteile führen zu einem Führungsverhalten mit Betonung von Autorität und Kontrolle. Dabei handelt es sich aber nach McGregor um eine Verkehrung von Ursache und Wirkung. Gibt man den Mitarbeitern wenig oder gar keine Möglichkeiten, ihre Fähigkeiten einzusetzen und weiterzuentwickeln und besteht nur wenig Möglichkeit, Verantwortung tatsächlich wahrzunehmen, dann werden die Menschen in der Tat solche

Verhaltensweisen an den Tag legen, die das Menschenbild des Vorgesetzten bestätigen. Der Führungsstil hat damit scheinbar seine Bestätigung gefunden, der Teufelskreis hat sich geschlossen, wie ▶ Abb. 185 graphisch veranschaulicht.

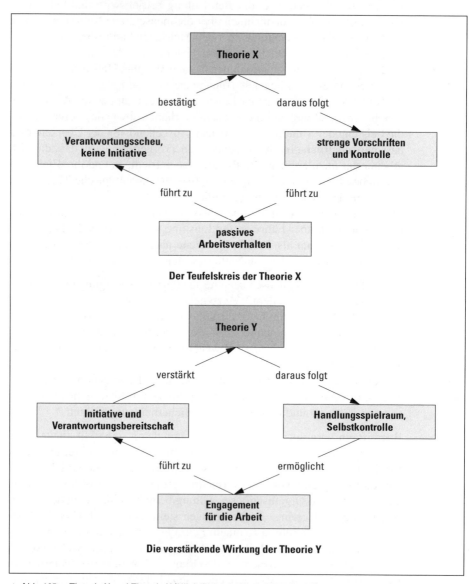

▲ Abb. 185   Theorie X und Theorie Y (Ulich/Baitsch/Alioth 1983, S. 18f.)

Als Alternativhypothese formulierte McGregor die **Theorie Y,** die – auf der Grundlage der Motivations- und Persönlichkeitstheorie des humanistischen Psychologen Abraham Maslow entwickelt – folgende grundlegenden Annahmen enthält (McGregor 1970, S. 61 f.):

- Die Verausgabung durch körperliche und geistige Anstrengung beim Arbeiten kann als ebenso natürlich gelten wie Spiel oder Ruhe.

- Von anderen überwacht und mit Strafe bedroht zu werden ist nicht das einzige Mittel, jemanden zu bewegen, sich für die Ziele des Unternehmens einzusetzen. Zugunsten von Zielen, denen er sich verpflichtet fühlt, wird sich der Mensch der Selbstdisziplin und Selbstkontrolle unterwerfen.

- Wie sehr er sich Zielen verpflichtet fühlt, ist eine Funktion der Belohnung, die mit dem Erreichen dieser Ziele verbunden ist.

- Der Durchschnittsmensch lernt, bei geeigneten Bedingungen Verantwortung nicht nur zu übernehmen, sondern sogar zu suchen.

- Die Anlage zu einem verhältnismässig hohen Grad an Vorstellungskraft, Urteilsvermögen und Erfindungsgabe für die Lösung organisatorischer Probleme ist in der Bevölkerung weit verbreitet und nicht nur vereinzelt anzutreffen.

- Unter den Bedingungen des modernen industriellen Lebens ist das Vermögen an Verstandeskräften, über das der Durchschnittsmensch verfügt, nur zum Teil ausgenutzt.

Gehört zu den grundlegenden Einstellungen des Vorgesetzten das Menschenbild Y, so wird er seinen Mitarbeitern auch einen Freiraum zur selbstständigen Gestaltung zugestehen, sie in Entscheidungsprozesse einbeziehen und eine Arbeits- und Organisationsgestaltung anstreben, die Initiative und Engagement der Mitarbeiter ermöglicht. Auch in diesem Fall kann beobachtet werden, dass sich der gewählte Führungsstil selbst bestätigt. Der entsprechende Wirkungszusammenhang wird in ◄ Abb. 185 festgehalten.

1.3 Problemlösungsprozess im Personalbereich

Überträgt man den allgemeinen Problemlösungsprozess auf den Personalbereich (► Abb. 186), so können die einzelnen Phasen wie folgt umschrieben werden:

1. **Analyse der Ausgangslage:** In dieser ersten Phase geht es darum, die mitarbeiterbezogenen Probleme zu erkennen, zu beschreiben und zu beurteilen. Voraussetzung dazu ist, dass die Bedürfnisse des Unternehmens und der Mitarbeiter analysiert werden. Dabei ist darauf zu achten, dass man sich des Menschenbildes bewusst wird, das den jeweiligen

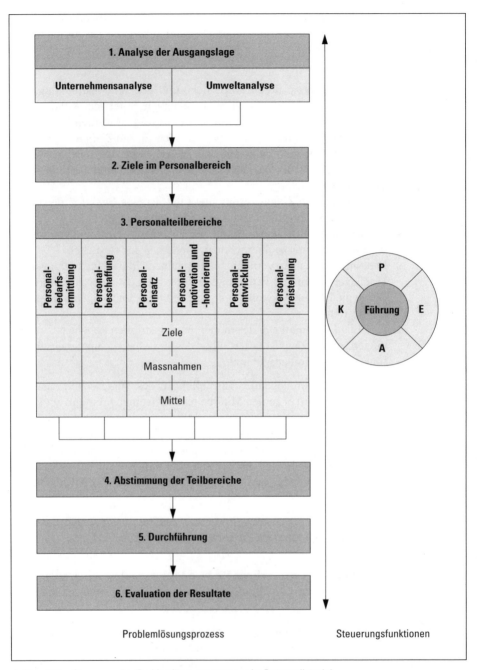

▲ Abb. 186   Steuerung des Problemlösungsprozesses im Personalbereich

Untersuchungen zugrunde liegt. Denn es ist offensichtlich, dass Art und Umfang der erkannten Bedürfnisse massgeblich vom vorherrschenden Menschenbild abhängen. Neben diesen unternehmensinternen Gegebenheiten spielen auch die gesellschaftlichen Wertvorstellungen oder die Personalpolitik anderer Unternehmen (insbesondere der Konkurrenz) eine Rolle. Somit ist die Umwelt des Unternehmens ebenfalls zu berücksichtigen.

2. **Ziele im Personalbereich:** Die allgemeinen Ziele des Personalbereichs beruhen stark auf dem vorhandenen Menschenbild und den gesellschaftlichen Normen. Sie beziehen sich in der Regel auf folgende Aspekte:
   - Sicherung der Arbeitszufriedenheit,
   - Gewährung eines sicheren Arbeitsplatzes,
   - Anerkennung des Mitarbeiters als Partner,
   - Förderung des Mitarbeiters in beruflicher und ausserberuflicher Hinsicht,
   - Schutz der Gesundheit des Mitarbeiters.

   Das aus dem güter- und finanzwirtschaftlichen Umsatzprozess abgeleitete Sachziel wird darin bestehen, die verschiedenen Unternehmensbereiche wie zum Beispiel Marketing, Materialwirtschaft und Produktion mit den notwendigen Mitarbeitern zu besetzen, und zwar
   - in quantitativer Hinsicht,
   - mit den erforderlichen Qualifikationen,
   - zum richtigen Zeitpunkt und
   - am richtigen Ort.

3. **Bestimmung der Ziele, Massnahmen und Mittel der Personalteilbereiche:** Nach den zu lösenden Hauptaufgaben im Personalbereich ergibt sich nachstehende Einteilung, die der Gliederung der folgenden Kapitel dient:
   - Personalbedarfsermittlung,
   - Personalbeschaffung,
   - Personaleinsatz,
   - Personalmotivation und -honorierung,
   - Personalentwicklung,
   - Personalfreistellung.

   Für alle diese Teilfunktionen sind die Ziele, Massnahmen und Mittel festzulegen, um die übergeordneten Unternehmensziele und die allgemeinen Ziele des Personalbereichs zu erreichen. Daneben lassen sich so genannte Querschnittsfunktionen abgrenzen, die alle Prozessfunktionen betreffen. Es handelt sich insbesondere um:
   - **Personal-Marketing:** Darunter versteht man sämtliche Massnahmen in allen Personalbereichen, die der Akquisition von zukünftigen und der Motivation von gegenwärtigen Mitarbeitenden dienen.

- **Personal-Controlling:** Im Vordergrund steht in diesem Bereich die Überwachung der Wirtschaftlichkeit personalwirtschaftlicher Massnahmen und der Zielerreichung.
- **Personalinformationsmanagement:** Dieses umfasst die computerunterstützte Sammlung und Verarbeitung wichtiger Informationen über alle Personalbereiche. Beispiele: Personalstatistik, Personalaufwand, Fehlzeiten, Überstunden.

4. **Abstimmung der Teilbereiche:** Ein Blick auf die Teilfunktionen des Personalwesens genügt, um zu erkennen, dass Zielkonflikte nicht zu vermeiden sind. Die Ziele, Massnahmen und Mittel sind deshalb in der Weise aufeinander abzustimmen, dass Widersprüche möglichst ausgemerzt und Zielkonflikte durch Setzen von Prioritäten abgeschwächt werden.

5. **Durchführung:** Der Formulierung von Zielen und Massnahmen sowie Bestimmung der dazu notwendigen Mittel folgt in einer nächsten Phase deren Umsetzung.

6. **Evaluation der Resultate:** Am Schluss des Problemlösungsprozesses stehen die Ergebnisse, die über das Erreichen der gesetzten Ziele Auskunft geben. Besonders beachtet werden dabei die Erfüllung der Unternehmensaufgabe einerseits und die Erfüllung der Bedürfnisse des Arbeitnehmers andererseits.

Sämtliche konkreten Ziele und Massnahmen sowie die zu deren Realisierung vorgesehenen Mittel im Personalbereich, die sich aufgrund des Problemlösungsprozesses ergeben, stellen als Ganzes die **Personalpolitik** eines Unternehmens dar.

1.4 Personalmanagement

Aus der Sicht einer managementorientierten Betriebswirtschaftslehre steht die Gestaltung und Steuerung des Problemlösungsprozesses mit den Elementen Planung, Entscheidung, Anordnung und Kontrolle im Vordergrund (◄ Abb. 186). Diese Aufgabe wird als **Personalmanagement** bezeichnet:

- Besonders wichtig ist die **Planung,** stellt sie doch als Entscheidungsvorbereitung die Grundlage für die Lösung personalpolitischer Problemstellungen. In diesem Sinne umfasst sie sämtliche Phasen des Problemlösungsprozesses für alle Teilbereiche und kann deshalb als **Personalplanung** bezeichnet werden. Gelegentlich wird der Begriff Personalplanung in Literatur und Praxis auch als Synonym für die Teilfunktion Personalbedarfsermittlung verwendet. Diese Sichtweise ist aber zu einschränkend.

- **Entscheidungen** im Personalbereich sind oft dadurch gekennzeichnet, dass sie aufgrund unterschiedlicher Wertvorstellungen der beteiligten Interessengruppen unter grossen Zielkonflikten getroffen werden müssen. Man denke beispielsweise an Entscheidungen über das Lohnsystem und die Lohnhöhe, Arbeitszeitregelungen oder Kündigungen.

- **Anordnungen** sind vor allem in der Durchführungsphase zu treffen, wenn die geplanten und genehmigten Massnahmen realisiert werden müssen.

- Die **Kontrolle** im Personalbereich kann unterteilt werden in eine
  - **Verfahrenskontrolle,** welche die Überwachung der Steuerung des Personalproblemlösungsprozesses beinhaltet, und in eine
  - **Ergebniskontrolle,** welche die Ergebnisse des Problemlösungsprozesses erfasst und bewertet sowie insbesondere die Abweichung der Ist-Werte von den Soll-Werten in Bezug auf Ziele, Massnahmen und Mittel analysiert.

Kapitel 2

Personalbedarfsermittlung

2.1 Einleitung

Die Höhe des Personalbedarfs eines Unternehmens ergibt sich aus dem Umfang der einzelnen Leistungsbeiträge zur Erfüllung der betrieblichen Gesamtaufgabe. Der Umfang der einzelnen Teilaufgaben (Beiträge) ist dabei in verschiedener Hinsicht zu betrachten, nämlich

- quantitativ: wie viele Mitarbeiter?
- qualitativ: welche Qualifikationen?
- zeitlich: wann, in welcher Zeitperiode?
- örtlich: wo, welches ist der Einsatzort?

Vorerst ist zu unterscheiden zwischen dem Brutto- und dem Nettopersonalbedarf. Letzterer wird wie folgt berechnet:

Bruttopersonalbedarf im Zeitpunkt t_i (= Soll-Personalbestand in t_i)

− Personalbestand im Zeitpunkt t_0
+ Personalabgänge im Zeitraum t_0 bis t_i
  - feststehende Abgänge (Pensionierungen, Kündigungen)
  - statistisch zu erwartende Abgänge (Invalidität, Todesfälle)
− Personalzugänge (feststehend) im Zeitraum t_0 bis t_i

= Nettopersonalbedarf

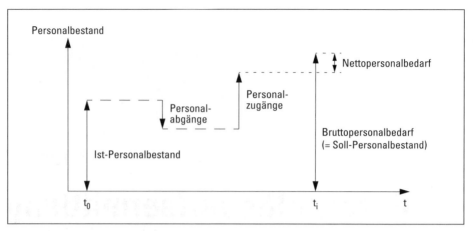

▲ Abb. 187   Schema Personalbedarf

Aus dieser Berechnung wird ersichtlich, dass es sich

- beim **Bruttopersonalbedarf** um den gesamten Personalbedarf in einem bestimmten Zeitpunkt t_i ($i = 1, 2, ..., n$) handelt, während
- der **Nettopersonalbedarf** lediglich die zusätzlich (zum vorhandenen Personalbestand) notwendigen Mitarbeiter unter Berücksichtigung der Personalfluktuationen darstellt (◄ Abb. 187).

Der (Netto-)Personalbedarf wird durch eine Reihe von externen und internen Faktoren beeinflusst. Als wichtige **externe** Einflussfaktoren sind zu nennen:

- die sozialpolitische Situation,
- die gesamtwirtschaftliche Entwicklung (Konjunktur),
- die Entwicklung innerhalb der Branche,
- der technologische Fortschritt.

Wichtigster **interner** Einflussfaktor ist die Unternehmensstrategie. Verfolgt man beispielsweise eine Wachstumsstrategie durch Innovationen oder durch eine Internationalisierung (Export), so ergibt sich daraus ein erhöhter Personalbedarf.

Sind der Soll- und der voraussichtliche Ist-Personalbestand (unter Berücksichtigung der bereits feststehenden Personalzugänge und -abgänge) zu einem bestimmten Zeitpunkt ermittelt, so ergibt sich entweder eine personelle Deckung, Überdeckung oder Unterdeckung, und zwar in quantitativer, qualitativer, zeitlicher und/oder örtlicher Hinsicht. Eine **Überdeckung** tritt beispielsweise auf, wenn infolge eines schlechten Auftragseinganges oder einer Verbesserung der Produktivität (z. B. Reorganisation) mehr Mitarbeiter freigestellt werden als über die bereits feststehenden Abgänge aufgefangen werden können. Auch wenn langfristig mit entsprechenden personalpolitischen Entscheidungen (Entlassung, Umschulung, Beförderung) ein Ausgleich zwischen Personalbedarf und Personalbestand geschaffen werden kann, verhindern oft rechtliche und ethische Gründe einen sofortigen Abbau des Mitarbeiterbestandes und somit eine Anpassung der Ist-Werte an die Soll-Werte. Im Falle einer **Unterdeckung** muss mit entsprechenden Personalbeschaffungsmassnahmen ebenfalls ein Ausgleich angestrebt werden.

Die Bestimmung des Personalbedarfs erfolgt aufgrund von Informationen aus anderen Funktionsbereichen, insbesondere des Marketings und der Produktion. Deshalb bezeichnet man die Personalplanung auch als **Sekundärplanung** und bringt damit zum Ausdruck, dass es sich um eine aus übergeordneten Plänen abgeleitete Planung handelt.

2.2	**Ermittlung des quantitativen Personalbedarfs**
2.2.1	**Probleme der quantitativen Personalbedarfsermittlung**

Bei der Ermittlung des quantitativen Personalbestandes stellen sich verschiedene Probleme. Das erste Problem ergibt sich dadurch, dass nicht alle Aufgaben (Arbeitsleistungen) quantifizierbar sind, d.h. keine Massstäbe zur Festlegung der Vorgabezeiten für bestimmte Aufgabenarten gefunden werden können. Schwierigkeiten ergeben sich vor allem bei kreativen Aufgaben oder Führungsaufgaben, während bei rein ausführenden Tätigkeiten im Fertigungsbereich bessere Voraussetzungen für die Quantifizierung gegeben sind. In diesem Bereich können die benötigten Mitarbeiter bei mehr oder weniger konstantem Fertigungsprogramm und Fertigungsverfahren aufgrund der erzeugten Mengen berechnet werden. Die genauen Zahlen ergeben sich aus den Maschinenbelegungsplänen und den Vorgabezeiten. Je genauer und detaillierter die Planung der Arbeitsvorbereitung (AVOR) und die Planungsunterlagen (Werkstattpapiere) sind, umso genauer kann die Zahl der notwendigen Arbeitskräfte ermittelt werden.

Die Bestimmung des quantitativen Nettopersonalbedarfs (◄ Abb. 187) bereitet auch wegen der unsicheren Informationen grosse Schwierigkeiten. Abgesehen von der Ungewissheit über die zu erstellende Leistung ergeben sich vor allem Probleme aufgrund der Mitarbeiter-Fehlzeiten, deren Ausmass meistens nur ungenügend vorausgesagt werden kann.

Im Rahmen der Nettopersonalbedarfsplanung ist es sinnvoll, Fehlzeiten in die Betrachtung einzubeziehen.

Fehlzeiten umschreiben jedes Fernbleiben von der vertraglich festgelegten Arbeitszeit, denn diese Fehlzeiten müssen – unabhängig von ihrer Ursache – durch andere Mitarbeiter abgedeckt werden.

1. Urlaub (Beurlaubung)	■ gesetzlich-vertraglich zustehender Urlaub ■ unbezahlter Urlaub ■ Sonderfälle (Todesfall in der Familie, Umzug)
2. Staatspolitische Pflichten	■ Militärdienst ■ Zivilschutzdienst ■ öffentliche Ämter
3. Krankheit und Unfall	■ Unfall (Berufsunfall/Nichtberufsunfall) ■ Krankheit ■ Kuren
4. Betriebliche Weiterbildung	■ Bildungsurlaub ■ Umschulung
5. Unentschuldigtes Fehlen	

▲ Abb. 188   Fehlzeiten

Geht man hingegen von rechtlichen Überlegungen aus, so können Fehlzeiten als in Tagen gemessene Abwesenheiten vom Betrieb, die nicht durch gesetzliche, gesamtvertragliche (tarifvertragliche) oder einzelvertragliche Regelungen und Betriebsvereinbarungen begründet sind, definiert werden. ◄ Abb. 188 zeigt eine Klassifikation von Fehlzeiten, aus der ersichtlich wird, dass die Gründe für das Auftreten von Fehlzeiten sehr vielschichtig sind.

Für eine weitere Unsicherheit in der Bestimmung des Nettopersonalbedarfs sorgen die **Personalfluktuationen**. Zu den Fluktuationen werden primär die freiwilligen (Kündigungen der Mitarbeiter) und unfreiwilligen (Kündigungen des Unternehmens) Arbeitsplatzwechsel gezählt. Dazu kommen jene Fälle, bei denen sich wegen Erreichen der Altersgrenze oder durch Eintreten von Invalidität oder Tod Veränderungen ergeben. Diese Fluktuationen versucht man durch eine Kennzahl, die Fluktuationsrate, statistisch zu erfassen.

Die **Fluktuationsrate** bringt eine Beziehung zwischen den Abgängen und den beschäftigten Mitarbeitern in einer bestimmten Planperiode zum Ausdruck:

■ $\text{Fluktuationsrate} = \dfrac{\text{Anzahl Austritte}}{\text{ø Anzahl Beschäftigte}} \cdot 100$

Ziel der Personalpolitik sollte sein, die Fluktuationsrate möglichst tief zu halten, da Personalwechsel oft mit sehr hohen Kosten verbunden sind.

2.2.2	Methoden der quantitativen Personalbedarfsermittlung

Der quantitative Personalbedarf wird aus den betrieblichen Teilplänen abgeleitet. Im Vordergrund stehen der Absatzplan und der Produktionsplan, wobei Letzterer ebenfalls aus Ersterem abgeleitet wird. Damit wird deutlich, dass der Personalbedarf hauptsächlich auf der Grundlage der produzierten Menge bzw. des Beschäftigungsgrades ermittelt wird. Neben einfachen Schätzungen des zukünftigen Bedarfs können auch die statistischen Methoden der Trendextrapolation oder Regressionsanalyse angewendet werden. Allerdings scheint es wenig sinnvoll zu sein, globale Bedarfszahlen für ein ganzes Unternehmen zu ermitteln, da der Personalbedarf – wie bereits ausgeführt – immer unter Berücksichtigung von quantitativen, qualitativen, zeitlichen und örtlichen Aspekten berechnet werden muss. Es nützt mit anderen Worten wenig, wenn beispielsweise im Fertigungsbereich zu viele Mitarbeiter vorhanden sind, aber dringend einige Computer-Fachleute gebraucht werden. Daraus folgt, dass der Personalbedarf sinnvollerweise nur für einzelne Teilbereiche, unter Umständen nur für bestimmte Aufgabenarten ermittelt wird. Zu berücksichtigen ist allerdings, dass in einigen Fällen durch Umschulung Mitarbeiter in neuen Bereichen eingesetzt werden können.

Der Bruttopersonalbedarf (Soll-Personalbestand) für repetitive Büroarbeiten auf der Grundlage von Vorgabezeiten, wie sie mit Hilfe arbeitswissenschaftlicher Untersuchungen ermittelt werden können, kann mit folgender Formel berechnet werden:

$$\blacksquare \quad PB = \frac{\sum_{i=1}^{n} m_i \, t_i}{T} \, VZ$$

PB: Personalbedarf für den Planungszeitraum (z.B. Monat, Jahr).

m_i: Anzahl der zu bearbeitenden gleichartigen Geschäftsfälle der Kategorie i während des Planungszeitraums.

t_i: Durchschnittliche Bearbeitungszeit für einen Geschäftsvorfall der Kategorie i, wobei i = 1, 2, …, n.

T: Arbeitszeit laut Arbeitsvertrag im Planungszeitraum.

VZ: Verteilzeitfaktor, der als Korrekturfaktor der reinen Bearbeitungszeit folgende zusätzliche Zeitaufwendungen berücksichtigt:

- Zeit für vergessene Arbeiten, Korrekturen und Nebenarbeiten (z.B. Telefongespräche, Auskunftserteilungen an Besucher),
- Zeit für Erholung aufgrund der Ermüdung durch Arbeitserledigung,
- Ausfallzeiten, in denen der Mitarbeiter nicht anwesend war.

m$_1$:   5000 Kreditanträge prüfen
m$_2$:   4000 Kreditverträge ausarbeiten
t$_1$:   40 Minuten
t$_2$:   15 Minuten
T: 44 Stunden pro Woche und Mitarbeiter
VZ: Nebenarbeitszeitfaktor = 1,3; Erholungszeitfaktor = 1,1; Ausfallzeitfaktor = 1,2

Bei einem Planungszeitraum von 4 Wochen beträgt der **Soll-Personalbestand** für diesen Zeitraum:

- Personalbestand (PB) $= \left(\dfrac{5000 \cdot 40 + 4000 \cdot 15}{4 \cdot 44 \cdot 60} \right) 1,3 \cdot 1,1 \cdot 1,2 = 42,25$

Es werden somit 43 Mitarbeiter benötigt, um die anfallenden Arbeiten zu erledigen.

▲ Abb. 189   Beispiel für die quantitative Personalbedarfsermittlung

◄ Abb. 189 zeigt ein Beispiel für die Berechnung des quantitativen Personalbedarfs.

2.3	**Ermittlung des qualitativen Personalbedarfs**
2.3.1	**Arbeitsanalyse**

Grundlage für die Ermittlung des qualitativen Personalbedarfs bildet die Arbeitsanalyse.[1]

> Als **Arbeitsanalyse** bezeichnet man die systematische Untersuchung der zu lösenden Aufgaben in Bezug auf Arbeitsobjekt, Arbeitsmittel und Arbeitsvorgänge. Sie dient zur Festlegung der Anforderungsarten sowie deren Umfang.

Je nach Detaillierungsgrad erfolgt die Analyse der Einzelaufgaben über eine Tätigkeitsanalyse bis hin zu Bewegungsanalysen (Bewegungs- und Zeitstudien). Allerdings ist zu beachten, dass eine zu starke Detaillierung die Festlegung bestimmter Anforderungsarten erschwert. Erstens würden sich zu viele Anforderungsarten ergeben und zweitens wären diese nicht operational. Zudem besteht die Gefahr, dass die Summe der Einzelanforderungen nicht mehr der Gesamtanforderung einer Stelle entspricht. Dies führt in der Praxis dazu, dass standardisierte Anforderungslisten mit bestimmten Anforderungskategorien verwendet werden (► Abb. 190).

---

1   Vgl. Teil 9, Kapitel 1, Abschnitt 1.3.2.1 «Arbeitsanalyse und Arbeitssynthese».

Kenntnisse	Ausbildung	bei festgelegten Ausbildungsplänen in Klassen beschreibbar, Zahl der Jahre schätzbar
	Erfahrung, Denkfähigkeit	zum Teil in Klassen beschreibbar
geistige Belastung	Aufmerksamkeit, Denkfähigkeit	Dauer messbar, Häufigkeit des Vorkommens zählbar, Höhe in Klassen beschreibbar
Geschicklichkeit	Handfertigkeit, Körpergewandtheit	in Klassen beschreibbar
muskelmässige Belastung	dynamische, statische und einseitige Muskelarbeit	Höhe und Dauer messbar, Häufigkeit des Vorkommens zählbar
Verantwortung	für die eigene Person, für andere Personen, für Funktion, Struktur und Prozess	allgemein beschreibbar, Höhe der möglichen Schäden schätzbar, Schadenswahrscheinlichkeit in Klassen beschreibbar
Umweltbedingungen	Klima, Lärm, Beleuchtung, Schwingung, Staub	Höhe und Dauer messbar, Häufigkeit des Vorkommens zählbar
	Nässe, Öl, Fett, Schmutz, Gase, Dämpfe	Höhe in Klassen beschreibbar, Dauer messbar, Häufigkeit zählbar
	Schutzkleidung, Erkältungsgefahr, negatives Sozialprestige	allgemein beschreibbar

▲ Abb. 190   Anforderungsarten (Pfeiffer/Doerrie/Stoll 1977, S. 190)

2.3.2	Stellenbeschreibung

> In der **Stellenbeschreibung** werden die für eine Stelle relevanten Führungs- und Leistungsanforderungen sowie deren Einordnung in die Organisationsstruktur beschrieben.

Von dieser Umschreibung ausgehend führt die Analyse des Stellenbildes zu einem Instanzenbild, Aufgabenbild und Leistungsbild. Nach Hentze/Kammel (2001, S. 227 ff.) können diese drei Bereiche wie folgt umschrieben werden (▶ Abb. 191):

1. **Instanzenbild:** Das Instanzenbild besteht aus der Stellenkennzeichnung, der Regelung der hierarchischen Einordnung und Angaben über die Zusammenarbeit mit anderen Stellen.
   - Zur **Stellenkennzeichnung** zählt zunächst die Stellenbezeichnung, welche die Position des Stelleninhabers (z.B. Leiter Werbung und Public Relations) und den Leitungsbereich (z.B. Marketing), dem sie angehört, umfasst. Dazu gehört auch die Bezeichnung des Dienstran-

Unternehmen:
Beschäftigungsart:

I. Instanzenbild

a) *Stellenkennzeichnung*

1. Stellenbezeichnung:
2. Stellennummer:
3. Abteilung:
4. Stelleninhaber:
5. Dienstrang:
6. Gehaltsbereich:

b) *Hierarchische Einordnung*

7. Der Stelleninhaber erhält fachliche Weisungen von:
8. Der Stelleninhaber gibt fachliche Weisungen an:
9. Stellvertretung
   - Stellvertretung des Stelleninhabers:
   - Stellvertretung für andere Stellen:
10. Anzahl der disziplinarisch unterstellten Mitarbeiter (z. B. Abteilungsleiter, Gruppenleiter, Sachbearbeiter, Meister, Vorarbeiter):
11. Kompetenzen (z. B. Prokura, Handlungsvollmacht):

c) *Kommunikationsbeziehungen*

12. Der Stelleninhaber liefert folgende Berichte ab:
13. Der Stelleninhaber erhält folgende Berichte:
14. Teilnahme an Konferenzen:
15. Die Zusammenarbeit mit folgenden Stellen (intern/extern) ist erforderlich:

II. Aufgabenbild

16. Beschreibung der Tätigkeit
    - Sich wiederholende Sachaufgaben:
    - Unregelmässig anfallende Sachaufgaben:
17. Arbeitsmittel:
18. Richtlinien, Vorschriften:

III. Leistungsbild

a) *Leistungsanforderungen*

19. Kenntnisse, Fertigkeiten, Erfahrungen:
20. Arbeitscharakterliche Züge (z. B. Genauigkeit und Sorgfalt, Kontaktfähigkeit):
21. Verhalten (z. B. Führungsqualitäten, Durchsetzungsvermögen):

b) *Leistungsstandards*

22. Quantitative Leistungsstandards (z. B. Umsatz):
23. Qualitative Leistungsstandards (z. B. Betriebsklima):

Unterschriften mit Datum:

| Personalleiter | Stelleninhaber | Vorgesetzter |

▲ Abb. 191   Schema Stellenbeschreibung (nach Hentze/Kammel 2001, S. 230ff.)

ges, da durch diesen zum Teil die sachlichen Kompetenzen und Verantwortlichkeiten zum Ausdruck kommen. Es sind beispielsweise Rangbezeichnungen wie Sachgebiets-, Abteilungs- oder Hauptabteilungsleiter anzugeben (z.B. Marketingleiter oder Leiter Informatik). Es können auch Rangbezeichnungen angeführt werden, die nichts mit der Aufgabenerfüllung zu tun haben, wie zum Beispiel Handlungsbevollmächtigter, Prokurist, Direktor. Für personalpolitische Zwecke werden in Stellenbeschreibungen häufig auch Lohn- oder Gehaltsgruppen angegeben.

- Zur Regelung der **hierarchischen Einordnung** der Stelle zählen die Über- und Unterstellungsverhältnisse, besondere Vollmachten bzw. Kompetenzbeschränkungen und die Stellvertretung.

- Die **Zusammenarbeit mit anderen Stellen** scheint nicht nur im Hinblick auf den Führungsstil ein wichtiger Punkt zu sein, sondern auch für die Kommunikationsbeziehungen. Die internen Kommunikationsbeziehungen betreffen die Mitwirkung in Ausschüssen und das Berichtswesen. Auch externe Kommunikationsbeziehungen sind aufzunehmen, wenn der Stelleninhaber in Kommissionen, Ausschüssen oder Verbänden mitwirkt.

2. **Aufgabenbild:** Die bereits oben angesprochene Zielsetzung der Stellenbeschreibung wird im Verzeichnis der Aufgaben und Befugnisse präzisiert. Der Kern der Stellenbeschreibung ist die Analyse der Aufgaben sowie der Entscheidungs- und Weisungskompetenzen. Alle Aufgaben, gleichgültig ob sie täglich, wöchentlich oder monatlich anfallen, sollten aufgenommen werden. Der Vorteil der Stellenbeschreibung ist darin zu sehen, dass der Aufgabenbereich des Betriebsangehörigen geregelt und dass sein Handlungs- und Entscheidungsspielraum klar umrissen ist. Die Formulierung der Aufgaben sollte knapp, verständlich und genau sein.

3. **Leistungsbild:** Das Leistungsbild als dritter Teilbereich der Stellenbeschreibung gibt die Anforderungen an den Stelleninhaber wieder. Die Anforderungsanalyse sollte nicht so umfangreich wie jene bei der analytischen Arbeitsplatzbewertung sein. Häufig reicht eine verbale Beschreibung der wichtigsten Anforderungen aus. Zum Leistungsbild gehören ausser der Fixierung der Leistungsanforderungen auch Leistungsstandards. Mit diesen wird festgehalten, was vom Stelleninhaber erwartet wird.

2.3.3	Anforderungsprofile

Nach der Bestimmung der wesentlichen Anforderungsarten anhand der Arbeits- bzw. Stellenbeschreibung muss in einem weiteren Schritt die **Anforderungshöhe** festgelegt werden. Üblicherweise wird dazu eine graphische Darstellung mit so genannten Anforderungsprofilen gewählt, in denen die Anforderungshöhen einzelner Anforderungsarten eines Arbeitsplatzes festgelegt werden.

Sind die Anforderungsarten und deren Höhe festgelegt, so müssen sie mit den Fähigkeitsmerkmalen des aktuellen oder potenziellen Stelleninhabers verglichen werden, um dessen Eignung beurteilen zu können. Ein Vergleich zwischen den geforderten und vorhandenen Fähigkeiten ergibt entweder eine Deckung, Überdeckung oder Unterdeckung:

- Bei einer **Unterdeckung** sind die Fähigkeiten niedriger als die gestellten Anforderungen. Der Mitarbeiter ist unterqualifiziert und es stellt sich die Frage, ob mit entsprechenden Personalentwicklungsmassnahmen (Ausbildung) die Fähigkeiten an die Anforderungen angepasst werden können oder ob der Mitarbeiter an einer anderen, seinen Fähigkeiten adäquaten Stelle eingesetzt werden soll oder kann. Falls beide Varianten nicht in Frage kommen, sind weitere Personalfreistellungsmassnahmen in Betracht zu ziehen.

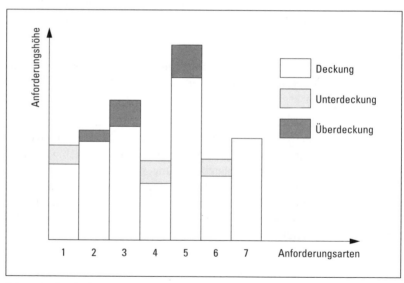

▲ Abb. 192   Schematisches Anforderungs- und Fähigkeitsprofil

- Bei einer **Überdeckung** ist der Stelleninhaber überqualifiziert, d.h. seine Fähigkeiten sind höher als die Anforderungen. In diesem Fall muss überlegt werden, ob dem Mitarbeiter nicht eine höher qualifizierte Arbeit zugewiesen werden sollte.

Da eine Über- oder Unterdeckung nur für jeweils ein Anforderungsmerkmal (◄ Abb. 192) bestimmt werden kann, ist ein pauschales Urteil für eine ganze Stelle oft schwierig. Wird eine Person beispielsweise aufgrund einer fachlichen Überqualifikation befördert, so besteht die Gefahr, dass ihr die für die höherwertige Stelle notwendigen Führungseigenschaften fehlen.

Kapitel 3

Personalbeschaffung

3.1 Einleitung

Die **Personalbeschaffung** hat die Aufgabe, die in der Personalbedarfsermittlung festgestellte Unterdeckung nach Anzahl (quantitativ), Art (qualitativ), Zeitpunkt und Dauer (zeitlich) sowie Einsatzort (örtlich) zu decken. Hauptaufgaben der Personalbeschaffung bilden die beiden Bereiche **Personalwerbung** und **Personalauswahl.**

Grundsätzlich ist zwischen interner und externer Personalbeschaffung zu unterscheiden:

- Die **internen** Beschaffungsmassnahmen lassen sich aufteilen in solche, die eine **Mehrarbeit** in Form von Verlängerung der vertraglichen Arbeitszeit (Überstunden) und in solche, die eine **Aufgabenumverteilung,** verbunden mit Beförderungen und Versetzungen, beinhalten.
- Die **externe** Personalbeschaffung mit Bewerbern vom Arbeitsmarkt kann durch **Neueinstellungen** oder durch den Einsatz **temporärer Arbeitskräfte** vorgenommen werden.

Inwiefern eine interne oder externe Stellenbesetzung vorgenommen werden soll, kann nicht allgemein gesagt werden. Die Entscheidung, in welchem Ausmass Bewerbern aus dem eigenen Unternehmen oder solchen vom Arbeitsmarkt der Vorzug gegeben werden soll, hängt eng mit der Personalentwicklungspolitik (Laufbahn- und Ausbildungsplanung) zusammen. Im Einzelnen sind die Vor- und Nachteile sorgfältig gegeneinander abzuwägen, wobei als Erschwernis viele nichtquantifizierbare Faktoren mitberücksichtigt werden müssen. Die interne Personalbeschaffung weist meist folgende **Vorteile** auf:

- Kosteneinsparung aufgrund wegfallender Einstellungskosten, kürzerer Einarbeitungszeiten oder weniger Fehlbesetzungen.
- Das Unternehmen hat gute Beurteilungsunterlagen, um die Fähigkeiten des Mitarbeiters mit den gestellten Anforderungen der neuen Stelle vergleichen zu können. Das Risiko von Fehlbesetzungen wird dadurch erheblich reduziert.
- Die Eingliederungsschwierigkeiten sind kleiner, da der Mitarbeiter mit den betrieblichen Gegebenheiten vertraut ist.
- Die Aufstiegsmöglichkeiten stellen ein Anreizinstrument dar, das zu grösserer Motivation und Zufriedenheit führen kann.

Diesen Vorteilen innerbetrieblicher Massnahmen stehen einige **Nachteile** gegenüber, die gleichzeitig auf die Vorzüge der externen Personalbeschaffung aufmerksam machen:

- Die Betriebsblindheit wird gefördert. Es werden keine neuen Ideen von aussen in das Unternehmen getragen.
- Man kennt die Arbeitsmarktverhältnisse zu wenig und kann keinen Vergleich mit den Qualifikationen und Forderungen externer Arbeitskräfte anstellen.
- Es müssen zwei Stellen neu besetzt werden, da der beförderte Mitarbeiter eine offene Stelle hinterlässt, die in der Regel wieder besetzt werden muss. Dadurch können zusätzliche Kosten eine Ersparnis vereiteln.
- Die Beförderung kann von den nicht berücksichtigten Mitarbeitern als ungerechte «Belohnung» im Vergleich zur eigenen Leistung empfunden werden. Dies könnte zu einem schlechteren Betriebsklima führen.

Mit Hilfe der Personalentwicklung und -bildung lassen sich in Form einer individuellen Laufbahnplanung und/oder gezielter betrieblicher Weiterbildung einige Nachteile der innerbetrieblichen Stellenbesetzung beseitigen oder zumindest abschwächen.

3.2 Personalwerbung

Aufgabe der **Personalwerbung** ist die Vermittlung der vom Unternehmen angebotenen Anreize an die Umwelt mit dem Ziel, geeignete Mitarbeiter für die Besetzung von freien Stellen zu finden.

Je nachdem, ob die Wirkung auf die Gestaltung optimaler Beziehungen zwischen Unternehmen und Arbeitsmarkt ausgerichtet ist oder auf die Suche potenzieller Mitarbeiter für eine nicht besetzte Stelle, spricht man von mittelbarer oder unmittelbarer Personalwerbung.

Die **mittelbare** Personalwerbung als Teil der Public Relations will mit gezielter Öffentlichkeitsarbeit günstige Voraussetzungen schaffen, um einen Personalbedarf ohne grosse Schwierigkeiten decken zu können. Sie sieht sich dabei drei Problembereichen gegenübergestellt:

1. Um eine möglichst hohe Werbewirkung zu erreichen, muss die **Zielgruppe** genau definiert werden, um an die tatsächlichen zukünftigen Bewerber zu gelangen.

2. Die **Werbebotschaft,** d.h. die vom Unternehmen angebotenen Anreize, muss mit den Bedürfnissen und Ansprüchen der festgelegten Zielgruppe übereinstimmen. Inhalt der Werbebotschaft können folgende Informationen sein:

   - Allgemeine Informationen über das Unternehmen (z.B. über Geschäftstätigkeiten, Umsatz, Gewinn, Anzahl Mitarbeiter), aus denen auf den Erfolg des Unternehmens (und damit die Arbeitsplatzsicherheit) und auf Einsatzmöglichkeiten geschlossen werden kann.

   - Personalpolitische Informationen, welche über die angebotenen Sozialleistungen (insbesondere die freiwilligen wie zum Beispiel Betriebswohnungen, Sportanlagen), sowie die Mitarbeiterausbildung berichten.

3. Schliesslich sind die geeigneten **Werbemedien** auszuwählen. Als solche kommen Zeitungen und Fachzeitschriften, Geschäftsberichte, Internet-Portale, Firmenvorstellungsbroschüren oder -filme, Betriebsbesichtigungen sowie externe Kurse und Referate von Persönlichkeiten aus dem Unternehmen in Frage.

Die mittelbare Personalwerbung dient der Vorbereitung der **unmittelbaren Personalwerbung,** bei der es um die Besetzung von freiwerdenden oder neu geschaffenen Stellen geht. Als Werbemedien werden häufig Inserate in Zeitungen und Fachzeitschriften sowie die Veröffentlichung via Internet (E-Recruiting) gewählt. Die Gestaltung des Stelleninserates ist dabei mitentscheidend für den Erfolg der Personalwerbungsmassnahmen. Das Inserat sollte die Aufmerksamkeit bei den Umworbenen wecken und diese dazu bringen, den Inhalt zu lesen. Dieser sollte den Leser soweit informieren, dass er die für eine erste Beurteilung der Stelle notwendigen Informationen erhält und angeregt wird, mit dem Unternehmen Kontakt aufzunehmen. Der Inhalt sollte deshalb folgende Punkte umfassen:

- Vorgehen bei der Bewerbung,
- Bezeichnung der Stelle,

- Anforderungen, die an den Stelleninhaber gestellt werden,
- Qualifikationen, die vom Bewerber erwartet werden,
- Informationen über die Arbeitsbedingungen (z.B. über Arbeitsort, Führungsstil, Arbeitszeit),
- Beschreibung des Bewerbungsvorganges.

Je nach Zielgruppe werden häufig Institutionen dazwischengeschaltet, die entweder einen engen Kontakt mit den potenziellen Bewerbern haben oder sich als Spezialisten für Stellenbesetzungen anbieten. Als Beispiele können Ausbildungsinstitutionen (Universitäten, Fachschulen), Berufsverbände, Stellenvermittlungs- und Personalberatungsunternehmen sowie Jobbörsen über das Internet genannt werden. Für Führungskräfte sind insbesondere die Executive-Search-Unternehmen von Bedeutung:

> Unter **Executive Search** versteht man die systematische Suche von Führungskräften, in der Regel für das mittlere und obere Management.

Die Ansprache erfolgt über eine direkte Kontaktaufnahme mit den potenziellen Kandidaten. Da diese Methode in den meisten Fällen ein Abwerben vom bisherigen Arbeitgeber bedeutet, wird oft etwas abschätzig von Head Hunting gesprochen. Executive Search bietet sich immer dann an, wenn die Stellenbesetzung ein diskretes Vorgehen erfordert oder wenn eine Suche über Stelleninserate von vornherein aussichtslos ist. Es wird heute von vielen Personal- und Unternehmensberatungen angeboten.

3.3 | Personalauswahl

3.3.1 | Beurteilungsverfahren

> Die Aufgabe der **Personalauswahl** besteht darin, aus den zur Auswahl stehenden Bewerbern den oder diejenigen auszusuchen, die die Anforderungen der zu besetzenden Stelle am besten erfüllen.

Diese Hauptaufgabe erfordert folgende Abklärungen:

1. **Leistungsfähigkeit:** Feststellung des Übereinstimmungsgrades zwischen Arbeitsanforderungen und Fähigkeiten des Bewerbers, d.h. ein Vergleich zwischen Anforderungs- und Fähigkeitsprofil.
2. **Leistungswille:** Abklärung, ob der potenzielle Stelleninhaber gewillt ist, die seinen Fähigkeiten entsprechenden Leistungen zu erbringen und damit den Rollenerwartungen des Unternehmens gerecht zu werden. Die Deckung oder sogar Überdeckung der Anforderungen durch die vorhandenen Fähigkeiten bietet nämlich noch keine Gewähr, dass diese

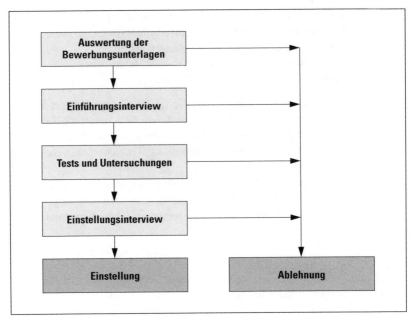

▲ Abb. 193   Schema der Bewerberauswahl

Fähigkeiten auch in die verlangte Leistung umgesetzt werden. Andererseits kann eine Unterdeckung dazu führen, dass der Arbeitnehmer durch einen erhöhten Leistungseinsatz seine Fähigkeitsdefizite auszugleichen vermag.

3. **Entwicklungsmöglichkeiten:** In der Regel wird es selten der Fall sein, dass die Anforderungen und die Qualifikationen genau übereinstimmen. In Bezug auf bestimmte Anforderungsarten wird es immer Unter- oder Überdeckungen geben. Bei Unterdeckungen muss abgeklärt werden, inwiefern der Bewerber durch entsprechende Ausbildungsmassnahmen auf die neue Stelle genügend vorbereitet und ausgebildet werden kann.

4. **Leistungspotenzial:** Schliesslich sollte auch untersucht werden, inwieweit der Bewerber zu einem späteren Zeitpunkt für höherwertige Aufgaben (z. B. Führungsaufgaben) in Frage kommt.

Wird eine offene Stelle mit einem Bewerber aus dem eigenen Unternehmen besetzt, so kann in der Regel auf bestehende Informationen zurückgegriffen werden, die durch aktuelle Beurteilungsgespräche mit Vorgesetzten, Gleichgestellten oder Untergebenen ergänzt werden. Stehen hingegen externe Bewerber zur Auswahl, so besteht ein grosser Mangel an Informationen, der durch ein entsprechendes Beurteilungsverfahren behoben werden muss. ◄ Abb. 193 zeigt ein allgemeines Schema, wie die relevanten Daten bei der Beurteilung eines Bewerbers ermittelt werden können, die schliesslich zur Einstellung oder Ablehnung führen. Die Anzahl und der Umfang der verschiedenen Beurteilungsphasen richtet sich nach den damit verbundenen Nutzen- und Kostenerwartungen.

Die Kosten bei der Auswahl eines Bewerbers ergeben sich aus den aktuellen und den potenziellen Kosten.

- Die **aktuellen Kosten** sind die unmittelbaren Kosten, die mit dem Auswahlverfahren verbunden sind. Sie beinhalten die Lohnkosten der mit den Abklärungen beauftragten Personen sowie die anteiligen Verwaltungskosten der Personalabteilung. Dazu kommen die Ausgaben für extern vergebene Gutachten.

- Die **potenziellen Kosten** beruhen auf falschen Selektionsentscheidungen. Solche entstehen dadurch, dass entweder ungeeignete Bewerber eingestellt und/oder besser geeignete Bewerber abgelehnt wurden.

3.3.2	**Auswahlmethoden**
3.3.2.1	Bewerbungsunterlagen

Die Bewerbungsunterlagen ergeben ein erstes Bild über die sich bewerbende Person. Sie dienen als Vorselektion, ob überhaupt eine weitere, meist sehr zeitintensive und damit kostspielige Prüfung in Frage kommt. Bereits die Art und Weise der Zusammenstellung sowie der Umfang der Bewerbungsunterlagen lassen erste Rückschlüsse zu. Daneben sind folgende Unterlagen von Interesse:

1. **Lebenslauf:** Der Lebenslauf sollte eine vollständige Darstellung der persönlichen und beruflichen Entwicklung des Bewerbers wiedergeben. Diese kann unter drei Aspekten betrachtet werden:
   - die berufliche Entwicklung (Arbeitsplatzwechsel, Positionsveränderungen, Berufswechsel),
   - die sozialen Aspekte (Familie, Freizeit, ausserberufliche Verpflichtungen),
   - die individuellen (physische und psychische) Merkmale.
   Bei einem handgeschriebenen Lebenslauf kann ein graphologisches Gutachten angefertigt werden, um zusätzliche Informationen zu erhalten.

2. **Zeugnisse:** Üblicherweise werden den Bewerbungsunterlagen die Schul- und Arbeitszeugnisse beigelegt. Sie ergeben weitere Informationen, doch müssen diese mit Vorsicht interpretiert werden. Aus Schulzeugnissen können nach Hentze/Kammel (2001, S. 300) Schlüsse auf bestimmte Interessensgebiete und die allgemeine Leistungsbereitschaft gezogen werden.

3. **Referenzen:** Die Angabe von Referenzen dient dazu, weitere Informationen bei Personen einzuholen, die den Bewerber gut kennen und eine Beurteilung abgeben können. Allerdings sollte darauf geachtet werden, dass die Referenzperson unvoreingenommen und vom Bewerber unbeeinflusst eine möglichst objektive Beurteilung abgibt.

3.3.2.2	Interview

Ein verbreitetes Instrument im Rahmen der Bewerberauswahl stellt das Interview dar. Es kann in verschiedenen Phasen des zeitlichen Ablaufs einer Beurteilung eingesetzt werden. Grundsätzlich wird zwischen Einführungs- und Einstellungsinterviews unterschieden.

- **Einführungsinterviews** dienen einem ersten Informationsaustausch und einer Vorselektion. Sie haben zum Ziel, dem Bewerber einen Einblick ins Unternehmen zu geben sowie die Anforderungen zu präzisieren und die zukünftigen Aufgaben vorzustellen. Dies ermöglicht dem Bewerber zu entscheiden, ob er seine Bewerbung weiter aufrechterhalten oder zurückziehen soll. In einem solchen Gespräch ist es auch möglich, den aus den schriftlichen Bewerbungsunterlagen gewonnenen Eindruck zu überprüfen und einen Einblick in die aktuelle Situation des Bewerbers zu erhalten.

- Das **Einstellungsinterview** findet demgegenüber in einer späteren Phase des Auswahlprozesses statt. Mit ihm sollen die bestehenden Informationen ergänzt werden. Zudem tritt man in einen ersten Verhandlungsprozess über die Beitrags- und Anreizstrukturen wie Lohn-, Arbeitszeit- und Ferienfestlegungen. Nach dem Einstellungsinterview sollten so viele Daten vorhanden sein, dass ein Entscheid über die Einstellung oder Ablehnung des Bewerbers getroffen werden kann.

Mit dieser kurzen Beschreibung wird bereits angedeutet, dass das Interview je nach Zielsetzung ein sehr vielfältig einsetzbares Instrument ist. Sein Vorzug besteht denn auch in der grossen Flexibilität in Bezug auf die Informationsgewinnung. Zudem wird dem Bewerber erschwert, seine persönlichen Eigenschaften zu verstecken, da er oft auf unvorbereitete und überraschende Situationen reagieren muss. Als Nachteil lässt sich aufführen, dass das Interview stark von den subjektiven Wertungen des Interviewers geprägt wird, die einer objektiven Beurteilung entgegenstehen können. Diesem Nachteil kann jedoch entgegengewirkt werden, indem verschiedene Personen ein Interview durchführen oder mehrere Personen an einem Interview teilnehmen.

3.3.2.3	Testverfahren

Weit verbreitete Auswahlinstrumente bilden die psychologischen Einstellungstests, die je nach Zielgruppe unterschiedlich stark eingesetzt werden. Dem Einsatz solcher psychologischer Untersuchungen liegt die Annahme zugrunde, dass sich die Bewerber durch eine Reihe relativ stabiler Persönlichkeitsmerkmale unterscheiden, die erstens messbar und zweitens signifikant genug sind, um aufgrund dieser Informationen Prognosen über die zukünftigen Leistungsunterschiede der getesteten Personen abgeben zu können. Es wird also mit anderen Worten versucht, eine Kausalbeziehung zwischen bestimmten persönlichen Eigenschaften und dem zukünftigen Verhalten herzustellen. Je nach den zu testenden Persönlichkeitsmerkmalen bzw. Gruppen von Merkmalen unterscheidet man zwischen Intelligenz-, Leistungs- und Persönlichkeitstests.

Die Vielzahl der in der Praxis anzutreffenden Tests deutet an, dass es keine eindeutige Methode gibt, um zu einem klaren Ergebnis zu kommen. Bei einer **Beurteilung** und somit bei einem Einsatz dieser Tests sind deshalb folgende Probleme zu beachten:

- Es ist – wie auch empirisch nachgewiesen wurde – äusserst schwierig, eindeutige kausale Zusammenhänge zwischen den getesteten Merkmalen und den gefundenen Fähigkeiten und Eigenschaften herzustellen. Die isolierte Betrachtung einzelner Faktoren kann zu Fehlschlüssen führen. Der Mensch handelt als ein ganzheitliches Wesen.
- Zudem berücksichtigen die Tests nicht, dass das zukünftige Verhalten des Mitarbeiters von seiner zukünftigen Arbeitsumwelt massgeblich beeinflusst wird. So kann ein Mitarbeiter durch einen motivationsfähigen Vorgesetzten zu einer guten Leistung geführt werden. Die Tests lassen auch ausser Acht, dass das Anreizsystem einen wesentlichen Einfluss auf das Verhalten des Bewerbers ausüben kann.
- Testsituationen entsprechen nicht realen Gegebenheiten. Die bei vielen Menschen beobachtbare Testangst führt zu Stressreaktionen und kann die Ergebnisse verzerren. Im gleichen Zusammenhang sind Widerstände und die daraus folgenden Abwehrreaktionen gegen solche Tests zu erwähnen.
- Empirische Untersuchungen zeigen auch, dass die Testresultate massgeblich durch die Testsituation beeinflusst werden. Wesentliche Elemente der Testsituation bilden dabei der Testende, die Testart, die Testdauer und die momentane persönliche Situation des zu Testenden selbst.
- Viele Tests (z.B. Rorschach-Test) bedürfen einer qualitativen Interpretation, d.h. es resultieren keine quantitativ eindeutig messbaren Ergebnisse. Jede Interpretation enthält aber subjektive Elemente.

Die erwähnten Nachteile können teilweise aufgehoben werden, indem verschiedene Tests eingesetzt werden. Man spricht dann von so genannten Testbatterien. Unbedingt muss auch darauf geachtet werden, dass der Einsatz von Tests, insbesondere deren Interpretation (v. a. bei qualitativen), nur von geschulten und erfahrenen Personen vorgenommen wird. Zudem wäre es fahrlässig, einen Einstellungsentscheid nur auf Tests abzustützen. Diese sollen nur ein einzelnes Element des gesamten Auswahlverfahrens bilden.

| 3.3.2.4 | Assessment Center |

> Das **Assessment Center** ist ein komplexes und standardisiertes Verfahren, das zur Beurteilung der Eignung und des Entwicklungspotenzials von Bewerbern und Bewerberinnen dient.

Das besondere Kennzeichen des Assessment Center liegt darin, dass ein oder mehrere Bewerber (meist Gruppen von sechs bis acht Teilnehmern) – um die Resultate zu objektivieren – von mehreren Beobachtern (Linienvorgesetzte, Mitarbeiter der Personalabteilung oder externe Berater und Psychologen) beurteilt werden. Ausserdem werden mehrere Beurteilungsverfahren (z. B. Interviews, Fallstudien, Gruppendiskussionen ohne Gruppenleiter, Rollenspiele oder Präsentationen) eingesetzt und miteinander kombiniert. Deshalb dauert ein intensives Assessment Center zwei bis drei Tage, manchmal sogar noch länger.

Das Assessment Center hat nicht nur im Rahmen der Personalauswahl, sondern auch als Instrument der Personalentwicklung in den letzten Jahren an Bedeutung gewonnen. Empirische Untersuchungen belegen eine äusserst hohe Validität der Ergebnisse dieser Methode. Als weitere **Vorteile** werden zudem genannt (Scholz 2000, S. 485):

- systematischer Ablauf,
- Fokussierung auf direkt beobachtbare Verhaltensmerkmale aus dem zukünftigen Tätigkeitsfeld,
- mehrfache Erfassung des gleichen Fähigkeitsmerkmals im Methodenverbund,
- der Einsatz mehrerer Beobachter,
- die Möglichkeit des direkten Vergleichs zwischen den Bewerbern.

Als **Nachteil** ist in erster Linie auf die hohen Kosten hinzuweisen, die mit der Konzipierung, Durchführung und Auswertung von Assessment Centers verbunden sind.

Kapitel 4

Personaleinsatz

4.1 Einleitung

Aufgabe des **Personaleinsatzes** ist die Zuordnung der im Unternehmen verfügbaren Mitarbeiter zu den zu erfüllenden Aufgaben in Bezug auf Quantität, Qualität, Einsatzzeit und Einsatzort. Ziel ist der ihrer Eignung entsprechende Einsatz aller Mitarbeiter und die mengen-, qualitäts- und termingerechte Erfüllung aller Aufgaben unter Einhaltung der übergeordneten Sach- und Formalziele des Unternehmens.

Aus dieser Umschreibung können drei Problembereiche abgeleitet werden, die gleichzeitig für die Gliederung der folgenden Abschnitte gewählt werden:

1. Personaleinführung und -einarbeitung,
2. Zuordnung von Arbeitskräften und Arbeitsplätzen,
3. Anpassung der Arbeit und der Arbeitsbedingungen an den Menschen.

4.2   Personaleinführung und Personaleinarbeitung

> Die **Personaleinführung** beschäftigt sich mit der sozialen und organisatorischen Integration neuer Mitarbeiter sowohl in die zukünftige Arbeitsgruppe als auch in das Gesamtunternehmen, während die **Personaleinarbeitung** das Schwergewicht auf die arbeitstechnische Seite der zukünftigen Aufgabe legt.

Beide Bereiche haben eine grosse Bedeutung, entscheiden sie doch darüber, wie schnell ein neuer Mitarbeiter die von ihm erwartete Normalleistung erbringt.

Bezüglich des **Inhalts** der Personaleinführung geht es um die systematische Vermittlung von Informationen über die Organisation, die Aufgabenstellung der jeweiligen Abteilung, die Aufgabe, Kompetenzen und Verantwortung des jeweiligen Mitarbeiters sowie über die Art seiner Tätigkeit und ihre Einordnung in den Betriebsablauf, über die Vorgesetzten und Kollegen, über Unfall- und Gesundheitsgefahren und über Massnahmen und Einrichtungen, die zur Abwehr dieser Gefahren dienen. (Hentze/ Kammel 2001, S. 442)

Ist der Inhalt bestimmt, so müssen in einem nächsten Schritt die **Massnahmen** festgelegt werden, mit denen die Inhalte vermittelt werden sollen. In Frage kommen beispielsweise:

- Allgemeine Dokumentationen über das Unternehmen und dessen Geschäftstätigkeiten (z.B. Geschäftsberichte, Jubiläumsfestschriften, Filme);
- Abgabe von firmenspezifischen Dokumenten (Führungshandbuch, Leitbild, Organigramm);
- Betriebsbesichtigungen;
- Vorstellung und Einführung des neuen Mitarbeiters bei allen Stellen, mit denen er künftig zu tun haben wird;
- Zuweisung eines Betriebs-Paten, der sich besonders um den neuen Mitarbeiter kümmert und an den sich dieser jederzeit wenden kann;
- Einführungsvorträge, die einen Überblick über das Unternehmen geben und in deren Anschluss Fragen gestellt werden können;
- Vorträge über Arbeitssicherheit und Unfallverhütung mit Abgabe von entsprechenden Merkblättern.

Während der **Personaleinarbeitungszeit** geht es um das Kennenlernen der eigenen Aufgaben und der zur Aufgabenerfüllung notwendigen Arbeitsinstrumente. Handelt es sich um eine eigentliche Anlernzeit, so wird damit auch die Lücke zwischen dem Anforderungsprofil und dem Fähigkeitsprofil geschlossen. Je nach der Art der Aufgabe kann die Einarbeitung innerhalb und/oder ausserhalb des Unternehmens vorgenommen werden. Die Dauer der Einarbeitungszeit wird durch die vorhandenen Vorkenntnisse und Fähigkeiten des neuen Mitarbeiters sowie durch die Anforderungen des Arbeitsplatzes bestimmt.

4.3 Zuordnung von Arbeitskräften und Arbeitsplätzen

Im Rahmen des Personaleinsatzes geht es um die optimale Zuordnung von Mitarbeitern zu den vorhandenen Arbeitsplätzen. Um eine optimale Lösung zu finden, müssen folgende Ziele und Bedingungen beachtet werden:

- Die zur Verfügung stehenden Mitarbeiter sind so einzusetzen, dass die Unternehmensaufgabe in quantitativer, qualitativer und zeitlicher Hinsicht optimal erfüllt wird.
- Die Zuordnung ist so vorzunehmen, dass die Anforderungen an die Mitarbeiter mit deren Fähigkeiten möglichst genau übereinstimmen. Sowohl Unterdeckungen als auch Überdeckungen sollten vermieden werden, da Überforderung oft Stress und Frustration, Unterforderung ebenfalls Frustration und Arbeitsunlust hervorrufen kann.
- Die persönlichen Wünsche und Interessen der Mitarbeiter sind bestmöglich zu berücksichtigen, um eine maximale Arbeitszufriedenheit und Motivation zu erreichen.

Informationsgrundlagen der **qualitativen** Personaleinsatzplanung bilden einerseits die aus der Arbeitsanalyse gewonnenen Daten sowie andererseits die Informationen der Leistungs- und Personalbeurteilung. Aus den daraus abgeleiteten Anforderungs- und Fähigkeitsprofilen (◄ Abb. 192, S. 592) ergeben sich die relevanten Entscheidungsgrundlagen. Im optimalen Fall stimmen die beiden Profile bei jedem Mitarbeiter überein. Da dieser Idealfall praktisch nie eintritt, gilt es eine Lösung zu finden, welche eine möglichst grosse Annäherung zwischen den beiden Profilen erreicht (z.B. durch Weiterbildung).

4.4   Anpassung der Arbeit und Arbeitsbedingungen an den Menschen

Die menschliche Arbeitsleistung zur Erfüllung der Unternehmensaufgabe hängt von einer Vielzahl von Einflussfaktoren ab.[1] Diese wirken je nach Situation und Mitarbeiter unterschiedlich stark und sind zum Teil voneinander abhängig. Betrachtet man die Bedingungen, unter denen eine Arbeitsleistung erbracht wird, so kann zwischen objektiven und subjektiven Leistungsbedingungen unterschieden werden. Letztere sind im Mitarbeiter selbst begründet. Sie beinhalten im Wesentlichen die Fähigkeiten des Mitarbeiters. Inwieweit er diese Fähigkeiten einsetzt, hängt von seiner Leistungsbereitschaft ab, welche ihrerseits wieder durch das Anreizsystem des Unternehmens beeinflusst wird. Die objektiven Leistungsbedingungen sind hingegen in den unmittelbaren Arbeitsbedingungen zur Erledigung einer bestimmten Aufgabe begründet. Diese können eingeteilt werden in:

- technische Bedingungen,
- organisatorische Bedingungen,
- Führungsbedingungen,
- soziale Bedingungen,
- rechtliche Bedingungen.

Allerdings können die objektiven Leistungsbedingungen nicht immer eindeutig vom Anreizsystem getrennt werden. Im Gegenteil, geht man davon aus, dass das Anreizsystem die Motivationsfunktion übernimmt, so enthalten beinahe alle Leistungsbedingungen Motivationselemente. Sie werden deshalb auch zum Teil in anderen Abschnitten und Kapiteln behandelt. Auf folgende Arbeitsbedingungen soll näher eingegangen werden:

1. Arbeitsteilung,
2. Arbeitsplatzgestaltung,
3. Arbeitszeitgestaltung.

4.4.1   Arbeitsteilung

Um die unternehmerische Gesamtaufgabe erfüllen zu können, muss diese in Teilaufgaben aufgeteilt und auf Stellen und Arbeitsplätze verteilt werden. Dabei können diese Aufgaben unterschiedlich stark in ihre Teile zerlegt werden, so dass sich ein höherer oder tieferer **Spezialisierungsgrad** ergibt.[2] Führt jeder Mitarbeiter nur eine ganz bestimmte Tätigkeit aus, die

---

1 Vgl. insbesondere Kapitel 1 «Grundlagen» in diesem Teil.
2 Vgl. auch Teil 9, Kapitel 1, Abschnitt 1.1.1 «Organisation als Managementaufgabe».

er dauernd wiederholt, so stellt dies eine Spezialisierung dar. Im Gegensatz dazu steht eine weniger umfassende Arbeitszerlegung, die dazu führt, dass der Mitarbeiter verschiedenartige Verrichtungen zur Erfüllung seiner Teilaufgabe ausführen muss.

Die negativen Erscheinungen einer weitgehenden Arbeitszerlegung und der damit verbundenen Spezialisierung sind vor allem mit dem zunehmenden technischen Fortschritt deutlich geworden. Viele Unternehmen versuchen deshalb, diesen Tendenzen entgegenzuwirken und der Forderung nach Humanisierung der Arbeit mit verschiedenen Massnahmen nachzukommen. Bekannt sind folgende Methoden:

1. **Job enlargement** (Aufgabenerweiterung): Bei dieser Methode werden dem Mitarbeiter mehr Teilaufgaben übertragen. Damit wird die Arbeitszerlegung rückgängig gemacht. Diese Massnahmen führen dazu, dass zwar die Anzahl der Teilaufgaben erhöht wird, dass aber gleichzeitig die Anzahl der Ausführungen einer Teilaufgabe vermindert wird. Empirische Untersuchungen bestätigen, dass eine Aufgabenerweiterung nicht zwangsläufig zu einer Verminderung der Produktivität führen muss, da folgende Faktoren einen starken Einfluss ausüben, die leistungssteigernd wirken:

   - Die Arbeitsmonotonie geht stark zurück.
   - Der Arbeiter erkennt einen grösseren Sinnzusammenhang in seiner Arbeit.
   - Negative Auswirkungen einer starken Arbeitszerlegung (häufige krankheitsbedingte Fehlzeiten, hohe Fluktuationsrate) werden abgeschwächt.

2. **Job enrichment** (Aufgabenbereicherung): Während beim job enlargement in erster Linie eine Ausweitung von ausführenden Aufgaben stattfindet, versucht das job enrichment eine Anreicherung der Arbeit durch Führungsaufgaben (Planungs-, Entscheidungs-, Anordnungs- und Kontrollaufgaben) zu erreichen. Diese Methode führt zwangsläufig zu einer verstärkten Delegation und somit auch zu einer Entlastung des Vorgesetzten. Umgekehrt führt diese Delegation gemäss Maslow zur Befriedigung einer neuen Bedürfnisstufe. Werden tatsächlich die Voraussetzungen für eine Persönlichkeitsentfaltung und Selbstverwirklichung geschaffen, so kann ebenfalls mit Produktivitätssteigerungen gerechnet werden.

3. **Job rotation** (Arbeitsplatzwechsel): Mit dieser Methode wird ein planmässiger Wechsel von Arbeitsaufgaben und Arbeitsplatz angestrebt. Die Arbeitszerlegung bleibt damit unverändert, lediglich der zeitliche oder örtliche Personaleinsatz und die Aufteilung der Teilaufgaben auf die Mitarbeiter verändern sich. Der Arbeitsplatzwechsel ermöglicht dem Mitarbeiter, unterschiedliche Leistungsbeiträge zu erbringen und

somit der Arbeitsmonotonie entgegenzuwirken. Zudem wird die soziale Isolation des Einzelnen vermindert, indem sich für ihn auch sein soziales Umfeld verändert. Der Arbeitsplatzwechsel erfolgt meistens auf der gleichen hierarchischen Ebene. Die Zeitdauer, während der ein Mitarbeiter an einem bestimmten Arbeitsplatz tätig ist, hängt ebenfalls von der Leistungsstufe sowie der Art der Aufgaben (z.B. notwendige Einarbeitungszeit) ab.

4. **Teilautonome Arbeitsgruppen:** Die autonome oder teilautonome Arbeitsgruppe ist eine Variante des Prinzips der Aufgabenbereicherung (Job enrichment).[1] Einer Arbeitsgruppe wird eine relativ umfassende Aufgabe übertragen, für deren Erfüllung sie die Ausführungs- und Führungsaufgaben übernehmen muss. Damit erhält sie zusätzliche Kompetenzen, muss aber gleichzeitig die entsprechende Verantwortung tragen. Ziel wäre es, dass alle Mitarbeiter alle Arbeiten übernehmen können, um eine Job rotation zu ermöglichen, bei Schwierigkeiten aushelfen oder bei Abwesenheit kurzfristig einspringen zu können. Unter Berücksichtigung der vom Unternehmen vorgegebenen Rahmenbedingungen (Unternehmensziele, Betriebsmittel, Budget, Termine) kann die Gruppe beispielsweise Entscheidungen treffen über

- Aufgabenverteilung auf die Gruppenmitglieder,
- Rotationszyklen,
- Arbeitsplatzgestaltung,
- Arbeitszeit- und Pausengestaltung sowie
- Neueinstellungen.

Neben der Befriedigung höherer Bedürfnisschichten (Selbstverwirklichung) werden mit den teilautonomen Arbeitsgruppen auch der Kontakt und die sozialen Beziehungen mit anderen Mitarbeitern gefördert.

4.4.2	**Arbeitsplatzgestaltung**

Mit der Arbeitsplatzgestaltung sollen für den Mitarbeiter optimale objektive Leistungsbedingungen geschaffen werden. Sie umfasst folgende Bereiche:

1. Die **Arbeitsablaufgestaltung,** welche die optimale zeitliche und räumliche Reihenfolge der einzelnen Arbeitsvorgänge beinhaltet.
2. Die **Arbeitsmittelgestaltung,** welche die optimale Gestaltung der für die Ausführung der Arbeit benötigten Arbeitsinstrumente wie Maschinen, Werkzeuge, Arbeitstische und -stühle zum Gegenstand hat.

---

1 Für eine produktionstechnische Betrachtung der teilautonomen Arbeitsgruppe vgl. Teil 4, Kapitel 2, Abschnitt 2.2.3 «Gruppenfertigung (Teilautonome Arbeitsgruppen)».

3. Die **Raumgestaltung,** welche dafür sorgt, dass die räumlichen Voraussetzungen optimal sind. Es sollte genügend Raum zur Verfügung gestellt werden, um gegenseitige Arbeitsbehinderungen zu vermeiden.

4. Die allgemeine **Arbeitsumfeldgestaltung** hat zum Ziel, unter Berücksichtigung der Licht-, Temperatur- und Lärmverhältnisse sowie der Schadstoffe optimale Arbeitsbedingungen zu schaffen. Unangenehme Erscheinungen in diesem Bereich lassen sich beispielsweise durch Klimaanlagen, künstliche Beleuchtung, Verwendung schalldämpfender Materialien beseitigen. In einem weiteren Sinne gehört zur Arbeitsumfeldgestaltung auch die Farbgestaltung der Arbeitsräume und das Aufstellen nicht direkt mit der Arbeit zusammenhängender Gegenstände (Kunstwerke, Grünpflanzen). Diese Fragen betreffen allerdings weniger die industrielle Fertigung als vielmehr Büroräume, insbesondere so genannte Grossraumbüros, in denen mehrere Mitarbeiter gleichzeitig ihre Arbeiten erledigen.

5. Wegen ihrer grossen Bedeutung soll die **Arbeitssicherheit** speziell hervorgehoben werden. Neben der Vermeidung von Arbeitsunfällen durch Aufklärung und Schulung der Mitarbeiter müssen auch Massnahmen ergriffen werden, mit denen das Entstehen von Gefahren vermindert werden kann. Diese Forderung entspringt zwar primär sozialethischen Wurzeln, doch zeigen Statistiken, dass aus wirtschaftlichen Gründen infolge von Kostenbelastungen des Unternehmens bzw. der Volkswirtschaft eine höhere Arbeitssicherheit angestrebt werden sollte.

Eine neue Form der Arbeitsplatzgestaltung stellt die Telearbeit dar. Im Zuge der technischen Entwicklungen kommt es zu einer Virtualisierung des Arbeitsortes, d.h. viele Arbeiten müssen nicht mehr zwangsläufig am Arbeitsplatz im Unternehmen erledigt werden, sondern können an beliebigen Standorten ausgeführt werden. Holtbrügge (2004, S. 133) unterscheidet vier verschiedene Formen der Telearbeit:

1. **Heimbasierte Telearbeit:** Sie umfasst alle Formen der Tätigkeit am häuslichen Arbeitsplatz des Mitarbeiters.
2. **Center-based Telearbeit:** Sie erfolgt in eigens für diese Form der Telearbeit eingerichteten Satelliten- oder Nachbarschaftsbüros.
3. **On-site Telearbeit:** Sie findet vor Ort bei dem Kunden oder Lieferanten statt. Die Mitarbeiter sind bei dieser Form über Telemedien mit ihrer Unternehmung verbunden.
4. **Mobile Telearbeit:** Sie umfast alle Arbeiten, bei denen Mitarbeiter auf mobile Informations- und Kommunikationstechnologien zurückgreifen können.

Holtbrügge (2004, S. 133) nennt folgende **Vorteile,** die mit der Telearbeit verbunden sind:

- Förderung der Vereinbarkeit von Beruf und Familie («work-life-balance»),
- individuelle Bedürfnisse der Mitarbeiter können besser berücksichtigt werden,
- Einrichtung neuer Abrbeitsplätze in strukturschwachen Gebieten,
- Einrichtung neuer Arbeitsplätze für Behinderte.

Diesen Vorteilen stehen folgende **Nachteile** gegenüber:

- Angst vor sozialer Isolation,
- neuartige Führungs- und Kontrollprobleme,
- Datenschutzprobleme,
- erhöhter organisatorischer und technischer Aufand,
- Auftreten von arbeitsrechtlichen Problemen (z.B. Kontrolle der Abrbeitszeit).

4.4.3	Arbeitszeitgestaltung und Pausenregelung

Ein Unternehmen muss die Arbeitszeit für den Mitarbeiter unter Einhaltung der gesetzlichen und gesamtarbeitsvertraglichen Bestimmungen gestalten. Die Regelungen bezüglich der täglichen und wöchentlichen Arbeitszeit sowie der Jahres- und Lebensarbeitszeit werden unter dem Begriff Arbeitszeitflexibilisierung zusammengefasst:

> Unter **Arbeitszeitflexibilisierung** versteht man eine differenzierte Regelung der Arbeitszeit, die durch die Gestaltung der Lage (Chronologie) und der Dauer (Chronometrie) der Arbeitszeit – in Übereinstimmung mit wirtschaftlichen, technologischen, sozialen, gesellschaftlichen und rechtlichen Rahmenbedingungen – die Optimierung des individuellen, betrieblichen und gesellschaftlichen Gesamtnutzens aus der Arbeit zum Ziel hat.

Durch eine solche Regelung wird eine starre und einheitliche Gestaltung der Arbeitszeit vermieden, und es können die Bedürfnisse von Arbeitnehmern und Arbeitgebern berücksichtigt werden.

Regelungen über die Arbeitszeit können die folgenden Bereiche betreffen:

1. Regelung bezüglich **Arbeitsbeginn** und **-ende**: Diese Regelungen haben mit dem Aufkommen der **gleitenden Arbeitszeit** eine grosse Bedeutung erlangt. Der Mitarbeiter kann seinen Arbeitsbeginn und sein Arbeitsende selbst bestimmen, wobei aber meistens unter Berücksichtigung unternehmensspezifischer Gegebenheiten (z.B. Schalterstunden) Fixblöcke festgelegt werden. Während dieser vorgegebenen Zeit muss er anwesend sein und seine Leistung erbringen.

2. Regelungen von **Schicht-** und **Nachtarbeit:** Bei der Festlegung von Schichten sind physiologische Voraussetzungen des Menschen besonders zu berücksichtigen, um keine gesundheitlichen Langzeitschäden zu verursachen. Grundsätzlich können zwei Entscheidungstatbestände unterschieden werden:

- **Länge** einer Schicht: Empirische Untersuchungen zeigen, dass die Produktivität des Menschen – insbesondere bei schwerer körperlicher Arbeit – mit zunehmender Arbeitszeit stark abnehmen kann.
- **Schichtrhythmus:** Die Leistung ist auch von der Tageszeit abhängig. Leistungstiefpunkte liegen in der Regel am frühen Nachmittag und in der späten Nacht. Inwieweit diese Tagesperioden angeboren bzw. gelernt oder durch Umweltgegebenheiten wie soziale Kontakte bestimmt sind, ist empirisch nicht eindeutig nachgewiesen.

3. Regelungen bezüglich **Teilzeitarbeit:** Unter Teilzeitarbeit wird üblicherweise ein Arbeitsverhältnis verstanden, das eine kürzere als die gesetzliche oder gesamtvertraglich festgelegte Arbeitszeit beinhaltet. Eine neuere Form der Teilzeitarbeit stellt das **Job sharing** dar, dessen Besonderheit darin besteht, dass sich zwei oder mehrere Personen einen oder mehrere Vollarbeitsplätze teilen.

4. **Sabbatical:** Ein Sabbatical ist ein bezahlter Langzeiturlaub (häufig 3 bis 12 Monate), der es einem Mitarbeitenden erlaubt, sich weiterzubilden oder persönliche Bedürfnisse (Hobby, Familie usw.) zu befriedigen. Das Arbeitsverhältnis bleibt während des Sabbatical bestehen.

Neben der Arbeitszeitflexibilisierung sind auch die **Pausen** zu regeln. Diese werden während der Arbeitszeit eingeschaltet, um dem Mitarbeiter eine Erholung von seiner Arbeit zu ermöglichen. Eine Pause ist dann als optimal zu bezeichnen, wenn sie gerade so lang gewählt wird, dass der durch die Arbeitsbelastung entstandene Leistungsrückgang ausgeglichen wird. Die Gesamtlänge der Pausenzeit (pro Arbeitstag) sowie die zeitliche Verteilung auf die gesamte Arbeitszeit hängt von verschiedenen Faktoren ab wie beispielsweise der Art der zu verrichtenden Arbeit (geistige/körperliche), der Einstellung des Mitarbeiters oder den zusätzlichen Funktionen von Pausen (z.B. soziale Kontakte pflegen, Arbeitsplatzwechsel).

Kapitel 5

Personalmotivation und -honorierung

5.1 Einleitung

Aufgabe der Personalmotivation und -honorierung ist es, durch ein System von Anreizen

1. die Entscheidung eines potenziellen Mitarbeiters zum Eintritt in das Unternehmen im positiven Sinne zu beeinflussen,
2. das vorhandene Personal an das Unternehmen zu binden und zu verhindern, dass es zu einer Austrittsentscheidung kommt,
3. die Leistung der Mitarbeiter zu aktivieren, damit der Leistungsbeitrag den Erwartungen bzw. den Plangrössen entspricht.

Daraus ergibt sich, dass das Ziel der Personalmotivation und -honorierung sowohl die **Teilnahmemotivation** als auch die **Leistungsmotivation** beinhaltet. Da sich aber die verschiedenen Massnahmen und Mittel zur Erreichung dieser beiden Ziele nicht genau auseinanderhalten lassen, soll auf eine getrennte Behandlung verzichtet werden.

Grundsätzlich lassen sich die Anreize in **materielle** (monetäre) und **immaterielle** (nichtmonetäre) Anreize unterteilen. ▶ Abb. 194 zeigt einen Überblick über den Inhalt dieser beiden Kategorien von Anreizen. Allerdings ist zu betonen, dass sich nicht alle Anreize eindeutig einer dieser beiden Kategorien zuordnen lassen. Betrachtet man beispielsweise eine Beförderung, so bedeutet diese primär einen immateriellen Anreiz, doch ist damit oft eine Lohnerhöhung verbunden, die einen monetären Aspekt dar-

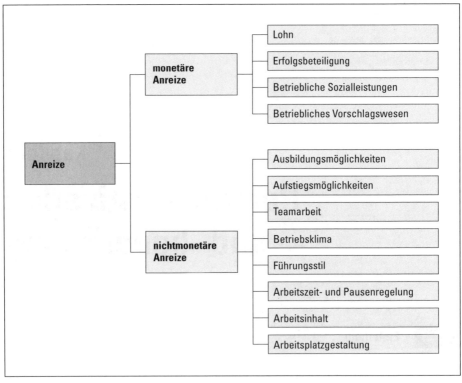

▲ Abb. 194   Anreizarten

stellt. Auch das betriebliche Vorschlagswesen kann sowohl materielle als auch immaterielle Anreize enthalten.[1]

Um ein zweckmässiges Anreizsystem aufstellen zu können, muss man zuerst wissen, auf welche Anreize die Mitarbeiter überhaupt reagieren. Im Mittelpunkt steht deshalb die Frage, welches die Bedürfnisse der Mitarbeiter sind und welche Motive zu einem bestimmten Verhalten (z.B. Leistungserbringung, Eintrittsentscheidung) führen. Sind diese Bedürfnisse und Motive bekannt, so können sie gezielt angesprochen werden. Zwar sind die menschlichen Bedürfnisse äusserst vielfältig und im Hinblick auf ihre Bedeutung sehr verschieden, doch existieren Ähnlichkeiten in der Reihenfolge, in der die Bedürfnisse aufgrund ihrer Dringlichkeit befriedigt werden müssen. Ausgehend von dieser Feststellung hat **Abraham Maslow** (1954) eine umfassende Systematik menschlicher Bedürfnisse aufgestellt.

Die Motivationstheorie von Maslow setzt sich aus zwei Hauptkomponenten zusammen, nämlich aus den Motivationsinhalten und der Motiva-

---

1   Vgl. dazu Abschnitt 5.2.7 «Betriebliches Vorschlagswesen».

tionsdynamik. Bezüglich der **Motivationsinhalte** versucht Maslow, alle beim Menschen auftretenden Verlangen auf fünf Grundbedürfnisse zurückzuführen. Diese Grundbedürfnisse zeichnen sich durch eine unterschiedliche Dringlichkeit ihrer Befriedigung aus. Aufgrund dieses Dringlichkeitsmerkmals lassen sich diese Bedürfnisse in eine hierarchische Ordnung bringen. Vorerst unterscheidet Maslow zwischen den primären und den sekundären Bedürfnissen:

- **Primäre** Bedürfnisse dienen der Selbsterhaltung; deren Befriedigung ist lebensnotwendig.
- **Sekundäre** Bedürfnisse sowie deren Art und Weise der Befriedigung sind hingegen über einen Lernprozess aufgenommen worden.

Auf dieser Unterscheidung aufbauend hat Maslow eine **Bedürfnispyramide** mit folgenden Bedürfnisstufen aufgestellt (▶ Abb. 195):

1. Die **physischen Bedürfnisse** (z.B. Schlaf, Nahrung) haben eine körperliche Grundlage und ihre Befriedigung ist eine nicht zu umgehende Voraussetzung für die Lebenserhaltung. Die verschiedenen primären Bedürfnisse treten unabhängig sowohl voneinander als auch von den höher eingestuften sekundären Bedürfnissen auf.
2. Die Bedürfnisse nach **Sicherheit** beziehen sich auf den Schutz vor möglichen Bedrohungen und Gefahren. Ihre Befriedigung erfolgt durch Sicherung eines bestimmten Einkommens und des Arbeitsplatzes durch Schutz bei Krankheit und Unfall oder durch eine Altersvorsorge.
3. Die **sozialen** Bedürfnisse äussern sich im Wunsch nach Geborgenheit in der menschlichen Umwelt. Liebe, Freundschaft, Zusammengehörigkeitsgefühl vermögen dieses Verlangen zu befriedigen.

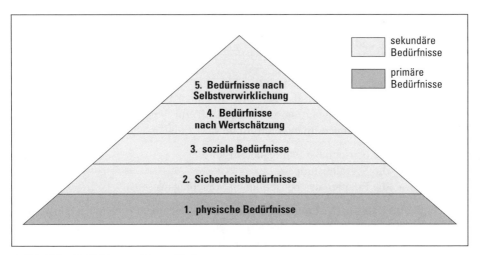

▲ Abb. 195   Bedürfnispyramide von Maslow

4. Beim Bedürfnis nach **Wertschätzung** verspürt der Mensch das Verlangen nach einer Anerkennung durch seine Umwelt. Soziales Ansehen, Macht und Beachtung befriedigen diese Bedürfnisse.
5. Die Bedürfnisse nach **Selbstverwirklichung** («self-actualization») bringen zum Ausdruck, dass der Mensch das sein will, was er sein kann, und das machen will, wozu er fähig ist. Er strebt danach, die in ihm verborgenen Möglichkeiten und Fähigkeiten voll auszuschöpfen, um damit sich selbst zu entfalten.

Bezüglich der **Motivationsdynamik** dieser Bedürfnisse stellt Maslow fest, dass das Verhalten des Menschen durch die unbefriedigten Bedürfnisse bestimmt ist, d.h. bisher unbefriedigte Bedürfnisse bilden den eigentlichen Motivator menschlichen Verhaltens (Hill/Fehlbaum/Ulrich 1994, S. 68):

- Die fünf Bedürfniskategorien stehen zueinander in einer hierarchischen Beziehung. Die Befriedigung niederer Bedürfnisse bildet jeweils die Voraussetzung für die Befriedigung höherer Bedürfnisse (zuerst werden die physischen Bedürfnisse befriedigt, dann die Sicherheitsbedürfnisse usw.).
- Entsprechend der angegebenen Bedürfnishierarchie ist immer jenes Bedürfnis am stärksten wirksam, das unmittelbar auf das letzte, gerade noch befriedigte Bedürfnis folgt. Dieses Bedürfnis ist das dominante Handlungsmotiv.
- Immer dann, wenn ein Bedürfnis in einem bestimmten Ausmass befriedigt ist, hört es auf, dominantes Handlungsmotiv zu sein. An seine Stelle tritt ein neues, in der Regel höheres Bedürfnis, das jetzt vorherrscht.

5.2	**Monetäre Anreize**
5.2.1	**Lohn und Lohngerechtigkeit**

Aufgabe der Personalpolitik ist es, den Lohn des Mitarbeiters zu bestimmen. Der Lohn ist das dem Arbeitnehmer bezahlte Entgelt dafür, dass er dem Unternehmen seine Arbeitskraft zur Verfügung stellt. Von diesen Lohnzahlungen im engeren Sinne sind zu unterscheiden:

- die betriebliche Erfolgsbeteiligung,
- die Sozialleistungen,
- die Prämien des betrieblichen Vorschlagswesens.

Im Rahmen der Entgeltpolitik sind zwei wichtige Probleme zu lösen, nämlich die Bestimmung der absoluten und der relativen Lohnhöhe. Bei der Festlegung der **absoluten** Lohnhöhe handelt es sich um die Frage, wie der von einem Unternehmen geschaffene Wert (= Wertschöpfung) auf die Produktionsfaktoren Arbeit und Kapital verteilt werden soll. Dieses Verteilungsproblem kann vor allem unter historischen, sozialen, politischen und philosophischen Aspekten gesehen werden, wobei auch die jeweilige Situation auf dem Arbeitsmarkt eine entscheidende Rolle spielen mag.

Die Festlegung der **relativen** Lohnhöhe beinhaltet das Problem, die auf die Arbeitnehmer entfallende Lohnsumme auf die einzelnen Mitarbeiter zu verteilen. Es geht also um das Verhältnis der einzelnen Löhne zueinander. Die Lösung dieses Verteilungsproblems hat sich an der Lohngerechtigkeit auszurichten. Dies bedeutet einerseits, dass der Lohn gerecht sein sollte, d.h. in ursächlichen Zusammenhängen zu den Leistungen und zur Person des Lohnempfängers stehen sollte, und dass andererseits der Mitarbeiter den Lohn auch als gerecht empfindet. Denn erst wenn dieses subjektive Gerechtigkeitsgefühl eintritt, ist der Lohnempfänger bereit, die geforderte Leistung zu erbringen oder ein gewünschtes Rollenverhalten zu zeigen.

Da es erstens nicht möglich ist, eine verursachungsgerechte Zuordnung der betrieblichen Wertschöpfung auf die einzelnen Mitarbeiter vorzunehmen, und zweitens verschiedene Aspekte bei der Verteilung einer bestimmten Gesamtlohnsumme eine Rolle spielen, versucht man, eine Objektivierung des Verteilungsproblems durch Berücksichtigung verschiedener Gerechtigkeiten zu erreichen. Im Vordergrund stehen folgende Kriterien:

1. **Anforderungsgerechtigkeit:** Die Anforderungsgerechtigkeit beruht auf der Berücksichtigung des Schwierigkeitsgrades der Arbeit. Im Mittelpunkt stehen die Anforderungen, die an den Mitarbeiter gestellt werden. Diese müssen in einer **Arbeitsbewertung** ermittelt werden. Sie führen zu einer **Lohnsatzdifferenzierung,** d.h. für unterschiedliche Anforderungen werden unterschiedliche Lohnsätze bestimmt. Ausgangspunkt ist eine definierte (Normal-)Leistung, die vom Mitarbeiter erwartet wird.

2. **Leistungsgerechtigkeit:** Bei der Leistungsgerechtigkeit steht der vom Arbeitnehmer erbrachte Leistungsbeitrag im Vordergrund. Damit wird eine über oder unter der definierten Normalleistung liegende Leistung berücksichtigt. Das Unternehmen richtet auf die Leistungsgerechtigkeit ein besonderes Augenmerk, da es an einer Steigerung der Leistung und somit an einer Erhöhung der Arbeitsproduktivität stark interessiert ist. Allerdings hat es durch den Einsatz geeigneter Lohnformen auch die Voraussetzungen dafür zu schaffen, dass der Lohn tatsächlich zu einem Leistungsanreiz wird.

3. **Verhaltensgerechtigkeit:** Mit der Verhaltensgerechtigkeit versucht man, das Verhalten gegenüber
   - anderen Mitarbeitern (Gleichgestellte, Untergebene, Vorgesetzte), also Solidarität und Hilfsbereitschaft,

- den Einrichtungen und Arbeitsmitteln des Unternehmens, also Pflichtbewusstsein und Sorgfaltspflicht,
- der Öffentlichkeit (Identifikation mit seinem Unternehmen) einzubeziehen. Grundlage bietet eine Verhaltensbewertung, die jedoch schwierig vorzunehmen ist, da das Verhalten schwer quantifizierbar ist. Aus diesem Grund versucht man dieses indirekt zu bewerten, beispielsweise über die Verbundenheit mit dem Betrieb (Anzahl Dienstjahre).

4. **Sozialgerechtigkeit:** Die soziale Gerechtigkeit berücksichtigt soziale und sozialpolitische Anliegen. Dazu gehören beispielsweise Altersvorsorge, Lohnfortzahlungen bei Krankheit oder Unfall, garantierter Mindestlohn bei einem Leistungslohn oder Kinder-/Familienzulagen.

5. **Personalmarktgerechtigkeit:** Neben den bisher genannten internen Kriterien spielt auch der externe Personal- bzw. Arbeitsmarkt eine entscheidende Rolle. Deshalb sollten einerseits Vergleichslöhne der gleichen Branche herangezogen werden und andererseits muss die Knappheit bestimmter Qualifikationen berücksichtigt werden.

6. **Unternehmenserfolgsgerechtigkeit:** Da die Wirkung der Leistung eines einzelnen Mitarbeiters oft nicht direkt gemessen werden kann (z. B. positiver Einfluss auf die Unternehmenskultur), sollte der Mitarbeiter auch am Unternehmenserfolg beteiligt werden.

Gerade das Kriterium der Sozialgerechtigkeit macht deutlich, dass die Lohnbemessung aufgrund einzelner Gerechtigkeitskriterien stark von gesellschaftlichen Wertvorstellungen abhängt. Abschliessend kann gesagt werden, dass eine Objektivierung der Problematik der Lohngerechtigkeit bereits dadurch erreicht wird, wenn

- man versucht, verschiedene Kriterien bei der Ermittlung des Lohnes zu berücksichtigen,
- alle Mitarbeiter an diesen Kriterien gemessen und somit gleich behandelt werden,
- die Kriterien bzw. die Bewertungsgrundlagen offen gelegt werden, damit der Mitarbeiter den Zusammenhang zwischen seinem Leistungsbeitrag bzw. seiner Person und dem Lohn erkennen kann. Dies ist eine Grundvoraussetzung dafür, dass er seinen Lohn als gerecht empfindet.

5.2.2	**Arbeitsbewertung**
5.2.2.1	Begriff und Arten der Arbeitsbewertung

Ziel der **Arbeitsbewertung** ist die Ermittlung der Anforderungen (Arbeitsschwierigkeit) einer Arbeit oder eines Arbeitsplatzes an den Mitarbeiter im Verhältnis zu anderen Arbeiten oder Arbeitsplätzen unter Verwendung eines einheitlichen Massstabes.

Die Arbeitsbewertung dient als Grundlage zur Festlegung der Lohnsätze (Lohnsatzdifferenzierung), aber auch zur Bestimmung des qualitativen Personalbedarfs, zur Besetzung von offenen Stellen mit geeigneten Personen und zur Arbeitsgestaltung.

Die Arbeitsbewertung besteht aus zwei Schritten. In einem ersten Schritt wird in einer qualitativen Analyse die Arbeit bzw. der Arbeitsplatz umschrieben und erfasst. In einem zweiten Schritt – auf dem ersten aufbauend – können in einer quantitativen Analyse die charakteristischen Anforderungsarten miteinander verglichen und bewertet werden.

Zur Ermittlung des Arbeitswertes stehen verschiedene Methoden zur Verfügung. Gemeinsam ist allen Verfahren, dass sie von der Person des Stelleninhabers abstrahieren. Grundlage bildet die Normalleistung eines fiktiven Stelleninhabers.

Unter einer **Normalleistung** verstehen wir die Leistung, die von jedem geeigneten, geübten und eingearbeiteten Mitarbeiter über eine längere Zeitperiode erbracht werden kann.

Die verschiedenen Verfahren ergeben sich aufgrund der unterschiedlichen Ermittlung und Quantifizierung der Anforderungen:

1. **Art der Ermittlung der Arbeitsschwierigkeit:** Bei der **qualitativen** Analyse für die Ermittlung der Anforderungen wird zwischen summarischen und analytischen Methoden unterschieden:
   - Die **summarischen** Methoden beurteilen die Anforderungen eines Arbeitsplatzes global. Es wird die Arbeitsschwierigkeit eines einzelnen Arbeitsplatzes ermittelt.
   - Die **analytischen** Methoden dagegen versuchen, einen Arbeitsplatz in kleine Bewertungseinheiten aufzuteilen, für welche die spezifische Anforderungsart festgelegt wird.

Ob bei einer Arbeitsbewertung die summarischen oder die analytischen Methoden vorzuziehen sind, hängt in erster Linie von den betrieblichen Gegebenheiten ab. Da es in der Regel um die Bewertung einer Vielzahl von Tätigkeiten geht, bieten die analytischen Methoden einen genaueren Massstab für die Einstufungen der Arbeiten. Sie sind letztlich durch eine grössere Objektivität gekennzeichnet, da sich ihre Ergebnisse jederzeit und von jedermann nachvollziehen und überprüfen lassen.

2. **Quantifizierung der Anforderungen:** In der **quantitativen** Analyse stehen die beiden Methoden der Reihung und der Stufung zur Verfügung:

- Bei der **Reihung** werden die zu beurteilenden Arbeiten nach ihrem Schwierigkeits- oder Anforderungsgrad in eine Reihenfolge gebracht. Zuoberst auf der Rangliste steht die Arbeit mit den höchsten Anforderungen, während diejenige mit den tiefsten Anforderungen am Ende der Liste steht.

- Wählt man die **Stufung,** werden die Arbeiten einzelnen Merkmalskategorien zugeteilt, die sich durch einen bestimmten Anforderungsgrad auszeichnen. Damit können inhaltlich unterschiedliche Arbeiten (z. B. produktive und administrative Arbeiten) in die gleiche Merkmalsstufe eingeordnet werden.

Aus der Kombination dieser zwei Kriterien und den sich daraus ergebenden Prinzipien (summarisch und analytisch auf der einen, Reihung und Stufung auf der anderen Seite) lassen sich vier Verfahren der Arbeitsbewertung ableiten (▶ Abb. 196):

1. **Rangfolgeverfahren:** Beim Rangfolgeverfahren werden sämtliche Arbeitsplätze in eine Reihenfolge gebracht. Mit Hilfe von Stellenbeschreibungen können alle Arbeitsplätze miteinander verglichen und in eine Rangreihe nach dem jeweiligen Schwierigkeitsgrad überführt werden. Der **Vorteil** dieses Verfahrens liegt in der einfachen Handhabung und leichten Verständlichkeit. Diesem Vorteil steht allerdings eine Reihe von **Nachteilen** gegenüber:

- Das Verfahren eignet sich nur für Unternehmen mit kleinem Mitarbeiterbestand bzw. kleiner Anzahl von Arbeitsplätzen mit unterschiedlichem Arbeitsinhalt. Je grösser das Unternehmen, umso grösser wird die Gefahr einer Fehlbeurteilung, da die Unübersichtlichkeit steigt (zu viele verschiedene Arbeitsplätze).

- Das Verfahren setzt umfassende Kenntnisse aller Stellen voraus. Müssen beispielsweise mehrere Bewerter eingesetzt werden, so steigt die Subjektivität der Beurteilung, da die persönlichen Wertvorstellungen der einzelnen Bewerter sich unterschiedlich auswirken können.

Art der Quantifizierung / Art des Bewertungsvorganges	summarisch	analytisch
Reihung	Rangfolgeverfahren	Rangreihenverfahren
Stufung	Lohngruppenverfahren	Stufenwertzahlverfahren

▲ Abb. 196   Verfahren der Arbeitsbewertung

Lohngruppe 1	Einfache und körperlich leichte Arbeiten, die ohne spezielle Ausbildung nach kurzer Anlernzeit ausgeführt werden können (75% des Ecklohnes)
Lohngruppe 2	Arbeiten, die eine bestimmte Anlernzeit und Ausbildung voraussetzen (85% des Ecklohnes)
Lohngruppe 3	Arbeiten, die eine abgeschlossene Berufslehre erfordern (100% des Ecklohnes)
Lohngruppe 4	Arbeiten, die neben einer abgeschlossenen Berufslehre zusätzliche Ausbildung und eine mehrjährige Berufserfahrung bedingen (115% des Ecklohnes)
Lohngruppe 5	Hochwertige Facharbeiten, die ein grosses fachliches Können und Wissen erfordern sowie grosse Selbstständigkeit und Verantwortungsbewusstsein voraussetzen (133% des Ecklohnes)

▲ Abb. 197   Beispiele von Lohngruppen für einen Produktionsbetrieb

- Mit dem Aufstellen einer Rangreihenfolge wird noch keine Aussage über die qualitativen Abstände zwischen den einzelnen Arbeitsplätzen gemacht. Somit liefert das Verfahren keine exakte Bezugsgrösse für die Überführung eines Arbeitswertes in einen Lohnwert.

2. **Lohngruppenverfahren:** Das Lohngruppenverfahren, auch Katalogisierungsmethode genannt, bildet eine abgestufte Anzahl von Lohngruppen oder Lohnklassen, in denen die unterschiedlichen Schwierigkeitsgrade der Arbeiten zum Ausdruck kommen. Die einzelnen Stufen werden inhaltlich umschrieben und oftmals durch so genannte Richtbeispiele ergänzt, welche eine Einordnung erleichtern sollen. Anschliessend werden alle Arbeitsplätze einer bestimmten Gruppe bzw. Klasse zugerechnet. Wie das Beispiel in ◄ Abb. 197 zeigt, wird für eine bestimmte Lohngruppe ein Ecklohn festgesetzt, der mit 100% die Bezugsgrösse für die übrigen Lohngruppen bildet.

   Die **Vorteile** des Lohngruppenverfahrens liegen wie beim Rangfolgeverfahren in der leichten Handhabung und Verständlichkeit. Es setzt allerdings eine exakte Definition der Lohngruppenmerkmale und Umschreibung der Richtbeispiele voraus, da sonst Fehlzuordnungen möglich sind. Zudem besteht die Gefahr, falls zu wenig Lohngruppen gewählt wurden, dass eine Nivellierung der Lohnsätze stattfindet.

3. **Rangreihenverfahren:** Das Rangreihenverfahren wendet das Prinzip der Reihung für jede einzelne Anforderungsart an. Hat man sich auf die Anforderungsarten geeinigt, so können alle zu bewertenden Arbeitsplätze in eine Rangreihe je Merkmal gebracht werden. Zuoberst auf der Liste steht dann jene Arbeit, welche bezüglich des Merkmals die höchsten Anforderungen stellt. Ein erstes Problem bildet die Bestimmung der verschiedenen Anforderungsarten. In ◄ Abb. 190 (S. 589) wurde bereits ein detaillierter Anforderungskatalog dargestellt. Ein zweites Problem

ergibt sich bei der Berechnung des Gesamtarbeitswertes eines Arbeitsplatzes. Ein mögliches Vorgehen besteht darin, die einzelnen Merkmale
zu gewichten und durch Addition der gewichteten Rangreihenplätze
den Gesamtarbeitswert (GAW) zu bilden:

- $$GAW = \sum_{i=1}^{n} RP_i\, GF_i$$

RP = Rangreihenplatz
GF = Gewichtungsfaktor
i = Anzahl Anforderungsmerkmale (i = 1, 2, ..., n)

Ist der Gesamtarbeitswert bestimmt, ist schliesslich noch jedem Gesamtarbeitswert ein Lohnwert zuzuordnen. Dabei kann so vorgegangen
werden, dass der niedrigste Gesamtarbeitswert mit dem minimal vorgeschriebenen Lohn und der höchste Gesamtarbeitswert mit dem maximal möglichen Lohn versehen wird. Sind diese beiden Extremwerte bestimmt, so lassen sich sämtliche Löhne leicht berechnen.

4. **Stufenwertzahlverfahren:** Für jedes Anforderungsmerkmal werden verschiedene Wertungsstufen festgelegt, die es ermöglichen, der Ausprägung einer bestimmten Anforderung einen Punktewert zuzuordnen. Die
maximal verteilbaren Punkte pro Anforderungsart können dabei variieren, je nachdem wie man die jeweilige Anforderung im Vergleich zu anderen Anforderungen gewichtet. Auf wie viele Anforderungsstufen man
die maximale Punktzahl pro Anforderungsart aufteilen will, hängt von
der Unterscheidungsfähigkeit des jeweiligen Merkmals ab (▶ Abb. 198).
Der Gesamtarbeitswert ergibt sich ebenfalls aus der Summe der einzelnen Punktewerte pro Anforderungsart. Die Lohnfestsetzung kann dann
in analoger Weise zum Rangreihenverfahren bestimmt werden (▶ Abb.
199).

Der **Vorteil** des Stufenwertzahlverfahrens liegt in der leichten Handhabung für den Bewerter und der guten Verständlichkeit für den Mit-

Anforderungsart	Wertstufe	Punktzahl
Verantwortung	klein	0,5
	mittel	2
	gross	4
körperliche Belastung	leicht	1
	mittel	2
	mittel/schwer	3
	schwer	4
	äusserst schwer	5

▲ Abb. 198   Beispiel Stufenwertzahlverfahren

Punktzahl des Gesamtarbeitswertes	Lohngruppe	Abstufung in Prozenten
bis 5	1	75 %
5–10	2	80 %
10–15	3	86 %
15–20	4	93 %
20–25	5	100 % (Ecklohn)
25–30	6	107 %
30–35	7	115 %
35–40	8	124 %
40–45	9	133 %

▲ Abb. 199   Beispiel Lohnbestimmung

arbeiter, dessen Arbeitsplatz einer Bewertung unterzogen wurde. Der Lohnwert kann einfach berechnet werden, indem

- die einzelnen Punktewerte addiert und mit einem Geldfaktor multipliziert werden,
- die der Gesamtpunktzahl entsprechende Lohngruppe – wie im Beispiel in ◄ Abb. 199 ersichtlich – einer Tabelle entnommen wird.

5.2.2.2 | Lohnsatzdifferenzierung

Sind die Arbeitswerte ermittelt, so stellt sich das Problem der Lohnsatzdifferenzierung, d. h. die Frage, wie die Arbeitswerte in Lohnwerte umgerechnet werden. Grundsätzlich ergibt sich aufgrund der Anforderungsgerechtigkeit, dass steigende Arbeitswerte höhere Lohnsätze zur Folge haben sollen. Nicht beantwortet bleibt dabei aber die Frage, in welchem Verhältnis die Lohnsatzdifferenzierung vorgenommen werden soll. Je nach dem Ziel bzw. dem Ergebnis, das man sich von der Lohnsatzdifferenzierung verspricht, wird eine stärkere oder schwächere Differenzierung angestrebt.

Geht man davon aus, dass das Unternehmen einen Mindestgrundlohn bezahlen muss, so kann die von diesem Lohn ausgehende Lohnkurve grundsätzlich linear, progressiv oder degressiv ansteigen (► Abb. 200):

- Bei einer **linearen** Lohnkurve (1) erhält der Mitarbeiter proportional zu den steigenden Arbeitswerten einen höheren Lohnsatz.
- Bei einem **progressiven** Kurvenverlauf (2) unterstellt man, dass für einen Mitarbeiter mit einer sehr schwierigen Aufgabe auch grosse Anreize geboten werden müssen, damit er diese Aufgabe übernehme und gut ausführe, während bei einem Mitarbeiter mit einem tiefen Lohnsatz eine relativ kleine Lohnsatzsteigerung als Anreiz genüge.

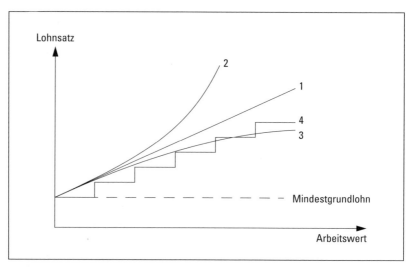

▲ Abb. 200   Möglichkeiten der Lohnsatzdifferenzierung

- Der **degressiven** Staffelung (3) liegt demgegenüber die Überlegung zugrunde, dass die monetären Aspekte eine umso geringere Rolle spielen, je schwieriger und verantwortungsvoller die Aufgabe sei. Die Anreize ergeben sich in diesem Fall aus der Aufgabe als solcher. Mitarbeitern, die hingegen einen Lohn nahe dem Minimallohn (und somit dem Existenzminimum) erhalten, können mit einer möglichst hohen Lohnerhöhung die grössten Leistungsanreize geboten werden.
- Daneben sind noch weitere Kurvenverläufe denkbar wie beispielsweise die **treppenförmige** Kurve (4).

5.2.3 | Leistungsbewertung

Während die Arbeitsbewertung letztlich den Schwierigkeitsgrad einer Aufgabe bzw. einer Stelle ermittelt und bewertet, versucht die Leistungsbewertung, den persönlichen Leistungsbeitrag eines Mitarbeiters zu erfassen und zu beurteilen. Die Leistungsbewertung erfüllt damit den Grundsatz der Leistungsgerechtigkeit, indem unterschiedliche Leistungsbeiträge bei Aufgaben mit gleichem Schwierigkeitsgrad zu unterschiedlichen Entgelten führen. Im Mittelpunkt steht die Erfassung der persönlichen Leistung, die zu einer Normalleistung in Bezug gesetzt wird. Diese Beziehung wird als **Leistungsgrad** bezeichnet. Die Normalleistung ergibt sich entweder aus der Erfahrung, aufgrund einer Konvention oder aus arbeitsanalytischen Untersuchungen.

Schwierigkeiten der Leistungsbewertung ergeben sich einerseits bei der Bestimmung der Bezugsgrössen, auf die sich eine Bewertung abstützt, und andererseits bei der Messung des Leistungsbeitrages in Bezug auf dieses Merkmal. Eine eindeutige Beurteilung des Leistungsergebnisses ist dann gegeben, wenn quantitative Grössen wie Menge und Zeit betrachtet werden.

Sind die für eine Arbeit wesentlichen Beurteilungskriterien festgelegt und untereinander gewichtet, so muss in einem weiteren Schritt mit einer entsprechenden Lohnform eine leistungsgerechte Entlohnung gefunden werden, die diesen Beurteilungskriterien Rechnung trägt.

5.2.4	**Traditionelle Lohnformen**

Mit der Wahl einer geeigneten Lohnform werden die individuellen Leistungsunterschiede berücksichtigt. Zugleich versucht man, die Lohnform als Anreizinstrument einzusetzen. Dazu ist allerdings zu bemerken, dass sich wegen der Vielzahl der auf die Leistung (Arbeitsproduktivität) einwirkenden Einflussfaktoren keine eindeutigen Zusammenhänge zwischen Lohnform und Leistung ergeben. Es können lediglich tendenzielle Aussagen gemacht werden, wobei die übrigen das Arbeitsverhalten beeinflussenden Determinanten als konstant betrachtet werden.

Als Bewertungsgrundlagen für eine Systematisierung kommen in erster Linie die **Leistungszeit** und die **Leistungsmenge** in Frage. ▶ Abb. 201 zeigt die auf diesen Kriterien basierenden möglichen Lohnformen, wobei im Folgenden nur die reinen Formen besprochen werden.

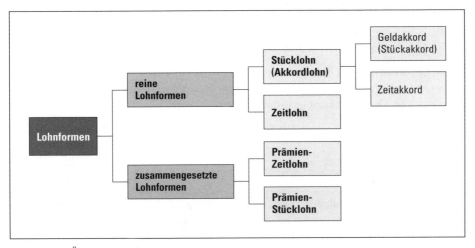

▲ Abb. 201   Übersicht Lohnformen

5.2.4.1	Zeitlohn

> Beim **Zeitlohn** wird der Lohn nach der aufgewandten Arbeitszeit berechnet. Der Lohn verläuft damit proportional zur Arbeitszeit des Mitarbeiters.

In der Praxis erscheint der Zeitlohn vor allem als Stunden-, Wochen- oder Monatslohn. Damit ergibt sich eine einfache Berechnung:

■ Lohn/Periode = Lohnsatz/Zeiteinheit × Anzahl Zeiteinheiten/Periode

Obschon sich der Zeitlohn bzw. dessen Berechnung grundsätzlich auf die Anwesenheit und nicht auf die erbrachte Arbeitsleistung bezieht und somit kein unmittelbarer Zusammenhang zwischen diesen beiden Grössen besteht, ist der Zeitlohn ein Leistungslohn. Mit der Festlegung des perioden-bezogenen Lohnsatzes wird eine Leistung erwartet, die entweder der Normalleistung entspricht oder bei höheren Ansätzen (progressiver Verlauf der Lohnsatzkurve) auf einem über der Normalleistung liegenden Leistungsgrad beruht. Diese Beziehung wird besonders deutlich, wenn der Mitarbeiter – wie im Falle der Fliessbandfertigung mit vorgegebener Taktzeit – keinen Einfluss auf die Arbeitsgeschwindigkeit hat.

Der reine Zeitlohn bietet in der Regel keinen grossen Leistungsanreiz, da die effektiv erbrachte Leistung nicht direkt berücksichtigt wird. Trotzdem erweist sich der Zeitlohn als **vorteilhaft** bei Arbeiten,

■ die einen hohen Qualitätsstandard verlangen,
■ die sorgfältig und gewissenhaft ausgeführt werden müssen,
■ bei denen eine grosse Unfallgefahr besteht,
■ deren Leistung nicht oder nur sehr schwer (quantitativ) messbar ist, wie dies bei kreativen Aufgaben der Fall ist,
■ bei denen die Gefahr besteht, dass Mensch oder Maschine überfordert oder zu stark beansprucht werden.

Zudem ist der Zeitlohn immer dann sinnvoll, wenn der Arbeiter die Arbeitsgeschwindigkeit – wie weiter oben erklärt – nicht innerhalb bestimmter Grenzen selbst bestimmen kann.

5.2.4.2	Akkordlohn

> Beim **Akkordlohn** handelt es sich um einen unmittelbaren Leistungslohn, da der Lohn nicht aufgrund der Arbeitszeit, sondern nur aufgrund der erbrachten Leistung berechnet wird.

Die Ermittlung des Lohnsatzes pro Mengeneinheit beruht auf einem Normallohnsatz, den ein Mitarbeiter im Zeitlohn für eine Zeiteinheit mit durchschnittlicher normaler Leistung erreichen würde. Auf diesen Normallohnsatz wird ein Akkordzuschlag gewährt, der den Mitarbeiter dafür entschädigt, dass die Arbeitsintensität und Beanspruchung beim Akkordlohn grösser sind als beim Zeitlohn. Normallohnsatz und Akkordzuschlag ergeben den **Akkordrichtsatz.** Dieser gibt somit den Verdienst eines Mitarbeiters im Akkord für eine Zeiteinheit (vielfach Stunde) bei normaler Leistung wieder.

Um den Lohn eines Mitarbeiters im Akkord berechnen zu können, muss in einem ersten Schritt festgestellt werden, wie viele Stücke pro Stunde bei einer Normalleistung produziert werden können oder wie viel Zeit für die Herstellung eines Stückes bei Normalleistung benötigt wird. Ist die Normalleistung bekannt, so bestehen zwei Möglichkeiten der Berechnung:

1. **Geldakkord:** Beim Geldakkord wird dem Mitarbeiter für jedes hergestellte Stück ein bestimmter Geldbetrag vergütet. Dieser **Geldsatz je Mengeneinheit** (G_e) ergibt sich aus der Division des Akkordrichtsatzes durch die Normalmenge/Stunde.

Beispiel Geldakkord

- Normalmenge/Stunde: 5 Stück
- effektiv hergestellte Menge/Stunde (m): 6 Stück
- Akkordrichtsatz/Stunde: 30,– Fr.
- Geldsatz/Mengeneinheit (G_e): 6,– Fr.
- Stundenverdienst = m · G_e = 6 · 6,– = 36,– [Fr.]

---

2. **Zeitakkord:** Dem Mitarbeiter wird für jede Erzeugniseinheit eine bestimmte Zeit gutgeschrieben. Diese entspricht der Vorgabezeit, die für die Herstellung eines Stückes bei Normalleistung notwendig ist. Die Berechnung des Lohnes für eine bestimmte Zeitperiode ergibt sich wie folgt: Zuerst wird der **Minutenfaktor** (G_m) ermittelt, der dem Geldbetrag pro Minute entspricht. Dieser ergibt sich aus der Division des Akkordrichtsatzes durch 60. Ist die Vorgabezeit pro Stück bekannt, so kann beispielsweise der Stundenverdienst durch Multiplikation des Minutenfaktors mit der Vorgabezeit und den in einer Stunde hergestellten Einheiten berechnet werden.

Beispiel Zeitakkord

- Akkordrichtsatz/Stunde: 24,– Fr.
- Vorgabezeit (t_s): 10 Minuten
- effektiv hergestellte Menge/Stunde (m): 8 Stück
- Minutenfaktor $G_m = \dfrac{24{,}-\text{ Fr.}}{60\text{ Minuten}} = 0{,}40$ Fr./Minute
- Stundenverdienst = m · G_m · t_s = 8 · 0,40 · 10 = 32,– [Fr.]

Der Zeitakkord hat gegenüber dem Geldakkord den Vorteil, dass bei Lohn-
änderungen – sowohl realen als auch inflationsbedingten – die Vorgabezeiten nicht neu berechnet werden müssen. Diese ändern sich nur, wenn
infolge der Anwendung einer neuen Technologie die Arbeitsprozesse angepasst werden müssen. Sonst muss jeweils nur der Minutenfaktor verändert werden. Ein weiterer Vorzug des Zeitakkords besteht darin, dass die
dem Mitarbeiter vergütete Zeit als Vorgabezeit auch in der Kalkulation und
Planung verwendet werden kann. Beispielsweise kann bei der Personalbedarfsermittlung mit Hilfe der Vorgabezeit bei bekannter Produktionsmenge – unter Berücksichtigung von erfahrungsgemäss eintretenden Abweichungen – der Netto- oder Bruttopersonalbedarf berechnet werden.

Voraussetzung für den Einsatz des Akkordlohnes ist, dass die im Akkord hergestellten Erzeugnisse die Akkordfähigkeit und Akkordreife besitzen. Eine Arbeit bezeichnet man als **akkordfähig,** wenn der Ablauf dieser
Arbeit zum Voraus bekannt ist oder bestimmt werden kann, sich ständig
wiederholt und die dafür aufgewandte Zeit und das daraus resultierende
Ergebnis gemessen werden können. Unter **Akkordreife** versteht man dagegen, dass eine akkordfähige Arbeit von einem für diese Arbeit geeigneten Mitarbeiter nach einer bestimmten Einarbeitungszeit beherrscht wird
sowie keine störenden Einflüsse (z.B. wenn eine neue Maschine noch
nicht richtig eingestellt ist) mehr auftreten. Sobald sich Änderungen im
Produktionsprozess oder im Produktionsverfahren (z.B. aufgrund neuer
Technologien) ergeben, müssen die Akkordfähigkeit und Akkordreife
überprüft werden. Auch wenn diese noch vorhanden sind, können sich
Änderungen bei der Höhe des Akkordrichtsatzes ergeben. Eine zusätzliche
Voraussetzung besteht darin, dass die Arbeitsgeschwindigkeit bzw. Arbeitsintensität vom Mitarbeiter beeinflusst werden kann. Gerade im Hinblick auf die zunehmende Automatisierung ist diese Bedingung aber
immer weniger gegeben.

Der Akkordlohn hat gegenüber dem Zeitlohn den **Vorteil,** dass er als
direkter Leistungsanreiz eingesetzt werden kann. Er entspricht dem Prinzip der Leistungsgerechtigkeit, da ein erhöhter Einsatz des Mitarbeiters
auch belohnt wird. Zudem sind die Lohnkosten/Fertigungseinheit stets bekannt und konstant. Als **Nachteile** ergeben sich:

- Gefahr der Überbeanspruchung von Mensch und Maschine,
- schlecht einsetzbar bei Arbeiten mit grosser Unfallgefahr,
- wenig geeignet für Qualitätsarbeiten,
- Gefahr einer grossen Ausschussquote,
- Probleme bei Gruppenarbeiten.

Bestimmten Nachteilen kann durch modifizierte Gestaltung des Akkordlohnes begegnet werden. So kann beispielsweise vertraglich ein **Mindestlohn** zugesichert werden, der dem Wesen nach einem Zeitlohn entspricht.

Der Akkord wird dann in der Weise ermittelt, dass sich der Akkordrichtsatz aus diesem Grundlohn oder Mindestlohn zuzüglich eines Akkordzuschlages berechnen lässt. Bei Gruppenarbeiten ist es möglich, einen **Gruppenakkord** anzuwenden. Grundsätzlich ist gleich wie beim Einzelakkord zu verfahren, doch ergeben sich Probleme bei der Verteilung des erzielten Akkordlohnes, da eine Aufteilung nach der anteiligen Arbeitsleistung sehr schwierig ist.

5.2.4.3	Prämienlohn

Der Prämienlohn setzt sich aus einem festen Grundlohn und einem veränderlichen Zuschlag, der Prämie, zusammen. Die Höhe der Prämie hängt von einer vom Mitarbeiter über die Normalleistung erbrachten Mehrleistung ab. Der Prämienlohn enthält damit sowohl anforderungs- wie auch leistungsabhängige Lohnkomponenten. In Abhängigkeit von der Bezugsgrösse der Prämie können folgende Prämienarten unterschieden werden:

- **Mengenleistungsprämie** (Mengenprämie), welche eine zusätzliche quantitativ messbare Leistung vergütet. Sie wird dann eingesetzt, wenn sich der Akkordlohn nicht eignet. Dies ist beispielsweise bei veränderlichen Arbeitsbedingungen mit nicht genau bestimmbaren Vorgabezeiten der Fall.
- **Qualitätsprämien** (Güteprämien), die für genaues Arbeiten gewährt werden, um Ware der zweiten Wahl oder unnötige Arbeitsunterbrüche zu vermeiden.
- **Ersparnisprämien,** die für den sorgfältigen Einsatz der Produktionsfaktoren (Maschinen, Werkzeuge, Rohstoffe, Halbfabrikate, Hilfs- und Betriebsstoffe) ausbezahlt werden.
- **Nutzungsgradprämien,** die vor allem darauf ausgerichtet sind, die vom Mitarbeiter beeinflussbaren Nebennutzungszeiten (Anlauf-, Umrüstzeiten) möglichst klein zu halten.

Der Prämienlohn zeichnet sich dadurch aus, dass er sehr vielseitig anwendbar ist. Im Gegensatz zum Akkordlohn können verschiedene Bezugsgrössen und nicht nur die Leistungsmenge gewählt werden. Er erfüllt auch die Bedingungen eines anforderungs- und leistungsgerechten Lohnes. Die Gewährung eines Grundlohnes – neben Qualitäts- und Ersparnisprämie – sorgt zudem dafür, dass die Gefahr einer Überbeanspruchung des Menschen und der Betriebsmittel möglichst klein gehalten werden kann. Als Nachteil ergibt sich beim Prämienlohn die Kompliziertheit des Systems. Oft ist es auch schwierig, die nicht quantifizierbaren Bezugsgrössen in eine Prämie einzubeziehen.

| 5.2.5 | **Moderne Formen leistungsabhängiger Vergütung** |

Moderne Vergütungsformen wie sie im Zuge einer zunehmenden Leistungsorientierung üblich geworden sind, betonen zum einen die Ergebnisabhängigkeit und sind zum anderen häufig mit einer langfristigen Kapitalbeteiligung verbunden.

| 5.2.5.1 | Varianten der Leistungsvergütung |

Der Anteil der variablen Leistungsvergütung am Gesamtgehalt kann von wenigen Prozenten bis nahezu 100% variieren. In der Regel kann davon ausgegangen werden, dass der Prozentsatz umso geringer ausfällt, je formalisierter die zugrunde liegende Regelung ist. Tarifvertragliche Vereinbarungen über leistungsbezogene Vergütungen führen kaum zu variablen Leistungsgehaltsanteilen von über 10%. Den anderen Extremfall bilden die Gehaltsregelungen von Geschäftsführern in Krisensituationen.

Grundsätzlich ist zwischen verhaltens- und ergebnisbezogenen Leistungskriterien zu unterscheiden:

- **Verhaltensbezogene** Leistungskriterien stellen die Anstrengungen, welche die Person zur Erreichung bestimmter Ziele unternimmt, in den Mittelpunkt. Beispiel hierfür ist eine Leistungszulage für einen Vertriebsmitarbeiter, die von der Anzahl der Kundenbesuche abhängt. Verhaltensbezogene Kriterien sind vor allem dann geeignet, wenn der Mitarbeiter in der Erreichung der Leistung im wesentlichen von Entscheidungen anderer Personen abhängig ist, die er selbst nur wenig beeinflussen kann.

- **Ergebnisbezogene** Leistungskriterien berücksichtigen dagegen nur die erzielten Erfolge in quantitativer oder qualitativer Hinsicht, unabhängig von dem dafür notwendigen Aufwand. Ein Beispiel dafür ist eine Leistungszulage im Vertrieb, die sich am Gesamtvolumen der Verkaufsabschlüsse orientiert. Geeignet sind solche Kriterien da, wo die Ergebnisse leicht messbar sind und der Erfolg vor allem von den Fähigkeiten und dem Engagement des Mitarbeiters abhängt.

Die **Leistungsperiode** ist der Zeitraum, der für die Bewertung der Leistung zugrunde gelegt wird. Sie kann von einem Monat bis zu mehreren Jahren reichen, was vor allem von der Art der Tätigkeit und der Hierarchieebene abhängt: Je grösser die Bedeutung einer Tätigkeit für den Gesamterfolg eines Unternehmens, umso länger wird die Leistungsperiode dauern. Der wesentliche Grund liegt darin, dass kurze Leistungsperioden zu entsprechend kurzfristig orientierten Anstrengungen der Leistungsmaximierung führen, während mittel- und langfristige Nebeneffekte ausser Acht gelassen werden. Beispielsweise wird die monatliche Ergebnisbewertung eines Verkäufers diesen jeweils zum Monatsende dazu verleiten, risikoreiche Abschlüsse zu tätigen, um kurzfristig ein gutes Ergebnis zu erzielen.

Bei der **Leistungsbeurteilung** lässt sich das Leistungsergebnis nicht immer mit Hilfe objektiver Zahlen bestimmen. Alternativ bietet sich an, eine Beurteilung durch Vorgesetzte, Kollegen oder Mitarbeiter zugrunde zu legen.[1] Häufig wird ein jährliches Beurteilungsgespräch mit dem direkten Vorgesetzten als Grundlage für die Leistungsbewertung herangezogen. Alternativ dazu können aber auch Befragungen von Kollegen oder Kunden durchgeführt werden.

Anreizsysteme gelten in der Praxis in aller Regel nicht nur für eine einzelne Person, sondern betreffen stets einen grösseren Kreis von Beschäftigten. Dabei stellt sich die Frage, ob sich die Bemessung des Leistungsentgelts an der individuellen Leistung orientieren soll oder ob die Leistung einer ganzen Gruppe zugrunde gelegt wird. In diesem Fall spricht man von einem **Teamanreiz**. Damit sich Teamanreize im Vergleich zu individuellen Anreizen positiv auf die Motivation der Gruppenmitglieder auswirken, sollten möglichst viele der folgenden Voraussetzungen erfüllt sein:

- **Transparenz:** Das Gruppenergebnis ist für die Mitglieder als Einheit klar erkennbar (z. B. der Prototyp eines Entwicklungsprojekts oder ein erfolgreicher Vertragsabschluss), während die Einzelbeiträge (z. B. Ideen, Aktivitäten oder Ressourcen) am Ende nur schwer voneinander zu trennen sind.

- **Motivationsstruktur:** Bei den Gruppenmitgliedern sind das Sicherheits- und das Zugehörigkeitsbedürfnis im Durchschnitt stark ausgeprägt, während die individuellen Anerkennungs- und Selbstverwirklichungsbedürfnisse eher im Hintergrund stehen. Die Motivationsstruktur in einer Gruppe hängt nicht allein von den individuellen Voraussetzungen ab, sondern wird durch die Unternehmenskultur überlagert: In einer Organisation, in der die Zusammenarbeit und gegenseitige Unterstützung hoch bewertet wird, ist auch die Akzeptanz von Teamanreizen wahrscheinlich.

- **Homogenität:** Die Gruppenmitglieder sind sich in ihren Fähigkeiten, Zielen und Interessen ähnlich. Ausserdem bewerten die Gruppenmitglieder ihre Beiträge als gleichwertig oder zumindest als vergleichbar.

- **Interdependenz:** Die Gruppenmitglieder sind sich darüber bewusst, dass sie von der Unterstützung der übrigen Mitglieder abhängig sind, um ihren eigenen Beitrag zum Gruppenergebnis leisten zu können.

- **Dauer:** Die Gruppe besteht bereits über einen längeren Zeitraum hinweg in derselben Zusammensetzung. Mit der Dauer der Zusammenarbeit

---

1 Vgl. dazu die Methode der 360°-Beurteilung im Rahmen der Personalbeurteilung (Kapitel 6, Abschnitt 6.2 «Laufbahnplanung (Karriereplanung)»).

nimmt in der Regel das gegenseitige Vertrauen zu, weil das Wissen über die Fähigkeiten und die Leistungsbereitschaft der anderen Teammitglieder grösser wird.

■ **Beitragssicherheit:** Die Mitglieder können sich darauf verlassen, dass jeder Einzelne seinen Beitrag leistet und keine Möglichkeiten zum so genannten «free-riding» (Trittbrettfahren) bestehen. Dazu kann es beispielsweise bei räumlicher Distanz der Gruppenmitglieder kommen, wenn die Leistungen durch die anderen Mitglieder nur eingeschränkt einsehbar sind.

Falls mehrere dieser Voraussetzungen nicht erfüllt sind, ist ein Anreizsystem, das jeden Einzelnen für seine Leistungen belohnt, effizienter als ein Teamanreiz.

| 5.2.5.2 | Erfolgsbeteiligung |

Die Erfolgsbeteiligung ist eine variable Vergütung, welche in ihrer Höhe von der Erreichung eines Unternehmensziels abhängt. In der Regel bezieht sich eine Erfolgsbeteiligung auf den Erfolg des gesamten Unternehmens oder strategisch selbstständiger Einheiten (z.B. Profit Center). Eine Kopplung an den Erfolg funktional gegliederter Einheiten ist weniger verbreitet und setzt das Vorliegen messbarer Erfolgskriterien voraus.

Der Kreis der Beschäftigten, die an einem Erfolgsbeteiligungssystem teilnehmen, kann unterschiedlich weit gefasst werden, wobei sich zwei Grundtypen unterscheiden lassen: Entweder gilt das System nur für die Mitglieder der Geschäftsführung – es nehmen die oberen und mittleren Führungskräfte des Unternehmens teil – oder das System erstreckt sich über die gesamte Belegschaft. Als mögliche Erfolgskriterien bieten sich neben einer Reihe von finanzwirtschaftlichen Kennzahlen auch operative Grössen an (z.B. Marktanteil, Auslastungskennzahlen oder Personalfluktuation).

Während in börsennotierten Unternehmen zunehmend die Form der Aktienoption gewählt wird, die in nächsten Abschnitt als Kapitalbeteiligungsmodell näher beleuchtet wird, steht in den übrigen Unternehmen die Form der direkten Gehaltszulage immer noch im Vordergrund. Darüber hinaus kann die Erfolgsbeteiligung aber auch als Cafeteria-System angelegt werden, indem die Person eine Wahlmöglichkeit über die Beteiligungsform erhält.

Mit der Erfolgsbeteiligung werden in der Praxis unterschiedliche Ziele verfolgt. Bei der Beteiligung der obersten Führungsebenen stehen die Leistungsförderung und die Personalbindung im Vordergrund. Dagegen verfolgen Unternehmen, welche die Gesamtbelegschaft einbeziehen, häufig auch unternehmenspolitische Ziele, wie beispielsweise die Erhöhung des Firmenimages als Arbeitgeber, die Verbesserung der Zusammenarbeit zwischen Management und Belegschaft, die Verminderung des Interessenkonflikts zwischen Arbeitgeber und Arbeitnehmer oder die Förderung der Vermögensbildung.

5.2.5.3	Kapitalbeteiligung

Die Kapitalbeteiligung ist jede Form der finanziellen Beteiligung der Beschäftigten eines Unternehmens am Kapital der Gesellschaft. Mit der Kapitalbeteiligung sind je nach Anlass und Ausgestaltung vor allem zwei Motive verbunden: Zum einen bietet sich die Kapitalbeteiligung als Selbstfinanzierungsquelle an, indem ein Teil der Wertschöpfung über die Gehaltszahlung in Form der Kapitalbeteiligung im Unternehmen bleibt. Zum anderen ist mit der Kapitalbeteiligung der Beschäftigten die Erwartung verbunden, dass damit die Bindung erhöht wird.

Je nach Rechtsform der Gesellschaft und Kapitalart lassen sich mehrere Beteiligungsformen unterscheiden:

- Mit der **Mitarbeiteraktie** erwerben die Beschäftigten Anteile am Grundkapital der Aktiengesellschaft. Über den Aktienbesitz sind die Beschäftigten unmittelbar am Gewinn und Verlust des Unternehmens beteiligt und erwerben auch die damit verbundenen Stimmrechte.

- Mit einem **Partizipationsschein** können Beschäftigte am Gewinn und Verlust einer Gesellschaft beteiligt werden, ohne damit ein Stimmrecht zu erwerben.

- **Stille Beteiligungen** bieten sich als Beteiligungsform bei Personengesellschaften an. Hier leistet der Mitarbeiter eine Einlage, die in das Vermögen des Unternehmers übergeht. Die rechtliche Gestaltung erfolgt entweder über Einzelvertrag oder über eine Betriebsvereinbarung.

- In den letzten Jahren hat sich im Zuge der Börseneuphorie mit **Aktienoptionsplänen** (engl. «stock options») eine besondere Form der leistungsabhängigen Kapitalbeteiligung verbreitet. Es handelt sich dabei um terminierte Bezugsrechte auf Aktien des Unternehmens, die allen Beschäftigten oder häufig auch nur dem oberen und mittleren Führungskreis angeboten werden. Sie berechtigen zum Kauf der Aktien zu einem vorher festgesetzten Preis an einem ebenfalls vorher festgesetzten Zeitpunkt oder in einem bestimmten Zeitraum. Der Kaufpreis wird in Relation zum aktuellen Aktienkurs derart bestimmt, dass sich bei der zu erwartenden Marktentwicklung ein Gewinn für den Beschäftigten ergibt. Liegt der Marktpreis allerdings entgegen den Erwartungen unter dem in der Option festgelegten Preis, wird die Option nicht ausgeübt und verfällt in der Regel.

5.2.6	Betriebliche Sozialleistungen

Die betrieblichen Sozialleistungen beruhen primär auf dem Grundsatz der Sozialgerechtigkeit. Infolge komplementärer Zielbeziehungen werden aber neben ethischen Zielen der Fürsorge und Wohlfahrtspflege folgende Aspekte berücksichtigt:

- Unmittelbare Leistungssteigerung durch zusätzliche Anreize.
- Förderung eines guten Images des Unternehmens und somit Public-Relations-Instrument.
- Bei der Personalbeschaffung kann das Sozialleistungssystem des Unternehmens als Eintrittsargument eingesetzt werden.
- Die soziale Integration eines Mitarbeiters in das Unternehmen kann gefördert werden (z. B. durch Firmensport).
- Forderungen der Gewerkschaften werden erfüllt und mögliche Angriffspunkte abgeschwächt.

Betriebliche Sozialleistung / Kategorie	Vorsorge	Sozial-einrichtungen	Freizeit-gestaltung
Altersvorsorge	•		
Krankheits- und Unfallversicherung	•		
Schutz gegen Arbeitslosigkeit	•		
Wohnungen des Unternehmens		•	
Familien-/Kinderzulagen		•	
Verpflegungsmöglichkeiten		•	
Transportkostenbeiträge		•	
Gesundheits- und Sozialdienst		•	
Firmensport			•
Firmenvereine und -clubs			•
Ferienangebote und -vergünstigungen (z. B. verbilligte REKA-Checks)			•
Andere Vergünstigungen (z. B. verbilligte Einkaufsmöglichkeiten)		•	

▲ Abb. 202   Betriebliche Sozialleistungen

Bei der Betrachtung der betrieblichen Sozialleistungen unter **rechtlichen** Aspekten können folgende fünf Arten von Regelungen unterschieden werden:

- gesetzliche Regelungen,
- gesamtarbeitsvertragliche (tarifvertragliche) Regelungen,
- Betriebsvereinbarungen,
- einzelvertragliche Abmachungen zwischen Unternehmen und einzelnem Mitarbeiter,
- freiwillige Leistungen des Unternehmens.

Allerdings ist eine eindeutige Abgrenzung nicht immer möglich, da im Gesetz oft nur Minimalleistungen festgelegt sind, die häufig durch andere Regelungen ergänzt werden.

Betriebliche Sozialleistungen lassen sich grundsätzlich in drei Kategorien einteilen, wie sie in ◄ Abb. 202 dargestellt sind. Da bei diesen Leistungen der soziale Aspekt immer mehr durch den Aspekt einer zusätzlichen Lohnzahlung verdrängt wird, spricht man auch von **Fringe Benefits.** Diese erfreuen sich in der Praxis einer immer grösser werdenden Beliebtheit, wie ► Abb. 203 zeigt.

Flexible Lohnelemente gewinnen an Bedeutung. Der traditionelle Grundlohn wird um **Sonderzahlungen (Boni)** sowie eine ganze Reihe von sog. «Fringe Benefits» ergänzt. Charakteristisch ist, dass diese Zahlungen auf selektiver und unregelmässiger Basis entrichtet werden. Im Jahr 2002 haben 25,3 % aller Arbeitnehmenden Sonderzahlungen (Boni) erhalten. Das Mittel dieser Boni belief sich auf 690 CHF brutto pro Monat. Die Höhe der Boni variiert je nach Branche stark. Auf dem höchsten Anforderungsniveau bewegt sich der Anteil der Sonderzahlungen am Bruttojahreslohn zwischen 14 % im Detailhandel und rund 45 % im Bankensektor.

Betrugen diese Leistungen im Jahr 1996 noch 1,5 % vom Total der effektiv ausbezahlten Bruttolöhne, beliefen sie sich im Jahr 2000 bereits auf den doppelten Anteil. Bei den Kadern stiegen sie von 4,4 % auf 12,2 % an. Die «Top-Manager» erhielten im Jahr 2000 rund 30 % ihrer Entlohung in dieser Form.

84 % der Grossunternehmen gewähren sämtlichen Arbeitnehmerkategorien **«Fringe Benefits».** Hierzu zählen u. a. kostenlose oder im Preis reduzierte Dienstleistungen/Produkte (63 %), Beteiligungen an der zweiten Säule über den gesetzlichen Anteil (49 %), Privatwagen (48 %) oder Bezahlung der Kranken-/Unfallversicherung (22 %). In 87 % der Grossunternehmen macht der Wert der «Fringe Benefits» schätzungsweise bis zu 10 % des gesamten Bruttojahreslohns aus. In 4 % der Unternehmen kann dieser Anteil bei den obersten Kadern die 20 %-Grenze überschreiten.
(Quelle: Bundesamt für Statistik)

▲ Abb. 203   Die Entlohnung wird immer vielfältiger (Credit Suisse 2004, S. 15)

| 5.2.7 | Betriebliches Vorschlagswesen |

> Das **betriebliche Vorschlagswesen** ist eine Einrichtung mit dem Ziel, systematisch Ideen und Initiativen der Mitarbeitenden – auch über ihren Aufgabenbereich hinaus – zu fördern.

Das betriebliche Vorschlagswesen wird immer häufiger auch als **Ideenmanagement** bezeichnet. Es hilft den Führungsverantwortlichen insbesondere bei ihren Bemühungen um

- Rationalisierung und Verbesserung der Wirtschaftlichkeit,
- Erhöhung der Motivation und Entwicklung der Mitarbeiter sowie
- permanente Innovationen in kleinen Schritten. (Thom 2003, S. 21)

Nach dem **zeitlichen** Einsatz des Vorschlagswesens kann unterschieden werden zwischen

- einem **zeitlich begrenzten** Ideenwettbewerb, der meist auf bestimmte Problemstellungen ausgerichtet ist, und
- einem **ständig** bestehenden Vorschlagswesen, das in die Unternehmensorganisation fest integriert ist. Als **Qualitätszirkel** hat diese Form des Vorschlagswesens in den vergangenen Jahren besondere Aufmerksamkeit auf sich gezogen (▶ Abb. 204).

Die Belohnung eines Vorschlages kann entweder mit materiellen und/oder immateriellen Mitteln erfolgen, wobei sich die Höhe der Belohnung in erster Linie nach dem Umfang der erbrachten Leistung richten sollte sowie danach, ob der Vorschlag auch tatsächlich realisiert worden ist und eine entsprechende Verbesserung gebracht hat. Im wesentlichen können folgende Anreizformen unterschieden werden:

- **Materielle Belohnungen**
  - Geldprämien als Ersparnisprämien in der Höhe eines Prozentsatzes der eingesparten Kosten,
  - Sachprämien, beispielsweise in Form von Gutscheinen für Bücher,
  - zusätzliche bezahlte Ferientage.

- **Nichtmaterielle Belohnungen** wie beispielsweise
  - (persönliche) schriftliche oder mündliche Anerkennung,
  - Erwähnung in der Firmenzeitung,
  - Beförderungen (die allerdings vielfach indirekt eine materielle Komponente beinhalten können).

Mit der Einführung eines betrieblichen Vorschlagswesens ist eine Reihe von Problemen verbunden, die bei dessen Ausgestaltung besonders beachtet werden müssen:

Qualitätszirkel (Quality Circles)

Das Konzept der Qualitätszirkel wurde während der 50er Jahre an amerikanischen Universitäten als ein Instrument zur Qualitätsverbesserung von Produkten (später auch Dienstleistungen) entwickelt, fand jedoch aufgrund des Widerstandes von Gewerkschaften, Arbeitnehmern wie auch festverwurzelter Traditionen keine Anwendung in amerikanischen Firmen.

Unter der Leitung der JUSE (Union of Japanese Scientists and Engineers) nahmen 1962 die Qualitätszirkel ihren Anfang in Japan. Sie dienten ursprünglich der Gestaltung angenehmerer und sinnvoller Arbeitsplätze. Das Anfangsziel bestand somit nicht in erster Linie in der Verbesserung von Produktivität und Qualitätskontrolle.

Aufgrund des grossen Erfolges japanischer Unternehmen aufmerksam geworden, kamen amerikanische Firmen auf das Qualitätszirkel-Konzept zurück. Zu diesem Zeitpunkt hatten die japanischen Unternehmen aber bereits einen Vorsprung von ungefähr zwanzig Jahren in der Anwendung dieses Konzepts.

Die Fülle der verschiedenen Formen von Qualitätszirkeln lassen sich durch folgende **Merkmale** zusammenfassen: Ein Qualitätszirkel

- besteht aus etwa fünf (oder mehr) Mitarbeitern mit gemeinsamer Verantwortung für ein Produkt bzw. für eine Produktpalette,
- kommt auf freiwilliger Basis, regelmässig zusammen (etwa eine Stunde pro Woche),
- beschäftigt sich mit Datensammlung, Problem-/Störungsanalyse und Vorschlägen/

Entscheidungen hinsichtlich der Lösung von Qualitätsproblemen,

- trägt die Verantwortung von Qualitätsproblemen sowie die Durchsetzung entsprechender Massnahmen,
- arbeitet auf der Basis vorher vermittelter Methoden und Techniken,
- zieht bei Bedarf entsprechende Informanten und Experten aus dem Unternehmen hinzu,
- wird durch einen zuständigen Mitarbeiter (Vorarbeiter/Meister/Betriebsingenieur) mit entsprechender Ausbildung geleitet.
- In vielen Betrieben gibt es Preise für hervorragende Beiträge zur Verbesserung der Produktivität und Qualität.

Der Qualitätszirkel wird heute über die Erzielung konkreter Verbesserungsvorschläge hinaus ganz allgemein als **Personalentwicklungsmassnahme** betrachtet, die geeignet ist, die Innovationsbereitschaft und die Eigenständigkeit im Denken zu steigern und die Kommunikationsbeziehungen im Unternehmen zu verbessern.

Erste Erfahrungsberichte verweisen allerdings auch auf die Gefahr, die Qualitätszirkel als isolierte Massnahme zu betreiben, ohne die Kontextabhängigkeit von solchen Änderungsvorhaben zu bedenken. Qualitätszirkel werden heute nämlich tendenziell *neben* der Arbeit geplant, auf die Dauer werden sie aber nur Erfolg haben können, wenn sie zum integrativen Bestandteil der regulären Arbeit werden.

▲ Abb. 204   Qualitätszirkel (nach Imai 1992, S. 132 ff., Steinmann/Schreyögg 1997, S. 505 ff.)

- Die Tatsache, dass der Vorschlag eine über die erwartete Aufgabenerfüllung hinausgehende zusätzliche Sonderleistung beinhaltet, ist zwar einleuchtend, aber eine praktische Abgrenzung ist schwierig vorzunehmen. Es ist deshalb zu fragen, **wer** belohnt werden sollte. Grundsätzlich ist festzuhalten, dass je höher der einen Vorschlag einreichende Mitarbeiter in der Unternehmenshierarchie steht, es sich umso weniger um eine zusätzliche Leistung handelt, da von ihm neue Ideen erwartet werden dürfen.

- Weiter stellt sich die Frage, **was** belohnt werden soll. Sollen alle eingereichten Vorschläge oder nur die später realisierten Ideen honoriert werden? Trifft Letzteres zu, so müssen zumindest die Gründe für eine

Ablehnung mitgeteilt werden, damit der Mitarbeiter erkennen kann, dass man sich mit seiner Idee auseinander gesetzt hat.

- Probleme ergeben sich auch bei der Bestimmung des Ausmasses der Belohnung (**wie viel**). Während bei Kostenersparnissen ein prozentualer Ansatz gerechtfertigt erscheint, so wird dies bei nicht quantifizierbaren Verbesserungsvorschlägen (z.B. Verkleinerung der Unfallgefahr) problematisch, da eindeutige Bezugsgrössen fehlen.
- Vielfach sind mehrere Leute an einem Vorschlag in unterschiedlichem Ausmass beteiligt, und es stellt sich die Frage, wie die **Verteilung** innerhalb einer Gruppe vorgenommen werden sollte.
- Nicht zuletzt können auch **zwischenmenschliche Probleme** entstehen. Den Mitarbeitern, die sich am betrieblichen Vorschlagwesen beteiligen, wird häufig vorgeworfen, sie verhalten sich unsolidarisch und als Einzelgänger, um sich bei den Vorgesetzten beliebt zu machen und Vorteile für sich zu gewinnen. Dies ist besonders dann der Fall, wenn aufgrund von Vorschlägen Rationalisierungsmassnahmen mit Freistellung von Arbeitskräften erfolgen.
- Es ist auch möglich, dass die **Frustration** eines Mitarbeiters steigt, wenn seine gutgemeinten Vorschläge ständig abgelehnt werden und er mit den jeweiligen Begründungen für die Ablehnung nicht einverstanden ist.

Die Bedeutung des Ideenmanagements zeigt auch eine Studie des Deutschen Instituts für Betriebswirtschaft (dib) bei 359 Unternehmen mit insgesamt 2,3 Mio. Mitarbeitenden. Danach wurden im Jahr 2003 über 1,2 Mio. Verbesserungsvorschläge eingereicht, wovon 70 % in die Praxis umgesetzt wurden. Dabei konnten die Unternehmen Kosten im Umfang von rund 1,2 Mrd. Euro einsparen. Dafür vergaben sie Prämien in Höhe von 152 Mio. Euro, wobei sich der Prämiensatz im Durchschnitt zwischen 15 und 30 % der Einsparungen im ersten Jahr bewegte.[1]

5.3	**Nichtmonetäre Anreize**
5.3.1	**Überblick**

Nichtmonetäre Anreize sind sehr vielfältig und für ein Unternehmen zum Teil nur schwer zu erfassen und demzufolge auch schwierig zu gestalten. Dies hat seinen Grund in folgenden Gegebenheiten:

- Nichtmonetäre Anreize haben ihren Ursprung vielfach in den sozialen Beziehungen zwischen den Mitarbeitern oder Gruppen von Mitarbeitern. Insbesondere spielen dabei die informalen Beziehungen (Grup-

---

1 Quelle: http://www.dib.de 16.8.2004

pen) und damit die informale Organisation eine grosse Rolle.[1] Diese Anreize kann das Unternehmen nur teilweise beeinflussen (z. B. Bau von Sportanlagen, Unterstützung von Freizeitgruppen).

- Will man ein nichtmonetäres Anreizsystem gestalten, so sollte man die verschiedenen Anreizarten und deren Wirkungsweise kennen. Soziale Anreize werden aber in der Regel sehr unterschiedlich empfunden. Es hängt sogar vom Mitarbeiter ab, was er als sozialen Anreiz einstuft und was nicht.

Abgesehen von den sozialen Beziehungen können die folgenden Bereiche zum nichtmonetären Anreizsystem gezählt werden (vgl. auch ◄ Abb. 194, S. 616):

- Führungsstil,
- Aufstiegsmöglichkeiten,
- Mitarbeiterschulung,
- Arbeitszeitregelungen,
- Arbeitsinhaltsstrukturierung und Arbeitsplatzgestaltung.[2]

Obschon der Führungsstil eine starke Beziehung zu den sozialen Aspekten im Unternehmen aufweist, soll er im Rahmen der Führung besprochen werden, wo er als Teil eines integrierten Führungsansatzes die zwischenmenschliche Dimension verkörpert.[3] Die Aufstiegs- und Ausbildungsanreize werden im Kapitel 6 «Personalentwicklung», die Arbeitsinhaltsstrukturierung, Arbeitsplatzgestaltung sowie die Arbeitszeitregelungen im Kapitel 4 «Personaleinsatz» ausführlich besprochen.

5.3.2	Gruppenmitgliedschaft

Als soziales Wesen ist der Mensch immer auch Mitglied von mehreren Gruppen. In Bezug auf das Unternehmen ist er primär Mitglied einer Arbeitsgruppe. Neben dieser formalen Gruppe gibt es aber eine Vielzahl anderer Gruppen, denen er meist freiwillig angehört. Gerade diese letzteren informalen Gruppen bilden nicht unwesentliche Anreize, weil durch eine Zugehörigkeit verschiedene Bedürfnisse des Menschen befriedigt werden können. Folgende Anreize sowie Bedürfnisbefriedigungen sind hervorzuheben:

---

1 Vgl. Teil 9, Kapitel 1, Abschnitt 1.1 «Einleitung».
2 Zu nennen wäre auch das betriebliche Vorschlagswesen, das aber wegen seiner monetären Komponente bereits bei der Darstellung der monetären Anreize besprochen worden ist.
3 Vgl. Teil 10, Kapitel 3, Abschnitt 3.2 «Führungsstil».

1. **Soziale Geborgenheit:** Eine Gruppe aus Bekannten und Freunden erzeugt ein Zusammengehörigkeitsgefühl, das das Bedürfnis nach Sicherheit und Geborgenheit befriedigt.

2. **Informationsaustausch:** Die Kommunikation zwischen den Gruppenmitgliedern führt zu einem erhöhten Informationsaustausch, der dafür sorgt, dass der Mitarbeiter gut informiert ist. Damit sind für ihn bessere Voraussetzungen gegeben, um seinen Handlungsspielraum abzugrenzen und seine Chancen und Risiken schneller und genauer zu erkennen.

3. **Statussymbole:** Durch die Teilnahme an einer exklusiven Gruppe, die ein besonderes Ansehen geniesst, werden die Prestigebedürfnisse befriedigt. Bereits der Eintritt in ein Unternehmen, das sich durch besondere Merkmale auszeichnet (z. B. beliebtes und bekanntes Produkt), kann ein solches Bedürfnis befriedigen.

4. **Gruppenanerkennung:** Wertschätzungen durch andere Gruppenmitglieder erhöhen das Selbstwertgefühl und befriedigen das Bedürfnis nach Wertschätzung.

5. **Gruppenarbeit:** Viele Menschen arbeiten lieber in einer Gruppe, weil ihre Arbeitsleistung dadurch gesteigert wird. Dies ist häufig bei Mitarbeitern mit einseitigen Fähigkeiten der Fall. Bei entsprechender Gruppenzusammensetzung kommen diese Fähigkeiten aufgrund von Synergieeffekten voll zum Tragen.

Durch den Einsatz dieser sozialen Anreize kann aber auch die Arbeitszufriedenheit und sicher auch die Leistung gesteigert werden. Dies haben insbesondere die Erkenntnisse der **Human-Relations-Bewegung** bestätigt. Diese besagen nämlich, dass die Produktivität eines Mitarbeiters nicht nur von den physischen Arbeitsbedingungen, sondern ebenso von seiner Behandlung (Aufmerksamkeit und Interesse, das man ihm entgegenbringt), seinen Gruppenzugehörigkeiten und den Gruppennormen abhängt. Gerade der letzte Punkt weist aber auch darauf hin, dass sich das Gruppenverhalten auch negativ auf die Leistung auswirken kann. Die Gruppe bzw. die das Gruppenverhalten massgeblich beeinflussenden Gruppenmitglieder können bestimmte Gruppennormen festlegen. In Bezug auf die Arbeitsleistung spricht man beispielsweise von der so genannten «Fair day work», d. h. einer informalen Vorschrift, wie gross die Arbeitsleistung eines Mitarbeiters pro Tag sein soll. Überschreitet er dieses Arbeitsniveau, so muss er mit Sanktionen der Gruppe rechnen. Das Aufstellen solcher Normen besteht beispielsweise darin, schlechte Mitarbeiter zu decken, damit sie von der vorgesetzten Stelle nicht bestraft werden (z. B. weniger Lohn) oder auch darin, eine bestimmte, als angenehm empfundene Arbeitsintensität aufrechtzuerhalten.

Kapitel 6

Personalentwicklung

6.1 Einleitung

> Die **Personalentwicklung** hat die Aufgabe, die Fähigkeiten der Mitarbeiter in der Weise zu fördern, dass sie ihre gegenwärtigen und zukünftigen Aufgaben bewältigen können und ihre Qualifikation den gestellten Anforderungen entspricht.

Die Personalentwicklung kann in zwei Hauptbereiche eingeteilt werden:

1. Die **Laufbahn-** oder **Karriereplanung,** bei welcher der zeitliche, örtliche und aufgabenbezogene Einsatz für eine bestimmte Zeitdauer festgelegt wird.
2. Die betriebliche **Personalaus-** und **-weiterbildung,** welche die Massnahmen festlegt, mit denen der Mitarbeiter auf die gegenwärtigen oder zukünftigen Aufgaben vorbereitet werden soll.

Der Personalentwicklung kommt im Rahmen der Personalpolitik eine grosse Bedeutung zu:

- Vielfach kann das erforderliche Personal nicht extern über den Arbeitsmarkt gefunden werden, so dass nur eine interne Personalbeschaffung in Frage kommt. Gründe dafür können in einem grossen Nachfrageüberhang liegen oder darin, dass eine den Anforderungen genügende allgemeine Ausbildung nicht existiert.

- Die Qualität der Mitarbeiter ist ein wesentlicher Einflussfaktor für die zukünftige Entwicklung des Unternehmens. Je besser die Mitarbeiter auf ihre Aufgaben vorbereitet sind, umso grösser wird die Konkurrenzfähigkeit des Unternehmens.
- Die Massnahmen der Personalentwicklung stellen grosse immaterielle Investitionen dar, die hohe Kosten verursachen. Eine gezielte Personalentwicklung ist deshalb unter ökonomischen Aspekten notwendig.
- Der betrieblichen Bildung kommt auch eine gesellschaftliche Bedeutung zu. Der Staat liefert zwar in der Regel die Ausbildung vor Eintritt in den Beruf, doch muss zur Erlernung eines Berufs, bei einem Berufswechsel oder bei einer Veränderung der Berufsanforderungen eine zusätzliche Ausbildung erfolgen.
- Die Personalentwicklung ist ein Teil des Anreizsystems. Dieses hat seine Wirkung sowohl bei der externen Personalbeschaffung (akquisitorische Wirkung) als auch bei der Personalerhaltung und Förderung der Arbeitsleistung.

6.2   Laufbahnplanung (Karriereplanung)

Grundgerüst der individuellen Laufbahnplanung ist die so genannte **Laufbahnlinie.** Darunter versteht man eine bestimmte Reihenfolge von Stellen, für die der betreffende Mitarbeiter vorgesehen ist. Die Festlegung solcher Laufbahnlinien wird durch vier Faktoren bestimmt. Es sind dies

- die aufgrund des Stellenplanes notwendigen Mitarbeiter,
- das Leistungspotenzial, das der Mitarbeiter aufgrund der vorhandenen Fähigkeiten mitbringt,
- die persönlichen Interessen und Wünsche, die der Mitarbeiter verfolgt,
- das erweiterte soziale Umfeld des Mitarbeiters (Familie, Freunde).

Im Vordergrund steht bei der Gestaltung eines Laufbahnsystems die Festlegung von **Beförderungskriterien.** Grundsätzlich stehen zwei Beurteilungsmassstäbe zur Verfügung, nämlich

1. die **persönliche Beitragsleistung,** die der Mitarbeiter in der Vergangenheit erbracht hat, und
2. die **Dauer der Unternehmenszugehörigkeit.**

In der Praxis werden diese beiden Kriterien miteinander kombiniert. Grundsätzlich ist aber die individuelle Leistung als Beförderungsgrundlage vorzuziehen, da damit die zukünftige Leistung besser beurteilt werden kann. Betrachtet man allerdings die Beförderung als Anreizelement, so wird deutlich, dass mit diesem Instrument zwei verschiedene Zielsetzungen verfolgt werden. Im einen Fall steht die Leistungsförderung, im anderen die Loyalität und Treue gegenüber dem Unternehmen im Vordergrund. Grundsätzlich handelt es sich bei einer Beförderung sowohl um einen materiellen wie auch um einen immateriellen Anreiz. Einerseits wird nämlich das Bedürfnis nach Wertschätzung und Selbstverwirklichung befriedigt, andererseits ist damit meist eine Lohnerhöhung verbunden. Eine Laufbahnplanung vermittelt aber auch ein Gefühl der Sicherheit, weil damit die berufliche Zukunft mit den damit verbundenen Unsicherheiten bis zu einem gewissen Grad abgesichert wird.

Erfolgen Beförderungen auf der Grundlage der persönlichen Leistung, so muss immer eine Beurteilung der individuellen Leistung vorgenommen werden. Der **Personalbeurteilung** kommt dabei die Aufgabe zu, in einer systematischen Analyse einerseits eine vergangenheitsbezogene quantitative und qualitative Beurteilung, andererseits eine zukunftsbezogene Abklärung des Leistungspotenzials vorzunehmen. Sie kann nach folgenden Kriterien abgegrenzt werden:

1. **Bewertungsmethode:** Man unterscheidet ähnlich wie bei der Arbeitsbewertung zwischen einem **summarischen** und einem **analytischen** Beurteilungsverfahren. Ersteres bewertet den Mitarbeiter in einem globalen Vorgang ohne Berücksichtigung der einzelnen Leistungen, während Letzteres in verschiedenen Bewertungsvorgängen einzelne Leistungsmerkmale beurteilt.
2. **Beurteilungsperson:** Eine Personalbeurteilung kann von verschiedenen Personen durchgeführt werden. Grundsätzlich kommt eine Beurteilung durch den Vorgesetzten allein oder durch den Vorgesetzten und den Mitarbeiter gemeinsam in Frage. Die Lösung dieses Problems ist eine Frage des Führungsstils. Ziel sollte es jedoch sein, dass eine Einschätzung möglichst objektiv vorgenommen wird und frei von subjektiven Einflüssen ist.
3. **Beurteilungsvorgehen:** Die Bewertung kann entweder mit Hilfe eines vorgegebenen standardisierten Merkmalkatalogs (Checkliste) oder in einer unstrukturierten Form, bei der die wesentlichsten und hervorstechendsten Merkmale und Ereignisse festgehalten werden, durchgeführt werden.

War die Personalbeurteilung traditionell eine Hauptaufgabe der Führungskräfte, sind im Zuge der Verbreitung des Organisationsentwicklungsansatzes verschiedene Konzepte einer Mehrfachbeurteilung entwickelt worden, die schliesslich zur Idee der **360°-Beurteilung** führten. Bei diesem Verfahren werden neben der konventionellen Beurteilung durch den direkten Vorgesetzten vor allem die Beurteilung durch Kollegen (auch Peer-Rating genannt), die Beurteilung durch die direkt unterstellten Mitarbeiter sowie die Selbstbeurteilung angewendet:

- Die Beurteilung durch die **unterstellten Mitarbeiter** hat nicht nur die Aufgabe, Führungsfähigkeiten zu bewerten, sondern sie wird als Partizipationsansatz verstanden, um die Mitarbeiter an der Gestaltung der Führungsbeziehungen zu beteiligen. In vielen Unternehmen widerspricht die Vorgesetztenbeurteilung der traditionellen Hierarchielogik, welche die Akzeptanz einer Führungskraft an ihre Unangreifbarkeit koppelt.
- Die **Kollegenbeurteilung (Peer-Rating)** wird häufig in Ergänzung zur Beurteilung durch den Vorgesetzten eingesetzt, jedoch seltener als vollständige Beurteilung. Sie bietet sich vor allem zur Beurteilung des Teamverhaltens und der Leistungsmotivation an. Widerstände gegen eine Kollegenbeurteilung sind vor allem seitens der Beurteilenden zu erwarten, da sie häufig als Verstoss gegen das Kollegialitätsgebot in der Auseinandersetzung mit dem gemeinsamen Vorgesetzten empfunden wird.
- Die **Selbstbeurteilung** spielt immer nur in Kombination mit einer der anderen Urteilsquellen eine Rolle, etwa wenn sich eine Person zu einem Fremdurteil äussert. Selbstbeurteilungen sind grundsätzlich problematisch, weil die Person die Konsequenzen ihres Urteils selbst tragen muss und sie sich bis zu einem gewissen Grad selber blossstellen muss.

Neben diesen vier wesentlichen Hauptformen sind auch die Beurteilung durch den **nächsthöheren Vorgesetzten** oder durch **aussenstehende Beobachter** wie zum Beispiel Kunden oder Trainer im Rahmen von Personalentwicklungsmassnahmen möglich.

6.3 Aus- und Weiterbildung

> Unter der **betrieblichen Aus- und Weiterbildung** sind alle zielgerichteten, bewussten und planmässigen personalpolitischen Massnahmen zu verstehen, die auf eine Vermehrung bzw. Veränderung der Kenntnisse, der Fähigkeiten sowie der Verhaltensweisen der Mitarbeitenden gerichtet sind.

Diese Massnahmen können unterteilt werden in eine

- **betriebliche Grundausbildung,** welche dem Mitarbeiter die notwendigen Grundkenntnisse und -fähigkeiten vermittelt, um einen Beruf ausüben oder eine Tätigkeit aufnehmen zu können, und in eine
- **betriebliche Weiter-** oder **Fortbildung,** die darauf ausgerichtet ist, das vorhandene Wissen und die vorhandenen Fähigkeiten zu erweitern und zu vertiefen.

Die Personalaus- und -weiterbildung kann auf verschiedene Art und Weise erfolgen, wobei die Ausbildungsmethoden nach folgenden Kriterien charakterisiert werden können:

1. **Träger** der Ausbildung: Mitarbeiter können entweder durch eigene Ausbilder und Instruktoren oder in betriebsfremden Institutionen ausgebildet werden. Dementsprechend unterscheidet man zwischen **betriebsinterner** oder innerbetrieblicher Ausbildung und **betriebsexterner** oder ausserbetrieblicher Ausbildung.

2. **Ort** der Ausbildung: Während die ausserbetriebliche Ausbildung in der Regel ausserhalb des Unternehmens erfolgt, unterscheidet man bei der innerbetrieblichen grundsätzlich zwischen **On-the-Job-Training** (Ausbildung unmittelbar am Arbeitsplatz) und **Off-the-Job-Training** (ausserhalb des eigentlichen Arbeitsplatzes). Anlernen an eine bestimmte Tätigkeit findet beispielsweise direkt am Arbeitsplatz, Führungsausbildung von Kaderleuten meistens ausserhalb des Unternehmens statt. Häufig werden aber auch beide Methoden miteinander kombiniert (z. B. Lehrlingsausbildung). Eine neue Form des Off-the-Job-Trainings sind **Corporate Universities**. Diese bieten die Möglichkeit, unternehmensspezifisches Wissen zu vermitteln und damit die Lerninhalte auf die spezifischen Bedürfnisse des Unternehmens auszurichten.

3. **Inhalt** der Ausbildung: Bezüglich des vermittelten Inhalts der Ausbildung kann unterschieden werden zwischen einer **allgemeinen** Ausbildung und einer **aufgabenorientierten** Ausbildung. Letztere lässt sich weiter unterteilen in eine Führungsausbildung und eine Fach- oder Berufsausbildung.

4. **Zielpersonen** der Ausbildung: Die Ausbildung kann sich grundsätzlich an alle Mitarbeiter richten, also beispielsweise an Lehrlinge, Mitarbeiter ausführender Tätigkeiten, Kadermitarbeiter und die Ausbilder selbst. Möglich sind sogar externe Gruppen (z. B. Lieferanten, Kunden).

► Abb. 205 gibt einen Überblick über die verschiedenen Massnahmen und Instrumente der Personalentwicklung, wobei noch weitere Kriterien – wie beispielsweise Dauer und Häufigkeit der Ausbildung oder verwendete Lernmethode – eine Rolle spielen.

Eine zunehmende Rolle spielen auch die verschiedenen Ansätze des **E-Learning**. Grundsätzlich können dabei zwei Formen unterschieden werden (Holtbrügge 2004, S. 109):

■ Beim **Computer-based Training (CBT)** werden Lehrinhalte programmiert und multimedial, d. h. mit Hilfe von Texten, Bildern, Filmen und Tönen auf elektronischen Speichermedien bereitgestellt. Die einfachste Form sind sequenzielle Programme, bei denen der Mitarbeiter Aufgaben in einer vorgegebenen Reihenfolge lösen muss und anschliessend eine Rückmeldung über die richtige oder falsche Lösung erhält. Anspruchs-

Konzept	Massnahmen
Into-the-Job	Vorbereitung auf die Übernahme einer neuen Aufgabe oder Position (z. B. Berufsausbildung, Einarbeitung, Trainee-Programm)
On-the-Job	Neue Arbeitsstrukturierung, wird unmittelbar am Arbeitsplatz umgesetzt (z. B. Job Enlargement, Job Enrichment, Projektarbeit)
Near-the-Job	Massnahmen, die in enger räumlicher, zeitlicher und inhaltlicher Nähe zur Arbeit stehen (z. B. Qualitätszirkel)
Off-the-Job	Massnahmen, die in räumlicher, oft auch in zeitlicher und inhaltlicher Distanz zur Arbeit durchgeführt werden (z. B. interne oder externe Seminare, Kongresse, Outdoor-Training)
Along-the-Job	Festlegung des zeitlichen, örtlichen und aufgabenbezogenen Einsatzes, wobei sich der Planungshorizont meist auf zwei bis fünf Jahre erstreckt (Laufbahnplanung)
Out-of-the-Job	Massnahmen, die den Übergang in den Ruhestand vorbereiten sollen (z. B. gleitender Ruhestand, interne Consulting-Tätigkeit)
Parallel-to-the-Job	Massnahmen, die den Mitarbeitenden bei der Erfüllung seiner Aufgaben in Form qualifizierter Beratung unterstützen und motivieren (z. B. Coaching, Mentoring)

▲ Abb. 205   Instrumente der Personalentwicklung

voller sind Hypertext-Programme, welche die selbstständige Navigation und den individuellen Zugriff auf Lerninhalte ermöglichen.

- Beim **Web-based Training (WBT)** besteht zusätzlich die Möglichkeit, Informationen aus dem Internet oder Intranet einzubeziehen und mit anderen Teilnehmern oder Tutoren zu kommunizieren. Dies kann entweder synchron (z. B. in Chatrooms) oder asynchron (durch E-Mails oder in Newsgroups) geschehen.

Vorteil des E-Learning ist die orts- und zeitunabhängige Vermittlung von Lehrinhalten durch die Nutzung multimedialer und interaktiver Anwendungen. Zudem können sich durch die Standardisierung und beliebige Reproduktion der Lehrmaterialien erhebliche Kosteneinsparungen ergeben. Ein Nachteil besteht darin, dass sich komplexe Zusammenhänge nur schwer vermitteln lassen. Zudem kann durch die fehlende persönliche Interaktion mit anderen Teilnehmern die soziale Kompetenz nur begrenzt gefördert werden.

Aufgrund der zunehmenden Bedeutung des Coachings in der Praxis soll in einem nächsten Abschnitt auf dieses Instrument näher eingegangen werden.

6.4 Coaching

> Unter **Coaching** versteht man die professionelle Form individueller Beratung im beruflichen Kontext.

Als Instrument der Personalentwicklung dient es dazu,

- die Problemlösungs- und Lernfähigkeit der Mitarbeitenden zu verbessern,
- gleichzeitig die individuelle Veränderungsfähigkeit zu erhöhen und
- schliesslich das Spannungsfeld zwischen den persönlichen Bedürfnissen, den wahrzunehmenden Aufgaben (Rolle) und den übergeordneten Unternehmenszielen auszubalancieren (▶ Abb. 206).

In der Praxis haben sich im Verlauf der Zeit verschiedene Ansätze und Arten von Coaching entwickelt. Die verschiedenen Konzepte unterscheiden sich vor allem in ihrer Zielsetzung und Methodik. In Bezug auf die Zielsetzung werden drei Ausrichtungen unterschieden:

- Beim **Defizitansatz** soll mit Hilfe des Coachings eine bestimmte aktuelle Problemsituation behoben werden. Durch diese Unterstützung sollen die vorgegebenen Leistungsstandards besser erreicht werden.
- Mit dem **Präventivansatz** sollen bestimmte, als störend empfundene Verhaltensweisen oder Situationen in Zukunft verhindert werden.
- Beim **Potenzialansatz** geht es nicht nur um die effektive Nutzung vorhandener, aber noch nicht ausgeschöpfter Potenziale, sondern oft sogar um deren Entdeckung. Es sollen neue Wege und Möglichkeiten aufgezeigt werden, solche Potenziale zu erschliessen. Dieses Coaching

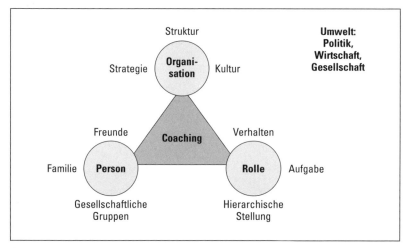

▲ Abb. 206   Spannungsfeld Coaching (nach Backhausen/Thommen 2006, S. 20)

wird häufig eingesetzt, wenn es um die Vorbereitung auf neue Aufgaben, insbesondere Führungsaufgaben geht.

Die Coaching-Methode legt das prägende Grundverständnis und somit die grundsätzliche Arbeitsweise in einem Coaching-Prozess fest. Zwei Formen werden unterschieden:

1. Beim **Experten-Coaching** – auch Fach-Coaching genannt – steht die inhaltliche Beratung im Vordergrund. Mit anderen Worten, Coach und Coachee erarbeiten gemeinsam eine Problemlösung, wobei der Coach aufgrund seiner grossen Erfahrung bzw. Fachexpertise Lösungsvorschläge macht und Ratschläge erteilt. Dieser Form ist auch das **Mentoring** als eine spezielle Form des Coachings zuzurechnen, bei dem eine ältere, erfahrene Führungskraft eine junge oder neu in die Organisation eingetretene Person betreut. Ziele des Mentorings sind neben fachlicher Unterstützung auch eine schnellere und bessere Integration in die neue Organisationskultur.

2. Das **Prozess-Coaching** ist eine Hilfe zur Selbsthilfe, d.h. der Coach unterstützt den Coachee darin, sich in dem komplexen Umfeld, in dem er arbeitet und lebt, selber orientieren und handeln zu können.

Die Wahl einer bestimmten Methode hängt sehr stark von der jeweiligen Coaching-Kultur in einem Unternehmen ab. Darüber hinaus kann zwischen internem und externem Coaching sowie zwischen Einzel- und Gruppen-Coaching unterschieden werden.

Kapitel 7

Personalfreistellung

Aufgabe der **Personalfreistellung** ist die Beseitigung personeller Überdeckungen in quantitativer, qualitativer, zeitlicher und örtlicher Hinsicht.

Es ist zu beachten, dass eine solche Beseitigung nicht notwendigerweise zu einer Personalfreisetzung und damit zu einem Abbau des Personalbestandes führen muss. Wie im nächsten Abschnitt ausführlicher dargelegt wird, beziehen sich Personalfreistellungsmassnahmen entweder auf die **Veränderung** oder auf die **Beendigung** bestehender Arbeitsverhältnisse.

Die **Ursachen** von Personalfreistellungsmassnahmen sind vielfältiger Natur. Nach Hentze/Graf (2005, S. 357f.) lassen sich die meisten Massnahmen auf eine oder mehrere der folgenden Hauptursachen zurückführen:

1. **Absatz- und Produktionsrückgang:** Eine rückläufige Nachfrage nach Produkten – unabhängig, ob diese konjunkturell, strukturell oder durch eine andere, weitere Ursache ausgelöst wird – führt zu einem geringeren Personalbedarf. Sofern der Personal-Istbestand grösser ist als der Personalbedarf, entsteht ein Personalfreistellungsbedarf.
2. **Strukturelle Veränderungen:** Durch strukturelle Veränderungen der Nachfrage, beispielsweise durch die Substitution eines Gutes durch ein anderes, kann ebenfalls ein Personalfreistellungsbedarf entstehen.

3. **Saisonal bedingte Beschäftigungsschwankungen:** Für einige Branchen und Unternehmen stellt sich aufgrund saisonal stark schwankender Nachfrage das Problem eines variierenden Personalbedarfs in Abhängigkeit von der jeweiligen saisonalen Auslastung.

4. **Managementfehler:** Unabhängig von der objektiven Unternehmenssituation können Fehlleistungen des Managements beschäftigungsrelevante Folgen aufweisen, die mit Personalfreistellugen einhergehen. In der Regel ist es allerdings oft schwierig zu entscheiden, ob (vermeidbare) Managementfehler vorliegen oder ob unvermeidbare Ereignisse ausschlaggebend für die entsprechende Unternehmenssituation sind.

5. **Individuelle mitarbeiterbezogene Ursachen:** Neben den bisher dargestellten Ursachen, die zu unternehmensbedingten Personalfreistellungen führen können, lassen sich auch mitarbeiterbezogene Ursachen von Freistellungen ausmachen. Mangelnde Fähigkeiten oder nicht vertragskonformes Verhalten können dazu führen, dass einzelne Personen von ihrem aktuellen Arbeitsplatz freigestellt werden, wobei auch hier wieder zu unterscheiden ist, ob die Freistellung intern oder extern erfolgt.

6. **Betriebsstilllegungen, Betriebsvernichtung, natürliches Betriebsende:** Betriebsstilllegungen als gewollte oder ungewollte Schliessung einer Betriebsstätte oder eines Teils davon (z.B. Abteilung) können betriebswirtschaftliche, wirtschafts- und aussenpolitische, gesetzliche oder führungspersonelle Ursachen haben. Betriebsvernichtung ist die Auflösung der Arbeitsplätze durch höhere Gewalt (z.B. Brand, Explosion). Das natürliche Betriebsende ist auf Erschöpfen, z.B. von Bodenschätzen, zurückzuführen. Alle drei genannten Ursachen haben je nach Form und Auswirkung eine interne (= Versetzung) oder externe Freistellung (= Ausscheiden) zur Folge.

7. **Standortverlegung:** Standortanalysen können für einzelne Unternehmen die Notwendigkeit eines Standortwechsels mit entsprechenden Auswirkungen auf den Personalbestand aufzeigen. Beispielsweise kann die starke Marktstellung eines neuangesiedelten Handelsbetriebs, der zu einer Filialkette gehört, ein alteingesessenes Unternehmen dazu veranlassen, sich in einer anderen Region niederzulassen.

8. **Reorganisation:** Reorganisation bedeutet im traditionellen Sinne eine Änderung der Aufbau- und Ablauforganisation mit dem Anliegen, die Betriebszwecke sicherer oder wirtschaftlicher zu erfüllen. Das Reorganisationsproblem liegt in der zweckmässigeren Zuordnung von Teilaufgaben, Menschen und Sachmitteln im Vergleich zum Ist-Zustand. Sofern durch die Reorganisation der Personalbedarf verringert wird, folgt unter der wirtschaftlichen Zielsetzung eine externe Freistellung, während bei einer Neuordnung der Aufgaben die interne Freistellung dominiert. Die externe Freistellung tritt hierbei nur bei zusätzlicher Verringerung des Personalbedarfs in Erscheinung.

9. **Mechanisierung** und **Automation:** Die Mechanisierung und Automation bewirkt eine Substitution der menschlichen Arbeit durch technische Arbeit. Ein steigender Technisierungsgrad ist durch einen verringerten Personalbedarf gekennzeichnet. Mechanisierung und Automation beeinflussen auch stark den qualitativen Personalbedarf in den betroffenen Betriebsbereichen, so dass sich als Folgewirkung die Personalstruktur erheblich ändern kann.

7.2 Personalfreistellungsmassnahmen

Je nach Ursachen ergeben sich unterschiedliche Personalfreistellungsmassnahmen. ▶ Abb. 207 zeigt einen systematischen Überblick über die möglichen Arten der Personalfreistellung, wobei jeweils die rechtlichen Grundlagen beachtet werden müssen. Beizufügen ist, dass Personalfreistellungsmassnahmen in erster Linie bei langfristigen personellen Überdeckungen angewendet werden sollten. Kurzfristige Überdeckungen aufgrund von saisonalen Schwankungen oder Rohstoffversorgungsschwierigkeiten können durch andere Massnahmen aufgefangen werden, die zum Teil in den Personalbereich gehören (Personaleinsatzplanung), zum Teil

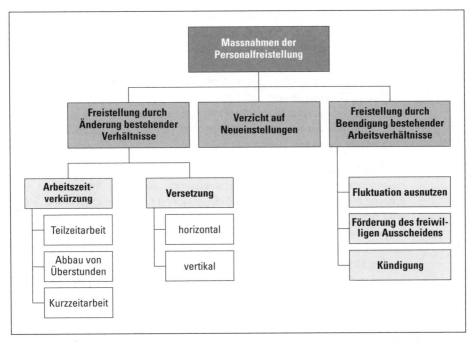

▲ Abb. 207   Überblick über Personalfreistellungsmassnahmen (nach Hentze/Graf 2005, S. 373)

aber auch andere Abteilungen betreffen. Als typische Beispiele für solche Massnahmen sind zu nennen:

- Produktion auf Lager,
- Annahme von Fremdaufträgen von Unternehmen, die nicht allen Kundenaufträgen selbst nachkommen können,
- Zwischenprodukte selbst herstellen, statt Fremdaufträge zu verteilen,
- Diversifikation in andere Produkte und/oder Märkte.

7.2.1	Änderung bestehender Arbeitsverhältnisse

Arbeitszeitverkürzungen sind dadurch charakterisiert, dass sie in der Regel mit finanziellen Einbussen für den Arbeitnehmer verbunden sind. Im Falle der Kurzarbeit wird aber diese Einbusse durch die Leistungen der Arbeitslosenversicherung vermindert. Massnahmen der Arbeitszeitverkürzung zeichnen sich vielfach dadurch aus, dass sie nur vorübergehender Natur sind. Bei einer Beurteilung dieser Massnahmen sind folgende Aspekte zu berücksichtigen:

- Die finanziellen Einbussen treffen Mitarbeiter mit einem tiefen Einkommen besonders hart.
- Für Mitarbeiter mit hohem Einkommen kann dagegen unter Umständen das Bedürfnis nach mehr Freizeit befriedigt werden.
- Wegen des vorübergehenden Charakters haben die Massnahmen auch nur kurzfristige Auswirkungen. Momentane Einschränkungen müssen in Kauf genommen werden, dafür besteht die Gewissheit eines gesicherten Arbeitsplatzes.
- Oft ist die einzige Alternative zur Arbeitszeitverkürzung nur die Entlassung, die für den Arbeitnehmer aber viel schwerwiegendere Konsequenzen nach sich ziehen würde.

Versetzungen können dann vorgenommen werden, wenn in anderen Abteilungen personelle Unterdeckungen auftreten. Bei einer **horizontalen** Versetzung bleibt der Mitarbeiter auf der gleichen hierarchischen Stufe, während bei der **vertikalen** Versetzung ein hierarchischer Auf- oder Abstieg erfolgt. Probleme ergeben sich insbesondere bei einer Versetzung auf einen tiefer eingestuften Arbeitsplatz, die sich auch auf die Lohneinstufung auswirken kann. Vielfach wird dabei allerdings das Prinzip der Besitzstandswahrung angewandt, welches besagt, dass der Mitarbeiter in Bezug auf die Entlohnung nicht schlechter gestellt werden darf.

7.2.2 | Beendigung eines bestehenden Arbeitsverhältnisses

Als erste Massnahme im Rahmen der langfristigen Personalfreistellung drängt sich die Nichtersetzung natürlicher Abgänge infolge Pensionierung, Kündigung des Arbeitnehmers, Tod usw. auf. Kann eine personelle Überdeckung durch einen Einstellungsstopp nicht abgebaut werden, muss entweder das **freiwillige Ausscheiden** von Mitarbeitern gefördert oder die Kündigung ausgesprochen werden. Als Massnahmen bei der Förderung der freiwilligen Kündigung stehen zur Verfügung:

- Unterstützung bei der Suche nach einer neuen Stelle,
- finanzielle Abfindung,
- Ermöglichung einer vorzeitigen Pensionierung.

Die **Kündigung** ist die härteste Massnahme für den Arbeitnehmer, da sie die schwerwiegendsten Konsequenzen mit sich bringt. Sie sollte deshalb nur im Ausnahmefall erfolgen. Je nach der persönlichen Lage und Konstitution oder der Arbeitsmarktsituation können sich nämlich aufgrund des Verlustes der sozialen Kontakte, der beruflichen Anerkennung oder von Identifikationsmöglichkeiten gesundheitliche (psychisch und physisch) und soziale (Familie, Freundeskreis) Probleme einstellen. Diese verhindern das Finden einer neuen Stelle, verstärken in einem Teufelskreis die genannten Probleme und können zu einer Langzeitarbeitslosigkeit führen.

Sowohl bei der Förderung des freiwilligen Ausscheidens als auch bei der Kündigung hat sich als unterstützende Massnahme das Outplacement als wertvoll erwiesen.

> **Outplacement** soll sowohl dem Unternehmer als auch dem betroffenen Mitarbeiter unter Mitwirkung eines spezialisierten Personalberaters eine einvernehmliche («sanfte») Trennung ermöglichen.

Das Outplacement soll vor allem dem Ausscheidenden helfen, durch eine gezielte Marketing-Strategie für seine eigene Person aus einem (sicheren) Arbeitsverhältnis heraus eine adäquate neue Stelle zu finden (Schulz et al. 1989, S. 12). Der Outplacement-Berater leistet also nur Hilfe zur Selbsthilfe. Die Betreuung von Führungskräften erfolgt durch Einzelberatung. Bei Schliessung, Fusion oder Standortwechsel von Unternehmen werden jeweils auch (stufengerechte) Gruppenprogramme – meist in Form von Seminaren oder Workshops – durchgeführt.

Damit der Arbeitnehmer bei einer Kündigung durch den Arbeitgeber in seiner Existenz nicht bedroht wird, erhält er von der **Arbeitslosenversicherung** (ALV) während eines gewissen Zeitraums staatliche Arbeitslosengelder. Diese bemessen sich nach der Höhe des zuletzt bezogenen Lohns sowie nach den Unterhalts- und Unterstützungspflichten des Arbeitnehmers bzw. Arbeitslosen. Voraussetzung für die Auszahlung von Arbeitslosengeldern ist unter anderem, dass der Antragsteller vor Beginn der Arbeitslosigkeit eine der ALV-Beitragspflicht unterstellte Erwerbstätigkeit ausgeübt hat und vermittlungsfähig ist.

Weiterführende Literatur

Backhausen, W./Thommen, J.-P.: Coaching. Durch systemisches Denken zu innovativer Personalentwicklung. 3., aktualisierte und erweiterte Auflage, Wiesbaden 2006

Becker, Manfred: Personalentwicklung. Bildung, Förderung und Organisationsentwicklung in Theorie und Praxis. 3., überarbeitete und erweiterte Auflage, Stuttgart 2002

Gmür, M./Thommen, J.-P.: Human Resource Management. Strategien und Instrumente für Führungskräfte und das Personalmanagement in 13 Bausteinen. 2., überarbeitete und erweiterte Auflage, Zürich 2007

Hentze, J./Graf, A.: Personalwirtschaftslehre 2. Personalerhaltung und Leistungsstimulation, Personalfreistellung und Personalinformationswirtschaft. 7., überarbeitete Auflage, Bern 2005

Hentze, J./Kammel, A.: Personalwirtschaftslehre 1. Grundlagen, Personalbedarfsermittlung, -beschaffung, -entwicklung und -einsatz. 7., überarbeitete Auflage, Bern/Stuttgart/Wien 2001

Hilb, Martin: Integriertes Personalmanagement. Ziele – Strategien – Instrumente. 16., aktualisierte Auflage, Neuwied/Kriftel/Berlin 2007

Holtbrügge, Dirk: Personalmanagement. Berlin/Heidelberg/New York 2004

Klimecki, R./Gmür, M.: Personalmanagement. Funktionen, Strategien, Entwicklungsperspektiven. 3., erweiterte Auflage, Stuttgart 2005

Neuberger, Oswald: Führen und Führen lassen. Ansätze, Ergebnisse und Kritik der Führungsforschung. 6., völlig neu bearbeitete und erweiterte Auflage, Stuttgart 2002

Scholz, Christian: Personalmanagement. Informationsorientierte und verhaltenstheoretische Grundlagen. 5., neubearbeitete und erweiterte Auflage, München 2000

Thom, Norbert: Betriebliches Vorschlagswesen. Ein Instrument der Betriebsführung und des Verbesserungsmanagements. 6., überarbeitete und ergänzte Auflage, Bern 2003

Ulich, Eberhard: Arbeitspsychologie. 5., aktualisierte, überarbeitete und erweiterte Auflage, Zürich/Stuttgart 2001

Weibler, Jürgen: Personalführung. München 2001

Wunderer, Rolf: Führung und Zusammenarbeit. Eine unternehmerische Führungslehre. 7., überarbeitete Auflage, Köln 2007

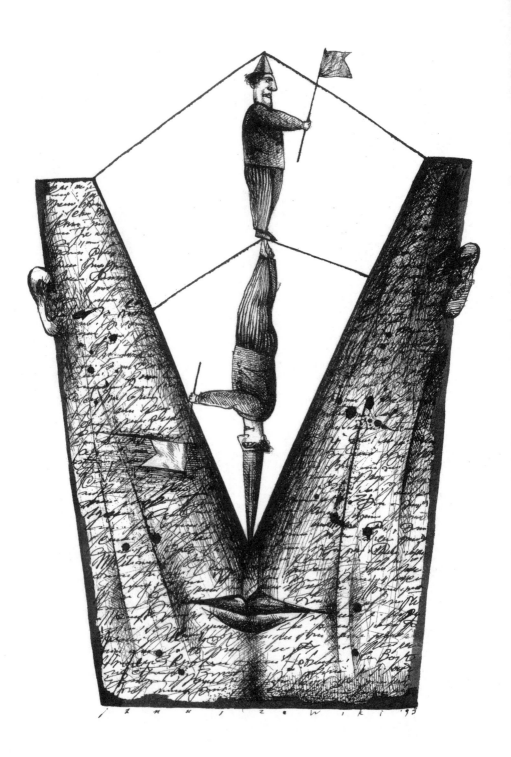

janusizewiki '93

Teil 9

Organisation

	Inhalt

Kapitel 1

Grundlagen

1.1	**Einleitung**
1.1.1	**Organisation als Managementaufgabe**

Ein Unternehmen muss primär organisieren, um eine Arbeitsteilung vorzunehmen, da an der Erfüllung der Gesamtaufgabe eines Unternehmens mehrere Personen beteiligt sind. Jeder Person soll eine bestimmte Teilaufgabe zugeordnet werden. Damit stellt sich das Problem, wie eine solche Arbeitsteilung aussehen kann. Wie jeder aus eigener Erfahrung weiss (z. B. Familie, Schule, Kirche, Verein), kann sie auf verschiedene Art und Weise durchgeführt werden. Entsprechend vielfältig sind auch die beobachtbaren Organisationsformen.

Grundsätzlich strebt ein Unternehmen nach einer möglichst effizienten Organisation. Bereits **Adam Smith** beschrieb 1776 die Auswirkungen verschiedener Formen der Arbeitsteilung auf die Effizienz des Unternehmens: In einer Stecknadelfabrik konnte er feststellen, dass insgesamt zehn Arbeiter, von denen jeder zwei bis drei Verrichtungen auszuführen hatte, pro Tag 48 000 Nadeln fabrizierten. Dies ergab 4800 Nadeln pro Arbeiter und Tag. Hätte hingegen jeder Arbeiter alle Verrichtungen, die für die Fertigung einer Stecknadel notwendig sind, allein ausführen müssen, so hätte ein jeder nur gerade 20 Nadeln pro Tag herstellen können! Dieses Beispiel zeigt sehr anschaulich, dass mit einer zunehmenden Arbeitsteilung im Sinne einer Spezialisierung eine höhere Produktivität erreicht wird.

Ausgehend von diesen Überlegungen kann die Organisationsaufgabe wie folgt umschrieben werden:

> **Organisieren** bedeutet, die Gesamtaufgabe des Unternehmens, die von Menschen und Maschinen arbeitsteilig erfüllt werden muss, sinnvoll in Teilaufgaben zu gliedern und diese Teilaufgaben zueinander in Beziehung zu setzen, damit die Ziele des Unternehmens optimal erreicht werden.

Mit jeder Form der Arbeitsteilung sind aber bestimmte Konsequenzen verbunden, die nicht nur positiver, sondern auch negativer Art sein können. Bei einer zunehmenden Spezialisierung ist beispielsweise festzustellen, dass neben der Erhöhung der Produktivität folgende Phänomene auftreten können:

- Zunahme der **Abhängigkeiten:** Fällt ein Arbeiter in der Kette des arbeitsteiligen Produktionsprozesses aus, so steht die ganze Produktion still. Bestände hingegen keine spezialisierte Arbeitsteilung, so würde lediglich ein Arbeiter ausfallen und die produzierte Gesamtmenge würde nur durch dessen Leistung verringert.
- Zunahme der **Komplexität** der Organisation: Die verschiedenen Verrichtungen des Gesamtprozesses müssen genau aufeinander abgestimmt werden. Arbeitet ein Mitarbeiter beispielsweise zu schnell oder zu langsam, so entstehen Zwischenlager oder der nachfolgende Mitarbeiter ist über- bzw. unterbeschäftigt.

Jeder Form der Arbeitsteilung sind deshalb **Grenzen** gesetzt. Eine extreme Arbeitsteilung kann beispielsweise daran scheitern, dass

- die **Kosten** für die Koordination so gross werden, dass sie den Nutzen aus dem Produktivitätsfortschritt überkompensieren,
- aufgrund der **technologischen Gegebenheiten** eine weitergehende Arbeitsteilung gar nicht mehr möglich ist,
- der Mensch infolge der ebenfalls zunehmenden **Monotonie der Arbeit** bestimmte Reaktionen zeigt, die nicht nur ihm, sondern auch dem Unternehmen oder der Gesellschaft Schaden zufügen (z.B. gesundheitliche Schäden, Kommunikationsschwierigkeiten, häufiger Stellenwechsel).

1.1.2 | Begriff Organisation

Der Begriff Organisation wird sowohl umgangssprachlich als auch betriebswirtschaftlich in unterschiedlichen Bedeutungen verwendet. Betriebswirtschaftlich stehen folgende Interpretationen im Vordergrund:

1. **Gestalterischer Aspekt:** Das Unternehmen *wird* organisiert. Bei dieser Orientierung steht die Tätigkeit des Gestaltens im Vordergrund. Organisation in diesem Sinne kommt deshalb eine **Gestaltungsfunktion** zu.

2. **Instrumentaler Aspekt:** Das Unternehmen *hat* eine Organisation. Dieser Begriff beruht darauf, dass in der Regel jedes Unternehmen eine bewusst geschaffene Ordnung hat, mit der bestimmte Ziele erreicht werden sollen. Diese Ordnung bezieht sich auf die Strukturen (Aufbauorganisation) und Prozesse (Ablauforganisation) des Unternehmens. Gegenstand sind die Beziehungen zwischen den Mitarbeitern sowie zwischen den Menschen und den Sachmitteln. Organisation in dieser Bedeutung hat eine **Ordnungsfunktion.** Sie dient als Instrument zur Erreichung der Unternehmensziele.

3. **Institutionaler Aspekt:** Das Unternehmen *ist* eine Organisation. Dieser Bezeichnung liegt die Frage zugrunde, welche in der Realität vorkommenden Gebilde als Organisationen bezeichnet und somit von einer Organisationslehre untersucht werden. Wie in Teil 1 «Unternehmen und Umwelt» dargestellt, können neben dem Unternehmen auch öffentliche Betriebe und Verwaltungen, aber auch religiöse, karitative, militärische oder viele andere gesellschaftliche Institutionen Gegenstand der Betriebswirtschaftslehre und somit auch einer Organisationslehre sein.[1]

| 1.1.3 | Formale und informale Organisation |

Die bewusst gestaltete Organisation stellt die **formalen** Strukturen und Abläufe eines Unternehmens dar. Neben dieser fest vorgegebenen Ordnung bilden sich in der betrieblichen Wirklichkeit in unterschiedlichem Ausmass **informale** Strukturen, die neben (komplementär) oder anstelle (substituierend) der formalen Organisation wirksam werden. Als Ursachen dieser Erscheinung können genannt werden:

- menschliche Eigenheiten (z.B. Sympathie, gemeinsame Interessen),
- sozialer Status der Mitglieder des Unternehmens,
- die zu lösende Aufgabe,
- die Arbeitsbedingungen (z.B. Zeitdruck).

In der Praxis bestehen formale und informale Organisationsstrukturen meist nebeneinander. Über die Auswirkungen einer informalen auf die bewusst gestaltete Organisationsstruktur können keine allgemeinen Aussagen gemacht werden. Sie hängen von der jeweiligen Situation und den Zielen einer Organisation ab. Wichtig ist es aber, sich dieser informalen

---

1 Vgl. Teil 1, Kapitel 1, Abschnitt 1.1.3 «Wirtschaftseinheiten».

Organisation bewusst zu werden sowie positive Wirkungen zu fördern, hemmende Konflikte jedoch zu beseitigen.

| 1.1.4 | **Problemlösungsprozess der Organisation** |

Für die Lösung organisatorischer Probleme ist es ebenfalls sinnvoll, den Problemlösungsprozess als formales Schema aufzuzeichnen. Aus dem allgemeinen Problemlösungsprozess können für die Organisation folgende Phasen abgeleitet werden (▶ Abb. 208):

1. **Analyse der Ausgangslage:** Eine Vielzahl von Einflussfaktoren wirkt auf die Organisation eines Unternehmens. Eine grosse Rolle spielen dabei sowohl die Umweltbedingungen (z. B. Unsicherheit der Umwelt, gesetzliche Regelungen, Grösse des Absatzmarktes) als auch die unternehmensspezifischen Faktoren (z. B. Grösse des Unternehmens, historische Entwicklung, Anzahl Produkte).
2. **Bestimmung der Ziele der Organisation:** Oberstes Ziel organisatorischer Tätigkeit ist es letztlich immer, durch eine optimale Arbeitsverteilung die Effizienz einer Organisation und somit den Erfolg eines Unternehmens zu erhöhen. Dieses Ziel kann sich entweder auf die **Aufbauorganisation** (Struktur) oder die **Ablauforganisation** (Prozess) beziehen.
3. **Bestimmung der Organisationsmassnahmen:** Zur Erreichung organisatorischer Ziele (z. B. effiziente Arbeitsteilung, optimale Kommunikationswege) steht dem Unternehmen eine Vielzahl organisatorischer Massnahmen zur Verfügung. Im Vordergrund stehen dabei die verschiedenen Formen der Aufbau- und Ablauforganisation.
4. **Bestimmung der Mittel:** Um organisatorische Massnahmen durchführen zu können, müssen die entsprechenden Mittel zur Verfügung gestellt werden. Neben finanziellen Mitteln sind dies vor allem Personen, die sowohl die organisatorischen Massnahmen und die für deren Durchführung notwendigen **Organisationsinstrumente** (z. B. Stellenbeschreibung, Netzplan) ausarbeiten als auch die geplanten Massnahmen umsetzen.
5. **Durchführung:** Ein besonderes Gewicht wird der Implementierung organisatorischer Massnahmen beigemessen. Da solche Massnahmen eine Veränderung bestehender Strukturen und Abläufe bedeuten, betreffen sie immer auch Menschen, die sich an neue Situationen anpassen müssen. Dabei können erhebliche **Widerstände** und **Konflikte** auftreten.
6. **Evaluation der Resultate:** Das Ergebnis organisatorischer Tätigkeiten besteht in einer Neuordnung der Aufgaben. Es zeigt, inwieweit es dem Unternehmen gelungen ist, den Anforderungen der Umwelt, der Mitarbeiter und des Unternehmens selbst mit einer zweckmässigen Aufbau- und Ablauforganisation gerecht zu werden.

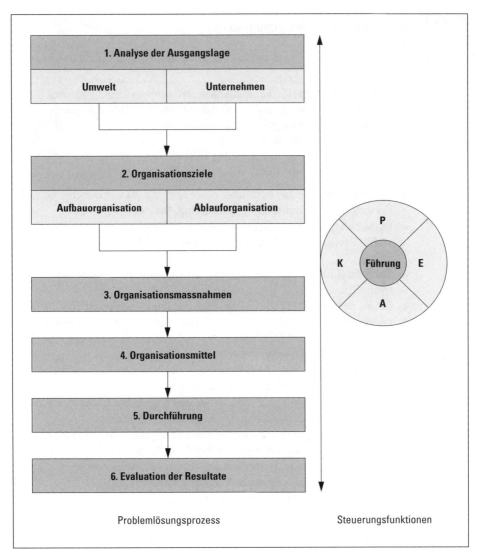

▲ Abb. 208   Problemlösungsprozess der Organisation

1.2	**Formale Elemente der Organisation**
1.2.1	**Aufgabe**

> Unter einer **Aufgabe** ist bei **statischer** Betrachtung eine bestimmte Soll-Leistung zu verstehen. Bei einer **dynamischen** Sichtweise werden zusätzlich die Aktivitäten einbezogen, die zur Erfüllung dieser Soll-Leistung durchgeführt werden müssen.

Eine Aufgabe lässt sich durch folgende Merkmale abgrenzen:

- **Verrichtungen,** die zur Erfüllung einer Aufgabe zu vollziehen sind (z.B. Forschung und Entwicklung, Marketing, Produktion).
- **Objekt,** an dem oder in Bezug auf das eine Tätigkeit ausgeübt wird (Rohstoffe, Zwischenfabrikate, Endprodukte, Produktgruppe, Dienstleistungen).
- **Sachmittel** bzw. Betriebsmittel, die zur Durchführung einer Aufgabe erforderlich sind.
- **Ort,** an dem eine Aufgabe erfüllt wird. Zu unterscheiden ist zwischen **gesamtbetrieblichen** (Absatzgebiete, Produktionsstätten) und **innerbetrieblichen** Standorten (z.B. Zuordnung der Räumlichkeiten auf verschiedene Funktionsbereiche, Anordnung der Betriebsmittel).
- **Rang** des Führungsprozesses, wobei zwischen Leitungs- und Ausführungsaufgaben unterschieden werden kann.
- **Phase** des Führungsprozesses, wobei vier Phasen unterschieden werden können: Planung, Entscheidung, Anordnung, Kontrolle.
- **Zweckbeziehung,** wobei zwischen Primäraufgaben, die dem unmittelbaren Betriebszweck (z.B. Produktion) dienen, und sekundären oder Verwaltungsaufgaben (z.B. Rechnungswesen) unterschieden werden kann.
- **Zeit,** die zur Erledigung einer Aufgabe notwendig ist.
- **Person,** der die Aufgabe übertragen wird.

Diese Kriterien bilden die Grundlagen der Aufbau- und Ablauforganisation. Während aber bei der Aufbauorganisation die Merkmale Verrichtung, Objekt, gesamtbetrieblicher Standort, Rang, Phase und Zweckbeziehung im Vordergrund stehen, sind es bei der Ablauforganisation die Merkmale innerbetrieblicher Standort, Sachmittel, Person und Zeit.[1]

---

1   Vgl. dazu den Abschnitt 1.3 «Aufbau- und Ablauforganisation».

1.2.2	**Stelle**
1.2.2.1	Begriffe

> Eine **Stelle** ist die kleinste organisatorische Einheit eines Unternehmens. Sie setzt sich aus verschiedenen Teilaufgaben zusammen (z.B. Schreiben, Telefonieren, Daten eingeben), die einen bestimmten **Aufgabenkomplex** bilden (z.B. Sekretariatsarbeiten).

Grundsätzlich können **ausführende Stellen** auf der Ausführungsebene und Leitungsstellen, so genannte **Instanzen,** auf der Führungsebene unterschieden werden. Ausführende Stellen sind einerseits einer oder mehreren Stellen (Instanzen) unterstellt und haben andererseits keine eigenen Weisungsbefugnisse gegenüber anderen Stellen. Leitungsstellen hingegen sind dadurch gekennzeichnet, dass sie bestimmten Stellen hierarchisch übergeordnet sind. Sie können aber ihrerseits auch wieder einer oder mehreren Instanzen unterstellt sein.

Neben Instanzen und ausführenden Stellen treten auch Mischformen auf. Zu erwähnen sind insbesondere die Stabsstellen und die Stelle Zentrale Dienste.

Stabsstellen werden vor allem zur Entlastung und Unterstützung von Geschäfts- und Bereichsleitern für zeitraubende Nachforschungen und Planungsarbeiten eingesetzt. Es kommen ihnen dabei primär folgende Aufgaben zu:

- Beratung und Unterstützung,
- Informationsverarbeitung,
- Vorbereiten von Entscheidungen.

> Der **Stab** ist dadurch gekennzeichnet, dass er im Führungsprozess an der Entscheidungsvorbereitung beteiligt ist und dass er keine Anordnungsbefugnisse gegenüber Linienstellen besitzt.

Inwieweit der Einsatz von Stabsstellen zweckmässig ist, hängt von der jeweiligen Unternehmenssituation ab. Folgende Einflussfaktoren dürften dabei eine grosse Rolle spielen:

- Qualität des Stabes (personelle Besetzung),
- Art der Aufgaben,
- Grösse des Unternehmens,
- Führungsstufe,
- Intensität der Zusammenarbeit zwischen Stäben und Linienstellen.

Die Zentralen Dienste als zweite Mischform werden auch Zentralstellen, zentrale Dienststellen, Zentralabteilungen oder Service-Center genannt.

> **Zentrale Dienste** übernehmen fachlich zentralisierbare Aufgaben und besitzen ein fachtechnisches Weisungsrecht in Bezug auf die Erfüllung dieser Aufgaben.

Zur Abgrenzung der Zentralen Dienste von den Stabsstellen können somit aufgrund dieser Definition zwei Unterscheidungsmerkmale festgehalten werden:

- Zentralabteilungen übernehmen im Gegensatz zu Stabsstellen nicht nur Sachaufgaben der übergeordneten Instanz, sondern auch der untergeordneten Instanzen. Es handelt sich dabei um eine Zentralisation von gleichartigen Aufgaben.
- Zentralabteilungen haben im Gegensatz zu den Stabsstellen fachtechnische Anordnungsbefugnisse, soweit diese ihren Fachbereich betreffen.

| **1.2.2.2** | Stellenbildung |

Werden zuerst die Stellen gebildet und nachher auf konkrete Personen übertragen, spricht man von einem **sachbezogenen** Organisieren. Beim umgekehrten Verfahren, dem **personenbezogenen** Organisieren, geht man von den vorhandenen Personen aus und schaut, welche Aufgaben ihnen übertragen werden können. Ob personen- oder sachbezogen organisiert werden soll, hängt beispielsweise von folgenden Faktoren ab:

- Grund des Organisierens (Gründung, Erweiterung, Reorganisation).
- Vorhandene Mitarbeiter: Es muss auf die Qualifikation der im Unternehmen tätigen Mitarbeiter Rücksicht genommen werden.
- Führungsstufe: Je höher eine Stelle in der Führungshierarchie eingeordnet ist, desto eher wird personenbezogen organisiert, da der Persönlichkeit des Stelleninhabers eine grosse Bedeutung zukommt.
- Flexibilität der Mitarbeiter: Je besser sich ein Mitarbeiter den Anforderungen einer Stelle anpassen kann, desto eher wird man sachbezogen organisieren.
- Arbeitsmarktlage: Je schwieriger es ist, auf dem Arbeitsmarkt geeignete Mitarbeiter zu finden, desto eher wird man gezwungen, eine personenbezogene Vorgehensweise zu wählen.

Auf die inhaltliche Stellenbildung wird ausführlich in Kapitel 2 (Abschnitt 2.1.1 «Prinzipien der Stellenbildung») eingegangen.

1.2.2.3	Stelle und Arbeitsplatz

Im organisatorischen Sinne ist zwischen einer Stelle und einem Arbeitsplatz zu unterscheiden.

> Unter einem **Arbeitsplatz** ist der jeweilige konkrete Ort und Raum der Aufgabenerfüllung zu verstehen.

Bei der Stelle handelt es sich nicht um einen konkreten Arbeitsplatz, sondern um einen abstrakten Aufgabenkomplex, bei dessen Bildung man von einem oder mehreren gedachten Aufgabenträgern ausgeht. Eine Stelle kann deshalb mehrere Arbeitsplätze aufweisen, und ebenso kann eine Stelle von mehr als einer Person als Aufgabenträger besetzt sein, wenn die Personen die gleiche Aufgabe erfüllen oder die Aufgabe aufgrund ihres Umfanges auf mehrere Personen verteilt werden muss.

1.2.2.4	Stelle und Abteilung

> Werden mehrere Stellen, die gemeinsame oder direkt zusammenhängende Aufgaben erfüllen, zu einer Stellengruppe zusammengefasst und einer Instanz (Leitungsstelle) unterstellt, so spricht man von einer **Abteilung.**

Je nach Grösse einer Abteilung kann diese in Unterabteilungen aufgeteilt werden (▶ Abb. 209).

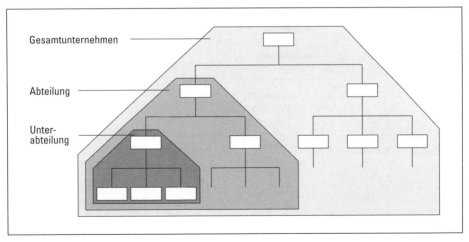

▲ Abb. 209   Abteilung und Unterabteilung

1.2.3	Aufgaben, Kompetenzen, Verantwortung

Damit der Inhaber einer Stelle die ihm übertragenen Aufgaben erfüllen kann, muss er die dazu notwendigen Kompetenzen besitzen.

> Als **Kompetenzen** bezeichnet man die Rechte und Befugnisse, alle zur Aufgabenerfüllung erforderlichen Handlungen und Massnahmen vornehmen zu können oder ausführen zu lassen.

Mit der Zuweisung von Aufgaben und Kompetenzen wird der Stelleninhaber verpflichtet, seine Aufgabe zu erfüllen und die entsprechenden Kompetenzen wahrzunehmen. Es handelt sich dabei um die Verantwortung.

> Unter **Verantwortung** versteht man die Pflicht eines Aufgabenträgers, für die zielentsprechende Erfüllung einer Aufgabe persönlich Rechenschaft abzulegen.

Ein Organisationsgrundsatz besagt, dass die übertragenen Aufgaben, die zugewiesenen Kompetenzen und die zu übernehmende Verantwortung einander entsprechen müssen (▶ Abb. 210). Ein Aufgabenträger muss nach diesem Gesetz der Einheit jene Kompetenzen erhalten, die er benötigt, um seine Aufgabe richtig erfüllen zu können. Andererseits trägt er die Verantwortung für die korrekte Aufgabenerfüllung sowie allenfalls die Verantwortung bei einer Überschreitung seiner Kompetenzen.

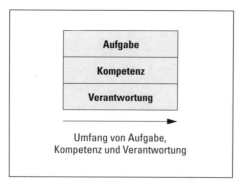

▲ Abb. 210   Kongruenz von Aufgabe, Kompetenz und Verantwortung

| 1.2.4 | **Verbindungswege zwischen den Stellen** |

Da eine Stelle nur eine bestimmte Aufgabe erfüllt und deshalb ein einzelnes Element eines ganzen Beziehungsgefüges darstellt, sind für die Koordination und Zusammenarbeit unter den Stellen verschiedene Verbindungswege notwendig. Diese Verbindungswege dienen entweder dem Austausch von Informationen oder von physischen Objekten. Demzufolge kann zwischen **Transportwegen** einerseits und **Informations-** bzw. **Kommunikationswegen** andererseits unterschieden werden.

Wie aus ▶ Abb. 211 ersichtlich, können die Kommunikationswege wie folgt aufgeteilt werden (Hill/Fehlbaum/Ulrich 1994, S. 137f.):

■ **Reine Mitteilungswege,** die horizontal, vertikal und diagonal durch die Organisationsstruktur verlaufen können. Sie sind meistens zweiseitig und werden zum Austausch von Informationen benutzt.

■ **Entscheidungswege,** die der Willensbildung und Willensdurchsetzung dienen. Sie können folgende Wege beinhalten:
  □ **Anrufungswege** finden sich dann, wenn eine Stelle zur Erfüllung einer bestimmten Aufgabe der Entscheidung einer anderen Stelle bedarf. Der Anrufung können aber auch die **Rückfrage,** der **Vorschlag,** der **Antrag** und die **Beschwerde** zugeordnet werden. Während die meisten Anrufungswege sowohl horizontal als auch vertikal verlaufen, sind Beschwerdewege nur vertikal, wobei meist noch Zwischen-

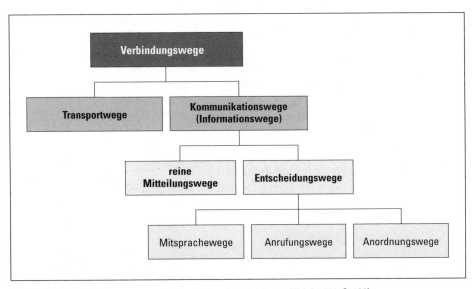

▲ Abb. 211   Verbindungswege zwischen Stellen (Hill/Fehlbaum/Ulrich 1994, S. 138)

instanzen übersprungen und direkt höhere Instanzen (z. B. Personal-
oder Abteilungschef) angerufen werden können.

☐ **Mitsprachewege** ergeben sich dann, wenn mehrere Stellen an einer
Entscheidung beteiligt sind. Dabei kann der Grad der Entscheidungsbeteiligung unterschiedlich gross sein.

☐ **Anordnungswege** sind im Gegensatz zu den Anrufungs- und Mitspra-
chewegen nur vertikal. Es geht dabei um die direkten Anordnungen
einer Instanz an die ihr unterstellte Stelle.

Sind die Informations- bzw. Kommunikationswege festgelegt, welche die
Organisationsmitglieder verbindlich einzuhalten haben, so spricht man
vom **formalen Dienstweg.**

1.3	**Aufbau- und Ablauforganisation**
1.3.1	**Aufbauorganisation**

Der erste Schritt zur Gestaltung der Aufbauorganisation besteht darin, die
Gesamtaufgabe eines Unternehmens (z. B. Herstellung von Schuhen) in
einzelne Teilaufgaben zu gliedern. In dieser **Aufgabenanalyse** wird die
Gesamtaufgabe so lange in einzelne Aufgaben gegliedert, bis diese nicht
weiter zerlegbar sind oder in der anschliessenden Arbeitssynthese ohnehin
wieder zusammengefasst werden müssten und deshalb eine weitere Zerlegung nicht sinnvoll wäre. Dadurch erhält man die so genannten **Elementaraufgaben,** mit denen in der nachfolgenden **Aufgabensynthese** einzelne
zweckmässige Aufgabenkomplexe gebildet werden, die auf eine Stelle
(mit einem oder mehreren Aufgabenträgern) übertragen werden können.
Schliesslich müssen die verschiedenen Stellen zu einer Gesamtstruktur zusammengefasst und in Beziehung zueinander gesetzt werden. Dies ergibt
die formale Aufbauorganisation eines Unternehmens.

▶ Abb. 212 zeigt einen Überblick über das Vorgehen bei der Bildung
der Aufbauorganisation. Im Vordergrund stehen die folgenden Probleme:

■ Nach welchen Kriterien kann die Gesamtaufgabe gegliedert und in Elementaraufgaben zerlegt werden?

■ Nach welchen Kriterien können die Elementaraufgaben zu Aufgabenkomplexen (Stellen) zusammengefasst und strukturiert werden?

■ Nach welchen Kriterien können die einzelnen Stellen in Beziehung zueinander gesetzt werden?

Die Kombination dieser Kriterien ergibt die verschiedenen Ausprägungen
von Organisationsformen in der betrieblichen Praxis.

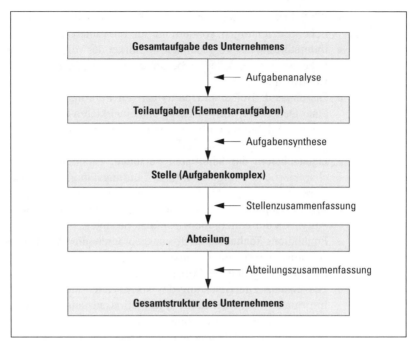

▲ Abb. 212   Vorgehen zur Bildung der Aufbauorganisation

Bei der Gestaltung der Aufbauorganisation stellt sich die Frage der **Breite der Leitungsgliederung,** die mit der Kontroll- oder Leitungsspanne ausgedrückt werden kann.

> Unter der **Kontrollspanne (Leitungsspanne)** wird die Anzahl der einem Vorgesetzten unterstellten Mitarbeiter verstanden.

Je grösser die Kontrollspanne ist, umso umfangreicher fallen die durch den Vorgesetzten zu erfüllenden Leitungsaufgaben aus. Dabei ist zu berücksichtigen, dass nicht nur die direkten Beziehungen zwischen Vorgesetzten und Unterstellten anwachsen, sondern auch die möglichen Gruppenbeziehungen oder die möglichen Beziehungen zwischen den Untergebenen selbst. Es stellt sich daher die Frage, welches die **optimale Kontrollspanne** ist. In der Literatur werden keine einheitlichen Massstäbe angegeben; die Empfehlungen schwanken zwischen 5 und 30. Statt eine Bandbreite oder absolute Zahl anzugeben, scheint es allerdings wesentlich sinnvoller zu sein, Einflussfaktoren aufzuzeigen, die Auswirkungen auf die Kontrollspanne haben können. In Anlehnung an Hill/Fehlbaum/Ulrich (1994, S. 221 ff.) können genannt werden:

- **Häufigkeit** und **Intensität** der Beziehungen. Nicht die theoretisch möglichen Beziehungen, sondern nur die relevanten sind entscheidend.
- **Unterstützung** des Vorgesetzten: Je stärker der Vorgesetzte durch persönliche Assistenten oder Stäbe unterstützt wird, umso grösser kann die Kontrollspanne sein.
- **Führungsstil:** Bei einem partizipativen Führungsstil – verbunden mit einer Delegation von Aufgaben und einer klaren Definition von Kompetenzen und Verantwortung – wird eine Entlastung erreicht, die eine grössere Leitungsspanne erlaubt.
- **Eigenschaften der beteiligten Personen:** Fachliche Qualifikation und charakterliche Fähigkeiten (z.B. Führungsfähigkeiten) beeinflussen in starkem Masse den Umfang der notwendigen Beziehungen.
- **Art der Aufgaben:** Komplexität, Interdependenz und Gleichartigkeit der Aufgaben der Untergebenen sind zu beachten.
- **Produktions-Technologie:** Je ausgeprägter die Mechanisierung und Automatisierung im Produktionsprozess ist, umso mehr nehmen die Führungsaufgaben des Vorgesetzten ab.
- **EDV-Einsatz:** Die Belastung des Vorgesetzten kann durch gespeicherte Informationen (schriftlicher Informationsaustausch) und programmierbare Entscheidungen vermindert werden.
- **Verfügbarkeit** und **Kosten von Leitungskräften:** Besteht auf dem Arbeitsmarkt ein knappes Angebot an Leitungskräften und/oder verursachen die Leitungskräfte hohe (Personal-)Kosten, so besteht die Tendenz zu einer grossen Kontrollspanne.

Schliesslich muss beachtet werden, dass die Grösse der Kontrollspanne eng verbunden ist mit der **Tiefe der Leitungsgliederung,** d.h. mit der Anzahl Management-Ebenen. Im Gegensatz zur Kontrollspanne handelt es sich dabei um eine vertikale Spanne. Bei gleich bleibender Mitarbeiterzahl führt eine Verkleinerung der Kontrollspanne zu einer Vergrösserung der vertikalen Spanne und umgekehrt.

1.3.2	**Ablauforganisation**
1.3.2.1	Arbeitsanalyse und Arbeitssynthese

Während sich die Aufbauorganisation mit der Strukturierung des Unternehmens in organisatorische Einheiten (Stellen, Abteilungen) beschäftigt, steht bei der Ablauforganisation die Festlegung der Arbeitsprozesse unter Berücksichtigung von Raum, Zeit, Sachmittel und Personen im Mittelpunkt.

Ausgangspunkt der Ablauforganisation stellen die durch die Aufgabenanalyse gewonnenen Elementaraufgaben dar. Sie bilden die Grundlage für
die Arbeitsanalyse und die Arbeitssynthese.

■ In der **Arbeitsanalyse** werden die aus der Aufgabenanalyse gewonnenen
  Elementaraufgaben weiter in einzelne Arbeitsteile, d. h. Tätigkeiten zur
  Erfüllung einer Aufgabe, zerlegt. Die Gliederung des Arbeitsprozesses
  in verschiedene Arbeitsteile kann wiederum nach den Merkmalen Verrichtung, Objekt, Sachmittel, Ort, Rang, Phase, Zweckbeziehung, Zeit
  und Person des Aufgabenträgers vorgenommen werden.

■ In der **Arbeitssynthese** werden die in der Arbeitsanalyse gewonnenen
  Arbeitsteile unter Berücksichtigung der Arbeitsträger (Person oder
  Sachmittel), des Raumes und der Zeit zu Arbeitsgängen zusammengesetzt. Ein Arbeitsgang besteht dabei – wie aus ▶ Abb. 213 ersichtlich
  ist – aus den Arbeitsteilen, die ein Arbeitsträger zur Erfüllung einer bestimmten Teilaufgabe im Rahmen seiner Stellenaufgabe vollzieht. Bei
  der Arbeitssynthese werden drei Stufen unterschieden:

  1. **Arbeitsverteilung (personale Arbeitssynthese):** Bei der Arbeitsvertei-
     lung werden einzelne Arbeitsteile zu einem Arbeitsgang kombiniert
     und auf einen Arbeitsträger übertragen. Dabei ist das Leistungsver-
     mögen von Personen und Arbeitsmitteln zu berücksichtigen, um
     ihnen ein Arbeitspensum zuzuteilen, das unter normalen Bedingun-
     gen ohne Überlastung von Person und Maschine über eine längere
     Zeitperiode bewältigt werden kann.

  2. **Arbeitsvereinigung (temporale Arbeitssynthese):** Die temporale Syn-
     these befasst sich mit der Festlegung und Abstimmung der Arbeits-
     gänge in zeitlicher Hinsicht.

  3. **Raumgestaltung (lokale Arbeitssynthese):** Bei der räumlichen Be-
     trachtung der Ablauforganisation geht es um die zweckmässige An-
     ordnung und Ausstattung der Arbeitsplätze. Die Regelungen der
     lokalen Arbeitssynthese führen zu den verschiedenen Fertigungs-
     verfahren der Produktion.[1]

Die Ablauforganisation geht in der Regel noch stärker ins Detail als die
Aufbauorganisation. Sie beginnt vielfach dort, wo die Aufbauorganisation
aufhört, wobei in der Praxis der Übergang fliessend ist. Vielfach wird auch
durch eine bestimmte Ablauforganisation die Aufbauorganisation stark beeinflusst (z. B. im Falle der Fliessfertigung).

---

1   Vgl. Teil 4, Kapitel 2, Abschnitt 2.2 «Festlegung des Fertigungsverfahrens».

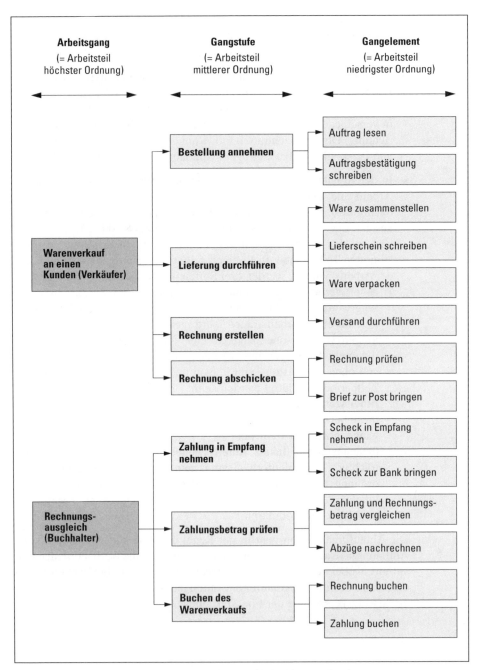

▲ Abb. 213   Beispiel für Arbeitsteile und Arbeitsgänge (Spitschka 1975, S. 47)

| 1.3.2.2 | Ziele der Ablauforganisation und das Dilemma der Ablaufplanung |

Im Vordergrund der Ablauforganisation steht die Gestaltung des Fertigungsprozesses in Bezug auf Auftrag, Zeit und Kapazität. Sie hat dafür zu sorgen, dass folgende Grundsätze eingehalten werden:

1. **Prinzip der Termineinhaltung:** Dieser Grundsatz beinhaltet die optimale Abstimmung der Fertigungstermine mit den Auftragsterminen.
2. **Prinzip der Zeitminimierung:** Dieses Prinzip verlangt, die Durchlaufzeiten des zu bearbeitenden Materials so zu gestalten, dass möglichst keine Wartezeiten entstehen, in denen das Material nicht bearbeitet wird.
3. **Prinzip der Kapazitätsauslastung:** Dieser Grundsatz fordert eine möglichst hohe Kapazitätsauslastung und damit eine Minimierung der Leerzeiten, in denen Betriebsmittel und Arbeitskräfte nicht genutzt werden.

Da sich Grundsatz 2 und 3 nur selten *gleichzeitig* verwirklichen lassen, spricht Gutenberg (1976, S. 216) vom **Dilemma der Ablaufplanung.** Das eigentliche Ziel der Ablauforganisation besteht somit in der optimalen Abstimmung dieser beiden Forderungen, d.h. die Durchlaufzeit des Materials und die Leerzeiten von Maschinen und Menschen gleichzeitig zu minimieren. Dies wird dann erreicht, wenn die Bearbeitungszeiten möglichst den Förderzeiten entsprechen.

| 1.3.2.3 | Ablauforganisation und Business Process Reengineering |

Business Process Reengineering ist ein aus der Beratungspraxis in den 90er Jahren entwickeltes Gestaltungskonzept, dessen Hauptziel darin besteht, sich aufgrund von ökonomischen und kundenorientierten Erfolgskriterien von der Konkurrenz stark abzugrenzen.

> **Business Process Reengineering** bedeutet ein fundamentales Überdenken und radikales Redesign von Unternehmen oder wesentlichen Unternehmensprozessen. Das Resultat sind ausserordentliche Verbesserungen in entscheidenden, heute wichtigen und messbaren Leistungsgrössen in den Bereichen Kosten, Qualität, Service und Zeit. (Hammer/Champy 1994, S. 48)

Nach diesem Gestaltungsansatz sollen organisatorische Massnahmen fundamental und radikal geschehen. **«Fundamental»** bezieht sich auf die Frage des «Was?», d.h. welches sind die wesentlichen Aufgaben eines Unternehmens. Um das festgelegte Ziel zu erreichen, wird die bestehende Struktur nicht nur angepasst, sondern **«radikal»,** d.h. völlig neu umgestaltet. Es geht nicht lediglich um eine Verbesserung, Erweiterung oder Modifizierung der

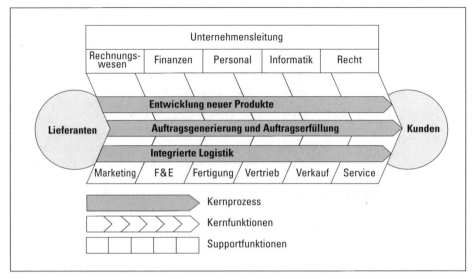

▲ Abb. 214   Wertschöpfungskette mit Kernprozessen

bestehenden Struktur, sondern um eine neue prozessorientierte Rahmenstruktur. Das Schwergewicht dieses Ansatzes liegt dabei in der Identifikation von Kernprozessen im Rahmen der Wertschöpfungskette eines Unternehmens (◀ Abb. 214):

> **Kernprozesse** bestehen aus einem Bündel funktionsübergreifender Tätigkeiten, das darauf ausgerichtet ist, einen Kundenwert zu schaffen.

Je nach Grösse des Unternehmens sollte die Anzahl von fünf bis acht Kernprozessen nicht überschritten werden.

Während Unternehmen ihre Organisationsstrukturen lange Zeit und zum Teil auch noch heute hauptsächlich nach den Gliederungsmerkmalen «Verrichtungen» bzw. «Objekte» gestaltet haben bzw. gestalten, werden im Business Process Reengineering Prozesse zur Grundlage der Unternehmensstruktur. Dadurch soll der Kunde schneller und kostengünstiger beliefert werden.

1.3.3 | Zusammenfassung

Aufbau- und Ablauforganisation hängen sehr eng miteinander zusammen. Beide betrachten das gleiche Objekt, wenn auch unter verschiedenen Aspekten. Sie bedingen sich gegenseitig und bauen aufeinander auf: Die Aufbauorganisation liefert den organisatorischen Rahmen, innerhalb dessen

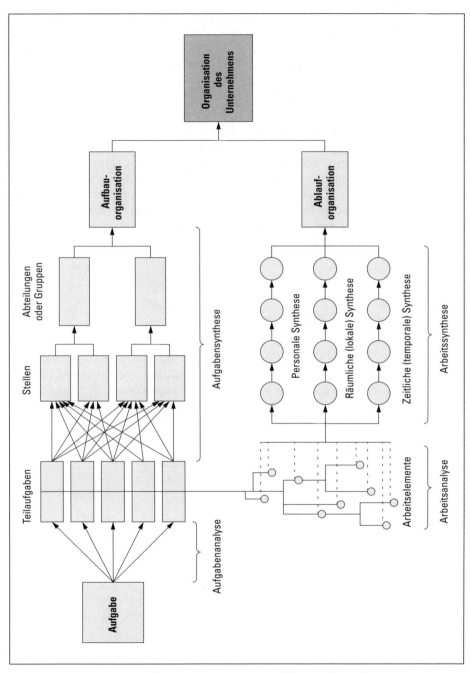

▲ Abb. 215   Zusammenhang Aufbau- und Ablauforganisation (Bleicher 1991, S. 49)

sich die erforderlichen Arbeitsprozesse vollziehen können. Andererseits ist ein solcher Rahmen nur dann sinnvoll festlegbar, wenn genaue Vorstellungen über die Arbeitsprozesse bestehen, die sich innerhalb dieses Rahmens vollziehen sollen. ◄ Abb. 215 bringt diesen Zusammenhang grafisch zum Ausdruck.

Die klassische Organisationslehre geht in der Regel allerdings von der Aufbauorganisation aus und erst dann werden die Abläufe als raumzeitliche Strukturen hinzugefügt. Diese Dominanz der Strukturen über die Prozesse hat aber zu zahlreichen Schnittstellenproblemen geführt, die durch immer komplexere aufbauorganisatorische Massnahmen gelöst werden sollten, wie zum Beispiel durch die Matrixorganisation.[1] Im Gegensatz dazu steht beim Business Process Reengineering die Ablauforganisation im Vordergrund, an die sich die Aufbauorganisation anpassen muss. Dadurch sollen Schnittstellenprobleme vermieden und die erwünschte Kundenorientierung erreicht werden.

1.4	Organisatorische Regelungen
1.4.1	Organisationsinstrumente

Zur organisatorischen Gestaltung der Aufbau- und Ablauforganisation des Unternehmens stehen verschiedene organisatorische Hilfsmittel (Organisationsinstrumente) zur Verfügung. Die Ausgestaltung der Organisationsinstrumente kann in einem **Organisationshandbuch** festgehalten werden. Als wichtigste Instrumente können genannt werden:

- **Aufbauorganisation:**
  - Organigramm,
  - Stellenbeschreibung,
  - Funktionendiagramm.

- **Ablauforganisation:**
  - Ablaufplan,
  - Balkendiagramm,
  - Netzplan.

Auf die beiden Instrumente Balkendiagramm und Netzplan wurde bereits in Teil 4 «Produktion» ausführlich eingegangen.[2] Im Vordergrund stehen deshalb die Instrumente der Aufbauorganisation sowie der Ablaufplan.

---

1 Vgl. Kapitel 2, Abschnitt 2.2.4 «Matrixorganisation».
2 Vgl. Teil 4, Kapitel 3, Abschnitt 3.3.2 «Netzplantechnik» und Abschnitt 3.4.1 «Kapazitätsplanung».

1.4.1.1	Organigramm

> Das **Organigramm** zeigt die vereinfachte Darstellung der Organisations-
> struktur zu einem bestimmten Zeitpunkt, wobei Rechtecke als Symbole für
> Stellen dienen und die Verbindungslinien den Dienstweg und die Unterstel-
> lungsverhältnisse zum Ausdruck bringen.

Das Organigramm kann – wie ▶ Abb. 216 zeigt – auf verschiedene Arten
dargestellt werden, wobei alle Darstellungsformen die gleiche Aussagekraft haben und die Wahl in erster Linie vom zur Verfügung stehenden
Platz abhängt. Es zeigt – je nach Ausgestaltung und Beschriftung – folgende Informationen:

- die Eingliederung der Stellen in die Gesamtstruktur des Unternehmens,
- die Art der Stelle (Instanz, Ausführungsstelle, Stab, Zentrale Dienste),
- die Unterstellungsverhältnisse (Dienstweg),
- weitere Beziehungen zwischen den Stellen (z.B. als Mitglied eines
  Ausschusses),
- die Bereichsgliederung, die Zusammensetzung einer Abteilung und die
  Stellenbezeichnung,
- je nach Zweck des Organigramms kann dieses die Namen der Stelleninhaber, die Mitarbeiterzahl, die Kostenstellennummern sowie weitere
  Informationen enthalten.

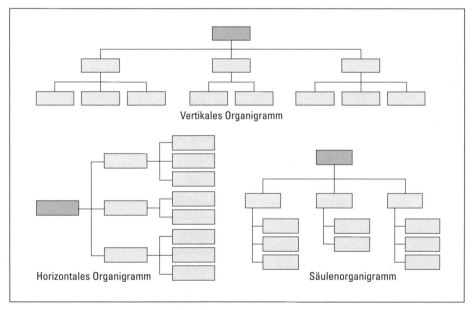

Vertikales Organigramm

Horizontales Organigramm

Säulenorganigramm

▲ Abb. 216   Darstellungsformen des Organigramms

Das Organigramm ist eines der in der Praxis am meisten verbreiteten Instrumente zur graphischen Darstellung der Organisationsstruktur eines Unternehmens. Es ermöglicht, einen raschen Überblick zu gewinnen. Allerdings ist es ein sehr einfaches Organisationsinstrument, das nur beschränkte Informationen liefert. Insbesondere zeigt es nicht die detaillierte Aufgabenverteilung und die spezifischen Funktionen bei der Bearbeitung gemeinsamer Aufgabenkomplexe. Deshalb werden Organigramme häufig mit zusätzlichen Organisationsinstrumenten ergänzt und kombiniert. Zudem ist es schwierig, komplexe Beziehungsgefüge grosser und sehr stark gegliederter Unternehmen auf vernünftigem Raum darzustellen. Man beschränkt sich deshalb oft auf die obersten hierarchischen Stufen und stellt einzelne (Unter-)Abteilungen separat dar.

1.4.1.2 Stellenbeschreibung

Die Stellenbeschreibung wurde in Teil 8 «Personal» ausführlich dargestellt und beurteilt.[1] Im Personalbereich dient sie in erster Linie als Hilfsmittel bei

- der Ermittlung des qualitativen Personalbedarfs,
- der Besetzung einer Stelle und
- der Mitarbeiterbeurteilung.

> Aus organisatorischer Sicht ermöglicht die **Stellenbeschreibung** eine genaue Festlegung von Aufgaben, Kompetenzen und Verantwortung einer Stelle.

Die Stellenbeschreibung trägt damit zur Vermeidung von Unklarheiten, Missverständnissen und Konflikten bei. Sie fördert die Transparenz der Organisation eines Unternehmens. Für die Darstellung und den Inhalt von Stellenbeschreibungen gibt es keine allgemeinen Regelungen.[2]

Hauptproblem bei der Erarbeitung von Stellenbeschreibungen ist die Frage nach dem zweckmässigen **Detaillierungsgrad.** Je umfassender und genauer eine Stellenbeschreibung ist, umso aufwendiger ist dieses Instrument und es birgt die Gefahr in sich, zu einem formalistischen, starren und sachstatt personenbezogenen Denken zu führen. Zudem wird es bei einem hohen Detaillierungsgrad sehr unübersichtlich und muss ständig überarbeitet und auf den neuesten Stand gebracht werden, wenn es als aktuelles Organisationsinstrument eingesetzt werden soll. Denn einerseits ergeben sich in einem Unternehmen häufig Veränderungen in der Aufgabenverteilung und andererseits können niemals alle Aufgaben vorausgesehen werden.

---

1 Vgl. Teil 8, Kapitel 2, Abschnitt 2.3.2 «Stellenbeschreibung».
2 Vgl. auch das Beispiel in ◄ Abb. 191 (S. 590).

| **1.4.1.3** | Funktionendiagramm |

> Das **Funktionendiagramm** zeigt in matrixförmiger Darstellung das funktionelle Zusammenwirken mehrerer Stellen zur Bewältigung einer Aufgabe.

Das Funktionendiagramm ist so angelegt, dass die eine Dimension der Matrix die an einer Aufgabe beteiligten Stellen, die andere die zu bewältigenden (Teil-)Aufgaben beinhaltet (▶ Abb. 217). Dabei ist von Bedeutung, welche spezifischen Funktionen (Kompetenzen) den einzelnen Stellen bei der Erledigung einer Aufgabe übertragen werden. Die wichtigsten Funktionen sind:

- Initiative ergreifen,
- Planen,
- Entscheiden,
- Mitspracherecht,
- Anordnen,
- Ausführen,
- Kontrollieren.

Somit werden in knapper und übersichtlicher Form die wesentlichen Aufgaben und Kompetenzen einer Stelle sowie das Zusammenwirken verschiedener Stellen bei der Erfüllung einer Aufgabe ersichtlich. Allerdings

Aufgaben \ Stellen	Verwaltungsrat	Geschäftsleitung	Bereiche				Bemerkungen
			F & E	Produktion	Marketing	Administration	
Festlegung der Unternehmenspolitik	E	P	M	M	M	M	
Erstellen der 5-Jahres-Pläne							
▪ Umsatzentwicklung	E				P		
▪ Kosten-Ertragsentwicklung	E	P	P	P	P	P	
▪ Investitionen	E						
Jahresbudget erstellen							
▪ Umsätze	E				P		bis 10.11.
▪ betriebliche Kosten	E	P	P	P	P	P	
▪ Investitionen	E			P			
Aufstellen und Überwachen der Jahresaktionspläne	A						
Erarbeiten von Führungskennziffern						A	
P = Planen, E = Entscheiden, M = Mitspracherecht, A = Ausführen							

▲ Abb. 217 Beispiel Funktionendiagramm (Nauer 1993, S. 171)

ist es kaum möglich, komplexe Beziehungen darzustellen. Zur genaueren Umschreibung und Abgrenzung von Aufgaben, Kompetenzen und Verantwortung bedarf es deshalb oft ergänzender organisatorischer Hilfsmittel.

1.4.1.4	Ablaufplan

Der **Ablaufplan** zeigt, welche Stellen in welcher Reihenfolge bei der Erfüllung einer bestimmten Aufgabe beteiligt sind (▶ Abb. 218).

Stellen					Arbeitsablauf: Betriebsmaterial IST		
Dir	Pr	Ei	V	A	Nr.	Aufgaben, Tätigkeiten	Bemerkungen
					1	■ Wöchentliche Bestandeskontrolle ■ Festlegung der zu bestellenden Artikel und Mengen ■ Ausstellung einer Bedarfsanforderung	Lieferantenkartei beim Einkauf
					2	■ Ergänzt Bedarfsanforderung mit Preisen, Lieferbedingungen ■ Eintrag der Kostenstellen-Nummer ■ Schreiben der Bestellung	Produktion
					3	■ Kontrolle der Bestellung, Unterschrift ■ Eintrag der bestellten Menge in Lagerkartei ■ Weiterleitung an Administration	Lagerkartei könnte vom Einkauf geführt werden
					4	■ Kenntnisnahme und Kontrolle ■ Versand, Verteilung der Bestellkopien	Weshalb nicht Einkauf?
					5	■ Eingang der Auftragsbestätigung ■ Kenntnisnahme, Weiterleitung	
					6	■ Kontrolle der Daten ■ Eintragung der Liefertermine ■ Meldung an Produktion	
					7	■ Kontrolle der Daten ■ Eintragung der Liefertermine	Doppelspurigkeit!
					8	■ Eingang der Ware ■ Überprüfung der gelieferten Ware mit Auftragsbestätigung ■ Ausstellen Wareneingangsschein ■ Eintragung in Lagerkartei ■ Weiterleitung der Kopien	

▲ Abb. 218   Beispiel Ablaufplan (Nauer 1993, S. 211)

Eine spezielle Form des Ablaufplans ist die Ablaufkarte, die zur Arbeitsplanung im Fertigungs- und Montagebereich dient.[1] Der Ablaufplan ist
rasch und einfach zu erstellen und gibt einen guten Überblick über die an
einer Aufgabe beteiligten Stellen. Allerdings hat er auf der anderen Seite
eine geringe Aussagekraft, da viele Details und konkrete Formulare fehlen.
Deshalb müssen häufig noch zusätzliche Informationen zusammengestellt
werden.

1.4.2	**Organisationsgrad**

Die Organisationsinstrumente enthalten Regelungen und Anweisungen,
wie bestimmte Situationen organisatorisch gelöst werden können oder sollen. Dabei kann zwischen allgemeinen und speziellen Regelungen betrieblicher Tatbestände unterschieden werden.

- Eine **allgemeine** Regelung bedeutet, dass bestimmte Tatbestände ein für
  alle Mal geregelt werden. Dies erweist sich vor allem dann als sinnvoll,
  wenn es sich um Situationen handelt, die sich in gleicher oder ähnlicher
  Weise wiederholen. Damit verbunden ist allerdings eine Einschränkung
  der Entscheidungsfreiheit des betroffenen Mitarbeiters bei der Erfüllung seiner Aufgaben.
- Bei einer **speziellen** Regelung hingegen hat der jeweilige Mitarbeiter
  einen grösseren Entscheidungsspielraum, da er jede Situation der Problemlösung entsprechend neu regeln kann.

Je grösser die Gleichartigkeit, Regelmässigkeit und Wiederholbarkeit
betrieblicher Prozesse ist, desto mehr allgemeine Regelungen können festgelegt werden und desto weniger spezielle Anordnungen müssen getroffen
werden. Gutenberg (1976, S. 240) bezeichnet diesen Sachverhalt als Substitutionsprinzip der Organisation.

> Das **Substitutionsprinzip der Organisation** (▶ Abb. 219) besagt, dass mit
> abnehmender Veränderlichkeit betrieblicher Sachverhalte die Tendenz zur
> allgemeinen Regelung zunimmt.

Die organisatorische Gestaltung mit einer Vielzahl allgemeiner Regelungen nimmt dem Mitarbeiter oft verantwortungsvolle Entscheidungen ab.
Damit sind folgende **Gefahren** und **Nachteile** verbunden:

- Der individuelle Gestaltungs- und Entscheidungsspielraum wird sehr
  stark eingeschränkt.

---

1   Vgl. Teil 4, Kapitel 3, Abschnitt 3.5.2 «Ablaufkarte».

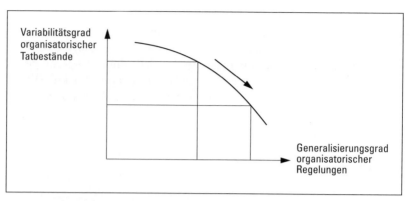

▲ Abb. 219   Substitutionsprinzip der Organisation (Kieser 1981, S. 71)

- Die Schematisierung von Betriebsabläufen führt zu starren und schwerfälligen Organisationsprozessen und -strukturen.
- Die Anpassungsfähigkeit gegenüber sich ändernden Anforderungen wird vermindert.

Die Tendenz zu generellen Regelungen kann aber folgende **positiven Auswirkungen** auf das Unternehmen und seine Mitglieder haben:

- Die Rationalisierung des Betriebsablaufs wird erhöht.
- Die leitenden und ausführenden Stellen werden entlastet.
- Konflikte werden verhindert, da weniger Unklarheiten (z.B. bezüglich Kompetenzabgrenzungen) herrschen.

Die zu lösende organisatorische Aufgabe besteht nun darin, das organisatorische Optimum oder Gleichgewicht zu finden, das durch das Substitutionsprinzip bestimmt wird.

> Das **organisatorische Optimum** ist dann erreicht, wenn alle gleichartigen und sich wiederholenden betrieblichen Vorgänge allgemeinen und keinen speziellen Regelungen unterliegen (▶ Abb. 220).

Der **organisatorische Rationalisierungsprozess** hat das Optimum noch nicht erreicht, wenn zu wenige sich repetierende Vorgänge allgemein geregelt werden (Unterorganisation). Andererseits ist das Optimum überschritten, wenn ungleichartige Tatbestände mit allgemeinen Regeln gelöst werden, obwohl sie fallweise zu behandeln wären (Überorganisation).

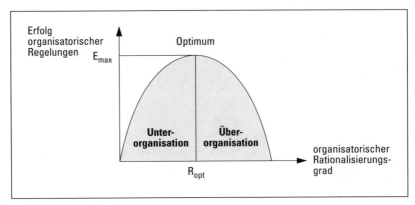

▲ Abb. 220   Optimaler Organisationsgrad (Kieser 1981, S. 72)

Kapitel 2

Organisationsformen

In der Praxis wird die jeweilige Organisationsform eines Unternehmens durch eine Vielzahl von individuellen und situativen Gegebenheiten bestimmt. Trotzdem lassen sich fast alle Organisationsstrukturen auf die Ausrichtung einiger allgemeiner Strukturierungsprinzipien zurückführen, wie sie in ▶ Abb. 221 dargestellt sind.

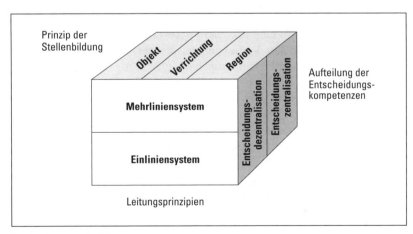

▲ Abb. 221   Strukturierungsprinzipien

Die Kombination dieser Prinzipien ergibt verschiedene Organisationsformen mit spezifischen Eigenschaften, welche bestimmte Verhaltensweisen der Organisationsmitglieder bewirken bzw. verlangen können.

| 2.1.1 | **Prinzipien der Stellenbildung** |

Aufgabe der Stellenbildung ist es, die Vielzahl der aus der Aufgabenanalyse gewonnenen Aufgaben so auf Stellen zu verteilen, dass dadurch eine zweckmässige Organisation entsteht, welche die Beziehungen zwischen den Stellen innerhalb des Unternehmens und zwischen dem Unternehmen und der Umwelt optimal gestaltet. Damit werden die organisatorischen Voraussetzungen geschaffen, um die Unternehmensziele möglichst effizient zu erreichen. Hauptproblem bildet dabei die Frage, nach welchen Merkmalen eine solche Stellenbildung vorgenommen werden soll. Grundsätzlich kommen in Frage:

1. Stellenbildung nach dem **Verrichtungsprinzip** bedeutet die Zusammenfassung gleichartiger Verrichtungen zu Aufgabenkomplexen. Es handelt sich dabei um eine **Verrichtungszentralisation** und man spricht von einer **verrichtungsorientierten** oder **funktionalen** Struktur (▶ Abb. 222). Mit dieser Organisationsform sind folgende **Vorteile** verbunden:
   - Aufgabenspezialisierung, verbunden mit entsprechend grossen Kenntnissen und Erfahrungen auf einem bestimmten Gebiet.
   - Verhinderung von Doppelspurigkeiten.
   - Kostenvorteile durch den Einsatz spezialisierter Maschinen, Menschen und Arbeitsmethoden. Diese erlauben eine gezielte und effiziente Problemlösung.
   - Berücksichtigung spezifischer Neigungen und Fähigkeiten.

2. Stellenbildung nach dem **Objekt** bedeutet die Zusammenfassung unterschiedlicher Verrichtungen, die bei der Bearbeitung eines Produktes oder einer Produktgruppe mit gleichartigen Produkten anfallen. Es handelt sich dabei um eine **Objektzentralisation,** und man spricht von **objektorientierter** oder **divisionaler** Organisationsstruktur (▶ Abb. 222). Als **Vorteile** dieser Organisationsform ergeben sich:
   - Verkürzung der Transportwege und Durchlaufzeiten der einzelnen Produkte, wenn die objektzentralisierten Stellen auch räumlich zusammengefasst sind.
   - Vermeidung von Arbeitsmonotonie durch den engen Kontakt der Mitarbeiter mit dem produzierten Objekt und den übrigen daran beteiligten Mitarbeitern.

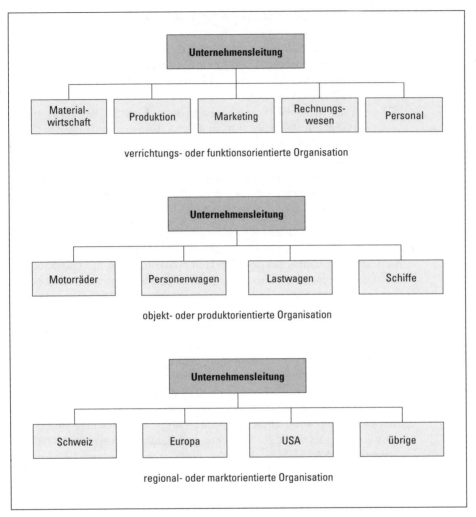

▲ Abb. 222 Prinzipien der Stellenbildung

- Verkürzung der Kommunikationswege und geringe Kommunikation zwischen den objektzentralisierten Stellengruppen.
- Kostenvorteile durch den geringen Koordinationsaufwand.

3. Eine Stellenbildung nach **Regionen** liegt dann vor, wenn die Subsysteme oder Tätigkeiten eines Unternehmens auf räumlich verschiedene Gebiete verteilt sind (◄ Abb. 222). Einer solchen **regionalen Organisationsstruktur** können folgende Gliederungskriterien zugrunde liegen:

- **Standorte** eines Unternehmens, wobei zwei Fälle zu unterscheiden sind:
  - □ Eine rechtlich-organisatorische Einheit wird nach geographischen Gebieten aufgeteilt, wie zum Beispiel das Filialnetz von Grossbanken, Versicherungen und Warenhäusern oder auch von Fabrikationswerken.
  - □ Eine wirtschaftlich-organisatorische Einheit (Konzern) besitzt rechtlich, aber nicht wirtschaftlich selbstständige Einheiten (Tochtergesellschaften), die nach geographischen Gebieten strukturiert werden.
- **Absatzmärkte** eines Unternehmens: Ein Unternehmen kann zwar nur einen Standort haben, aber seine Produkte in mehrere Länder exportieren (internationales Unternehmen).

Neben den besprochenen Kriterien der Stellenbildung sind noch andere Kriterien denkbar wie beispielsweise die Ausrichtung nach **Projekten** oder nach **Kundengruppen**. Letztere ist dann sinnvoll, wenn die verschiedenen Kundengruppen (z.B. Gross- und Detailhandel) unterschiedliche Vertriebswege, Kundenbetreuung oder Akquisitionsmethoden erfordern, so dass eine getrennte Bearbeitung zweckmässig ist. Zudem ist zu beachten, dass sich ein einzelnes Kriterium jeweils nur auf eine bestimmte hierarchische Ebene bezieht. Betrachtet man mehrere Leitungsstufen, so wird ersichtlich, dass jede Stufe nach einem anderen Kriterium strukturiert ist. Ist zum Beispiel die oberste Ebene nach dem Verrichtungsprinzip gegliedert, so ist die zweite in der Regel nach dem Objektprinzip strukturiert. Man spricht in diesem Fall von einer Verrichtungszentralisation bei gleichzeitiger Objektdezentralisation. ▶ Abb. 223 zeigt, dass auch eine Objektzentralisation bei gleichzeitiger Verrichtungsdezentralisation möglich ist.

Schliesslich ist nicht nur eine Kombination verschiedener Gliederungskriterien auf unterschiedlichen Organisationsstufen möglich. In der betrieblichen Wirklichkeit wird man oft auf Unternehmen stossen, bei denen auf der gleichen Führungsstufe mehrere Gliederungskriterien angewandt worden sind (▶ Abb. 224). Diese Tatsache hat verschiedene Gründe wie beispielsweise

- die historische Entwicklung des Unternehmens,
- die Bedeutung der einzelnen Stellen im Gesamtunternehmen sowie
- der Führungsstil im Unternehmen.

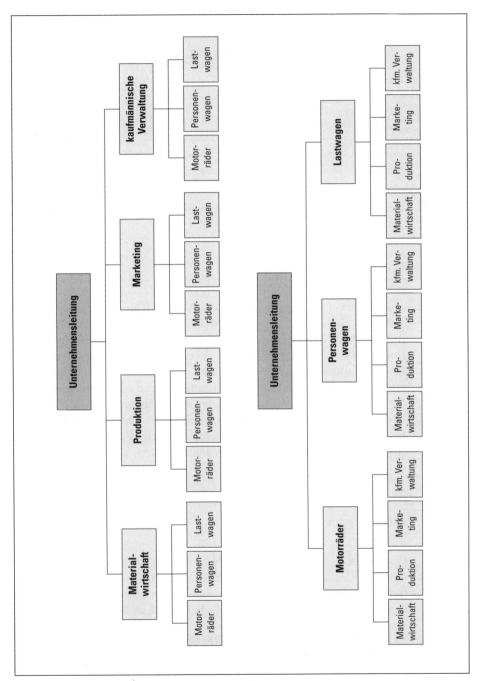

▲ Abb. 223   Stellengliederungskriterien bei drei Leitungsstufen

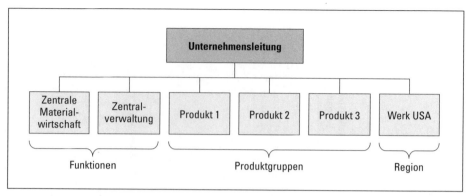

▲ Abb. 224   Verschiedene Gliederungskriterien auf einer Leitungsstufe

---

2.1.2	**Leitungsprinzipien**

Aus der arbeitsteiligen Erfüllung der Aufgaben im Unternehmen ergibt sich, dass zwischen den einzelnen Stellen Beziehungen hergestellt werden müssen. Im Folgenden werden in erster Linie Leitungsbeziehungen betrachtet, die sich aus der getrennten Zuordnung von Führungs- und Durchführungsaufgaben ergeben: Einerseits müssen getroffene Entscheidungen zu ihrer Ausführung angeordnet und andererseits die Ergebnisse sowie alle für die Entscheidungen notwendigen Informationen gemeldet werden. Diese Kommunikationsbeziehungen werden als **Leitungssystem** bezeichnet. Grundsätzlich lassen sich zwei idealtypische Beziehungen zwischen Instanzen und ausführenden Stellen unterscheiden, nämlich das Einlinien- und das Mehrliniensystem.

2.1.2.1	Einliniensystem

Der Franzose Henri Fayol (1916) ging von der Annahme aus, dass eine optimale Organisation dann erreicht ist, wenn übersichtliche und eindeutige Beziehungen zwischen den Elementen einer Organisation bestehen. In den Vordergrund rückte er deshalb die beiden folgenden Grundprinzipien:

- Grundsatz der **Einheit der Auftragserteilung** bzw. des **Auftragsempfangs:** Jeder Organisationsteilnehmer soll nur von einem einzigen Vorgesetzten Anweisungen erhalten.
- Prinzip der **optimalen Kontrollspanne:** Kein Vorgesetzter soll mehr Untergebene haben, als er selbst überwachen kann.

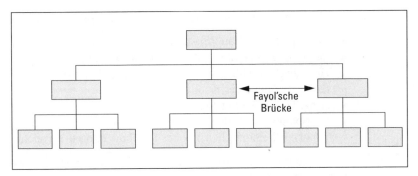

▲ Abb. 225   Einliniensystem

Beim idealtypischen Einliniensystem, wie es Fayol vorgeschlagen hat, beinhalten die Verbindungswege sowohl die Entscheidungs- als auch die Mitteilungswege. Die Verbindungswege entsprechen den formalen Dienstwegen. Eine solch absolute Regelung aller Kommunikationsbeziehungen ist in vielen Fällen allerdings nicht sinnvoll. Deshalb werden Querverbindungen, so genannte Passarellen oder Fayol'sche Brücken, zugelassen. Diese verbinden Stellen auf gleicher hierarchischer Ebene (Instanzen) miteinander, sind aber ausschliesslich als Mitteilungswege vorgesehen (◀ Abb. 225).

Eine Beurteilung des Einliniensystems ergibt folgende Vor- und Nachteile:

- **Vorteile:**
  - ☐ straffe Regelung der Kommunikationsbeziehungen,
  - ☐ Klarheit und Übersichtlichkeit, Einfachheit,
  - ☐ klare Abgrenzung von Kompetenzen und Verantwortung.

- **Nachteile:**
  - ☐ Starrheit,
  - ☐ Länge und Umständlichkeit der formalen Dienstwege,
  - ☐ starke Belastung der Zwischeninstanzen.

| 2.1.2.2 | Mehrliniensystem |

Als Begründer des **Scientific Management** stellte Frederick W. Taylor (1911) die Grundlagen für eine neue Betrachtung des Menschen als Produktionsfaktor und für eine neue Denkweise im Management auf.

Taylors Aussagen beruhen auf der **Hypothese,** dass eine auf den Ingenieurwissenschaften basierende Spezialisierung und eine Entlohnung nach dem Leistungsprinzip eine maximale Produktivität mit sich bringen.

Taylors Annahmen führten zu folgenden Prinzipien der Betriebsführung:

- auf Bewegungs- und Zeitstudien beruhende Arbeitsmethoden,
- starke Spezialisierung auf einzelne Verrichtungen,
- Trennung von Führungs- und Ausführungsfunktionen,
- starke Betonung der Kontrolle,
- Prinzip des Leistungslohnes,
- Ausrichtung nach dem Maximumprinzip: mit den gegebenen Mitteln (Input) soll ein möglichst hohes Ergebnis (Output) erreicht werden.

Die organisatorische Konsequenz aus diesen Forderungen ist das **Funktionsmeistersystem,** bei dem Taylor zwei hierarchische Ebenen unterscheidet: die Führungsebene mit den Funktionsmeistern und die Ausführungsebene mit den Arbeitern. Die Funktionsmeister werden zudem in zwei Gruppen unterteilt:

- **Meister des Arbeitsbüros:**
  - □ Arbeitsverteiler
  - □ Unterweisungsbeamter
  - □ Zeit- und Kostenbeamte
  - □ Aufsichtsbeamter

- **Ausführungsmeister:**
  - □ Verrichtungsmeister
  - □ Geschwindigkeitsmeister
  - □ Prüfmeister
  - □ Instandhaltungsmeister

Da sowohl jeder Arbeiter als auch jeder Meister auf eine bestimmte Tätigkeit spezialisiert ist, müssen alle Arbeiter jedem Funktionsmeister unterstellt sein. Damit ergibt sich das idealtypische Mehrliniensystem, wie es Taylor vorgeschlagen hat (▶ Abb. 226).

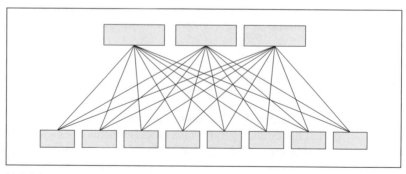

▲ Abb. 226   Mehrliniensystem

Das Mehrliniensystem beruht auf dem Prinzip der Mehrfachunterstellung. Im Unterschied zum Einliniensystem ist jede Stelle einer Mehrzahl von übergeordneten Stellen (Instanzen) unterstellt. Anstelle der Einheit der Auftragserteilung tritt das **Prinzip des kürzesten Weges.**

Eine Beurteilung des Mehrliniensystems zeigt folgende Vor- und Nachteile:

- **Vorteile:**
  - Ausnützen der Vorteile einer Spezialisierung,
  - Ausnützen des kürzesten Weges zwischen den Stellen,
  - Motivation durch Ausrichtung auf spezifische Fähigkeiten der beteiligten Personen.

- **Nachteile:**
  - Gefahr der Aufgabenüberschneidungen,
  - Kompetenz- und Verantwortlichkeitskonflikte,
  - komplexes System bei wachsender Stellenzahl.

2.1.3	Aufteilung der Entscheidungskompetenzen

Das Merkmal «Entscheidung» einer Organisationsstruktur beruht auf der Unterscheidung zwischen Entscheidungsaufgaben und Durchführungs- bzw. Realisierungsaufgaben.

> **Entscheidungszentralisation** bedeutet deshalb eine getrennte Zuordnung dieser beiden Arten von Aufgaben, während bei der **Entscheidungsdezentralisation** von einer **Delegation** der Entscheidungen an rangtiefere Stellen gesprochen werden kann.

Allerdings ist zu beachten, dass es sich im Falle der Entscheidungszentralisation selten um eine absolute und vollständige Trennung von Entscheidungs- und Durchführungsaufgaben, sondern meist um eine teilweise Übertragung der Entscheidungskompetenzen handelt (▶ Abb. 227). Ein Teil der zur Realisationsaufgabe gehörenden Entscheidungen wird der leitenden Stelle übertragen, während der andere Teil der Entscheidungen bei der ausführenden Stelle bleibt.

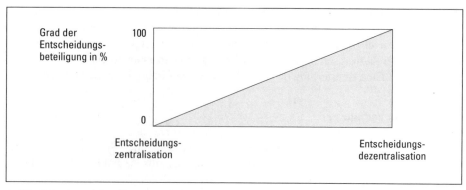

▲ Abb. 227   Intensitäten der Entscheidungsbeteiligung

2.2   Organisationsformen in der Praxis

Im Folgenden werden verschiedene Organisationsformen behandelt, wie sie sich aufgrund der Kombination der besprochenen Strukturierungsprinzipien in der Praxis ergeben. Es sind dies die

- funktionale Organisation,
  - rein funktionale Organisation,
  - Stablinienorganisation,
- Spartenorganisation,
- Management-Holding,
- Matrixorganisation,
- Netzwerkorganisation und virtuelle Organisation,
- Projektorganisation,
- Team-Organisation.

2.2.1	**Funktionale Organisation**
2.2.1.1	Rein funktionale Organisation

Die funktionale Organisation knüpft an die Kernfunktionen des güter- und finanzwirtschaftlichen Umsatzprozesses vom Eingang der Rohstoffe bis zum Absatz der Produkte bzw. an den Auftragsdurchlauf von der Auftragsannahme im Marketing über die Auftragsabwicklung in der Produktion bis zur Bereitstellung der Ressourcen durch die Beschaffung an. (Bleicher 1991, S. 388 f.)

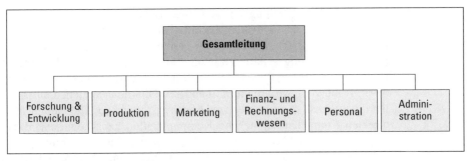

▲ Abb. 228   Rein funktionale Organisation

Die funktionale Organisation basiert somit auf einer **Verrichtungsglie-derung,** die zur Schaffung von Funktionsbereichen führt (◄ Abb. 228).

Ideale **Anwendungsbedingungen** der funktionalen Organisationsform sind bei Unternehmen mit nur einem Produkt oder mit Massen- und Sortenfertigung gegeben. Darüber hinaus sollte die Unternehmensumwelt relativ stabil sein, weil dieses Organisationsmodell wenig geeignet ist, kurz- und mittelfristige Umweltveränderungen zu bewältigen.

Bei einer **Beurteilung** der funktionalen Organisation sind folgende Gefahren hervorzuheben, die mit dieser Organisationsform verbunden sein können:

- Da jeder Teilbereich der funktionalen Organisation nur für eine bestimmte Funktion, d.h. einen bestimmten Ausschnitt der Wertschöpfungskette verantwortlich ist, besteht die Gefahr, dass einerseits aufgrund unterschiedlicher Zielorientierungen der einzelnen Teilbereiche **Interessenkonflikte** entstehen (z.B. der klassische Konflikt zwischen der Produktion und dem Marketing), andererseits können auch die einzelnen Teilbereichsziele mit den obersten Unternehmenszielen in Konflikt stehen.

- Die hohe Leitungsspanne dieser Organisationsform und die damit verbundene hohe Zahl von Schnittstellen erfordert einen höheren horizontalen **Koordinationsaufwand.** Damit besteht die Gefahr der Überlastung der Unternehmensleitung. Eine Entlastung von diesen Koordinationsaufgaben bringt die Einrichtung von Stäben. In diesem Falle spricht man von einer Stablinienorganisation.[1]

- Um eine ganzheitliche Problemlösung zu gewährleisten, ist in einer funktionalen Organisation eine hohe Zahl von Stellen und Aufgabenträgern unmittelbar in die Entscheidungsprozesse einzubeziehen. Dies erhöht den **Zeitbedarf** bis zur Entscheidungsfindung und verhindert ein schnelles Reagieren auf Veränderungen in den einzelnen Funktionsbereichen.

---

1   Vgl. Abschnitt 2.2.1.2 «Stablinienorganisation».

- Die starke Arbeitsteilung und der enge Handlungsspielraum können sich negativ auf die **Motivation der Mitarbeiter** auswirken.
- Das Einliniensystem und die damit verbundene eindeutige und transparente Zuordnung schafft zwar eine klare Regelung der Weisungsbeziehungen. In der Praxis zeigt sich jedoch, dass Vorgesetzte häufig direkt Kontakt zu Mitarbeitern in anderen Funktionsbereichen aufnehmen, weil diese das entsprechende Fachwissen haben. Die Gefahr der direkten Kontaktaufnahme und Kommunikation kann bewirken, dass ein ausführender Mitarbeiter unter Umständen mehrere – formale und informale – Vorgesetzte hat, nämlich seinen eigentlichen Abteilungsleiter und die Leiter anderer Abteilungen. (Probst 1993, S. 54)

| 2.2.1.2 | Stablinienorganisation |

Die starke Entscheidungszentralisation der funktionalen Organisation erschwert sowohl die Koordination zwischen den Abteilungen als auch die strategische Ausrichtung der Unternehmensspitze. Ein rein funktionales Einliniensystem ist deshalb in der Praxis selten oder nur in kleineren Unternehmen mit wenigen Mitarbeitern anzutreffen. In der Regel werden nämlich zur Entlastung der Instanzen **Stäbe** geschaffen (▶ Abb. 229).[1]

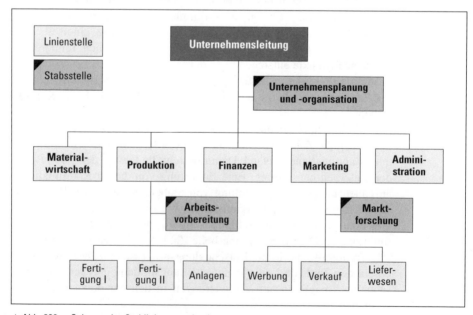

▲ Abb. 229   Schema der Stablinienorganisation

---

1 Zu den Stäben vgl. Kapitel 1, Abschnitt 1.2.2.1 «Begriffe».

Neben den Vorteilen einer funktionalen Organisation mit Stabsstellen, wie zum Beispiel die Entlastung der Linieninstanzen und sorgfältige Entscheidungsvorbereitung, ergibt sich in der Praxis auch eine Reihe von **Nachteilen** und **Konflikten:**

- Konflikte entstehen primär aus der starken Trennung von Entscheidungsvorbereitung, Entscheidungsakt und Entscheidungsdurchsetzung. Dies wird vor allem dann zu einem grossen Problem, wenn die Vorschläge der Stäbe nicht anerkannt und in genügendem Masse – aus der Sicht des Stabes – berücksichtigt werden.

- Andererseits bauen sich Stäbe aufgrund ihres grossen Wissens als Konkurrenz zu den Linienstellen auf. Man spricht dann von «grauen Eminenzen», weil die Stäbe eine Macht ohne Verantwortung darstellen und die direkt vorgesetzten Linienstellen übergehen.

- Gegen Stabsmitarbeiter wird häufig der Vorwurf der Praxisferne erhoben. Dies trifft oftmals auch zu, weil junge Mitarbeiter zuerst in einer Stabsstelle eingeordnet werden, um erste Erfahrungen zu sammeln, bevor sie eine Linienfunktion übernehmen dürfen.

- Zudem besteht die Gefahr, dass sich überdimensionierte, «wasserkopfartige» Stabsstrukturen bilden, die Entscheidungsprozesse verlangsamen und hohe Kosten verursachen.

2.2.2	**Spartenorganisation**

> Bei der Spartenorganisation ist das Gesamtunternehmen in verschiedene **Sparten** bzw. **Divisionen** durch Anwendung des Objektprinzips gegliedert. Dabei werden gleiche oder gleichartige Produkte oder Produktgruppen zu autonomen Divisionen zusammengefasst.

In Frage kommt aber auch eine Abgrenzung nach Kundengruppen oder nach geographischen Merkmalen. Diesen werden in der Regel alle leistungsbezogenen Funktionen (Leistungsgestaltung, -erstellung, -abgabe) zugeordnet. Je nach Grad der Entscheidungsdelegation werden einer Division weitere Funktionen wie Finanzierung, Personalwirtschaft usw. übertragen.

Daneben werden auch **Zentrale Dienste (Zentralabteilungen)** geschaffen, die aus Gründen der Spezialisierung bestimmte Funktionen zentral für alle Divisionen ausüben (▶ Abb. 230).[1]

Ziel der Spartenorganisation ist es, das infolge von Diversifikationen heterogene Produktionsprogramm durch Gliederung nach dem Objektprinzip in homogene Einheiten aufzuteilen. Es erfolgt damit eine Reduk-

---

1   Zu den Zentralen Diensten vgl. Kapitel 1, Abschnitt 1.2.2.1 «Begriffe».

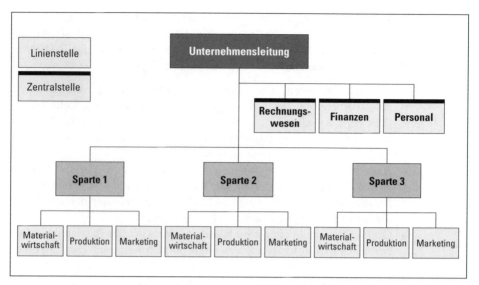

▲ Abb. 230   Schema der Spartenorganisation

tion der komplexen Beziehungen sowohl innerhalb des Unternehmens als auch zwischen dem Unternehmen und seiner Umwelt. Für die Wahl einer Spartenorganisation können somit die folgenden **Einflussfaktoren** aufgezählt werden:

- Heterogenität des Produktions- und/oder Absatzprogramms,
- angewandter Führungsstil, d.h. Ausmass der Delegation von Aufgaben, Kompetenzen und Verantwortung,
- Grösse des Unternehmens,
- geographische Aufteilung des Unternehmens.

Je nach Intensität der Entscheidungsdelegation (◄ Abb. 227, S. 698) und Umfang der Verantwortung werden verschiedene Formen der Spartenorganisation unterschieden:

1. **Cost-Center-Organisation:** Werden die Divisionen einer Spartenorganisation als Cost-Center organisiert, so sind diese nur für ihre Kosten verantwortlich. Gemäss den beiden Ausprägungen des ökonomischen Prinzips können der Division die beiden folgenden Zielvorgaben übertragen werden:
   - Einhaltung eines vorgegebenen Kostenbudgets unter Maximierung des Umsatzes.
   - Erreichen eines vorgegebenen Umsatzes unter Minimierung der Kosten.

2. **Profit-Center-Organisation:** Werden die einzelnen Divisionen als Profit-Center konzipiert, so sind diese für ihren selbstständig erarbeiteten Gewinn verantwortlich. Meist wird dem Profit-Center eine Gewinngrösse vorgegeben, die es unter Einhaltung bestimmter Nebenbedingungen (z.B. Qualität der Produkte, Serviceleistungen) zu erreichen gilt. Entsprechend den Gewinnformulierungen kann entweder ein absoluter Gewinn oder ein relativer Gewinn (Rentabilität) vorgegeben werden. Da die einzelnen Divisionen nicht frei über die vorhandenen Mittel des Unternehmens verfügen können, sondern diese von der Geschäftsleitung auf die verschiedenen Divisionen verteilt werden müssen, ist die Vorgabe einer relativen Kennzahl sinnvoller.

3. **Investment-Center-Organisation:** Die weitestgehende Form der Entscheidungsdelegation stellt die Investment-Center-Organisation dar, bei der jede Division zusätzlich die Entscheidungskompetenzen und die Verantwortung für ihre Investitionen hat. Der Gesamtunternehmensleitung kommt darin vor allem die Aufgabe der Beschaffung finanzieller Mittel zu. In der Praxis wird es aber dennoch so sein, dass die Geschäftsleitung im Sinne eines kooperativen Führungsstils und einer bestmöglichen Koordination an den wichtigen Entscheidungen der einzelnen Divisionen teilnimmt.

Bei einer Beurteilung der Spartenorganisation ergeben sich folgende Vor- und Nachteile:

- **Vorteile:**
  - Motivation,
  - übersichtliche Organisationsstruktur,
  - Flexibilität,
  - Frontnähe,
  - schnelle Entscheidungen,
  - kurze Kommunikationswege.

- **Nachteile:**
  - Gegeneinanderarbeiten der einzelnen Divisionen,
  - Koordinationsprobleme,
  - Nichtausnützen von Synergieeffekten,
  - grosser Bedarf an qualifizierten Führungskräften,
  - Verrechnungspreise als Konfliktpotenzial.

2.2.3	**Management-Holding**
2.2.3.1	Charakterisierung und Abgrenzung

> Unter **Holding** ist ein Unternehmen zu verstehen, dessen betrieblicher Hauptzweck in einer auf Dauer angelegten Beteiligung an **rechtlich selbstständigen** Unternehmen liegt.

Die Holding (Muttergesellschaft) und die rechtlich selbstständigen Unternehmen (Tochtergesellschaften), an denen die Holding eine Kapitalbeteiligung hält, bilden zusammen einen Konzern.[1]

Eine Holding kann neben Verwaltungs- und Finanzierungsfunktionen auch Führungsfunktionen gegenüber den rechtlich selbstständigen Geschäftsbereichen wahrnehmen. Entsprechend den Funktionen, die eine Holding übernimmt, können deshalb zwei Formen unterschieden werden:

- Als **Finanz-Holding** hält und verwaltet sie Beteiligungen, übt jedoch keinerlei Führungsfunktionen aus. Im Vordergrund steht die «Finanzierungsfunktion», oft handelt es sich jedoch um reine Investmentgesellschaften, die nur an der Rendite ihrer Finanzinvestitionen interessiert sind (▶ Abb. 231).

- Im Gegensatz zu einer reinen Finanz-Holding ist die **Management-Holding** für unternehmensstrategische Aufgaben zuständig, ohne sich in die Funktionen des operativen Geschäfts einzumischen. Die geschäftsführenden Bereiche sind rechtlich selbstständige Tochtergesellschaften, die über einen hohen Grad an wirtschaftlicher Selbstständigkeit verfügen.

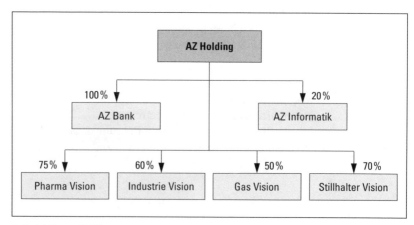

▲ Abb. 231   Beispiel Finanz-Holding

---

1   Vgl. auch Teil 1, Kapitel 2, Abschnitt 2.7.3.7 «Konzern».

Die Management-Holding ist eigentlich eine dezentrale Form – und somit eine Weiterentwicklung – der divisionalen Organisation, jedoch mit dem Ziel, deren Nachteile zu beheben. Es zeigte sich nämlich, dass das Streben nach Synergien in stark gewachsenen divisionalen Organisationen zu hohen Koordinationskosten und zu einer übermässigen Bedeutung der Zentralbereiche wie zum Beispiel Personal, Forschung und Entwicklung oder Finanzen führte. Das Prinzip des Profit-Centers als wichtiger Vorteil der divisionalen Organisation wurde dadurch zunichte gemacht. In der Management-Holding sollen deshalb Wettbewerbsvorteile durch eine noch stärkere Konzentration auf die verschiedenen Kerngeschäfte angestrebt werden.

| 2.2.3.2 | Strukturen der Management-Holding |

Eine Management-Holding besteht aus der Holding-Obergesellschaft (Holding-Leitung), den Geschäftsbereichen und wenigen Zentralbereichen (▶ Abb. 232). Diese können wie folgt charakterisiert werden:

- Die **Holding-Obergesellschaft** hat unternehmensstrategische Aufgaben wahrzunehmen und die Geschäftsbereiche beratend zu unterstützen (▶ Abb. 232, S & OZ International AG). Sie bestimmt wesentlich die Unternehmensstrategie und legt fest, in welchen Geschäften das Unternehmen künftig tätig sein will (Corporate Strategy). Weiter berät, koordiniert und überwacht sie die Geschäftsbereiche, weist die Ressourcen zu und beschäftigt sich mit der Besetzung von Führungspositionen in den Geschäftsbereichen.

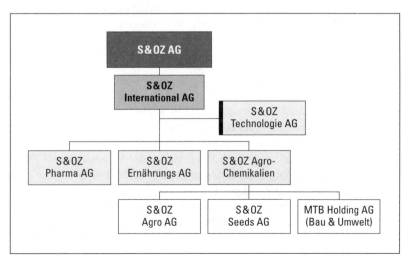

▲ Abb. 232   Beispiel Management-Holding

- Die **Geschäftsbereichsleitung** bestimmt und implementiert die Geschäftsstrategie (Business Strategy) und nimmt alle operativen Funktionen des Geschäftsbereichs wahr (vgl. in ◄ Abb. 232 z.B. die S & OZ Pharma AG oder die S & OZ Ernährungs AG).
- **Zentralbereiche** erbringen Dienstleistungen für die Geschäftsbereiche, die für das Gesamtunternehmen und für die langfristige Entwicklung des Unternehmens von entscheidender Bedeutung sind (vgl. in ◄ Abb. 232 die S & OZ Technologie AG).

2.2.4	**Matrixorganisation**

> Die **Matrixorganisation** ist eine Mehrlinienorganisation. Sie ist dadurch gekennzeichnet, dass die Stellenbildung auf der gleichen hierarchischen Stufe nach zwei oder mehreren Kriterien *gleichzeitig* erfolgt, also beispielsweise nach Produkten oder Produktgruppen, Funktionen, Regionen und Projekten (► Abb. 233).

Die gewählten Kriterien sind gleichwertig: Die Aufteilung nach verschiedenen Dimensionen und somit die Spezialisierung tritt an die Stelle der «Einheit der Auftragserteilung» bzw. «des Auftragsempfangs».[1] Einseitige Interessenvertretungen sollen damit verhindert werden.

Als Voraussetzung für die Wahl einer Matrixorganisation können die folgenden **Einflussfaktoren** genannt werden:

- vielfältige, dynamische und unsichere Umwelt,
- mindestens zwei Gliederungsmerkmale haben etwa die gleiche Bedeutung bei den zu bewältigenden Aufgaben,
- beteiligte Menschen müssen offen gegenüber anderen Menschen sein,
- Bereitschaft zur Konfliktlösung,
- kooperativer Führungsstil,
- Grösse des Unternehmens.

Das zentrale organisatorische Problem der Matrixorganisation liegt in der eindeutigen Abgrenzung der Aufgaben, Kompetenzen und Verantwortung zwischen den beiden hierarchisch gleichwertigen Leitungsebenen. Bei einer Gliederung nach Produkten (oder Projekten) und Funktionen wird meistens folgende Regelung getroffen: Der Produkt- oder Projektmanager hat die Aufgabe, seine Produkte oder Projekte quer durch alle Funktionen zu betreuen und zu koordinieren. Er behandelt dabei vor allem Fragen des **«Was?»** und des **«Wann?»** in Bezug auf die Produkte oder Projekte. Beim

---

1   Vgl. Abschnitt 2.1.2.1 «Einliniensystem».

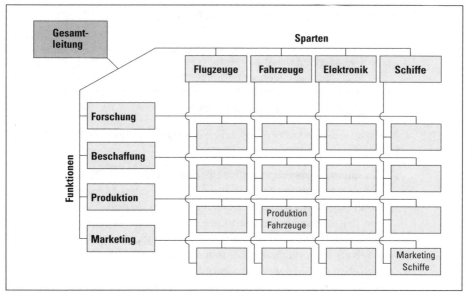

▲ Abb. 233   Schema der Matrixorganisation

Funktionsmanager treten hingegen die Fragen des **«Wie?»**, die seinen Funktionsbereich betreffen, sowie die Koordination seines Fachgebietes in den Vordergrund.

Der Hauptvorteil der Matrixorganisation besteht darin, dass die Integration der verschiedenen Unternehmensbereiche durch eine formale Organisationsstruktur festgelegt wird, von der eine hohe Koordinationswirkung ausgeht. Daneben ergeben sich folgende Vor- und Nachteile:

- **Vorteile:**
  - ◻ Motivation durch Partizipation am Problemlösungsprozess,
  - ◻ umfassende Betrachtungsweise der Aufgaben,
  - ◻ Spezialisierung nach verschiedenen Gesichtspunkten,
  - ◻ Entlastung der Leitungsspitze (Entscheidungsdelegation),
  - ◻ direkte Verbindungswege.

- **Nachteile:**
  - ◻ ständige Konfliktaustragung,
  - ◻ unklare Unterstellungsverhältnisse,
  - ◻ Gefahr von «faulen» (schlechten) Kompromissen,
  - ◻ verlangsamte Entscheidungsfindung (Zeitverlust),
  - ◻ hoher Kommunikations- und Informationsbedarf.

| 2.2.5 | **Netzwerkorganisation und virtuelle Organisationen** |

> Eine **Netzwerkorganisation** besteht aus relativ autonomen Mitgliedern (Einzelpersonen, Gruppen, Unternehmen), die durch gemeinsame Ziele miteinander verbunden sind und zur gemeinsamen Leistungserstellung ein komplementäres Know-how einbringen.

Netzwerke lassen sich grundsätzlich in interne und externe Netzwerke unterteilen:

- Ein **internes (intraorganisationales) Netzwerk** ist ein Beziehungsgefüge aus selbstständigen organisatorischen Einheiten (Personen, Gruppen, Abteilungen) innerhalb eines Unternehmens (▶ Abb. 234). Abweichend von den hierarchischen Strukturen mit streng formalen Dienstwegen (z.B. funktionale Organisation oder Spartenorganisation) zeichnet sich die Netzwerkorganisation durch direkte und intensive Beziehungen zwischen den Mitgliedern sowohl auf gleichen (horizontal, z.B. zwischen Abteilungen) als auch auf unterschiedlichen (vertikal) Hierarchieebenen aus. Im Vordergrund steht eine partnerschaftliche Teamstruktur, weshalb interne Netzwerke oft der Teamorganisation zugeordnet werden.[1]
- Unter **externen (interorganisationalen) Netzwerken** ist die mittel- bis langfristige vertragliche Zusammenarbeit zwischen mehreren rechtlich und wirtschaftlich selbstständigen Unternehmen zur gemeinschaftlichen Erfüllung von Aufgaben zu verstehen. Primäres Ziel ist es, dass jeder Partner sich auf jenen Ausschnitt der Wertschöpfungskette konzentriert, in welchem er ein grosses Know-how, so genannte Kernkompetenzen besitzt.[2]

In der Praxis haben vor allem externe Netzwerke eine grosse Bedeutung erlangt. Dabei lassen sich zwei Formen unterscheiden (▶ Abb. 234):

- Im **stabilen Netzwerk** umgibt sich ein führendes Unternehmen mit zahlreichen Zulieferern, die einen Grossteil der Wertschöpfung am Produkt erbringen (z.B. Automobilindustrie). Stabile Netzwerke sind deshalb langfristig angelegte Wertschöpfungspartnerschaften. Bezieht sich die Kooperation auf bestimmte strategische Kernbereiche (z.B. Forschung

---

1 Vgl. Abschnitt 2.2.7 «Team-Organisation».
2 Zum Begriff der Kernkompetenzen vgl. Teil 10, Kapitel 4, Abschnitt 4.4.1.4 «Konzept der Kernkompetenzen». Zur Wertschöpfungskette vgl. in diesem Teil Kapitel 1, Abschnitt 1.3.2.3 «Ablauforganisation und Business Process Reengineering».

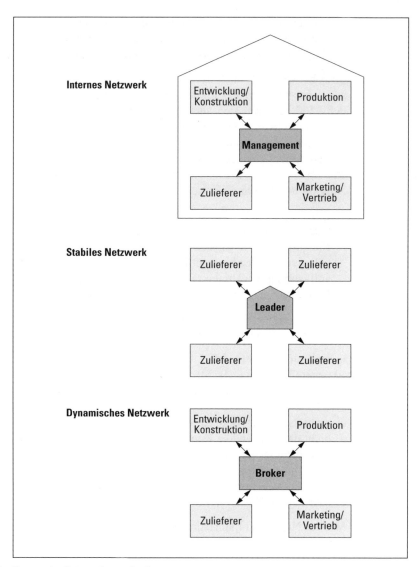

▲ Abb. 234   Formen der Netzwerkorganisation

und Entwicklung, Marketing), spricht man auch von strategischen Netzwerken.[1]

■ Das **dynamische Netzwerk** ist die flexibelste Form der Netzwerkorganisation. Je nach Projekt oder Auftrag arbeiten temporär verschiedene

---

1   Ein strategisches Netzwerk entspricht in diesem Fall einer strategischen Allianz auf vertraglicher Grundlage, wie sie in Teil 1, Kapitel 2, Abschnitt 2.7.3.6 «Strategische Allianz» behandelt worden ist.

Partner zusammen. Die Partner treten gegenüber Dritten aber als einheitliches Unternehmen auf. Diese Form der Netzwerkorganisation wird auch als **virtuelle Organisation** oder **virtuelles Unternehmen** bezeichnet.

Sowohl stabile als auch dynamische Netzwerke sind eine Form des Outsourcing, bei dem bestimmte betriebliche Funktionen ausgelagert werden.[1] Sie zeichnen sich auch durch geringe Zentralisierung und Formalisierung in Bezug auf Führung und Organisation aus.

Externe Netzwerkorganisationen sind aufgrund ihrer flexiblen Gestaltungsmöglichkeiten äusserst gut geeignet, den Anforderungen einer sich ständig ändernden Unternehmensumwelt Rechnung zu tragen. Voraussetzung für den Erfolg einer Netzwerkorganisation sind folgende Punkte:

1. Ein grosses gegenseitiges **Vertrauen,** das sich in einem offenen Austausch von Wissen und Informationen zeigt.
2. Ein umfassender Einsatz von **Informations-** und **Kommunikationstechnologien,** um den beträchtlichen Koordinations- und Kommunikationsaufwand zu bewältigen (z.B. leistungsfähige Datennetze, gemeinsame Datenbanken, gleiche Software, Kommunikation per E-Mail).

Externe Netzwerke, insbesondere virtuelle Organisationen, werden vor allem in Situationen aufgebaut, in denen ein Unternehmen

- sich auf unsicheren Märkten hohen Innovationskosten und Marktrisiken gegenüber sieht (z.B. Mikroelektronik),
- die mit einem Projekt verbundenen Risiken nicht allein übernehmen möchte,
- nicht das notwendige Know-how (Kernkompetenzen) besitzt,
- nicht das notwendige Kapital besitzt,
- eine einzelne Komponente mit komplexen Produktmerkmalen (z.B. Systemtechnologie) anbietet,
- mit den Netzwerkpartnern Branchenstandards (aufgrund eines hohen Marktanteils) durchsetzen will.

Mit der Netzwerkorganisation sind verschiedene Vor- und Nachteile verbunden, die es je nach Situation gegeneinander abzuwägen gilt:

- **Vorteile:**
  - Kostensenkung durch Reduzierung der Entwicklungskosten,
  - Skalenvorteile (economies of scale) durch Erreichung einer kritischen Grösse,
  - Risikostreuung durch Verteilung bzw. Abwälzung von Entwicklungskosten,

---

1 Zum Outsourcing vgl. Teil 4, Kapitel 1, Abschnitt 1.4 «Festlegung des Produktionsprogramms».

    ☐ Know-how-Gewinn durch das Ausnutzen des Know-how der Netzwerkpartner,

    ☐ hohe Flexibilität durch die Möglichkeit, Partnerschaften je nach den Erfordernissen eines Projektes zusammenzustellen,

    ☐ Marktzutritt durch zusätzliche Absatzkanäle anderer Netzwerkmitglieder,

    ☐ bessere Kapazitätsauslastung,

    ☐ partnerschaftliche Hilfe (Partner werden beim nächsten Projekt bevorzugt),

    ☐ gemeinsames Sourcing (Zurückgreifen auf gemeinsame Ressourcen, gemeinsamer Einkauf),

    ☐ kostenloses Benchmarking (z.B. durch Vergleich der Prozesse in den beteiligten Unternehmen).

■ **Nachteile:**

    ☐ hohe Abhängigkeit von Qualität und Zuverlässigkeit der Netzwerkpartner,

    ☐ Verlust von Know-how,

    ☐ Austauschbarkeit der Hauptprodukte bei Belieferung mehrerer Unternehmen mit den gleichen Komponenten (Systembauteil dient nicht mehr als Differenzierungsmerkmal),

    ☐ Kosten und Zeitverluste durch hohen Abstimmungsaufwand zwischen den Unternehmen,

    ☐ ungewollter Technologietransfer bis hin zum «Technologieklau»,

    ☐ Probleme mit der technischen Infrastruktur (z.B. Inkompatibilität der EDV),

    ☐ unzureichend entwickelte Standards unter den Netzwerkpartnern,

    ☐ Gefahr opportunistischen Handelns einzelner Mitglieder,

    ☐ fehlende Reputation (Vertrauensdilemma, speziell bei virtuellen Unternehmen),

    ☐ geringere Stabilität.

2.2.6	Projektorganisation

Projektaufgaben zeichnen sich dadurch aus, dass es sich um zeitlich befristete Aufgaben handelt, die relativ neuartig und komplex sind.[1] Unterschieden werden drei Formen der Projektorganisation:

1. **Stab-Projektorganisation:** Die Stab-Projektorganisation wird auch als Einflussprojektorganisation oder als Projektkoordination bezeichnet

---

1   Vgl. auch die vertieften Ausführungen zum Projektmanagement in Teil 11, Kapitel 1 «Projektmanagement».

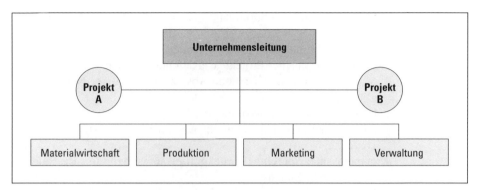

▲ Abb. 235   Stab-Projektorganisation (nach Frese 2005, S. 507)

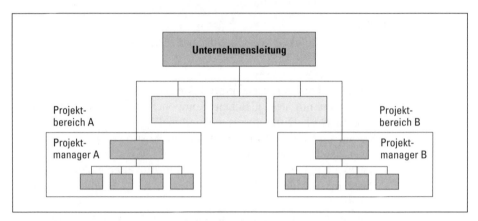

▲ Abb. 236   Reine Projektorganisation (Frese 2005, S. 510)

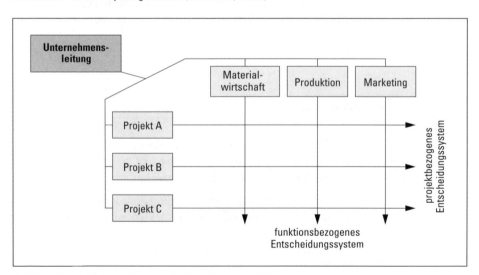

▲ Abb. 237   Matrix-Projektorganisation (nach Frese 2005, S. 508)

(◄ Abb. 235). Der Projektleiter ist der Unternehmensleitung direkt unterstellt und hat gegenüber den Linienvorgesetzten ausschliesslich Informations-, Beratungs- und Planungsbefugnisse. Damit kann der Projektleiter die Projektverantwortung (Erreichung der Qualitäts-, Kosten- und Terminziele) nicht übernehmen. Die Ressourcenautonomie und die Verselbstständigung dieser Projektorganisationsform gegenüber der Basisorganisation ist schwach ausgeprägt. Die Stab-Projektorganisation eignet sich vor allem für Projekte, die einen niedrigen Komplexitäts- und Neuigkeitsgrad aufweisen.

2. **Reine Projektorganisation:** Bei reinen Projektorganisationen werden ausschliesslich für die Erfüllung von Projektaufgaben Organisationseinheiten (so genannte «task forces») geschaffen (◄ Abb. 236). Der Projektleiter verfügt wie eine Linieninstanz über eigene personelle und sachliche Ressourcen. Im Gegensatz zur Stab-Projektorganisation sind die Ressourcenautonomie und die Verselbstständigung gegenüber der Basisorganisation hoch. Für Grossprojekte, die durch einen hohen Komplexitäts- und Neuigkeitsgrad gekennzeichnet sind, erweist sich diese Projektorganisationsform als effizient.

3. **Matrix-Projektorganisation:** In letzter Zeit wurden die begrenzte Dauer und die Einmaligkeit von Projekten allerdings stark relativiert. Die durchschnittliche Dauer eines Projektes ist aufgrund der technologischen Entwicklung stark gestiegen. Der Anteil von innovativen Aufgaben nimmt im Verhältnis zu Routineaufgaben zu. Verschiedene Projekte laufen gleichzeitig und sollen organisatorisch integriert werden, um Synergien auszuschöpfen und die vorhandenen personellen und sachlichen Ressourcen am effizientesten zuzuweisen. Die Matrix-Projektorganisation (◄ Abb. 237) bietet eine Lösung, um diesen Entwicklungstendenzen zu begegnen. Der Projektleiter kann sich besonders auf das originäre Zielsystem konzentrieren. Die fachbereichsinterne Aufgabenverteilung und die Verfahrensregelungen obliegen der Fachbereichsleitung.

| 2.2.7 | **Team-Organisation** |

Eine weitere Organisationsstruktur ist dadurch charakterisiert, dass Teams gebildet werden.

> Unter einem **Team** im organisatorischen Sinne versteht man eine Stelle, deren Aufgabenbereich von einer Gruppe von Personen gemeinsam und weitgehend autonom bearbeitet wird.

In der Praxis dienen Teams vor allem als Ergänzung bestehender Strukturen (z. B. eines Stabliniensystems). Sie übernehmen zusätzliche Aufgaben, an denen mehrere Stellen beteiligt sind. Diese Teams können nach folgenden Gesichtspunkten charakterisiert werden:

- Nach der **Art der Entstehung** können zwei Arten beobachtet werden:
  - **formale Teams,** die bewusst gebildet worden sind, und
  - **informale Teams,** die sich aufgrund der zu lösenden Aufgaben, der Arbeitsverhältnisse und der beteiligten Personen spontan gebildet haben.

- Nach der **Existenzdauer** von Teams ist zu unterscheiden zwischen
  - **dauernden** Teams (z. B. Personalausschuss zur Regelung der Arbeitszeit, Schlichtung von Arbeitskonflikten usw.) und
  - **vorübergehenden** Teams (z. B. zur Beschaffung einer EDV-Anlage oder zur Betreuung eines grossen Forschungsprojektes). In diesem Fall spricht man in der Regel von **Projekt-Teams.**[1]

- Nach der **Zusammensetzung der beteiligten Stellen** können drei Teamarten unterschieden werden:
  - **Vertikale** Teams setzen sich aus Stellen zusammen, die hierarchisch direkt miteinander verbunden sind.
  - **Horizontale** Teams setzen sich aus Stellen der gleichen Führungsstufe zusammen.
  - **Diagonale** Teams setzen sich aus Stellen verschiedener Führungsebenen ohne Berücksichtigung der Unterstellungsverhältnisse zusammen.

- Nach der **Häufigkeit des Einsatzes:** Die Mitglieder eines Teams treffen sich entweder
  - **regelmässig** oder
  - **fallweise,** wenn aufgrund der Aufgabenstellung ein zu lösendes Problem ansteht.

Teams können nicht bei allen Aufgaben eingesetzt werden. Sie eignen sich besonders bei Projekten und Aufgaben, die folgende Eigenschaften aufweisen:

- gross, komplex, für das Unternehmen von Bedeutung,
- mehrere Bereiche werden davon in starkem Ausmass betroffen,
- es ist ein unterschiedliches Fachwissen erforderlich,
- Objektivität der Aufgabenbetrachtung und -erfüllung steht im Vordergrund.

Über den Erfolg von Teamarbeit lassen sich keine allgemeinen Aussagen machen. Beim Entscheid für oder gegen Teamarbeit sollten folgende wesentlichen Einflussfaktoren beachtet werden:

---

1   Vgl. Abschnitt 2.2.6 «Projektorganisation».

- Art der Aufgabe bzw. der Aufgabenlösung (Kreativität, Innovation),
- Terminplan (bei Zeitdruck tendenziell weniger geeignet),
- Einstellung der einzelnen Mitglieder des Teams,
- Personalfluktuationen, welche die Zusammensetzung des Teams betreffen,
- Umschreibung der Zielsetzungen, Aufgabenumschreibungen, Kompetenzenregelungen des Teams,
- Grösse eines Teams,
- Zusammensetzung, interne Struktur eines Teams.

Mit der Bildung von Teams ist zudem eine Vielzahl von Vor- und Nachteilen verbunden, die im Einzelfall gegeneinander abgewogen werden müssen. Zu denken ist an folgende Aspekte:

- **Vorteile:**
  - Verkürzung der Kommunikationswege,
  - Nutzung der Informationen, des Wissens und der Kreativität aller Mitarbeiter,
  - Synergievorteile,
  - Erhöhung der Flexibilität der Organisation,
  - Selbstentfaltungsmöglichkeiten der Mitarbeiter,
  - Konfliktminimierung bei Problemen, die mehrere Stellen betreffen infolge direkter Kontakte,
  - Motivation,
  - Koordinationsvorteile,
  - gutes Betriebsklima.

- **Nachteile:**
  - Zeitaufwand, Kosten,
  - Gefahr von Kompromissen, lange Diskussionen,
  - schwierige Kompetenz- und Verantwortungsabgrenzung,
  - Frustrationen von Minderheiten, deren Vorschläge nicht berücksichtigt werden,
  - Dominanz einzelner Mitglieder,
  - Konflikte in der Gruppe,
  - Missbrauch von Informationen,
  - Mehrbelastung der Teammitglieder durch Teamsitzungen.

2.2.8	Zusammenfassung

Abschliessend wird in ▶ Abb. 238 ein zusammenfassender Überblick über die Ausprägungen der besprochenen Organisationsformen in Bezug auf die zu Beginn dieses Kapitels erläuterten Strukturierungskriterien gegeben.

Strukturierungsprinzip	Organisationsform	Funktionale Organisation	Sparten-organisation	Management-Holding	Matrix-organisation	Netzwerk- und virtuelle Organisation	Projekt-organisation	Team-Organisation
Stellenbildung	Objekt		•	•	•		•	•
	Verrichtung	•			•	•		•
	Region		•	•	•	•		•
Leitungsprinzip	Einliniensystem	•	•	•			•	•
	Mehrliniensystem				•	•	•	•
Entscheidungs-kompetenzen	Zentralisation	•					•	
	Dezentralisation (Delegation)		•	•	•	•	•	•

▲ Abb. 238   Gegenüberstellung der Organisationsformen

Wie bei jeder Zusammenfassung handelt es sich auch bei dieser um eine Vereinfachung der Zusammenhänge. Die Angabe der Ausprägung eines Kriteriums soll und kann deshalb lediglich eine Tendenz zum Ausdruck bringen.

Die idealtypische Betrachtungsweise der verschiedenen Organisationsformen darf nicht darüber hinwegtäuschen, dass in der Praxis diese Formen selten in reiner Form in Erscheinung treten. Vielmehr lässt sich beobachten, dass die Übergänge zwischen den einzelnen Strukturformen fliessend sind. So sind zum Beispiel Stäbe in fast jeder Organisationsform anzutreffen. Auch die Übergänge von einem Einlinien- zu einem Mehrliniensystem sind manchmal kaum zu erkennen. So kann beispielsweise eine sehr grosse Übereinstimmung bestehen zwischen einer Spartenorganisation, die bekanntlich nach Produkten gegliedert ist und bei der einige Funktionen als Zentralabteilungen ausgestaltet sind, und einer Matrixorganisation, die nach Funktionen und nach Produkten gegliedert ist.

Aus praktischer Sicht interessiert in erster Linie, welche Organisationsform am geeignetsten ist, um die vorgegebenen Unternehmensziele zu erreichen. Schon die Vielfalt bestehender Organisationsstrukturen in der Praxis deutet an, dass es *die* effizienteste Organisationsstruktur nicht geben kann. Auch die Forschung hat gezeigt, sofern überhaupt eindeutige und schlüssige Resultate gefunden werden konnten, dass die Eignung einer Organisationsstruktur situativ beurteilt werden muss. Als mögliche Einflussfaktoren, die in unterschiedlichem Ausmass für die Wahl einer bestimmten Organisationsform ausschlaggebend sein können, sind hervorzuheben:

- Rechtsform,
- historische Entwicklung des Unternehmens,

- Branche,
- Unternehmensgrösse,
- beteiligte Personen,
- Produkte, Produktions- und Absatzprogramm (Diversifikationsgrad),
- geographische Verbreitung,
- Absatzwege,
- Absatzmärkte,
- Produktionsverfahren,
- Führungsstil,
- Unternehmensziele,
- gesamtwirtschaftliche Lage,
- branchenspezifische Situation.

2.3 Organisationsentwicklung

Die Vielzahl der Einflussfaktoren und die Tatsache, dass sich sowohl die Umwelt als auch die Ziele des Unternehmens und die Bedürfnisse der Mitarbeiter laufend verändern, lassen darauf schliessen, dass sich auch die Organisation eines Unternehmens über die Zeit wandeln muss. Eine Organisation ist nichts Statisches, sondern unterliegt einer dynamischen Entwicklung. Sie muss sich dauernd neuen Umweltsituationen anpassen. Als Folge dieser Erkenntnisse ging man in der betrieblichen Wirklichkeit immer mehr dazu über, diesen ständigen Wandel der Unternehmensorganisation als fortlaufende Aufgabe zu betrachten.

Diese Entwicklung hat sich auch in der betriebswirtschaftlichen Literatur niedergeschlagen. Man spricht beispielsweise von Konzepten der **Organisationsentwicklung** oder des **geplanten organisatorischen Wandels.**[1] Obschon die Vielfalt dieser Konzepte und Verfahren der Organisationsentwicklung keine einheitliche Inhaltsbestimmung zulässt, stehen drei Hauptziele im Vordergrund:

1. **Effizienz** von Organisationen: Durch eine verbesserte Anpassungsfähigkeit und ein verbessertes Problemlösungsverhalten soll die Effizienz von Organisationen gesteigert werden.

2. **Förderung der Persönlichkeit** des Mitarbeiters: Dadurch dass der Mitarbeiter in den organisatorischen Gestaltungsprozess einbezogen wird und er über die ihn betreffenden Veränderungen mitentscheiden darf, werden die Voraussetzungen zur Selbstentfaltung geschaffen. Man spricht in diesem Zusammenhang auch oft von einer Humanisierung der Arbeit.

---

1 Für einen Überblick über die verschiedenen Begriffe, Ziele und Techniken der Organisationsentwicklung vgl. Staehle 1999, S. 921 ff. Einen historischen Überblick über die Organisationsentwicklung geben French/Bell 1982.

3. **Harmonisierung** der individuellen Ziele mit den Organisationszielen: Beide Ziele müssen so aufeinander abgestimmt werden, dass Zielkonflikte minimiert und die Ziele gegenseitig akzeptiert werden.

Diese Ziele versucht man einerseits durch Trainings auf individueller Ebene und in Gruppen sowie andererseits durch Veränderungen der Unternehmensorganisation zu erreichen. Dies bedeutet, dass es sich nicht nur um rein betriebswirtschaftliche Aufgabenstellungen handelt, sondern auch psychologische und soziologische Aspekte berücksichtigt werden müssen. Eine interdisziplinäre Betrachtungsweise erscheint deshalb unerlässlich.

Ein weitverbreitetes Instrument zur Gestaltung des Prozesses der Organisationsentwicklung ist das vom Psychologen Kurt Lewin (1947) entwickelte Phasenschema, das sich in drei wiederkehrende Phasen aufgliedern lässt:

- **Auftauen** («unfreezing»): Am Anfang jedes Wandels soll die Bereitschaft zur Veränderung bei den betroffenen Individuen gefördert werden. Sie sollen von der Notwendigkeit der Umgestaltung überzeugt werden.

- **Ändern** («moving»): In der zweiten Phase beginnt die eigentliche Veränderung des alten Zustands. Daten werden gesammelt und aufgearbeitet, Handlungen geplant und durchgeführt. Je nach Problem empfehlen sich organisatorische oder personelle Entwicklungsmassnahmen. Bevor organisatorische Lösungen generiert werden, sollte beispielsweise die Teamfähigkeit der in einer Gruppe zusammenarbeitenden Personen verbessert werden.

- **Wiedereinfrieren** («refreezing»): «Wiedereinfrieren» im Sinne der Organisationsentwicklung ist kein starres Festschreiben von einzuführenden Neuerungen. Vielmehr soll die Grundlage für weitere Verbesserungen gelegt werden, wodurch eine Vorstufe zum erneuten «Auftauen» und «Ändern» gebildet wird. In dieser Phase wird die implementierte Lösung stabilisiert, um zu vermeiden, dass das Unternehmen nach einer Weile in den alten Zustand zurückfällt.

Steht bei der Organisationsentwicklung in erster Linie die Veränderung von Werten und Wissen im Vordergrund, so spricht man von der **lernenden Organisation** bzw. von **organisationalem Lernen.** Auf dieses Konzept wird im Rahmen des Wissensmanagements eingegangen.[1]

---

1 Vgl. Teil 11, Kapitel 4, Abschnitt 4.3 «Wissensmanagement und organisationales Lernen».

Weiterführende Literatur

Bea, F. X./Göbel, E.: Organisation. Theorie und Gestaltung. 3., neu bearbeitete Auflage, Stuttgart 2006

Bühner, Rolf: Betriebswirtschaftliche Organisationslehre. 10., bearbeitete Auflage, München/Wien 2004

Doppler, K./Lauterburg, Ch.: Change Management. Den Unternehmenswandel gestalten. 10. Auflage, Frankfurt/New York 2002

Frese, Erich: Grundlagen der Organisation: Entscheidungsorientiertes Konzept der Organisationsgestaltung. 9., vollständig überarbeitete Auflage, Wiesbaden 2005

Kieser, A./Ebers, M. (Hrsg.): Organisationstheorien. 6., erweiterte Auflage, Stuttgart 2006

Kieser, A./Walgenbach, P.: Organisation. 4., überarbeitete und erweiterte Auflage, Stuttgart 2003

Kreikebaum, Hartmut: Organisationsmanagement internationaler Unternehmen. Grundlagen und neue Strukturen. Wiesbaden 1998

Osterloh, M./Frost, J.: Prozessmanagement als Kernkompetenz: Wie Sie Business Reengineering strategisch nutzen können. 5., überarbeitete Auflage, Wiesbaden 2006

Picot, A./Dietl, H./Franck, E.: Organisation. Eine ökonomische Perspektive. 4., aktualisierte und erweiterte Auflage, Stuttgart 2005

Picot, A./Reichwald, R./Wigand, R. T.: Die grenzenlose Unternehmung. Information, Organisation und Management. 5., aktualisierte Auflage, Wiesbaden 2003

Schmidt, Götz: Grundlagen der Aufbauorganisation. 4., überarbeitete und erweiterte Auflage, Giessen 2000a

Schmidt, Götz: Methode und Techniken der Organisation. 12. Auflage, Giessen 2000b

Schreyögg, Georg: Organisation. Grundlagen moderner Organisationsgestaltung. 4., vollständig überarbeitete und erweiterte Auflage, Wiesbaden 2003

Schulte-Zurhausen, Manfred: Organisation. 3., überarbeitete Auflage, München 2002

Thommen, Jean-Paul: Management und Organisation. Konzepte – Instrumente – Umsetzung. Zürich 2002

Teil 10

Management

Inhalt

Kapitel 1

Grundlagen

1.1 Was heisst Management?

Der Umsatzprozess eines Unternehmens bedarf einer Gestaltungs- und Steuerungsfunktion, damit er koordiniert und zielgerichtet ablaufen kann. Diese Funktion wird als **Management** bezeichnet.[1] Die Begriffe **«Management»** und **«Führung»** werden meistens synonym verwendet – so auch in diesem Buch. Oft werden allerdings unter dem Begriff Management sämtliche Führungsaufgaben verstanden, während mit Führung nur die Mitarbeiterführung gemeint ist. Was allerdings im Einzelnen unter der Managementfunktion zu verstehen ist, darüber gehen die Meinungen zum Teil weit auseinander. Hunderte von Büchern und Tausende von Artikeln werden jährlich zu diesem Thema geschrieben. Auch die Praxis zeigt grosses Interesse an solchen Publikationen, weil eine gute oder schlechte Führung sich früher oder später entscheidend im Unternehmenserfolg niederschlägt. Zudem sind fast alle Menschen mehr oder weniger stark von der Führung direkt betroffen, sei es als Mitarbeiter eines Unternehmens oder als Mitglied anderer Organisationen wie zum Beispiel Familie, Verein, Kirche, Militär.

Aus dem Umfang und der Vielfalt der Publikationen wird aber auch deutlich, dass die Führung ein äusserst komplexes Phänomen ist. Die Führung zu umschreiben, Zusammenhänge aufzuzeigen und Empfehlungen abzugeben, ist deshalb ein schwieriges Unterfangen. Doch die Praxis

---

1   Vgl. Teil 1, Kapitel 1, Abschnitt 1.2.3.2 «Steuerungsfunktionen».

möchte gerade wegen der grossen Bedeutung der Führung für den Unternehmenserfolg konkrete Empfehlungen und Rezepte. Dies führt nicht selten dazu, dass bei der Betrachtung des Führungsphänomens nur einzelne Aspekte und Probleme in den Vordergrund gerückt werden.

Aufgrund der Art und der Anzahl der berücksichtigten Aspekte können drei Betrachtungsarten der Führung unterschieden werden, aus denen sich spezifische Empfehlungen für die Führungspraxis ableiten lassen, nämlich

- Unternehmens- und Führungsgrundsätze,
- Managementtechniken und
- Managementmodelle.

1.1.1 | Unternehmens- und Führungsgrundsätze

Unternehmens- und Führungsgrundsätze sind allgemein gehaltene Richtlinien, die alle Führungskräfte ihrem Handeln zugrunde legen sollten. Sie dienen dazu, alle Teilbereiche des Unternehmens auf eine gemeinsame, aufeinander abgestimmte Politik auszurichten. Sie müssen deshalb in erster Linie eine beabsichtigte und realistische Gesamtorientierung geben, Präferenzen für die Arbeit setzen, gemeinsam zu verfolgende Absichten festhalten, konfliktäre Interessen ausgleichen und helfen, einmal festgelegte Ziele durchzusetzen.

- Während die **Unternehmensgrundsätze** das Verhalten des gesamten Unternehmens gegenüber seiner Umwelt (Kunden, Lieferanten, Mitarbeiter, Staat usw.) betreffen, beziehen sich
- die **Führungsgrundsätze** primär auf das Verhältnis zwischen Vorgesetzten und Untergebenen.

Beide Arten von Grundsätzen werden in der Praxis häufig in einem **Leitbild** festgehalten.[1]

1.1.2 | Managementtechniken

Konkreter als die Unternehmens- und Führungsgrundsätze sind die Managementtechniken. Diese berücksichtigen zwar meistens nur einen spezifischen Aspekt der Führung (z. B. Zielvorgabe, Delegation), doch zeigen sie zum Teil sehr ausführlich deren Auswirkungen auf die gesamte Organisation und Führung eines Unternehmens. Sie haben in der Praxis als

---

1 Vgl. Kapitel 4, Abschnitt 4.3 «Unternehmensleitbild und Corporate Governance».

	Management by Objectives (MbO) Führung durch Zielvereinbarung bzw. Führung durch Vorgabe von Zielen	**Management by Exception (MbE)** Führung durch Abweichungskontrolle und Eingriff in Ausnahmefällen
Konzept	Vorgesetzte und Untergebene erarbeiten gemeinsam Zielsetzungen für alle Führungsebenen (zielorientiertes Management). Es werden nur Ziele festgelegt, nicht aber bereits Vorschriften zur Zielerreichung. Die Auswahl der Ressourcen fällt vollständig in den Aufgabenbereich der Aufgabenträger. Die Ausübung der Leistungsfunktion erfolgt auf allen Führungsebenen an den jeweils vereinbarten Subzielen. Grundpfeiler dieses Führungsmodells ist der arbeitsteilige Aufgabenerfüllungsprozess und die Delegation von Entscheidungs- und Weisungsbefugnissen mit der dazugehörigen Verantwortung.	Der Mitarbeiter arbeitet so lange selbstständig, bis vorgeschriebene Toleranzen überschritten werden oder das Auftreten nicht vorhergesehener Ereignisse (Ausnahmefall) ein Eingreifen der übergeordneten Instanz erfordert. Die übergeordnete Instanz behält sich nur in Ausnahmefällen die Entscheidung vor. Ansonsten sind Verantwortung und Kompetenz für die Durchführung aller normalen Aufgaben unter der Voraussetzung delegiert, dass bestimmte, klar definierte Ziele angestrebt werden. Dieses Konzept erfordert: ▪ Festlegung von Zielen und Sollwerten bzw. Bestimmung von Bewertungsmassstäben und Auswahl von Erfolgskriterien. ▪ Entwicklung von Richtlinien für Normal- und Ausnahmefälle. ▪ Bestimmung des Umfanges der Kontrollinformationen. ▪ Vergleich von Soll und Ist und Durchführung einer Abweichungsanalyse.
Voraussetzungen	▪ Analyse des Ist-Zustandes und Offenlegung der Stärken und Schwächen, aber auch Entwicklungsmöglichkeiten jeder Stelle. ▪ Die Unternehmensziele müssen in ein hierarchisches System operationaler Ziele entlang der vertikalen Organisationsstruktur untergliedert werden (Umbrechung der Unternehmensziele in Sollwerte). ▪ Festlegung der Aufgabenbereiche und Verantwortlichkeiten. ▪ Offenlegung der Beurteilungsmassstäbe. ▪ Gemeinsame Erarbeitung der Ziele zwischen Vorgesetzten und Untergebenen.	▪ Vorhandensein eines Informationssystems, das den «Ausnahmefall» signalisiert (Kontroll- und Berichtssystem). ▪ Klare Regelung der Zuständigkeiten. ▪ Alle Organisationsmitglieder müssen Ziele und Abweichungstoleranzen kennen.
Vorteile	▪ Mobilisierung der geistigen Ressourcen der Mitarbeiter (Förderung der Leistungsmotivation, Eigeninitiative und Verantwortungsbereitschaft). ▪ Weitgehende Entlastung der Führungsspitze. ▪ Mehrzentriger Zielbildungsprozess erreicht weitgehende Zielidentifikation (Zielkonvergenz); harmonisches «Anreiz-Beitrags-Gleichgewicht». ▪ Ausrichtung aller Subziele und Sollwerte auf die Oberziele. ▪ Schaffung von Kriterien für eine leistungsgerechte Entlohnung, aber auch Förderung.	▪ Weitgehende Zeitersparnis und damit Einsatz für Aufgaben der Problemlösung. ▪ Effektvollere Arbeit der Spitzenkräfte. ▪ Verdeutlichung krisenhafter Entwicklungen und kritischer Probleme.
Kritik	▪ Die operationale Formulierung von Zielen für alle Führungsebenen ist problematisch. ▪ Mehrzentriger Planungs- und Zielbildungsprozess ist zeitaufwendig.	▪ Kreativität und Initiative werden tendenziell dem Vorgesetzten vorbehalten. ▪ Ausrichtung auf die Vergangenheit (Soll-Ist-Abweichung); fehlendes feed forward. ▪ Ausrichtung auf nur negative Zielabweichungen; positive Abweichungen bleiben weitgehend unbekannt (Auswirkungen auf die Motivation).

▲ Abb. 239   Management-by-Techniken (nach Häusler 1977, S. 59/66 f.)

«Management-by»-Techniken eine grosse Verbreitung gefunden. Als wichtigste sind zu nennen (◄ Abb. 239):

- **Management by Objectives:** Führung durch Zielvorgabe bzw. durch Zielvereinbarung.
- **Management by Exception:** Führung durch Abweichungskontrolle und Eingriff nur im Ausnahmefall.

| 1.1.3 | **Integrierte Management-Modelle** |

Integrierte Management-Modelle versuchen, das Führungsphänomen in seiner Ganzheit unter allen relevanten Aspekten sowohl in Bezug auf die Gesamtsteuerung des Unternehmens und seiner Teilbereiche als auch in Bezug auf die Führung des einzelnen Mitarbeiters zu erfassen. In der Schweiz sind zwei solche ganzheitliche Führungssysteme bekannt:

- Der **Zürcher Ansatz** zur Führungslehre, der von Edwin Rühli zu Beginn der siebziger Jahre entwickelt worden ist.[1]
- Das **St. Galler Management-Modell,** das von Hans Ulrich erstmals Ende der sechziger Jahre vorgestellt, von Knut Bleicher in den neunziger Jahren zum **St. Galler Management-Konzept** weiterentwickelt[2] und schliesslich von Johannes Rüegg-Stürm 2002 stark überarbeitet als **neues St. Galler Management-Modell** veröffentlicht worden ist.[3]

Da diese beiden Modelle den folgenden Kapiteln zugrunde liegen, sollen sie in den nachstehenden Abschnitten ausführlich beschrieben werden.
    Abschliessend wird auf zwei weitere Management-Ansätze kurz eingegangen, die in Literatur und Praxis grosse Verbreitung gefunden haben, nämlich das **Lean Management** und das **Total Quality Management.**

| 1.2 | **Zürcher Ansatz zur Führungslehre** |
| 1.2.1 | **Begriff Führung** |

Rühli (1996, S. 64f.) geht bei der Herleitung des Führungsbegriffs davon aus, dass jeder, der führt, dank besonderer Legitimation oder Autorität andere Menschen bei einer gemeinsamen Problemlösung beeinflusst. Demnach ist das Phänomen der Führung immer dort zu beobachten, wo

---

1 Vgl. Rühli 1975, 1988, 1993, 1996.
2 Vgl. H. Ulrich 1970, H. Ulrich/Krieg 1974, H. Ulrich 1987, Bleicher 1999.
3 Vgl. Rüegg-Stürm 2003.

mehrere Personen Beiträge zu einer gemeinsamen Aufgabe oder Problemlösung zu leisten haben. Sind nämlich mehrere Personen an einer Problemlösung beteiligt, so muss aus verschiedenen Gründen (wie z.B. Zielerreichung, Effizienzsteigerung, Sicherheit, Lösung von Konflikten oder Konsensbildung) ihr Verhalten beeinflusst werden.

> Somit beinhaltet das Phänomen Führung die **Einflussnahme (Steuerung) bei der multipersonalen Problemlösung.**

Wesentliches Merkmal der Führung ist deshalb das **arbeitsteilige Problemlösungsverhalten,** bei dem ein Problem oder eine Aufgabe von Menschen übernommen oder diesen übertragen wird. Dabei stellt sich die Frage, welche Führungsfunktionen zur Erfüllung dieser Aufgabe notwendig sind und wie sie auf die einzelnen daran beteiligten Mitarbeiter verteilt werden können.

Bei einer Aufteilung der gesamten Steuerungsfunktion «Führung» können vier grundsätzlich verschiedene Teilfunktionen abgegrenzt werden, welche die **konstitutiven Elemente der Führung** bilden:

- **Planung:** Die Aufgabe der Planung besteht in einem systematischen Vorgehen zur Problemerkennung und Problemlösung sowie zur Prognose der zu erzielenden Resultate.
- **Entscheidung:** Eine von der Planung ausgearbeitete Handlungsvariante wird für gültig erklärt und es erfolgt die definitive Zuteilung der zur Verfügung stehenden Mittel.
- **Anordnung:** Es handelt sich um die Übertragung von Aufgaben im Rahmen des Problemlösungsprozesses. Diese Funktion ist vor allem bei der Realisierung von geplanten Massnahmen von Bedeutung.
- **Kontrolle:** Diese Funktion umfasst die Überwachung des gesamten Problemlösungsprozesses und die Kontrolle der dabei erzielten Resultate.

Die Elemente Planung und Entscheidung dienen primär der **Willensbildung,** die Elemente Anordnung und Kontrolle der **Willensdurchsetzung.** Wie in den nachfolgenden Abschnitten gezeigt wird, können diese vier Führungsfunktionen zudem unter einem führungstechnischen und einem menschenbezogenen Aspekt betrachtet werden (▶ Abb. 240):

1. **Führungstechnische Aspekte:** Stellt man die führungstechnische Betrachtungsweise des arbeitsteiligen Problemlösungsverhaltens in den Vordergrund, so können die Elemente der Führung unter drei Aspekten betrachtet werden:
   - Der **institutionelle** Aspekt berücksichtigt, dass alle Führungsfunktionen im sozialen System des Unternehmens Personen oder Stellen übertragen werden müssen. Es geht somit vor allem um die organisatorische Gliederung des Unternehmens. Da es sich um Stellen mit

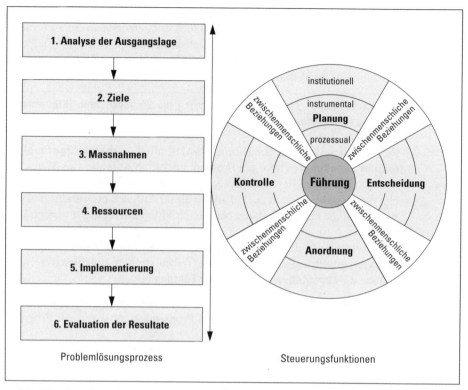

▲ Abb. 240   Integriertes Management-Modell im Überblick

Führungsfunktionen d. h. um Instanzen handelt, bezeichnet man diese **Leitungsorganisation.**[1] Betrachtet man die obersten Organe eines Unternehmens – in einer Aktiengesellschaft der Verwaltungsrat und die Geschäftsleitung – so spricht man von der **Corporate Governance.**[2]

- Die **prozessuale** Betrachtungsweise beschäftigt sich mit dem zeitlichen und sachlich-logischen Ablauf der Führungsfunktionen, also beispielsweise mit dem Planungs- oder Entscheidungsprozess.

- Beim **instrumentalen** Aspekt betrachtet man die Hilfsmittel, die als Instrumente bei der Ausübung der Führungsfunktionen eingesetzt werden können. Solche Führungsinstrumente wurden bereits bei der Besprechung der einzelnen Teilbereiche dargestellt (z.B. lineare Programmierung, Break-even-Analyse, Netzplantechnik, Finanzpläne, Mittelflussrechnung, Investitionsrechenverfahren, Stellenbeschreibung, Organigramm).

---

1 Vgl. dazu Teil 9, insbesondere Kapitel 2 «Organisationsformen».
2 Zur Corporate Governance vgl. Kapitel 4, Abschnitt 4.3.2 «Corporate Governance».

2. **Menschenbezogene Aspekte:** Aus der Tatsache, dass bei jeder multi-personalen Problemlösung und somit in jeder Führungssituation Inter-aktionen zwischen Menschen stattfinden, entstehen vielfältige **zwischenmenschliche Beziehungen.** Dieser Sachverhalt erfordert aufgrund der komplexen Natur des Problems eine differenzierte Sichtweise. Insbesondere sind nach Rühli (1996, S. 40) zu beachten:

- Die beteiligten **Individuen** mit ihren Persönlichkeitsmerkmalen (Charakter) und ihren spezifischen Zielsetzungen (z. B. bezüglich Karriere, Betriebsklima) (individualistische Perspektive).[1]
- Die vielfältigen Beziehungen im **Vorgesetzten/Untergebenen-Verhältnis.** Diese werden durch den gewählten Führungsstil massgeblich beeinflusst (dualistische Perspektive).[2]
- Der **sozio-kulturelle Kontext,** d. h. die hoch differenzierten Interaktionen zwischen den am Führungsakt direkt Beteiligten und ihrem sozialen Umfeld (kollektivistische Perspektive).[3]

Damit ergibt sich nach Rühli (1985, S. 28) folgende Definition der Führung:

> «Unter **Führung** verstehen wir die Gesamtheit der Institutionen, Prozesse und Instrumente, welche im Rahmen der Problemlösung durch eine Personengemeinschaft (mit komplexen zwischenmenschlichen Beziehungen) der Willensbildung (Planung und Entscheidung) und der Willensdurchsetzung (Anordnung und Kontrolle) dient.»

Die Ausgestaltung der Führungselemente kann auf verschiedene Art und Weise vorgenommen werden. Eine grosse Rolle spielt dabei die **Unternehmenskultur.** Nach Ausgestaltung aller Führungselemente ergibt sich eine bestimmte Ausprägung der Führung. Diese bezeichnet man als **Führungsstil,** wobei sich jedes Unternehmen durch einen eigenen, spezifischen Führungsstil auszeichnet.[4]

1.2.2 | Inhalt der Führung

Bisher wurde die Führung unter formalen Aspekten betrachtet und der eigentliche Inhalt, d. h. die zu lösenden Aufgaben, ausser Acht gelassen. Da sich in jedem Funktionsbereich und auf jeder Führungsstufe andere Probleme stellen, wird auch der Inhalt der Führung entsprechend variieren.

---

1 Vgl. dazu die Ausführungen in Teil 8, Kapitel 5, Abschnitt 5.1 «Einleitung».
2 Vgl. dazu Kapitel 3, Abschnitt 3.2 «Führungsstil».
3 Für den innerbetrieblichen Bereich vgl. Kapitel 3, Abschnitt 3.1 «Unternehmenskultur».
4 Vgl. dazu Kapitel 3 «Unternehmenskultur und Führungsstil».

Dies ist bei der Besprechung der verschiedenen Teilbereiche des Unternehmens deutlich geworden.

Betrachtet man jene Probleme, die bei der Steuerung des Verhaltens des Gesamtunternehmens gelöst werden müssen, so handelt es sich um die Gesamtpolitik des Unternehmens. Kernaufgabe der Unternehmensführung wird damit die Entwicklung und Durchsetzung einer **Unternehmenspolitik** bzw. einer **Unternehmensstrategie.** Im Vordergrund stehen dabei folgende Hauptaufgaben (Rühli 1996, S. 41 f.):

1. Klärung, Wahl und Anpassung der Unternehmensziele.
2. Entwicklung, Ausgestaltung und Durchsetzung von Unternehmensstrategien.
3. Bereitstellung und Einsatz der erforderlichen Ressourcen.

Betrachtet man den gesamten Problemlösungsprozess bei der Entwicklung und Durchsetzung der Unternehmenspolitik (◀ Abb. 240), so spricht man vom **strategischen Problemlösungsprozess.** Dieser wird in Kapitel 4 «Strategisches Management» ausführlich besprochen.

1.2.3	Zusammenfassung

Unter Berücksichtigung der formalen und inhaltlichen Aspekte der Führung ergibt sich folgende Definition (Rühli 1996, S. 65):

> **Unternehmensführung** ist die effiziente Steuerung der multipersonalen Problemlösung im Kontext des Systems Unternehmen auf der Grundlage der formalen Elemente der Führungstechnik (Planung, Entscheidung, Anordnung, Kontrolle) und des Beeinflussungsvorganges zwischen Menschen (Absichtskundgebung, Absichtsübertragung, Absichtsannahme) zur Gestaltung des Führungsinhaltes (Analyse der Ausgangslage, Ziele, Strategien, Ressourcen) der verfolgten Unternehmenspolitik.

Die Führung dient der Gestaltung und Steuerung des finanz- und leistungswirtschaftlichen Umsatzprozesses. Deshalb tritt sie sowohl bei der Gesamtführung als auch in allen Funktionsbereichen des Unternehmens (wie Marketing, Produktion, Materialwirtschaft usw.) auf. Sie ist damit eine so genannte **Querfunktion.**[1]

---

1   Vgl. Teil 1, Kapitel 1, Abschnitt 1.3.1 «Funktionelle Gliederung».

1.3   Neues St. Galler Management-Modell

Das neue St. Galler Management-Modell (▶ Abb. 241) von Rüegg-Stürm (2003) ist eine Weiterentwicklung des St. Galler Management-Modells von Hans Ulrich, das Ende der 60er Jahre als erstes ganzheitliches Management-Modell auf systemtheoretischen Grundlagen entwickelt worden war. Das neue St. Galler Management-Modell begreift das Unternehmen als komplexes System und unterscheidet die sechs zentralen Begriffskatego-

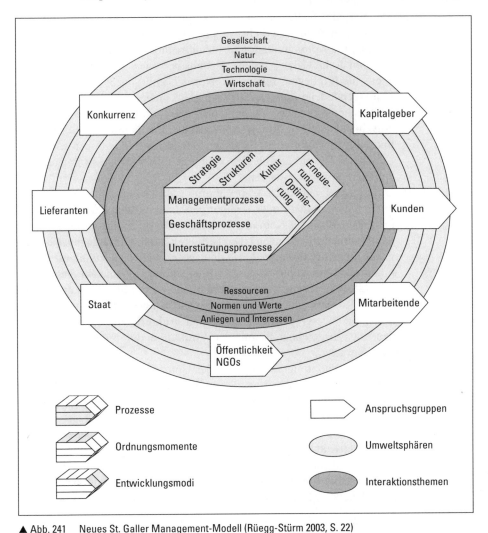

▲ Abb. 241   Neues St. Galler Management-Modell (Rüegg-Stürm 2003, S. 22)

rien Umweltsphären, Anspruchsgruppen, Interaktionsthemen, Ordnungsmomente, Prozesse und Entwicklungsmodi:

1. **Umweltsphären** sind zentrale Kontexte der unternehmerischen Tätigkeit. Je nach Branche und Tätigkeitsschwerpunkten sind diese Umweltsphären auf wichtige Veränderungstrends hin zu analysieren.

2. **Anspruchsgruppen** sind organisierte oder nicht organisierte Gruppen
   von Menschen, Organisationen und Institutionen, die von den unternehmerischen Wertschöpfungs- und manchmal auch Schadschöpfungsaktivitäten betroffen sind.

3. Mit **Interaktionsthemen** werden «Gegenstände» der Austauschbeziehungen zwischen Anspruchsgruppen und Unternehmen bezeichnet, um
   die sich die Kommunikation des Unternehmens mit seinen Anspruchsgruppen dreht. Dabei werden einerseits personen- und kulturgebundene
   Elemente (Anliegen, Interessen, Normen und Werte) und andererseits
   objektgebundene Elemente (Ressourcen) unterschieden. Bei den Interaktionsthemen handelt es sich somit teils um thematische Felder der
   Auseinandersetzung (im Sinne von Issues), teils um handelbare Güter
   und Rechte. Zusammenfassend werden unter Interaktionsthemen verschiedene Typen von Inhalten kommunikativer Prozesse mit den Anspruchsgruppen verstanden.

4. Die unternehmerischen Wertschöpfungsaktivitäten laufen nicht beliebig, sondern in mehr oder weniger geordneten Bahnen ab – auch wenn
   die entsprechenden Kommunikations- und Handlungsmuster meistens
   nicht einfach zu erkennen (rekonstruieren) sind. Die **Ordnungsmomente**
   geben dem organisationalen Alltagsgeschehen eine kohärente Form,
   indem sie diesem eine gewisse Ordnung auferlegen und auf diese Weise
   das Alltagsgeschehen auf die Erzielung bestimmter Wirkungen und
   Ergebnisse ausrichten. Unter einem Ordnungsmoment ist in diesem
   Sinne eine übergreifende ordnende und strukturierende Kraft zu verstehen, die vergleichbar ist mit den Strukturen (Grammatik, Semantik)
   einer Sprache.

5. Alle Wertschöpfungsaktivitäten eines Unternehmens und die dazu notwendige Führungsarbeit werden in **Prozessen** erbracht, die sich durch
   eine bestimmte sachliche und zeitliche Logik beim Vollzug spezifischer
   Aufgabenfelder charakterisieren lassen.

6. Die hohe Umweltdynamik, an deren Erzeugung menschliche Neugierde
   und Kreativität im Allgemeinen und innovative Unternehmen im Besonderen massgeblich beteiligt sind, verlangt von jedem Unternehmen die
   kontinuierliche Weiterentwicklung. Die **Entwicklungsmodi** beschreiben
   grundlegende Muster der unternehmerischen Weiterentwicklung.

Auch das neue St. Galler Management-Modell gibt keine inhaltlichen Lösungen. Es vermittelt in erster Linie einen Bezugsrahmen zur Betrachtung,
Diagnose und Lösung von Managementproblemen. Ein solcher Bezugs-

rahmen will einen differenzierten Überblick über die verschiedenen Dimensionen eines integrierten Managements vermitteln. Er soll den Manager auf die wesentlichen Probleme und ihre Interdependenzen sowie auf mögliche Inkonsistenzen hinweisen, die er bei seinen grundlegenden Entscheidungen berücksichtigen muss.

1.4 Lean Management

Das Konzept des Lean Management ist die Weiterentwicklung des vom MIT (Massachusetts Institute of Technology) in einer grossen Vergleichsstudie der weltweiten Automobilindustrie von Womack/Jones/Roos 1992 geprägten Begriffs «Lean Production» (schlanke Produktion). Dieser bezeichnet ein von Toyota nach dem Krieg entwickeltes Produktionssystem, aufgrund dessen die japanische Autoindustrie ihre Überlegenheit in Bezug auf Produktivität, Flexibilität, Schnelligkeit und Qualität entwickeln konnte. Lean Management umfasst zusätzlich ein besonderes Verhältnis zu Kunden, Lieferanten und Mitarbeitern und ist durch folgende Merkmale gekennzeichnet (Bösenberg/Metzen 1993, S. 8/23):

- Lean Management ist ein überwiegend von japanischen Unternehmen verwendetes **Managementsystem,** das Serienprodukte und Dienstleistungen mit ungewohnt niedrigem Aufwand in vorzüglicher Qualität erstellen kann.

- Lean Management ist ein **komplexes System,** welches das gesamte Unternehmen umfasst. Es stellt den Menschen in den Mittelpunkt des unternehmerischen Geschehens und enthält fundierte geistige Leitlinien, Strategien mit neuen Organisationsüberlegungen und naturwissenschaftlich-ingenieurmässigen Methoden sowie eine Reihe pragmatischer Arbeitswerkzeuge für Mitarbeiter.

- In den **geistigen Grundlagen** werden die Leitgedanken des Unternehmens zum Teil mit neuer Bedeutung bestimmt, die zum Beispiel die Vermeidung jeder Verschwendung mit einer konsequenten Verringerung nichtwertschöpfender Tätigkeiten (Leeraktivitäten) gleichsetzt. Es können dabei sieben verschiedene Arten der Verschwendung unterschieden werden:
  1. Überproduktionen,
  2. Wartezeiten,
  3. überflüssige Transporte,
  4. suboptimale Herstellungsprozesse,
  5. hohe Lagerbestände,
  6. Produktionsfehler
  7. unnötige logistische Transporte.

Das **Konsensprinzip** bezieht bei der Nutzung aller Ressourcen Lieferanten und Kunden in das Unternehmen ein und nutzt somit das gesamte geistige Potenzial der Mitarbeiter ebenso wie das der Führungskräfte.

- Die **partnerschaftliche Zusammenarbeit** sowohl innerhalb als auch ausserhalb der Organisation hat einen hohen Stellenwert. Strategische Allianzen mit Zulieferern sollen zum Beispiel dazu beitragen, eine kontinuierliche Verbesserung der Produktionseinheiten zu realisieren.

- Lean Management **organisiert dezentral** mit ungewöhnlich gleichgerichteten Arbeitsprinzipien wie strikter Kunden- und Qualitätsorientierung, Gruppenarbeit und sorgfältiger Planung der Aktivitäten. Zur Umsetzung werden Konzepte wie Kaizen (ständige Verbesserung), Kanban (produktionsinterne Kundenorientierung), Just-in-time-Produktion (gleichmässiger, lagerloser Materialfluss in der Fertigung), Total Quality Management (umfassende Qualitätserzeugung als Unternehmensfunktion) sowie Qualitätszirkel (Form der Arbeitsorganisation und der Mitarbeiterbeteiligung) eingesetzt.

1.5 Total Quality Management (TQM)

Die Wettbewerbsfähigkeit eines Anbieters wird unter anderem durch Produktionskosten beeinflusst, die auch die Kosten für die Qualität umfassen. Die traditionelle Sicht behauptet, dass eine Verbesserung der Qualität mit höheren Kosten verbunden sei. Weltweit führende Unternehmer haben jedoch das Gegenteil bewiesen. Indem sie bestimmte **Instrumente zur Qualitätssicherung** anwandten, erreichten sie gleichzeitig eine bessere Qualität ihrer Produkte und eine Senkung der Kosten. Zu diesen Instrumenten zählen beispielsweise die Methoden von Taguchi und die «Statistische Prozesskontrolle» (Statistical Process Control, SPC). Untersuchungen des japanischen Ingenieurs Taguchi haben ergeben, dass nur 20% der Fehler, die beim Gebrauch eines Produktes auftreten, auf Produktionsmängeln beruhen. Die Ursachen für die restlichen 80% liegen bei schlechten Rohstoffen und in schlechtem Produktdesign. In Taguchis Qualitätskonzept sorgt ein robustes Produktdesign dafür, dass ein Produkt die definierten Eigenschaften über die geplante Lebensdauer zuverlässig erfüllt.

Damit Fehler gar nicht erst entstehen, muss der Produktionsprozess entsprechend gestaltet werden. Die Prozesse werden statistisch kontrolliert, damit Abweichungen sofort analysiert und korrigiert werden können. Das Ziel heisst **Zero Defects** und bedeutet, dass der Prozess so sicher beherrscht wird, dass kein fehlerhaftes Teil entsteht. Jeder beteiligte Mitarbeiter (zum

Teil auch in Qualitätszirkel-Gruppen) verfolgt dieses Ziel und bemüht sich, Schwachstellen aufzudecken und den Prozess zu verbessern.[1]

Die wirksamste Sicherungsmassnahme ist ein funktionierendes **Qualitätssystem**. Dieses muss auf die Eigenheiten und Bedürfnisse des Unternehmens abgestimmt werden. Einführung und Unterhalt des Systems bedingen einen gewissen Aufwand. Systemwirksamkeit, Produkt- und Prozessqualität sind dauernd zu überwachen. Hierzu dienen so genannte «System-Audits erster Art», die von ausgebildeten Auditoren des eigenen Unternehmens durchgeführt werden.

Die «Audits erster Art» (auch interne Audits genannt) stellen die Funktionsfähigkeit und Wirksamkeit des firmeneigenen Qualitätssystems oder des gesamten Führungssystems sicher. Führen Firmen bei ihren Lieferanten Audits durch (so genannte «Audits zweiter Art»), so handelt es sich um eine Überprüfung der Qualitätsfähigkeit der Lieferanten im Sinn von Risikoerkennung und -reduktion. «Audits zweiter Art» werden zunehmend durch Audits von akkreditierten **Zertifizierungsunternehmen** («Audits dritter Art») abgelöst, die aufgrund der Normenreihe ISO 9000 bis 9004 (ISO 1994) international anerkannte Zertifikate ausstellen können.

Die Gesamtheit aller Massnahmen, die einerseits die Qualität der Produkte verbessern und andererseits die Herstellkosten senken, wird als

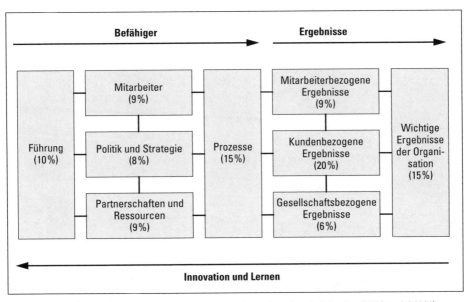

▲ Abb. 242   EFQM-Excellence-Modell (Quelle: www.deutsche-efqm.de/inhseiten/247.htm 6.8.2004)

---

1   Vgl. auch Teil 3, Kapitel 3, Abschnitt 3.1.2 «Prinzip der fertigungssynchronen Beschaffung» und Teil 4, Kapitel 1, Abschnitt 1.3.1 «Ziele für die Bereitstellung».

Total Quality Management (TQM) oder Total Quality Control (TQC) bezeichnet.

Sobald ein Unternehmen einen hohen Stand des Qualitätsmanagements
erreicht hat, ist zu erwarten, dass sich seine Anstrengungen immer mehr
auf das Erreichen von Spitzenleistungen unter Einsatz von exzellenter
Führung und Organisation ausrichten. Hierfür gibt es unterstützende
Modelle, wie beispielsweise das europäische EFQM-Excellence-Modell
(◀ Abb. 242). Ursprünglich folgten diese Modelle der Philosophie des
Total Quality Managements. In ihrer weiteren Entwicklung haben sie sich
jedoch generell auf Excellence ausgerichtet. Sie dienen damit als breite
Basis für die Führung und sind nicht nur auf das Qualitätsmanagement
beschränkt. Die Anwendung von Excellence-Modellen ermöglicht einen
Vergleich mit den Besten der Welt.

Kapitel 2

Managementfunktionen

2.1	**Planung**
2.1.1	**Merkmale der Planung**

Der Planung kommt im Rahmen des Managements eine grosse Bedeutung zu. Als erstes Element des Führungsprozesses bildet sie die Grundlage für die weiteren Managementfunktionen:

1. Als systematische **Entscheidungsvorbereitung** beeinflusst sie wesentlich das zukünftige Verhalten des Unternehmens. Zwar werden bei der Ausübung der Planungsfunktion keine eigentlichen Entscheidungen gefällt, doch werden diese in starkem Masse durch die Planung beeinflusst:

   - Erstens steckt die Planung das mögliche Entscheidungsfeld ab und trifft damit Vorentscheidungen. Sie zeigt beispielsweise die aus ihrer Sicht möglichen Handlungsalternativen auf und macht Vorschläge, welche ausgewählt werden soll.
   - Zweitens hängt die Qualität der Entscheidungen zu einem grossen Teil von der Qualität der Planungsunterlagen (z.B. Genauigkeit, Aktualität) ab.

2. Im Rahmen der Realisierung getroffener Entscheidungen bietet die Planung die **Grundlage für Anordnungen,** sei es in Form von zu erreichenden Zielen oder in Form von Instruktionen, wie ein Problem zu lösen sei.

3. Die Planung ermöglicht erst die **Kontrolle,** da die Zielerfüllung nur durch einen Vergleich zwischen geplanten und tatsächlich erreichten Ergebnissen überprüft werden kann.

Im Rahmen der Steuerung des **Problemlösungsprozesses** kommen der Planung folgende Aufgaben zu:

- die effektive Ausgangslage zu erfassen,
- mögliche Ziele zu formulieren,
- mögliche Massnahmen zu entwickeln,
- die dazu notwendigen Mittel aufzuzeigen,
- die Durchführung der für gültig erklärten Massnahmen und den Einsatz der genehmigten Ressourcen vorzubereiten,
- die aus der Umsetzung der Massnahmen erwarteten Ergebnisse aufzuzeigen (Prognose) und zu beurteilen (Bewertung).

Da es sich in der Regel um eine Vielzahl von Massnahmen handelt, müssen diese aufeinander abgestimmt werden. Damit erfüllt die Planung eine wichtige **Koordinations-** und **Integrationsfunktion.**

In Anlehnung an die formalen Aspekte der Planung können bei der konkreten Ausgestaltung drei Bereiche abgegrenzt werden (▶ Abb. 243):

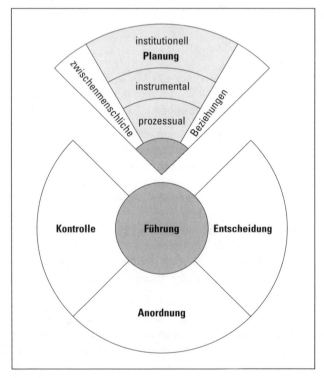

▲ Abb. 243   Planung

1. **Planungsträger:** Welche Personen oder Stellen sind in welchem Ausmass an der Planung beteiligt? Bei einer gesamtheitlichen Betrachtung aller Planungsträger und deren Zusammenwirken spricht man von der **Planungsorganisation** eines Unternehmens.

2. **Planungsprozesse:** Welches ist der Ablauf der Planung und wie ist bei der Ausarbeitung der Pläne vorzugehen?

3. **Planungsinstrumente:** Welche Instrumente können zur Unterstützung und Gestaltung der Planung eingesetzt werden? Zu nennen sind vor allem die Pläne der verschiedenen Teilbereiche eines Unternehmens (z.B. Investitionsplan, Finanzplan, Produktionsplan, Materialbeschaffungsplan). Die Gesamtheit aller Pläne bildet das **Planungssystem.** Daneben existieren verschiedene Prognosemethoden wie sie bereits beschrieben worden sind.[1]

> Das Planungssystem, der Planungsprozess und die Planungsorganisation bilden zusammen die Elemente eines **Planungskonzepts.**

Die Ausprägung dieser drei Elemente eines Planungskonzepts wird im nächsten Abschnitt dargelegt.

2.1.2	**Planungskonzept**
2.1.2.1	Planungssystem

> Das **Planungssystem** eines Unternehmens umfasst sämtliche Pläne, die ausgearbeitet worden sind, und zeigt deren Beziehungen zueinander auf.

Das Planungssystem kann von jedem Unternehmen frei gewählt werden, wobei folgende Aspekte beachtet werden müssen:

1. **Planungsbezug:** Hier geht es um die Frage, auf welchen Bereich des Unternehmens sich die Planung bezieht. Unterschieden werden kann zwischen:

   - **Unternehmensplanung,** welche auf das Verhalten des Unternehmens als Ganzes ausgerichtet ist.
   - **Teilbereichsplanung,** bei der sich die Planung auf einzelne Verantwortungsbereiche (z.B. Abteilungen wie Marketing, Fertigung, Lagerhaltung) beschränkt.
   - **Projektplanung,** die als Grundlage zur Durchführung einmaliger Vorhaben (z.B. Entwicklung und Einführung eines neuen Produktes, Erweiterungsbau) vorgesehen ist.

---

1 Vgl. Teil 2, Kapitel 2, Abschnitt 2.3 «Absatzprognosen», und Teil 3, Kapitel 3, Abschnitt 3.3 «Ermittlung des Materialbedarfs».

2. **Planungstiefe:** Der Detaillierungsgrad eines Planes wird durch die Planungstiefe ausgedrückt. Man unterscheidet zwischen einer Grobplanung, welche die allgemeinen Rahmenbedingungen abgibt, und einer Feinplanung, welche die Grundlagen für die Realisierung der Ziele und Massnahmen enthält.

3. **Planungszeitraum:** Mit dem Planungszeitraum wird die zeitliche Reichweite der Pläne angegeben. In der Regel unterscheidet man zwischen kurz-, mittel- und langfristigen Zeithorizonten.[1]

4. **Planungsstufe:** Mit dem Entscheid über die Planungsstufe wird festgelegt, für welche Führungsstufen (z.B. obere, mittlere, untere) Pläne zu erstellen sind.

Unter Berücksichtigung des Planungszweckes, des Detaillierungsgrades, der Fristigkeit und der Führungsstufe sowie weiterer Abgrenzungsmerkmale (▶ Abb. 244) kann zwischen strategischer, operativer und dispositiver Planung differenziert werden:

■ Die **strategische** Planung ist langfristig ausgerichtet und enthält Vorstellungen über die zukünftige Entwicklung des Unternehmens. Sie umfasst deshalb die allgemeinen Unternehmensziele und die dabei zu verfolgenden Strategien (insbesondere bezüglich des Produktionsprogrammes und der zu bearbeitenden Märkte).

Art der Planung Merkmale	Strategische Planung	Operative Planung
Hierarchische Stufe	Schwerpunkt auf der obersten Führungsebene	Involvierung aller Stufen; Schwerpunkt mittlere Führungsstufen
Unsicherheit	relativ gross	relativ klein
Art der Probleme	meistens unstrukturiert und relativ komplex	relativ gut strukturiert und oft repetitiv
Zeithorizont	Akzent langfristig	Akzent kurz- bis mittelfristig
Informations-bedürfnisse	primär ausserbetrieblich (Umwelt)	primär innerbetrieblich (Teilbereiche)
Alternativenauswahl	Spektrum der Alternativen grundsätzlich weit	Spektrum eingeschränkt
Umfang	Konzentration auf einzelne wichtige Problemstellungen	umfasst alle funktionellen Bereiche
Grad der Detaillierung	relativ tief; globale Aussagen	relativ hoch; konkrete Aussagen

▲ Abb. 244   Abgrenzung strategische und operative Planung (Schierenbeck 2003, S. 129)

---

1   Vgl. dazu auch Teil 1, Kapitel 3, Abschnitt 3.3.2 «Zeitlicher Bezug der Ziele».

- Bei der **operativen** Planung stehen die einzelnen Teilbereiche (z.B. Finanzen, Produktion) im Vordergrund, für die vielfach ein detaillierter Jahresplan erstellt und ein Grobplan für die nächsten zwei bis drei Jahre beigefügt wird. Deshalb handelt es sich bei der operativen Planung um eine mittelfristige Planung.
- Die **dispositive** Planung dient der Steuerung sich wiederholender Prozesse im Rahmen des finanz- und leistungswirtschaftlichen Umsatzprozesses (z.B. Fertigungssteuerung, Terminplanung, Personaleinsatzplanung, Planung der Bestell- und Lagermengen, kurzfristige Finanzplanung). Damit wird der kurzfristige Zeithorizont der dispositiven Planung ersichtlich.

◀ Abb. 244 zeigt eine Gegenüberstellung der strategischen und operativen Planung nach verschiedenen Kriterien.

2.1.2.2 | **Planungsprozess**

Bei der Gestaltung des Planungsprozesses geht es vorerst um die Frage, wie dieser **organisatorisch** in das Unternehmen eingegliedert werden soll. Grundsätzlich stehen zwei Möglichkeiten zur Verfügung:

- **Top-down-Planung:** In diesem Fall erfolgt die Planung von oben nach unten. Die obersten Führungskräfte des Unternehmens formulieren die allgemeinen Geschäftsgrundsätze und Ziele, welche die Rahmenbedingungen für die Erstellung der Teilpläne der einzelnen Verantwortungsbereiche abgeben.
- **Bottom-up-Planung:** Beim umgekehrten Vorgang stellen die untersten Führungskräfte, die noch mit Planungsaufgaben betraut sind, die Pläne für ihren Verantwortungsbereich zusammen und geben sie den übergeordneten Instanzen weiter. Diese fassen die Teilpläne zusammen, stimmen sie aufeinander ab und geben sie nach oben weiter. Dieser Prozess verläuft so lange, bis die obersten Führungskräfte einen integrierten Unternehmensplan für das gesamte Unternehmen formulieren können.

Ist eine Planung eingeführt, so geht es im Rahmen des Planungsprozesses um die Regelung einer späteren, periodisch durchzuführenden **Planrevision**. Bei diesem Problem steht die Frage im Vordergrund, mit welcher **Periodizität** die mittel- bis langfristigen Pläne überarbeitet und angepasst werden sollen. Als Lösungsmöglichkeiten bieten sich die rollende Planung und die Blockplanung an, wobei in der Praxis die beiden Verfahren oft vermischt werden (Rühli 1988, S. 100ff.):

- Bei der **rollenden Planung** wird die ursprüngliche Planung in einem bestimmten Rhythmus revidiert und um eine Teilperiode ergänzt, wie das
  nachfolgende Schema für eine Vierjahresplanung zeigt:

Revisionsjahr:	Planjahre:			
2008	09 10 11 12			
2009		10 11 12 13		
2010			11 12 13 14	
2011				12 13 14 15

- Bei der **Blockplanung** erfolgt hingegen eine Neuplanung am Ende der
  ursprünglichen Planperiode:

Revisionsjahr:	Planjahre:		
2008	09 10 11 12		
2012		13 14 15 16	
2016			17 18 19 20

2.1.2.3	Planungsorganisation

Bei der Planungsorganisation stellt sich die Frage, wer am Planungsprozess beteiligt ist. Geht man davon aus, dass die Planung ein Element der
Führung ist, so gehört sie zum Aufgabenbereich eines jeden Mitarbeiters,
der führt. Dadurch entsteht eine Aufgliederung der Planungsaufgaben auf
Führungsinstanzen verschiedener hierarchischer Ebenen. Man spricht von
einer **Planungsdezentralisation,** im Gegensatz zu einer **Planungszentralisa-
tion,** bei der die Planungsaufgaben vorwiegend bei einer einzigen Stelle
konzentriert werden. Eine dezentralisierte Lösung hat zur Folge, dass das
Erstellen der Pläne für die einzelnen Teilbereiche dezentral durch die
jeweiligen Teilbereichsleiter, die Gesamtplanung jedoch durch die oberste
Geschäftsleitung erfolgen muss. (Rühli 1988, S. 109 f.)

Eine weitere Forderung geht dahin, dass jene Stelle planen soll, welche
die relevanten Informationen zur Verfügung hat. Auch diese Forderung
führt zu einer Planungsdezentralisation. Es ist aber abzuklären, ob die bessere Ausnützung von Spezialkenntnissen und Erfahrungen nicht auf Kosten der bei einer zentralen Stelle vorhandenen Übersicht geht. Damit wird
deutlich, dass mit einer Planungsdezentralisation auch Nachteile verbunden sein können. Insbesondere können der Mangel an Einheitlichkeit und
die fehlende Berücksichtigung übergeordneter Interessen genannt werden.
(Rühli 1988, S. 111)

In der Praxis stellt sich häufig die Frage, inwieweit die Planungsaufgaben **Linien-** oder **Stabsstellen** zuzuordnen sind. Während einige Autoren bei der Planung von einer nicht delegierbaren Führungsaufgabe sprechen, zeigen andere auf, dass eine teilweise Delegation in bestimmten Fällen erforderlich oder zumindest sinnvoll ist.

2.2	**Entscheidung**
2.2.1	**Merkmale der Entscheidung**

Sind die Planungsgrundlagen erarbeitet, so muss definitiv über sie entschieden werden. Damit werden die Pläne zur Steuerung des unternehmerischen Handelns für gültig erklärt. Mit Betonung des führungstechnischen Aspektes kann die Entscheidung unter drei Fragestellungen betrachtet werden (▶ Abb. 245):

1. **Entscheidungsträger:** Wer ist an einer Entscheidung beteiligt und wem kommen die eigentlichen Entscheidungskompetenzen über die endgültige Annahme oder Ablehnung eines Vorschlages zu? Die Regelung der Entscheidungskompetenzen findet sich primär in den Stellenbeschreibungen und Funktionendiagrammen.[1]
2. **Entscheidungsprozess:** Wie verläuft der Entscheidungsprozess und welche Phasen sind zu unterscheiden?
3. **Entscheidungsinstrumente:** Welche Instrumente stehen zum Treffen von Entscheidungen zur Verfügung (z.B. Investitionsrechenverfahren, Deckungsbeitragsrechnung, lineare Programmierung, ABC-Analyse, Entscheidungsregeln)?

Unter einer Entscheidung im weiteren Sinne ist somit nicht nur der eigentliche Entscheidungsakt, sondern auch der gesamte Entscheidungsprozess zu verstehen. Der Entscheidungsakt dient nur der Auswahl der zu verwirklichenden Alternative. Dazu müssen zuerst die Handlungsmöglichkeiten vorliegen, und der Einfluss der Umweltbedingungen auf diese Handlungsmöglichkeiten muss geklärt sein. Damit wird die enge Verknüpfung von Planung und Entscheidung sichtbar. Die Menge der möglichen Handlungen und die Menge der möglichen Umweltzustände ergeben das Entscheidungsfeld. Aus diesem lassen sich die Resultate (Konsequenzen) der zur Auswahl stehenden Alternativen ablesen. Um diese aber beurteilen zu können, ist es nötig, die Konsequenzen an den Ziel- oder Nutzenvorstellungen des Entscheidungsträgers zu messen.

---

1   Vgl. dazu Teil 8, Kapitel 2, Abschnitt 2.3.2 «Stellenbeschreibung», und Teil 9, Kapitel 1, Abschnitt 1.4.1.3 «Funktionendiagramm».

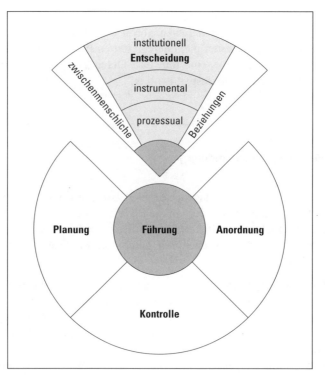

▲ Abb. 245   Entscheidung

| 2.2.2 | **Arten von Entscheidungen** |

In der betrieblichen Praxis ist täglich eine Vielzahl von Entscheidungen zu treffen. Daraus kann vermutet werden, dass es sehr unterschiedliche Arten von Entscheidungen gibt. Bei einer Charakterisierung nach verschiedenen Merkmalen können beispielsweise folgende Entscheidungsarten unterschieden werden:

- innovative Entscheidungen und Routineentscheidungen,
- Entscheidungen bei sicheren und unsicheren Erwartungen,
- Kollektiventscheidungen und individuelle Entscheidungen,
- rationale und nichtrationale Entscheidungen,
- bewusste und unbewusste Entscheidungen,
- Entscheidungen in unterschiedlichen Funktionsbereichen wie Marketing-, Produktions-, Finanzentscheidungen usw.,
- strategische und operative Entscheidungen.

Entscheidungen werden in der Praxis nicht nur aufgrund sachlogischer Argumente und Zusammenhänge getroffen. Soziale und emotionale Aspekte spielen ebenfalls eine wichtige, oft sogar sehr bedeutende Rolle. Besonders zu beachten sind die gruppendynamischen Prozesse und Strukturen, das informale Machtgefüge und die emotionalen Verbindungen zwischen den Mitarbeitern gleicher oder unterschiedlicher Führungsstufen.

Es ist für ein Unternehmen wichtig zu wissen, welches die wesentlichen Entscheidungen sind, denn nicht alle Entscheidungen haben die gleiche Bedeutung. Gutenberg (1962, S. 59 ff.) spricht deshalb von **echten Führungsentscheidungen,** welche sich durch drei Merkmale auszeichnen:

1. Die echten Führungsentscheidungen haben eine grosse Bedeutung für die Vermögens- und Ertragslage und damit für den Bestand eines Unternehmens.
2. Die Entscheidungsträger müssen – aufgrund ihrer besonderen Verantwortung für das Unternehmen als Ganzes – Führungsentscheidungen aus der Kenntnis des Gesamtzusammenhanges treffen.
3. Echte Führungsentscheidungen können im Interesse des Unternehmens nicht delegiert werden.

Im Mittelpunkt echter Führungsentscheidungen werden deshalb Entscheidungen stehen über

- die zu verfolgenden Unternehmensziele,
- die zur Erreichung dieser Ziele vorgeschlagenen Massnahmen sowie
- die Verteilung der Mittel (Allokation der Ressourcen).

2.2.3	Entscheidungsregeln bei Unsicherheit und Risiko-Situationen

Für Entscheidungen unter Unsicherheit und unter Risiko sind mehrere Regeln entwickelt worden. Da diese verschiedene Auswahlvorschriften aufweisen, führt deren Anwendung beim gleichen Entscheidungsproblem zu voneinander abweichenden Resultaten. Diese Tatsache beruht darauf, dass den Entscheidungsregeln jeweils unterschiedliche Annahmen über die Risikoeinstellung bzw. Risikobereitschaft zugrunde liegen. Damit kann eine Entscheidungsregel auch nicht richtig oder falsch sein, sondern sie kann letztlich nur die Risikobereitschaft eines Entscheidungsträgers richtig oder falsch widerspiegeln, d.h. für diesen geeignet sein oder nicht.

Im Folgenden werden fünf verschiedene Entscheidungsregeln für die gleiche Entscheidungssituation betrachtet (▶ Abb. 246 und 247). Ausgegangen wird von vier verschiedenen Umweltsituationen s_j und vier Alternativen a_i, die dem Unternehmen zur Verfügung stehen und aus denen es eine auswählen muss. Je nach Alternative und Umweltsituation kann das Unternehmen mit unterschiedlichen Gewinnzahlen rechnen, wie aus der Ergebnismatrix ersichtlich wird.

1. Entscheidungsregel: maximaler Gesamterwartungswert

Ergebnismatrix					Entscheidungsmatrix	
s_j / a_i	s_1	s_2	s_3	s_4	a_i	gewichtete Zeilenwerte
a_1	15	15	3	13	a_1	$0{,}1 \cdot 15 + 0{,}5 \cdot 15 + 0{,}3 \cdot 3 + 0{,}1 \cdot 13 = 11{,}2$
a_2	20	5	10	8	a_2	$0{,}1 \cdot 20 + 0{,}5 \cdot 5 + 0{,}3 \cdot 10 + 0{,}1 \cdot 8 = 8{,}3$
a_3	4	9	7	22	a_3	$0{,}1 \cdot 4 + 0{,}5 \cdot 9 + 0{,}3 \cdot 7 + 0{,}1 \cdot 22 = 9{,}2$
a_4	17	18	0	8	a_4	$0{,}1 \cdot 17 + 0{,}5 \cdot 18 + 0{,}3 \cdot 0 + 0{,}1 \cdot 8 = 11{,}5$ Maximum

2. Entscheidungsregel: Minimax-Regel

Ergebnismatrix					Entscheidungsmatrix	
s_j / a_i	s_1	s_2	s_3	s_4	a_i	Zeilenminima
a_1	15	15	3	13	a_1	3
a_2	20	5	10	8	a_2	5 Maximum
a_3	4	9	7	22	a_3	4
a_4	17	18	0	8	a_4	0

3. Entscheidungsregel: Maximax-Regel

Ergebnismatrix					Entscheidungsmatrix	
s_j / a_i	s_1	s_2	s_3	s_4	a_i	Zeilenmaxima
a_1	15	15	3	13	a_1	15
a_2	20	5	10	8	a_2	20
a_3	4	9	7	22	a_3	22 Maximum
a_4	17	18	0	8	a_4	18

4. Entscheidungsregel: Pessimismus-Optimismus-Regel

Ergebnismatrix					Entscheidungsmatrix	
s_j / a_i	s_1	s_2	s_3	s_4	a_i	gewichtete Zeilenwerte
a_1	15	15	3	13	a_1	$0{,}6 \cdot 15 + 0{,}4 \cdot 3 = 10{,}2$
a_2	20	5	10	8	a_2	$0{,}6 \cdot 20 + 0{,}4 \cdot 5 = 14$
a_3	4	9	7	22	a_3	$0{,}6 \cdot 22 + 0{,}4 \cdot 4 = 14{,}8$ Maximum
a_4	17	18	0	8	a_4	$0{,}6 \cdot 18 + 0{,}4 \cdot 0 = 10{,}8$

▲ Abb. 246   Entscheidungsregeln 1 bis 4

Ergebnismatrix				
a_i \ s_j	s_1	s_2	s_3	s_4
a_1	15	15	3	13
a_2	20	5	10	8
a_3	4	9	7	22
a_4	17	18	0	8

Spaltenmaxima			
20	18	10	22

Matrix der relativen Nachteile				
a_i \ s_j	s_1	s_2	s_3	s_4
a_1	5	3	7	9
a_2	0	13	0	14
a_3	16	9	3	0
a_4	3	0	10	14

Entscheidungsmatrix	
a_i	Zeilenmaxima
a_1	9 Minimum
a_2	14
a_3	16
a_4	14

▲ Abb. 247   Entscheidungsregel 5: Minimax-Risiko-Regel

- **Entscheidungsregel 1: Maximaler Gesamterwartungswert.** Bei dieser Entscheidungsregel wird der jeweilige Ergebniswert einer jeden Alternative mit der Wahrscheinlichkeit des Eintretens einer bestimmten Umweltsituation multipliziert. In ◄ Abb. 246 wurde mit folgenden Eintrittswahrscheinlichkeiten gerechnet: $s_1 = 10\%$, $s_2 = 50\%$, $s_3 = 30\%$, $s_4 = 10\%$. Man wählt dann jene Alternative, deren gewichtete Ergebniswerte aller Umweltsituationen die grösste Summe und somit den maximalen Gesamterwartungswert aufweist. Damit haben die unwahrscheinlichsten Werte einen relativ kleinen Einfluss auf die Entscheidung. Der Entscheidungsträger zeichnet sich bei Anwendung dieser Regel durch eine mittlere Risikofreudigkeit aus, da die Extremwerte nicht besonders untersucht und somit weder die möglichen negativen noch die möglichen positiven Folgen der Wahl einer Alternative beachtet werden.

- **Entscheidungsregel 2: Minimax-Regel.** Diese Regel ist dadurch charakterisiert, dass durch ihre Anwendung die Gefahr der Enttäuschung minimiert wird. Es ist jene Alternative zu wählen, deren kleinstes Ergebnis (aller Umweltsituationen) grösser ist als das kleinste Ergebnis jeder anderen zur Auswahl stehenden Alternative (◄ Abb. 246). Diese Regel ist somit für grosse Pessimisten mit geringer Risikobereitschaft geeignet.

Man rechnet mit dem schlechtesten Fall, dessen Gewinn maximiert werden soll. Die möglichen positiven Folgen der zur Auswahl stehenden Alternativen werden ausser Acht gelassen.

- **Entscheidungsregel 3: Maximax-Regel.** Diese Regel steht im Gegensatz zur Minimax-Regel. Gewählt wird jene Alternative, deren grösstes Ergebnis (aller Umweltsituationen) grösser ist als das grösste Ergebnis jeder anderen zur Auswahl stehenden Alternative (◄ Abb. 246). Diese Regel wird vom Optimisten angewandt, der keine Rücksicht auf die möglichen negativen Konsequenzen seines Handelns nimmt.

- **Entscheidungsregel 4: Pessimismus-Optimismus-Regel.** Mit Hilfe dieser Regel – nach ihrem Erfinder auch Hurwicz-Regel genannt – kann ein Kompromiss aus den beiden zuvor behandelten Entscheidungsregeln angestrebt werden. Es werden nämlich sowohl die Minima als auch die Maxima berücksichtigt, indem beide mit dem so genannten Pessimismus-Optimismus-Faktor α gewichtet werden. Dieser darf Werte zwischen 0 und 1 annehmen und drückt die subjektive Einstellung des Entscheidungsträgers zur Unsicherheit der Umweltsituation aus. Das grösste Ergebnis jeder Alternative wird mit dem subjektiven Faktor α, jedes kleinste Ergebnis mit dem Faktor $1 - \alpha$ gewichtet. Dem Beispiel in ◄ Abb. 246 wurde ein $\alpha = 0{,}6$ unterstellt. Vorteilhaft ist jene Alternative, deren Summe aus den beiden Werten am grössten ist. Mit $\alpha = 1$ und $\alpha = 0$ umfasst diese Regel auch die Maximax- und die Minimax-Regel.

- **Entscheidungsregel 5: Minimax-Risiko-Regel.** Die Minimax-Risiko-Regel oder Savage-Niehans-Regel weicht dadurch von den bisher besprochenen Regeln ab, dass sie nicht direkt die Höhe der Ergebnisse berücksichtigt, sondern indirekt die relativen Nachteile daraus berechnet. Damit muss für jede Umweltsituation die Differenz zwischen dem grösstmöglichen Ergebnis und den Ergebnissen der anderen Alternativen bestimmt werden. Der Entscheidungsträger wählt jene Alternative, bei der die maximal mögliche Enttäuschung, nicht die beste Alternative gewählt zu haben, am geringsten ist. Dies ist bei jener Alternative der Fall, bei welcher der grösstmögliche Nachteil verglichen mit den grösstmöglichen Nachteilen der übrigen Alternativen am kleinsten ist (◄ Abb. 247). Damit kommt in dieser Entscheidungsregel zwar ein Pessimismus zum Ausdruck, da aber auch eine gewisse Risikobereitschaft vorhanden ist, kann von einem vorsichtigen Pessimisten gesprochen werden.

| 2.3 | **Anordnung** |
| 2.3.1 | **Merkmale der Anordnung** |

Während Planung und Entscheidung der Willensbildung dienen, steht bei der Anordnung als drittem Element der Führung die Willensdurchsetzung im Vordergrund. Unter Berücksichtigung der führungstechnischen und menschenbezogenen Aspekte der Führung kann die Anordnung wie folgt definiert werden (Rühli 1993, S. 18).

> Die **Anordnung** als Element der Führung umfasst alle institutionellen, prozessualen und instrumentalen Erscheinungen, welche der Willenskundgebung eines Vorgesetzten, der Willensübertragung und der Willensübernahme der ihm unterstellten Mitarbeiter zwecks Realisierung einer gewählten Handlungsalternative dienen.

Bei einer führungstechnischen Analyse der Anordnung sind drei Problembereiche zu unterscheiden (▶ Abb. 248):

1. **Anordnungsbeteiligte:** Welche Personen sind an der Anordnung beteiligt? Primär kann zwischen einem Anordnungsgeber und einem Anordnungsnehmer bzw. -empfänger unterschieden werden. Allerdings sind neben diesen direkt auch die indirekt Beteiligten zu beachten. Gemeint sind damit all jene Personen, die aufgrund der informalen Organisation einen Einfluss sowohl auf den Anordnungsempfänger als auch auf den Anordnungsgeber ausüben.
2. **Anordnungsprozess:** Wie wird eine Anordnung weitergegeben? Dabei stellt die technische Übermittlung eines schriftlich oder mündlich formulierten Auftrages nur einen Teilaspekt des gesamten Anordnungsprozesses dar. Zu beachten ist eine Vielzahl von Faktoren, die den Anordnungsprozess beeinflussen und in starkem Masse dafür verantwortlich sind, dass eine Anordnung auch zum angestrebten Ergebnis führt. Neben den zwischenmenschlichen Beziehungen spielt die Autorität des Anordnungsgebers und die Bereitschaft des Anordnungsnehmers aufgrund seiner Motivation[1] eine grosse Rolle.
3. **Anordnungsinstrumente:** Welche Hilfsmittel stehen zur Unterstützung einer Anordnung zur Verfügung? In diesem Zusammenhang kann einerseits auf die Organisationsinstrumente (z.B. Organigramm, Stellenbeschreibung, Funktionendiagramm, Netzplan, Ablaufplan),[2] andererseits auf die Pläne und Arbeitspapiere der einzelnen Funktionsbereiche (z.B. Finanzplan, Marketing-Plan, Werkstattpapier, Stückliste) verwiesen werden.

---

1 Zur Motivation vgl. Teil 8, Kapitel 5, Abschnitt 5.1 «Einleitung».
2 Vgl. dazu Teil 9, Kapitel 1, Abschnitt 1.4.1 «Organisationsinstrumente».

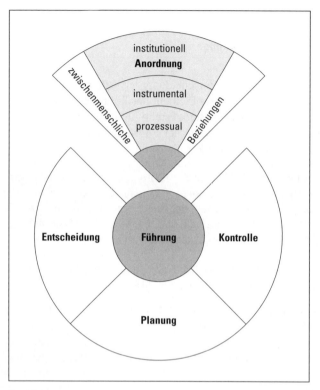

▲ Abb. 248 Anordnung

Unter Vernachlässigung der zwischenmenschlichen Beziehungen sind bei der Anordnung vier Grundsätze zu beachten:

1. Grundsatz der **Klarheit:** Anordnungen müssen für den Anordnungs-empfänger eindeutig sein.
2. Grundsatz der **Vollständigkeit:** Die Anordnung sollte so gehalten wer-den, dass keine Rückfragen und Ergänzungen notwendig sind.
3. Grundsatz der **Begründbarkeit:** Anordnungen sollten begründet sein. Dies bedeutet aber nicht, dass jede Anordnung dem Anordnungs-empfänger begründet werden muss. Im Normalfall wird sich der Sinn einer Anordnung ohnehin aus der Situation ergeben.
4. Grundsatz der **Angemessenheit:** Anordnungen sollten auf den jeweiligen Anordnungsempfänger ausgerichtet sein und diesen – besonders bei Be-trachtung einer längeren Zeitperiode – weder über- noch unterfordern.

Unklarheiten und Unvollständigkeiten einer Anordnung können vermie-den werden, indem folgende Fragen gestellt und eindeutig beantwortet werden:

- **Ergebnis:** Was ist das Ziel der Anordnung bzw. welches Resultat wird erwartet?
- **Zeit:** Wie viel Zeit steht zur Erledigung der Anordnung zur Verfügung und bis wann muss der Auftrag ausgeführt sein?
- **Vorgehen:** Wie soll der Auftrag ausgeführt werden? Dabei ist auf allfällige Schwierigkeiten und Problemlösungsansätze aufmerksam zu machen.
- **Hilfsmittel:** Welche Hilfsmittel dürfen oder müssen verwendet werden (z. B. Maschinen, Werkzeuge, finanzielle Mittel)?
- **Ort:** Wo soll der Auftrag ausgeführt werden?

| 2.3.2 | **Autorität und Macht** |

Wesentlich für die Übertragung einer Aufgabe ist die Autorität des Anordnungsgebers. Unter Autorität wird die Macht einer Person A verstanden, Einfluss auf das Verhalten einer Person B zu nehmen. Person B wird dabei zu einem Handeln veranlasst, das sie ohne Einflussnahme nicht tun würde. Die Autorität des Anordnungsgebers kann in der betrieblichen Praxis nach Lattmann (1982, S. 76ff.) auf einer Vielzahl von Ursachen beruhen (▶ Abb. 249):

1. **Institutionelle** oder **formale Autorität:** Diese Form der Autorität ergibt sich aufgrund der Verteilung der Aufgaben, Kompetenzen und Verantwortung. Je nach Grundlage werden unterschieden:
   - **Rechtsgrundlagen:** Ausgangspunkt sind die gesetzlichen Regelungen zum Arbeitsvertrag in Art. 319ff. OR, im Speziellen Art. 321 lit. d OR. Danach stehen Arbeitgeber und Arbeitnehmer in einem Subordinationsverhältnis, bei welchem dem Arbeitgeber ein Direktionsrecht (Leitungsbefugnis) und dem Arbeitnehmer eine Gehorsams- bzw. Folgepflicht zukommt.
   - **Unternehmensorganisation:** Aus dem organisatorischen Aufbau und Ablauf ergeben sich die unternehmensinternen Regelungen. Diese werden primär in Organigrammen, Stellenbeschreibungen und Funktionendiagrammen festgehalten.[1]
   - **Soziale Normen:** Wenn Menschen etwas Gemeinsames unternehmen, spielen soziale Normen eine Rolle, die nirgends explizit festgehalten werden. Sie sind entweder in der Gesellschaft oder im Unternehmen selbst begründet.

---

[1] Diese Instrumente sind in Teil 9, Kapitel 1, Abschnitt 1.4.1 «Organisationsinstrumente», beschrieben.

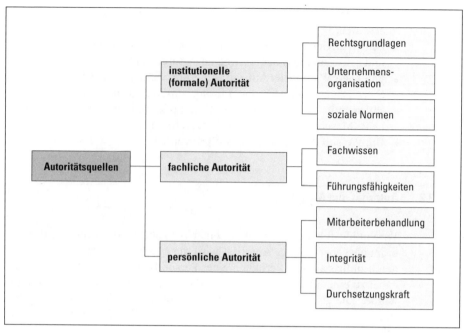

▲ Abb. 249   Autoritätsquellen

2. **Fachliche Autorität:** Oft erweist sich die formale Autorität als alleinige Grundlage zur Verhaltensbeeinflussung als nicht genügend. Es braucht dazu auch das Vertrauen des Mitarbeiters, dass die vom Vorgesetzten erteilten Anordnungen begründet und der Situation angepasst sind. Grundlage bilden:

- **Fachwissen:** Der Vorgesetzte kennt sich in seinem Fachgebiet gut aus und kann bei allenfalls auftauchenden Problemen bei der Anordnungsausführung Ratschläge erteilen.

- **Führungsfähigkeit:** Neben dem Fachwissen ist der Vorgesetzte befähigt, seinen Mitarbeiter zu führen. Dies bedeutet beispielsweise die Vorgabe von klaren Zielen, das Fällen eindeutiger Entscheidungen oder eine dem Mitarbeiter angepasste Kontrolle.

3. **Persönliche Autorität:** Die dritte Form der Autorität beruht darauf, dass bei zwischenmenschlichen Beziehungen die Gefühle in Form von Zuneigung und Abneigung eine grosse Rolle spielen. Ihr Einfluss ist schwer zu erfassen, da die ursächlichen Faktoren schwer identifizierbar sind. Zudem besteht die Tendenz, dass diese Gefühle rationalisiert werden, d.h. man gibt eine rationale Begründung für emotionales, nicht rational erklärbares Verhalten. Lattmann (1982, S. 78) unterscheidet drei Faktoren, die dabei im Vordergrund stehen:

- Die **Behandlung der Mitarbeiter** durch den Vorgesetzten, die sich vor allem in einem gerechten Verhalten im Sinne der Anwendung gleicher Regelungen für alle zeigt.

- Die **Beispielhaftigkeit** (Integrität) des Vorgesetzten, die sich in seiner eigenen Aufgabenerfüllung und in seiner Grundhaltung (Wertvorstellungen) zeigt.

- Die **Durchsetzungskraft** des Vorgesetzten, die sich in der persönlichen Ausstrahlung äussert und der sich der Untergebene nicht entziehen kann. Man spricht in diesem Zusammenhang auch von einer charismatischen Autorität.

2.4	**Kontrolle**
2.4.1	**Merkmale der Kontrolle**

Die Kontrolle stellt das abschliessende konstitutive Element der Führung dar. Unternehmerisches Handeln ist zielgerichtet, weshalb die Führungskräfte versuchen, die Resultate mit den gesetzten Zielen in Übereinstimmung zu bringen. Aufgabe der Kontrolle ist es, die tatsächlich realisierten Ergebnisse mit den angestrebten Ergebnissen zu vergleichen, um daraus den Zielerfüllungsgrad erkennen zu können. Damit lässt die Kontrolle einerseits Rückschlüsse auf die Effizienz des unternehmerischen Handelns zu, andererseits liefert sie wesentliche Informationen für die Planung, indem aus der Analyse der Abweichungen neue Erkenntnisse für das zukünftige Verhalten abgeleitet werden können. Damit wird auch die enge Verknüpfung von Planung und Kontrolle ersichtlich.

Neben einem **Soll-Ist-Vergleich,** d.h. einem Vergleich der geplanten mit den effektiv erreichten Ergebnissen, geben auch **Ist-Ist-Vergleiche** Informationen über den Erfolg des eigenen Handelns. Ist-Ist-Vergleiche können unter folgenden Aspekten durchgeführt werden:

- **Branchenorientierte** Kontrolle: Man vergleicht die Resultate des eigenen Unternehmens mit denjenigen der gleichen Branche (Konkurrenten) oder mit dem Durchschnitt der ganzen Branche.

- **Mitarbeiterbezogene** Kontrolle: Die Ergebnisse der Mitarbeiter, die eine gleiche oder zumindest ähnliche Arbeit ausführen, werden miteinander verglichen.

- **Vergangenheitsorientierte** Kontrolle: Verglichen werden die Ist-Werte der Vergangenheit mit denjenigen der Gegenwart. Gerade bei einem Vergleich über mehrere Jahre hat dieses Vorgehen den Vorteil, dass die neuesten Ergebnisse im Rahmen einer Entwicklung gesehen und deshalb relativiert werden.

Bei einer Analyse der Kontrolle können unter führungstechnischen Gesichtspunkten drei **Problembereiche** unterschieden werden (▶ Abb. 250):

1. **Kontrollsubjekt:** Welche Personen oder Stellen werden mit Kontrollaufgaben betraut? Bei der Bestimmung des Kontrollsubjektes kann weiter zwischen einer Selbst- und Fremdkontrolle differenziert werden:

   - Bei einer **Selbstkontrolle** ist der Kontrollierende für das Zustandekommen des Gegenstandes oder Sachverhaltes, den er zu kontrollieren hat, vollständig oder teilweise selbst verantwortlich. Es besteht also eine direkte Beziehung zwischen Kontrollsubjekt (= Person, die kontrolliert) und Kontrollobjekt (= der zu kontrollierende Tatbestand). Beispielsweise übernimmt ein Mitarbeiter die Überprüfung der Qualität der von ihm hergestellten Produkte selbst.

   - Bei einer **Fremdkontrolle** hingegen steht der Kontrollierende in keinerlei Beziehung zum Objekt, das er zu kontrollieren hat. Beispielsweise wird dem Personalbereich die Aufgabe übertragen, die Einhaltung der Arbeitszeiten zu kontrollieren.

2. **Kontrollprozesse:** Wie ist der Ablauf der Kontrolle, und welche Phasen sind dabei zu unterscheiden?

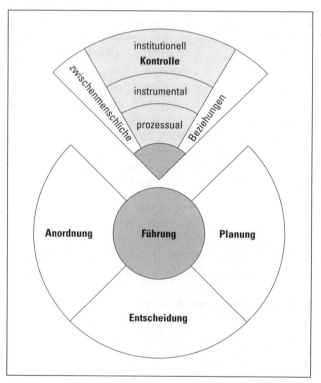

▲ Abb. 250   Kontrolle

3. **Kontrollinstrumente:** Welche Führungsinstrumente können bei der Kontrolle eingesetzt werden? Zu verweisen ist primär auf die verschiedenen Pläne (z.B. Finanz-, Personal-, Absatzplan) oder auf die betrieblichen Kennziffern (z.B. Lagerumschlags-, Produktivitäts- oder Liquiditätskennzahlen),[1] die zur Analyse der Ist-Zahlen herangezogen werden können.

2.4.2	**Prüfung, Revision und Kontrolle**

Sowohl in der Literatur als auch im sprachlichen Alltag trifft man im Zusammenhang mit der Kontrolle auf Begriffe, die entweder synonym oder mit unterschiedlichem Begriffsinhalt verwendet werden. Im Vordergrund steht dabei der Begriff «Prüfung», der aufgrund eines eigenständigen Berufszweiges[2] und eines eigenen Lehr- und Forschungsgebietes eine besondere Stellung einnimmt.

Die Begriffe «Prüfung» und «Revision» werden in der Schweiz oft weiterhin synonym verwendet. Dies rührt daher, dass bis in die 90er Jahre des 20. Jahrhunderts die (Wirtschafts-)Prüfung Revision hiess. Deshalb ist es verständlich, dass die Prüfung immer noch von einer Revisionsstelle durchgeführt wird, und dass es neben der externen Prüfung – wie nachfolgend erläutert wird – auch eine interne Revision gibt.

Die beiden Termini Kontrolle und Prüfung können in Bezug auf bestimmte Fragestellungen unterschiedlich interpretiert werden. ▶ Abb. 251 zeigt eine solche Unterscheidung aufgrund verschiedener Abgrenzungskriterien. Allerdings werden diese Begriffe häufig auch als Synonyme gebraucht.

Betrachtet man die Prüfung bzw. Revision als eigenständiges Gebiet, so ist unter dem institutionellen Aspekt die Unterscheidung zwischen interner und externer Revision von Bedeutung:

- Als **externe Revision** bzw. Prüfung bezeichnet man
  □ die private (betriebliche) Revision wie beispielsweise bei der Aktiengesellschaft die Prüfung durch die Revisionsstelle; Prüfungsobjekte sind dabei die Rechnungslegung (Jahresrechnung) und das Rechnungswesen (Buchführung);
  □ die staatliche Prüfung (z.B. Steuerprüfung).

---

1   Vgl. Teil 6, Kapitel 1, Abschnitt 1.4.4 «Kennzahlen des Finanzmanagements».

2   Die Berufsbezeichnung lautet Wirtschaftsprüfer, die auf diesem Gebiet tätigen Unternehmen werden Wirtschaftsprüfungsgesellschaften genannt. Wer die eidgenössisch anerkannte «Höhere Fachprüfung für Wirtschaftsprüfer» bestanden hat, darf den gesetzlich geschützten Berufstitel «Diplomierter Wirtschaftsprüfer» tragen.

	Kontrolle	Revision/Prüfung
Wann findet die Überwachung statt?	arbeitsbegleitend oder der Arbeitsausführung vor- oder nachgelagert	der Arbeitsausführung und den Kontrollen nachgelagert sowie in gewissen Fällen arbeitsbegleitend
Welche Stellung hat der Überwachende inne?	am Arbeitsvorgang beteiligt, weisungsberechtigt gegenüber Ausführenden	am Arbeitsvorgang nicht beteiligt, weder weisungsgebunden noch -berechtigt
Beispiele	Linien- und Fachvorgesetzte, Stellen mit Kontrollaufgaben, technische Vorrichtungen	Revisionsstelle nach Art. 727 ff. OR und nach BaG, interne Revision (Inspektorat)
Wie wird das normengerechte Verhalten in der Regel beurteilt?	anhand von Zielvorgaben und Weisungen	anhand von Normen, die oft für den konkreten Sachverhalt präzisiert werden müssen
Wie erfolgt die Einflussnahme auf das Verhalten des Ausführenden?	durch Motivation; durch Anordnung von Korrekturhandlungen; allenfalls durch Sanktionen gegenüber dem Ausführenden	durch Mitteilung des Prüfungsergebnisses an die leitenden Organe der Gesellschaft oder an Aufsichtsinstanzen

▲ Abb. 251   Revision und Kontrolle (HWP 1998b, S. 6)

- Die **interne Revision** umfasst einen bestimmten Teil der Führungsfunktion «Kontrolle»: Mitglieder einer Organisation analysieren systematisch betriebliche Vorgänge und Sachverhalte innerhalb dieser Organisation und geben eine Beurteilung ab.

Die interne Revision ist in der Regel dem obersten Exekutivorgan des zu prüfenden Unternehmens bzw. der zu prüfenden Unternehmensgruppe unterstellt. Die externe Prüfung dagegen ist vom Exekutivorgan unabhängig und somit gegenüber dem geprüften Unternehmen nicht weisungsgebunden.

Um die Aufgabe und den Zweck der internen Revision erfassen zu können, ist eine Abgrenzung von der internen Kontrolle zweckmässig. Deshalb soll in einem nächsten Abschnitt zuerst auf die interne Kontrolle eingegangen werden, bevor die interne Revision näher umschrieben wird.[1]

---

1   Die beiden folgenden Abschnitte 2.4.3 «Interne Kontrolle» und 2.4.4 «Interne Revision» sind dem HWP 1998b (S. 171 ff. und S. 497 ff.) entnommen.

| **2.4.3** | **Interne Kontrolle** |

> Unter **interner Kontrolle** (Synonym: internes Kontrollsystem) werden alle
> von Verwaltungsrat, Geschäftsleitung und übrigen Führungsverantwort-
> lichen angeordneten Vorgänge, Methoden und Massnahmen verstanden,
> die dazu dienen, einen ordnungsgemässen Ablauf des betrieblichen Ge-
> schehens sicherzustellen.

Die organisatorischen Massnahmen der internen Kontrolle sind in die betrieblichen Arbeitsabläufe integriert, d. h. sie erfolgen arbeitsbegleitend
oder sind dem Arbeitsvollzug unmittelbar vor- oder nachgelagert.

Grundsätzlich umfasst die interne Kontrolle folgende Aufgaben:

- den Vergleich zwischen gefordertem und tatsächlichem Handlungsvoll-
  zug sowie
- die Massnahmen zur Verhinderung, Aufdeckung und Korrektur einer
  festgestellten Abweichung bzw. eines Fehlers.

Im Speziellen bezieht sich die interne Kontrolle auf folgende Bereiche:

- der Erreichung der geschäftspolitischen Ziele;
- der Einhaltung von Gesetzen und Vorschriften;
- dem Schutz des Geschäftsvermögens;
- der Verhinderung, Verminderung und Aufdeckung von Fehlern und
  Unregelmässigkeiten;
- der Sicherstellung der Zuverlässigkeit und Vollständigkeit der Buchführung sowie einer zeitgerechten und verlässlichen finanziellen Berichterstattung;
- einer wirksamen und effizienten Geschäftsführung.

Einen Überblick über das Instrumentarium der internen Kontrolle vermittelt ▶ Abb. 252. Die internen Kontrollmassnahmen können danach in zwei
Gruppen aufgeteilt werden:

- **Selbsttätige, manuelle und programmierte Kontrollen:** Die erste Gruppe
  umfasst die Kontrollen als organisatorische Massnahmen, die entweder
  automatisch in die Arbeiten eingreifen und somit die geplante Abwicklung gewährleisten oder als manuelle Kontrolltätigkeit durchgeführt
  werden. Die organisatorischen Massnahmen sollen das Management
  von Kontrolltätigkeiten entlasten und den ausführenden Stellen mehr
  Verantwortung übertragen. Der Einsatz der Informatik kann, je nach
  Ausbaugrad, eine wichtige Rolle spielen.

Organisatorische Massnahmen selbsttätige, manuelle und programmierte Kontrollen		Unabhängige Kontrollen durch das Management	
Kontrolle durch die ge- wählte Organisation selbst, z. B. • selbsttätige Kontrollen • Instanzengliederung • Funktionentrennung • Regelung der Arbeits- abläufe • manuelle Kontrollen • programmierte Kon- trollen	Kontrolle durch die An- wendung technischer Hilfsmittel, z. B. • Messeinrichtungen • Sicherungsvorrichtun- gen • Rechen- und Daten- verarbeitungssysteme	Kontrolle durch Geschäftsleitung und Kader • nach freiem persön- lichem Ermessen • gestützt auf interne Weisungen	Kontrolle durch Beauftragte (Delega- tionsprinzip) • Assistenten, Stabs- stellen, Ausschüsse, Sekretariate, Projekt- organisationen • externe Fachleute und Berater
Organisatorische Hilfsmittel			
Organisationsplan, Ablauf- und Funktionen- diagramm, Handbuch, Formular- und Belegwesen, Kontierungsvorgaben, Nummern- und Abstimm- kreise, Zeitstempel, Unterschriftenregelung, Visa- ordnung, Sperrcodes usw.		Geschäftsreglemente, Pflichtenhefte, Stellen- beschreibungen, Budgets, Vorschlags- und Antragswesen, Terminliste usw.	

▲ Abb. 252   Interne Kontrolle (HWP 1998b, S. 174)

- **Kontrollen durch das Management:** Die zweite Gruppe von Kontrollmassnahmen umfasst die Kontrolltätigkeit durch das Management (Führungskräfte). Diese Kontrollen beruhen auf der Fachkenntnis und/oder
  auf der Stellung ihrer Träger und sind mit der Führungsverantwortung
  verbunden. Sie werden von den Führungskräften nach freiem persön-
  lichem Ermessen oder gestützt auf Geschäftsreglemente und Pflichten-
  hefte ausgeführt. Zum Teil lassen sie sich an geeignete Stellen und Personen delegieren oder an externe Fachleute und Berater übertragen (Outsourcing der Kontrolltätigkeit). Die Verantwortung bleibt aber auch in
  diesen Fällen bei den Führungskräften.

In kleineren Unternehmen kommt der unmittelbaren Kontrolle durch die
Geschäftsleitung und das Kader nach wie vor eine grosse Bedeutung zu
und bildet immer noch die wichtigste interne Kontrollmassnahme. Die mit
Kontrollaufgaben betrauten Mitarbeiter müssen sorgfältig ausgewählt und
gründlich instruiert werden, damit sie die getroffenen Anordnungen kennen und verstehen sowie technische Hilfsmittel richtig anwenden können.
Die Eigenverantwortung der Mitarbeiter sowie ihre fachliche und persönliche Qualifikation sind ein wichtiger Faktor für die Festlegung von
Kontrollmassnahmen.

2.4.4 | Interne Revision

Steigende Komplexität der Organisationen der Wirtschaft und des öffentlichen Rechts, ihrer Geschäftsprozesse und Verfahren, zunehmende Globalisierung der Produkte, transnationale Märkte und Geschäfte sowie verstärkte regulatorische Anforderungen erschweren die unternehmerische Überwachung. Meist kann die Geschäftsleitung eines Unternehmens in einem solchen Umfeld die notwendigen Überwachungs- und Kontrollaufgaben nicht alleine wahrnehmen. Zur Unterstützung der Geschäftsleitung ist der Aufbau einer internen Revision somit sinnvoll. Als Instrument der Geschäftsleitung bzw. der Aufsichtsorgane entlastet sie diese bei der Überwachung und Kontrolle, entbindet sie aber nicht von deren Pflichten und Verantwortung.

Als Teil der internen Führungsmittel richten sich Aufgabenstellung und Struktur der internen Revision nach dem Führungskonzept und der Organisation des Unternehmens. Die interne Revision unterscheidet sich von anderen Kontrollorganen oder -instrumenten – wie z. B. der internen Kontrolle – dadurch, dass sie unabhängig ist und nicht in den operativen Arbeitsablauf eingebunden ist. Sie kann, je nach Art des Unternehmens, unterschiedlich ausgestaltet werden.

Hauptaufgabe der internen Revision ist die Prüfungstätigkeit. Sachverhalte im Unternehmen werden nach massgeblichen Normen und Anforderungen geprüft, Chancen und Risiken werden aufgezeigt und Lösungsansätze vorgelegt. Die interne Revision soll vor allem vorbeugend wirken. Die systematische Prüfung der Unternehmensprozesse soll feststellen, ob die

- Geschäftsaktivitäten mit den Strategien und Zielen des Unternehmens, der Geschäftspolitik im besonderen, Reglementen, Richtlinien, der massgebenden Gesetzgebung und den üblichen Usanzen übereinstimmen;
- Geschäftsaktivitäten bezüglich Risikostreuung, Risikobeherrschung, Wahrnehmung von Chancen und Ressourceneinsatz verhältnismässig sind;
- Rendite und die Mehrwertschaffung für das Unternehmen und dessen Kunden nachhaltig sind;
- Tätigkeiten im Unternehmen systematisch, ordnungsmässig, richtig, sicher und wirtschaftlich und mittels zweckmässiger Organisation ausgeführt werden;
- Vermögenswerte gegenüber Verlusten jeglicher Art optimal gesichert sind.

Zudem stellt die interne Revision sicher, dass die interne Kontrolle wirksam und effizient ist, welche die Erreichung aller Ziele und die Effizienz und Wirksamkeit der Prozesse und Verfahren systematisch und zeitgerecht gewährleisten soll.

Die einzelnen Aufgaben der internen Revision können in folgende Bereiche unterteilt werden:

- **Financial Auditing** (Ergebnisprüfung): Das Financial Auditing umfasst Informationen im direkten Zusammenhang mit der Finanzrechnung und dem Rechnungswesen. Dabei interessieren zwar Ergebnisse der Buchführung, aber es geht nicht nur um die Prüfung der Jahresrechnung, sondern auch um die formelle Ordnungsmässigkeit und materielle Richtigkeit der Organisation und der Verfahren des Finanz- und Rechnungswesens. Die Ergebnisprüfung ist stark vergangenheitsorientiert. Sie beurteilt ein Unternehmen anhand von Zahlen aus dem Rechnungswesen. Diese sind Abbild strategischer Entscheide und Handlungen vergangener Geschäftsperioden, die erst zu einem späteren Zeitpunkt auf Vollständigkeit, richtige Ausführung und Erfassung geprüft werden.
- **Operational Auditing** (Verfahrens- oder Systemprüfung): Das Operational Auditing beinhaltet eine unabhängige und systematische Beurteilung der betrieblichen Organisation und Tätigkeiten. Es umfasst die gesamte Aufbau- und Ablauforganisation des Unternehmens. Im Gegensatz zur Ergebnisprüfung ist es in der Regel zukunftsorientiert und funktional, ja sogar mehrdimensional ausgerichtet. Die interne Revision untersucht Verhältnisse der Gegenwart und richtet Beurteilung und Verbesserungsvorschläge zukunftsbezogen aus. Dabei werden unter anderem Vorgänge analysiert und nicht nur reines Zahlenmaterial. Hauptziel der Systemprüfung ist die Überprüfung der internen Kontrolle.
- **Management Auditing** (Führungsprüfung): Das Management Auditing umfasst verfahrensorientierte Prüfungen sämtlicher Führungselemente und -prozesse und ergebnisorientierte Prüfungen von gefällten Entscheiden, Aktivitäten und Aktionen im ganzen Unternehmen. Es beurteilt, wie Führungskräfte ihren unternehmerischen Handlungsfreiraum nutzen und wie sie zu ihrer Entscheidungsfindung Führungs- und Informationsinstrumente gestalten und einsetzen.

Führungsfehler sind oft (zu) spät erkennbar und fast nicht mehr zu korrigieren. Führungsprüfungen sind deshalb, im Sinne des Prozesses der Überwachung, für die interne Revision wichtig. Wenn die Führungsleistung einzig nach dem Ergebnis beurteilt wird, so kann ein Unternehmen Schaden erleiden, bevor sich das Fehlverhalten zeigt (z. B. in der Erfolgsrechnung). Die Führungsprüfung gibt jedoch keine Garantie dafür, dass sämtliches Potenzial oder alle Chancen zur Zielerreichung ausgenützt wurden. Ebenfalls stellt die Beurteilung der Tätigkeit und des Verhaltens der Führungskräfte keine umfassende Qualifikation dar; dies ist den Linienvorgesetzten vorbehalten.

- **Post Investment Auditing** (Projektprüfung): Gegenstand des Post Investment Auditing sind Aktivitäten, die einen bestimmten definierten Auftrag beinhalten und einem zeitlichen und organisatorischen Ablaufplan folgen (z.B. Anlageinvestitionen, Forschungsprojekte, EDV-Systemeinführungen oder Systemveränderungen). Die Überprüfung kann entweder nach Abschluss des Projektes (ex post) oder von Beginn weg, d.h. während des gesamten Verlaufes eines Projektes (ex ante) durchgeführt werden. Die interne Revision überprüft die Abwicklung laufender oder abgeschlossener Projekte, vergleicht Resultate mit Vorgaben (Strategie, Ziele, Risikofreudigkeit, Erfordernis an Ressourcen, Mehrwertschaffung, Budget usw.) und untersucht allfällige Abweichungen auf deren Ursachen.

In der Praxis ist eine exakte Trennung dieser Prüfungsaufgaben allerdings nicht durchwegs möglich, da sie sich zum Teil überschneiden.

Die interne Revision erstattet Bericht über ihre Arbeit. Sie unterhält klare Kommunikations- und Berichtswege zu verantwortlichen Geschäftsträgern und stellt sicher, dass sie über alle wesentlichen Geschäftsvorfälle, Pläne und Projekte des Unternehmens sowie über Weisungen, Richtlinien und Vorschriften informiert wird. Zur Ausübung der Tätigkeit müssen ihr notwendige Informationen rechtzeitig und vollumfänglich zur Verfügung stehen. Einschränkungen in der Tätigkeit können in Ausnahmefällen nur durch die der internen Revision vorgesetzte Instanz verfügt werden. Damit keine Interessenkonflikte entstehen, ist die Übertragung von Linienfunktionen zu vermeiden; jedenfalls muss sie eine zeitlich beschränkte Ausnahme bilden.

Rechte und Pflichten der internen Revision sind durch die Unternehmensleitung oder Aufsichtsorgane in einem Pflichtenheft festzuhalten. Eine Weisung soll gegenüber Linienfunktionen Verantwortung und Kompetenzen darlegen.

| 2.4.5 | **Controlling** |

> Unter **Controlling** versteht man die ergebnisorientierte Steuerung des Unternehmensgeschehens.

Beim Controlling handelt es sich um eine Kernfunktion der Führung, die sich aus verschiedenen Teilfunktionen zusammensetzt. Horváth (2006) unterscheidet beispielsweise eine Planungs-, Kontroll-, Koordinations- und Informationsversorgungsfunktion. Die grösste Bedeutung kommt der Koordinationsfunktion zu. Diese Funktion besteht darin, das Planungs-

und Kontrollsystem mit dem Informationsversorgungs- und dem elektronischen Datenverarbeitungssystem zu koordinieren.

Ausgehend von den Daten des Rechnungswesens werden Informationen bereitgestellt, um eine bestehende Situation mit der geplanten Entwicklung zu vergleichen und um notwendige Massnahmen ergreifen zu können. Das Controlling umfasst deshalb folgende Aufgaben (Rüegg-Stürm 1996, S. 25f.):

- Zuerst wird eine **Standortbestimmung** mit Hilfe von aussagefähigen Daten und Rechnungen des finanziellen und betrieblichen Rechnungswesens vorgenommen.
- In einer **Abweichungsanalyse** wird nachfolgend ermittelt, inwieweit man das gesteckte Ziel erreicht hat.
- Anschliessend wird eine **Ursachenanalyse** für die aufgetretenen Abweichungen erstellt.
- Sind die Abweichungen und deren Ursachen ermittelt, so werden **Massnahmen** vorgeschlagen, um von der gegenwärtigen Situation das angestrebte, in der Zwischenzeit allenfalls revidierte Ziel zu erreichen.

Im Mittelpunkt des Controllings mit Betonung der finanzwirtschaftlichen Führung steht vor allem

- die **Rentabilität** und **Liquidität** sowie weitere ausgewählte Finanzkennzahlen,[1]
- die **Kostenstruktur** und die **Deckungsbeiträge** sowie die damit verbundene
- **Sortimentsgestaltung.**

Wichtige Instrumente sind neben der eigentlichen Finanzbuchhaltung (Bilanz, Erfolgsrechnung, Kapitalflussrechnung) und der Betriebsbuchhaltung (insbesondere die kurzfristige Betriebserfolgsrechnung) vor allem die Budgetierung,[2] die Deckungsbeitragsrechnung,[3] die Kalkulation[4] sowie die Investitionsrechnungen.[5]

Das Konzept des Controllings als Koordinations- und Steuerungsinstrument der Führung wurde auch auf das strategische Management (strategisches Controlling) sowie auf einzelne Teilbereiche des Unternehmens (z.B. Marketing-Controlling, Investitions-Controlling, Personal-Controlling) übertragen.

---

1   Vgl. Teil 6, Kapitel 1, Abschnitt 1.4.3 «Finanzkontrolle».
2   Vgl. Teil 5, Kapitel 2, Abschnitt 2.8 «Budgetierung».
3   Vgl. Teil 5, Kapitel 3, Abschnitt 3.3 «Kostenrechnungssysteme».
4   Vgl. Teil 5, Kapitel 3, Abschnitt 3.4 «Kalkulation».
5   Vgl. Teil 7, Kapitel 2 «Investitionsrechenverfahren».

Kapitel 3

Unternehmenskultur und Führungsstil

3.1	Unternehmenskultur
3.1.1	Merkmale der Unternehmenskultur

Das Unternehmen stellt wie jede andere Organisation ein soziales Gebilde dar. In diesem Gebilde handeln Menschen, die auf vielfältige Art und Weise zur Erfüllung gemeinsamer Aufgaben miteinander in Beziehung stehen. Dabei kann man beobachten, dass aufgrund solcher Beziehungen und Handlungen spezifische Denk- und Handlungsmuster gebildet werden. Diese werden von gemeinsamen Werten getragen und oft über symbolhaftes Handeln unter den Mitarbeitern weitervermittelt. Man spricht in diesem Zusammenhang von einer Unternehmenskultur.

> Als **Unternehmenskultur** bezeichnet man die Gesamtheit von Normen, Wertvorstellungen und Denkhaltungen, welche das Verhalten aller Mitarbeiter und somit das Erscheinungsbild eines Unternehmens prägen.

Wie ▶ Abb. 253 zeigt, sind dabei verschiedene Kernfaktoren für die Ausprägung einer Unternehmenskultur verantwortlich. Zur Charakterisierung der spezifischen Ausprägung einer Unternehmenskultur dienen die folgenden Kriterien (Heinen 1987, S. 26 ff.):

Persönlichkeits profile der Führungskräfte	■ **Lebensläufe:** Soziale Herkunft; beruflicher Werdegang; Dienstalter; Verweildauer in einer Funktion usw. ■ **Werte und Mentalitäten:** Ideale; Sinn für Zukunftsprobleme; Visionen; Innovationsbereitschaft; Widerstand gegen Veränderungen; Durchsetzungs- und Durchhaltevermögen; Ausdauer; Lernbereitschaft; Risikoeinstellung; Frustrationstoleranz usw.
Rituale und Symbole	■ **Rituelles Verhalten der Führungskräfte:** Beförderungspraxis; Nachwuchs- und Kaderselektion; Sitzungsverhalten; Entscheidungsverhalten; Beziehungsverhalten; Bezugspersonen; Vorbildfunktion usw. ■ **Rituelles Verhalten der Mitarbeiter:** Besucherempfang; Begrüssung durch Telefonistin; Umgang mit Reklamationen; Wertschätzung des Kunden usw. ■ **Räumliche und gestalterische Symbole:** Erscheinungsbild; Zustand und Ausstattung der Gebäude; Gestalt des Firmenumschwungs; Anordnung, Gestaltung und Lage der Büros (Bürologik); Berufskleidung; Firmenwagen usw. ■ **Institutionalisierte Rituale und Konventionen:** Empfangsrituale von Gästen; Kleidungsnormen; Sitzungsrituale; Parkplatzordnung usw.
Kommunikation	■ **Kommunikationsstil:** Informations- und Kommunikationsverhalten; Konsens- und Kompromissbereitschaft usw. ■ **Kommunikation nach innen und aussen:** Vorschlagswesen; Qualitätszirkel und übrige Mitwirkungsformen; Dienstwege; Öffentlichkeitsarbeit usw.

▲ Abb. 253   Kernfaktoren der Unternehmenskultur (Pümpin/Kobi/Wüthrich 1985, S. 12)

1. Der **Verankerungsgrad** gibt das Ausmass an, mit dem der einzelne Mitarbeiter kulturelle Werte und Normen verinnerlicht hat. Je stärker diese Verankerung ausfällt, desto stärker ist die verhaltensbeeinflussende Wirkung der Unternehmenskultur.

2. Das **Übereinstimmungsausmass** betont den kollektiven Charakter von kulturellen Werten und Normen. Je mehr Mitarbeiter die kulturellen Werte und Normen teilen, desto breiter ist die Wirkung der Unternehmenskultur.

3. Die **Systemvereinbarkeit** ist der Grad der Harmonie der Unternehmenskultur mit anderen Systemen des Unternehmens (z.B. Führungs- und Organisationssystem, Unternehmenspolitik). Je stärker die kulturellen Normen und Werte diese Systeme unterstützen, desto besser können diese durchgesetzt und verwirklicht werden.

4. Die **Umweltvereinbarkeit** ist nach aussen gerichtet. Die Werte der Unternehmenskultur sollten nicht im Widerspruch zu den kulturellen Werten der Gesellschaft stehen. Wenn eine Unternehmenskultur sich nicht in Harmonie mit der Gesellschaftskultur entwickelt, besteht die Gefahr, dass beispielsweise die Kundenorientierung verlorengeht, das Image des Unternehmens sich verschlechtert oder das Unternehmen als Arbeitgeber unattraktiv wird.

Je nach Ausprägung dieser vier Kriterien spricht man von einer «starken» oder «schwachen» Unternehmenskultur. Eine starke Kultur wäre demnach durch einen hohen Verankerungsgrad, ein ausgeprägtes Übereinstimmungsausmass, eine grosse Systemvereinbarkeit sowie eine hohe Umweltvereinbarkeit gekennzeichnet.

| 3.1.2 | **Kulturtypen** |

Gerade aufgrund der Komplexität des Phänomens Unternehmenskultur besteht das Bedürfnis nach einer Unterscheidung verschiedener Kulturtypen. Die bekannteste Typologie ist jene von Deal/Kennedy (1982, S. 107 ff.), der zwei Aspekte von Unternehmenskulturen zugrunde gelegt werden:

1. **Risikograd,** mit dem die unternehmerischen Entscheidungen und Tätigkeiten verbunden sind.
2. Geschwindigkeit des **Feedbacks** über den Erfolg oder Misserfolg der getroffenen Entscheidungen.

Aufgrund dieser beiden Dimensionen ergibt sich eine Matrix, die vier verschiedene Kulturtypen enthält (▶ Abb. 254):

1. **Macho-Kultur:** In dieser Kultur sind Individuen gefragt, die ein hohes Risiko eingehen. Diese zeichnen sich durch grosse Ideen, ein draufgängerisches Handeln und ein extravagantes Erscheinungsbild aus. Das Ansehen wird durch Erfolg, Einkommen und Macht bestimmt. Grosse Erfolge werden überschwänglich gefeiert, Misserfolge führen zum persönlichen Absturz. Beispiele sind Werbeagenturen, Filmproduktionen, exklusive Kosmetikhersteller und Mode-Designer.

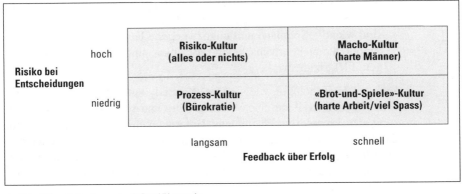

▲ Abb. 254   Kulturtypen nach Deal/Kennedy

2. **«Brot-und-Spiele»-Kultur:** Diese Kultur ist dadurch charakterisiert, dass deren Mitglieder einerseits relativ kleine Risiken zu tragen haben und andererseits einen schnellen Informationsrückfluss bezüglich des Erfolgs der getroffenen Entscheidungen erhalten. Im Vordergrund steht die Umwelt, die viele Chancen bietet, die es zu nutzen gilt. Gepflegtes Auftreten nach aussen und unkomplizierte Zusammenarbeit im Team sind charakteristisch für diesen Kulturtyp. Es gibt viele ungezwungene Feste, bei denen oft Auszeichnungen für besonders verdiente Mitarbeiter vergeben werden (z.B. für den «Verkäufer des Jahres»). Beispiele: Autohandel, Computer-Unternehmen, Verkaufsabteilungen grosser Unternehmen.

3. **Risiko-Kultur:** In dieser Kultur müssen Entscheidungen von grosser Bedeutung getroffen werden, deren Erfolg oder Misserfolg aber erst nach vielen Jahren deutlich wird. Es handelt sich meistens um grössere Projekte, die lange dauern und die sehr hohe Investitionen verlangen. Typische Beispiele sind deshalb kapitalintensive Tätigkeiten wie der Flugzeugbau, die Grossmaschinenindustrie oder Forschungs- und Entwicklungsabteilungen grosser Unternehmen. Die Mitarbeiter zeichnen sich durch eine ruhige und analytische Arbeitsweise aus und sind unauffällig, aber korrekt gekleidet. Typisches Ritual für diese Kultur ist die häufig stattfindende Geschäftssitzung mit strenger Sitz- und Redeordnung.

4. **Prozess-Kultur:** Bei dieser Kultur besteht ein kleines Risiko und gleichzeitig ist der Informationsrückfluss über den Erfolg der getroffenen Entscheidungen sehr langsam. Im Vordergrund steht der Prozess, nicht das Produkt bzw. das Kundenbedürfnis. Die Dinge richtig zu tun (Effizienz), ist wichtiger, als die richtigen Dinge zu machen (Effektivität). Die Mitarbeiter versuchen, sich gegen mögliche Vorwürfe abzusichern und Misstrauen zu vermeiden. Eine streng hierarchische Ordnung bestimmt nicht nur das Einkommen sowie die Grösse und Ausgestaltung der Büroräume, sondern auch die Kleidung, die Umgangsformen und die Sprache. Dienstjubiläen (z.B. 20-jährige Betriebszugehörigkeit) sind wichtig. Spontane und ungezwungene Feste finden nicht statt, da Emotionen nicht erwünscht sind. Beispiele sind öffentliche Verwaltungen, Elektrizitätswerke.

Eine solche Typologie, wie sie Deal/Kennedy aufgestellt haben, ist zwar sehr hilfreich, weil sie eine Vereinfachung und somit eine leichte Erfassung des komplexen Phänomens Unternehmenskultur erlaubt. Gerade darin liegt aber auch die Gefahr. Vereinfachung bedeutet immer auch eine undifferenzierte Betrachtung, die dem komplexen Tatbestand und auch den einzelnen Unternehmen bzw. deren Mitarbeitern unter Umständen nicht genügend Rechnung trägt.

3.1.3	Wirkungen von Unternehmenskulturen

Die Wirkungen von Unternehmenskulturen sind vielfältiger Art. Allerdings muss hervorgehoben werden, dass starke Unternehmenskulturen nicht nur positive, sondern auch negative Wirkungen zeigen können. Als wichtigste positive Effekte lassen sich festhalten (Steinmann/Schreyögg 2005, S. 729 f.):

1. **Handlungsorientierung:** Starke Unternehmenskulturen vermögen ein klares Bild von der Realität zu vermitteln. Dies gibt dem Mitarbeiter eine klare Orientierung, weil die verschiedenen möglichen Sichtweisen und Interpretationen von Ereignissen und Situationen eindeutig definiert sind. Diese Funktion ist vor allem dort von grosser Bedeutung, wo keine oder nur ungenügende formale Regelungen vorhanden sind oder diese nicht beachtet werden.

2. **Reibungslose Kommunikation:** Die Unternehmenskultur ermöglicht ein komplexes informales Kommunikationsnetz, welches eine einfache und direkte Kommunikation erlaubt. Informationen werden deshalb weniger verzerrt weitergegeben und werden weniger durch notwendige Interpretationen verfälscht.

3. **Rasche Entscheidungsfindung:** Gemeinsame Werte schaffen ein tragfähiges Fundament für schnelle Entscheidungen. Eine Einigung wird rasch erzielt und Kompromisse werden in gegenseitigem Verständnis geschlossen.

4. **Umgehende Implementation:** Getroffene Entscheidungen, Pläne und Projekte lassen sich rasch umsetzen, da sich diese auf eine breite Akzeptanz abstützen. Bei auftretenden Unklarheiten geben die fest verankerten Leitbilder eine rasche Orientierungshilfe.

5. **Geringer Kontrollaufwand:** Der Kontrollaufwand ist gering, da die Kontrolle weitgehend auf indirektem Wege geleistet wird. Die Orientierungsmuster sind so stark verinnerlicht, dass wenig Notwendigkeit besteht, dauernd ihr Einhalten zu überprüfen.

6. **Motivation** und **Teamgeist:** Die gemeinsame Ausrichtung und die fortwährende gegenseitige Verpflichtung auf klare gemeinsame Werte des Unternehmens motivieren zu einer hohen Leistungsbereitschaft und zur Identifikation mit dem Unternehmen, die häufig auch nach aussen offen kundgetan wird.

7. **Stabilität:** Eine starke Unternehmenskultur mit klarer Handlungsorientierung reduziert die Angst des einzelnen Mitarbeiters. Sie gibt ihm stattdessen Sicherheit und Selbstvertrauen. Damit besteht auch kaum Veranlassung, dem Arbeitsplatz fernzubleiben oder diesen zu wechseln. Daraus resultiert eine geringe Fluktuations- und Fehlzeitenrate.

Neben diesen positiven Aspekten einer starken Unternehmenskultur sind aber unverkennbar auch negative Auswirkungen zu beobachten. Es sind dies im Wesentlichen (Steinmann/Schreyögg 2005, S. 621 f.):

1. **Tendenz zur Abschliessung:** Eine starke Verinnerlichung von Werten kann leicht zu einer alles beherrschenden Kraft werden. Kritik und Warnsignale, die zur bestehenden Unternehmenskultur im Widerspruch stehen, werden überhört, verdrängt oder gar verleugnet. Damit besteht die Gefahr, dass das Unternehmen zu einem isolierten System wird.

2. **Blockierung neuer Orientierungen:** Starke Unternehmenskulturen widersetzen sich neuen Ideen, weil damit die eigene Identität in starkem Masse bedroht wird. Neuartige Vorschläge werden deshalb frühzeitig abgeblockt oder später abgelehnt. Man vertraut nur auf bekannte Erfolgsmuster, die auf den bisherigen Werten aufbauen und die sich in der Vergangenheit bewährt haben.

3. **Implementationsbarrieren:** Selbst wenn neue Ideen aufgenommen und genehmigt worden sind, erweist sich deren Umsetzung bei einer starken Unternehmenskultur häufig als Hemmschuh. Durch offenen oder versteckten Widerstand versucht man die geplanten Massnahmen zu umgehen.

4. **Mangel an Flexibilität:** Aufgrund der bisherigen Aufzählungen negativer Auswirkungen wird verständlich, dass sich starke Unternehmenskulturen durch Starrheit und mangelnde Anpassungsfähigkeit auszeichnen. Diese «unsichtbare» Barriere ist dann besonders gefährlich, wenn sich das Unternehmen in einem sich rasch verändernden Umfeld befindet. Gelingt es ihm nicht, sich an die neuen Herausforderungen anzupassen und seine Unternehmensstrategie neu auszurichten, besteht die Gefahr eines Misserfolgs.

| 3.1.4 | Analyse und Gestaltung der Unternehmenskultur |

Ziel eines Unternehmens wird es sein, seine Kultur so zu beeinflussen, dass sie mit den Unternehmenszielen und den Unternehmensstrategien optimal übereinstimmt. Damit eine Unternehmenskultur aber bewusst entwickelt werden kann, muss sie einer Analyse zugänglich sein. Dabei lassen sich zwei Möglichkeiten der Erfassung einer Unternehmenskultur unterscheiden (Rühli/Keller 1989, S. 688):

1. Die Werte und Normen können als solche **direkt,** d.h. durch Befragung der Betroffenen, erhoben werden. Dies hat den Vorteil, dass unmittelbar bei den ursächlichen Einflussfaktoren angesetzt wird, welche die jeweilige Unternehmenskultur entscheidend beeinflussen. Dieses Vorgehen

ist allerdings mit dem Nachteil von Verfälschungen und Verzerrungen verbunden, die durch bewusste Manipulation von Aussagen oder unbewusste Wunschprojektionen hervorgerufen werden können.

2. Die Wesenszüge der Unternehmenskultur können **indirekt** über ihre Auswirkungen und Symptome erfasst werden. Diese müssen beobachtet und interpretiert werden. Symptome sind beispielsweise die Ausgestaltung von Gebäuden und Büroräumlichkeiten, die Form von Sitzungsprotokollen, Anekdoten, die man sich über das Unternehmen und seine Mitarbeiter erzählt, die Art des Führungsstils oder die Ressourcenverteilung (◄ Abb. 253, S. 764). Eine bewusste Verfälschung ist bei dieser Methode viel schlechter möglich. Der Nachteil liegt in der Gefahr von Fehlinterpretationen.

In der Praxis erweist sich eine Kombination der beiden Methoden oft als der beste Weg, um mögliche Fehlerquellen zu vermeiden und die Resultate zu verifizieren.

Aus einer solchen Analyse ergibt sich ein Bild der gegenwärtigen Unternehmenskultur. Falls diese Schwächen aufweist, etwa ein schlechtes Übereinstimmungsmass oder eine Unverträglichkeit mit der Umwelt, werden zunächst **Soll-Vorstellungen** bezüglich der Entwicklungsrichtung festgelegt. Auf diese Soll-Kultur werden dann mögliche Massnahmen zur Verbesserung der Ist-Kultur ausgerichtet. Solche Massnahmen sind beispielsweise:

- Schulungskurse, Workshops, Rollenspiele,
- symbolische Handlungen,
- Versetzungen, Freistellungen,
- Veränderung von Rekrutierungs-, Beförderungs- und Belohnungskriterien,
- Neugestaltung des Anreizsystems,
- Veränderung der Ressourcenzuteilung,
- Einbezug von kulturellen Kriterien in die Umweltanalyse.

Ein zentraler, wenn nicht der wichtigste Einflussfaktor bei der Pflege und Gestaltung der Unternehmenskultur ist dabei das glaubwürdige Vorbild der Führungskräfte.[1]

1　Zur Glaubwürdigkeit vgl. Teil 11, Kapitel 5, Abschnitt 5.5 «Glaubwürdigkeitskonzept».

| 3.1.5 | **Interkulturelles Management** |
| 3.1.5.1 | Bedeutung des interkulturellen Managements |

Der ökonomische Erfolg grenzüberschreitender Unternehmensaktivitäten hängt wesentlich von einem möglichst reibungslosen Zusammenspiel zwischen Mitarbeitern, Vorgesetzten und Untergebenen unterschiedlicher Nationalität und kultureller Herkunft ab. Bei den meisten Menschen bewirkt die Entsendung an einen Arbeitsort, an dem sie verschiedene Kulturen – und dabei eine kulturelle Andersartigkeit – erfahren, ein Gefühl von Fremdheit und Unsicherheit. Vertraute Wert- und Orientierungsmuster verlieren ihre Gültigkeit, und die Vorhersagbarkeit des Verhaltens der Interaktionspartner sowie der Erfolg des eigenen Managementhandelns werden oft in unerwarteter Weise reduziert. Auf diesem Hintergrund kommt dem interkulturellen Management eine grosse Bedeutung zu:

> Das **interkulturelle Management** beschäftigt sich mit Managementproblemen, die sich beim Aufeinandertreffen von unterschiedlichen und einander fremden Kulturen ergeben.

Dabei geht es einerseits um das Managementhandeln von Führungskräften, die nicht in der sie umgebenden Kultur beheimatet sind. Andererseits geht es aber auch um die Erwartungen von kulturfremden Mitarbeitern an das Managementagieren ihrer lokal beheimateten Führungskräfte. Das interkulturelle Management umfasst zudem das Management von Geschäftsbeziehungen mit mehreren Partnern aus verschiedenen Kulturkreisen.

Interpersonelle und über Kulturgrenzen hinweggehende Interaktionssituationen gelten als äusserst komplex und bergen das Potenzial individueller und organisationaler Probleme. So ist prinzipiell davon auszugehen, dass die kulturelle Verschiedenheit der Partner ihre Fähigkeit zur Interaktion beschränkt und dass ein Zusammentreffen der Parteien ein erhebliches Potenzial an Missverständnissen und Konflikten in sich birgt. Die Entwicklung interkultureller Kooperations- und Interaktionsfähigkeit ist deshalb eine zentrale Aufgabe eines interkulturell adäquaten Managements. Konkret geht es um die Gestaltung der Zusammenarbeit von Personen, die auf Grund ihrer kulturellen Zugehörigkeit ein und dieselbe Situation verschieden wahrnehmen, erleben und auf diese folglich «anders» – und für den Interaktionspartner oftmals überraschend – reagieren. Ziel eines interkulturell adäquaten Managements ist es, kulturbedingte Managementprobleme durch die Bereitstellung effizienter interkultureller Handlungsempfehlungen und -routinen zu bewältigen.

| 3.1.5.2 | Gestaltungsebenen der Kultur |

Die Klassifizierung von Kultur in verschiedene Betrachtungsebenen – veranschaulicht in einem Pyramidenmodell (▶ Abb. 255) – reduziert massgeblich die Komplexität des Kulturphänomens.

- Auf der Ebene der **Landeskultur** wird die soziale Gruppe gleichgesetzt mit einer Nation bzw. dem Kollektiv der Bürger eines Landes. Menschen werden mit ihrer Geburt automatisch einer Landeskultur zugehörig. Sie sind damit den der Kultur zugrunde liegenden basalen Annahmen unterworfen und erhalten eine Programmierung mit Wertvorstellungen, die später nur bedingt und nur sehr schwer zu verändern sind. Die Abgrenzung der Landeskulturen entlang nationaler Grenzen ist allerdings problematisch, da Nationalstaaten in ihren Grenzen oft Minderheiten anderer kultureller Gruppen in Form von Volksminderheiten beheimaten (Subkulturen). Umgekehrt gibt es Beispiele von Volksgruppen, welche über Staatsgrenzen hinausreichen bzw. gar keinen eigenen Staat bilden.

- Entsprechend ihrem sozialen Umfeld werden die Angehörigen einer Landeskultur zusätzlich – beispielsweise durch Mitgliedschaft in einer Organisation – begrenzt sozialisiert bzw. sozial überformt. Grundlage einer solchen sozialen Überformung ist die betreffende **Organisations-** oder **Unternehmenskultur,** die auch als Miniaturgesellschaft bzw. Subkultur der umgebenden Landeskultur aufgefasst werden kann. Die

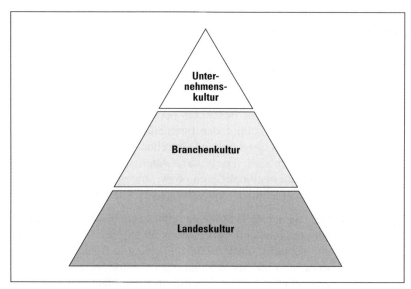

▲ Abb. 255   Pyramidenmodell der Kulturebenen

Kernidee der Unternehmenskultur beruht auf der Annahme, dass jedes Unternehmen eine spezifische, eigenständige Kultur entwickelt und damit eine nach aussen hin abgegrenzte Kulturgemeinschaft bildet.

■ Eine weitere Quelle sozialer Überformung sind branchenspezifische Werte und Normen, so genannte **Branchenkulturen**. Der Sozialisationsprozess erfolgt durch das Erlernen branchentypischer Organisationspraktiken, die sowohl auf Traditionen als auch auf technologischen Besonderheiten beruhen und von der Art des Produkts oder der Dienstleistung der entsprechenden Branche geprägt sind.

Diese Unterteilung der Kulturebenen bildet die Komplexität des Kulturphänomens allerdings nur stark vereinfacht ab. In der Realität lassen sich die einzelnen Ebenen nur schwer voneinander abgrenzen oder gar dauerhaft fixieren. Die Mitglieder einer sozialen Gruppe repräsentieren die Interdependenzen zwischen den Kulturebenen, indem sie zugleich Teilnehmer verschiedener sozialer Gruppen sind. Sie sorgen durch kulturüberschreitende Kommunikation für die Offenheit und Veränderbarkeit der Kulturebenen. Kultur beeinflusst also einerseits das Verhalten von Menschen und wird andererseits durch soziale Überformungsprozesse einem kontinuierlichen Veränderungsprozess unterzogen. Aus Interaktionen zwischen Individuen verschiedener kultureller Herkunft können demzufolge neue, gemeinsam geteilte soziale Kultursysteme entstehen, wenn sich die Kontakte während längerer Zeit wiederholen und so allmählich bestimmten wiederkehrenden Mustern folgen.

| **3.1.5.3** | Internationalisierungsstrategien und Kultur |

Neben der Frage des richtigen Umgangs mit kulturellen Unterschieden ist ein wesentlicher Faktor für die Gestaltung des interkulturellen Managements der strategische Stellenwert, den ein Unternehmen der Internationalisierung einräumt. Besonders bei der Integration grenzüberschreitender Akquisitionen kommt der Internationalisierungsstrategie entscheidende Bedeutung im Umgang mit kulturellen Unterschieden zu. Nach Perlmutter (1965) lassen sich verschiedene Alternativen idealtypischer Grundstrategien der Internationalisierung bzw. strategische Grundhaltungen des Managements identifizieren (Scholz 2000, S. 785ff.):

■ Die **internationale Strategie** (**ethnozentristische** Grundhaltung) geht von der prinzipiellen Überlegenheit der eigenen Managementmethoden aus und versucht, diese nach Möglichkeit in fremden Kulturräumen anzuwenden. Ziel der internationalen Strategie ist die Schaffung einer einheitlichen Unternehmenskultur und Identität durch völlige Assimilierung des kulturell andersartigen Unternehmens. Im Rahmen eines ethnozentristisch beeinflussten Personalmanagements werden Führungspositionen im Ausland durch Angehörige des Stammhauses besetzt. So verliert ein akquiriertes Unternehmen neben seiner Eigenständigkeit auch einen grossen Teil seiner Entscheidungsautonomie, wodurch die im Herkunftsland erfolgreiche Unternehmensphilosophie und -kultur transferiert werden soll.

■ Eine **multinationale Strategie** (**polyzentristische** Grundhaltung) ist gekennzeichnet von Dezentralisierung mit weitgehender Eigenständigkeit und Verantwortungsfreiräumen in den Tochtergesellschaften. Strukturen und Prozesse im Ausland sind an die Bedürfnisse des jeweiligen Gastlandes angepasst. Im Rahmen der polyzentristischen Grundhaltung und unter Berücksichtigung lokaler Bedürfnisse werden in den Tochtergesellschaften vorrangig lokale Führungskräfte eingesetzt.

■ Eine **globale Strategie** (**geozentristische** Grundhaltung) zielt auf die faktische Aufhebung kultureller Grenzen zwischen In- und Ausland. Im Streben nach globaler Effizienz versucht man, Strukturen, Kulturen und Prozesse mit den übergeordneten Zielen des Gesamtunternehmens zu koordinieren. Die globale Strategie bezweckt eine weitreichende soziale Integration, die sich in einer unternehmensweit einheitlichen Unternehmenskultur mit eigener Unternehmensidentität manifestiert. Bei der Besetzung von Führungspositionen werden ausschliesslich die Qualifikationen der Bewerber, und nicht ihre Herkunft, berücksichtigt.

■ Die **transnationale Strategie** (**synergetische** Grundhaltung) geht davon aus, dass Vorteile sowohl aus der (lokalen) Differenzierung als auch aus der Standardisierung (globalen Integration) zu erzielen sind. Inhalt dieser Strategie ist die intensive Berücksichtigung der Anforderungen und Bedürfnisse in den Gastländern bei gleichzeitiger Beachtung der zentralen Unternehmensziele und -fähigkeiten. Die synergetische Grundhaltung verfolgt die Minimierung des Problempotenzials kultureller Diversität durch adäquates Management, und nicht die Minimierung bzw. Verdeckung kultureller Unterschiede an sich. Das Personalmanagement berücksichtigt sowohl unternehmensweite landeskulturspezifische Gemeinsamkeiten als auch nationalkulturelle Unterschiede.

3.2	**Führungsstil**
3.2.1	**Klassifikation von Führungsstilen**

Unter Stil im Allgemeinen versteht man einen Begriff zur unterscheidenden Kennzeichnung spezifischer Haltungen und Äusserungen von einzelnen Personen oder Gruppen (z. B. Völkern, Generationen, sozialen Schichten) in Bezug auf eine bestimmte Zeit. Zwar wurde der Begriff ursprüng-

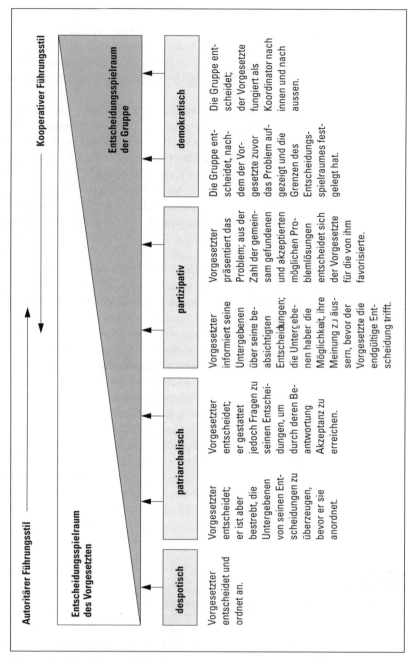

▲ Abb. 256   Führungsstile (nach Zepf 1972, S. 28)

lich vor allem auf die Literatur, bildende Kunst und Musik angewandt, doch wird er im heutigen Sprachgebrauch auch für die Lebensform oder -einstellung allgemein (Lebensstil) oder für spezifische Lebensbereiche gebraucht (z.B. Fahrstil, Wohnstil). In Analogie zu dieser allgemeinen Umschreibung kann der Führungsstil wie folgt interpretiert werden:

> Unter **Führungsstil** ist das Resultat der Ausgestaltung der Führungsfunktionen Planung, Entscheidung, Anordnung und Kontrolle zu verstehen.

Der Führungsstil ergibt sich einerseits aus

- der Bestimmung der an der Führung Beteiligten, der Gestaltung der Führungsprozesse sowie der Führungsinstrumente, und andererseits aus
- der Integration der individuellen Bedürfnisse der Mitarbeiter im Führungsprozess, der Gestaltung der Vorgesetzten/Untergebenen-Beziehung und der Berücksichtigung sozialer und kultureller Normen.

Ein bestimmter Führungsstil hat zur Folge, dass jede Führungssituation durch ein einheitliches Verhalten gekennzeichnet ist.

In der Literatur findet man verschiedene Typen von Führungsstilen. Eine verbreitete Klassifikation geht auf Tannenbaum/Schmidt (1958) zurück, die in ihrer so genannten Kontinuum-Theorie verschiedene Führungsstile aufgrund des Beteiligungsgrades des unterstellten Mitarbeiters am Entscheidungsprozess beschreiben. Je nach Abstufung können dabei unterschiedlich viele Führungsstile abgegrenzt werden (◀ Abb. 256). Am einen Ende des Kontinuums befindet sich der autoritäre, am anderen der kooperative Führungsstil:

- Der **autoritäre** Führungsstil ist dadurch gekennzeichnet, dass der Vorgesetzte alle Entscheidungen ohne jegliche Mitsprachemöglichkeiten des Untergebenen selber trifft und diese in Form von Befehlen weitergibt.

- Diesem rein vorgesetztenorientierten Führungsstil steht der **kooperative** gegenüber. Dieser kann dadurch charakterisiert werden, dass
  □ die Initiative und Selbstständigkeit des Mitarbeiters durch **Delegation** von Entscheidungskompetenz und Verantwortung gefördert wird und
  □ die Mitarbeiter durch **Partizipation** am Führungsprozess motiviert werden.

Allerdings ist offensichtlich, dass die Charakterisierung allein aufgrund eines einzigen Kriteriums (Beteiligung am Entscheidungsprozess) eine zu starke Vereinfachung darstellt. Deshalb erscheint eine mehrdimensionale Betrachtungsweise angemessen. Wie aus ▶ Abb. 257 ersichtlich, spielen viele Faktoren eine Rolle, welche die Führungssituation beeinflussen und damit für den Führungserfolg und das Betriebsklima verantwortlich sind.

Neben der Forderung nach einer mehrdimensionalen Betrachtungsweise wird auch angeführt, dass der anzuwendende Führungsstil von der

Unterschiede in Bezug auf		Merkmals-ausprägung	Stärke der Merkmals-ausprägung							Merkmals-ausprägung
			1	2	3	4	5	6	7	
Führungsprozess	Art der Willensbildung	individuell								kollegial
	Verteilung von Entscheidungs-aufgaben	zentral								dezentral
	Art der Willens-durchsetzung	bilateral								multilateral
	Informations-beziehungen	bilateral								multilateral
	Art der Kontrolle	Fremdkontrolle								Selbstkontrolle
	Bindung der Mitarbeiter an das Führungssystem	schwach								stark
Beziehungssystem	Einstellung des Vorgesetzten zum Mitarbeiter	Misstrauen								Offenheit
	Einstellung des Mitarbeiters zum Vorgesetzten	Respekt, Abwehr								Achtung, Vertrautheit
	Grundlage des Kontaktes zwischen Vorges. und Mitarb.	Abstand								Gleichstellung
	Häufigkeit des Kontaktes zwischen Vorges. und Mitarb.	selten								oft
	Handlungsmotive des Vorgesetzten	Pflichtbewusst-sein, Leistung								Integration
	Handlungsmotive des Mitarbeiters	Sicherheit, Zwang								Selbstständig-keit, Einsicht
	Soziales Klima	gespannt								verträglich
Formalisierungs- und Organisationsgrad		stark								schwach

(Spaltenbeschriftung vertikal: Extrem autoritärer Führungsstil (links, zwischen Spalte 1 und 2); Extrem kooperativer Führungsstil (rechts, zwischen Spalte 6 und 7))

▲ Abb. 257   Kriterien zur Abgrenzung des autoritären und kooperativen Führungsstils (nach Wöhe 1986, S. 119)

jeweiligen konkreten Situation abhängig sei. Je nach den vorliegenden Umständen sei ein unterschiedlicher Führungsstil angebracht. Deshalb spricht man von einem **situativen Führungsstil**. Als wichtigste Situationsvariablen, d.h. Faktoren, welche den jeweils zu wählenden Führungsstil bestimmen, werden beispielsweise genannt:

- Eigenschaften des **Vorgesetzten** wie zum Beispiel seine Führungsqualitäten und -erfahrung oder sein Menschenbild über die ihm unterstellten Mitarbeiter.

- Eigenschaften der **unterstellten Mitarbeiter** wie zum Beispiel das Fachwissen, das Bedürfnis nach persönlicher Entfaltung oder das Interesse an den gestellten Aufgaben.

- Art der **Problemstellung,** die zu bewältigen ist:
  - Komplexität: Braucht es eine Übersicht über globale Zusammenhänge, oder handelt es sich um ein Detailproblem?
  - Novität: Handelt es sich um wiederkehrende Entscheidungen oder um einmalige?
  - Bedeutung für das Unternehmen: Wie wichtig ist die Problemlösung für den Erfolg des Unternehmens?

Daneben können weitere situative Gegebenheiten eine Rolle spielen wie beispielsweise

- Gruppenstrukturen,
- organisatorische Regelungen (Organisationsform, -instrumente) oder
- die zur Verfügung stehende Zeit.

Der situative Führungsstil kann somit zwischen dem kooperativen und dem autoritären hin- und herschwanken. Obschon er wegen seiner grossen Flexibilität und der Möglichkeit zu einem differenzierten Vorgehen oft empfohlen wird, sind folgende Gefahren, die mit seinem Einsatz verbunden sind, zu beachten:

- Fehlende Konstanz, welche zu Unruhe und Missverständnissen führen kann.
- Hohe Abhängigkeit von der Fähigkeit des Vorgesetzten, die Situation richtig zu beurteilen.
- Wegen des ständig wechselnden Führungsstils oft mit grossem Aufwand verbunden.
- In der Hektik des Alltags lässt sich dieser ideale Führungsstil nur begrenzt realisieren.

| 3.2.2 | Das Verhaltensgitter (Managerial Grid) von Blake/Mouton |

Blake/Mouton (1986) gehen davon aus, dass jedes Führungsverhalten durch zwei Dimensionen gekennzeichnet werden kann. Die eine Dimension ist die Sachorientierung, die andere die Menschenorientierung:

- **Sachorientierung:** Die Sachorientierung lässt sich an der Ausrichtung auf quantitative und qualitative Sachziele erkennen. Es geht beispielsweise um Gewinn- und Umsatzzahlen, Kapazitätsauslastung oder eine bestimmte Produktqualität.
- **Menschenorientierung:** Die Ausrichtung auf den Menschen äussert sich im Bemühen der Führungskräfte um die Zuneigung ihrer Mitarbeiter. Sie zeigt sich im Erzielen von Ergebnissen auf der Grundlage von Vertrauen, Respekt, Gehorsam, Mitgefühl oder Verständnis und Unterstützung. Dazu gehört aber auch das Interesse an Fragen der Arbeitsbedingungen, der Gehaltsstruktur, über Sozialleistungen und der Arbeitsplatzsicherheit. (Blake/Mouton 1986, S. 26f.)

Die beiden Dimensionen können graphisch mit dem zweidimensionalen Verhaltensgitter dargestellt werden (▶ Abb. 258). Die Ausprägung der beiden Dimensionen ist unabhängig voneinander, doch sollten sie nicht getrennt, sondern nur in Kombination betrachtet werden. Da in jeder Dimension 9 verschiedene Ausprägungen möglich sind, ergeben sich daraus 81 unterschiedliche Kombinationen von Menschen- und Sachorientierung. Aus dieser Vielzahl ragen aber nach Blake/Mouton (1986, S. 29f.) fünf Hauptgitterstile heraus:

- Die **9,1-Orientierung** umfasst ein Höchstmass an Sachorientierung gepaart mit einem niedrigen Mass an Menschenorientierung. Eine von dieser Kombination ausgehende Führungskraft konzentriert sich auf einen maximalen Output. Sie setzt ihre Macht und Autorität ein und gewinnt Kontrolle über ihre Mitarbeiter, indem sie ihnen diktiert, was zu tun ist und wie sie ihre Arbeit zu erledigen haben.
- Die **1,9-Orientierung** ist die Kombination einer niedrigen Sachorientierung mit einer hohen Menschenorientierung. Dieses Führungsverhalten ist darauf ausgerichtet, Arbeitsbedingungen zu schaffen, unter denen der Mensch seine persönlichen und sozialen Bedürfnisse am Arbeitsplatz befriedigen kann, auch wenn dies auf Kosten der erzielten Ergebnisse geht.
- Die **1,1-Orientierung** zeigt eine geringe Sach- und Menschenorientierung. Dies bedeutet, dass eine Führungskraft wenig oder gar keine Widersprüche zwischen den Produktionserfordernissen und den Bedürfnissen der Menschen erkennt, da ihr an beiden nur sehr wenig gelegen ist.

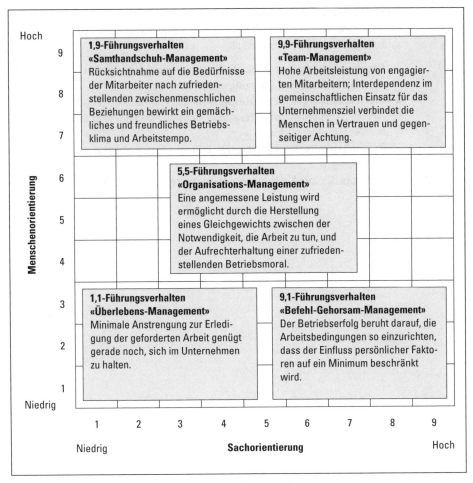

▲ Abb. 258   Das Verhaltensgitter von Blake/Mouton (1986, S. 28)

- Die **5,5-Orientierung** kombiniert eine mittlere Sachorientierung mit einer mittleren Menschenorientierung. Wer diesen Führungsstil anwendet, versucht das Dilemma zwischen den Leistungserfordernissen und den Bedürfnissen des Menschen mit Kompromissen zu lösen.
- Die **9,9-Orientierung** versucht, eine hohe Sach- mit einer hohen Menschenorientierung zu verbinden. Im Gegensatz zur 5,5-Orientierung strebt eine Führungskraft sowohl bezüglich der Sachziele wie auch der Bedürfnisse der Menschen nach einem Optimum. Sie versucht, qualitativ und quantitativ hochwertige Ergebnisse durch Mitwirkung, Mitverantwortung, gemeinschaftlichen Einsatz und gemeinsame Konfliktlösung zu erreichen.

Blake/Mouton (1986, S. 31 f.) nennen ebenfalls mehrere Einflussfaktoren, welche den vorherrschenden Gitterstil einer Führungskraft in einer bestimmten Situation beeinflussen:

- **Organisation,** die mit ihren Bedingungen und Regeln den Spielraum für die Anwendung von Führungsstilen absteckt.
- **Wertvorstellungen** der Führungskräfte, welche die Grundlagen für die Art des Umgangs mit Menschen oder die Einstellung zur Erreichung von Sachzielen bilden.
- **Persönlichkeitsentwicklung** der Führungskraft aufgrund ihrer eigenen Erfahrung.
- **Kenntnis** der zur Verfügung stehenden möglichen Führungsstile.

Kapitel 4

Strategisches Management

4.1	**Ziele und Aufgaben des strategischen Managements**
4.1.1	**Strategisches Management und Unternehmenspolitik**

Betrachtet man jene Probleme, die es zur Bestimmung des Verhaltens des Gesamtunternehmens zu lösen gilt, so spricht man in Anlehnung an den allgemeinen Problemlösungsprozess vom **strategischen** oder **unternehmenspolitischen** Problemlösungsprozess, der als **strategisches Management** bezeichnet wird. Im Mittelpunkt dieses Prozesses steht die Unternehmenspolitik:

> Unter der **Unternehmenspolitik** versteht man sämtliche Entscheide, die das Verhalten des Unternehmens nach aussen und nach innen langfristig bestimmen.

Als charakteristische Merkmale einer Unternehmenspolitik lassen sich festhalten (H. Ulrich 1987, S. 18 ff.):

1. Die Unternehmenspolitik umfasst primär **originäre Entscheide,** d. h. Entscheide, die nicht aus höherwertigen Entscheidungen abgeleitet werden können.
2. Diese obersten Entscheide bilden deshalb die Grundlage für die Entscheidungen in den einzelnen Teilbereichen des Unternehmens und haben den Charakter von **Rahmenbedingungen.**

3. Das Fällen dieser wegleitenden Entscheidungen und somit die Bestimmung der Unternehmenspolitik fällt in den Aufgabenbereich der **obersten Führungsstufe** (Topmanagement).

4. Unternehmenspolitische Entscheide sind **allgemein** formuliert und beziehen sich auf das Unternehmen als Ganzes. Sie weisen deshalb einen geringen Konkretisierungsgrad auf und sind **nicht operational,** d.h. unmittelbar in ausführende Handlungen umsetzbar.

5. Grundsätzlich sind unternehmenspolitische Entscheide **langfristiger Natur.** Deshalb spricht man auch von strategischen Entscheidungen oder vom **strategischen Management.** Bestimmte strategische Entscheide (z.B. Leitbild) sind sogar unterminiert, d.h. sie sind so lange gültig, bis ein neuer unternehmenspolitischer Entscheid gefällt wird.

Das **Ziel** der Unternehmenspolitik besteht darin, die **Existenz** des Unternehmens durch erfolgreiches Handeln langfristig zu sichern. Daraus können zwei grundsätzliche Ausrichtungen abgeleitet werden:

1. Ein Unternehmen kann nur überleben, wenn es von seinem gesellschaftlichen Umfeld akzeptiert wird (z.B. Kunden, Kapitalgeber, Lieferanten, Staat, Arbeitgeberverbände). Es hat sich deshalb um **Glaubwürdigkeit** gegenüber seinen Anspruchsgruppen zu bemühen.[1]

Bereiche strategischer Erfolgspositionen	Beispiele
Produkte und Dienstleistungen	■ Fähigkeit, Kundenbedürfnisse rascher und besser als die Konkurrenz zu erkennen und damit die Sortimente bzw. Produkte und Dienstleistungen schneller den Marktbedürfnissen anpassen zu können. ■ Fähigkeit, eine hervorragende Kundenberatung und einen überlegenen Kundenservice zu bieten. ■ Fähigkeit, einen bestimmten Werkstoff (z.B. Aluminium) in der Herstellung und der Anwendung besser zu kennen und zu beherrschen.
Markt	■ Fähigkeit, einen bestimmten Markt bzw. eine bestimmte Abnehmergruppe gezielter und wirkungsvoller als die Konkurrenz zu bearbeiten. ■ Fähigkeit, in einem Markt ein überlegenes Image (z.B. Qualität) aufzubauen und zu halten.
Unternehmensfunktionen	■ Fähigkeit, bestimmte Distributionskanäle am besten zu erschliessen und zu besetzen (z.B. Direktvertrieb). ■ Fähigkeit, durch laufende Innovationen schneller als die Konkurrenz neue, überlegene Produkte auf den Markt zu bringen. ■ Fähigkeit, überlegene Beschaffungsquellen zu erschliessen und zu sichern. ■ Fähigkeit, effizienter und kostengünstiger als die Konkurrenz zu produzieren. ■ Fähigkeit, die bestqualifizierten Mitarbeiter zu rekrutieren und zu halten.

▲ Abb. 259   Beispiele strategischer Erfolgspositionen (Pümpin/Geilinger 1988, S. 14)

---

1   Auf die Elemente einer erfolgreichen Glaubwürdigkeitsstrategie geht Teil 11, Kapitel 5, Abschnitt 5.5 «Glaubwürdigkeitskonzept», ein.

2. Im marktwirtschaftlichen System kann ein Unternehmen nur bestehen, wenn es wirtschaftlich erfolgreich ist. Das strategische Denken und Handeln muss deshalb darauf ausgerichtet sein, strategische Erfolgspositionen des eigenen Unternehmens zu erkennen, zu erarbeiten und auszunutzen.

> Unter **strategischer Erfolgsposition** (SEP) versteht man jene Fähigkeiten und Kompetenzen, die es dem Unternehmen erlauben, langfristig (nachhaltig) im Vergleich zur Konkurrenz überdurchschnittliche Ergebnisse zu erzielen.

Strategische Erfolgspositionen können in jedem unternehmerischen Bereich aufgebaut werden, wie ◀ Abb. 259 veranschaulicht.

4.1.2	**Strategischer Problemlösungsprozess**

Betrachtet man die einzelnen Elemente des strategischen (unternehmenspolitischen) Problemlösungsprozesses (▶ Abb. 260), so können daraus folgende **Aufgaben** abgeleitet werden:

1. **Analyse der Ausgangslage:** Zu Beginn des strategischen Problemlösungsprozesses wird in einer Informations- oder Situationsanalyse der Ist-Zustand ermittelt. Diese Analyse schliesst folgende Bereiche ein:

   ■ Analyse der **Wertvorstellungen:** Beim strategischen Problemlösungsprozess handelt es sich ebenfalls um eine multipersonale Problemlösung, d.h. es sind mehrere Personen daran beteiligt. Deshalb müssen die verschiedenen Wertvorstellungen bezüglich des zukünftigen Verhaltens und der Entwicklung des Unternehmens erfasst werden. Dabei entsteht das Problem der Harmonisierung dieser in der Regel mehr oder weniger unterschiedlichen Wertvorstellungen der Mitglieder der Führungsgruppe.

   ■ **Unternehmensanalyse:** Die in dieser Analyse erarbeiteten Informationen sollen den gegenwärtigen Zustand des Unternehmens so objektiv wie möglich darstellen. Erst dann soll eine subjektive Beurteilung des Unternehmens in Form einer Stärken/Schwächen-Analyse erfolgen.

   ■ **Umweltanalyse:** Während bei der Unternehmensanalyse weitgehend auf relativ sichere Informationen über vorliegende Tatbestände abgestellt werden kann und auch die Auswahl der relevanten Daten keine unüberwindlichen Schwierigkeiten bietet, geht es in der Umweltanalyse um die bedeutend anspruchsvollere Aufgabe, zukünftige Entwicklungen einer vielschichtigen Umwelt abzuschätzen und in ihrer Bedeutung für das eigene Unternehmen zu beurteilen.[1] Es handelt

---

1 Für eine Gliederung der Umwelt in verschiedene Problembereiche vgl. Teil 1, Kapitel 1, Abschnitt 1.2.5 «Umwelt des Unternehmens».

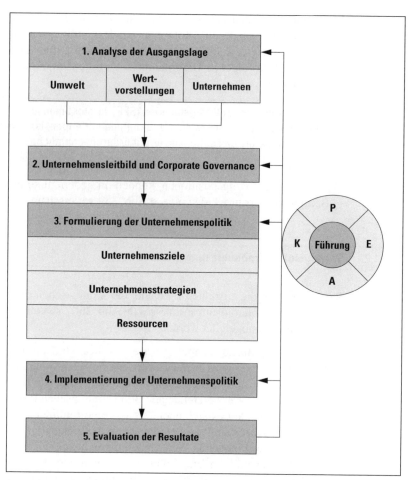

▲ Abb. 260   Strategischer Problemlösungsprozess

sich dabei um eine ausgesprochen schlecht strukturierte Problemstellung, für deren Lösung das interne Informationswesen in der Regel
sehr wenig Unterlagen liefert. Aufgrund der voraussichtlichen Umweltentwicklungen erhält man eine umfassende Chancen/Gefahren-
Analyse, die der in der Unternehmensanalyse herausgearbeiteten
Stärken/Schwächen-Analyse gegenübergestellt werden muss.

2. **Unternehmensleitbild und Corporate Governance:** Hat man die Umwelt
und das Unternehmen analysiert, so erfolgt unter Berücksichtigung der
vorhandenen Wertvorstellungen eine Umschreibung der allgemeinen
Grundsätze, auf die sich das zukünftige Verhalten des Unternehmens
auszurichten hat. Ein Teil dieser Grundsätze ist auch Gegenstand der
Corporate Governance. Diese hat das Ziel, durch entsprechende Regeln
die Unternehmenssteuerung und -überwachung sicherzustellen.

3. **Formulierung (Generierung) der Unternehmenspolitik:** Auf der Basis des Unternehmensleitbildes sowie der Stärken/Schwächen- und Chancen/ Gefahren-Analyse können nun die konkreten Ziele, die zu verfolgenden Strategien sowie die einzusetzenden Ressourcen bestimmt werden:

- **Formulierung der Unternehmensziele:** Gemäss den Ausführungen in Teil 1 «Unternehmen und Umwelt» können folgende Zielkategorien unterschieden werden:[1]
  - **Leistungsziele** (z.B. Markt- und Produktziele),
  - **Finanzziele** (z.B. bezüglich Zahlungsbereitschaft oder Vermögens- und Kapitalstruktur),
  - **Führungs-** und **Organisationsziele** (z.B. in Bezug auf das Führungssystem oder die Organisationsstruktur) sowie
  - **soziale Ziele** in Bezug auf die Mitarbeiter (z.B. Arbeitsplatzgestaltung) und die Gesellschaft (z.B. Umweltschutz).
- **Entwicklung von Unternehmensstrategien:** In einem weiteren Schritt gilt es erfolgsversprechende Strategien zu finden, mit denen die angestrebten Ziele erreicht werden können.
- **Festlegung der Ressourcen:** Ein wichtiges Problem im Rahmen des strategischen Problemlösungsprozesses ist die Verteilung der zur Verfügung stehenden Mittel (Allokation der Ressourcen). Sachlich richtet sich diese Verteilung nach den Unternehmensstrategien. In der Praxis ist aber zu beobachten, dass vielfach die Machtverteilung, d.h. die Aufteilung der Entscheidungskompetenzen innerhalb des Unternehmens, für die Verteilung der Mittel verantwortlich ist.

4. **Implementierung der Unternehmenspolitik:** Sobald die Ziele und die Strategien sowie der Ressourceneinsatz bestimmt sind, müssen diese auch umgesetzt und realisiert werden. Die Probleme bei der Implementierung unternehmenspolitischer Entscheide ergeben sich aus dem Charakter dieser Entscheidungen als allgemeine, relativ abstrakte und nicht operationale Grundsatzentscheidungen. Die Verwirklichung einer Unternehmenspolitik kann daher nicht unmittelbar durch eine beschränkte Zahl gezielter ausführender Handlungen erfolgen, sondern nur dadurch, dass bei allen zukünftigen Entscheidungen und Handlungen die Unternehmenspolitik als Richtlinie und Rahmenbedingung betrachtet wird. Es geht somit darum, die für das Unternehmen entscheidenden und handelnden Mitarbeiter so zu informieren und zu beeinflussen, dass sie ihre Aktivitäten nach den unternehmenspolitischen Entscheidungen ausrichten. (H. Ulrich 1987, S. 229) Sobald deshalb das Unternehmensleitbild sowie die Ziele, Strategien und Mittel festgelegt sind, werden die getroffenen unternehmenspolitischen Entscheidungen in zweckentsprechenden Dokumenten schriftlich festgehalten und ihre Anwendung

---

1   Vgl. dazu auch Teil 1, Kapitel 3, Abschnitt 3.2 «Zielinhalt».

durch die Unternehmensangehörigen mittels erklärender und motivierender Kommunikation eingeleitet.

5. **Evaluation der Resultate der Unternehmenspolitik:** Am Schluss des strategischen Problemlösungsprozesses stehen die eigentlichen Resultate, die es zu überprüfen gilt. Sie geben Auskunft darüber, ob die Entwicklung und Durchsetzung der Unternehmenspolitik erfolgreich gewesen ist und die geplanten Ziele erreicht worden sind. Im Sinne einer Fortschrittskontrolle müssen auch Teilresultate beurteilt werden. Darüber hinaus muss aber der gesamte strategische Problemlösungsprozess überwacht werden, damit eine notwendige Korrekturmassnahme nicht zu spät erfolgt.

◄ Abb. 260 zeigt, dass der strategische Problemlösungsprozess kein einmaliger Prozess ist, sondern dass aufgrund der erzielten Resultate oder grundlegender Veränderungen in der Umwelt ein neuer Prozess initiiert werden kann. Zudem ist zu beachten, dass in der Praxis die einzelnen Elemente zeitlich nicht immer hintereinander ablaufen. So müssen beispielsweise vielfach die Ziele oder Massnahmen aufgrund der zur Verfügung stehenden Ressourcen neu formuliert werden.

In den letzten Jahren hat sich auch gezeigt, dass eine optimale Steuerung dieses strategischen Problemlösungsprozesses nicht nur von einem analytisch klaren und zielgerichteten Konzept abhängt. Es wurde nämlich deutlich, dass die Gestaltung der Unternehmenspolitik, insbesondere der Strategie, ebenso von der **Unternehmenskultur** – d. h. den Werten und Normen, die sich im Unternehmen über die Jahre gebildet haben – sowie von der **Unternehmensstruktur** stark beeinflusst wird (► Abb. 261).[1]

In den weiteren Abschnitten dieses Kapitels werden aufgrund ihrer grossen Bedeutung drei Kernbereiche des strategischen Managements herausgegriffen und besprochen, nämlich

- die **Analyse der Ausgangslage,**
- die Formulierung eines **Unternehmensleitbildes** und Gestaltung der **Corporate Governance** sowie
- die Entwicklung, Implementierung und Evaluation einer **Unternehmensstrategie.**[2]

In einem letzten Abschnitt wird schliesslich auf die verschiedenen Einflussfaktoren (Erfolgsfaktoren) für eine erfolgreiche Formulierung und Implementierung der Unternehmenspolitik eingegangen.

---

1 Zur Unternehmenskultur vgl. Kapitel 3 «Unternehmenskultur und Führungsstil». Auf die Organisationsstruktur wird in Teil 9, insbesondere Kapitel 2 «Organisationsformen», ausführlich eingegangen.

2 Die Unternehmensziele als weiterer wichtiger Bereich werden in Teil 1, Kapitel 3 «Unternehmensziele», ausführlich behandelt.

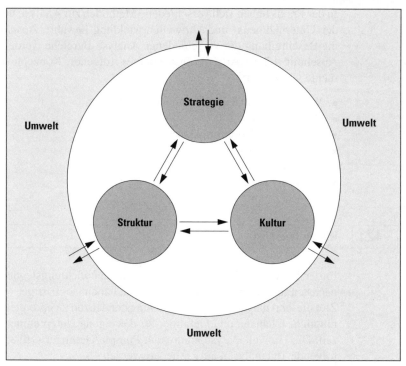

▲ Abb. 261   Trilogie Strategie – Kultur – Struktur (Rühli 1991, S. 16 f.)

4.2   Analyse der Ausgangslage

Ziel der Analyse der Ausgangslage ist es, die entscheidenden Informationen für die Formulierung der Unternehmenspolitik zu gewinnen. In den folgenden Abschnitten werden deshalb jene Bereiche dargestellt, aus denen diese Informationen gewonnen werden können und deshalb Gegenstand der Analyse sind. Es sind dies:

1. **Umwelt:** Welches sind die hauptsächlichen **Chancen** und **Gefahren,** die sich aus der voraussichtlichen Umweltentwicklung ergeben?
2. **Unternehmen:** Welches sind die **Stärken** und **Schwächen** des Unternehmens? Besonders interessiert die Frage, wo **strategische Erfolgspositionen** vorhanden sind oder aufgebaut werden können.
3. **Wertvorstellungen:** Die Unternehmens- und Umweltanalyse zeigt zwar bestenfalls das Machbare, aber noch nicht das Wünschbare. Deshalb müssen die **Basiswerte** abgeklärt werden, die dem unternehmenspolitischen Handeln zugrunde liegen.

In der Praxis haben sich verschiedene Methoden zur Analyse und Prognose der Unternehmens- und Umweltentwicklung bewährt. Anschliessend an die Beschreibung der verschiedenen Analyse-Bereiche werden deshalb in Abschnitt 4.2.4 «Analyse-Instrumente» folgende Konzepte und Instrumente vorgestellt:[1]

- Wettbewerbsanalyse (Branchenanalyse),
- PIMS-Modell,
- Konzept der Erfahrungskurve,
- Portfolio-Analyse,
- Gap-Analyse,
- Benchmarking.

| 4.2.1 | **Umweltanalyse** |

In der Umweltanalyse wird versucht, die Entwicklungstendenzen in den nächsten fünf bis zehn Jahren – manchmal noch langfristiger – zu erfassen. Ziel dieser Analyse ist es, Entwicklungstendenzen zu erkennen und daraus mögliche Chancen und Gefahren für das eigene Unternehmen abzuschätzen. Die Umweltanalyse kann nach Pümpin/Geilinger (1988, S. 24ff.) in folgende Teilanalysen aufgegliedert werden:[2]

1. Analyse des **allgemeinen Umfeldes:** In dieser Analyse werden die Situationen und Entwicklungstendenzen in Bezug auf die Ökologie, die Technologie, die Gesamtwirtschaft, den demographischen und sozialpsychologischen Bereich sowie die Politik und das Recht erfasst und beurteilt. In ▶ Abb. 262 ist eine Checkliste für diese Bereiche aufgeführt.

2. **Marktanalyse:** Grundsätzlich interessieren alle für das Unternehmen relevanten Märkte, also insbesondere die Absatzmärkte, die Beschaffungsmärkte, der Kapitalmarkt sowie der Arbeitsmarkt. Aufgrund der grossen Bedeutung des Absatzmarktes steht allerdings die Analyse dieses Marktes im Vordergrund. Dabei ist zwischen quantitativen und qualitativen Marktdaten zu unterscheiden, wie dies die Checkliste in ▶ Abb. 263 zeigt.

3. **Branchenanalyse:** Diese Analyse umfasst den für das Unternehmen relevanten Wirtschaftszweig als Ganzes. ▶ Abb. 264 zeigt einen Überblick über wesentliche Aspekte. Von besonderer Bedeutung ist die Ana-

---

1 Auf das Modell des Produktlebenszyklus als weiteres Instrument wurde bereits in Teil 2, Kapitel 3, Abschnitt 3.3 «Produktlebenszyklus» eingegangen.
2 Vgl. dazu auch Teil 1, Kapitel 1, Abschnitt 1.2.5 «Umwelt des Unternehmens».

Ökologische Umwelt	■ Verfügbarkeit von Energie
	■ Verfügbarkeit von Rohstoffen
	■ Strömungen im Umweltschutz
	   □ Umweltbewusstsein
	   □ Umweltbelastung
	   □ Umweltschutzgesetzgebung
	■ Recycling
	   □ Verfügbarkeit/Verwendbarkeit von Recycling-Material
	   □ Recyclingkosten

Technologie	■ Produktionstechnologie
	   □ Entwicklungstendenzen in der Verfahrenstechnologie
	   □ Innovationspotenzial
	   □ Automation/Prozesssteuerung/Informationstechnologie/CIM/CAM
	■ Produktinnovation
	   □ Entwicklungstendenzen in der Produkttechnologie (Hardware, Software)
	   □ Innovationspotenzial
	■ Substitutionstechnologien
	   □ mögliche Innovationen
	   □ Kostenentwicklung
	■ Informatik und Telekommunikation

Wirtschaft	■ Entwicklungstendenzen des Volkseinkommens in den relevanten Ländern ■ Entwicklung des internationalen Handels (Wirtschaftsintegration, Protektionismus) ■ Entwicklungstendenzen der Zahlungsbilanzen und Wechselkurse ■ Erwartete Inflation ■ Entwicklung der Kapitalmärkte ■ Entwicklung der Beschäftigung (Arbeitsmarkt) ■ Zu erwartende Investitionsneigung ■ Zu erwartende Konjunkturschwankungen ■ Entwicklung spezifischer relevanter Wirtschaftssektoren
Demographische und sozialpsychologische Entwicklungstendenzen	■ Bevölkerungsentwicklung in den relevanten Ländern ■ Sozialpsychologische Strömungen, z. B. Arbeitsmentalität, Sparneigung, Freizeitverhalten, Einstellung gegenüber der Wirtschaft, unternehmerische Grundhaltungen
Politik und Recht	■ Globalpolitische Entwicklungstendenzen ■ Parteipolitische Entwicklung in den relevanten Ländern ■ Entwicklungstendenzen in der Wirtschaftspolitik ■ Entwicklungstendenzen in der Sozialgesetzgebung und im Arbeitsrecht ■ Bedeutung und Einfluss der Gewerkschaften ■ Handlungsfreiheit der Unternehmen

▲ Abb. 262   Checkliste zur Analyse des allgemeinen Umfeldes (nach Pümpin 1992, S. 194 f.)

lyse der Hauptkonkurrenten, damit deren strategische Ausrichtung erkannt und gegenüber der eigenen Position abgegrenzt werden kann.[1]

Quantitative Marktdaten	<ul><li>Marktvolumen</li><li>Stellung des Marktes im Marktlebenszyklus</li><li>Marktsättigung</li><li>Marktwachstum (mengenmässig, in % pro Jahr)</li><li>Marktanteile</li><li>Stabilität des Bedarfs</li></ul>
Qualitative Marktdaten	<ul><li>Kundenstruktur</li><li>Bedürfnisstruktur der Kunden</li><li>Kaufmotive</li><li>Kaufprozesse/Informationsverhalten</li><li>Marktmacht der Kunden</li></ul>

▲ Abb. 263   Checkliste zur Analyse des Absatzmarktes (Pümpin 1992, S. 196)

Branchenstruktur	<ul><li>Anzahl Anbieter</li><li>Heterogenität der Anbieter</li><li>Typen der Anbieterfirmen</li><li>Organisation der Branche (Verbände, Absprachen usw.)</li></ul>
Beschäftigungslage und Wettbewerbssituation	<ul><li>Auslastung der Kapazität</li><li>Konkurrenzkampf</li></ul>
Wichtigste Wettbewerbs-instrumente/ Erfolgsfaktoren	<ul><li>Qualität</li><li>Sortiment</li><li>Beratung</li><li>Preis</li><li>Lieferfristen</li><li>usw.</li></ul>
Distributionsstruktur	<ul><li>Geographisch</li><li>Absatzkanäle</li></ul>
Branchenausrichtung	<ul><li>Allgemeine Branchenausrichtung (Werkstoffe, Technologie, Kundenprobleme usw.)</li><li>Innovationstendenzen (Produkte, Verfahren usw.)</li></ul>
Sicherheit	<ul><li>Eintrittsbarrieren für neue Konkurrenten</li><li>Substituierbarkeit der Leistungen</li></ul>

▲ Abb. 264   Checkliste zur Branchenanalyse (Pümpin 1992, S. 195 f.)

---

1   Zur Branchenanalyse vgl. auch Abschnitt 4.2.4.1 «Wettbewerbsanalyse (Branchenanalyse)».

| 4.2.2 | Unternehmensanalyse |

In der Unternehmensanalyse sollen die Stärken und Schwächen des Unternehmens herausgearbeitet und beleuchtet werden. Aus der Analyse der bisherigen Entwicklung und der gegenwärtigen Situation lassen sich mögliche strategische Stossrichtungen für die Zukunft ableiten.

Im Vordergrund der Unternehmensanalyse sehen Pümpin/Geilinger (1988, S. 17 ff.) folgende Aspekte:

1. **Analyse des Tätigkeitsgebietes:** Aufgrund der dynamischen Entwicklung des Marktes, d.h. der Bedürfnisse der Nachfrager, muss sich ein Unternehmen immer wieder fragen, ob es die richtigen Produkte anbietet. Die Beantwortung dieser Frage öffnet dem Unternehmen neue Marktchancen, kann aber auch zu einer Einschränkung der bisherigen Tätigkeiten führen. Deshalb sind für jedes Produkt (oder jede Produktgruppe) folgende Fragen zu beantworten:

   - **Nutzen:** Welchen Nutzen bringt das Unternehmen den Abnehmern (Kunden) mit seinen Produkten und Dienstleistungen?
   - **Abnehmer:** Welchen Abnehmern bringt das Unternehmen diesen Nutzen?
   - **Verfahren:** Welche Verfahren und Technologien setzt das Unternehmen ein, um seinen Abnehmern diesen Nutzen zu schaffen?

2. **Analyse der eigenen Fähigkeiten:** In der Fähigkeitsanalyse wird aufgezeigt, in welchen Bereichen das Unternehmen gegenüber der Konkurrenz überlegene Fähigkeiten aufweist und welche strategischen Erfolgspositionen es bereits besetzt. ▶ Abb. 265 zeigt mögliche Kriterien, die bei einer solchen Fähigkeitsanalyse herangezogen werden können.

3. **Analyse der bisherigen Unternehmenspolitik:** Es ist zu überprüfen, inwieweit die bisherigen Ziele sinnvoll und realistisch waren oder immer noch sind, ob die zur Verwirklichung dieser Ziele gewählte Strategie geeignet war und ob die Ressourcenverteilung und der Ressourceneinsatz zweckmässig und effizient erfolgt sind.

4. **Analyse der Unternehmenskultur:** Auf die grosse Bedeutung der Unternehmenskultur für die Unternehmenspolitik wurde bereits hingewiesen.[1] Eine sorgfältige Analyse der Unternehmenskultur erlaubt es deshalb zu beurteilen, inwieweit eine Übereinstimmung zwischen der bestehenden Kultur und der beabsichtigten Unternehmenspolitik besteht.

5. **Analyse der Organisationsstruktur:** Neben der Unternehmenskultur muss auch die Organisationsstruktur eines Unternehmens optimal auf die

---

1 Vgl. Abschnitt 4.1.2 «Strategischer Problemlösungsprozess» und Kapitel 3 «Unternehmenskultur und Führungsstil».

Allgemeine Unternehmens- entwicklung	■ Umsatzentwicklung
	■ Cash-flow-Entwicklung/Gewinnentwicklung
	■ Entwicklung des Personalbestandes
	■ Entwicklung der Kosten und der Kostenstruktur
	   □ fixe Kosten
	   □ variable Kosten

Marketing	■ Marktleistung
	   □ Sortiment
	      – Breite und Tiefe des Sortiments
	      – Bedürfniskonformität des Sortiments
	   □ Qualität
	      – Qualität der Hardware-Leistungen (Dauerhaftigkeit, Konstanz
	        der Leistung, Fehlerraten, Zuverlässigkeit, Individualität usw.)
	      – Qualität der Software-Leistungen (Nebenleistungen, Anwen-
	        dungsberatung, Garantieleistungen, Lieferservice, individuelle
	        Betreuung der Kunden usw.)
	      – Qualitätsimage
	■ Preis
	   □ allgemeine Preislage
	   □ Rabatte, Angebote usw.
	   □ Zahlungskonditionen
	■ Marktbearbeitung
	   □ Verkauf
	   □ Verkaufsförderung
	   □ Werbung
	   □ Öffentlichkeitsarbeit
	   □ Markenpolitik
	   □ Image (evtl. differenziert nach Produktgruppen)
	■ Distribution
	   □ inländische Absatzorganisation
	   □ Exportorganisation
	   □ Lagerbewirtschaftung und Lagerwesen
	   □ Lieferbereitschaft
	   □ Transportwesen

Produktion	■ Produktionsprogramm
	■ Vertikale Integration
	■ Produktionstechnologie
	   □ Zweckmässigkeit und Modernität der Anlagen
	   □ Automationsgrad
	■ Produktionskapazitäten
	■ Produktivität
	■ Produktionskosten
	■ Einkauf und Versorgungssicherheit

▲ Abb. 265   Checkliste zur Unternehmensanalyse (Pümpin/Geilinger 1988, S. 58f.)

Forschung und Entwicklung	■ Forschungsaktivitäten und -investitionen ■ Entwicklungsaktivitäten und -investitionen ■ Leistungsfähigkeit der Forschung ■ Leistungsfähigkeit der Entwicklung 　□ Verfahrensentwicklung 　□ Produktentwicklung 　□ Softwareentwicklung ■ Forschungs- und Entwicklungs-Know-how ■ Patente und Lizenzen
Finanzen	■ Kapitalvolumen und Kapitalstruktur ■ Stille Reserven ■ Finanzierungspotenzial ■ Working Capital ■ Liquidität ■ Kapitalumschlag 　□ Gesamtkapitalumschlag 　□ Lagerumschlag 　□ Debitorenumschlag ■ Investitionsintensität
Personal	■ Qualitative Leistungsfähigkeit der Mitarbeiter ■ Arbeitseinsatz ■ Salärpolitik/Sozialleistungen ■ Betriebsklima ■ Teamgeist/Unité de doctrine ■ Unternehmenskultur
Führung und Organisation	■ Stand der Planung ■ Geschwindigkeit der Entscheide ■ Kontrolle ■ Qualität und Leistungsfähigkeit der Führungskräfte ■ Zweckmässigkeit der Organisationsstruktur/organisatorische Friktionen ■ Innerbetriebliche Information, Informationspolitik 　□ Rechnungswesen 　□ Marktinformation
Innovationsfähigkeit	■ Einführung neuer Marktleistungen ■ Erschliessung neuer Märkte ■ Erschliessung neuer Absatzkanäle
Know-how in Bezug auf	■ Kooperation ■ Beteiligungen ■ Akquisitionen
Synergiepotenziale	■ Marketing, Produktion, Technologie usw.

▲ Abb. 265　Checkliste zur Unternehmensanalyse (Pümpin/Geilinger 1988, S. 58 f.) (Forts.)

Unternehmensstrategie abgestimmt werden, damit die gewählte Strategie voll zum Tragen kommt. So zeigt sich beispielsweise, dass stark innovationsorientierte Unternehmen sehr flexible Organisationsstrukturen aufweisen.[1]

| 4.2.3 | **Analyse der Wertvorstellungen** |

Beim allgemeinen wie beim strategischen Problemlösungsprozess handelt es sich um einen multipersonalen Prozess, d.h. es ist in der Regel eine Vielzahl von Mitarbeitern mit verschiedenen Aufgaben und Führungsfunktionen daran beteiligt. Um das Verhalten des Unternehmens in eine bestimmte Richtung zu lenken, ist es deshalb wichtig, sich über die grundlegenden Wertvorstellungen klar zu werden, welche der zukünftigen unternehmenspolitischen Ausrichtung zugrunde gelegt werden sollen. Dazu sind zwei Schritte notwendig:

1. **Erfassung** der Wertvorstellungen: In einer ersten Phase müssen die individuellen Wertvorstellungen der Mitglieder der Führungsgruppe erfasst werden. In der Praxis hat sich dazu als Hilfsmittel das **Wertvorstellungsprofil** bewährt (▶ Abb. 266).
2. **Harmonisierung** der Wertvorstellungen: In einer zweiten Phase müssen die individuellen Wertvorstellungsprofile zu einem gemeinsamen Profil zusammengeführt werden. In der Praxis bedingt dies intensive Diskussionen zwischen den Mitgliedern der Führungsgruppe.

Das Erstellen von individuellen Wertvorstellungsprofilen ist auch deshalb von Bedeutung, weil die eigenen Werte von den einzelnen Führungskräften oft nicht bewusst wahrgenommen werden oder zum Teil ein inkonsistentes Wertsystem besteht. Der Prozess der Erarbeitung gemeinsamer Werte ist somit wichtig, um die persönlichen Wertvorstellungen hervortreten zu lassen und in ein widerspruchsfreies System zu bringen.

Resultat der Analyse der Wertvorstellungen, d.h. der grundlegenden Werte und Normen des Managements, ist die Unternehmens- oder Management-Philosophie.

> Unter **Management-Philosophie** werden die grundlegenden Einstellungen, Überzeugungen und Werthaltungen verstanden, die das Denken und Handeln der massgeblichen Führungskräfte in einem Unternehmen beeinflussen.

---

[1] Vgl. Teil 9, insbesondere Kapitel 2 «Organisationsformen».

Faktoren	Ausprägung						
ausschüttbarer Gewinn	so wenig wie möglich	stabile bescheidene Dividende	nach Ergebnis wechselnde Dividende			so viel wie möglich	
			gering	angemessen	hoch		
reinvestierbarer (zurückzuhaltender) Gewinn	null	nach Ergebnis wechselnde Dividende				so viel wie möglich	
		gering ...%	mittel ...%	hoch ...%			
Risikoneigung	grösstmögliche Sicherheit	Eingehen «kalkulierter» Risiken				höchste Risiken akzeptieren	
		gering	mittel	hoch			
Umsatzwachstum	Schrumpfung	stabil bleiben	«angemessenes Wachstum»			maximales Wachstum	
			klein	mittel	gross		
Marktleistungsqualität	keine Bedeutung	angemessenes Qualitätsniveau				maximale Qualitätsvorstellung	
		gering	mittel	hoch			
geographische Reichweite	lokal	Landesregion	national	beschränkt international		multinational	
Eigentumsverhältnisse	Einzelbesitz	Familienbesitz	kleiner Eigentümerkreis	Publikumsgesellschaft		Mitarbeiterbeteiligung	
Innovationsneigung	sehr gering	angemessene Innovationsfähigkeit				sehr hoch	
		gering	mittel	hoch			
Verhältnis zum Staat	negativ, Abwehrhaltung	politische Abstinenz	politische Neutralität	politische Aktivität in bestimmter Richtung		maximale Unterstützung, Unterordnung	
Berücksichtigung gesellschaftlicher Ziele	keine Berücksichtigung	nur wenn im Eigeninteresse	von Fall zu Fall			generell so weit als möglich	
			wenn Opfer gering	wenn mit eigener Überzeugung übereinstimmend			
Berücksichtigung von Mitarbeiterzielen	keine Berücksichtigung	nur soweit leistungsfördernd	auch wenn mit Opfern verbunden			maximale Berücksichtigung	
Führungsstil	«autoritär»	«kooperativ»				«demokratisch»	
		beschränkt		weitgehend			

– – – – – – Unternehmensbild der klassischen Nationalökonomie

———————— Beispiel eines professionellen Managements

▲ Abb. 266 Beispiele von Wertvorstellungsprofilen (H. Ulrich 1987, S. 56)

Unsere Philosophie wird von Grundsätzen getragen, die unser Verhalten in allen Bereichen und Stufen unseres Unternehmensgefüges prägen:

- Wir streben nach einer **Sinnhaftigkeit,** in allem, was wir erreichen und tun wollen.
- Sinn erkennen wir in Leistungen, die einen **Nutzen** für andere ausserhalb und innerhalb unseres Unternehmens stiften.
- Das, was wir erstreben, definieren wir durch eine breite Berücksichtigung unterschiedlicher **Interessen.**
- **Menschlichkeit** im Urteil und Handeln ist für uns ein übergeordnetes Ziel und niemals Mittel zur Erreichung von Zielen.

- Sie verlangt eine **Hinwendung** zum Nächsten; was man selbst nicht erdulden möchte, sollte man auch anderen nicht zufügen.
- Wir verlassen uns auf die **Unabhängigkeit des Urteils** auch bei entgegengesetzten Sachzwängen.
- Unser Handeln wird von einem hohen **Verantwortungsbewusstsein** gegenüber unserer Umwelt und unseren Mitarbeitern getragen.
- Wir lassen uns in unserem Verhalten an der **Vertretbarkeit** unseres Handelns messen.

▲ Abb. 267   Beispiele für Grundsätze einer Management-Philosophie (Bleicher 1999, S. 96)

4.2.4	**Analyse-Instrumente**
4.2.4.1	Wettbewerbsanalyse (Branchenanalyse)

Neuere Untersuchungen zeigen, dass die Struktur einer Branche[1] in starkem Masse sowohl die Spielregeln des Wettbewerbs als auch die Strategien, die einem Unternehmen potenziell zur Verfügung stehen, beeinflussen. Deshalb ist es für ein Unternehmen wichtig, jene Einflussfaktoren zu erkennen, welche für die jeweilige Wettbewerbssituation verantwortlich sind. Damit wird es einem Unternehmen möglich, eine Wettbewerbsstrategie zu finden, mit der es sich am besten gegen bestimmte Wettbewerbskräfte schützen oder sie zu seinen Gunsten beeinflussen kann. Dies bedeutet zugleich eine höhere Rentabilität im Vergleich zu vorhandenen oder potenziellen Konkurrenten.

Wie aus ▶ Abb. 268 hervorgeht, unterscheidet Porter (1983) fünf wesentliche Einflussfaktoren (Wettbewerbskräfte) des Branchenwettbewerbs. Sie alle bestimmen die Wettbewerbsintensität und somit die Rentabilität einer bestimmten Branche. Versucht beispielsweise ein Unternehmen über tiefere Preise seinen Marktanteil zu erhöhen, so wird ihm das kurzfristig vielleicht gelingen. Die anderen Unternehmen werden aber dazu gezwungen, ihre Preise ebenfalls zu senken, wenn sie ihren Marktanteil halten wollen. Dies hätte zur Folge, dass die Gewinnspanne für alle Unternehmen einer Branche verkleinert und die Rentabilität sinken würde.

---

1   Als Branche wird eine Gruppe von Unternehmen bezeichnet, die Produkte herstellen oder anbieten, die sich gegenseitig nahezu ersetzen können.

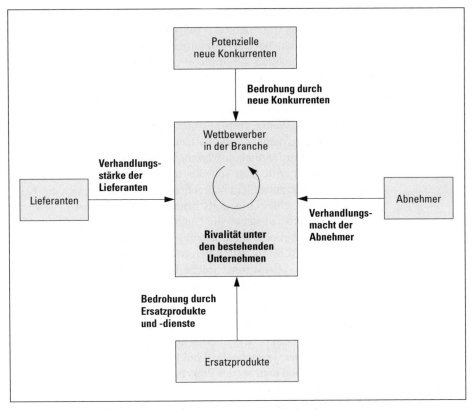

▲ Abb. 268   Triebkräfte des Branchenwettbewerbs (Porter 1983, S. 26)

Allerdings wirken diese Einflussfaktoren je nach Situation unterschiedlich stark. Dies ist insofern von grosser Bedeutung, als sich die verschiedenen Konstellationen auf die zu wählende Strategie auswirken. Die fünf Wettbewerbskräfte können wie folgt umschrieben werden (Porter 1983, S. 29 ff.):

1. **Gefahr des Markteintritts:** Neue Marktteilnehmer erhöhen die Kapazität einer Branche und bringen finanzielle Mittel mit sich, welche die Preis- und Kostenstruktur einer Branche verändern können und somit auf die Rentabilität einen Einfluss haben. Die Wahrscheinlichkeit eines Markteintritts hängt im Wesentlichen von den erkennbaren Eintrittsbarrieren (z.B. minimaler Kapitaleinsatz, der notwendig ist, oder minimale Menge, die abgesetzt werden muss, um einen Gewinn zu erwirtschaften) sowie den zu erwartenden Reaktionen der bereits etablierten Marktteilnehmer ab.

2. **Rivalität unter den bestehenden Wettbewerbern:** Da die Unternehmen in einer bestimmten Branche wechselseitig voneinander abhängig sind, wird jedes Unternehmen durch das Verhalten eines Konkurrenten direkt

oder indirekt getroffen. Preisänderungen, neue Produkte oder neue Absatzkanäle eines Unternehmens führen deshalb meistens zu entsprechenden Reaktionen bei der Konkurrenz. Die Intensität des Wettbewerbs kann massgeblich durch die Branchenstruktur beeinflusst werden, wie folgende Beispiele zeigen:

- Sind viele Konkurrenten vorhanden, so glauben einzelne Wettbewerber oft, ohne Beeinflussung des Gesamtmarktes mit ihren Massnahmen die eigene Wettbewerbsposition verbessern zu können. Dies erweist sich langfristig allerdings häufig als Trugschluss, da andere Konkurrenten zu ähnlichen Massnahmen gezwungen werden. Auf diese Situation trifft man seltener bei Branchen mit wenigen Anbietern, die sich entweder absprechen oder von denen sich ein Konkurrent wegen seiner Grösse als Branchenführer erweist.

- Bei hohen Fixkosten stehen die Unternehmen unter dem Druck, ihre Kapazitäten möglichst stark auszulasten, um die Leerkosten zu vermindern. Dies führt in gesättigten Märkten dazu, die Produkte über Preissenkungen abzusetzen. Solche Beispiele finden sich vor allem in der Rohstoffindustrie (z.B. Stahl, Aluminium, Papier).

3. **Druck durch Substitutionsprodukte:** Alle Unternehmen einer Branche stehen in Konkurrenz mit Branchen, die ein ähnliches Produkt (Substitut bzw. Ersatzprodukt) herstellen. Die Gefahr einer Substitution ist dabei umso grösser, je mehr die Funktionen der jeweiligen Produkte übereinstimmen und je tiefer der Preis des Ersatzproduktes ist. Dass die Substitution aber vielfach nicht nur vom Preis oder von der eigentlichen Funktion des Produktes abhängt, zeigen verschiedene Beispiele der Vergangenheit, bei denen gesellschaftliche Normen oder ökonomische Zwänge eine nicht unbedeutende Rolle gespielt haben (z.B. Glas/Kunststoff, Margarine/Butter, Öl/Gas/Elektrizität/Sonnenenergie). Tendenziell kann jedoch festgestellt werden, dass potenzielle Ersatzprodukte das Gewinnpotenzial und die Rentabilität einer Branche beeinflussen, indem sie eine obere Preisgrenze bestimmen.

4. **Verhandlungsstärke der Abnehmer:** Einzelne Abnehmer oder Abnehmergruppen beeinflussen den Wettbewerb und die Rentabilität einer Branche, indem sie versuchen, die Preise hinunterzudrücken, eine bessere Qualität oder Leistung zu verlangen oder die Wettbewerber gegeneinander auszuspielen. Die Stärke des Einflusses eines Abnehmers bzw. einer Abnehmergruppe ist in folgenden Situationen besonders gross:

- Es gibt nur relativ wenige Abnehmer und viele Anbieter (beschränktes Nachfragemonopol).

- Die Produkte, welche die Abnehmer von der jeweiligen Branche beziehen, bilden einen wesentlichen Anteil an den gesamten Kosten der Abnehmer.

- Die Produkte können relativ leicht durch ähnliche Produkte substituiert werden.
- Die Abnehmer können glaubwürdig damit drohen, durch eine Rückwärtsintegration die Lieferanten zu umgehen.

5. **Verhandlungsstärke der Lieferanten:** Ebenso wie die Abnehmer können die Lieferanten versuchen, durch Veränderung der Preise oder der Qualität der Produkte und Dienstleistungen den Wettbewerb bzw. die Wettbewerbsstruktur einer Branche zu beeinflussen. Sie besitzen – analog zu den Abnehmern – vor allem in den folgenden Fällen eine grosse Macht:

- Es gibt nur wenige Lieferanten und relativ viele Nachfrager (Angebotsmonopol oder -oligopol).
- Die Branche ist als Kunde für die Lieferanten relativ unwichtig.
- Die an die Branche gelieferten Produkte werden nicht durch Ersatzprodukte konkurrenziert.
- Das Produkt der Lieferanten ist ein wichtiger Input für das Geschäft des Abnehmers.

4.2.4.2	PIMS-Modell

Das PIMS-Modell (Profit Impact of Market Strategies) entstand in den frühen sechziger Jahren aufgrund von Untersuchungen der Firma General Electric. Diese hatte die Absicht, jene Faktoren zu identifizieren, welche für Gewinn bzw. ROI (Return on Investment) und Cash-flow verantwortlich sind. Während sich die Untersuchungen vorerst auf etwa 100 Geschäftsbereiche der General Electric selbst beschränkten, wurden im Laufe der Zeit auch andere Unternehmen einbezogen, um verlässlichere Resultate zu erhalten. Heute wird das PIMS-Programm durch das Strategic Planning Institute (SPI) betreut, das eine autonome Non-Profit-Organisation mit Sitz in Cambridge (Massachusetts) ist. Das PIMS-Programm erstellt eine Datenbasis, anhand welcher die Erfolgsfaktoren für die Leistungsfähigkeit von weltweit rund 450 Unternehmen mit über 3000 Geschäftseinheiten wissenschaftlich untersucht werden. Die in das Projekt involvierten Unternehmen stellen jährlich organisationsinterne Daten (pro Geschäftseinheit rund 300 Kennzahlen) zur Verfügung und erhalten im Austausch dafür das Nutzungsrecht für die gesamte Datenbasis, bzw. für die damit erstellte Datenbank. (Lombriser/Abplanalp 2005, S. 182)

Insgesamt konnten 37 Faktoren ausgesondert werden, die den ROI (Gewinn vor Steuern in Relation zu dem in einer strategischen Geschäftseinheit investierten Kapital) beeinflussen. Als Schlüsselfaktoren können daraus hervorgehoben werden:

- **Stärke der Wettbewerbsposition:** Ein hoher Marktanteil (sowohl absolut als auch relativ im Verhältnis zu den drei grössten Konkurrenten) wirkt sich sowohl auf den Gewinn als auch auf den Cash-flow positiv aus.
- **Attraktivität des Marktes:** Ein hohes Marktwachstum wirkt sich positiv auf den Gewinn, aber negativ auf den Cash-flow aus.
- **Investitionsintensität:** Der Massstab für die Investitionsintensität ist der Betrag, der in Form von Sachanlage- und Umlaufvermögen eingesetzt wird, um einen Dollar (oder eine andere Währungseinheit) Wertschöpfung zu erzeugen. Eine hohe Investitionsintensität wirkt sich deutlich negativ auf den Gewinn und den Cash-flow aus. Dies lässt sich darauf zurückführen, dass bei stark automatisierter Fertigung, bei der die Investitionsintensität in der Regel sehr hoch ist, die Anbieter bemüht sind, ihre grossen Kapazitäten auszulasten. Dies führt gesamtwirtschaftlich gesehen zu einer Überproduktion (d.h. Angebot grösser als Nachfrage), wodurch häufig ein Preiszerfall ausgelöst wird.
- **Produktivität:** Ein hoher Umsatz pro Beschäftigten wirkt sich positiv auf Gewinn und Cash-flow aus.
- **Innovation, Unterscheidung von Konkurrenten:** Massnahmen zur Erhöhung der Innovation und zur Abgrenzung von der Konkurrenz wirken sich nur dann positiv auf den Gewinn und den Cash-flow aus, wenn das Unternehmen über eine starke Wettbewerbsposition verfügt.
- **Qualität der Produkte:** Wird die Produktqualität durch die Kunden hoch bewertet, so korreliert dies positiv mit Gewinn und Cash-flow.
- **Vertikale Integration:** Diese wird mit der Wertschöpfung in Relation zum Umsatz gemessen. Eine hohe Integration wirkt sich nur in reifen oder stabilen Märkten positiv auf Gewinn und Cash-flow aus. In rasch wachsenden oder schrumpfenden Märkten trifft das Gegenteil zu.

Mit diesen Untersuchungen wurde somit die verbreitete und vielen Modellen (z.B. Portfolio-Methode) zugrunde liegende Annahme bestätigt, dass ein hoher Marktanteil und ein hohes Marktwachstum den Gewinn positiv beeinflussen.

| 4.2.4.3 | Konzept der Erfahrungskurve |

> Das von der Boston Consulting Group 1966 entwickelte **Modell der Erfahrungskurve** besagt, dass die Kosten pro hergestellte Produktionseinheit mit zunehmender Erfahrung sinken. Als Mass für die gewonnene Erfahrung dient die kumulierte Produktionsmenge.

Das Erfahrungskurven-Konzept stellt eine Erweiterung der Lernkurve dar. Diese beruht darauf, dass mit zunehmender kumulierter Ausbringungs-

kumulierte Produktionsmenge	Kostenreduktionsrate α		
	$\alpha = 20$	$\alpha = 25$	$\alpha = 30$
1	10,00	10,00	10,00
2	8,00	7,50	7,00
4	6,40	5,63	4,90
8	5,12	4,22	3,43
16	4,10	3,16	2,40
32	3,27	2,37	1,68

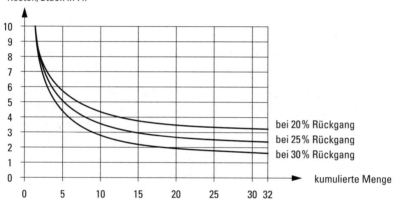

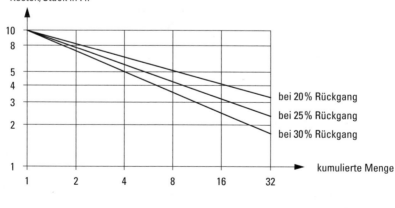

▲ Abb. 269   Beispiel und Darstellung der Erfahrungskurve

menge sowohl die Fertigungszeiten als auch die Fehlerquote und damit die Lohnkosten sowie als Folge davon auch die Produktionskosten sinken. Dieses Phänomen wurde vor allem auf das Lernen der Arbeiter durch häufige Übung zurückgeführt.

Als **Ursachen** für die Kostenreduzierung bei der Erfahrungskurve werden genannt (Kilger 1986, S. 146):

1. Übergang zu rationelleren Fertigungsverfahren, die aufgrund des technischen Fortschritts zur Verfügung stehen und infolge einer Kostendegression zu Kostensenkungen führen.
2. Übergang zu rationelleren Organisationsformen der Fertigung, zum Beispiel Einführung des Fliessprinzips.
3. Verminderte Personalkosten durch Lerneffekte bei wachsenden Ausbringungsmengen und die Einführung verbesserter Arbeitsmethoden.
4. Effizientere Lagerung von Material, Halb- und Fertigfabrikaten bei zunehmenden Stückzahlen.
5. Rationellere Distributionsverfahren bei wachsenden Umsätzen.
6. Allgemeine Fixkostendegression bei zunehmender Beschäftigung.

Wesentlich ist nun die empirisch beobachtbare Tatsache, dass mit jeder Verdoppelung der kumulierten Ausbringungsmenge die Kosten um einen nahezu konstanten Faktor zwischen 20% und 30% zurückgehen (◄ Abb. 269). Allerdings stellt sich diese Kostenreduktion nicht automatisch ein. Es handelt sich lediglich um ein Kostenreduzierungspotenzial, das erkannt und mit gezielten Massnahmen ausgeschöpft werden muss.

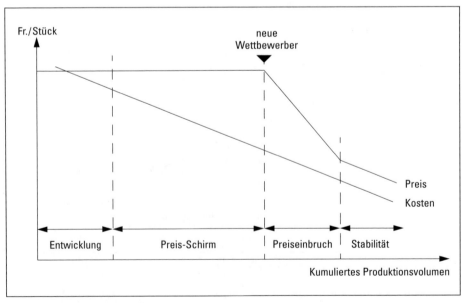

▲ Abb. 270   Erfahrungskurve und Preisverhalten (Henderson 1984, S. 28ff.)

Die Erfahrungskurve kann entweder auf linear oder logarithmisch eingeteilten Ordinaten dargestellt werden (◄ Abb. 269).

Das Phänomen der Erfahrungskurve hat weitreichende Konsequenzen für die Wettbewerbsposition eines Unternehmens sowie dessen strategische Verhaltensmöglichkeiten:

- Unterstellt man, dass die kumulierten Produktionsmengen und die jährlichen Absatzmengen der Marktteilnehmer im gleichen Verhältnis zueinander stehen, so bestimmen die Marktanteile die Kostenstrukturen eines jeden Anbieters. Dasjenige Unternehmen mit dem grössten Marktanteil weist dabei die grösste Gewinnspanne auf.
- Betrachtet man gleichzeitig die Veränderungen des Preises, so wird deutlich, dass das Unternehmen mit dem grössten Produktionsvolumen den grössten preispolitischen Handlungsspielraum besitzt (◄ Abb. 270). Kann es sein Kostenreduktionspotenzial nicht ausnutzen, so besteht die Gefahr, dass es in der Phase eines Preiseinbruchs keine kostendeckenden Produkte mehr herstellen kann.

4.2.4.4	Portfolio-Analyse

Ausgangspunkt der Portfolio-Analyse ist das Modell des Produktlebenszyklus. Dieses besagt, dass der Lebenszyklus eines Produktes durch einen typischen Verlauf mit den fünf Phasen Einführung, Wachstum, Reife, Sättigung und Degeneration gekennzeichnet ist.[1] Da der Umsatz, Gewinn und Cash-flow in den einzelnen Phasen sehr unterschiedlich ausfällt, wird leicht ersichtlich, dass sich das Produkt-Portfolio aus Produkten oder Produktgruppen zusammensetzen muss, die sich in verschiedenen Phasen des Produktlebenszyklus befinden. Sonst läuft ein Unternehmen Gefahr, dass es plötzlich nur noch nicht gewinnabwerfende, auslaufende Produkte führt, da man nicht rechtzeitig für neue, erfolgversprechende Produkte gesorgt hat. Dies wird beispielsweise besonders deutlich in der Automobilindustrie, wenn ein bestimmtes Automodell nicht mehr nachgefragt wird und durch ein neues ersetzt werden sollte (z. B. VW Käfer durch VW Golf).

> Ziel der **Produkt-Portfolio-Analyse** ist es, die vorhandenen oder potenziellen Ressourcen in Bereiche zu lenken, in denen die Marktaussichten besonders vorteilhaft sind und in denen das Unternehmen seine Stärken ausnutzen kann.

Andererseits muss es die Ressourcen aus jenen Bereichen abziehen, aus denen keine Vorteile mehr resultieren. Bei einer solchen Produkt-Portfolio-Analyse stellen sich zwei Probleme:

---

1   Vgl. Teil 2, Kapitel 3, Abschnitt 3.3 «Produktlebenszyklus».

- Zuerst sind die strategischen **Geschäftsfelder** oder **Geschäftseinheiten** zu definieren, in welche das Unternehmen investieren bzw. desinvestieren soll. Sowohl der Begriff «Strategische Geschäftsfelder (SGF)» als auch derjenige der «Strategischen Geschäftseinheiten (SGE)» beruht auf dem Segmentierungsgedanken der Geschäftstätigkeiten. Bei einer differenzierten Betrachtung kann man unter SGF eine Segmentierung der Umwelt in Geschäftsfelder verstehen, auf die sich eine Unternehmensstrategie ausrichtet (Aussenorientierung). Demgegenüber handelt es sich bei den SGE um eine organisatorische Abgrenzung von Teilbereichen innerhalb des Unternehmens (Innenorientierung), die sich auf bestimmte SGF ausrichten. Das SGF ist deshalb die originäre Entscheidung, die SGE ergibt sich aus der Definition des SGF.
- Es sind **Kriterien** aufzustellen, nach denen die einzelnen Geschäftsfelder beurteilt werden können.

Als Geschäftseinheiten kommen solche Teilbereiche des Unternehmens in Frage, die einen bestimmten Produkt/Markt-Bereich bearbeiten (z. B. ausgewählte Kundengruppe, geographisch abgrenzbarer Markt) und für die es sinnvoll erscheint, eigenständige, von anderen Teilbereichen des Unternehmens unabhängige Strategien zu formulieren und durchzusetzen.

Zur Einordnung und Beurteilung der vorhandenen oder zukünftigen Geschäftsfelder werden verschiedene Kriterien herangezogen. Am bekanntesten ist wohl die Kombination der beiden Faktoren

1. **relativer Marktanteil** (eigener Marktanteil der SGE im Verhältnis zum Marktanteil der SGE des stärksten Konkurrenten) und
2. **zukünftiges Marktwachstum** als zukunftsbezogene und vom Unternehmen selbst nicht beeinflussbare Grösse.

Diese beiden Kriterien bilden die Grundlage für das von der Boston Consulting Group entwickelte **Marktwachstums-/Marktanteils-Portfolio,** wie es in ▶ Abb. 271 dargestellt ist. Aufgrund dieser Matrix ergeben sich vier Portfolio-Kategorien, aus denen so genannte **Normstrategien**, d.h. mögliche strategische Verhaltensweisen, insbesondere die sinnvolle Aufteilung der Ressourcen (finanzielle Mittel, Sach- und Humankapital), abgeleitet werden können.[1] Diese vier Kategorien lassen sich wie folgt umschreiben:

- **«Stars»**: Diese Produkte befinden sich in einem Markt mit einem hohen Marktwachstum. Das Unternehmen hat zwar einen hohen Marktanteil, doch muss es zu dessen Verteidigung weiterhin stark investieren.

- **«Cash Cows»**: Bei diesen Produkten sorgt ein hoher Marktanteil mit niedrigem Marktwachstum dafür, dass das Unternehmen seine Kosten-

---

1   Vgl. dazu den Abschnitt 4.4.1.3 «Normstrategien der Marktwachstums-/Marktanteils-Matrix».

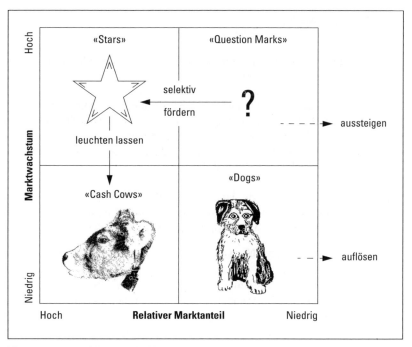

▲ Abb. 271   Marktwachstums-/Marktanteils-Matrix

vorteile voll ausschöpfen kann. Mit den hohen Einnahmen können die übrigen Geschäftsbereiche finanziert werden.

- **«Dogs»:** Es handelt sich um **Problemprodukte,** die aufgrund ihres niedrigen Marktanteils eine schwache Wettbewerbsstellung besitzen. Sie werden deshalb als «arme Hunde» oder «lahme Enten» bezeichnet. Sie bringen keinen Beitrag zum Cash-flow, binden aber Ressourcen, die effizienter eingesetzt werden könnten.

- **«Question Marks»:** Am schwierigsten ist eine Beurteilung der so genannten **Nachwuchsprodukte.** Sie sind mit einem Fragezeichen zu versehen, weil sie entweder
  - □ hoffnungsvolle (neue) Produkte sind, die durch entsprechenden Ressourceneinsatz zu Stars gefördert werden können, oder
  - □ Produkte darstellen, die wegen zu tiefem Marktanteil aus dem Markt gezogen werden müssen.

| **4.2.4.5** | Gap-Analyse |

Die Gap-Analyse (Lückenanalyse) stellt ein klassisches Instrument der strategischen Planung dar.

> Die **Gap-Analyse** zeigt durch Gegenüberstellung der erwarteten Prognose-werte (z.B. in Bezug auf Umsatz, Cash-flow, Gewinn) bei Fortführung der bisherigen Strategie einerseits und der geplanten Zielwerte (Soll-Werte) andererseits eine sich mit den Jahren vergrössernde Abweichung, d.h. eine Ziellücke (▶ Abb. 272).

Deshalb gilt es, die Ursachen für das Auftreten der Ziellücke zu analysieren und mit entsprechenden Gegenmassnahmen zu schliessen. Dabei kann zwischen zwei Arten von Massnahmen unterschieden werden:

1. **Strategische Massnahmen:** Entwickeln neuer Strategien, wie sie im Abschnitt 4.4 «Unternehmensstrategien» dargestellt werden (z.B. Produktinnovationen, Differenzierung gegenüber der Konkurrenz).
2. **Operative Massnahmen:** Unterstützende Massnahmen zu den bisherigen oder neuen Strategien (z.B. verstärkter und gezielter Einsatz der verschiedenen Marketing-Instrumente, Rationalisierungsmassnahmen).

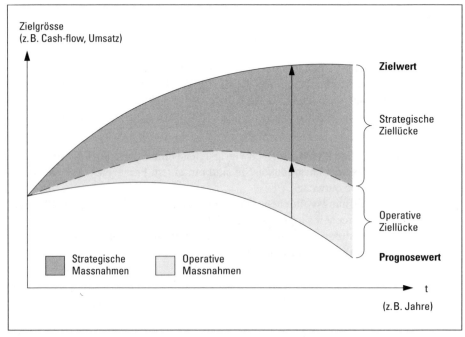

▲ Abb. 272   Gap-Analyse

Die Gap-Analyse ist zwar ein relativ einfaches und beschränktes Instrument, da die Zielwerte und vor allem die Prognosewerte aufgrund der unsicheren Daten und vieler nicht quantifizierbarer Einflussgrössen schwierig zu bestimmen sind. Zudem lassen sich nicht unmittelbar Normstrategien ableiten, wie dies beispielsweise beim Produkt-Portfolio der Fall ist. Trotzdem ist diese Methode in der Praxis verbreitet, weil sie

- zu einer sorgfältigen Analyse der Einflussfaktoren zwingt, welche die zukünftige Entwicklung beeinflussen,
- deutlich macht, dass ohne entsprechende Massnahmen der Gewinn (Cash-flow) meistens stark abnimmt,
- die Suche nach Strategien fördert, mit denen die Ziellücke geschlossen werden kann.

4.2.4.6	Benchmarking

> Beim **Benchmarking** misst ein Unternehmen seine Leistung (Produkte, Prozesse) systematisch an jenem Unternehmen, das diese Leistungen am besten erbringt.

Die Vergleichspartner können aus dem eigenen Betrieb (internes Benchmarking), aus der gleichen Branche (wettbewerbsorientiertes Benchmarking) oder aus einer fremden Branche (funktionales Benchmarking) stammen. Beispielsweise hat das amerikanische Elektronikunternehmen Xerox Corporation zuerst einen Vertriebskostenvergleich mit Canon und Kodak angestellt, später seine Benchmarkingaktivitäten mit Vergleichen mit dem amerikanischen Textilversandhaus L.L. Bean in Bezug auf den Betrieb und die Logistik erweitert sowie schliesslich noch auf den Kreditkartenanbieter American Express im Bereich der Fakturierung ausgedehnt.

Neben dem Aufdecken von Schwachstellen und deren Ursachen liegt der Hauptvorteil von Benchmarking darin begründet, dass hohe Ziele gesetzt werden können, die in der bestehenden Wettbewerbssituation auch zu erreichen sind.

4.3	**Unternehmensleitbild und Corporate Governance**
4.3.1	**Unternehmensleitbild**

> Das **Unternehmensleitbild** enthält die allgemein gültigen Grundsätze über angestrebte Ziele und Verhaltensweisen des Unternehmens, an denen sich alle unternehmerischen Tätigkeiten orientieren sollen.

Ein Leitbild stellt somit einen fundamentalen und offenen Orientierungsrahmen dar. Es enthält allgemeine Aussagen über den Sinn und Zweck des Unternehmens. Mit ihm werden die Verhaltensweisen des Unternehmens gegenüber den Anspruchsgruppen des Unternehmens umrissen.

Das Leitbild als grundlegende Willenskundgebung der Unternehmensleitung übernimmt als Teil der Unternehmenspolitik verschiedene Aufgaben. Als wichtigste Funktionen sind zu nennen:

1. Klärung des **Selbstverständnisses:** Das Leitbild gibt dem Unternehmen eine eindeutige Identität. Man spricht in diesem Zusammenhang von der **Corporate Identity.** Darunter versteht man die Selbstdarstellung und das Verhalten nach innen und nach aussen aufgrund widerspruchsfreier und eindeutiger Werte. Sie gibt Antwort auf die Fragen «Was ist unser Unternehmen?» und «Was ist der Sinn unserer wirtschaftlichen Tätigkeit?». Daraus können zwei weitere Funktionen abgeleitet werden:
   - **Legitimationsfunktion:** Die Aufklärung über das unternehmerische Handeln soll Vertrauen und Glaubwürdigkeit und somit letztlich die Legitimationsbasis für wirtschaftliches Handeln schaffen.
   - **Kommunikationsinstrument:** Das Leitbild als Teil der Corporate Identity soll in schriftlicher Form die wichtigsten Verhaltensgrundsätze sowohl nach innen (Mitarbeiter) als auch nach aussen (gesellschaftliche Anspruchsgruppen) kommunizieren.

2. **Orientierungsrahmen:** Mit dem Unternehmensleitbild wird die grundlegende zukünftige strategische Ausrichtung festgehalten.

3. **Motivation** und **Kohäsion:** Der einzelne Mitarbeiter kann auf gemeinsame Werte zurückgreifen, die ihm Sicherheit gewähren und ihn mit seinen Arbeitskollegen verbinden.

4. Gestaltung der **Unternehmenskultur:** Das Leitbild dient dazu, den Übergang von einer bestehenden Ist-Kultur zu einer gewünschten Soll-Kultur zu erleichtern.

5. **Entscheidungs-** und **Koordinationsfunktion:** Das Unternehmensleitbild erleichtert den Entscheidungsprozess und fördert die Koordination und Abstimmung zwischen verschiedenen Teilbereichen, weil es einen Ausgleich der verschiedenen Interessen ermöglicht.

Damit ein Unternehmensleitbild letztlich alle diese Funktionen übernehmen kann, ist es wichtig, dass es von den Adressaten akzeptiert wird. Deshalb ist darauf zu achten, dass bei der Formulierung des Leitbildes möglichst viele der betroffenen Gruppen berücksichtigt oder beteiligt werden.

Über den Umfang und vor allem über den Inhalt eines Unternehmensleitbildes gehen die Meinungen stark auseinander. Grundsätzlich können drei verschiedene Inhaltskategorien unterschieden werden:

Unsere Geschäftsprinzipien	
Unsere Kunden	Wir wollen zuerst und vor allem unseren Kunden dienen. Innovative und qualitativ herausragende Dienstleistungen für unsere Kunden sind die Grundlage für unseren Erfolg.
Unsere Mitarbeiterinnen und Mitarbeiter	Die fachliche Kompetenz und die Integrität unserer Mitarbeiterinnen und Mitarbeiter schaffen Mehrwerte für unsere Kunden und damit auch für unseren Konzern. Ein Arbeitsklima, das von Teamgeist und Leistungsorientierung geprägt ist, motiviert unsere Mitarbeiterinnen und Mitarbeiter und bringt ihre Fähigkeiten zur vollen Entfaltung.
Unsere Aktionäre	Engagierte Mitarbeiterinnen und Mitarbeiter, die für eine treue Kundschaft ausgezeichnete Leistungen erbringen, steigern den Wert unseres Konzerns. Indem wir unsere Mitarbeiterinnen und Mitarbeiter an der Erhöhung des Unternehmenswertes beteiligen, bringen wir ihre Interessen und die Interessen unserer Aktionäre auf einen Nenner.
Leistungsorientierung	Die Grundlage unserer Unternehmenskultur ist Leistungsorientierung. Ethische Wertvorstellungen und das Bekenntnis zu Professionalität und Dienstleistungsqualität, verbunden mit einem Geist der Partnerschaft und Fairness innerhalb und zwischen den Unternehmensbereichen, haben konzernweit Gültigkeit. Die sorgfältige Auswahl und die verantwortungsvolle Führung unserer Mitarbeiterinnen und Mitarbeiter gewährleisten die Einhaltung der regulatorischen Rahmenbedingungen und sichern unsere erstklassige Reputation.
Kostenbewusstsein	Kostendisziplin, Kosteneffizienz und Kostentransparenz sind die Grundlagen für unser Bekenntnis zur Steigerung des Unternehmenswertes.
Gesellschaftliche Verankerung	Mit unserem Erfolg leisten wir einen wichtigen Beitrag zur gesellschaftlichen Entwicklung. Initiativen, die zur Sicherung und Verbesserung der Rahmenbedingungen beitragen und damit unseren nachhaltigen Erfolg ermöglichen, werden von uns aktiv gefördert.

▲ Abb. 273   Unternehmensleitbild UBS AG

1. **Allgemeine geschäftspolitische Inhalte:** Diese Kategorie umfasst meistens Angaben über das allgemeine Tätigkeitsfeld eines Unternehmens (Produkt/Markt-Bereich), die obersten Unternehmensziele (z. B. Aussagen zur Rentabilität, zum Wachstum, zur gesellschaftlichen Verantwortung) oder die allgemeine strategische Ausrichtung (z. B. bezüglich des Verhaltens gegenüber der Konkurrenz, der Kooperationsbereitschaft oder des Risikoverhaltens).
2. **Aufgabenspezifische Inhalte:** Diese Aussagen beziehen sich auf die einzelnen Teilbereiche der Unternehmens, also auf den Marketing-, Produktions-, Finanzbereich usw.
3. **Adressatenspezifische Inhalte:** Im Vordergrund stehen die Anspruchsgruppen des Unternehmens. Meist wird ausführlich auf die Mitarbeiter

- Welche **Bedürfnisse** wollen wir mit unseren Marktleistungen (Produkten, Dienstleistungen) befriedigen?
- Welchen grundlegenden Anforderungen sollen unsere **Marktleistungen** entsprechen? (Qualität, Preis, Neuheit usw.)
- Welche **geographische Reichweite** soll unser Unternehmen haben? (lokaler, nationaler, internationaler Charakter)
- Welche **Marktstellung** wollen wir erreichen?
- Welche Grundsätze sollen unser **Verhalten gegenüber unseren Marktpartnern** (Kunden, Lieferanten, Konkurrenten) bestimmen?
- Welches sind unsere grundsätzlichen Zielvorstellungen bezüglich Gewinnerzielung und **Gewinnverwendung?**

- Welches ist unsere grundsätzliche Haltung gegenüber dem **Staat?**
- Wie sind wir gegenüber wesentlichen **gesellschaftlichen Anliegen** eingestellt? (Umweltschutz, Gesundheitspflege, Armutsbekämpfung, Entwicklungshilfe, Kunstförderung usw.)
- Welches ist unser **wirtschaftliches Handlungsprinzip?**
- Wie stellen wir uns grundsätzlich zu **Anliegen der Mitarbeiter?** (Entlöhnung, persönliche Entwicklung, soziale Sicherung, Mitbestimmung, finanzielle Mitbeteiligung usw.)
- Welches sind die wesentlichsten **Grundsätze der Mitarbeiterführung,** die in unserem Unternehmen gelten sollen?
- Welches sind unsere **technologischen Leitvorstellungen?**

▲ Abb. 274   Fragenliste zum Unternehmensleitbild (H. Ulrich 1987, S. 94)

eingegangen. Gegenstand sind in diesem Fall das Verhältnis zum Unternehmen, der Führungsstil, die materiellen oder immateriellen Leistungsanreize oder die Sozialleistungen. Daneben kommen sämtliche Anspruchsgruppen der Umwelt als Adressaten in Frage, also insbesondere die Kunden, die Eigen- und Fremdkapitalgeber, die Lieferanten, die Konkurrenz, der Staat, politische Parteien, Aktivisten-Gruppen usw.

In der Praxis findet allerdings meistens eine Vermischung dieser verschiedenen Aspekte statt (◄ Abb. 273). Zusammenfassend wird in ◄ Abb. 274 eine Fragenliste gegeben, deren Antworten den wesentlichen Inhalt eines Unternehmensleitbildes ausmachen.

4.3.2   Corporate Governance

Aufgrund von Fehlverhalten des Topmanagements, das nicht nur auf grobe Managementfehler, sondern auch auf unethisches, in einigen Fällen sogar kriminelles Verhalten zurückzuführen war, haben insbesondere die Aktionäre, aber auch andere Anspruchsgruppen (z.B. Lieferanten, Mitarbeiter, Staat) Schaden erlitten. Deshalb ist der Ruf nach einer wirksamen Unternehmenssteuerung und -überwachung, einer Corporate Governance, erklungen, um solche Vorkommnisse durch entsprechende Strukturen und Regeln möglichst zu verhindern.

> Unter **Corporate Governance** versteht man sämtliche Grundsätze und
> Regeln, mit deren Hilfe die Strukturen und das Verhalten der obersten Füh-
> rungskräfte gesteuert und überwacht werden können. Im Vordergrund
> stehen insbesondere die Struktur des Verwaltungsrates sowie die Be-
> ziehungen zwischen dem Verwaltungsrat und seinen verschiedenen
> Anspruchsgruppen im Innen- und Aussenverhältnis.

Durch eine hohe Transparenz soll den Anspruchsgruppen ermöglicht werden, das unternehmerische Verhalten und dessen Resultate jederzeit anhand dieser Regeln und Grundsätze zu überprüfen. Corporate Governance
dient deshalb dazu, Unsicherheit bei den Anspruchsgruppen zu reduzieren
und unethisches Verhalten des Managements zu verhindern. Im Rahmen
einer Corporate Governance stellt sich für ein Unternehmen somit die
Frage, wie solche Regeln und Grundsätze formuliert werden sollen und
wie es sich zu verhalten habe, damit es den Anforderungen seiner
Anspruchsgruppen gerecht wird. Dabei spielt die Glaubwürdigkeit[1] eine
entscheidende Rolle.

Es sind verschiedene Richtlinien von Behörden erlassen worden oder
aufgrund privatwirtschaftlicher Initiative entstanden, um die Corporate
Governance zu verstärken. Zu nennen sind zum Beispiel der Swiss Code
of Best Practice in Corporate Governance, der Deutsche Corporate-Gover-
nance-Kodex oder der US-amerikanische Sarbanes-Oxley Act. Manche
dieser Richtlinien wurden in die Kotierungsreglemente der Börsen aufgenommen und gelten für die börsenkotierten Unternehmen. Das Schwergewicht der Regelungen liegt auf finanziellen Aspekten. Die wichtigsten
Ziele der verschiedenen Kodizes lassen sich wie folgt zusammenfassen
(Volkart 2007, S. 1050ff.):

- Die Zusammensetzung des Verwaltungsrats soll zu einer guten Cor-
  porate Governance beitragen, operatives Management und strategisches
  Controlling sollen getrennt werden, unabhängige Persönlichkeiten sollen Einbezug finden.
- Eine transparente Finanzberichterstattung und aufschlussreichere
  Daten aus dem internen Controlling sollen die Corporate Governance
  verbessern.
- Gehalts- und Bonuszahlungen an das Management sollen so gestaltet
  werden, dass sie im Sinn der Corporate Governance wirksam sind.
- Die Stellung der Aktionäre gegenüber Management und Verwaltungsrat
  soll gestärkt werden. Die Teilnahme an Aktionärsversammlungen soll
  auch via Internet-Technologien möglich sein (Online-Stimmabgabe).

---

1   Zur Glaubwürdigkeit vgl. Teil 11, Kapitel 5 «Unternehmensethik».

Die nachfolgenden Corporate Governance-Grundsätze dienen der Verwirklichung einer verantwortlichen, auf Wertschöpfung ausgerichteten Leitung und Kontrolle des Deutsche Bank-Konzerns. Sie fördern und vertiefen das Vertrauen von gegenwärtigen und künftigen Aktionären, Kunden, Mitarbeitern und der Öffentlichkeit auf den nationalen und internationalen Märkten[1].

Aufsichtsrat, Vorstand und Mitarbeiter sind dem Ziel einer nachhaltigen Steigerung des Unternehmenswerts der Deutschen Bank verpflichtet. Um ihr Geschäft betreiben und ertragsorientiert wachsen zu können, braucht die Deutsche Bank Kapital von ihren Aktionären. Aber das Kapital kann nachhaltig nur dann Gewinn bringend eingesetzt werden, wenn die Kunden mit der Leistung der Bank zufrieden sind Dies wiederum erfordert hervorragende Dienstleistungen, die ohne motivierte Mitarbeiter nicht möglich sind. Anhaltender geschäftlicher Erfolg macht zugleich die Arbeitsplätze wettbewerbsfähiger und damit sicherer. Das gesellschaftliche Engagement der Bank («corporate citizenship») schliesslich schafft die

---

1   Die Deutsche Bank respektiert angesichts der globalen Vernetzung des wirtschaftlichen und gesellschaftlichen Lebens die höheren Anforderungen an die Verantwortung weltweit tätiger Unternehmen. Die Beachtung von Kriterien im Sinne eines Global Governance-Ansatzes, wie zum Beispiel des Global Compact der UN oder des Sustainability-Leitbilds, wird in der Betrachtung und der Bewertung der Deutschen Bank zunehmend wichtiger.

notwendige Grundlage dafür, als verantwortlich handelndes Unternehmen respektiert zu werden. Nur wenn alle diese Voraussetzungen erfüllt sind, kann auch die von den Aktionären erwartete nachhaltige Steigerung des Unternehmenswerts gelingen.

Corporate Governance umfasst das gesamte System interner und externer Kontroll- und Überwachungsmechanismen. Als freiwillige Selbstverpflichtung gehen die Corporate Governance-Grundsätze der Deutschen Bank über die gesetzlichen Regelungen in einem zweistufigen System der Unternehmensleitung und -kontrolle hinaus.

Die Einhaltung der Grundsätze wird durch einen Corporate Governance-Verantwortlichen, der vom Vorstand im Einvernehmen mit dem Aufsichtsratsvorsitzenden bestimmt wird, überwacht. Mindestens einmal jährlich wird über die Einhaltung der Grundsätze an den Aufsichtsrat berichtet. Des Weiteren wird im Geschäftsbericht über Corporate Governance berichtet.

Corporate Governance ist als ein fortlaufender Prozess aller am Unternehmen beteiligten Personen zu verstehen. Die Corporate Governance-Grundsätze der Deutschen Bank werden deshalb regelmässig im Lichte neuer Erfahrungen und gesetzlicher Vorgaben sowie weiter entwickelter nationaler und internationaler Standards, darunter insbesondere auch des Deutschen Corporate Governance Kodex, überprüft und gegebenenfalls angepasst.

▲ Abb. 275   Corporate Governance als Teil des Selbstverständnisses der Deutschen Bank (Quelle: Deutsche Bank 2003, S. 3)

- Die institutionellen Investoren, die einen immer grösseren Aktienanteil besitzen, sollen ihre Überwachungsrolle aktiver wahrnehmen, da eine grosse Zahl von Kleinaktionären nur beschränkt dazu fähig ist.
- Fremdkapitalgeber (Banken, Kapitalmarkt, Obligationäre) sollen besser informiert werden, was auch die Beurteilung durch Rating-Agenturen verbessert.

Diese Richtlinien ergeben aber nur einen allgemeinen Orientierungsrahmen, die konkrete Umsetzung muss jedes Unternehmen selber vornehmen (◀ Abb. 275).

4.4 Unternehmensstrategien

Die Entwicklung und Umsetzung einer Unternehmensstrategie ist das zentrale Element der Unternehmenspolitik. Auf der Basis der Analyse der Ausgangslage, des Unternehmensleitbildes sowie der Unternehmensziele ergeben sich drei Vorgehensschritte:

1. **Strategieentwicklung:** In einem ersten Schritt wird die grundlegende Ausrichtung des zukünftigen Verhaltens des Unternehmens festgelegt. Es handelt sich um den Inhalt der Unternehmensstrategie.
2. **Strategieimplementierung:** Mit einer Reihe von Massnahmen und Instrumenten soll die geplante Strategie erfolgreich realisiert werden.
3. **Strategieevaluation:** Implementierte Strategien müssen von Zeit zu Zeit aus zwei Gründen überprüft werden: Erstens können sich die internen und externen Gegebenheiten verändert haben, oder zweitens können sich Schwierigkeiten bei der Implementierung aufgrund nicht berücksichtigter Tatbestände oder Einflussfaktoren ergeben. Beide Gründe führen zu Anpassungen der ursprünglichen Strategie.

4.4.1 Strategieentwicklung

Im Folgenden werden vier verbreitete Strategie-Konzepte dargestellt, die jeweils einen spezifischen strategischen Schwerpunkt betonen:

- Produkt/Markt-Strategien,
- Wettbewerbsstrategien nach Porter,
- Normstrategien der Marktwachstums-/Marktanteils-Matrix,
- Konzept der Kernkompetenzen.

In einem abschliessenden Abschnitt werden weitere mögliche strategische Ausrichtungen aufgezeigt.

4.4.1.1 Produkt/Markt-Strategien

Unternehmensstrategien können grundsätzlich in Überlebensstrategien und in Wachstumsstrategien unterteilt werden. Erstere sind bei rezessiver Wirtschaftsentwicklung oder bei Strukturproblemen einer Branche angezeigt, während Wachstumsstrategien darauf ausgerichtet sind, an einem potenziellen Marktwachstum teilhaben zu können.

Produkt \ Markt	gegenwärtig	neu
gegenwärtig	Marktdurchdringung	Marktentwicklung
neu	Produktentwicklung	Diversifikation

▲ Abb. 276   Produkt/Markt-Matrix (nach Ansoff 1966, S. 132)

Eine Systematisierung solcher Wachstumsstrategien nimmt Ansoff (1966) vor. Ausgehend von den vorhandenen oder möglichen Märkten und Produkten unterscheidet er vier Produkt/Markt-Strategien (◀ Abb. 276):

1. **Marktdurchdringung:** Intensive Bearbeitung der bestehenden Märkte mit den gegenwärtigen Produkten. Diese kann sowohl durch eine Steigerung der Absatzmenge pro Abnehmer als auch durch Vergrösserung der Zahl der Abnehmer erreicht werden. Bei nicht änderndem Marktvolumen bedeutet diese Strategie, dass das Unternehmenswachstum auf Kosten der Marktanteile anderer Unternehmen geht. Bei einem wachsenden Marktvolumen kann diese Strategie darin bestehen, sowohl den bestehenden Marktanteil zu halten als auch diesen zu erhöhen.

2. **Marktentwicklung:** Diese Strategie zielt darauf, neue regionale Märkte zu bearbeiten, neue Anwendungsmöglichkeiten der bestehenden Produkte und/oder neue Käuferschichten zu erschliessen. Im letzteren Fall kommt der Marktsegmentierung[1] grosse Bedeutung zu. Sie erlaubt die genaue Abgrenzung von Märkten und die zielgerichtete Bearbeitung homogener Zielgruppen, die nach bestimmten Kriterien (z.B. Verbrauchsgewohnheiten, Ausbildung, Einkommen) gebildet worden sind.

3. **Produktentwicklung:** Mit dieser Strategie will man mit neuen Produkten die Bedürfnisse der Kunden auf den bisherigen Märkten befriedigen. Die neuen Produkte können das alte Produktions- bzw. Absatzprogramm ergänzen oder einzelne Produkte ersetzen. Bei einer Programmerweiterung kann der Neuheitsgrad des neuen Produktes sehr unterschiedlich ausfallen.[2]

4. **Diversifikation:** Bei einer Diversifikationsstrategie erfolgt ein Wachstum mit neuen Produkten auf neuen Märkten. Dabei werden in der Regel folgende Diversifikationsformen unterschieden:
   - **Horizontale** Diversifikation: Die neuen Produkte stehen in einem sachlichen Zusammenhang zu den bisherigen Produkten. Dieser kann sich beispielsweise auf die vorhandenen Maschinen und die angewandte Produktionstechnologie (z.B. Brillengläser, Feldstecher,

---

1 Vgl. dazu Teil 2, Kapitel 1, Abschnitt 1.4.3 «Marktsegmentierung».
2 Zur Strategie der Produktentwicklung sowie der Diversifikation vgl. Teil 2, Kapitel 3, Abschnitte 3.4 «Produktentwicklung» und 3.2 «Produktpolitische Möglichkeiten».

Mikroskope), die verwendeten Rohstoffe (z.B. Milch und Joghurt) oder die benutzten Absatzkanäle (z.B. Bier, Wein und Mineralwasser), auf Komplementärprodukte (z.B. Filme und Fotoapparate) oder Kuppelprodukte (z.B. Weizen und Stroh) beziehen.

- **Vertikale** Diversifikation: Die neuen Produkte beziehen sich auf vorgelagerte (Rückwärtsintegration) oder auf nachgelagerte (Vorwärtsintegration) Produktionsstufen. Diese Strategie dient vor allem der eigenen Unabhängigkeit von Lieferanten und/oder Abnehmern (z.B. Stahl-, Blech- und Autoherstellung).

- **Laterale** Diversifikation: Bei einer solchen Strategie besteht überhaupt kein sachlicher Zusammenhang mehr mit der bisherigen Produktion. Freie finanzielle Mittel werden unter Berücksichtigung der Risikostreuung in neue Branchen investiert (z.B. elektronische Geräte, Versicherungen und Kosmetikartikel).

4.4.1.2	Wettbewerbsstrategien nach Porter

In der Praxis sind viele Ansätze entwickelt worden, um erfolgreich mit den Wettbewerbskräften umzugehen.[1] Obschon eine solche Strategie letztlich eine einmalige Konstruktion ist, welche die besonderen Bedingungen einer Branche widerspiegelt, können nach Porter (1983, S. 62ff.) drei in sich geschlossene Strategiegruppen unterschieden werden (▶ Abb. 277):

1. **Kostenführerschaft:** Diese Strategie beruht darauf, einen umfassenden Kostenvorsprung innerhalb einer Branche durch eine Reihe von Massnahmen zu erlangen:
   - aggressiver Aufbau von Produktionsanlagen effizienter Grösse,
   - energisches Ausnutzen erfahrungsbedingter Kostensenkungspotenziale,[2]
   - strenge Kontrolle der variablen Kosten und der Gemeinkosten,
   - Vermeidung von marginalen Kunden,
   - Kostenminimierung in Bereichen wie Forschung und Entwicklung, Service, Vertreterstab, Werbung usw.

   Diese Strategie ermöglicht einem Unternehmen, entweder durch Preissenkungen seinen Umsatz zu vergrössern oder bei gleichen Preisen den Gewinn zu erhöhen.

2. **Differenzierung:** Die Differenzierungsstrategie besteht darin, ein Produkt oder eine Dienstleistung von denjenigen der Konkurrenzunterneh-

---

1 Zu den Wettbewerbskräften vgl. Abschnitt 4.2.4.1 «Wettbewerbsanalyse (Branchenanalyse)».

2 Vgl. dazu Abschnitt 4.2.4.3 «Konzept der Erfahrungskurve».

		Strategischer Vorteil	
		Singularität aus Sicht des Käufers	Kostenvorsprung
Strategisches Zielobjekt	Branchenweit	**Differenzierung**	**Umfassende Kostenführerschaft**
	Beschränkung auf ein Segment	**Konzentration auf Schwerpunkte**	

▲ Abb. 277   Strategietypen (Porter 1983, S. 67)

men abzuheben und eine Produktsituation zu schaffen, die in der ganzen Branche als einzigartig angesehen wird. Damit kann sich ein Unternehmen gegen Preissenkungen der Konkurrenz abschirmen. Ansätze zur Differenzierung sind:

- ein gutes Design und/oder ein einprägsamer Markenname,
- eine einzigartige Technologie,
- ein werbewirksamer Aufhänger,
- ein hervorragender Kundendienst oder
- ein gut ausgebautes Händlernetz.

Im Idealfall differenziert sich das Unternehmen auf verschiedenen Ebenen. Nicht zu vernachlässigen sind die dabei anfallenden Kosten, doch sind sie nicht das primäre strategische Ziel.

3. **Konzentration auf Schwerpunkte:** Diese Strategie besteht darin, dass ein Unternehmen sich auf **Marktnischen** konzentriert. Während die Kostenvorsprungs- und Differenzierungsstrategien auf eine branchenweite Umsetzung ihrer Ziele abstellen, geht es bei der Konzentrationsstrategie darum, ein bestimmtes Branchensegment zu bevorzugen und jede Massnahme auf diesen begrenzten Marktbereich auszurichten. Als Nische kommen in Frage:

- eine bestimmte Abnehmergruppe,
- ein bestimmter Teil des Produktionsprogramms oder
- ein geographisch abgegrenzter Markt.

Die Strategie beruht auf der Prämisse, dass das Unternehmen sein eng begrenztes strategisches Ziel wirkungsvoller oder effizienter erreichen kann als seine Konkurrenten, die sich im breiteren Wettbewerb befinden. Als Ergebnis erzielt das Unternehmen gegenüber der Konkurrenz entweder eine Differenzierung (weil es die Anforderungen des besonderen Zielobjekts besser erfüllen kann) oder niedrigere Kosten – oder beides zusammen.

Diese Strategietypen treten getrennt oder unter bestimmten Voraussetzungen kombiniert auf und dienen letztlich dazu, langfristig eine gefestigte Position in einer Branche zu erreichen und andere Unternehmen der gleichen Branche zu übertreffen.

4.4.1.3	Normstrategien der Marktwachstums-/Marktanteils-Matrix

Aufgrund der Marktwachstums-/Marktanteils-Matrix und den sich daraus ergebenden Portfolio-Kategorien[1] können vier Normstrategien abgeleitet werden, die mögliche strategische Verhaltensweisen in Bezug auf eine sinnvolle Aufteilung der Ressourcen (finanzielle Mittel, Sach- und Humankapital) aufzeigen (► Abb. 278):

- **«Stars»:** Das Unternehmen hat zwar einen hohen Marktanteil, doch muss es zu dessen Verteidigung weiterhin stark investieren. Deshalb ist eine **Investitionsstrategie** zu verfolgen. Die erzielten Einnahmen reichen meistens nur zur Deckung des neuen Finanzbedarfs aus.

- **«Cash Cows»:** Wegen der geringen Wachstumsrate des Marktes sollen keine neuen Investitionen mehr getätigt, sondern nur noch Gewinne realisiert werden. Somit liegt eine **Abschöpfungsstrategie** vor. Die dadurch erzielten hohen finanziellen Überschüsse dienen zur Finanzierung anderer Geschäftsfelder.

- **«Dogs»:** Da eine Verbesserung der Position dieser Problemprodukte nur durch einen unverhältnismässig hohen Einsatz von Ressourcen erreicht werden kann, sind sie aufzulösen. Es empfiehlt sich eine **Desinvestitionsstrategie**.

- **«Question Marks»:** Für diese Produkte sind grundsätzlich zwei Strategien möglich:
  - **Investitionsstrategie:** Die Produkte werden mit einem erheblichen Ressourceneinsatz gefördert, damit sie einen genügend grossen Marktanteil erreichen.
  - **Desinvestitionsstrategie:** Wegen zu geringer Chancen müssen die Produkte zurückgezogen werden.

Die Produkte dieser Kategorie erfordern deshalb besondere Aufmerksamkeit, weil sie einerseits einen ausserordentlich hohen Finanzmittelbedarf aufweisen und andererseits die Starprodukte von morgen sind. Gerade wegen des ersten Sachverhaltes muss sich ein Unternehmen auf wenige Produkte beschränken. Ein Misserfolg würde stark ins Gewicht fallen und wäre nur schwer zu verkraften.

---

1   Vgl. dazu Abschnitt 4.2.4.4 «Portfolio-Analyse».

Portfolio-Kategorie \ Strategische Elemente	Zielvorstellung (relativer Marktanteil)	Ressourceneinsatz	Risiko
Stars	halten/ leichter Ausbau	hoch, Reinvestition des Cash-flow	akzeptieren
Cash Cows	halten/ leichter Abbau	gering, nur Rationalisierungs- und Ersatzinvestitionen	einschränken
Dogs	Abbau	minimal, Verkauf bei Gelegenheit, evtl. Stilllegung	stark reduzieren
Question Marks	selektiver Ausbau	hoch, Erweiterungsinvestitionen	akzeptieren
	Abbau	Verkauf	einschränken

▲ Abb. 278   Idealtypische Normstrategien (in Anlehnung an P. Ulrich/Fluri 1995, S. 127)

4.4.1.4	Konzept der Kernkompetenzen

> Unter **Kernkompetenz** versteht man das Potenzial eines Unternehmens, das den Aufbau von Wettbewerbsvorteilen in verschiedenen Geschäftsbereichen ermöglicht.

Bei den Kernkompetenzen handelt es sich um die in einem Unternehmen vorhandenen, langfristig aufgebauten Kompetenzen in Produkt-, Markt- oder Prozess-Know-how, die eine Basis für die Entwicklung neuer Produkte bilden (▶ Abb. 279).

Durch Verknüpfung verschiedener Kernkompetenzen mit Hilfe von Innovationen können neue strategische Geschäftsfelder erschlossen werden. Innovationsprozesse führen zur Entwicklung von so genannten Kernprodukten, z. B. Motoren. Diese Produkte können in verschiedenen Geschäftsbereichen eingesetzt werden (z. B. Motoren für Automobile, Schiffe und Rasenmäher bei Honda) und dann den Kundenbedürfnissen entsprechend modifiziert und als Endprodukte auf den Markt gebracht werden.

Zur Identifikation von unternehmerischen Kernkompetenzen dienen folgende Kriterien (Lombriser/Abplanalp 2005, S. 168 f.):

- **Multiplikatoreffekt:** Kernkompetenzen ermöglichen den Zugang zu einem weiten Spektrum zukünftiger Geschäfte.

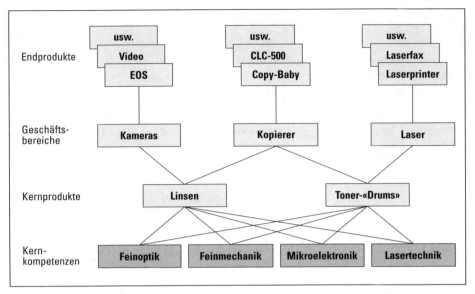

▲ Abb. 279   Kernkompetenzenbaum für Canon

- **Kundennutzen:** Kernkompetenzen tragen erheblich zum vom Kunden wahrgenommenen Nutzen des Endprodukts bei und bilden den kaufentscheidenden Faktor.
- **Imitierbarkeit:** Kernkompetenzen sind von Dritten schwer zu durchschauen und zu imitieren, da sie aus einer Kombination von verschiedenen Technologien, Produktionsfertigkeiten und Organisationstechniken bestehen. Damit befähigen sie das Unternehmen, sich von der Konkurrenz abzusetzen.
- **Substituierbarkeit:** Kernkompetenzen können nicht gekauft, sondern nur durch Einsatz, Überzeugung und Beharrlichkeit aufgebaut werden. Da also ein beträchtlicher Aufwand zu leisten ist, kann ein Unternehmen selten mehr als drei bis fünf Kernkompetenzen aufbauen.
- **Organisationales Lernen:** Kernkompetenzen entstehen aus kollektiven Lernprozessen und sind in der Unternehmenskultur verankert.[1] Sie sind also nicht von Individuen abhängig, sondern basieren auf der geteilten Wissensbasis der gesamten Organisation.

Ziel des Managements muss es sein, einerseits die Anzahl vorhandener Kernkompetenzen nach strategischen Gesichtspunkten zu erhöhen und andererseits bestehende Kompetenzen so miteinander zu verknüpfen, dass innovative Prozesse in Gang kommen.

---

1   Zum organisationalen Lernen vgl. Teil 11, Kapitel 4, Abschnitt 4.3 «Wissensmanagement und organisationales Lernen».

| 4.4.1.5 | Weitere strategische Ausrichtungen |

Neben den dargestellten strategischen Verhaltensweisen können weitere Kriterien zur Abgrenzung von Strategien herangezogen werden, wie sie in ▶ Abb. 280 dargestellt sind.[1]

Perspektive	Strategien
Nutzung von Synergie-potenzialen	■ werkstofforientierte Strategien (gleicher Werkstoff) ■ technologieorientierte Strategien (gleiche Produktions-anlagen) ■ abnehmerorientierte Strategien (Bedürfnisse eines bestimmten Kundenkreises)
Wachstum	■ Expansionsstrategie ■ Konsolidierungsstrategie ■ Kontraktionsstrategie (Schrumpfungsstrategie)
Integration	■ Vorwärtsintegrationsstrategie (Integration nachgelagerter Produktions- oder Handelsstufen) ■ Rückwärtsintegrationsstrategie (Integration vorgelagerter Produktions- oder Handelsstufen)
Kooperation	■ Unabhängigkeitsstrategie ■ Kooperationsstrategie (z. B. Strategische Allianz, Joint-Venture) ■ Beteiligungsstrategie (finanzielle Beteiligung) ■ Akquisitionsstrategie (Übernahme)
Breite der Geschäfts-tätigkeit	■ Konzentrationsstrategie ■ Breitenstrategie
Verhalten gegenüber der Konkurrenz	■ Offensivstrategie ■ Defensivstrategie

▲ Abb. 280   Strategische Ausrichtungen (Pümpin 1980, S. 75 ff.)

| 4.4.2 | **Strategieimplementierung und Strategieevaluation** |
| 4.4.2.1 | Strategieimplementierung |

Viele erfolgversprechende Strategien scheitern deshalb, weil ihre Umsetzung in die Realität nicht gelingt. Deshalb ist es wichtig, die mit einer

---

1   Zu den Strategien der Integration und Kooperation vgl. Teil 1, Kapitel 2, Abschnitt 2.7 «Unternehmenskooperationen».

neuen Strategie verbundenen Veränderungen zu erkennen und sorgfältig
vorzunehmen.

In Anlehnung an Pümpin/Geilinger (1988, S. 40ff.) können folgende
allgemeine Voraussetzungen für das Gelingen der Umsetzung einer Unternehmensstrategie genannt werden:

1. Die Führungskräfte sind von Anfang an in die Strategieentwicklung einzubeziehen, um die Identifikation mit der neuen Strategie zu erhöhen.
2. Die oberen Führungskräfte müssen aufgrund ihrer Vorbildfunktion geschlossen hinter der neuen Strategie stehen und dies durch ihr Verhalten klar zum Ausdruck bringen.
3. Es sind alle Mitarbeiter in die Umsetzung der geplanten Strategie einzubeziehen, da die Realisierung nicht allein Aufgabe der oberen und mittleren Führungskräfte ist. Dies erfordert eine stufengerechte interne Kommunikation. Durch die Auseinandersetzung mit der neuen Strategie und den damit verbundenen Konsequenzen werden die Motivation und das Engagement gefördert.
4. Alle Teilbereiche des Unternehmens müssen einen Beitrag zur Realisierung einer Strategie leisten. Eine Unternehmensstrategie umfasst das ganze Unternehmen, auch wenn einzelne Abteilungen (z. B. Marketing oder Produktion) stärker betroffen sein können als andere.
5. Es braucht konkrete Massnahmen, um den gewünschten Wandel herbeizuführen.

Bei den Massnahmen zur Realisierung des gewünschten Wandels im Zusammenhang mit der Implementierung einer neuen Strategie kann zwischen direkten und indirekten Massnahmen unterschieden werden. Mit **direkten Massnahmen** soll unmittelbar in die betrieblichen Tätigkeiten eingegriffen werden. Es handelt sich insbesondere um

- **Aktions- und Projektpläne:** Aktionspläne werden dann eingesetzt, wenn die geplante Veränderung von begrenztem Umfang und überblickbar ist. Bei den umfassenden Projektplänen geht es hingegen um komplexe, schwer zu überschauende und umfangreiche Eingriffe, die auch mit beachtlichen Risiken verbunden sind.

- **Planung und Budgetierung:** Es ist ein Mehrjahresplan (z. B. fünf Jahre) zu erstellen, der die zukünftige Entwicklung festhält. Daneben muss die Strategieumsetzung auch in groben Zügen in der Jahresplanung und der Budgetierung ihren Niederschlag finden.

- **Managementsysteme:** Sämtliche Managementsysteme zur Steuerung der Strategieumsetzung sind entsprechend zu gestalten. Zu erwähnen sind insbesondere

- die Führung durch Zielsetzung (Management by Objectives),[1] wobei diejenigen Ziele im Vordergrund stehen, die einen Beitrag zum Aufbau einer strategischen Erfolgsposition leisten, sowie

- das Belohnungs- und Anreizsystem, das konsequent auf ein strategiegerechtes Verhalten ausgerichtet werden muss.

- **Organisation:** Die bestehende Organisationsstruktur ist der neuen Strategie anzupassen, was in der Regel eine grundlegende Reorganisation zur Folge hat. Neben einer solchen einmaligen und grösseren Reorganisation wird häufig ein evolutionärer Weg begangen, bei dem die Organisation in kleinen Schritten nach und nach den neuen Bedingungen angepasst wird.

- **Informationssysteme:** Mit Hilfe der Informatik können Datenbanken aufgebaut werden, welche die relevanten Informationen für strategische Erfolgspositionen enthalten. Dazu sind auch die im Unternehmen existierenden Informationssysteme (Reporting, Statistiken, Rechnungswesen) zu integrieren.

- **Managementeinsatz:** Der richtige Einsatz von Führungskräften besteht darin, die fähigsten Führungskräfte dort einzusetzen, wo ein strategischer Durchbruch erzielt werden soll.

Daneben ist eine Reihe von **indirekten Massnahmen** zu beachten, die als flankierende Massnahmen zu den direkten gesehen werden können. Es betrifft dies vor allem folgende Bereiche:

- **Information der Mitarbeiter:** Es handelt sich um allgemeine Orientierungen (z.B. über die Hauszeitschrift) über die zukünftige Ausrichtung, ohne dass damit konkrete Aufträge vergeben werden.

- **Corporate Identity:** Das Erscheinungsbild des Unternehmens muss mit der neuen Strategie übereinstimmen. Ein umfassendes Corporate-Identity-Konzept umfasst sämtliche Kommunikationsmittel des Unternehmens (Public Relations, Werbung, Verpackung, Geschäftsbericht, Briefpapier, Gebäudebeschriftung usw.).

- **Ausbildung:** Zu denken ist entweder an eine Ausbildung zur Unterstützung des strategischen Denkens und Handelns ganz allgemein oder an die Förderung notwendiger Fähigkeiten im Hinblick auf eine geplante Strategie. Eine neue Strategie bedeutet nämlich für den einzelnen Mitarbeiter oft die Übernahme neuartiger Aufgaben, auf die er – durch Schulung – vorbereitet werden muss.

---

1 Für eine Beschreibung des Management by Objectives vgl. Kapitel 1, Abschnitt 1.1.2 «Managementtechniken».

- **Unternehmenskultur:** Auf die grosse Bedeutung der Unternehmenskultur bei der Gestaltung der Unternehmenspolitik ist bereits hingewiesen worden.[1] Eine Einflussnahme kann insbesondere erfolgen durch
  □ symbolische Handlungen,
  □ Zeremonien (z.B. bei Auszeichnungen oder Beförderungen),
  □ Geschichten und Anekdoten,
  □ Arbeitstagungen (zur Gestaltung der Unternehmenskultur).

Diese umfangreiche Liste direkter und indirekter Massnahmen macht deutlich, dass die Strategieumsetzung durch eine Vielzahl von Massnahmen unterstützt werden kann, dass es aber auch dauernde und konsequente Anstrengungen sämtlicher Führungskräfte auf allen Ebenen und in allen Bereichen braucht, um erfolgreich zu sein.

| 4.4.2.2 | Strategieevaluation |

Zur Sicherstellung des Erfolges der Strategieimplementierung ist eine Überprüfung der Strategieumsetzung bzw. der daraus resultierenden Ergebnisse notwendig. Grundsätzlich sind nach Pümpin/Geilinger (1988, S. 55) neben einer laufenden Überwachung periodisch folgende Bereiche zu evaluieren:

1. **Prämissenkontrolle:** In einem ersten Schritt sind die der Strategie zugrunde liegenden Prämissen zu überprüfen.
   - Treffen die bei der Strategieentwicklung erkannten Trends und gemachten Annahmen bezüglich des allgemeinen Umfeldes, des Marktes, der Branche und der Konkurrenz noch zu?
   - Zeichnen sich in diesen Bereichen wichtige neue Chancen oder Gefahren ab?
   Gegebenenfalls werden erste Konsequenzen für eine Anpassung der Strategie abgeleitet.

2. **Fortschrittskontrolle:** In zweiter Hinsicht ist der Fortschritt der Strategieumsetzung in einem Soll-Ist-Vergleich zu kontrollieren:
   - Sind die gesteckten strategischen Ziele in qualitativer (SEP) und quantitativer Hinsicht (Umsätze, Marktanteile usw.) erreicht worden?
   - Wurden die zur Umsetzung eingeleiteten Massnahmen und Projekte realisiert?

---

1 Vgl. insbesondere Kapitel 3 «Unternehmenskultur und Führungsstil».

3. **Abweichungsanalyse:** In dieser Analyse werden die Gründe für die festgestellten Soll-Ist-Abweichungen diskutiert. Wichtig ist dabei, dass
   nicht nur negative Abweichungen, sondern im Sinne des chancen-
   gerichteten Managements auch positive Abweichungen analysiert werden. Die Abweichungen werden in einer Triage daraufhin bewertet, wie
   gross die zu erwartenden Auswirkungen sein werden.

In einem anschliessenden Schritt müssen aufgrund der Ergebnisse dieser
Strategieevaluation die entsprechenden Konsequenzen gezogen werden.
Diese können sich auf sämtliche Elemente des strategischen Problem-
lösungsprozesses beziehen, also insbesondere auf

- die Revidierung der Ziele,
- die Korrektur der geplanten Strategie,
- die Veränderung (z.B. Erhöhung oder Verlagerung) des Ressourceneinsatzes,
- die Einflussnahme bei der Strategieimplementierung.

| 4.4.3 | **Balanced Scorecard** |

> Die **Balanced Scorecard** ist ein umfassendes Managementinformations-
> system, das sowohl finanzielle als auch nichtfinanzielle Kennzahlen zu
> einem umfassenden System zusammenführt.

Das Wort «Balance» weist auf die Bedeutung der Ausgewogenheit hin
zwischen

- kurzfristigen und langfristigen Zielen,
- monetären und nichtmonetären Kennzahlen,
- Spätindikatoren und Frühindikatoren,
- externen und internen Leistungsperspektiven.

Die Balanced Scorecard übersetzt die Vision und die daraus abgeleitete
Unternehmensstrategie in Ziele und Kennzahlen aus vier Bereichen
(▶ Abb. 281):

1. Die **finanzwirtschaftliche Perspektive,** die immer mit der Rentabilität
   verbunden ist, manchmal auch mit Umsatz- und Cash-flow-Wachs-
   tumskennzahlen.
2. Die **Kundenperspektive,** die Kennzahlen enthält wie Kundenzufriedenheit, Kundentreue, Kundenakquisition, Kundenrentabilität, Gewinn-
   und Marktanteile, kurze Durchlaufzeiten.
3. Die **interne Prozessperspektive,** die den Schwerpunkt legt auf die Iden-
   tifizierung neuer Prozesse, die ein Unternehmen zur Erreichung opti-

maler Kundenzufriedenheit schaffen muss. Sie befasst sich mit der Integration von Innovationsprozessen.

4. Die **Lern- und Entwicklungsperspektive,** die jene Infrastruktur identifiziert, die ein Unternehmen schaffen muss, um ein langfristiges Wachstum und eine kontinuierliche Verbesserung zu sichern.

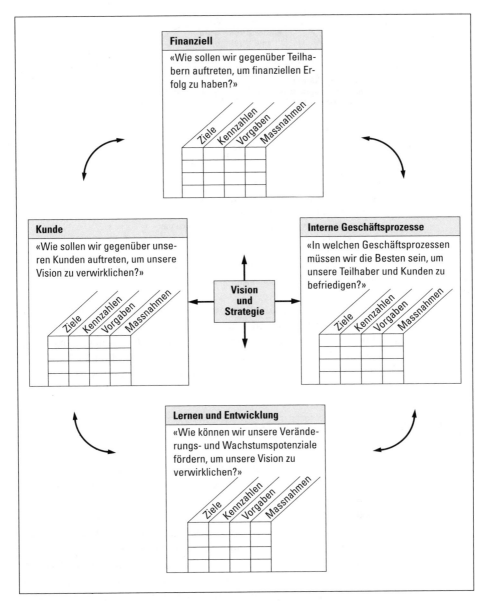

Finanziell

«Wie sollen wir gegenüber Teilhabern auftreten, um finanziellen Erfolg zu haben?»

Ziele Kennzahlen Vorgaben Massnahmen

Kunde

«Wie sollen wir gegenüber unseren Kunden auftreten, um unsere Vision zu verwirklichen?»

Ziele Kennzahlen Vorgaben Massnahmen

Vision und Strategie

Interne Geschäftsprozesse

«In welchen Geschäftsprozessen müssen wir die Besten sein, um unsere Teilhaber und Kunden zu befriedigen?»

Ziele Kennzahlen Vorgaben Massnahmen

Lernen und Entwicklung

«Wie können wir unsere Veränderungs- und Wachstumspotenziale fördern, um unsere Vision zu verwirklichen?»

Ziele Kennzahlen Vorgaben Massnahmen

▲ Abb. 281   Balanced Scorecard (Kaplan/Norton 1997, S. 9)

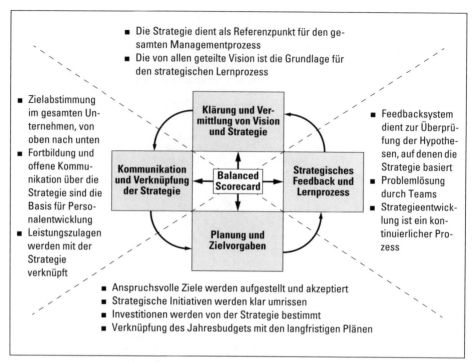

■ Die Strategie dient als Referenzpunkt für den gesamten Managementprozess
■ Die von allen geteilte Vision ist die Grundlage für den strategischen Lernprozess

■ Zielabstimmung im gesamten Unternehmen, von oben nach unten
■ Fortbildung und offene Kommunikation über die Strategie sind die Basis für Personalentwicklung
■ Leistungszulagen werden mit der Strategie verknüpft

■ Feedbacksystem dient zur Überprüfung der Hypothesen, auf denen die Strategie basiert
■ Problemlösung durch Teams
■ Strategieentwicklung ist ein kontinuierlicher Prozess

Klärung und Vermittlung von Vision und Strategie

Kommunikation und Verknüpfung der Strategie

Balanced Scorecard

Strategisches Feedback und Lernprozess

Planung und Zielvorgaben

■ Anspruchsvolle Ziele werden aufgestellt und akzeptiert
■ Strategische Initiativen werden klar umrissen
■ Investitionen werden von der Strategie bestimmt
■ Verknüpfung des Jahresbudgets mit den langfristigen Plänen

▲ Abb. 282　Strategieumsetzung mit BSC (Kaplan/Norton 1997, S. 191)

Die Balanced Scorecard dient aber nicht nur der Erfassung und Verknüpfung der Ziele und Kennzahlen unterschiedlicher Unternehmensbereiche und -aktivitäten, sondern ist auch ein Instrument der Strategieumsetzung, d.h. der Umsetzung der Vision und Strategie in zielführende Aktivitäten sowie der Strategieevaluation durch ein Feedbacksystem (◄ Abb. 282).

4.5　Strategische Erfolgsfaktoren

Die bisherigen Ausführungen haben deutlich gemacht, dass die erfolgreiche Gestaltung und Implementierung einer Unternehmenspolitik von vielen verschiedenen Einflussfaktoren abhängt. Auf der Suche nach solchen **Erfolgsfaktoren** und deren Systematisierung sind Pascale/Athos (1981) und Peters/Waterman (1982) aufgrund empirischer Untersuchungen über amerikanische und japanische Führungskonzepte auf sieben Faktoren gestossen, die sie im **7-S-Modell** in Form eines Management-Moleküls zusammengestellt haben (▶ Abb. 283). In diesem Modell werden zwei Arten von Faktoren unterschieden, die für den unternehmerischen Erfolg von Bedeutung sind:

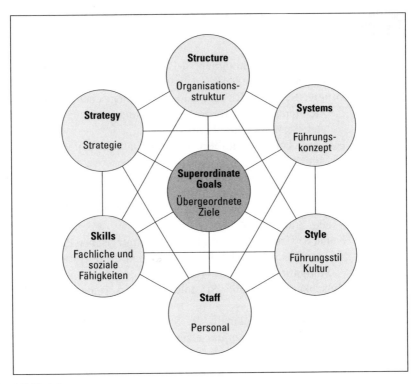

▲ Abb. 283   7-S-Modell

- **«weiche»** Faktoren wie kultureller Stil, Personal und Fähigkeiten,
- **«harte»** Faktoren wie Strategie, Organisationsstrukturen und Managementsysteme.

Im Zentrum dieser sieben Faktoren stehen aber als Ausgangspunkt die übergeordneten Ziele.[1] Mit diesem Modell wollen die Autoren zum Ausdruck bringen, dass alle Einflussfaktoren berücksichtigt werden müssen, um erfolgreich zu sein, und dass die einzelnen Faktoren in enger Wechselbeziehung zueinander stehen.

Das Modell unterstellt aber nicht, dass es für alle Organisationen nur eine einzige optimale Lösung gibt. Im Gegenteil, jedes Unternehmen hat seinen eigenen Weg zu finden, die Faktoren optimal auszugestalten und aufeinander abzustimmen. Darin liegt gerade die unternehmerische Aufgabe und Herausforderung.

---

1   Peters/Waterman (1982, S. 10) sprechen in diesem Zusammenhang nicht von Superordinate Goals (übergeordneten Zielen), sondern von Shared Values (gemeinsamen Werten).

Weiterführende Literatur

Backhausen, W./Thommen, J.-P.: Irrgarten des Managements. Ein systemischer Reisebegleiter zu einem Management 2. Ordnung. Zürich 2007

Grünig, R./Kühn, R: Methodik der strategischen Planung. Ein prozessorientierter Ansatz für Strategieplanungsprojekte. 2., überarbeitete Auflage, Bern/Stuttgart/Wien 2002

Horváth, Péter: Controlling. 10., überarbeitete und erweiterte Auflage, München 2006

Hungenberg, H./Wulf, T.: Grundlagen der Unternehmensführung. Berlin/Heidelberg/New York 2004

Kaplan, R./Norton, D.: Balanced Scorecard. Strategien erfolgreich umsetzen. Stuttgart 1997

Kühn, R./Grünig, R.: Grundlagen der strategischen Planung. Ein integraler Ansatz zur Beurteilung von Strategien. 2., überarbeitete Auflage, Bern/Stuttgart/Wien 2000

Kutschker, M./Schmid, St.: Internationales Management. München/Wien 2004

Lombriser, R./Abplanalp, P.: Strategisches Management. Visionen entwickeln, Strategien umsetzen, Erfolgspotenziale aufbauen. 4. Auflage, Zürich 2005

Macharzina, Klaus: Unternehmensführung. Das internationale Managementwissen. Konzepte – Methoden – Praxis. 5., grundlegend überarbeitete Auflage, Wiesbaden 2005

Müller-Stewens, G./Lechner, Ch.: Strategisches Management. Wie strategische Initiativen zum Wandel führen. 3., aktualisierte Auflage, Stuttgart 2005

Rüegg-Stürm, Johannes: Das neue St. Galler Management-Modell. Grundkategorien einer integrierten Managementlehre: Der HSG-Ansatz. 2., durchgesehene und korrigierte Auflage, Bern 2003

Staehle, Wolfgang H.: Management. Eine verhaltenswissenschaftliche Perspektive. 8. Auflage, München 1999

Steinmann, H./Schreyögg, G.: Management. Grundlagen der Unternehmensführung. Konzepte – Funktionen – Fallstudien. 6., vollständig überarbeitete Auflage, Wiesbaden 2005

Thom, N./Ritz, A.: Public Management. Innovative Konzepte zur Führung im öffentlichen Sektor. 2., aktualisierte Auflage, Wiesbaden 2004

Wunderer, Rolf: Führung und Zusammenarbeit. Eine unternehmerische Führungslehre. 7., überarbeitete Auflage, Köln 2007

Teil 11

Spezielle Gebiete des Managements

Inhalt

Kapitel 1 «Projektmanagement» wurde von Dieter Lennertz verfasst,
Kapitel 2 «Informationsmanagement» von Walter Brenner und
Claudia Lemke.

Kapitel 1

Projektmanagement

1.1 Einleitung

Projektmanagement beruht auf der Erkenntnis, dass die Erfolgschancen einmaliger, komplexer und interdisziplinärer Vorhaben – im Vergleich zu Routineaufgaben – durch den Einsatz spezieller Organisationsstrukturen, Arbeitsmethoden und -werkzeuge erheblich gesteigert werden können. Diese Erkenntnis ist sehr alt, denn sie wurde schon beim Bau der Pyramiden, der phönizischen Mittelmeerflotte, der Chinesischen Mauer, der mittelalterlichen Kathedralen und anderer «historischer Projekte» umgesetzt.

Das heutige Projektmanagement geht im Wesentlichen zurück auf Methoden, die seit den 50er Jahren im Rahmen internationaler Luft- und Raumfahrtprogramme entwickelt wurden, vor allem in den USA von der National Aeronautics and Space Administration (NASA) und in Europa von der European Space Agency (ESA). Danach wurden diese Methoden auch im Anlagenbau und in der Investitionsgüterindustrie eingesetzt, und inzwischen gibt es kaum einen Bereich – ob Forschung, Produktentwicklung, Marketing, Vertrieb, Dienstleistung, Organisation oder Politik –, in dem das Projektmanagement nicht Einzug gehalten hat. Der Hauptgrund hierfür liegt im wachsenden Bedarf an schnellen, interdisziplinären und innovativen Lösungen, die dem Wettbewerbsdruck globaler Märkte standhalten können.

Den heutigen Erfolg verdankt das Projektmanagement hauptsächlich seiner Mehrdimensionalität, wie sie auch in der Definition der Deutschen Industrie-Norm (DIN) Nr. 69 901 zum Ausdruck kommt:

> Das **Projektmanagement** umfasst die Gesamtheit von Führungsaufgaben, -organisation, -techniken und -mitteln für die Abwicklung eines Projekts.

1.2   Projektmerkmale

Eine allgemein gültige Definition des Begriffs «Projekt» hat sich nicht durchsetzen können. Gelegentlich wird – nur weil es besser klingt – auch eine Routine- oder Sonderaufgabe als «Projekt» bezeichnet. Entscheidend für den Unternehmenserfolg ist jedoch, dass Aufgaben, die als Projekte nicht nur bezeichnet, sondern auch als solche behandelt werden, sorgfältig anhand bestimmter Kriterien, den **Projektmerkmalen,** ausgewählt werden. Sie sind der Inhalt folgender Definition:

> Ein **Projekt** ist ein Vorhaben mit vereinbarten
> - Ergebniszielen (Was?),
> - Anfangs- und Endterminen (Wann?),
> - finanziellen, technischen und personellen Ressourcen (Womit?).
>
> Es ist gekennzeichnet durch
> - Einmaligkeit,
> - Neuartigkeit,
> - technische und organisatorische Komplexität,
> - interdisziplinäre Zusammenarbeit und
> - Abgrenzung gegenüber anderen Vorhaben.

Die **Ergebnisziele** beschreiben den gewünschten Output des Projekts. Bei einem Entwicklungs-Projekt sind das zum Beispiel die Leistungsmerkmale, Qualität und Herstellkosten des zu entwickelnden Produkts, bei einem Organisations-Projekt zum Beispiel die angestrebte Verkürzung der Arbeitsabläufe und die damit verbundene Kostenreduktion. Ziele, **Anfangs- und Endtermin** – und damit Dauer – sowie **Ressourcen** eines Projekts (Projekt-Input) werden im Rahmen der Projektdefinition zwischen dem Auftraggeber und dem Projektmanager vereinbart.

Der Grad der **Einmaligkeit, Neuartigkeit** und **Komplexität** von Projekten hängt weitgehend von der jeweiligen Projektart ab, und er bestimmt massgeblich die Höhe des Projektrisikos.

Die **interdisziplinäre Zusammenarbeit** ist eines der markantesten Merkmale eines Projekts. Denn im Unterschied zum Linien-Management, das auf Arbeitsteilung und Spezialisierung beruht, werden beim Projektmanagement Aufgabe und entsprechende Verantwortung ganzheitlich einem Team übertragen.

Das Projektmerkmal **Abgrenzung gegenüber anderen Vorhaben** entspricht der Sonderbehandlung und -stellung des Projekts und seines Teams innerhalb des Unternehmens. Durch diese Abgrenzung sollen Aufmerksamkeit und Kräfte auf die aussergewöhnliche Bedeutung der Projektarbeit fokussiert werden. Die beteiligten Mitarbeiter stehen damit «unter besonderer Beobachtung» – Anreiz und Herausforderung zugleich, das Projekt durch besondere Leistung zum Erfolg zu führen.

Wie Beispiele aus der Praxis zeigen, sind viele Projekte nur deswegen nicht erfolgreich, weil sie im Grunde genommen keine Projekte sind, d.h. die oben beschriebenen Projektmerkmale nicht oder nur unzureichend erfüllen. Deshalb lohnt es sich, diese Merkmale bei der Auswahl von Projekten möglichst strikt anzuwenden.

1.3 Projektarten

Zur Charakterisierung und Klassifizierung von Projekten gibt es eine Vielzahl von Unterscheidungsmerkmalen. In der Praxis häufig verwendete Kriterien sind Projektinhalt, -gebiet, -finanzierung und -auftraggeber sowie Projektorganisation.

- Der **Projektinhalt** nimmt Bezug auf die von einem bestimmten Projekt betroffene unternehmerische Tätigkeit oder Produktphase, daher Bezeichnungen wie Marketing-, Forschungs-, Entwicklungs-, Fertigungs-, Vertriebs- oder Recycling-Projekte.
- Das **Projektgebiet** benennt die Produktart oder das Geschäftsfeld. Typische Beispiele sind Bau-, Flugzeug-, Satelliten-, Automobilprojekte oder Mobilfunk- und Informatikprojekte.
- Begriffe wie Förderprojekt (z.B. der Regierung oder der EU) oder Stiftungsprojekt (z.B. der Bertelsmann- oder Boschstiftung) weisen auf die Art der **Projektfinanzierung** hin.
- Ein weiteres, oft benutztes Unterscheidungskriterium betrifft den **Projektauftraggeber**. Liegt die Initiative für ein Projekt – wie zum Beispiel bei der kundenspezifischen Entwicklung eines Produkts oder einer Anlage sowie bei den meisten Bauprojekten – ausserhalb des Unternehmens, spricht man von einem **externen** Projekt. Wird dagegen der Projektauftrag innerhalb des Unternehmens ausgelöst, handelt es sich um ein **internes** Projekt. Organisations-, Reengineering- und Rationalisierungsprojekte sind hierfür typische Beispiele.

- Je nach Arbeitsteilung zwischen dem Projektteam und den vom Projekt betroffenen Fachbereichen unterscheidet man folgende Formen der **Projektorganisation:**
  □ Stab-Projektorganisation,
  □ Matrix-Projektorganisation,
  □ reine Projektorganisation.
  Diese drei Formen sind in Teil 9, Kapitel 2, Abschnitt 2.2.6 «Projektorganisation», ausführlich dargestellt.

Zur Charakterisierung von Projekten werden gelegentlich auch einzelne Kriterien miteinander verknüpft, zum Beispiel Projektinhalt mit Projektgebiet (Satelliten-Entwicklungsprojekt) oder Projektgebiet mit Projektauftraggeber (internes EDV-Projekt).

Zuweilen werden Projekte entsprechend ihrem Umfang oder ihrer Dauer als gross, klein, kurz oder lang bezeichnet. Diese Kriterien sind nicht eindeutig definiert, eignen sich daher nur zum Vergleich von verschiedenen Projekten. Begriffe wie «Standardprojekt» oder «Routineprojekt» sollte man vermeiden, da sie im Widerspruch zu den Projektmerkmalen «Einmaligkeit» und «Neuartigkeit» stehen.

1.4 Projektphasen

Die Einteilung eines Projekts in aufeinander folgende, klar definierte und begrenzte Phasen ist eines der Erfolgsgeheimnisse des Projektmanagements. Ziele und Aktivitäten jeder Projektphase werden zu Beginn des Projekts genau festgelegt und mit den Phasenergebnissen verglichen. Anhand dieses Vergleichs wird dann entschieden, ob

- die Voraussetzungen für den Start der nächsten Phase und damit für die Fortsetzung des Projekts geschaffen wurden,
- bestimmte Aufgaben vorher noch gelöst werden müssen oder
- ob das Projekt abgebrochen wird.

Die Wahl zwischen diesen drei Möglichkeiten am Ende jeder Phase schafft klare Entscheidungsstrukturen und sorgt für Transparenz beim Bemühen, Ressourcen möglichst gezielt und erfolgreich einzusetzen.

Bezüglich der Zahl, Abgrenzung und Bezeichnung von Projektphasen gibt es grosse Unterschiede. Alle Varianten haben jedoch eine gemeinsame Basis, nämlich die Einteilung in die vier grundsätzlichen Projektphasen **Definition, Planung,**[1] **Durchführung, Abschluss.** ▶ Abb. 284 gibt einen Über-

---

1 Typische Instrumente der Projektplanung sind die Netzplantechnik und das Balkendiagramm (vgl. dazu Teil 4, Kapitel 3, Abschnitt 3.3.2 «Netzplantechnik» und Abschnitt 3.4.1 «Kapazitätsplanung»).

Kriterien \ Projektphase	Definition	Planung	Durchführung	Abschluss
Hauptaufgaben/ -aktivitäten	Projektziele (Ergebnis-, Termin-, Kostenziele) festlegen	Spezifikationen, Termin-, Ressourcen-Pläne erstellen	Steuerung, Kontrolle, Korrekturmassnahmen durchführen	technische und administrative «Aufräumarbeiten»
(eventuelle) Unterphasen	■ Ideenfindung ■ Konzeptfindung ■ Machbarkeitsuntersuchung	■ Grobplanung ■ Feinplanung	■ Entwicklung ■ Fertigung ■ Vertrieb/ Betrieb	■ Projektbewertung ■ System-Ausserdienststellung/ Entsorgung
Dokumentation	Projektantrag	Projektauftrag	Projektergebnisbericht	Projektabschlussbericht
Kostenanteil (in %) *	< 1	< 10	> 80	< 5
Dauer (in Jahren) *	< 1/4	< 1/2	> 1	< 1/4

* typische Werte für Produktentwicklungs- und Raumfahrtprojekte

▲ Abb. 284   Projektphasen

blick über die verschiedenen Phasen anhand der Kriterien Hauptaufgaben, eventuelle Unterphasen, Ergebnisdokumentation sowie typische Werte für Anteile an den Projektgesamtkosten und Dauer der Projektphasen.

1.5   Einführung des Projektmanagements

Das erste Projekt vieler Unternehmen heisst «Einführung des Projektmanagements». Die wesentlichen Hindernisse bei der Durchführung dieses Projekts können unter anderem folgende Gründe haben:

- **pauschale Berichte** über Projekte, die in anderen Unternehmen gescheitert sind,
- **Ignoranz** und **Vorurteile,** da Projektmanagement im Unternehmen nicht bekannt ist oder falsch verstanden wird,
- **mangelnde Einsicht von Fachbereichen,** die zum Beispiel nicht bereit sind, ihre guten Mitarbeiter einem Projekt (für dessen Erfolg vor allem andere belohnt werden) zur Verfügung zu stellen,
- **starre Betriebsvereinbarungen,** die z. B. hinsichtlich Arbeitszeit und Entlohnung die bei Projekten geforderte Flexibilität nicht zulassen,

- **projektfeindliche Unternehmensorganisation und -kultur,** geprägt durch traditionelle Top-down-Hierarchie, autoritären Führungsstil und Bereichs-Egoismen.

Selbst bei allgemein spür- und sichtbarer Unterstützung durch den Auftraggeber und die Unternehmensleitung ist die Beseitigung einiger Hindernisse relativ mühsam und zeitaufwendig. Erfahrungsgemäss gilt das insbesondere für das mittlere Management. Dabei werden einerseits die Chancen für Unternehmen und Mitarbeiter unterbewertet und andererseits das Risiko des Verlusts von persönlicher Verantwortung überbewertet. Die Durchführung dieses besonderen Projekts fordert daher vom Projektmanager nicht nur Überzeugungskraft, Verhandlungsgeschick und Geduld, sondern auch Durchsetzungsvermögen. Hinweise auf die Zunahme des Wettbewerbsdrucks und die sich daraus ergebenden Konsequenzen können dabei hilfreich sein.

Weiterführende Literatur

Baguley, Philip: Optimales Projektmanagement. Niedernhausen 1999

Lennertz, Dieter: Projekt-Management. In: Thommen, Jean-Paul: Management und Organisation. Konzepte – Instrumente – Umsetzung. Zürich 2002, S. 307–347

Pfetzing, K./Rohde, A.: Ganzheitliches Projektmanagement. 2., bearbeitete Auflage, Zürich 2006

Witschi, Urs/Schmid, A./Schneider, E./Wüst, R.: Projekt-Management. Der Leitfaden der Stiftung BWI zu Teamführung und Methodik. Stiftung für Forschung und Beratung am Betriebswissenschaftlichen Institut (BWI) der ETH Zürich (Hrsg.). 6., vollständig überarbeitete und erweiterte Auflage, Zürich 1999

Kapitel 2

Informationsmanagement

2.1 Einleitung

Seit den 50er Jahren des 20. Jahrhunderts beschäftigen sich grosse Unternehmen mit dem Einsatz von **Computern.** Die Finanzbuchhaltung wurde dabei oft als erste betriebliche Aufgabe mit Hilfe des Computers automatisiert. In den 70er Jahren dehnte sich die elektronische Datenverarbeitung auf weitere Aufgaben, wie zum Beispiel die Verkaufsabwicklung oder die monatlichen Lohnzahlungen, aus.

Die Computer wurden im Laufe der Zeit bei sinkenden Preisen und gleicher Leistung immer kleiner. Seit Mitte der 80er Jahre stehen preisgünstige Personal Computer zur Verfügung. Sie sind so klein, dass sie sich ohne weiteres auf einem Schreibtisch unterbringen lassen. Viele Arbeitsplätze im Bürobereich sind seitdem mit eigenen Personal Computern ausgestattet worden. Textverarbeitungs-, Tabellenkalkulations-, Grafikprogramme und Kommunikationstools stehen heute einem Grossteil des Personals zur Verfügung.

In den 90er Jahren des letzten Jahrhunderts lag der Schwerpunkt auf der elektronischen **Kommunikation.** Immer mehr Personen innerhalb und zwischen Unternehmen tauschen mit Hilfe des Computers Informationen aus. Das Internet als weltumspannendes Netzwerk hat der inner- und zwischenbetrieblichen Kommunikation zum Durchbruch verholfen. Insbesondere das World Wide Web (WWW), einer der zentralen Dienste des Internets, hat sich zu einer wichtigen Plattform für die Kommunikation sowie für die Abwicklung von Geschäften entwickelt.

In der ersten Dekade des 21. Jahrhunderts wird der Schwerpunkt der Entwicklung der Informations- und Kommunikationstechnik auf weiterhin zunehmender Miniaturisierung und Mobilität liegen. Es ist zu erwarten, dass zunehmend kleiner werdende mobile Geräte, wie zum Beispiel intelligente Handys oder Smartphones, auf den Markt kommen werden, die in unternehmerische und private Infrastrukturen eingebunden werden können. Der Zugriff auf Computer über Netzwerke wird in Zukunft von jedem Ort aus zu jeder Zeit möglich sein. Ein zweiter Entwicklungsschwerpunkt wird darin bestehen, in immer mehr Geräte Produkte der Informations- und Kommunikationstechnik einzubauen. Das Spektrum reicht dabei von Heimnetzwerken über intelligente Haushaltsgeräte oder produzierende Maschinen in der Industrie bis zu Automobilen.

Parallel zur Verbreitung der Informations- und Kommunikationstechnik in den Unternehmen hat sich mit dem Informationsmanagement eine neue Führungsaufgabe entwickelt.

> Die Aufgabe des **Informationsmanagements** besteht darin, Möglichkeiten der Informations- und Kommunikationstechnik zu erkennen und für das Unternehmen nutzbar zu machen.

Informationsmanagement ist keine Aufgabe, die auf Grossunternehmen beschränkt ist. Dank breiter Verfügbarkeit der Informations- und Kommunikationstechnik ist sie auch für Klein- und Mittelbetriebe von Bedeutung. Digitalisierung und Vernetzung bieten ein hohes Potenzial zur Gestaltung eines wettbewerbswirksamen Informationsmanagements für Klein- und Mittelbetriebe.

2.2 Informationsverarbeitung

Das Informationsmanagement gestaltet die inner- und zwischenbetriebliche Informationsverarbeitung. Diese lässt sich in die Informations- und Kommunikationstechnik sowie das Informationssystem gliedern.

2.2.1	**Informations- und Kommunikationstechnik**

> Die **Informations- und Kommunikationstechnik** umfasst Produkte zur elektronischen Herstellung, Verarbeitung und Übertragung von Informationen. Das Internet mit seinen spezifischen Technologien ist ein wesentlicher Bestandteil moderner Informations- und Kommunikationstechnik.

▶ Abb. 285 zeigt die Bestandteile der Informations- und Kommunikationstechnik im Überblick.

Informations- und Kommunikationstechnik					
Hardware		**Software**		**Netzwerke**	
Zentraleinheit	Peripherie	Anwendungssoftware	Systemsoftware	Local Area Network	Wide Area Network

▲ Abb. 285   Bestandteile der Informations- und Kommunikationstechnik

Als **Hardware** bezeichnet man die Gesamtheit der physischen Baueinheiten eines Computers. Sie gliedert sich in Zentraleinheit und Peripherie. Die Zentraleinheit enthält den Prozessor, der die eigentlichen Rechenoperationen ausführt. Die Ein- und Ausgabegeräte sowie Speicher bilden die Peripherie. Beispiele für Peripheriegeräte sind neben Bildschirm, Tastatur, Maus, Joystick, Lautsprecher, Mikrofon, Scanner und Laserdrucker auch Modems, ISDN-Karten für die Datenübertragung via Telefon sowie Smartcard-Lesegeräte[1], Videokameras für Videokonferenzen[2] und Webcams. Ein Personal Computer an einem typischen Büroarbeitsplatz besteht heute aus einer Zentraleinheit, einer Festplatte, einem Disketten- und DVD/CD-ROM-Laufwerk[3], Bildschirm, Tastatur, Maus, Lautsprechern und Headsets (Kopfhörer und Mikrofon).

Die **Software** umfasst den immateriellen Teil der Informations- und Kommunikationstechnik und ist Voraussetzung für den Betrieb von Hardware. Die Software gliedert sich in Anwendungs- und Systemsoftware:

---

1   Das Smartcard-Lesegerät ist ein Peripheriegerät, mit dem Chipkarten, vergleichbar mit den bekannten Telefonkarten, gelesen werden können. Sie dienen primär der Verschlüsselung und Speicherung sensibler Daten wie Transaktionsnummern, Zugangscodes oder Bankkontendaten. Zum Einsatz kommen solche Geräte vor allem beim Online-Shopping und -Banking im Rahmen des Electronic Commerce.

2   Videokonferenzen ermöglichen den gegenseitigen Austausch von Bewegtbildern der Konferenzteilnehmer, die an verschiedenen Orten lokalisiert sind.

3   DVD (Digital Versatile Disk) und CD-ROM (Compact Disk Read Only Memory) sind Datenträger für die digitale Speicherung grosser Datenmengen. Aufgrund der erheblich höheren Speicherkapazität der DVD verdrängt diese die CD-ROM allmählich.

- **Anwendungssoftware** unterstützt die Lösung fachlicher Probleme. Ihr Spektrum reicht von der Finanzbuchhaltung über Textverarbeitung bis zur computerunterstützten Steuerung eines chemischen Prozesses. Die Anwendungssoftware eines Personal Computers kann beispielsweise ein Tabellenkalkulations-, ein Finanzbuchhaltungs- oder ein Adressverwaltungsprogramm sowie auch Programme zur Telefonie umfassen. Eine neuere Generation von Anwendungssoftware ist mit dem Internet entstanden, wie beispielsweise Software zur internetbasierten Verwaltung von Dokumenten sowie allgemeinen Inhalten, den so genannten Dokumenten- und Content-Management-Systemen.

In der Vergangenheit haben viele Unternehmen ihre Anwendungssoftware selbst entwickelt oder individuell entwickeln lassen (Individualsoftware). Von bestehenden manuellen Abläufen ausgehend, sind detaillierte computerunterstützte Lösungen entstanden. Ziel war es, die Bedürfnisse der Benutzer möglichst umfassend zu befriedigen. Viele Projekte der Eigenentwicklung sind aber gescheitert, weil die Software nicht in der erforderlichen Qualität, im Rahmen der geplanten Kosten und zu den vereinbarten Terminen fertiggestellt wurde. Aufgrund dieser Erfahrungen entschliessen sich immer mehr Unternehmen dazu, Standardsoftware einzusetzen.

> **Standardsoftware** ist Anwendungssoftware, die – im Gegensatz zur Individualsoftware – nicht für einen spezifischen Anwender, sondern für den anonymen Markt entwickelt wird und den Anforderungen einer grossen Zahl von Anwendern genügen muss.

Betriebswirtschaftliche Standardsoftware wird im Rahmen der Einführung an die besonderen Verhältnisse eines Unternehmens angepasst. So werden beispielsweise während der Einführung einer standardisierten Finanzbuchhaltung die Konten eingerichtet, die ein Unternehmen für eine ordnungsgemässe Buchführung benötigt. Die Firma SAP AG hat in den vergangenen Jahren eine zentrale Rolle im Feld der betrieblichen Anwendungssoftware in Richtung Standardisierung gespielt. Microsoft hat mittlerweile im Bereich der Büroanwendungssoftware mit seinen Office-Versionen eine führende Position erreicht; ebenso mit seinem Internet Explorer als Anwendungssoftware für die Darstellung von Internet-Inhalten.

Standardsoftware erlaubt es einem Unternehmen, zur Lösung eines Problems auf Software zurückzugreifen, die bereits auf dem Markt verfügbar ist. Durch den Einsatz von Standardsoftware verkürzt sich nicht nur die Zeit, bis eine Anwendung einsatzbereit ist, sondern es lassen sich häufig auch Kosten sparen. In den vergangenen Jahren ist ein grosses Angebot an Standardsoftware entstanden. (Nomina 2005)

- **Systemsoftware** ermöglicht, überwacht und steuert den Betrieb der Anwendungssoftware auf der Hardware. Wichtige Komponenten der Systemsoftware sind das Betriebssystem, die Programmiersprachen, die Datenbank-Management-Systeme, d.h. spezielle Programme zur Verwaltung grosser Datenbestände, und Dienstprogramme, die beispielsweise zur Suche nach den Ursachen von Störungen der Hardware eingesetzt werden. Beispiele für die Systemsoftware von Personal Computern sind Betriebssysteme wie MS-DOS Anfang der 90er Jahre, Windows in allen Versionen, Unix, Linux sowie für Macintosh-Computer MacOS.

Netzwerke bestehen aus Hardware und Software, die von verschiedenen Orten aus durch Datenübertragungseinrichtungen miteinander verbunden sind. Das Netzwerk, das in einem Gebäude oder einem zusammenhängenden Gebäudekomplex installiert ist, bezeichnet man als Local Area Network (LAN). Ein Wide Area Network (WAN) verbindet Unternehmen miteinander, die zum Beispiel auf verschiedenen Kontinenten domiziliert sind. Seit einiger Zeit werden Netzwerke, die lediglich Privatpersonen zur Nutzung ihrer persönlichen Anwendungen zur Verfügung stehen, als Personal Area Network (PAN) bezeichnet.

Zur Übermittlung der Daten stehen beispielsweise Kupfer-, Koaxial- und Glasfaserkabel sowie Funk und Infrarot zur Verfügung. Ein Beispiel von Übertragungstechniken der jüngeren Generation ist Bluetooth[1] zur Übertragung von Sprache und Daten über kurze Entfernungen. WLAN (Wireless Local Area Network) bietet auf der Basis von Funkverbindungen eine multimediale[2] Übertragung von Daten in lokalen Netzen. Im Mobilfunk-Bereich lösen sich derzeit die Technologien zur Übertragung ab. Auf dem Markt sind auch die ersten UMTS-Handys[3] erhältlich, mit denen multimediale Anwendungen mobil übertragen und genutzt werden können.

Das Internet ist das derzeit grösste und bekannteste Wide Area Network, das sowohl zur Übermittlung von Daten und Informationen in multimedialer Form als auch zur Abwicklung von Geschäften genutzt wird. Die Entstehung des Internets geht auf die 60er Jahre des 20. Jahrhunderts zurück und wurde wie viele der Entwicklungen im Bereich der Informa-

---

1   Bluetooth ist ein offener Standard zur drahtlosen Kommunikation zwischen Computern, Personal Digital Assistants (PDAs), Mobiltelefonen, Druckern, Scannern, digitalen Kameras und sogar Haushaltsgeräten. Bluetooth ist weltweit kompatibel verfügbar und nutzbar.

2   Multimedia bedeutet die Darstellung von Daten und Informationen in einer Kombination von Text, Sprache, Video und Audio.

3   UMTS steht für Universal Mobile Telecommunications System und stellt einen Standard im Mobilfunkbereich dar, der eine Übertragung mit hoher Bandbreite ermöglicht. Von UMTS werden sich neue Anwendungsbereiche versprochen, wie zum Beispiel das Übertragen und Anschauen von Filmtrailern auf mobilen Endgeräten.

tions- und Kommunikationstechnik aufgrund militärischer Bestrebungen
vorangetrieben. Seither ist die Teilnehmerzahl des Internet stark gestiegen.
Anfang 2003 wurden weltweit mehr als eine halbe Milliarde Internet-
Nutzer ermittelt, im Jahr 2004 waren es ungefähr 0,8 Milliarden und im
Jahr 2005 wurde die Milliardengrenze überschritten.

> Das **Internet** ist ein dezentraler, weltweiter Verbund von Computern und
> Netzwerken.

Das Internet umfasst eine Reihe von Diensten. Die wichtigsten Dienste des
Internets sind das **WWW,** mit dem Informationen und Daten multimedial
präsentiert werden können und über Querverweise, die Hyperlinks, miteinander gekoppelt sind, **E-Mail** zum Empfangen und Versenden elektronischer Nachrichten sowie **FTP** (File Transfer Protocol) als Dienst zur
Übertragung von Dateien über das Internet.

Das Internet ist ein offenes und frei zugängliches elektronisches Netzwerk. Das **Intranet** als ein unternehmensinternes Netzwerk auf der Basis
der Internet-Technologien ist für eine sichere und zuverlässige Kommunikation und Transaktionsabwicklung im Unternehmen durch spezielle
Sicherheitsmassnahmen nach aussen geschlossen. Das **Extranet** ist ein
elektronisches Netzwerk, das auf der Grundlage der Internet-Technologien dem Datenaustausch, der Kommunikation und der Transaktion zwischen verschiedenen Unternehmen dient. Die Verbindung der beteiligten
Unternehmen erfolgt über das Internet. (Hansen/Neumann 2005)

Die Informations- und Kommunikationstechnik wird ständig weiterentwickelt, bestehende Produkte werden verbessert oder durch neue ersetzt.
Es gibt kaum eine andere Branche mit einer so hohen **Innovationsrate** wie
die informationstechnische Industrie. Seit ungefähr zwei bis drei Jahren
besteht die Tendenz, beliebige Produkte aus der Unterhaltungselektronik
mit Produkten der Informations- und Kommunikationstechnik, der Tele-
kommunikation und der Medienindustrie zu kombinieren. Diese Konver-
genz zeigt sich in Produkten wie Fernsehgeräten, mit denen über das Internet Online-Shopping oder Online-Banking betrieben werden kann (Inter-
net-TV), oder Mobil-Telefonen, mit denen E-Mails abgerufen oder Inhalte
von WWW-Seiten auf das Display des Handys übertragen werden können
(WAP[1]-Technologie). Des weiteren werden immer mehr Produkte des all-
täglichen Lebens, wie Autos, Waschmaschinen, Kühlschränke oder andere
Haushaltsgeräte, massiv von Informations- und Kommunikationstechnik
durchdrungen. Die Möglichkeit der Vernetzung erzeugt neue Potenziale
für den privaten Haushalt. So existieren bereits heute Mikrowellengeräte,
mit denen im Internet Inhalte abgerufen werden, oder Kühlschränke, die

---

1   WAP steht für Wireless Application Protocol und beschreibt eine Technologie, mit der
    Daten kabellos übertragen werden können. WAP dient zur mobilen Übertragung von In-
    halten von WWW-Seiten durch Konvertierung in ein Darstellungsformat von Handys.

selbstständig Produkte bestellen können. Die Vernetzung des Haushalts, die Fernsteuerung oder Ferndiagnose sowie die Internettelefonie (z.B. Skype) werden durch die Möglichkeiten des Internets weiter voranschreiten. Diesen Trends entsprechend müssen sich künftig die Aufgaben des Informationsmanagements auf diese Bereiche ausdehnen.

Die rasante Entwicklung der Informations- und Kommunikationstechnik wurde unter anderem durch die Entwicklung der Leistungsfähigkeit der **Prozessoren** von Personal Computer gefördert. Das so genannte Moore's Law, benannt nach dem Gründer der Intel Corporation, beschreibt den Zusammenhang zwischen den Kosten für die Produktion von Prozessoren und deren Leistungsfähigkeit. So verdoppelt sich ca. alle 18 Monate die Leistungsfähigkeit von Prozessoren bei gleichbleibenden Produktionskosten. Diese Leistungsfähigkeit lässt sich vor allem an einer Kennzahl, den MIPS[1], messen. Die ersten Prozessoren gegen Ende der 70er Jahren

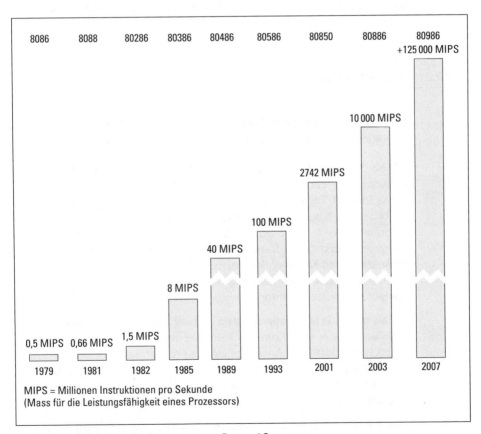

▲ Abb. 286   Entwicklung der Prozessoren von Personal Computern

---

1   MIPS steht für «Millionen Instruktionen pro Sekunde» und ist ein Mass für die Leistungsfähigkeit eines Prozessors.

verfügten über eine Leistungsfähigkeit kleiner als 1 MIPS. Bereits Mitte der 80er Jahre besassen Personal Computer eine höhere Leistungsfähigkeit als Grossrechner. Somit ist die Leistungsfähigkeit innerhalb von 15 Jahren um mehr als den Faktor 200 gestiegen, wie in ◀ Abb. 286 ersichtlich.

Mittlerweile ist der Aufbau von Prozessoren sehr komplex, so dass die Messung der Leistungsfähigkeit nicht mehr auf eine einzelne Kennzahl ausgerichtet werden kann. Heute werden, abgestimmt auf die einzelnen Prozessor-Familien und gesamte Systeme von Computer, umfangreiche Benchmarks durchgeführt. Diese Benchmarks sind Programme, bei denen standardisierte Aktionen für unterschiedliche Prozessor-Familien und Systeme gleichartig ablaufen. Beispielsweise existieren Benchmarks zum Testen der Leistungsfähigkeit bei Nutzung von Office-Anwendungen. Das Ziel dieser Benchmarks ist es, ein einheitliches Mass zur Vergleichbarkeit unterschiedlicher Prozessor-Familien und Systemen zu definieren. Diese werden häufig in Form eines Punktwerts oder Perfomance-Index als Ergebnis durchgeführter Benchmark angegeben.

| 2.2.2 | Informationssystem |

> Das **Informationssystem** eines Unternehmens umfasst seine informations-verarbeitenden Tätigkeiten und Kommunikationsbeziehungen.

▶ Abb. 287 zeigt die Bestandteile des Informationssystems ohne die Möglichkeiten der einzelnen Bestandteile zur Vernetzung, wie sie beispielsweise Internet-Technologien bieten. Die Berücksichtigung von Hardware, Software und Netzwerken veranschaulicht den Zusammenhang zwischen Informationssystem und Informations- und Kommunikationstechnik: Das computerunterstützte Informationssystem wird mit den Produkten der Informations- und Kommunikationstechnik realisiert.

Das betriebliche Informationssystem lässt sich in ein manuelles und ein computerunterstütztes Informationssystem gliedern:

- Das **manuelle Informationssystem** umfasst Aufgaben, die nicht durch die Informations- und Kommunikationstechnik unterstützt werden (z.B. das handschriftliche Ausfüllen eines Kreditantrages).

- Das **computerunterstützte Informationssystem** ist jener Teil des Informationssystems, der durch Informations- und Kommunikationstechnik unterstützt wird.

Die unternehmerische Bedeutung des betrieblichen Informationssystems hat in den vergangenen Jahren zugenommen. Inzwischen erkennen die

Informationssystem									
computerunterstütztes Informationssystem									manuelles Informationssystem
Anwendung 1			Anwendung 2			Anwendung 3			...
Hardware	Software	Netzwerke	Hardware	Software	Netzwerke	Hardware	Software	Netzwerke	...

▲ Abb. 287   Bestandteile des Informationssystems

Unternehmen, dass es einen wesentlichen Beitrag zum Erfolg des Unternehmens leistet; es ist zu einem Produktionsfaktor geworden.

Das **computerunterstützte Informationssystem** besteht aus Anwendungen, die ein Unternehmen zur Erfüllung seiner Aufgaben einsetzt (◀ Abb. 287).

> **Anwendungen** sind inhaltlich zusammengehörende Kombinationen von Software, Hardware und Netzwerken.

Die Software einer Finanzbuchhaltung beruht beispielsweise auf Standardsoftware. Als Hardware wird ein Grossrechner verwendet. Der Anwender greift über seinen Personal Computer auf die Finanzbuchhaltung zu. Der Personal Computer und der Grossrechner sind über ein lokales Netzwerk miteinander verbunden.

Die Nutzung des Internets zur inner- und zwischenbetrieblichen Kommunikation und Interaktion führt zu einer Reihe neuer Anwendungen, die bisher nicht realisiert werden konnten. So entwickelte die Continental AG beispielsweise ein Extranet für ihre bestehenden Händler (Reifenhändler oder Autohändler), auf das auch potenzielle neue Verkäufer zugreifen können. Über die Nutzung moderner Technologien wie zum Beispiel Java Applets (▶ Abb. 288) wurde eine Portallösung geschaffen, mit der online und realtime Lagerbestände der Continental AG abgerufen werden können, Händler Versand- und Marketingmaterial bestellen können und Warenkorbfunktionalitäten eine einfache Bestellabwicklung ermöglichen. Wesentliche Zielsetzung dieser Extranet-Lösung ist die Erhöhung des Absatzes von Continental-Reifen oder auch die Steigerung der Bekanntheit der Reifenmarke. Visuell sehr ansprechende Oberflächen bieten über emotionale Faktoren gleichzeitig eine Erweiterung und Steigerung der Kundenbindung bzw. -treue.

In den Unternehmen ist in den vergangenen 30 Jahren eine grosse Anzahl unterschiedlicher Anwendungen entstanden. Spezielle Anwendungen

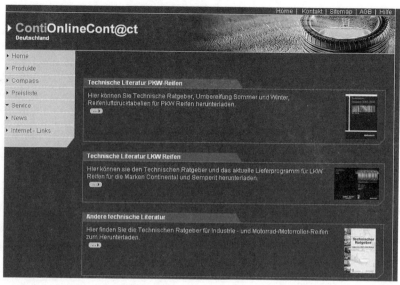

▲ Abb. 288   Extranet der Continental AG

sind zur Unterstützung einzelner Funktionsbereiche des Unternehmens, zum Beispiel des Rechnungswesens, der Logistik oder des Marketings, entwickelt worden. Daneben gibt es Anwendungen, die sich auf die Bedürfnisse von Branchen, zum Beispiel der Hotel-, Bank- oder Versicherungsbranche, konzentrieren. Beispiele betrieblicher Anwendungen sind:

- Finanzbuchhaltung,
- Kunden-Informationssystem,
- Management-Informationssystem,
- Hotel-Informationssystem.

Anwendungstypen fassen Anwendungen mit gleichen Eigenschaften zusammen. Eine Gliederung des computerunterstützten Informationssystems nach Anwendungstypen verschafft einen guten Überblick über die Breite des Einsatzes von Informations- und Kommunikationstechnik in den Unternehmen. Es lassen sich neun Anwendungstypen unterscheiden:

1. **Verwaltungsanwendungen** unterstützen und übernehmen betriebliche Verwaltungsaufgaben wie Rechnungsstellung, Verbuchung oder Bestandskontrolle. Beispiele: Finanzbuchhaltung, Verkaufsabwicklungssystem, Lagerhaltungssystem.
2. **Führungsanwendungen** basieren auf den Verwaltungsanwendungen und unterstützen Führungskräfte auf allen hierarchischen Stufen und über alle Funktionsbereiche eines Unternehmens hinweg. Beispiele: Verkaufs-Informationssystem, Business-Intelligence-Lösungen.

3. **Officeanwendungen** bilden die aufgabenunabhängige Ausstattung von Büroarbeitsplätzen mit Hilfe der Informations- und Kommunikationstechnik. Beispiele: Textverarbeitungsprogramm, Grafikprogramm, Terminverwaltungsprogramm.

4. **Kommunikations-** und **Koordinationsanwendungen** unterstützen den Informations-Austausch zwischen den Mitarbeitern eines Unternehmens und der Umwelt. Sie erleichtern Arbeitsabläufe, an denen mehrere Personen beteiligt sind, indem sie die Verwendung gemeinsamer Informations-Bestände unterstützen. Beispiele: Electronic-Mail-System, elektronisches «Schwarzes Brett».

5. **Know-how-Anwendungen** stellen Problemlösungsvorschläge, Schulungsinhalte und Informationen über bereits gelöste ähnliche Fragestellungen in einem Unternehmen zur Verfügung. Beispiele: Artikel-Informationssystem, multimediales Schulungsprogramm, Beratungssystem zur Auswahl eines optimalen Leasingvertrags.

6. **Prozess-Steuerungsanwendungen** übernehmen die Steuerung und Überwachung technischer Prozesse. Beispiele: Prozessleitsystem für chemische Reaktionen, elektronische Steuerung eines Webstuhls, Steuerung eines Hochregallagers.

7. **Entwurfsanwendungen** unterstützen die Entwicklung gedachter oder physischer Objekte wie Produkte, Fertigungsverfahren oder Publikationen. Beispiel: System zum Entwurf von Teilen in der Automobilindustrie.

8. **Präsentationsanwendungen** veranschaulichen Produkte und Dienstleistungen, beraten die Benutzer bei Entscheidungen und lösen teilweise Verarbeitungsfunktionen aus. Beispiele: elektronischer Produktkatalog, Fahrplan-Auskunftssystem auf grossen Bahnhöfen.

9. **Integrierte Geschäftsprozess-Anwendungen** dienen der Planung, Steuerung und Kontrolle von Abläufen innerhalb und zwischen verschiedenen Unternehmen. Im Gegensatz zu funktionsorientierten Verwaltungsanwendungen steht hier die Integration entlang von Geschäftsprozessen im Mittelpunkt. Diese Anwendungen können auch über die Grenzen eines Unternehmens hinweg agieren und ermöglichen den Aufbau eines Beziehungsmanagements des jeweiligen Unternehmens mit seinen Partnern, beispielsweise Lieferanten und Kunden. Beispiele: Systeme für Enterprise Resource Planning (ERP-Systeme), Supply Chain Management (SCM-Systeme), Customer Relationship Management (CRM-Systeme) und Supplier Relationship Management (SRM-Systeme).

Anwendungen stehen in einem engen Zusammenhang mit ihrem **organisatorischen Umfeld**. ▶ Abb. 289 zeigt, wie der Schalterbereich der Banken durch den Einsatz der Informations- und Kommunikationstechnik verändert wurde.

Die enge Verbindung der Einführung von Anwendungen mit Veränderungen der organisatorischen Abläufe, wie sie am Beispiel der Einführung von Universalschaltern dargestellt wurde, ist exemplarisch. Organisation und Informations- und Kommunikationstechnik stehen in einem engen Zusammenhang: Die Einführung der Informations- und Kommunikationstechnik verändert die Organisation; die Nutzung von Informations- und Kommunikationstechnik erlaubt neue Formen der Organisation. Vielen

---

Der Schalterbereich von Banken war bis zur Mitte der 80er Jahre des 20. Jahrhunderts durch eine Trennung in verschiedene Sparten gekennzeichnet. Es gab je eigene Schalter für Devisen, Geldbezug und Geldanlage. Jeden dieser Bereiche betreute ein qualifizierter Mitarbeiter, der Zugriff auf die entsprechenden Informationen hatte.

Die fortschreitende Entwicklung der Informations- und Kommunikationstechnik ermöglicht es, die Organisation der Abläufe im Schalterbereich zu verändern und Universalschalter einzuführen, an denen der Kundschaft ein umfassendes Dienstleistungsangebot zur Verfügung steht. Der Dialog mit der Kundschaft ist durch die Bildschirmmasken einer Anwendung vorgegeben. Angelernte Bankangestellte können über alle Sparten hinweg die Kundenwünsche erfüllen.

Ergebnis dieser Umstrukturierung ist, dass die Kundschaft umfassend bedient werden kann, die Verarbeitungssicherheit durch die Computerunterstützung steigt und Personalkosten (Schalter) eingespart werden können.

Eine weitere Entwicklungsstufe ist die Nutzung internetbasierter Informations- und Kommunikationstechnik zur Entwicklung neuer Anwendungen. Bereits heute bieten Banken fast ihr gesamtes Produktsortiment im Internet an. Kontoführung, Verwaltung von Depots, Kauf und Verkauf von Aktien und Wertpapieren, Abschluss von Versicherungen sowie Kauf und Verkauf von Immobilien können im Internet abgewickelt werden. Während vor allem Discount- und Direktbanken, die sich auf den Kauf und Verkauf von Aktien und Wertpapieren ohne Beratung konzentriert haben, diesen Trend vorangetrieben haben, nutzen zusehends traditionelle Banken und Kreditinstitute wie die CS in der Schweiz oder die Deutsche Bank AG in Deutschland diesen Trend für ihr Privatkundengeschäft. Das nachfolgende Beispiel zeigt eine internetbasierte Bankanwendung für Privatkunden der CS.

▲ Abb. 289   Vom Spartenschalter zum Universalschalter und E-Banking

Führungskräften wurde dieser Zusammenhang erst durch die Diskussion um das **Business Process Reengineering** bewusst. Ziel dieses Konzepts ist die prozessorientierte Umgestaltung eines Unternehmens.[1] Diese ist erst durch den Einsatz von Informations- und Kommunikationstechnik als wichtige Grundlage für neue organisatorische Lösungen möglich geworden.

2.3 Informationsmanagement als Führungsaufgabe

2.3.1 Ziele des Informationsmanagements

In den ersten Jahren des Einsatzes von Informations- und Kommunikationstechnik in Unternehmen stand die **Rationalisierung** der Abläufe im Vordergrund. Ziel war, durch den Einsatz des Computers (z.B. im Rechnungswesen) menschliche Arbeit durch computerunterstützte Lösungen zu ersetzen und auf diese Weise Kosten zu senken. So wurden die Konten nicht mehr «von Hand», sondern mit Hilfe des Computers geführt und ausgewertet. Beträchtliche Personaleinsparungen wurden erzielt.

Nachdem in vielen Bereichen der Unternehmen keine weiteren Rationalisierungserfolge erreicht werden konnten, wurde die Informations- und Kommunikationstechnik nicht mehr nur zur Senkung der Kosten, sondern auch zur Unterstützung **strategischer Zielsetzungen** der Unternehmensführung eingesetzt. Wiseman (1985) beschreibt folgende Zielsetzungen für den Einsatz von Informations- und Kommunikationstechnik:

- **Differenzierung:** Bewusste Unterschiede zu Mitbewerbern. Beispiel: Ein Hotel ist in der Lage, den Preis für eine Übernachtung kontinuierlich der Bettenbelegung im eigenen Haus und dem Markt anzupassen.
- **Kosten:** Kostenvorteile. Beispiel: Eine computerunterstützte Prozess-Steuerung senkt die Produktionskosten.
- **Innovation:** Neue Produkte oder betriebliche Abläufe. Beispiel: Die Einführung der Universalschalter in Banken hat zu neuen Abläufen in der Kundenbetreuung geführt.
- **Wachstum:** Verbesserte Nutzung bestehender Angebote oder Schaffung neuer Märkte. Beispiel: Spezielle Konditionen für Vielflieger erhöhen die Attraktivität einer Fluggesellschaft und können neue Kunden bringen.
- **Allianzen:** Bessere Zusammenarbeit zwischen Unternehmen. Beispiel: Der elektronische Austausch von Rechnungsdaten zwischen Unternehmen verbessert die administrativen Prozesse auf beiden Seiten und intensiviert die Zusammenarbeit.

---

1 Vgl. dazu Teil 9, Kapitel 1, Abschnitt 1.3.2.3 «Ablauforganisation und Business Process Reengineering».

▶ Abb. 290 zeigt, wie American Airlines durch bewusste **Differenzierung** der Preise mit Hilfe der Informations- und Kommunikationstechnik ihre Wettbewerbssituation verbessert hat.

Die Bedeutung der Informations- und Kommunikationstechnik für den geschäftlichen Erfolg wird weiter steigen. In der **Informationsgesellschaft** wird ein immer grösserer Anteil der betrieblichen Abläufe und der Kommunikation sowohl in und zwischen Unternehmen als auch zwischen privaten Haushalten durch die Informations- und Kommunikationstechnik unterstützt. Die Informations- und Kommunikationstechnik wird zum bestimmenden Erfolgsfaktor für Unternehmen bei der Neuorganisation ihrer Geschäftsprozesse, bei der Entwicklung neuer Produkte oder der Weiterentwicklung bestehender Produkte und Dienstleistungen sowie bei der Erschliessung neuer Märkte.

Immer mehr Geschäftsmodelle entstehen auf der Basis neuer Technologien und unter ausschliesslicher Nutzung dieser Technologien im Sinne digitaler Produkte. Diese digitalen Produkte bilden den Kern des Erfolgs des Unternehmens, wie es beispielsweise bei den Billig-Fluglinien zu sehen ist, bei denen alle Buchungsvorgänge zwischen Fluggesellschaft und Kunde lediglich über das Internet bzw. online abgewickelt werden.

Ende der 70er Jahre des 20. Jahrhunderts beschloss der amerikanische Präsident Carter, den Flugreisemarkt in den USA zu liberalisieren. Die traditionsreiche Fluggesellschaft Pan American Airways, die 1980 noch den dritten Platz in der Rangfolge der US-Fluggesellschaften belegt hatte, ist seitdem von der Bildfläche verschwunden. American Airlines hingegen ist es gelungen, ihre Spitzenpositionen aus der Zeit vor der Deregulierung zu behaupten. Ohne das Flugreservierungssystem SABRE wäre dieser Erfolg nicht möglich gewesen.

SABRE war in den Anfangsjahren so ausgelegt, dass es nur Reservierungen von American Airlines zuliess. Ziel von American Airlines war es deshalb, möglichst schnell viele Reisebüros an SABRE anzuschliessen. In den Reisebüros wurden spezielle Terminals installiert und eine Kommunikationsverbindung mit dem Rechenzentrum von American Airlines in Dallas hergestellt. Der grosse Installationsaufwand für die Reisebüros erschwerte den Wechsel auf das System eines Konkurrenten.

Heute resultiert der Nutzen der Reservierungssysteme nicht mehr aus dem Anschluss von Reisebüros, sondern aus der Nutzung von Daten für die marktorientierte Festsetzung der Preise. SABRE ermöglicht es American Airlines, in Preiskämpfen schnell und gezielt auf Veränderungen am Markt zu reagieren. In Abhängigkeit von der Buchungssituation kann der Preis jedes Sitzes auf einer Flugroute verändert werden, um die Auslastung der Flüge zu maximieren. Der Gesamtdeckungsbeitrag jedes einzelnen Fluges kann optimiert werden.

▲ Abb. 290   Optimierung des Deckungsbeitrags bei American Airlines

2.3.2	**Verantwortung für das Informationsmanagement**

In der Vergangenheit wurde das Informationsmanagement oft als Aufgabe einiger hochqualifizierter Spezialisten gesehen. In den Unternehmen setzt sich jedoch immer mehr die Erkenntnis durch, dass die Gestaltung und Weiterentwicklung des Informationssystems alle Mitarbeiter betrifft. Zwei im Hinblick auf die Informations- und Kommunikationstechnik unterschiedlich ausgebildete Personengruppen von Mitarbeitern ergänzen einander:

1. **Informatiker:** Mitarbeiter, die durch ihre Ausbildung und Tätigkeit in Unternehmen vertiefte Kenntnisse der Informations- und Kommunikationstechnik und ihrer Einsatzmöglichkeiten im Unternehmen besitzen. Derzeit besteht die Tendenz, die Aufgaben dieser Mitarbeitergruppe als externe IT-Dienstleister auszulagern.
2. **Anwender** der Informations- und Kommunikationstechnik: Sie setzen in erster Linie die computerunterstützten Lösungen ein, besitzen selbst aber nur anwenderbezogene Kenntnisse der Informations- und Kommunikationstechnik. Diese Anwender repräsentieren in der Regel die Fachseiten oder Fachbereiche eines Unternehmens.

Informationsmanagement ist eine Aufgabe, für die zunehmend alle beteiligten Personengruppen Verantwortung übernehmen. So bestimmen die jeweiligen Fachbereiche, welche Aufgaben mit welcher Priorität unterstützt werden und welche Ressourcen zur Verfügung stehen. Die Informatiker unterstützen und beraten die Anwender und setzen deren Anforderungen an die Informations- und Kommunikationstechnik in computerunterstützte Anwendungen um.

2.3.3	**Problemlösungsprozess des Informationsmanagements**

Im Sinn einer systemorientierten Managementlehre kann der Problemlösungsprozess des Informationsmanagements als Kreislauf angesehen werden. ▶ Abb. 291 zeigt dessen Aufgaben und Teilaufgaben im Überblick.

Informationsverarbeitungs-Konzept, Projektmanagement, Betrieb und Evaluation wiederholen sich im Informationsmanagement zyklisch. Die Evaluationsergebnisse fliessen in das Informationsverarbeitungs-Konzept des nächsten Zyklus ein. Der ständige Vergleich des Informationsverarbeitungs-Konzepts mit den Ergebnissen der Umsetzung ist eine Voraussetzung für eine kontinuierliche Verbesserung des Informationsmanagements.

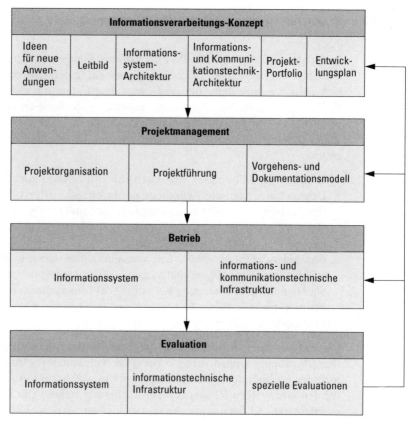

▲ Abb. 291   Problemlösungsprozess des Informationsmanagements

2.4   Informationsverarbeitungs-Konzept

Das Informationsverarbeitungs-Konzept hat zum Ziel, die Gestaltung des computerunterstützten betrieblichen Informationssystems und der Informations- und Kommunikationstechnik an den künftigen Erfordernissen des Unternehmens auszurichten. Es ist aber auch Teil der Unternehmensplanung. Diese beiden Aufgaben sollten in Unternehmen aufeinander abgestimmt ablaufen. Plant zum Beispiel ein Industrieunternehmen, einen neuen Geschäftsbereich Handel aufzubauen, muss rechtzeitig die Entwicklung von Anwendungen zur Unterstützung dieser Aktivitäten geplant werden.

2.4.1	**Ideen für neue Anwendungen**

Ideen für neue Anwendungen entstehen aus dem **informationstechnischen Innovationsmanagement.** Dessen Ziel ist es, durch Nutzung der Möglichkeiten der Informations- und Kommunikationstechnik Ideen zur Weiterentwicklung der Unternehmensstrategie und Organisation eines Unternehmens zu liefern. Das informationstechnische Innovationsmanagement zieht bei allen Problemen und Lösungsvorschlägen in einem Unternehmen die Möglichkeiten der Informations- und Kommunikationstechnik in Betracht. ▶ Abb. 292 zeigt, wie ein Unternehmen einen Vorschlag zur Lösung eines Problems durch den Einsatz der Informations- und Kommunikationstechnik entwickelt hat.

Zwei Zielsetzungen des informationstechnischen Innovationsmanagements lassen sich unterscheiden:

- **Prozessinnovationen:** Sie verbessern betriebliche Abläufe durch den Einsatz von Informations- und Kommunikationstechnik. Business Process Reengineering beschäftigt sich schwerpunktmässig mit diesem Ansatz.
- **Produktinnovationen:** Sie führen zu Anwendungen, die ohne oder gegen Entgelt an die Kunden eines Unternehmens weitergegeben werden. Zu den Produktinnovationen gehören beispielsweise elektronische Produktkataloge. Der Bereich der Produktinnovationen erhält durch die Nutzung der Möglichkeiten des Internets neue Dimensionen. Das Internet wird wie keine andere Technologie zum Vehikel für die Entwicklung vollkommen neuartiger Produkte und Dienstleistungen.

Ein Industrieunternehmen will neue Produkte schneller entwickeln und auf den Markt bringen. Eine Analyse ergibt, dass die Lieferanten für die Fertigung zu viel Zeit brauchen. Die Ursache für viele zeitliche Verzögerungen liegt in Kommunikationsproblemen zwischen dem Unternehmen und einigen Lieferanten. Immer wieder werden die Lieferanten zu spät über Änderungswünsche der Forschungs- und Entwicklungsabteilung informiert. Das verspätete Eintreffen der Informationen hat zur Folge, dass die Lieferanten bereits fertiggestellte Teile anpassen oder sogar neu konstruieren und anfertigen müssen. Informationstechnisches Innovationsmanagement bedeutet, dass man neben traditionellen Vorschlägen, wie zum Beispiel gemeinsamen Sitzungen oder häufigeren gegenseitigen Besuchen, auch die Möglichkeiten der Informations- und Kommunikationstechnik in die Überlegungen zur Behebung von Schwächen einbezieht. Der verstärkte Einsatz von Electronic Mail oder Video Conferencing kann helfen, einen Teil der Probleme in der Kommunikation zu beseitigen. Schliesslich entscheidet aber der Anwender, welche dieser Möglichkeiten seinen Bedürfnissen am besten entspricht.

▲ Abb. 292   Innovation in der Kommunikation eines Industrieunternehmens

Es hat sich bewährt, die Ideen für neue Anwendungen von Anfang an strukturiert zu beschreiben. Entscheidet das Unternehmen, dass eine Anwendungsidee realisiert werden soll, wird die Beschreibung zum Ausgangspunkt des Projekts.

2.4.2	Leitbild des Informationsmanagements

> Das **Leitbild** des Informationsmanagements enthält die inhaltlichen und führungsbezogenen Grundlagen des Informationsmanagements. (Brenner 1994)

Im Informationszeitalter entspricht das Leitbild des Informationsmanagements einer Basisstrategie für das Informationsmanagement, in der zentrale Aussagen zur Nutzung der Internet-Technologien getroffen werden. Damit wird das Informationsmanagement als Teil der Unternehmensführung künftig um das Management internetbasierter Anwendungen erweitert werden müssen, um alle Aufgaben im Zusammenhang mit der Nutzung der Potenziale der Informations- und Kommunikationstechnik erfüllen zu können.

Das Leitbild des Informationsmanagements lehnt sich an Leitbilder an, wie sie aus der Unternehmensführung bekannt sind.[1] Die wichtigsten Inhalte eines Leitbilds des Informationsmanagements sind:

- Ziele des Informationssystems,
- Zweck, Gültigkeitsbereich und Umsetzungsrichtlinien für das Leitbild,
- Problemlösungsprozess des Informationsmanagements mit einer kurzen Beschreibung des Informationsverarbeitungs-Konzepts, des Projektmanagements, des Betriebs und der Evaluation,
- Organisation des Informationsmanagements,
- Methoden zur Entwicklung von Anwendungen und für das Informationsmanagement,
- Standards der Informations- und Kommunikationstechnik.

Das Leitbild des Informationsmanagements wird idealerweise in einem gemischten Team aus Anwendern und Informatikern erarbeitet und von der Geschäftsleitung in Kraft gesetzt. Das Leitbild des Informationsmanagements ist in der Regel drei bis fünf Jahre gültig und wird nach Ablauf dieses Zeitraums umfassend überarbeitet.

---

1 Vgl. Teil 10, Kapitel 4, Abschnitt 4.3 «Unternehmensleitbild und Corporate Governance».

2.4.3	**Informationssystem-Architektur**

> Die **Informationssystem-Architektur** zeigt, welche Anwendungen ein Unternehmen in drei bis fünf Jahren besitzen sollte.

Die Informationssystem-Architektur resultiert aus einer Analyse der Ideen für neue Anwendungen. Diese stammen aus dem informationstechnischen Innovationsmanagement und aus systematischen Befragungen der Anwender.

In Praxis und Wissenschaft ist eine Vielzahl von Darstellungsmöglichkeiten für Informationssystem-Architekturen entstanden. ▶ Abb. 293 zeigt eine Informationssystem-Architektur auf der Grundlage einer prozessorientierten Darstellung eines Industrieunternehmens in Anlehnung an die Strukturierung eines Unternehmens nach Porter. (Porter 1999)

Die Systematik einer Prozessdarstellung unterscheidet Kernprozesse, wie beispielsweise den Kundendienst, die Entwicklung/Änderung oder Beschaffung, sowie Supportprozesse, wie den Personalprozess oder den Kommunikationsprozess. Die zukünftigen Anwendungen werden den einzelnen Prozessen zugeordnet. So ist z.B. das Modul SAP MM (Materials Management) dem Prozess Beschaffung oder die Anwendung SAP HR (Human Resources) dem Personalprozess zugeordnet.

Eine Informationssystem-Architektur, wie sie in ▶ Abb. 293 dargestellt ist, ermöglicht einen Überblick über die zukünftigen Anwendungen. Sie bietet zudem Aussagen über den Unterstützungsumfang sowie die Anwendungstypen der einzelnen Prozesse. Diese Art der Darstellung erleichtert die Kommunikation mit den Anwendern über die zukünftige Ausrichtung des Einsatzes der Informations- und Kommunikationstechnik. Sie wird in der Praxis durch weitere, stärker technisch ausgerichtete Architekturen ergänzt.

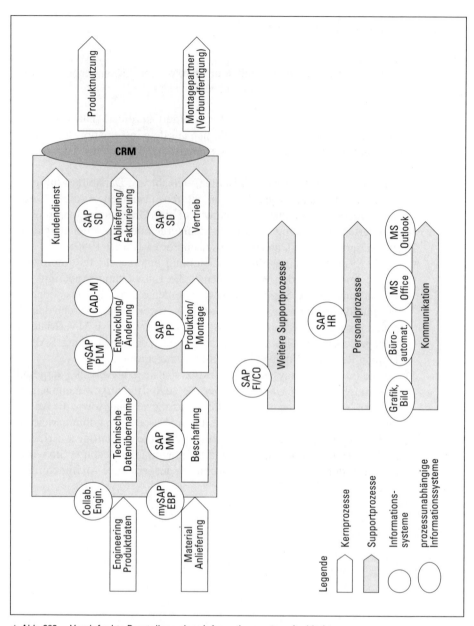

▲ Abb. 293   Vereinfachte Darstellung einer Informationssystem-Architektur

| **2.4.4** | **Informations- und Kommunikationstechnik-Architektur** |

> Die **Informations- und Kommunikationstechnik-Architektur** beschreibt Hardware, Software und Netzwerke, die ein Unternehmen in drei bis fünf Jahren besitzen sollte.

Eine Gliederung der Informations- und Kommunikationstechnik-Architektur in vier Ebenen hat sich durchgesetzt:

- Infrastruktur am Arbeitsplatz (z.B. Personal Computer mit Netzwerkanschluss sowie Textverarbeitungsprogrammen, WWW-Browser und E-Mail-Programm),
- arbeitsplatznahe Infrastruktur (z.B. spezielle Drucker für Abteilungen oder Abteilungsserver),
- zentrale Infrastruktur (z.B. unternehmensweite Netzwerke und zentrale Intranetserver),
- unternehmensübergreifende Infrastruktur (z.B. überbetriebliche Netzwerke mit Internet- oder Extranetserver).

Ein zusätzlicher Teil der Informations- und Kommunikationstechnik-Architektur beschäftigt sich mit den Standards der Informations- und Kommunikationstechnik.

| **2.4.5** | **Projekt-Portfolio** |

Aus der Informationssystem-Architektur und der Informations- und Kommunikationstechnik-Architektur leitet das Unternehmen Projekte ab.

> **Projekte** sind einmalige Vorhaben eines Unternehmens, die zeitlich befristet sind, einem Projektbudget unterliegen und von mehreren Personen durchgeführt werden.

Beispiele für Projekte im Rahmen des Informationsmanagements sind:

- Entwicklung eines neuen Management-Informationssystems,
- Einführung einer Standardsoftware für das Rechnungswesen,
- Einführung einer neuen Computergeneration in einem Unternehmen,
- Installation eines Netzwerks,
- Entwicklung einer Portal- oder Contentmanagementlösung eines Unternehmens.

> Das **Projekt-Portfolio** fasst die laufenden und geplanten Projekte eines Unternehmens zusammen. Es umfasst sowohl Anwendungs- als auch Infrastrukturprojekte.

Jedes Projekt wird mit Hilfe einer Projektbeschreibung konkretisiert. Ihre wichtigsten Inhalte sind:

- Bezeichner,
- Ziele und Begrenzungen,
- Beschreibung,
- Terminplan,
- Wirtschaftlichkeit,
- Restriktionen,
- Projektorganisation,[1]
- Risiken,
- Abhängigkeiten von anderen Projekten.

Die Beschreibung der Projekte erfolgt in einem kleinen Team, das nach Möglichkeit der spätere Projektleiter führt. In vielen Fällen hat die Beschreibung künftiger Projekte den Charakter eines «Vorprojekts». Noch unpräzise Vorstellungen über ein Vorhaben werden durch erste inhaltliche Arbeiten konkretisiert. Von besonderer Bedeutung bei der Definition ist die Grösse der Projekte. Die Erfahrung zeigt, dass ein Projekt nicht länger als 18 Monate dauern sollte und dass nicht mehr als sieben Personen daran beteiligt sein sollten. Grössere Projekte sollten deshalb in mehrere kleinere Projekte aufgespalten werden.

| 2.4.6 | Entwicklungsplan |

> Der **Entwicklungsplan** zeigt, wie ein Unternehmen vom gegenwärtigen computerunterstützten Informationssystem zum in der Informationssystem-Architektur sowie der Informations- und Kommunikationstechnik-Architektur geplanten Soll-Zustand kommt und welche Ressourcen eingesetzt werden.

Der **Migrationsplan** ist der wichtigste Bestandteil des Entwicklungsplans. Er zeigt, in welcher Reihenfolge die Projekte aus dem Projekt-Portfolio, die ein Unternehmen realisieren will, ablaufen sollen. Ein Migrationsplan setzt voraus, dass sich Anwender und Informatiker darauf geeinigt haben,

---

1 Vgl. Teil 9, Kapitel 2, Abschnitt 2.2.6 «Projektorganisation».

mit welchen Prioritäten die einzelnen Anwendungen entwickelt werden müssen.

Die Festlegung der **Prioritäten** liegt in der Verantwortung der Anwender. Sie wählen aus dem Projekt-Portfolio jene Vorhaben aus, die aus unternehmerischer Sicht von Bedeutung sind. Zentrales Auswahlkriterium ist die voraussichtliche Wirtschaftlichkeit der geplanten Vorhaben im Vergleich zu den Kosten des Projektes. Die Informatiker tragen zur Planung der Reihenfolge bei, indem sie auf technische **Restriktionen** zwischen den einzelnen Anwendungen hinweisen.

Der **Finanzplan** zeigt, welche finanziellen Auswirkungen der Migrationsplan hat. Der **Personalplan** beschäftigt sich mit den Auswirkungen der Weiterentwicklung des computerunterstützten Informationssystems auf den Personalbestand bei den Anwendern und in der Informatikabteilung.

2.5 Projektmanagement

Die erfolgreiche Durchführung von Projekten setzt ein systematisches Projektmanagement voraus.[1]

> Das **Projektmanagement** sorgt dafür, dass die Projekte in der gewünschten Qualität und im Rahmen der geplanten Kosten und Termine abgeschlossen werden.

Qualität steht dabei für die Erfüllung der Anforderungen der Anwender in Bezug auf Kriterien wie beispielsweise funktionaler Umfang, Antwortzeiten und Benutzerfreundlichkeit. Die geplanten Kosten und die geplanten Termine leiten sich aus der Projektplanung ab, die vor dem Start eines Projekts vorliegen sollte.

Die verstärkte Entwicklung multimedialer Anwendungen durch die Nutzung der Internet-Technologien erfordert – neben Informatikern und Anwendern – die Beteiligung von Designern, Werbespezialisten, Grafikern und Tontechnikern in den Projekten.

---

1 Das Projektmanagement wird in Kapitel 1 «Projektmanagement» in diesem Teil dargestellt.

2.6 Betrieb

Der Betrieb im Rahmen des Informationsmanagements lässt sich in den Betrieb des Informationssystems und den Betrieb der informationstechnischen Infrastruktur gliedern:

- Der **Betrieb des Informationssystems** stellt sicher, dass die Anwendungen eines Unternehmens jederzeit den Anforderungen der Anwender entsprechend eingesetzt werden können. Die Anwendungen eines Unternehmens unterliegen dauernden Veränderungen. Ursachen sind Fehler in der Software, veränderte Anforderungen der Anwender oder externe Einflüsse, etwa in Form neuer gesetzlicher Regelungen. Von Bedeutung sind in diesem Zusammenhang die Wartung und Schulung:
  - Die **Wartung** ist für die Weiterentwicklung der Anwendungen eines Unternehmens verantwortlich. Sie stellt sicher, dass die hohen Investitionen in das Informationssystem ihren Wert behalten. Die Wartung verbraucht oft mehr als 50% der Aufwendungen für Software-Entwicklung. Diese hohen Ausgaben sind wichtige Investitionen und nicht – wie oft fälschlicherweise behauptet wird – eine Verschwendung von Ressourcen. Wartungsvorhaben werden wie Projekte abgewickelt.
  - Die **Schulung** neuer und die Weiterbildung vorhandener Mitarbeiter gewährleistet, dass die Anwendungen entsprechend ihren Zielsetzungen zum Einsatz kommen. Erfahrungen aus vielen Unternehmen zeigen, dass ohne ausreichende Schulung die Anwendungen nur rudimentär eingesetzt werden und sich die Investitionen in die computerunterstützte Informationsverarbeitung nicht lohnen.

- Zentrale Bestandteile des **Betriebs der informationstechnischen Infrastruktur** sind der Betrieb des Rechenzentrums und der Netzwerke. Die Kosten des Betriebs werden den Anwendern verrechnet. Spezielle Kostenrechnungssysteme sorgen für eine verursachergerechte Weiterbelastung.

2.7 Evaluation

Die Evaluation im Informationsmanagement umfasst die Evaluation des Informationssystems, die Evaluation der informationstechnischen Infrastruktur und spezielle Evaluationen:

- Die **Evaluation des Informationssystems** überwacht, ob Programme und Datenbanken in der täglichen Arbeit eines Unternehmens so eingesetzt werden, wie es im Rahmen der Soll-Konzepte der Projekte vorgesehen ist, und hilft bei der Beseitigung von Fehlern in den Anwendungen.

- Eine systematische **Evaluation der informationstechnischen Infrastruktur** existiert in den meisten Unternehmen seit langem. Auf der Grundlage der Aufzeichnungen des Betriebssystems sind die Informatiker in der Lage, die Belastung der Computer und Netzwerke zu beobachten und, falls notwendig, Korrekturmassnahmen vorzuschlagen. Frühzeitig kann zum Beispiel der Bedarf für eine Erweiterung der Computerkapazität erkannt werden.

- **Spezielle Evaluationen** stellen sicher, dass die Bestimmungen des Datenschutzes eingehalten werden. So unterliegen derzeit viele IT-Abteilungen den Bestimmungen aus dem Sarbanes-Oxley Act (SOX) zur Bewertung ihrer Funktionsfähigkeit. In unregelmässigen Abständen findet eine Evaluation der Sicherheitsvorkehrungen statt.

2.8 Zusammenfassung

Parallel zur Ausbreitung der Informations- und Kommunikationstechnik in den Unternehmen ist mit dem **Informationsmanagement** eine neue Führungsaufgabe entstanden.

Aufgabe des Informationsmanagements ist es, die Möglichkeiten der Informations- und Kommunikationstechnik zu erkennen und für das Unternehmen zu nutzen. Es ist eine Herausforderung für das ganze Unternehmen. Anwender und Informatiker arbeiten eng zusammen. Die Erkennung und Umsetzung der Potenziale des Internets mit seinen Technologien wird die zentrale künftige Aufgabe des Informationsmanagements sein.

Im **Problemlösungsprozess** des Informationsmanagements lassen sich die Aufgabengebiete Informationsverarbeitungs-Konzept, Projektmanagement, Betrieb und Evaluation unterscheiden:

- Das **Informationsverarbeitungs-Konzept** setzt sich mit den künftigen Bedürfnissen der Anwender und den Möglichkeiten der Informations- und Kommunikationstechnik auseinander. Ihre Ergebnisse sind neue Anwendungsideen, das Leitbild des Informationsmanagements, die Informationssystem-Architektur, die Informations- und Kommunikationstechnik-Architektur, das Projekt-Portfolio und der Entwicklungsplan.

- Das **Projektmanagement** setzt die Vorstellungen des Informationsverarbeitungs-Konzepts in der betrieblichen Realität um. Im Mittelpunkt steht die Entwicklung von Anwendungen.

- Der **Betrieb** stellt das computerunterstützte Informationssystem und die informationstechnische Infrastruktur eines Unternehmens den Anwendern zur Verfügung.

- Die **Evaluation** untersucht, ob die Vorgaben aus dem Informationsverarbeitungs-Konzept in der betrieblichen Realität erreicht werden, und
  überprüft die Wirtschaftlichkeit der computerunterstützten Informationsverarbeitung. Es lassen sich eine Evaluation der Anwendungen und
  eine Evaluation der Informations- und Kommunikationstechnik unterscheiden.

Informationsmanagement ist im Vergleich zu anderen Führungsaufgaben
eines Unternehmens eine junge Aufgabe. Die wachsende Durchdringung
der Unternehmen und ihrer Produkte mit Informations- und Kommunikationstechnik steigert die Bedeutung des Informationsmanagements. Es
wird sich in den nächsten Jahren immer mehr zu einer zentralen Aufgabe
der Unternehmensführung entwickeln. Das Internet wird diese Entwicklung beschleunigen.

Weiterführende Literatur

Biethalen, J./Mucksch, H./Ruf, W.: Ganzheitliches Informationsmanagement Band I: Grundlagen. 6., vollständig überarbeitete und neu gefasste
Auflage, Oldenbourg 2004

Biethalen, J./Mucksch, H./Ruf, W.: Ganzheitliches Informationsmanagement Band II: Entwicklungsmanagement. 3., unwesentlich veränderte
Auflage, Oldenbourg 2002

Hansen, H. R./Neumann, G.: Wirtschaftsinformatik I. Grundlagen betrieblicher Informationsverarbeitung. 9., völlig neu bearbeitete Auflage,
Stuttgart 2005

Mertens, Peter: Integrierte Informationsverarbeitung 1. Operative Systeme
in der Industrie. 14., überarbeitete Auflage, Wiesbaden 2004

Mertens, P./Griese, J.: Integrierte Informationsverarbeitung 2. Planungs-
und Kontrollsysteme in der Industrie. 9., vollständig überarbeitete Auflage, Wiesbaden 2002

Kapitel 3

Risikomanagement

Aufgrund der Unsicherheit zukünftiger Entwicklungen ist unternehmerisches Handeln immer auch mit Risiken verbunden. Unternehmen sind einer Vielzahl von Risiken ausgesetzt, die – je nach Umfang und Bereich – den Erfolg schmälern oder sogar die Existenz bedrohen können. Vorerst ist deshalb zu klären, was unter einem unternehmerischen Risiko verstanden wird:

> Unter dem **unternehmerischen Risiko** versteht man die Gefahr, dass aufgrund von nicht beachteten oder falsch eingeschätzten Störfaktoren das Ergebnis von den Erwartungen bzw. von den Zielen abweichen wird.

Genau genommen kann diese Abweichung vom Erwartungs- bzw. Zielwert nicht nur negativ, sondern auch positiv sein. Denn es ist möglich, dass auch bestimmte Erfolgsfaktoren nicht oder nur ungenügend in die Analyse einbezogen worden sind. Allerdings ist das Wort Risiko in der Umgangssprache meist negativ besetzt, d.h. man verwendet das Wort nur dann, wenn die Möglichkeit einer negativen Abweichung in Betracht gezogen wird.

Die Tatsache, dass Risiken auftreten, ist allerdings noch kein Grund, diese nicht einzugehen, denn Risiken bedeuten immer auch, dass Chancen vorhanden sind, die genutzt werden können. Beispielsweise bedeuten Marktrisiken (z.B. starke Konkurrenz) auch die Möglichkeit der Realisierung von Marktchancen (z.B. hohe Umsätze durch starkes Wachstum). Wichtig ist darum, sich dieser Risiken bewusst zu sein, sie zu erkennen und schliesslich zu beherrschen. Deshalb hat sich in den letzten Jahren ein systematisches Risikomanagement entwickelt:

> Unter **Risikomanagement** (Risk Management) versteht man sämtliche Tätigkeiten, Prozesse, Strukturen und Instrumente, die der Bewältigung der Risiken eines Unternehmens dienen.

Im Mittelpunkt eines solchen Risikomanagements steht einerseits der Prozess, mit dem die Risiken bewältigt werden können, und andererseits die Gestaltung des gesamten Risikomanagementsystems, innerhalb dessen sich dieser Prozess abspielt. Auf diese beiden Aspekte wird in den nächsten Abschnitten eingegangen.

3.2   Prozess des Risikomanagements

Der Prozess des Risikomanagements kann in vier Phasen aufgeteilt werden, wie sie im Regelkreis von ▶ Abb. 294 dargestellt sind.

In der ersten Phase, der **Risikoidentifikation** und **-analyse,** gilt es, die Risiken zu identifizieren und zu analysieren. Dabei müssen in einem ersten Schritt die Bereiche oder Systeme abgegrenzt werden, in denen Risiken auftreten können. Als wichtige Risikofelder kommen in Frage:

- **Marktrisiken:** Es handelt sich um solche Risiken, die sich in den relevanten Märkten des Unternehmens ergeben können, also insbesondere auf dem Absatzmarkt (z.B. Abhängigkeit von einem grossen Kunden), dem Arbeitsmarkt (z.B. erforderliche Qualifikation der Mitarbeiter), dem Beschaffungsmarkt (z.B. Rohstoffabhängigkeit) und dem Finanzmarkt (z.B. Angebot an Eigen- und Fremdkapital). Daneben sind aber auch die Risiken zu nennen, die sich aufgrund von gesellschaftlichen, politischen, technologischen, wirtschaftlichen und ökologischen Entwicklungen ergeben.[1]
- **Managementrisiken:** Unter diesen versteht man sämtliche Risiken, die sich aus dem Versagen des Managementsystems ergeben, das ein Unternehmen aufgebaut hat. Im Vordergrund stehen auf der einen Seite Unzulänglichkeiten des Planungs- und Kontrollsystems, auf der anderen Seite persönliches Fehlverhalten der Führungskräfte. Mit diesem Spannungsfeld beschäftigt sich die Corporate Governance.[2]
- **Strategische Risiken:** Diese Risiken beziehen sich auf die gewählten Unternehmensstrategien, zum Beispiel auf das Risiko einer Produkt/

---

1   Vgl. dazu Teil 1, Kapitel 1, Abschnitt 1.2.5 «Umwelt des Unternehmens».
2   Vgl. Teil 10, Kapitel 4, Abschnitt 4.3.2 «Corporate Governance».

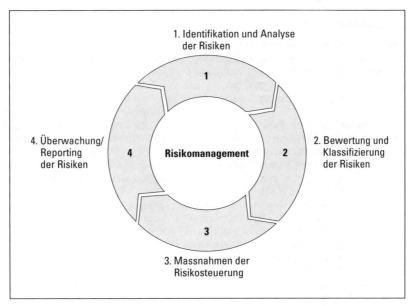

1. Identifikation und Analyse
der Risiken

1

4. Überwachung/
Reporting
der Risiken

4

Risikomanagement

2

2. Bewertung und
Klassifizierung
der Risiken

3

3. Massnahmen der
Risikosteuerung

▲ Abb. 294   Prozess des Risikomanagements

Markt-Strategie, einer Wettbewerbsstrategie oder bestimmter Kernkompetenzen eines Unternehmens.

- **Operative Risiken:** Die operativen Risiken ergeben sich aus den laufenden betrieblichen Geschäftstätigkeiten in den verschiedenen Unternehmensbereichen (z.B. Marketing, Materialwirtschaft, Produktion). Es
handelt sich um Risiken, die durch ineffiziente Prozesse und Systeme
oder durch Fehlverhalten von Personen verursacht werden. Es sind Fehler, Pannen und Unfälle.

- **Finanzielle Risiken:** Diese Risiken beziehen sich im Wesentlichen auf
die Finanzziele, wie sie bereits im Rahmen der Finanzierung besprochen worden sind.[1] Im Mittelpunkt stehen dabei die Liquidität (z.B. das
Risiko bei zu geringem Cash-flow) und die Rentabilität (z.B. das Risiko
bei zu grossem Fremdkapitalanteil).

Neben diesen klassischen Risikofeldern gibt es eine Vielzahl von spezifischen Bereichen, die je nach Unternehmen und Branche in die Analyse
einbezogen werden müssen. Zwei wichtige Bereiche sind oft die Informationstechnologie (IT) bzw. das Informationsmanagement und der ökologische Bereich:

- **IT-Risiken:** Die Bedeutung der Risiken der Informationstechnologie ergibt sich nicht zuletzt daraus, dass sie viele wichtige Management- und

---

1   Für einen Überblick über die Finanzziele vgl. insbesondere Teil 6, Kapitel 1, Abschnitt
1.3 «Problemlösungsprozess der Finanzierung».

Risikomanagement

Effektives Risikomanagement bildet das Fundament unseres Geschäftes. Unsere Risikomanagementkonzeption ist darauf ausgerichtet, die verschiedenen wirksamen Risikomanagement- und -kontrollprozesse innerhalb der Gruppe zu vereinen.

Die Risikomanagementprozesse des Unternehmens werden vom Verwaltungsrat festgelegt und beinhalten ein Berichterstattungssystem. Der Prüfungsausschuss des Verwaltungsrats seinerseits beurteilt, ob sich die Unternehmensführung in geeigneter Weise und in angemessenem zeitlichem Rahmen mit dem Risikomanagement und der Risikokontrolle befasst. Der Prüfungsausschuss steht auch in Kontakt mit den internen und externen Revisoren, um das Revisionsverfahren in Bezug auf das Risikomanagement zu überprüfen.

Der Chief Executive Officer ist zusammen mit der Konzernleitung für die Einhaltung und die Weiterentwicklung der Risikorichtlinien der Gruppe verantwortlich. Der Chief Risk Officer informiert den CEO und den Verwaltungsrat, damit diese in der Lage sind, die Risikorichtlinien, das Konzept zur Risikoüberwachung und die entsprechenden Ergebnisse zu überprüfen und zu beurteilen.

Das Risikomanagement und die Risikokontrolle sind am Corporate Center auf Stufe der Geschäftsbereiche und der lokalen Geschäftseinheiten integriert und werden ständig weiterentwickelt, um sicherzustellen, dass diese in die Geschäftsabläufe innerhalb der ganzen Gruppe integriert sind.

Top-Down- und Bottom-Up-Ansatz zur Identifikation und Analyse von Risiken

Wir identifizieren in den einzelnen Geschäftseinheiten und den zentralisierten Gruppenfunktionen systematisch und regelmässig ein breites Spektrum an möglichen Risikoszenarien. Mit Hilfe der «Total Risk Profiling»-Methode wird jedes Risikoszenario hinsichtlich der Eintrittswahrscheinlichkeit und der Auswirkungen der möglichen Konsequenzen überprüft. Anschliessend werden geeignete Massnahmen erarbeitet, überwacht und umgesetzt.

Der Risk-Profiling-Prozess deckt das gesamte Risikospektrum ab. Das Group Risk Management überwacht die identifizierten Risikobereiche und informiert die Unternehmensführung sowie die entsprechenden Organe der Gruppe in regelmässigen Abständen.

Zudem werden die Risiken mit Hilfe von Analysen und Berichten, die sich auf die spezifischen Risikobereiche beziehen, sowie anhand entsprechender Datenmodellierungen regelmässig überwacht. Beispiele sind eine umfassende Datenbank zur Überwachung des Anlageportfolios sowie das Value-at-Risk-Modell zur Bemessung des Risikos negativer Marktveränderungen.

Festlegen von Risikorichtlinien

In den für die gesamte Gruppe geltenden Risikorichtlinien sind Risikotoleranzgrenzen, Kompetenzen, Berichtserfordernisse sowie das Vorgehen bei der Meldung von Risikobelangen an die Unternehmensführung festgelegt. Zulässige Ausnahmen bedürfen der Prüfung und Genehmigung durch die zuständige Organisationseinheit (z.B. Group Underwriting Committee), die auch für die Überwachung unseres Risikoprofils und die entsprechende Berichterstattung zuständig ist. Die Richtlinien befassen sich unter anderem mit den folgenden Hauptrisikokategorien:

- *Versicherungstechnische Risiken* (z.B. Preisgestaltung, Schadenbearbeitung, Häufung von Katastrophen)
- *Operative Risiken* (z.B. Kontinuität von Geschäftsabläufen, IT-Sicherheit, Wirtschaftskriminalität)
- *Anlage- und Kreditrisiken* (z.B. Asset-Liability-Management, Portfoliomanagement, Immobilienrisiko)
- *Finanzrisiken* (z.B. derivative Instrumente, Devisen, Reservenausstattung, Solvenz)

Konzentration auf Hauptrisikobereiche

Versicherungstechnisches Risiko

Wir kontrollieren unser versicherungstechnisches Risiko durch die Verwendung von Limiten, Genehmigungsverfahren für Geschäfte, die neue Produkte mit einschliessen oder die die festgelegten Limiten überschreiten, durch Preisgestaltungsgrundsätze, ein zentralisiertes Rückversicherungsmanagement sowie durch die Überwachung von auftretenden Problemen.

▲ Abb. 295   Risikomanagement der Zurich Financial Services Group (2004, S. 21 ff.)

Modelle erlauben es uns, versicherungstechnische Risiken besser zu erfassen und entsprechend zu reagieren. Auf lokaler und auf Gruppenebene werden Naturkatastrophen-Simulationsmodelle dazu benutzt, um Risiken aus unseren Schadenversicherungen in den gefährdeten Zonen, in denen wir unseres Erachtens am stärksten exponiert sind, zu bemessen und Kumulationsberechnungen darzustellen.

Nach den Terroranschlägen vom 11. September 2001 in den USA haben wir Daten zusammengetragen, die es uns erlauben, Kumulationsberechnungen in terrorgefährdeten Zonen im Bereich von Sach- und Berufsunfallversicherungsrisiken zu erstellen. Anhand dieser Daten können wir die Risikoakkumulation in den betreffenden Zonen überwachen und beurteilen und entsprechende Rückversicherungsverträge zur Minderung dieser Risiken abschliessen.

Operatives Risiko

Wir konzentrieren uns vor allem auf die *Kontinuität von Geschäftsabläufen* («Business Continuity Management»), insbesondere auf das Continuity Planning und deren Überprüfung sowie auf Disaster Recovery (Wiederherstellung von Daten) für unsere wichtigsten Geschäftsbereiche. Im *Informationsbereich* – IT-Risiko – liegt unser Schwergewicht auf der IT-Sicherheit, indem wir z.B. Übergriffe auf unser Netzwerk sowie Viren aufdecken und eliminieren. Ferner ergreifen wir Massnahmen zur Verhinderung von *Wirtschaftskriminalität*.

Anlage- und Kreditrisiko

Wir steuern das *Anlagerisiko,* indem wir eine Politik verfolgen, die die Kapitalzuweisung ins Verhältnis zur betreffenden Grösse des Kapitals der Gruppe und der Geschäftseinheiten sowie zu den Verpflichtungen gegenüber den Versicherungsnehmern setzt. Ferner diversifizieren wir unsere Portfolios und die Auswahl unserer Vermögensverwalter, legen für jedes Portfoliomanagementmandat Anlagerichtlinien fest, überwachen das Anlagerisiko und die Einhaltung der Richtlinien sowie die Performance.

Im Umgang mit dem *Kreditrisiko* achten wir darauf, dass die Kreditqualität unserer konsolidierten Vermögenswerte auf einem hohen durchschnittlichen Niveau gehalten wird. Weiter sind wir bestrebt, das kumulierte Kreditrisiko auf Konzernebene durch Vermeiden einer übermässigen Risikokonzentration zu kontrollieren. Das Kreditrisiko unserer Kapitalanlagen entspricht zurzeit einem durchschnittlichen Schuldenportfolio-Rating von AA+, das der Anlagen und Guthaben aus Rückversicherung einem durchschnittlichen Portfolio-Rating von A–.

Das *Asset/Liability-Matching-Risiko* wird gehandhabt, indem die Kapitalzuweisungsrichtlinien so definiert werden, dass sie auf eine Maximierung der Anlagerenditen bei gleichzeitiger Einhaltung der Kapitalausstattungsvorgaben ausgerichtet sind. Ferner setzen wir konservative Limiten in Bezug auf das Asset/Liability-Mismatch-Risiko ein und modellieren die Verbindlichkeiten in der Weise, die – gemäss den lokalen Geschäftseinheiten – der Performance ihrer Versicherungsportfolios am besten entspricht.

Finanzrisiko

Wir behandeln Risiken im Zusammenhang mit *derivativen Produkten* im Rahmen unserer Richtlinien, die für Derivativ-Programme jeweils eine vorgängige Genehmigung vorschreiben. Weiter werden die offenen Positionen regelmässig überwacht. Derivativ-Programme müssen vom Chief Risk Officer und vom Chief Investment Officer genehmigt werden, wenn sie sich auf Kapitalanlagen beziehen, während diejenigen Programme, die mit Treasury-Cash-Management verbunden sind, vom Chief Risk Officer und dem Group Finance Director bewilligt werden müssen.

Portfolio

Das *Währungsrisiko* wird dadurch minimiert, dass die Fremdwährungspositionen unserer Aktiven und Passiven in den lokalen Bilanzen abgestimmt werden. Weiter wird die Währungszusammensetzung unseres verfügbaren Kapitals auf unsere internen Kapitalerfordernisse ausgerichtet. Daraus entstehende Überschüsse (d.h. freigesetzte Gewinne und Kapital) werden nicht abgesichert.

▲ Abb. 295 Risikomanagement der Zurich Financial Services Group (2004, S. 21 ff.) (Forts.)

Wertschöpfungsprozesse im Unternehmen unterstützt und miteinander verknüpft. Fehlentscheidungen in diesem Bereich haben deshalb oft grosse und langfristige Auswirkungen auf den Unternehmenserfolg. Die Risiken ergeben sich dabei beispielsweise aufgrund folgender Sachverhalte:

- ☐ Es wird eine falsche bzw. nicht geeignete Technologie gewählt.
- ☐ Die Folgekosten der neuen Technologie wurden falsch eingeschätzt.
- ☐ Die Komplexität der zu lösenden Aufgabe wurde unterschätzt.
- ☐ Die Implementierung der neuen Technologie ist kostenintensiver und braucht mehr Zeit und Personal als vorgesehen.

- ■ **Ökologische Risiken:** Es handelt sich um solche Risiken, die über den gesamten ökologischen Produktlebenszyklus auftreten können, d.h. von der Rohstoffgewinnung über die Produktion bis hin zur Entsorgung. Diese Risiken sind deshalb auch Gegenstand eines umfassenden Öko-Controllings, das der Formulierung ökologischer Ziele sowie der Planung, Steuerung und Kontrolle aller ökologischen Massnahmen sowie der Bewältigung der Risiken dient.

Ausserdem ist zu beachten, dass die Risiken sehr stark von der jeweiligen **Branche** abhängen (z.B. Bank, Versicherung [◀ Abb. 295], Chemie, Anlagenbau, Konsumgüter, Medien), in denen das Unternehmen tätig ist.

In die Analysephase gehört zudem auch die Untersuchung der bereits bestehenden Massnahmen zur Steuerung der erkannten Risiken.

In der zweiten Phase, der **Risikobewertung,** sind insbesondere folgende Punkte abzuklären:

- ■ **Schadenpotenzial:** Welches ist der mögliche Schaden?
- ■ **Eintrittswahrscheinlichkeit:** Mit welcher Wahrscheinlichkeit wird der Schaden auch tatsächlich eintreten?

Anhand dieser beiden Dimensionen kann ein **Risikoportfolio,** auch Risikomatrix genannt, erstellt werden (▶ Abb. 296), das insbesondere zeigen soll, welche Risiken besonders beachtet und gesteuert werden müssen.

- ■ **Bereich I** umfasst kleine Risiken, die vernachlässigt werden können, weil sie nur einen geringfügigen Schaden nach sich ziehen können.
- ■ **Bereich II** weist eine kleine Eintrittswahrscheinlichkeit auf, wenn ein solcher Schaden aber eintritt, ist die Existenz des Unternehmens stark gefährdet. Gerade bei solchen bedeutenden, aber unwahrscheinlichen Risiken besteht die Gefahr, dass sie unterschätzt oder verdrängt werden.
- ■ **Bereich III** umfasst kleine Risiken, aus denen aber häufig ein Schaden entsteht. Diese Risiken dürfen trotzdem nicht unterschätzt werden, sind sie doch oft ein Frühindikator für grössere Risiken bzw. Schadenfälle.
- ■ **Bereich IV** weist den höchsten Gefährdungsgrad für das Unternehmen auf. Es handelt sich dabei meistens um bedeutende strategische Risiken (z.B. Verlust einer Kernkompetenz).

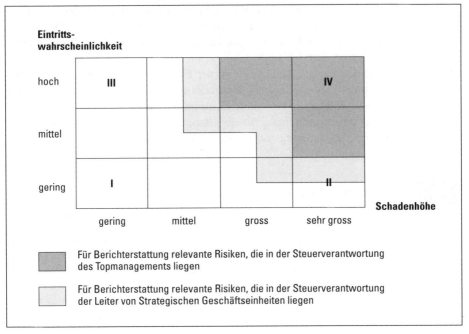

Eintritts-
wahrscheinlichkeit

hoch   III   IV

mittel

gering   I   II

Schadenhöhe

gering   mittel   gross   sehr gross

Für Berichterstattung relevante Risiken, die in der Steuerverantwortung
des Topmanagements liegen

Für Berichterstattung relevante Risiken, die in der Steuerverantwortung
der Leiter von Strategischen Geschäftseinheiten liegen

▲ Abb. 296   Risikoportfolio

Wie aus ◄ Abb. 296 ersichtlich, kann das Risikoportfolio auch zusätzliche Informationen enthalten, die zum Beispiel das **Risiko-Reporting** betreffen.

In der dritten Phase, der **Risikosteuerung** (bzw. Risikomanagement im engeren Sinne), geht es um die Frage, welche Massnahmen ergriffen werden müssen oder sollen, um das Risiko zu bewältigen. Dabei hat sich das Management zwischen verschiedenen Massnahmen zu entscheiden:

- **Risikoakzeptanz:** Das Risiko wird in vollem Umfang eingegangen und seine Folgen beim Eintreten eines Schadens (z.B. Kosten eines Unfalls) werden in Kauf genommen.
- **Risikovermeidung:** Eine Handlung wird unterlassen, um das Risiko erst gar nicht entstehen zu lassen (z.B. Entscheid gegen ein Produkt oder einen neuen Markt, Verzicht auf ein Going Public).
- **Risikoverminderung:** Man versucht, ein vorhandenes Risiko bzw. dessen Folgen durch entsprechende Massnahmen zu verkleinern. Dies kann beispielsweise durch Eingehen eines Joint Ventures oder durch Erhöhung des Eigenkapitalanteils geschehen.
- **Risikoabwälzung:** Ein Risiko kann ganz oder teilweise abgewälzt werden, wie das üblicherweise durch eine Versicherung (z.B. Produkthaftpflichtversicherung) oder eine Absicherung (z.B. Devisentermingeschäfte) der Fall ist.

Die Wahl einer bestimmten Massnahme wird einerseits von der Bedeutung des einzelnen Risikos für den Erfolg bzw. die Existenz des Unternehmens abhängen und andererseits vom Kosten-Nutzen-Verhältnis der gewählten Massnahme.

Bei der abschliessenden Phase der **Risikoüberwachung** und des **Risiko-Reportings** geht es darum, identifizierte Risiken ständig zu überwachen und neue Risiken zu erkennen. Dazu ist es notwendig, die entscheidungsrelevanten Informationen für die Risikosituation regelmässig zu erfassen und den Entscheidungsträgern zur Verfügung zu stellen.

3.3   Gestaltung des Risikomanagementsystems

> Das **Risikomanagementsystem** ist ein integriertes Managementsystem, das neben dem Risikomanagementprozess auch die Risikostrategie, die Organisation des Risikomanagements und die Risikokultur umfasst.

Die **Risikostrategie** umfasst die Grundsätze, die vorgeben, wie man mit unternehmerischen Risiken und Chancen umgehen soll. Insbesondere muss festgelegt werden,

- welche Risiken eingegangen werden dürfen,
- welches Verhältnis zwischen Chancen und Risiken in einzelnen Unternehmensbereichen mindestens einzuhalten ist,
- welches der maximale Verlust ist, der in Kauf genommen werden darf,
- ab welcher Schadenhöhe Massnahmen zur Risikosteuerung einzuleiten sind sowie
- welche Absicherungsmassnahmen bzw. -instrumente im Rahmen der Risikosteuerung eingesetzt werden dürfen.

Bei der institutionellen Verankerung des Risikomanagements, d. h. der **Organisation des Risikomanagements,** geht es um die Bestimmung der Verantwortlichen für das Risikomanagement. Für die Risikostrategie ist grundsätzlich das Topmanagement verantwortlich, während für die Umsetzung des Risikomanagements die Linienmanager, das Controlling sowie die interne Revision in Frage kommen.[1] Oft wird auch die Stelle eines Chief Risk Officers (CRO) geschaffen, der – je nach Grösse des Unternehmens – einer eigenen Abteilung vorsteht (◄ Abb. 295). Ein anschauliches Beispiel für eine umfassende Organisation des Risikomanagements über mehrere Führungsstufen zeigt ▶ Abb. 297. Dabei gelten folgende Verantwortlichkeiten (Swisscom 2004a/b):

---

1   Vgl. dazu insbesondere Teil 10, Kapitel 2, Abschnitt 2.4.4 «Interne Revision» und Abschnitt 2.4.5 «Controlling».

- **Verwaltungsrat:** Gesamtverantwortung; Beauftragung Geschäftsleitung, ein adäquates Risikomanagementsystem zu implementieren.
- **Audit Committee** (Verwaltungsratsausschuss/Revision): Steuert die Aktivitäten von Internal Audit und wird von Financial Audit und Risk Management über die relevanten Risiken informiert.

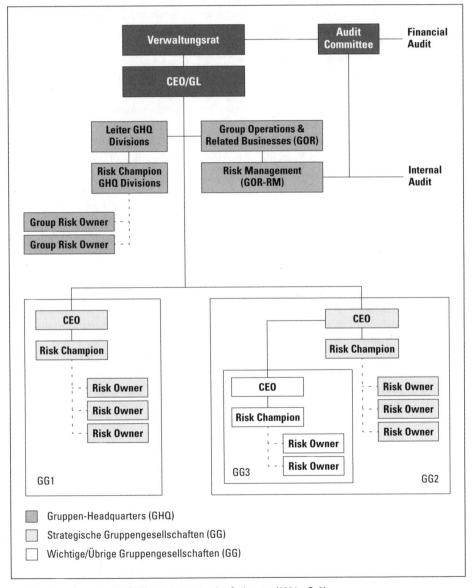

▲ Abb. 297   Organisation Risikomanagement der Swisscom (2004a, S. 9)

- **CEO/Geschäftsleitung:** Verantwortung für die Implementierung eines Risikomanagementsystems der Swisscom Group.
- **Risk Management:** Das gruppenweite «Risk Management» trägt als Prozesseigner des Risikomanagementsystems dazu bei, dass sich das Risikobewusstsein und die Risikotransparenz verbessern, die Motivation und Befähigung auf allen Stufen gefördert werden, alle relevanten Risiken identifiziert, bewertet, angemessen gesteuert und überwacht werden sowie zuverlässige und ausreichende Managementinformationen über die Risikosituation des Unternehmens vorhanden sind.
- **Leiter Gruppengesellschaften (CEO):** Grundsätzlich verantwortlich für ihre Geschäftsrisiken; Bestimmung eines Risk Champions, der Ansprechpartner des Risk Managements ist.
- **Risk Champion:** Integration des Risikomanagementprozesses in bestehende Betriebs- und Führungsprozesse.
- **Risk Owner:** Auf Stufe Einzelrisiko Identifikation und Bewertung von Risiken sowie Vorschläge für Risikostrategien an CEO der Gruppengesellschaften.
- **Headquarters Divisions:** Zur Sicherstellung einer wirksamen Unternehmensaufsicht im Sinne der Corporate Governance verantwortlich für diejenigen Gruppenrisiken, deren unkoordinierte Betreuung durch die Gruppengesellschaften mit grosser Wahrscheinlichkeit zu einem suboptimalen Ergebnis für die ganze Gruppe führen würde.

Neben der Risikostrategie und der Organisation des Risikomanagements kommt der **Risikokultur** eine besondere Bedeutung zu. Die Grundlage jeder Risikobewältigung bildet das Risikobewusstsein aller Mitarbeitenden. Aufgabe eines Risikomanagements ist es deshalb, die Mitarbeitenden zu sensibilisieren für die Gefährdung von Personen, Gütern, Umwelt, Vermögen und schliesslich den Erfolg des Unternehmens. Dieses Risikobewusstsein kann auf vielfältige Art und Weise geschaffen werden. Eine wichtige Rolle spielt dabei das Topmanagement, das immer wieder auf die Bedeutung von Risiken für das Unternehmen aufmerksam machen muss. Daneben kann durch gezielte und regelmässige Information die Risikokultur beeinflusst werden. Von grossem Wert ist dabei auch der Erfahrungsaustausch über gute und schlechte Beispiele im Umgang mit Risiken.

Die Gestaltung des Risikomanagementsystems, insbesondere des Prozesses, hängt aber nicht nur von den allgemeinen Anforderungen an ein Risikomanagement ab, sondern ebenso von der spezifischen Situation eines Unternehmens. Als solche Kontextfaktoren nennen Horváth/Gleich (2000, S. 107):

- **Umweltdynamik und -komplexität:** Je turbulenter, d.h. je komplexer und dynamischer die Unternehmensumwelt ist, desto höher sind die Anforderungen an ein Risikomanagementsystem. Deshalb sind in einer dynamisch-heterogenen Umwelt höhere Risikomanagementaktivitäten notwendig als in einer stabil-homogenen Umwelt.

- **Unternehmensdiversifikation:** Da stark diversifizierte Unternehmen ein geringeres Risiko aufweisen, ist das Risikomanagement bei solchen Unternehmen weniger ausgeprägt als bei gering diversifizierten Unternehmen.
- **Organisationsstruktur:** Die allgemeine Organisationsstruktur beeinflusst in starkem Masse die Organisation des Risikomanagements. Ist das Unternehmen beispielsweise dezentral organisiert, ist auch das Risikomanagement eher dezentral geregelt.
- **Unternehmensgrösse:** Auf der einen Seite sind die Anforderungen an ein Risikomanagement umso grösser, je kleiner ein Unternehmen ist. Dies mit der Begründung, dass in kleinen Unternehmen die Risikoneigung grösser ist. Auf der anderen Seite steigt die Notwendigkeit der Institutionalisierung eines Risikomanagementsystems mit zunehmender Grösse, weil es in diesem Fall immer schwieriger wird, den Überblick über die gesamten Risiken zu bewahren.
- **Unternehmensalter:** Die Phase des Lebenszyklus, in der sich das Unternehmen befindet, ist ebenfalls entscheidend. Aufgrund des hohen Risikos, das in der Regel mit der Gründung eines Unternehmens verbunden ist, sollten detaillierte Informationen über die Risiken der künftigen Entwicklung vorliegen. Diese sind Bestandteil des Businessplans und bilden wichtige Entscheidungsgrundlagen für die (Fremd-)Kapitalgeber.
- **Fertigungstechnologie:** Je gefährlicher, komplizierter und störungsanfälliger die Fertigungsprozesse und -strukturen sind, desto ausgeprägter wird das Risikomanagement sein.
- **Branche:** Wie schon bei der Risikoanalyse erwähnt, ist die Gestaltung des Risikomanagements stark branchenabhängig, da jede Branche (z.B. Versicherung, Banken, Industrie) mit jeweils eigenen typischen Risiken konfrontiert ist.

Aufgrund dieser vielfältigen Einflussfaktoren wird deutlich, dass jedes Unternehmen ein eigenes massgeschneidertes Risikomanagementsystem entwerfen muss (◄ Abb. 295).

Weiterführende Literatur

Dörner, D./Horváth, P./Kagermann, H. (Hrsg.): Praxis des Risikomanagements. Grundlagen, Kategorien, branchenspezifische und strukturelle Aspekte. Stuttgart 2000

Kendall, Robin: Risk Management. Unternehmensrisiken erkennen und bewältigen. Wiesbaden 1998

Kobi, Jean-Marcel: Personalrisikomanagement. Strategien zur Steigerung des People Value. 2. Auflage, Wiesbaden 2002

Kapitel 4

Wissensmanagement

4.1   Wissen und Wissensmanagement

Wissen gilt in der Praxis als genereller Oberbegriff, der verwandte Konzepte wie Fähigkeiten, Fertigkeiten, Werthaltungen, Know-how oder Qualifikationen umschliesst. Dies führt zu folgender Wissensdefinition (Probst/Raub/Romhardt 2006, S. 22):

> **Wissen** bezeichnet die Gesamtheit der Kenntnisse und Fähigkeiten, die Individuen zur Lösung von Problemen einsetzen. Dies umfasst sowohl theoretische Erkenntnisse als auch praktische Alltagsregeln und Handlungsanweisungen. Wissen stützt sich auf Daten und Informationen, ist im Gegensatz zu diesen jedoch immer an Personen gebunden.

Wissen an sich ist aber noch nicht von Wert. Dieser kommt ihm erst zu, wenn es auch genutzt wird. Dazu ist ein Wissensmanagement notwendig, das die Aufgabe hat, Wissen zu identifizieren, zu entwickeln und optimal zu nutzen und in neue Produkte oder Geschäftsfelder sowie in effiziente Strukturen und Prozesse umzusetzen, damit der Unternehmenswert – in Analogie zum Finanzkapital – nachhaltig gesteigert werden kann.

> **Wissensmanagement** ist die zielgerichtete Steuerung von Wissen und Wissensflüssen zur optimalen Nutzung von internem und externem Wissen zur nachhaltigen Steigerung des Unternehmenswertes. Im Vordergrund stehen Beschaffung, Entwicklung, Nutzung und Bewahrung des Wissens.

4.2   Wissensmerkmale

Zur Durchführung eines Wissensmanagements ist es zunächst notwendig, die verschiedenen Wissenselemente zu identifizieren und zu klassifizieren, da das Management von Wissen diese unterschiedlichen Aspekte bzw. die charakteristischen Merkmale berücksichtigen muss. Nachfolgend wird deshalb das Wissen nach diesen drei Merkmalen charakterisiert:

- Wissensqualität (Information versus Kompetenz),
- Wissenserkennbarkeit (implizites versus explizites Wissen),
- Wissensträger (individuelles versus kollektives Wissen).

4.2.1   Wissensqualität

Die **Wissenstreppe** von North veranschaulicht, dass Wissen unterschiedliche Inhalte bzw. Qualitäten aufweisen kann, die von rein formalen Zeichen bis hin zur unternehmerischen Kernkompetenz als Grundlage der Wettbewerbsfähigkeit gehen (▶ Abb. 298).

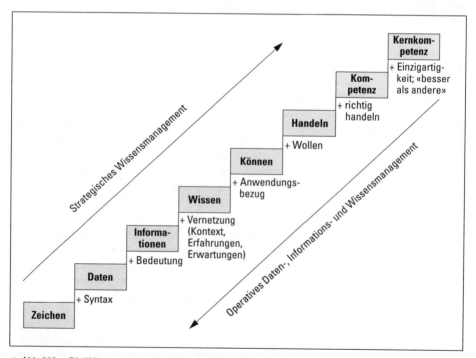

▲ Abb. 298   Die Wissenstreppe (nach North 2005, S. 36)

Grundelemente des Wissens sind **Zeichen, Daten** und **Informationen.** Daten wie «1,70» werden für den Empfänger zur Information, wenn er diese beispielsweise als aktuellen Dollarkurs interpretiert. Indem der Empfänger diese Information mit dem Kontext, Erfahrungen oder bereits vorhandenem Wissen vernetzt, bildet sich (neues) Wissen heraus.

Die Befähigung zum Handeln ist das wesentliche Unterscheidungsmerkmal zwischen den Begriffen Wissen und Information. Informationen sind bei der heutigen Informationsüberflutung von geringer Bedeutung. Dagegen entsteht bei der Entwicklung von Wissen ein hoher Wert, da Wissen im Gegensatz zu Informationen handlungsorientiert ist. (Sveiby 1998a, S. 65 ff.) Weil das Hauptproblem für Unternehmen nicht in der Informationsbeschaffung, sondern in der Auswahl der relevanten Informationen liegt, ist menschliche Erfahrung in wissensbasierten Systemen unersetzlich. Informationen sind zwar eine notwendige, jedoch keine ausreichende Bedingung für Wissen, sodass Konzepte zum Wissensmanagement, die das Hauptgewicht auf den Informationsbestandteil des Wissens legen, wesentliche Wissenselemente vernachlässigen. Konzepte zur Aufbereitung von Daten und Informationen zu Wissen stellen operative Fragen in den Vordergrund.

Das Wissen seinerseits bildet die Grundlage für **Kompetenzen** und **Kernkompetenzen,** die letztlich für die Wettbewerbsfähigkeit und somit für den unternehmerischen Erfolg ausschlaggebend sind. Diese können sind nur bilden, wenn die Mitarbeiter über das notwendige **Können** und den Willen zum **Handeln** verfügen, um ihr Wissen zielgerichtet zum Nutzen des Unternehmens einzusetzen. Im Gegensatz zum Wissen sind Kompetenzen und Kernkompetenzen von sich verändernden Umweltfaktoren abhängig. Beispielsweise braucht ein Hufschmied viel Erfahrung und spezifische Fertigkeiten, um seinen Beruf ausüben zu können. Die Art und Weise, wie Pferdehufe beschlagen werden, hat sich in den letzten 500 Jahren kaum geändert. Verändert hat sich hingegen die Relevanz dieser Fähigkeiten für die Umwelt. Aufgrund der gesunkenen Nachfrage gibt es zumindest in den Industrienationen nur noch sehr wenige Personen, welche diese Fertigkeit besitzen.

Wissen ist eine notwendige Bedingung für Kompetenz, es sind jedoch weitere Faktoren entscheidend dafür, ob sich aus Wissen Kompetenzen entwickeln oder nicht. Im Gegensatz zum Wissen unterliegen Kompetenzen einer externen Bewertung ihrer Nützlichkeit, was den Wert des Wissens relativiert. Der Auf- und Ausbau von strategischen Wettbewerbsvorteilen und Unternehmenskompetenzen steht im Vordergrund von strategischen Wissensmanagement-Konzepten.

4.2.2	Implizites vs. explizites Wissen

Ein grundlegender Unterschied besteht zwischen implizitem und explizitem Wissen.

- **Explizites Wissen** liegt in schriftlicher Form vor und kann leichter transferiert werden. Auch explizites Wissen braucht zu seiner Ausübung einen spezifischen Kontext und hat ohne diesen nur Informationswert.
- **Implizites Wissen** wird in **tacit knowledge** und in **nicht expliziertes Wissen** unterschieden. Der Begriff tacit knowledge geht auf Polanyi (1966) zurück und bezeichnet Wissensformen, die dem Wissensträger nicht bewusst sind oder die nicht mit Hilfe von sprachlichen Mitteln erklärt werden können. Während tacit knowledge Wissensbestandteile kennzeichnet, die nicht expliziert werden können, stellt nicht-expliziertes Wissen ein Potenzial dar, das durch Explizierung für die gesamte Organisation erschlossen werden kann.

Die hohe Bedeutung des impliziten Wissens für die Organisation verdeutlicht folgende Expertenaussage: «Wissen kann am besten mit einem Eisberg verglichen werden, bei dem die Dokumentation die oberen irrelevanten 10% darstellt, während das implizite Wissen für die restlichen 90% verantwortlich ist.» (Rüstmann 1999, S. 60)

Nonaka differenziert aufbauend auf der Unterscheidung zwischen implizitem und explizitem Wissen vier verschiedene Formen des Wissenstransfers zwischen Mitarbeitern (▶ Abb. 299):

- Bei der **Sozialisation** lernt eine Person durch Beobachtung und Nachahmung von einer anderen Person deren implizite Fähigkeiten, ohne dass die Hintergründe für diese Fähigkeiten explizit dargestellt werden müssen.
- Durch den Prozess der **Externalisierung** kann implizites Wissen mit Hilfe von Metaphern, Modellen und Konzepten in explizites Wissen übergeführt und für weitere Personen zugänglich gemacht werden.
- Die **Internalisierung** beschreibt den Prozess, bei dem neues explizites Wissen allmählich aktiv angewendet und zu einem Bestandteil des impliziten Wissens wird.
- Durch **Kombination** kann aus verschiedenen Teilen des expliziten Wissens ein neues explizites Wissen geschöpft werden. Dies findet beispielsweise in Diskussionsforen auf dem Internet oder an Universitäten statt.

Wesentlich für die Entscheidung für eine Strategie der Wissensexplizierung oder für eine Strategie der Wissenssozialisation ist die Art des zu transferierenden Wissens. Steht die Bewahrung von impliziten Erfahrungen der Mitarbeiter im Vordergrund, gibt es häufig keine Alternative zur

Zielpunkt		
	implizites Wissen	explizites Wissen
implizites Wissen	**Sozialisation** (sympathetisches Wissen)	**Externalisierung** (konzeptionelles Wissen)
explizites Wissen	**Internalisierung** (operatives Wissen)	**Kombination** (systemisches Wissen)

(Ausgangspunkt)

▲ Abb. 299   Formen der Wissensumwandlung (Nonaka/Takeuchi 1997, S. 75)

Wissenssozialisation. Geht es aber beispielsweise um die Bewahrung der Ergebnisse von Kundenkontakten, kann deren Explizierung in Form von Dokumenten oder Datenbanken ausreichend sein.

Die jeweiligen Wissenstransferprozesse verwenden zum Wissenstransfer unterschiedliche **Medien.** Während bei der Sozialisation die persönliche Interaktion im Vordergrund steht und vor allem die Möglichkeiten und Grenzen der gesprochenen Sprache genutzt werden, wird bei der Externalisierung und der Kombination vor allem auf die Form von explizit dokumentierten Texten zurückgegriffen. Bei der Internalisierung hingegen dienen sowohl schriftliche Unterlagen (Dokumente, Handbücher) als auch mündliche Geschichten dem Wissenstransfer.

4.2.3	**Individuelles vs. kollektives Wissen**

Die Unterscheidung zwischen **individuellem** und **kollektivem Wissen** informiert das Management darüber, ob ein bestimmtes Wissen an eine Person gebunden ist oder ob es kollektiver Bestandteil einer Gruppe oder der gesamten Organisation ist. Unter dem **kollektiven Wissen** versteht man einerseits jene Fähigkeiten einer Organisation, die über die einzelnen Fähigkeiten der Individuen hinausgehen, und andererseits das Wissen, das bei mehreren Mitarbeitern in gleicher Form vorhanden ist. Präziser ist eine Unterteilung des kollektiven Wissen in verteiltes Wissen (distributed cognition) und gemeinsames Wissen (shared cognition) (Reinmann-Rothmeier/Mandl 1997, S. 102):

- Beim **verteilten Wissen,** das beispielsweise für komplexe Handlungen wie die Steuerung eines Schiffs benötigt wird, ist das Wissen in hohem Mass auf die verschiedenen Akteure verteilt.
- Dagegen bildet sich **gemeinsames Wissen** in sozialen Konstruktionsprozessen heraus und liegt bei mehreren Akteuren vor.

Insgesamt ist für den Erfolg einer Organisation das Zusammenspiel der einzelnen Wissensträger, das sich in verschiedenen Abhängigkeiten und Beziehungen widerspiegelt, wichtiger als das individuelle Wissen der einzelnen Mitarbeiter.

4.3 Wissensmanagement und organisationales Lernen

Die Forschung im Bereich des organisationalen Lernens versucht, eine Beziehung zwischen Lernprozessen und Veränderungen der organisationalen Wissensbasis herzustellen.

> **Organisationales Lernen** bezeichnet den Prozess der Veränderung der organisationalen Wert- und Wissensbasis, um die Problemlösungs- und Handlungskompetenz zu erhöhen sowie den Bezugsrahmen einer Organisation zu verändern. Im Zentrum steht der Aufbau einer unternehmensspezifischen Wissensbasis, d.h. der Aufbau von Wissen, das von allen Unternehmensmitgliedern geteilt wird.

Das Wissensmanagement steht in direktem Zusammenhang mit dem organisationalen Lernen.

Die **organisationale Wissensbasis** repräsentiert den Wissensbestand, der einer Organisation für ihre Handlungen und Entscheidungen zur Verfügung steht. (Pautzke 1989, S. 63 ff.) Die Wissensbasis im Sinn des organisationalen Lernens ist aber nicht nur die Summe der Datenbanken innerhalb einer Organisation, sondern sie enthält auch alle Erfahrungen, die das Unternehmen bisher in der Auseinandersetzung mit seiner Umwelt gesammelt hat. Die Wissensbasis ist somit konstitutiv für das System Unternehmen, da sie die Grundlage sowohl für die Kommunikationsprozesse als auch für die daraus resultierenden Handlungen bildet.

Eine kompakte Darstellung der Beziehungen zwischen den organisationalen Lernprozessen und der Wissensbasis der Organisation zeigt ▶ Abb. 300.

1. Die Organisationen wählen aus der Vielzahl möglicher Informationen der Umwelt bestimmte Informationen aus. Die Auswahlkriterien gibt das in der Wissensbasis vorhandene Wissen vor. Die Wissensbasis wird mit Hilfe der Dimensionen **individuelles/kollektives** und **dokumentiertes/mentales Wissen** gegliedert. Kollektives Wissen meint ein Wissen, das bei mehreren Personen in der gleichen Form vorhanden ist. Das mentale Wissen entspricht dem impliziten Wissen und stellt eine subjektive zusammenhängende Deutung der Wirklichkeit dar, die nicht explizit dokumentiert ist.

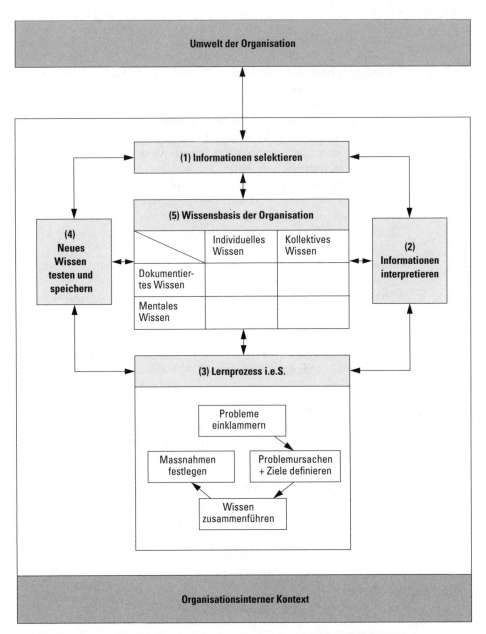

▲ Abb. 300   Aspekte/Zyklus des organisationalen Lernens (Wahren 1996, S. 98)

2. Die ausgewählten Informationen werden interpretiert. Auch die Art und Weise dieser Interpretation wird durch die Wissensbasis und die daraus resultierende Wirklichkeitskonstruktion gesteuert. Als Ergebnis dieses Interpretationsprozesses werden Probleme bzw. Differenzen erkannt; dadurch wird entweder der Lernprozess im engeren Sinn ausgelöst, oder dieser unterbleibt.

3. Eine Grundvoraussetzung für den eigentlichen Lernprozess ist, dass Probleme erkannt und innerhalb der Organisation kommuniziert werden. In diesem kommunikativen Prozess wird das erkannte Problem weiter konkretisiert; mit Hilfe des Wissens der beteiligten Akteure werden Massnahmen zur Problemlösung entwickelt und umgesetzt. Wesentlich ist, dass die Akteure bei den verschiedenen Lernprozessen jeweils auf die vorhandene Wissensbasis der Organisation zurückgreifen, und dass als Ergebnis des Lernprozesses neues Wissen der Organisation entsteht.

4. Dieses neue Wissen wird schliesslich auf seine Eignung zur Problemlösung getestet und gespeichert.

5. Die gesammelten Erfahrungen fliessen in die organisationale Wissensbasis ein und lösen wiederum Lernprozesse zur Verbesserung des vorhandenen Wissens aus.

Lernprozesse können als Single-Loop-Learning, Double-Loop-Learning (▶ Abb. 301) und Deutero-Learning ablaufen (Argyris/Schön 1978, S. 2 ff.):

- Beim **Single-Loop-Learning** werden erkannte Probleme unkritisch mit vorgegebenen Werten und Zielen verglichen, um anschliessend geeignete Aktionen zur Lösung der Probleme einleiten zu können.
- Beim **Double-Loop-Learning** werden diese Werte und Ziele zusätzlich kritisch hinterfragt. Falls diese nicht mehr geeignet sind, muss ein neuer Bezugsrahmen geschaffen werden.

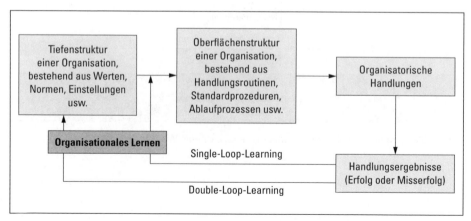

▲ Abb. 301   Basismodell der Lernprozesse

- Erfolgt zusätzlich eine kritische Analyse der bisherigen Lernprozesse und entstehen daraus Massnahmen zur Förderung organisationaler Lernprozesse, spricht man von **Deutero-Learning.**

Diese Unterscheidung macht deutlich, dass Lernen auf zwei Ebenen erfolgt. Single-loop-learning beschäftigt sich mit der Oberflächenstruktur, d.h. mit der Gesamtheit aller organisatorischen Regeln, welche die Strukturen und Prozesse festlegen, die offiziell dokumentiert, autorisiert und somit gleichsam an der «Oberfläche» der Organisation sichtbar sind. Das Double-loop-learning setzt bei den Tiefenstrukturen an, dem «organisatorischen Unbewussten», das sich aus Unternehmenskultur, kognitiven Strukturen und etablierten Individual- und Gruppeninteressen zusammensetzt.

4.4	**Wissensziele und -strategien**
4.4.1	**Wissensziele**

Zur zielgerichteten Steuerung der Bausteine des Wissensmanagements bedarf es konkreter Wissensziele auf allen Managementebenen:

- **Normative Wissensziele** beziehen sich auf die Wissenskultur und auf die Teilung und Entwicklung der vorhandenen Fähigkeiten.
- **Strategische Wissensziele** definieren den Bedarf an organisationalem Kernwissen zur Sicherung der Wettbewerbsfähigkeit (Wissensstrategien) und die dazu notwendigen Organisationsstrukturen (Wissensstruktur).

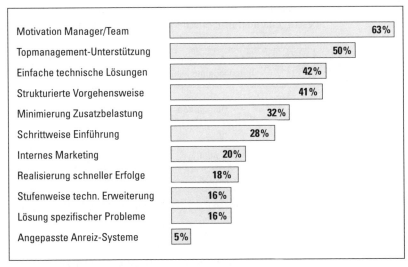

▲ Abb. 302   Erfolgsfaktoren Wissensmanagement (Wienröder 2000, S. 24)

- **Operative Wissensziele** sorgen für die notwendige Umsetzung der Bausteine des Wissensmanagements in allen Bereichen (Erstellen Wissensinfrastruktur, Steuerung von Wissensflüssen, Wissensbroker). ◄ Abb. 302 zeigt die Erfolgsfaktoren mit dem höchsten Stellenwert für die Umsetzung von Wissensmanagementsprojekten aufgrund einer empirischen Untersuchung.

Die Wissensziele sollten so formuliert werden, dass sie auch messbar sind. Allerdings muss dazu das traditionelle Instrumentarium von Indikatoren und Messmethoden aus dem Finanzbereich erweitert werden, wie dies beispielsweise mit der Balanced Scorecard[1] gemacht wird.

| 4.4.2 | **Wissensstrategien** |

Wissensstrategien dienen der Realisierung der Wissensziele. Mit Hilfe der beiden Kategorien «Wissensvorsprung gegenüber der Konkurrenz» und «effektive interne Wissensnutzung» können vier Normwissensstrategien abgeleitet werden (► Abb. 303):

1. **Outsourcing:** Bei einem geringen Wissensvorsprung und einer geringen Bedeutung des Wissens bietet sich ein Outsourcing an.
2. **Aufwerten:** Da die Fähigkeit infolge der hohen Nutzung von Bedeutung ist, sollte sie verbessert und in eine Hebelfähigkeit übergeführt werden.
3. **Anwenden:** Das ungenutzte Fähigkeitspotenzial sollte ausgeschöpft werden, um die Wettbewerbsvorteile zu erhöhen.
4. **Übertragen:** Hoher Wissensvorsprung und Erfahrung sollten dazu genutzt werden, das vorhandene Wissen auf neue Produkte oder Märkte zu übertragen und damit einen «Leverage-Effekt des Wissens» auszulösen.

Wissensvorsprung	hoch	**Anwenden** (brachliegende Fähigkeit)	**Übertragen** (Hebelfähigkeit)
	niedrig	**Outsourcen** (wertlose Fähigkeit)	**Aufwerten** (Basisfähigkeit)
		niedrig	hoch
		Wissensnutzung	

▲ Abb. 303   Normwissensstrategien (nach Probst/Raub/Romhardt 2006, S. 51)

---

1   Vgl. Teil 10, Kapitel 4, Abschnitt 4.4.3 «Balanced Scorecard».

4.5	Konzepte zum Wissensmanagement
4.5.1	Ansatz von Nonaka

Nonaka gilt als einer der Begründer der noch jungen Disziplin des Wissensmanagements. Er analysiert, wie Wissen und Informationen über die Interaktion von implizitem und explizitem Wissen innerhalb der Organisation entwickelt werden; es geht ihm vor allem um die Entwicklung von innovativem Wissen. Nonaka (1994, S. 14ff.) betont die Bedeutung des **impliziten** bzw. **«tacit» Wissens** der einzelnen Mitglieder in der Organisation und sucht nach Wegen, wie dieses implizite Wissen innernhalb und ausserhalb des Unternehmens mit anderen geteilt und entwickelt werden kann. Sein Modell zur Entwicklung von organisationalem Wissen erläutert ▶ Abb. 304. Die einzelnen Phasen können wie folgt umschrieben werden (Nonaka/Takeuchi 1997, S. 99ff.):

1. **Wissen austauschen:** Das implizite Wissen einzelner Mitarbeiter enthält ein grosses Potenzial für neue Entwicklungen. Es ist aber schwierig zu erschliessen, da es in erster Linie durch Erfahrung erworben und kaum je in Worte gefasst worden ist. Deshalb muss in dieser ersten Phase das implizite Wissen ausgetauscht und reflektiert sowie auf andere Personen übertragen werden, was in etwa der Sozialisation[1] entspricht.

2. **Konzepte schaffen:** In dieser zweiten Phase wird das explizit gemachte implizite Wissen in konkrete Konzepte umgewandelt. Dazu ist ein intensiver Austausch zwischen implizitem und explizitem Wissen notwendig. Ausgehend von einem gemeinsamen mentalen Modell – oft in Form von Metaphern oder Analogien –, wird es vom selbstverantwortlichen Team durch fortgesetzten Dialog und kollektive Reflexion verdichtet, bis sich konkrete Konzepte herauskristallisieren. Deshalb entspricht diese Phase ungefähr der Externalisierung.

3. **Konzepte erklären:** Sobald ein neues Konzept entstanden und vom Unternehmen zur Weiterentwicklung freigegeben worden ist, muss dieses Konzept eines einzelnen oder eines Teams den anderen Organisationsmitgliedern erläutert und der kritischen Prüfung ausgesetzt sowie in einem interaktiven Prozess verbessert werden. Dazu gehört auch die Überprüfung, ob das neue Projekt in die bisherige Unternehmensstrategie passt, sowie Umsatzschätzungen und Investitionsrechnungen.

4. **Archetyp bilden:** Nach erfolgter Projektfreigabe muss zunächst ein so genannter Archetyp geschaffen werden, der das Konzept weiter konkretisiert. Im Fall einer Produkt-Neuentwicklung kann es sich dabei um einen Prototyp handeln, im Fall einer Innovation im Dienstleistungs-

---

[1] Zu den Formen des Wissenstransfers vgl. Abschnitt 4.2.2 «Implizites vs. explizites Wissen», insbesondere ◀ Abb. 299 auf Seite 881.

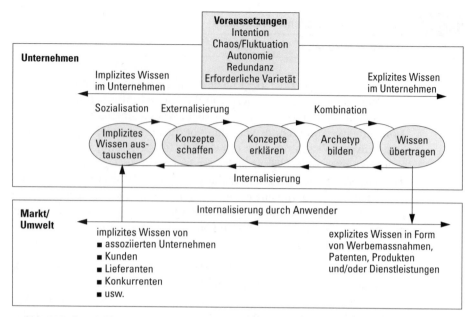

▲ Abb. 304   Entwicklung von organisationalem Wissen (nach Nonaka/Takeuchi 1997, S. 100)

oder Organisationsbereich um ein neues Geschäftsmodell. Weil dabei bereits explizite Konzepte in neue, ebenfalls explizite Konzepte umgesetzt werden, entspricht diese Phase weitgehend der Kombination.

5. **Wissen übertragen:** In der letzten Phase muss das Wissen auf andere Organisationsmitglieder übertragen werden: innerhalb einer Abteilung oder von Abteilung zu Abteilung. Wie aus ◀ Abb. 304 ersichtlich ist, agieren wissenschaffende Unternehmen nicht in einem geschlossenen System. Deshalb profitieren nicht nur die Anwender, sondern zum Beispiel auch assoziierte Unternehmen, Lieferanten, Universitäten oder Konkurrenten von diesem Wissen.

Als wesentliche individuelle Rahmenbedingung für diesen Prozess betrachtet Nonaka das **Commitment** der einzelnen Organisationsmitglieder. Dieses ist abhängig von den Faktoren Intention und Autonomie.

- Unter **Intention** versteht Nonaka die Art und Weise, wie Individuen die Welt wahrnehmen und beispielsweise den Wert von Wissen festlegen. Die Intention komm meist in Form einer Vision oder Strategie zum Ausdruck.

- **Autonomie** verschafft den Individuen Raum, sich mit neuartigen Informationen aufgrund von Fluktuationen in der Umwelt auseinanderzusetzen. Dies eröffnet nicht nur unerwartete Chancen, sondern fördert auch die Motivation zur Schaffung und Teilung von neuem Wissen.

Auf Organisationsebene unterstützen die Faktoren kreatives Chaos, Redundanz und notwendige Varietät das Management der organisationalen Wissensentwicklung:

1. **Fluktuationen** in der Umwelt führen zu **Chaos** innerhalb der Organisation, denn Fluktuation in einem Unternehmen bewirkt einen «Zusammenbruch» von Routineabläufen, Gewohnheiten oder kognitivem Bezugssystem. Dies schafft die Möglichkeit, Grundanschauungen zu überdenken und zu verändern. Um dieses Chaos kreativ nutzen zu können, muss die Organisation Institutionen schaffen, die dieses Chaos reflektieren und Redundanzen zulassen.
2. Mit **Redundanz** sind Informationen gemeint, die über die operativen Bedürfnisse der Organisationsmitglieder hinausgehen. Es handelt sich um ein absichtliches Überschneiden von Informationen über geschäftliche Tätigkeiten, Managementaufgaben und das Unternehmen als Ganzes. Dies führt zum Aufbau ungewöhnlicher Kommunikationskanäle sowie zu einem besseren Verständnis der eigenen Aufgaben sowie der Gesamtaufgabe des Unternehmens. Instrumente zur Förderung von Redundanz sind Job Rotations und Teams, die innerhalb der gleichen Problemstellung miteinander konkurrieren.
3. Das Kriterium der notwendigen **Varietät** geht auf Ashby (1956, S. 202 ff.) zurück und bedeutet, dass die Varietät der Organisation möglichst der Varietät ihrer Umwelt entsprechen soll. Nonaka leitet aus diesem Prinzip das Ziel ab, eine Überlastung der Mitarbeiter mit Informationen zu vermeiden. Eine hohe Wissenstransparenz in der Organisation soll den Mitarbeitern direkten Zugang zu den für ihre Arbeit benötigten Informationen ermöglichen.

| 4.5.2 | **Ansatz von Probst/Raub/Romhardt** |

Das Bausteinkonzept basiert auf dem Versuch, die Probleme der unternehmerischen Praxis im Bereich des Wissensmanagements zu strukturieren und zu kategorisieren. Grundlegend werden acht Elemente als Bausteine des Wissensmanagements unterschieden, die wechselseitig voneinander abhängig sind, sodass eine isolierte Intervention des Wissensmanagements in einem Baustein vermieden werden sollte (▶ Abb. 305):

- **Wissensziele:** Wissensziele legen fest, auf welche Fähigkeiten aufgebaut werden soll. Normative Ziele liegen in der Schaffung einer wissensbewussten Unternehmenskultur, strategische Wissensziele in der Definition des Kernwissens und operative Ziele geben konkrete Vorgaben für die weiteren Bausteine an.

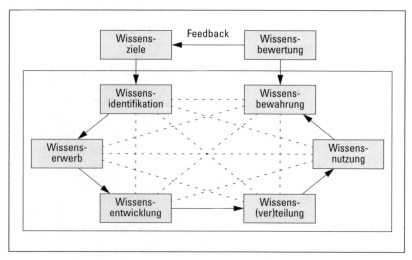

▲ Abb. 305   Bausteine des Wissensmanagements (Probst/Raub/Romhardt 2006, S. 28)

- **Wissensidentifikation:** Hier geht es um die Schaffung von Transparenz bei den internen Wissensbeständen und beim extern relevanten Wissen.
- **Wissenserwerb:** Unternehmen können fehlendes Wissen über Kunden und Lieferanten oder über eine Akquisition (Experten, Unternehmen) extern erwerben.
- **Wissensentwicklung:** Mit Hilfe der Wissensentwicklung sollen Innovationen (Ideen, Fähigkeiten, Prozesse, Produkte) im Unternehmen entwickelt werden.
- **Wissens(ver)teilung:** Diese behandelt die geplante Verteilung des vorhandenen Wissens im Unternehmen.
- **Wissensnutzung:** Eine reine Wissensverteilung ist nicht ausreichend, sondern es müssen eine produktive Nutzung sichergestellt und Nutzungsbarrieren überwunden werden
- **Wissensbewahrung:** Hier steht die Sicherstellung von vorhandenen Fähigkeiten im Vordergrund. Stellenwechsel der Mitarbeiter können zu Wissensverlusten führen.
- **Wissensbewertung:** Die Wissensbewertung dient dem Controlling der Wissensziele und ermöglicht die Erfolgskontrolle des Wissensmanagements.

Das Bausteinkonzept bietet eine gute Terminologie zur Kategorisierung von Wissensproblemen an. Romhardt (1998, S. 48) sieht den Wert des Bausteinkonzepts vor allem im Aufbau einer gemeinsamen Wissenssprache, welche die Verständigung zwischen den Wissensakteuren fördert. Auf konzeptioneller Ebene kann jedoch Kritik an diesem Ansatz geäussert werden. Beispielsweise werden die Wissensziele ohne eine Analyse der Ist-Situation (Wissensidentifikation) entwickelt, und es ist nicht ersichtlich, weshalb eine Wissensbewertung erst nach der Wissensbewahrung erfolgen kann, da nur über die Festlegung von Bewertungskriterien entschieden werden kann, welche Art von Wissen überhaupt bewahrungswürdig ist.

4.6 Ansätze zur Messung und zum Management des Wissenskapitals

Innerhalb der Betriebswirtschaftslehre und der Volkswirtschaftslehre galten lange Zeit Arbeit, Kapital und Boden als die drei grundlegenden Produktionsfaktoren. Diese Sichtweise betrachtet Arbeit als Kostenfaktor, den es zu minimieren gilt, um eine Wertschöpfung erzielen zu können. Bereits in den 60er Jahren des 20. Jahrhunderts versuchte das Human Asset Accounting zu belegen, dass auch Investitionen in die Ausbildung der Mitarbeiter als Investment anzusehen sind. Allerdings konnten sich diese Konzepte damals nicht durchsetzen, sodass erst in den 90er Jahren das Interesse an dieser Problematik durch die steigende Popularität des Wissensmanagements und durch Konzepte wie **Skandia Navigator**[1] und **Balanced Scorecard**[2] wieder gestiegen ist.

4.6.1 Wissenskapital

> Das **Wissenskapital** umfasst das Wissen aller Organisationsmitglieder und die Fähigkeiten, dieses Wissen für die nachhaltige Befriedigung der Kundenerwartungen einzusetzen. (Reinhardt 1998, S. 183)

Wesentliche Aufgaben für ein Management des intellektuellen Kapitals bzw. des Wissenskapitals sind (Roos 1997, S. 16ff.):

- die Messung des Wissenskapitals,
- die Verankerung dieses Managements ins Unternehmensleitbild und
- eine eindeutige Klassifizierung des Wissenskapitals.

Zur Messung des **Wissenskapitals** versucht man, **Indikatoren** zu entwickeln, welche die Differenz zwischen dem Marktwert und dem Buchwert des Unternehmens erklären sowie Veränderungen analysieren. Während die bisherigen Indikatoren aufgrund der traditionellen Bilanz und der Erfolgsrechnung eine vergangenheitsorientierte Betrachtung der Organisation darstellen, sollen Indikatoren des intellektuellen Kapitals Aussagen über die zukünftige Ertragskraft von Organisationen ermöglichen. So hielt

---

1   Vgl. Abschnitt 4.6.2 «Ansatz von Skandia».
2   Vgl. Abschnitt 4.6.3 «Weitere Ansätze zum Management des Wissenskapitals».

Drucker bereits 1974 die Fluktuationsrate von Experten für eine wichtigere Information zur Beurteilung des zukünftigen Wachstums- und Gewinnpotenzials eines Unternehmens als den letzten Jahresabschluss.

Der Nutzen dieser Betrachtungsweise lässt sich am Beispiel von Microsoft aufzeigen, wo eine Kündigung der wichtigsten Software-Entwickler in der Bilanz aufgrund der geringeren Personalkosten zu einem höheren Gewinn führen würde, obwohl damit dem Unternehmen die Grundlage für weiteres Wachstum entzogen wäre. Eine Realisierung dieses verborgenen Wissenskapitals erfolgt oft erst bei Firmenübernahmen. Beispielsweise wurde bei einer Analyse von Unternehmensübernahmen in den Jahren 1981 bis 1993 festgestellt, dass für Software-Unternehmen im Durchschnitt das Neunfache des Buchwertes gezahlt worden ist, während für Banken nur der zweifache Buchwert realisiert werden konnte. (Edvinsson 1997, S. 367) Zusätzlich zum Finanzkapital ist somit auch das Wissenskapital für den Marktwert von Unternehmen massgeblich.

| 4.6.2 | **Ansatz von Skandia** |

Das Wissenskapital kann in verschiedene Unterkategorien aufgegliedert werden. Im Ansatz von Skandia (1995, S. 4ff.) erfolgt zunächst eine Unterteilung des Wissenskapitals in Human- und Strukturkapital. Während das **Humankapital** die Kompetenzen, Fähigkeiten und Wertvorstellungen der Mitarbeiter des Unternehmens verkörpert, bezeichnet das **Strukturkapital** den Wert des Unternehmens ohne seine Mitarbeiter. Im Ansatz von Skandia wird das Strukturkapital weiter in **Kundenkapital** und **Organisa-**

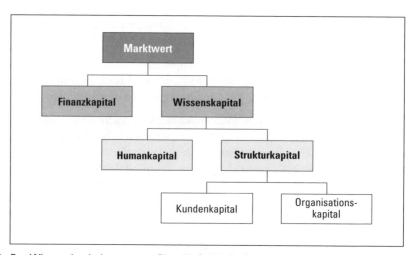

▲ Abb. 306   Der Wissenskapitalansatz von Skandia (1995, S. 5)

tionskapital unterteilt, wobei das Organisationskapital die internen Strukturen und Systeme enthält. Die Beziehungen zwischen dem Marktwert eines Unternehmens, dem Wissenskapital und dem Finanzkapital zeigt ◄ Abb. 306.

4.6.3	**Weitere Ansätze zum Management des Wissenskapitals**

Neben dem Ansatz von Skandia wurden von Kaplan/Norton (1997) mit der **Balanced Scorecard** und von Sveiby (1998a) mit dem **Intangible Asset Monitor** weitere Ansätze zum Management des Wissenskapitals entwickelt.

Das Konzept der **Balanced Scorecard**[1] soll die Nachteile der kurzfristig- und vergangenheitsorientierten Controlling-Systeme überwinden und dazu beitragen, strategische Ziele mit geeigneten Messgrössen zu verbinden. Die Balanced Scorecard leitet ihre Ziele und Kennzahlen aus der Vision und Strategie einer Organisation ab und betrachtet die Organisationsleistung aus vier Blickwinkeln (Kaplan/Norton 1997, S. 8f.):

- Finanzen,
- Kunden,
- interne Geschäftsprozesse,
- Lern- und Entwicklungsperspektive

Mit dem Intangible Asset Monitor hat auch Sveiby ein Konzept zur Messung von immateriellen Vermögenswerten entwickelt und in Zusammenarbeit mit dem Unternehmen Celemi in die Praxis umgesetzt. Er gruppiert die immateriellen Vermögenswerte der Organisation in die Kategorien Mitarbeiterkompetenz, interne Struktur und externe Struktur (► Abb. 307):

- Die **Kompetenz der Mitarbeiter** gibt deren Ausbildung und Erfahrung wieder und führt zu Handlungen, die sowohl materielle als auch immaterielle Vermögenswerte schaffen.
- Die **interne Struktur** umfasst Unternehmenskultur, interne Netzwerke, Patente, Konzepte sowie Computer- und Verwaltungssysteme.
- Zur **externen Struktur** zählen die externen Netzwerke der Organisation mit den Kunden und Lieferanten sowie das Ansehen und die Reputation der Organisation und ihrer Produkte.

Um den Ansatz des Intangible Asset Monitor besser mit dem Konzept der Balanced Scorecard und dem Ansatz von Skandia vergleichen zu können, hat Sveiby eine Gegenüberstellung der Terminologie der verschiedenen Ansätze zum Wissenskapital vorgenommen (► Abb. 308).

---

1 Das Konzept der Balanced Scorecard ist ausführlich in Teil 10, Kapitel 4, Abschnitt 4.4.3 «Balanced Scorecard» dargestellt.

Sichtbares Eigenkapital (Eigenkapitalwert)	Immaterielle Vermögenswerte (Überschuss des Börsenkurswertes über das ausgewiesene Eigenkapital)		
	Externe Struktur	Interne Struktur	Kompetenz der Mitarbeiter
Materielle Vermögenswerte abzüglich sichtbare Verbindlichkeiten	■ Marken ■ Kundenbeziehungen ■ Lieferantenbeziehungen	Organisation: ■ Rechtsform ■ Management ■ Systeme ■ Unternehmenskultur ■ F&E ■ Software	■ Ausbildung ■ Erfahrung

▲ Abb. 307   Ansatz von Sveiby (Sveiby 1998a, S. 28 ff.)

Perspektive \ Ansatz	Sveiby	Kaplan/Norton	Edvinsson (Skandia)
Organisation	Interne Struktur	Interne Geschäftsprozesse	Organisationskapital
Kunden	Externe Struktur	Kundenperspektive	Kundenkapital
Mitarbeiter	Mitarbeiterkompetenz	Lern- und Entwicklungsperspektive	Humankapital

▲ Abb. 308   Gegenüberstellung verschiedener Wissenskapital-Ansätze (Sveiby 1998b, S. 1)

Weiterführende Literatur

Al-Laham, Andreas: Organisationales Wissensmanagement. Eine strategische Perspektive. München 2003

Nonaka, I./Takeuchi, H.: Die Organisation des Wissens. Wie japanische Unternehmen eine brachliegende Ressource nutzbar machen. Frankfurt a. M. 1997

North, Klaus: Wissensorientierte Unternehmensführung. Wertschöpfung durch Wissen. 4., aktualisierte und erweiterte Auflage, Wiesbaden 2005

Probst, G.J.B./Büchel, B.S.T.: Organisationales Lernen. Wettbewerbsvorteile der Zukunft. 2., aktualisierte Auflage, Wiesbaden 1998

Probst, G.J.B./Raub, St./Romhardt, K.: Wissen managen. Wie Unternehmen ihre wertvollste Ressource optimal nutzen. 5., überarbeitete Auflage, Wiesbaden 2006

Romhardt, Kai: Wissensgemeinschaften. Orte lebendigen Wissensmanagements. Dynamik – Entwicklung – Gestaltungsmöglichkeiten. Zürich 2002

Wilke, Helmut: Systemisches Wissensmanagement. 2., neu bearbeitete Auflage, Stuttgart 2001

Zucker, B./Schmitz, Ch.: Wissen gewinnt. Innovative Unternehmensentwicklung durch Wissensmanagement. 2., neu bearbeitete Auflage, Düsseldorf/Berlin 2000

Kapitel 5

Unternehmensethik

5.1 Aufgabe einer Unternehmensethik

In den letzten Jahren ist der Ruf nach mehr Ethik in der Wirtschaft immer lauter geworden. Auf eine Unternehmensethik beruft man sich vor allem im Zusammenhang mit Ereignissen, welche die Wirtschaft und die Gesellschaft in starkem Masse betreffen und nachteilige Auswirkungen zur Folge haben. Als solche Ereignisse lassen sich beispielsweise anführen:

- Schwerwiegende Chemieunfälle, die nicht nur zu starker Belastung und Verschmutzung der Natur, sondern sowohl zum Tod von Menschen als auch zu grossem Sterben in der Tier- und Pflanzenwelt geführt haben.
- Entlassungen von Mitarbeitern, die bei den betroffenen Menschen oft persönliche Schwierigkeiten physischer, psychischer und sozialer Art verursacht haben.
- Abbau und Verschwendung von Ressourcen (Rohstoffen), welche die Lebensbedingungen bestimmter Menschengruppen oder sogar der gesamten Menschheit nachhaltig beeinflusst haben und zu irreversiblen Schäden an Natur und Menschen führen können.

Im betrieblichen Alltag trifft man allerdings noch auf eine Vielzahl weniger spektakulärer ethischer Problemstellungen, genauso wie dies im täglichen Leben in der Familie, im Freundes- und Bekanntenkreis sowie am eigenen Arbeitsplatz der Fall ist, wenn Menschen miteinander leben und zu tun haben. Im Folgenden soll deshalb die Rolle einer Unternehmensethik in solchen ethischen Problemstellungen geklärt werden.

Was ist somit unter Unternehmensethik zu verstehen, und welche Konsequenzen ergeben sich daraus für das Management? Vorerst kann man festhalten, dass die Unternehmensethik ein Teilgebiet der Ethik ist. Diese wiederum ist eine wissenschaftliche Disziplin der Philosophie. Als solche untersucht sie das moralische Handeln von Menschen:[1]

1. **Beschreibungs-** und **Begründungsfunktion** (deskriptive Ethik): Die Ethik interessiert die Frage, nach welchen Normen und moralischen Grundsätzen sich Menschen richten oder welche Normen und Regeln überhaupt möglich sind. Sie sagt damit zunächst nichts darüber aus, was moralisch gut oder schlecht ist, sondern versucht zu begründen, warum man ein bestimmtes Verhalten als gut oder schlecht bezeichnen kann.
2. **Vorschriftsfunktion** (normative Ethik): Im Gegensatz zur deskriptiven Auslegung der Ethik versucht die normative Ethik zu zeigen, welche Normen und Grundsätze befolgt werden sollen. Dies äussert sich darin, dass die Ethik eine eigene Moral – Moral verstanden als Gesamtheit von Normen und Werten – entwickelt, nach denen die Menschen einer Gesellschaft sich verhalten sollen. Sie gibt Gebote (Du sollst …) und Verbote (Du sollst nicht …) ab, von denen sie glaubt, dass bei deren Befolgung ein gutes Leben, gerechtes Handeln und vernünftige Entscheidungen Wirklichkeit werden.

Ausgehend von diesen Überlegungen der allgemeinen Ethik können einer Unternehmensethik folgende Aufgaben zugewiesen werden:

1. Beschreibung der Normen und Regeln, nach denen sich die Führungskräfte ausrichten.
2. Umschreibung ethischer Problemstellungen, denen sich ein Unternehmen gegenübersieht.
3. Beurteilung des Unternehmensverhaltens und Begründung, warum dieses ethisch gut oder schlecht ist.
4. Im Sinne einer angewandten Betriebswirtschaftslehre geht es letztlich darum zu zeigen, welche Konsequenzen sich daraus für das unternehmerische Handeln ergeben. Darüber hinaus müssen Konzepte mit den dazugehörigen Instrumenten zur Verfügung gestellt werden, mit denen ethische Probleme analysiert und gelöst werden können.

---

1   Die beiden Adjektive «ethisch» und «moralisch» werden aus Gründen der Vereinfachung synonym gebraucht, obschon korrekterweise «ethisch» sich auf die Ethik als philosophische Wissenschaft vom moralischen Handeln des Menschen bezieht, während mit «moralisch» die Qualität einer Handlung zum Ausdruck gebracht wird.

Ethische Verhaltenstypen im Management

Aufgrund empirisch festgestellter Denkmuster und der dabei wesentlichen Bestimmungsfaktoren konstruierten P. Ulrich/Thielemann (1992) typische ethische Verhaltensweisen von Managern. In einem späteren Zeitpunkt versuchten sie mit Hilfe umfangreicher Interviews mit obersten Führungskräften, diese Verhaltenstypen empirisch zu belegen.

Zur Einteilung der verschiedenen Verhaltenstypen haben sich die beiden folgenden Dimensionen als entscheidend erwiesen (P. Ulrich/Thielemann 1992, S. 24f.):

- In der ersten Dimension geht es um die **Wahrnehmungsform** in Bezug auf die Wirtschaft, wobei zwei Ausprägungen zu unterscheiden sind. Im ersten Fall hat ein Manager ein Bewusstsein darüber ausgebildet, dass das wirtschaftliche Geschehen wesentlich von überpersönlich wirkenden, anonymen Strukturen der Wirtschaft geprägt wird. Diese so genannten wirtschaftlichen Sachzwänge haben ihre eigene «Sachlogik», innerhalb derer sich das unternehmerische Entscheiden und Handeln bewegen muss. Ulrich/Thielemann sprechen deshalb vom «systemorientierten» Typus. Im anderen Fall wird davon ausgegangen, dass die Wirtschaft eine Lebenssphäre sei wie beispielsweise die Politik, die Familie, die Kunst oder die Wissenschaft. In diesem Falle sieht man von der Existenz ökonomisch eigensinniger Sachzwänge ab, und es stellt sich kein besonderes unternehmensethisches Problem: Ethik ist in den Lebensbereich der Wirtschaft integriert und stellt etwas ganz Normales und Selbstverständliches dar. Manager dieses Typus werden deshalb als «Kulturorientierte» bezeichnet.
- In der zweiten Dimension geht es um den Grad des **Problembewusstseins** bezüglich des Verhältnisses zwischen Ethik und Erfolg in der Wirtschaft: Entweder ist ein Manager der Ansicht, dass die «Harmonie» von Erfolg und Ethik im Wesentlichen und unter normalen Umständen als gegeben angesehen werden kann, oder er geht davon aus, dass zwischen Unternehmenserfolg und ethischen Anforderungen regelmässig ein Konflikt auftaucht. In diesem zweiten Fall muss die «Harmonisierung» erst noch erfolgen.

Aufgrund dieser beiden Dimensionen ergibt sich eine Vier-Felder-Matrix (▶ Abb. 309), aus der sich vier unternehmensethische Grundmuster ableiten lassen (P. Ulrich/Thielemann 1992, S. 26):

1. Für den **Ökonomisten** steckt die Ethik im gegenwärtigen Marktsystem. Dabei erzeugt – oder begünstigt zumindest – der Marktmechanismus (Konkurrenzprinzip) automatisch ein ethisch richtiges Handeln bzw. die ethisch richtigen Ergebnisse.

Wahrnehmungs-form / Problem-bewusstsein	Systemorientierte (Wirtschaft als *System)*	Kulturorientierte (Wirtschaft als *Lebenswelt)*
Harmonisten	Ökonomisten	Konventionalisten
Konfliktbewusste	Reformer	Idealisten

▲ Abb. 309   Ethische Verhaltenstypen im Management

2. Für den **Konventionalisten** ist Unternehmensethik eine selbstverständliche Angelegenheit, da die altbekannten «guten Sitten» der Gesellschaft auch im Wirtschaftsleben gelten, so dass er sich nicht zu aussergewöhnlichen Anstrengungen veranlasst sieht.
3. Der **Idealist** ist demgegenüber von der Notwendigkeit eines besonderen Einsatzes überzeugt. Die Überwindung des Konfliktes zwischen unternehmerischem Erfolgsstreben und Ethik erhofft er sich von einem allgemeinen kulturellen «Bewusstseinswandel» und nicht so sehr von einer Veränderung des «Systems».
4. Der **Reformer** strebt im Gegensatz zum Idealisten eine Veränderung des Systems an. Die Sachzwangstruktur selbst bedarf in seiner Sicht der ethisch motivierten Veränderung, der Weiterentwicklung oder der Revision.

Aufgrund ihrer Befragung von Führungskräften kommen Ulrich/Thielemann in der erwähnten Studie zum Schluss, dass insgesamt 75% der befragten Führungskräfte als ausdrückliche oder unterschwellige, mehr oder minder strikte Ökonomisten einzustufen sind. Der **Neue Unternehmer,** d.h. der zukünftige Unternehmertyp, könnte aber derjenige sein, der als eine mögliche Ausprägung des Reformers ein zweistufiges Konzept einer umfassenden unternehmensethischen Verantwortung vertritt. Auf der Ebene der Unternehmenspolitik sucht er nämlich – möglichst unter Mitwirkung seiner Mitarbeiter und anderer Anspruchspartner – nach finanziell rentablen Wegen ethisch-sinnvollen Wirtschaftens. Im Falle echter Sachzwänge sieht er seine ordnungspolitische Mitverantwortung darin, einen Beitrag zur Veränderung der Rahmenbedingungen unternehmerischen Handelns zu leisten.

5.3   Ethische Problemstellungen

Jedes Unternehmen sieht sich einer Vielzahl ethischer Probleme gegenüber, weil sein Handeln andere Organisationen und viele Menschen in und ausserhalb des Unternehmens betrifft. Für eine differenzierte Betrachtung hat es sich deshalb als zweckmässig erwiesen, nach dem Umfang der Handlungsträger drei Handlungsebenen zu unterscheiden:

1. Auf der **Mikroebene** stehen die Werte und das Handeln des Individuums im Vordergrund. Untersucht werden das Handeln einzelner Menschen in ihren spezifischen Lebensräumen (z.B. Arbeitsplatz) und die Handlungsbedingungen, die das Handeln in diesen Lebensräumen eingrenzen (z.B. Arbeitsbedingungen). Es geht darum zu beschreiben und zu erklären, wie sich der einzelne Mensch als Arbeitgeber, als Manager, als Konsument usw. verhalten kann oder soll. Beispielsweise wird untersucht, welche Handlungsmöglichkeiten ein Mitarbeiter hat, der über die Sicherheit eines Produktes sehr besorgt ist, dessen Argumente aber von den Vorgesetzten nicht ernst genommen werden.

2. Auf der **Mesoebene** wird das Handeln von wirtschaftlichen Organisationen betrachtet. Eine Organisation wie das Unternehmen setzt sich zwar aus einzelnen Menschen zusammen, welche es gestalten und lenken, aber es bildet als Ganzes auch eine wirtschaftliche Einheit und ist als ein eigenständiges Handlungssubjekt aufzufassen. Somit ist ein Unternehmen für sein moralisches Verhalten verantwortlich und hat die Konsequenzen für sein Handeln und Tun zu tragen. Es wird zu einer moralischen Person, genauso wie es eine juristische Person ist, und muss deshalb moralische Rechte und Pflichten übernehmen. Dies bedeutet zum Beispiel, dass nach der Umweltkatastrophe in Schweizerhalle einzelne Mitarbeiter für ihr Fehlverhalten und ihre Fehlentscheide zur Verantwortung gezogen werden müssen, dass aber gleichzeitig das Unternehmen für die angerichteten Schäden nicht nur juristisch, sondern auch moralisch verantwortlich ist (und deshalb unter Umständen über die juristisch verpflichteten Schadenzahlungen hinaus weitere Leistungen erbringen muss).

3. Auf der **Makroebene** geht es um die Gestaltung der allgemeinen wirtschaftlichen Rahmenbedingungen. Sie fragt nach dem gerechtesten oder besten wirtschaftlichen System, in welchem sich die verschiedenen Organisationen wie Unternehmen, öffentlich-rechtliche Gebilde, Berufsverbände oder Konsumentenvereinigungen bewegen. Inwiefern vermag die freie Marktwirtschaft ethischen Grundsätzen zu genügen? Wie sieht eine gerechte Wirtschaftspolitik aus? Wie ist eine wirksame Umwelt- oder Energiepolitik zu gestalten? Solche Fragen werden auf dieser Ebene aufgegriffen.

Auch wenn diese drei Ebenen nicht immer eindeutig voneinander getrennt werden können, ist diese Unterscheidung für eine Versachlichung der Diskussion und eine gezielte Problembehandlung und -lösung von grosser Bedeutung. So wird der Staat im Rahmen seiner Sozialpolitik mit anderen Problemen konfrontiert als das Unternehmen bei der Formulierung eines

sozialen Konzeptes für die Mitarbeiter im Rahmen der Unternehmenspolitik. Soziales Verhalten des einzelnen Mitmenschen wiederum verlangt
nochmals nach einer anderen Betrachtungsweise.

Im Rahmen einer Unternehmensethik stehen die Fragen der Mesoebene
im Vordergrund, auf die in den folgenden Abschnitten näher eingegangen
wird.

5.4   Ethische Grundsätze

Will man das moralische Verhalten eines Unternehmens beurteilen oder
dem Management eine Entscheidungshilfe für ethische Problemstellungen
geben, so können vorerst allgemeine Regeln aus verschiedenen Bereichen
(Religion, Gesellschaft, Manager-Regeln) herangezogen werden wie beispielsweise:

- **Goldene Regel:** Handle in der Weise, in der du erwartest, dass andere dir
  gegenüber handeln.
- **Utilitaristisches Prinzip:** Handle in der Weise, dass der grösste Nutzen
  für die grösste Anzahl Menschen entsteht.
- **Kants kategorischer Imperativ:** Handle in der Weise, dass deine Handlung in einer spezifischen Situation ein allgemeines Verhaltensgesetz
  sein könnte.
- **Experten-Ethik:** Unternimm nur Handlungen, welche von einem nicht
  von diesen Handlungen betroffenen Experten-Team als korrekt bezeichnet würden.
- **TV-Test:** Ein Manager sollte sich immer die Frage stellen, ob er sich
  wohl fühlen würde, wenn er seine Entscheidungen und Handlungen am
  Abend im Fernsehen vor einem breiten Publikum begründen müsste.

Es wäre nun illusorisch zu glauben, dass es aufgrund solcher Regeln *das*
ethische Handeln gäbe. Zu erwähnen sind vor allem zwei Gründe:

1. Erstens ist das Unternehmen ein soziales System, das durch vielfältige
   Beziehungen mit seiner Umwelt, d.h. den Konsumenten, den Gewerkschaften, den Lieferanten, den Kapitalgebern, dem Staat usw., verbunden ist. Die Ansprüche dieser verschiedenen Partner sind aber derart
   unterschiedlich, dass auch die Vorstellungen, was ein moralisch gutes
   Verhalten des Unternehmens ist, stark voneinander abweichen. Beispielsweise ist der Aktionär in der Regel an einer gerechten Dividende
   interessiert, welche eine angemessene Entschädigung für das eingegangene Risiko darstellen soll, während die Gewerkschaften eine gerechte
   Entlohnung fordern, die dem Einsatz des Produktionsfaktors Arbeit
   Rechnung trägt. Was allerdings als angemessen oder gerecht zu bezeichnen ist, darüber gehen die Meinungen auseinander.

2. Zweitens ist zu beachten, dass einige wenige allgemeine moralische
   Grundsätze zwar wünschenswert sind (weil sie bei der Lösung sehr vieler ethischer Problemstellungen herangezogen werden können), sich
   aber immer wieder Schwierigkeiten bei der «richtigen» Interpretation
   dieser Regeln in konkreten Situationen ergeben. Dies führt nicht selten
   dazu, dass aus der gleichen allgemeinen Norm unterschiedliche, sich
   unter Umständen widersprechende Unternormen abgeleitet werden.
   Was bedeutet beispielsweise eine gerechte Entlohnung bzw. ein gerechtes Lohnsystem? Ist es gerecht in Bezug auf die erbrachte Leistung, ist
   es gerecht in Bezug auf die Art der zu verrichtenden Arbeit oder ist es
   gerecht in Bezug auf soziale Kriterien wie Alter, Zivilstand oder Familiengrösse?[1] Auf der anderen Seite ist es unmöglich, für alle ethischen
   Problemstellungen spezifische Regeln aufzustellen. Dies würde wegen
   der Vielzahl solcher Situationen zu einer starken Bürokratisierung führen, ganz abgesehen davon, dass die Regeln ständig überarbeitet werden müssten und dennoch nie alle Tatbestände erfassen würden.

Aufgrund dieser Überlegungen scheint es nicht sinnvoll, nach den «richtigen» moralischen Grundsätzen für unternehmerisches Handeln zu fragen, denn dies würde implizieren, dass es sie erstens gibt und dass sie
zweitens auch richtig angewendet werden können. Viel wichtiger scheint
die Frage zu sein, wie ethisches Handeln eines Unternehmens konkret zum
Ausdruck kommt.

5.5	**Glaubwürdigkeitskonzept**[2]
5.5.1	**Glaubwürdigkeit als Leitmotiv**

Das Unternehmen ist Teil eines übergeordneten Systems, nämlich der Gesellschaft. Dies hat zur Folge, dass das Handeln von Unternehmen in
Bezug auf diese Gesellschaft gesehen werden muss, denn vom wirtschaftlichen Handeln sind viele Menschen sowohl unmittelbar als auch mittelbar
betroffen. Aus diesem Tatbestand lässt sich die Legitimation einer Gesellschaft ableiten, dass sie beurteilen darf, ob ein Unternehmen moralisch
handelt oder nicht, d. h. auch zu einem guten gesellschaftlichen Leben bei-
trägt oder nicht, wie dies das Ziel der Ethik ist. Um somit als Element einer
Gesellschaft existieren zu können, muss ein Unternehmen letztlich von
dieser Gesellschaft bzw. von den verschiedenen Anspruchsgruppen dieser
Gesellschaft akzeptiert werden. Dies wird ein Unternehmen aber nur dann
erreichen, wenn es offen gegenüber seiner Umwelt ist, ein ehrliches Ver-

---

1 Zur Lohngerechtigkeit vgl. Teil 8, Kapitel 5, Abschnitt 5.2.1 «Lohn und Lohngerechtigkeit».
2 Eine ausführliche Darstellung dieses Glaubwürdigkeitskonzepts findet sich in Thommen
   (2003).

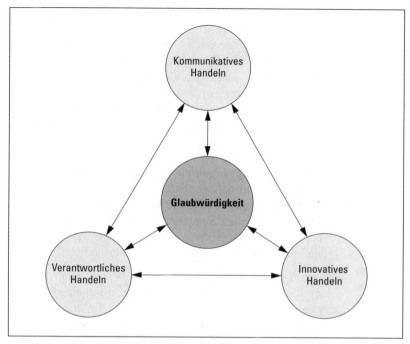

▲ Abb. 310   Konstitutive Elemente einer Glaubwürdigkeitsstrategie

halten an den Tag legt und auf die Anliegen seiner Anspruchspartner eingeht.[1] Eine solche Akzeptanz hat zur Folge, dass die Gesellschaft einem
Unternehmen vertraut. Mit anderen Worten: Ein Unternehmen verdient
das Vertrauen, es ist würdig, dass man ihm glaubt.

> Die **Glaubwürdigkeit** wird damit zum zentralen Leitmotiv unternehme-
> rischen Handelns.

Sie stellt das Ergebnis ethischen Handelns dar und wird zum Beurteilungs-
kriterium unternehmensethischen Handelns.

Aufgrund dieser Überlegungen wird eine bewusste und aktive **Glaubwürdigkeitsstrategie** zu einer unerlässlichen Voraussetzung für die Erreichung von Glaubwürdigkeit. Ein solches Verhalten setzt sich aus drei
Handlungskomponenten zusammen, nämlich

- dem **verantwortlichen,**
- dem **kommunikativen** sowie
- dem **innovativen** Handeln.

---

1   Man spricht in diesem Zusammenhang auch von einer **Social Responsiveness** des Unter-
    nehmens und meint damit seine Fähigkeit, einerseits für die Ansprüche der von seinem
    Handeln Betroffenen empfänglich zu sein und andererseits diese Ansprüche so weit als
    möglich zu berücksichtigen.

Diese drei Komponenten sind als die konstitutiven Elemente einer aktiven Glaubwürdigkeitsstrategie des Unternehmens zu betrachten. Wie aus ◄ Abb. 310 ersichtlich, hängen diese drei Handlungskomponenten eng miteinander zusammen und führen nur im gegenseitigen Wechselspiel zum gewünschten Ziel, d.h. zu Vertrauen und Glaubwürdigkeit.

5.5.2	**Kommunikatives Handeln**

Kommunikatives Handeln im Rahmen einer Glaubwürdigkeitsstrategie bedeutet grundsätzlich, dass die verschiedenen Anspruchsgruppen des Unternehmens als echte Kommunikationspartner verstanden werden. Damit entsteht eine wechselseitige Beziehung, bei der das Unternehmen diese Anspruchsgruppen nicht nur als Informationsempfänger, sondern auch als Informationssender betrachtet. Das Unternehmen hat deshalb die Wertvorstellungen und Bedürfnisse seiner Umwelt zu beobachten und abzuklären, genauso wie es beispielsweise schon immer die Bedürfnisse der Konsumenten erforscht hat, um marktgerechte Produkte anbieten zu können. Diese Wertvorstellungen sind jedoch nicht konstant. Erinnert sei in diesem Zusammenhang an den gesellschaftlichen Wertewandel, der in den letzten Jahren durch eine ausserordentlich hohe Dynamik gekennzeichnet war.

Aus der Sicht des Unternehmens steht in der Phase des Informationsaustausches die Öffentlichkeitsarbeit[1] im Vordergrund, in welcher es sich nach aussen selber darstellt und sein Handeln verständlich machen will. Diese Selbstdarstellung soll aber über die herkömmlichen Public-Relations-Konzepte hinausgehen. Gefragt sind nicht billige Alibi-Übungen, welche die Realität eher verschleiern, sondern Massnahmen, die sich an ihr orientieren und sich mit ihr auseinander setzen. In diesem Sinne können nach Röglin/Grebmer (1988, S. 70 ff.) vier Prinzipien der Öffentlichkeitsarbeit formuliert werden:

1. **Prinzip der verhaltensorientierten Öffentlichkeitsarbeit:** Der Glaubwürdigkeit des Informanten kommt eine entscheidende Bedeutung zu, wenn es darum geht, ob eine Information angenommen wird oder nicht. Deshalb entscheidet das tatsächliche, konkret überprüfbare und sichtbare Verhalten der Mitarbeiter – von der Geschäftsleitung bis hin zu jedem einzelnen Mitarbeiter – über das Vertrauen zwischen Unternehmen und Gesellschaft.
2. **Prinzip der mitwirkungsorientierten Öffentlichkeitsarbeit:** Richtig informieren kann man nur, wenn man weiss, welche Informationen gefragt sind. Deshalb hat das Unternehmen in einen Dialog zu treten, welcher

---

1 Zur Öffentlichkeitsarbeit (Public Relations) vgl. Teil 2, Kapitel 6, Abschnitt 6.2 «Public Relations».

ermöglicht, auf jene Fragen einzugehen, die auch tatsächlich interessieren. Es können in einem Dialog auch komplexe Sachverhalte geklärt werden, weil Unklarheiten durch Rückfragen ausgeräumt werden können.

3. **Prinzip der rückhaltlosen Öffentlichkeitsarbeit:** Glaubwürdigkeit wird nur mit vollständiger Information erreicht. Ein Unternehmen wirkt nicht glaubwürdig, wenn es nur Positives verkündet, das Negative aber zu verheimlichen oder zumindest nicht zu erwähnen versucht. Dies bedeutet nun nicht, dass in erster Linie das Negative interessieren würde, aber die Erfahrung des Menschen ist es, dass jede Sache meistens eine positive und eine negative Seite hat. Die negative zu verschweigen oder herunterzuspielen hat besonders dann schwerwiegende Konsequenzen, wenn sie in aller Deutlichkeit, zum Beispiel in Form einer Umweltkatastrophe, zum Vorschein kommt.

4. **Prinzip der nicht-akzeptanzorientierten Öffentlichkeitsarbeit:** Versucht man die einzelnen Mitglieder und Gruppen einer Gesellschaft als echte Partner zu begreifen, dann muss man ihnen auch eine eigene Meinung zugestehen, die von der Meinung und den Wertvorstellungen des Unternehmens abweichen kann. Ziel der Öffentlichkeitsarbeit kann es nicht nur sein, dass der andere mein Handeln akzeptiert. Dies würde bereits implizieren, dass ich mein Handeln als einzig richtig betrachten würde, das ich deshalb auch nicht zu ändern brauche.

5.5.3	**Verantwortliches Handeln**

«Verantwortung tragen» bedeutet vom Wort her nichts anderes als «zu antworten, Rede und Antwort zu stehen» und damit die Konsequenzen zu tragen, sei es, um beispielsweise einen Schaden so gut als möglich zu beheben, oder sei es, um einen zukünftigen Schaden zu verhindern. Aus unternehmensethischer Sicht können daraus drei Aspekte der Verantwortung abgeleitet werden:

1. **Rollen-Verantwortung:** Verantwortung kann im organisatorischen Sinne als Pflicht eines Aufgabenträgers angesehen werden, für die zielentsprechende Erfüllung einer Aufgabe oder Rolle, die ihm zugewiesen worden ist, Rechenschaft abzulegen. Dies gilt auch für ein Unternehmen als Institution. Als Teil der Gesellschaft hat es sich an den Ansprüchen verschiedener Interessengruppen (Kunden, Lieferanten, Gläubiger, Arbeitnehmer, Staat) zu orientieren. Ein Teil dieser Ansprüche wird über die Austauschbeziehungen des Marktes befriedigt. Es verbleiben aber zusätzliche Ansprüche, die sich aus den Wertvorstellungen der Öffentlichkeit ableiten. Dem Unternehmen wird sozusagen eine be-

stimmte Rolle in der Gesellschaft zugewiesen, über deren Erfüllung es Rechenschaft ablegen muss.

2. **Kausale Verantwortung:** Gemäss diesem Aspekt ist ein Unternehmen für jene Probleme verantwortlich, die es selber verursacht hat. Falls es beispielsweise ein Gewässer verschmutzt hat, dann ist es dafür und für die sich daraus ergebenden Konsequenzen (z. B. Reinigung, Schadenzahlungen) verantwortlich. Diese Form der Verantwortung lässt sich in der Regel leicht feststellen. Hingegen führt die Frage, ob ein Selbstverschulden vorliege oder nicht, häufig zu heftigen Auseinandersetzungen. Eine Antwort hängt dabei nicht unwesentlich vom Umfang der Fähigkeitsverantwortung ab.

3. **Fähigkeitsverantwortung:** Bei dieser Betrachtung ist ein Unternehmen verantwortlich für alle Situationen, für die es auch fähig ist, eine Problemlösung zu bieten. Die inhaltliche Umschreibung dieser Art von Verantwortung bringt allerdings einige Schwierigkeiten mit sich. Wann ist ein Unternehmen fähig, ein bestimmtes Problem – zum Beispiel die Entwicklung eines sicheren oder umweltfreundlichen Produktes – zu lösen? Dies hängt in erster Linie von der Innovationsfähigkeit sowie den zur Verfügung stehenden Ressourcen des Unternehmens ab.

◀ Abb. 31 auf Seite 108 zeigt für den Bereich Ökologie, wie die Rollen-, Kausal- und Fähigkeitsverantwortung von den Mitarbeitern wahrgenommen werden kann.

| 5.5.4 | Innovatives Handeln |

In der unternehmensethischen Diskussion wird oft vergessen, dass sich ethisches und unternehmerisches Handeln in keiner Weise widersprechen müssen, sondern in Einklang miteinander stehen, einander sogar bedingen. Unternehmerisches Handeln bedeutet nämlich primär innovativ sein. Dies ist aber genau, was ethisches Handeln in starkem Masse verlangt. Denn es gilt, sowohl für bestehende Probleme bessere Lösungen als auch für neuartige Probleme gute Lösungen zu finden, welche von den Anspruchspartnern akzeptiert werden. Innovatives und kreatives Denken ist somit Voraussetzung für ethisches Handeln.

Grundsätzlich ist zu beachten, dass Innovationen nicht unbedingt aus gesamtwirtschaftlicher Perspektive neu sein müssen, sondern es auch aus der Sicht eines einzelnen Unternehmens oder einer einzelnen Branche sein können. Im Allgemeinen werden dabei drei Arten von Innovationen unterschieden:

1. **Produktinnovationen,** d.h. Neuerungen bezüglich der Angebotsleistun-
   gen, wobei sich diese auf quantitative, qualitative, zeitliche oder geographische Aspekte beziehen können.
2. **Verfahrensinnovationen,** d.h. Neuerungen im leistungs- und finanzwirtschaftlichen Leistungserstellungsprozess.
3. **Sozialinnovationen,** d.h. Neuerungen im (zwischen)menschlichen Bereich, insbesondere im Führungs- und Organisationssystem des Unternehmens.

Innovatives Handeln im Hinblick auf Glaubwürdigkeit kann sich deshalb
in verschiedenen Bereichen zeigen, wie folgende Beispiele veranschaulichen:

- **Produkte** herstellen, die einem echten Bedürfnis entsprechen und versuchen, dieses mit neuen Produkten immer besser zu decken.

- **Technologien** erfinden, die für die Umwelt (Natur, Mitarbeiter, Gesellschaft) keine Gefahren mit sich bringen bzw. die Umwelt weniger belasten (z.B. Einsparungen beim Materialverbrauch, Wiederverwendung
  von Abfallmaterialien, Substitution gefährlicher durch ungefährliche
  Stoffe, Energieeinsparung bei der Produktion).

- Produkte mit neuen **Verpackungsformen** absetzen, welche weniger umweltbelastend sind (z.B. Versuch der Coop, Frischmilch aus Selbstzapf-
  Anlagen anzubieten; Verkauf pasteurisierter Milch in Schlauchbeuteln
  durch die Migros; Verzicht auf Aluminium-Dosen).

- Mit originellen **Werbekampagnen** den Konsumenten mitteilen, dass
  auch sie einen Beitrag zur Verwirklichung eines ethischen Verhaltens
  des Unternehmens leisten müssen. Als Beispiele aus verschiedenen Bereichen wären zu nennen:
  - Recycling von Verpackungen, zum Beispiel Rückgabe von Flaschen
    oder Joghurt-Gläsern (wie dies die Toni-Molkerei in vorzüglicher
    Weise gemacht hat und damit sogar ihren Marktanteil und ihre Wett-
    bewerbsfähigkeit erhöhen konnte).
  - Bezahlung höherer Preise, wie dies bereits in Ausnahmefällen anzu-
    treffen ist (z.B. bei biologisch angebautem Gemüse oder Fleisch aus
    freier Tierhaltung).
  - Verzicht auf umweltbelastende Produkte (z.B. Fluorchlor-Kohlen-
    wasserstoff (FCKW) in Spraydosen).

- Durch neue **Führungs-** und **Arbeitsformen** die Motivation und Arbeits-
  freude der Mitarbeiter steigern (wie dies – um ein bekanntes Beispiel zu
  nennen – schon vor einiger Zeit Volvo mit der Einführung von teilautonomen Arbeitsgruppen geschafft hat, die zudem noch mit einer Produk-
  tivitätssteigerung verbunden war).

Um dieses innovative Handeln bei den Mitarbeitern zu fördern, kann ein Unternehmen auf eine Vielzahl von Massnahmen zurückgreifen. ▶ Abb. 311 zeigt dies am Beispiel der Förderung eines umweltgerechten Handelns.

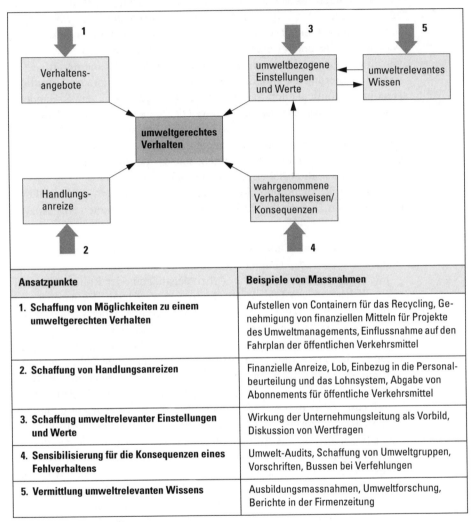

Ansatzpunkte	Beispiele von Massnahmen
1. Schaffung von Möglichkeiten zu einem umweltgerechten Verhalten	Aufstellen von Containern für das Recycling, Genehmigung von finanziellen Mitteln für Projekte des Umweltmanagements, Einflussnahme auf den Fahrplan der öffentlichen Verkehrsmittel
2. Schaffung von Handlungsanreizen	Finanzielle Anreize, Lob, Einbezug in die Personalbeurteilung und das Lohnsystem, Abgabe von Abonnements für öffentliche Verkehrsmittel
3. Schaffung umweltrelevanter Einstellungen und Werte	Wirkung der Unternehmungsleitung als Vorbild, Diskussion von Wertfragen
4. Sensibilisierung für die Konsequenzen eines Fehlverhaltens	Umwelt-Audits, Schaffung von Umweltgruppen, Vorschriften, Bussen bei Verfehlungen
5. Vermittlung umweltrelevanten Wissens	Ausbildungsmassnahmen, Umweltforschung, Berichte in der Firmenzeitung

▲ Abb. 311   Ansatzpunkte zur Förderung eines umweltgerechten Verhaltens
(nach Fietkau/Kessel 1987, S. 312)

5.6   Zusammenfassung

Entscheidungen des Managements versuchte man lange Zeit (und zum Teil auch heute noch) mit dem Bild des **Homo oeconomicus** zu erklären, der immer rational handelt. Unter rationalen Handlungen wurden dabei solche verstanden, die unter Berücksichtigung des ökonomischen Prinzips den Gewinn so gross wie nur möglich anwachsen lassen. Eine derartige Gewinnmaximierung ist möglich, weil der Homo oeconomicus sämtliche Handlungsmöglichkeiten kennt und alle Konsequenzen seines Handelns absolut sicher vorauszusagen vermag. Dieses eindimensionale Bild wird aber den komplexen Realitäten und Entscheidungssituationen, denen sich das Management gegenübersieht, nicht mehr gerecht. Der Begriff Rationalität ist deshalb für das Management neu zu definieren und mit einem aktuellen und realitätsnahen Inhalt zu füllen.

Unter Berücksichtigung ökonomischer und ethischer Aspekte soll deshalb die unternehmerische Rationalität in drei Komponenten aufgespalten werden:

1. **Technische Rationalität:** Bei diesem Aspekt steht die Effizienz (= Leistungsfähigkeit) des Handelns im Vordergrund. Es geht darum, wie man mit möglichst wenig Input an Arbeitsleistungen oder Rohstoffen einen möglichst grossen Output an Gütern erzielen kann. Es handelt sich meistens um (rein mengenmässige) Produktivitätsbeziehungen wie Anzahl hergestellte Fahrzeuge pro Mitarbeiter und Jahr.[1]

2. **Ökonomische Rationalität:** Es genügt aber nicht, nur effizient zu sein. Falls ein Unternehmen seine (effizient) produzierten Güter an Lager legen muss, weil sie niemand kaufen will, wird es früher oder später in Schwierigkeiten geraten. Das Beispiel der schweizerischen Uhrenindustrie ist noch in bester Erinnerung. Deshalb ist es wichtig, nur solche Güter herzustellen, die einem echten Bedürfnis der Konsumenten entsprechen, die konkurrenzfähig sind, deren Preise die Kosten decken und darüber hinaus einen Gewinn erzielen. In den Vordergrund rückt deshalb die Effektivität (= Leistungswirksamkeit), d.h. die Wirksamkeit der betrieblichen Tätigkeiten im Hinblick auf das im marktwirtschaftlichen System angestrebte Gewinnziel. Oder mit Peter Drucker (1967) auf eine einfache Formel gebracht: «It is more important to do the right things than to do the things right.» Je besser dabei das (wertmässige) Wirtschaftlichkeitsverhältnis zwischen Ertrag und Aufwand ist, umso grösser wird der Gewinn ausfallen.

---

1   Zur Produktivität vgl. Teil 1, Kapitel 3, Abschnitt 3.2.2.2 «Produktivität».

3. **Sozioökonomische Rationalität:** Wirtschaftliches Handeln und Gewinn-erzielung geschehen nicht im luftleeren Raum. Immer stärker setzt sich die Einsicht durch, dass ein Unternehmen nur Teil eines umfassenden politischen, ökonomischen, sozialen und kulturellen Systems ist. Will das Unternehmen als Element dieses komplexen Systems langfristig überleben, so hat es nicht nur bestimmte Pflichten gegenüber den Mit-arbeitern und den Konsumenten, sondern auch gegenüber der Gesell-schaft wahrzunehmen. Es hat sich zu fragen, was eine gute Unterneh-mensmoral ist, nach der das Unternehmen gut geführt wird und seine Mitarbeiter gerecht handeln. Dies ist auch der Grund, weshalb einige Firmen einen Ethik- bzw. Verhaltenskodex aufgestellt haben, in wel-chem sie ihre moralischen Grundsätze umschreiben.

Diese drei Teilrationalitäten dürfen nicht isoliert für sich allein betrachtet und zum reinen Selbstzweck erhoben werden. Effizientes Handeln darf nur im Hinblick auf die Bedürfnisbefriedigung der Kunden gesehen werden, während gewinnorientiertes Handeln die gesellschaftlichen Auswirkungen berücksichtigen muss. Umgekehrt bezieht sich eine Unternehmensethik immer auf Menschen und ihr wirtschaftliches Handeln. Deshalb ist es ver-ständlich, dass sich diese drei Aspekte gegenseitig bedingen und be-einflussen.

Die drei Komponenten dieser neu interpretierten Rationalität stehen zwar oft im Einklang miteinander, indem beispielsweise gut bezahlte Mit-arbeiter sehr effizient arbeiten und daraus eine gute Wirtschaftlichkeit resultiert. Gerade in konkreten Entscheidungssituationen und unter dem Druck der täglichen Arbeit stehen diese Teilrationalitäten aber nur allzu häufig in einem Widerspruch zueinander und bedeuten auch für den ver-antwortungsbewussten Manager nur schwer zu lösende Zielkonflikte. Unangenehmerweise zeichnen sich jedoch echte unternehmerische Ent-scheide gerade dadurch aus, dass sie alle drei Aspekte berücksichtigen müssen, um der Realität gerecht zu werden. Deshalb kann ein Unter-nehmen **langfristig** nur überleben, wenn es gemäss den drei Rationalitäten effizient ist, sich am Gewinn orientiert und ethisch handelt.

In den Mittelpunkt unternehmerischer Entscheidungen rückt deshalb die Abstimmung dieser drei Forderungen. Je besser es einem Unterneh-men dabei gelingt, seine langfristigen Ziele – zu nennen sind beispiels-weise die Existenzsicherung, die Erhaltung der Wettbewerbskraft, die Be-wahrung der Unabhängigkeit, der Aufbau einer guten Unternehmenskultur – unter Berücksichtigung ökonomischer *und* ethischer Aspekte zu errei-chen, umso glaubwürdiger und umso erfolgreicher wird es langfristig sein.

Weiterführende Literatur

Huppenbauer, M./De Bernardi, J.: Kompetenz Ethik für Wirtschaft, Wissenschaft und Politik. Ein Tool für Argumentation und Entscheidungsfindung. Zürich 2003

Kreikebaum, Hartmut: Grundlagen der Unternehmensethik. Stuttgart 1996

Kreikebaum, H./Behnam, M./Gilbert, D.-U.: Management ethischer Konflikte in international tätigen Unternehmen. Wiesbaden 2001

Küpper, Hans-Ulrich: Unternehmensethik. Hintergründe, Konzepte, Anwendungsbereiche. Stuttgart 2006

Maak, Th./Ulrich, P.: Integre Unternehmensführung. Ethisches Orientierungswissen für die Wirtschaftspraxis. Stuttgart 2007

Noll, Bernd: Wirtschafts- und Unternehmensethik in der Marktwirtschaft. Stuttgart/Berlin/Köln 2002

Stiglitz, J.E./Leisinger, K.M./Ruh, H. (Hrsg.): Ethisches Management. Ethik und Erfolg verbünden sich. Zürich 2004

Thommen, Jean-Paul: Glaubwürdigkeit und Corporate Governance. 2., vollständig überarbeitete Auflage, Zürich 2003

Waibl, Elmar: Angewandte Wirtschaftsethik. Wien 2005

Weber-Berg, Christoph A.: Mehrwert Ethik. Added Values in Wirtschaft und Management. Zürich 2007

Literaturverzeichnis

Achleitner, Ann-Kristin (Hrsg.): Handbuch Investment Banking. 3., erweiterte und überarbeitete Auflage, Wiesbaden 2002

Achleitner, A.-K./Behr, G.: International Accounting Standards. Ein Lehrbuch zur internationalen Rechnungslegung. 3., überarbeitete Auflage, München 2003

Albisetti, Emilio et al. (Hrsg.): Handbuch des Geld-, Bank- und Börsenwesens der Schweiz. 4. Auflage, Thun 1995

Al-Laham, Andreas: Organisationales Wissensmanagement. Eine strategische Perspektive. München 2003

Ansoff, Harry Igor: Management-Strategie. München 1966

Argyris, Ch./Schön, D.: Organizational Learning. A Theory of Action Perspective. Reading 1978

Ashby, W. Ross: An Introduction into Cybernetics. London 1956

AWF Arbeitsgemeinschaft für wirtschaftliche Fertigung: Integrierter EDV-Einsatz in der Produktion. Computer Integrated Manufacturing. Eschborn 1986

Backhausen, W./Thommen, J.-P.: Coaching. Durch systemisches Denken zu innovativer Personalentwicklung. 3., aktualisierte und erweiterte Auflage, Wiesbaden 2006

Backhausen, W./Thommen, J.-P.: Irrgarten des Managements. Ein systemischer Reisebegleiter zu einem Management 2. Ordnung. Zürich 2007

Baguley, Philip: Optimales Projektmanagement. Niedernhausen 1999

Bantleon, W./Wendler, E./Wolff, J.: Absatzwirtschaft. Praxisorientierte Einführung in das Marketing. Opladen 1976

Bea, F.X./Göbel, E.: Organisation. Theorie und Gestaltung. 3., neu bearbeitete Auflage, Stuttgart 2006

Becker, Jochen: Marketing-Konzeption. Grundlagen des strategischen Marketing-Managements. 8., überarbeitete und ergänzte Auflage, München 2006

Becker, Manfred: Personalentwicklung. Bildung, Förderung und Organisationsentwicklung in Theorie und Praxis. 3., überarbeitete und erweiterte Auflage, Stuttgart 2002

Behr, Giorgio: Rechnungslegung. Zürich 2005

Berekoven, L./Eckert, W./Ellenrieder, P.: Marktforschung. Methodische Grundlagen und praktische Anwendung. 11., überarbeitete Auflage, Wiesbaden 2006

Biethalen, J./Mucksch, H./Ruf, W.: Ganzheitliches Informationsmanagement Band I: Grundlagen. 6., vollständig überarbeitete und neu gefasste Auflage, Oldenbourg 2004

Biethalen, J./Mucksch, H./Ruf, W.: Ganzheitliches Informationsmanagement Band II: Entwicklungsmanagement. 3., unwesentlich veränderte Auflage, Oldenbourg 2002

Blake, R.R./Mouton, J.S.: The Managerial Grid III. The Key to Leadership Excellence. Houston, Texas 1984 (deutsch: Verhaltenspsychologie im Betrieb. Der Schlüssel zur Spitzenleistung. Völlig überarbeitete und ergänzte Neuauflage, Düsseldorf/Wien 1986)

Bleicher, Knut: Organisation. Strategien – Strukturen – Kulturen. 2., vollständig neu bearbeitete und erweiterte Auflage, Wiesbaden 1991

Bleicher, Knut: Das Konzept Integriertes Management. Visionen – Missionen – Programme. 5., revidierte und erweiterte Auflage, Frankfurt/New York 1999

Boemle, Max: Der Jahresabschluss. Bilanz, Erfolgsrechnung, Anhang. 3., neu bearbeitete Auflage, Zürich 1996

Boemle, M./Stolz, C.: Unternehmungsfinanzierung. 13., neu bearbeitete Auflage, Zürich 2002

Bösenberg, D./Metzen, H.: Lean Management. Vorsprung durch schlanke Konzepte. 3., durchgesehene Auflage, Landsberg/Lech 1993

Botschaft zu einem Bundesgesetz über Kartelle und andere Wettbewerbsbeschränkungen (Kartellgesetz KG) vom 23. November 1994

Brenner, Walter: Grundzüge des Informationsmanagements. Berlin u.a. 1994

Bruhn, Manfred: Marketing. Wiesbaden 1998

Bruhn, Manfred (Hrsg.): Internes Marketing. 2., überarbeitete und erweiterte Auflage, Wiesbaden 1999

Bruhn, Manfred: Marketing. Grundlagen für Studium und Praxis. 8., überarbeitete Auflage, Wiesbaden 2007a

Bruhn, Manfred: Relationship Marketing. Das Management von Kundenbeziehungen. 2., überarbeitete Auflage, München 2007

Bruhn, M./Michalski, S.: Marketing als Managementprozess. 3., aktualisierte Auflage, Zürich 2008

Bühner, Rolf: Betriebswirtschaftliche Organisationslehre. 10., bearbeitete Auflage, München/Wien 2004

Buser, T./Welte, B.: CRM – Customer Relationship Management in der Praxis. Zürich 2006

Buser, T./Welte, B./Wiederkehr, Th.: Vom Unternehmen zum Kundenunternehmen. Kunden gewinnen und halten mit dem Customer Care Concept. Zürich 2003

Christopher, Martin: Logistics and Supply Chain Management – Strategies for Reducing Cost and Improving Service. 2. Auflage, Edinburgh 1998

Correia, Luis: Wachstumsmarkt Generika. In: Credit Suisse Bulletin, Nr. 1, 2004, S. 53–55

Credit Suisse: Der Schweizer Arbeitsmarkt – viel Lohn und wenig Regulierung. Economic Briefing, Nr. 37, 2004

Credit Suisse Group: Unsere Umweltstandards. April 2004 (internes Dokument)

Deal, T.E./Kennedy, A.A.: Corporate Cultures. The Rites and Rituals of Corporate Life. Reading, Mass. 1982

Doppler, K./Lauterburg, Ch.: Change Management. Den Unternehmenswandel gestalten. 10. Auflage, Frankfurt/New York 2002

Dörner, D./Horváth, P./Kagermann, H. (Hrsg.): Praxis des Risikomanagements. Grundlagen, Kategorien, branchenspezifische und strukturelle Aspekte. Stuttgart 2000

Drucker, Peter: The Effective Executive. London 1967

Drukarczyk, Jochen: Finanzierung. Eine Einführung. 10., vollständig neu bearbeitete Auflage, Stuttgart 2008

Dyllick, Thomas: Ökologisch bewusstes Management. Die Orientierung, Nr. 96, Bern 1990

Edvinsson, Leif: Developing Intellectual Capital at Skandia. In: Long Range Planning, Vol. 30, Nr. 3, 1997, S. 366–373

Ehrmann, Harald: Logistik. 2., überarbeitete und aktualisierte Auflage, Ludwigshafen (Rhein) 2003

Ergenzinger, R./Thommen, J.-P.: Marketing. Vom klassischen Marketing zu Customer Relationship Management und E-Business. 2., erweiterte und aktualisierte Auflage, Zürich 2005

Fayol, Henri: Administration industrielle et générale. Paris 1916

Fickert, R./Geuppert, F./Künzle, A.: Finanzcontrolling für Nicht-Finanz-Spezialisten. Bern 2003

Fietkau, H.-J./Kessel, H.: Umweltlernen. In: Callies, I./Lob, R.E. (Hrsg.): Praxis der Umwelt- und Friedenserziehung. Band 1: Grundlagen. Düsseldorf 1987

Finanz AG: Die Forfaitierung. 6. Auflage, Zürich 1985

Fischer, Guido: Ökologie und Management. Eine Einführung für Praxis und Studium. Zürich 1996

French, W.L./Bell, C.H.: Organization Development. Englewood Cliffs, N.J. 1973 (deutsch: Organisationsentwicklung. Sozialwissenschaftliche Strategien zur Organisationsveränderung. 2. Auflage, Bern/Stuttgart 1982)

Frese, Erich: Grundlagen der Organisation: Entscheidungsorientiertes Konzept der Organisationsgestaltung. 9., vollständig überarbeitete Auflage, Wiesbaden 2005

Gleißner, H./Femerling, J.Ch.: Logistik. Grundlagen – Übungen – Fallbeispiele. Wiesbaden 2008

Gmür, M./Thommen, J.-P.: Human Resource Management. Strategien und Instrumente für Führungskräfte und das Personalmanagement in 13 Bausteinen. 2., überarbeitete und erweiterte Auflage, Zürich 2007

Greif, Siegfried: Konzepte der Organisationspsychologie. Bern/Stuttgart/Wien 1983

Grob, Heinz Lothar: Einführung in die Investitionsrechnung. 5., vollständig überarbeitete und erweiterte Auflage, München 2006

Grünig, R./Kühn, R: Methodik der strategischen Planung. Ein prozessorientierter Ansatz für Strategieplanungsprojekte. 2., überarbeitete Auflage, Bern/Stuttgart/Wien 2002

Gutenberg, Erich: Unternehmensführung. Organisation und Entscheidungen. Wiesbaden 1962

Gutenberg, Erich: Grundlagen der Betriebswirtschaftslehre. 1. Band: Die Produktion. 22. Auflage, Berlin/Heidelberg/New York 1976

Haasig, Hans-Dietrich: Produktions- und Logistikmanagement. Gestaltung und Planung der Wertschöpfungsprozesse. Wiesbaden 2007

Hammer, M./Champy, J.: Business Reengineering. Die Radikalkur für das Unternehmen. 3. Auflage, Frankfurt a.M./New York 1994

Hansen, H.R./Neumann, G.: Wirtschaftsinformatik I. Grundlagen betrieblicher Informationsverarbeitung. 9., völlig neu bearbeitete Auflage, Stuttgart 2005

Hartmann, Horst: Materialwirtschaft. Organisation, Planung, Durchführung, Kontrolle. 8., überarbeitete Auflage, Gernsbach 2002

Hässig, Kurt: Prozessmanagement. Erfolgreich durch effiziente Strukturen. Zürich 2000

Häusler, Joachim: Führungssysteme und -modelle. Köln 1977

Heinen, Edmund: Einführung in die Betriebswirtschaftslehre. 9., verbesserte Auflage, Wiesbaden 1985

Heinen, Edmund (Hrsg.): Unternehmenskultur. Perspektiven für Wissenschaft und Praxis. München/Wien 1987

Helbling, Carl: Verfahren der Unternehmungsbewertung. In: APROPOS, Nr. 25, November 1982

Helbling, Carl: Revisions- und Bilanzierungspraxis. Beiträge zum Revisionswesen in der Schweiz und zur Prüfung und Erstellung des Jahresabschlusses. 3., vollständig überarbeitete und stark erweiterte Auflage von «Revisionstechnik», ergänzt durch weitere Beiträge, Bern/Stuttgart 1992

Helbling, Carl: Bilanz- und Erfolgsanalyse. Lehrbuch und Nachschlagewerk für die Praxis mit besonderer Berücksichtigung der Darstellung im Jahresabschluss- und Revisionsbericht. 10., nachgeführte Auflage, Bern/Stuttgart/Wien 1997

Helbling, Carl: Unternehmensbewertung und Steuern. Unternehmensbewertung in Theorie und Praxis, insbesondere die Berücksichtigung der Steuern aufgrund der Verhältnisse in der Schweiz und in Deutschland. 9., nachgeführte Auflage, Düsseldorf und Zürich 1998

Heller, Kurt: Chefsache Kunde. Consumer Insights und Customer Knowledge als Bausteine für den Geschäftserfolg. Zürich 2007

Henderson, Bruce D.: Die Erfahrungskurve in der Unternehmensstrategie. 2., überarbeitete Auflage, Frankfurt/New York 1984

Hentze, J./Kammel, A.: Personalwirtschaftslehre 1. Grundlagen, Personalbedarfsermittlung, -beschaffung, -entwicklung und -einsatz. 7., überarbeitete Auflage, Bern/Stuttgart/Wien 2001

Hentze, J./Graf, A.: Personalwirtschaftslehre 2. Personalerhaltung und Leistungsstimulation, Personalfreistellung und Personalinformationswirtschaft. 7., überarbeitete Auflage, Bern 2005

Hermanns, A.: Sponsoring: Grundlagen, Wirkungen, Management, Perspektiven. München 1997

Herrmann, A./Homburg, Chr. (Hrsg.): Marktforschung. Methoden, Anwendungen, Praxisbeispiele. 3., vollständig überarbeitete und erweiterte Auflage, Wiesbaden 2007

Hilb, Martin: Integriertes Personalmanagement. Ziele – Strategien – Instrumente. 16., aktualisierte Auflage, Neuwied/Kriftel/Berlin 2007

Hill, W./Fehlbaum, R./Ulrich, P.: Organisationslehre 1. Ziele, Instrumente und Bedingungen der Organisation sozialer Systeme. 5., überarbeitete Auflage, Bern/Stuttgart 1994

Holtbrügge, Dirk: Personalmanagement. Berlin/Heidelberg/New York 2004

Homburg, C./Krohmer, H.: Marketingmanagement. Strategie – Instrumente – Umsetzung – Unternehmensführung. 2., überarbeitete und erweiterte Auflage, Wiesbaden 2006

Honegger, Jürg: Vernetztes Denken und Handeln. Zürich 2008

Honegger, J./Vettiger, H.: Ganzheitliches Management in der Praxis. Zürich 2003

Horváth, Péter: Controlling. 10., überarbeitete und erweiterte Auflage, München 2006

Horváth, P./Gleich, R.: Controlling als Teil des Risikomanagements. In: Dörner, D./Horváth, P./Kagermann, H. (Hrsg.): Praxis des Risikomanagements. Grundlagen, Kategorien, branchenspezifische und strukturelle Aspekte. Stuttgart 2000, S. 99–126

Hungenberg, H./Wulf, T.: Grundlagen der Unternehmensführung. Berlin/Heidelberg/New York 2004

Huppenbauer, M./De Bernardi, J.: Kompetenz Ethik für Wirtschaft, Wissenschaft und Politik. Ein Tool für Argumentation und Entscheidungsfindung. Zürich 2003

HWP Schweizer Handbuch der Wirtschaftsprüfung. Herausgegeben von der Treuhandkammer. Band 1 und Band 2. Zürich 1998a/b

IAS International Accounting Standards Committee (Hrsg.): International Accounting Standards 1998 (deutsche Fassung: Stuttgart 1999)

Imai, Masaaki: Kaizen. The Key to Japan's Competitive Success. New York 1986 (deutsch: Der Schlüssel zum Erfolg der Japaner im Wettbewerb. München 1992)

Index. Fachmagazin Betriebswirtschaft: Der neue KMU-Kontenrahmen. Nr. 2, 1996, S. 20 bis 23

ISO International Organization for Standardization (Hrsg.): ISO 9001, ISO 9002, ISO 9003, ISO 9004. 2. Auflage, Bern 1994

Käfer, Karl: Substanz und Ertrag bei der Unternehmungsbewertung. In: Busse von Colbe, W./Sieben, G. (Hrsg.): Betriebswirtschaftliche Information, Entscheidung und Kontrolle. Festschrift Münstermann. Wiesbaden 1969, S. 298 ff.

Käfer, Karl: Investitionsrechnungen. 4., verbesserte Auflage, Zürich 1974

Käfer, Karl: Die Bilanz als Zukunftsrechnung. 3., verbesserte und ergänzte Auflage, Zürich 1976

Käfer, Karl: Kontenrahmen für Gewerbe-, Industrie- und Handelsbetriebe. 10. Auflage, Bern 1987

Kaplan, R./Norton, D.: Balanced Scorecard. Strategien erfolgreich umsetzen. Stuttgart 1997

Kendall, Robin: Risk Management. Unternehmensrisiken erkennen und bewältigen. Wiesbaden 1998

Kieser, Alfred (Hrsg.): Organisationstheoretische Ansätze. München 1981

Kieser, A./Ebers, M. (Hrsg.): Organisationstheorien. 6., erweiterte Auflage, Stuttgart 2006

Kieser, A./Walgenbach, P.: Organisation. 4., überarbeitete und erweiterte Auflage, Stuttgart 2003

Kilger, Wolfgang: Industriebetriebslehre. Band 1, Wiesbaden 1986

Klaus, P./Krieger, W. (Hrsg.): Gabler Lexikon Logistik. 3. Auflage, Wiesbaden 2004

Klimecki, R./Gmür, M.: Personalmanagement. Funktionen, Strategien, Entwicklungsperspektiven. 3., erweiterte Auflage, Stuttgart 2005

Kobi, Jean-Marcel: Personalrisikomanagement. Strategien zur Steigerung des People Value. 2. Auflage, Wiesbaden 2002

Kotler, Philip: Marketing Management. Analyse, Planung und Kontrolle. 4., völlig neu bearbeitete Auflage, Stuttgart 1982

Kotler, Ph./Bliemel, F.: Marketing-Management. Analyse, Planung und Verwirklichung. 10., überarbeitete und aktualisierte Auflage, Stuttgart 2001

Kotler, Ph./Keller, K.L./Bliemel, F.: Marketing-Management. Strategien für wertschaffendes Handeln. 12., aktualisierte Auflage, München u.a. 2007

Kreikebaum, Hartmut: Grundlagen der Unternehmensethik. Stuttgart 1996

Kreikebaum, Hartmut: Organisationsmanagement internationaler Unternehmen. Grundlagen und neue Strukturen. Wiesbaden 1998

Kreikebaum, H./Behnam, M./Gilbert, D.-U.: Management ethischer Konflikte in international tätigen Unternehmen. Wiesbaden 2001

Kroeber-Riel, W./Weinberg, P.: Konsumentenverhalten. 8., aktualisierte und ergänzte Auflage, München 2003

Kühn, R./Fankhauser, K.: Marktforschung. Ein Arbeitsbuch für das Marketing-Management. Bern/Stuttgart/Wien 1996

Kühn, R./Grünig, R.: Grundlagen der strategischen Planung. Ein integraler Ansatz zur Beurteilung von Strategien. 2., überarbeitete Auflage, Bern/Stuttgart/Wien 2000

Kummer, S. (Hrsg.)/Gmür, O./Jammernegg, W.: Grundzüge der Beschaffung, Produktion und Logistik. München u.a. 2006

Küpper, Hans-Ulrich: Ablauforganisation. Stuttgart/New York 1981

Küpper, Hans-Ulrich: Beschaffung. In: Bitz, Michael et al. (Hrsg.): Vahlens Kompendium der Betriebswirtschaftslehre. Band 1, München 1989, S. 193–252

Küpper, Hans-Ulrich: Unternehmensethik. Hintergründe, Konzepte, Anwendungsbereiche. Stuttgart 2006

Kutschker, M./Schmid, St.: Internationales Management. München/Wien 2004

Large, Rudolf: Strategisches Beschaffungsmanagement. Eine praxisorientierte Einführung. 4., aktualisierte Auflage, Wiesbaden 2008

Lattmann, Charles: Die verhaltenswissenschaftlichen Grundlagen der Führung des Mitarbeiters. Bern/Stuttgart 1982

Leimgruber, J./Prochinig, U.: Bilanz- und Erfolgsanalyse. 4. Auflage, Zürich 1999

Leimgruber, J./Prochinig, U.: Investitionsrechnung. 6. Auflage, Zürich 2005

Lennertz, Dieter: Projekt-Management. In: Thommen, Jean-Paul: Management und Organisation. Konzepte – Instrumente – Umsetzung. Zürich 2002, S. 307–347

Lewin, Kurt: Frontiers in Group Dynamics. In: Human Relations, 1. Jg., 1947, S. 5–41

Liebmann, H.-P./Zentes, J.: Handelsmanagement. München 2001

Lombriser, R./Abplanalp, P.: Strategisches Management. Visionen entwickeln, Strategien umsetzen, Erfolgspotenziale aufbauen. 4. Auflage, Zürich 2005

Lutz, Benno: Die finanzielle Führung der Unternehmung. Die Orientierung, Nr. 62, 2., ergänzte Auflage, Bern 1983

Maak, Th./Ulrich, P.: Integre Unternehmensführung. Ethisches Orientierungswissen für die Wirtschaftspraxis. Stuttgart 2007

Macharzina, Klaus: Unternehmensführung. Das internationale Managementwissen. Konzepte – Methoden – Praxis. 5., grundlegend überarbeitete Auflage, Wiesbaden 2005

Maslow, Abraham H.: Motivation and Personality. New York u.a. 1954 (deutsch: Motivation und Persönlichkeit. Olten/Freiburg i.Br. 1977)

Mattmüller, Roland: Integrativ-Prozessuales Marketing. Eine Einführung. 3., aktualisierte Auflage, Wiesbaden 2006

Mattmüller, R./Tunder, R.: Strategisches Handelsmarketing. München 2004

McCarthy, E. Jerome: Basic Marketing: A Managerial Approach. 7. Auflage, Homewood, Ill. 1981

McGregor, Douglas: The Human Side of Enterprise. New York u.a. 1960 (deutsch: Der Mensch im Unternehmen. Düsseldorf 1970)

Meffert, Heribert: Marketing. Grundlagen marktorientierter Unternehmensführung. Konzepte – Instrumente – Praxisbeispiele. 9., überarbeitete und erweiterte Auflage, Wiesbaden 2000

Meffert, H./Burmann, Ch./Kirchgeorg, M.: Marketing. Grundlagen marktorientierter Unternehmensführung. Konzepte – Instrumente – Praxisbeispiele. 10., vollständig überarbeitete und erweiterte Auflage, Wiesbaden 2008

Meier-Hayoz, A./Forstmoser, P.: Grundriss des schweizerischen Gesellschaftsrechts. 7., überarbeitete Auflage, Bern 1993

Mertens, Peter: Integrierte Informationsverarbeitung 1. Operative Systeme in der Industrie. 14., überarbeitete Auflage, Wiesbaden 2004

Mertens, P./Griese, J.: Integrierte Informationsverarbeitung 2. Planungs- und Kontrollsysteme in der Industrie. 9., vollständig überarbeitete Auflage, Wiesbaden 2002

Meyer, Conrad: Konzernrechnung. Theorie und Praxis des konsolidierten Abschlusses. Zürich 1993

Meyer, Conrad: Betriebswirtschaftliches Rechnungswesen. Einführung in Wesen, Technik und Bedeutung des modernen Management Accounting. 2., ergänzte Auflage, Zürich 1996

Meyer, C./Moosmann, R. (Hrsg.): Kleiner Merkur. Band 1: Recht. 6., nachgeführte und erweiterte Auflage, Zürich 1995

Müller-Hedrich, Bernd W.: Betriebliche Investitionswirtschaft. Systematische Planung, Entscheidung und Kontrolle von Investitionen. 9. Auflage, Stuttgart 1998

Müller-Stewens, G./Lechner, Ch.: Strategisches Management. Wie strategische Initiativen zum Wandel führen. 3., aktualisierte Auflage, Stuttgart 2005

Nauer, Ernst: Organisation als Führungsinstrument. Ein Leitfaden für Vorgesetzte. Bern/ Stuttgart/Wien 1993

Neuberger, Oswald: Führen und Führen lassen. Ansätze, Ergebnisse und Kritik der Führungsforschung. 6., völlig neu bearbeitete und erweiterte Auflage, Stuttgart 2002

Noll, Bernd: Wirtschafts- und Unternehmensethik in der Marktwirtschaft. Stuttgart/Berlin/ Köln 2002

Nomina, Gesellschaft für Wirtschafts- und Verwaltungsregister (Hrsg.): ISIS Software & Solutions. München 2005

Nonaka, Ikujiro: A Dynamic Theory of Organizational Knowledge Creation. In: Organization Science, Nr. 1, 1994, S. 14–37

Nonaka, I./Takeuchi, H.: Die Organisation des Wissens. Wie japanische Unternehmen eine brachliegende Ressource nutzbar machen. Frankfurt a.M. 1997

North, Klaus: Wissensorientierte Unternehmensführung. Wertschöpfung durch Wissen. 4., aktualisierte und erweiterte Auflage, Wiesbaden 2005

November, Andràs: Distribution. Entwicklung und Neuorientierung von Handel und Verkauf. Die Orientierung, Nr. 70, Bern 1978

Oeldorf, G./Olfert, K.: Materialwirtschaft. 11., verbesserte und aktualisierte Auflage, Ludwigshafen (Rhein) 2004

Olfert, K./Reichel, Ch.: Investition. 10., aktualisierte und verbesserte Auflage, Ludwigshafen 2006

Osterloh, M./Frost, J.: Prozessmanagement als Kernkompetenz: Wie Sie Business Reengineering strategisch nutzen können. 5., überarbeitete Auflage, Wiesbaden 2006

Pascale, R.T./Athos, A.G.: The Art of Japanese Management. Harmondsworth 1981

Pautzke, Gunnar: Die Evolution der organisatorischen Wissensbasis: Bausteine zu einer Theorie des organisatorischen Lernens. Herrsching 1989

Perlmutter, Howard V.: L'entreprise internationale – Trois conceptions. In: Revue économique et sociale, 1/65, 1965, S. 151–165

Perridon, L./Steiner, M.: Finanzwirtschaft der Unternehmung. 14., überarbeitete und erweiterte Auflage, München 2006

Peters, Th.J./Watermann, R.H.: In Search of Excellence. New York 1982 (deutsch: Auf der Suche nach Spitzenleistungen. München 1983)

Pfeiffer, W./Doerrie, U./Stoll, E.: Menschliche Arbeit in der industriellen Produktion. Göttingen 1977

Pfetzing, K./Rohde, A.: Ganzheitliches Projektmanagement. 2., bearbeitete Auflage, Zürich 2006

Picot, A./Dietl, H./Franck, E.: Organisation. Eine ökonomische Perspektive. 4., aktualisierte und erweiterte Auflage, Stuttgart 2005

Picot, A./Reichwald, R./Wigand, R.T.: Die grenzenlose Unternehmung. Information, Organisation und Management. 5., aktualisierte Auflage, Wiesbaden 2003

Pleitner, Hans J.: Aspekte einer Managementlehre für kleinere Unternehmen. Internationales Gewerbearchiv, Sonderheft 1, Berlin/München/St. Gallen 1986

Polanyi, Michael: The Tacit Dimension. London 1966

Porter, Michael E.: Wettbewerbsstrategie. Frankfurt a.M. 1983

Porter, Michael E.: Wettbewerbsstrategie. Methoden zur Analyse von Branchen und Konkurrenten. 10., durchgesehene Auflage, Frankfurt a.M. 1999

Probst, Gilbert J.B.: Organisation. Strukturen, Lenkungsinstrumente, Entwicklungsperspektiven. Landsberg/Lech 1993

Probst, G.J.B./Büchel, B.S.T.: Organisationales Lernen. Wettbewerbsvorteile der Zukunft. 2., aktualisierte Auflage, Wiesbaden 1998

Probst, G.J.B./Raub, St./Romhardt, K.: Wissen managen. Wie Unternehmen ihre wertvollste Ressource optimal nutzen. 5., überarbeitete Auflage, Wiesbaden 2006

Pümpin, Cuno: Strategische Führung in der Unternehmungspraxis. Entwicklung, Einführung und Anpassung der Unternehmungsstrategie. Die Orientierung, Nr. 76, Bern 1980

Pümpin, Cuno: Strategische Erfolgs-Positionen. Methodik der dynamischen strategischen Unternehmensführung. Bern/Stuttgart/Wien 1992

Pümpin, C./Geilinger, U.W.: Strategische Führung. Aufbau strategischer Erfolgspositionen in der Unternehmungspraxis. Die Orientierung, Nr. 76, 2., neu verfasste Ausgabe, Bern 1988

Pümpin, C./Kobi, J.-M./Wüthrich, H.A.: Unternehmenskultur. Basis strategischer Profilierung erfolgreicher Unternehmen. Die Orientierung, Nr. 85, Bern 1985

Raffée, H./Fritz, W.: Unternehmensführung und Unternehmenserfolg. Grundlagen und Ergebnisse einer empirischen Untersuchung. Institut für Marketing, Universität Mannheim, Arbeitspapier Nr. 85, Mannheim 1990, S. 15

Reinhardt, Rüdiger: Das Management von Wissenskapital. In: Pawlowsky, Peter (Hrsg.): Wissensmanagement. Wiesbaden 1998, S. 173–208

Reinmann-Rothmeier, G./Mandl, H.: Kompetenzen für das Leben in einer Wissensgesellschaft. In: Höfling, S./Mandl, H. (Hrsg.): Lernen für die Zukunft – Lernen in der Zukunft: Wissensmanagement in der Bildung. München 1997, S. 97–107

Röglin, H.-Ch./Grebmer, K. von: Pharma-Industrie und Öffentlichkeit. Ansätze zu einem neuen Kommunikationskonzept. Basel 1988

Romhardt, Kai: Die Organisation aus der Wissensperspektive: Möglichkeiten und Grenzen der Intervention. Wiesbaden 1998

Romhardt, Kai: Wissensgemeinschaften. Orte lebendigen Wissensmanagements. Dynamik – Entwicklung – Gestaltungsmöglichkeiten. Zürich 2002

Roos, Johan: Das intellektuelle Kapital. In: io Management-Zeitschrift, Nr. 3, 1997, S. 14–18

Rüegg-Stürm, Johannes: Controlling für Manager. Grundlagen, Methoden, Anwendungen. Zürich 1996

Rüegg-Stürm, Johannes: Das neue St. Galler Management-Modell. Grundkategorien einer integrierten Managementlehre: Der HSG-Ansatz. 2., durchgesehene und korrigierte Auflage, Bern 2003

Rühli, Edwin: Beiträge zur Unternehmungsführung und Unternehmungspolitik. 2., erweiterte Auflage, Bern/Stuttgart 1975

Rühli, Edwin: Unternehmungsführung und Unternehmungspolitik. Band 1, 2., veränderte Auflage, Bern/Stuttgart 1985

Rühli, Edwin: Unternehmungsführung und Unternehmungspolitik. Band 2, 2. Auflage, Bern/Stuttgart 1988

Rühli, Edwin: Unternehmungskultur – Konzepte, Methoden. In: Rühli, E./Keller, A. (Hrsg.): Kulturmanagement in schweizerischen Industrieunternehmungen. Bern/Stuttgart 1991

Rühli, Edwin: Strategische Allianzen als dritter Weg zwischen Alleingang und Zusammenschluss? Beschränkte Zusammenarbeit in Kerngebieten. In: Neue Zürcher Zeitung, 16. Juni 1992, S. 61

Rühli, Edwin: Unternehmungsführung und Unternehmungspolitik. Band 3, Bern/Stuttgart/ Wien 1993

Rühli, Edwin: Unternehmungsführung und Unternehmungspolitik. Band 1, 3., vollständig überarbeitete und erweiterte Auflage, Bern/Stuttgart/Wien 1996

Rühli, E./Keller, A.: Unternehmungskultur im Zürcher Ansatz. Wirtschaftswissenschaftliches Studium, Nr. 12, 1989, S. 685–691

Rüstmann, Marco: Strategisches Wissensmanagement beim Stellenwechsel. Frensdorf 1999

Sachs, S./Hauser, A.: Das ABC der betriebswirtschaftlichen Forschung. Anleitung zum wissenschaftlichen Arbeiten. Zürich 2002

Schär, Kurt F.: Die wirtschaftliche Funktionsweise des Factoring. In: Kramer, Ernst A. (Hrsg.): Neue Vertragsformen der Wirtschaft: Leasing, Factoring, Franchising. 2., überarbeitete und erweiterte Auflage, Bern/Stuttgart/Wien 1992, S. 275 ff.

Scheer, August-Wilhelm: CIM – Computer Integrated Manufacturing. Der computergesteuerte Industriebetrieb. 2., durchgesehene Auflage, Berlin u. a. 1987

Schellenberg, Aldo: Rechnungswesen. Grundlagen, Zusammenhänge, Interpretationen. 3., überarbeitete und erweiterte Auflage, Zürich 2000

Schierenbeck, Henner: Grundzüge der Betriebswirtschaftslehre. 16., vollständig überarbeitete und erweiterte Auflage, München 2003

Schmidt, Götz: Grundlagen der Aufbauorganisation. 4., überarbeitete und erweiterte Auflage, Giessen 2000a

Schmidt, Götz: Methode und Techniken der Organisation. 12. Auflage, Giessen 2000b

Scholz, Christian: Personalmanagement. Informationsorientierte und verhaltenstheoretische Grundlagen. 5., neubearbeitete und erweiterte Auflage, München 2000

Schreyögg, Georg: Organisation. Grundlagen moderner Organisationsgestaltung. 4., vollständig überarbeitete und erweiterte Auflage, Wiesbaden 2003

Schulte, Gerd: Material- und Logistikmanagement. 4., überarbeitete und erweiterte Auflage, München 2005

Schulte-Zurhausen, Manfred: Organisation. 3., überarbeitete Auflage, München 2002

Schulz, D./Fritz, W./Schuppert, D./Seiwert, L.J./Walsch, I.: Outplacement. Personalfreisetzung und Karrierestrategie. Wiesbaden 1989

Schwarz, Peter: Management-Brevier für Nonprofit-Organisationen. 2., vollständig überarbeitete und erweiterte Auflage, Bern 2001

Seiler, Armin: Accounting. BWL in der Praxis I. Zürich 1998

Seiler, Armin: Financial Management. BWL in der Praxis II. Zürich 1999

Seyffert, Rudolf: Wirtschaftslehre des Handels. 5., neu bearbeitete Auflage, Köln 1972

Siegwart, H./Kunz, B.R.: Brevier der Investitionsplanung. Bern/Stuttgart 1982

Skandia Intellectual Capital: Value-Creating Processes. Supplement to Skandia's Annual Report 1995

Smith, Adam: An Inquiry into the Nature and Cause of the Wealth of Nations. London 1776 (deutsch: Untersuchung über das Wesen und die Ursachen des Volkswohlstandes. Berlin 1905)

Soom, Erich: Die neue Produktionsphilosophie: Just-in-time-Production. In: io Management-Zeitschrift, Nr. 9, S. 362 ff., und Nr. 10, S. 446 ff., 1986

Spitschka, Horst: Praktisches Lehrbuch der Organisation. München 1975

Staehelin, E./Suter, R./Siegwart, N.: Investitionsrechnung. 10., aktualisierte Auflage, Chur/ Zürich 2007

Staehle, Wolfgang H.: Management. Eine verhaltenswissenschaftliche Perspektive. 8. Auflage, München 1999

Statistisches Jahrbuch der Schweiz (diverse Jahrgänge). Herausgegeben vom Bundesamt für Statistik. Zürich 1999 ff.

Staub, Leo: Legal Management. Management von Recht als Führungsaufgabe. 2., erweiterte und aktualisierte Auflage, Zürich 2006

Steinbuch, P.A./Olfert, K.: Fertigungswirtschaft. 6., aktualisierte Auflage, Ludwigshafen (Rhein) 1995

Steiner, Frank: Finanzielle Führung in der Praxis des Klein- und Mittelbetriebes. 3., überarbeitete und aktualisierte Auflage, Bern 1988

Steinmann, H./Schreyögg, G.: Management. Grundlagen der Unternehmensführung. Konzepte, Funktionen, Fallstudien. 4., überarbeitete und erweiterte Auflage, Wiesbaden 1997; 6., vollständig überarbeitete Auflage, Wiesbaden 2005

Sterchi, Walter: Schweizer Kontenrahmen KMU. Zürich 1996

Stiglitz, J.E./Leisinger, K.M./Ruh, H. (Hrsg.): Ethisches Management. Ethik und Erfolg verbünden sich. Zürich 2004

Stölzle, W./Heusler, K.F./Karrer, M.: Erfolgsfaktor Bestandsmanagement. Zürich 2004

Sveiby, Karl Erik: Wissenskapital – das unentdeckte Vermögen: Immaterielle Unternehmenswerte aufspüren, messen und steigern. Landsberg 1998a

Sveiby, Karl Erik: An Emerging Standard. www.sveiby.com.au/EmergingStandard.html, 1998b

Swisscom: Risk Management Direktive. Internes Dokument, August 2004a

Swisscom: Risk Management Policy der Swisscom. Internes Dokument, August 2004b

Syska, Andreas: Produktionsmanagement. Das A–Z wichtiger Methoden und Konzepte für die Produktion von heute. Wiesbaden 2006

Tannenbaum, R./Schmidt, W.H.: How to Choose a Leadership Pattern. In: Harvard Business Review, March/April 1958, S. 95–101

Taylor, Frederick W.: The Principles of Scientific Management. New York 1911 (deutsch: Die Grundsätze der wissenschaftlichen Betriebsführung. Berlin/München 1917)

Thom, Norbert: Betriebliches Vorschlagswesen. Ein Instrument der Betriebsführung und des Verbesserungsmanagements. 6., überarbeitete und ergänzte Auflage, Bern 2003

Thom, N./Ritz, A.: Public Management. Innovative Konzepte zur Führung im öffentlichen Sektor. 2., aktualisierte Auflage, Wiesbaden 2004

Thommen, Jean-Paul: Management und Organisation. Konzepte – Instrumente – Umsetzung. Zürich 2002

Thommen, Jean-Paul: Glaubwürdigkeit und Corporate Governance. 2., vollständig überarbeitete Auflage, Zürich 2003

Thommen, Jean-Paul: Lexikon der Betriebswirtschaft: Managementkompetenz von A bis Z. 4., überarbeitete und erweiterte Auflage, Zürich 2008

Thommen, J.-P./Sachs, S.: Wirtschaft, Unternehmung, Management. Ein Einstieg in die Betriebswirtschaftslehre. Zürich 2000

Thonemann, Ulrich: Operation Management. Konzepte, Methoden und Anwendungen. München u.a. 2005

Tschätsch, Heinz: Praktische Betriebslehre. Stuttgart 1983

Ulich, Eberhard: Arbeitspsychologie. 5., aktualisierte, überarbeitete und erweiterte Auflage, Zürich/Stuttgart 2001

Ulich, E./Baitsch, Ch./Alioth, A.: Führung und Organisation. Die Orientierung, Nr. 81, Bern 1983

Ulrich, Hans: Die Unternehmung als produktives soziales System. 2. Auflage, Bern/Stuttgart 1970

Ulrich, Hans: Unternehmungspolitik. 2. Auflage, Bern/Stuttgart 1987

Ulrich, H./Hill, W./Kunz, B.: Brevier des Rechnungswesens. 6., überarbeitete Auflage, Bern/Stuttgart 1985

Ulrich, H./Krieg, W.: St. Galler Management-Modell. 3., verbesserte Auflage, Bern 1974

Ulrich, H./Probst, G.J.B.: Anleitung zum ganzheitlichen Denken und Handeln. Ein Brevier für Führungskräfte. Bern/Stuttgart 1988

Ulrich, P./Fluri, E.: Management. Eine konzentrierte Einführung. 7., verbesserte Auflage, Bern/Stuttgart/Wien 1995

Ulrich, P./Thielemann, U.: Ethik und Erfolg. Unternehmungsethische Denkmuster von Führungskräften – eine empirische Studie. Bern/Stuttgart 1992

Volkart, Rudolf: Finanzmanagement. Beiträge zu Theorie und Praxis. Band 1, 7., erweiterte Auflage, Zürich 1998a

Volkart, Rudolf: Finanzmanagement. Beiträge zu Theorie und Praxis. Band 2, 7., erweiterte Auflage, Zürich 1998b

Volkart, Rudolf: Shareholder Value & Corporate Valuation. Finanzielle Wertorientierung im Wandel. Zürich 1998c

Volkart, Rudolf: Wertorientierte Steuerpolitik. Zürich 1998d

Volkart, Rudolf: Unternehmensfinanzierung und Kreditpolitik. Zürich 2000

Volkart, Rudolf: Kapitalkosten und Risiko. Cost of Capital als zentrales Element der betrieblichen Finanzpolitik. Zürich 2001a

Volkart, Rudolf: Rechnungswesen und Informationspolitik. Zürich 2001b

Volkart, Rudolf: Strategische Finanzpolitik. 3., aktualisierte und erweiterte Auflage, Zürich 2001c

Volkart, Rudolf: Unternehmensbewertung und Akquisitionen. 2., verbesserte Auflage, Zürich 2002

Volkart, Rudolf: Corporate Finance. Grundlagen von Finanzierung und Investition. 3., überarbeitete und erweiterte Auflage, Zürich 2007

Wahren, Heinz-Kurt: Das lernende Unternehmen: Theorie und Praxis des organisationalen Lernens. Berlin 1996

Waibl, Elmar: Angewandte Wirtschaftsethik. Wien 2005

Walker, Beat: Der steuerbare Unternehmungsgewinn (Personen- und Kapitalunternehmen). In: Höhn, E./Athanas, P. (Hrsg.): Das neue Bundesrecht über die direkten Steuern. Direkte Bundessteuer und Steuerharmonisierung. Bern/Wien/Stuttgart 1993, S. 125–203

Weber-Berg, Christoph A.: Mehrwert Ethik. Added Values in Wirtschaft und Management. Zürich 2007

Wehrli, Hans-Peter: Marketing. 4. Auflage, Wetzikon 1998

Weibler, Jürgen: Personalführung. München 2001

Weilenmann, Paul: Kapitalflussrechnung in der Praxis. Zürich 1985

Weilenmann, Paul: Grundlagen des betriebswirtschaftlichen Rechnungswesens. Zürich 1988

Weilenmann, Paul: Kostenrechnung. In: Meyer, C./Moosmann, R. (Hrsg.): Kleiner Merkur. Band 2: Betriebswirtschaft. 5., nachgeführte und erweiterte Auflage, Zürich 1995

Wienröder, Helga: Die eierlegende Wollmilchsau. In: HandelsZeitung, Nr. 21, 24. Mai 2000, S. 24

Wilke, Helmut: Systemisches Wissensmanagement. 2., neubearbeitete Auflage, Stuttgart 2001

Wiseman, Charles: Strategy and Computers: Information Systems as Competitive Weapons. Homewood, Ill. 1985

Witschi, Urs/Schmid, A./Schneider, E./Wüst, R.: Projekt-Management. Der Leitfaden der Stiftung BWI zu Teamführung und Methodik. Stiftung für Forschung und Beratung am Betriebswissenschaftlichen Institut (BWI) der ETH Zürich (Hrsg.). 6., vollständig überarbeitete und erweiterte Auflage, Zürich 1999

Wöhe, Günter: Einführung in die Allgemeine Betriebswirtschaftslehre. 16. Auflage, München 1986; 17., überarbeitete Auflage, München 1990; 18. überarbeitete und erweiterte Auflage, München 1993

Womack, J.P./Jones, D.T./Roos, D.: Die Zweite Revolution in der Autoindustrie. Frankfurt a.M. 1992

Wunderer, Rolf: Führung und Zusammenarbeit. Eine unternehmerische Führungslehre. 7., überarbeitete Auflage, Köln 2007

Zepf, Günter: Kooperativer Führungsstil und Organisation. Zur Leistungsfähigkeit und organisatorischen Verwirklichung einer kooperativen Führung in Unternehmungen. Wiesbaden 1972

Zimmermann, Hugo: Geld, Bank, Börse. Lexikon der Kapitalanlage. Zürich 2003

Zimmermann, Hugo: Total Börse! Machen Sie mehr aus Ihrem Geld. 5., überarbeitete und erweiterte Auflage, Zürich 2007

Zucker, B./Schmitz, Ch.: Wissen gewinnt. Innovative Unternehmensentwicklung durch Wissensmanagement. 2., neu bearbeitete Auflage, Düsseldorf/Berlin 2000

Zurich Financial Services Group: Geschäftsbericht 2003. Zürich 2004

Abkürzungsverzeichnis

Abs.	Absatz
AG	Aktiengesellschaft
AGF	Bundesgesetz über den Anlagefonds
AHV	Alters- und Hinterlassenen-versicherung
AIDA	Attention, Interest, Desire, Action
ALV	Arbeitslosenversicherung
Art.	Artikel
AV	Anlagevermögen
AVOR	Arbeitsvorbereitung
AWF	Arbeitsgemeinschaft für wirtschaft-liche Fertigung
BR	Bezugsrecht
BSC	Balanced Scorecard
CAD	Computer Aided Design
CAM	Computer Aided Manufacturing
CAP	Computer Aided Planning
CAQ	Computer Aided Quality Control
CBT	Computer-based Training
CC	Cash and Carry
CD-ROM	Compact Disk Read Only Memory
CEO	Chief Executive Officer
CIM	Computer Integrated Manufacturing
CNC	Computerized Numerical Control
CPM	Critical Path Method
CRM	Customer Relationship Manage-ment
CRO	Chief Risk Officer
CRP	Capacity Requirements Planning

DCF	Discounted Cash-flow
DIN	Deutsche Industrie-Norm
DVD	Digital Versatile Disk
EBIT	Earnings before Interests and Taxes
EDV	Elektronische Datenverarbeitung
EFQM	European Foundation for Quality Management
EK	Eigenkapital
EO	Erwerbsersatzordnung
ERP	Enterprise Resource Planning
ESA	European Space Agency
EU	Europäische Union
EURL	EU-Richtlinie
EVA	Economic Value Added
FAK	Familienausgleichskasse
FCF	Free Cash-flow
FCKW	Fluorchlor-Kohlenwasserstoff
F&E	Forschung und Entwicklung
FER	Fachkommission für Empfehlungen zur Rechnungslegung
FK	Fremdkapital
FTP	File Transfer Protocol
FusG	Fusionsgesetz
GAW	Gesamtarbeitswert
GE	Geldeinheiten
GF	Gewichtungsfaktor
GK	Gesamtkapital
GL	Geschäftsleitung

GmbH	Gesellschaft mit beschränkter Haftung		OHG	Offene Handelsgesellschaft (dt. Rechtsform)
GS	Genussschein		OR	Operations Research
GV	Generalversammlung		OR	Obligationenrecht
HGK	Herstellgemeinkosten		PAC	Production Activity Control
HK	Herstellkosten		PAN	Personal Area Network
HOT	Home Order Television		PC	Personal Computer
HR	Human Resources		PDA	Personal Digital Assistant
HWP	Schweizer Handbuch der Wirtschaftsprüfung		PERT	Project Evaluation and Review Technique
			PIMS	Profit Impact of Market Strategies
I	Inhaberaktie		PPS	Produktionsplanung und -steuerung
IAS	International Accounting Standards		PR	Public Relations
IFRS	International Financial Reporting Standards		PS	Partizipationsschein
IK	Investiertes Kapital		ROI	Return on Investment
IRR	Internal Rate of Return		RP	Rangreihenplatz
ISDN	Integrated Services Digital Network			
ISO	International Organization for Standardization		SA	Société anonyme (Aktiengesellschaft)
IT	Informationstechnologie		SC	Supply Chain
IV	Invalidenversicherung		SCM	Supply Chain Management
			SEP	strategische Erfolgsposition
JiT	Just in Time		SGE	strategische Geschäftseinheit
			SGF	strategisches Geschäftsfeld
KAG	Kollektivanlagegesetz		SOX	Sarbanes-Oxley Act
KG	Kartellgesetz		SPC	Statistical Process Control
KMU	kleine und mittlere Unternehmen		SPI	Strategic Planning Institute
KR	Kotierungsreglement		SRM	Supplier Relationship Management
			SWIMM	Swiss Issue Management-Meeting
LAN	Local Area Network			
lit.	litera [lat.] (Buchstabe)		TBM	Time-based Management
			TQC	Total Quality Control
MbE	Management by Exception		TQM	Total Quality Management
MBO	Management-Buyout			
MbO	Management by Objectives		UMTS	Universal Mobile Telecommunications System
ME	Mengeneinheiten			
MIPS	Millionen Instruktionen pro Sekunde		UN	United Nations
			US-GAAP	Generally Accepted Accounting Principles (Buchhaltungs- und Rechnungslegungsvorschriften der USA)
MIT	Massachusetts Institute of Technology			
MPM	Metra-Potential-Method			
MPS	Master Production Schedule		UV	Umlaufvermögen
MRP	Material Requirements Planning			
MVA	Market Value Added		VHS	Video Home System
			VVGK	Verwaltungs- und Vertriebsgemeinkosten
N	Namenaktie			
NASA	National Aeronautics and Space Administration		WACC	Weighted Average Cost of Capital
NC	Numerical Control		WAN	Wide Area Network
NE	Netto-Einzahlungen		WAP	Wireless Application Protocol
NGO	Non Governmental Organization		WBT	Web-based Trainig
NOPAT	Net Operating Profit After Tax		WLAN	Wireless Local Area Network
NPO	Nonprofit-Organisation		WWW	World Wide Web
NPV	Net Present Value			
NUV	Nettoumlaufvermögen		ZGB	Zivilgesetzbuch
			Ziff.	Ziffer

Stichwortverzeichnis

B

Der Autor

Jean-Paul Thommen, Dr. oec. publ., ist Professor für Organizational Beha-
vior an der European Business School International University (Deutschland) und Titularprofessor an der Universität Zürich. Er ist Autor verschiedener Standardwerke der Betriebswirtschaft:

- Lexikon der Betriebswirtschaft. Managementkompetenz von A bis Z
- Übungsbuch Managementorientierte Betriebswirtschaftslehre
- Repetitorium Managementorientierte Betriebswirtschaftslehre
- Multiple-Choice-Aufgaben zur Managementorientierten Betriebswirt-
  schaftslehre (mit Daniela Peterhoff)
- Fallstudien zur Betriebswirtschaft (mit Michèle Rosenheck und Yves
  Atteslander)
- Introduction à la gestion d'entreprise
- Introduction à la gestion d'entreprise: Exercices
- Betriebswirtschaftslehre
- Einführung in die Betriebswirtschaft (mit Alfred Krummenacher)
- Coaching. Durch systemisches Denken zu innovativer Personalentwick-
  lung (mit Wilhelm Backhausen)
- Glaubwürdigkeit und Corporate Governance
- Marketing. Vom klassischen Marketing zu Customer Relationship Ma-
  nagement und E-Business (mit Rudolf Ergenzinger)
- Human Resource Management. Strategien und Instrumente für Füh-
  rungskräfte und das Personalmanagement (mit Markus Gmür)
- Irrgarten des Managements. Ein systemischer Reisebegleiter zu einem
  Management 2. Ordnung (mit Wilhelm Backhausen)

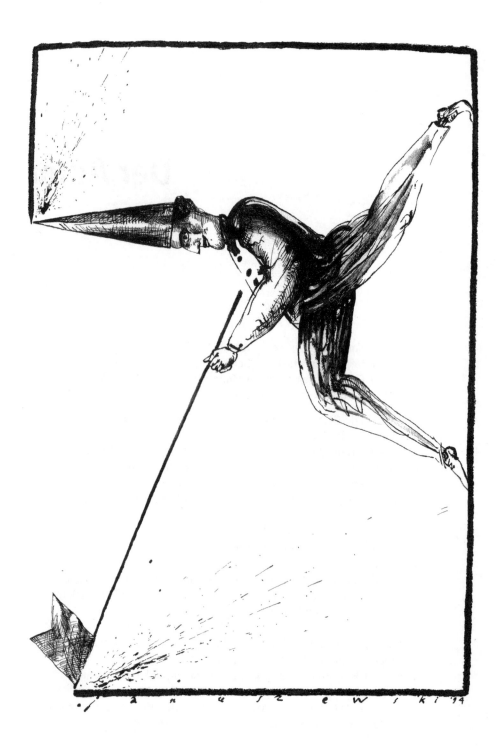

Der Künstler

Zygmunt Januszewski wurde 1956 in Warschau geboren. Er studierte von 1976 bis 1981 an der Warschauer Akademie der Schönen Künste. Seine Zeichnungen wurden in zahlreichen Zeitungen und Magazinen abgedruckt und in Ausstellungen auf der ganzen Welt gezeigt.

«Der polnische Künstler Zygmunt Januszewski denkt und spricht, philosophiert und dichtet in Bildern, und selbst, wenn er Verse verfasst, ist seine Poesie eine rhythmische Folge von Wortbildern. Wählt er Titel für seine Zeichnungen, erfindet er Metaphern, die seine Bildgeschichten weitererzählen, mit offenem Ende, mit Freiräumen für den Betrachter.

Strich – Linie – Zeichen, diese Reihung ist nicht Addition, sondern Entwicklung und beschreibt in der Terminologie des künstlerischen Metiers den Arbeitsprozess Januszewskis, jenen Vorgang, der die Hand vorantreibt, wenn sich Gedanken und Phantasie, Alpträume und Erfahrungen zu Zeichnungen drängen und verdichten, wenn sie sich wie geheimnisvolle Schleusen der Imagination öffnen zu Sarkaskaden von abenteuerlichen Einfällen, um die Vision vom Menschen auf ein kleines Blattgeviert zu bannen.»

(Gisela Burkamp in: Zygmunt Januszewski im Dialog.
Ausstellungskatalog, Polnisches Institut Leipzig, 9. März – 9. April 1996)